U0901027

中国图书馆年鉴

CHINA LIBRARY YEARBOOK

2008

中国图书馆学会
国 家 图 书 馆 编

國家圖書館出版社

图书在版编目(CIP)数据

中国图书馆年鉴.2008/中国图书馆学会,国家图书馆编. —北京:国家图书馆出版社,2009.8

ISBN 978-7-5013-4004-0

Ⅰ.①中… Ⅱ.①中… ②中… Ⅲ.图书馆事业—中国—2008—年鉴 Ⅳ.G259.2-54

中国版本图书馆CIP数据核字(2009)第145028号

书名 中国图书馆年鉴 2008

著者 中国图书馆学会
国 家 图 书 馆 编

出版 国家图书馆出版社(原北京图书馆出版社)
(100034 北京市西城区文津街7号)

发行 010—66139745 66151313 66175620 66126153
66174391(传真) 66126156(门市部)

E—mail btsfxb@nlc.gov.cn(邮购)

Website www.nlcpress.com→投稿中心

经销 新华书店

印刷 北京市安泰印刷厂

开本 850×1168(毫米) 1/16

印张 43.75

字数 1200(千字)

版次 2009年8月第1版 2009年8月第1次印刷

书号 ISBN 978-7-5013-4004-0

定价 280.00元

编辑说明

1.《中国图书馆年鉴》是反映中国图书馆事业年度发展状况的大型资料工具书。首卷出版于1996年，反映1990年至1995年间的情况。自1999年始，编辑出版周期为隔年一卷，包括1999年卷、2001年卷、2003年卷以及2005年卷。自2006年卷起，改为每年编辑出版一卷。

2.《中国图书馆年鉴》自2007年卷起，由中国图书馆学会、国家图书馆联合主办，编纂工作由国家图书馆研究院《中国图书馆年鉴》编辑部主持。

3.《中国图书馆年鉴》2008年卷反映2007年中国图书馆事业的发展状况。

4.《中国图书馆年鉴》2008年卷的动态性信息由全国各省、自治区、直辖市图书馆学会、中国图书馆学会各分支机构及所属各专业委员会、相关专业机构或教学研究机构提供。年鉴的统计资料来自文化部、地方文化行政部门、专业协作组织、中国图书馆学会高校图书馆分会以及有关专业机构。年鉴的参考性、指南性资料，由年鉴编辑部组织力量整理编辑，并得到中国图书馆学会编辑出版委员会年鉴专业委员会的指导。专文由年鉴编纂工作委员会确定选题、特邀作者撰写。

5.《中国图书馆年鉴》2008年卷正文采用分类编辑法。全文由纪事、专文、图书馆工作、学术研究与活动、法律法规与规范性文件、专业文献、统计资料等几大部分构成。书后附有综合索引。

《中国图书馆年鉴》编辑部

编辑部联系方式：
地　　址：北京中关村南大街33号　国家图书馆研究院《中国图书馆年鉴》编辑部
邮　　编：100081
电　　话：(010)88544057
电子邮箱：zgtsgnj@nlc.gov.cn
联 系 人：卓连营　苏　健

《中国图书馆年鉴》主办与编纂单位

主　　办　中国图书馆学会　国家图书馆

编　　纂　国家图书馆研究院《中国图书馆年鉴》编辑部

《中国图书馆年鉴》编纂工作委员会

本卷特约专文作者（按姓氏笔画排列）

于良芝　刘　亚　苏品红　杜晓忠　李　丹　杨开荆　邱冠华　范并思　程　鹏　蔡　箐

本卷撰稿人（按姓氏笔画排列）

丁志萍　马　鹏　马慧艳　王　玮　王　凯　王　波　王　健　王　彬　王　蕾　王开学　王文涛　王亚玲　王自华　王兆勇　王旭东　王进先　王丽文　王秀亮　王和平　王法权　王建福　王晓燕　王燕萍　方英子　尹岚宁　邓　签　石桂娥　龙梅宁　冯　志　吕伟红　伍　艺　刘　平　刘　芳　刘　杰　刘　娜　刘　媛　刘建良　刘春林　刘家坤　刘裴裴　汤树俭　祁自顺　许迎霞　那成英　孙德强　严　真　严向东　李　红　李　钊　李　彤　李　姝　李　菱　李　斌　李晓梅　李盛福　李德胜　杨　铭　杨开荆　杨继贤　吴　冰　吴　杰　吴　荇　吴　悦　吴景贵　何炳祥　邹序明　沈　玲　沈小丁　宋　玲　张　宏　张　玮　张　梅　张文举　张文静　张邓锁　张毕臣　张京生　张炳常　张晋蓉　张海政　张惠君　张毅宏　陈　光　陈大武　陈益君　武魏泓　林　娟　林平忠　卓连营　罗　玲　林　胜　金光旭　金丽华　金晓明　周　军　周　玲　周　锋　周晓军　周盛华　赵守祥　赵建新　赵玲玲　赵树宜　赵美娣　赵胥炯　胡月平　胡京波　俞月丽　闻德锋　姚海法　袁　逸　袁学良　耿　卫　耿建华　贾　莉　徐　军　凌　波　高　丹　高　贤　郭　毅　唐晓应　陶嘉今　龚永年　崔　波　梁金平　董　隽　程　远　程　歌　羡宏英　强　颖　靳　岭　蒲宁英　雷树德　管　霞　谭淑莹　魏秀娟　魏晓燕

目　　录

纪　　事　3—20

温家宝总理到中国人民大学图书馆亲切看望青年学生 …… 3
全国古籍保护工作会议在京召开 …… 4
全国公共图书馆延伸服务经验交流会在津召开 …… 5
中国图书馆学会“2007 年志愿者行动”综述 …… 7
2007 年中国图书馆事业大事记 …… 13

专　　文　23—106

我国总分馆体系建设状况调查(于良芝　邱冠华　刘亚) …… 23
中国图书馆 2.0 的研究(范并思) …… 34
古籍保护——不可缺席的文化遗产保护工作(苏品红) …… 49
“澳门记忆”工程研究(杨开荆) …… 57
苏州地区图书馆事业发展现状(邱冠华　杜晓忠) …… 69
2007 年国内图书馆学研究热点综述(程鹏) …… 82
2007 年国外图书馆学研究热点述评(蔡箐　李丹) …… 93

图书馆工作　109—450

国家图书馆 …… 109
各省、市、自治区图书馆 …… 132
北京市 …… 132
天津市 …… 136
山西省 …… 145
内蒙古自治区 …… 151
辽宁省 …… 154
吉林省 …… 159
黑龙江省 …… 172
上海市 …… 177
江苏省 …… 193
浙江省 …… 221
安徽省 …… 229
福建省 …… 238
江西省 …… 249

山东省……266
河南省……273
湖南省……277
广东省……278
广西壮族自治区……284
四川省……286
贵州省……300
云南省……306
西藏自治区……317
陕西省……320
甘肃省……325
青海省……338
宁夏回族自治区……343
新疆维吾尔自治区……344
香港特别行政区……348
澳门特别行政区……355

中国图书馆学会、分支机构及地方学会 ……366

中国图书馆学会……366
高校图书馆分会……368
专业图书馆分会……377
党校图书馆委员会……396
军队院校图书馆委员会……398
医院图书馆委员会……404
工会图书馆委员会……406
地方图书馆学会……407
　天津市……407
　辽宁省……408
　吉林省……411
　上海市……413
　江苏省……418
　安徽省……423
　福建省……425
　江西省……426
　山东省……427
　河南省……431
　湖北省……432
　广西壮族自治区……434
　四川省……435
　贵州省……444
　云南省……445
　甘肃省……446

宁夏回族自治区 …… 448
新疆维吾尔自治区 …… 448

学术研究与活动 453—472

专业学术会议 …… 453
中国图书馆学会2007年年会综述 …… 453
中国图书馆学会2007新年峰会 …… 455
第二届百县馆长论坛 …… 455
第十九届全国十五城市公共图书馆工作研讨会 …… 457
2007数字图书馆建设与应用研讨会暨成果展示会综述 …… 457
第五次全国图书馆学基础理论研讨会 …… 459
全国第五届目录学学术研讨会 …… 460
第二届全国图书采访工作研讨会 …… 461
国家图书馆举办“全国馆际互借与文献传递研讨会” …… 462
2007海峡两岸四地图书馆建筑学术研讨会 …… 462
“第六届中国社区乡镇图书馆发展战略研讨会”暨“全国中小型公共图书馆联合会2007年研讨会” …… 463
国际学术交流 …… 465
国家图书馆派团参加第73届国际图联大会 …… 465
中国图书馆学会代表团访问美国 …… 466
中国图书馆学会访德考察团活动纪实 …… 467
第三期中美数字图书馆高级研讨班在上海成功举办 …… 471

法律、法规与政策性文件 475—571

法律法规与政策性文件全文 …… 475
中华人民共和国政府信息公开条例(2007—04—05) …… 475
国务院办公厅关于做好施行《中华人民共和国政府信息公开条例》准备工作的通知(国办发[2007]54号)(2007—08—04) …… 478
国务院办公厅关于进一步加强古籍保护工作的意见(国办发[2007]6号)(2007—01—19) …… 480
国务院关于同意建立全国古籍保护工作部际联席会议制度的批复(国函[2007]43号)(2007—04—30) …… 482
文化部关于印发《全国古籍普查工作方案》等文件的通知(文社图发[2007]31号)(2007—08—01) …… 482
文化部办公厅关于成立全国古籍保护工作专家委员会的通知(办社图函[2007]367号)(2007—08—02) …… 487
文化部关于印发《文化标准化中长期发展规划(2007—2020)》的通知(2007—07—13) …… 489
新闻出版总署关于加强音像制品和电子出版物样本缴送工作的通知(新出音[2007]71号)(2007—01—24) …… 493
北京高等学校图书资源建设项目管理办法(试行)(京教高[2007]15号)(2007—12—27) …… 494
相关法律法规与政策性文件摘要 …… 497
法律法规 …… 497
中华人民共和国文物保护法(2007—12—29) …… 497

江西省防震减灾条例(2007—03—29) …… 497
云南省老年人权益保障条例(2007—03—30) …… 497
太原市残疾人保障办法(2007—04—02) …… 498
浙江省非物质文化遗产保护条例(2007—05—25) …… 498
福建省科学技术普及条例(2007—06—04) …… 498
河北省实施《中华人民共和国文物保护法》办法(2007—07—19) …… 498
山西省实施《中华人民共和国科学技术普及法》办法(2007—07—26) …… 498
徐州市老年教育条例(2007—07—27) …… 499
重庆市实施《中华人民共和国民族区域自治法》办法(2007—07—29) …… 499
西藏自治区文物保护条例(2007—08—03) …… 499
河北省实施《中华人民共和国民族区域自治法》若干规定(2007—09—21) …… 499
江西省科学技术普及条例(2007—09—21) …… 499
成都市未成年人安全保护条例(2007—09—27) …… 500
甘肃省地震安全性评价管理条例(2009—09—27) …… 500
洛阳市市区烟花爆竹安全管理条例(2007—10—18) …… 500
天津市文物保护条例(2007—11—15) …… 500
天津市未成年人保护条例(2007—11—15) …… 500
江西省爱国卫生工作条例(2007—12—14) …… 501

文化建设与图书馆 …… 501

广西壮族自治区党委、自治区人民政府关于建设文化广西的决定(桂发[2007]8号)(2007—01—08) …… 501
苏州市人民政府关于加快文化事业和文化产业发展若干经济政策的意见(苏府[2007]10号)(2007—01—17) …… 501
宁夏回族自治区党委、人民政府关于进一步加强全区文化建设的意见(宁党发[2007]18号)(2007—02—16) …… 502
山东省委办公厅、省政府办公厅关于印发《山东省实施＜国家“十一五”时期文化发展规划纲要＞的意见》的通知(鲁办发[2007]7号)(2007—03—02) …… 504
广东省人民政府办公厅印发广东省文化事业发展“十一五”规划的通知(粤府办[2007]33号)(2007—04—10) …… 506
海南省人民政府印发海南省支持文化体制改革和文化事业文化产业发展若干政策的通知(琼府[2007]25号)(2007—04—16) …… 510
山西省人民政府办公厅关于印发山西省“十一五”时期文化发展规划纲要的通知(晋政办发[2007]74号)(2007—06—13) …… 510
深圳市文化局、深圳市发展和改革局关于印发《深圳市文化事业发展“十一五”规划》的通知(深文[2007]183号)(2007—07—09) …… 511
太原市人民政府关于印发太原市“十一五”时期文化发展规划纲要的通知(并政发[2007]40号)(2007—09—27) …… 513
汕头市人民政府办公室关于印发汕头市文化事业和文化产业发展“十一五”规划的通知(汕府办[2007]328号)(2007—10—08) …… 514
陕西省人民政府办公厅关于印发加快发展我省文化产业若干政策措施的通知(陕政办发[2007]148号)(2007—11—23) …… 515
深圳市人民政府文化产业发展办公室、深圳市发展和改革局关于印发《深圳市文化产业发展“十一五”规划(2006—2010)》的通知(深文产[2007]34号)(2007—12—03) …… 515
山东省委办公厅、省政府办公厅关于加强公共文化服务体系建设的实施意见(鲁办发[2007]33号)(2007—12—06) …… 515
山东省人民政府办公厅印发关于深化文化体制改革加快文化产业发展的若干政策的通知(鲁政办发[2007]92号)

(2007—12—12) …… 518

政府信息公开与图书馆 …… 519

青岛市人民政府办公厅关于贯彻实施《中华人民共和国政府信息公开条例》切实做好有关工作的通知(青政办发[2007]26号)(2007—07—29) …… 519

新疆维吾尔自治区人民政府办公厅关于贯彻落实《中华人民共和国政府信息公开条例》有关问题的通知(新政办发[2007]182号)(2007—08—31) …… 519

四川省人民政府办公厅关于全面落实《中华人民共和国政府信息公开条例》的实施意见(川办函[2007]241号)(2007—09—05) …… 519

福建省人民政府办公厅关于做好施行《中华人民共和国政府信息公开条例》准备工作的通知(闽政办[2007]185号)(2007—09—18) …… 519

江苏省政府办公厅关于做好施行《中华人民共和国政府信息公开条例》准备工作的通知(苏政办发[2007]118号)(2007—09—25) …… 520

成都市人民政府办公厅关于贯彻落实《中华人民共和国政府信息公开条例》的通知(成办发[2007]84号)(2007—09—29) …… 520

大连市人民政府办公厅关于做好《中华人民共和国政府信息公开条例》实施准备工作的通知(大政办发[2007]138号)(2007—09—30) …… 520

河南省人民政府办公厅关于做好施行《中华人民共和国政府信息公开条例》准备工作的通知(豫政办[2007]107号)(2007—10—09) …… 520

宁波市人民政府办公厅关于加强信息资源开发利用工作的实施意见(甬政办发[2007]202号)(2007—10—09) …… 520

青海省人民政府办公厅关于做好《中华人民共和国政府信息公开条例》实施准备工作的通知(青政办[2007]166号)(2007—10—11) …… 521

北京市人民政府办公厅关于贯彻施行《中华人民共和国政府信息公开条例》准备工作的通知(京政办发[2007]71号)(2007—10—23) …… 521

山东省人民政府办公厅关于做好施行《中华人民共和国政府信息公开条例》有关工作的通知(鲁政办发[2007]85号)(2007—11—01) …… 521

宁波市人民政府关于做好施行《中华人民共和国政府信息公开条例》准备工作的通知(甬政发[2007]115号)(2007—11—05) …… 521

西藏自治区人民政府办公厅关于做好施行《中华人民共和国政府信息公开条例》准备工作的通知(藏政办发[2007]104号)(2007—11—13) …… 522

辽宁省人民政府办公厅关于做好省政府门户网站内容保障工作的通知(辽政办发[2007]78号)(2007—11—16) …… 522

内蒙古自治区人民政府办公厅关于做好施行《中华人民共和国政府信息公开条例》准备工作的通知(内政办发[2007]118号)(2007—11—21) …… 522

南京市政府信息公开规定(2007—11—22) …… 522

安徽省人民政府关于贯彻《中华人民共和国政府信息公开条例》的实施意见(皖政[2007]120号)(2007—11—30) …… 522

文化遗产保护与图书馆 …… 523

江西省人民政府办公厅关于加强我省非物质文化遗产保护工作的意见(赣府厅发[2007]7号)(2007—01—23) …… 523

安徽省人民政府办公厅转发国务院办公厅关于进一步加强古籍保护工作意见的通知(皖政办[2007]9号)(2007—3—12) …… 523

南宁市人民政府办公厅关于印发南宁市少数民族古籍抢救搜集整理工作方案的通知(南府办[2007]100号)

(2007－04－13) …… 524
内蒙古自治区人民政府办公厅转发国务院办公厅关于进一步加强古籍保护工作意见的通知(内政办发[2007]53号)(2007－05－11) …… 525
无锡市政府办公室转发市文化局关于推进全市工业遗产普查工作的实施意见的通知(锡政办发[2007]86号)(2007－05－18) …… 525
无锡市政府关于印发《无锡市工业遗产普查及认定办法(试行)》的通知(锡政发[2007]208号)(2007－05－25) …… 526
山西省人民政府办公厅关于转发省文化厅山西省古籍普查实施方案的通知(晋政办发[2007]65号)(2007－05－31) …… 526
新疆维吾尔自治区人民政府办公厅关于进一步加强自治区古籍保护工作的实施意见(新政办发[2007]88号)(2007－05－31) …… 527
江苏省政府办公厅关于进一步加强古籍保护工作的意见(苏政办发[2007]85号)(2007－07－09) …… 528
吉林省人民政府办公厅关于进一步加强古籍保护工作的意见(吉政办发[2007]35号)(2007－07－18) …… 529
青海省人民政府办公厅转发省文化厅关于进一步加强我省古籍保护工作意见的通知(青政办[2007]141号)(2007－08－27) …… 529
福建省人民政府办公厅关于进一步加强古籍保护工作的意见(闽政办[2007]202号)(2007－10－11) …… 530
山东省人民政府办公厅关于进一步加强古籍保护工作的意见(鲁政办发[2007]81号)(2007－10－15) …… 531
重庆市人民政府办公厅关于印发重庆市古籍保护工作方案的通知(渝办发[2007]297号)(2007－10－29) …… 531
辽宁省人民政府办公厅关于进一步加强全省古籍保护工作的意见(辽政办发[2007]75号)(2007－11－07) …… 532

教育事业与图书馆 …… 533

福建省人民政府办公厅转发省终身教育促进委员会关于实施《福建省终身教育促进条例》试行意见的通知(闽政办[2007]7号)(2007－01－15) …… 533
河北省物价局、河北省教育厅、河北省财政厅关于实行农村义务教育经费保障机制改革的中小学收费问题的通知(冀价行费[2007]1号)(2007－01－16) …… 534
科学技术部、中共中央宣传部、国家发展和改革委员会、教育部、国防科学技术工业委员会、财政部、中国科学技术协会、中国科学院关于加强国家科普能力建设的若干意见(国科发政字[2007]32号)(2007－01－17) …… 534
陕西省教育厅关于印发《陕西省普通高中新课程改革实施方案》的通知(陕教基[2007]7号)(2007－01－22) …… 534
湖南省教育厅关于实施普通高中新课程实验工作的指导意见(湘教发[2007]11号)(2007－02－01) …… 535
河南省教育厅关于严禁农村义务教育阶段学校乱收费的通知(2007－02－08) …… 535
宁波市人民政府关于"十一五"时期完善高等教育发展体制推进服务型教育体系建设的若干意见(甬政发[2007]10号)(2007－02－08) …… 535
汕头市人民政府办公室关于印发汕头市教育事业发展"十一五"规划的通知(汕府办[2007]21号)(2007－02－09) …… 535
黑龙江省教育厅、省委省政府纠风办、监察厅、物价局、财政厅关于我省在农村义务教育经费保障机制改革中坚决制止学校乱收费工作的通知(黑教联[2007]5号)(2007－02－12) …… 536
湖北省物价局、湖北省财政厅、湖北省教育厅关于进一步明确义务教育学校收费政策的通知(鄂价费[2007]46号)(2007－02－13) …… 536
安徽省物价局关于实施义务教育经费保障机制改革后进一步加强收费管理的通知(皖价电[2007]14号)(2007－03－02) …… 536
全民科学素质工作领导小组关于转发《科学教育与培训基础工程实施方案》的通知(全科组办发[2007]9号)(2007－03－16) …… 536
四川省教育厅关于组织开展义务教育阶段学校课外活动的通知(川教[2007]69号)(2007－03－22) …… 536

江苏省政府办公厅关于印发江苏省教育事业发展“十一五”规划的通知(苏政办发[2007]28号)(2007—03—28)…… 537
中共北京市委、北京市人民政府关于大力推进首都学习型城市建设的决定(2007—03—30) …… 537
山东省物价局、山东省财政厅、山东省教育厅关于进一步规范义务教育阶段学校收费行为的通知(鲁价费发[2007]77号)(2007—04—09) …… 537
淄博市人民政府关于认真贯彻《中华人民共和国义务教育法》深入推进素质教育的意见(淄政发[2007]21号)(2007—04—18) …… 537
陕西省教育厅关于印发陕西省普通高中新课程改革有关指导意见(方案)的通知(陕教基[2007]22号)(2007—04—24) …… 538
中国残联、教育部关于印发《残疾人中等职业学校设置标准(试行)》的通知(残联发[2007]16号)(2007—04—28) … 538
江苏省教育厅关于贯彻落实教育部中小学公共安全教育指导纲要的通知(苏教基[2007]16号)(2007—05—13)…… 538
国务院批转教育部国家教育事业发展“十一五”规划纲要的通知(国发[2007]14号)(2007—05—18) …… 539
浙江省人民政府关于促进高等教育发展的若干意见(浙政发[2007]29号)(2007—05—23) …… 539
上海市教育委员会关于2007年市政府教育实事项目400所农村中小学信息化环境设施建设的实施意见(沪教委基[2007]30号)(2007—05—26) …… 539
教育部关于加强和改进中小学艺术教育活动的意见(教体艺[2007]16号)(2007—05—30) …… 539
福建省教育厅关于印发《福建省达标高中评估办法(试行)》和《福建省达标高中评估标准(试行)》的通知(闽教基[2007]42号)(2007—06—05) …… 539
陕西省教育厅、陕西省财政厅关于集中采购配置中小学教学仪器设备和图书资料的通知(陕教资[2007]36号)(2007—06—20) …… 540
教育部办公厅关于做好2007年暑期未成年人校外活动场所工作的通知(教基厅[2007]8号)(2007—06—29)…… 540
北京市教育委员会关于印发北京市普通高中课程改革实验工作方案(试行)的通知(京教基[2007]16号)(2007—07—02) …… 541
陕西省教育厅关于印发《陕西省普通高中新课程学科教学实施指导意见(试行)》的通知(陕教基[2007]36号)(2007—07—02) …… 541
劳动和社会保障部关于印发国家重点技工学校标准的通知(劳社部发[2007]26号)(2007—07—05)…… 541
福州市人民政府关于进一步义务教育均衡发展的决定(2007—07—16) …… 541
中共中央宣传部、教育部、司法部、全国普及法律常识办公室关于印发《中小学法制教育指导纲要》的通知(教基[2007]10号)(2007—07—24) …… 542
唐山市人民政府关于进一步加快职业教育发展的意见(唐政发[2007]12号)(2007—08—02) …… 542
黑龙江省教育厅关于印发《黑龙江省普通高中课程设置方案(试行)》等文件的通知(黑教基[2007]162号)(2007—08—02) …… 542
江苏省物价局、省财政厅关于印发《江苏省高等学校服务性收费和代收费管理暂行办法》的通知(苏价费[2007]270号、苏财综[2007]68号)(2007—08—08) …… 543
河南省民政厅关于认真做好城乡社区未成年人思想道德教育工作的通知(豫民文[2007]149号)(2007—08—16) … 543
长春市教育局关于印发《长春市教育教学仪器设备管理暂行办法》的通知(长教[2007]191号)(2007—09—06) …… 543
中共上海市科技教育工作委员会、市教委关于深化教育综合改革进一步加强创新人才培养的若干意见(沪教委办[2007]64号)(2007—10—09) …… 544
广东省人民政府办公厅印发广东省教育发展“十一五”规划的通知(粤府办[2007]88号)(2007—10—18)…… 544
海南省教育厅、海南省发展与改革厅、海南省财政厅关于印发《海南省高等学校服务性收费和代收费管理暂行规定的通知(琼教计[2007]217号)(2007—12—12) …… 544
佛山市人民政府办公室转发市教育局关于进一步加强我市中小学教育装备建设工作意见的通知(佛府办[2007]412号)

(2007—12—18) …… 545

特殊人群与图书馆 …… 546

南昌市人民政府关于印发南昌市残疾人事业“十一五”发展纲要的通知(洪府发[2007]8号)(2007—01—13) 546

兰州市人民政府办公厅关于印发兰州市“十一五”未成年人校外教育事业发展规划的通知(兰政办发[2007]13号)(2007—01—27) …… 546

青岛市精神文明建设委员会2007年全市加强和改进未成年人思想道德建设工作意见(青文明[2007]4号)(2007—02—08) …… 546

成都市人民政府关于印发成都市残疾人事业发展第十一个五年规划的通知(2007—02—25) …… 547

广东省人民政府印发广东省残疾人事业“十一五”发展纲要的通知(粤府[2007]17号)(2007—02—25) …… 547

贵阳市人民政府办公厅关于转发贵阳市老龄事业发展“十一五”规划的通知(筑府办发[2007]25号)(2007—02—27) …… 547

石家庄市人民政府关于印发石家庄市残疾人事业“十一五”发展纲要的通知(石政发[2007]18号)(2007—03—05) …… 547

南京市政府关于印发南京市残疾人事业“十一五”发展纲要的通知(宁政发(2007)91号)(2007—03—20) …… 548

南宁市人民政府关于印发《南宁市残疾人事业“十一五”规划纲要(2006年—2010年)》的通知(南府发[2007]39号)(2007—03—28) …… 548

广东省扶助残疾人办法(2007—03—30) …… 548

四川省人民政府办公厅关于印发四川省老龄事业发展“十一五”规划的通知(川办发[2007]37号)(2007—04—19) …… 548

广西壮族自治区人民政府办公厅转发自治区老龄委办公室和发展改革委等部门关于加快发展我区养老服务业实施意见的通知(桂政办发[2007]57号)(2007—04—25) …… 548

安徽省优待扶助残疾人规定(2007—05—24) …… 549

广州市人民政府办公厅印发广州市残疾人事业发展第十一个五年规划的通知(穗府办[2007]21号)(2007—06—16) …… 549

南昌市政府办公厅关于印发南昌市老龄事业发展“十一五”规划的通知(洪府厅发[2007]96号)(2007—06—19) …… 549

汕头市人民政府印发汕头市残疾人事业“十一五”发展纲要的通知(汕府[2007]93号)(2007—07—13) …… 549

珠海市人民政府关于印发珠海市残疾人事业“十一五”发展纲要的通知(珠府[2007]88号)(2007—08—02) …… 550

江苏省政府办公厅关于进一步做好老年人优待和服务工作的通知(苏政办发[2007]98号)(2007—08—11) …… 550

乌鲁木齐市优待老年人规定(2007—09—07) …… 550

湖南省人民政府办公厅关于印发湖南省老龄事业发展“十一五”规划的通知(湘政办发[2007]53号)(2007—09—11) …… 550

太原市人民政府关于印发太原市妇女发展“十一五”规划和儿童发展“十一五”规划的通知(并政发[2007]39号)(2007—09—24) …… 550

中国残疾人联合会关于开展创建“全国残疾人工作示范城市”和评选“全国残疾人工作爱心城市”活动的通知(残联函[2007]221号)(2007—09—26) …… 550

上海市教委、市老龄委、市财政局关于全面推进本市老年教育工作的若干意见(沪教委终[2007]8号)(2007—09—26) …… 551

吉林省优待老年人规定(2007—09—28) …… 551

合肥市人民政府关于印发合肥市残疾人事业“十一五”发展纲要的通知(合政[2007]117号)(2007—10—09) 551

建设部、民政部、中国残疾人联合会、全国老龄工作委员会办公室关于开展创建全国无障碍建设城市工作的通知(建标[2007]261号)(2007—11—15) …… 551

农业、农村、农民发展与图书馆 …… 552
内蒙古党委、政府关于积极发展现代农牧业、扎实推进社会主义新农村新牧区建设的意见(内党发[2007]1号)(2007—01—08) …… 552
广西壮族自治区人民政府办公厅印发广西社会主义新农村文化致富工程实施意见的通知(桂政办发[2007]6号)(2007—01—19) …… 552
宁夏回族自治区党委、自治区人民政府关于印发《宁夏回族自治区社会主义新农村建设规划纲要(2006—2010年)》的通知(宁党发[2007]12号)(2007—02—05) …… 552
湖北省人民政府关于印发湖北省农业和农村经济发展"十一五"规划纲要的通知(鄂政发[2007]17号)(2007—02—26) …… 552
南宁市人民政府办公厅关于印发南宁市社会主义新农村文化致富工程总体实施方案的通知(南府办[2007]77号)(2007—03—22) …… 553
浙江省文化厅关于实施我省新农村文化建设十项工程的通知(浙文社[2007]36号)(2007—03—26) …… 553
河北省人民政府关于印发河北省社会主义新农村建设暨农村经济发展"十一五"规划纲要的通知(冀政函[2007]34号)(2007—03—29) …… 554
国家发展改革委关于印发全国农村经济社会发展"十一五"规划的通知(发改农经[2007]1253号)(2007—06—09) …… 554
浙江省文化厅关于印发新农村文化建设重点工程年度考核评估标准的通知(浙文社[2007]85号)(2007—07—09) …… 554
南京市政府办公厅关于转发市科技局《开展新农村建设科技示范行动方案》的通知(宁政办发(2007)110号)(2007—08—10) …… 555
中共浙江省委办公厅、浙江省人民政府办公厅转发《省信息化工作领导小组关于加快农村信息化建设的意见》的通知(浙委办[2007]105号)(2007—12—10) …… 555

服务行业与图书馆 …… 555
国家标准化管理委员会关于印发《ISO和IEC标准出版物版权保护管理规定(试行)》的通知(2007—01—15) …… 555
石家庄市人民政府办公厅关于印发石家庄市服务业十一五发展规划的通知(石政办发[2007]1号)(2007—01—15) …… 556
广东省人民政府关于加强和改进我省社区服务工作的意见(粤府[2007]6号)(2007—01—18) …… 556
浙江省国家档案馆管理办法(2007—01—22) …… 556
山西省人民政府办公厅关于印发山西省服务业"十一五"时期发展大纲的通知(晋政办发[2007]20号)(2007—03—13) …… 556
广东省人民政府办公厅关于印发广东省服务业发展"十一五"规划的通知(粤府办[2007]32号)(2007—04—10) …… 557
上海市人民政府关于完善社区服务促进社区建设的实施意见(沪府发[2007]19号)(2007—06—23) …… 557
大连市人民政府关于印发大连市现代服务业发展"十一五"规划的通知(大政发[2007]75号)(2009—06—29) …… 557
江苏省政府关于加强社区服务促进和谐社区建设的意见(苏政发[2007]84号)(2007—08—02) …… 557
广东省人民政府关于加快发展我省现代信息服务业的意见(粤府[2007]95号)(2007—11—26) …… 558
贵州省人民政府贯彻落实国务院关于加快发展服务业若干意见的实施意见(黔府发[2007]33号)(2007—12—03) …… 558

广西壮族自治区人民政府关于加快发展服务业的实施意见(桂政发[2007]53 号)(2007—12—10) …… 558
长春市人民政府关于印发《长春市服务业发展规划(2008—2012 年)》的通知(长府发[2007]27 号)
(2007—12—24) …… 559

土地税收政策与图书馆 …… 559

财政部、国家税务总局关于宣传文化所得税优惠政策的通知(财税[2007]24 号)
(2007—02—06) …… 559
南京市地方税务局关于印发服务“跨江发展”18 条政策措施的通知(宁地税发[2007]66 号)(2007—03—26) …… 559
海南省实施《中华人民共和国城镇土地使用税暂行条例》办法(2007—10—03) …… 559
福建省国土资源厅、福建省教育厅、福建省建设厅关于印发《福建省教育用地控制指标》(试行)的通知(闽国土资综[2007]316 号)(2007—11—14) …… 560

政府工作与图书馆 …… 560

国务院办公厅印发关于做好国务院 2007 年立法工作的意见和国务院 2007 年立法工作计划的通知(国办发[2007]2 号)
(2007—01—02) …… 560
河北省人民政府关于动员全社会力量支持贫困老区建设的意见(冀政[2007]4 号)(2007—01—09) …… 560
海口市人民政府关于印发海口市“十一五”科技发展规划纲要的通知(海府[2007]4 号)(2007—01—11) …… 560
中共南京市委、南京市人民政府关于加快推进跨江发展战略的意见(宁委发(2007)3 号)(2007—01—12) …… 561
北京市信息化工作领导小组办公室关于印发《北京市提高全民信息能力行动纲要》的通知(京信发[2007]2 号)
(2007—01—15) …… 561
杭州市文化广电新闻出版局办公室关于印发 2007 年工作要点的通知(杭文广新办[2007]8 号)(2007—01—19) …… 561
四川省人民政府办公厅关于印发四川省“十一五”社会事业发展规划的通知(川办发[2007]17 号)
(2007—01—26) …… 561
成都市人民政府关于印发成都市城市化发展第十一个五年规划的通知(2007—01—27) …… 562
中共深圳市委、深圳市人民政府关于制定《深圳市民生净福利指标体系》的意见(深发[2007]2 号)
(2007—01—31) …… 562
广东省人民政府办公厅关于印发广东省城镇化发展“十一五”规划的通知(粤府办[2007]9 号)(2007—02—08) …… 562
文化部、国家工商行政管理总局、公安部、信息产业部、教育部、财政部、监察部、卫生部、中国人民银行、国务院法制办公室、新闻出版总署、中央文明办、中央综治办、共青团中央关于进一步加强网吧及网络游戏管理工作的通知(文市发[2007]10 号)(2007—02—15) …… 563
广东省人民政府办公厅印发广东省实施技术标准战略“十一五”规划的通知(粤府办[2007]16 号)
(2007—02—25) …… 563
国务院办公厅关于印发少数民族事业“十一五”规划的通知(国办发[2007]14 号)(2007—02—27) …… 563
河北省人民政府关于印发《河北省城市化“十一五”发展规划》的通知(冀政函[2007]23 号)(2007—03—02) …… 564
深圳市人民政府关于印发深圳市人民政府 2007 年度立法工作计划的通知(深府[2007]36 号)
(2007—03—02) …… 564
国家标准化管理委员会关于印发《标准化“十一五”发展规划》的通知(2007—03 05) …… 564
郑州市人民政府办公厅关于落实 2007 年政府工作报告提出的重点工作的通知(郑政办[2007]6 号)
(2007—03—08) …… 565
济南市人民政府关于落实济南市国民经济和社会发展第十一个五年规划纲要主要目标和任务工作分工的通知(济政发[2007]5 号)(2007—03—21) …… 565
国家中医药管理局关于印发中医药信息化建设“十一五”规划纲要的通知(国中医药发[2007]12 号)

(2007—03—23) …… 565
黑龙江省人民政府办公厅关于印发黑龙江省少数民族事业"十一五"规划的通知(黑政办发[2007]15号)
(2007—04—06) …… 565
重庆市人民政府关于贯彻实施全民科学素质行动计划纲要(2006—2010—2020年)的意见(渝府发[2007]53号)
(2007—04—06) …… 565
中共湖南省委、湖南省人民政府关于继续支持湘西土家族苗族自治州加快经济社会发展的意见(湘发[2007]7号)
(2007—04—07) …… 566
广东省人民政府办公厅印发关于加快粤东地区发展产业与重大项目规划的通知(粤府办[2007]40号)
(2007—04—28) …… 566
中共广州市委、广州市人民政府关于印发《中共广州市委、广州市人民政府关于切实解决涉及人民群众切身利益若干问题的决定》的通知(穗字[2007]2号)(2007—05—03) …… 566
中共深圳市委、深圳市人民政府关于印发《深圳市2007年改革计划》的通知(深发[2007]8号)(2007—05—09) …… 566
内蒙古自治区人民政府关于进一步扶持老区经济社会发展的意见(内政发[2007]45号)(2007—05—21) …… 566
陕西省文化厅关于印发全省性文化艺术类民办非企业单位管理办法的通知(陕文办[2007]19号)
(2007—05—23) …… 567
浙江省司法厅关于贯彻落实五五普法规划进一步加强青少年法制宣传教育工作的若干意见(浙司[2007]137号)(2007—05—30) …… 567
内蒙古自治区人民政府关于贯彻落实2006年至2020年国家信息化发展战略的实施意见(内政字[2007]116号)(2007—06—01) …… 567
国务院办公厅关于印发兴边富民行动"十一五"规划的通知(国办发[2007]43号)(2007—06—09) …… 567
江西省发展和改革委员会关于印发《江西省新型城镇化"十一五"专项规划》的通知(赣发改投资字[2007]546号)(2007—06—11) …… 568
广州市政府办公厅印发广州市社会事业发展"十一五"规划的通知(穗府办[2007]20号)(2007—06—12) …… 568
深圳市科技和信息局关于印发《深圳市科技创新公共技术平台"十一五"发展规划(2006—2010)》的通知(深科信[2007]155号)(2007—06—12) …… 568
四川省人民政府关于贯彻《全民科学素质行动计划纲要》的实施意见(川府发[2007]33号)(2007—06—15) …… 569
云南省人民政府关于2007年重点督查20项具体工作的通知(云政发[2007]101号)(2007—06—25) …… 569
杭州市文化广电新闻出版局关于开展共建共享"生活品质之城"大讨论第二阶段活动的实施意见(杭文广新党办[2007]13号)(2007—06—27) …… 569
深圳市人民政府关于加快民政事业发展的若干意见(深府[2007]150号)
(2007—06—29) …… 570
广东省人民政府印发广东省东西北振兴计划(2006—2010年)的通知(粤府[2007]67号)(2007—07—26) …… 570
深圳市公安局关于加强非经营性公共上网服务场所网络安全管理工作的通告(深公通[2007]4号)
(2007—08—01) …… 570
武汉市人民政府关于印发武汉市公共财政发展"十一五"规划的通知(武政[2007]58号)(2007—08—02) …… 570
河南省人民政府办公厅关于2007年城乡一体化试点重点改革工作的意见(豫政办[2007]83号)(2007—08—07) … 571
山西省人民政府办公厅关于印发山西省省级政府投资"十一五"规划的通知(晋政办发[2007]106号)
(2007—08—23) …… 571
江西省人民政府关于贯彻全民科学素质行动计划纲要(2006—2010—2020年)的实施意见(赣府发[2007]22号)(2007—09—10) …… 571
四川省物价局印发《四川省物价局关于扩权强县试点价格管理权限的具体实施意见(试行)》的通知(川价电发[2007]40号)(2007—09—13) …… 571

福建省人民政府办公厅关于印发福建省全民科学素质工程实施方案的通知(闽政办[2007]191 号)(2007—09—27) …… 572

湖南省人民政府办公厅关于印发湖南省“十一五”国民经济与社会信息化发展规划的通知(湘政办发[2007]57 号)(2007—09—28) …… 572

中共湖北省委办公厅、湖北省人民政府办公厅关于印发《2006—2020 年湖北省信息化发展战略》的通知(鄂办发[2007]28 号)(2007—10—08) …… 572

辽宁省财政厅、辽宁省物价局关于取消部分收费项目调整部分收费项目性质的通知(辽财非[2007]744 号)(2007—10—30) …… 572

青海省人民政府办公厅关于印发《青海省贯彻落实<少数民族事业“十一五”规划>实施意见》的通知(青政办[2007]184 号)(2007—12—06) …… 573

上海市人民政府办公厅关于转发市标准化工作联席会议办公室制订的《上海市服务标准化行动计划(2007—2010 年)》的通知(沪府办发[2007]48 号)(2007—12—18) …… 573

河南省人民政府办公厅关于明确全省城市发展与管理工作目标和责任单位的通知(豫政办[2007]127 号)(2007—12—25) …… 573

文化部关于废止部分规章和规范性文件的决定(2007—12—29) …… 573

专业文献

577—598

2007 年部分院校图书馆学情报学博士学位论文摘要 …… 577

2007 年部分院校图书馆学情报学硕士学位论文目录 …… 591

统计资料

600—664

2007 年全国十五城市图书馆概况表 …… 600

2007 年全国公共图书馆事业统计 …… 604

索 引

665—682

索 引 …… 665

纪　事

Chronicle

温家宝总理到中国人民大学图书馆亲切看望青年学生 3

全国古籍保护工作会议在京召开 4

全国公共图书馆延伸服务经验交流会在津召开 5

中国图书馆学会“2007 年志愿者行动”综述 7

2007 年中国图书馆事业大事记 13

纪　事

温家宝总理到中国人民大学图书馆亲切看望青年学生

2007年5月4日上午，中共中央政治局常委、国务院总理温家宝来到中国人民大学图书馆，亲切看望了正在学习的青年学生，与大家共度五四青年节，代表党中央、国务院向全国广大青年朋友表示亲切的慰问，致以节日的祝贺。

五月的校园，绿草茵茵，鲜花盛开。上午10时许，温家宝和国务委员陈至立一行来到中国人民大学图书馆。在图书馆前，温家宝热情与同学们握手，祝大家青年节快乐。同学们闻讯赶来，越聚越多，纷纷向总理致意。许多同学拉着总理的手，问他们所关心的问题，希望总理给大家讲话。总理走上图书馆门前的台阶，面对围拢而来的数百名学生大声发表讲话，首先对人民大学建校70周年向全校师生表示热烈祝贺，并对青年学生提出"要坚持理论联系实际的学风，要有追求真理的精神，要树立对国家和人民强烈的责任感"三点希望。

在即席回答了同学们的问题后，温家宝总理步入图书馆，参观了中国人民大学图书馆珍藏文献展。一函函珍贵的古籍，一册册保存完好的解放区出版物，散发着浓郁的墨香。总理一边认真听取介绍，一边仔细察看，叮嘱要好好保护、利用这些珍贵的文献。随后，温家宝总理来到中文期刊阅览室。虽然正值假期，但阅览室里依然坐满了学习的学生。总理与同学们围坐在桌前亲切交谈，与他们畅谈理想、学习和人生，耐心回答了大家提出的20余个问题。从学习到生活，从三农问题，金融、能源等经济问题到社会公平正义问题，大家问的面很广，总理一一认真解答。在谈到如何读书时，温家宝说，在以人文社会科学为主的学校，大家应该多读些书，特别是多读些课外书。要博览群书，多学知识、多积累，这样总会有益处。他把"非知之难，行之惟难；非行之难，终之斯难"这句话送给同学们，希望同学们知难而前行，善始而敬终。（刘建良）

全国古籍保护工作会议在京召开

为贯彻落实国务院办公厅《关于进一步加强古籍保护工作的意见》，研究部署古籍保护工作，启动中华古籍保护计划，2007 年 2 月 28 日，文化部在京召开了全国古籍保护工作会议。

文化部副部长周和平就全面开展古籍保护工作进行部署。他说，最近国务院办公厅下发了《关于进一步加强古籍保护工作的意见》（国办发［2007］6 号），这是我国文化建设的一件大事，标志着我国的古籍保护工作进入了一个新阶段，对保护我国的丰富文化遗产，弘扬中华优秀传统文化，建设社会主义先进文化和构建社会主义和谐社会，必将产生重要作用。根据国办《意见》精神，要坚持“保护为主、抢救第一、合理利用、加强管理”的方针，通过大力实施中华古籍保护计划，加大古籍保护工作力度，全面、科学、规范地开展保护工作，建立科学有效的古籍保护制度，提高全社会的古籍保护意识，逐步形成完善的古籍保护工作体系，并重点做好几项工作：一是全面开展普查工作；二是建立《国家珍贵古籍名录》；三是命名全国古籍重点保护单位；四是加强古籍保护队伍建设；五是做好珍贵古籍修复工作；六是积极利用古籍保护成果。

文化部社会文化图书馆司司长张旭主持会议，副司长刘小琴就古籍保护工作的具体安排做了说明。国家图书馆党委书记、馆长詹福瑞在会上介绍了国家图书馆作为国家古籍保护中心的职能和今后的工作。

会议下发了《全国古籍普查工作方案》（征求意见稿）、《国家珍贵古籍申报评审暂行办法》（征求意见稿）、《全国古籍重点保护单位评定办法》（征求意见稿），并进行了讨论。全国各省、自治区、直辖市文化厅局负责人和省图书馆馆长参加了会议。

（摘自《中国文化报》2007 年 3 月 1 日）

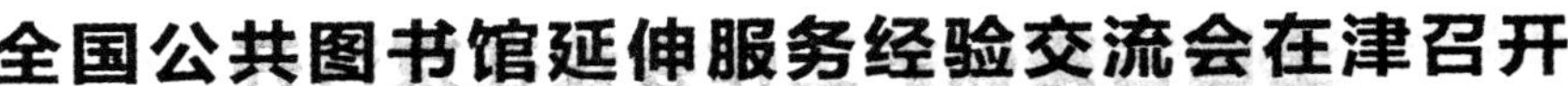

全国公共图书馆延伸服务经验交流会在津召开

由文化部召开的全国公共图书馆延伸服务经验交流会，于2007年5月15—16日在天津市召开。文化部副部长周和平出席会议，并宣读了中共中央政治局常委李长春，中共中央政治局委员、中央书记处书记、中宣部部长刘云山，国务委员陈至立等中央领导同志对天津图书馆延伸公益性服务的重要批示。宣读了陈至立同志给大会发来的贺信。市委副书记、市人大常委会主任刘胜玉出席开幕式。市委常委、市委宣传部部长肖怀远会前会见了出席会议的代表并在会上致辞。

肖怀远在致辞中向文化部和兄弟省市多年来对天津市文化工作的关心和支持表示感谢。他指出，市委、市政府在加快经济发展的同时，高度重视文化建设，特别是把保障和实现广大人民群众的基本文化权益作为文化建设的一项重要任务，不断加大公益性文化事业的投入，积极构建覆盖全社会的公共文化服务体系，提高公共文化服务水平，保证人民群众共享文化发展成果。天津图书馆是市委、市政府确定的全市公益性文化事业单位改革试点，他们积极改革，努力创新，为充分发挥公共图书馆服务作用做出了一些有益的探索和尝试。这次会议的召开，对于更好地发挥公共图书馆的作用必将起到积极的推动作用。

周和平在讲话时指出，当前，我国正处于全面建设小康社会、加快推进现代化的关键阶段，经济和社会发展正面临许多重大而艰巨的任务，迫切需要提高全民族科学文化素质，需要搭建一个信息支撑和知识保障平台。加强图书馆服务工作，拓展图书馆服务网络，提高服务辐射能力，有利于优化图书馆资源配置，有利于最大限度地发挥政府投入的社会效益，是政府履行公共文化服务职能的有效方式，是促进人的全面发展的有效手段，是建设和谐社会、学习型社会重要内容。各级文化行政主管部门要充分认识图书馆服务工作的重要意义，把加强图书馆服务工作作为实践“三个代表”重要思想、落实科学发展观、建设和谐社会的重要举措，认真抓好，抓出成效。

周和平强调，加强图书馆服务工作，就不能满足于开展阵地服务、传统服务，而是要充分利用馆藏文献和设施等条件，充分利用现代信息网络技术，狠抓图书馆内涵建设，通过完善图书馆服务网络，举办讲座、展览、培训，开展网上服务等方式，积极拓展图书馆社会教育功能，增强服务辐射能力，扩大服务覆盖面，丰富服务内容与方式，为社会公众提供多样化、个性化服务，使图书馆的服务广度与深度都得到延伸，提高公共文化服务能力。他要求，各级政府要切实履行职责，高度重视公共图书馆建设，加大投入，加强管理，为图书馆事业发展创造良好的条件，保证人民群众共享文化发展成果。各级图书馆要将图书馆服务工作作为全馆的核心工作来抓，因地制宜，科学规划，专人负责，推动服务工作广泛、深入、持久开展。图书馆服务工作一定要与文化共享工程紧密结合，向经济欠发达地区、向农村延伸服务，面向基层、面向农村积极开展数字信息服务，满足农村群众基本的文化知识需求。

会上，天津图书馆介绍了《深化文化体制改革，延伸公共文化服务，努力建设读者满意的图书馆》的经验。国家图书馆、上海市文化广播影视广播管理局，江苏省、浙江省、广东省文化厅和深圳市文化局等单位分别介绍了公共图书馆延伸服务的经验。与会代表参观了天津市部分社区图书馆。文化部、市委宣传部、市文化局负责同志和全国各地文化厅（局）长、社文处长、副省级以上公共图书馆馆长共160多人参加了会议。

又讯，近年来，天津图书馆深化改革，创新服务方式，通过开设社区及行业分馆、发展流动汽车图书馆、建设文化信息资源共享工程、推出图书借阅“订单式”服务和电子文献网上阅览“一码通”服务、举办公益性讲座等方式，把公共图书馆服务的触角向行业、社区和农村延伸，已在全市建立社区和行业分馆123个，流动汽车服务点36个，网上阅览用户达6324个，数字化资源库15个，数据量260GB，每年举办公益

讲座50多场，为丰富群众文化生活，提高市民文化素质，构建和谐社会作出了积极的贡献。李长春、刘云山、陈至立等中央领导同志分别在介绍天津图书馆经验材料上作出了重要批示。周和平来津调研考察后认为，天津图书馆延伸服务的做法值得总结和推广。

（摘自新华网天津频道 2007 年 5 月 17 日）

中国图书馆学会"2007 年志愿者行动"综述

2007 年 7 月底至 8 月初，中国图书馆学会"志愿者行动——基层图书馆馆长培训"分别在甘肃、广西、河北、青海、山西和四川 6 个省（自治区）同时展开。来自全国图书馆界和海外的 40 名志愿者，分别对 6 个省（自治区）的 621 位地、县级基层图书馆馆长进行了系统的、高水平、高质量的培训，取得圆满成功。

这次活动是在党中央提出科学发展观、构建和谐社会、建设创新型国家和建设社会主义新农村等重大战略思想指导下，继中国图书馆学会成功组织"2006 年志愿者行动"之后，我国图书馆界的又一次大型培训活动。

一、志愿者的招募

2007 年 1 月底，中国图书馆学会在网上发布了"2007 年中国图书馆学会志愿者行动志愿者招募公告"后，得到了全国图书馆界的积极响应，先后有 57 位专家教授和图书馆工作者报名参加志愿者。经中国图书馆学会组织专家遴选，并与志愿者所在单位进行协商，最终确定 40 人入选"志愿者行动"志愿者。其中有大学的专家学者，国家图书馆，省、市公共图书馆，科研系统图书馆，大学图书馆以及中学图书馆的馆长，也有普通的图书馆员，还有 3 名是德国华裔志愿者。29 个支持单位为"志愿者行动"提供了人力和经费的支持。

二、志愿者工作会议

2007 年 5 月 11—12 日，中国图书馆学会在北京召开了 2007 年"志愿者行动"工作会议，来自全国各地的志愿者、各承办地代表和新闻记者近 50 人参加了会议。

中国图书馆学会领导对 2007 年"志愿者行动"高度重视，学会理事长詹福瑞向参会的志愿者发表了讲话。会议由中国图书馆学会秘书长汤更生主持。学会志愿者代表、西北大学公共管理学院副院长杨玉麟对 2006 年"中国图书馆学会志愿者行动"进行了回顾和总结；2007 年"中国图书馆学会志愿者行动"的承办地——青海省图书馆、四川省图书馆、甘肃省图书馆、广西壮族自治区图书馆与河北省图书馆的代表先后在会上发言，分别介绍各地图书馆的现状和各地基层图书馆馆长对培训的需求；学会秘书长汤更生向代表们介绍了 2007 年"志愿者行动"的筹备情况；全国文化信息资源共享工程国家管理中心赵保颖副处长向与会代表介绍了"共享工程"的基本情况；学术研究委员会常务副主任李国新就 2007 年基层图书馆馆长的培训大纲框架与思路作了说明。

围绕社会主义新农村建设中的图书馆、基层图书馆馆长实务、基层图书馆的资源建设与服务、基层图书馆的自动化网络化建设和宣传推介图书馆示范讲座等 5 个主讲专题，志愿者分组对培训大纲、内容、方法和形式进行了认真的讨论。志愿者以地区组为单位分别与 6 个承办地的代表进行了详细沟通。学术研究委员会常务副主任李国新就下一阶段的准备工作进行了布置，对培训大纲、参考资料的完成时间提出了要求。

会议指出，开展 2007 年"中国图书馆学会志愿者行动"，对我国中、西部的基层图书馆馆长进行培训，是建设社会主义新农村，继续推进西部大开发，促进区域协调发展，落实科学发展观的必然要求，是全面建设小康社会和构建社会主义和谐社会的重要任务，是贯彻落实中共中央办公厅、国务院办公厅印发《关于进一步加强西部地区人才队伍建设的意见》指示精神的具体行动。

会议要求，全体志愿者一定要不辜负全国图书馆界和业内同行对我们的殷切希望，精心准备，要展现出新一代中国图书馆理论和实践工作者的奉献精神，高质量、高水平地完成好培训任务。

三、志愿者行动的实施

根据"志愿者工作会议"的安排和部署，2007 年 7 月底至 8 月初，40 位志愿者分 6 个地

区组，分别奔赴6个省、自治区对基层图书馆馆长进行了培训。6省（区）的承办单位精心组织、精心安排，为“志愿者行动”的成功实施作出了重要贡献。

在整个“志愿者行动——基层图书馆馆长培训”的过程中，志愿者们向基层图书馆馆长宣传了图书馆学新理念，介绍了图书馆工作新方法，启迪了图书馆馆长们的新思维，开阔了图书馆实际工作者的眼界。由于准备充分，志愿者们的讲课深入浅出，理论与实践结合程度高，受到学员的普遍称赞。培训期间，安排了大量时间用于专家答疑、师生互动、座谈讨论，现场气氛热烈，掌声连连。志愿者们的奉献精神激发了基层图书馆工作者履行图书馆职业使命的强烈的社会责任感，更加坚定了图书馆工作者传播文明、传播知识的职业荣誉感。

2007年中国图书馆学会“志愿者行动”实施一览表

地点	主办单位	承办单位	时间	志愿者人数	培训人数
甘肃省白银市	中国图书馆学会 甘肃省文化厅	甘肃省图书馆 甘肃省图书馆学会 白银市图书馆	8月1—3日	8人	110人
河北省平山县	中国图书馆学会 河北省文化厅	河北省图书馆 河北省图书馆学会	7月29—31日	7人	124人
青海省西宁市	中国图书馆学会	青海省图书馆 青海省图书馆学会	8月1—3日	6人	68人
四川省成都市	中国图书馆学会	四川省图书馆 四川省图书馆学会	7月29—31日	7人	130人
广西南宁市	中国图书馆学会 广西壮族自治区人事厅 广西壮族自治区文化厅	广西壮族自治区图书馆 自治区图书馆学会	7月31日—8月2日	6人	109人
山西省太原市	中国图书馆学会	山西省图书馆 山西省图书馆学会	7月30日—8月1日	6人	80人
合计				40人	621人

8月5日，在2007年中国图书馆学会年会开幕式上举行了2007年志愿者欢迎仪式，詹福瑞理事长在年会开幕词中指出：2006年的年会闭幕式上，“中国图书馆学会志愿者行动——基层图书馆馆长培训”举行了启动仪式，26位志愿者奔赴湖南、陕西和黑龙江，对3省的310名基层图书馆馆长进行培训。就在几天前，来自全国各地和海外的40位志愿者又在甘肃、青海、山西、广西、四川、河北等6省，圆满完成了对600多名基层图书馆馆长的培训任务。这项中国图书馆学会首次组织的志愿者行动，本着无偿、公益、利他的原则，向业内外人士展示出图书馆人自助、自强的精神，体现出图书馆强大的行业凝聚力，表达了全体图书馆人面对新环境、应对新变化，“从我做起，从现在做起”的决心和勇气。仪式上，詹福瑞理事长和文化部社文图司副司长刘小琴共同为志愿者代表颁发了荣誉证书。

四、2007年志愿者行动的特点

2007年的“志愿者行动”在6个地区都取得了圆满成功。活动呈现出以下几个特点：

第一，各级政府主管部门高度重视。自2006年学会首次开展“志愿者行动”以来，这项活动得到了中国科协、文化部领导的高度重视和大力支持。学会理事长詹福瑞多次接见志愿者，并对“志愿者行动”给予支持和鼓励；学会副理事长陈力、王余光和杨沛超参加了去年的“志愿者行动”；副理事长倪晓建参加了今年的“志愿者行动”。今年，6个承办地的文化厅领导都亲临培训班开班仪式并讲话，对志愿者行动给予了高度赞扬，鼓励学员要抓住这次难得的机会认真学习；甘肃、广西与河北三省（区）文化厅还在经费上对“志愿者行动”给予支持。

第二，培训内容更加符合基层图书馆的发展现状和工作实际。调整后的5个专题充分反映了基层图书馆现时的工作重点、热点和难点。志愿者们在课前作了充分的准备，进行了深入的调研，查阅了大量的资料，使讲课内容充实而又丰富：既有基础理论知识，又有最新研究成果；既有大量案例分析，又不乏新理念、新技术和新方法。志愿者的广博学识和谦逊认真的态度让基层图书馆馆长深受感动。

第三，培训形式更加多样化。课堂上的提问、课堂式讨论、课余咨询与交流，这些开放式、互动式和启发式的教学方式充分调动了学员的学习积极性，收到很好的教学效果。同时，为了避免课程内容的重复，志愿者们相互认真听课，不断调整思路，补充或修改自己的讲稿，甚至是集体讨论，及时调整授课内容与讲法。

第四，志愿者专家队伍是一支团结协作、恪尽职守的队伍。专家们的全程参与、精心准备、密切合作、互相鼓励，是讲授保持高水平、获得广泛好评的重要基础。尤为值得称道的是6个组的组长，在没有学会专职人员参与的情况下，除了自己承担的授课任务外，还承担了各组的组织、协调工作，付出了更多的辛劳。上海图书馆党委副书记王世伟教授说，这次志愿培训活动的特点，可以用“真、善、美”3个字来概括。真，是说馆长们真学，讨论、互动讲真话，述真情；志愿者们准备认真，讲授认真，态度认真。善，是说基层馆长们有美善的境界，志愿者行动更是善举，自愿、利他、不计报酬。美，是说基层馆长有心灵之美，创意之美；志愿者则有和谐之美，奉献之美。这次培训活动，是理论与实践的交融，东部与中西部的交融，志愿者与基层馆长的交融，它预示着中国图书馆事业美好的明天。

第五，参加培训的学员覆盖面广，参与热情高。参与这次培训的馆长覆盖了6个省（区）所有的地区。在学习与交流中，学员们需求强烈，踊跃提问，争先恐后地谈出自己的困惑。尤其是在志愿者专家的精心引导下，提供学员之间相互交流的时间，使一些工作开展有成效的基层图书馆馆长有机会交流自己的成功经验，给所有学员以极大的鼓舞。

第六，海外志愿者的加盟给这次活动增添了特色。在中国科协海智办公室的大力支持下，德籍华裔学者刘百宁博士、王河新博士和冯平女士分别参加了在山西太原与甘肃白银两地的培训，向两省的基层图书馆馆长作了“全民阅读在德国——从‘德国公共图书馆为民服务点滴’谈起”等专题报告。

海外志愿者分别向两省的基层图书馆赠送了他们的最新译作——《未来世界的100种变化》。该书被誉为“新时期的《十万个为什么》”，荣获今年国家图书馆“文津图书奖”。

海外志愿者科普讲座一览表

地点	讲座题目	场次	听众	听众人数
山西省图书馆（太原市）	解读《未来世界的100种变化》	1	企业家、社会公众	300人
	科技如此有趣——未来就是明天	1	大、中学生	300人
甘肃省图书馆（兰州市）	读书与人生——从《未来世界的100种变化》谈起	1	大学生和社会公众	250人
	一位中国少年与她的德国伙伴们——从《美丽的童年》谈起	1	中、小学生和家长	250人
合计		4		1100人

此外，海外志愿者还在太原和兰州共安排了四场科普讲座，听众达1100人，参加科普讲座的听众包括企业家、社会公众、大中小学生和学生家长，海外志愿者的科普讲座受到了听众们的热烈欢迎。

第七，各承办单位精心组织，周密安排。这

次活动得到了6省承办单位的大力支持与协助，为活动的成功举办奠定了基础。活动结束后，河北省图书馆学会、河北省图书馆给中国图书馆学会发来了“感谢信”。

河北省文化厅副厅长彭卫国对这次培训工作做了总结。他强调：这次培训虽然时间短，但每位志愿者备课充分，内容丰富，实用性强；文化厅和省图书馆、省图学会组织周密，各馆参与范围广泛；采取形式多样、互动交流、方法灵活的讲课方式，教学效果突出；学员学习态度端正，学习氛围浓厚。这使培训达到了3个满意：专家满意、学员满意、教学效果满意。他要求，大家要以此作为新的起点，要继续加强学习，不断提高自身素质；要学以致用，勤奋敬业；要学习和借鉴先进的管理模式和服务经验，抓住机遇，谋求事业发展。图书馆人也要团结起来，努力争取社会力量的支持，要进一步解放思想，敢于创新，抢抓机遇，充分发挥图书馆在构建公共文化服务体系中的作用。

五、志愿者行动的意义

第一，这是一项惠及基层、扩大影响的创新举措。由中国图书馆学会发起并组织的“志愿者行动”，在地方文化主管部门的协助下，发动地方学会、国内知名专家学者和基层图书馆馆长广泛参与，可以说是中国图书馆事业发展史上的一项创新举措。它不仅体现了各级文化主管部门、人事部门、图书馆学会和专家对基层图书馆的高度关注，而且志愿者的无私奉献精神必将激励基层图书馆工作者提高认识、克服困难、开拓创新，在社会主义新农村建设中发挥更大作用。“志愿者行动”遵循无偿、公益、利他的原则，与图书馆的服务宗旨一脉相承。因此，活动的意义必将超出基层图书馆馆长培训事件的本身。当前，基层图书馆面临着很大的困境，这种困境首先是人才的困境，观念的困境，管理的困境。因此，振兴基层图书馆事业，必须要有人的振兴，观念的振兴。中国图书馆学会本着建设中国的图书馆学，建设足以支撑中国图书馆学的专业人才队伍，促成了中国图书馆学会志愿者以专业技能、专业服务奉献社会、回报社会的行动。志愿者以志愿、利他、不计报酬、有利于社会进步的崇高精神，实实在在地为基层图书馆的振兴、为和谐社会建设、为新农村建设贡献着自己的力量。

第二，解放思想，更新观念。开展“志愿者行动——基层图书馆馆长培训”，传播先进思想、先进技术和先进方法，有利于他们解放思想，打破多年固守的陈规。通过思想碰撞，可以点燃他们重振事业的火种，拥有对图书馆事业的执著与激情。思想有多远，我们就能走多远。随着这些新理念和新方法的输入，以及区域经济未来的发展，我们相信，改变基层图书馆的现状和振兴基层图书馆事业将指日可待。同时，进一步强化了馆长们的现代图书馆观念，由于基层图书馆的发展面临着许多困境，因此本次培训专题的设计，紧紧围绕着现代图书馆观念和现代图书馆的运营。

专家们认为，所有的困境，首先是观念的困境，因此，观念的转变，是最根本的转变。通过志愿者专家的授课，带来了新观念、新动向。馆长们纷纷表示：要把专家、学者的思想境界带到工作中，学以致用，把在培训中学到的宝贵经验和丰富的知识贯穿到图书馆工作的各个环节。馆长们必须具有的现代图书馆观念得到了进一步的强化和升华。

第三，志愿者精神得到了升华。在中西部地区，图书馆事业还处在发展的初级阶段，更需要东南部地区图书馆同行的支持和帮助。只有图书馆人之间的真诚沟通、团结友爱和互助共赢，才能实现我国图书馆事业的整体进步，我们的图书馆事业才能突飞猛进、兴旺发达。因此，此次的“志愿者行动”，志愿者不仅传播了知识、理念、技术和方法，最重要的是将志愿服务精神始终贯穿在整个行动之中，它包含了“奉献、友爱、互助和进步”，并通过志愿者的言传身教来感染着每一位受培训的基层图书馆馆长，将志愿服务精神传播到广大图书馆人的身边。

第四，志愿者获益匪浅。志愿者们切身感受了中国基层图书馆发展的现状。志愿者们在行动过程中，走访和考察了多个基层图书馆，看到了真实的基层公共图书馆，感受了基层图书馆人的执著和奉献，了解了基层图书馆馆长的喜怒哀乐、甜酸苦辣。参加本次行动的志愿者本身也是一次难得的相互学习的机会，在本次行动中，充分地体现了“服务他人，贡献社会，充实自我，锻炼才能，真心服务的志愿者精神”。

2007 中国图书馆学会“志愿者行动”已经圆满结束，我们要不断总结经验，吸取成绩，改进不足，力争把 2008 年的“志愿者行动”做得更好。

（中国图书馆学会秘书处）

附：

2007 年“中国图书馆学会志愿者行动”志愿者及支持单位名单

2007 年 1 月底，中国图书馆学会在网上发布了“志愿者行动招募公告”后，得到了全国图书馆界的积极响应，先后有 53 位专家、教授和图书馆工作者报名参加志愿者。经中国图书馆学会评估遴选，并与志愿者所在单位协商，最终确定 40 人入选志愿者，他们是：

范并思　　华东师范大学商学院信息学系主任、教授
郭　斌　女　北京市西城区图书馆管理协会会长、副研究馆员
何立芳　女　杭州师范学院图书馆副研究馆员
金武刚　　华东师范大学商学院信息学系副教授
林忠娜　女　长春图书馆副研究馆员
刘　炜　　上海图书馆数字图书馆研究所所长、研究员
刘慧娟　女　长春图书馆馆长、研究馆员
李超平　女　浙江大学人文学院信息资源管理系副主任、副教授
李国新　　北京大学信息管理系教授
李海英　女　东北林业大学图书馆副研究馆员
李艳芬　女　北京工商大学图书馆副馆长、副研究馆员
李晓新　女　南开大学商学院信息资源管理系副教授
倪晓建　　首都图书馆馆长、教授
邱冠华　　苏州图书馆馆长
屈义华　　广东佛山市禅城区图书馆馆长、研究馆员
曲晓玮　女　佛山科技学院图书馆研究馆员
任秀儒　女　北京工商大学图书馆副研究馆员
桑良至　　安徽大学管理学院副教授
师丽梅　女　深圳罗湖区图书馆馆长、研究馆员
孙　芳　女　黑龙江省图书馆副研究馆员
王　军　　西安图书馆馆长助理、研究馆员
王　敏　女　黑龙江省图书馆副研究馆员
王　琦　　辽宁省铁岭卫生学校图书馆馆长、研究馆员
王惠君　　佛山市图书馆馆长、研究馆员
王世伟　　上海图书馆党委副书记、教授
王学春　　河南大学图书馆副馆长、副研究馆员
吴　晞　　深圳图书馆馆长、研究馆员
武晓丽　女　河北经贸大学公共管理学院副教授
肖冬梅　女　湘潭大学图书馆副馆长、副研究馆员
肖希明　　武汉大学信息管理学院主任、教授
徐建华　　南开大学商学院信息资源管理系教授
杨东波　　国家图书馆数字图书馆处工程师
杨玉麟　　西北大学公共管理学院副院长、教授
尤敬党　　无锡市第一女子中学图书馆馆长、副研究馆员
于良芝　女　南开大学商学院信息资源管理系教授
周岚岚　女　浙江绍兴图书副研究馆员
朱开忠　　安徽省图书馆副研究馆员
刘百宁　　（德裔华人）德国百宁咨询公司董事长、博士
王河新　　（德裔华人）德国蔡司股份公司科研部技术中心主任、博士
冯　平　女　（德裔华人）德国中国物理学者学会会员

2007 年“中国图书馆学会志愿者行动”得到了各志愿者所在单位的大力支持与帮助，这些单位承担了志愿者的交通费和住宿费，为基层图书馆馆长的培训作出了重要贡献，它们是：

安徽大学管理学院
安徽省图书馆
北京工商大学图书馆
北京市西城区图书馆管理协会

长春图书馆
东北林业大学图书馆
佛山科技学院图书馆
佛山市禅城区图书馆
佛山市图书馆
国家图书馆
杭州师范学院图书馆
河北经贸大学公共管理学院
河南大学图书馆
黑龙江省图书馆
华东师范大学商学院信息学系
南开大学商学院信息资源管理系
上海图书馆
绍兴图书馆
深圳市罗湖区图书馆
深圳图书馆
首都图书馆
苏州图书馆
铁岭卫生学校图书馆
武汉大学信息管理学院
无锡市第一女子中学图书馆
西安图书馆
西北大学公共管理学院
湘潭大学图书馆
浙江大学人文学院信息资源管理系

2007年中国图书馆事业大事记

1月

1月1日，新版“中国标准书号”按照新的国际标准，与全世界160多个国家和地区同步由10位升至13位，预示着沿用了近20年的10位中国标准书号退役。

1月8日，由教育部和中国移动公司共同组织的“中国移动爱心图书馆（室）”爱心图书捐赠活动在太原启动。“中国移动爱心图书馆（室）”项目计划将用3年时间为中西部地区的1000所中小学校配置图书，建设“中国移动爱心图书馆（室）”。

1月10—13日，第20届北京图书订货会召开。本次订货会还增设了“2007年北京图书订货会高峰论坛”和“全国图书馆现货看样采购会”两个新项目，图书馆采购越来越受到重视。

1月12日，文化部发布了《关于公布第二届文化部创新奖获奖项目名单的通知》，广东省文化厅“广东省公共文化服务体系的创新与实践”获特等奖，上海图书馆上海科学技术情报研究所“上海市中心图书馆‘一卡通’信息系统建设暨向社区基层服务点延伸项目”、东莞图书馆“区域图书馆集群管理与协同发展模式”等项目获创新奖。

1月15日，重庆市新闻出版工作会召开，2007年将规划建设1000个“农家书屋”。

1月15日，北京市文化局印发《北京市公共图书馆文明服务规范（试行）》。

1月18—20日，湖北省市、州公共图书馆馆长会议在武汉图书馆隆重召开。

1月19日，国务院办公厅发布关于进一步加强古籍保护工作的意见（国办发［2007］6号），要求地方各级人民政府和有关部门要从对国家和历史负责的高度，充分认识保护古籍的重要性，进一步增强责任感和紧迫感，切实做好古籍保护工作。

1月24—28日，中国图书馆学会2007年秘书长联席会议在海南三亚召开，39人与会。

1月26日，中国科学院国家科学图书馆科研信息检索工具“e划通”推出。

1月26日，北京高校网络图书馆第三次馆长工作会议在首都师范大学图书馆举行。

1月26日，中共中央宣传部出版局、中央精神文明办公室未成年人思想道德建设工作组、国家新闻版总署图书出版管理司等几个部门联合发起“带一本好书回家”爱心捐赠活动。

1月26—27日，全国文化信息资源共享工程国家管理中心在北京西苑饭庄组织召开了“2007年试点资源建设专家评审会”。评审专家组由文化部社图司副司长刘小琴任主任委员，刘金天、吕品田、汪东波等来自文化、高校和政府等方面的10位专家组成，他们对各地申报的资源建设项目进行了评审。

1月27日，中国儿童中心图书馆正式对社会免费开放。除开设图书阅览、家教电视讲座、亲子书吧、流通书架、好书推介、指导阅读外，中国儿童中心图书馆还开展了各种形式的专题讲座、专家咨询及专题书展、读书日等活动。

1月27日，天津图书馆参加在天津大礼堂举行的“一府两院”为人大和政协“两会”代表现场咨询服务活动。

1月29日，上海东方出版中心正式出版三十卷本、共3000余万字的《中国馆藏满铁资料联合目录》，首度公布了存世的绝大部分“满铁”情报资料。

2月

2月2日，位于海口市国兴大道的海南省图书馆举行挂牌仪式。

2月8日，国家图书馆首次启动重大科研项目招标工作。本次重大科研项目招标共计两项，一是“国家图书馆数字战略研究”，二是“社会公共服务体系中图书馆的发展趋势、定位与服务研究”。

2月7日，广东省立中山图书馆95035部队分馆正式开馆。

2月11日，广东省科技图书馆首届读者工作委员会正式成立。

2月15日，昆明图书馆新馆开馆。

2月23日，澳门中央图书馆完成改善工程，重新对外开放。

2月28日—3月1日，文化部在京召开全国古籍保护工作会议，贯彻落实国务院办公厅《关于进一步加强古籍保护工作的意见》，研究部署古籍保护工作，启动中华古籍保护计划。文化部副部长周和平就全面开展古籍保护工作进行部署。第一，全面开展普查工作。第二，建立《国家珍贵古籍名录》。第三，命名全国古籍重点保护单位。第四，加强古籍保护队伍建设。第五，做好珍贵古籍修复工作。第六，积极利用古籍保护成果。

3月

3月1日，《公共图书馆建设标准》（征求意见稿）省级公共图书馆馆长征求意见座谈会在北京友谊宾馆召开。文化部和建设部有关领导、近20位省级公共图书馆馆长及编制组全体成员出席了座谈会。编制组主要执笔人冯守仁简要介绍了《公共图书馆建设标准》（征求意见稿）的编制思路和要点，建设部的杨力群处长对编制本标准的目的做了进一步的说明。与会的图书馆馆长都非常关心本标准的制定，从各个不同的方面提出了修改意见。会上，大家对一些关键问题还进行了热烈的讨论。

3月1日，位于厦门市文化艺术中心的市图书馆新馆正式开放，厦门市民上市图书馆不必办理借书证，凭开通借阅功能的厦门市社会保障卡就可在图书馆借书。

3月1日，深圳图书馆短信服务系统正式投入使用，成为继网上图书馆、电话服务系统之后连接图书馆与读者的又一条信息纽带。

3月2日，市委宣传部、市文化局联合制定的《深圳市建设“图书馆之城”（2006—2010）五年规划》公布。

3月初，文化部副部长周和平一行到天津就天津图书馆开展延伸服务和文化信息资源共享工程建设等工作进行调研。

3月7日，国家图书馆与日本出版贩卖株式会社签署了双方的第六期合作协议。文化部副部长周和平来馆参加了签字仪式。

3月8日，中国图书馆学会以通讯的方式召开了“2007年中国图书馆学会专项资金评审会”，8个申请项目获准资助计9万元。

3月10日—4月15日，澳门中央图书馆举办“好书交换”活动。

3月11日，长春图书馆举办了“长春图书馆2006年优秀读者，2007年度优秀春联作者表彰大会暨专题报告会”。

3月18日，第二届全国图书馆B2B商务恳谈会召开。

3月22—24日，“中国图书对外推广计划”工作小组在江苏省扬州市召开了第三次工作会议。此次会议推出了一系列推动中国图书“走出去”工作的扶持政策。

3月29日，西藏首家寺庙“图书阅览室”在哲蚌寺建立。西藏自治区党委宣传部、统战部、民宗委、寺教办、佛协西藏分会及拉萨市等有关部门负责人出席哲蚌寺图书阅览室揭牌仪式。

3月29日，中国驻法国使馆公使衔文化参赞蒲通代表中国国家图书馆与法国国家图书馆馆长让·诺埃尔签署了两馆间合作协议，该协议内容涉及双方出版物交换、合作举办文化活动、技术信息共享、培训中方工作人员等。

3月30日，国内第一家兼具高校图书馆和公共图书馆双重功能的新型图书馆——深圳市科技图书馆开馆。

3月30日，我国第一家农民网络图书馆在福建省武夷山市启动建设。

3月30日，国家图书馆对特邀读者评议员进行了培训，并发放了《国家图书馆特邀读者评议员测评表》，这标志着国家图书馆特邀读者评议员正式上岗。

4月

4月2日，首个“中国儿童阅读日”系列活动在首都图书馆启动。

4月10日，全国文化信息资源共享工程工作会议在安徽省合肥市召开。会议对全国文化信息资源共享工程今后一个阶段的主要工作作了安排部署。

4 月 16 日，新加坡国家图书馆管理局（NLB）代表团一行 5 人访问国家图书馆。

4 月 18 日，由北京雷速科技有限公司主办的“个性化学术门户暨城市图书馆新馆建设研讨会”在湖北省武汉市长海大酒店隆重召开。

4 月 21－28 日，澳门中央图书馆在何东图书馆和民政总署大楼图书馆，提供免费导赏服务，向进馆人士介绍两馆建筑特色、馆史、图书馆服务及馆藏等资讯。

4 月 22－23 日，中国图书馆学会与国家图书馆、中国残疾人联合会、中国科协等单位合作，在国家图书馆举办了近千人参加的“倾听春天——2007 世界书香日经典诵读”活动，同期，380 余读者聆听了“文津读书沙龙”讲座。

4 月 23 日，第二届“国家图书馆文津图书奖”颁奖仪式在国家图书馆文津厅隆重举行。

4 月 23 日，首批 100 种《中华再造善本》在重庆图书馆举行了颁赠接收仪式。使用现代技术复制的珍贵古籍善本在近期将进入国内 32 家省级公共图书馆。

4 月 25 日，主题为“倡导全民阅读，建设和谐文化”的第十七届全国书市(全国图书交易博览会)在重庆国际会展中心开幕。本届书市展位 1444 个，共有 1600 多家单位出版的 21.5 万种图书和 4.5 万种电子音像制品参展。

4 月 26 日，首都图书馆建设的“北京记忆”网站（www.bjmem.com）正式开通。该网站是大型的北京历史文化多媒体资源数据库。为普及北京历史文化知识而推出的这个大型历史文化网站，可以访问到北京历经建城 3000 年、建都 800 年的历史文化发展而留存下来的珍贵和权威的数字化信息资源。

4 月 26 日，大学图书馆馆长论坛暨文献资源发展战略研讨会在浙江大学国际会议中心召开。

4 月 28 日，上海纪念新华书店成立七十年座谈会在锦江小礼堂举行。

4 月，世界读书日即将到来之际，中宣部、中央文明办、新闻出版总署、中华全国总工会、共青团中央等 17 个部门联合发出了开展以“同享知识，共建和谐”为主题的全民阅读活动倡议。

4 月，国家科学图书馆制订并启动“中国科学院文献情报系统交换馆员计划”。

5 月

5 月 1 日，宁波市的公共图书馆共同推出文献借阅“卡卡通”服务。

5 月 10 日，作为“中国图书对外推广计划”组成部分之一的“上海之窗”网站在上海图书馆正式开通。“上海之窗”将通过向境外图书馆及藏书机构捐赠国内出版的图书，全方位地向境外读者介绍中国历史和文化，宣传中国悠久文明以及改革开放以来的新进展。

5 月 12 日，广东省中山市文化广电新闻出版局与中山市教育局成立中山市“图书馆意识教育宣讲团”。宣讲团成立后将进入校园演讲，引导学生们从小多读书，读好书，教会孩子们通过有效利用图书资源增强自学的能力。

5 月 14 日，由中国新闻出版总署、北京市人民政府、国际期刊联盟主办的“第 36 届世界期刊大会”在北京隆重开幕。国务委员陈至立出席开幕式并致辞。来自全球 45 个国家和地区的 1000 多位期刊出版业精英汇聚一堂，以“杂志丰富你的世界”为主题共同探讨期刊界所面临的挑战和机遇。

5 月 15－16 日，全国公共图书馆延伸服务经验交流会在天津市召开。会上，天津图书馆介绍了《深化文化体制改革，延伸公共文化服务，努力建设读者满意的图书馆》的经验。国家图书馆、上海市文化广播影视广播管理局，江苏省、浙江省、广东省文化厅和深圳市文化局等单位分别介绍了公共图书馆延伸服务的经验。

5 月 18 日，国家图书馆古籍善本阅览室举行的“大道流行——《道德经》版本（文物）展”开展。

5 月 20 日，中国科学院国家科学图书馆、中国科学院数学物理学部、北京青少年科技俱乐部活动委员会联合主办“信息的世界，世界的信息——走进国家科学图书馆”大型社会活动。

5 月 20 日，川渝高校情报工作研究会第十七次学术年会在重庆后勤工程学院科技大楼学术报告厅隆重开幕。

5月23日，台湾高校及科研机构图书馆代表团一行20余人在淡江大学资图系邱炯友主任率领下到国家图书馆参观访问。

5月25日，“中国国家古籍保护中心揭牌仪式”在国家图书馆文津厅隆重举行。该中心的建立，标志着我国古籍保护工作组织架构、工作机构宣告成立，古籍保护工作将在各级政府的领导下全面开展，揭开了古籍保护工作的新篇章。该中心将与北京大学联手，培养高学历的古籍保护修复人才。

5月27日，以“阅读社会的家园”为主题的第十九届国家图书馆服务宣传周开场。

5月28日，北京市18家公共图书馆图书通还服务开始试运行。持有北京市公共图书馆网络联合读者卡（简称“一卡通”）的读者，可以异地还书。

5月29日，中国国家图书馆与日本出版贩卖株式会社（简称日贩）在东京签订第六期赠书合同。从一九八二年以来，日贩已向中国国家图书馆日本出版物文库阅览室分五期赠送图书二十三万八千多册。

5月，浙江图书馆现开始推出“电子邮件催还超期图书服务（试行）”，开通此服务后，读者可以通过电子邮件接收到超期图书的有关信息，提醒读者尽快归还超期图书。

5月29日，国防科技工业数字图书馆开通仪式在北京举行。

5月31日—6月11日，黑龙江省图书馆举行《中华再造善本》大型古籍善本丛书展览。

6月

6月2日，厦门市图书馆举办“厦门市图书馆2007年读者采书活动”，让20名各行业、各年龄层的读者与工作人员一起到书店采书。

6月3日，由澳门图书馆暨资讯管理协会出版的《两岸三地阅读文化研究》、《两岸三地图书馆事业论述》两新著首发。

6月6日，南非国家图书馆馆长John Tsebe一行4人到首都图书馆参观访问。

6月8日，北京高校情报资料研究会在中国人民大学图书馆西馆123会议室召开了2007年业务工作研讨会，旨在讨论图书馆学科馆员制度的理论与实践问题。

6月8日，中国科学院国家科学图书馆“学科信息服务站”揭牌仪式在光电所科技信息中心举行。

6月8日，中国非物质文化遗产系列专题展览《光明来自东方——中国造纸、印刷和古籍保护展》在国家图书馆开幕。

6月8日—8月8日，澳门中央图书馆在何东图书馆大楼三楼举办“澳门中央图书馆珍藏古籍展览”。

6月9日，《世界知识产权组织版权条约》和《世界知识产权组织表演和录音制品条约》在中国正式生效。

6月11日，美国国会图书馆馆长毕灵顿博士到国家图书馆访问。

6月13日，首都图书馆流动服务站在北京市女子监狱成立。

6月13日，德国康斯坦斯大学图书馆新任馆长 PetraHatscher 抵汉，与中科院国家科学图书馆武汉分馆进行工作交流，针对科研人员的信息素质教育进行研究。

6月14日，重庆图书馆新馆竣工暨开馆典礼在新图书馆南门外广场举行。

6月上旬，中国图书馆学会组团访问德国巴伐利亚州的8个公共图书馆。考察团由《公共图书馆建设标准》的相关领导、专家和部分区县级图书馆馆长，以及德国歌德学院中国分院一行12人组成。

6月22日，2007年北京高校网络图书馆工作会议在首都师范大学图书馆召开。

6月26日，深圳市宣传部和文化局联合发布了《进一步完善公共文化服务体系实施方案》，为了确保该方案的实施，还首次制定了“2010年深圳市公共文化服务基本指标”。

6月28日，“国家图书馆西部援助计划”2007年度图书赠书仪式在国家图书馆学术报告厅举行。

6月，杭州图书馆盲文分馆在浙江省盲人学校挂牌成立，将图书馆直接设到盲人集中的机构里，全省尚属首次。

6月，31名资深教授组成的复旦大学图书馆专家咨询委员会成立，资深教授们将决定复旦图书馆将来的购书计划。

7月

7月1日—10月31日，中国图书馆学会举办2007年“绿色阅读”主题科普活动，9种1040块“绿色阅读”科普宣传牌在北京13条线路的40辆公交车上展示。

7月6日，中国图书馆学会七届五次常务理事会在北京召开，18人与会。

7月9—11日，中美图书馆实务培训研讨会在山西农业大学图书馆隆重召开。

7月18日，由中国国家版权局与世界知识产权组织联合举办的第二届国际版权论坛在北京开幕，今年论坛的主题是“互联网版权保护与产业发展”。

7月18—24日，以“阅读香港”为主题的第十八届香港书展在香港会议展览中心举行。本届香港书展将展出来自20个国家及地区共472家公司的出版物。

7月20日，OCLC联机计算机图书馆中心北京代表处成立典礼在北京中国电子大厦会议厅举行。

7月21日，云南省图书馆内灭火系统二氧化碳气体发生泄漏，导致39人不同程度中毒。中毒人员由于得到及时救治，全部脱离危险。

7月24日，原中国国家主席杨尚昆次子杨绍明将数万册其父生前藏书捐赠给重庆图书馆。

7月26日，“国家图书馆数字战略研究”课题组会议在国家图书馆行政楼325会议室召开。

7月28—29日，在郑州召开全国文化信息资源共享工程共建共享经验交流会。

7月31日，由北京方正阿帕比技术有限公司主办的“2007中国数字图书馆可持续发展研讨会”在湖南张家界市隆重召开。

7月底—8月初，中国图书馆学会“志愿者行动——基层图书馆馆长培训”在甘肃、广西、河北、青海、山西和四川六省（自治区）同时展开。来自全国图书馆界和海外的40名志愿者，分别对6个省（自治区）的621名地、县级基层图书馆馆长进行了系统的、高水平、高质量的培训，取得圆满成功。

8月

8月1日，为贯彻落实《国务院办公厅关于进一步加强古籍保护工作的意见》（国办发［2007］6号）文件精神，全面实施中华古籍保护计划，经全国古籍保护工作部际联席会议审议通过，文化部下发《全国古籍普查工作方案》等有关文件。

8月3日，全国古籍保护试点工作会议在北京召开。国家图书馆、故宫博物院等57家单位正式成为全国古籍保护工作试点单位，全国古籍保护工作委员会同时宣布成立，这标志着中华古籍保护进入了全面实施阶段。

8月5日，由中国图书馆学会主办，甘肃省图书馆、甘肃省图书馆学会和兰州市图书馆协办的“2007中国图书馆学会年会”在兰州市召开。今年年会的主题为“图书馆：新环境、新变化、新发展”。年会共开设14个分会场，这是历次年会设立分会场最多的一年。

8月10—31日，上海图书馆历史文献中心推出古籍修复成果汇展。

8月14日，文化部副部长周和平一行到中国中医科学院图书馆考察了中医古籍保护工作。

8月16日，专为视障市民设立的台北市立图书馆启明分馆启用。

8月19日，在兰州召开全国民族院校藏文文献整理工作研讨会。来自全国的30多位专家学者，对藏文文献特别是藏文古籍的科学整理、联合开发、翻译出版等提出了一系列意见和建议。

8月21日，江苏省公共图书馆工作会议在南京图书馆新馆召开。江苏省古籍保护中心正式揭牌，该中心设在南京图书馆。

8月23日，由天津市新闻出版局、天津出版总社主办，天津图书大厦承办的第二届读书节拉开帷幕。

8月23日，全国古籍保护督导工作会议在北京召开。此次会议的主要内容是部署全国古籍保护督导工作，由全国古籍保护工作专家委员会专家、部分省市图书馆专业人员、国家古籍保护中心办公室工作人员组成督导组，对各省文化厅局、各省级古籍保护中心、各试点单位的古籍保

护工作进行督导，确保国务院办公厅《关于进一步加强古籍保护工作的意见》的贯彻落实。

8月28日 云南省图书馆开通“良心还书”绿色通道。

8月30日，文化部计财司组织召开了《公共图书馆建设标准》（送审稿）专家审查会。建设部、文化部领导及《公共图书馆建设标准》编制组成员参加了会议。

9月

9月7日，日本京都大学图书馆情报学教授、日本图书馆研究会理事长川崎良孝先生应邀在上海图书馆做题为“公共图书馆在法律体系中的定位（日美比较）”的学术交流报告，并与来自上海各公共、高校、科研等图书馆系统的专家学者展开广泛的交流座谈。

9月7—14日，中国图书馆学会组织了主题为“图书馆建设与节能环保”的2007中国科协年会第12.1分会场，近百人参会。学会与相关机构共同举办的2007年“公共科普场馆生态环保节能巡礼”同期开幕，接待科协年会代表数千人。

9月8—16日，捷克国家图书馆馆长Vlastimil Jezek、副馆长Adolf Knoll和通讯处馆员Zdenek Tichy先生等一行三人访问国家图书馆。

9月9日，国家图书馆建馆98周年纪念日。从2007年开始，国家图书馆将每年的9月9日（馆庆日）定为“国家图书馆日”并举行一系列文化活动。

9月12日，俄罗斯圣彼得堡国家图书馆总馆长Vladimir N. Zaitsev博士在上海图书馆举行了一场题为“21世纪俄罗斯图书馆的共同使命——俄罗斯文化遗产的保存及使用”的精彩演讲。

9月12—13日，“上海市古籍普查工作研讨会”在上海图书馆召开。

9月15—19日，“全国中小型公共图书馆联合会2007年研讨会”暨中国图书馆学会“第六届中国社区乡镇图书馆发展战略研讨会”在山西历史文化名城——大同市举行。

9月17日，文化部在北京召开全国文化信息资源共享工程签约会，贯彻落实中央《关于加强公共文化服务体系建设的若干意见》精神，签订“共享工程”建设责任书，落实2007—2010年的工作任务和要求，尽早实现“共享工程”基层服务网络全面覆盖城乡。

9月17日，安徽省文化厅在省图书馆举行了安徽省古籍保护中心揭牌仪式。

9月18—25日，肯尼亚国家图书馆代表团来访国家图书馆。

9月19日，由国家科技图书文献中心和青岛市科学技术信息研究所合作建设的国家科技图书文献中心青岛服务站正式挂牌成立。

9月20日，纪念《中国图书馆学报》创刊50周年座谈会在国家图书馆文惠堂举行。出席座谈会的著名专家学者任继愈、周文骏、彭斐章和来自图书馆界的专家、学者等先后发表感言，回顾了《中国图书馆学报》创刊50周年走过的历程。

9月24日，肯尼亚国家图书馆馆长基班迪女士等一行5人访问上海图书馆。

9月27日，第九次全国十四所工科高校图书馆馆长年会在东南大学九龙湖校区李文正图书馆召开。

9月28日，北京邮电大学图书馆与中国教育图书进出口公司在图书馆报告厅联合举办了“开放获取资源检索平台”开通仪式暨“图书馆管理与服务报告会”。

10月

10月9日，以俄罗斯国立图书馆科学秘书Tikhonova Liudmila女士为团长的俄罗斯图书馆业界代表团来访国家图书馆。

10月9日，汉高（中国）向上海图书馆捐赠价值十五万元人民币的德文原版书籍，专项用于上海图书馆的德文图书区域。

10月11日，中国国家古籍保护中心经过精心筹备的第一期全国古籍修复技术培训班开班典礼在国家图书馆学术报告厅举行，来自全国各系统32个藏书单位的35位学员参加本期培训。

10月11—12日，“2007年中南、西南省（市）、自治区公共图书馆业务协作研讨会”在重庆图书馆召开。主题是图书馆创新与发展。

10月11—12日，由国家图书馆主办的“全国馆际互借与文献传递研讨会”在国家图书馆文会堂隆重举行。

10 月 15 日，由中华人民共和国文化部主办的 2007 年度“非洲文化人士访问计划”访问团一行对北京市“共享工程”顺义区赵全营镇北郎中村基层服务点进行了考察。

10 月 15—16 日，由中国科学院国家科学图书馆与德国国家科技图书馆共同主办的中德数字信息服务研讨会在国家科学图书馆举行。

10 月 16 日，加拿大“爱心河南行”活动暨河南省图书馆捐赠图书阅览室揭牌仪式在河南省图书馆举行。

10 月 16—18 日，由中国国家图书馆主办的“第二届地方文献国际学术研讨会”在北京召开。

10 月 17 日，德国哥廷根州立大学图书馆馆长诺尔伯特·卢梭博士访问上海图书馆。

10 月 17 日，广州市公共图书馆服务研讨会在广州图书馆召开，讨论制订《广州市 2007—2010 年公共图书馆服务体系建设方案》。

10 月 17—19 日，中国人民大学图书馆举办了“第二届全国高校文库工作研讨会”。

10 月 21—23 日，中国图书馆学会古籍整理与文献保护专业委员会在沈阳召开 2007 年全国图书馆古籍工作会议。

10 月 27 日，重庆图书馆隆重举行建馆 60 周年庆典活动，来自文化部、全国各地以及市内各行业的专家、学者参加了建馆 60 周年庆祝大会。

10 月 28 日，海南省图书馆开馆。

10 月 30 日—11 月 1 日，中国图书馆学会第二届“百县馆长论坛”暨中德社区乡镇图书馆建设与发展研讨会在江苏常熟召开。

10 月 31 日，中国人民大学图书馆“庆祝图书馆建馆 70 周年展”和“图书馆珍藏文献展”揭幕。

11 月

11 月 5 日，全国图书馆联合编目中心少年儿童图书馆中心正式成立。来自全国各地 33 家公共图书馆、少年儿童图书馆的 77 名代表在天津少年儿童图书馆参加了成立大会。

11 月 5—12 日，日本国立国会图书馆长尾真馆长率团一行 6 人来国家图书馆进行业务交流。

11 月 6 日，第二届文化创新高峰论坛暨第二届文化部创新奖颁奖仪式，在湖北省武汉市举行。

11 月 6 日，重庆图书馆正式开通自助服务电话 65210540，读者可电话续借图书 。

11 月 7 日，建国以来最大规模的古籍原生性保护成果展——“文明的传承——国家图书馆古籍影印出版成果展”在北京开展。本次展览共展出珍贵古籍影印本 1200 余种15 000余册，分为中华再造善本工程(一期)成果、古籍专题丛书的编辑与影印、国家图书馆“四大专藏”影印出版及特装珍藏本图书和珂罗版印刷 4 个展区。

11 月 12—14 日，中国图书馆学会主办、天津市图书馆学会和天津图书馆承办的“2007 全国图书馆学会工作会议暨 2008 中国图书馆学会秘书长联席扩大会议”在天津隆重召开。会议期间还召开了《图书馆服务宣言》（草稿）征求意见座谈会。

11 月 15 日，全国图书馆企业信息服务年会暨“面向企业的图书馆创新服务模式”研讨会在苏州独墅湖图书馆召开，会议于 11 月 16 日通过了《全国图书馆企业信息服务苏州宣言》（简称苏州宣言）。

11 月 17 日，大连市图书馆召开建馆百年纪念大会。

11 月 17 日，国家图书馆“科学家论坛”开讲。

11 月 18—19 日，“第十九届全国十五城市公共图书馆工作研讨会”在大连图书馆召开，会议主题是“公共图书馆的社会教育”。

11 月 19 日，全国第十四届“群星奖”在湖北揭晓。天津图书馆分馆与流动服务、山西省图书馆“共享工程”建设项目、辽宁省图书馆“超市式”开架服务、黑龙江省图书馆“共享工程”建设项目、上海图书馆网上联合知识导航、南京图书馆“南图会展”等 80 个在公共文化服务领域取得优异成绩的单位和个人获得服务奖。

11 月 25 日，全国文化信息资源共享工程南方（浙江）镜像站在杭州正式开通，这也是全国第一个同步更新的镜像站。

11 月 26－28 日，由国家数字图书馆（NDL）、国家科学数字图书馆（CSDL）、国家科技图书文献中心（NSTL）、中国图书馆学会（LSC)联合主办的中国数字图书馆十年回顾与展望——2007 数字图书馆建设与应用研讨会暨成果展示会在深圳大学城举行。

11 月 29 日，由中国图书馆学会理论研究专业委员会主办的第五次"全国图书馆学基础理论研讨会"在重庆图书馆召开。

11 月 30 日，旨在整合北京地区高等学校文献资源，实现信息共建互享的"北京地区高校图书馆文献资源保障体系（BALIS）"启动。

10 月 30 日，广州市文化局发布《关于公开征求〈广州市图书馆条例（草案）〉意见和建议的公告》，号召广大市民积极参与，为图书馆事业发展献计献策。

12 月

12 月 1 日，浙江省图书馆免费开放。

12 月 8 日，南京图书馆举行新馆全面开放暨百年馆庆典礼。

12 月 11 日，上海图书馆与上海邮政公司的"中心图书馆文献物流社会化签约仪式"于 2007 年下午在上海图书馆举行，上海图书馆启动国内首家省级公共图书馆社会化文献物流配送服务。

12 月 12 日，BALIS 馆际互借管理中心揭牌仪式暨馆际互借与原文传递培训会在 BALIS 馆际互借管理中心召开。

12 月 17 日，由深圳图书馆提出的创新型服务"城市街区 24 小时自助图书馆系统"已经由文化部立项，并正式启动建设。

12 月 22 日，"安妮・弗兰克：历史的见证"展现身国家图书馆馆藏珍品展示室，国家图书馆读书周拉开帷幕。

12 月 28 日，广东省首个公共图书馆与企业共建的流动图书馆"澄海图书馆骅威分馆"挂牌运作。

12 月 28 日，第三届"国家图书馆文津图书奖"颁奖仪式在国家图书馆文津厅举行。（胡月平）

专　文

Special articles

我国总分馆体系建设状况调查(于良芝　邱冠华　刘亚)　23

中国图书馆2.0的研究(范并思)　34

古籍保护——不可缺席的文化遗产保护工作(苏品红)　49

“澳门记忆”工程研究(杨开荆)　57

苏州地区图书馆事业发展现状(邱冠华　杜晓忠)　69

2007年国内图书馆学研究热点综述(程鹏)　82

2007年国外图书馆学研究热点述评(蔡箐　李丹)　93

专　　文

我国总分馆体系建设状况调查

于良芝（南开大学商学院信息资源管理系）
邱冠华（苏州图书馆）
刘　亚（南开大学商学院信息资源管理系）

1　引言

进入21世纪以来，我国公共图书馆界以普遍均等服务为目标，开始通过各种方式将图书馆服务延伸到原有图书馆服务体系抵达不到的地方（如农村地区和部分城市社区）。这个过程产生的显著成果之一就是在县级及以上图书馆与基层图书馆之间形成的“总分馆”体系。2000年底，上海率先按总分馆模式建立了由上海图书馆、区县图书馆和街道/乡镇图书馆构成的新的服务体系。北京、苏州、嘉兴、佛山等地的公共图书馆，也相继开展了“总分馆体系”建设。2006年，我国政府出台了《国家“十一五”时期文化发展规划纲要》，要求“县（市）图书馆逐步实行分馆制，丰富藏书量，形成统一采购、统一编目的图书配送体系，充分发挥县图书馆对乡镇、村图书室的辐射作用，促进县、乡图书文献共享”。这一政策将总分馆建设纳入了建设覆盖全社会的公共文化服务体系宏观战略，为总分馆建设提供了政策支持。

在这样的背景下，越来越多的公共图书馆开始了对“总分馆体系”建设的探索和实践。虽然由于体制和各地发展水平等因素的制约，已有的总分馆体系还难以完全符合“纲要”中的要求，但“总分馆体系”作为我国正在建设的覆盖全社会的公共图书馆服务体系的基本要素，正在由东向西推广。

本研究旨在调查2007年以前我国公共图书总分馆建设的状况，包括总分馆建设的基本情况、总分馆的形成模式、总分馆之间的关系类型、资源共享方式、技术支撑等，供各地制定总分馆建设规划时参考。考虑到各地图书馆对总分馆的理解并不统一，本研究将分馆定义为：按协议建设的，并在协议中明确称为“分馆”的馆外设施。2007年以后，已有若干地区的分馆建设接近于制度安排，未来的类似调研可能需要调整分馆的定义，以免将制度性总分馆体系排除在外，影响问卷回收。

2　研究方法

本研究既希望了解全国县级及以上图书馆开展总分馆建设的比例（从而了解我国各地实施总分馆制的程度），也希望了解已有总分馆建设的经验及操作方法。为此，本研究通过三种抽样方法形成了县级及以上图书馆的调研样本，然后向这些样本发放了问卷。这三部分样本分别是：（1）对东部省份的县（市）级及地级市图书馆的随机抽样；（2）对省级和省会城市图书馆的100%抽样；（3）对已知的、设有分馆的图书馆的目的抽样。随机抽样的目的是了解2007年底前我国开展总分馆建设的程度，考虑到2007年以前的总分馆建设主要集中在东部，故此次随机抽样的范围仅限于东部。随机抽样过程如下：先尽可能全面地汇集东部图书馆的名单，然后选取每4个馆中的第一个为样本，共得到174个样本。对省级及省会城市图书馆进行调研的目的是了解大型图书馆参与总分馆建设的程度。除台湾省外，共有56个省级及省会城市图书馆成为调研样本。对已知“总馆”进行目的抽样的原因是为了增加这类图书馆的反馈率，尽可能全面地了解已有总分馆建设经验。目的抽样过程如下：先根据图书馆学文献和相关报道，汇集全国各地已开展总分馆建设的图书馆名单，然后将他们全部确定为调研对象，由此形成的样本包括 91 个县级及以上图书馆。在删除重复的样本之后，三部分抽样共得到 308 个样本图书馆。

问卷采用了双轨发放的办法。我们首先在苏州图书馆的网站上设置了问卷电子版供图书馆下载，然后通过邮寄方式向样本图书馆发放了纸质问卷，问卷的封面信上给出了电子版问卷的下载地址和电子问卷的回寄邮箱。

截至 2008 年 12 月末，我们共回收了 78 份有效问卷（回收率 25.3%），并对 78 份问卷进行了统计分析。数据分析过程首先依据随机样本的数据总结了东部省份开展总分馆建设的图书馆比例，然后依据省级及省会城市图书馆的数据总结了这两类大型馆开展总分馆建设的比例，最后依据所有样本中"总馆"的数据总结了现有总分馆建设的经验。

由于我国现阶段的总分馆体系非常复杂，同时由于缺乏可资借鉴的研究经验，问卷在设计阶段虽经测试，但还是存在一定局限。问卷的最大局限是对多级总分馆体系的数量估计不足，因而，在问及总馆与分馆的关系特征时（参见 3.3 节），没有区分同一个总馆与其不同级别分馆之间的关系，因而无法断定，当一个总馆在不同层次设置分馆时，它与分馆的关系是否随分馆级别不同而不同。这不仅影响了这部分数据的质量和结论，也影响了其他相关分析的精确性（如总分馆关系特征与分馆建设效果的关联）。

3 数据分析

3.1 总分馆建设基本情况

在回收的 78 份问卷中，共有省级图书馆问卷 14 份，省会城市图书馆问卷 11 份，随机抽样的县（市）图书馆问卷 32 份。其中有 11 个（78.6%）省级图书馆设置了分馆，9 个（81.8%）省会城市图书馆设置了分馆，14 个（43.8%）随机抽样图书馆（即东部省份的地级图书馆及县市级图书馆）设置了分馆（见图 1）。

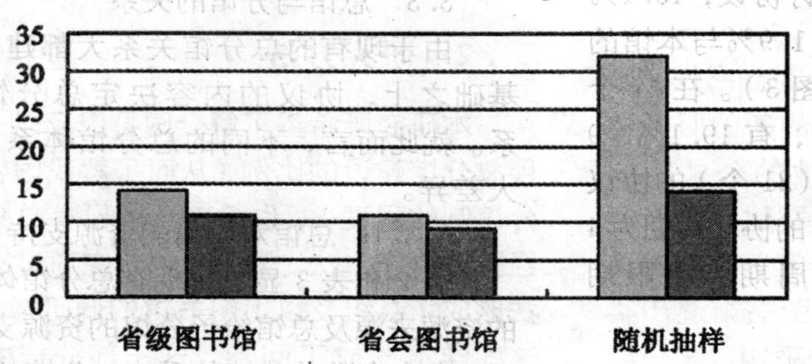

图 1 开展分馆建设的图书馆占所有图书馆的比例

在上述各类型"总馆"中，36.5%（19 个）设立了区县分馆，平均设立 11 个区县分馆（区县分馆数量最多的两个省级图书馆分别设置了 59 和 69 个区县分馆）；51.9%（27 个）设立了乡镇/街道分馆，平均设立 7.67 个乡镇/街道分馆；69.2%（36 个）设立了社区/村分馆，平均设立 12.52 个社区/村分馆（社区/村级分馆数量最多的一家区级图书馆设有 87 个社区/村分馆）。有 25 个图书馆设有两级或两级以上的分馆。此外，还有 6 个图书馆专门给出了行业分馆的数量（行业分馆数量最多的两家省级图书馆分别设有 16 和 81 个行业分馆（见图 2 和表 1）。

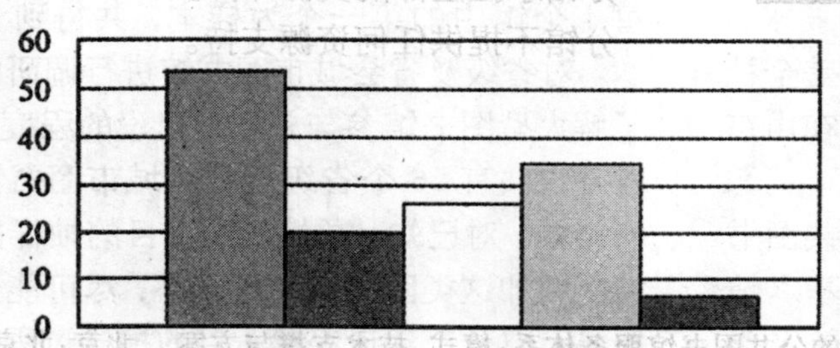

图 2 分馆级别分布

表 1 分馆级别及数量

	区县级分馆	乡镇/街道分馆	社区/村分馆	其他分馆
平均数	11	7.67	12.52	17.83
最小值	1	1	1	2
最大值	69	29	87	81

3.2 总分馆体系的形成方式

在我国现行的图书馆建设体制下，由于每个图书馆的建设主体和主管机构彼此独立（即几乎每个图书馆都有自己的经费提供者和主管机构），这导致我国公共图书馆无法在同一个“上级”的规划和安排下自然形成总分关系。根据中国图书馆学会资助的“图书馆服务网络”课题组的调研，现有的总分馆关系大都建立在协议的基础之上①。

在 55 个设立了分馆的图书馆中，有 52 个提供了关于分馆建设协议的信息。48.1%的图书馆（25 个）是与分馆的当地政府签订协议，48.1%（25 个）与分馆签订协议，另有 1.9%与本馆的上级政府签订了分馆建设协议（图 3）。在 47 个提供了协议周期信息的图书馆中，有 19.1%（9 个）的协议周期为 1 年，44.7%（21 个）的协议周期为 2—3 年，27.7%（13 个）的协议周期为 4—5 年，8.5%（4 个）的协议周期为无限期（图 4）。

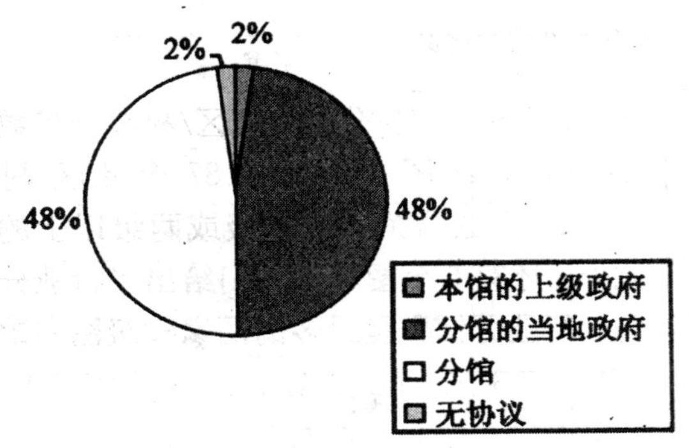

图 3 建设分馆的协议签订方

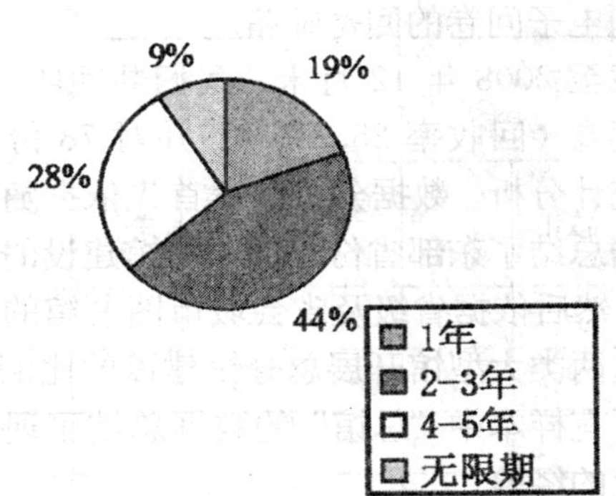

图 4 协议周期

3.3 总馆与分馆的关系

由于现有的总分馆关系大都建立在协议的基础之上，协议的内容决定总分馆之间的关系。就此而言，不同的总分馆体系之间存在巨大差异。

3.3.1 总馆对分馆的资源支持

表 2 和表 3 显示了现有总分馆体系中，分馆的资源来源及总馆给予分馆的资源支持。数据显示，在大多数总分馆体系中，分馆的资源（人员与人员经费、购书经费、物业经费）主要来自分馆的当地政府。在 70.4%的总分馆体系中，分馆人员由当地政府直接委派；在 83.3%的总分馆体系中，分馆的人员经费由当地政府提供。总馆对分馆的资源支持主要表现在购书经费方面：在 64.8%的总分馆体系中，总馆承担或补贴分馆的购书经费。在上述大致模式之外，有少数总馆对分馆承担全部的资源保障责任，也有少数总馆对分馆不提供任何资源支持。

① 邱冠华，于良芝，许晓霞．覆盖全社会的公共图书馆服务体系：模式、技术支撑与方案．北京：北京图书馆出版社，2008

表 2　分馆的人员及经费来源

	人员委派	分馆物业经费来源	分馆人员经费来源	分馆购书经费来源
总馆	20.4%	13%	18.5%	64.8%
分馆的当地政府	70.4%	85.2%	83.3%	49.1%
其他	20.4%			
总馆的上级政府		1.9%	1.9%	15.1%

注：百分比为总分馆体系的比例，总计不等于100%是因为存在分担情况。

表 3　总馆对分馆的资源支持情况

总馆编号	分馆人员委派		分馆人员经费			分馆物业经费			分馆购书经费			总馆对分馆的责任
	总馆	分馆政府	总馆政府	分馆政府	总馆	总馆政府	分馆政府	总馆	总馆政府	分馆政府	总馆	
100	—	√	—	√	—	—	√	—	—	√	—	不承担资源责任
101	—	√	—	√	—	—	√	—	—	√	√	补贴购书经费
102	—	—	—	√	—	—	√	—	√	√	—	总馆政府补贴购书经费
104	√	—	—	√	√	—	√	√	—	—	√	委派人员并承担主要经费
105	—	√	—	√	—	—	√	—	√	√	—	总馆政府补贴购书经费
106	—	√	—	√	—	—	√	—	—	√	√	补贴购书经费
107	√	—	—	—	√	—	√	—	√	—	—	委派人员并承担人员经费
109	—	√	—	√	—	—	√	—	—	√	√	补贴购书经费
110	—	√	—	—	√	—	—	√	—	—	√	承担全部经费
130	—	√	—	√	—	—	√	—	—	—	√	承担购书经费
133	—	√	—	√	—	—	√	—	—	√	—	不承担资源责任
141	—	√	—	√	—	—	√	—	—	—	√	承担购书经费
142	—	√	—	√	—	—	√	—	—	—	√	承担购书经费
145	—	—	—	√	—	—	√	—	—	—	√	承担购书经费
146	—	√	—	√	—	—	√	—	—	—	√	承担购书经费
147	—	—	—	√	—	—	√	—	—	—	√	承担购书经费
148	√	√	—	√	—	—	√	—	—	√	—	委派人员
149		√		√			√			√		不承担资源责任
150	—	√	—	√	—	—	√	—	—	—	√	承担购书经费
230	—	—	—	√	—	—	√	—	—	—	√	承担购书经费
235	—	—	—	√	—	—	√	—	—	√	—	不承担资源责任
237	—	—	—	√	—	—	√	—	—	—	√	承担购书经费
240	√	—	—	—	√	—	—	√	√	—	—	委派人员并承担主要经费
247	—	√	—	√	—	—	√	√	—	—	√	承担购书经费并补贴物业经费
249	—	√	√	—	—	√	—	—	√	—	—	总馆政府承担全部经费
252	√	—	—	—	√	—	—	—	√	—	√	委派人员并承担主要经费
254	—	√	—	√	—	—	√	—	—	—	√	承担购书经费

（续表）

总馆编号	分馆人员委派		分馆人员经费			分馆物业经费			分馆购书经费			总馆对分馆的责任
	总馆	分馆政府	总馆政府	分馆政府	总馆	总馆政府	分馆政府	总馆	总馆政府	分馆政府	总馆	
255	—	√	—	√	—	—	√	—	—	√	—	不承担资源责任
257	√				√			√			√	委派人员并承担全部经费
261		√		√			√				√	承担购书经费
278	√				√			√			√	委派人员并承担全部经费
279	√	√	—	√	—	—	√	—	—	—	√	委派人员并承担购书经费
282	—	√	—	√	√	—	√	—	—	√	√	补贴人员和购书经费
286	√	—	—	—	√	—	—	√	—	—	√	委派人员并承担全部经费
288	—	√	—	√	—	—	√	—	—	√	—	不承担资源责任
289	—	√	—	√	—	—	√	—	—	√	—	不承担资源责任
291	—	√	—	√	—	—	√	—	—	√	√	补贴购书经费
292	√	—	—	√	—	—	√	—	—	√	—	委派人员
344	—	√	—	√	—	—	√	—	—	√	√	补贴购书经费
345	—	√	—	√	—	—	√	—	—	—	√	承担购书经费
358	—	√	—	√	—	—	√	—	—	√	√	补贴购书经费
403	—	√	—	√	—	—	√	—	—	√	√	补贴购书经费
411	—	√	—	√	—	—	√	—	—	√	—	不承担资源责任
414	—	√	—	√	—	—	√	—	—	√	√	补贴购书经费
417	—	√	—	√	—	—	√	—	—	√	√	补贴购书经费
419	—	√	—	√	—	—	√	—	—	√	√	补贴购书经费
436	—	√	—	√	—	—	√	—	—	√	√	补贴购书经费
454	—	√	—	√	—	—	√	—	—	√	—	不承担资源责任
462	—	√	—	√	—	—	√	—	√	—	—	总馆政府承担购书经费
466	√	—	—	√	—	—	√	—	—	√	—	委派人员
471	—	√	—	√	—	—	√	—	—	—	√	承担购书经费
473	—	√	—	√	—	—	√	—	√	—	—	总馆政府承担购书经费

3.3.2　总馆对分馆的业务支持

表4和表5显示了总馆对分馆的业务支持。85.5%的总馆承担分馆的文献调配和周转责任，83.6%的总馆承担分馆文献补充责任，分别有80%、70.9%和76.4%的总馆承担分馆的文献加工、文献采购、系统及数据维护责任，一半以上的总馆承担分馆的管理、读者活动和参考咨询责任，只有36.4%的总馆承担分馆的日常服务责任。在上述大致模式之外，有少数总馆对分馆承担全部业务支持责任，也有少数总馆对分馆承担极其有限的业务支持责任。

表4　总馆对分馆的业务支持

责任类型	承担分馆责任的总馆比例
文献采购	70.9%
文献加工	80%
文献补充	83.6%
文献调配和周转	85.5%
系统及数据维护	76.4%
分馆的服务	36.4%
分馆的读者活动	58.2%
分馆的参考咨询	54.5%
分馆的管理	54.5%

表 5　总馆对分馆的业务支持

总馆编号	总馆承担的分馆业务									承担业务数量
	文献采购	文献加工	文献补充	文献调配周转	系统维护	分馆服务	分馆读者活动	分馆参考咨询	分馆管理	
100	—	—	—	√	—	—	√	—	√	3
101	√	√	√	√	√	—	—	—	—	5
102	√	√	—	√	√	—	—	√	—	5
104	√	√	√	√	√	√	√	√	√	9
105	—	√	√	—	—	—	—	√	—	3
106	√	√	√	√	√	—	—	—	—	5
107	√	√	√	√	√	√	√	√	√	9
109	√	√	√	√	√	√	√	√	√	9
110	—	√	—	—	—	√	√	√	√	5
128	√	√	√	√	√	√	√	√	√	9
130	—	—	—	√	√	—	√	√	√	5
133	—	—	√	√	—	—	√	√	—	4
141	√	√	√	√	√	—	—	√	—	6
142	√	√	√	√	√	—	—	—	√	6
145	√	√	√	√	—	—	—	—	—	4
146	√	√	√	√	√	—	√	√	√	8
147	—	—	√	—	—	—	√	—	—	2
148	√	√	√	√	√	√	√	√	√	9
149	√	—	√	√	√	—	—	√	—	5
150	√	√	√	√	√	—	√	√	—	7
202	√	√	√	—	√	—	—	—	—	4
230	√	√	√	—	—	—	—	—	—	3
235	√	—	—	√	—	—	√	√	—	4
237	—	—	√	—	—	—	√	—	√	3
240	—	—	—	√	—	√	√	√	√	5
247	√	√	√	√	√	√	√	√	√	9
249	√	√	√	√	√	√	—	√	√	7
252	√	√	√	√	√	√	√	√	√	9
254	√	√	√	√	√	√	√	—	√	8
255	√	√	√	√	√	√	√	—	√	8
257	√	√	√	√	√	√	√	√	√	9
261	√	√	√	√	√	—	—	—	—	5
272	√	√	√	√	√	√	√	√	√	9
278	√	√	√	√	√	√	√	√	√	9
279	√	√	√	√	√	—	—	—	—	5

（续表）

总馆编号	总馆承担的分馆业务									承担业务数量
	文献采购	文献加工	文献补充	文献调配周转	系统维护	分馆服务	分馆读者活动	分馆参考咨询	分馆管理	
282	—	√	√	—	√	√	—	√	√	6
286	√	√	√	√	√	√	√	√	√	9
288	√	√	√	√	√	—	√	√	—	7
289	√	√	—	√	√	—	√	—	—	5
291	√	√	√	√	√	—	√	√	—	7
292	√	√	√	√	√	√	√	√	√	9
344	—	√	√	√	—	—	—	—	—	3
345	√	√	√	√	√	—	√	√	—	7
358	√	√	√	√	√	—	—	—	—	5
403	—	√	√	√	—	—	√	√	—	5
411	√	√	—	√	√	—	√	—	√	6
414	—	√	√	√	√	—	—	—	—	4
417	√	√	√	√	√	—	—	√	√	7
419	—	—	√	√	√	—	—	—	—	3
436	—	√	√	√	√	—	—	—	√	5
462	√	√	√	√	√	—	—	—	√	6
466	√	√	√	√	√	√	√	√	√	9
471	—	—	√	√	√	—	√	—	√	5
473	√	√	√	√	√	—	—	—	—	5

3.3.3　总馆对分馆经费的支配

表 6 显示了分馆经费按协议划给总馆使用的情况。在 55 个“总馆”中，有 24 个使用分馆按协议委托的经费，占总数的 43.6%。其中，50%全权支配分馆的购书经费，16.7%全权支配分馆的人员经费，13%全权支配分馆的其他经费。

表 6　使用分馆经费的总馆比例

经费种类	使用分馆经费的总馆比例
部分文献经费	43.5%
全部文献经费	50%
部分人员经费	13%
全部人员经费	16.7%
部分其他经费	25%
全部其他经费	13%

3.4　总分馆的资源共享方式

在 57.4%的总分馆体系中，分馆的文献资产权属于总馆（图 5）。在文献资源共享方面，53.7%的总分馆体系采用通借通还方式，38.9%的总分馆体系采用定期流动图书的方式（图 6）。在 84.6%的总分馆系统中，总馆外购数据库全部或部分地向分馆开放，其中 44.2%的总馆向分馆开放其全部外购数据库（图 7）。

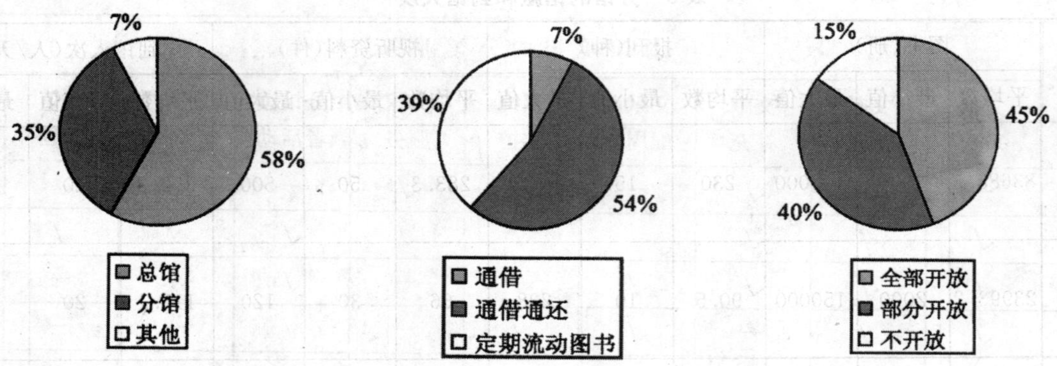

图5　分馆文献资产权归属　　图6　总分馆之间文献资源共享方式　　图7　总馆的数据库向分馆开放情况

3.5　总分馆体系的技术支撑

在图书馆管理系统方面，1/3的总分馆体系在总分馆之间采用ILAS系统（包括ILAS-Ⅰ和ILAS-Ⅱ），近1/3使用Interlib系统，10.8%的总分馆之间不使用图书馆管理系统，而是依靠手工来管理文献（表7）。IP和VPN为大多数总分馆体系采用的网络构建技术（图8）。

表7　总分馆之间采用何种系统

系统名称	使用该系统的图书馆数量	占总数的百分比
ILAS	12	32.4.%
Interlib	10	27%
力博	3	8.1%
汇文	2	5.4%
智慧2000	2	5.4%
Horizon	1	2.7%
丹诚	1	2.7%
Libsys	1	2.7%
Unionlib	1	2.7%
无系统	4	10.8%

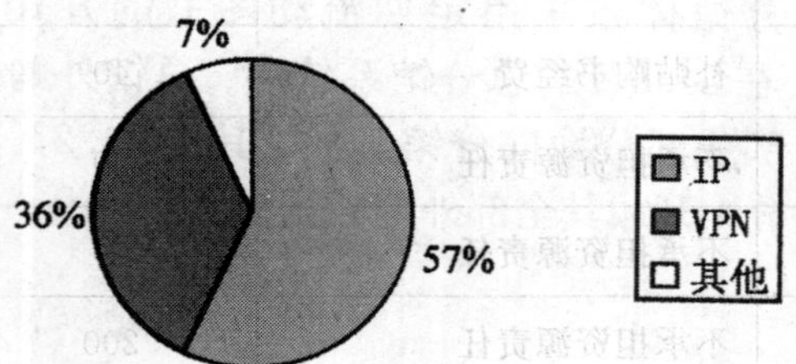

图8　总分馆间构建网络的技术

3.6　分馆与文化信息共享工程的同步建设

为了解分馆与文化信息共享工程的基层服务点的联合建设情况，我们在问卷中设置了以下问题："分馆是否同时兼作共享工程基层服务点？如果是，配置几台读者使用的电脑？"结果显示，在82.8%的总分馆体系中，分馆同时兼作文化信息资源共享工程的基层服务点。其中41.8%的总分馆体系为分馆配置了1—3台电脑，34.5%配置了6台以上电脑(图9)。

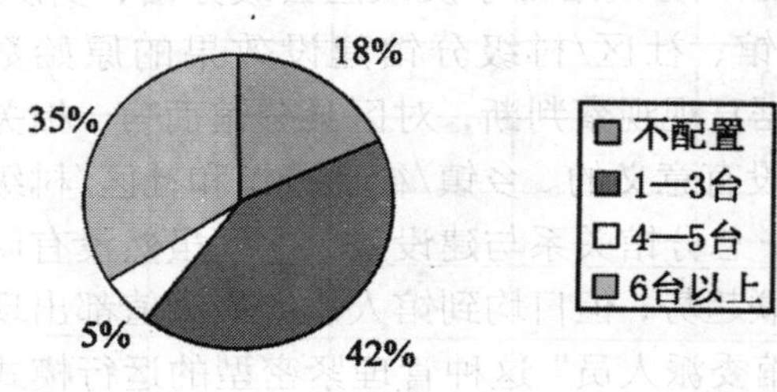

图9　分馆配置电脑

3.7　分馆建设效果：馆藏及其利用

表8显示了各级分馆的馆藏和到馆读者人次。为了保证数据的可靠性，我们首先根据直观经验对一些"反常"数据进行了电话核对，并依据核对结果修改问卷一份，作废问卷7份。被作废的问卷中至少有一个数据项与典型数据相差太远，例如其中一份问卷报告的社区/村级分馆的平均报刊数量为1600种，这个数据被认为与典型社区分馆的情况存在太大出入，在核对无果的情况下，本研究决定将其排除在分析之外，以免它对某些结果(如平均数)造成扭曲。从问卷反馈的数据来看，各级分馆的资源及其利用情况都很不平衡，以区县级分馆为例，到馆人次最高的分馆每日平均接待读者900人次，而最低的分馆每日仅接待读者20人次。如此大的反差也存在于乡镇/街道分馆和社区/村级分馆当中。

表 8　分馆的馆藏和到馆人次

	图书(册)			报刊(种)			视听资料(件)			到馆人次(人/天)		
	平均数	最小值	最大值	平均数	最小值	最大值	平均数	最小值	最大值	平均数	最小值	最大值
区县级分馆	83688.3	3000	400000	230	15	800	283.3	50	500	352.2	20	900
乡镇/街道分馆	23993.2	2000	150000	90.5	10	238	66	30	120	112.1	20	400
社区/村分馆	5667.3	500	30000	98.9	5	900	682	10	3000	41.2	10	140

如果有效问卷数量允许我们对反映总分馆关系特征的变量（本文 3.3.1 节和 3.3.2 节中的变量）和反映分馆建设效果的变量进行相关分析，无疑会得出一些有意义的结论。但在反馈问卷中，能提供分馆建设效果数据的问卷很少。表 9—表 10 分别给出了反映区县级分馆、乡镇/街道分馆、社区/村级分馆建设效果的原始数据，根据直观观察判断，对区县分馆而言，相关分析是没有意义的。乡镇/街道分馆和社区/村级分馆中，总分馆关系与建设效果之间虽然没有明确的关联趋势，但日均到馆人次的最大值都出现在“总馆委派人员”这种管理紧密型的运行模式中。总分馆之间的关系特征与分馆运行效果之间是否存在一定关联，还有待未来研究加以验证。

表 9　区县级分馆到馆人次比较

总馆编号	总馆对分馆的资源支持	分馆日均到馆人次
257	委派人员并承担全部经费	800
278	委派人员并承担全部经费	50
286	委派人员并承担全部经费	100
466	委派人员	200
145	承担购书经费	200
101	补贴购书经费	20
109	补贴购书经费	100
462	总馆政府承担购书经费	900

表 10　乡镇/街道分馆日均到馆人次比较

总馆编号	总馆对分馆的资源支持	分馆日均到馆人次
257	委派人员并承担全部经费	400
252	委派人员并承担主要经费(比起 240，不承担物业经费)	30
247	承担购书经费并补贴物业经费	150
142	承担购书经费	40
237	承担购书经费	50
254	承担购书经费	100
345	承担购书经费	100
344	补贴购书经费	50
358	补贴购书经费	320.35
417	补贴购书经费	100
419	补贴购书经费	40
235	不承担资源责任	30
288	不承担资源责任	50
289	不承担资源责任	200
454	不承担资源责任	120
249	总馆政府承担全部经费	200
462	总馆政府承担购书经费	100

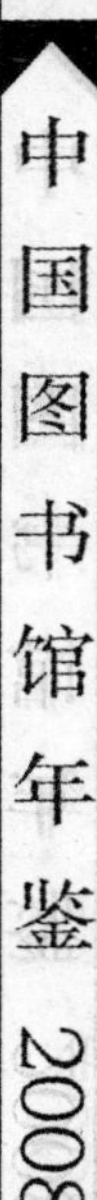

表 11　社区/村分馆日均到馆人次比较

总馆编号	总馆对分馆的责任	分馆日均到馆人次
252	委派人员并承担主要经费	19
240	委派人员并承担主要经费	30
107	委派人员并承担人员经费	80
279	委派人员并承担购书经费	30
292	委派人员	140
142	承担购书经费	38
150	承担购书经费	70
237	承担购书经费	20
254	承担购书经费	100
345	承担购书经费	20
471	承担购书经费	15
282	补贴人员和购书经费	50
109	补贴购书经费	10
344	补贴购书经费	20
358	补贴购书经费	34.51
403	补贴购书经费	30
414	补贴购书经费	30
419	补贴购书经费	10
235	不承担资源责任	30
249	总馆政府承担全部经费	100
462	总馆政府承担购书经费	30
473	总馆政府承担购书经费	20

3.8　分馆建设的困难和问题

本次问卷调研设置了一个开放题，请图书馆自由陈述他们在分馆建设中遇到的困难。由表12可知，分馆建设的困难和问题较集中地反映在经费不足、行政体制不畅、人员流动性大三方面。经费不足包括政府对分馆建设的投入小和后续费用无法保证两方面。35.3%的总馆认为经费不足是分馆建设的主要困难。行政体制不畅是指由于建设主体不明确或不长远，导致上级政府主导力不够、基层政府不重视、政府对分馆的投入未列入预算、投入保障机制难以持续等问题。问卷反馈馆针对分馆建设困难留下的比较有代表性的评论如下：

"在馆外延伸服务没有得到政府的支持，单凭总馆现有资金难以支撑分馆建设。"

"当地政府投入不足，多数街道、社区建馆为评比定级，可持续发展力差。"

"个别县级政府挤占分馆开放场馆。"

"体制还有待健全。"

"分馆所在地政府对工作开展不配合、主动性不高。"

"政府的主导力度不够，基层政府的响应度也不够高，根本原因还是投入保障机制还难以可持续。"

表 12　分馆建设的困难和问题

困难/问题	提出此问题的图书馆数	占总数的百分比
经费不足	24	35.3%
体制不畅	13	19.1%
人员流动性大	11	16.2%
场地困难	5	7.4%
物流运输压力大	5	7.4%
公众对图书馆认识不够	2	2.9%
分馆人员素质差	2	2.9%
设施配置差	2	2.9%
经费统筹使用困难	1	1.5%
分馆开放时间难以保证	1	1.5%
分馆数量少	1	1.5%
分馆建设无特色	1	1.5%

4　结语

总分馆建设是一种将较大馆的资源优势和小馆的贴近民众的优势结合起来的图书馆事业建设模式，这种模式对于建设覆盖全社会的公共图书馆服务体系、保障公共图书馆服务的普遍均等具有显著的优势。本研究的调研数据显示，截至2007年底，近八成的省级图书馆及省会城市图书馆以及超过四成的东部地级及县（市）级图书馆已经不同程度地开展了总分馆建设工作。即使考虑到问卷回收率较低的缺陷，同时考虑到已开展分馆建设的图书馆比未开展这项工作的图书馆更有可能反馈问卷，我们也可以比较肯定地说，总分馆建设已经成为我国新时期公共图书馆事业建设的一个显著趋势。

严格意义上的总分馆体系是总馆和分馆共享

建设主体和主管部门的服务体系。因为只有这样，总馆和分馆之间才能真正成为人财物管理统一、服务统一的整体。由于我国现有的公共图书馆建设体制尚不能支持这种总分馆建设，致力于总分馆建设的图书馆只能自行探索使总分馆成为可能的途径。这就决定了，我国现有的总分馆建设没有统一模式。本研究发现，各地正在建设的总分馆体系的确是复杂多样的。首先，充当总馆的图书馆级别没有统一界定，现有的总馆既包括省级图书馆，也包括省会城市图书馆、地级市图书馆和县（市）级图书馆；至于各级总馆在设置分馆时（特别是在同一区域设置分馆时）如何规划、分工、协调，本研究没有调研，但可以肯定的是，在各级图书馆各自为政的现行体制下，任何规划、分工和协调都是非常困难的。其次，充当分馆的图书馆级别也没有统一界定，现有的分馆既包括社区/村图书馆（室），也包括街道/乡镇图书馆和区县级图书馆。再次，作为总分馆形成基础的协议也是千差万别，由此而形成的总分馆之间的权利义务关系也无定规。与此相适应，分馆的资源保障状况和服务效果差异巨大。在总分馆建设的起步阶段，差别与多样性在所难免，但这种状况所暴露的缺乏制度保障、缺乏指导、缺乏反思、缺乏长远的战略性规划的状况也是值得忧虑和关注的。问卷反馈馆对开放题的文字评论也显示，体制问题是分馆建设过程中遇到的主要困难；事实上，经过分析不难发现，其他的困难和问题，如后续经费不足、人员流动性大等，也都与体制问题相关。

相对说来，总分馆建设中的以下安排比其他安排更常见：分馆人员由分馆当地政府委派；分馆的物业经费和人员经费由分馆的当地政府提供；分馆的购书经费由总馆和分馆的当地政府分担；分馆的文献资产权属于总馆；总分馆之间采用通借通还或定期流动图书的资源共享方式；在技术支撑方面使用 ILAS 或 Interlib 管理系统，使用开放 IP 地址或 VPN 网络构建技术。

与上世纪零星存在的总分馆相比，近年来的总分馆体系是作为覆盖全社会的公共图书馆服务体系的基本要素而建设的，因而服务于国家保障普遍均等公共文化服务的战略目标。把过去各自为政的图书馆组织为更加高效的总分馆体系，已经成为一种不可逆转的趋势，这一趋势必将要求制约其发展的原有公共图书馆建设体制作出调整。

中国图书馆2.0的研究

范并思（华东师范大学信息学系）

1　图书馆2.0产生的背景

图书馆2.0译自英文Library 2.0，是一个与Web2.0有直接渊源的新概念。

因特网是一个重要的信息服务平台。早期因特网的信息服务大多是单向的、只读的。进入21世纪之后，随着技术的进步，一个不仅可读，而且可写、可交互的新型Web服务逐渐浮出水面，并导致网络信息服务理念与服务模式朝着更加关注用户的方向转变。2004年，一个极具IT特色的名词Web2.0在一次头脑风暴会议中产生。互联网实验室给出的定义是："Web2.0不单纯是技术或者解决方案，Web2.0是一套可执行的理念体系，实践着网络社会化和个性化的理想，使个人成为真正意义上的主体，实现互联网生产方式的变革从而解放生产力，这个理念体系在不断发展完善中，并且会越来越清晰。实践Web2.0的成型的应用元素包括：博客以及RSS、Web服务、开放式API、Wiki、Tag、社会性书签、社会网络、Ajax等等，底层是XML和接口协议，而这些应用又都是在一些Web2.0体系下的理论和思想指导下形成的，包括：六度分离理论、长尾理论、社会资本、去中心化等等。"①

尽管人们关于Web2.0的解释多种多样，但所有定义都无一例外强调普通用户在网络信息服务中的重要性，鼓励用户参与网络资源的创建与组织。Web2.0的基本理念，对应用网络技术从事信息服务的部门与行业产生了强大的冲击。人们在各个不同的行业中引入Web2.0的基本理念，改造原有的信息服务或创建新的信息服务，由此产生一批形形色色的"××2.0"。图书馆2.0就是这种背景下出现的。

2005年9月23日，Michael Casey在他的Flickr账户中上传了一幅图片，图下边有如下标注："由一个努力推行图书馆2.0的图书馆员创建"。打开他的博客，可以看到博客的副标题为："下一代图书馆服务：Michael Casey对图书馆2.0的看法"②。Michael的图书馆2.0之旅，就从这个博客静悄悄地开始了。经过博客圈中一些讨论，"图书馆2.0"这个术语很快引起了强烈反响。称赞者有之，认为哗众取宠者有之，然而更多的讨论，还是希望赋予这个概念以更为清晰的含义和更为深刻的内容，可能连Michael自己都没有想过，这个拷贝自Web2.0的概念能够掀起整个行业的巨浪。

图书馆2.0一词并不是Michael Casey的创造，但是大多数人并不介意把这个荣誉给他，因为赋予一个术语以合适的名称固然重要，但更重要的是赋予其内涵，这远不是提出一个时髦名词那么简单。Michael Casey利用他的博客Librarycrunch.com不断介绍Web2.0，把图书馆的技术应用与之类比，提出新的问题，并积极倡导各类应用的2.0化。当然，图书馆2.0概念的最终成型，实际上是一大批倡导者共同努力的结果，其中英国图书馆自动化系统提供商Talis的Paul Miller不遗余力地撰文宣传，Michael Stephens在美国图书馆协会技术博客（Techsource Blog）上的积极鼓吹起到了巨大的作用，其他还有Jenny Levine、Stephen Abram、John Blyberg、Meredith Farkas、Walt Crawford等，他们大多并不是技术大拿，但却是业界的活跃分

① 中国互联网协会．2005－2006中国Web2.0现状与趋势调查报告（简版报告）．http://www.internetdigital.org/report/web20_report_intro.pdf.［2008-01-03］

② http://www.flickr.com/photos/michaelcasey/45954748/.［2008-01-03］

子，对新生事物充满热情，并亲身尝试，利用自己的博客，参与学术，宣传理念，组织活动。正是由于这样一批先行者持续不断的努力，图书馆2.0渐成大潮，深入人心。

2005年10月，Paul Miller在英国的一份著名的免费电子期刊Ariadne刊登的文章《Web2.0：构建新的图书馆》是一篇开创性的文章。文中一个小标题就是"Web2.0＋Library＝Library2.0?"。①尽管Miller提及"图书馆2.0"时使用了一个问号，但该文却成为图书馆2.0研究的最重要文献之一。因为Ariadne是英国著名数字图书馆研究机构UKOLN所主办的重要电子出版物，创刊于1996年，是一个比较"正式"的学术媒体；同时Miller的文章是一篇内容丰富的学术论文，它的学术影响远远超过了以往图书馆学博客上对"图书馆2.0"的讨论。该文发表后，立即受到众多图书馆学博客的关注与讨论。

2005年11月，著名联机媒体《出版》上发表了Jason Boog的文章《图书馆2.0运动有益于与用户协作》。这篇文章提及，在"因特网图书馆员大会"上，超过100位图书馆专业人员在思考着如何在这个"基于Web的"、"用户创建内容的"时代中生存，于是他们提出了一个叫做图书馆2.0的精神②。

Paul Miller等后来把他们对于图书馆2.0的认识集中于Talis公司的白皮书《对图书馆重要吗？图书馆2.0的兴起》中，这可以看成是关于图书馆2.0的纲领性文件。在这份不算很长的报告中，Ken Chad和Paul Miller系统而简洁地叙述了图书馆2.0的产生环境、基本原理以及Talis在图书馆2.0领域所从事的理论与实践。Talis的白皮书导致人们对图书馆2.0的进一步关注，图书馆学博客也频频引用与介绍该报告。

2　图书馆2.0在中国的发展

图书馆2.0这个名词在西方出现后，很快引起中国图书馆界的一群博客的关注。这些博客的真实身份是一些嗅觉敏锐、通晓技术、愿意接受新生事物的专家学者和图书馆员，是Web2.0的先行者与试水者。在他们看来，图书馆2.0基本理念——用户参与、图书馆无处不在、图书馆没有障碍，等等，与图书馆的职业精神如此的贴近，它使得赖以有效提升图书馆服务能力的信息技术与图书馆人信奉的人文精神溶为一体。2005年11月，"图书馆2.0"这一中文名词出现在博客中。此后，图书馆2.0的研究成为热点。

2.1　艰难起步：2005

历史的改变总由一件微不足道的小事开始，中文图林译站的出现就是这样一件小事。2005年，一群信仰Web2.0精神的年轻的图书馆员创建了这个译站。他们从2005年末开始翻译国外有关图书馆2.0的博客文章，从2005年12月14日翻译第一篇相关文章《图书馆2.0：我们如何共享》，到《从哪里开始？与Michael Casey关于图书馆2.0的对话》、《关于图书馆与图书馆2.0》、《我为什么不喜欢图书馆2.0的标签》、《图书馆2.0的七个定义、62种观点》、《社区2.0》、《图书馆2.0》等。早期的译站翻译成为中国图书馆界了解图书馆2.0最方便与直接的渠道之一。对研究图书馆2.0的呼吁也出现在博客中。2005年11月18日，老槐发表博文《姗姗来迟的图书馆2.0》，表明对图书馆2.0的期望："在我接触到的文献中，图书馆2.0并非一个空洞的术语，而是有实实在在的图书馆精神与服务的内涵。对于已经1.0了的图书馆，我们的系统每天在大量处理着大量真实的用户个人信息，而Web 2.0公司是需要用服务来与用户'交换'这些信息的；我们通过OPAC提供给用户看似精良实则繁琐的书目信息，但却忽略了用户参与'书目信息'的提供（比如用户书评）对于图书馆服务的巨大价值。Web 2.0还是起步阶段，从它展示的前景看，它无疑是帮助实现图书馆信息服务理想的最重要工具。"③

2.2　渐入佳境：2006

2006年是图书馆2.0广泛传播与激烈争论的一年。2006新年伊始，《大学图书馆学报》发

① Miller P. Web 2.0：Building the new library. http://www.ariadne.ac.uk/issue45/miller/. [2008-01-03]

② Boog J. Library 2.0 movement sees benefits in collaboration with patrons. http://www.publish.com/article2/0，1895，1881893，00.asp. [2008-01-03]

③ 老槐．姗姗来迟的图书馆2.0. http://oldhuai.bokee.com/3566401.html. [2008-01-03]

表了范并思、胡小菁的论文《图书馆 2.0：构建新的图书馆服务》，这是国内第一篇专门论述图书馆 2.0 的学术论文，也是国内外印刷本学术期刊上最早出现的图书馆 2.0 论文。该文的发表时间距离国外的网络上出现图书馆 2.0（Library 2.0）的名词仅有 3 个多月，比美国《图书馆杂志》（Library Journal）发表的第一篇图书馆 2.0 文章《图书馆 2.0：新一代的服务》早 9 个多月。仅从发表时间，也可以看出中国图书馆学术界对于图书馆 2.0 理论的关注。

《图书馆 2.0：构建新的图书馆服务》认为，“图书馆 2.0 是 Web 2.0 的技术或服务在图书馆信息服务中的应用”。文章对网络信息服务从 Web2.0 到图书馆 2.0 的演变史作了介绍，对维基百科“图书馆 2.0”词条、Talis 白皮书和 Meredith 访谈中关于图书馆 2.0 理念的论述进行了讨论，对图书馆 2.0 的应用，包括维基、博客、RSS、开源软件、应用集成和用户参与资源建设等作了介绍，并讨论了实施图书馆 2.0 存在的问题。文章的基本结论是：“图书馆 2.0 的概念给我们描绘了一种新的理念，需要我们对待图书馆服务的思考模式有一个重大的转移。”①

2006 年 5 月 25 日，“Web2.0 与信息服务”在上海图书馆召开。此次会议为国内图书馆 2.0 的关注者第一次聚会，同时也是图书馆 2.0 热潮中极为重要的一次学术研讨。会前会后形成的图书馆 2.0 热潮几乎吸引了图书馆界各层人士的关注。上海会议的议题主要涉及“Web2.0 与信息服务”、“Web2.0 与电子商务”、“新型 OPAC”等，演讲者均为业界著名博客。会议由中国图书馆学会学术委员会的理论专业委员会和数字图书馆专业委员会联合召开，上海图书馆承办，吸引了北京、江苏、浙江等地的学者与会，是一个很“正式”的会议，但会议却有极浓的 Web2.0 风格，轻松而不拘形式。

2.3 走向高潮：2007

2007 年的图书馆 2.0 研究已成为中国图书馆学术界最重要的主题。与初期谨慎的接受与宏观的讨论不同，2007 年的图书馆 2.0 研究更多的关注图书馆 2.0 各项专门技术的研究，如博客、维基、RSS、社会网络、社会书签等在图书馆的应用。据对中国知网的不完全统计，2007 年以“图书馆 2.0”为关键词的文章多达 40 篇，其中包括 4 篇硕士论文。尤其值得一提的是，《数字图书馆论坛》与《图书馆杂志》以专题形式进行的图书馆 2.0 的研讨。《数字图书馆论坛》2007 年 4 期以 5 篇文章集结了国内图书馆 2.0 的最新研究成果，其中包括上海图书馆刘炜的《建设 2.0 版的图书馆集成管理系统》、台湾林泰宏先生的《台湾地区大学图书馆 Web2.0 技术应用探讨》、北大王益民先生的《长尾理论和图书馆服务的变革》以及华东师范大学图书馆胡小菁的《发展中的新一代 OPAC》等文章。上海《图书馆杂志》发表了由浙江大学叶鹰教授主持的图书馆 2.0 讨论，4 篇文章的主题涉及图书馆 2.0 与开源、维基、标签以及 Ajax 等。此时的图书馆 2.0 研究更多的侧重于专门技术，同时也利用调研获取用户的反馈意见。

2007 年的三次图书馆 2.0 学术会议，将我国的图书馆 2.0 研究推向高潮。

4 月 21、22 日，继上海图书馆第一届全国“Web2.0 与信息服务”后，第二届全国图书馆 2.0 会议在厦门大学举办。此次会议以“服务：因你而变”为主题，海峡两岸携手共议图书馆 2.0 的广泛应用和光明前景。会议就社会性软件在大学图书馆的应用、开放存取、维基、专业期刊 2.0 等议题作为主旨报告，海峡两岸图书馆 2.0 关注者共同讨论并分享建设与实施图书馆 2.0 的经验。此次会议的另外一个重要事件是一些图书馆自动化厂商的参与，如汇文系统的代表也与会参与讨论。会议采用网络直播，使得未能与会者得以全程了解会议的发言和讨论。在美国的曾蕾教授和在北京的李国新教授也通过网络在会场发言。

5 月 30 日，由上海市图书馆学会学术委员会主办、上海大学图书馆承办的“上海地区图书馆 2.0 应用与实践研讨会”举行。这是国内第一次直接以“图书馆 2.0”命名的会议。会议讨论了“上海地区图书馆 2.0 应用与实践活动机制”、“Lib2.0 应用与国内外现状”、“Lib2.0 技术国内外现状及上图经验”、“RSS 聚合服务端的开发”等问题。

① 范并思，胡小菁．图书馆 2.0：构建新的图书馆服务．大学图书馆学报，2006(1)

11月20日，"上海地区第二届图书馆2.0研讨会"在上海交通大学图书馆举行。会议主题为"图书馆2.0规划与实施"，这一主题成为会议主题，标志着我国图书馆2.0的具体实施和应用已经超越了图书馆2.0早期主要由个人博客独领风骚的阶段，而进入了有组织的规划与实施的新的阶段。会议讨论了图书馆2.0的组织文化、规划与实施、数据库2.0、用户2.0等问题。值得关注的是，一些数据库厂商此次也参会并加入到2.0技术的开发应用中来，如Elsevier和CNKI都派出代表发言并介绍其2.0的应用进展。

2007年的三次会议使得国内图书馆2.0的关注者齐聚一堂，共议图书馆2.0的开发与应用、规划与实施。从图书馆员到图书馆馆长，从图书馆集成化系统厂商到图书馆数据库商，从图书馆2.0的未知者到图书馆2.0的狂热信徒，2007年他们都经历了一次技术与理念的洗礼。从此，图书馆2.0不再只是图书馆技客们的时尚新词，也不再神秘，而是成为图书馆学的一个普通的名词。

2.4 平淡中有亮点：2008

进入2008年，图书馆2.0经历了发展初期的激动之后，逐渐走向了平淡。但是平淡中仍有亮点。

2008年4月，北京图书馆出版社出版了《图书馆2.0：升级你的服务》。该书定位于服务，以服务为主轴构建框架。该书作者认为，"图书馆2.0倡导者所理解的'图书馆2.0'并不是一种'图书馆'的形态，甚至不是图书馆IT系统的一种形态，而是图书馆的一种新的服务。服务，这是被后来的很多图书馆2.0研究者都忽视了的一个命题。在大量的图书馆2.0的讨论中，人们关注的是Web 2.0诸技术在图书馆的应用。尽管这种应用必然地要进入服务领域，并引起研究者对于服务的关注，但切入视角的不同，却可能导致些许微细的差异。而正是这些微细的差异，不经意间却可能左右了图书馆2.0的总体走向。纵观图书馆2.0的发展走势，可以说，正是那些执著关注图书馆服务的人们，一次次将图书馆2.0这个新的概念、新的理念，带向一个正确的方向。图书馆人可以通过对于服务的关注，发现更多更好的技术应用，或者发现对于技术的新的需求。这种理解图书馆2.0的思路，构成了中外图书馆2.0发展的一个流派"①。《图书馆2.0：升级你的服务》是我国图书馆2.0研究与应用走向成熟的重要标志。

围绕服务的主题，该书以十分活泼的风格，对图书馆2.0的理论与应用进行了全面的介绍与研究。书中标题是类似于"巧用RSS：信息之水天上来"、"TAG引路：随心所欲的信息组织"的语句，技术性较强的章节标以"*"号以供阅读选择，每章后面有"推荐阅读"，每章均以"访谈专栏：图书馆员2.0之路"结束，是负责"图书馆员2.0"一章的作者以同样问题对各章作者采访的结果。

该书的写作也体现了图书馆2.0的精神。该书署名"图书馆2.0工作室"，是在范并思、刘炜、金武刚等人的倡导与组织下，由一群来自各地的图书馆2.0忠实拥趸，以Web2.0的方式，共笔而成的学术著作。每章作者来自不同的工作单位，作者后面还有一个后援团队。作者与后援团都是在网上讨论中产生的。这群年轻的合作者没有什么学术声望，他们相互之间基本没有师承、同学关系，有些合作者甚至到现在还未曾见过面。唯一能使他们走到一起来的因素，只是他们都有着共同的理念：他们看到了图书馆2.0希望所在，体验到了实践图书馆2.0给图书馆服务带来的变化，同时也体验到了践行图书馆2.0给自己职业生活带来的快乐。他们自愿走进"图书馆2.0工作室"这样一个写作集体，无私地奉献着自己的激情与智慧，也享受参与的快乐。

从技术上说，该书的编写也充分利用了Web2.0的技术。作者们通常在IM中交流，问题集中了就召开网络会议，包括Skype语音网络会议或QQ聊天群文字网络会议。各种前期思想与初步成果放到自建的Wiki上，由大家一起"共笔"完善。如果有人因工作太忙或其他原因缺席了网络会议，他还可以迅速从其他网友那儿看到讨论过程与结论，并将自己的意见补充进去。该书从酝酿构思到大纲制定，从人员招募到修改定稿，都借助于博客、Wiki平台、IM群、

① 图书馆2.0工作室．图书馆2.0：升级你的服务．北京图书馆出版社，2008：2

邮件组等各类工具，进行了充分的头脑风暴和激情碰撞，全程贯彻了平等、参与和互动的团队合作精神。

《图书馆 2.0：升级你的服务》出版后，上海图书馆学会学术委员会又组织《图书馆 2.0 技术系列白皮书》的编写。白皮书第一部《RSS 技术在图书馆中的应用》于 2008 年 10 月正式对外发布。该白皮书定位于图书馆 2.0 技术的研发与应用人员，“编写过程遵循开放互动、共同参与、发挥集体智慧的 2.0 精神，对所有感兴趣的朋友开放。写作过程既是共同参与和集体奉献的过程，也是共同学习和共同提高的过程，以期达到宣传与推广 2.0 的应用、培育一批 2.0 的积极分子和应用人才和提供一个简洁、实用、图文并茂的技术说明书等多层次的目标”。①

2008 年 4 月，由中国图书馆学会学术研究委员会主办、浙江大学信息资源管理研究所协办，第三届全国图书馆 2.0 会议“Web/Lib2.0：西湖论剑”在浙江大学召开。会上有网友投票选举的“博客之星”的颁奖，也有《图书馆 2.0：升级你的服务》一书的作者上台亮相，会场洋溢着青春的气息。这次会议由中图学会学术委员会主办，以及许多理论领域的专家如李国新、柯平、程焕文、代根兴、李万健等在会议上亮相，表明了图书馆 2.0 研究日益受人关注的趋势。正如李国新教授开幕式致辞所说：“不知道从什么时候开始，图书馆 2.0 研究被冠以草根学术，但是在我看来，2.0 研究应该是堂堂正正的主流学术。”在图书馆 2.0 的应用方面，重庆大学图书馆杨新涯馆长介绍了他们委托企业自行研发的图书馆 2.0 集成系统。这是一个汇集了众多图书馆 2.0 的先进理念的系统，也是国内迄今为止完整的图书馆 2.0 集成产品，以用户为中心的理念在系统中得到极为充分的体现。该系统努力将图书馆资源从“为我所有”变为“为我所用”，同时，重庆大学图书馆还构建了基于 Flex 的图书馆管理系统、基于 Ajax 的读者知识服务系统“我的书斋”和知识搜寻引擎 LKS。重庆大学图书馆系统的变革明白无误地告诉人们，图书馆 2.0 不是炒作，而是图书馆自动化领域的一场实实在在的变革。

2008 年 10 月，上海地区第三次图书馆 2.0 会议召开。这次会议的主题是“图书馆 2.0 的发展及其白皮书的应用”。会议围绕着图书馆 2.0 的发展、图书馆 2.0 的实践经验、图书馆 2.0 白皮书的作用、RSS 白皮书编写经验，以及图书馆 2.0 系列白皮书的编写和应用等议题展开讨论。除了上海代表会上交流外，四川、福建的两位白皮书参与者通过录播的方式作了大会发言。

3　图书馆 2.0 的理论探索

图书馆 2.0 的概念发源于技术，但是与其他纯技术概念相比，这一概念有更多“理念”的成分。在对于图书馆的讨论中，关于图书馆 2.0 的概念、理念、基本原则和内容体系的探索一直没有停止。这些研究虽然有时也纠缠于学院式研究内容，但更多的情况下是在探讨图书馆服务与信息技术的关系，或者说怎样更好地利用信息技术提升图书馆服务的能级。因而从总体上看，这类研究开拓了图书馆学新的研究领域，推动了信息时代图书馆学的理论进步。

3.1　图书馆 2.0 的概念

自 2005 年 9 月图书馆 2.0 名词出现，关于图书馆 2.0 概念的讨论就一直没有停止过。2006 年下半年，国外网络图书馆学媒体上还出现了要求从维基百科中删除“图书馆 2.0”词条的呼声。这种声音的出现很大程度上是由于国内外图书馆学界对图书馆 2.0 的概念尚未形成一致的看法。

2006 年 1 月，正当图书馆 2.0 研究在我国升温之时，“图林中文译站”翻译介绍了 Walt Crawford 的图书馆 2.0 的 7 个定义，基本反映了西方图书馆界对于图书馆 2.0 的认识。其中部分定义是：

维基百科或 Michael Casey 的定义：图书馆 2.0 是一种图书馆服务模式，这一模式反映了图书馆服务方式向用户的转变。这种转变特别表现在电子服务上，如 OPAC，在线图书馆服务，以及表现在用户信息流的回馈增长。图书馆 2.0 的概念借用自 Web2.0，并遵循 Web2.0 的哲学。

① 上海图书馆学会．RSS 技术在图书馆的应用．http://www.dlresearch.cn/download/SLAWhitePaper-RSS.pdf.［2008-01-15］

这一概念的支持者希望图书馆 2.0 的服务模式取代几个世纪以来图书馆陈旧、单向的服务。

Casey Bisson 的定义：图书馆 2.0 并不是关于技术。图书馆 2.0 借助于外部的观点并应用它们来提高新的服务，吸引新的用户群体。图书馆 2.0，就其核心来说，是一种思考方式，是一种行为方式。图书馆 2.0 是一个新的框架，它要把新的变化聚合到图书馆工作的每一层面。我们将依靠 Web2.0 技术致力于实现这一新水平的服务。

Jessamyn West 的定义：图书馆 2.0 所有的事情，一般来说就是指利用群体思想与接受技术来聚合更新、更好、更有用的系统，然后使之适用于每一个人。

Meredith Farkas 的定义：图书馆 2.0 这一观点反映了图书馆服务的重要范式的转变。它是关于无缝的用户体验，图书馆系统的可用性、交互性与灵活性成为关键。它是关于图书馆成为社区的实际存在——通过规划、社区建设（在线或者实体的），以及通过即时通讯、博客、维基等技术来实现。它是关于允许用户的参与，通过撰写评论、标签目录，通过博客与维基表达他们的声音。它是关于图书馆更加透明，通过图书馆主页和图书馆实体建筑来体现。我们需要让图书馆人性化，无处不在，以用户为中心。这需要一个改变，包括系统、网页，以及我们的态度。完全实现 2.0 还需要很多工作要做，但这一观点应该贯彻到图书馆的每一决策中。

Sarah Houghton 的定义：图书馆 2.0 仅仅意味着使图书馆的空间（虚拟的和实体的）更加互动，更加协作与更受社区需求的推动。举例来说，图书馆 2.0 可以以博客、青少年的游戏之夜、协同的图片站点为开始。通过图书馆介入人们的日常生活，让用户回到图书馆，让图书馆成为人们的目的地，而不是事后诸葛亮。①

有些学者用公式来表示图书馆 2.0。例如 Darlene Fichter 的公式是：

图书馆 2.0＝（书及其他东西＋人＋根本的信任）×参与

国内学者主要是在基于理念和技术应用的基础上定义图书馆 2.0。最早出现也是被多数学者认可的定义是“图书馆 2.0 是 Web 2.0 的技术或服务在图书馆信息服务中的应用”②。叶鹰指出了从图书馆 1.0 到图书馆 2.0 的变化：资源基础是从书目数据到全文数据；技术基础是图书馆自动化系统到数字图书馆核心引擎的转变；服务特点是由检索查询向互动咨询发展，并在此基础上提出 Web. 0＋Lib＝Lib2.0 的公式③。潘琳提出图书馆 2.0 既是一种新的服务理念，又是先进的计算机技术与互联网技术在图书馆信息化建设中的应用，而且这些技术的应用充分强调了以用户为中心、服务创新和用户参与④。张新兴认为图书馆 2.0 是“图书馆借用 Web2.0 的技术、理论，利用计算机和互联网技术的易用性和互动性，创新服务理念，将用户吸纳到图书馆的资源建设中来，从而更好的了解、反映并满足用户需求的图书馆服务新模式”⑤。

根据刘炜等人的归纳，国内外关于图书馆 2.0 的定义的研究包含下列观点：

- 是一种图书馆服务模式；
- 是一种服务哲学；
- 是思考方式、行为方式、新的框架；新水平的服务；
- 是图书馆的一种范式转变；关于用户体验，可用性灵活性和交互性；
- 是更加互动更加协作，用户需求推动；
- 是图书馆长期追求的目标；
- 是服务延伸；
- 是永恒的改变；
- 是保持存在的唯一方式；
- 是不想成为废墟的图书馆；
- 是以图书馆为中心；
- 是困惑；
- 是口号标语；
- 是教条；

---

① 图书馆 2.0 的七个定义 . http://www.libspace.org/archives/tushuguan20deqigedingyi.html. [2008-01-15]

② 范并思，胡小菁 . 图书馆 2.0：构建新的图书馆服务 . 大学图书馆学报，2006(1)

③ 叶鹰. 基于 DSpace 的 Lib 2.0. 大学图书馆学报，2006(3)

④ 潘琳. 图书馆 2.0 在门户网站中的应用现状及实践研究. 图书馆学研究，2006(11)

⑤ 张新兴. 图书馆 2.0 研究进展综述. 数字图书馆论坛，2008(1)

• 是挑战传统；
• 是观念；
• 是一种广告；
• 是精神；
• 是理念；
• 是泡沫。

就讨论的主流观点看，人们认同图书馆 2.0 的概念，但对其内涵的阐述各有侧重。而强调信息技术和网络信息服务贴近用户，追求不断地变革以适应新的时代，注重用户体验和用户参与，致力于实现传统图书馆单向、静态的被动服务向双向、动态的主动服务的转变，这样一些认识，得到大多数学者的赞同。

3.2 图书馆 2.0 的基本理念

图书馆 2.0 是 Web 2.0 在图书馆的应用，或者说是 Web 2.0 的思想对人们研究与改进图书馆数字化服务的一种认识与思考。Web 2.0 的讨论支配着图书馆 2.0 的讨论，它的基本理念对我们认识图书馆 2.0 至关重要。

图书馆 2.0 的先驱和推动者 E. Casey 和 C. Savastinuk 认为，图书馆 2.0 是新一代的图书馆服务。“图书馆 2 0 的核心是以读者为中心的变化。这是一种全新的图书馆服务模式，这种模式鼓励持续及有目的的改变在建立实体和虚拟服务的基础上。邀请读者的参与，并通过始终如一的服务评估给予支持。图书馆 2.0 试图通过改进的用户驱动的服务体系来吸引新读者并向老读者提供更好的服务。”根据他们的理解，图书馆应该应用长尾理论来吸纳新读者，将服务的聚焦从已有读者拓展到所有人；应该将读者作为协作伙伴，吸纳读者智慧来充实和改进图书馆服务；应该掌握信息技术，利用新的廉价甚至免费的技术为读者提供更好的服务。至于什么样的服务才能够称为图书馆 2.0，他们的回答是，任何服务，无论是实体或者虚拟的，只要能够成功地被读者所用，可利用读者创造的信息服务，就可以称为图书馆 2.0。只要符合这些标准，即使是过去的传统服务也可以是图书馆 2.0。反之，使用新技术未必就能说是图书馆 2.0。①

Casey 还说过，图书馆 2.0，是一种建立在 3 个东西上的服务哲学：愿意改变与尝试新事物，愿意经常重估我们开展的服务，愿意通过外部世界来寻找问题解决之道，无论它是否是技术推动②。这段话表述了很多人对于图书馆 2.0 的基本理念。

国内学者通过讨论图书馆 2.0 的“定律”讨论图书馆 2.0 的基本理念。2006 年 3 月，老槐在博客中发布了图书馆 2.0 的五定律，采用 Web2.0 领域的一些短语，对应阮冈纳赞的“图书馆学五定律”，阐述了图书馆 2.0 的基本理念。后刊载在《新华书目报》的图书馆 2.0 五定律及其解释是：

第一定律：图书馆 2.0 是以用户为中心的虚拟社区（Library 2.0 is a user-centered virtual community）。注：原第一定律为“书是为了用的”，搬到图书馆 2.0 时代基本对应“以用户为中心”。但图书馆 2.0 所提供的只是基于 Web 的服务而非传统服务，将图书馆营造成为以用户为中心的虚拟社区的思想，在 E 时代已成为了图书馆网络服务存在的基础，这一原则如同纸本时代确立的“书是为了用的”。

第二定律：图书馆没有障碍（The library has no barriers）。注：原第二定律为“每个读者有其书”，搬到网络时代应为“每个用户都有其信息”。网络环境下要实现此理想，须遵循图书馆 2.0 的“图书馆没有障碍”的原则。只有完全没有障碍的图书馆，才有可能做到人人均可自由获取信息。

第三定律：图书馆无处不在（The library is everywhere）。注：原第三定律为“每本书有其读者”，搬到网络时代应为所有信息都能准确到达用户手中。但网络时代信息环境的根本性变化之一就是重复性信息增加，所有信息都找到用户既不可能也没有必要。因此，只要实现了图书馆无处不在，就是真正体现 Web 2.0 时代“每本书有其读者”的精神。

第四定律：无缝的用户体验（A seamless user experience）。注：原第四定律为“节省读者的时间”，搬到网络时代应为节省用户时间。Web 环境中节省用户时间的最高境界，无疑是使图书馆的资源与服务对用户而言是一种“无缝”的或没有任何隔阂的感觉。

第五定律：永远的 Beta 版（The perpetual Beta）。注：原第五定律为“图书馆是一个生长着的机体”，搬到网络时代应为图书馆信息资源与信息系统永远生长。Beta 版即测试版，是对于正式版而言的。“永远的

① 迈克尔·凯西，劳拉·舍瓦斯汀克．图书馆 2.0：新一代的图书馆服务．数字图书馆论坛，2006(11)

② 图书馆 2.0 的七个定义．http://liblog.wordpress.com/2006/01/15/cites-insights/.［2008-01-15］

Beta版"表明图书馆系统与服务应该处在一个不断发展、不断完美的过程中。"永远的Beta版"这一Web 2.0术语，准确地描述了"图书馆是一个生长着的机体"的时代特征。①

吴爱琼提出了图书馆2.0的服务要诀是："服务于所有用户不分时间和地域；优化馆藏目录及其他数据库的检索界面，使其具有类似Google的易用特征；参考咨询服务注重与用户的平等沟通；良好的计算机和网络应用环境。②

吴超认为图书馆2.0的服务应体现以下理念：

① 用户变为"体验者"。

② 体验者融入信息处理和服务全过程。

③ 独立服务变为集体服务。

④ 图情机构的中介性发生变化。③

陈越、李丽萍、黄闽等认为：图书馆2.0既是一种新的服务理念，又是先进的计算机技术与互联网技术在图书馆信息化建设中的应用，而且这些技术的应用充分强调了以用户为中心、服务创新和用户参与。其中参与、合作、创新、共享是图书馆2.0的核心理念。④

丁玉东、张春峰强调：图书馆开展2.0实践中应坚持人文主义传统。图书馆事业长期追求的社会公益性质的理想与其潜在的人文因素有着密切的关系。虽然这种理想至今没有实现，但随着信息技术的进步，在图书馆2.0的环境下，这一理想更接近现实了。在图书馆2.0的环境下，图书馆的工作内容、工作方式可能会发生重大的改变，但是图书馆的人文精神与传统并不能也不应该改变。⑤

此外，还有很多研究者不是从图书馆2.0理论本身，而是从更加多样化的侧面研究图书馆2.0的理念。如将图书馆2.0的基本理念与图书馆核心价值相联系，从图书馆学基本理论来研究图书馆2.0；从网络化数字化的环境变化与图书馆对应之道来看图书馆2.0的理念，强调图书馆2.0应对变化的基本理念。从社会知识交流论来讨论图书馆2.0的理念，强调图书馆2.0的社会性网络特征的理念。这些研究，丰富了图书馆2.0的理论，增进了人们对于图书馆2.0基本理论的了解。

3.3　图书馆2.0的基本原则

图书馆2.0受到图书馆学术界的广泛重视，关注它的学者远远超出图书馆技术领域，很重要的原因，是因为图书馆2.0的研究者提出了一些令人深受启发的原则。

Talis白皮书最早提出了图书馆2.0的四项原则，即：

1. 图书馆无处不在（The library is everywhere）。白皮书认为，通过图书馆2.0，图书馆超越了"没有围墙的图书馆"的概念。图书馆2.0将图书馆的相关内容复制到用户需要的任何地方和任何时候，人们甚至可以通过访问其他Web站点就能获取图书馆资源。

2. 图书馆没有障碍（The library has no barriers）。图书馆2.0确保图书馆管理的信息资源是可以在其被需要的位置上被获得的，使用中障碍是最小的。同时必须摧毁我们的系统和信息周围的围墙，实现信息民主。

3. 图书馆邀请参与（The library invites participation）。白皮书在谈及这一原则时，提到了图书馆2.0鼓励参与文化，尊重图书馆员工、技术合作伙伴和其他人的贡献，促进图书馆用户对他们已经使用的和希望获取的资源提出自己的观点，等等。

4. 图书馆使用灵活的单项优势系统（The library uses flexible, best-of-breed systems）。"best-of-breed"是近年来计算机系统开发的一种新理念，由用户挑选最好的单项系统后组合成新系统。较之以往的集成系统，这种开发理念具有更大的灵活性。图书馆2.0使图书馆能够挑战传统的系统设备采购模式，要求图书馆与技术合作伙伴之间有一种新型的关系，要求系统供应商

---

① 范并思．图书馆2.0五定律．新华书目报图书馆专刊，2006(31)

② 吴爱琼．Web2.0环境下的Lib2.0．图书馆学研究，2007(1)

③ 吴超．Web2.0在信息服务中的应用研究．现代情报，2006(6)

④ 陈越，李丽萍，黄闽．Lib2.0模式下图书馆理念的创新．现代情报，2007(8)

⑤ 丁玉东，张春峰．图书馆2.0人文主义原则的应用．情报科学，2007(5)

为图书馆提供灵活的、最好的系统架构。①

作为一个系统供应商，Talis 白皮书对图书馆 2.0 的描述更多的偏重于开发者的角度。但 Web 2.0 的原则中还有许多理念，与图书馆服务中对人性化服务的追求也是十分吻合的。因此更多的学者从这一角度讨论图书馆 2.0。如 Meredith 在"高等教育博客会议筹备网"访谈中提出了一个不同于 Talis 的图书馆 2.0 框架。Meredith 认为图书馆 2.0 的概念包括以下理念：

1. 它是一种无缝的用户体验——图书馆系统的可用性、互通性及可塑性是很重要的关键。

2. 它是更多地呈现于社区的图书馆——通过设计程序、建立社群，通过即时通讯、博客、维基等技术实现超越。

3. 它允许读者的参与——通过写书评、在馆藏目录中加上标签（tag），或者是通过博客与维基，使读者的声音得以被听见。

4. 它使图书馆更加透明——通过图书馆网页的表现及图书馆实体的设计。②

2006 年 9 月，刘炜、葛秋妍发表《从 Web2.0 到图书馆 2.0：服务因用户而改变》。这是图书馆 2.0 研究领域的又一篇重要论文。文章概括而系统地论述了图书馆 2.0 应用现状、问题和未来趋势，同时也提出了自己的图书馆 2.0 应用的五项原则：

（1）图书馆 2.0 是为读者而存在的，不是为图书馆员而存在，也绝不是为了挽救图书馆已有的业务模式而存在的。因此，在面临是否需要提供与传统服务不同的"额外"服务的时候（如 Information commons，为读者提供社区服务等），图书馆应该积极提供，不能因其不是"传统"业务而不予提供。

（2）图书馆 2.0 应保持最大程度的开放性和中立性。任何资源类型、技术、模式的发展都是有可能的，图书馆都可以而且应该进行试验，不为概念所束缚，也不为任何利益集团所左右。

（3）图书馆 2.0 尽可能采用开放资源进行服务，包括开放内容和开放软件等。充分整合各类开放资源，同时代表读者的利益，并不为一家所左右，利用自己的核心资源和核心能力发展事业。

（4）图书馆 2.0 尽可能采用专业服务，例如 Google、Amazon、Yahoo!、OCLC 的许多开放的 API 都可以为我所用，这些服务并非成本高昂，有许多甚至是免费的。图书馆可以利用其独特的地位取得平等的合作关系。

（5）图书馆 2.0 的技术必须是模块化、组件化，具有很强的平台和设备独立性，符合各类协议标准，可以非常方便地进行组合搭配。不要幻想由一家软件公司提供一揽子解决方案。目前可以看到几乎每个 2.0 功能都是独立的，但是数据和应用程序接口又都是可以共享的、互操作的，这就为它们之间的融合提供了方便。③

3.4 图书馆 2.0 的研究内容与理论体系

从目前图书馆 2.0 的研究看，对于图书馆 2.0 的研究大致可分为以下几个方面：

（1）图书馆 2.0 基础理论研究。包括图书馆 2.0 的概念、基本理念、基本原则等内容的研究。

（2）图书馆 2.0 技术研究。从图书馆信息服务的角度研究 Wiki、Blog、Tag、SNS、Mashup、Ajax 等新的信息技术，包括用这些技术开发新的系统和工具。

（3）图书馆 2.0 应用研究。研究新一代图书馆集成系统、新一代信息检索系统、新一代 OPAC、虚拟咨询工具或平台、信息共享空间、虚拟学习社区，以及一些著名的 Web2.0 网络工具在图书馆的应用，如 YouTube、Flickr、Second Life、QQ 等在图书馆的应用。

（4）图书馆 2.0 建设研究。研究图书馆推进 2.0 的管理学问题，如图书馆 2.0 的规划与实施，图书馆 2.0 的组织文化，以及图书馆员 2.0，等等。

尽管图书馆 2.0 的内容十分丰富，但图书馆 2.0 的理论体系并不明确。大体上看，可以从技术、应用和服务 3 个不同的角度构建图书馆 2.0

---

① Card K, Miller P. Do libraries matter? The rise of Library 2.0. http://www.talis.com/downloads/white_papers/DoLibrariesMatter.pdf. [2005-11-24]

② Meredith. Preparations for HigherEd BlogCon. http://higheredblogcon.editme.com/meredithfarkasQandA. [2005-11-24]

③ 刘炜，葛秋妍. 从 Web 2.0 到图书馆 2.0：服务因用户而改变. 现代图书情报技术，2006(9)

的理论体系。其中，从服务的角度构建的体系产生于《图书馆 2.0：升级你的服务》一书。该书大纲就是构筑在图书馆服务基础上，各种技术的切入点都是图书馆服务，并有围绕服务展开的图书馆 2.0 综合应用章节。具体地说，这部书由三个大的部分构成：第一部分是“总纲”，由第一、第二两章组成，它们从总体上论述 Web2.0 与图书馆 2.0 的基本思想，以及作者对于 Web2.0 和图书馆 2.0 的思考。第二部分是分论，从第三到第七章分别论述了 RSS、Blog、Wiki、Tag 和 SNS 在图书馆的应用，它们是图书馆 2.0 的主体内容。第三部分是 Web2.0 技术与理念在图书馆服务中的综合性应用，包括第八到第十一章，论述了 Web2.0 在参考咨询、个性化服务、OPAC 和图书馆员中的应用，这些内容是 Web2.0 技术与理念综合应用于图书馆服务的直接体现。在具体的写作中，“服务”的思想也得到充分体现。以第 3 章“RSS”为例，该章首先讨论图书馆新书通报服务，由传统的馆内新书通报，到网络上的电子信息通报，最后到由 RSS 提供的个性化定制的新书信息推送。因此可以说，该书的大纲和各个章节都体现了“服务”的理念体系。

杭州会议后，CALIS 主办的《高校数字图书馆》第十期上发表了“Web2.0 在 CALIS 应用的设想”，共 9 点，围绕“应用”构成了一个图书馆 2.0 的体系：

1）采用 RSS 对 CALIS 主页发布的新通知、新服务、新资源、新会议等进行信息推送；

2）在 CADLIS 门户中增加个性化功能，将用户自己订阅的 RSS 信息全部展现出来；

3）在西文期刊目次数据库（CCC）中利用 RSS 进行最新期刊目次推送服务；

4）在学科导航库中，成员馆以 RSS FEED 方式提供自己的专题资源，在中心建立新闻聚合器，定期获取各馆最新整理的资源，将它们统一加入到 CALIS；

5）采用手机 RSS 订阅功能开展手机图书馆服务；

6）利用 Blog 进行参考咨询服务、成员馆业务交流等；

7）利用 Wiki 进行协同合作，添加书评、图书目录、注释等；

8）在 OPAC 中引入标签（Tag）；

9）利用 SNS，建立 MySpace 空间，建立社会交往系统等。①

4　图书馆 2.0 的应用研究②

图书馆 2.0 的应用研究范围很广，几乎涉及图书馆计算机信息服务的所有领域。以下选择最具图书馆 2.0 特点，同时也是图书馆 2.0 应用最频繁的 3 个领域：RSS、Blog 和 Wiki，介绍图书馆 2.0 的应用研究。

4.1　RSS 应用研究

RSS 技术在图书馆服务有广泛的用途。现在已经开发出来的应用几乎已经覆盖了图书馆网络信息服务的各个方面，而新的应用仍在不断出现。RSS 技术有两大特性：“推”特性和“聚合”特性。现有研究包括信息推送和信息聚合两个方面。

（1）利用 RSS 进行信息推送

图书馆可以把通知、公告、数据库试用、免费培训等信息作为一个动态信息频道推送给用户，图书馆也可以根据用户群的需要，即时组织专题信息（如专题书目、专题报道、某一事件的背景和各种文献信息等）生成 RSS Feed，并将其发布到图书馆主页上，通过 RSS 推送到用户群中。包括：

a. 新闻/公告信息推送。目前提供 RSS 订阅的图书馆网站基本上都有最新公告的信息频道，如：上海大学图书馆、清华大学图书馆、厦门大学图书馆、南京财经大学图书馆等。

b. 新书通报。上海大学图书馆、清华大学图书馆提供了 RSS 分类订阅。上海大学图书馆还提供基于关键词的 RSS 定制的新书通报。还有一种新书通报的定制方式是直接与 OPAC 系统集成在一起的，如美国的 AADL。

c. 用户信息推送。用户信息主要包括：逾期图书信息、预约图书到书信息。上海大学图书馆同时提供了逾期图书信息和预约图书信息的定

① 王燕．杭州“Web/Lib 2.0”研讨会所见所想．http://www.calis.edu.cn/calisnew/images1/neikan/10/2-2.htm

② 本节内容参考《图书馆 2.0：升级你的服务》第 3 章、第 4 章、第 5 章。

制，厦门大学图书馆只提供预约取书通知的定制。

d. 专题信息推送。图书馆也可以根据用户群的需要，即时组织专题信息。如武汉理工大学图书馆在其学科门户中，分别提供了 3 个学科的新技术专题、动态及相关信息的 RSS 推送服务。厦门大学图书馆按照师生关心的问题提供 20 余个热点专题信息的频道定制，供师生选择订阅。

e. 最新期刊目次服务。利用 RSS 订阅让用户尽快了解新刊的到馆情况和及时取得当期期刊目次，是图书馆推进信息服务的极好尝试。如上海大学图书馆的最新划到期刊的 RSS 订阅。中国知网提供了丰富的期刊导航功能，有最常用的期刊首字母导航，还有专辑导航、数据库刊源导航、核心期刊导航等，同时也提供了关键词定制。

(2) 利用 RSS 进行信息聚合

a. 学科信息聚合。中国科学院国家科学图书馆开发了一个基于 RSS 的科技新闻聚合服务系统，为情报研究人员提供定点、实时地跟踪相关 Web 网站最新信息的服务，这是目前国内在学科信息聚合和推送方面做得最成功的案例。该馆图书情报学科信息门户网站提供的 RSS Feed 聚合了有关图书情报学科的各类新闻、研究进展等信息。上海大学图书馆、厦门大学图书馆、电子科技大学图书馆利用开源软件实现了专业博客网志的聚合，目前只提供图书情报学科相关网志的聚合，可以推广到其他学科。

b. 资源共建共享。RSS 的聚合特性可以建立图书馆间文献信息和电子资料目录的联合服务。中国高等教育文献保障系统（CALIS）的“重点学科导航库”收集了各成员馆利用手工收集某个主题的因特网资源，多个成员馆联合建设。如果能够采用 RSS 技术和标准，则容易在数据的层次上达到真正的联合建设。在总分馆模式中，同样能够通过 RSS 实现图书馆资源的聚合。如果总分馆的图书馆都提供 RSS 订阅服务，各自都设定了若干 RSS Feeds，那么只需要 RSS 聚合器去获取总馆和分馆的 RSS 订阅文档，就可以形成总分馆图书馆的书目资源联合发布平台。

(3) RSS 在图书馆的其他应用

a. 采访工作。采访人员可对相应的出版、书商网站进行 RSS 频道订阅，在第一时间获得出版社的最新书目。图书馆界可以充分利用 RSS 信息推送技术，将本馆需要的图书制成 RSS Feed 发布，一旦出版商和书商有相应的书籍时，可以及时将书籍信息发送给图书馆，大大缩短了采集的时间，提高了工作效率。在图书采访工作中，还需要不断地收集用户需求和意见。如果采用了 RSS 信息推送技术，可以定期地将各种征订书目信息制作成 RSS Feed，使更广泛的用户能够及时地获取到这一信息。

b. 参考咨询工作。RSS 服务的最大特点和最大优越性就是能够为用户提供自助式的参考咨询服务，这种自助式特征是由其强大的聚合功能和推荐菜单体现出来的。除了前面提及的学科导航系统，图书馆还可以利用 RSS 技术设置专门的参考咨询 RSS 频道，为用户提供互协作环境下的 FAQ（即通常问及的问题）或深层次的专题信息咨询；还可以将 RSS 技术和数据库服务结合起来，根据用户选择的主题和检索表达式进行定题推送服务；根据用户选择的分类、关键词、期刊名称、行业领域、时间等进行新闻和最新资料的推送。

c. 手机图书馆服务。手机阅读因其及时性和便捷性，已越来越受到公众的青睐。目前，深圳图书馆、上海图书馆、浙江大学图书馆等一些国内图书馆已经关注到这一新型服务领域，相继推出了手机图书馆服务平台。由于手机 RSS 阅读软件已经日益成熟，图书馆结合 RSS 技术，开展新的手机图书馆服务将是未来的一个发展方向。

d. 营造博客空间。RSS 目前最成功、最广泛的应用是在博客中。图书馆可以建设自己的博客中心，为用户与馆员营造一个创造新知识的信息空间，既可形成主题社区，也可形成交流平台，使读者萃取链接全球最有价值、最相关、最有意思的信息与资源。

4.2 Blog 应用研究

博客是 Web2.0 最具代表性的应用，在普通公众中具有极高的知名度。图书馆的博客服务也极为普及，博客应用研究是图书馆 2.0 研究的重要内容之一。

(1) 新闻快递

图书馆可以利用博客的易张贴、即时性等特性快速发布图书馆新闻信息（Library News），内容包括图书馆开馆时间调整、热门书到馆通报、数据库开通或试用、读者培训、专家讲座、图书馆展览等。这一非正式的交流方式也更容易被年轻的用户所接受。如 Parsons 公共图书馆利用免费的 Blogger 平台建立新闻快递类博客，用来发布诸如下周活动安排预告等信息。Madison 公共图书馆的 What's New 是该馆利用 WordPress 工具建立的新闻快递类博客，主要提供新闻、资源更新等信息。Blegen 图书馆的图书馆博客除了提供在编图书清单，上架情况等信息外，有时也选择转载新闻媒体对该学院的有关报道的内容。Curtin 技术大学的图书馆建立了名为"blog@your library"的综合性新闻快递类博客。主题包括图书评论（主要是参考工具书推荐）、EndNote 系统使用、读者教育、图书馆公告新闻、图书馆服务、新订或试用资源、专家论坛等诸多信息。Auburn 大学图书馆的新闻快递类博客，能让用户及时获知图书馆最新的服务、资源和公告等三大类信息。

（2）阅读指导

图书馆博客借助网络的交互特性，极大地方便了阅读指导活动的开展。国外有大量的图书馆博客专门提供图书评论和推荐的内容，而各图书馆开展具体应用时，又各有特色和技巧，颇具启发性。如 Colorado 学院的 Tutt 图书馆建立了图书阅读推荐博客，所有图书的评论或推荐的帖子，都是由该图书馆工作人员撰写的。在每个图书推荐的帖子的尾部，都标有该书的编目分类，并且还提供 Open WorldCat 的链接，以方便用户查找到最靠近用户的收藏有该书的图书馆。哈佛县图书馆创建的博客本来是专门为其读书小组成员进行图书讨论而开辟的空间，后来演变为图书爱好者的共享空间。Clymer 图书馆的博客在重点推荐和介绍图书之外，还通过"Book Blog"博客向用户提问，以此来引导用户阅读与讨论。Ashland 大学图书馆的教学资源中心的阅读推荐博客，是由图书馆员、教师和教育专业学生共同来撰写的图书推荐与评论的帖子。如果直接点击帖子的标题，则指向该中心的 OPAC 系统。哈佛大学的肯尼迪政府学院图书馆博客设有图书评论的专门栏目，图书评论的内容主要来自于《基督教科学箴言报》和《纽约时报》等外部著名报刊的图书评论。皮德蒙特中部社区学院图书馆建立了专门的图书评论博客，是图书馆为图书爱好者们提供好书交流推荐的空间。该博客还为读者提供用于读者提交自己评论或推荐意见的专门网页。由图书馆工作人员审核后张贴到博客上。也就是说，该博客的阅读推荐是借助于读者的力量，来自于读者的贡献。

（3）新书通报

独立地用作新书通报的博客并不是很多，几个典型例子是：Ashland 大学图书馆教学资源中心的博客把每天最新上架的新书书目信息通报给用户。该做法主要优点是借助于博客可以随时更新的便利，属于比较典型的新书通报类型的博客。Winnacunnet 中学的 Hawley 图书馆媒体中心建立的博客是一个读书俱乐部博客，经常会张贴一些图书馆最新图书信息。通常是一个书名，再加三两句该书内容的简单描述。如果点击书名下的链接，则会转到该图书馆 OPAC 系统，了解到该书的馆藏流通情况，从而便于读者借阅。

（4）参考咨询

图书馆博客中很多用于参考咨询，类型各不相同。如 Birmingham 公共图书馆的博客是用来揭示馆藏的，即专门用于即时报道当前馆藏数字化的进展。通过该博客，人们可以随时了解到图书馆数字化项目的进展以及相关资源评价，从而吸引感兴趣的读者到馆阅读或网上获取。Alkek 图书馆的博客主要是用于报导新的资源、数据库和其他有用信息的，从而与读者进行沟通和发布信息。Auraria 图书馆的博客的写作方法特殊：它是通过每天摘录一则科学报道的新闻，然后推荐与这则新闻相关的馆藏研究资料，以此来吸引读者使用图书馆。S. C. Williams 图书馆的博客目的就在于查找信息，为读者供最新的图书馆资源和服务，并随时通报图书馆数据库的更新、新特点、使用和系统关闭时间。Nashua 公共图书馆的参考咨询馆员们维护的博客主要用于报道图书馆数据库中感兴趣的报刊文章，通报最新或已存在的图书馆服务，推荐感兴趣的网站、新书通报等。读者如果想参与讨论的话，可以跟帖，共享在帖子里提及的书或文章的看法，也可以咨询所提及的图书馆服务，或者提供相关资源的链接。Memphis 公共图书馆与信息中心的博客是由参考咨询工作人员共同创建与维护的，主要用于网络资源导航的。每个网络站点，都写成一个帖子，对该站点作简单描述和建议，以方便读者使用。Waterloo 公共图书馆的博客是用于参考咨询讨论和公告的博客。在博客中嵌入 Meebo 这一实时通讯工具，可以提供在线问答和离线信息发送。凯西西部预备大学的参考咨询博客也嵌入 Meebo 工具提供在线咨询。该博客用于通知所订电子资源和数据库的变化及改进，通报参考咨询新服务，提醒网上可获取的高质量免费资源。Barnard 学院图书馆的博客专门张贴关于参考咨询台事务安排，Alkek 图书馆的博客专门用于读者教育的。Metrowest 图书馆系统和 Massachusetts 图书馆委员会支持下的博客由牛顿免费图书馆建立，提供各类招聘工作的网站，也包括一些应聘技巧、法律事务咨询等。

（5）业务交流

图书馆博客不仅用于图书馆与读者之间的信息交互，也可以用于馆员与馆员之间的业务切磋与交流，从而提高服务水平和业务能力。McMaster 大学三所图书馆的博客是编目业务交流的空间，用于工作人员的相互提问和共享信息，也可以从中了解当前的工作进展。Baruch 学院 Newman 图书馆的博客是供参考咨询人员内部交流的场所。该博客主要用于记录和总结各类参考咨询业务相关的内容和活动，还建有一个 Wiki 版的内部参考手册。Allen 州立公共图书馆博客用于内部工作人员开展半正式交流，主要用于讨论如何提高为用户服务的工作和方法，即将开展的工作安排，如会议、备忘、讨论等，应有尽有。Kankakee 公共图书馆的博客供工作人员发布自己看法或观点，大家可共享思想。路易斯安那州立大学健康科学中心医学图书馆的博客专门用于解答各类电脑/系统使用问题的交流。Pennsylvania 图书馆少儿部的博客是工作人员的无纸记事本，注册之后，大家可以在上面张贴需要交流的信息。Thunder Bay 公共图书馆少儿咨询委员会成员建立的博客主要用于休会期间保持联系，可以讨论任何想讨论的内容。

（6）馆务公开

馆务公开是现代图书馆管理的基本要求，图书馆博客的公开性，能有效地满足馆务公开的需求。St Charles 公共图书馆博客是董事会成员的网上交流空间。每次会议的具体安排都会在博客上公布，每次会议之后的会议备忘录，董事会的下一步的运作计划，都将上载到博客。这些信息既可以及时传递给董事会的每个成员，又可以自觉接受大家的监督，实现了图书馆运作信息的高度透明。

（7）专项事务

博客与通常的网络论坛等不一样的地方，就是可以类聚起某一主题或专题的内容，形成一个较完整的体系。博客的这一特性，特别有利于举办有关学术会议一类专项事务。很多图书馆协会或图书馆专门为学术会议建立一个博客，用来会前宣传、会中报道、会后总结，从而让会议的效果最大化。比如 2006 美国专业图书馆协会会议、公共图书馆协会会议、肯塔基图书馆协会会议、学校图书馆协会会议、信息构建峰会、计算机在图书馆的应用会议都以博客作为会议的宣传与报道工具。在国外图书馆会议博客的影响下，2006 年上海 Lib2.06 会议、中国图书馆学会青年论坛、2007 年 Lib2.07 会议等，也采用了博客形式进行会议报道，结果受到更多图书馆员以及其他行业者的关注和喜爱。Colorado 学院图书馆的博客是该图书馆项目委员会建立起来的，用于新馆建设的专项事务报道博客。内容包括其他图书馆馆舍建设的信息、图书馆规划文档，和其他有助于规划新馆建设的各种资料。

4.3 Wiki 应用研究

Wiki 作为一种多人共笔的信息知识生产、发布、交流、共享的工具和平台，与图书馆天然关系密切。因此，近年来，国内外图书馆界纷纷开始借已有的 Wiki 引擎开发工具，建立图书馆 Wiki 网站，在图书馆的服务、图书馆业务与管理以及图书馆学专业诸方面，富有创造性的应用 Wiki，取得有丰硕的成果。

（1）图书馆服务

面向用户的图书馆服务是 Wiki 应用最广泛的领域，在图书馆网站建设、图书馆的社区服务、参考咨询、图书馆目录等方面，都有 Wiki 的用武之地。

a. 图书馆网站

图书馆网站可以用 Blog 方式建立，也可以尝试用 Wiki 方式来做。从现在流行的 Wiki 引擎来看，Wiki 作为一种内容管理系统，完全可以用于网站建设。由于 Wiki 编辑方便，除了在架设网站之初需要专门的技术人员支持外，更新维护网站的成本非常低廉。同时，基于 Web 的网站维护方式，不需要在客户端安装软件，在任何一台电脑上都可以随时编辑内容，特别适合图书馆各部门共同参与网站的维护，保证网站内容的及时更新。南卡罗莱纳大学 r 图书馆网站表面上看与一般图书馆网站没有区别，但却是一个由 Wiki 方式来架构图书馆信息服务的成功例子。该网站提供了文章查找、图书查找、研究指南、馆际互借、图书馆信息等一般图书馆网站所包含的各项服务内容，图书馆各部门都可以参与网站的维护，保证网站内容的及时更新。

b. 参考咨询

参考咨询是图书馆 Wiki 应用的主要领域。Wiki 让更多专业知识精深的用户和图书馆员一起建设特定主题的知识库，从而既保证了资源的覆盖面、高质量、新颖度，也促进了用户和图书馆员的沟通，提高了图书馆的地位。如 Ohio 大学图书馆有一个 Wiki 版的主题指南，覆盖了所有馆藏资源中的商业参考书、数据库、网站和其他研究资料，可以帮助商业研究者找到最有用的信息资源。在 Biz Wiki 主页还混搭了即时聊天的 meebo，可以提供实时的虚拟参考咨询。Butler 大学图书馆的参考 Wiki 由图书馆员、学校的教职员工与学生共同参与，对图书馆订购或提供访问的各类资源提供评论、使用建议。英国 Huddersfield 大学的 Wiki 网站主要内容是电子资源目录，目的是帮助用户使用 MetaLib 提供的电子资源。其他在参考咨询领域的类似应用，还有图书馆使用手册 Wiki，常见问题 Wiki 等。

c. 社区 Wiki

美国 Stevens 县图书馆就维护着一个社区在线指南 SCRLD Wiki，网站力图成为 Stevens 县的百科全书，内容包括当地的活动、事件、人物、地点、服务、历史、文化等。学校图书馆除了可以建立生活类社区 Wiki 外，还可以建立教学信息 Wiki 社区。加拿大的 Calgary 大学 Wiki 就是一个提供教学方面内容管理与资源共享的平台，建于 2004 年 12 月。包括学校的院系、服务支持部门及俱乐部等。

d. Wiki 化 OPAC

近年来图书馆 OPAC 与亚马逊等网络书目相比呈现老相，因为没有图书目次、摘要、书评，简单的搜索结果并不能帮助他们挑选真正接近个人阅读需求的图书。图书馆集成管理体制系统也只能得知图书的借出频率，并不能获知图书的真正利用效果。因此，OCLC 在 2005 年 5 月开始了被称为 WikiD 的 Worldcat Wiki 项目，要用 Wiki 完善网上的联合目录。Wiki 功能于当年 10 月启用，主要体现在三方面：添加注释、添加图书目次、添加书评。或许初看起来，有点不太像我们所熟悉的 Wiki 网站，但它确实有包含着“群策群力”的特征在其中，任何人都可以在简单注册后，参与到联合目录的建设中。

（2）图书馆业务与管理

图书馆业务与管理，也是 Wiki 可以一展身手的场所。面向馆员的 Wiki 网站，内容可以包括图书馆的内部通知、规章制度、业务标准规范、统计数据、常见问题等知识库，是馆员学习交流的重要平台。厦门大学图书馆编目部早在 2004 年即建立了 Wiki + Blog 的网站 ，Wiki 部分包括编目部概况、职责和成员，编目规则、常见问题解答以及工作人员的工作量统计。可以实现编目规则等的动态维护，也可以随时更新增加新的内容。厦门大学图书馆在 2006 年 5 月开始建立馆内知识库——“喂鸡”，这是一个使用 MediaWiki 建立的 Wiki 网站，内容包括部门规章制度、业务标准规范、日常通知告示等。与传统的“告示”式图书馆内联网不同的，Wiki 型内联网不是图书馆领导层单向发送信息，而是群体协作的写作方式，每个图书馆员都可以参与讨论和创作，都可以将自己的业务知识分享到知识库中。同时 Wiki 引擎所提供的版本控制功能也保证了知识库资源的良性发展。如今“喂鸡”已经成为图书馆馆员业务学习交流的重要场所。

（3）图书馆专业领域

除了由图书馆建立的面向本馆用户与馆员的 Wiki 网站外，在图书馆专业领域还有一批面向整个行业的 Wiki 网站。此类 Wiki 网站一般由图书馆专业人员共同维护，共同参与，搜罗的专业信息新颖且内容丰富，是图书馆员进行业务研究、专业学习与交流的重要场所。

a. 专业机构与组织

美国图书馆协会在 2006 年 11 月建立了 Wiki 网站 ALA wikis，提供与 ALA 相关的各种信息，如 ALA 下属各专业协会及其博客等。新西兰 Aotearoa 图情协会的信息技术专业小组有 LI-

ANZA IT-SIG Wiki。一些图情教育机构，如伊利诺伊大学 Urbana-Champaign 分校（UIUC）的图情学院也有自己的 Wiki。

b. 专业会议 Wiki

从 2004 年 11 月 Richard Akerman 为 Internet Librarian 2004 会议建立 Wiki 开始，很多专业会议都开始用 Wiki 建立正式或非正式的会议网站，提供各种会前、会中与会后的消息与评论等，成为与会者与关注者了解会议内容的重要信息源。厦门大学维护的 DL-China 网站，在 2006 年改为 Wiki 版，成为集成历届数字图书馆高级研讨班信息的 Wiki 网站。

c. 专业知识库

各种机构乃至个人，都可以就某个专题，以 Wiki 方式建立图情专业知识库。目前已经建立的各类专业知识库，已成为学习与了解行业动态及新技术、新知识的重要信息源。专注于图书馆和信息科学领域的百科式 Wiki 站点有英文世界的 Liswiki 和中文世界的"图书情报网上百科"。前者自 2005 年 6 月 30 日开始运作，至今已有 1365 个页面，发展比较成熟，已成为一个重要的学术信息与学科知识网站。后者源于早年图书馆论坛"网络图苑"中的共笔文档，2006 年 11 月改版，试图做成中文世界的图书馆学、信息科学百科知识库，但目前发展比较缓慢，目前已经有 258 个注册用户，建立起 64 个页面。除了综合性的专业知识库，近年还涌现出一批专题 Wiki 网站。Libray Success 由在美国图情界有 Wiki 女王之称的 Meredith Farkas 建立，收集了图书馆在信息技术应用中的众多成功案例和典型应用，其中也包括 Wiki 应用的不少案例。其他专题 Wiki 也是五花八门，如 Library Technology Training Wiki 专门提供使用 PBwiki 建立 Wiki网站的各类文档、资源和指南；EZProxy Self-Support Wiki，为使用校园网外访问的代理软件 EZProxy 提供技术支持的非官方网站；Information Commons Wiki，加拿大图书馆协会信息共享空间兴趣小组建立的汇集相关内容的网站；等等。

古籍保护——不可缺席的文化遗产保护工作

苏品红（国家图书馆古籍馆）

1　古籍保护的意义

1.1　古籍是文物，是文化遗产

文物是指人类在社会活动中产生并遗留下来的具有历史、艺术等价值的文化遗物。文物可分为可移动文物和不可移动文物。《中华人民共和国文物保护法》规定的受国家保护的物品中有“历史上各时代重要的文献资料以及具有历史、艺术、科学价值的手稿和图书资料等”，换句话说，这些物品属于文物。古籍一般是指辛亥革命以前，即 1912 年以前产生的具有我国古典装帧形式的书籍。流传至今的古籍，绝大多数可以说是“具有历史、艺术、科学价值的”，也就是说应该属于文物。欧美一些国家是将一百年以上的具有历史、艺术价值的物品定为文物。按照这样的标准，古籍也基本上都属于文物。

当今世界通行用“文化遗产”这个概念。文化遗产可分为物质文化遗产和非物质文化遗产。这就解决了“文物”概念只涵盖物化的文化遗产、不包含非物质的文化遗产部分的问题。古籍的物化形态属于物质文化遗产，古籍的内容又属于非物质文化遗产，联合国教科文组织称其为记忆遗产。无论如何划分，中华古籍都应该是中华民族文化遗产的重要组成部分。

1.2　古籍保护是文化遗产保护中不可或缺的部分

联合国教科文组织对世界文化遗产的保护高度重视，专门成立了世界文化遗产委员会，推动世界文化遗产、人类口述和非物质文化遗产、世界记忆等旨在保护人类文化遗产的国际保护项目。我国大陆已有 24 个世界文化遗产，另有 5 个世界文化与自然遗产。对不可移动文物，国内也早已建立起国家、省、市、县等不同级别的重点文物保护单位评价、管理体系。对可移动文物，文博系统早在 1961 年就开始第一次全国性文物普查，现在正启动全国第三次文物普查。但历次文物普查均不包括古籍等“历史上各时代重要的文献资料以及具有历史、艺术、科学价值的手稿和图书资料”。

人类口述和非物质文化遗产在我国体现为非物质文化遗产。近年来，我国对非物质文化遗产的保护发展迅速。

2005 年 3 月 26 日，国务院办公厅发布了《关于加强我国非物质文化遗产保护工作的意见》（国办发［2005］18 号），自此，非物质文化遗产保护工作在我国正式拉开序幕。时隔 3 个月，文化部社图司就下发《文化部关于申报第一批国家级非物质文化遗产代表作的通知》（文社图发［2005］17 号），并在 2006 年 5 月 20 日，即我国第一个“文化遗产日”来临前，由国务院公布了第一批 518 项国家级非物质文化遗产名录。由此可见我国非物质文化遗产保护工作的快速发展和中央政府对非物质文化遗产保护工作的高度重视。

2005 年 12 月 22 日，国务院发布了《关于加强文化遗产保护的通知》（国发［2005］42 号），这是一个全面保护中华民族文化遗产的纲领性文件。该《通知》确定了文化遗产保护的总体目标：“通过采取有效措施，文化遗产保护得到全面加强。到 2010 年，初步建立比较完备的文化遗产保护制度，文化遗产保护状况得到明显改善。到 2015 年，基本形成较为完善的文化遗产保护体系，具有历史、文化和科学价值的文化遗产得到全面有效保护；保护文化遗产深入人心，成为全社会的自觉行动。”并决定从 2006 年起，每年 6 月的第二个星期六为我国的“文化遗产日”。

《关于加强文化遗产保护的通知》尽管也包含了古籍保护，但《通知》主要强调的还是文博系统管理的文物和民间的非物质文化遗产的保

护，对古籍保护工作的要求和指导仍欠明确、具体。

古籍是中华民族创造的重要文明成果，是中华文明绵延数千年、一脉相承的历史见证和载体，是我国文化遗产不可或缺的重要组成部分。"古籍具有不可再生性，保护好这些古籍，对促进文化传承、联结民族情感、弘扬民族精神、维护国家统一及社会稳定具有重要作用。同时，加强古籍保护工作，也是建设社会主义先进文化，贯彻落实科学发展观和构建社会主义和谐社会的客观要求"［见国务院办公厅《关于进一步加强古籍保护工作的意见》（国办发［2007］6号）］。因此，文化遗产的保护决不能缺失对古籍的保护。

1.3　我国的古籍保护面临严峻形势

古籍保护在我国古已有之，至少也有两千年的历史。新中国建立后，党和政府十分重视古籍搜集和保护。在解放战争尚未结束的1949年，政府即拨专款用于珍贵典籍《赵城金藏》的修复，1950年又及时颁发了《禁止珍贵文物图书出口暂行办法》、《关于征集革命文物的命令》等一系列法规政策，1956年和1965年，国家在经济非常困难的情况下，两次斥巨资从香港购回著名藏书家陈清华的藏书，拨交国家图书馆收藏，使珍贵古籍免遭离散的命运。建国以来修复的古籍超过十万册件。尤其是改革开放以来，随着国民经济不断发展，古籍保护工作也得到一定程度的发展。

但是，即使如此，古籍保护工作仍然面临着古籍家底不清、保存状况不明、存藏条件欠佳、藏用矛盾尖锐和古籍整理、保护人员匮乏等一系列严重问题。

（1）古籍家底不清、存藏状况不明致使古籍保护工作难以开展

近年来被业界经常引用到的"3000万册件古籍"的存量数，只是依据一些公藏单位不准确统计数进行的不完全的统计量。我国现存古籍究竟有多少、质量如何、收藏在哪里、保存条件如何、保存状况如何等家底至今仍没有人能说得清楚。即使一些管理水平较高的图书馆、古籍收藏大馆，古籍的家底也不十分明确。这一现实情况致使古籍保护工作不可能有计划有针对性地开展，使国家相关部门无法掌握这一国家重要文化遗产的真实情况。

（2）古籍存藏条件欠佳致使古籍破损加速

虽然我们在古籍保护方面做过不少的努力，也取得了一些成就，但不可否认，目前仍有很多古籍收藏单位的保存条件欠佳，温湿度任其自然变化，无函套等装具阻隔尘土、光照等不利存放状况比比皆是，虫蛀、霉变、鼠咬以及水火灾害随时威胁着古籍的生存。更为严重的是，不少地区的大气污染日益加剧，正在导致古籍纸张加速酸化。纸张酸化就意味着纸张老化加速，意味着纸张寿命的缩减，意味着古籍赖以存在的载体会加快消亡。国家图书馆近年来的检测结果表明，馆藏善本古籍纸张pH值平均只有6.1，大于(或等于)7的仅占8%。普通古籍的pH值更低。可见，古籍酸化的数量和程度都已到达不容忽视的地步。纸张的酸化已经成为古籍的一大杀手，形势相当严峻。

（3）古籍利用与保护的矛盾日益尖锐

改革开放30多年来，我国经济得到持续快速发展，GDP总量跃居世界第三，国家综合实力不断加强。这样的实力为我国文化的大发展大繁荣奠定了坚实的经济基础。在经济发展的同时，精神文化的需求日益显著，和谐社会的建设也成为这个时代的主旋律，而文化的建设和发展在其中起着举足轻重的作用。因此，在这样的社会条件和社会需求的促进下，各项文化事业得到空前发展，图书馆事业也不例外。

随着社会的发展，人们对文献信息的需求量越来越大，要求越来越多，其中对古籍的查阅需求也是如此，要求查阅古籍的读者越来越多。但是，他们需要查阅的这些古籍都是国家文化遗产，尤其是善本古籍更是弥足珍贵。为保护好这些珍贵的文化遗产，使其世代流传下去，各馆采取的办法基本上都是尽量不流通原书，以尽最大可能减轻对原书的损害。藏与用的矛盾在古籍管理方面正在变得尖锐起来。

（4）古籍保护人员短缺，后继乏人

据估算，现存的3000万册件古籍中有超过1000万册件需要修复，其中珍贵古籍急需进行抢救性修复的约有20万册件。但由于各种原因，目前只有极少数图书馆设有文献保护机构，拥有专职古籍保护和修复人员的图书馆也不多。据统计，全国图书馆古籍保护、修复人员不足百

人，相对于需要保护修复的古籍而言，实在是杯水车薪。

同时，不仅是保护修复人员数量短缺，修复人员的综合素质也较低，在 2005 年之前，修复人员全部是大专以下文化水平。此外，修复人员的年龄偏大，绝大多数在 40 岁以上，严重后继乏人。

修复人员只能在原生性保护中发挥作用，而古籍整理、编目、研究人员则可以在原生和再生性保护中发挥作用，尤其在摸清家底的工作中发挥主力军作用。因此，他们也是古籍保护和传承必不可少的人才。但目前全国图书馆界拥有的这方面人员仅百余人，且水平参差不齐，亟待补充人员，提高人员水平。

2 “中华古籍保护计划”及其影响

相对于文博系统业已形成的系统、科学、规范的文物保护体系而言，相对于正在轰轰烈烈开展的非物质文化遗产保护工作而言，古籍保护面临的严峻形势，更加显示了我国古籍保护工作的落后，显示了与新的历史时期我国文化大发展大繁荣要求的不相符，也严重影响了中华优秀传统文化的继承、传播和发扬。因此，古籍保护工作亟须得到国家的高度重视，得到政策、资金的支持，得到科学规范的指导。

终于，2006 年发布的《国家“十一五”时期文化发展规划纲要》(中办发［2006］24 号)明确提出了“继续实施国家清史纂修工程、中华古籍特藏保护计划等重大项目”，这是“中华古籍保护计划”（以下简称“计划”）的字眼第一次在国家文件中正式出现。继而，2007 年 1 月 19 日，国务院办公厅发布了《关于进一步加强古籍保护工作的意见》（国办发［2007］6 号）。新时期古籍保护工作的号角终于吹响。

据初步估计，我国现存古籍约 3000 万册件，其中，公共图书馆收藏约 2700 万册件，还有高校图书馆、科研院所等各领域图书馆也收藏了为数不少的古籍。可以说，绝大部分古籍收藏在图书馆。因此，图书馆自然成为落实“计划”的主角，“计划”的落实工作也成为图书馆界近一个时期的重要工作之一，尤其是 2007 年，也就是“计划”正式实施的第一年，古籍保护工作更是成为图书馆工作的一道亮丽风景。

2.1 “计划”的目标、任务

“计划”第一期以 10 年为期限，确立了目标和任务。在国务院办公厅《关于进一步加强古籍保护工作的意见》中，“十一五”期间“计划”应达到的目标是：“对全国公共图书馆、博物馆和教育、宗教、民族、文物等系统的古籍收藏和保护状况进行全面普查，建立中华古籍联合目录和古籍数字资源库；实现古籍分级保护，建立《国家珍贵古籍名录》；完成一批古籍书库的标准化建设，命名‘全国古籍重点保护单位’；加强古籍修复工作，培养一批具有较高水平的古籍保护专业人员。通过努力，逐步形成完善的古籍保护工作体系，使我国古籍得到全面保护。”

《意见》明确了古籍保护工作主要任务：

第一，全面开展古籍普查登记工作，用 3 到 5 年时间，全面了解和掌握各级图书馆、博物馆等单位及民间所藏古籍情况，汇总古籍普查成果，建立中华古籍综合信息数据库，形成全国统一的中华古籍目录。

第二，建立《国家珍贵古籍名录》，逐步形成完善的古籍保护制度。

第三，建立健全古籍书库的建设标准和技术标准，改善古籍保管条件，完善安全措施，保障古籍安全，命名“全国古籍重点保护单位”。

第四，加快推进古籍修复工作，提高古籍修复水平。

第五，进一步加强古籍的整理、出版和研究利用。制订古籍数字化标准，规范古籍数字化工作，建立古籍数字资源库。利用现代印刷技术，推进古籍影印出版工作，继续实施中华再造善本二期工程。积极采用缩微技术复制、抢救珍贵古籍。要整合现有资源，建立面向公众的古籍门户网站。要采取有效措施，向社会和公众开放古籍资源，发挥古籍应有的作用。

同时，《通知》还要求建立古籍保护工作协调机制，加大古籍保护资金投入，加强古籍保护人才培养，加大古籍市场监管力度和加强对古籍保护的宣传。

2.2 “计划”启动前的准备工作

“计划”是一个全国性的、系统全面的文化工程。这样一个庞大工程在 2007 年启动前经历了长达 3 年的立项、研制标准、研制普查平台需求等准备工作。

（1）“计划”立项

随着中华再造善本工程和国家图书馆敦煌遗书专藏库建设等工作的顺利开展，2003年9月，文化部开始策划古籍保护计划。2004年3月由国家图书馆起草了“中国古籍善本保护修复工程（第一期）可行性研究报告”，到2004年10月，文化部将几经修改、定名为“中华古籍特藏保护计划（第一期）”的项目书第一次提交财政部，第二个月财政部就下拨200万元作为工作启动经费。文化部社图司于2005年1月25—26日主持召开了由全国公共图书馆馆长和古籍部主任参加的项目调研会议，征求对“计划”的意见。会议后，文化部成立了专门工作组，制定了前期工作方案。2005年8月初，再次修改厘定的“计划”立项书正式提交财政部。在2006年发布的《国家“十一五”时期文化发展规划纲要》中“计划”正式表述为“中华古籍保护计划”。

三个文字略有差别的“计划”名称实际上反映了“计划”形成过程中业界对古籍保护原则、方式、范围、内容等方面的认识的变化过程。事实上，“计划”书的内容和工作范围确实发生了很大变化，内容从单一的原生性保护发展为包含出版、缩微、数字化等在内的原生、再生结合的综合、立体式全方位保护，工作范围从原来的公共图书馆系统的汉文古籍发展成全国公私藏所有中华民族语文古籍。成为世界范围内前所未有的古籍保护工程。

（2）标准研制

在2005年1月25—26日召开的有全国公共图书馆馆长和古籍部主任参加的项目调研会上，大家一致认为标准要先行，因此，会后立即成立了标准制订工作组。2月22日标准制订工作组开会讨论，初列了8个待制订标准，并于3月15日召集相关图书馆的相关人员确定了6个标准的制订和分工问题。从6月下旬到12月下旬，短短半年时间内召开了4次标准审稿会，直至2006年1月下旬召开标准鉴定会后的修改，标准经历了无数次的修改，有些标准已与初稿大相径庭。由于种种原因，文化部于2006年8月最终颁布的是5个标准，它们是：《古籍定级标准》、《古籍普查规范》、《古籍破损定级标准》、《古籍修复质量标准与技术规范》、《图书馆古籍书库基本要求》。为了让更多人理解这些标准，《国家图书馆学刊》在2006年第3期专门刊登了对这5个标准的诠释文章。这些标准成为“计划”实施中的工作准则。可以说，2005年是标准制订年。

（3）起草实施“计划”的相关方案和办法

继“计划”立项和相关标准制订工作之后，实施“计划”所需的相关方案和办法也开始起草。有关部门先后起草了“《国家珍贵古籍名录》申报评审暂行办法”、“‘全国古籍重点保护单位’申报评定暂行办法”、“全国古籍保护工作方案”以及“古籍普查工作平台需求书”等文件，为“计划”的顺利实施提供了组织保障和技术支持。

（4）举办“文明的守望——中华古籍特藏珍品暨保护成果展”

2006年5月26日—6月25日，为期一个月的“文明的守望——中华古籍特藏珍品暨保护成果展”举办。该展览实际上是对“计划”前期工作的总结和“计划”启动前对“计划”进行的一次社会宣讲，为“计划”的正式启动进行社会舆论的准备。

2.3 “计划”启动后的工作

2007年1月19日国务院办公厅发布《关于进一步加强古籍保护工作的意见》后，文化部立即安排落实《意见》精神，筹备启动“计划”的会议，于2月28日在京召开了为期两天的全国古籍保护工作会议，全面启动古籍保护工作。

出席会议的有部际联席会议各部委领导，各省市自治区直辖市文化厅厅长、社文处处长，各省馆馆长，国家图书馆馆长等。时任国务委员陈至立出席会议并作了重要讲话。这次会议标志着在新世纪由我国政府组织的中华古籍保护计划的序幕正式拉开。随后，各项工作紧锣密鼓开展起来。2007年成为“计划”实施的开启年，也是各项工作得到快速落实的关键年。

（1）建立部际联席会议制度，成立国家、省级及相关行业古籍保护中心

2007年4月30日，国务院批示同意建立由文化部牵头的全国古籍保护工作部际联席会议制度。该制度的建立对于加强对全国古籍保护工作的组织领导，促进部门间的协调配合，做好全国古籍保护工作将起到极大的促进作用。全国古籍保护工作部际联席会议的职责是：在国务院领导

下，研究拟订全国古籍保护的重大政策措施，向国务院提出建议；协调解决全国古籍保护工作中的重大问题；讨论确定年度工作重点并协调落实；指导、督促、检查古籍保护各项工作的落实。

2007年5月25日，由中编办批准成立的“中国国家古籍保护中心”揭牌仪式在国家图书馆隆重举行。国家古籍保护中心的成立标志着我国国家级古籍保护工作组织架构、工作机构的正式成立，这对于全面、科学、规范地开展古籍保护与利用工作具有十分重要的意义。

按照部际联席会议的要求，各省市自治区直辖市和相关行业也要成立省级古籍保护中心或行业古籍保护中心，以便统筹古籍保护工作。江苏省古籍保护中心于2007年8月21日挂牌，成为第一家省级保护中心挂牌单位。随后，北京、安徽等省保护中心陆续挂牌，2007年内除多家省级保护中心挂牌外，扬州市古籍保护中心也在11月挂牌，成为第一家地市级古籍保护中心。到2008年底，绝大部分省市自治区的省级古籍保护中心均已成立。2009年2月第一家行业古籍保护中心——全国中医行业古籍保护中心在中国中医科学院中医药信息研究所成立。

（2）确定古籍保护试点工作单位，开展古籍保护试点工作

2007年8月3日，全国古籍保护试点工作会议在北京召开。会议主要内容是研究部署古籍保护试点工作，成立全国古籍保护工作专家委员会。59家古籍保护工作试点单位涵盖了全国各个系统和不同层面，其目的是希望用一年的时间摸索探讨不同地域、不同层面的古籍保护工作经验，为积极、稳妥地在全国范围内全面推进古籍保护工作打好基础。另外，为规范和加强全国古籍保护工作的咨询、论证、评审和专业指导，促进全国古籍保护工作的全面开展，经部际联席会议各成员单位推荐，成立了由66名专家学者组成的全国古籍保护工作专家委员会，李致忠先生担任该委员会主任，冯其庸、傅熹年、傅璇琮等先生为该委员会顾问。

为配合古籍保护试点工作的开展，文化部印发了《全国古籍普查工作方案》、《全国古籍保护试点工作方案》、《〈国家珍贵古籍名录〉申报评审暂行办法》、《“全国古籍重点保护单位”申报评定暂行办法》等文件。

（3）开展古籍保护督导工作

全国古籍保护试点工作部署后仅20天，文化部于8月23日再次召开全国古籍保护督导工作会议，讲解《全国古籍保护督导工作方案》，阐述督导工作的意义，安排部署了由专家委员会专家带队、相关人员参加的15个督导组，于8月25日—9月30日分赴全国31个省市自治区的73家省级古籍保护中心及试点单位督导古籍保护工作。短短一个月，督导人员的足迹遍及几百家古籍收藏单位，考察古籍收藏状况，宣讲“计划”精神和试点工作意义，督导古籍普查、珍贵名录和重点保护单位申报等古籍保护相关工作，了解了一些需要解决的问题，为推动古籍保护工作顺利、有序、科学、规范开展起到了积极的作用。

（4）申报评审《国家珍贵古籍名录》和“全国古籍重点保护单位”

自2007年8月3日全国古籍保护试点工作会议后，各地各系统古籍收藏单位及个人收藏者就开始着手申报《国家珍贵古籍名录》和“全国古籍重点保护单位”。各省、自治区、直辖市人民政府及各有关部门高度重视此次申报工作，全国各系统的200余家单位及个人参加名录的申报，申报数超过5000部，古籍类型除大量的汉文古籍外，还有丰富的少数民族文字古籍、金石拓片、敦煌遗书、舆图、竹木简等。全国有131家单位申报重点保护单位，涵盖了国家图书馆、县级以上公共图书馆、高校图书馆、科研院所图书馆、档案馆、博物馆等各系统古籍收藏单位。

2007年11月开始，文化部组织了对首批《国家珍贵古籍名录》和“全国古籍重点保护单位”的评审工作。全国古籍保护工作专家委员会的汉文古籍组、民族语文古籍组、敦煌与佛教古籍组、简帛组、金石碑拓组等5个专家评审组在反复评审后，甄选出2392部珍贵古籍上报首批《国家珍贵古籍名录》。与此同时，另一支由10余位专家组成的“全国古籍重点保护单位”评审组也从131家申报单位中评选出51家古籍收藏量大、具备较好保护条件的单位上报首批“全国古籍重点保护单位”。

2008年1月23日，文化部公示了首批《国家珍贵古籍名录》和“全国古籍重点保护单

位”，初步确定2383部珍贵古籍入选首批《国家珍贵古籍名录》、50家单位入选首批“全国古籍重点保护单位”。2008年3月1日，国务院正式公布2392种珍贵古籍入选首批《国家珍贵古籍名录》，51家单位成为首批“全国古籍重点保护单位”。

国家级珍贵古籍名录和重点保护单位的评审带动了一些发达地区省级古籍名录和重点单位的评审工作，推动了古籍保护工作的开展，扩大了影响，逐步构建起从中央到地方的多级古籍保护体系。

(5)开展古籍保护人才培养工作

2007年2月底的全国古籍工作会议之后，国家图书馆马上组织人力按与“计划”配套的5个文化部行业标准等标准规范文件编写古籍普查培训教材和古籍修复培训教材。5月20—21日召集18个单位的18名相关古籍部主任等开办全国古籍普查研讨班，为5月21日开始的第一期古籍普查培训班做准备。从5月21日至8月29日，国家古籍保护中心共举办三期古籍普查培训班，为67家单位培养了115名普查人员。这些人员现在已成为古籍普查的主力或各省古籍普查培训班的主要师资。

2007年10月11日至12月20日，国家古籍保护中心举办第一期全国古籍修复技术培训班，全国33个公共图书馆以及高校、中医、科学院、宗教系统的36位学员参加培训。2008年初举办了第二期古籍修复技术培训班。两期共培训修复人员71人。

进入2008年后，国家古籍保护中心加大了培训深度和广度，既有古籍鉴定与保护高级研讨班，也有古籍修复提高班，还有古籍编目培训班和古籍普查数据平台使用培训班等，在办班地点上也不再局限在国家图书馆，而是联合相关省中心办班。同时，一些省古籍保护中心，甚至一些地市图书馆也陆续开展古籍普查培训班和修复培训班。不到两年，与“计划”相关的培训迅速、广泛开展起来。

(6)研制古籍普查平台

古籍普查是“计划”中的重要任务，是开展古籍保护工作的基础，是摸清古籍家底的重要途径。为了规范古籍普查，建立全国古籍联合目录，集书目与存藏状况于一体，充分利用现代信息技术，将普查数据集中管理，国家古籍保护中心组织研制了古籍普查软件平台。2007年是软件平台研制的重要之年，业务和技术需求在反复修改后被提出，招标工作得以完成，2008年平台软件初步研制完成，目前将进入安装调试阶段。

(7)举办古籍影印成果展及国家珍贵古籍特展

2007年11月6日，“文明的传承——国家图书馆古籍影印出版成果展”在国图展览厅开幕。该展览是继新中国成立以来最大规模的古籍原生性保护成果展——“文明的守望：中华古籍特藏珍品暨保护成果展”之后，我国最大规模的古籍再生性保护成果展，也是国家图书馆古籍影印出版图书成果的首次集中展示。至此，在“计划”实施前后，古籍的原生性保护和再生性保护成果分别得到大规模展示和广泛宣传。

2008年文化遗产日之时，文化部将“计划”实施后的第一个显著成果——第一批《国家珍贵古籍名录》和“全国古籍重点保护单位”评选结果——搬上展览舞台，举办了为期一个月的“国家珍贵古籍特展”。该展览将全国84家单位收藏的392种善本进行了集中展示，是建国以来规模最大、范围最广、全部为精品的大型古籍珍品展，产生了很大的社会影响。

3 古籍保护任重道远

“中华古籍保护计划”的提出和强力推进，使全国2007年的古籍保护工作成绩斐然，使这一年成为我国古籍保护史上里程碑式的一年，成为我国古籍保护进入系统化、规范化、科学化、协调化发展轨道的纪元年。

具体来说，“计划”的实施对我国古籍保护的意义体现在以下几个方面：

第一，“计划”是全世界范围内首个由中央政府组织的全国性、全方位的古籍保护工程。“计划”的最高领导是国务院，具体领导是由文化部牵头的9大部委局（文化部、国家发改委、财政部、教育部、科技部、国家民委、新闻出版总署、宗教局、文物局）联席会议，具体落实单位是国家古籍保护中心。如此高规格的管理和组织结构是我国古籍保护史上的第一个。这不但能保证“计划”各项安排的顺利实施，使“计划”执行过程中的问题能得到及时、高效的处理，更重要的是向全国乃至全世界显示中国政府保护珍贵古籍、传承中华文明的明确态度和坚定决心，从而在全国上下提高对古籍保护重要性的认识水平，形成一种古籍保护的良好社会氛围，并使古籍保护获得广泛的舆论支持和社会参与。同时，“计划”要求在古籍普查、摸清家底的基础上，在开展古籍保护修复等原生性保护和古籍整理出版、缩微、数字化等再生性保护方面形成合力，是一种前所未有的全方位古籍保护工作模式，功在当代，利在千秋。

第二，通过“计划”的全面实施和推进，我国古籍保护工作将逐渐步入常规化、制度化、科学化、规范化轨道。古籍保护是一项长期的文化保护工程，必须形成一种制度化的机制，使整个保护工作在一种良性循环中运行。而“计划”的实施正是为这种制度化提供了一个很好的开端。一旦这个为期十年的计划完成以后，有望在全国上下形成一股巨大的、长期的推动力，形成一种机制，如文博系统的文物保护一样，而不再需要像“计划”这种短期的集中行动。

第三，摸清古籍家底，使政府随时掌握古籍这种民族文化遗产的资讯状况。“计划”的重要内容之一就是要求开展古籍普查，建立动态古籍综合数据库。这使政府可以随时准确掌握古籍的存藏状况，使学界可以便捷获取古籍信息。《国家珍贵古籍名录》和“全国古籍重点保护单位”的申报、评审、公布，极大地推动了古籍普查工作和古籍库房条件改善工作，同时，也向世界、向社会彰显了中华文化的博大精深和无限魅力，唤起了公众的古籍保护意识，增强了民族自信心和自尊心。

第四，通过“计划”的实施，古籍保护方面的学术研究热情空前高涨，科研工作得到进一步推动。国家图书馆研制了第二代纸浆补书机和电动压书机，在为国家节约大量资金的同时，促进了古籍修复工作的自动化。近两年，对古籍保护的研究引起了前所未有的关注，围绕古籍保护展开的古籍保护修复、古籍阅览、古籍整理开发利用、古籍数字化、古籍普查等方面的论文大量涌现，硕果累累。

第五，“计划”的顺利实施可以促使我国古籍保护工作的范围逐步扩展，从古籍保护推广到对其他文献的保护，实现对人类文化遗产的全面保护。古籍只是人类文化遗产的一部分，“计划”所涉及的更只是中国古籍部分。还有外文善本古籍、濒危的民国文献，以及现代文献等，除纸质文献外，还有缩微等胶片、录音录像等磁带、各种电子产品的光盘等介质的文献都是人类文化遗产的组成部分，同样需要保护。古籍保护工作的开展将为其他文献保护开辟道路，提供经验，逐步构建起文献保护的常规机制。

“计划”的实施对我国古籍保护工作具有十分重要的现实意义和深远的历史意义，但古籍保护是一个长期而艰苦的工程，任重而道远。因此，在贯彻国务院办公厅《关于进一步加强古籍保护工作的意见》精神，大力开展“中华古籍保护计划”的过程中，我们更应该牢牢把握方向，使古籍保护工作扎实、稳步、持续、科学、有效地开展。概括而言，应该注意以下问题：

第一，要正确认识古籍保护工作的重要意义，确保古籍保护工作持续开展。“计划”实施以来，各地各系统积极响应，开展了大量工作，尤其在《国家珍贵古籍名录》和“全国古籍重点保护单位”申报工作中表现出了极大的热情。但是，我们也要警惕在古籍保护领域出现的为求政绩而产生一时热情的情况。在《国家珍贵古籍名录》和“全国古籍重点保护单位”榜上有名已经成为各文献收藏部门的一种荣誉的标志，于是，少数单位、个别领导在实施“计划”时关注的重点是“全国古籍重点保护单位”这块牌子的荣誉，而对古籍库房是否达到要求并不在意，以致还未达到要求的单位想方设法要挂上这块牌子。一旦这种风气蔓延，就会使上榜工作出现偏差，导致应该保护的古籍得不到保护。同时，也会导致一些单位古籍保护工作难以持续。

第二，要科学培养古籍整理编目、保护修复人才，彻底改变古籍工作后继乏人的局面，使民族文化遗产永久传承在人力资源上获得基本保障。保护古籍，重在人才。目前全国古籍整理、编目、保护修复等方面人才匮乏是不争的事实。做好古籍保护工作，最重要的是人才的培养问题。“计划”实施以来，国家古籍保护中心和各地开办了古籍普查、古籍编目、古籍修复等各种培训班，为“计划”的实施提供了一定的人力资源。但由于古籍保护工作专业性很强，原有古籍保护队伍底子太薄，受训人大多为初涉行业人

员，各单位又急切希望得到培训并开展工作，以致同批次受训人员水平参差不齐，大大缩减了培训的有效性。不可否认，短期培训，为“计划”在短期内快速开展起到积极作用，今后仍然需要，只是要依据学科规律和人才成长规律，更加科学合理地设置培训班层次和课程，尤其要重视在实践工作中的传帮带和专家的具体指导。在人才培养上不能寄希望一蹴而就。从长远看，古籍保护人才的培养应该更多依靠大专院校的正规学历教育，科学、规范、系统的培养知识结构合理、学术功底扎实的古籍保护人才，为古籍保护可持续发展提供人力资源的保障。因此，政府有关部门应该及早就此制订出一个科学可行的方案，动员各方面的力量，保证相关人才培养的可持续性。

第三，关注经济落后地区古籍保护工作，加大政府在资金、人才等方面政策的协调力度，确保古籍保护工作在全国范围内的平衡发展。古籍保护是一项全国性的工程，但全国各地区不但在经济发展水平上差异很大，而且古籍收藏的数量、受保护的程度、保护设施的水平、对古籍保护的认识以及古籍保护人才等方面也极不平衡。在经济欠发达地区，由于受经济条件所限，其可以投入的资金和人力都远远不能满足古籍保护的需求。这就需要中央政府从整个古籍保护的大局出发，对相关的财力、物力、人力进行科学、合理的协调，同时，国家还需要制定出相应的优惠政策，帮助经济落后地区在古籍保护方面尽可能地与其他地区同步发展。

第四，古籍保护需要大量的投入，这是每一个业内人士都有的共识。“计划”的实施将会给整个古籍保护工作带来一定的财政资金支持，这也是毫无疑问的。但是，我们必须意识到，古籍保护是一个长期持续的过程，并非一次投入就能解决问题的。因此，我们必须要抓住现在实施“计划”时从中央政府到各级政府都加大投入这个机遇，形成一个稳定长期投入的机制，保证古籍保护工作的资金来源，改变以前没有专项资金，古籍保护工作断续无保障的状况。寻求持续、可靠的财政投入是必不可少的，也是古籍保护的基本资金来源。但是，还需要寻求更多的社会资金的支持。我国古籍保护面广、量大，仅有财政支持很难满足古籍保护的资金需求。因此，我们必须想方设法寻求社会资金的支持。正因为如此，国务院在《关于进一步加强古籍保护工作的意见》中明确提出，“要制定鼓励政策，积极吸纳社会资金参与、支持古籍保护工作”。所以，我们要尽快理顺社会资金进入的渠道，制定出相应的投资模式和回报模式。社会资金投入到古籍保护之中所需要的回报无非体现在两个方面，一是荣誉，二是利益。就荣誉来说，国家相关部门可以出台一些相关的政策，建立相关的荣誉称号的授予与评价机制，让那些愿意为古籍保护工作出力的人得到相应的精神满足。而从利益来说，我们也需要有比较科学的政策措施，保证进入古籍保护领域的社会资金得到合理的收益。在这个过程中，既不能过分市场化，也不能回避市场化。要经过科学的探索寻求一个合理的平衡点。

“澳门记忆”工程研究

杨开荆（澳门大学图书馆）

前言

现代都市建设高速发展，令人忧虑许多有价值的传统生活场景被破坏，一些能表达城市特色意象的历史建筑也从此失去，因而昔日城市的原貌风采难免被遗忘。人们往往只能从零碎的旧照片、文献、影片等资料，或凭人类有限的记忆重拾历史片段。

犹幸社会的进步和科技的昌明既加速了城市景貌的变迁，也同时在技术上令这失落的遗憾得以弥补。记忆工程的意念就是以科学的现代化的技术全面展示城市面貌，通过整理有价值的历史数据、档案文献、内涵特色、建筑文物等，使城市记忆能在虚拟的网络世界中得以保留和延续，作为研究和了解城市的重要依据。

澳门近年急速发展，小城历史古迹与霓虹灯对峙着、文物建筑与摩天大楼的差异文化正在冲击和困扰着人们。如何乘着“澳门历史城区”成功列入《世界遗产名录》之契机，向着继续保护、传承澳门文化的目标迈进是今天我们面对的问题。而作为图书馆人，对整理史料、文献的挖掘梳理、非物质文化遗产的档案化等工作，是责无旁贷的。

笔者在澳门科学技术发展基金资助下，于2006年底完成了有关“澳门记忆”工程的计划书。2007年初，召开了记者招待会。其后，澳门政府有关部门初步取得共识，由澳门基金会负责承担发展该项目。

1　人类对记忆的执著

“城市记忆”、“集体回忆”已成为现代都市急速发展下的附属名词。事实上，当环境急剧变化，当科技进步，当每天的新事物排山倒海的出现，当人们生活在物欲横陈的世界，当我们享受着现代化带来的成果的同时，一旦惊觉昔日景物在转眼间已改变，思想和情感便无法与机械式的快速同步，因而无法承受人类历史文化可能断层甚至被摧毁的后果。从某种意义上说，兴建也许就是破坏，而事实上都市的发展难免对文物建筑及历史古迹造成摧毁，这种矛盾显示了人类对自己一手造成的“急速变化”的无奈与不适应。所以留住“记忆”成为具有普世意义和象征文明的人类共同目标。

为了追寻失去的历史、为了避免将来无法补偿的遗憾，各地学者致力探讨如何设法保留历史上一切有价值的记忆。这正是科技进步、社会发展与人类追求精神思想原始诉求之间的平衡点。毋庸讳言，在21世纪的今天，如何传承历史文化、定格昔日人文内涵，乃是衡量人类文明进步的一个重要尺度。

1.1　从《世界遗产名录》到《世界记忆名录》

世界遗产项目是联合国教科文组织于1972年发起的，它包括了“世界自然遗产”与“世界文化遗产”，关注的是自然和人工环境中珍贵、具有突出意义和普遍价值的文化和自然遗产，如具有历史、美学、考古、科学或人类学研究价值的建筑物或遗址。

20年后的1992年，联合国教科文组织发起了“世界记忆工程”，可以说是《世界遗产名录》项目的延伸。“世界记忆工程”关注的是文献遗产，主要包括手稿、图书馆和档案馆保存的任何介质的珍贵档案以及口述历史的记录。它旨在对世界范围内正在逐渐老化、损毁、消失的人类记录进行抢救和保护，从而使人类的记忆更加完整。

直到2007年底，《世界记忆名录》收编全世界符合世界意义入选标准的文献遗产共有158件。例如：埃及苏伊士运河的相关文献，贝多芬、肖邦、舒伯特的音乐曲谱原稿，歌德、易卜生的著作原稿，以及德国古登堡1455年印制的欧洲第一部印本书《四十二行圣经》、俄帝国时代的地图、法国占领毛里求斯的文件等。中国已有5个项目入选，分别为《传统音乐录音档案》、《清朝内阁秘本档》、《清代大金榜》、《纳西东巴古籍文献》，《清代样式雷建筑档案》。被列入《世界记忆名录》的档案可使用"世界记忆工程"标志，此标志可用于各种宣传品，包括招贴画和旅游介绍等，它将大大提高该文献遗产的知名度及收藏这份档案的档案馆的知名度。

"世界记忆工程"的体系分为3个级别，包括国际级、地区级、国家级。所以，除《世界记忆名录》外，还建立地区和国家名录。例如，亚太地区的"世界记忆工程"亦在积极展开工作、中国国家档案局在2000年建立的《中国档案文献遗产名录》是中国的国家级名录。

"世界记忆工程"的首要目标是采用最适当的手段对全世界正在逐渐老化、损毁、消失的人类记录进行抢救和保护，令人类具有世界意义的文献遗产得以传承；其二是强调了使用的重要性，令文献遗产得到最大限度的、不受歧视的平等利用；其三，就是以文化遗产发展文化产业，亦就是开发以文化遗产为基础的各种产品，并进行广泛的推销，其赢利所得的资金也可用于文献遗产的保护，而最终目标是希望提高世界各国对文献遗产的认识，通过各种宣传活动，令世人对具有世界意义的文献遗产进一步了解。

1.2 各地记忆工程的启动

联合国教科文组织的《世界遗产名录》项目及"世界记忆工程"已唤起人们对保护文物、留住记忆的重视，各地纷纷启动记忆工程，如"美国记忆"、"北京记忆"、"日本记忆"、"台湾记忆"等。具体地说，记忆工程是一个国家或一个城市的整体记忆，通过建立巨型的数据库，将城市发展过程中所产生的一些珍贵的数据有序地储存，在网站上向大众展示，形成一套完整的记忆系统，长久保存，更作为保护文化遗产的一项重要工程。

虽然各地有着不少共同之处，但在不同地区和不同文化的背景下，亦显示出各地的本土特色。

• "美国记忆"

"美国记忆"工程由美国国会图书馆负责，拥有超过七百万件主要反映美国集体记忆的原始数据，包含了一些独特的、甚至是非常古老的私人珍藏，如精湛书法及优美语言的旧档案、信件，甚至饰物、纪念品，或一些褪色的相片。这些珍贵资料堪称能带领人们进入美国的时光隧道。[①]"美国记忆"网站中特别注重知识的教育以及推动终身学习，还特别设有专为学习"美国记忆"的课程指导及教学指引，令教师可在课堂上作为教材之用。由此可见其对国民教育之重视。另外，基本上"美国记忆"的数据全文内容已全部让公众查阅，充分显示其开放的态度及极力向外宣传美国的作风。

图1 "美国记忆"网站

① What is American Memory. URL:http://memory.loc.gov/learn/start/index.html

• "北京记忆"

"北京记忆"由中国首都图书馆负责开发，于2003年9月在其内联网试用，在2007年3月正式开通启动(图2)。"北京记忆"主要内容为历史文献、历史事件、学术研究，以及当代社会的文化活动等方面。所涵盖内容显示出其深厚的文化底蕴，以立体形式展示北京的方方面面。同时，当中更溶入了不少学术性的研究，尤其特显中华民族的传统文化。事实上，"北京记忆"的地方文献部分已经历半个世纪的整理工作，因此，具有极丰富的资源。

图2 "北京记忆"网站

• "台湾记忆"

"台湾记忆"筹备始于2002年初，2003年4月在台湾省政府大力支持下正式启动。其特点是较重学术感且文学意识较浓，隐约间透着丝丝的台湾乡土情怀，别具本土特色和风格。内容包括了宗教、社会、历史、文学、科学等方式。

图3 "台湾记忆"网站

2 "澳门记忆"——城市历史发展轨迹载体

澳门城市建设近年高速发展，许多有价值的传统生活场景、自然环境正在改变，令昔日澳门小城的原貌风采或许不复现。"澳门记忆"工程的构建就是建立一个整体澳门的网络系统，将历史上值得保留的、可以公开的资料有序地储存，透过文字、口述、录音、影像、图片、动画、地

图等方式展示。例如历史档案、文献、名人资料、专题研究，还有城市规划发展的图片影像，以及当代情况等，组成一套完整的内存系，并可世代相传。无论对社会大众、学者、管治者，皆具有重要参考价值。综合国内外记忆工程的构建特点，“澳门记忆”主要突出以下几个方面。

2.1　显示澳门地方特性

由于地域、历史背景和文化的差异，不同国家及城市有着不同的本土人文内涵、文化景观而形成了地方特质。记忆工程最重要的一个目的是要保存和揭示当地的精神面貌，也就是本土社会的核心思想、城市灵魂、主流意识、价值观以及人文素质等。澳门社会独特历史背景已形成了自成一格的城市特性，透过电子化的网络世界来保存，并向世人展示和宣传本土文化，令更多人士了解澳门。

2.2　全方位覆盖澳门的状况

“澳门记忆”有别于一般的或专题的网站，特别强调了全面性。因为它将反映澳门的经济、政治、法律、宗教、史、志、旅游名胜、著名人物、地质自然、气象、民俗风情、特产、文化艺术等，以全方位、多面性、多角度来展示澳门的变化状况，可说“点”、“线”、“面”、“体”俱备。

2.3　从历史的角度展示澳门城市的发展

相对于全面性，“澳门记忆”更以深度和严谨的角度显示本地的发展进程。它将以澳门为核心，纵横交错地展示历史真实面貌。人们对历史的评估往往保持一定的时间与空间上的距离，以摆脱功利的羁绊、政治束缚和视野局限，从更广阔、深入、超脱的角度来观察和评价，目的是令后人能够从澳门历史中获得教益。因此，“澳门记忆”尤其注重“中立”、“信息自由”的原则。

2.4　延续性和累积性

文化只有记录和积累才能够记忆，文化发展到相当的程度便越来越感到人类不能失去文化记忆。正如人失去记忆会影响其存在一样，社会失去记忆也是不可想象的。[①]所以，“澳门记忆”网站的特点是其内容的延续性和累积性。既为记忆系统，它只会不断加入新元素，确保系统内的数据永久保存和累积，而令人安心查找，不必担心过期而失掉所需的数据。

值得一提的是，正因数据的延续性及累积性，“澳门记忆”工程的持续发展便显得尤为重要。它需要不断进行各种相关维护工作，如修补历史文献、照片、家谱、地图、古文书、版画、期刊与报纸等数据，并不断进行电子化档案制作，更需要进行相关诠释数据的现代化建文件技术以扩充记忆系统的内容。

3 “澳门记忆”丰富内容

澳门开埠至今四百多年，是中国对外开放最久的城市，经历了不少具划时代意义的事件，都极有必要成为澳门人的历史记忆。以下就“澳门记忆”的具体内容重点进行初探。

3.1　澳门历史

对于澳门的史料，近年来澳门及外地学者在不断搜集和研究，已经梳理出极丰富的史实素材，将为“澳门记忆”提供大量数据。因此，我们可以从科学与人性化结合的角度，以及利用超文本技术方式纵横交错地在记忆工程中展示有关史料。

一方面纵向地展示澳门历史，以时间顺序表达澳门的社会演变历程，以编年史的形式来呈现；横向的史料可透过以人立传、以事系年的方式来表述重要人物、重大事件等，从而显示历史面貌和背景，并以此体现当时的政治、经济、外交以及各阶层人士的社会生活。为了增加趣味性和生动性，可设立“当年今日”的功能，便于读者检索查询。

3.2　澳门文献资源

纵观各地的记忆工程，地方文献部类是必不可少的。“北京记忆”中的“北京文汇”，占了很大的比重，亦是首都图书馆投资极大资源的一部分，当中设有方志、自然地理、人文地理、历史、人物、社会、生活等类目。“台湾记忆”也如是，有各时期出版的图书目录、台南市立图书馆馆藏日文旧籍、鹿港文教基金会典藏台湾诗文旧籍、台湾客家数字图书馆、馆藏台湾歌谣册目录。另外，在史料部类中，亦设有台湾碑碣拓片、古书契、台湾家谱等。

---

① 柯平．书目情报系统理论研究．图书馆，2003(4)

而“美国记忆”更不在话下，储存了超过了七百万件有关美国历史和文化信息的数字化资源记录，大部分来源于国会图书馆丰富的馆藏，包括哲学与宗教、教育、地理、历史和社会科学等。

就澳门文化内涵而言，由于特殊的历史发展进程，文献资源别具意义，与澳门中西文化并存的特色相互辉映，其珍藏的历史文献绝对不容忽视。过去数百年澳门历史洪流与文献特色交织一片，在21世纪的今天评估澳门文献的价值，它们已然成为东西文化合璧的历史文化遗产，在远东的这一小城显示出其魅力。中国深厚的文明一直引起西方历史学家的兴趣，而澳门是自16世纪以来直接透视中国近现代社会演进的一个特殊窗口，文献是最重要的依据。

国家古籍专家曾来澳门对有关文献进行点评，发展了不少精品，例如：清翁方纲撰稿本的《四库全书提要》、明蓝格抄本《圣政纪十卷》、明嘉靖三年的《重校正唐文粹》、由司马光得力助手刘恕撰写的《新编纂注资治通鉴外纪增义》……在修道院中，传教士保留了早至十六世纪的西方古籍、欧洲出版的学习中国官话等文献；与教堂近在咫尺的尼姑庵里，还存有以贝多罗树叶子为书写载体的“贝叶经”等。澳门地方文献中最具代表性的地方志是专门描写澳门史地、社会、政治及风俗的《澳门记略》，它是清代印光任、张汝霖撰写，完稿于1751年，成为中国人第一部系统介绍澳门的著作，也是世界上最早刊行的一部关于澳门历史的文献。其他有关澳门风土地理等方面的记载，多是周边地区县志中提及澳门。例如《香山县志》、《广东县志》、《南海县志》等。

图4　《澳门记略》
（现存于澳门大学图书馆）

图5　翻译成葡文的“澳门记略”
（现存于澳门中央图书馆）

图6　《镜湖医院征信录》（现存于澳门中央图书馆）

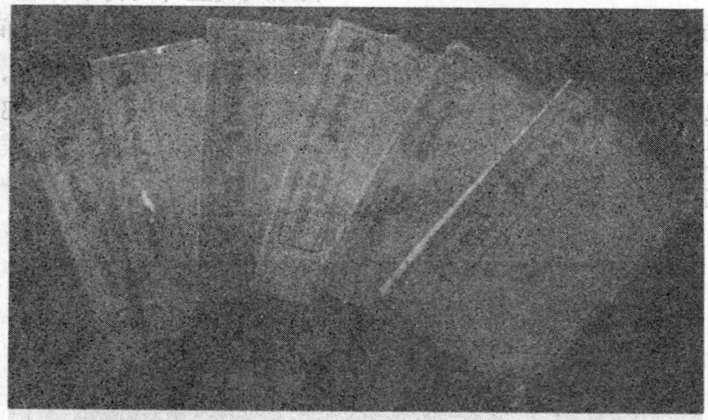

图 7　郑观应撰《盛世危言后编》(现存于澳门中央图书馆)

澳门文献资源涉及颇为广阔的领域，已成为海内外研究澳门历史和中国历史文化学者的关注。所以，进一步地挖掘、整理、保护仍在尘封中的文献将是“澳门记忆”工程中的一项重任，且刻不容缓。

3.3　澳门中西文化——和谐兼容的人文内涵

曾有学者指出：澳门是“三和”文化之地：中西之和，物我之和，人我之和，是反映澳门文化内涵的三大支柱。这个“和”字，就像功力极强的黏合剂，通过其物理作用，把澳门各个领域、各个层面中看似迥异的事物，美妙地联结为一个有机整体；这个“和”字，又像性能极佳的催化剂，在加速澳门社会方方面面的化学反应后，再有序地纳入到一个和谐序列中。[①] “澳门记忆”是以反映城市真实面貌为主要目的之工程，那么澳门文化的兼容性特色特别重要，相信对世界寻求不同文化共存、共融、共同发展，营造开放而和谐世界将发挥一定的参考作用。因此，澳门的多元及中西文化特色，生活场景、多语种、不同宗教并存、各种社群活动等都成为丰富的素材。

3.4　建筑文物——世界文化遗产

如果我们对城市历史建筑仅仅处于维持状态，它也只会像一个僵化的躯壳，它的光辉只会逐渐地减损、消失，这种保护只是维持一种自然的衰败，所以城市发展变迁是难免的。

实际上我们可以采用一种积极的变换角度的方式，在历史环境中注入新的生命，赋予建筑以新的内涵，使新老建筑协调共生，使历史的记忆得以延续。[②]城市拆建是社会发展进步的现象，也是一种无奈。可幸的是，当许多城市随着经济发展而面临“破旧”和“立新”的命运时，澳门的建筑文物一直以来受到相当的重视。不论是澳葡时期或回归后的特区政府，对文物建筑的保护态度都是积极的。从历史建筑群及相关街区成为世界文化遗产便是很好的例证。

近年随着开放博彩业而引入大量外资，令多项大型建筑立地而起，对小城风貌造成一定的冲击，因此，采集相关建筑物的历史数据、图片、影像等将是“澳门记忆”工程争朝赶夕的工作。

3.5　澳门旅游博彩业

澳门素有东方蒙地卡罗之称，旅游博彩业是澳门经济中的第一支柱产业，近年博彩收入成世界之首，为澳门繁荣及经济增添了活力。那么，博彩业便不能不提了。例如各种博彩项目：赛狗、赛马、回力球、白鸽票等等，还有博彩业的发展、大事记、博彩项目等亦是澳门的重要记忆。为了引起大众的兴趣，展示可以文字、影片、图像、名人口述等方式介绍博彩业的源流发展。

---

① 王锦贵．镜海心影．濠镜，2004，12 (18)：85—92

② 夏晋．文脉—— 城市记忆的延续．http://dolcn.com/data/cns_1/article_31/ paper_311/penv_3113/2005-03/1110008734.html

3.6　珍藏品

收藏品除了丰富市民生活品位、保存历史珍品、传承文化的意义外，也是一地方的文化内涵氛围。澳门近年也兴起了收藏的风气，且不少人士将藏品捐赠到政府的博物馆。由于澳门没有经历较大的战争，不少文物古玩因政府重视及民间收藏风气盛行而得以保留下来，当中不乏珍品。例如在清朝乾隆至嘉庆年间，成为一时佳话的澳门赵氏父子相继中了举人，而赵家的族谱、书画字帖、教学材料等仍有部分被收藏家保存（图8、图9）。

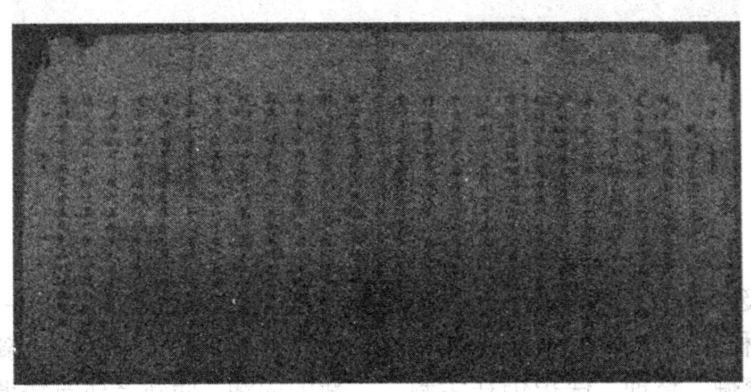

图8　赵元辂家族族谱（清乾隆）

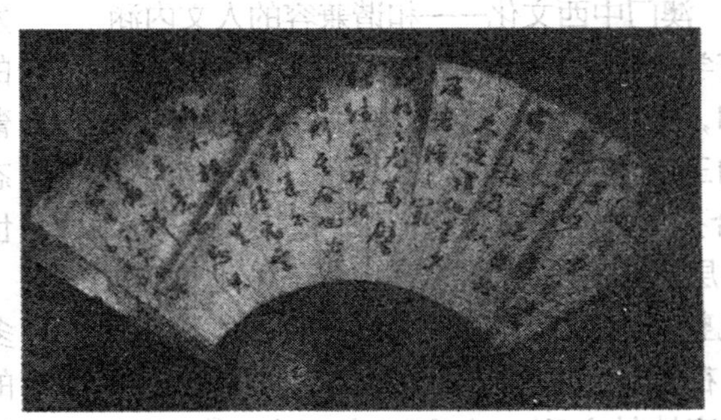

图9　澳门名人赵元辂家族遗传书画

除此之外，还有契约、奏疏、状元试卷、家谱、圣旨等，以及各种器具等繁多品种(图10)，是极具价值的珍藏品，也是重要文献资源。

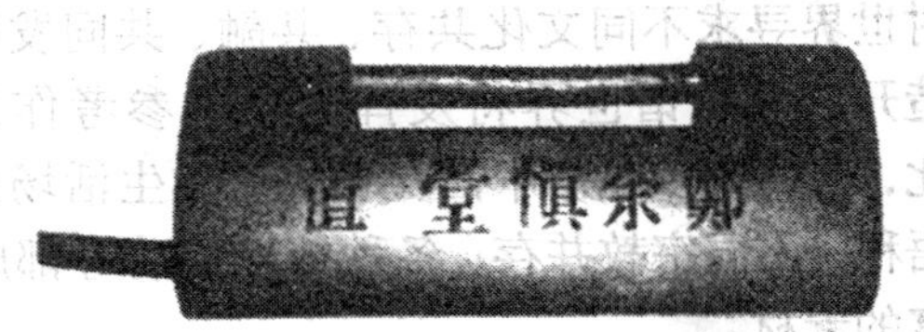

图10　郑家大屋门锁

4　"澳门记忆"网站雏形

"澳门记忆"根据上述所列的内容范畴，分类展示(见图11)。草拟的网页的设计(图12)主要类目结构包括：(1)澳门历史，纵向的编年史资源和横向的人物与事件的记录；(2)特色文献，有关澳门地方价值的文献及档案、科研成果；(3)澳门文化，凸显澳门内在的人文文化特色；(4)中西建筑，澳门历史城区成功列入世界文化遗产名录，其外在的建筑景观更有必要留在记忆工程中；(5)旅游博彩，作为澳门经济支柱，其传奇性的发展以及该行业的特性；(6)老照片，从影像角度将澳门各种场景记载下来；(7)名人书画，澳门保留了不少名人的书画字帖，包括政府及民间的收藏；(8)珍藏品；(9)澳门学堂；(10)澳门研究；(11)专家学者；(12)当年今日等。

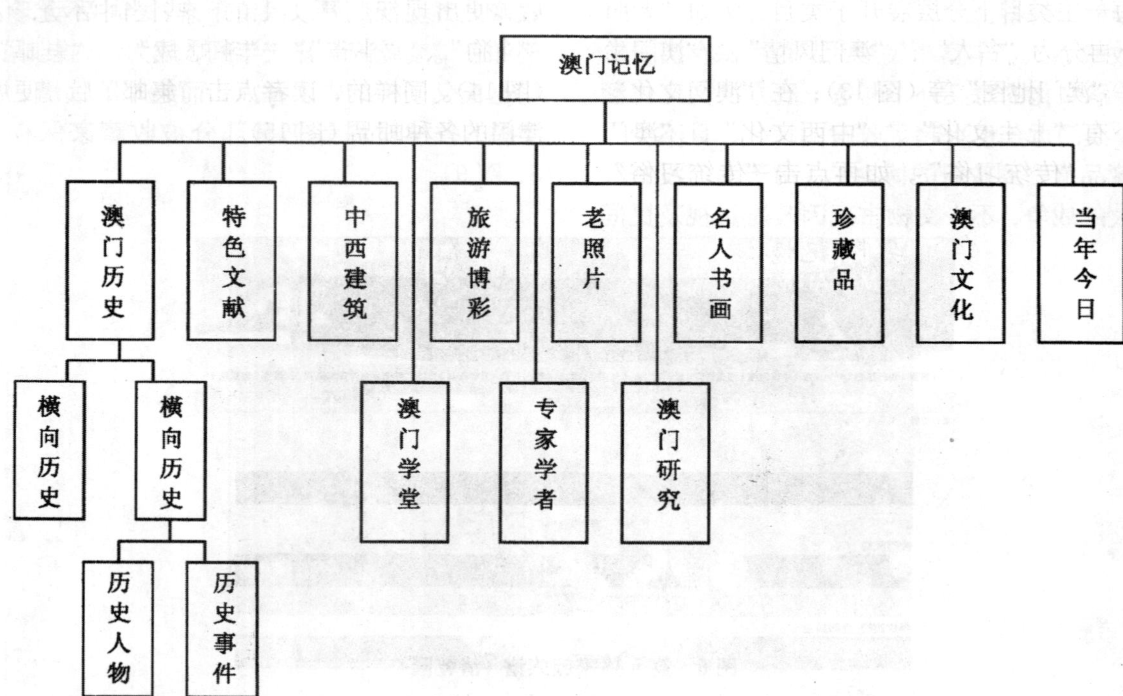

图 11 "澳门记忆"主要主题展示

图 12 "澳门记忆"网站主页设计

每一主类目下分层展开子类目，例如“老照片”下再分为“名人”、“澳门风情”、“澳门生活”、“澳门地图”等（图 13）；在“澳门文化”类目下有“土生文化”、“中西文化”、“澳门社团”、“传统习俗”，如再点击“传统习俗”后，便出现澳门历史上的一些民间活动，例如“斗狗”、“斗雀”、“斗蟋蟀”、“集邮”等（图 14）。同样的，读者点击“集邮”后，便展现澳门的各种邮品（图 15）。

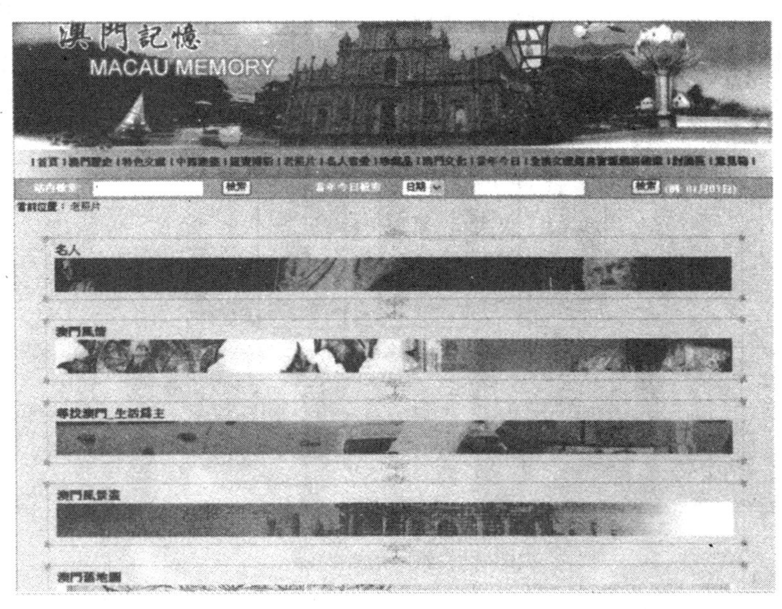

图 13　“老照片”的子类目

图 14　“澳门文化”类目下的“传统习俗”列出具体数据

图 15　澳门的各种邮品

顺便提一下，“当年今日”检索可根据服务器的日期以滚动的方式把当天在澳门历史上的事件展示出来，读者也可以输入日期而取得结果。如图 16，读者在检索栏中输入“01 月 01 日”，网页系统便会出现澳门历史上当年同日发生过的重大事件。

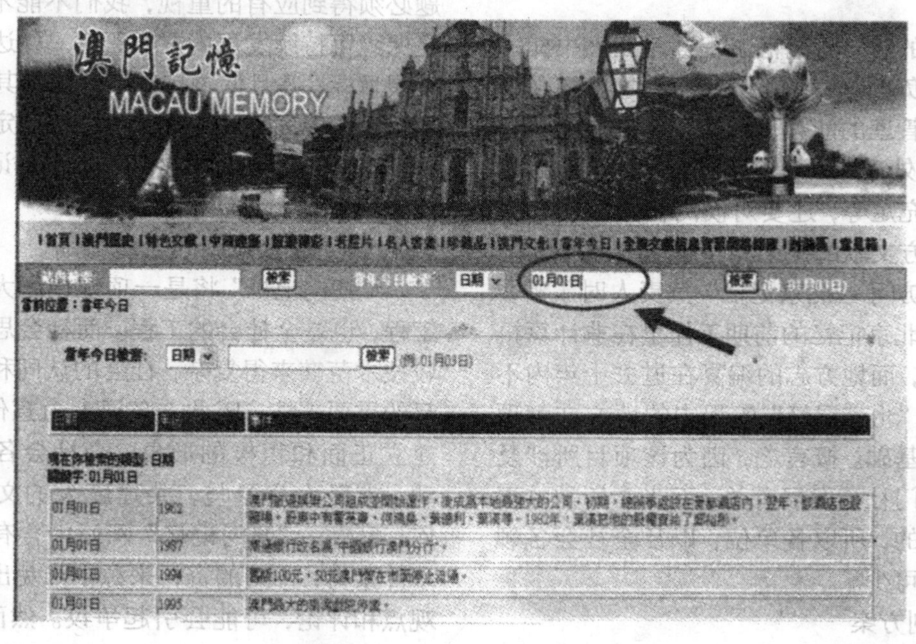

图 16　“当年今日”检索

除此之外，网站设有其他网站链接、导航条、显示用户当前位置、精彩推荐、精彩图片等功能。在此基础上，网站需要不断提升功能设计，如高级查询提供多种过滤条件，查询结果以列表的形式显示，并且提供在结果中再次查询的功能。同时，也可从网页地图进行查询，即在地图上添加一些地点链接，点击后显示与该地点相关的所有信息。而将来的功能提升将包括：新近更新数据、多语言选择（即在页面上提供更改语言的接口，使用户可以动态地改变显示语言）、联络及提供帮助、相关记录链接、用户和管理员登录、用户评论等。

5 "澳门记忆"工程面对问题的思考

5.1 社会工程

当澳门社会发展到一定时期，尤其是经济基础稳定，人们意识到上层建筑的价值时，"澳门记忆"工程便因应环境之需而产生。它的启动绝非偶然，而是社会发展进程中的产物。由于"澳门记忆"将是一项持续性的工程。因而必须作出短期和长远的规划，它涉及多方面的因素：包括负责的单位、数据搜集方案、各阶段进展的规划，还有行政管理、机制、经费的资助、政府的投入等。

借鉴各地的经验，记忆工程通常由图书馆、档案馆等单位负责统筹。承担此任务的机构必须具备信息资源管理的能力，这种能力包括学科分类知识、信息处理技术、在科技领域具相当优势、人才资源充足等，还要对澳门社会有深入了解。尤其是地方文献的搜集和整理是一项长期的工作，据笔者访问 "北京记忆" 负责人时了解，首都图书馆对北京记忆的前期工作早在非计算机时期已在筹备，而地方志的编纂在过去十年内不断进行，才为"北京记忆"工程中的地方文献项目奠下重要的基础。概言之，因为该项目所涉及的内容与全澳门社会发展有关，而当中所需的素材亦是社会性的，所以各单位，以及全社会各领域的合作必不可少。

5.2 规划方案

"澳门记忆"工程将是一项规模巨大和持续性的工程，如上所指，是全社会的工程，因而涉及面非常广，包括各阶段进展及纵横的计划、资料搜集方案。例如：订定记忆工程整体发展计划，设定收录范畴及项目的原则和标准，另外对澳门现状的拍摄和文字数据的征集与编撰亦是非常重要的工作。

必须强调的是，在大量数据文件征集方面，必须通过各种管道与各类型的图书馆、档案馆、博物馆等机构合作，同时通过政府、民间、口述记忆、发动收藏家们和广大民众提供其珍藏数据都是必要的。

"澳门记忆"工程毕竟是新项目，而且需要科学和系统的组织管理，即使已经具备了丰富的内涵，但由于目前技术基础和意识仍然不足，因而面对不少问题是必然的。

5.3 文献全文资料问题

"澳门记忆"需要不断收录全文的书刊，否则就如没有源泉的水，内容很快便干枯。澳门基金会教科文中心已建立了"虚拟图书馆"，收录近十多年来澳门基金会出版的全文数据，将为记忆工程的文献部类提供大量的素材。

然而，在不断需求增加其他新的全文素材的时候，便要考虑知识产权的问题。

5.4 经营机制问题

随着信息资源数量的快速增长，便产生许多与维护、更新及可持续发展相关的问题。这些问题必须得到应有的重视，我们不能不承认，机制是保障可持续发展的重要因素。要达到规划中的发展目标，并且使之持续下去，尤其是要解决资源分散的局面，就必须建立具有一定行政效力的管理及协调机制去全面推进"澳门记忆"工程的整体发展。

5.5 大众意识问题

"澳门记忆"将是一项规模巨大和持续性的工程，也是全社会的工程。而社会思想意识往往较技术范畴来得复杂，社会的认同和支持是该项目的重要支柱。因此，必须大力宣传、推广，以建立正面和积极的形象，令社会各界也积极推动、市民大众参与，共建庞大的文化历史数据库。另外，"澳门记忆"网站中含有大量的历史事件素材，不同的资料来源中难免出现不一致的观点和评论，可能会引起争议。然而，"澳门记忆"是一项文化、历史、知识、信息的社会工程，应遵守"中立、平等、自由"的原则采纳资料。一些对国家、民族有影响的观点，必须事前进行咨询，尤其在政治事件上达致共识。

5.6 网站资源重复

当澳门许多部门都在建立网站时，可能出现数据内容重复的现象。这将对读者造成不便及混淆，也可能出现资源浪费的情况。因此，各部门的沟通合作、整体协调规划更显得重要。

5.7 技术问题

"澳门记忆"是一个系统工程，在技术上涉及多方面的问题。由于信息环境的繁杂，用户需要解决检索网络资源格式多样、分散储存、接口不一的问题。因此，在澳门建立"澳门记忆"系统工程的技术上，需发展相应的工具和采取适当的措施。例如建立检索协议、透过数据诠释将不同格式的数据转化到总库的阅读格式以及利用 Web Service 的网络接口将数据库数据传递等。

5.8 长效管理及持续发展

"澳门记忆"的可持续发展，要从社会全面性来阐述，所以它强调的是城市整体环境和信息机构的相互关系。信息管理者为社会整序资源，令人们获取信息和知识，是必需的，它的可持续性也是必然的。而持续发展着重于过程，并强调改善、进步和良性变化。这些将主要依赖多方面配合。

尤其是政府方面，对于一些必要的工程项目应大力支持或直接出面组织协调。美国国会图书馆的"美国记忆"项目，开发期间就是由美国国会提供了 1500 万美元的经费，使之成为美国极为重要的历史数据库，而且令世界瞩目并纷纷仿效，该项目至今耗资逾 6000 万美元。日本国立国会图书馆牵头的数字图书馆计划是由日本国会下拨 50 亿日元支持。中国"台湾记忆"由 2002 年规划，台湾教育部门便调拨了 1800 万台币支持首三年研发及启动，更另资经费支持新增功能或项目数字化的项目计划，其后一直受到有关方面的重视而得以良好发展；"香港记忆"于 2007 年 2 月宣布启动计划，并由赛马会资助首五年启动经费港币 8000 万元。

最后，更为重要的是，大力开发人才资源更是必要，引进国内外先进技术和大力培养本地人才显得极为迫切。

概言之，实际环境的客观因素，以及社会各界对记忆工程的意识等主观因素都影响着记忆工程的启动和发展。"澳门记忆"工程除了建立一个网络系统机制外，更要建立一个可支持各种形态诠释数据的格式，多媒体信息数据库，以及内容知识的创造、传递、典藏、保存与再利用的数字典藏管理环境。在管理上，它是一项社会工程，机制和合作都是必要的。只有各学术单位以及各文化行政单位、文史工作团体、社会各界、市民大众的密切合作，尤其是得到相关政策和法律法规的配合，"澳门记忆"的持续发展才能有所保障。

6 结语

近年经济和文化事业发展使澳门引起了国际关注，一方面它以具有争议性的行业——博彩业作为龙头产业支撑经济，另一方面又具有深厚的文化底蕴，这种糅合作用成为澳门城市的亮点。"澳门记忆"工程的构建将具有重要的社会意义。一方面作为澳门城市历史的见证和文化的积淀，展现澳门在不同历史时期的文化氛围，实现保护澳门文化遗产、提升城市文化品位的目标；同时记载传承澳门社会建设发展的完整记忆，以科学发展观研究过去、记录过去和展望未来，真实准确和客观地再现澳门的历史变迁；再者，它将服务公众、满足公众认知澳门历史文化的需求，以及作为研究澳门的参考，更使世界各地更多人士了解澳门；同时，也将服务政府决策机构、为未来澳门城市发展规划建设管理提供重要凭证与信息。

盛世修志，古已有之，如今澳门社会急速发展，文化领域更应同步，而"澳门记忆"工程的构建乃适当之机，将具有存史、教化、资治之作用，是一项文化和科技结合的系统工程，具有深远历史意义。

苏州地区图书馆事业发展现状

邱冠华　杜晓忠（苏州图书馆）

1　引言

改革开放以来，苏州地区的经济和社会发展取得了举世瞩目的成就，综合实力大增，为文化事业的建设和发展打下了坚实的基础。同时，在经济和社会的发展、城市的竞争中，越来越显现出文化的重要性，因而建设“文化苏州”就被适时提出。在这样的大背景下，苏州各级党委、政府对图书馆事业有了切实的关心和支持。

2001年6月，苏州图书馆在原苏州市人大、市政府的地址建成开放，发挥了极大的示范效应，各市（县）和高校纷纷开始建设新馆，其声势之浩大前所未有。几年中，张家港图书馆、工业园区独墅湖图书馆、常熟图书馆、昆山图书馆、吴江图书馆、苏州大学炳麟图书馆、苏州经贸职业技术学院图书馆、苏州职业大学图书馆、常熟理工学院图书馆、张家港沙洲工学院图书馆、苏州机电高等职业技术学院图书馆等一批新馆相继建成启用。

2005年初，苏州图书馆制订、上报了《苏州市城区公共图书馆网络建设方案》，并着手示范性的总分馆建设，各市（县）级图书馆紧随其后，标志着苏州地区图书馆事业进入一个新的发展时期。几年来，苏州地区图书馆事业的建设、发展取得了很大的成绩，在全国形成了较大影响，不管是服务理念、资源建设、服务创新、技术开发、学术研究、机制改革、服务网络等，都走在了全国前列。

苏州地区图书馆事业的发展，引起图书馆学术界的强烈关注，中图学会将首届“国家历史文化名城图书馆馆长论坛”、“21世纪，中国图书馆建设与发展论坛——全国地市级公共图书馆自动化发展战略研讨会”，中图学会2004年年会、2007年新年峰会及第二届百县馆长论坛等全国性重要的会议和学术研究活动设在苏州，这一方面充分肯定了苏州地区图书馆事业发展的工作成绩，显示了苏州地区图书馆事业发展在构建和谐社会，实现“两个率先”中的示范作用，另一方面，这些学术活动又极大地推动了苏州地区图书馆事业的进一步发展。

本报告是为了厘清苏州地区图书馆事业发展的现状，迎接新一轮发展机遇——建设全覆盖的公共图书馆服务体系，回顾、总结苏州地区图书馆事业发展成果，从而破解发展瓶颈，展望发展方向，推动事业前进。

本报告的分析依据主要来自于调查。调查采用全面调查方法，向苏州地区所有图书馆发放调查表，共回收调查表186张。反馈调查表的图书馆中，公共图书馆、高校图书馆的调查表反馈率均为100%，中小学图书馆超过90%，其他图书馆较少（如医院图书馆），其原因是图书馆本身不健全或运行不正常。

调查数据的截止期为2007年。另外各市乡镇、街道图书馆的数据则以苏州市文化广电新闻出版局“2007年度苏州市乡镇图书馆情况统计表”的数据为准。

苏州市勤工俭学办公室协助了本次调研，苏州市社科联提供了经费支持，借此谨表谢意。

2　苏州地区图书馆事业现状总体概况

根据本次《苏州市图书馆事业发展调查表》的统计数据，在参加调查的我市186个图书馆中，公共图书馆7个（包含分馆50所），高校图书馆7个，中小学图书馆167个（中学图书馆77个、小学图书馆85个、特殊教育学校图书馆2个，职业教育学校图书馆3个），其他系统图书馆5个（见图1）。

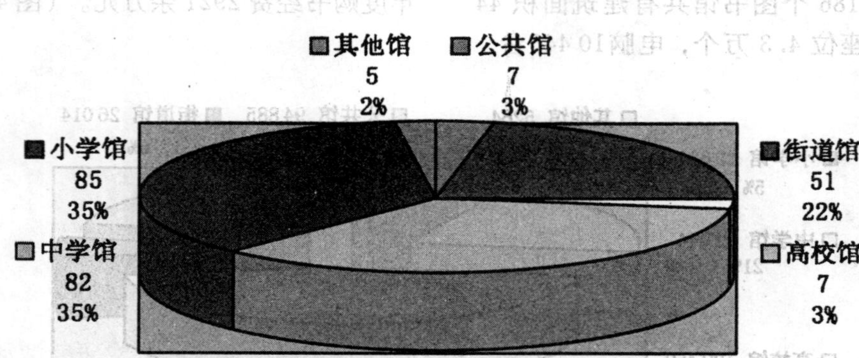

图 1　本次调查各类型图书馆数量(单位:个)比例分配图

参加本次调查的 186 个图书馆以及 51 个乡镇街道图书馆共有工作人员 1563 名，其中在编人员 1070 名。

馆藏资源方面共有 186 个馆填答，统计有馆藏 2491.5 万册件，加入乡镇街道图书馆藏书，合计 2693.3 万册件。若以百分比计，高校占 39.36%，公共图书馆占 17.02%，乡镇街道图书馆 7.39%，其他系统图书馆占 0.8%，中小学图书馆占 34.29%，中小学图书馆数量较多，但馆藏文献数量不高，且分布不均，藏书多的学校达 14 万册，少的学校仅仅数百册，中学图书馆平均每馆 4.4 万册，小学图书馆平均每馆 2.98 万册。馆藏较少的学校有可能会影响学生课外阅读的选择，因此需要重点关注。在电子图书分布上高校馆最多，达 525.5 万册，其次是中小学图书馆 511.2 万册，公共图书馆 57.6 万册，数字资源环境下各馆普遍都增加了电子资源的利用，但尚缺乏不同系统间资源共享的措施和总体规划(图 2、图 3)。

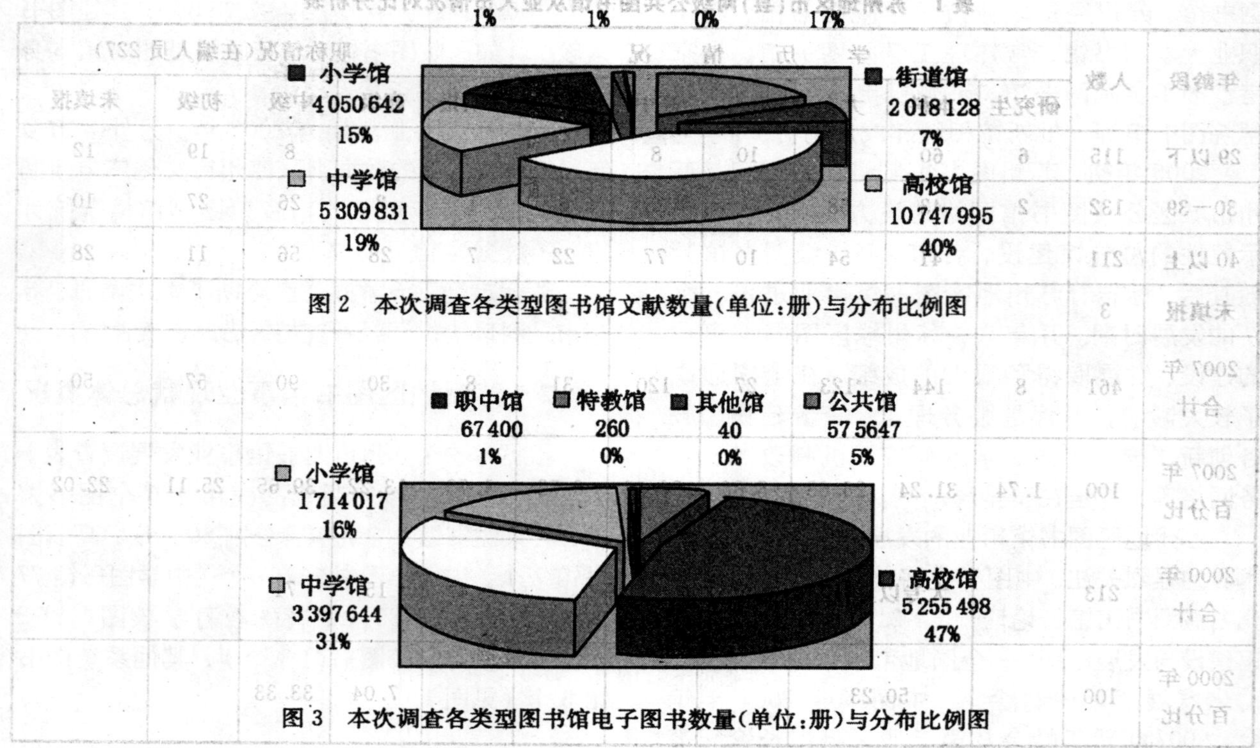

图 2　本次调查各类型图书馆文献数量(单位:册)与分布比例图

图 3　本次调查各类型图书馆电子图书数量(单位:册)与分布比例图

参加调查的 186 个图书馆共有建筑面积 44 万平方米。阅览座位 4.3 万个，电脑10 446台，年度购书经费 2921 余万元。（图 4）

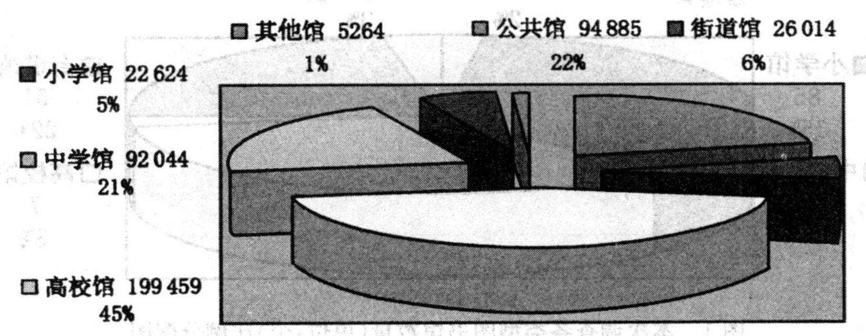

图 4 本次调查各类型图书馆建筑面积数值与分布图(单位:平方米)

全市各级各类图书馆积极开展古籍保护工作，上报首批全国古籍珍贵名录 57 部，公示 36 部。

3 苏州地区市县(区)两级公共图书馆现状

3.1 机构和从业人员

截至 2007 年底，苏州市现有独立建制的市级图书馆 1 个（包含 10 所分馆、1 个流动图书馆），市（县）级图书馆 5 个（包含 40 所分馆、1 个流动图书馆），区级图书馆 2 个。2007 年从业人员 461 名，其中在编人员 227 名，与 2000 年的 213 名基本持平，增加的 248 名人员基本都是从事辅助工作的编外员工。新世纪以来，我市公共图书馆机构数量稳中有升，各馆在新建后，规模都得到了很大的扩展，从业人员数量有所增加，在编人员学历、职称比例有所提高，但事业编制相对不足，限制了从业人员素质的提高，另外开放服务时间大幅延长，馆员承担的工作量成倍增长（表 1、图 5、图 6、图 7）。

表 1 苏州地区市(县)两级公共图书馆从业人员情况对比分析表

年龄段	人数	学历情况							职称情况(在编人员 227)			
		研究生	本科	大专	中专	高中	初中	未填报	高级	中级	初级	未填报
29 以下	115	6	60	31	10	8				8	19	12
30—39	132	2	43	38	7	35	6	1	2	26	27	10
40 以上	211		41	54	10	77	22	7	28	56	11	28
未填报	3						3					
2007 年合计	461	8	144	123	27	120	31	8	30	90	57	50
2007 年百分比	100	1.74	31.24	26.68	5.86	26.03	6.72	1.73	13.22	39.65	25.11	22.02
2000 年合计	213	大专以上 107							15	71		
2000 年百分比	100	50.23							7.04	33.33		

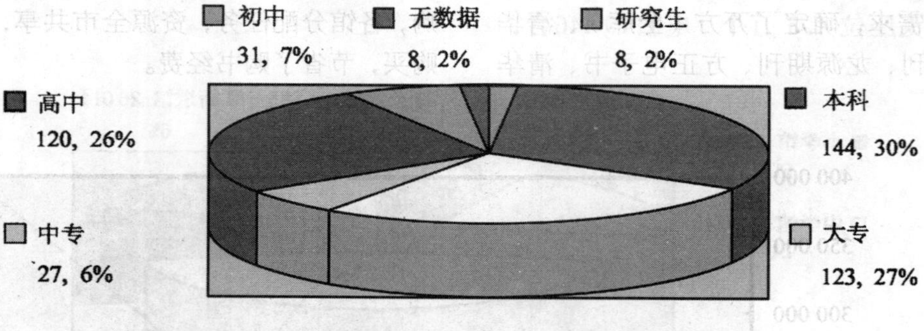

初中 31, 7%
无数据 8, 2%
研究生 8, 2%
高中 120, 26%
本科 144, 30%
中专 27, 6%
大专 123, 27%

图 5　苏州地区市(县)两级公共图书馆从业人员学历统计图

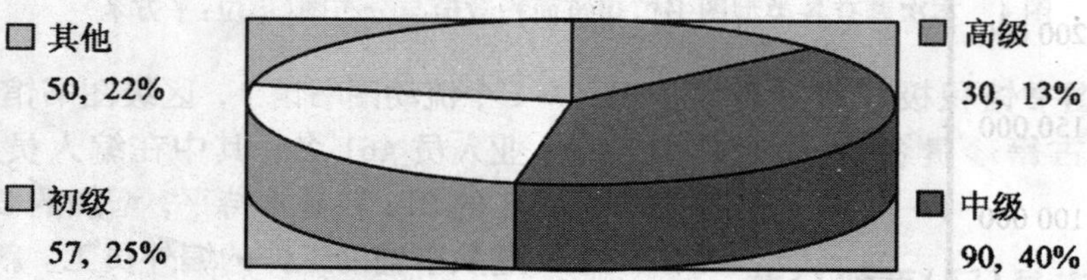

其他 50, 22%
高级 30, 13%
初级 57, 25%
中级 90, 40%

图 6　苏州地区市(县)两级公共图书馆编制内人员职称情况图

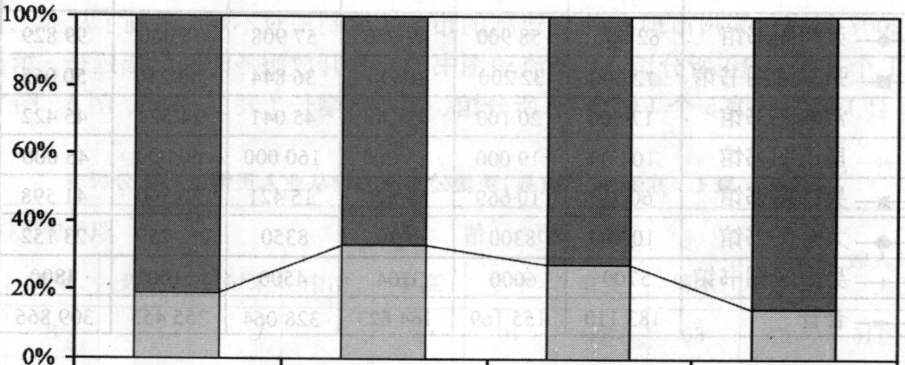

	服务读者（万人次）	外借图书（册次）	管理服务面积（平方米）	组织读者活动（次数）
2007 年人均	22 415	16 369	418	2.94
2000 年人均	5328	8018	159	0.5

图 7　苏州地区市(县)两级公共图书馆编制内人员人均服务读者状态对比图表

3.2　馆藏文献

2007 年，市(县)两级公共图书馆文献总藏量 464.7 万册（件），其中图书 325.8 万册，报刊合订本 30.2 万册，音像资料 6 万件。与 2000 年总藏量 282.8 万册（件）相比，增长 64.3%。2007 年新购藏量 42.9 万册（件），与以前年度相比呈现增长态势（图 8）。馆藏文献有相当高的质量，包括了地方文献 1.2 万册，古籍藏量 56.4 万册，善本藏量 4.3 万册。苏州图书馆文献总藏量 168.4 万册（件），其中图书 122.8 万册，报刊合订本 15.4 万册，音像资料 3.7 万件。另外，苏州图书馆从 2001 年起购置 10 万种电子图书后，逐年增加购入，2007 年馆藏电子图书已达 45.2 万种。五市（县）馆文献总藏量 275.9 万册（件），比 2000 年总藏量 156.9 万册（件）增长了 75.8%。电子图书 57.6 万册，自建全文数据库 34 种，字节数 1126.9GB。

2007 年起，苏州图书馆牵头，五市（县）图书馆响应，实行外购数据库的协同采购、资源共享。根据用户需求，确定了万方（全库）、清华期刊、维普期刊、龙源期刊、方正电子书、清华报纸、清华年鉴、清华工具书等几大数据库的采购，各馆分配任务，资源全市共享，防止了重复购买，节省了购书经费。

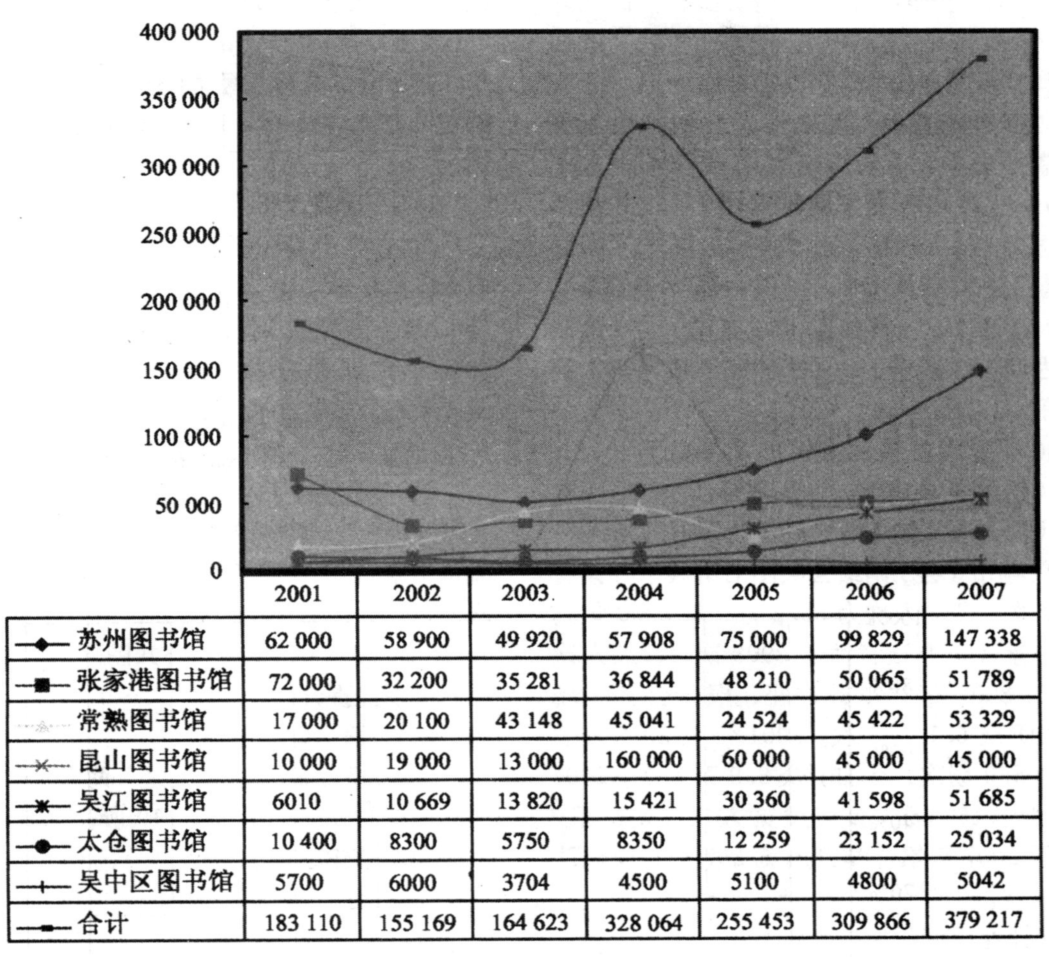

	2001	2002	2003	2004	2005	2006	2007
苏州图书馆	62 000	58 900	49 920	57 908	75 000	99 829	147 338
张家港图书馆	72 000	32 200	35 281	36 844	48 210	50 065	51 789
常熟图书馆	17 000	20 100	43 148	45 041	24 524	45 422	53 329
昆山图书馆	10 000	19 000	13 000	160 000	60 000	45 000	45 000
吴江图书馆	6010	10 669	13 820	15 421	30 360	41 598	51 685
太仓图书馆	10 400	8300	5750	8350	12 259	23 152	25 034
吴中区图书馆	5700	6000	3704	4500	5100	4800	5042
合计	183 110	155 169	164 623	328 064	255 453	309 866	379 217

图 8　苏州地区市(县)两级公共图书馆 2001－2007 年历年购置图书数量(册)

3.3　图书馆服务

市(县)两级公共图书馆均实行全年无闭馆日的 365 天开放制度，各馆平均每周开放时间达 80 小时，与 2000 年节假日正常放假、平均每周开放 48 小时相比，年新增服务时间 1664 小时，增幅达 66.7%。苏州图书馆每周开放服务 84 小时，增幅达 75%。

2007 年市(县)两级公共图书馆到馆读者人次为 508.9 万，比 2000 年的 128 万人次增长 297.58%。苏州图书馆到馆读者人次 200.7 万，比 2000 年 42.6 万人次增长了 371.13%。五市（县）馆到馆读者人次为 308.2 万，比 2000 年的 70.9 万人次增长 334.7%。2007 年外借图书（只计单向借出，不计还书册次，下同）371.5 万册次，比 2001 年的 135.8 万册次增长 173.47%（2000 年统计数据为借阅 193 万册次，无单独的外借册次）。苏州图书馆 2007 年外借图书 93.8 万册次，比 2001 年 34.5 万册次增长 171.97%；五市(县)馆 2007 年外借 267.7 万册次，比 2001 年 101.3 万册次增长 164%。

各馆均提供预约借书服务。苏州图书馆的预约借书，读者可以指定取书分馆。苏州图书馆还提供手机短信服务和网上远程参考咨询服务，并参加了上海图书馆的联合知识导航。

2007 年完成检索课题 2286 项，为领导机关决策提供信息 147 项，为科研与经济建设提供信息 227 次。编制印刷型二、三次文献 3.9 万份（册），完成调查研究报告 8 篇，2007 年度完成中国图书馆学会的“图书馆服务网络构建模式研究”、中国图书馆学会科普与阅读指导委员会的“社会阅读年度报告”、国家清史工程“徐兆玮日记”、“科普知识读本”、“吴江古代、近代学者及其作品概况研究”等立项课题 5 项。

在科研出版方面，近年来先后编辑出版了《苏州藏书史》、《苏州图书馆藏善本提要》（经部），《苏州图书馆编年纪事》、《苏州民国艺文志》、《古韵论》、《林屋山民送米图卷子》、《昆山三贤丛书》、《昆山名人名言》、《沈万山遗事》、《常熟藏书印鉴录》、《常熟图书馆古籍善本图录》、《铁琴铜剑楼题咏》等一批书籍。

2006 年完成古籍数字化加工平台的开发，并完成《乾隆吴县志》、《纵览吴江——吴江五百年古代地方志汇编》两套数字化图书的制作。

2007 年市（县）两级公共图书馆共举办读者活动 711 次，参加人次为 50.2 万，从 2000 年到 2007 年，累计举办读者活动 2908 次，参加人次 201.5 万。2007 年共举办讲座、报告会 382 场次，参加听众 6.1 万人次。2001 年至 2007 年，累计举办 559 场次，参加听众 8.9 万人次。2007 年举办展览 155 场，参观展览人次 13.3 万。2001 年至 2007 年累计举办展览 267 场，观众达 62.9 万人次。

开展社会教育和用户培训 365 次，1.9 万人次接受了培训。

2007 年底，市（县）两级公共图书馆在有效期内的读者证 29.5 万张（读者证的有效期均为一年），比 2000 年的 2.6 万张增长了 1034.6%。由于 2007 年已经实行免证阅览，到馆阅读无需办证，从苏州图书馆实行免证阅览时就取消了有效阅览证 5 万多张的实际来推算，实际有效持证读者的增长至少会达 15 倍。五市（县）馆 2007 年有效读者证 20.4 万张，比 2000 年的 1.9 万张增长了 934.6%。

3.4　经费支出

2007 年度，市（县）两级公共图书馆财政拨款 5290.96 万元，比 2000 年的 693 万元增长了 663.5%。苏州图书馆财政拨款 2305.95 万元，比 2000 年的 223 万元增长 934.06%。五市（县）馆财政拨款 2985 万元，比 2000 年的 400.7 万元增长 645%。市（县）两级政府对公共图书馆财政投入持续增加。

2007 年度购书经费 1118.2 万元，比 2000 年的 249 万元增长 304.9%。苏州图书馆购书经费 500 万元，比 2000 年的 100 万元增长了 4 倍。五市（县）图书馆购书经费 588.2 万元，比 2000 年的 129 万元增长 355.97%，县级馆增幅略低于市馆。

3.5　建筑设备

2007 年市县（区）两级图书馆舍建筑面积 97 885平方米，比 2000 年33 973平方米增长了 188.1%。苏州图书馆建筑面积24 800平方米，是 2000 年 6350 平方米的近 4 倍。五市（县）馆建筑面积70 085平方米，比 2000 年24 623平方米增长了 184.6%。区级图书馆 3000 平方米，持平。

2007 年市县（区）两级公共图书馆共有阅览坐席 4090 个，其中少儿阅览座位 1004 个；电子阅览电脑台数 1279 个；一个市馆 4 个县馆实现网络对外接口带宽 100M。磁盘阵列容量 46.9TB，复印机 25 台。公共图书馆的设施设备都有了明显提升。

3.6　服务体系建设

至 2007 年底，市县（区）两级公共图书馆拥有分馆 50 所，其中市区 10 所，乡镇 40 所；2 个流动图书馆，其中市区 1 个、（县）市 1 个，流动图书馆的服务点 46 个。

苏州图书馆为推动政府主导总分馆建设，从 2005 年开始建设示范性的分馆，采用与各区政府、街道办事处合作的方式，由合作对方提供馆舍、装修、设备和年度物业经费，并每年向苏州图书馆支付 8 万元的人员和购书经费，将社区图书馆委托苏州图书馆管理，作为苏州图书馆的分馆；苏州图书馆为分馆提供和定期调配更新图书、征订报刊、开通数字化资源，并派遣工作人员，负责开放，从而形成人财物统一管理、内部结构扁平的总分馆系统；读者在分馆免证阅览、免费上网，外借图书实行通借通还。分馆建设的做法，在中图学会 2007 年新年峰会上，被与会专家学者称为“符合《纲要》对总分馆建设要求的、与国际接轨的‘苏州模式’”。2007 年 11 月，苏州图书馆的总分馆建设荣获“全国第十四届群星服务奖”。

苏州图书馆的10所分馆，共有馆舍2440平方米，阅览坐席477个（含电子阅览坐席65个），电脑79台，单层书架总长度2034米，藏书11.13万册（已包含在苏州图书馆的藏书统计中）、报刊1100份、音像资料15432件。2007年，陆续开放的10所分馆共接待到馆读者32.81万人次，外借图书79951册次，按加权平均计算，每个分馆每个月接待读者为4123人次。

五市（县）图书馆总分馆的建设模式基本参照了苏州图书馆，但人员均为当地乡镇所派遣，因而分馆的实际管理权在当地乡镇，实质上是一种半委托模式。

2007年，张家港、常熟被列为全国文化信息资源共享工程试点县，到2007年两市（县）实现共享工程全覆盖。全市党员远程教育与共享工程基层服务点相结合，总数达1255个。

4　乡镇街道图书馆情况

全市乡镇街道图书馆建筑面积合计2.6万平方米；图书馆专职工作人员128人，兼职工作人员186人，其中经过专业培训上岗201人；藏书总量201.8万册（件），2007年度新增图书35.5万册。借阅人次55.8万，借阅册次111.2万。乡镇街道拨款716.7万元，文化站补贴6万元，以书养书21.7万元。总体来看，近年来我市乡镇街道图书馆的发展比较缓慢，增加的乡镇图书馆，主要以各市（县）图书馆的乡镇分馆状态存在，如吴江市，2007年作为吴江市政府实事项目，当年建成9个乡镇分馆，除改造原有4个乡镇分馆外，净增5个乡镇图书馆。

5　苏州市高校图书馆事业发展现状

苏州高校图书馆在为学校的教学科研信息服务中发挥了巨大的作用，高校图书馆之间十分注重合作与交流，借助于JALIS建设和集团采购等方式，强化了馆藏数字化资源的共建共享，有效地提高了不同层次高校文献服务的保障率。在新馆建设中相互交流经验，在园区高教区以独墅湖图书馆和苏州大学炳麟图书馆为主体正在构建高教区图书馆联合体，苏州国际教育园区的高校也有类似的努力。2006年独墅湖图书馆作为国家图书馆的数字图书馆实验馆开馆，同年苏州大学炳麟图书馆开馆，2007年苏州职业大学图书馆新馆开馆。

高校图书馆在高等教育中的作用得到了越来越多的认可和尊重，广大师生对图书馆服务的满意度普遍提升，反映良好。

参加本次《苏州市图书馆事业发展调查表》的高校图书馆7所，分别是苏州大学、苏州科技学院、苏州职业大学、苏州经贸职业技术学院、苏州独墅湖图书馆、常熟理工学院图书馆、张家港沙洲职业工学院图书馆。

5.1　机构和从业人员

参加本次调查的7所高校，截至2007年底，共有工作人员392名。建筑总面积19.9万平方米。平均每名职工管理的面积为509平方米，人均管理面积远大于全国平均水平（据全国274所高校图书馆的抽样调查，平均每名职工管理的面积为192平方米），体现了人力成本较为节约。

在392名工作人员中，具有高级职称的58名，中级职称的138名。下表按照3三个年龄段分列了相关数据。（表2、图9、图10）

表2　高校图书馆工作人员学历、职称情况统计表

年龄段	总人数	学历情况							职称情况			
		研究生	本科	大专	中专	高中	初中	无数据	高级	中级	初级	无数据
29以下	74	12	49	11	2					9	37	28
30—39	109	19	61	25		2	1	1	8	56	34	11
40以上	209	5	75	82	11	22	12	2	50	73	53	33
汇总	392	36	185	118	13	24	13	3	58	138	124	72
百分比	100	9.18	47.19	30.1	3.32	6.12	3.32	0.77	14.8	35.2	31.63	18.37

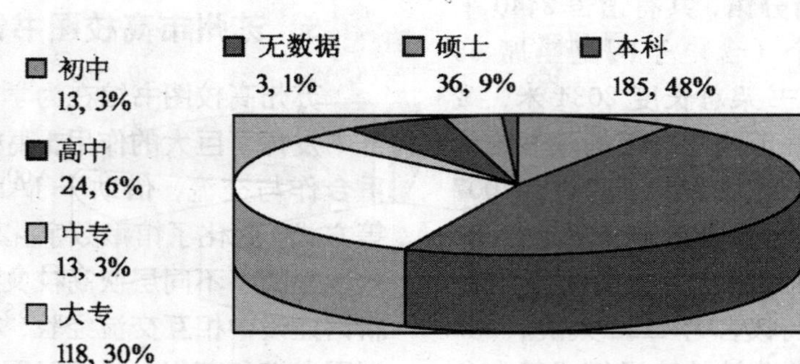

图 9 高校图书馆人员学历情况分布图

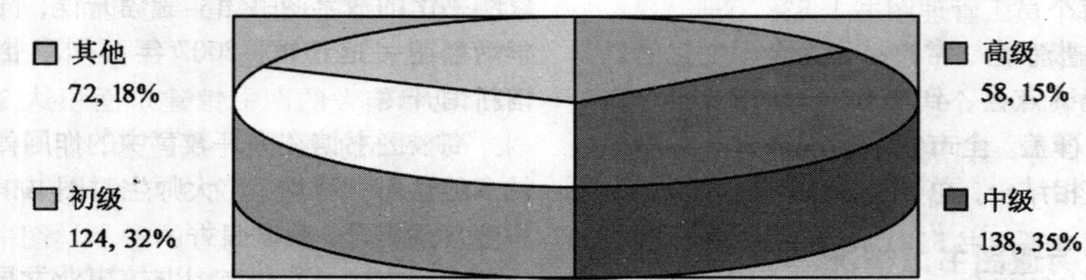

图 10 高校图书馆人员职称情况分布图

5.2 馆藏资源

2007 年 7 所高校图书馆文献总藏量 1074.8 万册（件），包括报刊合订本 45.9 万册，音像资料 1.7 万件。当年新购文献 52.4 万册（件），拥有电子图书 525.6 万册。古籍藏量 16 万册，善本藏量 8127 册；自建全文数据库 15 种。

5.3 图书馆服务

7 所高校图书馆平均每周开放时间 82 小时。外借书刊册次为 174.5 万。6 所高校举办读者活动 114 次，参加人次为 1.7 万，举办讲座、报告会 67 场次，参观听众 1.7 万人次。

5.4 设备

阅览座位 1.5 万个，读者用电子阅览电脑 2809 台。

6 苏州市中小学图书馆事业发展现状

6.1 机构和从业人员数量

参加调查的 167 所学校中有 85 所小学图书馆、77 所中学图书馆、2 所特殊教育学校图书馆和 3 所职业教育学校图书馆，共有 387 名工作人员（在编人员 298 名），其中硕士 1 名、本科 119 名、大专 127 名、中专 60 名、高中 55 名、初中 20 名，未填报数据的 5 名（表 3、图 11）。

表 3 中小学图书馆工作人员学历、职称情况

年龄段	人数	学历情况							职称情况			
		研究生	本科	大专	中专	高中	初中	无数据	高级	中级	初级	无数据
29 以下	40		21	13	5	1				4	24	12
30—39	136	1	58	45	10	12	10		1	64	41	30
40 以上	199		37	68	43	40	10	1	25	86	35	53
无数据	12		3	1	2	2		4		5		7
合计	387	1	119	127	60	55	20	5	26	159	100	102
百分比	100	0.26	30.75	32.82	15.50	14.21	5.17	1.29	6.72	41.09	25.84	26.35

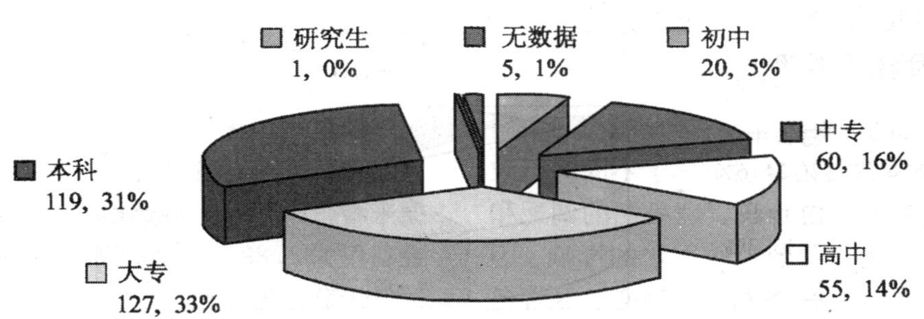

图 11 中小学图书馆人员学历情况分布图

中小学图书馆平均每个员工管理馆舍 296 平方米，平均每个员工管理图书 1.538 万册。

6.2 馆藏数量

参加调查的 167 个中小学图书馆文献总藏量 930.3 万册（件），其中报刊合订本 39.8 万册，音像资料 9.3 万件。当年新购藏量 64.3 万册（件）。馆藏电子图书 512.9 万册。

6.3 图书馆服务

中小学图书馆平均每周开放 28.7 小时。持有效借书证的读者人次为 18.2 万人次，全年服务读者流通人次 359.7 万人次，外借书刊 187.8 册次。

举办读者活动 545 次，参加人次 18.3 万。举办讲座、报告会 210 场次，参观听众 7.9 万人次。举办展览 162 场，参观展览人次 9.3 万。开展社会教育和用户培训 58 次，1.3 万人次接受了培训。提供检索服务 79 项，为领导机构决策提供信息 411 次，为科研提供信息 1023 次，完成调查报告 83 篇，自建数据库字节数达到 121GB，一些学校图书馆还提供了电子期刊阅览，开设了研究性课题服务。学校图书馆还组织或参与学校的立项课题研究，如“导入 ISO 质量管理体系，创新校本管理制度的实践研究（省级）”、“和谐校园文化的建设与策划（国家级子课题）”、“‘研究型学校’学校文化塑造的研究（全国级）”等近 20 项。

6.4 经费支出

参加调查的 167 所中小学中，有 24 所学校当年未填购置文献，143 所学校当年购置图书 60.7 万册，平均每所学校新购 4244 册；23 所图书馆未填购书经费，总计购书经费 595.7 万元，每校平均 4.14 万元，平均每册图书 9.814 元。

6.5 建筑设备

167 所学校图书馆，建筑面积 11.5 万平方米（1 所未填报），平均每个图书馆 690 平方米，规模较大的图书馆建筑面积达 5 千余平方米，规模小的只有几十平方米，期间差距很大。

图书馆阅览座位 2.3 万个；读者用电子阅览电脑 6304 台；参加调查的中小学图书馆所在学校基本都设立了学校的主页，开通了网站服务。

7 苏州地区其他系统图书馆事业发展现状

我市现有的其他类型图书馆，主要是一些企事业单位内的附属机构。由于企业改制，原有国营企业配置的图书馆室保留下来并且还在坚持服务的在数量上已经很少了，在规模上也不是很大，有些仅仅是维系着一些技术资料室的作用。一些具有专业特点的事业单位的图书馆仍然发挥着作用，其服务的人群主要是本系统的工作人员，对社会的辐射作用不是很强。这次参加调查的 2 所医院图书馆是我市最主要的医院图书馆，具有一定的代表性。2 所医院图书馆共有工作人员 10 名，均具有大专以上学历，其中 7 名中级职称，3 名高级职称，专业性很强。2 所医院图书馆有医学专业文献 7.5 万册，年度购书经费 100 万元左右，年流通人次 4.6 万，外借书刊 1 万多册次。通过普通借阅和电子邮件、馆际资源共享等多元化的服务手段，为读者提供服务，保障医疗、教学、科研工作的正常进行，推动了医院科研水平的不断提高。为专业读者提供最新的专业图书资料信息，为医院决策层提供国内外最新医学及医院管理信息，为正确决策提供参考。

8　苏州地区图书馆事业发展的制约因素和对策

8.1　系统之间图书馆需要进一步资源共享

苏州市各类型图书馆分别隶属于不同的行政管理部门，受到所属系统行政管理机制的调配和制约，以及不同服务对象的特殊需求的影响，因而呈现出了不同的发展态势和发展特点，尽管各个系统的图书馆都取得了令人瞩目的成绩，但系统之间图书馆还需要建立起良好的资源共享机制。

2007 年底，正在建造的苏州市胥江实验中学，提出与委托苏州图书馆管理其学校的图书馆，实现资源共享，提供专业服务，为支持其素质教育的理念提供支撑。在本文结稿时，胥江实验中学图书馆已经成为苏州图书馆分馆，半年来的运行状况良好。苏州市教育局因而提出在 2010 年苏州市实验小学新建落成后，其图书馆也将委托苏州图书馆管理。这很可能成为苏州地区不同系统之间图书馆资源共享的新模式。

8.2　图书馆经费问题

新世纪以来，各级各类图书馆的经费有了较大增长，保障程度也有了很大提高。但从调查数据来看，2007 年，苏州地区公共图书馆人均购书经费仅为 1.89 元，人均图书拥有量为 0.74 册，远低于联合国教科文组织与国际图联在《公共图书馆服务发展指南》中规定的指标。算上新建的乡镇和社区分馆，2007 年苏州市每 11 万户籍人口才拥有一所图书馆。苏州市民进入图书馆每年不足一次，苏州图书馆已经人满为患、超负荷运转，而发达国家可以达到人均每月到图书馆一次。因此，要达到国际标准或者赶上发达国家水平，对图书馆还需要大量投入，这种投入，既需要有制度保障，如《公共图书馆法》的颁布实施，也需要图书馆确实能够提供良好的服务，引起广大市民和政府的重视。

表 4　苏州地区市(县)两级公共图书馆人均购书、人均藏书统计表

项目＼区域	全市	苏州市区	常熟市	张家港市	昆山市	吴江市	太仓市
总人口(万人)	624.43	235.31	106.14	89.30	67.98	79.32	46.38
年度购书经费(元)	11 182 030	5 300 000	1 000 000	1 832 000	1 500 000	890 000	960 000
藏书总量(册)	4 646 514	1 887 806	1 006 428	532 280	538 000	410 000	272 000
当年购置文献(册)	428 840	190 089	56 580	55 456	45 000	54 875	26 840
当年人均购书(册)	0.0687	0.0808	0.0533	0.0621	0.0662	0.0692	0.0579
人均购书经费(元)	1.89	2.25	0.94	2.05	2.21	1.12	2.07
人均藏书(册)	0.74	0.80	0.95	0.60	0.79	0.52	0.59

8.3　图书馆覆盖率比较低

覆盖率低的原因是图书馆数量严重不足，全市公共图书馆（含分馆）59 所，10.6 万户籍人口拥有一所图书馆，如按常住人口计算，约 17 万人才拥有一所图书馆。全市中小学中，也存在图书馆缺失情况。

苏州图书馆的总分馆建设，为解决全市图书馆服务的就近、便捷和均等探索了新的路子，在市区和市（县），建设以管理统一、资源统一、服务统一为特征的图书馆总分馆，将公共图书馆的服务、“共享工程”信息服务覆盖到市区的社区和市（县）的乡镇（包括非中心镇）；在乡村，通过整合“共享工程”基层服务点、农家书屋、村图书室、流动图书馆服务点的场地和资源，以流动图书车提供定期服务和资源调配的形式，实现公共图书馆服务的全覆盖。如此，市民不管在城市还是农村，都可以就近享受到基本一致的图书馆服务。按照这个方案，本市在不足 3 年的时间内，增加了 30 个乡镇（社区）图书馆（分馆），有效地提高了覆盖率。但目前这个方案仍处于自主创新阶段，没有纳入苏州市的社会发展规划，也没有作为专门的民生项目进行主导。归根结蒂，还是需要制度来保障。而我们，需要继续巩固和扩大分馆建设已经取得的成绩，扩大宣传，引起政府和社会的重视和支持。

8.4　图书馆馆员数量的素质问题

8.4.1　学历。全市公共图书馆从业人员中，大专以下超过40%。在编人员中不乏原来从剧团等其他文化单位的转业人员，学历较低；合同制职工、临时用工只有少数具有大专学历，其他一般均为高中毕业。

8.4.2　专业。全市公共图书馆人员中，图书馆学、情报学两个专业科班出身的人员不足10%。

8.4.3　编制。在图书馆的馆舍面积、馆藏资源、读者座位数量都大大增加的同时，图书馆的专业人员编制却几乎没有增加。各个图书馆都存在专业人员严重不足的情况。

政府从减轻人员包袱出发，一般都在不增加图书馆事业编制的同时，同意图书馆增加一些编外合同制职工，由于待遇不高，编外合同制职工普遍存在学历低、素质低、技能低、流动性高的“三低一高”现象，严重制约了图书馆服务质量的提高和服务创新能力。

人员的问题说到底是一个制度和机制的问题，因此，需要一方面向政府争取增加图书馆的专业人员编制，特别是利用共享工程、古籍保护等项目的机遇，另一方面，需要在人员进出、职务晋升、职称评聘、收入分配等方面进行机制创新。

9　结语

苏州是历史上藏书家最多的城市，也是现代公共图书馆发源比较早的地区。党的十六大后，党中央、国务院提出了“加大政府对文化事业的投入，逐步形成覆盖全社会的比较完备的公共文化服务体系”，保障公民的基本文化权益，满足广大人民群众基本文化需求，并作为构建社会主义和谐社会的重要内容。在这样的背景下，我们回顾本市图书馆事业走过的路程，展望今后的发展方向，更显得意义非凡。

本报告通过调查研究，对苏州地区2007年与2000年的数据来比较，这些数据（图12、表5）尽管可能并未反映本地区图书馆事业发展的全貌，但足以说明新世纪以来苏州地区图书馆事业建设与发展所取得的巨大成就，以及为进一步发展打下的坚实基础。这使得让我们有理由相信：在党和政府把建立覆盖全社会的比较完备的公共文化服务体系作为保障人民群众基本文化权利的方针政策下，在经济、社会发展的进一步推动下，在图书馆事业充分发挥建设和谐社会重要作用显现下，苏州地区的图书馆事业大发展大繁荣的时代已经为期不远。

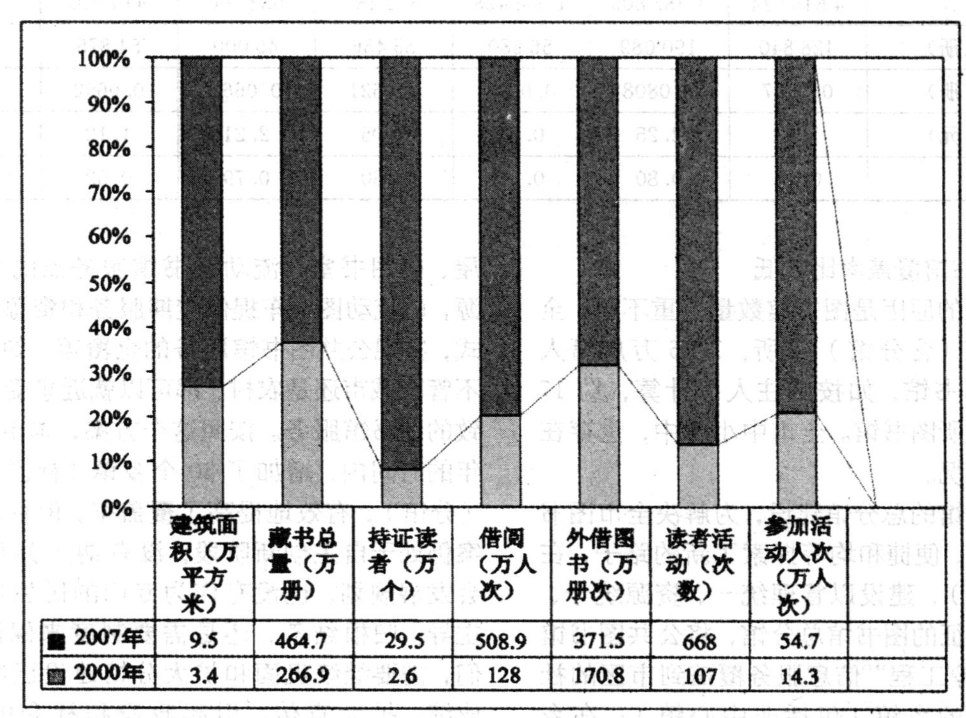

	建筑面积（万平方米）	藏书总量（万册）	持证读者（万个）	借阅（万人次）	外借图书（万册次）	读者活动（次数）	参加活动人次（万人次）
2007年	9.5	464.7	29.5	508.9	371.5	668	54.7
2000年	3.4	266.9	2.6	128	170.8	107	14.3

图12　2000年与2007年公共图书馆主要数据对比图表

表 5　苏州地区各类型图书馆基本情况统计汇总表

类型 项目	公共馆	乡镇街道馆	高校馆	其他馆	特教馆	职教馆	中学馆	小学馆	合计
建筑面积(平方米)	94 885	26 014	199 459.82	5264	140	5887.2	86 016.94	22 623.94	440 290.9
年度总经费(元)	52 909 651	7 443 800	21 680 120	1 067 773	20 000	1 168 446.4	3 769 510	6 960 873	95 020 173
年度购书经费(元)	11 182 030		12 310 090	867 767	7 000	483 288.6	2 945 618	2 520 787	30 316 581
阅览室座位(个)	4090		15 455	380	72	742	13 244	9716	43 699
电脑(台)	1279		2809	54	0	190	3472	2642	10 446
职工总数(人)	461	314	392	21	2	12	219	144	1565
其中:在编职工数(人)	227	128	392	21	2	7	171	118	1066
文献总量(册)	4 646 514	2 018 128	10 747 995	218 140	14 637	298 789	5 309 831	4 050 642	27 304 676
其中:图书(册)	3 258 048		6 110 091	134 080	14 352	262 479	3 422 607	2 533 413	15 735 070
期刊合订本(册)	302 005		459 310	17 570	25	9721	332 896	55 611	1 177 138
电子图书(册)	575 647		5 255 498	40	260	67 400	3 397 644	1 714 017	11 010 506
音像资料(件)	59 936		17 409	420	0	4001	44 209	44 686	170 661
地方文献(册)	12 176		3200	0	0	2400	9006	3456	30 238
古籍(册)	563 974		159 937	0	0	0	20 854	1923	746 688
善本(册)	42 684		8127	0	0	0	2820	3086	56 717
当年购置文献(种/册)	428 840	359 383	523 891	5556	917	27 722	379 293	225 368	1 950 970
其中:当年购置图书(册)	379 217	354 743	500 731	4048	827	22 358	362 446	221 315	1 845 685
当年购置报刊(种)	9189	4640	17 840	6378	130	3013	23 925	15 391	80 506
当年购置音像资料(件)	37 581		5320	90	10	2351	7042	7702	60 096
持有效借书证人数(人)	295 019		109 430	5941	124	11 692	97 548	73 274	593 028
年流通读者总人数(人次)	5 088 387	556 820	1 234 036	66 444	609	354 322	1 690 686	1 551 750	10 543 054
外借书刊(册次)	3 715 865	1 111 602	1 745 441	34 211	1080	138 299	631 054	1 107 894	8 485 446
举办读者活动(次)	711		114	2	2	9	192	342	1372
参加读者活动人数(人次)	501 886		16 784	150	250	10 933	61 813	110 379	702 195
举办讲座、报告会(次)	328		67	1	0	4	75	131	606
参加讲座、报告会人数(人次)	30 641		17 011	60	0	1985	25 661	51 291	126 649
举办展览(次)	209		18	1	0	0	63	99	390
参观展览人数(人次)	163 129		13 495	100	0	0	31 780	60 741	269 245

（续表）

类型 项目	公共馆	乡镇街道馆	高校馆	其他馆	特教馆	职教馆	中学馆	小学馆	合计
开展社会教育与用户培训(次)	365		895	0	0	2	33	23	1318
开展社会教育与用户培训(人次)	18 814		14 356	0	0	130	5333	7810	46 443
检索课题（项）	2286		214	285	0	0	10	69	2864
为领导机关决策提供信息(次)	147		26	0	0	5	326	80	584
为科研与经济建设提供信息(次)	227		52	0	0	603	269	151	1302
调查研究报告(篇)	8		17	0	0	0	13	70	108
在省以上刊物发表论文篇数(篇)	24		125	1	0	0	209	773	1132
在全国省市学术会议上获奖论文(篇)	25		5	0	0	0	462	469	961

注：本文所用数据除注明时间的以外，均为 2007 年底。

2007 年国内图书馆学研究热点综述

程　鹏（国家图书馆研究院）

1　图书馆学研究

2007 年的国内图书馆学研究，是在上一年以图书馆精神、图书馆制度、图书馆权利、图书馆职业等为代表的应用图书馆学研究的基础上，日趋深入，涌现出许多新的研究热点。2007 年，广大图书馆学研究者在继承和弘扬我国优秀的图书馆学思想成果的同时，积极探索图书馆学新理论、新方法，努力吸收现代图书馆学新理念，大胆尝试构建面向图书馆职业的理论体系，使图书馆精神与价值、图书馆人文关怀、图书馆作为维护社会信息公平的机制、图书馆在构建和谐社会过程中的地位、图书馆在社会主义新农村建设中的作用等新的研究内容逐渐成为图书馆学理论研究的主旋律。同时，公共图书馆研究、图书馆立法研究和数字图书馆研究的新进展，也为图书馆学研究注入了新的研究内容。所有这些创新与发展，都标志着中国图书馆学研究已经步入一个新的时代。

1.1　图书馆学基础理论的研究

图书馆学基础理论是图书馆学不可缺的一个组成部分。它对于图书馆学的存在、发展、成熟发挥着重要作用。

2007 年是“图书馆学”一词诞生二百周年。近几年，应用图书馆学发展迅速，在人文、制度和技术等方面都取得了可喜的研究成果。相比之下，图书馆学基础理论的研究就显得有些沉寂，还有待于通过大家的努力，使基础理论的研究有一个新的发展。可喜的是，2007 年许多刊物专门辟了专栏，为基础理论的研究搭建了一个很好的研究和交流的平台，许多业界专家学者都纷纷发表文章，阐述自己的观点。图书馆学基础理论的研究主要集中在：（1）图书馆学的发展研究；（2）基础理论与理论基础的研究（包括图书馆哲学）；（3）图书馆学的研究对象、性质、地位、现状研究。

图书馆学发展研究一直是图书馆学基础理论研究的热点问题。图书馆学在知识管理新环境下的发展走向是这段时期业界关注的重要课题。当代图书馆学发展面临的重大问题之一就是如何采用主流科学方法和话语系统与学术界进行对话和交流。

“图书馆哲学”一词最早出现于 1934 年丹顿撰写的《呼唤图书馆哲学》一文。国内最早论及图书馆哲学的是 1984 年在《广东图书馆学刊》第二期发表的《图书馆哲学研究述评》一文。1987 年《大学图书馆通讯》第四期发表谢拉著，卿家康、詹新文译的《图书馆哲学》一文。此后十几年，国内对图书馆哲学的研究一直较为冷清，未形成研究热点。2000 年以后，这方面的论文开始增多，近两年有加热的趋势。

随着图书馆学学科建设的深化和发展。图书馆学研究者对本学科的元问题研究日益敏感，图书馆学的研究对象、学科性质、地位、现状等都成了目前研究的热点。

图书馆学研究对象是对图书馆本质的抽象揭示。我国关于图书馆学研究对象的争论从未停止过。至今仍是一个尚待进一步研究和探讨的领域。

综合来看，图书馆学基础理论的研究随着实践的深入而不断深化，论文数量逐年增多，问题集中，内容全面，研究进展很快。但通过跟踪分析，我们也清楚地看到目前这一领域中还存在着不足，一些文章太过空泛，描述性研究的多，而深入研究的学术性论文少，今后应更加强化基础理论研究，特别是理论基础的研究，从哲学等高度抽象的科学中获取思想和灵感，以解决实际面临的重大问题。

1.2　图书馆核心价值

图书馆的核心价值研究，是最近新出现的研究热点。有专家认为图书馆的核心价值是一种图书馆界对于自己的责任或使命的系统说明，表达的是图书馆人的基本理念。图书馆核心价值需要以科学的语言简洁地表述出来，并在图书馆界取得某种程度的共识。20世纪90年代开始，国外图书馆界研究与确立图书馆核心价值的活动日益频繁。目前，国际图联以及美国、加拿大、澳大利亚等国的图书馆协会都已确立了自己的核心价值。中国图书馆学会正是在这样的国际背景下，开始研究和建立图书馆核心价值的活动。2006年12月，提前召开的中图学会2007年"新年峰会"议程中出现了一个引人注目的议题——"图书馆核心价值的再认识"。稍后发布的中图学会2007年年会征文选题中，将"图书馆核心价值的再认识"作为位列第一的分主题。2007年2月，中图学会启动"专项资金项目"申报。范并思、倪晓建共同申报的项目"中国图书馆的核心价值与《图书馆服务宣言》研究"获得批准[1]。

有专家认为，研究与确立图书馆核心价值是一项重要的活动。社会环境的变化是图书馆界建立核心价值的背景。中国图书馆界确立核心价值的意义在于以规范、简洁的语言表达图书馆人的职业信念，对社会表明图书馆职业的责任与使命，并与国际图书馆界接轨。由于我国社会核心价值体系的缺失，图书馆核心价值基础的薄弱，以及核心价值的特殊性，研究与确立图书馆核心价值是一项非常艰巨的任务[2]。

1.3 图书馆精神

图书馆从产生之初就是一项人文主义事业，近三四年图书馆界对"图书馆精神"研究的关注度日益提高，一些有识之士不断呼吁重建"图书馆精神"和"人文图书馆学"，图书馆精神渐渐成为图书馆学新的研究热点。在前两年一直持续走热的基础上，这一年关于图书馆精神的研究，大有一种"收关"之势。

李素平、黄永炎对图书馆精神的研究成果进行了梳理，认为图书馆精神可分为"一般精神"和"特殊精神"，图书馆职业精神是图书馆工作实践中稳定的行为风尚。新时期赋予它新的内涵，应是公仆精神、奉献精神、科学精神、人文精神、进取精神、创新精神、团队精神与公有共享等精神的有机结合。这些精神构成稳定的图书馆职业思想行为风尚，树立和弘扬图书馆精神，是图书馆事业永远发展进步的科学保障[3]。

王梅对"图书馆精神"从理论和实践两个层面进行了思考，认为"理论"图书馆精神"激情似火"，而"实践"图书馆精神却"波澜不兴"；"理论"图书馆精神是"富有"的，而"实践"图书馆精神却是"贫乏"的；"理论"图书馆精神提供的是重要的观念，而"实践"图书馆精神需要的是观念指导下的切实的行动；"理论"图书馆精神是"解释图书馆"，但关键是"实践"图书馆精神的"改变图书馆"；"理论"图书馆精神要往下走，"实践"图书馆精神要向上去[4]。要走出图书馆精神"贫困"的误区并使我们的图书馆精神"富有"，需要从图书馆哲学认识上去深刻理解，需要图书馆哲学的助推[5]。

1.4 图书馆制度

图书馆制度，是从图书馆视角阐述制度的含义。图书馆——作为社会的具体机构，正如范并思所说，"公共图书馆不但是一种社会机构，而且是一种社会制度。就像现代学校的出现代表了现代教育制度的出现一样，公共图书馆的出现代表了一种社会信息保障制度的形成"[6]。也就是说，图书馆是图书馆制度的载体形式，是社会制度安排的产物，是社会信息的保障制度。

图书馆制度的确立，需要相应的伦理性来为之奠定道德理性基石，否则，图书馆制度就成了无源之水。图书馆制度伦理，是图书馆制度本身所蕴涵的相应的伦理价值、道德原则和伦理追求。图书馆制度伦理的意蕴是维护社会信息公平，即保障信息自由、维护信息公平、体现信息共享的原则。其评价标准包括合法性标准、有效性标准和读者满意标准等[7]。图书馆制度作为信息组织、开发、传播、服务行为和图书馆主体发展的规则体系，无论是图书馆的信息活动内容还是信息活动形式，都受着图书馆主体伦理道德价值观的影响、指导和支配。图书馆制度伦理作为一种社会公共信息价值系统和规范文化，既为图书馆制度的形成、发展和变革提供了伦理价值基础和导向，又为图书馆制度的运作提供了伦理道德担保[8]。

1.5 图书馆权利

"图书馆权利"是近几年来我国图书馆界中与"图书馆精神"并驾齐驱的研究热点之一。它也是伴随着"图书馆精神"的研究热潮而兴起的。我国图书馆界对图书馆权利的研究最早公开

发表的成果大约是在2000年。“图书馆权利”问题的全面提出并迅速成为研究热点，始于2004年几个图书馆事件的相继媒体曝光；成为近几年图书馆学研究中最炫目的亮点，也是继上个世纪公共图书馆运动后我国图书馆界一个最大的突破。

这几年的对图书馆权利的研究，涉及图书馆权利的方方面面，如图书馆权利内涵的定位，图书馆权利的类型表现（包括读者应享有的权利类型），《公共图书馆宣言》中蕴涵的图书馆权利精神，图书馆著作权合理使用，信息网络传播权保护中的图书馆权利问题，图书馆管理活动中的读者权益保障问题。正如蒋永福[9]所总结的，基本上在以下方面达成了共识：（1）图书馆权利从根本上说是利用者的权利，而不是图书馆的某种特权或利益；（2）为了突出图书馆权利的责任主体和义务主体，把图书馆权利分为社会立场上的图书馆权利和馆员立场上的图书馆权利是有必要的；（3）不折不扣地领会和践行《公共图书馆宣言》所阐发的公共、公开、共享的宗旨或理念，应该成为维护图书馆权利的行动指南；（4）知识产权的限制，始终是图书馆权利维护的一大难题，在现行的著作权以及信息网络传播权保护的法律框架内，如何拓宽图书馆的豁免权或合理使用范围，是图书馆界不懈努力争取的权利；（5）通过各种努力，促成图书馆信息资源的普遍获取或开放获取，是图书馆权利从应然状态转变为实然状态的根本途径。

总之，近几年关于图书馆权利的研究，成果显著，但通过发表的论文，可以看出高质量、有真知灼见的文章不多，中外、古今比较分析的文章数量更少，没有就这一问题形成争鸣的态势，有待今后对此感兴趣的同仁继续深入研究和探讨。

1.6　图书馆学研究方法

一门学科的研究和深化，须有一套与之相适应的科学研究方法。研究方法的好坏直接影响到学术研究的广度和深度，也是衡量该学科发展成熟与否的一个重要标志。在传统图书馆学向现代图书馆学发展和变革过程中，不仅图书馆学的体系结构、研究内容、学科性质和学科的建设和发展方向要发生一系列的发展和变革，其研究方法也要发生重大的变革。研究方法的发展与变革直接影响着图书馆学的学科建设和发展方向。中国的图书馆学研究者们一直在为探寻图书馆学的专门研究方法而努力着。因此，关于图书馆学研究方法的研究是当今图书馆学的重要研究内容之一。目前，关于图书馆学研究方法的研究主要集中在两个方面：一是对研究方法现状的分析和思考；二是对未来图书馆学研究方法的探讨以及新的研究方法在图书馆学研究中的应用。

1.7　图书馆学史

近几年来，图书馆学整体上处于发展上升阶段，但对图书馆学史的研究却一直没有得到重视。图书馆学史可以帮助我们从宏观上把握本学科的基本脉络，了解重大史实、学术派别、学界泰斗、话语体系等。因此，图书馆学史的研究是一个重要的领域。早在2000年，由彭斐章教授主持制订的教育部《图书馆、情报与文献学学科“十五”研究规划及课题指南》就指出：“研究图书馆学史不仅仅是要恢复学科史的历史记忆，图书馆学要想充满思想活力，必须回到图书馆学思想史、学术史中寻找资源和营养，磨炼自己的分析武器。而且，许多重大问题也只有在学术史的梳理中才能求得正解。”

可喜的是这一时期，许多业内知名人士不谋而合，纷纷发表文章，呼吁加强对图书馆学史的研究，继承中国图书馆学优秀的历史传统。

业界人士认为当前图书馆学史研究的重点应该是20世纪的图书史、图书馆史，以及图书馆学术史的研究。历史研究越接近当代，对当前和未来的学术发展和学科发展意义越大。关于图书馆史研究未来发展路向，大家达成以下共识：（1）加强当代图书馆史料的收集、保存、整理和研究；（2）加强20世纪中国图书馆史研究和图书馆学术史研究；（3）全面搭建图书馆史学研究平台[10]。

2　图书馆发展

近一年来，关于图书馆发展的研究一直成为图书馆学研究和关注的重点，图书馆界针对网络环境下传统图书馆如何发展这一热点问题开展了大量的研究，主要涉及以下方面：图书馆发展战略与趋势研究（图书馆的定位）、图书馆发展模式、图书馆责任、图书馆的评价、图书馆联盟以及社区图书馆等。

2.1　图书馆发展战略与趋势研究(图书馆的定位)

张晓林认为随着数字信息成为学术信息的主流形态、网络成为用户信息利用的主要环境，图书馆正迅速走向 E-first 和 E-only 图书馆，同时带来了图书馆空间结构和图书馆员工结构的巨大变化。因此，我们需对图书馆的形态、功能和职责进行重新定位。图书馆必须通过创新和重组与组织衰老抗争，“让自己与用户共同前进”[11]。

陈传夫、吴钢分析了促进图书馆业态变化的因素，探讨了图书馆发展的趋势，提出了防止图书馆泛化、去职业化倾向，提出了图书馆担负新的信息使命，应回归文化与教育价值的理论建议。他们指出以下因素促进图书馆业态的变化：（1）由模拟进入数字环境，图书馆收藏功能受到挑战；（2）文献结构由线性到多维，图书馆信息组织方式受到挑战；（3）读者更依赖通过网络获取信息，图书馆面临边缘化的危险；（4）书刊垄断与价格增长使图书馆服务效益难以保证；（5）其他信息行业的竞争导致图书馆出现“去职业化”危险；（6）新的信息使命挑战图书馆战略管理。图书馆业态的发展趋势是：图书馆嵌入社会；读者中心；数字化获取；资源整合；馆际联盟；权威服务；回归教育与文化价值[12]。

2.2　图书馆发展模式

程焕文专门撰文，对广东省图书馆近年来新涌现的五种发展模式进行了介绍，这五种发展模式是：广东省立中山图书馆所创立的“流动图书馆”模式；深圳图书馆创立的“图书馆之城”模式；广州市创立的由政府主导的图书馆发展模式；东莞图书馆创立的“集群图书馆”——“图书馆之城”模式；佛山市禅城区创立的“联合图书馆模式”，以上统称岭南模式。他还指出，广东省图书馆建设新模式的出现及事业的崛起，是建立在社会对公共图书馆精神的认同和复兴、政府主导地位的认识和加强、制度的创新和示范，以及建立和谐的全民读书社会需求基础之上的[13]。

张广钦对民营图书馆进行了研究，他针对我国民营图书馆开展专门图书馆学理论研究尚未出现的状况，从民营图书馆的概念界定、民营图书馆的类型以及研究现状 3 个方面向读者展示民营图书馆研究的几个主要领域，从而明确民营图书馆的内涵和外延，为进一步加强对民营图书馆的研究打下基础[14]。

2.3　图书馆责任

图书馆责任是近一年新出现的研究热点。对图书馆责任，国际图联（IFLA）和美国图书馆协会（ALA）都给予了特别的关注，分别设立了“社会责任讨论组”（SRDG）和“社会责任圆桌会议”（SRRT）有常设机构专门负责研讨。从 SRDG 和 SRRT 网站提供的信息看，对图书馆社会责任的研究范围和层次与我国有些差异，基本特点是我国的研究处于初级阶段，研究重点集中在最基础的问题——图书馆如何在用户服务上尽责，而 SRDG 和 SRRT 则把研究的视角转向了新的方面。SRDG 的研究焦点集中在“数字鸿沟”上，它认为在信息成为一种重要资源的今天，图书馆作为信息中心有责任在消除信息使用的贫富差距上有所作为，探讨“数字鸿沟”的问题本质上是为提倡公民对信息的平等使用权。SRDG 的研讨专题主要有以下几点：（1）不同国家及不同地区之间不断增长的数字鸿沟。（2）北南图书馆协作。（3）图书馆服务收费问题：IFLA 强烈反对图书馆的基本服务采取收费方式，它将与商业信息提供商一起共同确定一个标准的图书馆收费价格。（4）人力资源发展与培训。（5）乡村图书馆发展：制定相应的农村图书馆发展研究规划，提高农村图书馆针对乡村各种人群需求的信息处理能力。SRRT 则把关注人权、关注经济权、关注当前的社会问题作为自己的主要任务和职责，认为图书馆和图书馆员应该为解决社会问题和消除社会不公平做出努力。

邱五芳撰文指出国际图书馆界关于图书馆社会责任的研究、我国的图书馆社会职能说和图书馆职业使命论，分别含有政治的、意识形态意味，具有依据已有组织结构功能定位和面向自我的职业内省带来的缺陷。图书馆的社会责任，应是它为满足社会需求而采取的基于自身特质的主动作为。重视内容是图书的特质，这种特质赋予了图书馆知识信息传递的教育性，这种教育性是图书馆始终不渝的责任[15]。

2.4　图书馆的评价

在人类的社会实践中，认知、评价、选择三者缺一不可，而评价则起到了关键的价值把握作

用。图书馆学研究的重大课题之一就是对图书馆的存在价值进行认知、评价和选择。图书馆界也认识到图书馆评价对图书馆实践的指导意义，因此，这一时期，关于图书馆的评价成为研究的热点之一。主要集中在关于图书馆综合评价和图书馆服务评价两方面。

钟德强提出传统的基于馆藏的“服务社会，用户第一”服务质量评价方式已经过时，他介绍了国外图书馆创始基于用户的服务质量评价方法经历的两个阶段——理论准备和 LIBQUAL＋评价方法的创立推广阶段。这种新服务质量评价方法让用户来评价图书馆质量，可以科学地衡量图书馆效益，培养图书馆质量文化，达到用户及图书馆双赢[16]。

高民结合中外图书馆目前发展状况，明确提出以“效益”为尺度的图书馆评估新模式。这一全新的评估方法重效果、轻形式、重科学、反浮夸，旨在改变以往只重馆藏数量、财力支出、人员比例等表面情况的传统评估方法，使图书馆管理更加科学化、现代化，以适应改革发展的新趋势，更好地满足读者与用户的信息需求，提高信息服务的社会效益，凸显信息机构的社会地位和价值[17]。

2.5　图书馆联盟

图书馆联盟（Library Consortium）是以实现资源共享、互惠互利为目的而组织起来的、受共同认可的协议和合同制约的图书馆联合体。这些联合体常常冠以“体系”、“系统”或“网络图书馆”等名称，其实质都是以联盟的形式在地区、全国或更大范围内进行全面或某一方面的合作，实现图书馆之间的资源共享。

李家清对图书馆联盟的概念、任务、类型以及我国图书馆联盟的进展都作了阐述[18]。刘光容认为图书馆联盟是当今图书馆在现代社会中的生存模式，提出了图书馆联盟的竞争、协调、决策、激励、奖惩及产业经营等管理制度[19]。叶宏对图书馆联盟的运行机制进行了研究[20]。谢春枝对图书馆联盟的成本效益进行了分析和研究[21]。

2.6　社区图书馆

关于社区图书馆的研究，最早始于 1992 年廖子良在《图书馆界》第 4 期发表的文章《建立社区图书馆刍议》，但一直没有得到足够的重视。进入 21 世纪，随着“社区”、“社区文化”的发展，社区图书馆的发展得到人们的重视和关注，社区图书馆研究逐渐成为图书馆学研究的一个热点。

目前关于社区图书馆的研究有以下特点：（1）注重宏观研究，缺少微观研究。大多数的论文都是从社区图书馆的定义，地位、作用出发，从宏观的角度谈社区图书馆的建设、发展问题，而对于社区图书馆建设中涉及的具体问题，研究的力度不够。（2）缺少比较研究和实践经验的总结。只有少量的论文涉及具体某地的社区图书馆，或介绍发达国家的社区图书馆，而国与国之间、地区与地区之间的社区图书馆的比较研究十分匮乏。

3　图书馆服务

图书馆服务是图书馆工作的基本宗旨，是贯穿图书馆发展的主线。服务是图书学研究的一个老问题了，也一直是热门话题。随着时代的发展，每个时期都有它新的理念、新的模式和方法。目前，在网络环境下，对图书馆服务提出了更高的要求，图书馆服务新的理论和方法、新的服务模式及特色服务、图书馆服务创新、图书馆知识服务、图书馆参考咨询服务等已成为业界同仁共同关注的焦点问题。

3.1　图书馆服务的新理论和新方法

中国图书馆学理论界近年来对公共图书馆的服务理念与原则更加关注。研究的重点主要集中在两个方面：（1）图书馆服务新的理论与方法；（2）图书馆 2.0。

自 20 世纪 80 年代以来，受市场经济大潮的冲击，我国图书馆同其他文化教育事业一样，经历着发展方向、体制模式的改革实践，同时围绕着图书馆服务能否产业化、市场化、商品化等问题予以探讨，引起人们的极大关注。作为公益性服务的公共图书馆，如何贯彻服务原则，不论过去、现在，各馆都有不同的认识与实践。

关于图书馆 2.0 的研究，主要研究 Web2.0 的基本理念与技术在图书馆学界如何广泛应用，如 OPAC2.0、会议 2.0、期刊 2.0 等。从图书馆 2.0 到目前的研究现状和发展看，图书馆 2.0 作为一个“名词术语”也许真的很难进入主流学术领域。但图书馆 2.0 研究所产生的影响，却是真实在改变图书馆信息服务的理念与模式。Web 2.0 所代表的新一代 Web 技术与服务，以及这种技术与服务后面所蕴涵的参与、共享等人性化理念，是一定会对图书馆系统与信息服务产生影响的。希望更多的人来探索 Web 2.0 在图书馆的应用，让用户尽情享受新一代信息技术支持下可望实现的图书馆人文理想。

3.2　图书馆新的服务模式

在数字化网络化的今天，图书馆服务模式正在发生着重大变化，其显著特点就是传统图书馆的物理馆藏空间与网络数字空间日益融合，图书馆与用户之间的互动交流明显增强，个性化服务更加丰富多彩。目前，图书馆界比较热门的服务模式概括起来有以下几种：个性化服务、多元化服务，特色服务、信息共享空间（Information Commons，简称 IC）等。

关于个性化服务，祁长松对图书馆个性化信息服务门户网站的功能进行了设计。梁志菊论述了"重点读者"模式[22]。麦淑平介绍了图书馆"借、阅、参一体化"的服务模式[23]。朱末霞探讨了图书馆"三零"服务，即"零距离、零失误、零投诉"服务[24]。

关于信息共享空间（Information Commons，简称 IC），施强从信息共享空间（IC）的概念出发，认为信息共享空间的核心是通过整合、协调相关资源，为学习者、交流者、创作者和研究者在同一个平台上获取信息资源和提高信息素养而提供的一种特定空间，实质上实现了空间共用、资源共用的一站式信息服务思想。他还认为 IC 的构成因素包括馆外空间、馆内空间和组织管理空间等 3 个方面，指出要实现 IC 须有实体空间、软硬件设备、信息资源和组织管理等方面的保障[25]。

关于图书馆展览服务，范雪梅提出展览是当前公共图书馆服务的重要手段之一。她指出公共图书馆要有展览服务意识，要树立精品意识，突出办展品位，并对图书馆如何实现社会效益与经济效益的"名利双收"进行了思考[26]。

3.3　图书馆服务创新

服务创新是图书馆永恒的话题，也是图书馆生存发展的解决之道。近几年，图书馆服务创新一直是研究的热点，但整体上是议论多，理论探讨少。

詹福瑞认为服务创新是根据图书馆发展的形势和读者不断变化的需求，更新服务观念、深化服务内涵、拓展服务范围、引进科技新成果、改善服务手段的一个过程。他还指出，服务创新是我们推动国家图书馆事业发展应该坚持的理念。服务是图书馆一切工作的宗旨，因此，服务的创新能带动图书馆一切工作的创新，对所有工作有拉动作用。服务创新首先是服务观念的更新，并由此带动服务管理、服务手段、服务内容、服务环境的创新，从而达到服务质量、服务水平的提升[27]。

3.4　图书馆知识服务研究

关于知识服务的研究，这一阶段，一直延续着去年的研究热点，主要集中在知识服务理论及内涵的研究、知识服务与相关领域的关系研究、知识服务模式研究以及知识服务实践工作研究等方面。

关于知识服务理论及内涵的研究，目前大家比较认可的是张晓林的观点，他认为知识服务是以信息知识的搜寻、组织、分析、重组的知识和能力为基础，根据用户的问题和环境，融入用户解决问题的过程之中，提供能够有效支持知识应用和知识创新的服务[28]。

目前我国图书馆界对知识服务的研究仍处于初级阶段，总体上看，存在内容重复多、原创文章少，理论探索多、应用研究少，表层研究多、深层研究少等现象。期待着理论与实践的结合，期待着研究的连续性以及更多的创新研究。

3.5　参考咨询服务

目前参考咨询服务研究的热点主要集中在两个方面：一是数字参考咨询服务；二是合作数字参考咨询服务。

数字参考咨询服务和传统的参考咨询服务一样，是一个实践性很强的研究领域。数字参考咨询的研究源于实践，又在新的研究基础上不断推动实践发展。自 20 世纪 90 年代中期以来，国内外数字参考咨询服务实践异常活跃，越来越多的图书馆引入或开发相应的软件，试验或正式推出数字参考咨询服务。数字参考咨询作为一种创新性的服务正引起广泛的关注。

数字图书馆的出现促使图书馆的参考咨询服务从传统的咨询台、电话、与用户面对面的交流服务方式转向了 E-mail 咨询、在线咨询等方式

的数字参考咨询服务。数字参考咨询服务，在一定程度上打破了用户在地域、时间上获取信息的限制。但随着网络信息技术的迅速发展和信息资源的迅猛增加，用户对多元化知识信息的需求日益强烈，而由于咨询馆员数量和素质等方面因素的限制，任何一个图书馆或信息中心都很难为用户提供满意周到的参考咨询服务，合作式数字参考咨询服务应运而生。

合作数字参考咨询服务（Collaborative Digitac Reference Service，简称 CDRS）是指多个图书馆或信息咨询机构按一定方式联合起来提供虚拟参考咨询服务，改原独立咨询台的虚拟咨询模式为基于小组、集团或联盟的运作模式，是在资源协调和共享的基础上为网络用户提供的一种数字参考服务。它是由美国国会图书馆于上世纪 90 年代末首先正式提出的，其宗旨在于建立“一个国际化的数字图书馆网络”，不仅有利于国际数字网络和新技术优势挖掘网上的海量信息资源，还可以将所有合作馆所藏的非数字化资源也一并提供，以便于为用户提供在任何时间、任何地点的全球化的实时、互动的专业化参考咨询服务[29]。

我国图书馆界关于合作数字参考咨询服务的研究起步较晚，近两年才逐渐成为热点，研究的内容主要涉及合作数字参考咨询服务的理念介绍、服务模式的探讨以及国内外合作数字参考咨询服务的比较。

4　信息资源建设

信息资源建设是图书馆建设的基础，一直以来图书馆学界都很重视信息资源建设的研究与实践。在当今市场经济下，信息资源建设面临的社会环境和技术条件都已经发生了深刻变化。因此，信息资源建设需要在新的环境和技术条件下重新进行审视和思考。这一阶段，关于信息资源建设的文章很多，研究的热点主要集中在：（1）信息资源共建共享；（2）信息组织；（3）机构库。

关于信息资源共建共享研究，信息资源作为图书馆的核心要素，决定着图书馆的服务能力，为图书馆服务提供保障。在当今信息时代，信息资源的有限性和用户信息需求无限性的矛盾使得任何图书馆都不可能仅凭自身的资源来满足用户的信息需求。因此，图书馆信息资源的建设和共享促使了由过去只重收藏向重存取、开发等整体服务能力的提高的转变，为图书馆提供了强大的信息保障能力。由于目前大范围的信息资源的共享还是不尽如人意，所以信息资源共建共享仍是中国图书馆学研究的热点及迫切需要解决的问题。研究的热点主要集中在信息资源共享理论及共享模式的建设方面。

关于信息组织研究，目前在信息组织的研究方面，在以下几个方面受到关注：（1）信息组织理论研究；（2）对本体论应用的研究；（3）对分类主题标引的研究；（4）对编目的研究；（5）信息资源组织模式的研究。

关于编目的研究，热点主要集中在编目理论、编目原则、编目实践等方面。关于编目理论方面，FRBR 一直是研究的热点。。

机构库（Institutional Repository）是近年来兴起的以学术机构为核心，基于开放理念的知识库，近两年来一直是研究的热点。它给图书馆的发展带来了机遇，也提出了挑战。图书馆应积极参与，成为机构库建设的领导者，成为机构库资源的利用者，发挥核心竞争力，确立图书馆在学术交流体系中的中心地位[30]。

5　数字图书馆

近年来，数字图书馆建设不断推进，有关研究也不断发展，可以说，当前有关图书馆的大部分论文文献，都与数字图书馆或数字环境相关。

5.1　有关数字图书馆建设与理论的研究

有关数字图书馆的研究，首先必须厘清数字图书馆的概念内涵，并从宏观上确定其发展方向，必须在实践中不断摸索总结经验，对其有利的发展运营模式进行推广。2007 年度我国数字图书馆的研究成果中，这一方面仍然占据了重要的地位。研究的主要热点集中在数字图书馆的发展定位、数字图书馆的发展环境、发展方向以及发展模式的研究上。

一直以来，在数字图书馆的定位方面，针对数字图书馆与传统图书馆、数字图书馆与复合图书馆等概念的比较分析都很多，本年度也不例外。如张慧湘的《在与传统图书馆的比较中看我国数字图书馆的发展方向》[31]等。在这个问题上，目前已经达成了基本的共识，研究学者普遍认为，数字图书馆从传统图书馆发展而来，以复合图书馆作为过渡形态。但是太原理工大学图书馆的张沂老师却对此提出了异议，她认为“复合图书馆”的概念从逻辑上、内涵上以及影响上都说不通，有碍于数字图书馆理论的发展完善和普及推广，《图书馆杂志》2006 年第 8 期收入她的这篇《对“复合图书馆”提法的分析与质疑》（P17－18），以期引起讨论。

关于数字图书馆的发展环境研究，与传统图书馆不同，数字图书馆的建设和发展所面临的是一个更加开放、竞争性更强的社会环境，因此，其发展方向和战略规划受环境影响也尤为明显。当前一段时期，有关数字图书馆发展环境的研究，一方面是对行业领域内数字图书馆的发展现状的学习借鉴，如郝中丹、刘冷的《国外数字图书馆的借鉴及启示》[32]；另一方面，则是对商业性数字图书馆发展的积极关注和应对，尤其是对 Google 数字图书馆计划的分析和研究。

关于数字图书馆的发展方向，本年度有一项具有重要意义的科研课题，即《国家图书馆数字战略研究》。该项目由国家图书馆提出，面向全社会公开招标，主要研究未来 10－20 年国家图书馆的战略走向，以及为实现该目标具备的结构性和系统性需求，研究数字环境下国图建设、服务和资源共享的问题。目前，该项目已经被索传军教授带领的研究小组投中，预计 2008 年底结项。这也是国内图书馆界第一次从战略的高度结合具体实践对数字图书馆的发展方向展开的研究活动。

关于数字图书馆的发展模式，本年度的研究论文集中讨论了“可持续发展”和“公司制运营”等问题。

5.2 数字图书馆信息资源的研究

资源建设是图书馆业务工作和服务活动的基础，因此，历来也是图书馆学研究的重要内容。数字图书馆产生和发展以来，我国图书馆学界针对数字资源的内容、特点、组织揭示方式、整体规划策略及相关技术手段等诸多方面都进行了细致深入的探讨和交流，在某些方面已经形成了比较稳定的共识。2007 年度的数字资源研究重点，主要集中在数字资源整合、数字资源长期保存以及生命周期等方面。

数字资源整合是对多个相对独立的数字资源进行优化组合的过程，依照一定的需求和原则，将各个数字资源系统中的对象、功能及其互动关系进行合并和重组，形成一个新的数字资源体系，使该有机整体具有更高的效率和更好的性能[33]。国外有关研究和实践活动始于 20 世纪 90 年代后期，而国内正式开始对此有所关注则是在 2002 年前后。经过近五年的学习和研究，国内研究者们一致认为数字资源整合是融合图书馆内外信息、消除信息孤岛、实现信息增值的重要途径，并对资源导航、异构系统集成检索、参考互链等重要的数字资源整合方式及其实现技术和实践应用情况进行了深入的分析探讨。

关于数字资源整合的方式方法，研究者从不同角度进行了分类分析。如：刘晓娟按照资源整合的深度将其分为基于表现层的整合——资源导航，基于功能层的整合——跨库检索和参考链接，基于数据层的整合——元数据收割 3 个层次[34]；王东云则认为数字图书馆信息整合的内容包含数据整合、应用整合和内容整合 3 个层次[35]。除此之外，在内容整合的层次上，这一时期一个重要的研究趋势是从信息整合向知识整合的提升，实践方面具体则表现为由元数据采集集成转向基于主题的知识挖掘，由建立学科导航资源库转向建设专家知识资源库等。

关于数字资源长期保存研究，数字保存策略和方法、数字保存标准规范、数字知识产权权益、数字存储体系、保存工作流程、Web 存档等，都是当前数字信息资源长期保存的研究重点，“由于研究对象复杂，研究内容众多，涉及面广，在图书馆界内，数字信息资源长期保存日渐成为需要众多领域共同参与，多个单位协调配合，各个学科相互支持的一门‘大科学’”[36]。

信息生命周期是由文献生命周期衍生来的一个概念，国内有关信息生命周期的研究始于 2004 年前后，目前仍处于引进交流和研究探索阶段，主要的研究内容包括：各类型信息资源的生命周期特点、信息生命周期的管理与应用等。国内有关信息生命周期理论的研究，从其内涵外延，到管理应用，都已经有所涉及，并取得了一定的成绩。但是，目前此方面比较匮乏的如信息生命周期的测度问题等，需要引起进一步的重视，这也将是信息生命周期理论的应用能够进一步落到实处的关键。

5.3 有关数字图书馆服务的研究

中国数字图书馆事业经历了10年的发展，迎来了“数字图书馆服务时代”[37]。数字图书馆的服务从分散的技术应用，开始逐渐转向系统集成和资源整合，个性化服务的趋势也愈加明显。同时，Web2.0技术的迅速发展及相关理念的渗透，也促使着数字图书馆服务手段和内容不断实现创新。本年度有关数字图书馆服务的研究重点主要体现在数字图书馆服务模式、数字图书馆个性化服务、数字图书馆用户服务与管理等方面。

关于数字图书馆的服务模式，已有的研究中比较成熟的观点主要集中于“被动服务”与“主动服务”方面。但简单地将数字图书馆的服务模式分为被动服务和主动服务是显然不够的，2007年度的相关研究中，此方面出现了新的阐发和延伸。

曲建峰等人除了对被动服务和主动服务的内涵进行了详细的解释对比以外，同时进一步提出了“基于Web的服务模式”和“基于网格的服务模式”这样一组概念，其中表达了对主动服务进一步提升的思想[38]。这其中表达的则是一种服务整合的理念，或者可以称之为“整合服务模式”。

此外，所谓的“主动服务”，其出发点和最终落脚点都是主动为“用户”提供服务。因此，与之相关的，“面向用户的数字图书馆服务模式”在近期的研究成果中尤受重视。

关于数字图书馆个性化服务，个性化服务是当期数字图书馆服务研究中举足轻重的一个主题。从研究文献的角度来看，目前我国数字图书馆个性化服务方面的研究主要包括两个方面：一是各种个性化服务手段和工具的应用；二是整合各种服务手段和工具，构建个人数字图书馆服务系统。

数字图书馆的整合服务直接体现在各类型信息门户的建设上。其中包含两个方面，一个是基于图书馆本身的资源和服务的整合，另一个是基于用户需求的整合。前者体现为数字图书馆综合门户、学科门户的建设，后者以个人信息环境（或称个人信息门户）构建为典型。

关于数字图书馆用户研究与管理，以用户为中心是贯穿数字图书馆建设过程的主要思想，必须在数字图书馆服务的方方面面得以体现。因此，在对数字图书馆的服务模式、服务内容、服务手段和工具等方面进行研究的过程中，一项必须得到重视的基础性工作就是用户研究。目前国内数字图书馆用户研究的文献主要集中在用户界面的设计、用户偏好的发掘、用户满意度的测评以及用户需求模型的研究等方面。此外，本年度数字图书馆用户研究还涉及用户知识管理、用户价值分析以及用户信息素养教育等方面的内容，其中继承了传统图书馆中相关研究的成果，并在数字图书馆环境下进行了创新发展。

5.4 有关数字图书馆其他管理问题的研究

这一方面的研究热点主要集中在数字图书馆知识产权问题以及数字图书馆评价与评估研究方面。

关于数字图书馆的知识产权问题研究，由于我国社会整体法制环境的发展比较落后，尤其在以著作权为代表的知识产权保护领域法制意识不强，我国图书馆学领域对于这一与自身活动密切相关的法律问题的研究起步非常晚。可以说，在传统知识产权保护活动中，国内图书馆领域鲜有作为，直到计算机网络的发展使得知识产权保护活动空前国际化，这一问题才突然引起重视，我国图书馆领域对于知识产权的研究一步迈进数字化时代[39]。

在这个问题上，本年度的主要研究议题除了延续往年诸如数字图书馆建设过程中面临的各种不同类型知识产权问题及其解决办法、数字图书馆相关的著作权法律（尤其是有关合理使用条款）的解读和应用等方面的研究以外，还着重将数字图书馆自建资源（如数据库、元数据等）的知识产权保护问题提到了重要位置。

在数字图书馆知识产权问题的对策方面，除了从法律的角度，从图书馆服务的角度，从社会公平、知识自由的角度进行理论分析以外，当前的研究也开始寻求技术实现上的突破，对数字权利管理（DRM）的研究进一步深入、具体。如刘可静等人对在数字图书馆中运用XrML实现版权保护和利益平衡之目的进行了探讨，在分析XrML应用于版权管理的基本原理和概念的基础上，讨论了XrML的4个基本概念及其在数字图书馆中的运用以及运用XrML实现数字图书馆版权保护和利益平衡的设计指导思想[40]。

武汉大学信息管理学院冉从敬先生对近年来有关数字图书馆知识产权诉讼、理论研究、实务研究各项目研究的进展进行了综述。他指出，目前有关数字图书馆知识产权理论研究热点主要集中在4个方面：（1）关于数字图书馆知识产权的立场；（2）关于数字图书馆的法律属性问题；（3）关于数字图书馆的法律关系问题；（4）关于数字图书馆知识产权制度涉及的研究。有关数字图书馆知识产权实务研究主要集中在7个方面：（1）关于数字图书馆的数字化加工与网络上传知识产权；（2）关于数字图书馆的信息资源建设知识产权；（3）关于数字图书馆网站信息发布的知识产权；（4）关于数字图书馆集成服务的知识产权；（5）关于馆际互借与文献传递的知识产权；（6）关于数字图书馆授权模式与付酬机制的研究；（7）关于数字图书馆知识产权侵权责任的研究[41]。

20世纪90年代末以来，数字图书馆引起了人们普遍关注，各国政府都投入了大量资源发展数字图书馆。但是在现实中，数字图书馆的设计者、操作者和用户对数字图书馆的理解仍然还存在着巨大的偏差。因此，有必要对数字图书馆的系统和服务进行评价与评估，帮助各方达成有效的沟通，以取得对数字图书馆理解的相对一致性，使数字图书馆具有更强的可用性，能更好地为用户服务，提高数字图书馆的有效性。

目前有关数字图书馆的评估与评价的研究，包括针对数字图书馆体系结构中某一要素（如数字图书馆的服务、数字图书馆的资源、数字图书馆的用户界面等）的单项评估，以及针对数字图书馆系统整体的综合评价两个方面。涉及内容包括评价方法、评价模式、评价指标体系与评价模型构建等。

参考文献

[1]范并思，倪晓健. 图书馆核心价值：理念、历史、现状和愿景—写在中国图书馆界正式启动图书馆核心价值研究之际. 图书与情报，2007(3)：1

[2]范并思. 核心价值：图书馆学的挑战. 图书与情报，2007(3)：2-5

[3]李素平，黄永炎. 试论新时期图书馆精神. 图书馆建设，2007(1)：86-87，94

[4]王梅. 从"理论"图书馆精神到"实践"图书馆精神——关于"图书馆精神"两种解读的哲学思考. 情报资料工作，2007(3)：28-31

[5]王梅. 图书馆哲学视野下的图书馆精神"贫困"刍议. 图书情报知识，2007(3)：32-36

[6]范并思. 维护公共图书馆的基础体制与核心能力. 图书馆杂志，2002(11)

[7]施强. 图书馆制度伦理探微. 中国图书馆学报，2007(1)：100-104

[8]施强. 图书馆制度的伦理道德维度分析. 图书馆，2007(3)：6-10

[9]蒋永福. 激情燃放之后话别——《走向权利时代》专栏结束语. 图书馆建设，2006(6)：16

[10]王蕾. 第一届图书馆史学术研讨会综述. 图书馆建设，2007(1)：115-117

[11]张晓林. 重新定位研究图书馆的形态、功能和职责. 图书情报工作，2006(12)：5-10

[12]陈传夫，吴钢. 图书馆业态的变化与发展趋势. 中国图书馆学报，2007(3)：5-14

[13]程焕文. 岭南模式：崛起的广东公共图书馆事业. 中国图书馆学报，2007(3)：15-25

[14]张广钦. 民营图书馆的界定、类型与研究现状. 图书情报工作，2007(1)：6-10

[15]邱五芳. 内容重于传递：图书馆不应回避的社会责任. 图书馆学报，2007(4)：5-10

[16]钟德强. 基于用户的图书馆服务质量评价方法的创始及其启示. 图书情报工作，2007(3)：60-62

[17]高民. 图书馆评估引入效益分析势在必行. 大学图书馆学报，2007(1)：10-14

[18]李家清. 我国图书馆联盟进展及发展策略. 情报资料工作，2007(2)：76-79

[19]刘光容. 图书馆联盟的组织结构与管理制度研究. 情报理论与实践，2007(3)：354-356

[20]叶宏. 论图书馆联盟的运行机制. 图书馆，2007(2)：56-58，123

[21]谢春枝. 图书馆联盟的成本效益分析及决策选择. 中国图书馆学报，2007(1)：25-30

[22]梁志菊. "重点读者"模式：服务职能转变的一种新尝试. 大学图书馆学报，2007(1)：103-105

[23]麦淑平. 图书馆"借、阅、参一体化"服务模式刍议. 国家图书馆学刊，2007(3)：73-75

[24]朱末霞. 图书馆"三零"服务探讨. 情报科学，2007(2)：226-229

[25]施强. 信息共享空间：意蕴、构成与保障. 大学图书馆学报，2007(3)：53-57

[26]范雪梅. 论公共图书馆的展览服务. 情报探索，2007(2)：88-90

[27]詹福瑞. 谈国家图书馆的服务创新. 国家图书馆学刊. 2007(1)：2-5

[28]张晓林. 走向知识服务：寻找新世纪图书情报工作的

生长点. 中国图书馆学报,2000(5):32-37
[29]侯福丽. 试析基于网络的合作数字参考咨询服务. 情报探索,2006(8):19-21
[30]董文鸳. 机构库影响下的图书馆. 情报资料工作,2006(5):74-77
[31]张慧湘. 在与传统图书馆的比较中看我国数字图书馆的发展方向. 图书馆论坛,2006(4):127-129
[32]郝中丹,刘冷. 国外数字图书馆的借鉴及启示. 现代情报. 2006(7):85-86
[33]刘晓娟. 图书馆数字资源整合. 图书馆理论与探索,2007(1):63-65
[34]刘晓娟. 图书馆数字资源整合. 图书馆理论与探索,2007(1):63-65
[35]王东云. 关于数字图书馆信息整合的思考. 现代情报,2007(7):73-75
[36]张智雄. "数字信息资源长期保存技术"专辑序. 现代图书情报技术,2006(4):1
[37]肖珑. 迎接数字图书馆服务时代的到来——"数字图书馆服务"专辑序. 现代图书情报技术,2006(11):1
[38]曲建峰,等. 基于网格的数字图书馆模式探讨. 现代图书情报技术,2006(2):10-14
[39]李丹,程鹏. 近期图书馆学研究述评(5). 全国新书目,2007(17):81-83
[40]刘可静,杨小溪. XrML 在数字图书馆版权保护与利益平衡中的运用探析[J]. 情报理论与实践,2006(2):179-181
[41]冉从敬. 数字图书馆知识产权研究进展述评. 图书馆论坛,2007(6):175-177

2007年国外图书馆学研究热点述评

蔡 箐(北京大学信息管理系)
李 丹(国家图书馆研究院)

我们生活在一个充满变化的时代。如何在变化的环境中寻求图书馆变革，是图书馆界始终追求的目标。2007年的全球图书馆事业运行在变幻莫测的多元化背景之下，在社会环境、经济环境、技术环境、学术环境等多元环境驱动下，以及服务至上、用户为中心的价值导向，促使图书馆在持续不断地追求创新、变革。2007年8月在南非德班举行了第73届国际图联大会，大会的主题是："未来的图书馆：进步、发展与合作"[1]，充分体现了未来图书馆界的良好发展趋势。面临着各种新兴理念和技术带来的机遇与挑战，国外图书馆界在各分支领域内进行深化研究，在各实践岗位上充分参与，从不同角度不同渠道拓展自身资源，同时采取相应的变革措施来形成并铸造其在信息时代的积极参与合作性角色。正如T. Scott Plutchak所说："图书馆事业的黄金时代才刚刚开始。"[2]

1 Library2.0与用户参与协作机制

随着互联网时代的新一代变革，Web2.0成为最近几年频繁见诸各种国际会议、期刊论文、新书资料及网络论坛中的字眼。新一代互联网所具有的互动性、参与性、便利性和共享性，为因特网生活带来了实质性的变化。在2007年Computer in Libraries conference的开幕主旨发言中，学者Lee Rainie描述了Web2.0所带来的几个显著变化：（1）因特网已经逐渐成为了一台电脑。（2）数以千万计的美国人，尤其是年青轻一代，都在网络上创建发布同时共享网络信息。（3）更多的因特网用户从网络上获取由他人创作的网络内容。（4）大量用户在网络上分享他们的知识与感受。（5）用户在网络上评论并共享知识及内容。（6）由于Web2.0，美国网民开始定制个性化的网络内容和用户体验。[3]

作为Web2.0环境下的产物Library2.0，同时也成为近年来国际图书馆界的热门话题，被视为Web2.0理念及技术在图书馆领域中的应用。随着Web2.0技术及服务的不断深入发展，图书馆员也在探讨其带来的一系列转变，进而将其融入图书馆业务实践和服务模式中，创造一个用户参与协作的资源共享环境。自从2005年鲍尔·米勒（Paul Miller）博士提出图书馆2.0这个说法以来，图书馆2.0经历了从概念到现实的发展历程。[4]不管是最初的理论概念探讨，还是随后的各种尝试性应用，Library2.0研究在近几年均取得了十足的进展。尤其在2007年，越来越多的学术著作和论文都对Library 2.0进行了深刻探讨，越来越多的Web2.0典型技术应用到图书馆服务中，如RSS、Wiki和Blog等，我们可以在很多国外图书馆主页上看到他们的影子。

在《图书馆2.0导读：参与性共享性的图书馆服务》（Library 2.0：A guide to participatory library service）[5]一书中，作者认为图书馆2.0是一种参与协作式的图书馆服务模式，是为了满足持续变化的用户需求而不断改善自身服务的模式。作者分析阐述了Library2.0应具备的要素，包括持续不断的有目的变化、用户参与、将服务延伸到现有的及潜在的用户等；并探讨了这种参与式协作服务与长尾理论的关系，以及如何维持这种机制的长久发展动力；指出每个图书馆都应重新定义自身的服务来适应其特有的用户群体及社区。Meredith G. Farkas所著的《图书馆的社会性软件：构建在线合作交流机制和网络社区》（Social Software in Libraries：Building Collaboration, Communication, and Community Online）[6]一书中，阐述了诸如Blogs、RSS feeds、wikis(维基)、social bookmarking（社会性书签）、IM(instant messaging，即时通讯)、

podcasting（播客）和 social networking sites（社会性网络站点）等社会性软件的定义及其在图书馆的应用情况，以及图书馆在构建网络社区和社会网络中的作用，并通过大量实例介绍一些图书馆如何应用这些社会性软件，同时指出社会性软件的未来发展趋势。Bradley 在其著作《如何在图书馆中运用 Web2.0》（How to use Web2.0 in your library）[7]一书中，阐述了 Web2.0 应用的 4 个关键特征：（1）把互联网作为一个平台；（2）通过网络社区成员创建或修改内容来体现集体智慧；（3）总是处于连续不断的改进过程中；（4）利用新的技术平台例如 Ajax 或者发布 APIs 以便其他用户可以获取并再次利用数据。Bradley 还分析了特定的 Web2.0 技术以及它们在图书馆和信息中心的各种可能性应用，包括 RSS、webblogs（Bradley 更多使用这个术语而不是 blogs）、Podcasts（博客）、social bookmarking（社会性书签）、Instant messaging（即时通讯）和 photo sharing（图片共享）等。该书跟其他同类著作相比，侧重于介绍特定的 Web2.0 技术应用，实践性比较强，学术性欠缺。此外，2007 年内还有其他 Library2.0 相关著作[8,9]，均不同程度地反映了 Lib2.0 在理论和实践层面上的进展。

同时，从 2007 年国际图书馆界召开的一系列有关 Library2.0 的会议中，也可以看出图书馆界对 Library2.0 的重视程度。如欧洲信息服务协会（The European Association of Information Services）2007 年年会主题是“Web2.0 和 Library2.0 应用对图书馆用户服务以及信息服务管理的影响”[10]，美国大学与研究性图书馆协会纽约分会（Association of College and Research Libraries，New York，简称 ACRL/NY）2007 年年会主题是“Library2.0：一种新的社交模式”[11]，美国俄亥俄州立大学图书馆举办了 Library2.0 论坛[12]，加州大学图书馆协会（伯克利分会）召开了高校 Library2.0（Academic Library2.0）会议[13]，等等。

有关 Web2.0 和 Library2.0 技术的应用情况，国外相关机构也进行了相关调查。2007 年 2 月，英国 JISC 针对教育领域用户有关互联网工具应用情况的调查数据显示，互联网用户在 Web2.0 应用环境中的参与程度跟 2006 年相比得到了提高，一些新兴的 Web2.0 技术应用目前还处于初步阶段，但呈现出不断成熟的发展趋势。[14]北美研究图书馆协会（ARL）也发布了有关社会性软件在图书馆应用的调查报告，针对参与调查的 123 个成员馆就 10 种社会性软件的应用，包括聊天工具或实时通讯软件，RSS，维基，小插件（如 MeeboMe，Plugoo 等），社会性网络站点，社会性书签或标签站点，媒体共享站点，VOIP 服务和虚拟世界，进行具体的调查；内容涉及最初使用社会性软件的时间，现有种类，社会性软件应用的组织与管理，人员培训和用户宣传，服务评价，利弊分析，用户隐私等。调查结果显示，95%的图书馆都在使用社会性软件，其中聊天和实时通讯软件的应用最为广泛，且最早始于上世纪 90 年代，用于内部员工沟通以及参考咨询中与用户的交流。其他社会性软件在图书馆的应用则起步不久，从 2005 年起使用社会性软件的 ARL 成员馆数量稳步上升，2007 年上升速度最快。[15]

除了大学研究性图书馆之外，一些国家图书馆也纷纷加入了 Web2.0 服务的行列。如澳大利亚国家图书馆（NLA）成功运作的用户协作项目，包括“图片澳洲（Picture Australia）”和“澳洲舞蹈（Australia Dancing）”，NLA 积极应用 Web2.0 技术来改善图书馆服务，利用用户协作模式帮助其发现和采集资源，从而加强知识的传播和信息交流。[16]美国国会图书馆也主动参与到已有的 Web2.0 社区活动中，2007 年初，国会图书馆“战略创新办公室”与“图书馆印品与照片服务部门”联合成立了一个行动小组，并选择与图片共享网站 Flickr 合作，并于 2008 年 1 月推出了基于国会图书馆历史照片的社区共享试点项目——The Commons。通过提供历史照片的资源共享，加强了用户对图书馆及其资源的了解和利用，拓展了资源空间。[17]

Library2.0 技术和服务在图书馆的不断实施，一些专家学者开始探讨 Library2.0 环境下的图书馆员应具备怎样的素质和能力。自 2005 年起，由资深图书馆学家 Michael Stephens 主持的图书馆技术网站 TTW（Tame The Web，http://tametheweb.com）每年都会提出一个与图书馆员相关的新技术列表，以帮助图书馆员们“学会学习；适应变化；以及纵观全局（Learn

to learn; adapt to change; and scan the horizon)"。2007年，迈克尔一改过去仅介绍技术工具的传统，于3月9日发布了本年度图书馆员技术应用的新趋势（Ten Tech Trends for Librarians 2007），这些新趋势包括：交流（Conversation）；汇集（Convergence）；用户参与创建内容（User Generated Content）；重新定义图书情报工作（Redefining LIS Jobs）；公民媒体（Citizen Journalism）；透明化（Transparency Tyranny）；张扬人性（We're Human）；开放共享（Openness & Sharing）；鼓励参与（Participation）；用户体验与乐趣（Experience & Play）。[18]

Library2.0的影响是深远的，其先进的Web2.0技术，创新、互动、用户至上的服务理念促使公共图书馆能够更好地针对社区群体开展信息服务，从而构建基于公共图书馆服务的社会网络和信息社区。OCLC2007年发布的研究报告《网络社会中的分享、隐私与信任》[19]中，提到了有关图书馆与社会网络的关系问题，即13%的被调查者认为为其社区创建社会网络站点是图书馆的责任，而美国图书馆管理者中，14%的人赞同这一说法；图书俱乐部是最优先考虑的社会网络服务，到2007年9月28日，Myspace上已有197个命名为"图书俱乐部"的群组。

2 开放存取政策与机构库建设的进展

机构库是开放存取环境下的机构知识仓储，是新的学术交流模式下的产物，是促进科学学术交流和知识共享的新平台。2007年之前，开放存取机构库在大学、图书馆、政府、科研机构、学术团体和论文作者等多方力量的共同推动下，发展较为迅速，目前已有相关的项目在实施之中，如具有代表性的JISC-FAIR、JULIET和ROMEO等项目，以及三大数字仓储软件Fedora、Dspace和Eprints的开发及推广应用。就较早进行机构仓储的欧美国家来看，北美研究图书馆协会的学术出版和学术资源联盟（SPARC）、英国联合信息系统委员会（JISC）、网络信息联盟（CNI）、惠康基金会、美国国家健康研究中心（NIH）以及一些高校、科研资助机构等都是机构库建设的推动者。截至2007年，机构库的实施和发展还处于实践的起步阶段，尚未形成一定的规模。2007年2月，美国MIRACLE项目（Making Institutional Repositories a Collaborative Learning Environment project）中，美国图书馆和信息资源委员会对全国范围学术图书馆的机构知识库进行普查，参与调查的446家学术图书馆中，只有48家（10.8%）拥有机构库。[20]

机构库的发展与开放存取的政策制定和实践进展密切相关。2007年是国外开放存取在政策制订和实践推动方面发展迅速的一年。由于开放存取过程中作者自存储进程缓慢，鉴于开放获取的优势，且对相关利益方没有明显的影响，为促进开放存取知识库的发展，一些机构采取了强制性的自存储政策。2006年间已经有很多机构拟定并实施了强制性开放获取政策，2007年这种趋势仍在继续。仅2007年1月，又有4家机构发布要强制性实施开放获取的消息，5家机构提出强制实施开放获取的保证措施，还有5家机构呼吁要制定开放获取强制性政策。[21]相关政策有：2007年1月，英国的PubMed Central(UKPMC)启动，UKPMC资助团的9位成员包括惠康(Wellcome Trust)基金会、英国研究理事会(Research Councils UK)等都制定了相关开放获取政策，要求其所资助的研究成果要存储在UKMPC中，并能够通过UKPMC免费获取；欧洲研究委员会(the European Research Council, ERC)的专家委员会保证相关知识库开始运作后，将执行开放获取政策条令，这将是第一个适用于整个欧洲的开放获取条令。还有一些倡议实施开放获取政策的机构，如印度国家知识委员会(National Knowledge Commission, NKC)，欧洲研究咨询委员会（The European Research Advisory Board, EURAB），欧洲一些组织如JISC(英国)、SURF(荷兰)、DFG(德国)、DEEF(丹麦)以及欧洲的SPARC等联合向欧盟发出的请愿书，Conservation Commons向联合国环境规划署发出的请愿书，以及欧洲大学协会（European University Association）开放获取工作组的声明等，都在倡导由政府或相关机构支持的研究成果应实行开放获取。[22]此外，爱尔兰研究委员会起草了开放获取政策并征求意见[23]；瑞士国家科学基金会(SNF)也于2007年8月9日颁布了开放获取政策。[24]

除了政府机构和科研资助机构，图书馆、信

息服务机构和研究人员也加入到了支持开放存取政策和机构库建设的队伍中来。威斯康辛州大学麦迪逊分校图书馆于 2007 年设立的名为学术交流与出版的办公室设立相关基金用于资助作者在开放获取期刊的出版费用和新创刊开放获取期刊的启动资金。[25] 还有 25 位诺贝尔奖获得者于 2007 年 7 月致美国国会的公开信，要求 NIH（美国国家健康研究中心）强制实施开放获取。[26]

面对开放信息交流环境带来的机遇与挑战，开放社会协会（Open Society Institute，OSI）及其所属的图书馆电子信息联盟（electronic information for libraries，eIFL）设立了开放获取计划推动开放获取的实施，2007 年 OSI/eIFL 开放获取会议在其资助下于 2007 年 5 月 17—18 日在香港大学举行，主题是"推动 21 世纪的学术信息交流：机构知识库在开放获取运动中的作用"。[27] 会议回顾了近年来全球开放获取事业的进展和机构库的建设，肯定了开放获取运动和机构知识库的意义，资助者和出版商们如英国惠康基金会[28] 和学术出版与学术资源联盟（SPARC）副总裁 Heather Joseph[29] 从各自角度阐述了对开放获取的看法。澳大利亚国家图书馆的 Colin Steele 介绍了澳大利亚政府部门和研究理事会的开放获取学术框架以及近年来的开放获取政策（包括 2007 年实施的 ASHER 项目）。[30]

针对美国出版商协会（Association of American Publishers，AAP）在 2007 年联合反对开放获取的活动[31]，ARL（北美研究图书馆协会）在 2007 年 9 月发表声明批评由美国出版商协会支持的、反对公共获取立法的公关活动。[32] 总体上来看，2007 年是全球开放获取事业获得重大进展的一年，越来越多的国家、政府部门、科研资助机构、信息服务机构开始倡导、制定并实施强制性的开放获取政策，机构库的建设也随之呈上升趋势。随着美国国会将 NIH 的强制性开放获取政策纳入 08 年财政拨款法案，这将意味着如果美国总统批准，该政策将成为法律。[33]

在机构库的建设方面，随着机构库的迅速发展，有关机构库的内容征集、法律和版权问题、建设政策等问题逐渐引起重视。在机构库建设政策方面，2007 年，JSCI-RSP 发布的政策框架包括战略性政策、操作性政策、政策和许可 3 个部分。其中，操作性政策包含提交政策、内容政策和使用政策。内容政策包括：机构库里保存的内容、接收内容的类型、机构库是专业性的还是综合性的、要不要同行评议或质量控制、如何保存等。[34] 鉴于机构库是一个不断发展的学术交流平台，内容具有多样性和动态性，如何充分考虑其运行成本和实施效果，保持机构库的可持续发展，是一个现实而重要的问题。因而，在普遍重视机构库构建和实施的同时，不能忽视机构库的评价和认证问题。康奈尔大学的 Davis 等人细分了不同类型内容的增长模型，认为康奈尔目前不存在所谓的"文献危机"，教师对机构知识库还不热心，基于各学科存在差异，发展机构知识库时应注意到这种文化差异。[35] Xia 等人通过对机构库自存储的评价研究，认为学科差距不明显，联络人（代理制度）和义务存储制度效果明显；并建议构建一个以提交人信息、典藏数量、全文比例、作者态度、投资/利用、互操作等指标构成的评价体系。[36,37]

3 数字资源的长期保存

数字资源的保存是一个永恒的话题。随着越来越多的学术研究和智力劳动成果以数字化形式或仅以数字化形式展现，随着 E-science、E-learning 时代的到来，数字化资源将是人类未来文化遗产的主要表现形式。数字资源的长期保存对科学、教育、文化和社会的可持续发展至关重要。近年来全球数字资源的保护在各国政府和文化机构的通力合作下，各国的数字资源保存项目进展迅速，2007 年 6 月 15 日数字资源长期保存联盟（Digital Preservation Coalition）公布了当年的"数字资源保存奖"得主名单[38]，包括：大不列颠图书馆的"电子文献的生命周期"（Lifecycle Information for E-Literature，LIEL）项目，新西兰国家图书馆和大不列颠图书馆合作开发的 Web Curator Tool 软件，英国国家档案馆开发的 PRONOM 技术库和 DROID 文件格式辨别工具，牛津大学图书馆与曼彻斯特大学图书馆联合开展的"个人档案数字化"项目（The Personal Accessible in Digital Media，PARADIGM），美国研究图书馆中心（CRL）等联合开展的数字存储的评估项目。

由于数字资源的保存是一个系统工程，涉及到多方面的复杂因素，保存的实践仍然任重而道远。随着馆藏数字化、E-only 图书馆趋势的加强，使得图书馆领域数字资源的保存和长期可获取性显得尤为重要。加之由于数字资源的特殊性，导致每天都有大量的数字化信息消失，图书馆目前对数字资料的保护还远远不够。2007 年 4 月 3 日在法国国家图书馆举行的联合国教科文组织“全民信息计划”（Information for All Programme，IFAP）主题讨论会上，参会的信息保护专家们发表评论：“世界上 80%以上的有关文化和语言多样化的图书馆视听资料没有得到专业的保护。”[39] 支持数字资源的长期保存迫在眉睫。

2007 年，国外学者对有关数字资源长期保存的理论和实践问题进行了充分探讨，内容涉及数字资源长期保存的意义、保存对象、保存过程中涉及的技术问题、成本问题、法律问题，以及数字资源保存的合作与共享等。技术问题与非技术问题的研究并重、关注研究较优的数字资源长期保存方案，是 2007 年国外数字资源长期保存研究的突出特点。[40] 有关数字资源的保存对象，随着当前数字信息环境的深化，学者们认为当前数字资源的保存对象应不断得到扩展，如：将数据库作为单一的数字对象进行长期保存，这也是 2007 年国际数字资源长期保存会议数据库保存专题小组的重点讨论对象。此外，Blog、Wiki等 Web2. 0 数字资源也成为数字资源长期保存的重要对象。2007 年，一些国家图书馆在有关因特网资源的保存方面进行了有益的实践研究，相关保存项目得到了顺利实施和开展，如：韩国国家图书馆的网页存档系统(OASIS)[41]；日本国会图书馆因特网资源搜集、保存和提供计划，包括网页存档计划 WARP（Web Archiving Project）以及正在创建日本数字档案门户[42]；新加坡国家图书馆联机出版物的存档与保存[43]；澳大利亚国家图书馆数字化存档第三代系统[44]；新西兰国家图书馆和大英图书馆的合作网络资源保存工具项目[45]。

技术问题一直是数字资源长期保存过程中的瓶颈问题。该领域的国外 2007 年文献涉及：OCR(Optical Character Recognition)与数字文档技术在数字资源保存管理中的应用、保存[46]；如何在获取网页内容的同时获取用于长期保存的元数据[47]；学者 McGovern 提出，OAIS 参考模型、数字保存软件与工具比如 DSpace、Fedora、Greenstone 数字图书馆软件、Digital Library Software、bepress（The Berkeley Electronic Press)、DAITSS(They Dark Archive in the Sunshine State)等，为数字资源长期保存提供了充足的技术支持，如何在规模化处理能力、工作流和工具集成、以及审计能力等方面加以推进，是未来数字资源保存技术研究的主要方向[48]。

数字资源保存的长期性和持续性，需要有科学合理的数字资源长期保存方案作为支撑。一直以来，包括 RLG、OCLC 在内的一些研究机构通过制定数字资源长期保存政策、指南与规范，有力推动世界范围内数字资源保存活动的开展。Gorman 等学者在《图书馆、档案馆与博物馆的保存管理》一书中，认为资源保存方案应包括以下几个步骤：保存政策的制定与实施、规划与优先权确定、风险评估、成本预算、内容与载体的保存问题、资源使用者的责任确定以及检索系统的设计等[49]。此外，Strodl、Becker、Neumayer 等学者构建出一套用于评估数字对象保存方案的操作流程[50]，包括保存对象的明确和选择、确定保存要求、保存技术的选择、设计实验、执行实验、实验结果评估、调整参数再次实验、结果分析。在制定数字资源长期保存方案时，应充分考虑到数字资源保存的成本问题，这方面主要成果有 Brian Lavoie 提出的数字资源长期保存参考模型、Shelby Sannet 构建的数字资源长期保存模型与成本框架，以及 Oltmans 和 Kol 等学者开发的用于比较迁移与仿真成本的软件工具[51]。英国的联合信息系统委员会 JISC 于 2007 年得到美国国家科学基金会和梅隆基金会的资助，参与一项涉及数字资源保存的经济上的可持续性问题的国际研究计划，调查涉及数字资源保存活动的经济投入，来确保其在经济上的可持续发展[52]。

在数字资源长期保存的合作共享方面，Chiara C. 介绍了欧洲在数字资源长期保存方面的最新进展，并提出了如何加强数字资源合作与传播的合作建议，主要包括：联合开展专业培训；借助 DRAMBORA，即基于风险评估的数字存储审计方法（Digital Repositories Audit Method

Based on Risk Assessment，简称 DRAMBORA）来协调数字储存各项活动；促进企业与研究机构的有效合作；启动数字资源保存的研究路线与合作的项目[53]。学者 Besser H. 则通过分析数字资源长期保存的实际案例，分析了图书情报机构在合作开展数字资源长期保存的过程中存在的共性问题、合作原则以及解决的建议[54]。

此外，数字资源的长期保存过程中还会存在其他方面的挑战和威胁，如著作权及相关权益问题[55]，保存资源的长期访问[56]，以及资源、组织机构等其他方面的问题。只有充分考虑并有效解决以上问题，数字资源长期保存才能得以成功的实施和可持续发展。同时，为应对数字资源长期保存带来的挑战，欧美等发达的图书馆和相关联盟也在大力开展研究和试验。如欧盟为了顺利解决 FP6（Framework Programme 6）框架下数字资源长期保存过程中的关键问题，投资 1700 万欧元用于启动 PLANETS（Preservation and Long-term Access through NETworked Services）、CASPAR（Cultural，Artistic and Scientific Knowledge for Preservation，Access and Retrieval）和 DPE（Digital Preservation Europe）等面向数字资源长期保存的项目[57]；2007 年 8 月 3 日，美国国会图书馆通过其牵头的国家数字信息基础设施和保存计划（National Digital Information Infrastructure and Preservation Program，NDIIPP）资助由 8 个参与者共同参与的新保存项目——Preserving Creative America initiative，用于保存各种类型的创新性内容及数字作品。[58]

随着专门讨论数字资源保存的《国际数字保存杂志》（The International Journal of Digital Curation）的发行以及数字资源保存国际会议（The International Preservation，iPRES）每年一度的召开，数字资源长期保存的理论和实践研究进入规范化、全球合作化的轨道。2007 年 10 月 11—12 日，国际数字资源长期保存国际会议（iPRES）在中国科学院国家科学图书馆成功召开。来自大英图书馆、美国国会图书馆、德国、法国、澳大利亚的国家图书馆、康奈尔大学、汉诺威大学、哈佛大学、中国国家图书馆、上海图书馆等机构及研究项目的专家进行了交流。会议主题为"数字资源长期保存：项目进展和最佳实践"，反映了近年来世界各国数字资源长期保存领域的进展，推动数字资源长期保存的研究和实践。讨论的主题包括：数字保存基础设施建设、长期保存系统实践进展、机构知识库、长期保存战略与政策、可信赖知识库及其认证、研究数据的长期保存、长期保存项目与系统的管理。[59]

4 数字图书馆研究的深化与细化

数字图书馆的实践和研究一直是图书情报界关注的焦点。随着全球范围内数字图书馆单一项目及合作项目实践的顺利开展，数字图书馆世界的繁荣也不断推动着数字图书馆研究向前发展，使其呈现出不断深化和细化的发展趋势。2007 年，国外学者围绕数字图书馆的研究主要涉及数字图书馆的整体性研究、数字图书馆系统、数字图书馆服务、各类型数字图书馆、数字图书馆评估与数字图书馆教育。与以往相比，2007 年数字图书馆研究呈现出研究力度进一步提高、对新技术高度关注和重点关注数字图书馆的服务质量等特点。[60]

数字图书馆新技术及系统的研究是推动数字图书馆不断向前发展的有力保障。2007 年，在数字图书馆系统和技术研究领域出现了不少成果，如利用基于开源标准的可重复利用的中间件来实现数字图书馆与虚拟学习环境的有效整合[61]；在构建数字图书馆界面上，有学者提出利用可缩放矢量图形（Scalable Vector Graphics，SVG）来构建跨浏览器的数字图书馆界面[62]，还有学者利用 Greenstone3 提出了一套构建数字图书馆界面的新方法[63]；数字图书馆系统的设计不仅要考虑目标用户的信息需求，也要充分顾及用户的操作技能和设备技术条件，Chandrashekar S. 和 Caidi N. 设计了一种数字图书馆的和合设计模型（Inclusive Design Model），能够实现查找过程的最优化效果，同时让操作技能与技术设备有限的用户最大限度地获取所需信息[64]。为了将数据与文本挖掘与数字图书馆的应用实现无缝连接，Sanderson R. 和 Watry P. 提出将文本挖掘技术与数据挖掘技术、数字图书馆系统、计算与数据网格技术进行整合的设想，以建立一种新型的在线分类服务范式[65]。Nuria F. 等学者通过对数字图书馆的用户分析来丰富 e-Learning 元数据，从而提升用户建模和建立可适用路线等用于促进数字图书馆在 e-Learning 过程中的个性化服务技术[66]。此外，该领域内的研究还包括涉及集合作品的有效描述[67]、数字图书馆系统中的社会性书签标注技术[68]、数字图书馆资源索引的有效模型[69]以及 G-Portal 数字图书馆系统[70]等。

在数字图书馆服务领域，针对不同服务群体的各类型数字图书馆研究，是近年来数字图书馆研究的亮点。如：研究面向视障人士及其他有输入障碍的人士提供服务的数字图书馆系统[71]，儿童数字图书馆的研究[72]，医学数字图书馆的可用性研究[73]，个人照片数字图书馆系统研究[74]等。同时，不同数字图书馆的资源服务研究，也呈现出不断细化深化的趋势。数字图书馆建设需要花费一定的成本，其建成后的运行与服务质量则是数字图书馆建设者们关心的问题，在有关数字图书馆的评估方面，Gon alves M. A.、Moreira B. L. 和 Fox E. A. 等学者基于数字图书馆形式框架的五大要素——信息流、结构、空间、使用情景与社会，构建了一个用于评估数字图书馆运行与服务的质量模型[75]。此外，还有数字图书馆自存档服务评估[76]和各种类型数字图书馆（如音乐数字图书馆）评估[77]的相关研究。

2007 年 4 月 23－25 日，数字图书馆联盟（Digital Library Federation，DLF）春季研讨会召开，主要针对数字图书馆建设过程中的技术等问题进行探讨和交流。研讨会共分 16 个主题：内容扩展；联合保存；网络学术社区服务；Google Book 服务；开放 ID；并不只是信息检索（IR）；数字化馆藏；系统及其功能；报纸数字化；教育与评估；Second life；用户界面与检索；协作；推动数字化学术研究；保存；协同/互操作。[78]

随着全球范围内数字资源共享共建项目的合作实施与开展，跨部门、跨机构、跨系统、跨国的数字图书馆合作建设趋势已经越来越明显。作为全球最大的合作数字图书馆项目——“世界数字图书馆”计划，其提议于 2006 年底被联合国教科文组织所采纳，并于当年 12 月 1 日与国际图联一起共同召开了世界数字图书馆工程启动会议，与会成员包括亚洲、欧洲、南北美洲以及中东地区各主要国家图书馆的代表，来自世界各地的图书馆和文化机构将共同为世界数字图书馆提供内容。该工程还有一项关键任务是为发展中国家培养构建数字图书馆的能力，从而也使得世界上所有国家都可以参与到世界数字图书馆建设项目中来。为此该工程于 2007 年初成立了专门的工作组——Working Group on Digital Library Guidelines，负责搜集和推广世界各国数字图书馆建设的成功经验，同时期望通过调查研究提供一个具有广泛意义的数字图书馆建设指导方针。[79]

5　数字馆藏的组织和管理

随着图书馆用户对于纸本资源需求的缩小，以及对馆藏数字资源的无缝无障碍获取需求的持续增长，数字馆藏的组织和管理问题成为图书馆面临的重大挑战。事实上，图书馆正在经历一个如何去定义图书馆馆藏的理念性哲学转变，当前信息环境的变革，迫切要求图书馆重新定义和构建数字馆藏发展政策，并随之采纳适用于馆藏电子资源管理和获取的相应工具措施及工作流程。2007 年，国外图书馆界有关数字馆藏组织和管理的研究和实践主要涵盖以下几个方面：数字馆藏的购买、数字馆藏的组织和获取、数字馆藏管理工作流重组、数字馆藏的利用与评价以及馆藏数字资源的保存问题等。

随着传统馆藏向数字馆藏的过渡，许可协议的协商与签订在数字资源的购买过程中成为重要的环节，同时也是一项需要花费大量时间和专业技能的工作。Hahn 描述了一个可以取代复杂麻烦的许可协议签订的实用方法——Shared E-resources Understanding（SERU），即基于双方共同理解基础上的电子资源订购方式，图书馆和出版商如果都能够彼此接受交易条约中的条款，就可以避免双方的复杂协商过程，促进数字资源的购买流程。[80]电子资源的购买、登记、跟踪等环节，国外图书馆往往是通过 ERMS（Electronic Resource Management System，电子资源管理系统）来有效完成的，2007 年有关 ERMS 的研究文献主要侧重于如何提高和改进 ERMS 的性能。比如，Fons 和 Jewell 在其文献中介绍了数字图书馆联盟（Digital Library Federation）的电子资源管理系统项目（ERMI）第二阶段的实施情况。[81]

有关数字馆藏的组织和获取，通过对 2007 年的文献调研，发现该领域研究主要集中体现在以下几方面：网络目录（Online catalogs）、链接解析器（Link Resolvers）和元搜索引擎。在网络目录针对不同类型数字资源存在多版本的情况下，有关研究人员认为多版本问题是对自动编目时代的一个挑战，并提出了三种可能的解决办法：用 RDA（Resource Description and Access）来取代英美编目条例；采取 FRBR（Functional Requirements for Bibliographic Records）模式；MARC21 中有关著者、书目和馆藏数据格式的使用。[82] Collins 和同事们通过介绍美国北卡大学图书馆的应用实例，提出了一种通过改进网络目录界面来解决多版本难题的方法。[83] 还有相关研究介绍了新数字环境下用于馆藏数字资源组织的其他工具，如链接解析器[84]和元搜索引擎[85]的有效应用和改进措施。

数字馆藏中较为重要的一部分便是电子期刊馆藏的管理问题。在管理策略方面，2007 年的研究主要侧重于馆藏发展政策的变化、工作流的重组以及沟通交流等问题。Yue 和 Anderson 描述了美国内华达州里诺大学图书馆如何通过流程图的变化来反映电子期刊工作流的变化，他们认为流程图中工作程序的描述能够使图书馆各岗位的职责明确，且有利于流线操作和提高效率。[86] 随着许多图书馆纷纷更新工作流程来应对数字馆藏带来的挑战，传统的纸本资源馆藏的工作流程是否适用于或部分应用于数字馆藏的管理，也成为普遍讨论的话题。Anderson 认为图书馆最终还是应采取基于用户喜好的电子期刊管理措施。[87] 数字馆藏对图书馆管理者的沟通渠道产生了一定影响。美国俄亥俄大学图书馆对电子资源管理沟通的研究充分表明了这一变化。该研究目的在于探讨图书馆内部基于数字馆藏管理的不同类型沟通的本质、结构和角色。[88]

有关数字馆藏的利用与评价，2007 年该领域的研究成果主要集中于两个项目：COUNTER（Counting Online Usage of Networked Electronic Resources）和 SUSHI（the Standardized Usage Statistics Harvesting Initiative）。COUNTER 项目使得数字资源获取平台能够自动获取数字资源的使用统计数据，Pesch 在其文献中阐述了建立在 COUNTER 基础上的 SUSHI 项目，即致力于数字资源利用统计数据的规范化，这种数据规范使得数字资源获取平台的用户使用数据能够自动传送到图书馆 ERMS 中，避免了图书馆员工手工检索使用统计数据的繁琐工作。[89] Blecic、Fiscella 和 Wiberley 通过对一大型研究图书馆三年期间数字馆藏使用统计情况的分析，肯定了 COUNTER 对于数字馆藏的使用评价和提高用户检索并获取馆藏数字资源能力的效果。[90]

如何保证图书馆已订购数字资源的长期保存从而为后续用户提供长期问题是数字馆藏管理流程中需要高度重视的问题。在馆藏数字资源的保存方面，Tommaso G. 在“电子资源管理与长期保存：图书馆是否是一个不断生长的有机体”一文中，通过调查高校图书馆在存档与保存学术期刊的过程中所遇到的问题，从保存任务、保存政策、保存期限、资源采购模式、资源格式、保存的功能、保存所需要的基础设施、保存的连续性、保存决策制定等九大角度，比较分析了数字资源长期保存与印本资源保存的差别[91]。数字馆藏中尤其是电子期刊的保存面临着数字信息环境的挑战，除了图书馆的自身保存策略外，通过第三方机构保存成为重要的保存策略，如 JSTOR、LOCKSS 和 Portico 等。Eileen G. Fenton 认为当前有关数字资源保存的方法策略多种多样，图书馆应至少参与到一种有关电子期刊的第三方保存项目中，并提到了第三方保存的典型之一 Portico，它为数字学术资源的保存提供了健全的保存架构和方法，是新兴数字资源保存基础设施中的重要一部分。[92]

6　学术性图书馆的角色定位与转型

随着信息传播方式的变革以及学术交流模式的转变，跨学科跨部门研究活动增加，加之各种新式 ICT 技术在学习研究领域中的普及运用，一些大学和研究机构的组织结构也随之发生变化，而作为学术研究活动支撑的大学和研究机构图书馆也就不可避免要受到相应的影响。学术性图书馆在当前数字化技术占主导地位的信息社会中，将如何采取相应的对策，重塑其角色和定义其未来发展模式，来更好地促进用户学习和各项研究活动，是国外大学及研究性图书馆普遍关注的问题。

美国大学和研究图书馆协会（the Association of College and Research Libraries，ACRL）基于2006年11月初举办的芝加哥邀请峰会，2007年出版了有关学术性研究性图书馆角色变化的论文集，目的在于探讨教学、学习及学术研究氛围的变化中，技术在未来十年内将如何重塑学术性图书馆的作用、责任及其资源。为使学术性图书馆完成其所需转变并在未来发展中保持生命力，峰会确定了图书馆须采取的3个基本行动：（1）从收藏图书的机构，发展成为能从各种媒体信息资源中为用户提供高质量信息的机构；（2）图书馆文化及图书馆员工应突破信息拥有者和控制者的思想，转变为寻求更多的有效方式来为用户提供服务和指导；（3）在机构环境和激烈的市场竞争环境中，以更加积极的方式表现出其在信息传播和检索中的作用。与会者还针对ACRL可能扮演的角色提出了一些建议，包括：通过召集并推动与主要赞助者领导的对话，考虑未来图书馆支持高等教育机构的任务；推动民众更好地理解 successful learning 的要素；确定并监测图书馆和信息传播环境中的变化指数；领导图书馆和图书馆员采取有效技术来支持研究和教育；促进图书馆之间就各自采取的新服务模式交流经验和成绩。[93]

同时，美国大学与研究图书馆协会（ACRL）在2007年第13届ACRL全国会议上针对未来的大学图书馆及图书馆员的发展提出了10个基本假设，分别是：（1）将更加重视馆藏数字化、数字档案的保存以及改进数据存储、检索服务等问题；（2）图书馆员的技能应随着用户的需求变化及期望值提高而不断加以改进；（3）学生和教员对图书馆资源和服务的需求不断提升，希望有一个兼具学术信息集成系统和社会计算功能的数字图书馆；（4）有关知识产权的争端在高等教育领域越来越普遍，提供与知识产权管理有关的资源和教育计划将成为图书馆为学术社区服务的重要内容；（5）对技术相关服务的需求将会增长，并需要更多的经费投入；（6）将越来越从商业角度考察高等教育，呼吁对图书馆在教学研究方面的投入实行问责制和定量评估；（7）学生将越来越倾向于把自己视为“顾客”，期望更高质量的设备、资源和服务；（8）远程在线学习需求持续增长，图书馆将对资源和服务进行封装以向分布式的学习社区提供；（9）对政府及公共基金资助的研究成果的免费开放获取将继续增长；（10）隐私保护及对知识自由的支持对于学术性图书馆及其馆员而言仍是一个关键的问题。[94]这十大假设是ACRL在对其成员馆领导进行调查的基础上得出的，并在此次会议上广泛征求了与会大学及图书馆代表的评价意见。

针对学术性图书馆的未来发展模式究竟如何定位，尤其是服务模式的转变，国外一些研究机构近年来不断探讨并进行学术图书馆绩效评估和服务质量评价[95]，并根据评估结论展望学术性图书馆的未来发展趋势。2007年5月，北美研究图书馆协会（ARL）和 EBLIP4（国际循证图书馆和信息工作会议）的组织者联合举办关于“学术图书馆绩效测评”专题研讨会，主要聚焦于学术图书馆评估的发展，与会者希望通过研讨会来了解学术性图书馆绩效测评的方式，探索绩效测评和用户评估之间的关系，同时勾画学术性图书馆的未来发展愿景以及评估工作如何帮助其实现这一愿景[96]。

大学教师和研究人员面临着一个不断变革的数字信息环境，这种虚拟信息环境将不断影响并改变学术研究的环境，图书馆员将在促进其发展和实践中起至关重要的作用。在不久的将来，虚拟研究环境（VREs）和虚拟学习环境（VLEs）将充分融进大学的信息空间。[97]作为信息资源和信息服务的主要提供者，学术性图书馆及图书馆员应充分参与到这场变革中，充分利用自身的资源技术优势，采取新的活动范式协助构建 E-science 和 E-research 信息空间，辅助大学教师、学生及研究人员共同促进学术的交流与合作。D. Scott Brandt 介绍了美国普渡大学图书馆如何参与到 E-research 活动中促进多学科跨学科的协作研究，寻求如何将图书馆学的专业知识和技能应用于学科间研究，通过多种形式促进图书馆员与大学教员在某些研究项目上的合作。[98] E-science 潜在地影响着图书馆的业务、功能及使命，面对着信息环境的变革，学术性图书馆及图书馆员还应充分发挥其在搜集、组织、描述、保存和传播信息方面的优势，积极探讨其在开放存取学术交流模式[99]、机构仓储及可持续发展，以及广义领域的数字典藏[100]和数字资源建设方面的角色定位和应有贡献。

参考文献

[1] Libraries for the future: Progress, Development and Partnerships [2009-03-10]. http://www.ifla.org/IV/ifla73/index.htm

[2] T. Scott Plutchak. What Do You Call 'Success'? [2009-03-10]. http://tscott.typepad.com/tsp/2007/01/what_do_you_cal.html

[3] Lee Rainie. Web 2.0 & the Internet World keynote address, 22nd annual Computers in Libraries conference, Arlington. VA, April 16-18, 2007

[4] 图书馆 2.0 [2009-03-10]. http://baike.baidu.com/view/965321.htm

[5] Michael E. Casey, Laura C. Savastinuk. Library 2.0: A guide to participatory library service. Medford, New Jersey: Information Today, c2007

[6] Meredith G. Farkas. Social Software in Libraries: Building Collaboration, Communication, and Community Online. Medford, New Jersey: Information Today, c2007

[7] Phil Bradley. How to use web2.0 in your library. London: Facet, 2007

[8] Edited by Nancy Courtney. Library 2.0 and beyond: Innovative technologies and tomorrow's user. Westport, Conn.: Libraries Unlimited, 2007

[9] Karen A. Coombs, Jason Griffey. Library blogging. Comumbus, Ohio: Linworth Publishing, Inc, 2008

[10] EUSIDIC Annual Conference 2007 [2009-03-10]. http://www.eusidic.net/index.php? content = roskilde_program

[11] Library 2.0: a New Social Model [2009-03-10]. http://www.acrlny.org/symp2007/program.html

[12] Welcome to the Library 2.0 Seminar Homepage! [2009-03-10]. http://library.osu.edu/sites/Seminar2-0/index.php

[13] Academic Library 2.0 [2009-03-10]. http://www.lib.berkeley.edu/LAUC/academiclibrary20/

[14] http://tallblog.conted.ox.ac.uk/wp-content/uploads/2007/03/survey-summary.pdf

[15] SPEC Kit 304. Social software in libraries. Association of Research Libraries, 2008

[16] Judith Pearce. User collaboration in websites [2009-03-10]. http://www.nla.gov.au/nla/staffpaper/2006/jpearce1.html

[17] For the Common Good: The Library of Congress Flickr Pilot Project [2009-03-10]. http://www.loc.gov/rr/print/flickr_report_final.pdf

[18] http://tametheweb.com/2007/03/ten_tech_trends_for_librarians_1.html

[19] Sharing, Privacy and Trust in Our Networked World [2009-03-10]. http://www.oclc.org/reports/sharing/default.htm

[20] Karen Markey, et al. Census of Institutional Repositories in the United States: MIRACLE Project Research Findings [2009-03-10]. http://www.clir.org/pubs/execsum/sum140.html

[21] Peter Suber 著;李忠霞编译. 2007 年强制性开放获取的重大进展. 图书情报工作动态, 2007(10)

[22] Suber Peter, Mandate momentum in 2007 [2009-03-10]. http://www.earlham.edu/~peters/fos/newsletter/02-02-07.htm

[23] Irish Research Council drafts an OA mandate, calls for comments [2009-03-10]. http://www.earlham.edu/~peters/fos/2007/09/irish-research-council-drafts-oa.html

[24] Swiss National Science Foundation adopts an OA mandate [2009-03-10]. http://www.earlham.edu/~ peters/fos/2007/08/swiss-national-science-foundation.html

[25] Seed Money for Open Access Publishing [2009-03-10]. http://oscp.library.wisc.edu/response.html#fund

[26] Open Letter to the U.S. Congress Signed by 26 Nobel Prize Winners [2009-03-10]. https://arl.org/lists/sparc-oaforum/message/3858.html

[27] 李麟著. 推动 21 世纪的学术信息交流:机构知识库在开放获取运动中的作用——2007 年 OSI/eIFL 开放获取会议综述. 图书情报工作动态, 2007(10)

[28] Robert Kiley. Open access: A funder's perspective [2009-03-10]. http://hub.hku.hk/bitstream/123456789/44103/1/content.pdf

[29] Heather Joseph. A question of access-evolving US policies and practices [2009-03-10]. http://hub.hku.hk/bitstream/123456789/44097/1/content.pdf

[30] Colin Steele. Open Access Scholarly Frameworks: Australian Government Agencies and the Research Councils [2009-03-10]. http://hub.hku.hk/bitstream/123456789/44098/1/content.pdf

[31] AAP PR Campaign against Open Access and Public Access to Federally Funded Research [2009-03-10]. http://www.arl.org/bm~doc/aapprissuebrief.pdf

[32] ARL Challenges Publishers' PR Campaign Against Open Access Legislation [2009-03-10]. http://www.libraryjournal.com/article/CA6477867.html?

industryid=47109

[33] Mandate for Public Access to NIH-Funded Research Poised to Become Law [2009-03-10]. http://www. taxpayeraccess. org./media/release07-1024. html

[34] JISC/RSP. Repository policy framework [2009-03-25]. http://www. rsp. ac. uk/pubs/briefingpapers-docs/repoadmin-policy. pdf

[35] Philip M. Davis, Matthew J. L. Connolly. Institutional repositories: Evaluating the reasons of for non-use of Cornell University's institution of Dspace [2009-03-25]. http://www. dlib. org/dlib/march07/davis/03davis. html

[36] Jingfeng Xia. Assessment of Self-archiving in Institutional Repositories: Across Disciplines. The Journal of Academic Librarianship, 2007, 33(6): 647-654

[37] Jingfeng Xia, Li Sun Factors to assess self-archiving in institutional repositories. Serials Review, 2007, 33(2): 73-80

[38] The 2007 Conservation Awards-Digital Preservation Award Short List [2009-03-25]. http://www. dlib. org/dlib/july07/07inbrief. html#NEWS

[39] IFAP encourages Governments to give more priority to the preservation of information [2009-03-25]. http://portal. unesco. org/ci/en/ev. php-URL_ID=24536&URL_DO=DO_TOPIC&URL_SECTION=201. html

[40] 阎军，黄国彬. 2007 年国外数字资源长期保存研究述评. 图书馆建设，2008(11)：102

[41] A Web Archiving System of the National Library of Korea: OASIS [2009-03-25]. http://www. ndl. go. jp/en/publication/cdnlao/058/583. html

[42] National Diet Library's Projects of Collecting, Preserving and Providing Internet Resources [2009-03-25]. http://www. ndl. go. jp/en/publication/cdnlao/058/582. html

[43] Siow Lian San. Archiving and Preserving Online Publications @ National Library, Singapore [2009-03-25]. http://www. ndl. go. jp/en/publication/cdnlao/058/585. html

[44] Web Archiving at the National Library of Australia PANDORA: Australia's Web Archive [2009-03-25]. http://www. ndl. go. jp/en/publication/cdnlao/058/581. html

[45] National Library of New Zealand. Web Curator Tool: a joint open-source project by the National Library of New Zealand and British Library [2009-03-25]. http://www. ndl. go. jp/en/publication/cdnlao/058/584. html

[46] Antonia Arahova, Eleni Mamma. Digital Preservation: The Rare and Unique's Longevity [2009-03-25]. http://eprints. rclis. org/archive/00013888

[47] Smith J A, Nelson M L. Generating Best-Effort Preservation Metadata for Web Resources at Time of Dissemination//Proceedings of the 7th ACM/IEEE-CS Joint Conference on Digital Libraries. New York: ACM Press, 2007: 51

[48] 51Nancy Y. McGovern. A Digital Decade: Where Have We Been and Where Are We Going in Digital Preservation? RLG DigiNews, 2007(1). http://worldcat. org/arcviewer/1/OCC/2007/07/10/0000068890/viewer/file1. html#article3

[49] G. E. Gorman, Sydney J. Shep. Preservation Management for Libraries, Archives and Museums. London: Facet Publishing, 2007

[50] Strodl S, Becker C, Neumayer B, et al. How to Choose a Digital Preservation Strategy: Evaluating a Preservation Planning Procedure//Proceedings of the 7th ACM/IEEE-CS Joint Conference on Digital Libraries. New York: ACM Press, 2007: 29-38

[51] Erik Oltmans, Nanda Kol. A Comparison Between Migration and Emulation in Terms of Costs [2009-03-25]. http://www. worldcat. org/arcviewer/1/OCC/2007/08/08/0000070513/viewer/file2264. html

[52] Task force to address sustainability in digital preservation [2009-03-25]. http://www. jisc. ac. uk/news/stories/2007/09/pres. aspx

[53] Chiara C. Digital Preservation Europe [2009-03-25]. http://eprints. rclis. org/archive/00012098

[54] Besser H. Collaboration for Electronic Preservation. Library Trends, 2007(1): 216-229

[55] Fernandez-Molina J, Guimaraes J. New Laws for Author's Rights: Adequate for Digital Preservation? Information Research—An International Electronic Journal, 2007(4): 458-473

[56] Park E G. Perspectives on Access to Electronic Journals for Long-Term Preservation [J]. Serials Review, 2007(1): 22-25

[57] Helen H Y. Progress towards Addressing Digital Preservation Challenges [2009-03-25]. http://eprints. rclis. org/archive/00012028

[58] Digital Preservation Program Makes Awards to Preserve American Creative Works [2009-03-25]. http://www. loc. gov/today/pr/2007/07-156. html

[59] iPRES2007 数字资源长期保存国际会议在国家科

学图书馆召开［2009-03-25］. http://libraries.csdl.ac.cn/book/List.asp? SelectID=1151&ClassID=448&SpecialID=

［60］孙坦，黄国彬. 2007 年国外数字图书馆研究述评. 图书馆建设，2008(11)：95

［61］Chumbe S, Macleod R, Kennedy M. Building Bridges with Blocks: Assisting Digital Library and Virtual Learning Environment Integration Through Reusable Middleware［2009-03-25］. http://eprints.rclis.org/archive/00009545/

［62］Molina F, Sweeney B, Willard T, et al. Building Cross-Browser Interfaces for Digital Libraries with Scalable Vector Graphics (SVG)//Proceedings of the 7th ACM/IEEE-CS Joint Conference on Digital Libraries. New York: ACM Press, 2007: 494

［63］Nichols M D, Bainbridge, Twidale M B. Constructing Digital Library Interfaces//Proceedings of the 7th ACM/IEEE-CS Joint Conference on Digital Libraries. New York: ACM Press, 2007: 331-332

［64］Chandrashekar S, Caidi N. A Model for Inclusive Design of Digital Libraries//Proceedings of the 7th ACM/IEEE-CS Joint Conference on Digital Libraries. New York: ACM Press, 2007: 245-246

［65］Sanderson R, Watry P. Integrating Data and Text Mining Processes for Digital Library Applications//Proceedings of the 7th ACM/IEEE-CS Joint Conference on Digital Libraries. New York: ACM Press, 2007: 73-79

［66］Nuria F, Jaume C, Monika K, et al. Enriching e-Learning Metadata Through Digital Library Usage Analysis. The Electronic Library, 2007(2). http://eprints.rclis.org/archive/00009105/

［67］Buchanan G, Gow J, Blandford A, et al. Representing Aggregate Works in the Digital Library//Proceedings of the 7th ACM/IEEECS Joint Conference on Digital Libraries. New York: ACM Press, 2007: 247-256

［68］Puspitasari F, Lim E P, Goh D H, et al. Social Bookmarking in Digital Library Systems: Framework and Case Study//Proceedings of the 7th ACM/IEEE-CS Joint Conference on Digital Libraries. New York: ACM Press, 2007: 488

［69］Arumugam G, Thangaraj M. An Effective Indexing Model to Manage Versioned Objects in a Digital Library. Journal of Information Science, 2007(3): 263-274

［70］Vo M C, Puspitasari F, Lim E P, et al. Mobile Digital Libraries for Geography Education//Proceedings of the 7th ACM/IEEE-CS Joint Conference on Digital Libraries. New York: ACM Press, 2007: 511

［71］Margaret M, Margaret W, Karen T, et al. The Impact of the Integrated Digital Library System on the CNIB Library. Library Trends, 2007 (4): 973-993

［72］Hutchinson H B, Druin A, Bederso B B. Supporting Elementary-Age Children's Searching and Browsing: Design and Evaluation Using the International Children's Digital. Journal of the American Society for Information Science and Technology Archive, 2007 (11): 1618-1630

［73］Kathleen P I, Ali S. The Medical Digital Library Landscape. Online Information Review, 2007 (6): 744-758

［74］Cunningham S J, Masoodian M. Identifying Personal Photo Digital Library Features//Proceedings of the 7th ACM/IEEE-CS Joint Conference on Digital Libraries. New York: ACM Press, 2007: 400-401

［75］Gon alves M A, Moreira B L, Fox E A, etc. "What Is a Good Digital Library?"—A Quality Model for Digital Libraries. Information Processing and Management: an International Journal, 2007 (5): 1416-1437

［76］Veigae S, Gon alves M A, Laender A H. Evaluating a Digital Library Self-Archiving Service: The BDBComp User Case Study. Information Processing and Management, 2007(4): 1103-1120

［77］Downie J S, Lee Jinha, Gruzd A A, et al. Toward an Understanding of Similarity Judgments for Music Digital Library Evaluation//Toward an Understanding of Similarity Judgments for Music Digital Library Evaluation. New York: ACM Press, 2007: 307-308

［78］2007 年数字图书馆联盟春季研讨会纪要. 图书情报工作动态，2007 (6)

［79］World Digital Library［2009-03-25］. http://www.worlddigitallibrary.org/project/english/index.html

［80］Karla L. Hahn. SERU (Shared Electronic Resource Understanding): Opening Up New Possibilities for Electronic Resource Transactions. D-Lib Magazine, 2007, 13(11/12). www.dlib.org/dlib/november07/hahn/11hahn.html

［81］Theodore A. Fons, Timothy D. Jewell. Envisioning the Future of ERM Systems. The Serials Librarian, 2007, 52(1/2): 151-166

［82］Julian Everett Allgood. Serials and Multiple Ver

sions, or the Inexorable Trend toward Work-level Displays. Library Resources & Technical Services, 2007, 51(3): 160

[83] Maria Collins, et al. Magnifying the ILS with Endeca. The Serials Librarian, 2007, 51(3/4): 75-100

[84] James Culling. Link Resolvers and the Serials Supply Chain: Final Project Report for UKSG (Oxford, England: Scholarly Information Strategies, 2007) [2009-03-25]. www.uksg.org/sites/uksg.org/files/uksg_link_resolvers_final_report.pdf

[85] David Lindahl. Metasearch in the Users' Context. The Serials Librarian, 2007, 51(3/4): 215-234

[86] Paoshan W. Yue and Rick Anderson. Capturing Electronic Journals Management in a Flowchart. The Serials Librarian, 2007, 51(3/4): 101-118

[87] Rick Anderson. It's Not about the Workflow: Patron-Centered Practices for 21st-Century Serialists. The Serials Librarian, 2007, 51(3/4): 189-199

[88] Celeste Feather. Electronic Resources Communications Management: A Strategy for Success. Library Resources & Technical Services, 2007, 51(3): 204-211, 228

[89] Oliver Pesch. SUSHI: Simplifying the Delivery of Usage Statistics. Learned Publishing, 2007, 20(1): 23-29

[90] Deborah D. Blecic, Joan B. Fiscella, Stephen E. Wiberley Jr. Measurement of Use of Electronic Resources: Advances in Use Statistics and Innovations in Resource Functionality. College & Research Libraries, 2007, 68(1): 26-44

[91] Tommaso G. Electronic Resources Management and Long Term Preservation [2009-03-25]. http://eprints.rclis.org/archive/00008952

[92] Eileen G. Fenton. Responding to the Preservation Challenge: Portico, an Electronic Archiving Service. Journal of Library Administration, 2008, 48(1): 31-40

[93] ACRL releases essay on changing role of academic libraries. College & Research Libraries News, V. 68, No. 4, April 2007: 227

[94] ACRL announces the Top Ten Assumptions for the future of academic libraries [2009-03-25]. http://www.ala.org/ACRLTemplate.cfm?Section=acrl&template=/ContentManagement/ContentDisplay.cfm&ContentID=155335

[95] Service Quality Evaluation Academy in cooperation with Texas A&M [2009-03-25]. http://www.arl.org/stats/academy07.html

[96] Register Now for Workshop on Performance Measurement in Academic Libraries at EBLIP4 [2009-03-25]. http://www.arl.org/news/pr/eblip4reg.shtml

[97] Judith Wusteman. Virtual Research Environments: What is the Librarian's Role? Journal of Librarianship and Information Science, 40(2): 67

[98] D. Scott Brandt. Librarians as partners in e-research: Purdue University Libraries promote collaboration. College & Research Library News, 2007, 68(6): 365

[99] David Prosser, Paul Ayris. ACRL/SPARC Forum explores open access models: The future of scholarly publishing. College & Research Library News, 2007, 68(8)

[100] ARL. ARL Affirms Importance of Preservation for Research Libraries [2009-03-27]. http://www.arl.org/news/pr/ARL_affirms_preserv07.shtml

图书馆工作

Library work

国家图书馆	109
各省、市、自治区图书馆	132
中国图书馆学会、分支机构及地方学会	366

图书馆工作

国家图书馆

【"国家图书馆文津读书沙龙"新年第一期举办】 2007年1月7日，"国家图书馆文津读书沙龙"2007年第一期活动在国家图书馆学术报告厅举行，由中央党校经济学部主任王东京着重介绍了他新出版的《经济学笔谭》和《中国的难题》两本书的观点。"国家图书馆文津读书沙龙"自2004年12月启动至今，已成功举办30讲，听众达3000多人。（办公室宣传科）

【国家图书馆"艺术家论坛"开坛】 2007年1月14日，"艺术家论坛"在国家图书馆学术报告厅举行了开坛讲座。中国海政歌舞团著名作曲家吕远先生担任"艺术家论坛"第一期的主讲嘉宾，国家图书馆党委副书记、副馆长张雅芳出席了开坛仪式并讲话。

讲座中，吕远讲述了自己半个多世纪创作中对民族风格和原则的坚持，并阐述了民族音乐的美学内涵和深远的历史意义。在对当前民族艺术缺乏的现状表示忧心之余，他指出，应加强艺术家民族艺术的修养，民族艺术的缺乏问题需引起文艺界的重视。在与观众的互动交流中，专程前来参会的"海燕口琴乐团"现场表演了吕远的音乐作品，将活动推向高潮。

"艺术家论坛"是国家图书馆主办的又一项公益性文化活动，该论坛将陆续邀请德艺双馨的权威性艺术家担任主讲嘉宾，关注艺术热点，关注艺术家的创作与生活。（办公室宣传科）

【国家图书馆成功举办"武汉大学招聘宣讲会"】 2007年1月15日，旨在让应届毕业生了解国家图书馆的"带你走进国家图书馆——武汉大学招聘宣讲会"在武汉大学信息管理学院举办，武汉大学信息管理学院院长陈传夫致开幕辞，国家图书馆副馆长陈力出席会议并作精彩演讲，武汉大学信息管理学院党委副书记左军主持了会议。

陈力在会上作了题为"现实与未来：中国国家图书馆简介"的精彩演讲。演讲内容包括国家图书馆的基本情况、性质与使命、服务、人才队伍建设、新的机遇与挑战等几个方面，演讲引经据典，旁征博引，赢得在场同学的阵阵掌声。宣讲会后，同学们表示，已深切感受到国家图书馆悠久浓厚的文化氛围和良好的发展契机，热切地期待成为国家图书馆的一员。（办公室宣传科）

【国际图联保存保护中心亚洲地区中心主任会议在国家图书馆举行】 2007年1月17—18日，国际图联保存保护中心亚洲地区中心主任会议暨中日韩图书保护会议在国家图书馆举行。国际图联保存保护中心国际中心主任（法国国家图书馆）克里斯蒂娜·巴瑞拉（Christiane Baryla），国际图联保存保护中心亚洲中心主任、日本国立国会图书馆收集部司书监斋藤友纪子（Ms. Yukiko Saito），日本国立国会图书馆收集部资料保存课课长助理小林直子（Ms. Naoko Kobayashi），韩国国立中央图书馆公共服务部主任宣明顺（Seon，Myung Soon）以及修复员玄惠媛（HYUN Hye-won）应邀参会，会议由国家图书馆副馆长陈力主持。会议期间，国家图书馆馆长詹福瑞会见了参会的外籍代表。（办公室宣传科）

【"高凤莲剪纸作品展"在国家图书馆开展】 2007年1月20日，"高凤莲剪纸作品展"在国家图书馆开展。展览当日，80余人参观了展览和剪纸表演。

高凤莲既是一位年逾古稀的陕北农妇，也是联合国教科文卫组织授予的"民间工艺美术大师"。展览当日，高凤莲和陕北民间艺人刘洁琼、樊荣荣作了剪纸表演。（办公室宣传科）

【国家图书馆首次启动重大科研项目招标工作】 2007年2月8日，国家图书馆启动在全国范围内进行重大科研项目公开招标工作。凡具有独立法人资格的高等院校、科研单位和企事业单位均可成为重大科研项目的课题承担单位，课题的申报单位既可以是独立法人单位单独申报，也鼓励多家单位联合申报。国家图书馆将遵循"公开、公平、公正"的原则，组织专家进行评审，择优立项支持。

本次重大科研项目招标共计两项，一是"国家图书馆数字战略研究"，主要研究未来10—20年国家图书馆的战略走向，以及为实现该目标具备的结构性和系统性需求，研究数字环境下国家图书馆建设、服务与资源共享的问题等；二是"社会公共服务体系中图书馆的发展趋势、定位与服务研究"，主要从完善社会公共服务体系、完善公共文化服务体系的角度研究图书馆事业的发展，研究图书馆怎样去实现和保障公民基本文化权益、满足公众基本文化信息需求的目标，提出社会公共服务体系建设中图书馆事业的发展方向、实现方式、存在问题、保障措施等。每个课题资助经费不超过10万元，要求于2008年12月31日前完成。（办公室宣传科）

【"中国之窗"工作会议在国家图书馆召开】 2007年2月9日，"中国之窗"工作会议在国家图书馆召开。会议由国务院新闻办公室三局局长吴伟主持，国家图书馆副馆长张雅芳、上海图书馆馆长吴建中、北京大学图书馆副馆长高倬贤、社会科学院图书馆国际交换部主任多家喻等出席了会议。

张雅芳首先介绍了国家图书馆对"中国之窗"项目的重视程度和开展情况，国家图书馆国际交流处处长严向东对2006年"中国之窗"项目作了总结，吴建中就"上海之窗"项目工作的进展和遇到的问题作了汇报，高倬贤、多家喻也先后发言。大家着重讨论工作中遇到的困难以及如何使赠书工作持续发展等问题。（办公室宣传科）

【国家图书馆2007年员工大会隆重召开】 2007年3月7日，国家图书馆在嘉言堂隆重召开

2007 年全馆员工大会，对 2006 年的工作进行总结，并部署 2007 年的工作。在主席台就座的有文化部党组成员、副部长周和平，名誉馆长任继愈，馆长、党委书记詹福瑞，党委副书记、副馆长张雅芳，副馆长陈力、张玉辉，党委委员郭又陵、富平，全馆员工除在岗值班的同志外，均参加了大会。大会由张雅芳主持。陈力宣读了《国家图书馆关于表彰 2006 年度优质服务岗位和个人的决定》和《国家图书馆关于 2006 年度科研奖励的决定》；张玉辉宣读了《国家图书馆关于授予善本特藏部“馆长特别奖”的决定》，并通报了国家图书馆 2006 年在馆外获奖情况。获得国家图书馆优质服务奖的岗位和个人代表，获得学术专著奖、学术论文奖、第二届文化部文化艺术科学优秀成果奖、国家图书馆馆级科研项目《中文书目规范控制研究》课题组的代表，“馆长特别奖”的代表胸戴红花，在全场热烈的掌声中先后上台领奖。

詹福瑞、任继愈、周和平先后发表讲话。（办公室宣传科）

【中国国家图书馆与日本出版贩卖株式会社签署第六期合作协议】 2007 年 3 月 7 日，中国国家图书馆与日本出版贩卖株式会社签署了第六期合作协议。文化部副部长周和平参加了签字仪式。

周和平表示，双方合作举办日本出版物文库阅览室已经四分之一世纪了，在长期合作中，双方互相理解，互相尊重，共同努力，排除了种种困难，使双方的合作坚持了下来。日本出版物文库阅览室也一直保持着良好的发展态势，有效地为广大读者提供着服务。

詹福瑞代表中国国家图书馆、柴田克己代表日本出版贩卖株式会社签署了《举办第六期“日本出版物文库阅览室”协议》。双方第六期合作协议有效期为 2007 年至 2012 年。自 1982 年以来，日方已向中国国家图书馆的日本出版物文库阅览室赠送图书共计 290 576 种册。其中双方第五期协议期间（2002—2007）赠送图书 16 批，总计 32 834 种册。另外，日方每年还为中国国家图书馆 2 名馆员提供赴日研修语言的机会，并负担研修费用。（办公室宣传科）

【中国国家图书馆与法国国家图书馆签署合作协议】 2007 年 3 月 29 日，中国国家图书馆与法国国家图书馆为加强双方的交流与合作，签署了《中国国家图书馆与法国国家图书馆合作协议》。

协议主要规定了双方合作的原则、方向、领域等，有利于两馆合作的正规化、机制化。同时为保持合作的活力，避免协议流于形式，双方今后将把一些具体合作项目不断补充纳入协议。

协议在法国国家图书馆签署，中国驻法国大使馆公使衔参赞蒲通作为中国国家图书馆授权人，代表我馆签署此协议。法方签署人为法国国家图书馆馆长让-诺埃尔·让纳内，这是他卸任前签署的最后一项文件。（办公室宣传科）

【国家图书馆特邀读者评议员正式上岗】 2007 年 3 月 30 日，我馆对特邀读者评议员进行了培训，并发放了《国家图书馆特邀读者评议员测评表》，这标志着国家图书馆特邀读者评议员正式上岗。特邀读者评议员定期对我馆服务的各方面，包括馆室环境、设备设施、服务点布局、各类型服务、文献采访、编目质量、文献加工时限等进行测评，以便完善国家图书馆服务工作的社会评价制度。（办公室宣传科）

【国家图书馆复印费最大降幅达 40%】 2007 年 3 月 30 日，为更好地实现公益性服务的目标，国家图书馆调整了读者复印费收费标准，最大降幅达 40%。具体调整标准为：复印 A4 单面、B5 单面由原来的 0.5 元/张调整为 0.3 元/张，A3 单面由原来的 0.7 元/张调整为 0.5 元/张，B4 单面由 0.6 元/张调整为 0.4 元/张。这是继2004年11月取消纸质文献资料费、提书费和微缩文献阅读费等费用后，国家图书馆对服务收费项目的又一次较大幅度的调整。（办公室宣传科）

【泰国公主诗琳通来国家图书馆参观善本舆图】 2007年4月3日，泰国公主诗琳通来访我馆，参观国家图书馆善本舆图。国家图书馆副馆长张雅芳、善本特藏部副主任孙学雷接待了公主一行，善本特藏部鲍国强向诗琳通公主详细介绍了我馆珍藏的20余件舆图，包括世界地图8种、中国地图13种。

诗琳通公主对中华传统文化非常有兴趣，多年来一直潜心研究。参观过程中，她一边饶有兴趣地观看，一边不时记录，并留言“学无止境”。2000年诗琳通公主曾来我馆参观，并曾为我馆题写过“先进图书馆”留言纪念。张雅芳向诗琳通公主赠送了我馆馆藏精品《西湖行宫图》的复制品，诗琳通公主也向我馆回赠了她的在华留学日记及《皇家暹罗地图集》。

随同参观的除公主的随行人员外，还有泰国驻华大使、公使，我国外交部前驻泰国大使、外交部礼宾司及亚洲司的人员。（办公室宣传科）

【国家图书馆深入开展向张秀民先生学习活动】 2007年4月12日，国家图书馆召开向张秀民先生学习活动动员大会，号召全馆员工向张秀民先生学习。

张秀民先生是国家图书馆研究馆员，是我国著名目录学家、印刷史专家和安南史专家，他在中国印刷史、版本目录学和中越关系史研究方面造诣精深，穷一生精力写下《中国印刷史》这部划时代巨著，赢得了国内外学术界的广泛赞誉。他在国家图书馆工作40年，兢兢业业，恪尽职守；退休后返乡伺母，环境艰苦仍忘我研究，笔耕不辍，生活俭朴却坚持资助家乡后学，一生成就伟大却淡泊名利。

张秀民先生的事迹在全馆广泛传播，广大员工表示，要积极响应馆党委的号召，学习他脚踏实地、爱岗敬业、忠于职守，在平凡的岗位上默默奉献的崇高境界；学习他勤奋学习、刻苦钻研、自强不息，在学术研究上锲而不舍的奋斗精神；学习他淡泊名利、孝敬父母、乐于助人，对社会无私奉献的高尚情操。（办公室宣传科）

【新加坡国家图书馆管理局代表团来访】 2007年4月16日，由新加坡国家图书馆管理局总裁华拉保绍（N. Varaprasad）博士、学习与提升副处长潘智洁、图书专业及国际关系助理处长陈菊芳、国家图书馆节目策划图书馆员郑钢、图书专业及国际关系高级执行员陈明玉组成的新加坡国家图书馆管理局（NLB）代表团一行5人来馆访问。

中国国家图书馆馆长詹福瑞会见了新加坡国家图书馆管理局（NLB）代表团一行，并感谢华拉保绍总裁应邀在国家图书馆举办的“世界图书馆馆长论坛”上举办讲座。双方还互相介绍了各自新馆的运行和建设情况，并就国家图书馆职能、与大学图书馆的合作、数字资源建设及协调等方面交换了意见。（办公室宣传科）

【第二届“世界图书馆馆长论坛”成功举办】 2007年4月16日，新加坡国家图书馆管理局总裁华拉保绍应邀来馆参加“世界图书馆馆长论坛”活动，并作了题为“充满活力的新加坡国家图书馆管理局——核心业务与管理”的讲座，国家图书馆馆长詹福瑞主持了讲座。

讲座中，华拉保绍介绍了新加坡国家图书馆管理局的管理经验以及核心业务。他将管理定义为影响他人实现共同目标的艺术和科学，阐述了当今经济转变的历史背景下，具有勇气、信心、能力、目标、沟通和关怀的领导集体对一个事业发展的重要性。他还介绍了新加坡国家图书馆的发展愿景和核心职能、核心业务，发展的远期目标和近期规划，以及业务流程重整、员工职业生涯规划、受众分析、服务创新理念的转变等问题。

中央党校图书馆馆长崔永琳、首都图书馆馆长倪晓建等 30 多家图书馆馆长和 200 余名图书馆界管理人员参加了此次活动。（办公室宣传科）

【2007 世界读书日经典诵读活动在国家图书馆古籍馆举办】 2007 年 4 月 22 日，为迎接 4 月 23 日世界读书日，国家图书馆、中国残疾人联合会、中国狮子联会、中国图书馆学会等单位在国家图书馆古籍馆举办了“倾听春天，2007 世界书

香日经典诵读”活动。来自北京市盲人学校、北京小学、北京海淀区行知实验学校的 200 多名中小学学生与朗诵艺术家及音乐家们共同参与了这次活动。国家图书馆馆长、党委书记詹福瑞，中国残疾人联合会国际部主任、中国狮子联会副秘书长陈亚安先后致辞，国家图书馆副馆长陈力主持了仪式。

经典诵读活动在孩子们集体朗诵的《古诗诵春 20 首》中拉开序幕。之后，《论语·学而第一》、《少年中国说》、《蜀道难》、《钢铁是怎样炼成的》等中外经典名篇分别登场，各领风骚，活动在孩子们共同演唱的《感恩的心》中达到高潮。

本次活动侧重于对视障青少年群体的关注，希望借此更大程度地引起社会各界对盲人学生更多的关注和呵护，让他们能和健全的孩子一样享受阅读的乐趣。（办公室宣传科）

【第二届“国家图书馆文津图书奖”揭晓】 2007 年 4 月 23 日，第二届“国家图书馆文津图书奖”颁奖仪式在国家图书馆文津厅隆重举行。我馆副馆长陈力主持了仪式。

仪式上，詹福瑞介绍了第二届文津图书奖的评选情况，张雅芳宣读了第二届文津图书奖获奖图书名单，王渝生代表文津图书奖评委致辞。随后，苑郑民、詹福瑞向第二届文津图书奖获奖图书著者、译者颁奖，刘小琴，张雅芳向第二届文津图书奖获奖图书出版社代表颁奖。最后，第二届文津图书奖获奖作者代表，《退步集》作者陈丹青，第二届文津图书奖获奖出版社代表，科学出版社副总编林鹏先后致辞，对获得“国家图书馆文津图书奖”表示感谢。

作为图书的收藏者、管理者，国家图书馆希望此次推荐的图书，在提高公众的人文素养和科学素养、构建和谐社会的进程中发挥出更大的作用。颁奖仪式后，在国图学术报告厅举行了文津读书沙龙活动，由本届文津奖获奖图书《未来世界的 100 种变化》的译者之一刘百宁博士主讲，题目是《未来世界的 100 种变化》与“读书、求职、创业”。同时，文津图书奖获奖及推荐图书展示在文津厅展出，展览持续 1 个月。

本届文津图书奖最终评选出获奖图书 10 种和推荐图书 21 种。（办公室宣传科）

【詹福瑞馆长赴印度尼西亚参加“第 15 届亚洲及大洋洲国家图书馆馆长会议”】 2007 年 5

月7—8日，国家图书馆馆长詹福瑞、国际交流处处长严向东参加了在印度尼西亚召开的“第

15届亚洲及大洋洲国家图书馆馆长会议（15th Meeting of the Conference of Directors of National Libraries—Asia Oceania）暨手稿保存和灾害预防研讨会”。包括主办国在内，共有亚洲和大洋洲地区的16个国家提交了国家报告，其中，马来西亚、澳大利亚、不丹、柬埔寨、日本、韩国、新西兰、巴基斯坦、菲律宾、新加坡、中国11个国家的代表参加了会议。

在国家图书馆馆长会议上，各馆代表除依次介绍自己的国家报告外，还研讨了亚太各国参与“世界数字图书馆”项目事宜。詹福瑞馆长在发言中指出，美国国会图书馆提出的建设“世界数字图书馆”的设想十分大胆，也符合图书馆的发展潮流，但是必须基于3个条件：第一，一个国家要参与“世界数字图书馆”计划，首先应解决本国国内数字鸿沟问题，整合自己国内的数字资源，建立一个有权威的国家数字图书馆。第二，“世界数字图书馆”必须坚持公益性。第三，“世界数字图书馆”应坚持文化多样化的方针，网站上不仅要有发达国家的文化内容，也要有发展中国家的信息和文字。（办公室宣传科）

【“期刊在中国”展览在国家图书馆开幕】 2007年5月14日，由国家图书馆举办的大型公益性展览“期刊在中国”在展览厅与观众见面。

本次展览以期刊在中国的发展历史为主线，展示了中国期刊从出现到发展，再到近现代的成熟过程，是国家图书馆第一次向社会全面、集中地公开展示丰富的期刊文献馆藏，共展出馆藏期刊300余种，许多珍贵的展品首次与公众见面，如手抄本《东西洋考每月统计传》。参展的早期的期刊还有最早用铅活字排印的中文期刊《遐迩贯珍》，最早被译成外文的中文期刊《六合丛谈》，外国传教士在中国创办的发行量最大、影响最广、历时最久的期刊《万国公报》，最早的中文科学期刊《格致汇编》等。另外，维新变法时期创办的《时务报》，戊戌变法时期的《点石斋画报》，辛亥革命期间创办的《民报》，抗战时期文献如《共产党》、《布尔塞维克》等极具纪念意义。同时，还开辟专门区域，作为近年流行的电子期刊的展示台，参观者可以通过电子计算机登陆互联网，在线查阅电子期刊。展览于6月2日结束。（办公室宣传科）

【“《道德经》版本（文物）展”在国家图书馆开展】 2007年5月18日，“《道德经》版本（文物）展览”北京巡展开幕式在国家图书馆文津厅举行，国家宗教局局长叶小文，文化部副部长周和平，国家图书馆馆长、党委书记詹福瑞等领导出席开幕式并讲话。

该展览是为庆祝香港回归十周年进行的宗教文化交流活动——“国际道德经论坛”的一部

分。国家图书馆组织了220件展品赴香港参展，其中年代最久远的是敦煌唐写本《道德经》，还有宋元明清各时期的《道德经》善本古籍、王重民先生赴英法拍摄的英藏法藏道德经照片等珍贵资料，另有一百多册外文译本。展览之前曾于4月26日至5月10日在香港文物探知馆展出。展出期间，香港市民万余人参观，并热情留言，香港特首曾荫权专程到场参观，给予了高度的评价和肯定。

此次巡回展，与国家图书馆展品同时展出的还有中国文物交流中心提供的郭店楚简《道德经》、隋唐时期老子造像，中国道教协会提供的明《正统道藏》等国家一级文物以及香港组委会提供的部分《道德经》译本。如此规模的《道德经》版本（文物）展，在世界范围内尚属首次。（办公室宣传科）

【国家图书馆举办"中国典籍与文化"系列讲座开办六周年暨《中国典籍与文化》第一辑出版仪式】 2007年5月19日，国家图书馆在学术报告厅举办了"中国典籍与文化"系列讲座开办六周年暨《中国典籍与文化》第一辑出版仪式。全国高等院校古籍整理与研究工作委员会秘书长杨忠、中央文史馆馆员程毅中、国家图书馆图书馆发展研究院院长李致忠、北京大学哲学系教授楼宇烈、中国社会科学院语言文学所教授杨成凯、中国社会科学院民族学与人类学研究所教授聂鸿音、《中国典籍与文化》编辑部主任刘玉才以及北京图书馆出版社社长郭又陵、主办讲座的善本特藏部员工等出席仪式。仪式由国家图书馆副馆长陈力主持。

为更好地发挥国家图书馆文化教育传播职能，满足社会公众日益增长的文化需求，2001年5月17日，"中国典籍与文化"系列讲座拉开序幕，讲座由善本特藏部组织，全国高等院校古籍整理与研究工作委员会、《中国典籍与文化》编辑部全力支持，为使该系列讲座内容广泛传播，使更多的人学习和了解讲座的精华，北京图书馆出版社已将"中国典籍与文化"系列讲座结集出版。

目前，该系列讲座已成功举办123讲，听众近万人次。6年来，启功、朱家溍、戴逸、王尧、程毅中、冯其庸、徐苹芳、金维诺等一批资深专家学者莅馆开讲，就古代文化领域内广泛的论题进行精彩演讲。（办公室宣传科）

【"法意文津"——数字环境图书馆发展与法律问题研究的交互平台】 2007年5月23日，由国家图书馆数字图书馆管理处和参考咨询部共同筹备的"法意文津——数字环境图书馆发展与法律问题研究小组"正式成立，数字图书馆管理处处长富平、参考咨询部主任卢海燕、人事处处长

袁彪、中国图书馆学会秘书长汤更生、参考咨询部副主任王磊、清华大学图书馆研究馆员肖燕、参考咨询部副研究馆员翟建雄以及部分小组成员参加了仪式。

"法意文津"小组现有成员17名，均是具有法律学科或相关学科背景知识的馆内员工，并通过自愿报名方式参加。法意文津小组的工作计划是，密切跟踪国内外相关（学术）组织（WTO、WIPO、IFLA－CLM、中图学会等）的活动及发展进程情况，以及世界主要国家与图书馆相关的著作权法/知识产权法的最新理论和实践发展动态，挖掘与数字环境下图书馆发展相关的外文法律文件和文献，并组织成员整理和翻译，通过多种形式出版和发布。同时，还组织小组成员对国

内外相关的图书馆发展中的法律问题实践案例进行不定期的研讨，通过研讨随时发布国内外可以借鉴的经验（包括教训）、成果，促进国家图书馆的业务发展和建设。（办公室宣传科）

【“中国国家古籍保护中心揭牌仪式”在国家图书馆举行】 2007年5月25日，“中国国家古籍保护中心揭牌仪式”在国家图书馆文津厅隆重举行。该中心的建立，标志着我国古籍保护工作组织架构、工作机构宣告成立。对于全面、科学、规范地开展古籍保护工作，建立科学有效的古籍保护制度，提高全社会的古籍保护意识，进而逐步形成完善的古籍保护工作体系，具有十分重要的意义。

仪式上，文化部人事司副司长周庆富宣读了中编办关于批准成立中国国家古籍保护中心的文件，文化部副部长周和平为“中国国家古籍保护中心”揭牌，国家图书馆馆长、中国国家古籍保护中心主任詹福瑞介绍了中国国家古籍保护中心的工作计划和任务，国家图书馆图书馆发展研究院院长、国家文物鉴定委员会委员李致忠代表专家学者发言，上海图书馆党委副书记王世伟代表古籍普查试点单位发言，周和平同志对加强古籍保护工作、开展古籍普查培训工作作了重要指示并提出具体要求。文化部办公厅副主任陆耀如主持了仪式。

中国国家古籍保护中心成立后，2007年度主要工作有：行使全国古籍普查登记中心的职能，同时，开展古籍普查培训、文献修复培训，并在文化行政部门领导下，研制古籍普查软件平台，建立中华古籍综合信息数据库，组织专家对全国珍贵古籍进行最终定级，为部际联席会议提供普查成果和数据分析成果。协助部际联席会议办公室建立《国家珍贵古籍名录》，有步骤地开展海外古籍调查工作。（办公室宣传科）

【国家图书馆举办专家咨询委员会颁发聘书仪式暨座谈会】 2007年5月25日，国家图书馆2007—2009年度国家图书馆专家咨询委员会颁发聘书仪式暨座谈会在学术活动厅举行。此次国家图书馆共聘请委员96名，其中续聘委员55名，新聘委员41名，聘期自2007年2月1日至2009年1月31日。有45位专家咨询委员参加了活动。国家图书馆自2000年12月首次聘请专家咨询委员，成立专家咨询委员会，旨在发挥专家咨询委员的专业特长，在国家图书馆业务规划与管理、文献建设、专业知识培训等方面发挥独特的作用。（办公室宣传科）

【国家图书馆服务宣传周活动精彩纷呈】 2007年5月27日，一年一度的国家图书馆服务宣传周正式拉开帷幕。国家图书馆围绕“阅读社会的家园”主题，重点在业务建设和延伸服务方面策划了一系列丰富多彩的活动。其中，推出的延伸服务项目有：

①启动“教育家论坛”。5月27日启动的“教育家论坛”是继文津讲坛、文津读书沙龙、艺术家论坛等公益性讲座之后又一系列讲座。首场讲座由中国青年政治学院常务副院长、中国青少年研究会副会长陆士桢主讲“社会参与与个人成长”。

②开展国家图书馆“走进高校”系列活动，第一站走进北航。5月27日上午，国家图书馆“走进高校”系列活动——走进北航正式启动。活动中，国家图书馆典藏借阅部工作人员发放了

宣传资料，并通过多媒体演示、宣讲、现场互动等方式，向同学们介绍了国家图书馆的职能、定位及丰富的馆藏。活动吸引了近 200 名同学参与。

③多彩讲座。服务宣传周期间，国家图书馆还推出了系列精彩讲座："新老北京的趣闻与变迁"、"健康掌握在您手中——心理与健康"、"中国道教艺术"、"京剧旦行的传承与发展"、"好的关系胜过许多教育"、"谈谈中国佛教的一些特点"、"'星期天音乐家'——纪念鲍罗丁逝世 120 周年"等。（办公室宣传科）

【中国国家图书馆馆长詹福瑞访问日本国立国会图书馆】 2007 年 5 月 29 日，中国国家图书馆詹福瑞馆长率代表团访问了日本国立国会图书馆。今年四月新上任的馆长长尾真先生曾任京都大学校长，是自然语言翻译以及智能图像处理方面的专家。詹福瑞首先祝贺长尾真担任馆长一职，并邀请他在方便的时候访华。长尾真馆长愉快地接受了邀请，并期待着在数字图书馆等领域与中方有更多的合作。詹福瑞一行还考察了日本国立国会图书馆。（办公室宣传科）

【南非国家图书馆代表团来访】 2007 年 6 月 4 日，国家图书馆馆长詹福瑞会见了以南非国家图书馆馆长约翰·猜布(John Tsebe)为团长的代表团一行 4 人。国际交流处处长严向东、中国图书馆学会秘书处秘书长汤更生参加了会见。

詹福瑞向客人简单介绍了国家图书馆的基本情况，约翰·猜布介绍了即将在南非举办的 2007 年 IFLA 大会的组织筹备概况，并热情邀请中国图书馆届时前去参加大会。随后，客人参观了国家图书馆善本地库和古籍修复车间。双方还就数字图书馆、古籍保存保护和图书馆自动化等方面进行了业务交流，共同探讨了今后的合作等相关事宜。（办公室宣传科）

【"光明来自东方——中国造纸、印刷和古籍保护展"开展】 6 月 8 日，中国非物质文化遗产系列专题展览《光明来自东方——中国造纸、印刷和古籍保护展》在我馆展览厅开幕。此次展览作为文化部中国非物质文化遗产系列专题展之一，是国家图书馆为配合第二个"文化遗产日"特别筹备的。国家图书馆馆长、中国国家古籍保护中心主任詹福瑞，副馆长陈力、张玉辉出席了开展典礼。

在众多入选国家级非物质文化遗产名录的传统技艺中，与造纸和印刷有关的技艺就有 23 项。此次展览，我馆拿出历史上各个时期的珍贵善本，借此向大家介绍中国造纸、印刷技术的发展，和中国非物质文化遗产保护在传统造纸、印刷技艺保护上取得的成就，并展示中华民族造纸和印刷术对世界文明的卓越贡献。展览除丰富的展品外，还有造纸、印刷、版画雕刻、制墨、年画和剪纸等传统技艺的现场演示。

展览开幕式上，向参加珍贵文献修复认捐活动的公众代表颁发证书，表彰他们为修复敦煌遗书所作出的贡献，同时展示一批由公众认捐修复完成的敦煌遗书。

本次展出的展品多为难得一见的精品，其中古代纸实物有明代麻纸、清代开化纸、高丽发笺、高丽彩发笺、清代御用黄色洒金五龙笺，以及清秘阁仿古名笺（采用拱花和套印技术印制）。展出的古籍善本包括唐五代、宋、金、元、明、清各个历史时期雕版印刷或活字排印的珍品共 50 多件，并首次系统地对外展出了金粟山大藏经、开宝藏等北宋以来刊刻的 15 种汉文大藏经。同时对古代刻书的字体风格、装帧形式、中国古代印刷术向外的传播等各个方面作了形象的展示。6 月 8 日下午，9、10 日全天，展览现场还将进行传统造纸印刷技艺集演，来自全国各地的优秀技师现场演示了传统造纸技艺、雕版印刷技艺、活字排版印刷技艺、版画雕刻技艺、木板水印技艺、年画制作技艺、剪纸技艺、石刻传拓技艺、制墨技艺，以及古籍修复和装裱技艺，令参观者眼界大开。参观者还可在展厅内仿真布置的中国古代书房亲身感受中华传统文化的浓郁氛围。（办公室宣传科）

【国家图书馆重大科研项目招标工作圆满完成】 国家图书馆首次在全国范围内进行的重大科研项目公开招标工作圆满完成，两项重大科研项目业已揭晓。

"国家图书馆重大科研项目"公开招标工作自2007年初启动后，共收到申报书6项，申报单位涉及高校、科研院所以及民办的信息机构。经馆学术委员会评审，郑州大学索传军教授申报的"国家图书馆数字战略研究"及南开大学柯平教授申报的"社会公共服务体系中图书馆的发展趋势、定位与服务研究"获得立项。（办公室宣传科）

【国家科技支撑计划项目"数字平面内容支撑技术平台"申报成功】 国家"十一五"科技支撑计划项目"数字平面内容支撑技术平台"日前获得科技部正式批复立项。该课题是国家图书馆近年来获得的第一个国家科技支撑计划课题，也是国家图书馆承担的国家级课题获得经费最多的一项。

该课题的承担单位为国家图书馆，课题负责人为科研处处长孙一钢，协作单位为清华大学和深圳点通科技发展有限公司。课题总经费1000万元，预计于2008年底结项。主要研究内容为面向文化信息的海量数字媒体的存储、组织、检索和管理技术等。（办公室宣传科）

【中国国家图书馆副馆长张玉辉率团访问俄罗斯】 2007年6月25日—7月6日，应俄罗斯国立图书馆（莫斯科）和俄罗斯国家图书馆（圣彼得堡）的邀请，中国国家图书馆副馆长张玉辉一行4人访问俄罗斯，与俄罗斯国立图书馆和俄罗斯国家图书馆就今后的交流进行了深入的探讨并达成共识。

访俄期间，代表团还访问了俄罗斯外文图书馆、俄罗斯科学院远东研究所、俄罗斯东方文化研究所（圣彼得堡）等文化单位，就中文古籍善本收藏、中国之窗赠书项目等议题进行了深入的交流。（办公室宣传科）

【新时期图书馆专用设备产品与技术论坛暨展览会在国家图书馆举办】 2007年6月25—27日，由教育部高校图书情报工作指导委员会、中国图书馆学会图书馆建筑与设备专业委员会、国家图书馆文化教育培训部及北京北图文化发展中心联合主办的"新时期图书馆专用设备产品与技术论坛"在国家图书馆开幕。

为期两天的论坛，邀请了国内相关领域的近20位权威人士作为主讲人，重点讨论了新时期图书馆传统业务的新发展、图书馆现代化系统、图书馆专用设备的展望等多个热点话题。来自全国近百家图书馆的技术负责人参加了论坛。

在举办论坛的同时，组委会还邀请以色列艾利贝斯公司、北京汉王科技等多家国内外图书馆技术领域的知名企业，举办了"新时期图书馆专用设备产品与技术展览会"，在图书馆新技术设备的使用者与提供者之间搭建了便利的交流平台。（办公室宣传科）

【国家图书馆30万册图书支援西部基层图书馆】 2007年6月28日，"国家图书馆西部援助计划"2007年度图书赠书仪式在国家图书馆学术报告厅举行。文化部社会文化图书馆司副司长刘小琴，国家图书馆馆长、党委书记詹福瑞，党委副书记、副馆长张雅芳，山西省文化厅副厅长赵晋蓉，新疆自治区图书馆馆长张君超，西藏自治区林芝县图书馆馆长王炜等出席了赠书仪式，国家图书馆副馆长陈力主持了赠书仪式。

仪式上，刘小琴、詹福瑞、张雅芳向受赠基层图书馆的代表赠书。"国家图书馆西部援助计划”是一项长期的工作。继2006年国家图书馆将10万册下架图书赠送给四川省部分地县级图书馆之后，今年，国家图书馆继续实施这一援助计划，向中西部的新疆、贵州、西藏、山西、安徽、重庆6个省、自治区、直辖市的县级公共图书馆捐赠下架图书共计30万册。这些赠书将在一定程度上缓解部分基层图书馆藏书不足的矛盾，改善他们长期以来有馆无书的现状。（办公室宣传科）

【国家图书馆首届“创新人才”正式受聘】 2007年6月28日，国家图书馆2007年“创新人才”聘书颁发大会在国家图书馆学术报告厅举行。国家图书馆馆长、党委书记詹福瑞，党委副书记、副馆长张雅芳，副馆长陈力，国家图书馆人才发展工作委员会成员，全馆重点行政岗位人员，全馆重点专业岗位人员以及2007年“创新人才”受聘人员出席了大会。大会由张雅芳主持。

国家图书馆“创新人才计划”于2006年7月启动后，共有101人提出了报名申请。结合候选人的学术成果、业绩审核和专业答辩等方面的情况，馆长办公会确定了入选人员名单。经过公示，国家图书馆李致忠、汪东波、顾犇、张志清和北京大学信息管理系、教授李国新，郑州大学信息管理系主任、教授索传军受聘为首席专家；国家图书馆卢海燕、苏品红、张廷银、高红受聘为学术带头人；49名来自国家图书馆相关部门的人员受聘为业务骨干。（办公室宣传科）

【“世界图书馆馆长论坛”第5期活动成功举办】 2007年6月29日，美国斯坦佛大学图书馆馆长迈克·凯勒先生来中国国家图书馆访问，馆长詹福瑞、副馆长陈力会见了客人。

凯勒先生自2005年开始担任国家图书馆数字图书馆工程顾问。会谈中，詹福瑞希望继续聘请凯勒先生担任此职，对中国国家数字图书馆工程多出谋划策，并向麦克·凯勒颁发了中国国家数字图书馆工程顾问的续聘证书。凯勒先生对此感到非常荣幸，并表示会更多地关注该工程的进展情况。

同日，麦克·凯勒先生莅临国家图书馆主办的“世界图书馆馆长论坛”，并作了题为“信息技术在推动高等教育进步中所扮演的角色：来自斯坦福的经验”的演讲。他介绍了在美国的高等教育中一些以互联网为基础的服务，从学术传播、课程管理和支持、数字图书馆的服务、学术计算中心等4个方面进行了论述。他还对数字技术发展的许多领域作了预测，他的思考对于在座的每一位听众都具有启发意义。

参加本次活动的除了国家图书馆的业务骨干以外，还有来自清华大学图书馆、国家科学图书馆、科技大学图书馆、中央音乐学院图书馆以及其他一些兄弟馆的一些领导和同仁。（办公室宣传科）

【国家图书馆党委理论中心组学习胡锦涛总书记在中央党校的重要讲话】 2007年7月16日，国家图书馆党委理论中心组认真学习了胡锦涛总书记在中央党校的重要讲话。

国家图书馆馆长、党委书记詹福瑞作重点发

言，他结合国家图书馆的建设和发展谈到，加强社会主义文化建设是不断满足人民群众日益增长的精神文化需求的需要，是全面实施党和国家发展战略的需要，必须更加自觉、更加主动地推动文化大发展大繁荣，更好地保障人民群众的文化权益。国家图书馆作为社会主义文化体系中的重要组成部分，应该为文化建设做出更多贡献。当前，要从以下几个方面做好服务工作：第一，重点突出为国家立法决策服务；第二，为图书馆业界服务，要带动和引领全国图书馆事业的发展；第三，为教育、科研单位提供参考咨询服务；第四，为公众服务，建立多元的服务体系，提高服务质量和服务水平；第五，快速发展数字图书馆，与各省图书馆、基层图书馆实现资源共享；第六，在传统文献的服务上，重视揭示文献，重视个性化服务；第七，加强文化教育服务，多举办讲座和展览，使国家图书馆成为公众的文化服务中心和终身教育的课堂。（办公室宣传科）

【中国国家图书馆馆长詹福瑞当选国际图联国家图书馆专业组常设委员会委员】 近期，国际图联新任秘书长皮特·乔汉·劳向中国国家图书馆馆长詹福瑞颁发了任命书，任命詹福瑞为国际图联国家图书馆专业组常设委员会委员。任命将于2007年德班国际图联大会召开时生效，任期从2007年到2009年。

国家图书馆专业组由来自世界各国的国家级图书馆组成。如何推行呈缴法，如何提高书籍编目和书籍加工的水平，如何开展书籍保存，如何保护文化遗产，如何推动国家文化政策，如何提高信息素养，如何通过其他图书馆和信息中心实现用户服务，如何为立法服务等问题是该组成员共同关心的话题。詹福瑞担任该专业组委员有助我国图书馆界在该领域内同国际图书馆界同行开展对话与交流。（办公室宣传科）

【《中国国家图书馆馆史》编纂工作稳步推进】 《中国国家图书馆馆史》编纂工作于2006年12月30日正式启动以来，总体进展情况良好。

根据计划，馆史编纂分为3个阶段进行。第一阶段为资料长编的编写阶段，为编写馆史打好基础；第二阶段为馆史初稿的编写阶段，要把长编资料提炼、编写成符合史实又繁简得当的文稿，到2008年5月1日前完成；第三阶段从2008年5月至10月，为馆史审稿、修订阶段，2008年底将馆史稿件交出版社，到2009年上半年完成任务。（办公室宣传科）

【在线计算机图书馆中心（OCLC）总裁来访】 2007年7月19日，美国在线计算机图书馆中心（OCLC）总裁邱人杰（Jay Jordan）先生一行4人来访。国家图书馆副馆长陈力、国际交流处处长严向东、业务处处长汪东波、图书采选编目部主任顾犇一同会见了客人。会见中，双方讨论了进一步合作的可能性。（办公室宣传科）

【国家图书馆员工2007年赴美国国会图书馆培训顺利结束】 为进一步提高员工的业务水平

和能力，加速国际化人才的培养，国家图书馆选派10名人员赴美国国会图书馆接受为期一个月的专业培训，自7月1—28日，代表团参加了22场专题讲座，内容涵盖了服务开展、标准研究、资源建设、长期保存、馆藏介绍、工作组织、系统架构等多个方面。代表团还参观了国会图书馆、国家医学图书馆、国家农业图书馆、马里兰大学图书馆、马丁路德金图书馆、国家档案馆、国家音像资源转换中心和议会图书馆等9个有代表性的图书馆和相关信息机构。培训人员返京后，均递交了内容丰富、素材全面的研修报告。（办公室宣传科）

【“西藏自治区图书馆发展研讨会”暨援藏活动在西藏自治区图书馆举行】 2007年7月31日—8月1日，由国家图书馆、四川省图书馆共同倡议，天津图书馆等14家图书馆参加的“西藏自治区图书馆发展研讨会”暨援藏活动在西藏自治区图书馆举行。

国家图书馆馆长、党委书记詹福瑞在仪式上讲话，他说，此次援藏活动有3个方面的意义，一是可以看出全国图书馆界在消除东西部文化鸿沟方面的决心。二是表明图书馆发展的一种理念，即携手共进。一方面依靠政府加大投入，努力履行提高人民享受应有的文化权益。另一方面，图书馆自己要自助、自立、自强。三是体现了互助互利的精神，无论是发达地区还是欠发达地区，全国图书馆心连心，共同进步，共同发展。

鉴于西藏自治区图书馆的实际困难，参会的14家图书馆达成一致意见，为西藏图书馆捐款购买一辆流动送书车，使更多的西藏地区的人民受益。西藏图书馆馆长桑学表示，西藏图书馆全体员工将以饱满的工作热情更加努力地工作，秉承“读者至上，服务第一”的服务宗旨，充分利用好流动送书车为学校、部队、文化站、图书室等更多地区的读者服务。

研讨会期间，在西藏图书馆还举办了“图书馆信息化建设回顾”和“图书馆新技术应用展望”两场培训班，来自西藏地区的部分图书馆馆员参加了培训。（办公室宣传科）

【“让经典伴随我们成长——穿越儿童文学的浪漫密林”在国家图书馆开展】 2007年8月2日，由国家图书馆与北京师范大学中国儿童文学研究中心联合举办的“让经典伴随我们成长——穿越儿童文学的浪漫密林”展览在国家图书馆展览厅与观众见面。

本次展览通过100余块图文并茂的展板和300余种图书，介绍了世界和中国儿童文学发展的概貌。其中，参展图书的作者均为国内外儿童文学的一流作家，内容涉及校园与成长、幻想与飞翔、动物与自然、科幻与未来等多种题材，涵盖了儿童小说、儿童散文、儿童诗、童话、寓言、科幻小说等各类文体，旨在将最好的儿童文学作品介绍给广大少年儿童，推动儿童的文学阅读，丰富儿童的精神世界。

为丰富展览内容，提高观众的观展兴趣，国家图书馆还精选了49部根据经典儿童文学作品改编的影视片，有格林童话和安徒生童话中的著名作品以及《哈利·波特》、《宝葫芦的秘密》、《小兵张嘎》等优秀影片在展出日播放。（办公室宣传科）

【古籍保护试点工作全面启动】 2007年8月3日，由文化部主办、中国国家古籍保护中心承办的“全国古籍保护试点工作会议”在北京京西宾馆召开。来自全国古籍保护工作部际联席会议成员单位代表、全国古籍保护研究领域的专家学者、各省（区、市）文化厅业务主管处的负责同志和57个古籍保护试点单位的代表参会。文

化部副部长周和平出席会议并作重要讲话。

全国古籍保护工作涉及的系统多、范围广、任务重，本次选择部分工作基础较好的古籍收藏单位，作为全面开展古籍保护计划的试点单位，通过试点摸索工作思路，积累工作经验，发现问题，以点带面，推动中华古籍保护计划全面顺利实施。这些试点单位涉及文化部、教育部、国家民委、新闻出版总署、国家宗教局、国家文物局6个系统。

全国古籍保护试点工作涉及古籍保护工作各个方面，不仅包括普查、定级、编制古籍名录，还包括提出并实施修复、保护计划，申报国家珍贵古籍名录，申报国家古籍重点保护单位等。试点工作历时一年，从2007年8月开始，2008年7月底结束。

会上，由古籍保护、研究领域的66名专家学者组成的全国古籍保护工作专家委员会宣布正式成立，为开展古籍保护工作提供专业咨询。试点单位和专家委员会分别就如何开展古籍保护试点工作进行了座谈。（办公室宣传科）

【七位学者联合向国家图书馆捐赠明本《三国志传》】 2007年8月13日，“明万历刻本《新刻汤学士校正古本按鉴演义全像通俗三国志传》捐赠仪式”在国家图书馆举行。

2005年嘉德秋季拍卖会上拍卖了明万历间刻本《新刻汤学士校正古本按鉴演义全像通俗三国志传》2册，此拍品流拍。为避免这一《三国演义》版本流失，拍卖会后，日本京都大学教授、人文科学研究所所长金文京等七位《三国演义》版本研究者，联合出资购买了此书。

汤宾尹校正《三国演义》是明代建阳刻本，在《三国演义》版本演化中占有重要地位。国家图书馆藏有其完整版本共三十卷。经中、日学者的仔细研究，发现两书个别文字和插图略有不同，是两个不同的版本。且国家图书馆藏本第一卷有残破，此书第一卷完整，可以弥补国家图书馆藏本此处残缺之憾。

国家图书馆馆长、党委书记詹福瑞代表国家图书馆接受了赠书，并向捐赠者颁发了国家图书馆荣誉证书。（办公室宣传科）

【首个“国家图书馆日”暨大匠天工——清代“样式雷”建筑图档荣登《世界记忆名录》特展活动举行】 2007年9月9日，是国家图书馆建馆98周年纪念日。从2007年开始，国家图书馆将每年的9月9日（馆庆日）定为“国家图书馆日”并举行一系列文化活动。

当天，大匠天工——清代“样式雷”建筑图档荣登《世界记忆名录》特展在展览厅开幕，文化部周和平副部长，国家图书馆名誉馆长任继愈先生，两院院士、清华大学建筑与城市研究所所长吴良镛先生，中国工程院院士、国家文物鉴定委员会主任、中国建筑设计研究院研究员傅熹年先生，联合国教科文组织北京办事处代表青岛泰之，馆长詹福瑞在主席台就座，副馆长陈力主持了开幕式。

詹福瑞首先讲话，他介绍了国家图书馆的历史、职责以及设立“国家图书馆日”的目的和意义，特别提出了国家图书馆在古籍藏、用结合方面做出的努力。周和平副部长讲话，他代表文化部对国家图书馆迎来建馆98周年纪念日，同时举办“大匠天工——清代‘样式雷’建筑图档荣登《世界记忆名录》特展”表示祝贺，他说，“样式雷”建筑图档入选《世界记忆遗产》，是

中国的骄傲，也是世界文化遗产保护的一件大事，在中华古籍保护计划全面开展之际，举办清代样式雷图档展览，对于保护和弘扬中华优秀传统文化，意义尤其重大。

本次展览由国家图书馆、故宫博物院、中国第一历史档案馆、首都博物馆、中国文物研究所、清华大学建筑学院、天津大学建筑学院、中国科学院国家科学图书馆联合主办，国家图书馆善本特藏部、文化教育培训部承办，华采博古文化有限公司协办，是迄今对这个全世界最伟大的建筑世家及其艺术成就所作的规模最大、最为全面的集中展示。展品共 276 件，98%（269 件）为首次展出，92%（253 件）为手绘手写的原件。

“样式雷”建筑图档目前尚存近 2 万件，被中外单位所收藏，其中中国国家图书馆收藏有 1.5 万件，是研究中国古代建筑史的宝贵资料。（办公室宣传科）

【国家图书馆馆长詹福瑞主讲“读书与人生”讲座】 2007 年 9 月 9 日，由国家图书馆馆长詹福瑞主讲的“读书与人生”在国家图书馆学术报告厅举办。詹福瑞引经据典、旁征博引，倾其全部的思考和感悟，与读者探讨读书的价值、读书与人生的关系等，近 200 人聆听了讲座。（办公室宣传科）

【国家图书馆总书库向读者开放参观】 2007 年 9 月 9 日，158 名读者在典藏借阅部工作人员的引导下，分 4 批进入国家图书馆基藏库，参观了图书、期刊储藏及流通方式。国家图书馆馆藏宏富，截止到 2006 年年底，藏书已达 2570 万册（件），这些馆藏大部分收藏在国家图书馆高达 19 层的基藏库里，平时不对外开放。

国家图书馆总书库向读者开放的信息公布后，读者报名踊跃，很快额满。国家图书馆期待通过设立“国家图书馆日”，宣传国家图书馆的职能、馆藏和服务，号召读者走进图书馆，倡导读者利用图书馆。（办公室宣传科）

【《中国图书馆分类法》第 4 版修订工作会议在武汉召开】 2007 年 9 月 10—14 日，《中国图书馆分类法》（以下简称《中图法》）编委会全体委员会议暨《中图法》第 4 版修订工作会议在武汉召开。《中图法》编委会委员兼副主编陈树年主持会议。《中图法》编委会副主任委员兼主编汪东波对会议宗旨和安排作了说明，《中图法》编委会委员兼副主编卜书庆对《〈中图法〉第 4 版修订报告（全体委员讨论稿）》作了解释说明。

本次会议的主题是明确《中图法》第 4 版修订的必要性和紧迫性，确定《中图法》第 4 版的修订任务、修订重点、修订原则、修订方式和方法、修订计划、修订分工等问题。会上，委员们针对上述问题展开热烈的讨论，对《中图法》第 4 版无文献保障和文献过于集中的类目编列存在的问题，各类体系与学科领域发展的滞后性问题，国外主要分类法修订的特点、技术、主要类目的变化以及网络应用的方法和实践等问题进行了分析，对《中图法》第 5 版的大类设置、划分详简程度、版本设计与出版、维护机制等方面提出自己的设想。

讨论结束后，《中图法》编委会委员贺玲勇向在场委员演示了《中国分类主题词表》修订系统，并对《中图法》修订模块使用方法进行解释说明。会议最后，汪东波做总结发言，他指出，要进一步完善《〈中图法〉第4版修订报告》，对委员及其单位的支持表示感谢，并将于会后向委员单位致函希望继续支持修订工作，以保证按时完成修订任务，对负责修订重点类的委员建议提前与编委会沟通修订思路，提出该类修订设想或方案。（办公室宣传科）

【肯尼亚国家图书馆代表团来访】 2007年9月18日—25日，应中国国家图书馆邀请，肯尼亚国家图书馆理事会主席帕基亚先生（Mr. Paul Pakia）、国家图书馆理事会董事阿登先生（Mr. Noor Aden）、国家图书馆馆长基班迪女士（Mrs. Irene M. Kibandi）、恩布省级图书馆馆长穆蒂索先生（Mr. Augustine Mutiso）和国家图书馆公共关系官员恩古吉女士（Mrs. Nancy Ngugi）一行5人来馆访问，中国国家图书馆馆长詹福瑞、副馆长陈力分别会见了来访客人。双方就图书馆业务格局、参考咨询服务以及文化信息资源共享工程等相关问题进行了交流和探讨。（办公室宣传科）

【纪念《中国图书馆学报》创刊50周年座谈会隆重召开】 2007年9月20日，《中国图书馆学报》创刊50周年纪念座谈会在国家图书馆文会堂隆重举行。国家图书馆名誉馆长任继愈先生，中国图书馆学会理事长、国家图书馆馆长詹福瑞，文化部办公厅办公室主任何晓娟、文化部社会文化司图书馆处处长陈胜利等领导，图书馆界资深学者和专家——北京大学教授周文骏、吴慰慈，武汉大学教授彭斐章，原文化部图书馆司副司长、北京图书馆副馆长鲍振西，南京大学倪波，吉林大学管理学院院长靖继鹏，原《中国图书馆学报》主编袁咏秋、孙蓓欣、黄俊贵和丘峰，中科院文献情报中心教授辛希孟、徐引篪，以及公共图书馆、高校和专业图书馆的馆长，图情院系的领导和专家教授，图书馆专业期刊的代表共70余人参加座谈会。

座谈会由国家图书馆副馆长张玉辉主持。他宣读了文化部副部长、中国图书馆学会名誉理事长、原《中国图书馆学报》主编周和平的贺词和文化部办公厅的贺信。《中国图书馆学报》主编詹福瑞代表学报编辑部讲话。他简要介绍了学报50年的发展历史以及学报的工作情况。任继愈先生、周文骏先生、彭斐章先生等相继即席发言。他们充分肯定了学报50年来所取得的成就，并为学报未来的发展纷纷建言献策，气氛活跃。原中科院文献情报中心主任徐引篪、中山大学图书馆馆长程焕文等提出了学报要加强对国外图书馆学研究前沿介绍的力度，加快刊物的网络化建设步伐，增强中国学术期刊的国际竞争力和影响力的建议。

为纪念学报50周年华诞，编辑部组织业内专家学者，从1979年改革开放后复刊到2006年学报发表的论文中评选出37篇优秀论文。会上由学报常务副主编李万健先生宣读了优秀论文的作者获奖名单，并由詹福瑞主编为作者代表颁发了获奖证书和纪念品。现场展示了1957—2007年出版的全部学报样刊。（办公室宣传科）

【国家图书馆科研工作会议暨第九次科学讨论会召开】 2007年9月30日，“国家图书馆科研工作会议暨第九次科学讨论会”在多功能厅召开。国家图书馆馆长、党委书记詹福瑞，党委副书记、副馆长张雅芳，副馆长陈力、张玉辉以及获奖论文作者、科组长以上干部、副研究馆员以上专业人员参加了会议。张雅芳主持了会议。

本次科学讨论会以“走向数字时代的国家图书馆”为主题，旨在鼓励员工积极思维、努力学习，并积极参与全馆各项建设。讨论会共收到12个部处的74篇个人和集体作者撰写的论文，其中45篇论文获奖，一等奖1篇，二等奖4篇，三等奖16篇，提名奖24篇。（办公室宣传科）

【第一期全国古籍修复技术培训班在国家古籍保护中心举办】 2007年10月11日，由中国国家古籍保护中心筹备的第一期全国古籍修复技术培训班开班典礼在国家图书馆学术报告厅举

行，来自全国各系统32个藏书单位的35位学员参加本期培训。全国古籍保护工作专家委员会主任、国家图书馆发展研究院院长李致忠，中国人民大学信息资源管理学院教授郭莉珠，中央档案馆研究员晁健，北京大学信息管理学院教授白化文，上海图书馆历史文献中心研究员陈先行出席了开班仪式并讲话。中国国家古籍保护中心办公室主任陈红彦主持了开班典礼。

本期古籍修复技术培训班着重于修复理念的正确认知，修复技术的科学化培训。培训内容包括基础理论课、技能实践、考察，共计420学时。授课教师均为国内外知名的相关学科的研究者和操作能手。（办公室宣传科）

【第二届地方文献国际学术研讨会成功举办】 2007年10月16—18日，由国家图书馆主办、国家图书馆古籍馆承办的“第二届地方文献国际学术研讨会”在北京召开。本次会议以“地方文献研究、利用与合作”为主题，共收到来自中国大陆、台湾地区、香港特区、美国等地116位作者提交的论文103篇。

国家图书馆副馆长张雅芳致开幕辞，名誉馆长任继愈先生出席开幕式并讲话。大会共进行了7场专题研讨，包括地方文献理论研究，地方文献资源建设与共享，文献专题研究，方志学、谱牒学等诸多方面。南开大学教授来新夏，上海图书馆原党委书记、研究员王鹤鸣，南开大学教授冯尔康，人民大学清史研究所教授华林甫，香港大学冯平山图书馆馆长尹耀全，台湾大学学者陈宗仁等来自图书馆、高校、研究机构的36位专家学者作了大会发言。（办公室宣传科）

【国家图书馆副馆长陈力率团参加第四届中美图书馆合作会议】 2007年10月23—25日，第四届中美图书馆合作会议于在位于美国俄亥俄州哥伦布市的OCLC总部举行。共有46名来自中美两国图书馆、博物馆和档案馆的代表参加了会议。中国图书馆学会派出了19人的代表团参会，中国国家图书馆派出了以副馆长陈力为团长，业务处处长汪东波、国际交流处处长严向东、数字图书馆管理处副处长申晓娟为团员的中国国家图书馆代表团参加了会议。

本次会议的主题是：中国和美国的图书馆、博物馆和档案馆在国内以及中美两国之间的合作。国家图书馆副馆长陈力、文化部社会文化司图书馆处处长陈胜利在开幕式上致辞。

会上，陈力作了题为《开创中美图书馆、博物馆、档案馆合作的新时代》的主旨报告，申晓娟作了题为《中国国家图书馆数字资源建设》的大会发言，严向东代表因故未能到会的上海同济大学馆长慎金花宣读大会发言，汪东波在闭幕式上代表中方主办机构作了大会总结。（办公室宣传科）

【第10届国际图联馆际互借与文献提供会议召开】 2007年10月29—31日，“第10届国际图联馆际互借与文献提供会议”在新加坡举行，世界各地共有170余人参会，国家图书馆典藏借阅部文献提供中心马文筠、张莉参加了会议。

会议的主题为“为未来而资源共享，为了成功而搭建积木”。会议的主要议题围绕资源共享、文献资源版权、馆际互借系统及未来发展趋势4个方面展开。（办公室宣传科）

【全国公共图书馆民国时期图书调查工作总结会在开封召开】 2007年10月30日—11月1日，由全国图书馆文献缩微复制中心组织召开的“全国公共图书馆民国时期图书调查工作总结会”在河南开封举行。河南省开封市副市长陈国桢，国家图书馆党委副书记、副馆长张雅芳，河南省图书馆馆长王爱功等领导出席了开幕式，来自19个省、自治区、直辖市公共图书馆的28位馆长和民国时期图书调查工作负责人参加了会议，全国图书馆文献缩微复制中心主任李健主持了会议。

会上，张雅芳代表国家图书馆简要回顾了7年来民国时期文献调查工作的过程和所取得的成绩，李健对民国时期图书调查工作开展的总体情况进行了总结，与会代表交流了各馆开展调查工作的经验，并就调查成果的开发提出了设想，对缩微产品如何与数字化相结合以及今后缩微文献抢救工作持续发展的问题进行了认真的探讨。大家一致认为，民国时期图书抢救是一项十分重要和紧迫的工作，为使民国文献所承载的那一段历史与文化不随载体的消失而出现断层，应把民国时期图书文献抢救工作摆在重要的位置上。民国时期图书调查工作的开展对推进这一时期文献抢救工作具有重要意义，对促进图书馆文献信息资源的共建共享起到了积极的作用。（办公室宣传科）

【国家珍贵古籍名录、全国古籍重点保护单位评审工作全面启动】 2007年11月2日，全国古籍评审工作会议在北京召开。会议对国家珍贵古籍名录、全国古籍重点保护单位的初审工作进行了部署。会议由国家古籍保护中心主任、国家图书馆馆长詹福瑞主持，文化部副部长周和平出席会议并讲话。

专家委员会主任李致忠先生对初评工作的程序进行了说明，对初步拟定的国家珍贵古籍名录的著录规范进行解说，提供参会人员进行讨论。

在全国范围内进行国家珍贵古籍名录、全国古籍重点保护单位评审在历史上还是第一次。此次申报首批全国古籍重点保护单位的有115家，全国29个省的195个收藏单位和个人申报国家珍贵古籍名录4000余部，涵盖了国家图书馆、区县以上公共图书馆、高等院校和科研院所图书馆、文物局系统、军队系统图书馆、少儿图书馆、博物馆（院）、档案馆、文管所、书店和出版社、个人等，古籍类型除大量的汉文古籍外，还有丰富的民族文字古籍、金石碑拓、敦煌文献、舆图、竹木简等，其中一些古籍原来未见书目著录。首批国家珍贵古籍名录的评审体现全面、准确的原则，必要时对有些文物采取主动征集的方式进行补充，以充分向世界展示中华民族文化的博大精深和多元化特点。

文化部成立了评审委员会，由文化部副部长周和平担任评审委员会主任。文化部社会文化司司长张旭、副司长刘小琴，中国国家古籍保护中心主任、国家图书馆馆长詹福瑞，全国古籍保护工作专家委员会主任李致忠、副主任史金波、北京大学朱凤瀚教授出任委员，邀请全国古籍保护工作委员会和全国重要古籍收藏单位的专业人员参加评审工作，分不同的专业组对全国各单位和个人的申报书进行评审。评审专家组分为汉文古籍组、民族语文古籍组、敦煌与佛教古籍组、简帛古籍组、金石碑拓组、全国古籍重点保护单位组6个组，初评后将组织专家进行终审，必要时专家组赴藏书单位对版本进行复审，广泛征求意见后，经

部际联席会议通过，报国务院批准公布。(办公室宣传科)

【"世界图书馆馆长论坛"第5期活动成功举办】 2007年11月5日，"世界图书馆馆长论坛"第5期活动在学术报告厅举办，由日本国立国会图书馆馆长长尾真先生作了题为"知识使我们富有"的演讲。国家图书馆馆长詹福瑞主持了论坛。国家图书馆副馆长张雅芳，随长尾真馆长出访的日方代表，中央党校图书馆、中央民族图书馆、清华大学图书馆等在京图书馆代表，国家图书馆各部处的业务骨干和工作人员共200余人参加了论坛。

长尾真馆长简要介绍了日本电子图书馆研发的历史，并列举了日本电子图书馆的特点。在介绍日本国立国会图书馆的业务状况时，特别提到了该馆在电子资源方面的研究与探索，包括贵重书图像数据库、电子期刊等。他还就未来电子图书馆的发展趋势作了大胆预测与展望，针对电子图书馆的研发提出了很多有益的建议。

演讲结束后，詹福瑞馆长对日本国立国会图书馆的数字化建设给予了肯定，他说，相信日本国立国会图书馆在数字化建设和多媒体数字图书馆建设方面将会为中国国家图书馆提供有益的经验，特别是长尾真馆长将网络信息视为国家文化财产的看法对国家图书馆的数字化建设有很大的启发作用，并希望两国国家图书馆能进一步在数字化建设方面加强交流合作。(办公室宣传科)

【"文明的传承——国家图书馆古籍影印出版成果展"开展】 2007年11月6日，由国家图书馆主办的"文明的传承——国家图书馆古籍影印出版成果展"在展览厅开幕。国家图书馆名誉馆长任继愈先生，国家文物鉴定委员会主任、中国建筑技术研究院建筑历史研究所研究员、中国工程院院士傅熹年先生，中国人民大学国学院院长、中国艺术研究院教授冯其庸先生，中宣部出版局副局长周慧琳，文化部社会文化司副司长刘小琴，国家图书馆馆长、党委书记、中国国家古籍保护中心主任詹福瑞出席开幕式并剪彩，有关方面的领导、专家学者以及图书馆界代表出席了展览开幕式。国家图书馆党委副书记、副馆长张雅芳主持了开幕式。

开幕式上，詹福瑞、刘小琴、任继愈先后讲话，对"文明的传承——国家图书馆古籍影印出版成果展"的成功举办表示祝贺，对国家图书馆的古籍保护影印出版工作给予肯定，并希望社会各界继续关心、支持古籍的影印出版工作，促进古籍保护工作持续、深入开展。展览期间，文化部副部长周和平、新闻出版总署副署长阎晓宏、全国古籍整理出版规划领导小组常务副组长杨牧之，以及著名学者、哲学家汤一介等专家学者参观了展览。

本次展览就是继建国以来最大规模的古籍原生性保护成果展——"文明的守望：中华古籍特藏珍品暨保护成果展"后，我国最大规模的古籍再生性保护成果展，也是国家图书馆古籍影印出版图书成果的首次集中展示。展览共展出珍贵古籍影印本1200余种，15 000余册。

再造善本一期图书出版以来首次完整展出，是改革开放后以国家图书馆馆藏古籍为底本影印的图书全部展出。古籍特装书形式纷呈，亦情亦貌。现场还可进行珂罗版印制。(办公室宣传科)

【"天子国度印象：纪念中意建交37周年特展"在国家图书馆开展】 2007年11月8日，由中国国家图书馆、意大利卫匡国研究中心、热那亚加拉塔海洋博物馆、意大利驻华大使馆共同主办的“天子国度印象：纪念中意建交37周年特展”在国家图书馆馆藏精品展示室开幕。意大利驻华使馆公使戴世达、国家图书馆副馆长张雅芳、意大利卫匡国研究中心主任思卡尔德奇尼教授、热那亚加拉塔海洋博物馆董事长普罗富莫，以及众多中意学者和友好人士参加了开幕式。戴世达、张雅芳、思卡尔德奇尼代表主办方，北京大学历史系中国古代史研究中心教授李孝聪代表学者在开幕式上发言。

此次展览是国内第一次系统地展示西方地图史。展览以欧洲特别是意大利对中国的认识和研究为线索，展现了东西方早期的文化交流。展品由中意双方提供。意方提供了14至19世纪西方人绘制的最重要和最具代表性的41幅地图，包括卫匡国的《中国新图志》，基歇尔的《中国图说》，杜赫德的《中华帝国全志》和当维尔的《新编中国地图集》。这些珍贵的作品是1500年至1700年间在中国的耶稣传教士们绘制的优秀代表作品。

中国国家图书馆也提供了多件相关善本珍品，其中，珍贵的利玛窦手稿《教理问答》和他与李之藻合绘的《坤舆万国全图》第4幅均为第一次展出。此外卫匡国绘制《中国新图志》所使用的参考书，包括明刻本《广舆记》、《广舆考》、《皇明职方地图》、《皇舆考》和《寰宇通志》等珍贵图集也一并参展。

开幕式下午，思卡尔德奇尼教授特别配合展览举办了题为“科学和技术知识：十七世纪欧洲和中国文化的相遇”的讲座。讲座以卫匡国及其地图绘制工作为例，介绍了中国传统的绘图技法与欧洲科技知识相结合的过程。

本次展览对加深中意两国友谊，促进两国人民的相互了解和认识，拓展中意汉学研究的交流与合作，都具有重要的意义。（办公室宣传科）

【“中华再造善本一期工程”图书出版工作完成】 在文化部和财政部的领导下，在有关各方的共同努力下，自2002年7月开始的“中华再造善本一期工程”历时五载，于2007年8月全部完成。

五年来，北京图书馆出版社共计出版一期工程“唐宋编”、“金元编”758种1396函8974册（册数未含卷轴装2种），并按上级要求，提前制作二期工程“明代编”、“清代编”29种41函155册，取得了第一阶段的成功。期间，完成拍摄工作421 976拍，其中唐宋、金元部分414 569拍，明代、清代部分7407拍。使用国图底本596种，计322 394拍。

通过《中华再造善本》进校园、向各省级图书馆赠书、举行一系列专题推介和图书交易活动，《中华再造善本》陆续分藏于海内外140余家图书收藏机构，为学术研究提供高质量的便捷服务，使中国传统文化中蕴涵的精粹在更广泛的范围共享。（办公室宣传科）

【“津渡—匈牙利与中国的图书对话”展在国家图书馆开展】 2007年11月15日，由中国国家图书馆和匈牙利罗兰大学孔子学院共同主办的“津渡—匈牙利与中国的图书对话”展在中国国家图书馆展览厅开幕。匈牙利文化教育部长希莱尔·伊斯特万博士（Dr. Hiller Istvan）、匈牙利驻华使馆大使米萨洛什·山道尔博士（Dr. Mészáros Sándor）、匈牙利罗兰大学孔子学院院长郝清新博士（Dr Hamar Imre）、中国国家汉语国际推广领导小组办公室副主任赵国成、中国文化部外联局副局长于兴义、中国国家图书馆副馆长张雅芳，以及匈牙利政府文化教育代表团成员，中匈文化、教育界人士等出席了开幕式。希莱尔·伊斯特万、郝清新、赵国成和张雅芳分别致开幕词。

此次展览是匈牙利文化年活动的重要组成部分，集中展示了中匈两国书籍交流的成果，也是两种文化交流的缩影。展品以匈牙利文学作品的中文译本为主，并配有匈牙利原文版本，另外还

有译成匈牙利语的中国作家的作品和匈牙利作家关于中国的作品。（办公室宣传科）

【“科学家论坛”开坛 讲座又添新品牌】 2007 年 11 月 17 日，国家图书馆“科学家论坛”的开坛活动在国家图书馆学术报告厅举办。中国科学院院士、我国著名的流体力学专家周恒担任开坛嘉宾，并作了题为“培养科学兴趣，探索科学精神”的精彩演讲，200 多位听众参加了活动。

党委副书记、副馆长张雅芳主持了开坛仪式。周恒院士简要生动地阐述了科学技术是第一生产力、科学的发展有利于人们树立正确的世界观，以及科学与推动社会发展和创新的关系，并特别强调了社会需求对创新的推动作用。

此次“科学家论坛”开坛之后，国家图书馆的系列讲座又增添了新的品牌，必将进一步丰富社会公众的精神文化生活，提升科学素养，成为公众了解和学习中国和世界科学文化精髓的桥梁。（办公室宣传科）

【中国学文献研究、开发与服务座谈会在国家图书馆召开】 2007 年 11 月 29 日，由参考咨询部主办的“中国学文献研究、开发与服务座谈会”在国家图书馆召开。国家图书馆名誉馆长任继愈先生、北京外国语大学教授张西平、中国社会科学院历史所研究员耿昇、中国人民大学教授杨慧林、中国社会科学院国外中国学研究中心副主任何培忠、北京语言大学汉学研究所所长阎纯德、北京语言大学副教授钱婉约、北京行政学院教授侯且岸、中国人民大学副教授杨煦生等专家学者出席了座谈会。馆党委副书记、副馆长张雅芳，副馆长陈力，业务处副处长刘康宁参加了座谈会。会议由参考咨询部主任卢海燕主持。

任继愈先生在发言中对会议的召开表示祝贺，希望与会专家对国家图书馆中国学文献资源的建设提出意见和建议，以此次会议为契机，促进国家图书馆与中国学研究界的交流和互动，并在今后采取灵活多样的形式，加强国家图书馆与学术界的信息沟通，更好地解决专题文献的供求问题。张雅芳在发言中强调了中国学研究的重要性，介绍了国家图书馆在本领域的文献建设和研究方面的传统，并指出今后国家图书馆将加大在这一领域的工作力度，希望专家们不吝赐教，为国家图书馆更好地开展下一步工作给予指导。陈力结合国家图书馆进一步加强研究型图书馆职能的思路，向与会者详细介绍了国家图书馆业务转型和文献结构调整的基本情况，明确指出国家图书馆作为国家馆在中国学文献建设和研究方面应发挥的作用。

与会专家学者围绕“国家图书馆馆藏中国学文献资源的收藏、开发与服务”以及“国家图书馆海外中国问题研究中心的定位和服务模式”两个主要议题展开热烈讨论，为国家图书馆的中国学文献资源建设，服务与研究提出了宝贵的建议。（办公室宣传科）

【军旅作家刘秉荣向国家图书馆赠书】 2007 年 12 月 4 日，人民出版社和军旅作家刘秉荣将其新作《中国工农红军全传》及他创作的其他 40 余部作品一起赠予国家图书馆。武警部队副司令员朱曙光，人民出版社社长黄书元、副社长任超、宣传策划部主任孙兴民，中国通俗文艺研究会会长陈钧，解放军报文艺部主任陈先义，武警部队创作室主任、作家刘秉荣，国家图书馆馆长、党委书记詹福瑞，馆办公室主任张彦出席了赠书仪式。仪式由业务处处长汪东波主持。

朱曙光在讲话中对刘秉荣的作品《中国工农红军全传》给予充分肯定，并祝愿刘秉荣今后创作出更多更好的作品。仪式上还宣读了贺龙的女儿贺捷生部长的讲话。

詹福瑞代表国家图书馆感谢人民出版社和刘秉荣先生对国家图书馆藏书建设的大力支持。他表示，作为国家总书库，国家图书馆将把这些图书妥善保管并充分利用，使之成为激励人们前进的精神食粮，为提高全民素质发挥它应有的作用。（办公室宣传科）

【李洪峰同志到国家图书馆调研 对党风廉政建设提出重要要求】 2007 年 12 月 4 日，文化部党组成员、驻部纪检组组长李洪峰同志在驻部监察局负责同志陪同下到国家图书馆进行调研。国家图书馆馆长、党委书记詹福瑞，党委副书记、副馆长张雅芳及副馆长陈力、张玉辉等参加了调研。

詹福瑞馆长、张雅芳副馆长分别汇报了国家

图书馆近年来工作情况和纪检监察工作情况。李洪峰同志对国图近年来各项工作取得的成绩给予充分肯定。他说，“国家图书馆馆藏丰富，给我留下了深刻印象。近年来，国图各项工作取得显著成绩，特别是在深化文化体制改革方面，迈出了很重要的步伐。”

李洪峰同志认为，国图工作有 3 个特点：一是各项工作贯穿了改革创新的精神；二是有非常明确清晰的工作思路，尤其是着眼于事业长远发展而提出“三大发展战略”，是系统性、前瞻性的思路；三是高度重视了领导班子建设、干部队伍建设、党风廉政建设，这是做好文化工作的重要保障。

李洪峰同志对进一步做好国图的党风廉政建设工作提出三点要求：一是要始终把党风廉政建设摆在党委工作的重要位置，任何时候都要常抓不懈；二是国图要为国家的党风廉政工作提供资源，发挥思想库、知识库的作用。三是对于工程的监督管理要善始善终，越是到后期，越不能掉以轻心。要把国图二期工程暨国家数字图书馆工程建设成阳光工程、优质工程、廉洁工程。

李洪峰同志指出，党的十七大召开后，我们国家的文化建设处于历史上最好的时期。国图是国家重要的文化设施，发挥着不可替代的作用。国图要把握好这一历史机遇，以更高的目标，更高的追求，不仅面向全国，也要面向世界，迈开更大的步伐，尽早实现“争世界一流，创全国第一”的目标，为切实推进社会主义文化大发展大繁荣，兴起社会主义文化建设新高潮，激发全民族文化创造活力，提高国家文化软实力发挥积极作用。

调研期间，李洪峰同志还视察了外文阅览室、善本阅览室，参观了《四库全书》书库，观看了《永乐大典》等馆藏珍品，对国图的管理工作和丰富的馆藏表示赞赏。（办公室宣传科）

【中文文献资源共建共享合作会议理事会第一次会议在澳门召开】 2007 年 12 月 6 日，由中国国家图书馆主办，澳门社会发展研究会、全球中文文献资源共建共享促进会筹委会承办的“中文文献资源共建共享会议”理事会会议在澳门大学图书馆召开。国家图书馆馆长詹福瑞、澳门社会发展研究会理事长陈炳强、澳门图书馆暨资讯管理协会理事长王国强先后致辞。

会议审议了《中文文献资源共建共享合作会议章程》草案，赞成设立会议的管理组织——理事会，并就项目的立项和结项、资金筹措等问题展开了充分的讨论，期待通过实施相关措施使这个会议充满活力和吸引力。

会议确定 2008 年 11 月在澳门召开第七届“中文文献资源共建共享合作会议”，主题为“古籍文献、民国文献资源建设与数字化”，包括会议报告和项目报告，并通过大会招贴（Poster Session）方式展示前六届会议的部分项目和赞助商的广告宣传。

台湾汉学研究中心代表宋建成、苏桂芝，香港康乐及文化事务署助理署长李玉文，香港中央图书馆总馆长何伍淑敏，香港中文大学图书馆副馆长黄潘明珠，美国芝加哥大学东亚图书馆馆长周原，北京大学中国高等教育文献保障系统管理中心副主任肖珑，国家图书馆善本特藏部主任张志清、港澳台交流处处长严向东参加了会议。（办公室宣传科）

【“安妮·弗兰克：历史的见证”展览在国家图书馆举办】 2007 年 12 月 22 日，由中国国家图书馆、安妮之家博物馆共同主办的《安妮·弗兰克：历史的见证》展览在国家图书馆馆藏精品展示室开展。国家图书馆副馆长陈力、《中华读书报》总编辑庄建、荷兰驻华使馆文化官员孟安娜、荷兰安妮之家博物馆荣誉代表方复礼等人参加了展览开幕式。

本展览以安妮·弗兰克的一生和《安妮日记》为主要线索，展现了一名犹太少女在二战期间艰难生存的境遇以及纳粹分子对人性和生命的摧残。

《安妮日记》1947年正式出版。1960年，奥托·弗兰克创办了“安妮之家”博物馆，此后还成立了一个教育基金会，将全世界的青少年联系在一起。目前，《安妮日记》已有70多种版本。今年6月12日是《安妮日记》正式出版发行的60周年纪念日，世界各地举办了各种与安妮·弗兰克相关的活动。

《安妮·弗兰克：历史的见证》是安妮之家发起并主办的巡回展览之一，它同时也是荷兰在海外举办的参观人数最多的展览，目前有40余种语言版本，仅2007年年初至今已经到过全世界80多个城市。《安妮·弗兰克：历史的见证》展览属于免费公益教育活动，目的是让全世界了解安妮、了解战争，体会和平与宽容对人类的重要性。本展览尤其对青少年教育具有重要意义。在欧洲的许多城市，它是中小学校“固定”的巡回展览，已经成为学校教育的一部分。

此次是《安妮·弗兰克：历史的见证》第一次在中国内地展出，此前曾到过中国香港。本次展览的展板、展品、多媒体资料等均由安妮之家博物馆提供，中方主办者负责协调联络、翻译编辑和具体实施等工作。展品包括1个《安妮日记》复制件和25种《安妮日记》译本。同时，展厅内外还安放了相关的影像资料和互动软件，包括展览介绍短片和《安妮之家虚拟博物馆》等，参观者可以随心选择所需信息。

《安妮·弗兰克：历史的见证》展览是多方合作努力的成果，除中荷主办方外，还得到了荷兰驻华大使馆等机构的大力协助和支持。（办公室宣传科）

各省、市、自治区图书馆

北京市

【概况】 北京市公共图书馆在北京市委、市政府，市文化局、各区县文化委员会的关怀与支持下，在完成北京市 2005－2007 年“折子工程”，保障市民公平地获取文献信息资源，繁荣基层文化生活，完善基层图书馆网络建设，拓展服务领域等方面做了大量的工作，使北京市公共图书馆事业的发展又上了一个新台阶。

北京市有 24 家县级以上公共图书馆，分布在 18 个区县，其中，首都图书馆（北京市少年儿童图书馆）为市级图书馆；区级图书馆 16 家，分别是东城、西城、崇文、宣武、朝阳、海淀、丰台、石景山、门头沟、房山、通州、顺义、昌平、大兴、平谷、怀柔区图书馆；县级图书馆 2 家，分别是密云、延庆县图书馆。另外有西城、石景山、丰台、朝阳 4 个独立建制的青少年儿童图书馆，现燕山行政区划归房山区，燕山图书馆为独立建制的图书馆。2007 年东城区图书馆、宣武区图书馆正在进行内部装修改造。24 家公共图书馆馆舍面积合计 15.54 万平方米，阅览坐席 12 837 个，工作人员 1196 人。

2005 至 2007 年，北京市文化局、财政局对全市区县公共图书馆连续三年进行购书经费的补助，每年向区县图书馆补助购书经费 1520 万元。至 2007 年底，公共图书馆馆藏文献总量 1277 万册（件），全市人均拥有藏书达到 0.78 册。接待读者 782 万人次，外借文献 865 万册次，平均日接待读者 900.8 人次/馆，365 天开馆，并对未成年人实行免费阅览和借书服务。

已具品牌效应的全市图书馆全民阅读活动和红领巾读书活动吸引了广大市民和中小学生的参与。“千场讲座”已经成为市民读书活动的知名品牌，“首图讲坛”、“崇文科普讲坛”、“兴图讲坛”、“红领巾讲坛”、“名家讲坛”等已成为市民文化休闲的固定内容。2007 年全市公共图书馆举办面向市民的免费讲座 1800 场，超额 80％完成了“折子工程”的任务要求。

送书服务点达到 1788 个，组织送图书下基层 3120 次，送书 105 万册。实现了方正电子书库、龙源电子期刊的共享，读者在家就可以登录访问，形式各异的网络阅览活动吸引了 28 万多人次参与。

各图书馆还针对边远山区农民、来京务工人员以及监管人员等弱势及特殊群体，开展了多种形式的送书活动。4·23 世界读书日、科技周、图书馆服务宣传周等活动，有效地推动了读者对公共图书馆信息资源的利用。

“北京市公共图书馆计算机信息服务网络”和“全国文化信息资源共享工程”建设在 2007 年得到进一步完善，共享工程北京市分中心建设基层点达到 421 个。

从 2004 年 5 月 1 日起利用“北京市公共图书馆计算机信息服务网络”平台实现的“一卡通”通借服务，发展到 2007 年底，“一卡通”成员馆达到 143 家，其中市级图书馆 1 个，区、县级图书馆 10 个，街道、乡镇级图书馆 132 个。2007 年 5 月 28 日有 18 家图书馆开通了通还服务，至 2007 年年底，加入“一卡通”通还服务的图书馆达到 57 家。

根据文化部到 2010 年实现一乡镇一馆、一行政村一室、人均一册书的规划和市文化局的要求，本市今年重点支持乡镇、行政村图书馆（室）的发展，构建北京地区公共图书馆四级服务网络，使公共图书馆的服务半径延伸到北京市的每一位市民身边，以保证公民平等获取、享有文献信息的权利。截止到 2007 年底，已建立街道、乡镇图书馆 286 个，覆盖率达到 91％；建立社区、村图书室 2607 个，覆盖率达 41％。另外，有 11 个区县图书馆成立图书配送中心，建立图书配送点 641 个，全年配书 64 万册。

2007 年规划并建设北京市中心图书馆管理体系，统筹协调文献资源建设。首都图书馆积极发挥中心图书馆职能，继昌平区图书馆农业专题资料、密云县图书馆生态环境、宣武区图书馆宣南文化、崇文区图书馆手工艺专题资料分馆成立之后，又在东城区建立胡同文化、门头沟区图书馆永定河文化、通州区图书馆运河文化、房山区图书馆石刻文化等共计8个专题特色资料分馆，有效地推动了本地区特色资源的建设与服务。

在各级领导的关心与支持下，本市的图书馆事业得到了很大发展，持证读者数和图书借阅册次不断增加，群众的满意度也随之不断提高。（首都图书馆）

【文化部图书馆处领导到北京市进行共享工程工作调研】 6月8日，文化部社图司图书馆处陈胜利处长、共享工程国家管理中心规划处刘刚处长来到北京市顺义区赵全营镇北郎中村进行实地调研，了解全国文化信息资源共享工程在北京市的实施情况。

在调研过程中，陈胜利、刘刚两位处长认真听取了北京市文化局社文处张健处长和首都图书馆陈坚副馆长关于北京市实施共享工程的工作汇报，了解北京市的具体措施，对北京市采用有线电视网络实现共享资源传输的技术进行了深入了解，对北京市的特色资源整合工作给予了肯定和指导。

在听取全区文化信息资源共享工程工作的总体情况介绍及北郎中村共享工程使用情况的介绍后，领导们参观了北郎中村图书室，北郎中村基层图书室管理员胡悦为领导做了操作演示。文化部的领导们对该村的新农村文化建设工作给予了高度的肯定，同时指出，对文化信息资源共享工程须高度重视，常抓不懈，切实为百姓的生产、生活做好服务，提升农民的思想文化素质。

北京分中心从2006年开始，利用有线电视村村通工程搭建共享工程服务平台，辅以卫星、互联网等手段，加大特色资源的整合力度，同时与数字家园、爱农驿站、农村远程教育相结合，加强农村基层店的建设，使共享工程的服务范围更大、服务面更广，服务内容更全面更丰富，受到了基层群众的欢迎。（全国文化信息资源共享工程北京分中心、首都图书馆）

【北京市政府办公厅副秘书长卢全到北京市公共图书馆检查政府信息公开工作】 9月27日，北京市政府办公厅副秘书长卢全等同志来到首都图书馆、西城区图书馆和丰汇园街道图书馆，就北京市公共图书馆系统提供政府信息查询、服务工作的情况进行实地检查、调研。

在听取了北京市文化局的汇报后，卢全秘书长指出，国务院颁布的《中华人民共和国政府信息公开条例》（以下简称《条例》）将于2008年5月1日正式实施，按照《条例》的规定，各级政府信息要面向市民公开，在各级图书馆要提供查询服务，目前，在三级图书馆的网站上都能够查询政务信息，各图书馆也都开展了有关的服务，这方面做得很好。今后北京市将充分利用各级公共图书馆信息服务网络平台，结合全国文化信息资源共享工程的实施，广泛开展政府信息的查询服务，特别是在社区、村实现“就近查询，资源共享”。

北京市文化局王文光副局长表示，北京市各级公共图书馆将进一步贯彻落实《条例》精神，并以此为契机，推进北京市的文化信息共享工程和社区、村镇图书室的建设进度。

北京市文化局社文处张健处长、西城区文委主任张宏达、首都图书馆倪晓建馆长等一同参加了检查调研。（首都图书馆）

【北京市文化局制定《北京市公共图书馆文明服务规范（试行）》并印发通知】 1月15日，北京市文化局印发《北京市公共图书馆文明服务规范（试行）》（简称《规范》）的通知指出，全市公共图书馆是政府公共文化事业的重要组成部分，是宣传先进文化、提高民族文明素质、丰富群众文化生活、普及科学知识的前沿和阵地，《规范》要求提升北京市公共图书馆的服务水平，完善读者的文化权益。《规范》内容包括：（一）职业道德规范；（二）环境规范；（三）仪表规范；（四）行为规范；（五）语言规范；（六）监督机制。全市各公共图书馆针对《规范》，进行了广泛的宣传贯彻活动。（首都图书馆）

【非洲文化人士访问团考察北京市文化信息资源共享工程基层服务点】 10月15日，由文化部主办的2007年度“非洲文化人士访问计划”访问团一行对北京市文化共享工程顺义区赵全营镇北郎中村基层服务点进行了考察。来自埃塞俄比亚、贝宁等11个非洲国家的17名司局级

文化官员、文化机构负责人和有关非洲国家的驻华使节出席了此次访问。共享工程顺义区基层服务点工作人员对该地区共享工程的工作进展情况进行了介绍，非洲朋友随后参观了村图书室、村生态农业成果展览并就感兴趣的问题与村民和工作人员进行了交流。（首都图书馆）

【收获文明共建和谐——北京市公共图书馆迎奥运职工风采大赛圆满落幕】 11月16日，由北京市文化局支持，首都图书馆主办，全市24家公共图书馆、少年儿童图书馆共同参与的“收获文明 共建和谐”——北京市公共图书馆迎奥运职工风采大赛总决赛在首都图书馆圆满落幕。这次举办的职工风采大赛是北京市公共图书馆系统深入开展“迎奥运 讲文明 树新风”活动的重要内容。比赛项目除了传统的图书馆业务知识问答以外，英语情景对话、才艺展示和情景剧表演成为赛场亮点。参赛展示出了现代图书馆员良好的职业素养和崭新的精神面貌。

首都图书馆倪晓建馆长表示，比赛是形式，练兵是过程，提升行业整体服务水平是目的。2008年北京奥运会即将到来，公共图书馆作为公共文化服务窗口，将通过形式多样的培训和评比等，提高服务能力，提升服务水平，更好地服务读者、服务奥运、服务社会。（首都图书馆）

【北京市图书“一卡通”开始通还服务】 自2007年5月28日起，北京市部分公共图书馆图书通还服务开始试运行。持有北京市公共图书馆网络联合读者卡（简称“一卡通”）的读者，可以开始异地还书。首先开通18家图书馆。到2007年底，北京市实现异地还书的图书馆已增至57家，涵盖了首都图书馆以及东城区、西城区、朝阳区、海淀区、石景山区、丰台区等六个区图书馆及其部分联网街道馆。异地归还的图书仅限在57家图书馆内所借的普通中文图书。（首都图书馆）

【北京市公共图书馆馆长工作会议在怀柔召开】 2月7日北京市公共图书馆馆长工作会议在怀柔召开，北京市文化局阮兰玉助理巡视员、社文处张健处长，北京市民政局社区服务中心霍一伟副主任，北京市图书馆协会冯守仁理事长，首都图书馆倪晓建馆长等40余人参加了会议。会议由首都图书馆周心慧副馆长主持。

首先，周心慧副馆长对全市图书馆2006年的主要工作进行了总结，并结合市文化局要求对全市图书馆2007年度的主要工作进行布置。阮兰玉助理巡视员、张健处长、冯守仁理事长等领导分别对2006年全市图书馆的工作予以肯定，并对2007年的工作做出重要指示。

随后，首都图书馆肖维平书记、邓菊英副馆长、杨素音副馆长、胡启军馆长助理分别就公共图书馆迎奥运活动、共享工程建设、少儿馆工作以及公共图书馆在两节、两会期间的安全问题等项工作进行了发言。其间，霍一伟副主任对北京市社区服务信息网络平台进行了介绍。

倪晓建馆长在发言中提出了公共图书馆要从以下几点着力进行体系建设：构建全市图书馆服务体系及网络信息共享体系；构建全覆盖的文化体系，大力发展农村图书室建设；构建全市网络信息咨询服务体系；构建异地借还书的运营体系，方便大众阅读；构建全市各种活动的服务体系，进行资源整合，融会各馆多样性的服务形成全市图书馆共同的规范与标识，将一个馆的特色想法，变成全市馆的目标，统一宣传；做到固定服务与流动服务相结合、印刷文献与数字信息相结合、静态服务与讲座等动态服务相结合；构建文献加工体系，积极学习提高业务知识，落实培训效果；竖立大局意识及奉献精神，创新服务方式、开拓思路，积极推进各项工作的开展。（首都图书馆）

【2007年度北京市公共图书馆工作总结会在昌平区召开】 11月22至23日北京市公共图书馆总结工作会在昌平区召开，北京市文化局王文光副局长出席了会议。

会议总结了2007年全市公共图书馆取得的主要成就：超额完成了市委市政府的“折子工程”，品牌活动越来越广泛、讲座内容更贴近生活、送书下基层更注重内容，全民读书活动在拓展服务范围、提高服务质量、增加服务手段等方面起到了积极的推进作用；四级图书馆服务网络进一步得到完善，乡镇图书馆（室）覆盖率达到89%，村级图书馆（室）覆盖率从15%上升至41%；顺义区率先在本市实现了乡镇图书馆和村图书室的全覆盖；信息资源共享工程得到了进一步扩展；“一卡通”联网馆达到143家，并开通了网上续借功能；政府信息公开工作正在积极筹备中；古籍保护工程全面启动，针对基层图书馆的培训工作已全面展开，部分区县图书馆已开始对本区内进行普查登记；少儿科普阅读活动突出个性化，传递爱心活动荣获精神文明办公室嘉奖；京城书香迎奥运活动高潮不断，图书馆职工风采大赛精彩激烈，畅想2008朗诵比赛也即将开赛；市文献编目中心已具有90万条数据供各区县馆使用，并将逐步实现少儿书目数据及各种电子资源的下载等等。会议并简要介绍了2008年的重点工作。

顺义区图书馆向各馆介绍了完成一村一室建设的过程和经验，为各区县推进本地区基层图书馆（室）建设提供了借鉴经验。为时刻警醒各馆馆长的安全意识，做好图书馆的安全工作，会议除讲解外还组织观看了消防安全光盘。

首都图书馆倪晓建馆长向各馆馆长介绍了各地图书馆在一村一室建设及图书馆服务、收费方面的近况，希望各馆不仅能够继续充实文献资源，巩固品牌活动，大力开展宣传，在保证图书馆基础服务的同时还要积极通过资源共享、一村一室等拓展性工程，扩展图书馆的服务范围，使广大市民能够方便而充分地享有阅读的权力。

市文化局王文光副局长对全市公共图书馆做出的成绩给予了肯定，并对2008年度的主要任务进行了布置。期望各馆继续努力，加强对街乡、社区、行政村图书室建设的指导，构建公共图书馆四级服务体系，推进图书文化覆盖率，力争在2010年完成一村一室建设；要求各图书馆继续做好业务人员的培训工作，完善图书馆服务工作，注重对未成年人、老年人、外来务工人员及残疾人等特殊群体的服务，继续开展“全民读书活动”，努力传播奥运文化；做好政府信息公开工作；推进古籍普查与保护工作。（首都图书馆合作协调中心）

【“北京市文化信息资源共享工程”技术培训班圆满完成】 2007年上半年，北京市基层服务点已经覆盖了全市所有的街道、乡镇。今年，北京市共享工程建设采用了新技术，购买了新资源、新设备，本着资源共享为宗旨，使用途径更加具有针对性、多样化，建设“北京市文化信息资源共享服务平台”网站群向基层用户传送整合后的共享资源。为了使各支中心和基层服务点尽早熟悉掌握各个系统的操作使用，尽早开展服务，北京市分中心在6－7月举办了“北京市文化信息资源共享工程”技术培训班。分别在昌平、顺义、怀柔、门头沟、大兴、西城、通州7个区级支中心分区域进行培训，参加人员达到400人次，在培训结束后统一颁发上岗资格证书。

北京市分中心精心策划组织培训内容，邀请协作单位工程师及相关技术人员进行授课，讲解了“北京市文化信息资源共享服务平台”内容传输平台的使用、卫星接收站的使用和维护、农业数据库资源和农业多媒体课件资源介绍及利用等。同时，北京市分中心的工作人员向基层服务点代表系统讲解了《北京市文化局关于文化信息资源共享工程区县分中心基层中心和服务点建设与管理的意见》，以及文化部文化共享工程评估验收标准，就如何在基层开展服务提出了详细的要求。

“北京市文化信息资源共享工程”一期平台已经开始进行数据推送，可实现文化共享信息内容的分发、下载、浏览和本地点播播放等功能，第二阶段将根据文化共享工程需求，实现视频直播、信息数据库查询、内容订阅等功能，满足用户对文化共享工程的应用需求。（全国文化信息资源共享工程北京市分中心、首都图书馆）

【“共同架起儿童与图书的桥梁——纪念国际儿童图书节40周年暨中国儿童阅读日系列活动”启动仪式在首都图书馆举行】 3月23日，由中国儿童读物促进会（国际儿童读物联盟中国分会CBBY）与首都图书馆（北京市少年儿童图书馆）联合主办的“共同架起儿童与图书的桥梁——纪念国际儿童图书节四十周年暨中国儿童阅读日系列活动”启动仪式在首都图书馆举行，本次活动得到了教育部基础教育司和团中央少年部的大力支持。

国际儿童读物联盟（IBBY）副主席艾利斯·万斯（ELLIS VANCE），中国作家协会副主席高洪波，教育部基础教育司副司长高洪，团中央少年部副部长张朝辉，CBBY主席、中国出

版工作者协会副主席海飞等参加了此次活动并发表了精彩演讲。来自IBBY、中国作家协会、教育部、团中央、文化部、中国图书馆学会、北京市文化局、首都图书馆、CBBY总部及各地方分会的三十余位领导和嘉宾也出席了启动仪式。

目前，儿童阅读问题受到社会各界的普遍关注。CBBY主席、中国出版工作者协会副主席海飞在启动仪式上介绍了中国澳门IBBY第30届世界大会的情况，并宣布从今年起，每年的4月2日为"中国儿童阅读日"。在启动仪式上，CBBY上海、香港、深圳三个地区分会宣布成立；CBBY还授予首都图书馆（北京市少年儿童图书馆）"中国促进阅读示范图书馆"称号，授予深圳南山区、山东德州德城区为"中国促进阅读示范区"称号，同时向河北太行山地区和山东德州捐赠了价值1万元的图书，建立CBBY爱心书屋。

在启动仪式上，首都图书馆副馆长杨素音介绍了首图开展少儿阅读活动的情况。首图积极通过各种阅读活动架起儿童与图书的桥梁，"童心舞台"的立体式阅读、"红红姐姐讲故事"等的启发式阅读、"美劳加工厂"的实践式阅读以及"多媒体课堂"的网络式阅读等形式多样的阅读活动在引导广大少年儿童多读书、读好书方面发挥了重要作用，并广受儿童和家长欢迎。以"中国儿童阅读日"为契机，首图将组织更多丰富多彩的阅读活动，为广大青少年搭建快乐的阅读平台。

启动仪式由中央电视台著名儿童节目主持人鞠萍主持。她还给孩子们讲了《长满书的大树——安徒生文学奖获得者与儿童的对话》里的动人故事，并与来自北京史家小学分校的孩子们共同表演了诗歌朗诵节目。

当日下午，IBBY副主席艾利斯·万斯（ELLIS VANCE）、秘书长丽姿·佩琪（LIZ PAGE）还在首都图书馆与北京地区公共图书馆的工作人员见面，就有关"图书馆如何吸引青少年读者"的话题进行了深入探讨和交流。（首都图书馆）

【中国的机遇 世界的盛会——上海世博会讲座在首都图书馆举行】 9月28日，由上海世博会事务协调局、上海图书馆和首都图书馆共同主办的"中国的机遇 世界的盛会——上海世博会讲座"在首都图书馆举行。讲座由国际展览局主席、外交学院院长吴建民主讲，近四百名北京市民参加了讲座。

讲座介绍了世博会的历史与特征、上海世博会的理念与形态，充分展示了上海世博会基本内容构成和筹备工作的动态情况，并指出上海世博会的举办是中国发展的机遇。最后，讲座还十分具有针对性地说明了如何参加上海世博会，受到现场听众的欢迎。本次讲座，也是"走进世博会"宣传推广系列活动的项目之一。该活动通过在国内主要城市举办巡回展览，并在展期内组织系列宣传推介活动，向各地民众普及世博会知识，传播世博会理念，宣传上海世博会，以提高公众对上海世博会的知晓度、关注度，让中国民众了解世博，走进世博。（首都图书馆）

【"北京记忆"网站正式开通】 4月26日，《北京记忆》网站（www.bjmem.com）开通仪式在首都图书馆举行。文化部社图司刘小琴副司长、北京市委宣传部陈启刚常务副部长等领导出席仪式。

"北京记忆"是由首都图书馆主办的大型北京历史文化多媒体资源数据库。它依托首都图书馆近百年的北京地方文献收藏，集文献信息资源和咨询服务为一体，通过互联网，为全球范围的广大公众所利用。

经过四年多的建设，"北京记忆"已完成十个栏目的建设，如以收集经典北京地方文献为主的《北京文汇》，汇集北京老照片2000余幅的《旧京图典》，收集北京金石拓片3300幅的《燕都金石》，以明清及民国地图为主的《京城舆图》，提供北京地方表演艺术音、视、频资源的《京华舞台》等。此外，《旧京戏报》、《燕都金石》、《乡土课堂》等也是极富北京地方特色的栏目。《北京研究》、《学人文存》、《市政史料》等栏目尚在建设中。"北京记忆"网站中大部分数字资源能够实现题名或其他形式的检索，方便浏览者快速、便捷地检索。（首都图书馆）

天津市

【概况】 天津市委、市政府对文化建设高度重视，始终坚持"两手抓，两手都要硬"的方针，积极抢占先进生产力和先进文化两个制高点，不断加大对公益性文化事业的投入。天津市各公共图书馆在天津市委、市政府和市文化局、各区县文化局的关怀与支持下，认真贯彻“增加投入、转换机制、增强活力、改善服务”的方针，不断深化内部机制改革，增强发展活力，提高服务质量，为丰富群众文化生活、提高市民科学文化素质、构建和谐社会作出了积极的贡献

天津市现有32家县级以上公共图书馆，分布在18个区县。其中天津图书馆为省市级图书馆；区级图书馆16家，分别是和平、河东、河西、南开、河北、红桥、东丽、西青、津南、北辰、塘沽、汉沽、大港、武清、静海，以及开发区泰达图书馆；县级图书馆3家，分别是宝坻、蓟县、宁河县图书馆。另外有天津市少年儿童图书馆1个，和平、河东、河西、南开、河北、红桥、塘沽、汉沽、西青、北辰、静海少年儿童图书馆11家。截止到2007年底，除红桥、塘沽区图书馆拆迁待建外，30家公共图书馆建筑面积达13.15万平方米，馆藏文献总量906万册（件）。

2007年，以天津图书馆为首的各公共图书馆，为扩大服务范围，提高社会效益，分分走出馆区，走向社会，积极开展面向社区、面向基层、面向广大群众的延伸服务，把公益服务的触角延伸到社区、行业和农村，取得了良好效果。使越来越多的市民享受到丰厚的图书资源和便捷的借阅服务，受到群众的普遍欢迎。

2月26日，新华社《国内动态清样》对天津图书馆延伸公益服务范围作了报道。中共中央政治局常委李长春同志作出重要批示：“公立图书馆是公共文化服务体系的重要组成部分，是政府保障公民基本文化权益的重要途径之一。现在还有一些图书馆冷冷清清，国家的投入如何发挥最大的社会效益，应是公益性文化单位改革的主攻目标。天津图书馆的探索很有意义，望加强指导、总结、推介，鼓励他们大胆创新，为建设学习型社会作出更大贡献。”中共中央政治局委员、中宣部部长刘云山，国务委员陈至立等领导同志也先后作出批示。文化部副部长周和平同志在来津调研后表示，天津图书馆的延伸服务工作特色鲜明，成果显著，具有探索意义和借鉴作用，值得总结和推广。中办秘书局有关负责同志也专程来津，就天津图书馆的网上文献阅览服务进行考察，认为这一举措值得推广。中央文化体制改革工作领导小组办公室编发简报予以介绍。《人民日报》、新华社、中央电视台、中央人民广播电台、《光明日报》、《经济日报》、《中国青年报》等多家新闻媒体都进行了宣传报道。

5月15至16日，文化部在天津召开了“全国公共图书馆延伸服务经验交流会”，向全国推广天津图书馆的经验。各省市兄弟馆的同仁纷纷来津参观学习，交流经验，在全国范围内掀起了一股积极开展延伸图书馆服务的热潮。（天津市图书馆学会）

【天津图书馆将服务延伸到馆外】 为满足网络时代广大读者的阅读需求，天津图书馆先后与北大方正阿帕比、龙源期刊网等合作，从2006年开始，在天津图书馆网站开通电子文献网上阅览“一码通”服务，尝试面向注册读者开放公益性的电子文献网上阅览服务。去年下半年，天津图书馆以建设镜像站点的方式，整体引进中国知网系列数据库，并与清华同方知网公司合作，建设数字图书馆公共服务平台，实现了国内公共图书馆面向注册读者提供公益性网络文献阅览服务的模式创新。此举使天津图书馆成为国内电子和网络文献服务方式最开放、资源集成整合范围最大的公共图书馆，资源整体利用率大幅提高。

天津图书馆延伸服务的另一方式，是发挥区、街道、居委会各方优势，创造条件建立社区服务示范点，即天津图书馆社区分馆，以示范点带动社区图书馆（室）的建设。目前，全市社区

已有图书馆（室）400 余处，这些大小不一的图书馆不仅为市民提供了方便，还成为传播先进文化的阵地。

富民路街滨河社区分馆，馆舍面积 200 平方米，藏书 1 万余册，每周开馆 70 小时，日接待读者百余人。社区图书馆在搞好日常书刊借阅服务的同时，每年都与社区管理部门合作组织家庭艺术节、诗歌朗诵会等活动，提高社区文化生活品位。

天津图书馆还建了行业图书分馆。记者在西青区辛口镇农民科技图书馆看到，这里配有电脑、电视、VCD 等设备，可同时满足 200 多名读者现场阅读、外借图书、观看光盘、上网查询。目前，天津市已有公安分馆、工商分馆、残联分馆、农业科技分馆等各种行业、专业性图书馆近 40 处。"图书大篷车"是天津图书馆开展近 20 年的服务活动。早期，他们向住在社区中的老干部每月送两次书，1998 年购买了专门的流动服务车，定期给部队、机场、公司等单位送书上门。去年，天津图书馆配置了新的流动服务车。如今，"图书大篷车"平均每天要为 4 个点开展送书上门服务，全年外借图书 6 万余册。（天津市图书馆学会）

【全国公共图书馆延伸服务经验交流会在天津召开】 5 月 15 日，全国公共图书馆延伸服务经验交流会在天津召开。国务委员陈至立向大会发来贺信。天津市委副书记、市人大常委会主任刘胜玉，文化部副部长周和平，天津市委常委、宣传部部长肖怀远等领导出席会议。全国各地文化厅（局）主管厅长、社文处长、副省级以上公共图书馆馆长共 150 人参加了会议。周和平在交流会上做了题为《大力推进图书馆延伸服务，为构建社会主义和谐社会作贡献》的报告。

与会代表认真学习了中共中央政治局常委李长春，中共中央政治局委员、书记处书记、中宣部部长刘云山，国务委员陈至立对全国公共图书馆延伸服务的重要批示。实地考察了天津图书馆通过建设分馆、开展流动服务、开展网上服务等方式，积极拓展服务范围，大大增强了图书馆服务的辐射能力的情况，交流了各省市图书馆的办馆经验。国家图书馆通过设立部委分馆、举办部长讲座、开展虚拟网上咨询等形式开展咨询服务，取得了良好的社会效益；上海图书馆以"广设点、全覆盖"为目标，以上海图书馆为总馆，其他区县图书馆、高校图书馆以及专业图书馆等为分馆，组建了一种新颖的图书馆联合体，将图书馆的服务向全社会辐射；广东省立中山图书馆 2003 年启动流动图书馆建设，截至 2006 年年底，建设分馆 39 个，各分馆以丰富多彩的图书、多样化的服务和免费的借阅，受到群众的热烈欢迎；深圳图书馆以建设图书馆之城为目标，推进基层服务网络建设，开展网上虚拟服务、流动图书服务、"通借通还"，大大延伸了公共图书馆的服务范围。这些做法为延伸公共图书馆服务从形式和内容进行了有益探索。

据了解，"十五"期间特别是近年来，在各级党委和政府的高度重视下，我国图书馆事业呈现出欣欣向荣的发展趋势，图书馆规模不断扩大，经费投入逐年增加，基础设施日益改善，服务功能明显增强。2005 年，全国公共图书馆的数量达 2762 个，总藏量 4.8 亿册（件），书架总长度 1320 万米，阅览座位 48 万个，分别比"九五"期末的 2000 年增长 3%、20%、35%和 15%；各级图书馆的财政拨款达 27.78 亿元，比 2000 年增长了近一倍；人均购书费 0.457 元，比 2000 年增长 59%。2005 年全年共发放借书证 1062 万个，接待读者 2.33 亿人次，图书流通 2.03 亿册次，为读者举办讲座、培训等各类活动 24.6 万次，比 2000 年分别增长 70%、24%、20%和 42%。随着计算机网络技术的发展，很多图书馆都采用了计算机管理，实现了业务流程自动化，引入了互联网，建立了电子阅览室，开设了门户网站，计算机网络条件下图书馆与传统图书馆并行的局面已基本形成。除此之外，国家陆续实施的全国文化信息资源共享工程、国家数字图书馆工程、中华再造善本工程、中华古籍保护计划、送书下乡工程等国家重大文化建设工程，也为图书馆事业的发展提供了新的契机，极大地推进了全国公共文化服务体系建设。（天津市图书馆学会）

【天津图书馆荣获第十四届群星奖公共图书馆服务奖】 全国第十四届群星奖在湖北荆门揭晓，天津图书馆因在图书馆延伸服务工作中的突出成绩获得了“群星奖公共图书馆服务奖”。

天津图书馆作为省市级公共图书馆，近几年，在天津市委、市政府和市文化局的正确领导下，在上级主管部门的指导和社会各方面的大力支持下，积极深化内部改革，创新服务方式，通过开设社区及行业分馆、发展汽车流动图书馆、建设文化信息资源共享工程和电子文献网上阅览“一码通”服务等方式，把公共图书馆服务的触角向行业、社区和农村延伸，进一步拓展了服务功能，扩大了服务覆盖面。在受到广大群众热烈欢迎的同时，也引起了中央领导同志的高度重视，李长春、刘云山、陈至立等同志分别对天津图书馆延伸服务工作进行了重要的批示，文化部于今年五月在天津召开了“全国公共图书馆延伸服务经验交流会”，向全国推广天津图书馆的经验。《人民日报》、中央电视台《新闻联播》栏目、中央人民广播电台《新闻和报纸摘要》栏目、新华社、《光明日报》、《经济日报》、《中国青年报》等全国性的新闻机构多次对天津馆延伸服务工作进行了全方位的报道，产生了巨大的社会影响，在全国图书馆界掀起了一股积极开展延伸服务的活动热潮。（天津图书馆）

【外借部荣获“天津市模范集体”光荣称号】 “五·一”劳动节前夕，天津图书馆外借部被中共天津市委、市人民政府授予“天津市模范集体”光荣称号。这是继“国家一级图书馆”、“公共文化设施管理先进单位”之后天津图书馆获得的又一荣誉。

多年来，天津图书馆外借部始终秉承“以人为本”的服务理念，维护读者权益，注重服务细节。在坚持阵地服务，打造精品服务窗口的同时，充分发挥藏书优势，努力创造条件，巩固、扩大行业分馆建设成果，探索社区分馆建设模式，提高汽车图书馆的服务水平，把图书馆的服务延伸到千家万户，扩大了图书馆的服务范围，提升了图书馆的社会影响力，丰富了人民群众的精神文化生活，成为展示“天图”形象的亮丽窗口。（天津图书馆）

【天津市文化共享工程开通】 天津市文化共享工程区县支中心开通仪式7月5日下午在北辰区图书馆新馆举行。文化部副部长周和平、市委宣传部副部长赵鸿友等出席了会议。开通仪式上，周和平副部长为我市文化信息资源共享工程区县支中心的建成开通按启了服务网络的电子按钮。

自2002年共享工程启动以来，市委、市政府对此项工程非常重视，按照国家发展建设规划要求，依托天津市18个区县图书馆和开发区图书馆，认真构建市、区县网络服务平台，今年上半年，各级财政积极筹措资金，支持区县支中心的建设工作，为各区县配备了计算机、服务器、交换机、磁盘存储和投影仪等必要的数字资源传输服务设备。目前，全市18个区县和开发区均已具备开展共享工程文化资源服务的能力。按照天津市共享工程建设规划，到今年年底我市还将完成全市239个乡镇街和2000余个行政村社

区的建点任务，使共享工程的服务网络遍及乡村街道，使基层老百姓不出家门就能享受到丰富的文化大餐。（共享工程天津市分中心）

【关注农民文化生活 开展送书下乡活动】 2007年1月24日下午，天津市文化局组织天津图书馆、天津市少年儿童图书馆深入到本市大港区太平镇郭庄子村和东丽区无瑕街，开展送图书下乡活动。本次下乡活动共送去了有关农业科技、工业技术、书画艺术、社会科学、少儿读物等各类图书共计6212册，价值十余万元。

根据中宣部、文化部等14个部委办关于开展文化科技卫生“三下乡”工作的指示精神，按照市委宣传部对“三下乡”工作的统一部署，天津市文化局组织开展了以服务“三农”为主旨的送图书下乡活动。天津图书馆、市少儿图书馆专门选择贴近生活、贴近少儿的优秀图书为主要选书范围，最大限度地满足农民群众的阅读需求，丰富和活跃农村地区群众的文化生活。

自中宣部、文化部号召开展“三下乡”服务的十余年来，我市已连续组织了十次送图书下乡活动，每年都按照农民的实际需求，有计划地调整送书倾向，取得了良好的社会效益。同时也带动了全市农业区县为农服务各项文化活动的开展。送文化下乡活动的不断开展，已经成为党和政府联系农民群众的桥梁。（天津市文化局社文处）

【全国古籍保护督导组来津督察我市古籍保护工作】 9月20日以国家图书馆发展研究院院长、全国古籍保护专家委员会主任李致忠为组长的全国古籍保护督导组莅临天津，开展古籍保护督导工作，检查了解我市古籍普查、古籍保护试点工作进展情况。

21日上午，督导组专家在市图书馆会议室听取了关于天津市古籍保护工作的汇报。天津市文化局副局长金永伟，社文处处长刘晓梅，天津图书馆馆长陆行素，副馆长孔方恩、朱凡，历史文献部主任李国庆等出席会议。

会上，陆行素馆长向督导组介绍了我市古籍普查工作的基本情况，并重点汇报了我馆古籍文献收藏、古籍保存保护和古籍修复人员培训等情况，以及一、二级品普查登记工作、申报珍贵古籍名录进展情况和申报全国古籍保护重点单位存在的问题及今后的打算。同时还对此次督导组重点工作即督促建立省市级古籍保护中心；建立联席会议制度；制定普查工作方案、试点工作方案等情况一一做了汇报。督导组就我市古籍保护工作机制与机构建立情况、普查工作的开展情况、试点工作方案的制订与实施情况、首批全国珍贵古籍名录申报及重点古籍保护单位申报工作准备情况诸方面进行详细了解，同时针对我馆的具体情况及存在的问题提出建议。

会后，专家组成员与相关人员进行了座谈，并到善本书库进行实地考察，对我馆拟选送的珍贵古籍名录提出建议。督导组对我市古籍保护工作给予了充分肯定，同时要求继续加大古籍保护工作的力度，改善古籍保护条件，逐步形成古籍保护的工作体系。金永伟副局长代表市文化局表示一定全力以赴，高标准严要求，认真完成好这项国家重大项目工程，同时对市图书馆申报“全国古籍重点保护单位”及《国家珍贵古籍名录》工作提出了具体要求。（天津市图书馆学会）

【郑小瑛:《土楼回响》带你步入艺术殿堂】 2007年1月6日上午9时，市图书馆报告厅内座无虚席，掌声不断，我国第一位女指挥家、厦门爱乐乐团艺术总监郑小瑛教授为本市群众讲解了《交响诗篇——土楼回响》，精彩讲座把大家带入高雅的艺术殿堂，由此，拉开了2007年“文化大讲坛”系列讲座的大幕。

为了帮助观众欣赏《土楼回响》，郑小瑛教授边讲边演，听众们赞扬说，郑小瑛教授的讲解，结合作品，深入浅出，不仅使我们接触了交响乐，走进了交响乐，还享受了交响乐，对提高艺术修养和审美情操大有帮助。（天津市图书馆学会）

【天津图书馆读者外借图书数量增至五册】 从元月1日起，在不增加任何费用的情况下，天津图书馆将每位持证读者的可借图书数量由原来的三册增加到五册，在辞旧迎新的日子里为广大读者献上了一份厚礼。

近年来，在市财政局、市文化局连续大幅度增加购书经费的有力支持下，天津图书馆的文献保障能力有了显著的提高，特别是中文图书外借处的图书品种和数量成倍增加，从 2005 年 2 月 1 日起，图书馆将持证读者的可借图书数量从二册增至三册，受到广大读者的热烈欢迎，图书馆的外借人次和外借册次有了突破性的增长。这次可借图书数量增至五册后，读者将获得更多的实惠。（天津图书馆）

【天津图书馆改造修缮工程全面展开】 作为天津市重点文化设施改造项目，天津图书馆改造修缮工程外檐施工顺利完工，内部装修改造工作已于九月中旬全面展开。

馆领导考虑到图书馆在满足广大市民文化需求的特殊作用和全年 365 天不闭馆的庄严承诺，坚持一边施工一边对读者开放。通过增加每证借阅图书册次、开辟新的阅览室、美化阅览环境，为读者提供更广泛的服务，让更多的读者来利用图书馆。为全面提升图书馆的服务功能，在充分调研、科学规划的基础上，我馆对阅览区域布局进行重新调整，增设“天津市人民政府信息查阅中心”，为广大市民及时获取政府信息提供便利；开发为少年儿童服务功能，增加少年儿童阅览区域；调整电子文献阅览室和古籍文献阅览室在阅览区域的位置，突出对外服务功能，方便读者利用我馆特色资源；增添专门的读者自习和展览区域，强化对外服务功能。改造后的天津图书馆将以崭新的面貌，为全市读者提供更优质的服务，在服务中提升图书馆的社会教育职能，使我馆真正成为全市人民的文献信息服务和收藏中心。（天津图书馆）

【肖怀远同志视察天津图书馆维修改造工程】 11 月 28 日下午，天津市市委常委、市委宣传部长肖怀远，市委宣传部副部长赵鸿友，市文化局局长成其圣一行在天津图书馆馆长陆行素的陪同下，视察了天津图书馆维修改造工程的进展情况，详细了解了工程进度，并亲自对到馆的读者与工作人员进行了慰问。肖怀远同志称赞天津图书馆一切为了读者、充分体现人文关怀的服务方式是公共文化体系为公众服务的榜样。（天津图书馆）

【天津图书馆开通“网上图书馆”】 天津图书馆近日通过本馆网站（http://www.tjl.tj.cn/）开放了“网上报告厅”学术讲座视频资源库的在线观看服务，读者可通过该馆的网上阅览“一码通”系统，观看 3500 多部内容涉及经济管理、文学历史、医学保健、就业择业、法律视点、旅游地理、探索发现等门类的各类学术讲座，同时还有在图书馆举办的“天津市海河大讲坛”和“天津历史文化行”系列讲座，以及由全国文化信息资源共享工程提供的部分学术讲座节目内容。

目前，天津图书馆已陆续向社会免费开放了包括中外文电子期刊杂志、学位和会议论文、电子图书、年鉴工具书、报纸资料、经济信息、学术讲座等在内，集读、视、听多种形式于一体的多种数字化文献资源的网上阅览服务，其网络图书馆的开放规模和服务能力在国内图书馆界位居前列。（天津图书馆）

【泰达图书馆档案馆网上咨询服务实现“开门红”】 秉承着“立足滨海、服务社会”的宗旨，泰达图书馆档案馆开拓思路、勇于创新，不断推出新的服务方式、提高服务层次、扩大信息服务范围。2007 年头俩月，图书馆依托联合参考咨询系统，通过网络为滨海新区以及全国范围的广大读者用户解答咨询 1400 余项，提供文献 3000 余篇，月平均咨询量比上一年提高 30%，位居全国公共图书馆服务排名榜第八位，实现“开门红”。

联合参考咨询系统是由中心参考咨询系统和若干本地参考咨询系统分布式组成的、采用实时和非实时交互技术为一体的图书馆联合虚拟参考咨询服务平台，它采用一系列网络通信和信息检索技术，将网上参考咨询服务和管理、文献资源统一检索、文献远程传送功能有机地整合为一体，能够在图书馆之间实现信息资源共享，并在图书馆和读者用户之间架起一座互动沟通的桥梁。

该项目由广东省立中山图书馆发起组织，现有 40 余家公共图书馆加入，面向全社会读者提供免费的网上咨询和文献传送服务。2006 年 8 月，泰达馆加入上述服务联盟，并为各界读者用户提供咨询服务，目前累计咨询课题 3500 余项，提供文献 6000 余篇。

泰达图书馆档案馆注重服务创新，要求服务质量，积极探索服务模式，不断提高服务层次和水平，努力塑造服务品牌，在读者群和同行中树立了良好的服务形象。（泰达图书馆）

【河东区第六届家庭文化艺术节“家庭知识竞赛”圆满结束】 由河东区群众文化工作委员会主办、河东区图书馆承办的“和谐的港湾”家庭知识竞赛决赛于近日在凯利影厅举办。光临竞赛现场的领导有：天津图书馆副馆长朱凡同志、区文化和旅游局局长石春波同志及区文明办、区计生委、区妇联的负责同志。各街道主管文化的主任、文教科长带领社区居民400多人一同观看了比赛。（河东区图书馆）

【河西区图书馆电子阅览室VOD视频点播服务试运行】 为进一步深化图书馆网络化工作，加强图书馆数字化建设，同时应广大读者要求，河西区图书馆电子阅览室日前面向广大读者隆重推出VOD视频点播服务。

该室VOD节目库中现有包括最新韩国影视剧、欧美大片、喜剧片、惊险片、经典老电影、国外搞笑剧等内容在内的资源100余部。读者可根据自己的兴趣和需要，有选择地在电脑上自由地点播、欣赏节目库中的视频资源。目前，资源内容还在不断添加中。（河西区图书馆）

【南开区图书馆开展“好书进军营”活动】 为丰富驻区部队的文化生活，日前，南开区图书馆开展“好书进军营”活动，在全区20个军营建立图书分馆，为官兵们提供4000册图书，并定期更新。（南开区图书馆）

【河北区图书馆“绿色网吧”受青睐】 天津市河北区图书馆充分利用“文化信息资源共享工程”，建成有网络安全系统保障的内容多、速度快、服务优的“绿色网吧”，成为暑期中小学生利用互联网学习的好去处。（河北区图书馆）

【和平区文化信息资源共享工程走进军营】 和平区文化信息资源共享工程走进军营——优秀国产军事题材影片巡展活动自8月10日启动仪式后正式在驻区各部队中开展。按照各连队官兵点映的片目，从8月14日起，和平区图书馆的工作人员每晚7:00开始，在驻区各部队中将相继放映《霓虹灯下的哨兵》、《英雄虎胆》、《大渡河》、《林海雪原》、《雷锋》、《狼牙山五壮士》等国产优秀军事题材影片，共十二场，观影战士将超过千人次。

在此次活动中，和平区图书馆充分利用了文化信息资源共享工程资源，努力创新，将优秀的作品直接送到基层，送到每位战士身边。今后该馆还会将此类活动继续下去，将优秀作品送到工地、学校、社区，让文化信息共享工程实实在在地为广大人民群众服务。（和平区图书馆）

【红桥区图书馆：社区分馆、流动服务点工作上水平】 自“全民读书月”开展以来，红桥区图书馆从抓读者服务入手，采取对原有各社区分馆藏书进行调配与补充，增订新报刊、调换旧杂志、美化读者借阅环境，营造良好读书氛围等措施，吸引更多的读者到图书馆。另外，在服务内容和方式上也进行了改进，增强了对“老、弱、病、残”读者送书上门的服务力度，对老干部、老教授及专家、学者制定了特殊服务措施，为他们更好地利用图书馆提供方便。同时，特别制订了方便读者借阅的新措施，规定在社区分馆成立前，持证读者可在任意一个社区分馆就近借阅图书，受到普遍欢迎。

在抓好读者服务工作的同时，各社区分馆还充分利用自身条件开展各种知识讲座，如：三条石街御河湾社区分馆，义务为社区书画组讲授有关国画和漫画创作技法方面的知识，为象棋爱好者举办象棋下法方面的讲座，很受社区居民欢迎；丁字沽街社区分馆，邀请商学院有关专家，为社区居民举办了两期有关“中老年人养生保健”的知识讲座，吸引一百多名读者，大家一致感到受益匪浅。

“全民读书月”期间，以“读好书、促和谐”为主题的读书征文活动，在红桥区各社区分馆及流动点间深入开展。为了扩大“全民读书月”的活动范围，咸阳北路街社区分馆还为辖区内的武警六支队送书上门，并举办“军营读书座谈会”，深受武警官兵的欢迎，对军营读书热的形成起到极大的促进作用。在该馆的特教服务点天津监狱，不仅开展了服刑人员读书征文活动，而且还举办了“读书明星”的评选活动，对评选出的五名“读书明星”进行表彰。这些活动的开展使大墙内的读书热更加浓厚，多年的特教服务结出了累累硕果。（红桥区图书馆）

【天津东丽文化网开通】 12月30日上午，在东丽区图书馆二楼电子阅览室，举行了“天津东丽文化网”开通仪式。参加开通仪式的有东丽区人大副主任陈继亮、副区长王晓敏、区政协副主席周遵成。市图书馆副馆长徐隆沽及数字资源建设部的同志和区文化局领导出席开通仪式。副区长王晓敏为“天津东丽文化网”进行了开通点击。

东丽文化网自建设之初就得到区各级领导的高度关注和大力支持，区委书记张有会题词“培育和谐文化，构建和谐东丽”、代区长尚德来、宣传部长于景森、副区长王晓敏分别为东丽文化网开通题词表示祝贺。

东丽文化网以“解读东丽文化，建设文化东丽，服务社会公众，丰富群众生活”为宗旨，突出文化服务和东丽特色文化两大职能。该网站的开通是东丽区文化事业和文化产业发展中的一件大事，是全区文化工作迈向现代化，实现信息化进程中的重要标志。

市、区领导对东丽文化网建设给予了高度评价，并提出了殷切期望，希望东丽文化网以全国文化信息资源共享工程为契机，进一步挖掘整理各类文化信息资源，宣传推介文化品牌，使其成为东丽区优秀文化的展示平台，不断提高网站的吸引力，真正建成老百姓喜闻乐见的优秀网站，为和谐东丽建设作出更大的贡献。

东丽文化网作为我市区县文化局自建门户网站的先行者，它的开通，标志着东丽文化工作跨上了新台阶，为宣传“大东丽”、“大文化”开启了一扇窗口。（东丽区图书馆）

【西青区书海流动】 今年以来，西青区图书馆不断满足读者文化需求，通过开展送书下乡，支持基层图书馆建设和扩大读者覆盖面等措施，使越来越多的群众品尝到“知识盛宴”。

西青区图书馆不断创新办馆模式，积极开展送书下乡活动，支持农村基层图书馆（室）建设。近两年来，在市图书馆、区文化局和各街镇的大力支持下，先后在辛口镇建成天津市首家农民科技图书馆，在李七庄街王兰庄村建成天津市最大的村级社区图书馆，在张家窝镇田丽小区图书室建成天津市少儿图书馆张家窝分馆及青少年教育基地，又于今年上半年建设了中北镇中北斜村、东姜井村等十余个典型农村基层图书馆（室）。

同时，区图书馆积极为广大未成年人读者和老年读者、弱势群体服务。在成人借阅工作中，开展电话预约借书、无证借阅、押金借书、资料（工具书）信用外借；为老年人和残疾人定期送书上门；在少儿借阅工作中，区图书馆配合学校进行社会教育教学，提供多种学生教育教学辅助读物。西青图书馆人性化的举措全面体现了“以人为本，服务第一”的办馆宗旨，受到广大读者好评。在今年5月中旬召开的全国公共图书馆延伸服务经验交流会上，来自全国的160多位与会代表参观了王兰庄和中北斜村两个社区图书馆，对天津图书馆及西青图书馆延伸服务工作取得的成绩给予了充分肯定。（西青区图书馆）

【津南区“庆祝香港回归十周年”读书征文活动全面展开】 为了隆重纪念香港回归十周年，津南区图书馆决定在全区开展“庆祝香港回归十周年读书征文”活动。此次活动的主题为庆祝香港回归十周年，迎奥运，知荣辱，争做文明市民。活动要求各中小学，重视发挥学校和图书馆传播知识、读书育人的职能作用，利用图书馆、学校组织网络，拓展学生参与活动途径。参加本届读书活动的青少年，将围绕活动主题，通过阅读推荐的优秀图书及其他图书资料，广泛搜集素材，撰写读书体会，并参加评选活动。（津南区图书馆）

【塘沽区图书馆推进社区图书分馆建设】 根据文化部关于延伸服务的精神，塘沽区图书馆不断创新服务方式，通过开设分馆、流通站和为弱势人群服务，将服务的触角不断向社区延伸，进一步拓展了服务功能，扩大了服务覆盖面。近期在与市图书馆联合开设三个社区分馆的基础上，塘沽馆又开设了外来工分馆等3个社区分馆，为每个分馆投入新书500—1000册，并提供

阅览桌椅 40 套，此项工作提升了图书馆服务力度，为今后不断探索延伸服务新方式提供了有力的依据。对此新闻媒体电视台给予了大量的宣传报道。（塘沽区图书馆）

【汉沽区图书馆为读者提供电子阅读平台】 为给读者提供更加先进、便捷、广泛的阅读空间，汉沽区图书馆近日开设了电子阅览室。这个阅览室是响应国家“全国文化信息资源共享工程”而建立的，共投资 70 余万元。该电子阅览室共设有 30 个机位，设备先进，环境静雅，是学习、查询资料的良好场所。此外，他们还提供低收费打印各种资料的服务。（汉沽区图书馆）

【大港区文化信息资源共享工程工作正在抓紧落实】 大港区文化信息资源共享工程建设实施方案，日前经区政府研究通过。《方案》以数字资源建设为核心，以农村、社区基层服务点建设为重点，以共建共享为基本途径，全面实施文化共享工程建设工作。到 2007 年底，在全区建设 1 个区级文化信息资源共享中心、8 个街镇级分中心、22 个农村楼房化居住区基层点，逐步建成以区文化信息资源共享中心为龙头，以街镇和村为网点，资源丰富、技术先进、服务便捷、覆盖全区的文化信息资源共享网络体系，使广大基层群众能够普遍享受到数字文化服务。（大港区图书馆）

【宝坻区“全民读书月”活动蓬勃开展】 近期，宝坻区图书馆在全区范围内开展了倡导全民读书，构建文化宝坻主题“全民读书月”活动，进一步激发了全民读书热情，提高了公众科学文化素质，营造了全民读书终身学习的良好社会氛围。

图书馆在着力增加成人阅览室报刊种类、册数的同时，新增设了连环画册等少儿阅览读物，并在少儿外借部的“妈妈图书角”增设了妈妈借书专柜，内容涉及文学、艺术、娱乐、军事、卫生保健、百科知识、母婴保健、儿童教育、青少年心理教育等方面，深受全区广大读者特别是中小学生读者、家长的欢迎。与此同时，还适时开办了无证阅览业务，从而使全区广大读者均可到阅览室免证阅览报纸、期刊等各类读物。为深化此次活动，他们利用馆内宣传橱窗展示了今年以来各类活动的优秀征文、绘画及获奖者名单，活动开展期间，前来图书馆阅览室读书、参观的读者达14 500余人次。（宝坻区图书馆）

【武清区图书馆精心安排科技宣传周活动】 武清区图书馆于 5 月 21 日至 27 日围绕“节能环保、安全健康”的活动主题，开展了少年儿童科普知识竞赛；精心挑选节约能源、保护生态环境、社会安全保障教育等方面的书籍 200 册，宣传资料 1000 余份，科技书籍 50 册，猪病防治等有关信息 100 余条，开展送书下乡活动。宣传普及了科技知识，扩大了图书馆的服务功能。（武清区图书馆）

【静海县图书馆老年阅览室成立】 静海县首家民办公助的公益性图书阅览室——静海县图书馆老年阅览室，近日在静海镇北纬二路东段挂牌成立。该老年阅览室的成立，是兴办社区图书服务网点的新尝试。

静海县图书馆老年阅览室的创办者冯家秩老人原系县文化系统干部，退休后积极参与社区公益活动。为满足老年人精神需求，他主动腾出自家用来出租的房屋，在县图书馆的大力支持下，成立了社区老年阅览室，经过多方准备已于日前开业。该室现有图书 1000 多册，报刊 10 多种。该阅览室的成立，进一步延伸了县图书馆的社区服务，极大地方便了县城社区老年人读书看报的需求，为城区老年人的文化生活提供了一个新平台。为丰富群众文化生活，提高市民文化素质，构建和谐社会做出积极的贡献。（静海县图书馆）

【宁河农民科技图书馆开馆】 日前，宁河县农民科技图书馆正式开馆，该县农民有了专门为他们提供免费服务的学习场所。据了解，建设以农民为服务对象的科技图书馆在该县历史上尚属首次。

宁河县在农业发展中，始终坚持以人为本，把提高农民素质作为加快农业现代化的重要环节。通过开展“351”培训、建立农业技术信息网站等多种形式强化对农民的引导培训。随着新农村建设的不断深入和农民认知水平的不断提高，广大农民对有关农村的政策、法律、法规和农业新品种、新技术的渴求越发强烈。针对这一需求，县农业局本着延伸服务功能、提高服务水平、深化“351”培训工程的原则，以自身农业技术优势为依托，积极推动乡村农民书屋建设，先后建成15个乡村农民书屋，受到广大农民的欢迎。在此基础上，今年他们又投资20万元，从中央农广校、金盾出版社选购农业新品种、新技术及农业政策、法律、法规图书300余种8000多册，光盘100余种700多盘，建立了宁河县农民科技图书馆。据介绍，该馆在为全县农民提供免费借阅服务的同时，还将在新书信息、选购上为农民提供方便。（天津市图书馆学会）

【“全国图书馆联合编目中心少年儿童图书馆中心”成立】 全国图书馆联合编目中心少年儿童图书馆中心成立暨揭牌仪式，日前在天津市少年儿童图书馆举行。此中心的成立填补了全国图书馆联合编目工作的一项空白，将为我国少年儿童文献书目数据的共建共享铺平道路。

“全国图书馆联合编目中心少年儿童图书馆中心”今后将在全国联编中心的指导下，在全国范围内积极、有效地组织和管理各级各类少年儿童图书馆和中小学图书馆，开展以少年儿童文献为主的联机联合编目工作，努力减少少年儿童文献书目数据的重复编制，提高少年儿童文献书目数据的编制质量，降低成员馆及用户的编目成本，就此结束我国各地方少年儿童图书馆和中小学图书馆少年儿童文献编目的分散状态，为国家图书馆国家书目的建设作出新的贡献。同时真正实现我国少年儿童图书馆工作自动化、文献信息化、传输网络化，最大限度地实现书目数据资源共建共享的目标，推动全国少儿图书馆事业的发展。（天津市图书馆学会）

【河北区少儿图书馆建立闲置图书调剂互换中心】 日前，河北区少儿图书馆建立了闲置图书调剂互换中心，全区已有8所中小学校的广大学生拿到该馆发放的图书互换证，可以等量互换闲置书籍。在扶轮小学的闲置图书互换活动启动仪式上，数百册闲置图书找到了新的小读者，预计寒假期间该馆可提供5000多册的互换图书。

寒假期间，河北区少儿图书馆全天开放，并举办系列读书活动，包括提供适合中小学生阅读的六万册图书、三千盒光盘；由市级教研员、名优课教师担任区少儿图书馆校外辅导员，并举办三场免费公益讲座；少儿图书馆电子阅览室不安装硬盘游戏和大型网络游戏，屏蔽色情暴力网站，还少年儿童一个绿色网络天地；倡议社会各界为贫困家庭孩子捐书。（天津市图书馆学会）

【南开少儿图书馆小读者与智障儿童共庆“六一”】 5月29日，南开区少儿图书馆带领小读者协会会员来到本市慧灵智障人士服务中心，与智障儿童一起举办了“庆六一、献爱心、送温暖”联欢活动。南开区少儿图书馆与智障中心建立了长期联系，经常为智障小读者们送书，启发智障儿童的智力。活动中，小读者协会的会员们为智障儿童带来了动听的故事、送去了欢乐的歌声，并与他们一起做游戏、互赠小礼品。南开少儿图书馆为智障小读者精心挑选了图书等。联欢活动使智障儿童感到了社会的温暖和关爱。（天津市图书馆学会）

山西省

【概况】 2007年，山西省图书馆积极落实科学发展观，为推进社会主义文化大发展大繁荣积极贡献力量；加强基础业务工作标准化规范化建设，提升现代图书馆自动化数字化水平，强化图书馆课题服务、信息枢纽功能；倡导全民阅读，坚持开放办馆，深化读者服务，全年接待读者70余万人次，流通图书120余万册次，举办资源共享影片放映活动120余场，接待观众20 000余人次；加强互动交流，读者活动内容更丰富、形式更多样、范围更广泛；创立文源讲坛和省图展览文化品牌，社会知名度和影响力显著提升；心系基层文化发展，积极推动文化共享繁荣之路；积极开展全省古籍保护工作，申报珍贵古籍名录；继续推动送书下乡工程和流动书库工程，积极构建全省公共文化服务体系。

2007年3月，山西省人民政府授予山西省图书馆“政风行风评议先进单位”称号；2007年8月，山西省图书馆被中国图书馆学会评为“全民阅读活动先进单位”；2007年9月，获得国家资助文化共享工程设备下发及安装工作评审一等奖（全国只有两个省中心获一等奖）；2007年11月，山西省图书馆在中国社会文化最高奖“群星奖”评比中荣获全国第十四届群星奖服务奖。山西省图书馆“文源讲坛”获山西省精神文明建设指导委员会授予的“2006－2007年度山西省精神文明建设特殊贡献奖”。

山西省图书馆新馆作为省级文化重点工程经过设计、公示、招标，于2007年11月正式奠基。山西省图书馆新馆占地约60亩，建筑面积5万平方米，总投资3.5亿元，设计总藏书量达700万册，可同时容纳3000人阅览。（李德胜）

【山西省图书馆首次为省“两会”提供信息咨询服务】 2007年1月28日至2月3日，在山西省人代会、政协会议召开期间，山西省图书馆首次为“两会”提供信息咨询服务。为作好“两会”的信息服务工作，省图书馆在总结2006年10月为党代会服务的基础上，与省人大和省政协有关部门多次联系，了解情况，制定并完善了“两会”服务计划。在本馆有关部门的共同努力下，对馆藏资源进行全面整合、更新和充实，对本馆数据库在“两会”期间的使用作了准备，并对上会服务人员进行业务培训，确保能够为“两会”代表和各位委员作好全方位的信息服务工作。在“两会”期间，省图工作人员热情地为代表及委员提供专题资料12种5290余册，并现场解答有关信息咨询。工作人员还与部分代表和委员建立了联系，为他们提供长期的信息咨询服务。省人大张铭副主任，省政协信息处蒋福新处长对省馆的信息服务工作给予积极肯定和称赞。（李德胜）

【山西省卫星小站系统迁移暨升级换卡工作圆满结束】 2007年3月12日，全国文化信息资源建设管理中心张晓星副主任率蒋卫东处长及5位技术人员、百年树人公司内蒙分公司8位技术人员一同来到山西省图书馆，安排部署山西省卫星小站系统迁移暨升级换卡工作。3月13日，24位技术人员（含省馆抽调的11位技术骨干）组成10个小组，分赴全省11个市129个站点开展工作。在历时11天半后，技术人员以吃苦耐劳的精神和较强的工作能力圆满完成了山西省卫星小站系统迁移暨升级换卡工作任务，为今后全省各级站点顺利开展工作提供了可靠保障。（赵玲玲）

【山西省图书馆荣获全国公共图书馆缩微工作先进集体】 2007年4月6日至8日，全国公共图书馆缩微工作会议在广西桂林召开。全国图书馆文献缩微复制中心李健主任、王青云副主任主持会议，全国24个省馆的40余名代表参加了会议。会上，全国图书馆文献缩微复制中心对2006年度先进集体和个人进行了表彰。山西省图书馆荣获“2006年度缩微工作先进集体”，省图书馆声像缩微部单卯生主任荣获“2006年度缩微工作优秀管理者”，赵月凤荣获“2006年度缩微工作先进个人”。（李德胜）

【父业子承，“文化书使”再传美名——香港石汉基先生向山西慷慨赠书】 2007年4月16日，全国政协委员、香港汉荣书局有限公司董事总经理石汉基先生向山西40家公共图书馆慷慨赠书，赠书仪式在省城太原举行。

于幼军省长出席仪式并讲话，向石汉基先生和汉荣书局董事石永基先生赠送纪念品。省委常委、宣传部长高建民主持赠书仪式，张少琴副省长为石汉基、石永基兄弟颁发感谢状和荣誉证书。石汉基先生是被誉为“文化书使”的石景宜先生的长子。于幼军省长在讲话中对石汉基、石永基特别是他们的父亲石景宜博士多年坚持致力于促进祖国文化事业发展，为山西省赠书的义举表示感谢和敬意，希望接受赠书的图书馆充分利用赠书，促进山西公共图书事业和贫困地区文化事业的发展。

此次赠书是在省政府领导的支持下，经山西省文化厅、山西省图书馆积极协调和安排进行的。此次石汉基先生为山西省40个公共图书馆无偿捐赠价值400万元的港台版中文图书8万余册。此外，石景宜博士还向山西省图书馆、山西省博物馆、大同下华严寺、五台山大显通寺赠送《贝叶经》4部。这4部《贝叶经》系石景宜、石汉基父子多年珍藏，皆为泰文字母所拼写的巴利文《贝叶经》，是佛教现存藏经中最珍贵的文化瑰宝，也是研究古代东方哲学、艺术、历史的珍贵史料。这是继20世纪90年代石景宜先生向我省两次捐赠图书之后，汉荣书局第三次向山西赠书。（李德胜）

【山西省“同享知识，共建和谐”全民阅读活动启动仪式在山西省图书馆举行】 2007年4月23日“世界读书日”当天，中共山西省委宣传部、省文明办等15个部门在山西省图书馆联合举行山西省“同享知识，共建和谐”全民阅读活动启动仪式，倡导和推动全省各地各部门和广大干部群众开展形式多样的全民阅读活动，在全省掀起新一轮的全民读书热潮。

省新闻出版局局长李锐锋主持仪式，省委宣传部副部长、省文明办主任张明亮，省文化厅副厅长赵晋蓉，省学联执行主席荣彦昭出席启动仪式并发表了讲话。山西省图书馆部分职工、数百名读者和学生参加了启动仪式。（李德胜）

【同享文化 共建和谐——山西省图书馆盲人读者艺术团帮教演出受欢迎】 2007年4月26日，由山西省图书馆组织的盲人志愿者“手拉手艺术团”赴太原市劳教所，举办了“同享文化、共创和谐”的专题帮教演出，受到了热烈欢迎。

近百名劳教人员和数十名基层干警一同欣赏了文艺汇演。这些盲人志愿者中有高校学生、盲校老师、退休职工及按摩医生等，年龄最大的70多岁，最小的只有15岁。盲人志愿者们热爱生活，珍惜生命，积极上进，自立自强，希望用歌声、用音乐、用爱心换浪子回头，帮助劳教人员以积极乐观的生活态度重新面对人生，争取早日回到社会。这次帮教活动的成功举办，收到了良好的社会效应，同时也是盲人读者回馈社会的一次有益尝试。（王和平）

【山西省图书馆2007年岗位调整工作顺利完成】 2007年5月11日，山西省图书馆新一轮竞聘上岗的部门中层干部举行了聘任签字仪式，部门职工与部门也通过双向选择完成了人员调整工作。省图书馆通过公开、公正、透明的选人用人制度使2007年部门岗位调整工作顺利完成，对于培养新人、承前启后、保障图书馆事业可持续发展、开创图书馆工作新局面具有重要意义。同

时，还根据实际情况调整了综合治理委员会、学术委员会、业务标准化委员会、读者工作委员会、网站编委会、资源建设委员会的人员组成。（李德胜）

【山西省图书馆盲人读者联谊会成功举办】 2007 年 5 月 17 日，全国助残日前夕，山西省图书馆盲人读者联谊会在省图书馆报告厅举办，来自太原市的 50 多位盲人读者与刚从北京载誉归来的左权盲人宣传队欢聚一堂，联袂演出，现场处处洋溢着欢乐祥和的气氛。

省图书馆副馆长石焕发，太原市盲人协会副主席牛润元等参加了联谊会并做了开幕发言。（李斌）

【2007 年山西省文化共享工程试点县 40 个站点单位培训活动圆满结束】 2007 年 5 月 29 日至 31 日，山西省文化共享工程试点县 40 个站点单位的技术人员培训班在省图书馆举办，73 位技术人员参加了培训。29 日上午，省文化厅社文处康文萍调研员，省中心主任、省图书馆馆长李小强以及副馆长石焕发、李达秀等馆领导出席了培训班开班仪式并做了重要讲话。领导在讲话中介绍了我省共享工程建设的现状以及“十一五”发展的规划，希望参加培训的学员端正态度、认真学习，回去后能学以致用，成为站点的技术力量。

针对大部分学员来自乡镇、村的实际情况，这次培训选择了熟悉站点情况并经验丰富的省分中心专业技术人员及管理人员担任教师，安排了计算机基础知识、网络知识、共享工程接收系统、支中心设备与机房管理维护、基层站点的管理等课程。73 位学员通过 2 天 16 课时的培训学习，基本掌握了共享工程服务器的简单操作和卫星接收设备的使用技术，加深了对文化共享工程的了解。培训班圆满完成了培训任务。（赵玲玲）

【感受厚重的中华文明 找寻久远的山西文化渊源——文源讲坛“山西省领导干部历史文化讲座”开讲】 由中共山西省委组织部、省委宣传部、省直机关工委、省文化厅主办，山西省图书馆承办的文源讲坛“山西省领导干部历史文化讲座”于 2007 年 6 月 23 日在省图书馆报告厅开讲。来自 122 个厅局的 300 多名领导干部聆听了“中华文明起源与山西”专题讲座。

这次讲座是由我国著名史学家李学勤教授主讲，中共山西省委常委、宣传部部长高建民主持了讲座。李学勤教授主要就文明起源研究的意义、中国传统文明性质和特点、山西与中国文明的起源及特点进行了演讲。山西电视台、黄河电视台、太原教育电视台、山西人民广播电台、长城广播电台、山西日报、山西经济日报、山西青年报、山西商报等媒体的 20 余名记者赴现场做了采访报道。（梁金平）

【周和平副部长来晋考察调研文化共享工程建设】 2007 年 7 月 14 日至 15 日，文化部周和平副部长莅临山西就文化信息资源共享工程建设情况进行了考察调研。

周部长一行先后在太原、临汾、吕梁等市展开深入细致的调研。在文化共享工程山西省中心，周部长听取了李小强馆长的汇报，观看了 IPTV 网络电视模式的演示，对这种受到农村群众欢迎的传播方式表示肯定。中共山西省委副书记、省长于幼军会见了周和平副部长一行。省委常委、太原市市委书记申维辰，省委常委、宣传部部长高建民，副省长张少琴，中国文化报社社长孔繁灼，省委宣传部副部长、省文化厅厅长杨波，副厅长赵晋蓉，文化部全国文化信息资源建设管理中心副主任崔建飞等陪同考察。（赵玲玲）

【李小强馆长参加全国文化共享工程共建共享经验交流会】 2007 年 7 月 28 日至 29 日，全国文化信息资源共享工程共建共享经验交流会在河南省郑州市召开。会议主题是贯彻中央关于加快推进文化共享工程建设的指示，大力推进文化共享工程在城乡的全面覆盖。文化部周和平副部长出席会议并作重要讲话。河南省省长助理孙泉砀，文化部社图司司长张旭、副司长刘小琴，管理中心和全国各省、自治区、直辖市、新疆生产建设兵团文化厅（局）以及省级分中心的有关负责同志参加会议，并考察了河南偃师市支中心和首阳山镇沟口头村、高龙镇辛村等基层服务点。山西省图书馆李小强馆长参加了会议并在会上做了发言。（赵玲玲）

【文化共享工程山西省分中心调星工作顺利结束】 2007 年 8 月底，山西省文化共享工程基层站点的调星工作顺利结束，保障了我省共享工程工作的正常开展，保证了文化信息资源能够更好地服务于全省基层群众。

8 月初接到文化共享工程国家中心“全国文化共享工程卫星站用于接收信息资源的卫星将由原来的鑫诺 1 号转换到亚太 6 号”的通知后，省分中心由李小强馆长任总指挥，成立工作队，从省馆抽选技术骨干分赴全省，在时间紧、任务重、经费紧张的情况下，圆满完成山西省文化共享工程站点的调星工作。（赵玲玲）

【山西省古籍保护工作全面开展】 2007 年 9 月 3 日，经山西省文化厅批复，山西省古籍保护中心和山西省古籍保护工作专家委员会相继正式成立。山西省古籍保护中心主任为山西省图书馆李小强馆长，副主任为袁长江馆长助理和石焕发副馆长，王开学、范月珍分别担任中心办公室主任、副主任。山西省古籍保护中心的成立和挂牌，标志着山西省古籍保护工作的具体工作机构正式建立，山西省的古籍保护工作从此在全省范围内全面展开。专家委员会的成立则对保证古籍保护工作开展、做好珍贵古籍定级审核和普查咨询等有重要意义。山西省古籍保护工作全面开展以来，各项工作有序进展：一、制订方案规划。省中心制定出了《山西省古籍普查实施方案》、《山西省古籍保护试点工作方案》、《山西省古籍普查人员培训计划》等一系列方案计划。二、积极指导试点单位开展工作。三、积极配合文化部古籍保护督导组专家对我省古籍保护工作督导。9 月 4 日至 10 日，督导组专家李致忠一行 3 人对我省古籍保护工作进行了全面督促、检查和指导，专家们对我省古籍保护工作的开展水平和重视程度予以了高度评价，对遍及三晋、蔚为大观的佛教经藏等珍贵古籍文献尤为赞赏。四、申报工作。全省申报首批《国家珍贵古籍名录》119 部，绝大多数为一级古籍甲等，非常珍贵。五、为和各有关厅局及古籍普查与保护单位加强联系，通报各项工作开展情况，省中心办公室定期编发工作简报，及时沟通情况，同时协调召开了古籍保护工作的厅际联席会议。六、山西省古籍保护中心设在山西省图书馆，同时省图书馆是全国古籍保护试点工作单位。在既要指导全省又要做好自身工作这两方面，省图书馆都取得了很好的成绩，得到文化部和国家古籍保护中心的好评。（王开学）

【家庭读书节　长假添书香】 为了倡导全民阅读，建设学习型家庭，提高城市文明，2007 年 10 月 1 日至 3 日，山西省图书馆在国庆期间与当地社区解南一社区联合举办了“家庭读书节”活动。

读书之余，孩子们还在家长的带领下在少儿数字阅览室上网浏览，下午，在少儿活动教室，电影展播活动先后放映了《开国大典》、《两个小八路》、《宝葫芦的秘密》等文化共享工程省分中心精选的爱国主义教育和儿童题材电影。国庆长假期间，近百个家庭参加了读书节活动。山西卫视“直播山西”节目、太原教育台、太原日报等新闻媒体对活动进行了报道。（赵胥炯）

【山西省图书馆举办“展示城市文化 建设和谐太原”图片展】 为展示太原文化特色，推动太原历史文脉传承和特色文化名城建设，山西省图书馆于2007年12月全民读书月期间举办了“展示城市文化 建设和谐太原”图片展。

展览分太原老城图片展和城市新成就图片展两大部分。“太原老城图片展”设于省图书馆院内，分唐晋遗韵、文脉钩沉、墉堞寻踪、巷陌清影、商埠拾旧、实业启蒙、市井百态七个部分，共展出作品40余幅，展示了太原老城风貌；“太原城市新成就图片展”设于省图书馆主楼二层展厅，分特色文化名城建设与和谐太原建设两部分，用66幅生动真实的图片，体现了太原外在形象与精神内质的统一，体现了太原历史文化与现代文明的统一，展示了太原落实科学发展观、全面建设小康社会、构建和谐社会的亮丽风景和宏伟蓝图。

山西省图书馆立足于山西特色，配合重大形势热点，2007年先后举办了第十七届山西省摄影艺术展、在那遥远的地方——史扬、陶延明赴青海摄影图片展、籍先菊摄影作品展、王璞山赵美龄纸刻皮影艺术展、山西省图书馆（新馆）建筑工程设计方案展、日本浦和版画展、金秋书画展等特色展览13期，让走进图书馆展览大厅的20余万读者一饱精彩文化艺术。（李红　梁金平）

【王蒙做客文源讲坛，主讲“文学的启迪”】 2007年12月11日上午，由中共山西省委组织部、省委宣传部、省直工委、省文化厅主办，山西省图书馆承办的“文源讲坛——山西省领导干部历史文化讲座”第七讲在太原工人文化宫演艺中心举行。我省近百个厅局的950余名厅局级干部聆听了当代著名作家王蒙先生的《文学的启迪》讲座。省委副书记金银焕主持了讲座，并在讲座结束时作了总结发言。

“文源讲坛——山西省领导干部历史文化讲座”自2007年6月开坛以来，先后邀请全国著名专家学者李学勤、二月河、杨锦麟、罗哲文、于丹、温铁军、王蒙等担纲主讲，省委常委、省委副书记金银焕，省委常委、省委宣传部长高建民，副省长张少琴等领导分别主持了讲座，4000余名领导干部参加了活动。该活动对提升我省领导干部综合素质，推动山西的经济建设与和谐社会发展起到积极的作用。（梁金平）

【山西省古籍保护工作厅际联席会议举行】 2007年12月18日，山西省古籍保护工作厅际联席会议在省城太原举行。联席会议成员省文化厅、省发改委、省财政厅、省教育厅、省科技厅、省民委、省新闻出版局、省宗教局、省文物局，以及省古籍保护中心的有关负责同志出席了会议，省文化厅社文处成霄冬处长主持会议。联席会议召集人、省文化厅副厅长赵晋蓉发表讲话。会议听取了山西省图书馆馆长、省古籍保护中心主任李小强关于我省古籍普查与保护工作开展情况的汇报。

联席会议的主要职能是在省政府领导下，研究拟订全省古籍保护的重大政策措施，向省政府

提出保护工作建议；协调解决全省古籍保护工作的重大问题；讨论年度工作重点并协调落实；指导、督促、检查古籍保护各项工作的落实。具体工作由省文化厅牵头，进行统筹规划，组织实施。各成员单位按照各自的职责分工，密切合作，共同做好古籍保护工作。联席会议办公室设在省文化厅，联席会议每年召开一至两次例会。在联席会议的领导下，我省古籍保护工作将会迎来一个新局面。（王开学）

【山西省图书馆举办首届视障读者演讲比赛】 2007 年 12 月 27 日，山西省图书馆首届视障读者演讲比赛在省图报告厅举行。省残联罗敏处长，省图书馆石焕发副馆长为演讲比赛致词。参加演讲比赛的 11 位选手均为本市视障朋友，有在校学生、从医大夫及退休职工等，年龄最大的 54 岁，最小的 18 岁。比赛评出一等奖 1 名，二等奖 2 名，三等奖 3 名，省残联罗敏处长、李照华主任和省图书馆石焕发副馆长为获奖选手颁奖。（李斌）

【山西省图书馆举办全民读书月名家讲座】 2007 年 12 月 30 日，山西省图书馆全民读书月名家讲座之“读书伴我快乐成长”在省图报告厅举行，省图书馆邀请了我国著名儿童文学作家、北京大学中文系教授曹文轩先生主讲。名家讲座还邀请著名作家叶永烈做客山西讲述“叶永烈的写作人生”，300 余名听众在省图书馆报告厅聆听了叶老的精彩报告。

2007 年，山西省图书馆在先后举办了茶文化、新春民俗文化、文学经典解读、健康生活、理财投资、古典诗词、企业管理、纪念香港回归 10 周年、纪念傅山诞辰 400 周年、艺术鉴赏、法制财经、黄河文化、太原历史文化、作家读书等各类型讲座 121 期，接待讲座听众约 10 万人次。（梁金平）

【李祝青、田玫女士向我省公共图书馆捐赠《人民艺术家石兵画集》】 2007 年 8 月 21 日，山西省已故著名画家石兵先生的遗孀李祝青女士和女儿田玫将《人民艺术家石兵画集》64 册，捐赠给太原市图书馆、大同市少年儿童图书馆等 62 个市、县级公共图书馆，省图书馆学会代表基层图书馆接受了赠书。此前，李祝青、田玫女士已先期向山西省图书馆、大同市图书馆捐赠了《人民艺术家石兵画集》各两册，作为两馆的永久珍藏。（耿建华）

【山西省“警民共建”图书流通站启动仪式在省城隆重举行】 2007 年 10 月 28 日，在党的十七大胜利闭幕之际，山西省“警民共建”图书流通站启动仪式在省城南宫广场隆重举行。

为在全省公安机关营造良好的读书氛围，活跃干警文化生活，促进公安队伍的文化建设，在省文化厅的直接领导和大力支持下，山西省图书馆与山西省公安厅密切合作，在实地考察的基础上，选择了首批基础较好、条件成熟的太原市公安局 10 个派出所，建立图书流通站。在新建立的 10 个图书流通站，山西省图书馆利用文化共享工程资源，无偿提供讲座、电影、文学历史等文化信息资源 60G；办理干警个人借阅证约 700 个。山西省图书馆还将采取无偿服务的方式，以 3 个月或半年为周期，视流通站实际需要为其更换图书。利用这些便利条件，10 个流通站的民警同志们不但可以在省图书馆借阅馆藏图书，还可以通过上网检索省图书馆文献，浏览和获取省图书馆数字资源，在工作之余，体验阅读的快乐，感受知识的魅力。（耿建华）

内蒙古自治区

【概述】 截止到 2007 年末，内蒙古自治区有各级公共图书馆 112 所（其中：自治区级图书馆 1 所、盟（市）图书馆 12 所、旗（县、区）图书馆 97 所、少儿图书馆 2 所）。各院校图书馆在近年来的教育部评估中均有了长足的发展，馆藏文献得到了极大的扩充，特别是电子文献的广泛应用加速了信息检索和获取的渠道。2007 年内蒙古自治区公共图书馆文献总藏量 8 017 933 册，馆舍总面积159 123平方米，到馆读者总人次 3 183 175人次；举办各种读者活动 9506 次，举办各类培训班 168 次，有 37 876 人次参加了培训。2007 年对内蒙古自治区图书馆界而言是一个新馆建设年。部分地市、旗（县）、院校新馆建设工程相继上马，为提升自治区图书馆的社会地位，提高服务质量奠定了坚实的基础。

内蒙古自治区各公共图书馆在不断完善基础

业务工作的同时，积极探索新的服务领域、服务方式。各地图书馆、图书馆学会结合当地实际，依托馆藏文献，充分利用文化共享工程资源广泛开展形式多样的服务，在一定程度上丰富了城乡居民的文化生活，为农牧民致富提供了全新的科学信息。内蒙古自治区图书馆在完成拟定工作计划的同时积极拓展新的服务方式，扩大社会服务空间。为欢庆内蒙古自治区成立60周年，内蒙古图书馆举办了大型公益讲座活动。年内，内蒙古各盟（市）级图书馆结合各地方实际，举办了形式多样的读者活动，所编辑的各类信息摘要等文献受到市民、农牧民的欢迎以及党政领导的褒奖。

为促进图书馆界的交流合作，繁荣学术研究，内蒙古自治区图书馆学会于2007年9月15日至18日，在乌海市举办了“内蒙古自治区图书馆学会2007年学术研讨会”。此次研讨会是内蒙古图书馆界近10年来的首次大型学术研讨会。来自区内公共系统、高校系统和科研系统的75所图书馆的150名图书馆工作者参加了会议，研讨会共收到论文121篇。经过严格评选，评出一等奖6篇，二等奖11篇，三等奖26篇。会议期间，还召开了“内蒙古自治区图书馆学会理事会议”，向全体理事通报了2006年—2007年学会工作开展情况和学会承担的科研项目的进展情况，做出了“关于表彰先进学会、先进集体和个人的决定”。授予5个学会“先进学会”的荣誉称号；授予21个图书馆“先进集体”的荣誉称号；授予35名同志“先进个人”的荣誉称号；授予5名贡献突出的已故图书馆工作者“终身突出贡献者”荣誉称号；授予19名业绩突出的图书馆工作者“突出贡献者”荣誉称号。

2007年，全国文化信息共享工程内蒙古分中心继续加快建设步伐。为全区35个基层中心的70余名技术骨干进行了技术培训。完成了12个盟市35个旗县乡村基层站点的设备安装调试和人员培训工作，完成了年度基层站点的建设任务。在资源建设方面，完成了“内蒙古文化信息网站”的建设工作，设立19个栏目，52个子栏目，新增资源50G。完成了与国家管理中心签订的“委托译制影视节目协议”，完成60部讲座，40个农业视频节目的目录选定工作，译制工作（汉译蒙）也在按照计划有条不紊地进行，此项工作对丰富偏远牧区的精神文化生活和丰富国家资源库的内容都将具有重要意义。

古籍普查保护工作方面，内蒙古自治区图书馆年内做了大量实效的工作，将此项工作列为年度重点工作。在古籍工作原有的基础上，按照国家中心的有关要求，对申报文献逐种填写了“全国古籍普查电子登记表”、“全国古籍保护督导工作调研表”、“国家珍贵古籍名录申报书”等材料。经过筛选和鉴定，内蒙古自治区图书馆初步评定蒙汉文一级古籍32册/件，蒙汉文二级古籍48册/件，内蒙古自治区图书馆的古籍保护工作得到了北京国家中心领导的高度评价。8月3日，在北京召开的“全国古籍保护试点工作会议”上。经全国古籍保护工作部级联席会议审议，内蒙古自治区图书馆被确定为全国古籍保护工作57个试点单位之一。

【内蒙古自治区图书馆古籍普查工作成果显著】 2007年全国古籍普查工作开展以来，内蒙古图书馆根据有关要求及时成立了内蒙古自治区古籍保护中心。4月，对申报文献逐种填写了“全国古籍普查电子登记表”、“全国古籍保护督导工作调研表”、“国家珍贵古籍名录申报书”等材料。经过筛选和鉴定，内蒙古图书馆的古籍保护工作得到了北京国家中心领导的高度评价。（林胜）

【内蒙古自治区图书馆“内图讲坛”开讲】 2007年7月28日，为庆祝内蒙古自治区成立60周年，内蒙古图书馆特邀请著名学者、清史专家阎崇年先生，华东师范大学广播电视学系主任、教授、博士生导师王群先生分别以“明亡清兴的历史启示：清宫教育”及“谈人际沟通言语素养”为题的大型公益讲座，1300余名读者聆听了讲座。（林胜）

【内蒙古自治区图书馆学术研讨会在乌海市成功举办】 2007年9月15日至18日，由内蒙古自治区图书馆学会主办、乌海市图书馆协办的“内蒙古自治区图书馆学术研讨会”在内蒙古西部名城乌海市成功举办。来自公共、院校图书馆的150余名代表出席了本次会议。会议共收

到论文 121 篇，经过严格评选，评出一等奖 6 篇，二等奖 11 篇，三等奖 26 篇。（林胜）

【内蒙古自治区图书馆召开馆长联席会议】 2007 年 9 月内蒙古自治区图书馆馆长联席会议在乌海市成功召开。来自公共、院校图书馆的 70 多位馆长出席了本次会议，会议对当前内蒙古自治区图书馆事业的整体发展进行了深入的讨论，并就今后的课题研究等业务合作达成共识。为鼓励和激发内蒙古自治区图书馆界青年馆员继承和发扬老一辈图书馆工作者的敬业与奉献精神，会议对常年工作在图书馆、知名度较高的老一辈馆员和已故老同志分别授予了“突出贡献者”和“终身突出贡献者”奖励。同时，对多年来支持和帮助学会工作的部分理事单位进行了表彰和奖励。（林胜）

【年度送书下乡工程顺利完成】 2007 年 8 月 30 日至 9 月 6 日，内蒙古自治区图书馆派 2 名工作人员协助内蒙古自治区文化厅将文化部、财政部所捐赠图书分送到指定的国家贫困县图书馆，圆满地完成了年度“送书下乡工程”。（林胜）

【《内蒙古历史文献丛书》编辑工作进展顺利】 内蒙古自治区图书馆学会倡导编辑的《内蒙古历史文献丛书》年内工作进展顺利，本年内已完成之一、之二、之三、之六的编辑出版发行工作。（林胜）

【内蒙古图书馆服务宣传周活动喜人】 本年度图书馆服务宣传周活动期间，内蒙古图书馆协同内蒙古自治区社科联等 20 所哲学社科系统单位在呼和浩特新华广场共同举办了内容丰富的宣传活动。内蒙古图书馆为广大市民现场演示了文化共享工程资源，同时发放宣传单 8000 余份。活动有效地宣传了图书馆的社会职能，同时让更多的民众了解了文化信息资源共享工程的意义和作用。（林胜）

【内蒙古自治区图书馆认真做好古籍保护普查工作】 内蒙古自治区图书馆高度重视全国古籍普查工作，将此项工作列为年度重点工作，在古籍工作原有的基础上，按照国家中心的有关要求，对申报文献逐种填写了“全国古籍普查电子登记表”、“全国古籍保护督导工作调研表”、“国家珍贵古籍名录申报书”等材料。经过筛选和鉴定，初步评定蒙汉文一级古籍 32 册/件，蒙汉文二级古籍 48 册/件，我馆的古籍保护工作得到了北京国家中心领导的高度评价。（林胜）

【内蒙古自治区图书馆被确定为全国古籍保护工作 57 个试点单位】 2007 年 8 月 3 日，在北京召开的“全国古籍保护试点工作会议”上。经全国古籍保护工作部级联席会议审议，内蒙古自治区图书馆被确定为全国古籍保护工作 57 个试点单位之一。随后，填报了“全国古籍重点保护单位申报书”，积极争取成为全国古籍重点保护单位。（林胜）

【内蒙古自治区图书馆认真做好图书馆读者服务工作】 内蒙古自治区图书馆坚持全年 365 天接待读者。按照计算机系统的自动统计，截止到 2007 年 11 月 30 日，共接待读者194 703人次，文献流通147 963册次。发展读者 2380 人，其中少儿读者 567 人，残疾人读者 30 人。办理阅览证 6403 人次。（林胜）

【内蒙古自治区图书馆与国家文化共享工程管理中心签订“委托译制影视节目协议”】 2007 年，内蒙古自治区图书馆与国家文化共享工程管理中心签订了“委托译制影视节目协议”，完成了 60 部讲座，40 个农业视频节目的目录选定工作，此项工作对丰富偏远牧区的精神文化生活和丰富国家资源库的内容都将具有重要意义。（林胜）

【内蒙古自治区文化共享工程年度安装培训工作进展顺利】 2007 年，全国文化共享工程内蒙古自治区分中心为全区 35 个基层中心的 70 余名技术骨干进行了技术培训。完成了 12 个盟市 35 个旗县乡村基层站点的设备安装调试和人员培训工作，完成了年度基层站点的建设任务。在资源建设方面，完成了“内蒙古文化信息网站”的建设工作，设立 19 个栏目，52 个子栏目，新增资源 50G。（林胜）

【内蒙古自治区图书馆继续加强流通站建设管理工作】 2007年，为继续巩固和支持已经取得良好社会效益的馆外流通站点的发展，内蒙古自治区图书馆为内蒙古第四监狱、内蒙古女子监狱、内蒙古女子劳教所3所分馆进行了技术指导，更换图书，年底分别前往各流通站实地考察了运行情况，使各流通站点的各项工作更趋规范。（林胜）

辽宁省

【辽宁省图书馆为辽宁省十届人大五次会议服务】 2007年1月23日至28日，省十届人大五次会议在沈阳隆重召开。辽宁省图书馆秉承以往会议服务的光荣传统，充分发挥图书馆信息资源优势，运用现代化信息服务手段，为会议提供了周到、全面、及时、创新的服务，受到了省人大领导和代表们的高度赞扬。

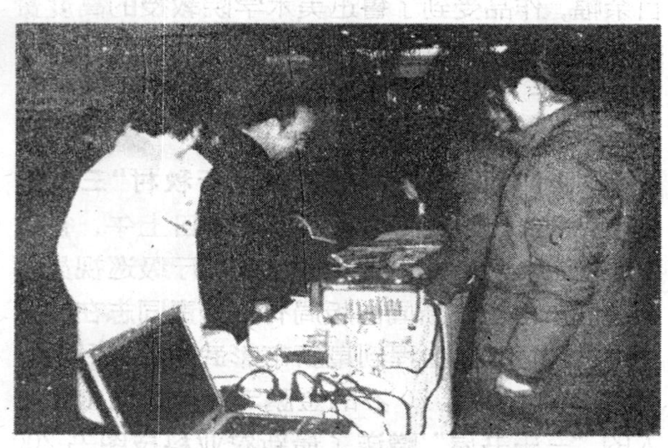

会前，工作人员多次前往人大办公厅，就专题资料编辑及其他相关服务事宜征求意见，根据会议主题精心编辑印刷了350份《为辽宁省十届人大五次会议服务专题资料》，内容包含4个专题、372条题录、65条文摘，还将专题资料的题录、文摘、全文集中，连同相关软件等刻成光盘。制作了幻灯片，加印了200份2007年第1期《领导干部书架》，精心挑选了400多种最新热门期刊，供各位与会人员现场借阅。会议期间，工作人员以饱满的工作热情、周到的服务、认真的工作态度，为代表们提供了优质的服务，受到与会代表的肯定。

4月13日，省人大发来感谢信，对工作人员在两会服务中认真负责的职业态度和敬业精神提出了表扬，同时对我馆的服务工作给予了高度的评价。（刘芳　高贤）

【辽宁省文化共享工程试点县基层中心建设工作圆满结束】 辽宁省文化信息资源共享工程试点县技术骨干培训及设备安装工作，在省文化厅的周密部署和省市县相关部门的紧密配合下，已圆满结束。至2月2日试点县基层点设备发放及人员培训工作与卫星信号接收设备安装工作同步完成。

结合我省的实际情况，考虑到各市县的需求，并充分发挥各市、县文化部门的协调及组织作用，使培训工作更好地与群众实际需求相结合。我们制定了“送技术到基层”的培训方针，由辽宁省分中心组织技术人员深入基层，到群众中去，在每个试点县分设培训中心。按照文化厅总体部署，由辽宁省图书馆副馆长王筱雯带领的技术人员在1月14日至2月3日，先后赴东港市、庄河市和阜新市彰武县为试点县基层点的技术人员进行现场培训。此次培训工作共授课近50小时，培训人员近百人，为试点县的建设和基层点的工作开展打下了良好的基础。

同时，按照省文化厅对基层点“建成一个，使用一个”的指示精神，为了使下发的设备尽早并高质量地发挥作用，做到“人员培训与信号接收”同步，我省分中心与百年树人集团的技术工程师，协助各基层点及时进行卫星接收天线的安装和调试，保证了在最短的时间内充分发挥基层点为群众服务的作用。目前，三个试点县由国家扶植的40个基层中心已全部建成并已开展服务。目前，我省已建成各级分中心和服务点93个。（刘芳　高贤）

【“对面朗读”活动进盲校】 3月27日，开学伊始。在同学们的期盼下，辽宁省图书馆的“对面朗读”活动走进沈阳市盲校。下午3点，辽宁省图书馆的工作人员准时走进教室，开始和盲童们面对面交流。

“对面朗读”活动是辽宁省图书馆文化助残的一种扩展，它让文化助残活动更加深入，更加实际，也更受欢迎。两年来，它不断完善壮大，完全融入了盲校同学们的学习和生活之中。辽宁省图书馆全体职工愿意尽自己最大的努力，再接再厉，让爱的奉献永远延续下去。（刘芳　高贤）

【辽宁省图书馆荣获“全国缩微工作先进集体”称号】 2007年4月5日至9日，全国缩微技术部主任会议在广西桂林召开，来自全国共有21个省、市公共图书馆的42名代表出席会议。辽宁省图书馆今年拍摄缩微品的优质品率为91.27%，并自行完成缩微拍摄设备的搬迁拆卸和组装工作。因成绩突出，辽宁省图书馆被全国图书馆文献缩微中心授予2006年度“全国缩微工作先进集体”称号。（刘芳　高贤）

【辽宁省图书馆开展“世界读书日”系列文化活动】 2007年4月23日是第12个世界读书日，为了纪念这一全球读书人共同的节日，辽宁省图书馆和辽沈晚报社携手，以饱满的人文精神联合举办了“书香飘四方，和谐同构建”系列文化活动，力争在缕缕墨香、袅袅书韵中，打造辽宁和谐文化，倡导全民阅读新风。

本次文化活动包括“全民共阅读，在阵地宣传中让书香墨韵扑鼻盈袖”、“读书趁年华——大学生文化活动”、“书香伴成长——用阅读滋养浸润孩子的心灵”、“肋挟生风翼——插上媒体的翅膀，读书活动飞得更高更远”四个主题，内容包括面向全社会发出倡议、举办馆藏优秀书籍推介和展览、“名著有声阅读”经典电影展映、大学生“以书易书”活动、“制作书签小童星”评比等等，内容丰富、形式新颖的系列活动受到了市民的欢迎，社会各界群众反响强烈。公益性读者活动奠定了扎实的基础，营建了良好的氛围。此次系列文化活动的成功举办在受到了社会各界群众的普遍赞誉和广泛好评的同时，也受到了媒体朋友们的关注和重视。（刘芳　高贤）

【辽宁省图书馆开展“全国助残日”系列活动】 每年5月的第3个星期日是“全国助残日”。今年，围绕“保障权益，和谐社会”这一主题，辽宁省图书馆组织开展了“贴近残疾人，走进残疾人”系列活动。

在助残日来临之际，省馆在沈阳市盲校组织了志愿者培训活动。邀请了长期坚持参加“对面朗读”活动的志愿者介绍自己的切身感受。他们向大家介绍了如何走近残疾人，如何服务残疾人，与残疾人相处之道。沈阳电台“星光夜话”主持人海涛老师的讲述更加吸引听众，他用具体实例分析了残疾人的心理状态，让志愿者的服务更加有的放矢。

此次“全国助残日”系列活动除了“对面朗读”、“手语世界”等传统活动外，最吸引人的是辽宁省残疾人中等职业技术学校在省馆举办的聋生《无声震撼》作品展。此次展览共展出作品百余幅，作品受到了鲁迅美术学院教授的高度赞扬。省残联、省图书馆领导出席了作品展的开幕式。（刘芳　高贤）

【辽宁省图书馆向彰武县后新秋村“三乐书屋”赠送农业科技图书】 5月16日上午，省政府副秘书长马述君同志、省文化厅厅级巡视员郑全志同志以及省新闻出版局有关负责同志在省馆同志的陪同下，专程到阜新市彰武县后新秋村，亲切看望了年近70岁的金鹏老人，并向金鹏老人的“三乐书屋”赠送了最新农业科技图书200多册。书屋的主人金鹏是后新秋镇退休教师。2002年，他从学校退休后，就办起了这个免费向读者开放的“三乐书屋”。取名“三乐书屋”，意思是乐己、乐民、乐国家。自己为农民服务的

同时还可以读书是“乐己”；带动别人读书长知识是“乐民”；群众素质提高了，国家进步了是“乐国家”。“三乐书屋”成了当地农民的精神乐园，丰富了农民的文化生活，平均每天接待读者二三十人。

金鹏老人十分感谢省馆为“三乐书屋”送去了农业科技图书，表示绝不辜负上级领导的厚望，决心继续为农民服好务，把“三乐书屋”办得更好，为农民传播更多的文化知识。（刘芳　高贤）

【辽宁省图书馆开展“六一”少儿系列活动】 6月1日至3日，辽宁省图书馆少儿借阅室组织广大少儿读者和家长，开展了一系列形式新颖、视角独特的“六一”活动，寓教于乐，营造出和谐快乐的节日气氛。

倡导轻松式的“快乐阅读”和分享式的“亲子阅读”是辽宁省图书馆对少儿读者长期坚持的理念。借“六一”儿童节之际，举办家长故事会，旨在让家长们从忙碌的工作中抽出时间，俯下身来倾听孩子的心声，与孩子一起阅读，并使之成为日常生活中的一部分。

此次活动吸引了众多家长和小朋友，同时也得到了各大媒体的关注。辽宁电视台《第一时间》栏目、《辽沈晚报》、《华商晨报》及《时代商报》等媒体均对此次活动给予报道。（刘芳　高贤）

【辽宁省图书馆荣获全国第十四届群星奖】 11月19日，中国社会文化最高奖——“群星奖”获奖名单在湖北荆门举行的第十四届群星奖颁奖晚会上揭晓。有80个在公共文化服务领域取得优异成绩的单位和个人获得服务奖。辽宁省图书馆因在全国图书馆界首倡“超市式”开架服务而获得了第十四届“群星奖服务奖”。

辽宁省图书馆是全国最早实行大面积开架借阅的图书馆，坚持“能开架的不闭架，能外借的不内阅”的原则，实行大面积开架借阅，开架书刊数达到200余万册，占馆藏总数的50%。2007年以来，又创新性地提出并实现了“超市式”开架服务。这种开架方式借鉴超市式的大开架管理，变原来的“以书库管理为中心”为“以读者需求为中心”的服务模式，实现了多种文献资源共存、多种服务功能相融合的复合式服务。这种从“书库式”开架到“超市式”开架服务方式的转变，丰富了图书馆为读者服务的内涵和外延，深化了服务层次，满足了广大读者日益增长的文化需求。（刘芳　高贤）

【辽宁省图书馆被评为“辽宁省扶残助先进集体”】 辽宁省图书馆被辽宁省人民政府残疾人工作委员会、辽宁省人事厅、辽宁省精神文明建设活动办公室、辽宁省残疾人联合会联合授予“辽宁省扶残助残先进集体”称号。

辽宁省图书馆弱势群体服务部自成立以来，以朴实平和的工作态度、认真高效的工作作风，全心全意地为社会弱势群体服务，将平等、尊重、共享的理念传递给他们，用细心和执著赢得了社会和读者对我们的关注、信赖和支持。读者说，他们在参与沈阳公益事业满意度调查问卷时，填写在第一位的就是辽宁省图书馆。（刘芳　高贤）

【国家广电总局副局长赵实到辽宁省图书馆视察文化共享工程辽宁省分中心】 8月15日，国家广电总局副局长赵实在辽宁省广电局局长李厚朴等陪同下，到文化共享工程辽宁省分中心视察文化共享工程卫星转星调整工作。赵实副局长实地检查了省级分中心转星调整后的卫星系统，听取了辽宁省分中心负责人关于辽宁省文化共享工程卫星系统转星调整工作安排的汇报。赵实副局长对辽宁省分中心卫星转星调整工作给予了充分肯定，同时指出，省级分中心要积极协助地方文化主管部门，在做好自身转星调整工作的同时，也要做好全省文化共享工程卫星系统的转星调整工作，并以转星为契机，进一步推进文化共

享工程的实施。（刘芳　高贤）

【辽宁省文化信息资源共享工程卫星系统转星工作会议在辽宁省图书馆召开】 辽宁省文化信息资源共享工程卫星系统转星工作会议于2007年8月17日在辽宁省图书馆召开。会议由辽宁省分中心负责人王荣国主持，辽宁省图书馆副馆长王筱雯在会上宣读了文化部办公厅下发的通知及辽宁省广播电视局下发的《关于印发〈辽宁省卫星广播电视转星调整实施方案〉的通知》，并介绍了辽宁省目前共享工程建设情况与资源更新方式，以及此次转星工作的主要任务、基本安排、工作进度等，要求各级支中心明确任务、明确分工，在8月31日之前报送转星工作总结。辽宁省文化厅社会文化处处长康尔平出席了本次会议并作了讲话。他在讲话中强调了此次转星工作的重要意义，并传达了辽宁省文化厅对此次转星工作的要求，要求各级中心：统一认识、重视工作，明确任务、明确责任，克服困难、按时完成，及时汇报、及时沟通，将此次转星工作按时按期、保质保量地完成。来自全省14个市级支中心负责人共20余人参加了此次会议。（刘芳　高贤）

【2007年全国图书馆古籍工作会议在辽宁召开】 10月22日至24日，2007年度全国图书馆古籍工作会议在辽宁大剧院隆重召开。来自国家图书馆、全国部分省市公共图书馆、科研院校图书馆、博物馆、出版机构、古籍修复与保护单位的50余家单位的代表出席了会议。开幕式由辽宁省图书馆馆长王荣国主持，辽宁省文化厅党组副书记、副厅长刘文艳向大会致祝词；中国图书馆学会古籍整理与文献保护专业委员会副主任委员吴格针对会议主题做了重要讲话。

会议围绕“科学保护，合理利用——图书馆古籍工作的和谐发展”这一主题以及“古籍工作面临的问题与对策”、“普查工作实施方法与策略”、“整理与开发新思路”、“人才培养与可持续发展”、“保护工作的实践与探索”、“网络数字化与普查保护工作”6个会议分议题展开了广泛深入的探讨，8位专家学者围绕会议主题作了发言，43位代表在分组讨论中发言。辽宁省图书馆副馆长王筱雯主持了闭幕式，南京大学图书馆副馆长史梅，黑龙江省图书馆党委书记、常务副馆长董绍杰作为分组讨论主持人作了分组讨论总结；辽宁省图书馆馆长王荣国进行了大会总结。此次会议得到了中国图书馆学会古籍整理与文献保护委员会的高度重视。会议紧张高效，求真务实，在出席会议人数和会议发言人数上均高于历次会议，充分反映出古籍保护工作的重要性与迫切性。（刘芳　高贤）

【沈阳市图书馆“盲人有声阅览室”正式对外开放】 2007年6月29日，沈阳市图书馆“盲人有声阅览室”正式对外开放。省、市盲协领导及文化局副局长杨弘前来道贺并做了重要讲话。在阅览室开放首日，有30多位盲人成为首批读者。“盲人有声阅览室”为广大读者提供盲文图书100余册、电脑6台，以及盲文笔、放大镜等服务设备。（李妹）

【大连市图书馆开展第十九届图书馆服务宣传周活动】 大连市图书馆于5月28日至6月3日举办了以“延伸服务、深化服务、提高社会效益”为主题的图书馆服务宣传活动。围绕本届主题，大连地区各公共图书馆开展了一系列丰富多彩的活动：1. 举办新书推荐活动。2. 举办“走进图书馆”活动。3. 举办各类竞赛、影片展播活动。4. 为充分实现图书的价值，让广大市民的家庭藏书真正“活”起来，举办“好书互换，真情互动”图书交换大会。此次活动总计交换图书306册。5. 开展送书下乡活动。6. 举办讲座。宣传周期间，共举办了三场讲座，近千人参加了讲座。7. 庆“六一”活动。8. 开展乡镇图书馆调研工作。（张宏）

【2007年大连市区(市)县图书馆馆长例会在旅顺召开】 2007年区（市）县图书馆馆长例会于8月24日在旅顺口区召开。大连市文化局副局长李贵林、大连市文化局文化处乔海滨、大连市图书馆副馆长辛欣、市少年儿童图书馆副馆长邓少滨以及各区（市）县图书馆馆长等34人参加了例会。（张宏）

【“2007年金州区乡镇街道图书管理员培训班”开班】 由大连图书馆与金州区图书馆联合举

办的“2007年金州区乡镇街道图书管理员培训班”于2007年9月12日至14日在金州区开班。本次培训班的培训内容包括两个方面，一是图书馆基础业务培训；二是介绍国外乡镇图书馆的服务特色及发展现状。这次培训为金州区乡镇街道图书馆的同仁提供了极好的交流平台。培训班历时三天，除完成计划的培训课程外，学员们还进行了以“未来乡镇街道图书馆展望”为主题研讨和交流活动。（张宏）

【“2007年甘井子区基层图书管理培训班”如期举行】 10月25日，“2007年甘井子区基层图书管理培训班”正式开班。培训内容包括：图书馆基础知识、图书馆档案管理办法两部分内容。大连图书馆张宏、吕健两位老师受邀担任讲课老师。甘井子区15个街道社区的45名图书管理员参加了培训。（张宏）

【鞍山市获“2006年度全民阅读活动先进单位”】 2007年8月5日，中图学会年会在甘肃省兰州市召开。开幕式上，中图学会对2006年度全民阅读活动优秀组织奖和先进单位进行了表彰。鞍山市图书馆被评为“2006年度全民阅读活动先进单位”，从而成为辽宁地区唯一获此殊荣的图书馆。（许迎霞　刘娜）

【辽南四市第十一届图书馆学学术研讨会在鞍山召开】 2007年10月15日至16日，辽南四市第十一届图书馆学学术研讨会在鞍山举行。本届研讨会由鞍山市图书馆承办，来自辽宁省图书馆及大连、鞍山、营口、辽南四市的图书馆界专家和论文作者代表60余人参加了会议。会议就图书馆数字化建设与发展等六大论题展开了讨论。此次会议的召开对于推动辽南地区各市图书馆学术研究起到了积极的作用。（许迎霞　刘娜）

【鞍山市图书馆开展“全民读书月”活动】 2007年12月10日，鞍山市图书馆“全民读书月”活动正式启动。活动的主题为“书香钢城 人文奥运”。活动期间，市图书馆开展了新书宣传、奥运资料展播、“迎奥运 讲文明 树新风”主题图片展览、“红山文化再研究”讲座、送书下乡等系列读书活动。（许迎霞　刘娜）

【锦州市图书馆读者活动工作效果显著】 锦州市图书馆自新馆开馆以来，开展了形式多样的大型读者活动，共计24次，参与人数5万多人；举办讲座37场，参加人数达37 000多人。其中最具影响力、最具亮点的是由锦州市图书馆创办的“辽西·读书讲坛”。该活动的宗旨是以文化和历史为主打，让辽西专家学者走出书斋，登上讲坛，让经典国学、辽西区域人文历史以及当前的社会热点，走进寻常百姓的生活。12月15日，来自社会的各界人士参加了“辽西·读书讲坛”座谈会，畅谈讲坛一年来的成绩与不足，并为今后如何更好地办好讲坛提出了建设性的意见。（刘千）

【阜新市图书馆举办“书海新知——2007年社科类书展”】 在第12个世界读书日期间，以阜新市图书馆为龙头，举办了“书海新知——2007年社科类书展”、“放松心情阅读时尚”、“五一”假日文学类休闲读物展、“缤纷春季、健康生活”生活图书展；图书馆少儿借阅部举办“珍藏与回味”——传统小人书展；向读者网上推荐2006年全国知识工程推荐书目。共计展出专题书刊350种共700余册，新颖时尚的新书推荐展览吸引众多读者到馆阅读，与去年同期比读者人次增加近3000人。（周晓军）

【阜新市彰武县图书馆搬入新馆】 2007年5月，彰武县图书馆搬入新落成的馆舍，新馆坐落于彰武县城中心的中华路文化广场，馆舍面积1500平方米。（周晓军）

【朝阳市图书馆开展农业科技调研，送科技下乡，服务“三农”活动】 为了开发馆藏资源，让公

共图书馆的服务惠及农民，帮助他们解决生产和生活中的难题，朝阳市图书馆先后两次到农村开展科技调研，并针对调研的情况，有针对性地搜集、整理、编印13种农业科技信息专题资料，利用科普大集、科技之冬、科普宣传周等活动，先后8次到龙城区召都巴乡、北票桃花吐镇、西官营子、大平房镇、龙城区边杖子乡、三十家子镇等现场解答读者咨询240人次，发放各种农业科技资料17 000多份。深受农民的欢迎。（姜宏英　沈玲）

【朝阳市图书馆组织召开县(市)区图书馆馆长联席会和学会理事会】 为了加强朝阳地区图书馆事业建设，提高图书馆的服务水平，4月19日，组织召开了一年一度的朝阳市公共图书馆馆长、学会理事联席会。来自各市、县、区各公共图书馆馆长，教育系统图书馆、卫生系统图书馆馆长及朝阳市图书馆的中层干部共计53人参加了会议。

在公共图书馆馆长会上，各县（市）、区公共图书馆的馆长畅所欲言，相互交流了2006年工作经验和2007年的工作要点。并通报了各县（市）、区省级高标准乡镇图书馆建设的具体情况。在学会理事会上，朝阳市图书馆馆长、学会理事长林向东同志作2006年学会工作总结，并通报2007年学会工作要点。会上还通报了2006年学会财务收支情况，传达了辽宁省图书馆学会2006年年会会议精神，并讨论了在全市开展业务竞赛等相关事宜。（姜宏英　沈玲）

【朝阳市图书馆筹建第一个分馆】 辛杖子村是朝阳市龙城区边杖子乡一个经济发展较快的村，地处市郊，曾先后被评为“省级环境优美示范村”、“市级社会主义新农村建设先进村”，被列为辽宁省三个“生态文明示范村”之一。针对物质上富裕起来的村民对丰富健康文化知识的日益需求，朝阳市图书馆与辛杖子村联合建起了朝阳市图书馆历史上第一个分馆。9月27日朝阳市图书馆辛杖子村分馆举行了揭牌仪式，双方在《朝阳市图书馆与辛仗子村委员会联合建立图书馆分馆协议书》上签字后，朝阳市图书馆辛杖子村分馆正式开始对村民们开放。分馆的建立标志着朝阳市图书馆面向农村、面向基层，服务新农村建设工作又上了一个新台阶。（姜宏英　沈玲）

【葫芦岛市图书馆参与“三下乡”活动】 2007年2月1日，葫芦岛市图书馆参与市委宣传部在南票区黄土坎乡组织的文化科技卫生“三下乡”工程启动仪式，实地发放科技资料。（刘杰）

【六一期间举办“少儿中国画展活动”】 每年六七月间，葫芦岛市图书馆儿童馆都要开展庆六一及暑假读书活动，2007年6月1日，举办了“少儿中国画展”，7月20日，举办了“奥运知识答题”、“我心中的奥运签名绘画”及讲故事比赛等活动。（刘杰）

【2007年4月28日葫芦岛图书馆举办迎五一大型宣传教育图片展】 2007年4月28日葫芦岛图书馆举办迎五一大型宣传教育图片展，葫芦岛图书馆此次活动的主题为：“中华传统美德”、“预防未成年人犯罪”、“珍爱生命，远离毒品”。（刘杰）

吉林省

【省委宣传部领导到吉林省图书馆调研】 3月7日上午，吉林省委宣传部副部长林君和产业

处处长郝圣亮到省图书馆调研文化体制改革情况。在省文化厅人事处任智富处长陪同下，领导们先到省馆的各个部门进行实地考察并了解有关情况，之后听取了石丽珍馆长对省馆内部改革及所取得成果的汇报。林副部长对省馆的工作十分满意，在肯定省馆改革工作的同时，两位领导还对省馆的购书费和行政经费增加、网上虚拟咨询

平台建立、共享工程的深入开展及“青青草”网站对外宣传等工作提出了指导性意见。（马慧艳 张毕臣）

【中国社会科学院图书馆领导到吉林省调研】 6月27日至29日，中国社会科学院图书馆馆长杨沛超一行5人来到吉林省，进行题为“社会

主义新农村的图书馆事业”的国情项目调研。省文化厅社文处处长蒋占富，省图书馆副馆长吴爱云、孙利民及相关同志，与调研人员一起就我省图书馆的基本情况、农村图书馆建设存在的问题及文化共享工程的开展等情况进行了座谈交流。此后，调研组一行在省图书馆副馆长吴爱云、长春市图书馆馆长刘慧娟等陪同下，先后到长春市图书馆、长春市二道区劝农山镇同心村、九台市图书馆、公主岭市图书馆及龙山乡进行了调研。调研过程中，他们详细了解了所到地区图书馆目前的情况和未来发展规划，并提出了许多宝贵的指导性意见和建议。（马慧艳 张毕臣）

【同心协力建设新农村 共享工程吉林省分中心在长岭建服务点】 1月13日，省财政厅调研员陈秀云、省文化厅社文处处长蒋占富、省图书馆副馆长孙利民，在长岭县人大副主任姜义学、县财政局副局长李俊和、县文体局局长李文典、大兴镇党委书记刘汉平陪同下，参加了文化共享工程长岭县大兴镇杜家村基层服务点成立揭牌仪式。陈秀云调研员和姜义学主任为服务点揭牌，吉林省分中心赠送了300余册书刊和100余张光盘。该基层服务点的建立，为正处农闲的农民们带来了丰富的科技资源。（马慧艳 张毕臣）

【吉林省分中心举办文化共享工程技术骨干培训班】 1月9日至10日，吉林省分中心在长春举办文化共享工程技术骨干培训班，全省各级中心和基层站点的技术人员有40余人参加。省文化厅社文处处长蒋占富、省图书馆副馆长吴爱云出席了开班仪式。

学员们首先观看了文化共享工程在全国的实施情况介绍和吉林省的工作成果展示，对工程有了较全面的了解。接着由省分中心的技术人员系统讲解了浪潮服务器、澳视投影仪及幕布等设备的验收、安装、使用及日常维护等知识，文件传输软件的使用、各种报表的填写及日常工作注意事项等常识。百年树人公司负责人介绍了有关卫星小站的基础知识及安装、使用的注意事项。课后进行了现场辅导和答疑。此次培训达到了预期的效果，为文化共享工程在基层的深入开展起到了重要作用。（马慧艳 张毕臣）

【吉林省分中心举办第五届再就业网络培训班】 “吉林省再就业网络培训基地”自2006年5月29日成立以来，先后举办了四期培训班，深受下岗失业人员的好评，已在群众中树立了较好的口碑。为满足下岗失业人员迫切掌握新知识、新技能的需要，给他们实现再就业创造有利条件，2007年7月16日，吉林省分中心在净月社区基层中心举办了第五届再就业网络培训班。

此次培训班为期两周，来自净月社区的近20名下岗职工参加了培训。培训中，吉林省分中心的技术人员为下岗人员系统地讲授了计算机基础知识，WORD、EXCEL基本操作及简单的网络知识。培训具有很强的针对性和实效性，以掌握实际操作技能培训为主，使下岗职工较快地提高了再就业技能。（马慧艳　张毕臣）

【吉林省全面开展文化共享工程调研工作】 为更好地开展全省文化共享工程工作，从5月起，省文化厅开始在全省范围内进行调研。省文化厅社文处处长蒋占富在省图书馆馆长石丽珍、省学会秘书长张毕臣以及共享工程吉林省级分中心工作人员陪同下，至7月下旬，已先后调研了辽源、四平、长春、白山、通化等5个地区，先后走访了东辽、东丰、公主岭、梨树、双辽、榆树、德惠、长白、靖宇、临江、辉南等地图书馆及部分乡镇基层站点。每到一处，蒋处长一行都认真了解各图书馆及基层站点共享工程活动开展情况，并根据各地实际情况提出指导性意见和建议。（马慧艳　张毕臣）

【文化共享工程走进民营企业】 9月18日，全国文化信息资源共享工程吉林天泽纳米材料有限公司基层中心、吉林省图书馆天泽纳米公司农民工培训学校揭牌仪式隆重举行。吉林省社科联、吉林省图书馆、天泽纳米材料公司等单位的相关领导及天泽公司员工共100余人出席了仪式。揭牌仪式由天泽纳米公司副总经理刘士国主持，省社科联关晓明副处长、省图书馆副馆长吴爱云、天泽纳米材料有限公司副总经理阎伯秋及员工代表分别讲话，省图书馆调研员王志民代表省分中心向基层中心赠送图书、期刊和光盘资源，省图书馆馆长石丽珍和天泽纳米公司副总经理董国荣共同为基层中心揭牌。

吉林天泽纳米材料有限公司是2006年成立的中澳合资高新民营企业，现有员工200余人，其中大部分为农民工。由于工厂地理位置相对偏僻，员工们的业余文化生活极其匮乏。为丰富农民工的业余文化生活，提高他们的文化素质，为企业营造一个良好的文化氛围，吉林省分中心在天泽纳米材料有限公司设立了基层中心、吉林省图书馆天泽纳米公司农民工培训学校，并送去各类书刊资料及电影、二人转、讲座、卫生保健、科普知识等资源光盘，让农民工在工作之余享受到了知识和生活的乐趣。

同日，长春市双阳区太平镇基层中心、省图书馆太平镇农业科技分馆也揭牌成立。（马慧艳　张毕臣）

【吉林省图书馆在未成年犯管教所建立分馆暨共享工程基层中心】 7月26日，吉林省图书馆在省未成年犯管教所成立分馆，并举行全国文化信息资源共享工程未成年犯管教所基层中心揭牌仪式。

仪式上，省文化厅副厅长谢文明与省监狱管理局副局长肖玉波为分馆和基层中心揭牌，未成年犯管教所所长于英军和省图书馆馆长石丽珍分别做了讲话。石馆长表示，未成年人是祖国未来的建设者和中国特色社会主义事业的接班人，对未成年人的思想道德建设是一项重大而紧迫的战略任务，她希望所有的学员能积极接受教育，多读书，读好书，养成良好的学习习惯，通过阅读和观看信息资源拓宽视野，树立崭新的世界观、人生观，为今后走好人生道路打下坚实的基础。

省图书馆同时还为未成年犯管教所配送了1200册图书及100张文化共享工程光盘资源，

于所长代表孩子们对省图给予的关注表示感谢。（马慧艳　张毕臣）

【吉林省文化共享工程工作总结表彰会隆重召开】 12月1日，吉林省文化共享工程工作总结表彰会在长春隆重召开。省文化副厅长谢文明、计财处处长李虹、社文处处长蒋占富、副处长温中刚、省财政厅教科文处副处长张静波、省委组织部电教处副处长邵波、省图书馆馆长石丽珍，以及各市（州）、县（区）文化局分管局长、公共图书馆馆长共150余人参加会议。

社文处处长蒋占富主持会议。会上，首先由前郭县文体局、长春市少儿图书馆、安图县图书馆、白城市图书馆及敦化市图书馆等做了经验交流汇报；随后，会议宣读了关于表彰延边州支中心等18个先进集体、长春市支中心刘慧娟等35名先进个人的决定，并为获奖代表颁发了奖牌和

证书；省委组织部邵波副处长详细介绍了我省农村党员干部现代远程教育工程建设情况，并希望今后继续加强与文化共享工程合作，共同推动两项工程的发展。下午，会议采取以会代训的方式，对全省公共馆的馆长们进行了培训。省图书馆馆长石丽珍就《图书馆馆长应自觉强化三种意识》、吉林大学教授曹锦丹就《社会信息化视角下的图书馆服务创新》、长春市图书馆馆长刘慧娟就《公共图书馆：文化理念与文化构建》先后进行了讲授。谢文明副厅长在会上做了重要讲话，他对我省文化共享工程自2002年实施以来的情况进行了全面总结，并部署了下一阶段重点工作。

会议期间，还举办了信息产品展览。吉林省分中心、长春、白山、安图、长春市少儿等支中心编印的二次文献吸引了众多与会代表的关注，受到欢迎和好评。（马慧艳　张毕臣）

【墨海书香飘溢“望海”省图分馆进驻村小学】 11月23日上午，吉林省图书馆与团省委青少年发展基金会在长岭县集体乡望海小学建立了省图书馆望海小学图书分馆，并为分馆带去2000余册图书。为了解决老师们教学资料紧缺的问题，省馆还同时配备了部分教师用书、一套辞海和新华字典，以后省图书馆还将定期为望海小学更换新书。（马慧艳　张毕臣）

【文化部文化共享工程督导组来吉林督导检查工作】 12月19日，文化部文化共享工程督导组一行三人来我省督导检查文化共享工程工作。省分中心在省图书馆会议室举行了汇报会，省文化厅社文处处长蒋占富就我省文化共享工程情况做了介绍，省图书馆副馆长吴爱云汇报了省分中心文化共享工程建设情况，同时播放了吉林省文化共享工程工作成果及省图书馆馆情介绍短片。随后，督导组专家们参观了省分中心的机房、电子阅览室和资源展播室，并详细查看了各种档案材料，对我省文化共享工程工作取得的成绩给予了充分的肯定。

12月20日至26日，在省文化厅社文处处长蒋占富、省图书馆副馆长吴爱云等陪同下，督导组一行先后考察了抚松、敦化、桦甸、永吉、前郭5个试点县和10个基层服务点。每到一处，都认真听取文化共享工程建设情况的汇报，全面了解各支中心和基层服务点所享用的信息资源的内容、服务网络运行情况，以及文化共享工程机构设置、人员配置、服务网点建设、各种服务活

动开展等具体情况，并详细查看了各种档案材料和活动记录。

督导组专家们对我省各试点县的硬件建设、人员培训及基层服务等工作表示满意，认为各地能够充分重视文化共享工程建设，充分发挥惠民工程的作用，让广大人民群众真正享受到了现代化信息资源带来的便利。（马慧艳　张毕臣）

【吉林省古籍普查工作正式启动】 为贯彻落实国办发［2007］6号文件《国务院办公厅关于进一步加强古籍保护工作的意见》和文化部“全国古籍保护工作会议”精神，完成吉林省古籍普查工作任务，根据省政府指示，吉林省建立了由省文化厅牵头，省发改委、财政厅、教育厅、科技厅、省民委、新闻出版局、宗教局等部门组成的全省古籍保护工作厅际联席会议，联席会议办公室设在省文化厅。吉林省图书馆作为全省古籍保护中心，负责全省的古籍普查登记工作。省馆已抽调专人成立了古籍普查保护办公室，由此，全省的古籍普查工作正式启动。（马慧艳　张毕臣）

【吉林省图书馆发放文化部“送书下乡”工程图书】 7月20日，省图书馆在对全国图书配送中心发给我省的送书下乡工程图书进行验收后，按发放名单及时发给大安、镇赉、安图、和龙、龙井、通榆、靖宇7个市（县）。此批图书共53套、217 936册，将由各市（县）文体局发给39个乡、镇图书室和大安、镇赉、安图、汪清4个县级图书馆。（马慧艳　张毕臣）

【“小小图书管理员”——省图一道亮丽的风景线】 1月17日至22日，吉林省图书馆与《新文化报》联合举办了招聘“小小图书管理员”活动。活动吸引了众多青少年朋友的关注，3个小时的报名时间就有100多人打来热线电话要求报名参加。经过工作人员的认真筛选，最后挑出了10名幸运小读者，他们经过简单培训后就正式挂牌上岗。5天的工作实践，使孩子们受益匪浅，同时他们细致认真的工作也赢得了图书馆工作人员的一致好评。《新文化报》跟踪报道孩子们的工作心得，把每天发生的新鲜有趣的小图书管理员的故事刊登出来，这更加激发了孩子们的工作热情。在交流会上，孩子们纷纷表示：这次当小小图书管理员不仅了解了图书的借阅流程，丰富了自己的社会经验，而且对于图书馆管理员的辛勤工作也感受颇深。他们希望图书馆今后能够为青少年提供更多社会实践的机会，帮助他们健康成长。（马慧艳　张毕臣）

【吉林省图书馆为青少年举办“图书生日会”】 2月6日上午，吉林省图书馆为4名幸运小读者举办了一场特别的生日会。小朋友们在工作人员的带领下兴致勃勃地参观了各个阅览室，并与家长一起参加了“图书对对碰”的娱乐环节。这个游戏不仅能考验家长和孩子的默契，还能考验孩子们的阅读量和应变能力。之后，工作人员播放了事先录制好的祝福短片，使孩子们第一次用这种特殊的方式了解亲人对自己的爱。活动不仅激发了孩子们对图书的阅读兴趣，还让孩子以另一种方式体会到父母对他们的爱，因此也得到了家长们的认可和感谢。（马慧艳　张毕臣）

【吉林省图书馆开展“世界读书日”系列活动】 为丰富百姓的文化生活，倡导全民阅读，吉林省图书馆在“世界读书日”前后举办了8项活动，得到广大读者积极响应，共有近2万人次参与，各大媒体报道达10余次之多，取得了良好的社会反响。

1. 举办两场高水平、高质量的讲座、报告会。4月22日在五楼报告厅举办了题为《毛泽东治学思想与读书艺术》的专题讲座。4月23日邀请著名演讲大师王洪庆作了题为“读书改变人生”的报告会。

2. 开展丰富的特色活动。（1）举办“手机图书馆”原创短信征集大赛。（2）举办青少年心理科普知识展览。（3）开展换书交友会活动。（4）展播丰富的读书、写作视频资源。

3. 丰富网站内容为读者服务。4月20日“青青草”网站正式开通了“阅读天地”栏目，该栏目包括“名著导读”、“美文推荐”、“阅读方法”、“新书快递”四个板块。

另外，省馆网站开通了虚拟联合目录查询检索系统，实现了省内部分公共图书馆及高校图书馆的“一站式”检索和图书馆间的书目数据共享。（马慧艳　张毕臣）

【吉林省图书馆“青青草”网站走进桦甸开展师生见面会活动】 为更好地帮助农村孩子解除学习与生活上的困惑与烦恼，把更多的学习资源带进农村校园，5 月 23 日，吉林省图书馆经过精心策划，来到桦甸市榆木中心校，举行了“‘青青草’网站咨询员与榆木中心校师生见面会”活动，并给师生们带去了他们需要的少儿图书和纪念品。吉林省图书馆的吴爱云副馆长出席了见面会，并表示，希望网站和榆木中心校的这种合作关系能继续保持下去，让更多的孩子能在这片绿色家园里展示才华，播种理想，收获美好的明天。（马慧艳　张毕臣）

【吉林省图书馆与上海图书馆联办“西部畅想曲”风光摄影展】 由上海市图书馆、吉林省图书馆和吉林省博物院联合举办的“西部畅想曲”风光摄影展，于 5 月 28 日在吉林省博物院与广大

市民见面。活动得到了省文化厅领导的高度重视和媒体的大力支持，既实现了图书馆界文化资源的共建共享，也实现了博物院与图书馆硬件资源的共享。杜雨林、王金、竺灵三位摄影艺术家描绘西部壮美山河和风土人情的 80 幅作品，给广大市民以视觉上的强烈冲击，参观者对展览给予了高度评价。（马慧艳　张毕臣）

【吉林省政务大厅监察室主任到省图书馆考察】 7 月 9 日，吉林省政务大厅监察室主任杨培德及省人事厅、省纪检委等部门领导一行 4 人，在省文化厅副厅长谢文明、社文处处长蒋占富的陪同下，到吉林省图书馆考察了文化共享工程工作的开展情况。

上午，杨主任一行在省馆馆长石丽珍及班子

成员的陪同下，参观了最新书屋、采编部和历史文献部等业务部门，然后听取了石丽珍馆长所做的吉林省文化共享工程建设情况专题汇报，并观看了关于我省共享工程工作的 PPT。下午，参观了省图书馆净月分馆基层中心，检查了日常工作档案，对分馆工作及开展的各类活动给予了高度评价，对即将举办的第五期再就业培训班也提出了合理化建议。杨培德主任此番考察不仅体现了省有关部门对我省文化共享工程的重视和关注，同时也给我省文化共享工程工作带来了发展的动力。（马慧艳　张毕臣）

【吉林省图书馆开展“庆八一，送知识进军营”活动】 7 月 22 日，省图书馆与桂林街道办事处一起来到驻长某部四营，联合组织“庆八一，送知识进军营”活动。省图书馆为官兵们送去了 200 余张文化共享工程资源光盘，指导员马文涛代表部队对此表示感谢，他希望图书馆能把新的资源源源不断地提供给他们，充实官兵的业余文化生活。社区老年艺术团的演员们为官兵表演了精彩的文艺节目。（马慧艳　张毕臣）

【吉林省 2007 年社科普及周现场咨询活动在省图书馆举办】 9 月 21 日上午，由省委宣传部、省社科联、市社科联主办，吉林省图书馆承办的“吉林省 2007 年社会科学普及周现场咨询活动”在省图院内隆重举办。来自钱币学会、收藏家学会、审计学会等 26 个学会的 100 多位专家，现场为前来咨询的广大市民解答收藏品鉴赏、家庭教育、幼儿珠算等各方面的问题。为配合此次现场咨询活动，吉林省图书馆现场发放了

1000 张免费阅读年证及 1000 份精美小礼品。

除外，在科普周期间，省图书馆还开展了独具特色的读书、展览及讲座等 12 项科普活动，参与读者近万人次。如为省孤儿学校的孩子们送书，到省未成年人管教所开展“拾起人生钥匙，让我们重新起航”读书活动，在各阅览室开展“知识在您身边”温馨服务活动、设置科普读物精品专架，在爱民及净月社区分馆播放科普宣传片及共享工程名家讲座资源，举办《吉林省文化共享工程活动网上精品图片展》，等等。这些活动丰富了广大市民的文化生活，使大家走近科普、了解科普，充分享受到了科普活动带来的知识和乐趣。（马慧艳　张毕臣）

【吉林省图书馆召开第四届学术研讨会】 11 月 5 日上午，吉林省图书馆在五楼报告厅召开“吉林省图书馆第四届学术研讨会”。研讨会由副馆长吴爱云主持，文化厅社文处杨继芳同志到会。会上，馆长石丽珍做了重要讲话，四位获奖作者做了论文交流，他们的发言赢得了大家的阵阵掌声。为了给这次研讨会营造更加浓郁的学术氛围，省馆还邀请吉林大学信息管理系博士生导师曹锦丹教授为员工们做了一场题为《语义 Web 在知识组织中的应用及创新》的报告，让大家受益匪浅。（马慧艳　张毕臣）

【领略文化视听盛宴——吉林省图书馆建立视听阅览室】 随着科学技术的飞速发展，文献信息的存储出现了以机读型、声像型载体记录的存在方式，读者对这一类型的知识信息需求也越来越强烈，为了满足广大市民对视频资源的渴求，吉林省图书馆于 2006 年成立了视听阅览室。

视听阅览室采取两种方式为读者服务：一种是读者只需留少许押金就可以把光盘借回家里观看，在规定期限内返还即可；另一种方式是，图书馆提供设备与场所，读者可以现场观看。视听阅览室的资源丰富多彩，类别齐全，各类光盘 3000 多张。并且每月省馆都派专人挑选优质光盘补充视频资源。视听阅览室与文化共享工程资源展播室的区别在于它的随机性很强，不像资源展播室播放的光盘资源是事先准备好的，因此视听阅览室给了读者充分的选择权。

开放自助式的阅读方式，读者主控放映的阅读方法，深受百姓欢迎。在今后的电子资源的采购中，省图书馆还将根据读者的需求进行更广泛的挑选，努力为读者提供更多更好的学习资源。（马慧艳　张毕臣）

【2007 年全州公共图书馆馆长例会暨延边图书馆学会常务理事扩大会议在延边图书馆召开】 2007 年 5 月 30 日上午，在延边图书馆召开了“2007 年全州公共图书馆馆长例会暨延边图书馆学会常务理事扩大会议”。会议由延边图书馆馆长安英男主持，来自全州各县市公共图书馆馆长、部分高校图书馆馆长参加了会议，与会者对 2006 年共享工程工作进行了总结交流。吉林省图书馆副馆长吴爱云参加会议并传达了全国及全省共享工程工作信息，对共享工程工作提出了实施步骤。安英男馆长对 2007 年共享工程及征集地方文献工作重点作了部署。沈玉茹副馆长安排部署学会工作，副书记金智力对“读书节”活动的评比工作标准进行了讲解。最后，延边图书馆馆长安英男部署了 2007 年共享工程及征集地方文献工作。期间，在延边图书馆馆长安英男、副馆长沈玉茹等同志的陪同下，吴爱云副馆长先后到延边图书馆、武警延边森林支队、延吉市少儿图书馆等基层站点就延边州文化信息共享工程工作情况进行了调研，并参加了座谈。（石桂娥　方英子）

【延边图书馆加强对全州图书馆工作者的业务培训和继续教育工作】 延边图书馆为提高全州图书馆从业人员的专业技术理论水平和技能，更好、更快地掌握图书馆的最新知识，熟练操作和利用网络信息资源的专业技术，于 2007 年 7 月 26 日至 28 日举办“全州图书馆工作者继续教育培训班”，聘请省图书馆专家来延边州进行业务培训，重点学习了《全国文化信息资源共享工程理论与实践》、《共享工程运行技术及管理》、《文化信息共享工程卫星广播通讯系统转星工作》等专业技术科目，培训人员 60 余人。组织全州公共图书馆专业技术人员到省内外进行业务培训。通过学习和培训，使业务人员全面系统地掌握了图书馆基础业务和信息服务技术，提高了专业人员的业务技能水平，为适应现代图书馆工作的需要奠定了人才基础。（石桂娥　方英子）

【延边图书馆依托农村党员教育网拓展共享工程深度和广度】 延边图书馆在实施全国文化信息资源共享工程以来，不断拓展共享工程的服务内涵和方式，与州委组织部联合开展了“依托全州农村党员干部现代化远程教育网络，建立全州农村文化信息资源共享工程村级服务点活动”，充分利用这一全新的工作载体条件，切实面向“五个走进”开创基层文化工作的新局面。在全州各县市图书馆的共同努力下，全州共享工程站点达到 188 个。（石桂娥　方英子）

【延边图书馆共享工程工作硕果累累】 为了更好地实施文化信息资源共享工程，把优秀的中华文化通过现代网络送到基层，服务群众，有效地发挥共享工程的作用，延边图书馆结合“服务

宣传周”活动，于 6 月 5 日走进农村，为延吉市三道湾镇中心村送去电子光盘 50 盘，深受村领导和村民们的欢迎。

2007 年 7 月 4 日，延边图书馆馆长安英男、副馆长沈玉茹带领社会教育部、外借部有关业务人员到偏远山区驻军 65118 部队 20 分队，举行了全国文化信息共享工程基层服务站点暨延边图书馆图书流通站揭牌仪式。在揭牌仪式上，沈玉茹副馆长代表延边图书馆做了讲话。为丰富部队官兵的文化生活，解决部队官兵看书难、获取知识信息难的实际困难，为他们送去流通图书 200 册，电子光盘 55 种 111 盘，受到了官兵的热烈欢迎。（石桂娥　方英子）

【延边图书馆翻译共享工程电子文献，为朝鲜族读者提供本民族文种文献资料】 延边地区是我国朝鲜族聚居区，为了更好地发挥共享工程优秀电子文献的作用，使朝鲜族读者能够更好地理解利用，延边图书馆与全国文化信息资源共享工程中心协调，担负起了共享工程电子文献翻译工作。汉文速记工作是翻译工作的重要环节，也是翻译工作的第一步，其正确与否，直接影响和制约翻译的质量，延边图书馆精心挑选责任心强、知识面宽、计算机操作技能熟练的业务骨干，对光盘资源的内容进行真实准确的汉文速记，打印脚本。在此基础上，为确保质量，延边图书馆诚邀延边朝鲜族翻译行业中公认的专家进行翻译，在翻译中使用朝鲜族标准语言文字，严格遵循《翻译服务规范》，遵照由中国朝鲜语规范委员会整理修改及审核制定的《朝鲜语语法》、《外来语标记法》、《朝鲜语规范原则》和《汉朝自然科学名词术语统一案》等，经过十多位专家、骨干的辛勤努力，共译制 100 余种电子文献，受到广大朝鲜族读者的欢迎。（石桂娥　方英子）

【延边图书馆对外文化交流持续发展】 为加强与国外图书馆界的合作与交流，延边图书馆充分发挥地缘优势，加强多边文化交流，通过各种渠道与朝鲜、韩国、日本等国家和地区保持书刊交换关系。先后与海外多家图书馆和出版社等单位建立了交流关系和姊妹关系。接待了韩国首尔图书馆、正读图书馆访问团，组织全州各县（市）图书馆馆长到俄罗斯海参崴市图书馆进行考察。2007 年 7 月 20 日，延边图书馆馆长安英男率馆内相关人员赴韩国正读图书馆进行访问，考察了韩国国家图书馆及区域图书馆。年内引进

韩国图书5千余册，价值近2万元，补充了全州公共图书馆和基层图书室的馆藏，丰富了文献资源。通过交流，增进了了解和友谊，促进了事业发展。（石桂娥　方英子）

【吉林市图书馆开通“图书馆便民流动车”】 为进一步拓展图书馆服务功能，从2007年4月下旬开始，吉林市图书馆正式开通了“图书馆便民流动车”。每逢双休日、节假日，有计划地将流动车驶入市区所辖的各个街道、社区、工地宣传推介图书馆，开展现场办证、解答咨询、流动售书、预约借书、播放共享工程资源、推介读者俱乐部服务项目等服务。

4月下旬至9月中旬，便民服务收到成效。共办理借阅证300余个，预约借书近百册次。深入到万达江畔人家、兴华街道南厂宅、伊利社区、雾凇广场等14个社区和广场开展活动，由专业技术人员现场为广大居民播放共享工程资料片40余场次，观看群众达5000余人次，现场解答咨询、发放宣传单近万人次。便民流动车的设立，方便和丰富了广大市民业余文化生活，同时又获得了一定的经济效益，为图书馆的广域服务，探索出一条新的路径。（金丽华）

【吉林市图书馆青少年读者活动丰富多彩】 2007年，吉林市图书馆共举办青少年读者活动10余项，主要有：中小学生“亚冬会知识知多少”知识竞赛；“继承传统文化国学大讲堂”公益性讲座；“元宵节猜灯谜”活动；“寒假优秀图书阅读”活动；以“学雷锋、树新风”为主题的公益活动；“少儿读者问卷调查”；“少儿读书亲子日”活动；“优秀图书推荐专栏”；参与了吉林省图书馆举办的吉林省第四届“青青草”杯青少年绘画、摄影、书法作品展的征集；组织吉林市区小读者参加了“吉林省第三届‘青青草’杯百首诗词朗诵比赛”；组织吉林市区小读者参加了吉林省第三届“青青草”杯迎奥运征文活动；举办“迎接2008普及少儿奥运知识问答”活动；编辑刊出“快乐知识园”共计12期等。活动的开展，极大丰富了未成年人的文化生活，全市参与活动的青少年读者达3万余人次。（金丽华）

【吉林市图书馆开展文化信息资源共享工程情况】 2007年年初开始，吉林市图书馆将文化信息资源共享工程继续纳入全馆业务工作的重点，全力抓好文化信息资源共享工程建设和组织实施。

（1）扩展工程服务网络。在原有共享基层站点的基础上，又在龙潭区乌拉街满族乡镇政府、昌邑区桦皮厂镇荒地村、市民政局军队退休干部第四休养所、永吉县图书馆等地新建了共享工程基层站点。全年各级站点开展活动40余次，受众面达到2万人以上。

吉林市图书馆自筹资金30万元补充了共享工程设备，从根本上解决了过去有资源不能充分利用的局面，进一步解决了设备数量少，使用效率低的问题。

（2）基础工作稳步推进。7月中旬、8月中旬期间，吉林市分中心指派专业技术骨干，分别深入到蛟河市和桦甸市图书馆，对基层专业技术人员进行业务培训。县（市）文化局、文化馆、图书馆、各乡镇文化站站长及基层业务骨干等近50人参加了培训。

9月中旬开始，吉林市图书馆共享工程分中心派出专业技术骨干，深入基层，为基层站点调试卫星接收设备。先后来到蛟河市图书馆分中心、永吉县图书馆分中心、桦甸市分中心、桦甸市金沙乡密胜村、桦甸市红石砬子镇人民政府等共享工程站点，逐一为各个站点调试卫星接收设备，解决基层站点在实际工作中遇到的技术问题，受到了基层站点的欢迎。（金丽华）

【吉林市图书馆特色资源建设】 建立《江城日报》索引数据库。进行了古籍线装书《金瓶梅》的数字化处理工作。2007年市图书馆完成了《吉林地区民间剪纸数据库》和《吉林地区地方文献联合书目数据库》两项工作数据的收集和整理工作。对馆藏日本侵华期间，日伪机构遗存文献资料进行了筛选，建立了《吉林市图书馆馆藏日本侵华期间日伪机构遗存文献资料目录》。（金丽华）

【白山市图书馆举办迎奥运影视作品展】 白山市图书馆积极响应文化共享工程管理中心所倡导的“以文化共享迎奥运”为主题的群众服务活

动，5月中旬到8月上旬，从周一到周五在图书馆门前的文化广场举办了“迎奥运影视作品展”。共享工程的工作人员为群众播放了《中国奥运冠军特辑》、《走进奥运赛场》、《福娃奥运漫游记》、《中国传统体育项目系列》、《一个的奥林匹克》等，还举办奥运歌曲推广晚会以及有关有奥运的知识讲座。此项活动受益群众达3万余人。（李彤）

【白山市图书馆举办迎奥运小学生绘画展】 为使小学生进一步了解奥运、传播奥运、弘扬奥运精神，培育和激发广大小学生民族自豪感和爱国热情，实现小学生健康成长、全面发展，白山市图书馆组织市区小学生举办了“迎奥运小学生绘画展”。市区8所小学的672名学生上交了作品，经过专家认真评选，评出一等奖7名，二等奖40名，优秀奖120名，全部作品在图书馆一楼大厅展出，各学校组织学生观看了展览，参展学生达4000余人。（李彤）

【白山市图书馆举办青少年心理健康知识讲座】 关心青少年的心理健康是全社会的责任。为发挥图书馆社会教育的职能，让青少年心情愉快地度过自己的青春期，白山市图书馆特聘请我市心理咨询师刘中奎、杨明、钱利华，从“怎样与孩子和谐相处”、“如何帮助孩子渡过青春期”、“情商的教育”、“如何正确管理你的情绪”四方面进行心理讲座。讲座受到老师及家长的欢迎，100多个坐席场场爆满。（李彤）

【白山市图书馆举办少儿口才培训班】 为丰富学生的寒假生活，培养学生们的语言表达能力，让孩子敢说、会说，能够准确地表达自己的思想，白山市图书馆特聘请从事播音工作多年的刘佳老师为孩子们进行口才训练。200多名学生、老师及家长参加了培训。（李彤）

【敦化市图书馆在2007年“读书节”期间活动丰富多彩】 为推进精神文明建设快速发展，发挥图书馆素质教育基地的作用，引导广大市民充分利用图书馆公共资源，营造浓厚的读书氛围与学习风气，养成良好的读书习惯，并配合敦化市首届读书节的开展，敦化市图书馆举办了丰富多彩的读书活动。

1. 举办“一语飘香”影响我一生的名著、名言、名句征集活动。2. 为发挥全国文化信息资源共享工程资源优势，促进文化信息资源共享工程活动在全市范围内开展，在读书节期间在馆内、在社区、农村开展文化信息资源共享工程优势资源展播活动，活动期间播放20余种视频资源，内容包括：各类讲座、优秀影片、农科新技术等。3. 开展了“爱我家乡”征文活动。4. 举办了“名著结尾改写”活动。（金光旭）

【让群众从共享工程得到实惠】 共享工程是一项合力工程，敦化市图书馆集中全馆智慧，立足市情，制定了切合实际的共享工程长远规划和近期工作计划，在市委、市政府的大力支持下，成立了以市领导挂帅的共享工程领导小组，并下发了《敦化市文化信息资源共享工程实施方案》，有20多个部门参与到文化信息资源共享工程中来，促进了共享工程工作在全市有序开展。

一是送信息进社区。利用社区党员活动日、重要节日开展共享工程活动，活动范围辐射到全市4个街道20个社区。

二是送信息进老年乐园。从2007年起确定了每月走进“夕阳红”老年乐园活动，利用文化信息资源共享工程资源为老年人开展送文化活动。

三是送信息进军营。敦化市图书馆把换防后的65117部队、65043部队、市消防大队融入共享工程活动中来，因地制宜建立了小型服务站点，提供流动图书2000册。今年还争取到司法局、公安局的协作，共同开展了“送法到军营”活动，利用共享工程设备和资源，为官兵播放法制教育光盘，并为部队配备了光盘资料。

四是送信息进校园。为了在共享工程中抓住教育这块阵地，开展了“共享工程进校园”活动，提供知识服务，分别走进市二小、阳光小学、黑石中学等开展共享工程活动。

五是送信息进村屯。为了拓宽服务面，敦化还与农业局、科技局、司法局建立了联动机制，在农村广泛开展普法、送科技活动，利用举办科普大集，组织观看农科影视片，把电子阅览室从户内搬到了户外，现场向农民朋友发放农村实用新技术资料 2000 余份，拓宽了农民朋友获取信息的渠道。（金光旭）

【敦化图书馆走进广场宣传共享工程】 敦化市图书馆充分利用“十一”黄金周有利契机，以开展宣传文化信息资源形式努力营造广场文化氛围，扩大共享工程在广大人民群众中的影响力，吸引更多人利用优秀文化信息资源。

10 月 1 日下午 17 时，黄金周的第一天，敦化市图书馆全体工作人员来到市中心繁华的“八一”广场，举办了一场别开生面的共享工程宣传活动。为了开展好本次活动，做了充分准备和严密的部署，到广场后首先横挂印有“传播先进文化共享人类资源”的宣传条幅，然后展出宣传展板 10 块，介绍了图书馆文献信息资源和开展共享工程活动情况。同时，进行了现场咨询和办证，还发放了宣传单。为了更直观宣传共享工程，在广场利用投影仪播放了共享工程宣传片、敦化市图书馆馆情介绍宣传片，并播放了健康知识讲座《中老年人自我保健》，此时正是人们晚饭后在广场上休闲散步时间，所以吸引了很多人前来观看，宣传活动达到了预期目的。（金光旭）

【敦化市图书馆 2007 年图书馆服务宣传周活动丰富多彩】 根据吉林省文化厅关于在全省开展 2007 年度图书馆服务宣传周活动的要求，敦化市图书馆加强服务能力、扩展服务范围、提升服务水平为出发点，从 5 月 1 日起开展了一系列活动。

1. 举办庆“五一”传播先进文化活动。
2. 举办高考英语系列讲座。
3. 举办庆“六一”游艺活动。
4. 进工农社区举办健康讲座。
5. 为“夕阳红”开展送文化活动。
6. 开展送图书到军营活动。
7. 举办再就业计算机培训。
8. 开展庆“六一”电影展播活动。（金光旭）

【文化部督导组来敦化市图书馆检查指导文化信息资源共享工程】 12 月 21 日，以安徽省图书馆易向军馆长为组长的文化部文化信息资源共享工程检查督导组，在省文化厅社文处处长蒋占富及市有关领导的陪同下，到敦化市检查文化信息资源共享工程工作。督导组分别到翰章乡翰章村基层服务点、额穆镇额穆村基层服务点，实地检查了文化信息资源共享工程建设情况。通过与服务点工作人员交谈，详细了解基层服务点所享用的信息资源的内容、服务工作、运行情况以及共享工程机构设置、人员配置、站点设立等具体问题，并了解了农村党员远程教育网应用情况，检查验收组对翰章村、额穆村实施文化共享工程所取得的成绩给予了充分肯定。

督导组一行来到敦化市图书馆后，首先参观了位于图书馆一楼的文化信息资源共享工程敦化市支中心机房，在检查了支中心的硬件设施后，又来到位于图书馆一楼的多媒体阅览室，上机了解了在本地访问国家中心以及省分中心各类文化信息资源的情况。督导组在召开的敦化市文化信息资源共享工程情况汇报会上，认真听取了敦化市副市长王静慧对于敦化市文化共享工程建设情况的汇报，对于敦化建设文化共享工程的成绩表

示满意。（金光旭）

【敦化市图书馆积极举办社会培训活动】 敦化市图书馆充分发挥图书馆教育职能作用，利用图书馆资源和人力优势举办社会教育培训，积极和市劳动就业局加强沟通拓宽培训项目。2007年，通过与劳动局协商沟通争取到刀画、电工、摄影的培训项目，在保证教学质量前提下，通过努力，全年已举办11期计算机培训班，5期刀画培训班，1期电工和1期摄影培训班，全年有近600名下岗人员在图书馆获得了技能培训。为图书馆依托资源优势、拓展服务功能、取得社会效益和经济效益积累了宝贵的经验。另外，还举办了大学英语预科班讲座，对拓宽敦化图书馆社会培训领域进行了有利的尝试。（金光旭）

【和龙市图书馆开展丰富多彩的读者活动】 2007年，和龙市图书馆从读者服务、业务管理、读书活动入手，通过扎实有效的工作，取得了一些成绩。

1. 积极开展送科技下乡活动。2. 积极开展少儿活动。3. 发挥社会教育职能。利用图书馆资源优势，通过和市劳动就业部门协调，成为和龙市劳动再就业培训基地，2007年先后举办了6期下岗再就业计算机培训班，使220名下岗人员获得了技能培训，充分发挥了图书馆的社会教育职能。4. 利用读书节和宣传周开展了各项活动。5. 为“夕阳红”开展送文化活动。（和龙市图书馆）

【温家宝总理视察东北师范大学图书馆】 2007年2月4日下午，中共中央政治局常委、国务院总理温家宝和国务委员陈至立，在吉林省委书记王珉，省委常委、长春市委书记王儒林的陪同下来到东北师范大学视察。东北师大党委书记盛连喜、校长史宁中、副校长张治国陪同温家宝总理、陈至立国务委员参观了图书馆。

正值寒假期间，图书馆里仍然有不少学生在埋头读书，总理的到来给他们带来一阵惊喜。温家宝总理和同学们热烈讨论起师范教育问题。温家宝总理说，教育是关系国家长远发展和子孙后代的大事，神圣而光荣。这些年我们加大了教育投入，让孩子们都上得起学，这个目标已基本实现。下一个目标是让孩子们上好学，这就需要大批的优秀教师。国家将加大对师范院校的改革和扶持力度，把最优秀的学生吸引到师范院校来，把最有才华的学生培养成人民教师，在全社会树立尊师重教的社会风尚。听到温家宝总理的讲话，同学们都热烈地鼓起掌来。

在离开图书馆之前，温家宝总理、陈至立国务委员、省委书记王珉、市委书记王儒林还高兴地和学校党政领导盛连喜、史宁中、张治国合影留念。（东北师范大学图书馆）

【日本长野大学黑泽惟昭教授向东北师范大学图书馆捐赠图书】 日本长野大学黑泽惟昭教授于2007年7月末向东北师范大学图书馆捐赠了1200余册日、英、德、法等语种图书，另有日文杂志多种。这已经是他第二次向东北师大图书馆赠书。

黑泽惟昭教授在东京学艺大学就职期间曾担任东京学艺大学与东北师范大学合作研究项目的日方主持人，多次来东北师范大学访问，对东北师范大学怀有深厚的感情。

黑泽惟昭教授此次捐赠的图书是其个人藏书的一部分，他表示在从长野大学退休前会将个人所有藏书捐赠东北师范大学图书馆。（东北师范大学图书馆）

【东北师范大学图书馆集成管理系统升级】 2007 年，东北师范大学图书馆使用的以色列艾利贝斯有限公司出品的 ALEPH 500 图书馆集成管理系统，继上一年升级之后，又顺利地升级到 18 版，通过升级和培训，使图书馆工作人员的业务水平得到提高和锻炼，目前各项业务工作都已经通过该系统实现。（东北师范大学图书馆）

【东北师范大学图书馆被列为全国古籍重点保护试点单位】 为贯彻落实国务院办公厅《关于进一步加强古籍保护工作的意见》（国办发［2007］6 号）文件精神，由文化部主办、中国国家古籍保护中心承办的全国古籍保护试点工作会议 2007 年 8 月 3 日在北京召开。会议公布了全国 57 家古籍保护试点单位，东北师范大学图书馆成为教育部系统 6 家国家级试点单位之一。9 月 13 日，全国古籍试点工作督导组到东北师范大学图书馆检查工作，听取了试点工作方案汇报，并参观了陈列室和善本书库、普通线装书库，对东北师大图书馆藏书和保护工作给予充分肯定，也提出了不足和希望。（东北师范大学图书馆）

【东北师范大学科技查新咨询中心成立】 2007 年 7 月 28 日，科技查新咨询中心揭牌仪式在东北师范大学校本部图书馆举行。吉林省科技厅副厅长孙育昌，东北师大副校长薛康、校长助理兼科学技术处处长冯江、图书馆主要负责人等出席了揭牌仪式。

东北师范大学科技查新咨询中心是依托于学校图书馆，开展科技查新、收录引证、信息咨询等服务的窗口。近年来，学校为提升科研水平，搭建为科研人员服务的平台，对中心投入了大量经费，用于购置设备、培训人员、开通国际网，拓宽科技查新的范围。为通过此次省科技厅的认定和备案，中心进一步按相关要求规范管理，严格程序，形成了完善科学的运行机制，具备了独立开展科技查新工作的能力，在为本校教师科技查新提供平台的同时，也成为学校科技面向社会的窗口，这将对学校高水平科研成果的产出起到积极的作用。（东北师范大学图书馆）

【2007 中美合作与发展国际学术研讨会在东北师范大学图书馆举行】 由东北师范大学和美国华人图书馆员协会主办，东北师范大学图书馆与传媒科学学院承办的 2007 中美图书馆合作与发展国际学术研讨会于 7 月 2 日至 4 日在东北师范大学图书馆召开。

此次会议的主题是“合作与发展——迎接数字技术对图书馆的挑战”，共有来自国内外 41 家单位 116 名代表参加。本次研讨会是 2006 年美国华人图书馆员协会在华举办的“中美图书馆实务培训研讨会”的继续。通过为期三天的会议，本着在交流中共享经验、在合作中共同发展的宗旨，来自美国华人图书馆员协会的三位图书馆学专家，为代表们详细介绍了美国图书馆界最新的实践活动、服务理念及信息教育的现状。研讨会上，海内外图书馆学者交流了中、美两国数字化图书馆的发展模式和经验，探讨数字环境下图书馆的发展走向，探索适应数字化时代发展的图书馆服务、教育模式，共同推进图书馆事业的发展。（东北师范大学图书馆）

【吉林农业大学新图书馆落成】 吉林农业大学新图书馆于 2005 年 8 月 10 日开工，2006 年 10 月 25 日竣工。总体建筑面积 31 000 平方米。该工程为钢筋混凝土框架结构，框架结构为 7 层，中央大厅为 680 平方米钢结构采光天窗构成现代化的阳光大厅，装饰典雅，墙砖粘贴、刚性屋面为新馆的突出亮点。2007 年 7 月，我校图书馆工程获“哈沈长”三市优质工程观摩评选活动金牌奖。新馆位于校园东南侧的水库岸边，那里田野风光浓郁，自然景观如画。新馆外观采取非对称布局，整体由 A、B 两个区域构成，其中，主体 A 区为阅览区，有阅览室 17 个，阅览座位 4164 个。B 区是办公区，A、B 两区之间为架空的连体楼，内设有学习包厢。（陈光）

【教育部评估专家组来吉林农业大学图书馆考察】 2007 年 11 月 12 日上午，教育部本科教学工作水平评估专家组的专家到吉林农业大学对图书馆建设、馆藏、利用等方面情况进行了考察。学校党政领导姚秋杰、秦贵信、胡耀辉、温成涛、曾宏、戴立生、孙少平、孙爱军等陪同考察。11 月 12 日晚，评估专家到图书馆对学生进行基本技能测试。11 月 14 日教育部评估专家回访图书馆，详细了解图书馆为本科教学服务的有关情况。（陈光）

【吉林农业大学图书馆参考咨询部再次被省科技厅认定为科技查新机构】 吉林农业大学图书馆参考咨询部第四次被省科技厅认定为科技查新机构。2007 年 7 月，吉林省科技厅对我校图书馆参考咨询部科技查新工作进行重新审核认定，认为吉林农业大学图书馆参考咨询部（原情报部），具有业务资质证明、提交申请材料齐全，符合备案条件，予以备案，可承接省科技厅的科技查新业务，并颁发吉林省科技查新机构证书。（陈光）

【吉林农业大学图书馆开展国际交流】 吉林农业大学图书馆陈光馆长一行 5 人于 2007 年 12 月上旬，先后到日本的岩首大学、京都大学、筑波大学、富士大学进行友好访问，期间主要与日本同行在教学管理和图书馆文献建设等方面进行了深入的学术交流和业务考察。（陈光）

【吉林农业大学图书馆工作委员会第五次会议召开】 2007 年 12 月 19 日上午，吉林农业大学图书馆召开了图书馆工作委员会第五次会议。会议由校图书馆工作委员会主任曾宏副校长主持。议题有两项：一是调整中外数据库的年度采购方案；二是讨论决定大幅度涨价的贵重数据库是否续订。会上图书馆从点击率、下载率等方面，介绍了 2007 年订购数据库的使用情况。经过专家们充分讨论，会议决定续订图书馆在 2007 年订购的所有数据库。针对 Elsevier 数据库的涨价问题，为了满足学校教学和科研的需要，专家们建议学校通过增加投入的方式来维持该数据库的订购。会后，主管校长曾宏针对图书馆 2007 年计划经费执行情况，2008 年经费预算的编制及其使用分配，书刊和数据库涨价幅度等问题提出了指导性意见。（陈光）

黑龙江省

【黑龙江省图书馆开馆时间及职工考勤实行科学管理】 2007 年 1 月 1 日 黑龙江省图书馆实行了全年 365 天全年开馆，并根据本省季节气候特点，制定了夏、冬令两种开放时间，即从 5 月 1 日至 10 月 31 日的开馆时间为早 8：30 到晚 19：00，11 月 1 日至 4 月 30 日的开馆时间为早 8：30 至晚 18：00。同时黑龙江省馆对职工全员采用指纹机管理系统进行考勤。（闻德锋　吴冰）

【黑龙江省文献信息共享中心举办了全省文化共享工程基层服务站技术人员培训班】 2007 年 4 月 2 日至 4 日，黑龙江省文献信息共享中心举办了全省文化共享工程基层服务站技术人员培训班。此次培训的主要内容是共享工程设备的使用和维护，即：服务器、投影机、幕布设备的使用，基层版发布系统，卫星小站系统的使用。省级中心的技术人员详细讲解并现场演示了所讲内容，同时采取一对一的辅导方式，让他们上机实习，用自己的机器操作，使每个参加培训的人员都能掌握使用方法。

来自 54 个基层服务站的技术人员参加了培训。培训结束后，全国文化信息资源建设管理中心下发了 2005 年度设备和我省共享工程 2006 年度设备。（闻德锋　吴冰）

【全省地(市)公共图书馆馆长联席会议暨联合数字参考咨询工作会议召开】 2007 年 4 月 17 至 18 日，“全省地（市）公共图书馆馆长联席会议暨联合数字参考咨询工作会议”召开，省文化厅副厅长宋宏伟出席会议并作重要讲话，省文化厅社处长任彦芳、助理调研员吴娟出席会议，各地（市）馆长、技术部主任共 34 位同志参加了会议。

4月18日，黑龙江省图书馆学会第八届第三次常务理事会议在省图书馆举行，11位常务理事会成员出席会议，馆长高文华、研究辅导部主任闻德锋列席了会议。会议由理事长王海泉主持，表决通过了增补高文华为常务副理事长，闻德锋任副秘书长代理秘书长；商议了省卫生学校《关于设立中专卫生系统图书馆学会》的申请；最后由闻德锋做了2006年省学会工作总结，新任常务副理事长高文华也谈了感言及对今后省学会工作的展望。（闻德锋　吴冰）

【迎接第13个“世界读书日”省图读者活动异彩纷呈】 2007年4月22日至23日，为迎接第13个“世界读书日”，省图书馆举办如下活动：免费开放阅览室；在这期间办理“读者卡”的读者还可获赠“龙源电子期刊阅读卡”一张，此卡可在网上免费浏览全国1300种社科类期刊，使用期限至2007年年底；借阅部举办了新书及优秀图书推荐展；六楼多功能厅开展光盘讲座及英语沙龙活动；四楼的电子阅览室、多媒体阅览室、视听中心免费开放；微型影院免费放映四部影片。全国文化信息资源共享工程黑龙江省级分中心为省内分中心下发科技光盘；在龙江文化信息网上开辟“‘世界读书日’——数字阅读，共享文化”专栏并开展网上阅读知识竞答活动。

为配合此次“世界读书日”活动，20日上午9时，由省图书馆主办、读者工作部和青少部承办的“龙图杯”超级宝宝故事秀比赛预赛在六楼多功能厅举行。（闻德锋　吴冰）

【黑龙江省青少年网站正式开通】 4月22日，省图书馆青少年工作部建设的黑龙江省青少年网站正式开通，暂定名为“青苹果乐园”，网址是www.hlj61.cn。有关网站的中文名称和标识向全社会进行有奖征集。（闻德锋　吴冰）

【黑龙江省图书馆2007年度图书馆服务宣传周】 4月28日“2007年度图书馆服务宣传周”拉开帷幕。本届服务宣传周的主题是：“延伸服务、深化服务，提高社会效益”。围绕本次活动主题，省图书馆开展系列宣传活动。

4月28日　即日起增加借阅图书册数，由一张读者卡借2册图书改为一卡可借5册。

4月28日至6月3日　免读者卡开放图书馆各书报刊阅览室、视听中心、微型影院；在这期间办理“读者卡”的读者可获赠“龙源电子期刊阅读卡”或“文献信息资源共享工程数字资源阅读卡”一张。

4月28日至6月3日　本馆门户网站、共享工程网站以及青少年网站积极宣传、报道服务宣传周系列活动。

4月28日至6月3日　特藏部在地方文献阅览室举办“馆藏黑龙江省旅游、文化、经济图书展”。

4月30日，副馆长刘继维主持召开“延伸服务、深化服务、提高社会效益读者座谈会”。

4月30日　青少年工作部在少儿阅览室举办“迎六一少儿新书展”。（闻德锋　吴冰）

【黑龙江公共图书馆服务宣传周活动】 根据《全国“知识工程”活动领导小组办公室关于开展全国2007年度图书馆服务宣传周活动的通知》，由黑龙江省文化厅主办，黑龙江省图书馆、黑龙江省图书馆学会承办的为庆祝第十九届全国公共图书馆服务宣传周活动。5月31日在哈尔滨市中央大街，联合开展了大规模的集中宣传活动。省、市、区三级图书馆围绕“延伸服务、深化服务，提高社会效益”的主题，现场举办了各式展览、发放了多种宣传资料，并在现场开展了办理读者卡、接受读者捐赠图书等丰富多彩的宣传活动。

省市图书馆共展出各类图书和期刊1200多册，发放多种宣传资料，现场办理“读者卡”。各图书馆推出的现场办理读者阅览证活动很受欢迎，哈尔滨市图书馆为近百名市民免工本费办证。省图书馆推出了地方人士著述捐赠活动，许多市民特地带来自己珍贵的藏书，无偿捐赠。省社科院历史所捐赠了《日本侵华史》等30多本著作，省中华炎黄研究会副会长王军捐赠了他编著的《龙江春秋》等18本书籍，还有书法家、画家捐赠了字画等。省图书馆分别为他们颁发了收藏证书。连日来，市图书馆通过实行总分馆制度，把图书馆建在了居民身边，让居民在社区实现了通借通还、就近借书，还为盲人读者开展集中送书活动。各图书馆推出了系列惠民措施，让更多市民养成爱读书、多阅读的好习惯。（闻德锋　吴冰）

【2006—2007年黑龙江省乡镇农民读书征文评选结果揭晓】 本次由文化厅主办，省图书馆、省图书馆学会承办，于2006年9月以“知荣辱，树新风”，“争做社会主义新农村建设需要的新型农民”为主题活动。于2007年6月1日在10个单位推荐的111篇征文中评选出一等奖5名，二等奖10名，三等奖15名，组织奖7名，分别由七台河市图书馆、哈尔滨市图书馆、佳木斯市图书馆、大庆市图书馆、双鸭山市图书馆、鹤岗市图书馆获得。（闻德锋　吴冰）

【2007年黑龙江省图书馆业务辅导暨学会工作会议召开】 2007年6月8日黑龙江省图书馆研究辅导部和省学会组织召开了全省图书馆业务辅导暨学会工作会议，会议在省图举行，历时一天，来自省内市（地）图书馆辅导部主任和各学会秘书长25人参加了会议。

会议由党委书记、常务副馆长董绍杰主持，高文华馆长介绍全国公共图书馆延伸服务经验交流会情况；党委书记、常务副馆长董绍杰传达中国图书馆学会2007年秘书长联席会议精神、省图书馆学会第八届第二次理事长会议精神和决议等；闻德锋主任布置了2007年黑龙江省图书馆业务辅导和学会工作。参会人员结合本馆的实际情况针对2007年的业务辅导和学会工作进行了认真讨论。（闻德锋　吴冰）

【黑龙江省图书馆友好往来与交流】 2007年6月19日至21日以馆长高文华为首的一行4人赴黑河与俄罗斯阿穆尔州“阿穆尔-穆拉维耶夫”科学图书馆馆长卡莉娅等2人就两馆交流与合作事宜进行洽谈，并在平等友好、互利互惠的基础上签订合作意向书。双方拟定每两年在对方馆舍举办一次书展，并派馆员交流互访等。9月8日俄罗斯远东国家图书馆馆长伊丽娅一行2人来我馆访问参观，以馆长高文华为首的领导班子负责接见并进行亲切会谈，副馆长刘继维陪同参观了新馆各楼层设施及服务窗口。（闻德锋　吴冰）

【黑龙江省图书馆积极参加“2007年志愿者行动”】 2007年7月底至8月初，中国图书馆学会“志愿者行动——基层图书馆馆长培训”分别在甘肃、广西、河北、青海、山西和四川6省（自治区）同时展开。来自全国图书馆界和海外的40名志愿者，分别对6个省（自治区）的621名地、县级基层图书馆馆长进行了系统的、高水平、高质量的培训，这次活动是在党中央提出科学发展观、构建和谐社会、建设创新型国家和建设社会主义新农村等重大战略思想指导下，继中国图书馆学会成功组织“2006年志愿者行动”之后，我国图书馆界的又一次大型培训活动。2006年黑龙江省图书馆作为首批“志愿者行动”的承办地区参加了此次活动的全部承办工作，黑龙江省图书馆孙芳、王敏同志，东北林业大学图书馆李海英同志作为2007年中国图书馆学会志愿者行动的成员，参加了今年的志愿者活动。他们分别赴四川成都、甘肃省白银市、青海西宁参加了基层图书馆馆长培训，短短3天，3名志愿者受益终身。（闻德锋　吴冰）

【2005—2006年度黑龙江省图书馆学优秀科研成果评奖结果揭晓】 2007年7月13日，2005—2006年度黑龙江省图书馆学优秀科研成果评奖结束，本次评奖共收到申报科研成果148项，其中论著5册，论文143篇。经过专家认真选评，经学会常务理事会最后评定，评出优秀科研成果105项。一等奖19项，二等奖71项，三等奖15项。（闻德锋　吴冰）

【2006年度“送书下乡”工程的图书顺利发送到位】 由文化部、财政部共同策划，向全国贫困地区实施“送书下乡”工程，以帮助贫困地区县图书馆、乡镇图书馆解决藏书贫乏、购书经费短缺的问题。今年7月又收到2006年度“送书下乡”工程为我省赠书93套，每套514册，合计47 802册，总价值992 077.50元。这些图书将分配给桦南县图书馆、林甸县图书馆、饶河县图书馆、泰来县图书馆、杜蒙县图书馆、汤原县图书馆、桦川县图书馆以及86个乡镇图书馆。截止到2007年8月24日，由省馆支付运费省馆辅导部负责组织协调，以顺利运送到8个县级图书馆。（闻德锋　吴冰）

【著名学者、清史专家阎崇年在“龙江讲坛”讲解《读书与人生》】 8月5日上午9点，由“龙江讲坛”与上海图书馆讲座中心承办的第39期讲座，特邀了《百家讲坛》首位嘉宾阎崇年为黑龙江听众献上一场关于《读书与人生》的精彩讲座。（闻德锋 吴冰）

【全国数字图书馆标准规范建设宣传与推广(哈尔滨)培训班在黑龙江省图书馆圆满结束】 8月30日至9月5日，由《数字图书馆标准与规范建设》项目组主办、中国科学院国家图书馆和黑龙江省图书馆承办的2007年全国数字图书馆标准与规范建设培训班在哈尔滨开班。

《数字图书馆标准与规范建设》是国家科技基础条件平台建设专项支持的项目。该项目由国家科技图书文献中心牵头，采取开放建设模式，组织国内10余家数字图书馆在建和拟建单位参与，制定我国数字图书馆建设的基本规范和标准。

该培训班聘请了中国科学院国家科学图书馆常务副馆长，张晓林教授、国家图书馆科研处处长孙一钢、北京大学图书馆副馆长肖珑、北京大学图书馆副馆长陈凌、清华大学图书馆副馆长姜爱蓉、上海图书馆数字图书馆研究所副研究馆员赵亮等资深学者前来授课。全国各地近百名图书馆专业人员接受培训。（闻德锋 吴冰）

【东北地区第十一次图书馆学科学讨论会圆满结束】 由东北三省图书馆学会共同主办、黑龙江省图书馆学会承办的“东北地区第十一次图书馆学科学讨论会”于2007年9月5日至6月在黑龙江五大连池隆重举行，来自东北三省图书馆和有关部门的领导、特邀嘉宾以及论文作者等116位代表参加了会议，高文华馆长在开幕式上做重要讲话，指出本次讨论会涉及的议题非常具有现实意义，能够充分体现当前图书馆工作面临和亟须解决的主要问题，相信通过全体代表的理论研讨和学术交流，一定会对图书馆的实际工作产生指导作用。

本次会议议题围绕“图书馆创新和延伸服务”、“信息资源共享和信息服务”、“图书馆数字化与现代化服务”、“开发人力资源与图书馆管理”和“社区乡镇图书馆的建设与发展”五方面展开广泛而深入的探讨，共收到论文380篇。（闻德锋 吴冰）

【“龙江讲坛”社会科学普及周系列讲座——我省两名《百家讲坛》主讲人齐助阵】 为配合9月8日启动的黑龙江省暨哈尔滨市第一届社会科学普及周活动，“龙江讲坛”特邀百家讲坛主讲人隋丽娟和张望朝等我省知名学者，在省图书馆举办四场社会科学普及类讲座及到哈尔滨监狱进行“文学讲座—诗歌鉴赏”讲座。

【全国图书馆联合编目中心黑龙江省分中心在黑龙江省图书馆成立并举办“中文图书书目数据知识培训班”】 9月10日，全国图书馆联合编目中心黑龙江省分中心在黑龙江省馆挂牌成立，国家图书馆编目中心采编部主任顾犇、黑龙江省图书馆馆长高文华主持仪式并发表重要讲话。9月10日至12日为推动联合编目数据在黑龙江省的广泛使用，促进全省中文图书书目数据标准的统一和格式的规范，全国图书馆联合编目中心黑龙江省分中心、黑龙江省图书馆网络技术中心、研究辅导部联合举办“中文图书书目数据知识培训班”。特邀全国图书馆联合编目中心总审校、副研究馆员刘小玲和全国图书馆联合编目中心仲岩担任培训教师，针对全省各级各类图书馆的编目人员与数据使用者展开培训，培训内容为CNMARC基本知识和数据使用过程中的相关问题介绍。此次培训为全国图书馆联合编目中心首次免收培训费用，且参加培训人数最多的一次，220余人经考试合格后颁发了培训证书。（闻德锋 吴冰）

【全国古籍保护督导组来黑龙江省图书馆指导工作】 2007年9月17日以中华书局编辑许逸民为组长的全国古籍保护督导组一行3人莅临省馆。省文化厅副厅长宋宏伟、社会文化图书馆处副处长王春燕参加了座谈，副处长王春燕负责向督导组做黑龙江省开展古籍保护工作的情况汇报，省馆党委书记、常务副馆长董绍杰负责介绍黑龙江省图书馆作为黑龙江省古籍保护中心开展的具体工作。督导组在听取了工作汇报后给予充分的肯定，并实地考察、参观古籍保护中心的现场。（闻德锋 吴冰）

【以中友好交流历史展在黑龙江省图书馆展出】 2007年是中国和以色列两国建交15周

年，为增进两国人民的了解和友谊，推动两国关系的发展，由中国人民对外友好协会、以色列驻华大使馆、黑龙江省人民对外友好协会、黑龙江省图书馆联合举办的以中友好交流历史展于9月9日隆重开幕。中国人民对外友好协会副会长井顿泉、以色列驻华大使馆大使安泰毅等各界人士100余人参加了开幕式。本次展览为期一周，展出图片共33版，1400余位读者前来参观。（闻德锋　吴冰）

【“公共科普场馆生态环保节能巡礼”在黑龙江省图书馆展出】 10月29日至11月2日，由中国科学技术协会和湖北省人民政府主办，中国图书馆学会、BIAD传媒《建筑创作》杂志社、湖北省科学技术协会和湖北省科技馆承办，湖北省图书馆、武汉市图书馆、黑龙江省图书馆协办的“公共科普场馆生态环保节能巡礼”在省图书馆展出。

本次展览图文并茂，结合适用于公共科普场馆的具有节能环保作用的新设施、新产品的图片，对建筑节能方面较有特色的中国科技馆新馆、国家数字图书馆，首都博物馆等科普场馆进行了全方位展示，从建筑结构上诠释分析了节能环保的设计理念，宣传了节能环保新技术以及绿色建筑“物我两谐，天人合一”的新理念，普及了节能环保相关知识，促进了公共科普场馆标准化建设。（闻德锋　吴冰）

【哈尔滨市图书馆配合哈尔滨市社联举办黑龙江省哈尔滨市第一届社会科学普及周科普下乡活动】 2007年9月13日，哈尔滨市图书馆配合哈尔滨市社科联在南岗区红旗满族乡曙光村举办黑龙江省哈尔滨市第一届社会科学普及周活动——科普下乡活动。出席首届社会科学普及周开幕式的主要领导有：市社科联副主席褚先顺、市图书馆馆长孙威、乡人大赵主席和满族乡党委书记等。

在哈市社科联的倡导下，由市图书馆责令汽车馆负责联系服务宣传阵地；市图书馆学会负责协调相关部门为乡镇提供部分适合农民朋友阅读的科普类图书和杂志2000余册，其中50%以上都是种养殖方面的。读者工作部参与提供与讲坛相关的设备，联合市社联举办一期讲座，题目是：土地承包法的相关政策解析。聘请东北林大于连平老师为当地农民现场解惑答疑，农民朋友受益匪浅。（闻德锋　吴冰）

【绥化市文物管理站开展全市“暑期阅读行动”活动】 2007年8月，绥化市文管站承接图书馆服务宣传周活动之后，利用暑期组织各县（市）区公共图书馆在全市范围内开展了以中小学生为主要服务对象的“暑期阅读行动”活动。通过实施以下几项措施，吸引中小学生走进图书馆、利用图书馆。1. 中小学生凭学生证即可办理借书证，免收工本费；2. 将电子阅览室免费向中小学生开放，无偿提供全国文化信息资源共享平台，并安排专人进行指导；3. 组织各馆采编部新购进一批适合中小学生阅读的新书，通过出示黑板报、设立专架等形式向中小学生进行宣传，吸引学生阅读。在此次活动中，北林区图书馆与北林区少儿图书馆共同合作，印发“暑期学生阅读计划”宣传单2000多张，并深入到学校、社区进行宣传，通过此次不仅进一步扩大了图书馆的影响，而且还丰富了广大学生的暑期生活。（闻德锋　吴冰）

【牡丹江市文化共享工程与人文城市建设研讨会暨馆长联席会议在牡丹江市图书馆召开】 9月28日至29日，牡丹江市文化信息资源共享工程与人文城市建设研讨会暨馆长联席会在牡丹江市图书馆召开，会议由市图书馆馆长蒋伟主持，市文化局局长王凤菊亲自出席会议并发表重要讲话。会议中心议题是学习贯彻全省文化信息资源共享工程建设工作会议精神，安排部署下一步工作任务，加快本市共享工程建设进度，进一步促进人文城市建设。

会上重点对全国文化信息资源共享工程进行深入总结和交流，同时又对高校图书馆与公共图书馆的资源、技术等多方面的合作与共享进行了探索和商榷。海林市图书馆做了共享工程典型经验介绍，与会馆长结合本馆实施共享工程中存在的问题和思考纷纷提出各自的见解。经过充分深入讨论和交流，会议对共享工程有关设施建设、资源建设、基层网点建设和创新服务等问题达成了许多共识，发放了《牡丹江市文化信息资源共享工程2008—2010年规划（征求意见稿）》，为

下一步工作的具体落实确定了方针、措施和基本方案。（闻德锋　吴冰）

上海市

【概述】 在4月25日召开的上海市2007年度精神文明建设工作会议上，上海图书馆等12家公共图书馆获2005—2006年度上海市文明单位称号。2007年5月15日，文化部在天津召开全国公共图书馆延伸服务经验交流会，上海市文广局党委副书记刘建在会上作题为《推进延伸服务，满足读者需求——上海市公共图书馆延伸服务二十年回顾》的发言。上海公共图书馆整体实践延伸服务，可以追溯到20世纪80年代。1987年黄浦区图书馆在远洋轮上建立上海第一家海上图书馆，标志了上海公共图书馆从馆内服务向馆外服务延伸新的起点，由此进入全面发展阶段。20年过去了，上海公共图书馆延伸服务得到了快速发展，形成了各自的服务特色和经验，得到社会各界的充分肯定和高度评价。上海公共图书馆的服务延伸以"广设点、全覆盖"为目标，逐步将公共图书馆的服务向全社会辐射，尤其关注弱势群体、特殊群体和偏远地区的读者需求。2007年，上海市文广局出台全国公共图书馆首个行业服务标准，开展公共图书馆行业社会公众满意度测评活动，从政策上、制度上促进了上海公共图书馆延伸服务工作，市民的满意度也逐年提高。上海市中心图书馆建设不断深入，"一卡通"服务向街道（乡镇）图书馆延伸，截至2007年底，有街道（乡镇）基层服务点62家。2007年1月24日召开上海市文化信息资源共享工程工作会议。8月，将"文化共享工程"文化信息资源首次引入驻沪部队。截止到2007年底，已建各级中心和服务点1106个。其中市级分中心1个，区县支中心19个，建在街道（乡镇）图书馆的基层服务点100个，行政村基层服务点611个，社区信息苑340个，市和区少年儿童图书馆，大学、高级中学、部队、企业、监狱、寺庙等共35个。2007年上海市文献资源共建共享协作网成员单位新增4家。（金晓明）

【上海市文化信息资源共享工程工作会议】 2007年1月24日，上海市文化信息资源共享工程工作会议在上海图书馆召开，市政府副秘书长姚明宝出席并讲话。他要求各级领导要充分认识建设共享工程的重要意义，文化共享工程的建设要为城市信息化提供软件支撑，要统筹协调、资源共享，合力推进文化共享工程建设。他明确，市里主抓面上的工作推进和资源建设，区县落实基层服务点建设，搭好服务平台。市文广局局长穆端正部署"十一五"工作和2007年工作重点。上海市文广局党委副书记刘建主持会议，并传达了全国有关会议精神。上海市财政局副局长田春华讲话，就继续发挥公共财政职能和进一步推进上海市文化共享工程实施提出要求。上海图书馆馆长吴建中汇报了近年来工程实施情况。上海市文广集团副总裁任仲伦、解放报业集团党委副书记李丽、上海图书馆党委副书记王世伟及市发改委、市教委、市农委、市新闻出版局、市信息委、市文管委、文新报业集团等领导小组成员单位有关负责人，部分区县分管文化副区（县）长、区县文化局及各基层服务网点负责人共500多人出席大会。（金晓明）

【上海首部公共图书馆行业服务标准出台】 近年来，上海公共图书馆服务体系越来越完善，市、区县、街道（乡镇）图书馆三级服务网络也越来越成熟，但还没有一个规范公共图书馆服务工作，进一步保障社会公众享受公共图书馆服务权益的行业服务标准。因此，为提高上海公共图书馆服务水平，规范服务行为，自觉接受社会公众监督，市文广局依据国务院颁布的《公共文化体育设施条例》和市政府颁布的《上海市公共图书馆管理办法》，委托市图书馆行业协会、宝山区图书馆，起草了《上海市公共图书馆行业服务标准（试行）》（以下简称《标准》），于2007年3月正式下发。《标准》分为6个部分，共33条，内容涉及服务宗旨、服务环境、开放时间、服务方式、服务态度和制度公开等方面。《标准》还对收费、网上服务、消防安全、接受读者监督等方面作出了明确规定。该《标准》是上海公共图书馆第一个行业服务标准，在全国同行中也是首创。（金晓明）

【传递爱心 共建和谐——上图讲座2007图书捐赠活动】 为贯彻党的十六届六中全会的重要精神，按照国家"十一五"时期文化发展规划

纲要中提出的“保障和实现人民群众的基本文化

权益、建立和健全文化援助机制，鼓励社会力量捐助和兴办公益性文化事业”的要求，努力构建社会主义和谐社会，同时也逐步扩大上图讲座的品牌影响力，“传递爱心 共建和谐——上图讲座 2007 图书捐赠活动”于 2007 年春节正式启动。大年初四，启动仪式在上海图书馆四楼多功能厅举行，数百名听众的光临使现场气氛极为热烈。曾来上图讲座演讲过的主讲嘉宾，如中科院院士郑时龄、部队老领导吕蓬、名作家程乃珊、主持人叶沙、语言文字专家过传忠等纷纷莅临现场，送来自己的书籍。在此之前，当捐书活动的消息一经传出，即得到积极响应。百岁老人夏征农先生率先捐出了 2 套珍贵文集，成为本次捐赠活动收到的最特别的赠品；世纪出版集团、文艺出版社、文汇出版社等近十家出版机构也纷纷将数千册图书运抵上图。仪式现场，内蒙古自治区图书馆馆长李晓秋、黑龙江图书馆常委书记兼常务副馆长董绍杰等还放弃了宝贵的春节休假，不远千里，特地前来接收捐赠书籍。上海图书馆副馆长何毅对来宾的光临表示欢迎，号召听众热心投入本次活动，并与内蒙图书馆李晓秋馆长向捐赠集体和个人颁发了荣誉证书；听众代表吕篷和世纪出版集团代表都发表了热情洋溢的感言；黑龙江省馆董绍杰书记对上图讲座的善举表示衷心感谢，表示一定把这些图书送到最需要的乡镇去。活动当日就累计捐赠达到一万册以上。上海电视台当晚播出及时报道，新民晚报、新华网等也作了专题报道。（金晓明）

【上海市中心图书馆“一卡通”信息系统暨向社区基层服务点延伸荣获 2006 年度上海市群众文化工作优秀活动项目奖】 2007 年 3 月 29 日下午，一年一度的上海市群众文化表彰奖励大会在广电大厦举行。副市长杨定华出席会议并讲话。市政府副秘书长李逸平、市委宣传部副部长陈东、市文明办副主任陈振民宣读表彰决定并颁奖。市文广局局长穆端正回顾总结了过去一年的群众文化工作，并对 2007 年的工作作出部署。荣获 2006 年群众文化奖的 108 个单位和个人，在会上受到表彰和奖励。其中，25 个单位获群众文化工作先进集体奖，23 位同志获群众文化工作先进个人奖，30 个群众文化活动和 30 个群众文化优秀作品获群众文化优秀项目奖。上海图书馆上海科学技术情报研究所申报的上海市中心图书馆“一卡通”信息系统暨向社区基层服务点延伸荣获 2006 年度上海市群众文化工作优秀活动项目奖。（金晓明）

【上海图书馆上海科技情报研究所第五次被命名为上海市文明单位】 上海市 2007 年精神文明建设工作会议 4 月 25 日上午在上海展览中心举行。会上，一批文明城区、文明行业、规范服务达标行业、文明小区、文明村、市文明单位、军民共建先进集体、文明示范标志区域以及 2006 年度市精神文明“十佳好人好事”分别获得市委、市政府和市文明委的命名表彰。上海图书馆上海科技情报研究所被命名为 2005－2006 年度上海市文明单位，这也是馆所连续十年第五次获得该荣誉称号。（金晓明）

【上海图书馆荣获“上海研发公共服务平台 2006 年度对外服务先进集体”】 在 2007 年 5 月 25 日由上海市科学技术委员会基地建设与管理处

和上海市研发公共服务平台管理中心召开的“上海研发公共服务平台2006年度对外服务经验交流会”上，上海图书馆荣获“上海研发公共服务平台2006年度对外服务先进集体”。上海研发公共服务平台建设是市科委组织实施科教兴市战略的一项重点任务。上海图书馆作为最早参与平台建设的加盟单位之一，积极参与平台的文献传递服务和专家文献服务。平台的文献服务量虽不多，但增长迅速，从2005年度的不足100篇提升到2006年度的400多篇，增长3倍多。截至2007年5月底，文献提供量已超过去年全年的服务量达521篇，成为平台和广大科技人员最为信赖的文献提供方之一。除文献提供服务外，上海图书馆积极向平台宣传馆藏美国政府报告、馆藏标准等特色文献，拓展馆藏特色资源的利用；还注意服务案例的收集，定期汇总上报平台，受到科技文献用户和平台管理中心的一致好评。（金晓明）

【“盛宣怀档案研究中心”正式挂牌成立】 经过半年多的筹备，2007年3月16日下午在上海图书馆举行“盛宣怀档案出版编纂委员会成立、盛宣怀档案研究中心揭牌”大会，市委副书记殷一璀和市委宣传部长王仲伟共同为“盛宣怀档案研究中心”揭牌。出席会议的还有市委副秘书长姜樑，市委宣传部副部长宋超等领导，以及盛宣怀档案研究中心的特邀研究员，上海社科院、上海世纪出版股份有限公司、上海图书馆的近百位专家学者。盛宣怀档案整理是上海文化建设的一项重大工程，对于研究和认识中国近代史具有基础性意义。会议当天，88岁高龄的复旦大学教授、“盛档”研究老专家汪熙坐着轮椅亲临会场；盛宣怀在海外的后裔盛承洪也出席了大会。上海图书馆收藏的17.5万件“盛宣怀档案”，是一批十分珍贵的历史文献，海内外史学研究者对上海图书馆的“盛档”整理工作一直十分关注，盼望能够早日利用这批蕴藏着丰富原始史料的珍贵档案。鉴于此，上海图书馆、上海社科院、上海世纪出版股份有限公司共同提议成立“盛宣怀档案研究中心”，做好这批上海独有的珍贵历史遗产的整理、研究及出版工作。2006年8月14日，中共上海市委宣传部批准成立“盛宣怀档案研究中心”，任命王元化为研究中心主任，陈昕、邵敏华、熊月之为研究中心副主任。“盛宣怀档案研究中心”成立后，除首批聘请的25位专家学者外，还将陆续聘请一批高水平的海内外专家学者，对“盛档”进行全面、细致、深入的研究。（金晓明）

【上海市中心图书馆“一卡通”服务工作经验交流会】 上海市中心图书馆“一卡通”服务工作经验交流会于2007年3月27日在上海图书馆召开。会上，上海市图书馆学会理事长、上海图书馆党委副书记王世伟首先作题为《上海市中心图书馆“一卡通”的创始与发展》的主旨报告。延吉分馆馆长黄宏英就该馆利用有限的空间、资源和人力在中心图书馆这个服务平台上如何提高图书利用率、开展馆外宣传活动、发挥该馆“女性文献”特色馆藏的作用等方面交流了心得。嘉定分馆馆长金燕就该区基层服务点“一卡通”以及“百姓书社”的建设情况作了介绍，该区现已实现与上海图书馆、各区（县）公共图书馆“一卡通”联网，是基层服务点最多的区。本次会议修订推出了《上海市中心图书馆公共分馆、基层服务点管理手册》，该手册是在征求部分区图书馆和街道图书馆的基础上，进一步完善、增加了全市街道图书馆等级评定标准，使之成为各区（县）公共分馆、各基层服务点“一卡通”服务的工作依据。（金晓明）

【体验式情报业务免费培训】 为了推进上海企业对公共情报资源的有效利用，由上海研发公共服务平台管理中心、上海图书馆上海科学技术情报研究所共同举办的公益性体验式情报业务培训项目，面向上海企业，提供公益性科技情报业务普及培训。培训内容主要围绕科技情报的资源和使用技巧，结合典型案例，讲述如何进行资源定位、策略制定、文献溯源、情报解读，实施科技情报搜集和应用的基本过程。培训师资主要由从事科技查新、竞争情报、知识产权、文献提供方面的资深人员担纲。本次体验式情报业务培训完全免费之外，在操作实践阶段，还允许学员自带1个有关科技情报的需求问题，在培训师指导下尝试解决。首期体验式情报业务免费培训已于4月13日开办。科技情报正在成为企业技术创新的“高参”，渗透于科研立项、基础研发、中间试验、批量生产、产品上市与出口、企业知识

产权管理等各个环节。(金晓明)

【上图信息咨询与研究中心课题获市政府奖励】 2007年4月22日，上海市人民政府公布“第6届上海市决策咨询研究成果奖获奖名单”，上图信息与咨询研究中心战略研究部承担的《“十一五”期间上海加快发展先进制造业提升产业能级的对策研究》课题荣获“政策建议奖三等奖”。“上海市决策咨询研究成果奖”每3年评选一次，本届评奖分设上海市决策咨询研究成果奖和上海市决策咨询研究政策建议奖。两奖项并列，并各设一、二、三等奖。《加快发展先进制造业》课题是上海市发展与改革委员会公开招标的上海市“十一五”规划重大研究课题，信息与咨询研究中心战略研究部通过激烈竞争获得该课题项目，经过8个月的潜心研究完成了课题研究报告，得到市发改委的好评，报告提出的发展上海先进制造业的建议为市政府制定上海市有关专项规划提供了重要依据，并被吸收在有关市政府发展先进制造业的政策文件中。(金晓明)

【“上海之窗”网站正式开通】 经过历时5个月的筹备，作为“中国图书推广计划”子项目之一的“上海之窗”网站开通仪式于2007年5月9日在上海图书馆举行。国务院新闻办公室三局副局长吴伟，市外事办副主任吴金兰，市新闻办副主任王建军以及市台办、文广局、新闻出版局等有关方面的领导和来宾出席会议。仪式由上海图书馆党委书记邵敏华主持。上海图书馆馆长吴建中介绍了“上海之窗”创办以来的工作进展和发展思路。“上海之窗”项目启动于2003年，迄今为止已向全球22个国家和地区的30家图书馆赠书1万多册。根据上海图书馆发展规划，至2010年，在境外图书馆开设的“上海之窗”将达到50家。“上海之窗”项目于2005年正式纳入由国务院新闻办主办的“中国图书推广计划”。(金晓明)

【上海图书馆举办历史文献修复成果展】 作为“世界读书日”系列活动重要内容之一，上海图书馆历史文献修复成果展之外文珍本、近代文献展于4月20日揭开帷幕。本次展览为期近1月，通过翔实的文字内容介绍、现场实景照片以及文献实物，展示了近年来上海图书馆在旧外文、近代文献的保护和修复方面所取得的成绩。展览重点展示了各种装帧形式的旧外文文献修复成果。(金晓明)

【2007年上海图书馆服务宣传周】 一年一度的全国公共图书馆服务宣传周于5月27日拉开帷幕。上海图书馆组织了以“延伸服务深化服务 提高社会效益”为主题的宣传周系列活动。在宣传周期间，举行“传递爱心 共建和谐——‘上图讲座’2007图书捐赠活动”，于5月27日在上图目录大厅设立专门捐赠处，方便读者参与。同时，首批凝结着浓厚情谊的捐赠书籍也于宣传周期间发往山西省绛县地区等图书馆，与兄弟图书馆共享资源。举行“全国助残日”推广图书馆系列活动——保障残疾人权益共建和谐社会；专题书目推荐——构建和谐家园、“军旗飘飘”读书征文与演讲读书系列活动；“海上心声”诗歌朗诵会·2007年春——寻找春天等活动。“上图讲座”开讲“依法维权与市民谈法——效率与秩序：从《物权法》看我国法治文明的进步”。举办：“馆藏历史文献系列展：《小说林》与晚清小说类期刊展示”，“馆藏系列皮书展”，同时还组织两场相关公益性讲座。开展“上门办证——办证进大学、社区”活动；上图推出“4+1，外借书刊第3次‘提速’”，这是新馆开馆10年来第3次借阅增量服务。(金晓明)

【2007华东六省一市科技信息(情报)所长会议在上海图书馆举行】 为贯彻落实科学发展观，更好地发挥科技情报在推进创新型国家发展战略中的作用，“2007年华东六省一市科技信息(情报)所长会议”于6月27日至29日在上海图书馆上海科技情报研究所举行。除了山东、安徽、江苏、浙江、福建、江西、上海的科技信息(情报)所的所长出席外，会议还邀请了中国科学技术信息研究所所长专程到会作报告，此外湖南、山西、陕西、黑龙江等科技信息(情报)所的部分领导和专家也参加了会议。此次会议的主题是“科技情报事业的可持续发展”，与会所长们交流各单位一年来改革实践和业务发展的动向，并根据最近中央精神，着重就在华东地区特别是长三角的区域间科技信息资源共知共享进行了探讨，达成了共识。(金晓明)

【全国文化信息资源共享工程基层服务点进入驻沪部队】 2007年7月，驻沪62403部队和总装备部后勤部华东办事处先后成为上海地区全国文化信息资源共享工程的部队基层服务点。在基层服务点挂牌仪式上，上图与部队双方共签基层服务点工作实施协议书，并向部队赠送图书和光盘。62403部队政委万建生、总装备部后勤部华东办事处主任王宜标代表部队官兵向上图赠送锦旗。结合部队建设，向广大官兵提供经文化部全国文化信息资源建设管理中心整合加工的大量数字资源，将军事知识、历史法律、文化艺术、防病治病、法治教育和道德素质培养等资源提供广大官兵，必将对提升部队官兵的素质教育起到积极的推进作用。上图、街道、部队三方要加强沟通和联系，提高丰富部队官兵文化生活、信息需求的供给能力，把为部队官兵提供文化服务与推动部队全面建设结合起来，为构建和谐社会发挥应有的作用。（金晓明）

【上海市农村文化信息化工作会议】 会议于7月6日由市委宣传部、市文明办、市财政局和市文广局共同召开，会议明确文化信息资源共享工程、农村数字电影放映工程和农村信息苑要“三位一体”推进，提供“一站式”服务。郊区10个区县的宣传部、文明办、财政局和文广局分管领导及市相关部门负责人共60人出席。市委宣传部副部长朱匡宇作工作部署，要求从2007年开始，上海行政村每年以33%的覆盖率递增，到2009年要实现所有行政村基层点（即文化共享工程村级服务点、农村信息苑和数字电影村级放映点）的全覆盖。市财政局副局长田春华在讲话中明确市和区县采取财政共同分担的办法，即各承担50%的方式，加快推进农村文化信息化建设，切实保证建设经费的落实到位。会上还宣读了市委宣传部、市文明办、市财政局和市文广局联合发出的《关于推进本市农村文化信息化建设的意见》。2007年要完成600个村级服务点建设。（金晓明）

【上海中心图书馆首家小区会所图书室服务点揭牌】 2007年7月18日，上海市中心图书馆第一家小区会所服务点——静安区曹家渡街道达安会所星之图书室揭牌仪式在达安花园举行。静安区区委书记龚德庆、上海图书馆党委副书记王世伟等出席揭牌仪式并讲话。上海图书馆、静安区图书馆、曹家渡街道图书馆、星之健身俱乐部有限公司四方交换建设协议文本。上海星之健身俱乐部有限公司在会所内无偿提供场地用于新建图书室，街道出资装修，区图书馆配备所需家具，上海图书馆为达安会所星之图书室服务点配备了用于图书借还的电脑设备及2000册中文新书，居民可以不出小区，就能查询上海图书馆及所有联网图书馆的书目数据，实现中心图书馆范围内书刊的异地通借通还。（金晓明）

【走进世博会系列讲座开讲及上海世博会宣讲团成立】 2007年8月5日，在2010年上海世博会开幕倒计时1000天之际，在上海图书馆举行“走进世博会——中国2010年上海世博会讲坛”开讲仪式，上海世博会宣讲团同时成立。此后宣讲团将前往全国各主要城市举办讲座，向公众宣传世博会。（金晓明）

【上海首届少儿暑期读书月】 为丰富少年儿童的暑期文化生活，引领少年儿童读好书、多读书、好读书，从小养成良好的阅读习惯，在2007年中小学生暑假期间，市文广局组织开展了“快乐读书、健康成长——上海市少年儿童暑期读书月”活动。读书月活动由上海少年儿童图书馆承办，其主题是“读书——让生活更精彩，让社会更和谐”。读书月期间的活动较为丰富多彩，共分为讲座、艺术鉴赏、才艺表演、知识竞赛、征文演讲、网上读书活动等六大系列。讲座系列活动借助“快乐成长讲坛”这一平台，开展有关心理、保健、德育、家教、阅读指导等类的讲座。艺术鉴赏系列活动有“经典重温”影剧院、音乐欣赏、“我最喜爱的歌”评选活动、走进交响乐、扇面展等。才艺表演系列活动有少儿书画、摄影、工艺小制作、娃娃讲故事、小品表演等。知识竞赛系列有“节能环保123”百科知识竞赛、“宝宝启蒙”亲子会、“成语动物园”、板报展示评比等。征文演讲有“我读书、我快乐”短文短信大赛、好书伴我成长演讲比赛、少年儿童古诗文诵读大赛等。网上系列读书活动有“好歌伴我成长，优秀歌曲传唱及CD制作”、非物质文化遗产网上知识竞赛、“点来点趣”少儿博

客大赛、信息大搜索等。"我读书、我快乐"手机短文大赛，吸引3万名青少年参与。读书月期间共推出活动项目65个，参加活动的中小学生人数达22.5万人次。（金晓明）

【上图讲座推出"2007上海书展文化讲坛"】

2007上海书展于8月15日至21日在上海世贸商城举行。上海图书馆作为上海书市的积极参与者，联手各大出版社和传媒机构，推出"2007上海书展文化讲坛"，以"相约上图精彩人生"为主题，邀请多位名人名师莅临上图讲座，讲解《文化·语录—电视媒体折射下的当今文化现象》、《走近国学大师南怀瑾》、《海派文化趣谈》、《亲子关系"心"主张》、《钢琴演奏之道》、《健康升级幸福加分——我的〈全食物密码〉》、《新世纪浪漫主义—解读〈魔咒钢琴〉》、《从〈一个陌生女人的来信〉谈茨威格》、《黎东方—现代讲史第一人》、《我与诸子》等，向广大市民倡导阅读、感悟人生。（金晓明）

【e卡通——上海图书馆电子资源远程服务开通】 e卡通——上海图书馆电子资源远程服务于2007年9月25日开通试运行。这是上海图书馆深化公共文化服务的新举措，是推进公共文化网络服务的新平台。持有上图有效阅览证件的任何读者，在任何时候、任何地点，通过"e卡通"平台，都可以远程访问到获得过授权的电子资源，享受和体验上图资源服务到家的便利和快捷。（金晓明）

【《翰墨瑰宝·上海图书馆藏珍本碑帖丛刊》获第二届中国书法兰亭奖编辑出版奖一等奖】

上海图书馆所编的《翰墨瑰宝·上海图书馆藏珍本碑帖丛刊》第一辑，由上海古籍出版社影印出版推出以来，得到社会各界的关注，受到了书法碑帖爱好者的广泛好评。在合肥举办的第二届中国书法兰亭奖颁奖晚会上《翰墨瑰宝·上海图书馆藏珍本碑帖丛刊》获第二届中国书法兰亭奖编辑出版奖一等奖。"中国书法兰亭奖"与中国电影金鸡奖、中国电视金鹰奖、中国戏剧梅花奖齐名，为书法艺术最高奖。（金晓明）

【"上海视觉艺术文献中心"在复旦大学上海视觉艺术学院成立并揭牌】 由上海图书馆、上海音像资料馆、上海电影资料馆、上海戏剧学院图书馆和复旦大学上海视觉艺术学院联合组建的"上海视觉艺术文献中心"2007年9月8日上午在复旦大学上海视觉艺术学院成立。同时，上海市中心图书馆复旦大学上海视觉艺术学院分馆启用。上海市人大常委会主任龚学平等领导出席了中心的启用仪式并和上海图书馆党委书记邵敏华为中心、分馆揭牌。（金晓明）

【上海图书馆推出古籍修复成果汇展】 继历史文献修复成果展之外文珍本、近代文献展后，历史文献中心于2007年8月10日至31日推出古籍修复成果汇展，集中展示上图在古文献（古籍、碑帖、家谱、盛档等）修复领域所取得的成绩与经验。展览旨在通过成果展示，宣传古籍保护、弘扬传统文化，使读者了解并支持古籍保护修复工作，共同保护好馆藏古籍文献。

2007年1月，国务院办公厅颁发了《关于进一步加强古籍保护工作的意见》，规模空前的全国古籍保护工作正在蓬勃展开。8月3日，文化部又在京举行了"全国古籍保护试点工作会议"，将从普查、藏品分级、修复、库房改造、寄存等五方面对古籍实施保护。作为国家试点单位，上海图书馆将竭尽全力为这项伟大事业做出应有的贡献，也期待全社会重视与支持古籍保护工作。

上海图书馆藏有古籍170余万册（其中善本约18万册）、碑帖16万件（其中善本2千余件）、明清近代尺牍11万8千通。近年来，在上海市委、市政府的支持下，上海图书馆对家谱、碑帖、盛档进行抢救修复整理。此次展览，是对历年修复工作成果的一次总体展示与汇报，也是上图总结经验，基于新的平台继续迈进的起点。

展览顺着历史长河逐一详解了汉字的起源、纸的发明、印刷术装帧术的发展，读者可从栩栩如生的图片资料、丰富翔实的文字介绍、真实珍贵的展品实物中，领略由古代劳动人民的智慧与结晶融汇而成的源远流长的书籍文化史。展览重点图解了沿传至今的古籍修复技艺，并且可了解古籍修复工作者是如何巧施妙手，通过十几道环环相扣的工序与技艺，让蛀蚀、洇散、损毁的古文献回复往昔。展览还通过装帧形式各异、修复

方法独特的修复实例，全面展示了近年来上海图书馆在古文献修复方面的不断追求。（金晓明）

【《光辉的历程》图片展】 为了迎接党的十七大的召开，《光辉的历程——中共一大至十六大宣传图片》于2007年10月11日在上海图书馆目录大厅展出。该图片展是对党的一大到十六大的回顾，是对80多年来，中国共产党由小到大、从弱到强的验证。该图片展系上图读者服务中心党支部策划的迎接“十七大”主题活动之一。读者服务中心还组织党员及职工观看“十七大”开幕式、制作“十七大”主题简报、开设“十七大”专题阅览室（区）等。（金晓明）

【上海图书馆网上联合知识导航站获“群星奖”服务奖】 群星奖创办于1991年，每3年一次，是文化部为繁荣群众文艺创作，促进社会文化事业的繁荣与发展而设立的全国社会文化艺术政府奖，是社会文化艺术最高奖，也是中国最高级别的常设性群众文艺政府奖。第14届“群星奖”获奖名单于2007年11月19日揭晓，上海图书馆网上联合知识导航站喜获殊荣。本届群星奖增设了服务奖，首次对公共文化服务领域取得优异成绩的单位和个人给予奖励。上海图书馆网上联合知识导航站凭借高效便捷的网上咨询服务夺得该项大奖。（立夏　金晓明）

【真影留踪——上海图书馆藏历史原照展】 上图主办的“真影留踪——上海图书馆藏历史原照展”及系列活动于2007年11月27日至12月12日举行。此次面向公众的免费展出活动，是上海图书馆连续第3年的馆藏精品展示活动。为配合这次展览，还举办了学术研讨会、学术讲座等一系列活动，并同步推出由上海图书馆主编、上海古籍出版社出版的《上海图书馆藏历史原照》精美大型图录。展览的150余件作品是从馆藏万件藏品中精选出来，最终被分类汇总为：江山锦绣、文化掠影、笔底波澜、人物春秋、世相聚焦、影楼沧桑等六大板块，为阅览者展现清末民国的前尘往事、人情世故和风物流变。所谓历史原照，必须符合珍稀度较高、传播度较低的原则。这次展览的每一件展品，绝非翻印品，大部分为首次向公众展示，内容涉及清末民国的各个领域。（金晓明）

【上图讲座喜获上海市公关优秀案例银奖】 2007年度上海市优秀公关案例颁奖典礼于11月8日在上海电视台演播厅举行，上图讲座中心选送的《脚踏实地，传播中华传统文化；锐意进取，搭建少儿活动》案例经层层角逐，最终评上2007上海市优秀公关案例银奖。上海市优秀公关案例每两年评审一次。上图讲座是继2003年度、2005年度之后第3次荣获该项奖项。（金晓明）

【上海市中心图书馆文献物流社会化启动】 上海图书馆与上海邮政公司的中心图书馆文献物流社会化签约仪式于12月11日下午在上海图书馆举行。上海市中心图书馆现有分馆37家及基层服务点58家，初步形成了市、区县分馆和街镇的三级网络，“一卡通”服务点的不断增加带动了文献流量的急遽上升，再加上总分馆间预约外借、文献传递等业务的拓展需求，上海图书馆于年初就文献物流向社会招标，共有上海市邮政公司邮政物流局等3家物流服务商投标。经上海图书馆反复论证，并组织了文献物流招标评审，最终决定文献物流由上海市邮政公司邮政物流局承运，完成国内首家省级公共图书馆文献物流社会化推行工作。上海市邮政局副局长盛伏在签约仪式上表示，秉持全心全意的服务态度，精心部署，把握细节，做到按时揽收、安全运输、妥善保管、及时配送。注重配送过程的每个环节，做好上海市中心图书馆文献物流配送服务。（金晓明）

【中国之窗2007年度工作会议在上海图书馆召开】 2007年12月28日上午，中国之窗2007年度工作会议在上海图书馆召开。会议由国务院新闻办三局副局长吴伟主持。国家图书馆国际交流处严向东处长、国图书店总经理杜红卫、北京大学图书馆采访部主任陈体仁、中国社科院图书馆国际交流部主任多家喻、上海图书馆国际交流处处长沈丽云分别就本单位2007年度中国之窗项目的开展情况以及2008年的工作计划作了汇报。会议就下一步如何更好地开展赠书工作展开了热烈的讨论。大家在交流工作心得的同时提出

了项目开展中遇到的困难和问题，并针对这些问题提出了各自的建议。吴伟副局长在会上介绍了2008年中国之窗计划的设想。吴局长充分肯定了在即将过去的一年里各图书馆在中国之窗以及上海之窗项目建设中取得的可喜成绩，并对今后工作提出了希望。（金晓明）

【上海市古籍保护试点工作会议】 会议于2007年12月5日在上海图书馆召开，领导和市发改委等联席会议成员单位分管领导及联络员参加会议。会议传达了《国务院办公厅关于进一步加强古籍保护工作的意见》等文件和领导讲话精神，介绍了上海前一阶段古籍保护工作情况。市文广局局长穆端正要求各成员单位要提高认识，进一步加强古籍保护工作的责任感和紧迫感，贯彻落实中央精神，完善七个保障机制，确保上海古籍保护工作顺利开展。上海图书馆、上海博物馆、上海辞书出版社图书馆、上海书店等4家列入全国古籍保护试点单位正按照文化部要求开展试点工作。会上上海图书馆交流了古籍保护的工作经验，上海书店、上海博物馆及上海辞书出版社图书馆先后就试点工作交流了设想和工作情况。此外，市文广局向文化部申报了《国家珍贵古籍保护名录》首批目录共134种，其中120种为国家一级文物，90种为元代及以前的古籍，绝大多数为孤本。（金晓明）

【文化部督导组来沪检查文化共享工程工作】 2007年12月下旬，文化部派出督导组，对全国各省（自治区、直辖市）文化信息资源共享工程工作进行第一次大规模督查。12月26日至29日，由全国文化共享工程国家管理中心副主任张晓星担任组长的第2督导组一行4人，先后检查了全国文化信息资源共享工程上海分中心（设在上海图书馆内）、华阳街道社区信息苑、玉佛寺弘一图书馆基层服务点、崇明县支中心（设在崇明县图书馆内），及崇明县元六村、前卫村和新河镇社区信息苑。12月26日，上海市文化广播影视管理局党委副书记刘建、上海图书馆党委副书记王世伟分别向督导组做了工作汇报。12月29日，督导组作了意见反馈，对上海文化共享工程工作给予充分肯定和高度评价，并希望上海在今后工作中继续为全国作出表率和示范。（金晓明）

【闵行区图书馆开展“诚信借阅”活动】 闵行区图书馆于4月开展以“学习创造明天”为主题的“诚信借阅”活动。“诚信借阅”是在学校、社区对学生进行“诚信担保”的基础上，图书馆对参加“诚信借阅”活动的学生免费办理诚信借阅证（免去100元的押金，不收工本费）。持有诚信借阅证的学生一次可借图书5本，借期28天。为使诚信教育形成合力，形成社会、学校、家庭共管的局面，图书馆要求学校与参加“诚信借阅”的学生及其家长签订个人承诺书，并协助图书馆对逾期不还学生进行催还，组织学生开展护书行动。在团区委的大力支持下，此活动已纳入“雏鹰争章”活动中，对在“诚信借阅”活动中表现出色的学生发放“诚信借阅章”。（金晓明）

【浦东新区图书馆举办大型诗歌朗诵会】 为纪念上海市振兴中华读书活动25周年，浦东新区图书馆于12月23日举办“读书与人生”——纪念上海振兴中华读书活动25周年大型诗歌朗诵会。朗诵会邀请陆澄、过传忠、刘家桢等沪上著名主持人和表演艺术家、爱好朗诵的读者以及一些读书活动的积极分子，以朗诵的形式歌颂上海浓厚的读书氛围。浦东图书馆盲人读书会的黄菁深情朗诵了专门为本次活动创作的《点亮心灵的灯》，感人至深，把活动引入一个高潮。12个朗诵节目生动展示了读书给人们带来的快乐和益处，同时也展现了浦东新区社区读好书、好读书的精神面貌。此次活动荣获2007年度上海市读书活动优秀项目奖。（金晓明）

【第2届卢湾阅读节】 由卢湾区委宣传部、卢湾区文明办、卢湾区文化局主办，卢湾区图书馆承办的第2届上海卢湾阅读节在2007年4月

23 日“世界阅读日”开幕。在开幕式上，卢湾阅读节之歌——《我阅读，我时尚》进行首次公开演唱。阅读节活动期间还先后进行了著名作家向社区读者赠书、3 个建筑工地的“工地阅读站”揭牌仪式、中外人士古诗词朗诵会、《卢湾映像》摄影展、“读书求知明理，共创和谐家园”社区读书展评活动、《论语五联环》系列讲座和“影响我人生的一本书”征文活动等。阅读节活动的开展为进一步营造城区市民读书氛围，提高社区居民的文明素质，为争创卢湾文化特色区打下扎实的基础。(金晓明)

【上海首批文学界、社科界作家、专家捐赠仪式】 捐赠仪式于 2007 年 12 月 21 日在卢湾区图书馆举行，由著名主持人淳子主持，卢湾区文化局局长叶谦逊致词。上海历史博物馆评论家薛理勇，华东师范大学教授陈子善，著名影视导演黄允，知名作家程乃珊、宋路霞，社科院专家郑祖安等 10 余人冒雨前来参加捐赠仪式。本次捐赠仪式共收到作品 34 本，其中有部分老作品，如著名评论家薛理勇撰写的《老城厢史话》、著名作家宋路霞撰写的《百年收藏》；也有不少新作品，社科院专家郑祖安撰写的《上海历史上的苏州河》、马学强撰写的《江南席家》等。专家捐赠的这些作品大都与研究上海学有关，为卢湾区图书馆开展上海学研究沙龙活动开了个好头，也为卢湾区图书馆“作家、专家赠书专架”增添了亮色，丰富了馆藏。(金晓明)

【上海市社区图书馆工作研讨会】 由上海市图书馆行业协会和卢湾区图书馆协会主办，杨浦区图书馆、嘉定区图书馆、普陀区图书馆和卢湾区图书馆承办的上海市社区图书馆工作研讨会，于 12 月 29 日在卢湾区打浦桥街道社区文化中心举行，170 名各街道图书馆代表参加研讨会，对新形势下社区图书馆发展的新机遇和新挑战进行了交流，卢湾区瑞金二路街道、浦东新区三林镇、嘉定区江桥镇、普陀区宜川街道、杨浦区五角场街道的 5 位社区图书馆代表在会上作专题报告，市图书馆学会高级专家咨询委员会成员也对全市社区图书馆的现状和发展趋势作了精辟的分析。研讨会由市图书馆行业协会秘书长余江主持。(金晓明)

【宝山区图书馆“快乐阅读·快乐暑假”暑期少儿活动】 为贯彻落实中共中央关于《进一步加强和改进未成年人思想道德建设的若干意见》的要求，使广大少年儿童度过一个丰富多彩、别具一格的快乐暑假，宝山区图书馆不断挖掘自身潜力，在日常开放的基础上开拓创新，精心策划了三大系列、七个项目的融知识性、教育性、娱乐性、趣味性、实践性于一体的综合性少儿活动，通过培育少年儿童热爱读书、热爱图书馆的意识，营造快乐的阅读、学习、活动氛围，使宝山区图书馆真正成为未成年人思想道德建设的主阵地。“快乐阅读·快乐暑假”暑期少儿活动继 2006 年后再次荣获“上海市未成年人暑期工作特色项目”。活动特色有：（1）免费参加，寓教于乐。宝山区图书馆作为老百姓心中“无门槛”的阅读天地，暑假期间举办的每一项活动都完全向每一个小读者敞开大门，小朋友们不但可以免费参加任何活动，而且活动中所需要的材料、道具，也完全由图书馆准备和提供，充分体现了宝山区图书馆“关注读者·用心服务”的办馆宗旨。两个月以来，共有 1000 余名小朋友参加了各项活动。（2）形式多样，内容鲜活。为了达到“快乐阅读·快乐暑假”的目的，在所有暑期活动中融知识性、教育性、娱乐性、趣味性、实践性于一体是关键。(金晓明)

【黄浦区图书馆向老区图书馆赠送电脑和书籍】 8 月 24 日，黄浦区图书馆向共建单位江西遂川图书馆捐赠 10 台电脑和 2000 多册成人及少儿图书，价值 10 多万元，以帮助老区文化建设。在捐赠仪式上，江西遂川县文化广播电视局局长黎育清和书记钟文开代表遂川县广大读者感谢黄浦区图书馆对当地文化建设的大力支持，遂川图书馆馆长向黄浦区图书馆赠送了“情系遂川、友谊长存”铜牌。所捐赠的图书和电脑将用于遂川县图书馆的图书借阅、电子阅览及电脑知识的普及。(金晓明)

【黄浦区图书馆邀请名家开讲《老子》】 5 月 27 日上午，黄浦区图书馆举办 2007 年黄浦区图书馆服务宣传周开幕式，市、区相关领导，黄浦区各街道，平望居委，武警上海总队第一支队十二中队，图书馆老年读书会，文学艺术沙龙等近

200名读者代表参加活动。开幕式后邀著名作家、学者沈善增作"解读《老子》——论构建和谐社会必要条件"的专题讲座。沈善增近10年来钻研中国传统文化经典，著有《还吾老子》、《还吾庄子》等著作，《善增读经系列》成为国内首家以个人命名的学术系列丛书。讲座受到读者的热烈欢迎，互动时间提问踊跃。（金晓明）

【杨浦区图书馆开展"第19届宪法知识宣传周"主题教育活动】 12月3日至9日上海市第19届宪法宣传周期间，杨浦区图书馆围绕"增强宪法意识，推动科学发展，促进社会和谐"宣传周主题，紧密结合本馆实际，积极开展版面宣传、手册发放等形式多样的法制宣传教育活动。同时，杨浦区图书馆还特邀上海市高级法院民二庭审判长、杨浦区消费者协会副秘书长等专家到馆内为全体干部职工开展"学法律、促和谐"的《物权法》、《消费者权益保护》法制知识系列讲座，宣传宪法的基本精神，提高全馆职工的宪法意识。同时开展"与法同行"——《宪法》知识竞赛，有效地提高了广大职工的法律意识和法律素质。（金晓明）

【嘉定区图书馆"百姓书社"建设】 2007年5月30日，嘉定区图书馆2007年度"百姓书社"授牌仪式在嘉定图书馆举行，向21个新书社授牌。同时，授牌仪式也将区图书馆"公共图书馆服务宣传周"系列活动推向了高潮。截至本次服务周，嘉定区内共建成了30个"百姓书社"。"嘉定区图书馆2007年内建立20家'百姓书社'项目"是2007年嘉定区政府实事项目之一，嘉定区委常委、宣传部长赵丹妮，区委宣传部副部长姚伟，区文化广播电视管理局党委书记、局长燕小明，区政府办公室副主任沈燕等出席本次授牌仪式。"百姓书社"创造性地把书社开办到群众当中，由政府投资配备完善的软硬件设施，是公共图书馆加强服务工作的一个亮点。书社的建成和不断发展，体现了"延伸服务、深化服务，提高社会效益"的图书馆建设的新动向。（金晓明）

【嘉定区图书馆助残直通车】 2007年12月3日上午，由嘉定区图书馆与嘉定区残疾人联合会共同举办的"嘉图助残直通车"系列服务活动签约启动仪式在区残联报告厅举行。区残疾人联合会党组书记、理事长何蓉，副理事长孙建华，区文化广播电视管理局副局长姚强，嘉定区图书馆党支部书记顾永兵，馆长金燕等出席签约启动仪式。第一批12名受助残疾人接受了赠送给他们的借阅卡。"嘉图助残直通车"系列服务活动主要包括：与居住在嘉定镇街道、新成路街道、菊园新区的20名肢体残疾并有阅读需求的人士结为服务对象；为残疾人士免费培训电脑基础知识，开设助残系列讲座，提高他们的文化素养和就业技能；每月定期开通助残热线，寄送新书推荐目录，开展直通车送书上门服务；方便有行动障碍的残疾人士到区图书馆阅读学习，向他们提供特殊照顾（如适当延长借书期限等）；每年向区残联图书室赠送书籍，指导图书的日常管理工作等。（金晓明）

【"营造书香普陀 建设阅读城区"图书漂流推进会】 普陀区图书馆漂流推进会于11月13日在区政府礼堂举行。会上，通过专题片的形式回顾了图书漂流一路走来的足迹，讲述着漂流书背后的爱心故事，引领人们走入一个由漂流书为纽带的读书、捐书、爱书的氛围。会上评出了13家二星级漂流点和18家一星级漂流点，对星级漂流点予以授牌；15位热于捐赠的市民获得"爱心读者"称号，表彰了志愿者乐于奉献的精神；对参加图书漂流明信片设计的优胜者颁奖。两年来，图书漂流点从最初的11个发展到56个，涵盖机关、学校、医院、企业、社区、部队等，各个漂流点在搞好图书漂流同时都形成了个性特色。参加漂流的读者从普陀区扩展到上海市，从上海市走向全国。会上还推出普陀区图书馆漂流公益性服务商标注册的新举措。（金晓明）

【虹口区图书馆在五所中小学设立爱心捐书点】 国庆节前夕，在庆祝建馆50周年之际，虹口区图书馆在乍浦社区内的区一中心小学等5所中小学挂牌，设立虹口区图书馆的长期"爱心捐书点"，募集闲置书刊捐赠给西部贫困山区的孩子们。9月29日下午，区图书馆联手乍浦路街道和乍浦社区少工委，在春天百货门前广场上举行"送出一本书，打开一扇窗"的红领巾爱心捐书活动。社区内海宁路一小、一中心小学、崇明路小学、海南中学和市五中学5所中小学师生热烈响应，共捐赠图书杂志3000余册，另外还有大量的书包等文具用品。社区内的居民也加入到少先队员们的爱心行列中。本次活动共募集书刊近4000册。（金晓明）

【虹口区图书馆“文化快车”十年如一日送书上门】 作为虹口区创建上海市文明城区的一个重要载体，“文化快车”已经车行10年。从最初的黄鱼车、改装的武陵牌面包车，到现在崭新的金杯面包车，10年中几番更新换代的“文化快车”，跑遍了虹口区23.5平方公里地域，累计下社区服务2100多次，行车超过6万公里。“文化快车”满载12种报纸、63种百余本杂志、六七百本书籍，每星期至少有3个清晨风雨无阻准时出发，一辆“文化快车”就是一个“流动的图书馆”，下社区、上学校、赴军营、进工地，“文化快车”服务范围已覆盖全区6成以上的居委会。共建立162个固定服务点，受益群众超过45万余人次。10年来，“文化快车”装载的内容也不断丰富，陆续推出了流动展览、专家讲座、信息咨询等一系列服务。（金晓明）

【长宁区图书“百万家庭学礼仪”活动再进长宁看守所】 为了把上海市府实事工程“百万家庭学礼仪”不断引向深入，长宁区图书馆再次把学礼仪活动搬进大墙内，得到了长宁看守所的鼎力支持和联手合作。中秋期间，看守所通过闭路电视，先后在各监房播放了文明礼仪、道德礼仪的VCD讲座片，数百名在押人员观看了生动形象和具体的演讲演示。经过这次道德礼仪为主要内容的培训学习，可以让在押人员提高遵纪守法的思想观念和规范行为准则，争取早日成为社会欢迎的人。（金晓明）

【崇明举办“书香满瀛洲”读书系列活动】 “书香满瀛洲”读书系列活动是由崇明县文广局主办，崇明县图书馆承办的文化系列活动之一，活动于5月揭幕，历时5个月。活动内容有书坛讲台、书圃平台、书城看台、书缘平台四大板块，涵盖了读书讲座、书画展览、才艺比赛、送书下基层等方面。参与人数达到2万人次，县级层面收到的征文稿件151篇。9月21日，“书香满瀛洲”读书系列活动总结表彰会在崇明县图书馆举行。表彰会上获奖同学进行了“书香溢满园，学习伴成长”读书朗诵表演。（金晓明）

【闸北“馨光盲人读书会”启动】 由闸北区图书馆与闸北区残联盲协共建的“馨光盲人读书会”，旨在为区域内3000多位视障人士和盲人服务，内容包括开办生活技能、电脑、科普知识、自强创业等专题讲座及培训；增加视障读者收听有声读物种类，讲述经典电影场景内容；参加盲协扶贫帮困，开展献爱心活动等。9月18日下午，“馨光盲人读书会”第一次活动开始，活动内容是让盲人“听”电影。闸北图书馆底楼多功能大厅内30余位盲人济济一堂，他们都在聚精会神“听”电影。为盲人放映的是大型系列纪录片《大国崛起》。电影音乐响起，投影画面出现，与平常人看电影没有区别，只是台下多了一位讲解员，把银幕上出现的精彩画面用语言详细“描绘”出来，而台下的盲人们也都“看”得津津有味。“读书会”每月将定期举行一次。（金晓明）

【南汇图书馆“知识套餐车”送书下乡】 南汇区图书馆“知识套餐车”在“我们的家园——2007主题宣传服务月”活动中，为全区群众和来自全国各地的新南汇人送去政策法规、农业种养殖、养生保健资料1240份，期刊2620份，在各镇营造了和谐、健康的读好书、学知识氛围。在主题宣传服务月中，区图书馆志愿者按时参加14场主题宣传服务活动。在了解到各镇的新南汇人业余生活十分单调时，图书馆特别为他们准备了政策法律、医疗卫生、文学小说等期刊资料，并为当地群众送去农业种养殖、养生保健、家居装修、青少年教育等实用性资料，不到半小时几百份期刊资料赠阅一空。为把送书下乡活动做出长效，图书馆又为13个活动村图书室送去农业种养殖、养生保健、戏曲光盘68盒。（金晓明）

【松江区图书馆与区消防支队警民共建图书室】 在松江区民政局、区文广局的具体指导和布置下，7月23日，松江区图书馆与松江公安分局消防支队举行警民共建图书室签约仪式，区图书馆与消防支队所属的7个中队签订了共建图书室流动服务协议书，协议约定，由区图书馆向各消防中队的官兵们定期送书上门。此举不仅丰富了消防官兵的业余生活，也进一步改善了基层官兵们看书学习的条件。在签约仪式上，区图书馆当场向消防官兵们送上崭新的图书1400册和6只书柜。（金晓明）

【枫泾镇图书馆为外来务工人员设立图书服务点】 随着上海松江区枫泾镇经济和社会各项事业的高速发展，人数高达3万余人的"新枫泾人"群落已初步成型。枫泾镇图书馆先后在3家民营企业内设立图书服务点，并赠送一批优秀图书和书架，同时还专门安排一批科技类的图书和优秀文艺类图书免费出借给这些企业。为了满足外来务工者学习文化科技知识的需求，镇图书馆还专门开设为外来务工人员服务的图书专架，陈列反映国内外最新科学技术成果的各类新图书3000多册，初步解决了外来务工人员的"读书难"问题。为了进一步解决外来务工者"读书难"问题，图书馆和镇总工会等部门商讨，决定在所有有外来务工人员的企业中分期分批创办企业图书室，在图书来源和购书经费上采取"企业掏一点，镇图书馆调剂一点（每家赠书150本），镇总工会资助一点（每家资助1000元购书款）"的办法。截至5月底，枫泾镇图书馆已在全镇基层单位设立图书服务点22个，由镇图书馆赠送的书籍有4000多册，赠送书架12只；镇总工会资助购书款23 000多元。其中，在外来务工人员较多的企业内所设立的读书服务点达15个，服务"新枫泾人"人数8000余人。（金晓明）

【青浦区图书馆设立青溪讲坛】 讲坛由青浦区图书馆于8月28日设立，以"传播科学知识、弘扬人文精神、建设和谐文化"为宗旨，是一个面向基层、服务大众的公共文化教育平台和宣传思想工作阵地。讲坛分设党政论坛、校园论坛、企业论坛和社区论坛四大板块，以时事政治、文化教育、市场经济、法律道德、科学普及和健康人生六大系列为主要内容。以讲座为平台，聘请13位各个领域的专家学者组成专家顾问团，为讲坛活动的开展出谋划策。从启动至2007年底，青溪讲坛已成功举办各类讲座9场，其中专家现场讲座7场，共享工程电子讲座2场，共有1156名听众到馆听讲。讲座的开展丰富了广大市民的业余文化生活，受到群众的热烈欢迎和积极反响，产生了良好的社会效益。（金晓明）

【徐汇区图书馆推出历史文化名城系列展】 2007年，徐汇区图书馆推出"历史文化名城系列展"，先后与广州博物馆、南通博物苑合作，在满庭芳展厅举办"清代广州外销艺术品"（1月26日—3月30日）和"南通历史文化略影"（8月24日—10月14日），社会反响热烈。这些展览以实物、图片、文字、多媒体演示等方式从历史文物、风土地理、民生民俗等方面，向上海市民介绍了清代广州地区的文化经济状况和南通地区的概况，受到了公众的广泛欢迎。展览期间，吸引了4.8万余人次的市民前来参观，380余名观众留下了热情洋溢的书面感受。（金晓明）

【静安区百幢楼宇中外白领读书演讲朗诵会】 2007年9月13日，作为2007年静安区图书馆楼宇读书系列活动的重要组成部分，"都市书坊——我心中的绿洲"静安区百幢楼宇中外白领读书演讲朗诵会在中信泰富广场举行。中外楼宇白领表演了朗诵、演讲及小组唱等节目，展示了静安商务楼宇良好的文化氛围和楼宇读书活动的勃勃生机，进一步发挥了"都市书坊"的积极作用。（金晓明）

【CASHL文献传递服务宣传推广会】 2007年11月23日，中国高校人文社会科学文献中心（CASHL）文献传递服务宣传推广会在复旦大学举行。来自福建、浙江、上海等省市高校和公共图书馆的代表80多人参加了推广会。会议由复旦大学图书馆副馆长钱京娅主持。复旦大学图书馆馆长葛剑雄致欢迎词，并结合新时期图书馆发展的趋势、教育部对文科文献资源建设的支持、对CASHL资源共建共享、文献传递服务宣传推广的重要性作了讲话，强调"CASHL当务之急就是推广，让更多的读者从中受益，最终实现服务社会的功能"。CASHL管理中心负责人、北京大学图书馆副馆长肖珑作《人文社会学科研究的信息资源保障》的报告，从CASHL资源与服务、运行机制与管理以及发展规划等方面作了详细介绍。复旦 CASHL 工作组组长杨光辉简要介绍了本馆提供 CASHL 服务情况，作为 CASHL 全国中心之一，3 年来复旦大学图书馆为全国其他高校师生提供了近 4 万篇的文献服务，同时复旦师生也从其他高校获取了 4 千多篇文献。此次推广会达到了总结经验、交流信息、相互学习的目的，有助于进一步提高 CASHL 文献传递服务水平。（金晓明）

【2007 华东地区教育部直属高校图书馆馆长年会】 会议于 2007 年 11 月 6 日至 9 日在同济大学图书馆召开，来自 20 所高校图书馆的专家和代表参加了会议。会议由同济大学图书馆馆长慎金花主持。会上，部分图书馆代表围绕和谐校园、和谐图书馆的目标和内涵，以人为本的服务理念，全方位、多层次的服务等主题作了精彩的专题报告。会议从图书馆文化的构建、基于学科发展的图书馆文化构建到学科馆员队伍的建设、服务创新等方面展开了深入的理论探讨和经验交流，并在和谐图书馆建设的意义、资源的共建共享、员工培训、人才储备等几方面达成共识：（1）和谐图书馆建设是和谐校园建设的重要组成部分，做好和谐图书馆建设是顺应时代发展和要求的重要任务；（2）和谐图书馆建设理念及科学发展观的思路应落实到图书馆工作的各个方面；（3）服务创新、以读者为本，加强与读者互动和沟通，增加为读者服务的内容和形式是图书馆建设的重要内容，也是谋求图书馆进一步发展的有效途径；（4）新的科学技术应用、科学规范的管理理论是图书馆可持续发展的有力保证；（5）图书馆领导班子建设与馆员队伍建设、员工培训、人才储备是图书馆事业可持续发展的重要保障；（6）加强行业协作、做好资源共建共享是图书馆发展的必由选择。（金晓明）

【东华大学入围教育部第 3 批“部级科技查新工作站”】 根据《教育部关于在东华大学等 14 所高校设立第 3 批教育部部级科技查新工作站的通知》（教技发函【2007】1 号），东华大学成为“部级科技查新（理工类）工作站”单位。3 月 13 日，教育部为东华大学教育部科技查新工作站授牌，编号 G05。该站拥有教育部和科技部查新员 8 名，审核员 2 名。从 2006 年 9 月至 12 月的近半年中，教育部先后组织不同专家对东华大学的科技查新材料和工作进行了通讯评议和实地考察评估，专家组仔细审阅、核实了《东华大学教育部科技查新站申请材料》，听取工作汇报，并对查新站的基础设施、运行管理、查新项目档案等进行抽检。经过认真讨论和质疑后，从文献资源、设施条件、人员素质、业务状况、制度建设、科研项目及成果奖励等 6 个方面对查新站进行了计量考核打分和定量计算排名，分两次从参与第 3 批申请的 58 所高校中最后遴选出 14 所作为教育部部级科技查新工作站。（金晓明）

【CALIS“十五”期间重点学科网络资源导航库评优评审结果揭晓】 2007 年 4 月，中国高等教育文献保障系统（CALIS）重点学科网络资源导航库项目管理组公布了“十五”期间 CALIS 重点学科网络资源导航库评优的评审结果：在对 60 个符合学科参评条件（占导航库总学科数的 71.43%）的项目进行评审后，共 25 个学科获得一等奖，35 个学科获得二等奖。其中上海高校获一等奖的项目有：生物学（复旦大学）、公共卫生与预防医学（上海第二医科大学）、仪器科学与技术（上海交通大学）、机械工程（上海交通大学）、临床医学：外科学、神经病学、儿科学、皮肤病与性病学、临床检验诊断学（复旦大学）、控制科学与工程（上海交通大学）。获二等奖的项目有：纺织科学与工程（东华大学）、体育学（上海体育学院）、新闻传播学（复旦大学）。（金晓明）

【全国高校专题特色库参建馆子项目结项评审结果公布】 中国高等教育文献保障系统（CALIS）“十五”全国高校专题特色数据库是 CALIS“十五”建设的子项目之一，全国共有 61 所高校的 75 个项目获“十五”建设立项。CALIS“十五”全国高校专题特色库项目管理组于 6 月 12 日在武汉大学图书馆召开“CALIS‘十五’全国高校专题特色库参建馆子项目结项评审会议”，对所有参评子项目进行了结项评审，并于 9 月 12 日公布了评审结果：CALIS“十五”全国高校专题特色库共有 65 个子项目签订承建协议书，共有 58 个特色库子项目完成了规定的建设任务，符合《CALIS“十五”全国高校专题特色库子项目评审指标》的要求，同意结项；其中45个子项目建设情况良好，功能较为完善，实用性较强；5个子项目获一等奖，15个子项目获二等奖，20个子项目获三等奖，5个子项目获鼓励奖。其中上海高校获二等奖的项目有：中国年谱数据库（华东师范大学、项目负责人：黄秀文）、纳米材料数据库（上海大学、项目负责人：董远达）；获三等奖的项目有：现代纺织信息参考平台（东华大学、项目负责人：陈惠兰）、钱伟长特色网站数据库（上海大学、项目负责人：董远达）；获鼓励奖的项目有：机器人信息系统（上海交通大学、项目负责人：黄敏）。（金晓明）

【上海市高校图书馆业务工作会议】 2007年11月15日，由上海市高等学校图书情报工作委员会和华东师范大学图书馆联合主办的上海市高校图书馆业务工作会议在华东师范大学闵行校区新图书馆举行，会议的核心主题为“高校图书馆文献资源建设”。来自市各50余所普通高等院校和部分相关院校的图书馆馆长、图书馆的专业人员和相关领导近80人参加了会议。华东师范大学校长俞立中介绍了华东师范大学近几年来的发展情况，强调了图书馆在高校教学科研中的核心地位，并充分肯定了华东师范大学图书馆为学校建设发展、教学科研、学生成才等环节中所作出的重大贡献。华东师范大学图书馆馆长黄秀文从闵行校区新图书馆的建筑特色、图书馆管理理念与读者服务3个方面分别介绍了该馆近年来所取得的成绩及工作特色。北京大学图书馆馆长戴龙基介绍了全国高校图工委资源小组的工作情况，从全国高校图书馆整体视野出发，分析了各高校图书馆资源建设的特色、成效、发展前景及研究动向等。华东师范大学图书馆余海宪、复旦大学图书馆龙向洋、上海交通大学图书馆黄镝、上海体育学院图书馆陆爱云、华东理工大学图书馆孙济庆分别以《馆藏评价：意义、作用与建议》、《现代文献选择方法举隅》、《外文期刊评估——工具与方法》、《建设体育特色的专业图书馆》、《藏书建设的定量分析方法》为题，在大会上作交流发言。与会代表以高校图书馆文献资源建设为主题，围绕高校图书馆资源建设的内容、方法及评估考核等展开研讨。（金晓明）

【中文图书编目业务培训班在交通大学图书馆举办】 为配合各高校图书馆中文图书编目员业务素质的提高，上海交通大学图书馆和CALIS联机合作编目中心于10月28日至11月4日在交大闵行校区联合举办了中文图书编目的专题业务培训。来自北京、天津、江苏、新疆等国内各省市的174位学员参加本次培训，其中多数是各高校图书馆的专业编目人员，还有部分为图书公司编目人员。本次培训邀请国内知名的编目专家，进行CNMARC格式、主题标引、联机编目等各方面课程的授课，旨在通过1周的理论指导和实践运用，使受训人员能灵活应用著录和标引的一般原则和CALIS联机合作编目中文图书编目的有关规定。本次培训还对培训合格者颁发了证书。（金晓明）

【CALIS华东南地区中心联合目录正式运行】 为保障CALIS联机编目服务，实现CALIS三级保障体系的建设，11月中旬，中国高等教育文献保障系统（CALIS）管理中心在华东南地区中心（上海交通大学图书馆）部署了一套CALIS联合目录中西日文数据库，要求华东南地区的D级馆自11月19日起，从地区中心Z SERVER下载数据。本次牵涉用户范围：华东南地区（上海市、江西、浙江、福建）使用教育网的D级馆。为保证地区中心的正常服务，CALIS管理中心每天按规定时间将更新数据镜像到华东南地区中心，因此，华东南地区中心的数据仅比管理中心滞后1天。华东南地区使用教育网的D级馆可以通过3个途径下载数据：华东南地区中心的联合目录服务器（即Z SERVER）、华东南地区中心的OPAC、管理中心的OPAC，D级馆通过以上3个途径下载的同一条数据只收取一次费用。（金晓明）

【上海教育网络图书馆工作研讨】 2007年11月15日下午，由上海市教委信息中心主办的“上海教育网络图书馆工作研讨会”在昆山巴城宾馆召开。上海市教委信息中心陈海强主任、上海教育网络图书馆管理中心曹雄伟副主任、上海市各区县教育信息中心主任和教育图书资料中心负责人共 30 余人出席参加了会议。本次工作研讨会的主题是如何在基础教育领域推进上海教育网络图书馆的建设。曹雄伟副主任对 2007 年上海教育网络图书馆的工作进行了总结发言，并就上海教育网络图书馆基础教育版的升级改版向与会代表作了重点地介绍，同时提出了上海教育网络图书馆如何更好地服务上海市中小学师生的几点措施。此次研讨会上与会代表就中小学数字图书馆的发展问题展开了热烈的讨论和探讨。卢湾区代表介绍了如何利用本区现有的电子图书资源和上海教育网络图书馆的电子期刊资源组织全区的中小学进行网上阅读；青浦区代表交流了组织学校师生使用电子资源的经验；杨浦区代表就资源的重复建设问题提出了中肯的建议；普陀区代表也对如何使电子资源得到有效的应用和推广提出了建设性的意见。相信在不久的将来，我们将看到上海教育网络图书馆在基础教育领域的建设和应用新局面。（金晓明）

【复旦建咨询委员会 图书馆买书教授把关】 2007 年 6 月，复旦大学图书馆成立了由 31 名资深教授组成的专家咨询委员会，资深教授们将决定复旦图书馆将来的购书计划。咨询委员会由全校各学科资深教授代表组成。咨询委员会每届任期两年，分为理科、医科、人文学科、社会学科四个分委员会。委员会的主要任务，就是为图书馆的管理、建设、发展和重大采购提供咨询意见。复旦大学图书馆馆长葛剑雄表示，咨询委员会的成立旨在加强图书馆建设，听取广大教师意见，更好地发挥图书馆的功能。据悉，复旦大学图书馆还通过多种渠道听取学生的意见，古籍资料部设在哪里，日文书在各校区如何分布都已经开始在网上征询全体师生意见，将根据师生意见进行最后决策。（金晓明）

【复旦大学图书馆设立图书馆咨询委员会、读者之友协会】 2007 年 6 月 8 日，复旦大学图书馆咨询委员会聘任仪式在图书馆举行。为加强图书馆建设，拓宽图书馆与教师员工之间的沟通渠道，图书馆特聘请各学科资深教师代表组成咨询委员会，针对图书馆的管理、建设、发展和重大采购问题提供高水平咨询建议。委员会两年一届，分为理科、医科、人文学科、社会学科 4 个分委员会。图书馆相关负责人向委员们介绍了图书馆概况和近期突出问题，委员们就此展开分组讨论，并积极提出具体建议和意见。此外，图书馆还招募了一批喜欢读书、关心图情的学生成立“图书馆读者之友协会”，搭建起图书馆与广大学生之间的桥梁。协会将组织同学围绕读书和图书馆工作开展读书会、书评、报告会等一系列活动，目前第一批十余名会员已经到位。这“两会”的成立，主要是畅通师生员工的意见渠道，力求充分发挥图书馆功能。（金晓明）

【复旦大学图书馆文献传递服务新举措】 文献传递服务与纸本图书借阅及网上数据库检索，一起构成当代图书馆三大文献服务方式。文献传递服务正在发挥越来越重要的作用。自 2005 年至今，复旦大学图书馆的文献传递业务量达到 39 686 篇，文献传递满足率高达 90%以上，位于全国高校前列，荣获 2005 年度上海市文献资源共享协作网“馆际互借”第一，2005 和 2006 年度两次荣获中国高校人文社会科学文献中心（CASHL）优质服务奖、2006 年度荣获中国高校人文社会科学文献中心（CASHL）特别贡献奖，图书馆文献传递工作人员还荣获中国高等教育文献保障系统(CALIS)“十五”建设期间项目建设个人突出贡献奖。复旦大学图书馆进一步加大文献传递的服务受益面和宣传力度，向每一位正、副教授发放了宣传信，校内师生只要在校图书馆的文献传递系统注册，就可以获得相应补贴，享受文献传递快捷、便利的服务。“所需要资料觅不着，文献传递来解决”。图书馆将努力开拓资源获得渠道，加强服务基础设施建设，提高服务能力和质量，为教学科研提供强有力的文献支撑。（金晓明）

【华东理工大学图书馆系列讲座受欢迎】 华东理工大学图书馆举办的“每周有讲座，每讲有新意”系列讲座活动受到读者的欢迎。为配合校园文化建设，满足读者不断增长的信息需求，华东理工大学图书馆精心组织了此次系列讲座。承担系列讲座主讲任务的既有从事图书馆工作几十年的资深专家，又有该校精品课程团队文献检索课的任课教师，还有部分数据库出版商的工作人员等。14 场讲座内容既有图书馆文献服务功能的介绍，又有各类数据库的文献检索及获取方法的讲授，还有文献检索策略与技巧的分析，并专门讲解了个人文献资料管理软件的使用等专题。系列讲座内容丰富，适合研究生等读者选择听讲。华东理工大学图书馆将总结经验，不断创新，争取在下学期为广大读者开出更加丰富多彩的讲座，继续为营造校园文化氛围，提高读者信息素养而努力。(金晓明)

【上海师大开通百万册电子图书数字图书馆】 为给广大师生提供更为丰富的电子图书和数字资源，上海师范大学近期投入100余万元购买了"超星数字图书馆"数据库，目前已在该校图书馆网页开通供读者使用。超星数字图书馆收录了涉及中图法所有分类的100多万种中文电子图书，占解放以来出版图书的95%；2000年以后的新书有30万种，基本囊括了近几年所有新书。上海师大图书馆经过50余年的藏书建设，纸质文献已达50余万种，超星数字图书馆的100多万种电子图书，极大地丰富了图书馆的馆藏资源。目前，读者在借不到纸质图书时可以在网上寻找到有关书籍，基本上满足了读者通过不同手段利用图书馆资源的需求。(金晓明)

【上海生命科学信息中心获市科委表彰】 5月25日，中国科学院上海生命科学信息中心荣获由上海市科委颁发的"上海研发公共服务平台2006年度对外服务先进集体"称号，已连续两年度获得该奖项。信息中心于建荣和缪有刚同时获得"上海研发公共服务平台2006年度对外服务先进个人"（管理类）荣誉称号，沈东婧获得"上海研发公共服务平台2006年度对外服务先进个人"（服务类）荣誉称号。仅2007年上半年，信息中心已接收系统请求文献总计2289篇，占整个系统总请求量的60%左右，实际满足请求1824篇，满足率达到84.1%，准时回复率达到100%，均列各加盟单位之首，成为该平台科技文献服务的重要支撑，有力地推动了上海市科技信息共享服务的发展。(金晓明)

【"THOMSON DIALOG长三角培训中心"揭牌】 5月16日上午，由中国科学院上海生命科学信息中心和汤姆森科技信息集团合作设立的"THOMSON DIALOG长三角培训中心"在信息中心揭牌。培训中心旨在满足和提升长三角地区研发活动的信息需求和信息能力，服务国家科技创新体系各单元的发展，为建设创新型国家提供信息支撑服务；充分发挥信息中心在学科领域、信息研究与服务能力等诸多方面的优势，联合全球领先的科技信息服务与提供商——汤姆森科技信息集团，面向长三角地区高科技企业、研发机构、研究院所，促进其专业情报分析和信息管理的能力建设，从而提高科学研究与技术开发的核心竞争力。信息中心书记、副主任汤江与汤姆森科技公司上海代表处姜君共同为"THOMSON DIALOG长三角培训中心"揭牌。揭牌仪式后举行了首期"新药研发竞争信息开发与利用培训班"开班仪式。首期培训班共有学员23人，主要是来自长三角地区以及北京、昆明等地的科研机构和医药研发企业的信息主管或研发人员。16日—19日，DIALOG国际联机资深检索专家谢湘音教授等分别主讲"DIALOG数据库培训"、"国际药物研发竞争信息开发"、"国际药物研发行业信息挖掘"、"国际药物研发专利信息利用"、"药物研发信息保障"、"企业知识产权制度的设立和运用"等课程。(金晓明)

【第3期中美数字图书馆高级研讨班】 研讨班于5月15日至28日在中国科学院上海生命科学信息中心举行。本期高级研讨班由国家科技图书文献中心和美国Syracuse大学信息学院主办，中国科学院国家科学图书馆承办，上海图书馆和中国科学院上海生命科学信息中心协办。这是该高级研讨班首次在北京以外地区举办。本期高级研讨班共有学员68位，将系统学习数字图书馆建设相关方面的知识，全面了解数字图书馆的规划设计、项目实施、系统管理、技术方法、服务规划与评价、法律问题、可持续运行模式等问题，培养数字图书馆领域的未来领袖。开班仪式上，中国科学院国家科学图书馆副馆长孙坦作题为"我国数字图书馆建设的战略问题探讨——虚拟数字图书馆建设"的学术报告。(金晓明)

【上海生命科学信息中心2006年度文献传递服务获得特别表彰】 2007年中国科学院国家科学图书馆发布了《关于中国科学院文献传递与馆

际互借系统 2006 年度服务表彰的通报》，对 2006 年度全院 110 个研究所开展文献传递与馆际互借服务工作所取得的成绩进行总结和评估，中国科学院上海生命科学信息中心获得特别表彰。信息中心 2006 年共接受中科院各单位文献请求 5646 篇（份），准时完成请求处理比例达到 99.61%（5624 篇/5646 篇），完成的服务量占全院全文传递量 15.35%，已经连续 4 年在全院 110 个院（所）中名列第一。2006 年开始承担上海地区返还型馆际代借服务新工作，为系统内读者提供异地借书服务。（金晓明）

【国家科学图书馆查新检索工作研讨会】 会议于 8 月 26 日—29 日在中科院上海生命科学信息中心举行。本次研讨会是由中科院国家科学图书馆主办，信息中心承办，来自国家科学图书馆北京总馆、兰州分馆、成都分馆、武汉分馆，信息中心和中科大图书馆的近 20 位代表参加了研讨会。会议就中科院文献情报系统科技查新工作的目标定位、面临的机遇与挑战、发展设想与举措、工作平台、协同工作机制和全馆查新制度与质量控制规范等进行探讨，听取了各与会单位的科技查新工作汇报，集中展示和交流了中科院文献情报系统查新检索服务的成果。（金晓明）

江苏省

【省馆概况】 基础业务：分编、标引中文书 34 905种，入藏中文书 101 891 册、中文期刊 115 741册、外文原版书 3147 册、外文报刊 15 118册；接收国际交换图书 694 册，期刊 74 种。购进电子图书 14 537 种，29 074 册，光盘 914 种 1076 张。完成数字资源建设及馆藏文献资源建设方案的调整与确立，完成《中国古籍总目・子部》初稿编纂任务。

读者服务：全年外借书刊 37 万余册，书刊流通总量达 73 万余册，读者总流量近 60 万人次。共办理新证 35 139 张。设立新馆总咨询台，解答各类咨询近 5 万条，回复网上咨询 2095 个，完成专题咨询课题 32 个，《信息传真》全年编辑发行 44 期，并向政府机关提供信息近 1000 条。连续举办了“2007 新春大型读者活动”、“4・23 世界读书日系列活动”、“五一劳动节系列活动”、“科普宣传周系列活动”、“图书馆服务宣传周系列活动”、“七彩的夏日，愉快的暑假”、“十一国庆节系列活动”等多场大型系列读者活动，近 6 万余人次的读者参加了活动。开展“资料片展播”、“课外阅读”、“残障人工艺品展”、“少儿琴艺展示”、“鸟类知识摄影展”等多个单项活动，受到读者广泛欢迎。今年，南京图书馆再次被评为“江苏省科普宣传工作先进集体”。

延伸服务：全年举办“南图讲座”60 场，与江苏省委宣传部、江苏省社会科学联合会合作举办了常年面向公众讲授人文社科知识的高层次公共文化服务平台——“江苏讲坛”。全年共有包括余秋雨、阎崇年、葛剑雄等著名学者在内的 49 位专家学者在“南图讲座”举办精彩讲演，共有 2 万余名听众参与了讲座。全年举办“澳大利亚当代著名画家约翰・杨作品展”、“探索大自然奥秘科普展”、第二个文化遗产日暨第 3 届江苏省文物节开幕暨“江苏省工艺美术精品展”、“中国 2010 上海世博会南京宣传周展”、“中德同行——德国大道”演出及展览等公益性展览 27 余场，观展人次达 12 万余人。全年成功举办“水乡记忆”等公益文艺演出 30 余场。今年，“南图会展”荣获文化部颁发的全国第十四届群星奖（服务奖）。（江苏省图书馆学会）

【江苏省图书馆新馆推进现代化】 推进新馆信息化建设进程，通过广泛征求意见、召开专家讨论会等，确立南京图书馆新馆信息化建设方案，并逐步完成软、硬件系统的招标、安装、调试等工作。正式启用 ALEPH500 图书馆自动化管理软件，顺利迁移并升级 TRS 数字资源加工发布系统、网站以及 APABI 电子图书馆等系统，确保新馆正常开放。新馆信息化硬件设施配备先进，电子阅览室提供215台计算机机位供读者上网查阅资源，检索大厅、各阅览室、培训教室共部署了250台计算机供读者用户使用。网站建设加强，继续加快网站信息的采集和发布周期，全年共统编发新闻信息12 280条。数据库建设方面，继续推进《中国近代文献》和《江苏文化》数据库，增建《中国近代文献》《民国商标数据库》子库，新建《抗日战争历史图库》。新馆整体馆藏数字资源丰富，包括有电子图书、电子报刊、学位论文、专利、法律法规等购买及自建数据库计50余种。（江苏省图书馆学会）

【2007新春系列大型读书活动】 2月5日至3月4日，南京图书馆新馆举办“2007新春大型系列活动”，活动以“相聚文化家园 共度和谐新春”为主题，开展了猜谜、讲座、影视播放、展览、少儿琴艺表演、新书展销、经典诵读、手语培训、新春送礼等十个大项的活动。活动内容丰富，参与面广，受到读者欢迎，并引起媒体广泛关注，社会效益显著。整个新春期间共接待读者3万多人，江苏及南京主流报纸、电视台、电台、网络等媒体从不同角度，对活动进行了广泛报道。（江苏省图书馆学会）

【2007“4·23世界读书日”系列读者活动】 4月，南京图书馆新馆举办“4·23世界读书日”系列读者活动，活动包括接受南京东郊国宾馆所藏古籍《资治通鉴》捐赠仪式、南京图书馆向低保户子女赠书仪式、中外名著插图展、“读书伴我成长”专题演讲会、诗歌散文名篇朗诵鉴赏会、首届“江苏藏书家”评选活动、《人文素养读书指南》（第一辑）推介发放、“我与南图的故事”征文活动等9项活动。其中首届“江苏藏书家”评选活动将历时一年，于2008年揭晓结果。1万余人次的读者参加了活动，为倡导全民阅读，树立良好阅读风气发挥了积极的引导作用。（江苏省图书馆学会）

【纪念朱偰先生诞辰一百年座谈会】 4月15日，江苏省文化厅、江苏省文物局、南京图书馆在南图新馆学术报告厅举办“纪念朱偰先生诞辰一百年座谈会”。省妇联副主席、农工民主党江苏省委专职副主委、省政协副秘书长肖渡，省政协常委、民进江苏省委副主委孙观懋等出席座谈会。部分领导及单位代表、学者代表以及朱偰亲友在会上作了发言，共同缅怀朱偰先生为保护文化遗产所做的积极贡献。（江苏省图书馆学会）

【南京东郊国宾馆向南京图书馆捐赠《资治通鉴》】 根据江苏省委书记李源潮的重要指示，南京东郊国宾馆将馆藏典籍——具有200多年历史的一套《资治通鉴》无偿捐赠给南京图书馆。4月23日上午，在第13个“世界读书日”到来之际，南京图书馆举行了“‘珍爱典籍·传承文明’南京东郊国宾馆向南京图书馆捐赠《资治通鉴》仪式”。省委副秘书长姚晓东，省文化厅副

厅长、南京图书馆党委书记马宁，南京东郊国宾馆董事长周序贵、常务副总经理徐国富等领导出席捐赠仪式。省委副秘书长姚晓东受代表省委领导委托，对本次捐赠活动表示祝贺，并对古籍的保护与收藏提出了要求。（江苏省图书馆学会）

【“七彩的夏日，愉快的暑假”大型系列少儿活动】 7月初至8月底，南京图书馆新馆以“七彩

的夏日，愉乐的暑期”为主题积极策划并组织开展了大型系列少儿活动，举为专题系列讲座、展览等12个大项近120场次的活动，平均每天都有2—3场。参加活动的少儿读者及其家长达1万多人次，其中年龄最小的只有4岁。活动成效显著，为未成年人暑期文化活动提供了丰富多彩的选择，发挥了积极的教育、引导作用。（江苏省图书馆学会）

【南京图书馆新馆全面开放】 根据南京图书馆新馆总体搬迁方案，有计划、有步骤地做好各项准备工作。分步做好馆藏资源的整理、打包、装箱及搬运工作，实现开架区域近百万书刊报和大部分典藏资源的到位。周密筹划古籍搬运工作，确保古籍安全入库。顺利实现新馆图书馆专用设备及办公家具的招标，及时完成家具设备进场及安装调试。成立自动化系统软、硬件方案制订小组，多次组织召开馆内和专家方案论证会，确立信息化系统方案，并在此基础上，顺利完成信息化系统方案招标工作，稳步推进、实施完成相关设备、系统的全面安装、调试。多次召开现场办公会议，协调整体搬迁工作，按期完成功能布局调整、环境美化以及内部装饰的布置等。及时完成《南京图书馆百年学术文丛》、《南图百年记忆》资料片、礼品书、纪念邮册等物品的编辑、设计、印制。在充分准备的基础上，12月8日，南京图书馆新馆正式实现全面开放。（江苏省图书馆学会）

【“南京图书馆新馆全面开放暨百年馆庆”典礼及系列庆典活动】 12月8日，南京图书馆新馆举办“新馆全面开放暨百年馆庆”典礼。文化部副部长周和平、江苏省委常委、省委宣传部部长孙志军、省人大常委会副主任柏苏宁、省政协副主任武继烈、国家图书馆党委副书记、副馆长张雅芳、省委副秘书长姚晓东、省政府副秘书长唐建、省人大法制委员会副主任季根章及文化厅厅长章剑华出席典礼并剪彩，周和平、孙志军、章剑华并分别致辞。文化厅副厅长、南图党委书记马宁主持典礼并介绍了南图百年历史成就及新馆建设情况。全国省、市公共图书馆、江苏省高校图书馆、图书馆界专家学者、南京图书馆协作单位等200余名代表参加了典礼。整个庆典活动从12月8日延续至12月10日，安排有讲座、展览、学术研讨会、演出项目等。其中，阎崇年主讲的“良师益友话读书”、葛剑雄主讲的“从

‘八王之乱’和‘杯酒释兵权’看制度与社会治乱”讲座、《墨海遗珍 书翰撷英——香书轩秘藏

名人手迹展》、《南京图书馆百年馆史展》、《南京图书馆百年珍藏文献展》展览、《水乡记忆》特别演出受到嘉宾和读者的欢迎。近两百位嘉宾分别参加了"百年辉煌——开放与合作的图书馆"学术研讨会、第三届"长江三角洲城市图书馆发展论坛暨江苏省图书馆第十一次科学讨论会"，周和平副部长在"百年辉煌——开放与合作的图书馆"学术研讨会上作了重要讲话。庆典期间，严密的组织、周到的接待受到与会嘉宾的充分肯定与好评。(江苏省图书馆学会)

【文化资源共享工程江苏省级中心】 2007年，继续做好文化资源共享工程江苏省级中心的工作。加强文化共享工程江苏省级分中心工作，

设立综合组、技术组和资源组，进一步明确职能。组织开展"江苏省文化共享工程实用技术全员培训及操作技能竞赛"活动，全省共计有1500名左右技术人员参加了省级中心及各市级中心开展的培训学习，有近1000人参加了预赛选拔，在提高全省公共图书馆从业人员检索与利用网络信息资源的专业技能和综合素质，熟练掌握文化共享工程信息资源利用与维护的基本技能方面取得了实效。加大对基层点技术扶持，开展卫星安装技术及共享工程应用技术培训，并赴基层点现场指导安装，已顺利完成30个卫星点安装任务。加强与国家中心的联系，及时填报各类报表、编印工作简报、接收并下发资源。全年接受共享工程国家中心下发的共计近17TB的资源，并将部分资源送至基层服务点。进一步加强与省委组织部"农村党员教育远程办公室"的合作，利用国家中心丰富的资源，制作并提供了近550个小时的视频节目，自7月23日起，每天在省远程教育电视频道播出3小时。加大江苏文化网建设力度，全年新增资源量24.85GB，丰富了网站内容。(江苏省图书馆学会)

【中华古籍保护计划江苏省古籍保护中心成立】 根据国家古籍保护工作的要求，江苏省成立江苏省古籍保护中心，并率先在全国举行中心揭牌仪式，中心目前挂靠在南京图书馆。中心成立后，及时开展培训，夯实业务工作基础。接待了文化部专家督导组的调研与指导，选派4位同志参加文化部举办的古籍普查及修复培训班，面向全省各古籍保护单位举办"全省第一期古籍保护工作培训班"，来自全省公共图书馆、博物馆、大专院校、科研单位图书馆等重点古籍收藏单位的60多人参加了培训。经过申报及文化部的调研考核，南京图书馆被列为全国首批古籍保护试点单位之一。在《国家珍贵古籍名录》申报工作中，全省共组织申报古籍714种、古籍重点保护单位18家，其中南京图书馆申报珍贵名录109种，同时申报全国古籍重点保护单位。全省共有292种古籍和8个重点单位入选，南京图书馆入选73种，并被列为全国古籍重点保护单位。全省古籍和重点单位的申报和入选数量均在全国名列前茅。(江苏省图书馆学会)

【常州市图书馆学会召开7届2次理事会】 2007年4月5日，常州市图书馆学会在常州市图书馆内召开了7届2次理事会议，市学会理事共17人参加了会议。本次理事会的主要内容是传达省学会、市社科联会议精神，布置2007年工作要点，并通报市学会及各成员单位2006年年度总结和2007年工作计划。（江苏省图书馆学会）

【武进区图书馆全新亮相】 2007年12月12日，随着武进区文化艺术中心的全面落成，武进图书馆在文化中心东大楼全新亮相，新馆坐落在区政府对面延政中路，面积5000平方米，占有三层楼面，设有综合外借室、少儿外借室、报刊阅览室、多媒体电子阅览室、古籍阅览室、资料查阅室等服务窗口，并设有中央休闲大厅文化沙龙区、社会培训教室、学术报告厅等学习活动场所。（江苏省图书馆学会）

【常州图书馆筹建并开放常州人著作馆】 2007年4月27日，收录古今常州人所著书籍的著作馆在常州市图书馆揭牌，向读者开放。市领导居丽琴到场祝贺。常州人著作馆分为两个部分，一为名人馆，该室集中展示了馆藏中精心挑选的从古至今部分常州名人著作；一为普通馆，展出了300多位常州籍作者近2000册著作。（江苏省图书馆学会）

【南京大学常州图书馆实践教学基地建立】 2007年5月19日，在南大图书馆二楼报告厅举行了隆重的南京大学常州图书馆实践教学基地授牌仪式，南大副校长施建军等参加了授牌仪式。常州图书馆作为南京大学信息管理系在江苏省第一家签约挂牌的实习基地，挂牌以来受到了社会各界的广泛关注和重视，南京大学信息管理学院已多次派出在校学生前来常州馆参加调研、实习。（江苏省图书馆学会）

【"记忆常州"工程不断取得成果】 常州图书馆2007年完成了以下碑传资料：龚自珍《庄存与神道碑》、庄勇成《庄存与传》、庄勇成《庄培因传》、王树楠《庄蕴宽墓碑》、李兆洛《庄述祖传》、冯飞《庄蕴宽年谱》等近5万字。完成《武阳志馀》（15册、12卷）的拍摄输入工作。（江苏省图书馆学会）

【常州市图书馆"服务宣传周"热闹开场】 2007年5月28日，以"延伸服务、深化服务，提高社会效益"为主题的常州市图书馆服务宣传周热闹开场。一系列丰富多彩的活动，成为州市图书馆与读者进一步交流及改进服务措施、提高服务质量的契机。服务宣传周里，图书馆在新市民公寓、红梅街道卫星村委、红梅派出所等地相继建立"常州市图书馆街道图书流动服务点"，同时介绍常州市图书馆的职能、定位及丰富的馆藏，拉近了与读者的距离。服务宣传周期间，常图还首次开展"走进城市外来工"系列活动，还举办了《中国人文期刊历史与发展大型展览》、体彩专题讲座以及"生态常州·市民论坛"等讲座。此外，评选本馆优秀读者、优惠办证、图书调剂、红领巾读书征文评奖活动也在服务周里开展。（江苏省图书馆学会）

【金坛市图书馆"农家书屋"建设有序推进】 金坛市图书馆以服务新农村建设为方向，下移重心，面向基层，着力推进新农村文化阵地建设，在去年建立了3个"农家书屋"的基础上，全面部署，统一规划，有序推进建设了10个"农家书屋"。（江苏省图书馆学会）

【金坛市图书馆送书至渔家】 2007年2月7日上午，金坛市图书馆一行4人来到了该市美丽的碧水湖畔——长荡湖，把200余册以养殖为主的农业科技新书送到渔民手中，并留下联络电话，欢迎渔民朋友有需要随时联系。这是该馆定期把服务送至机关、企事业单位和军营等11个

流动图书点的服务延伸。渔民们十分高兴，并希望这样的活动多举办，带来更多的信息和技术书籍。（江苏省图书馆学会）

【金坛市图书馆召开“红读”征文暨第十届“六一杯”少儿书画赛表彰大会】 由金坛市文化局、金坛市教育局共同主办，金坛市图书馆承办的金坛市“红读”征文暨第十届“六一杯”少儿书画赛表彰大会于6月5日在金坛市文化大厦七楼数码影视厅举行。活动是以“爱祖国、爱家乡、促和谐”为主题，展现了广大少年儿童丰富多彩的精神世界和对美好未来的憧憬、对祖国对家乡的热爱之情，树立广大少年儿童的爱国主义、集体主义精神。“红读”征文共收到15所学校150余篇文章，其中10个优秀组织单位、6名优秀指导老师和41名获奖作者获得了表彰；“六一杯”少儿书画赛共收到34所学校及幼儿园推荐的602幅有效作品，其中12个优秀组织单位、14名优秀辅导老师和292名优秀作者获得了表彰奖励。（江苏省图书馆学会）

【医卫图协举行会员活动】 2007年3月20日在常州卫校图书馆教师阅览室举行了医卫图协会员活动，主要内容是交流2006年工作及2007年工作思路。到会会员共16人，卫校副校长华危持、卫生局办公室刘晓寅到场。会上会员就本单位图书馆的现状、建设情况及存在问题进行了发言，大家畅所欲言，提出了许多建议。（江苏省图书馆学会）

【常州卫校图书馆兴办专题讲座】 2007年4月14日上午，清华同方知网河北办事处经理李庆辉在常州卫校图书馆举办了专题讲座，就与医院信息服务发展趋势、CHKD在医院临床诊疗、科研教学中的价值与作用进行了详细讲述。（江苏省图书馆学会）

【常州卫校图书馆邀请天京文化书社来校举办小型书展】 2007年10月23日，常州卫校图书馆邀请天京文化书社来校举办小型书展，现场展出图书种类齐全、内容丰富，吸引了师生的眼球，大家选购涌跃。心理、管理、就业指导、小说散文类图书尤受学生欢迎。通过活动，丰富了学生课余文化生活，激发了学生的阅读兴趣，促进了馆藏资源的流通和利用。（江苏省图书馆学会）

【常州工学院图书馆进行图书现场采购】 为了满足学院教学、科研需求，常州工学院图书馆组织各二级学院教师进行图书现场采购，指定学科馆员分别到各二级学院听取意见建议，征集各专业主要教学参考书及报刊订购需求，并通过各种途径进行采集，注重新书采集的针对性和实用性，以适应学科、专业建设的需求，受到各二级学院的欢迎。（江苏省图书馆学会）

【常州技术师范学图书馆持续开展优质服务，不断扩充服务渠道】 常州技术师范学院图书馆在“读者协会”和“读者俱乐部”的基础上，新建了图情员制度：即在每个班中设立一名图情员，负责和图书馆的联系。特别是07级的新生，充分体现了图情员工作的优势。图书馆每月定期召开一次图情员会议，图情员及时向图书馆反馈读者信息，图书馆负责图情员的知识培训，图情员充分发挥了图书馆和读者之间的桥梁作用。（江苏省图书馆学会）

【常州大学城文献共享资源系统数据中心建成】 为最大限度地实现文献资源共享，经过充分调研、友好协商，由市政府和常州大学城内各院校共同出资建立常州大学城文献共享资源系统数据中心。该项目初期投资300万，主要硬件设备包括：容量20T磁盘阵列一套，服务器8台，光纤交换机3台；主要软件资源包括万方数字资源系统和书生数字图书的本地镜像。（江苏省图书馆学会）

【江苏省副省长张桃林视察金湖图书馆】 2007年11月23日下午，江苏省副省长张桃林一行，在金湖县委书记陶光辉等领导的陪同下视察了金湖县图书馆。殷舜娟馆长汇报了新馆建设和开放两年来的自动化、读者借阅、读书活动，以及策划组织开展“与学校联、与部队联、与社区联、与乡村联”的四联特色服务活动。张省长每到一处都与读者亲切握手并交谈问候，并参观了金湖特色文化展、陆功勋先生剪纸艺术展、金湖

县地方文献展等展览。张省长希望金湖图书馆努力抓住机遇，为和谐社会的建设做出新的贡献。（江苏省图书馆学会）

【淮安市图书馆益兴名流社区分馆成立】 2007年10月29日，淮安市图书馆益兴名流社区分馆成立。分馆馆舍占地200平方米，藏书15 000余册，并配有计算机等管理设备。市文化局副局长廖寿儒同志参加了分馆开馆典礼。（江苏省图书馆学会）

【洪泽县开展2007图书馆服务宣传周活动】 5月28日至6月3日，洪泽县图书馆围绕“延伸服务，深化服务，提高社会效益”主题，因地制宜地开展宣传活动。在文化中心主楼悬挂宣传标语，制作多幅宣传板，宣传介绍图书馆。图书馆职工走上街头，设立咨询点，现场为市民办理免费借阅证，解答咨询。印制1000份宣传资料在现场散发，受到市民欢迎。召开读者座谈会，邀请机关、学校、工厂及离退休人员等30余位读者与会，针对图书馆的建设、发展、深化图书馆服务等方面征求读者意见，并向与会读者赠送了读书卡。宣传周内投放新书1000余册，吸引了很多读者。（江苏省图书馆学会）

【连云港市数字图书馆开通】 10月1日上午，连云港市数字图书馆正式开通，副市长杨莉为市数字图书馆启动了开通按钮。作为苏北首家公共数字图书馆，它的电子图书资源来自北京超星数字图书馆。目前市数字图书馆为广大读者提供了20万种电子图书，内容涵盖了社会学、哲学、经济、管理、文学、教育、机械、娱乐休闲等多种学科，有10万篇期刊全文、100集视频讲座供图书馆局域网内的读者使用。开通仪式上，市领导向相关社区、部队、企业等6个“馆外数字分馆”赠送了电子阅览卡，读者代表也作了热情洋溢的发言，最后北京超星公司技术代表向参加会议人员作了数字图书馆的功能与使用简介。（江苏省图书馆学会）

【连云港市图书馆举办公益性系列讲座“苍梧讲坛”】 2007年3月17日、24日举办两期以“九部小说名著与连云港”为主题的讲座。在中高考前，举办“关注学子，助推梦想——中高考心理辅导”讲座。9月9日，举办“苍梧讲坛”家庭教育系列讲座之二——和孩子共同成长。11月2日邀请上海图书馆副书记、上海市图书馆学会理事长王世伟教授为全市图书馆界同仁作主题为“当代全球图书馆管理与服务理念初探”的学术报告。从5月开始，连云港市图书馆与上海图书馆讲座中心联系，签订了讲座资源免费共享协议，并从11月份开始，每周举办视频讲座1期，本年度已举办20期视频讲座。（江苏省图书馆学会）

【连云港市图书馆策划组织专题展览】 元旦期间举办“徐福文化大型影展”，与市文联联合举办“青少年优秀书画作品展”，与市委宣传部等多家单位联合举办“跨越发展，崛起腾飞”、“庆祝建军八十周年”、“缅怀一代伟人——邓小平”、“文明连云港——精神文明创建”等大型图片展览。全年9个展览共接待参众4万余人次。（江苏省图书馆学会）

【连云港市图书馆组织开展业务培训、提升服务质量主题教育活动】 为配合省文化厅组织开展的“江苏省公共图书馆共享工程实用技术技能竞赛”活动，10月15日，全市公共图书馆系统共44名选手在连云港市图书馆参加了文化共享工程实用技术培训及操作选拔竞赛。11月26日，来自苏北五市公共图书馆的70余名代表齐聚连云港市图书馆参加“江苏省公共图书馆共享工程实用技术技能竞赛”（苏北片区）的比赛。连云港市图书馆荣获江苏省文化共享工程实用技术操作技能竞赛组织奖。（江苏省图书馆学会）

【连云港市图书馆举办数据库检索方法培训班】 2007年图书馆服务宣传周期间，连云港市图书馆学会与淮海工学院图书馆合作举办5期数据库检索方法培训班，全市近200名科技人员参加了学习培训。（江苏省图书馆学会）

【连云港市少儿图书馆镇海社区借阅点挂牌】 2007年6月22日，连云港市少儿图书馆镇海社区借阅点正式挂牌。市少儿图书馆馆长刘政和社区领导签署了送书协议。（江苏省图书馆学会）

【连云港市少儿图书馆送书到农村】 2007年9月24日，连云港市少儿图书馆向灌南农村小学送书4000册，在灌南县百禄镇中心小学、屈东小学、新集中心小学、六塘中心小学设立4个“少儿流动图书点”。（江苏省图书馆学会）

【连云港市少儿图书馆举办“淘宝小市场”】 连云港市少儿图书馆的“淘宝小市场”活动自2007年10月开办以来，先后举办了国庆专场、“在海一方”社区专场两次活动。（江苏省图书馆学会）

【赣榆县图书馆“2007书香赣榆”系列活动】 1月31日，赣榆县图书馆“2007书香赣榆”系列活动在青口镇下口村正式拉开帷幕。活动以“书香社会、和谐赣榆”为主题，由“书香溢乡村”、“书香溢军营”、“书香溢企业”、“书香溢社区”等部分组成。（江苏省图书馆学会）

【赣榆县图书馆2007年“赣榆风情”主题系列讲座】 2007年“徐福讲堂”举办“赣榆风情”主题系列讲座两期：由赣榆县政协文史委原主任王铜起先生主讲的“赣榆民间习俗”和中国徐福研究会专家于锦鸿老先生主讲的“徐福文化”。（江苏省图书馆学会）

【东海县图书馆推进农家书屋建设】 4月15日至5月底，东海县图书馆对已建的5家农家书屋和在建的12家农家书屋的农民读者进行调查，走访11个乡镇17个调查点，发放350份调查表，收回283份。（江苏省图书馆学会）

【东海县图书馆举行农家书屋设备配送仪式】 9月7日，东海县图书馆组织整编图书万余册，购置书橱40只，统一为东蔡、河南、西连湾、赵庄等精神文明示范村筹建农家书屋，配送仪式上还为十家文明村颁授“农家书屋”标示牌。（江苏省图书馆学会）

【灌云县文化局领导来东海县图书馆调研】 10月31日，灌云县文化（体育）局副局长傅长青、文化科长包倩、文化馆长刘保华、文化市场管理站长曹海涛一行人来东海县图书馆调研文化信息资源共享工程支中心和基层点建设情况。在东海县文化局分管局长窦礼亮、图书馆馆长朱川连陪同下，他们察看了东海县图书馆共享工程支中心建设情况，参观了少儿图书馆、成人外借室、社会科学室、自然科学室、阅览室及共享工程基层点。朱川连馆长一一作了介绍，突出介绍了文化资源共享工程支中心和特色服务——农家书屋建设情况。（江苏省图书馆学会）

【六合区第一图书馆加强古籍保护工作】 为了进一步贯彻落实《国务院办公厅关于进一步加强古籍保护工作的意见》精神，六合区第一图书馆对本馆达6000多册的古籍文献加强了保护工作。近年来，在区上级部门的高度重视和支持下，六合区第一图书馆始终坚持“保护为主、抢救第一、合理利用、加强管理”的方针，近期又聘请专业人员，对以往从未登记的手抄本进行了统一造册、清查、登记，并对馆藏6千多册的古籍进行鉴定、评估，最终确定一、二级保护书目。在安全措施上，安装了紫外线探头；在开发利用上，六合区第一图书馆将再版《棠志拾遗》、《竹镇纪略》、《六合纪事》等三种地方古籍文献，作为献给六合区政府部门的一件文化礼品。（江苏省图书馆学会）

【鼓楼区实施图书总分馆制】 2007年南京市鼓楼区构建地区性公共图书馆联盟和数字图书馆网络，拓展图书馆服务功能及覆盖面，形成面向社会、服务市民、信息丰富、快捷高效的社区图书馆文献信息资源共享网络和服务体系——鼓楼区“图书总分馆制”。7月11日上午，在江东街道社区服务中心举行鼓楼区图书馆街道分馆授牌仪式，省文化厅副厅长马宁、社文处副处长谷峰，区人大副主任张兴才，区政府副区长陈华，区政协副主席陈家荣以及市文化局、金陵图书馆、区政府各有关部门领导，各街道、社委会主任 120 余人参加了授牌典礼。（江苏省图书馆学会）

【金陵图书馆图书订购纳入政府采购系列】 1 月 29 日，根据南京市财政局的统一部署，金陵图书馆 2007 年度的印刷型图书订购纳入政府采购系列。严峰副馆长、采编部秦广宏主任代表金陵图书馆在南京市政府采购中心通过竞争性谈判方式与有关协议供货商签订了印刷型图书订购合同。（江苏省图书馆学会）

【"爱因斯坦——世纪风云人物"图片展】 2 月 1 日，由南京市外事办公室和以色列驻上海总领事馆共同举办的"爱因斯坦——世纪风云人物"图片展在金陵图书馆开幕，以色列驻沪总领导顾特曼和南京市副市长许慧玲出席了开幕式并剪彩。（江苏省图书馆学会）

【金陵图书馆再获全国农民读书征文活动组织奖】 5 月 30 日，"知荣辱 树新风"全国农民读书征文活动颁奖仪式 30 日在京举行。金陵图书馆在此次活动中获组织奖，这是该馆连续第 5 年荣获此项殊荣。（江苏省图书馆学会）

【图书馆服务宣传周广场宣传活动吸引读者】 6 月 9 日，金陵图书馆和鼓楼区图书馆及热河南路街道清江花苑社区图书馆在水木秦淮广场联合举办主题为"延伸服务、深化服务，提高社会效益"的 2007 年度图书馆服务宣传周广场宣传活动，吸引了周边市民到场参加，取得了良好的社会效益。（江苏省图书馆学会）

【日本国驻上海总领事馆副领事来金陵图书馆参观】 6 月 14 日，金陵图书馆马恒东馆长、严峰副馆长陪同日本国驻上海总领事馆副领事横田有纪小姐到金陵图书馆新馆商讨双方合作建设"南京中日交流之窗"事宜。（江苏省图书馆学会）

【青少年系列暑期活动受欢迎】 7 月份开始，金陵图书馆举办了为期两个月的青少年系列暑期活动，内容包括"经典儿童影片及自然探索片观摩"及"非物质文化遗产传承专题活动——少儿手工现场教"等活动，该系列活动丰富了少年儿童的暑期生活，受到本市青少年的普遍欢迎。（江苏省图书馆学会）

【金陵图书馆与南京舰建立共建关系】 7 月 4 至 6 日，金陵图书馆马恒东馆长随南京市慰问团前往浙江舟山慰问南京舰官兵，并代表该馆与南京舰建立军民共建关系。（江苏省图书馆学会）

【美国加州明德基金会执行长萧宗庆女士来金陵图书馆参观】 7 月 9 日，美国加州明德图书馆基金会执行长、基金会创办人之一的美籍华人萧宗庆女士参观金陵图书馆，并与金陵图书馆共同商议建立英文少儿图书馆事宜。（江苏省图书馆学会）

【美国雪城大学博士徐静女士来金陵图书馆作专题报告】 8 月 9 日，金陵图书馆与南京图书馆学会举办的《美国图书馆的现况及最新的管理理念和阅读课外书的重要性》报告会在金陵图书馆后一楼学术报告厅举行，来自南京市各级公共图书馆、中小学图书馆的馆员，部分中小学教师及学生家长约 100 余人，聆听了美国雪城大学博士研究生徐静女士的报告。（江苏省图书馆学会）

【南京科技情报学会、南京图书馆学会在金陵图书馆联合举办学术讲座】 9 月 26 日，南京科技情报学会、南京图书馆学会在金陵图书馆学术报告厅联合举办主题为"数字时代下科技文献资源的特点及利用"的学术讲座，主讲人为南京市科技情报所吴生高副所长。（江苏省图书馆学会）

【尚长荣先生、樊树志教授作客"金图讲坛"】 著名京剧表演艺术家尚长荣先生和复旦大学历史系教授、博士生导师樊树志先生分别于 9 月 29 日和 12 月 2 日作客金陵图书馆主办的"金图讲坛"，为全市党政机关干部、高校师生、社科人员和各界人士 1000 余人做题为《激活传统　融

入时代》和《大明王朝的最后十七年》的专题报告。（江苏省图书馆学会）

【金陵图书馆加入 CASHL】 12 月 9 日，金陵图书馆正式加入中国高等教育文献保障系统（CALIS）的主要资源服务项目 CASHL，为南京市科研人员提供高质量信息资源检索服务。（江苏省图书馆学会）

【金陵图书馆加入网上联合知识导航】 12 月 19 日，金陵图书馆严峰副馆长赴上海图书馆参加"网上参考咨询合作与发展论坛暨 2007 年网上联合知识导航总结交流会"，并代表本馆正式加入"网上联合知识导航"，开展远程参考咨询服务。（江苏省图书馆学会）

【金陵图书馆在省文化共享工程实用技术操作技能竞赛中获佳绩】 12 月 26 日，江苏省文化共享工程实用技术操作技能竞赛决赛在南京图书馆举行，金陵图书馆王慧、张小琴获个人一等奖，卞海波获个人二等奖，金陵图书馆获组织奖。（江苏省图书馆学会）

【南通市图书馆举办"静海讲坛"系列讲座】 4 月 6 日，"静海讲坛"举办"书文化讲座"，邀请华东师范大学教授陈子善和南京大学教授徐雁分别作"我的藏书、读书和教书"及"江南旧书文化"讲座。陈子善是研究现当代文学的著名学者，他以自己求学经历和学术成就引导读者多读书、读好书；徐雁是著名书评作家，他的"雁斋"藏书很有名，读书界以听徐雁谈书为一大乐事。

6 月 15 日，邀请清史专家、北京社科院研究员阎崇年作"清朝盛衰和清宫谜案"讲座。阎崇年曾在中央电视台"百家讲坛"主讲清史，他用史实解析了清朝由盛兴转向衰弱的过程和发生在清宫的谜案。

11 月 24 日，邀请江苏教育学院中文系主任江锡铨教授作《中国文学的现代化》的演讲。江锡铨从文学的表现意识、结构、样式、创作方法、叙事角度和心理分析等等方面，结合古今中外文学作品的比较，梳理出中国文学的现代化进程。演讲结束后，江锡铨和听众进行了互动，回答了听众的提问。（江苏省图书馆学会）

【举办"静海讲坛进社区""静海讲坛进校园"活动】 11 月 6 日，"静海讲坛"邀请南通大学公共卫生学院李晓东副教授在百花社区作"饮食与健康"演讲，李晓东讲解了饮食和健康的关系，指导人们掌握健康饮食知识和一日三餐的合理搭配，做到吃得科学，吃得健康。演讲结束后，演讲者和听众进行了很好的互动。11 月 26 日邀请李晓东在开发区富新社区作"房屋装潢和健康"讲座，给大家上了一堂针对性很强的装潢科普教育课。

11 月 24 日，"静海讲坛"在南通中学举办了"中学生文学阅读和欣赏"讲座，邀请扬州大学教授、中国散文学会副会长吴周文给学生作辅导。他从文学是什么，文学的风格、样式，审美心理，文学作品对人的修养、气质、情趣的培养等方面谈起，并以自己创作为例，告诉同学们阅读和写作的愉悦。（江苏省图书馆学会）

【举办《濠河五山颂》、《美丽南通》首发式】 2007 年 12 月 18 日，陆启中新诗集《濠河五山颂》、在南通市图书馆举行，两书收录了作家歌

颂南通的诗作。市图书馆、《南通日报》、南通大学文学院、南通中学、南通供电局等有关单位代表出席。大家对作家歌颂家乡山川、热爱文学事业的创作精神给予高度评价，并对诗作进行了研讨。陆启中向有关单位和个人赠送了诗集。（江苏省图书馆学会）

【南通市图书馆完成外借部改、扩建工程】 8月份，南通市图书馆外借部改扩建工程结束。将原来的雨廊改建成门厅，楼梯从北边改道；原来的门厅和外借部连成一体，设置借、还书处，读者阅览处；南边和原培训部楼打通，培训部楼底层全部改建成外借部。此项工程使外借部增加使用面积 170 平方米，缓解了读者借阅拥挤的状况。（江苏省图书馆学会）

【南通市图书馆申报“全国重点古籍保护单位”】 为加强对古籍保护工作的管理，提高古籍保护工作水平，促进古籍保护工作健康、持续开展，南通市图书馆按照文化部制定的统一格式，向文化部提交了申请报告、申报说明书和古籍保护计划及其他说明材料，申报“全国重点古籍保护单位”。“全国古籍重点保护单位”的评定和评审由文化部负责实施。（江苏省图书馆学会）

【举办“读书沙龙”】 南通市图书馆举办“读书沙龙”。南通大学教授陈学勇作“阅读和人的素养——从林徽因谈起”的主题发言，从阅读的非功利性、有用和无用以及生活和艺术的准备等方面诠注了阅读对人的重要影响。参加活动的读者和南通高等师范文学社团的学生就当前阅读现象提出问题和陈学勇切磋互动。（江苏省图书馆学会）

【钦鸿向图书馆捐赠世界华文文学图书】 南通市社科联研究员钦鸿向市图书馆捐赠世界华文文学图书近千册，这批图书包括新加坡、印度尼西亚、泰国、菲律宾、文莱以及欧美、日本出版的华文文学书籍和杂志，大多为海外华文文学作家创作的小说、诗歌等文学作品，是研究海外华文文学的珍贵资料，还有部分我国台湾、香港、澳门地区的出版物。市图书馆将设专橱陈列，以方便广大研究者的查阅。（江苏省图书馆学会）

【“文化共享工程实用技术全员培训及操作技能竞赛”活动】 为迎接江苏省文化共享工程实用技术全员培训及操作技能竞赛，提高南通市公共图书馆工作者的现代化技术水平，努力提升公共图书馆的服务水平和质量，积极利用网络信息资源，最大限度满足读者需求，南通市图书馆学会采取相应措施，认真做好组织工作。12 月 24 日—26 日，由林莹、张锦松、岳加华组成的南通市代表队参加了在南京图书馆举行的“江苏省文化共享工程实用技术全员培训及操作技能竞赛”半决赛，并成功闯进决赛，荣获个人三等奖。（江苏省图书馆学会）

【“2007 年度启东市‘母子读书会’”演讲比赛活动举行】 5 月 22 日，启东市图书馆与启东市妇联联合组织举办了“2007 年度启东市‘母子读书会’”演讲比赛活动。市区 8 所幼儿园选派的 18 对母子参加了角逐，由专家组成的评委评选出一等奖 6 名、二等奖 6 名和优秀奖 6 名，且分别给予了表彰。启东市广播电视台派记者到现场采访，并于当晚作了新闻报道。市馆还在这基础上挑选出 6 对母子组成启东代表队，于 5 月 30 日赴南通市少年儿童图书馆参加了由南通市少年儿童图书馆和南通市妇联组织的 2007 年度南通市“母子读书会”演讲比赛活动，取得了 2 个二等奖和 4 个三等奖，启东市图书馆获南通市优秀组织奖。（江苏省图书馆学会）

【张家港图书馆第 7 届青少年读书节】 张家港市每年举办一届青少年读书节，2007 年的活动主题是“阅读，让社会更和谐”。活动内容有：“我与祖国共成长”中小学生作文比赛、“阅读的魅力”主题讲座，“牵手嫦娥”手抄报比赛等，全市近5万名中小学生参加活动。活动共收到征文463篇，手抄报664份，评出获奖作品共298篇（件），优秀组织奖13个。（江苏省图书馆学会）

【张家港图书馆公益讲座开拓新领域】 本着“提升人文素质，丰富群众生活，促进社会和谐”的目标，2007年重点推出“沧江讲坛”公益讲座平台，先后聘请鲍日新、朱明毅、郭隆隆、郝铭鉴、阎崇年等著名专家、教授来做专题讲座，深受市民的欢迎。结合寒暑假、节假日图书馆学生和家长读者明显增多的情况，又将讲坛的传播方式和内容作了调整和补充，场所从报告厅扩增到一楼大厅，增加了全国著名专家组的录像演讲，实行全天候播放，尤受读者的好评。（江苏省图书馆学会）

【图书流动车启用】 5月31日，张家港市举行了“图书流动车”启用仪式，这是张家港市委、市政府切实加强未成年人思想道德建设，实施人文素质提升工程，深入文明城市创建推出的一项创新举措。这项活动由市文明办主办、市图书馆承办，总投资50余万元。图书流动车可载图书、音像资料1500余册（盘），可提供现场借阅、办证、信息查阅等服务。至年底，流动车巡回下学校、边远乡镇、社区服务60余次，满足了部分读者的需求，为市民提供了方便。这在苏州市县级市还是第一家。（江苏省图书馆学会）

【基层图书馆（室）建设取得新进展】 根据张家港市文化工作会议精神，张家港市图书馆积极参与全市“八个一”文化工程建设。在2006年已建成6家镇级分馆的基础上，2007年又建成大新、乐余2家镇级分馆，新建社区（村）级图书室57家，全市已初步形成了较为完善的市、镇、村三级公共图书馆服务网络。（江苏省图书馆学会）

【新馆工程进展顺利】 作为张家港市的实事工程之一，又一座新建的图书馆拔地而起。新馆位于市区人民东路，设计建设面积14 500余平方米，计划投资1.2亿元，于2005年12月28日奠基，2007年4月动工，2007年12月底主体结构封顶。（江苏省图书馆学会）

【文化部周和平副部长视察常熟图书馆】 2007年5月3日下午，国家文化部副部长周和平在常熟市委常委宣传部长王建国、常熟市副市长钱向宏、常熟市文化局局长庞欢等领导的陪同下

视察了常熟市图书馆。重点听取了常熟图书馆古籍保护和“共享工程”实施情况，肯定了图书馆工作，并表示常熟完全有条件在“共享工程”、图书馆网络建设等方面成为全国的示范县。（江苏省图书馆学会）

【“市民课堂”再现精彩】 “市民课堂”（周末讲座）自2005年11月26日启动以来，已举办各类公益讲座100讲，其中外请名人、专家来

常讲座20讲。听众人数达到10多万人次，其中直接听众20 350余人次。讲座内容涉及“城市与文化”、“知识与健康”、“法律与社会”三个系列。2007年，增加了经济、教育、历史、儿童文学等方面的内容，推出了“名家讲坛”。阎崇年的《清宫三大疑案》、王财贵的《儿童经典教育与潜能开发》、曹可凡的《心灵的倾听》、曹景行的《回归十年话香港》、左安龙的《股市走势与宏观经济》等讲座，在市民中引起强烈反响，先后获得常熟市委颁发的“文化活动创新奖”和常熟市精神文明建设指导委员会颁发的常熟市精神文明建设工作“创新奖”一等奖。（江苏省图书馆学会）

【常熟图书馆国家清史编撰委员会文献整理重点项目《徐兆玮日记》结项】 2007年11月8日，国家清史编撰委员会文献整理项目《徐兆玮日记》专家评审会在常熟图书馆报告厅举行，国家清史编撰委员会项目中心、专家组、文献组、出版组的领导、专家以及常熟方面的有关领导、专家参加了会议。经过五位专家的评审和鉴定，馆藏500多万字的《徐兆玮日记》整理工作全票通过，并于明年正式出版。（江苏省图书馆学会）

【常熟图书馆列入全国古籍保护试点单位】 经国家文化部、财政部、民委、教育部等部际联席会议和古籍保护专家审定，从全国各个系统和不同层面的古籍收藏单位选择57家作为全面开展古籍保护计划的试点单位，常熟图书馆以其丰富而具地方特色的馆藏古籍，作为全国县级图书馆代表，被列入全国古籍保护试点单位。

2007年8月3日，全国古籍保护试点单位工作会议在北京京西宾馆隆重举行，常熟图书馆馆长包岐峰、副馆长李晔应邀出席了会议。（江苏省图书馆学会）

【文化信息共享工程建设成绩显著】 2007年常熟市文化共享工程建设成绩显著，在市委宣传部、组织部、市远程办、市文化局等部门和社会力量的通力合作下，从实际出发，总投资800多万元，用于文化共享工程基层点的资源组织和配送，以基本型、增强型、示范点为建设目标，在全国县级市中率先实现文化共享工程村村通全覆盖。至10月，已建成基层服务点251个，管理

员队伍人数达 347 人，电子阅览室面积 5020 平方米，播放室面积 32 400 平方米，拥有电脑 1004 台，投影仪 35 台，大屏幕彩电 325 台，平均每月播放各类影视作品、专题讲座达 2852 场/月，服务人次达 22 947 人/月。

2007 年 10 月在常熟图书馆承办的中国图书馆学会“第 2 届百县馆长论坛”上，常熟市的文化共享工程建设得到了大会的肯定，会上文化部周和平副部长发来了贺信，并形成了“常熟共识”。（江苏省图书馆学会）

【创建文化共享工程示范市电脑进村捐赠活动】 2007 年 9 月 11 日上午，常熟市创建全国文化信息资源共享工程示范市——禧徕乐家居生活广场电脑进村捐赠仪式在常熟图书馆报告厅举行。市委副书记秦卫星，市政府副市长钱向宏，市委宣传部副部长李芳红，市文化局局长庞欢、副局长沈网君，各镇分管领导及村代表参加了捐赠仪式。本次接受捐赠电脑的有虞山镇勤丰村、尚湖镇新巷村、梅李镇天字村等共 70 个村的基层服务点。

仪式由常熟市文化局长庞欢主持，市图书馆包岐峰馆长对捐赠的 70 台电脑的安装、使用及管理作了详细的说明并提了意见。有关受捐镇村代表作了表态性发言。禧徕乐家居生活广场执行董事杨义成在仪式上讲话。市政府副市长钱向宏代表向禧徕乐家居生活广场回馈了纪念品。最后，市委副书记秦卫星作了重要讲话。（江苏省图书馆学会）

【图书馆举办文化共享工程管理员培训班】 2007 年 10 月 12 日，常熟市文化资源共享工程基层服务点管理员培训班在市图书馆报告厅举行。培训内容有图书馆管理与共享工程概述、图书分类和编目、计算机网络基础知识与操作、共享工程资源检索与应用四个方面，馆长包岐峰围绕本市基层服务点建设，提出了有关要求，希望管理员回到岗位上，为争创全国文化信息资源共享工程示范市，繁荣新农村文化建设中发挥积极作用。（江苏省图书馆学会）

【常熟市举行图书进村捐赠活动】 2007 年 8 月 22 日下午，常熟亿嘉黄金珠宝城首批图书进村捐赠仪式在常熟图书馆报告厅举行，常熟市委常委、宣传部长王建国，宣传部副部长、文明办主任李文俊，宣传部副部长李芳红，市文化局局长庞欢，有关镇（场）分管领导和各镇文化站长及村代表参加了捐赠仪式。

常熟亿嘉黄金珠宝城董事长杨友发先生向虞山镇方浜村、尚湖镇福寿村、梅李镇天字村、海虞镇东泽村等 40 个村的图书室赠书 6800 册，图书内容丰富，贴近农民生活需求。

仪式上，常熟图书馆包岐峰馆长对村级图书

室捐赠图书的使用、管理、人员培训及如何开展服务作了说明和表态。市文化局局长庞欢代表主办单位作了讲话，最后，市委宣传部部长王建国同志向亿嘉黄金珠宝城颁发了捐赠证书。（江苏省图书馆学会）

【常熟市举办万名儿童暑期"图书馆一日生活"】 由常熟市委宣传部、市文明办、市文化局、市教育局联合主办，常熟图书馆承办的2007万名儿童暑期"图书馆一日生活"的活动，于7月1日开始，历时2个月，共举办10项系列活动，参加人数达15 000余人，广大中、小学生凭活动卡到图书馆阅览、娱乐、听讲座、看电影、参观展览，享受公益性文化服务。常熟市电台、电视台等新闻媒体为本次活动进行了系列报道，营造了良好的社会"关爱"氛围。（江苏省图书馆学会）

【独墅湖图书馆与国家图书馆成功举办2007全国图书馆企业信息服务年会（暨第三届国家图书馆企业信息服务年会）】 11月15日至16日，以"基于知识发现的企业创新"为主题的全国图书馆企业信息服务年会在苏州独墅湖图书馆成功举办。来自全国知识产权重点企业、江苏省知识产权重点企业以及苏州市知识产权重点企业90多家单位的160余位代表参加年会主题交流，全国各界代表的参与程度创年会参会之最。年会首次采用主会场与分会场的新模式；首次尝试有偿参会注册；首次实现网络现场直播，除在本馆网站上网络直播外，还在国家图书馆网站上建立了直播平台，使得关注者可以不受地域限制实时收看年会的在线直播。

11月16日，"面向企业的图书馆创新模式"专家研讨会同期成功举办，参会代表来约40人，同时，《图书情报工作》杂志社、《南风窗》杂志社、《光明日报》、《北京青年报》记者也列席参加。会议主要讨论了图书馆企业信息服务工作中出现的问题和今后的发展方向，并商讨成立全国图书馆企业信息服务联盟，草拟并讨论了《全国图书馆企业信息服务苏州宣言》，这意味着在"企业信息服务"的道路上，苏州独墅湖图书馆在全国业界初步形成一定的影响力。（江苏省图书馆学会）

【昆山图书馆召开2006年总结表彰大会】 2007年2月17日，昆山图书馆在一楼多功能厅召开了2006年度全体职工总结表彰大会，会议由孟玲副馆长主持，局领导出席了此次会议。会上首先分别对参与"昆山图书馆第五届论文征集活动"、"昆山图书馆礼仪服务知识竞赛"、"昆山图书馆2006年度优秀员工称号"的获奖者进行表彰，颁发获奖证书，并由三名获奖代表依次发言。接着王金春馆长对2006年度工作进行年终总结，并提出2007年的工作计划。（江苏省图书馆学会）

【书香弥漫在新年第一天】 大年初一，苏州图书馆"新年新书缘，相约图书馆——让书香花香陪伴你"活动在图书馆大厅举行。10点整，邱冠华馆长率领馆领导向新年的第一批读者赠送丁亥年首日封、玫瑰花和《善用图书馆》读者指南，并送上新年祝福，对广大读者一直关注图书馆的发展表示感谢，同时也希望他们能更加充分利用好这里的资源，真正发挥公共图书馆的作用。一些热心的读者也充分利用这样一个与馆领导面对面的机会，充分表达了自己的祝愿和感受，并要求邱馆长签名，现场气氛热烈而和谐。（江苏省图书馆学会）

【局领导、馆领导慰问春节加班职工】 大年初一一早，苏州市文广局高福民局长在苏州图书馆邱冠华馆长等领导的陪同下，一起亲切慰问了春节期间依然坚守在工作岗位上的工作人员，向大家送上节日问候。在察看和慰问时，高局长反复叮嘱馆领导，一方面要加倍努力，抓紧抓好各项工作，一方面也要关心好广大职工生活。同时也希望广大工作人员继续做好本职工作，坚持“以人为本”，为所有读者创造一个良好的学习环境。高局长还欣赏了春节期间展出的金山农民画展。（江苏省图书馆学会）

【慰问部队官兵　共叙鱼水深情】自1月份以来，苏州图书馆领导和借阅部、技术部的同志分别走访了市武警支队二中队、驻苏坦克团、驻苏空军某部和北兵营的官兵们，给他们送去春节前的问候和祝福。在与部队官兵的座谈会上，他们详细了解了部队建设中存在的困难和问题，表示图书馆将继续加强对部队图书的扶持力度，一如既往地为官兵服务，及时更换新书，将“科技拥军”落到实处，使图书成为官兵们求知的平台，并与部队首长畅谈了创建军营图书馆的设想，共商如何进一步深入开展精神文明共建工作。而借阅部的同志也向部队官兵们征询了阅读需求方面的意见，使图书馆今后提供的图书能有更强的针对性，此举受到了部队官兵的普遍好评。（江苏省图书馆学会）

【谢家宾先生向苏州图书馆捐赠图书】2月27日，原苏州市委副书记谢家宾先生向苏州图书馆捐赠《免疫学家谢毓晋》一书20册，该书介绍了谢先生之父谢毓晋教授将毕生精力倾注于人民保健事业以及为我国防疫工作作出的巨大贡献。谢氏家族早在1998年就把家藏的207种总计2035册图书捐赠苏州图书馆，这批图书绝大多数是线装古籍，其中不乏填补该馆藏空白的珍贵资料。（江苏省图书馆学会）

【全民共享阅读，百人诵读经典】4月23日下午，在苏州图书馆广场举行了“经典美文诵读活动暨《人间净土——喀纳斯风光摄影展》开幕式”，纪念世界读书日。

经典美文诵读活动由市委宣传部、市知识工程领导小组、市文广局和苏州图书馆联合主办，来自驻苏部队、苏州蓝缨学校、苏州宝带实验小学、新苏师范附小、三十三中学、沧浪亭社区6个代表队分别诵读了经典美文。通过经典美文诵读，让阅读成为市民的一种健康有益的生活方式。（江苏省图书馆学会）

【2007年苏州市小学生课本剧表演比赛】比赛由苏州市精神文明建设指导委员会办公室、苏州市教育局、苏州市文化广播电视管理局主办，苏州图书馆承办，6月6日，来自沧浪区等7个区的14个学校参加了比赛。把课文中的诗文改编为舞台剧本，让孩子们参与其中的演出，这是课本剧的魅力所在。学生们在道具、音乐、舞蹈等形式的配合下亲身体验角色，巩固了课本知识，拓宽了视野，锻炼了胆量，丰富了学生的校园文化生活，提高了学生的语言表达能力、创新能力和实践能力，对学生思想品德的培养和素质教育起着课堂与书本无可比拟的作用。（江苏省图书馆学会）

【《林屋山民送米图卷子》整理出版】以表彰清官、弘扬廉洁为主要内容的珍稀文献《林屋山民送米图卷子》一书由苏州图书馆重新整理出版后，受到了社会各界的广泛好评，为苏州市打造新时代的廉政文化提供了珍贵的资料。省委常委、市委书记王荣为该书题写了“善政得民善”，准确地概括了该书的宗旨。（江苏省图书馆学会）

【苏图实行免证阅览】从9月28日起，苏州图书馆向读者实行免证阅览服务，读者不需要出示任何证件即可到任何阅览室阅览图书、期刊和报纸。（江苏省图书馆学会）

【朱永新在“北京大学图书馆学开放论坛”作演讲】10月20日，苏州市朱永新副市长应北京大学信息管理系的邀请，在“北京大学图书馆学开放论坛”上作了《阅读与中国教育改造》的主题报告。朱市长的报告通过生动的实例，介绍了新教育儿童阶梯阅读活动所取得的成就；对阅读重要性的四个观点作了充分论证；指出大学是人生养成良好阅读习惯的最后阵地，希望通过改变课堂教学模式、发挥图书馆的作用、加强阅读的指导来推动校园阅读，使学生们体验阅读的快乐与真谛，养成良好的阅读习惯。（江苏省图书馆学会）

【苏州图书馆服务网络建设项目荣获全国群星奖】苏州图书馆服务网络建设荣获第14届群

星奖。（江苏省图书馆学会）

【苏州图书馆承办第2届苏州阅读节多项活动】 第2届苏州阅读节于9月28日隆重开幕，苏州图书馆一如既往，承办阅读节中多项活动，包括“阳光书屋”援建活动、“名家大讲堂”、“和谐之声”盲人读者文艺演出等。通过组织讲座、荐书、咨询、展览、征文等形式，加强图书馆在读者阅读方面的导向作用，培养全社会的阅读习惯，共建书香社会。（江苏省图书馆学会）

【俄罗斯圣彼得堡国家图书馆馆长 Vladimir N. Zaitsev 博士来苏州图书馆作报告】 9月14日上午，在苏州图书馆多功能报告厅，来自苏州市全市高校图书馆、公共图书馆等各类图书馆的馆员，以及苏州大学图书馆专业的学生共140余人，认真听取了俄罗斯圣彼得堡国家图书馆馆长 Vladimir N. Zaitsev 博士所作的“俄罗斯图书馆事业的发展”专题报告。（江苏省图书馆学会）

【苏州图书馆古籍保护工作全面展开】 自8月份苏州图书馆被文化部确定为全国古籍保护试点单位以来，古籍部在日常工作正常进行的前提下，全面开展了相关工作，制定了《苏州图书馆古籍保护工作方案》，先后派人参加了由国家及省古籍保护中心在北京、南京等地举办的培训班，并接受了文化部派遣的专家督导组的工作检查。截止到9月底，初步完成了首批“国家珍贵古籍名录”及“全国古籍重点保护单位”的申报工作，其他各项工作也都在有条不紊地进行中。（江苏省图书馆学会）

【共吟秋诗赏翰墨——蒋吟秋书画展开幕】 蒋吟秋先生诞辰110周年书画作品展9月22日在苏州图书馆开幕。本次展览展出了书、画、印章、题刻、诗词等蒋吟秋先生作品100余幅。

蒋吟秋是苏州著名书法家、画家、金石家，一生留下了许多精妙的书画作品。蒋吟秋还是一位图书馆学家，曾供职于苏州图书馆近30年。在1935年至1949年担任苏州图书馆馆长期间，确立了“开通民智，发明文化，阐明科学”的办馆宗旨，积极开展对普通大众的服务，开设民众夜校，普及文化知识，进行图书馆的理论研究，在苏州图书馆的发展史上有着突出的贡献，留下了宝贵的物质财富和精神财富。（江苏省图书馆学会）

【苏州监狱成为市馆新增流通点】 2007年9月19日，在张耘田副书记的带领下，苏州图书馆带着共建流通点协议和1000多册图书来到了苏州监狱。在简短的相互会谈之后，双方就图书流通和公益报告资源的共享等事宜达成一致，监狱领导和张书记在共建协议上签字并交换协议书，正式宣告苏州监狱流通点的成立。

苏州监狱的领导们对此次流通点的成立非常重视，在签字仪式完毕后还特意组织服刑人员举行了一次赠书仪式，图书馆对服刑人员进行了赠书，服刑人员代表致词并表达了谢意。此次苏州监狱流通点的开通，受到了监狱干警和服刑人员们的欢迎，市馆也会根据协议将各项工作按序进行，并深入调查阅读需求，争取调配图书能够尽量满足苏州监狱要求。（江苏省图书馆学会）

【王立群在苏图即兴讲《历史上的苏州》】 作为第2届苏州阅读节活动之一的“名家大讲坛”，9月22日迎来了在央视百家讲坛讲《史记》的王立群。王立群自去年7月开讲吕后、项羽系列，到今年“读《史记》”，民间自发追捧他为“最学术”的主讲人。王教授首先为大家即兴讲述“历史上的苏州”，在互动环节中，王教授回答了现场读者的提问，最后是为其《王立群读〈史记〉之汉武帝》一书签名发售。整个讲座气氛轻松热烈。（江苏省图书馆学会）

【太仓市图书馆积极开展送书、送展文化下乡活动】 为响应市委宣传部主办的“三下乡”活动，丰富基层群众文化生活，1月6日上午，在沙溪镇中心广场市图书馆与沙溪文化站联合举办送书、送展文化服务活动。共向群众赠送期刊300余册，内容有文学、卫生保健、休闲、旅游、经济、园艺等。展出的法治宣传板21块，200余幅图片，主要宣传了与群众生活密切相关的法律知识。沙溪文化站也制作了图书馆分馆简介和馆藏新书推荐宣传板，积极向当地群众宣传图书馆分馆的文献资源和服务功能，以使更多的读者走进图书馆、利用图书馆。活动取得了较好

的社会效益，密切了与基层群众的关系。（江苏省图书馆学会）

【悠悠清香 书苑开张】 由吴江市图书馆和吴江市新华书店合作推出的“清香书苑”于2月9日下午对外开张并举行了揭牌仪式，市委市政府相关部门领导均出席了此次仪式。“清香书苑”意在营造幽幽书香的阅读氛围和清清茶香的会友意境，将成为广大市民品茶聊天、以书会友、购书赠友的最佳休憩之处。（江苏省图书馆学会）

【泰兴市图书馆积极筹办“地学泰斗——丁文江史料展览”】 今年是地质学家丁文江先生诞辰120周年，泰兴市委市政府决定重修丁文江故居。2006年年底以来，泰兴市图书馆馆长赵固平等工作班子组成人员亲赴北京、南京等地，从北京大学、清华大学、中国地质大学图书馆、中国地质博物馆等征集到大量有关丁文江先生的生平资料，在丰富泰兴馆馆藏的同时，《地学泰斗——丁文江史料展览》亦已由赵馆长撰写完成。（江苏省图书馆学会）

【泰州两级图书馆共建“农家书屋”】 1月23日由泰州市图书馆和姜堰市图书馆联合捐赠3000册图书成立的姜堰市苏陈镇北庄村“农家书屋”——“苏红图书室”举行了隆重而简短的揭牌仪式。该室的建立，有利于引导广大农民养成多读书、读好书的良好习惯，让农民学到更多的农业科普知识，了解更多的致富信息，从而营造了农村尊重知识、崇尚文化、追求文明的社会氛围。（江苏省图书馆学会）

【泰州市图书馆设立“泰州籍院士展示廊”】 春节前夕，泰州市图书馆在二楼设立“泰州籍院士展示廊”。此次“泰州籍院士展示廊”，以墙壁展览的形式展示了19位中国科学院和中国工程院院士的风采与相关资料，这些院士在各行各业颇有建树，为社会的发展作出了杰出贡献。图书馆利用自己的阵地优势，将本地的先进文化向公众展示，是为了激励今天的泰州人，奋发图强、勇于争先，增强凝聚力、自豪感和自信心，关心和热爱家乡，把泰州建设得更加美好。（江苏省图书馆学会）

【泰州市召开公共图书馆馆长会议】 4月9日至10日，泰州市公共图书馆馆长会议在兴化市图书馆召开，泰州市文化局杨延慧副局长、社文处顾成兴处长和兴化市文化局王局长出席了会议。会议由泰州市图书馆馆长周谨主持，会上各馆馆长分别介绍了本馆2006年主要工作和2007年工作打算。市图书馆副馆长徐进传达了省图书馆有关会议精神，介绍了今年全省“公共图书馆事业发展成就展”、“县（区）公共图书馆电子信息资源利用知识大赛”和“老少乐读书活动”等与各公共馆相关的重点工作。杨局长、周馆长在会上对各馆今年的工作作了要求和部署。（江苏省图书馆学会）

【“凤城讲坛”举办泰州文化系列首场讲座】 从2006年起，泰州市图书馆与泰州晚报联合开办了“凤城讲坛”，利用双休日每月举办一至两次公益讲座，目前已举办19期，数千市民接受文化熏陶，丰富了假日生活。今年“凤城讲坛”又开设“泰州文化”系列知识讲座，将从历史文化、宗教文化、盐税文化、盆景文化、建筑文化、佛教文化、革命文化、名人文化等多方面，向听众展示泰州本土文化。3月31日下午，原泰州市文联主席陆镇余做客“凤城讲坛”，为市民作了首场泰州文化系列知识讲座——“话说泰州历史文化”。陆主席生动地讲述了自己对泰州历史文化探索的整个过程，让大家从一个个故事中了解泰州，了解更多的名人、趣事，让市民认识家乡、了解家乡、热爱家乡。（江苏省图书馆学会）

【泰州市图书馆举办“泰州地区图书馆力博管理系统培训班”】 6月5日至6日，泰州市图书馆举办了为期2天的“泰州地区图书馆力博管理系统培训班”。本次培训班邀请了南京图书馆信息技术部力博系统开发人员吴海晨主讲，来自四市各图书馆业务骨干及相关工作人员共20多人参加了培训。吴老师在整个培训过程中讲解了力博系统各功能模块的具体使用方法及数据库等相关业务操作，还与各学员进行了广泛交流，就实际使用过程中遇到的问题进行了深入的探讨。通

过此次培训班，可进一步提高泰州地区图书馆员力博系统应用水平，更好地提供读者服务。（江苏省图书馆学会）

【上海第8届国际摄影艺术巡回展(泰州)在泰州市图书馆举行】 6月5日至15日，由上海图书馆、泰州市图书馆联合主办的上海第8届国际摄影艺术巡回展（泰州）在泰州市图书馆大厅举行。这是近年来上海图书馆为泰州市图书馆无偿提供的第三次展览资源。此次展出80幅作品是由上海图书馆精心挑选出的获奖佳作。泰州市图书馆将高水平的国际摄影展作品引入泰州，既为广大摄影爱好者提供了观摩大师作品的机会，也丰富了泰州市民的业余文化生活。（江苏省图书馆学会）

【泰州市图书馆暑期推出青少年视频讲座】 泰州市图书馆“凤城讲坛”8月份推出八场精彩的视频讲座，内容涉及文字、名著解读、诗歌和战争故事片等。本次讲座，市图书馆从上海图书馆讲座中心、全国文化信息资源共享工程及“百家讲坛”的讲座视频资源中挑选出适合青少年学生的讲座光盘进行播放。青少年学生可提前预约免费参加，讲座结束后还评选出十名优秀听众，获赠市图书馆阅览证。（江苏省图书馆学会）

【江苏省第4届社科普及宣传周(泰州块)活动在泰州市图书馆隆重开幕】 由泰州市哲学社会科学界联合会、江苏省社科院泰州分院、泰州市图书馆共同举办的“江苏省第4届社科普及宣传周（泰州块）”活动9月18日在市图书馆隆重开幕，市四套班子领导出席开幕式并讲话，有关部门领导、学会研究会代表和有关高校师生代表等约160人参加了开幕式。开幕式上，市领导和有关部门领导向5个社区、学会赠书，市图书馆馆长周谨代表学会发言。开幕式后举行了社科知识咨询和“让心灵充满阳光”心理讲座，市领导和参加活动人员还饶有兴致地参观了社科成果展览。（江苏省图书馆学会）

【“国画大师黄幻吾百年精品力作巡展”在泰州市图书馆开展】 10月1日至15日，泰州市图书馆举办的国画大师黄幻吾百年精品力作巡展，吸引了大批美术爱好者前来参观。幻吾先生在近现代大师级画家中以全才著称，凡山水、人物、花卉、鸟兽、虫鱼等无不精妙。本次展出的《醒虎图》是抗战时期，他为了唤醒民众意识而作。为了较全面地回望黄大师的艺术成就，本次展览借助高保真电子印刷技术，精制近100幅黄老生前认可的作品（并含多位名人为黄老所治印谱）。这种新颖的“全复展”方式，信息量大而风险小，题材比较全面而效果并不逊于真迹，可以让社会各阶层人士欣赏到大师的名作。（江苏省图书馆学会）

【“凤城讲坛”讲述泰州兴盛史】 9月29日，原泰州博物馆副馆长、泰州市文物管理委员会办公室副主任黄炳煜做客泰州市图书馆“凤城讲坛”，作了“文物考古与泰州历史”专题讲座的下篇“淮海名区”，讲述泰州在南唐兴起至北宋昌盛的历史过程。（江苏省图书馆学会）

【泰州市图书馆申报首批国家级珍贵古籍名录】 根据国家古籍定级标准，泰州市图书馆从馆藏6万多册古籍中精选了137种珍贵古籍，于9月25日将书目简表报送省文化厅，省文化厅从中划定40多种名录。与此同时，泰州市图书馆拟申报全国古籍重点保护单位，按国家古籍善本定级标准，划出清乾隆六十年以前的古籍约170种，馆藏古籍善本也增加到4400册。（江苏省图书馆学会）

【泰州市图书馆召开学生读者座谈会】 10月28日泰州市图书馆召开了学生读者座谈会，馆长周谨、副馆长沈俊和流通、少儿等开放部门主任参加了座谈会。座谈会上，读者们畅所欲言，对图书馆的服务、管理存在的问题、文献采购情况提出了善意的批评和建议。会上，同学们还听取了特邀嘉宾市第二职业中学何煜老师关于如何读书、读什么样的书和怎样读书的报告。通过交流，图书馆对学生们的阅读需求有了进一步的了解，同学们对图书馆的文献采购原则和馆藏资源有了更全面的认知，对读书有了更深层次的追求，双方收获都很大。周馆长在会上表示要将这次座谈会作为提升读者服务工作的契机，努力解决学生提出的问题，把图书馆读者服务工作落

到实处，同时也请同学们理解图书馆的实际困难，并希望更多的同学热爱图书馆，熟悉图书馆，积极参与图书馆管理中来。（江苏省图书馆学会）

【无锡市图书馆举办图书馆公益性品牌活动】 无锡市图书馆通过开展各类读者活动、读书活动、社会教育活动，充分发挥图书馆“文化先导”的角色功能。全年开展各类活动约 336 次，吸引 56 万余人次参与。成功举办无锡市首届太湖读书月、“红读”、“图书馆服务宣传周”等主题读书活动；举办各类主题展览 39 次；开展未成年人心理健康咨询活动 23 场；全年举办周日英语沙龙 50 次、摄影沙龙 12 次、读书沙龙 16 次；新增书画沙龙，开展活动 6 次；新增周日视频讲座，开展活动43 次。举办 9 期“东林学习讲坛”系列讲座，得到领导首肯、市民欢迎，有效带动其他讲座活动的发展，一度掀起讲座领票热潮，全年共举办各类主题讲座（报告）42 次。“公益法律咨询服务日”活动每月一次，不仅受到市民欢迎，还得到上级领导的肯定和关注；关怀弱势群体，开展“捐一本好书，献一份挚爱——为新市民子女捐书赠证”、爱心助学等公益活动，为弱势群体提供知识援助，受到社会各界支持和好评。此外，策划组织了主题猜谜活动、奥运知识宣传日活动、青少年系列法制教育活动等一系列形式新颖、富有内涵的活动，吸引越来越多的市民走进图书馆。（江苏省图书馆学会）

【无锡市图书馆信息服务与资源开发】 无锡市图书馆向政府部门、企事业单位、社区等发送《长三角专题》、《长三角动态》、《健康生活》、《生活剪报》等特色信息摘编达 84 期共 4975 份，反馈良好；特色数据库建设不断完善内容、维护运作，其中“未成年人心理健康咨询网”文章更新量达 600 篇，点击率累计达 77 万人次；采取定题跟踪服务，开发维护特色企业网站，为皇家公爵国际酒文化传播中心（www.alcoholmap.com）提供知识百科和动态信息已达 900 条。此外，购买了方正 Apabi 电子图书，搭建电子资源利用平台，推进数字化图书馆建设，为电子图书馆建设打下基础。（江苏省图书馆学会）

【无锡市图书馆古籍文献开发与研究】 无锡市图书馆加大古籍保护和整理力度，深化地方文献开发与利用，提高馆藏历史文献资源的开发利用率，与园林局、史志办联合出版《梁溪古园》，与心缘阁联合出版丛书《无锡地方文化名人丛书之一：裘国骥作品集山水篇》、《无锡地方文化名人丛书之一：裘国骥作品集人物篇》；初步搭建完成民国地方报纸题名目录数据库，完成了 10 本《新锡日报》的题名摘录和数据录入。还筹备成立了无锡市谱牒文化研究会，整合地方文化资源，为建设无锡历史文化名城服务。（江苏省图书馆学会）

【无锡市图书馆业务辅导与培训】 无锡市图书馆根据省图书馆相关要求，组织开展了无锡地区公共图书馆文化共享工程实用技术全员培训，选送优秀选手参加省级技能竞赛，取得良好成绩。此外，举办基层图书馆业务培训班 4 期，开设“图书分类”、“中文图书编目”等课程，培训人数达 110 余人；深入基层开展业务辅导，帮助旺庄街道春丰社区、公路管理处、驻锡部队等单位建立图书室；开展中国知网镜像服务培训辅导 10 批次。（江苏省图书馆学会）

【圣廷书苑开馆】 5 月 22 日，江阴市图书馆与江阴市泓佳置业有限公司共建的江苏省首个小区图书馆“圣廷书苑”正式建成开馆。该图书馆位于小区入口处，建筑面积达 500 平方米，有 8000 多册图书、100 多种期刊杂志和 80 多个阅读座位，并设有电子阅览、公共查询等系统。圣廷书苑的藏书由江阴市图书馆提供，并与市图书馆实现了联网，今后可实现资源共享。（江苏省图书馆学会）

【江阴人著作展重新亮相】 10 月 28 日，江阴人著作展作为江阴撤县建市 20 周年重大活动之一全新开放，展出了 170 位江阴籍人士的著作，分“文坛奇葩”、“社科荟萃”、“科技群星”三部分，采取实物陈列和版面介绍相结合的方式介绍作者本人及其著作。无锡市委书记杨卫泽、江阴市委书记朱民阳等领导先后前来参观视

察。（江苏省图书馆学会）

【“老年营养平衡与健康”巡回讲座】 2007年4月下旬，北塘区图书馆联合市图书馆学会在辖区4个街道开展了“老年营养平衡与健康”巡回讲座活动，共有400余人次参加了活动。（江苏省图书馆学会）

【崇安区图书馆开展“流动图书进社区”活动】 为了贯彻执行《无锡市和谐创建行动纲要》的精神，丰富社区居民的文化生活，推动和谐社会建设，2007年5月28日，“崇安区流动图书进社区活动”启动仪式在广益佳苑举行。区委常委、宣传部长王铭涛，区政协副主席曹海燕，市图书馆馆长唐秋霞，区文体局局长钱新、副局长钱正华等领导出席了仪式。“流动图书进社区”活动为期半年，分别在6个街道流动举办，以图书展示、免费阅览的形式为社区居民提供服务。（江苏省图书馆学会）

【崇安区图书馆策划编制江苏首张区级文化商贸图】 崇安区图书馆策划、制作了《无锡崇安区文化商贸图》，这是无锡乃至江苏第一张区级文化商贸图。它以地图的形式，浓缩反映崇安区的政治、经济、商贸、文化、旅游、交通等现状，突出体现“便民、育民、乐民、健民、安民”五个10分钟社区服务圈的理念，努力展示崇安经济社会建设、构建和谐社会的新风貌。该图将成为区机关事业单位工作用图，人手一份，并作为对外交流、树立崇安新形象的宣传品，向社会发放。无锡市各大新闻媒体作了“首张区级文化商贸图诞生”的报道。（江苏省图书馆学会）

【崇安区图书馆举办“迎春名家书画暨大型书市联展”活动】 2007年2月1日至28日，崇安区图书馆在公花园举办“迎春名家书画暨大型书市联展”活动。无锡钱松岩艺术研究会秘书长杨齐南、无锡市书协副主席张惟威、西神印社社长陈荣灼、江南大学书画院研究员许昌祺、天津市青年书协副主席邵君毅等12位书画家现场创作的一系列作品与无锡三名堂书店、上海书养园书店提供的现代图书，联合展出一个月，共有5万多人观展。（江苏省图书馆学会）

【“西高山房”首届书画展】 西高山房书画雅集是惠山区图书馆举办的书画沙龙，展出了11位书画爱好者的56幅作品，市文联主席雷琼虎先生、浦学坤先生，著名书法家刘铁平先生，区委副书记徐金瑞先生，分管副区长计加萍女士等应邀参加了开幕式。画展共接待参观者500多人次，成为近年来惠山区书画界的一大盛事。（江苏省图书馆学会）

【“和谐惠山读书月”活动】 活动由区委宣传部、区级机关党工委、区文体局、区教育局、区科协主办，惠山区图书馆承办，内容包括8个大项28个活动内容，其中包含了视频讲座、争做文明读者签名活动、科普猜谜活动、“红五月”读书活动、村级图书管理员培训活动、“我为惠山添光彩”现场作文竞赛活动、公益讲座进校园活动、公益讲座进乡镇活动等，区镇各级机关、团体、学校、村（居委）等80个单位近万人参与了活动，达到了倡导读书，引领学习的目的。（江苏省图书馆学会）

【锡山区图书馆举办“我为农家书屋捐一本书”活动】 2007年5月，锡山区图书馆举办“我为农家书屋捐一本书”活动，活动得到了全区党委、政府机关和社会各界的积极支持。共征集到2040册图书。（江苏省图书馆学会）

【锡山区全面建成农家书屋】 2007年9月，由锡山区主办和组织实施的“农家书香”、农家书屋建设工程实现建成率100%，其中安镇镇谈村村、羊尖镇羊尖村、锡北镇寨门村、东港镇黄土塘村、东亭街道春星社区获省百佳农家书屋，东港镇勤新村戴德生、东北塘锡通村赵立军、鹅湖镇蔡湾村朱国治、锡北镇泾西村王小红获省百佳农家书屋管理员。（江苏省图书馆学会）

【锡山区图书馆推进服务网点建设】 2007年10月，锡山区图书馆开展图书馆服务网点推进工作，分别同武警锡山区中队、锡山区消防大队等单位签订了图书馆服务协议并赠送了图书。（江苏省图书馆学会）

【徐州图书馆承接“新农村文化建设图书捐赠

活动”】 2006年12月，为贯彻《中共中央国务院关于推进社会主义新农村建设的若干意见》，中共徐州市委宣传部、中共徐州市委市级机关工作委员会、徐州市文化局、徐州市总工会、徐州市妇女联合会、共青团徐州市委、《徐州日报》社七部委联合主办“为新农村文化建设图书捐赠活动”，由徐州市图书馆承办。2007年1月5日活动正式启动，媒体发倡议书，公开征集书籍，建立乡镇图书室。活动历时2个月，共征集图书6万余册，分发到徐州市42个镇图书室，为提高农民整体素质，实现农村社会和谐作出贡献。（江苏省图书馆学会）

【探索建设总分馆制，不断拓展流动服务】 根据“全国公共图书馆延伸服务”的要求，徐州市图书馆于2006年创建了“徐州市图书馆议堂分馆”和“徐州市图书馆文化宫少儿分馆”。2007年又对这两家分馆给予文献与技术上的支持。2007年7月，在两家分馆成功创办的基础上，徐州市图书馆首家流动图书点——铜山县黄集中心小学图书流动点设立，首批投入文献千余册。10月，第二家流动图书点——铜山县三堡镇图书流动点对读者开放。（江苏省图书馆学会）

【举办“两汉文化讲堂”系列讲座】 为“普及科学文化知识，提升市民素质，塑造城市精神”，在市民中传播源远流长的两汉文化，展示徐州市两汉文化的学术成果，徐州市图书馆“两汉文化讲堂”系列讲座首场于2007年10月31日开讲。主讲是徐州师范大学历史文化旅游学院院长王健教授。讲座历时一个半小时，王教授为听众解读了两汉文化中的政治、人生、科技、智慧，受到读者、市民的热烈欢迎。（江苏省图书馆学会）

【盐城市图书馆举办公益教育讲座“成为学习天才的十大要素”】 4月8日下午，盐城市图书馆多功能厅内，一场别开生面的公益讲座——“成为学习天才的十大要素”，吸引了许多关注子女学习和成长的家庭。（江苏省图书馆学会）

【盐城市图书馆举办“播撒知识 孕育智慧”走进图书馆系列讲座】 3月22日下午，盐城市图书馆学术讲座厅座无虚席，中小学师生160余人聆听了市图书馆少儿部主任掌慧馆员主讲的“播撒知识 孕育智慧”专题讲座。这是盐城市图书馆加强未成年人教育，举办“走进图书馆”的系列讲座的第一场。讲座由市图书馆副馆长黄兴港副研究馆员主持，掌主任从“轻轻地推开图书馆门”、“书的历史沿革和种类”、“图书馆书的陈列与管理”、“探究伟人的读书方法”以及“怎样读书收获大”几个部分。《盐城晚报》对此给予了报道。（江苏省图书馆学会）

【盐城市公共图书馆事业发展成就展】 “图书馆服务宣传周”期间，盐城市图书馆对新世纪以来各公共馆取得的成果进行了回顾总结，精心制作了10块展板进行了公共图书馆事业发展成就展。此展览分为两部分内容：第一部分为盐城市公共图书馆概况：综合发展情况，有基础设施、阵地服务、拓展提升三方面内容；第二部分为图书馆服务成果和图书馆的特色，从图书馆的社会教育、为支柱企业服务、为农产品种植深加工提供智力支持、发展基层图书点建设社会主义新农村，以及建立图书馆社区网点等6个方面，集中展示了新世纪以来盐城市公共图书馆在事业发展中所取得的成就。目的是向社会宣传图书馆，扩大图书馆的社会影响，让全社会都来关心和支持图书馆事业，使图书馆事业有新的、更大的发展。此展览荣获省文化厅主办的江苏省公共图书馆发展成就展三等奖。（江苏省图书馆学会）

【盐城市“老少乐”系列读书活动】 2007年盐城市开展了以“播撒知识、孕育智慧”为主题

的老少乐系列读书活动。这一活动由市关心下一代工作委员会、市文化局、市教育局、团市委、《盐城晚报》社共同主办，盐城市图书馆具体承办。“老少乐”读书活动主要内容有：中小学生“同享知识、共建和谐”、老年人“我的读书故事”征文比赛；市图书馆以及各县（市、区）公共馆公布百本优秀少儿读物推荐书目活动；世界名著以及爱国主义教育影片展播；真情捐书活动；《盐城晚报》上整版刊登读书知识竞答题；中华古诗文诵读比赛等。活动从 5 月开展一直延续到 10 月。盐城市图书馆因在促进全民阅读方面进行了诸多努力，荣获了中国图书馆学会“2007 年度全民阅读优秀组织奖”。（江苏省图书馆学会）

【“人民解放军的光辉历程”——建军 80 周年图片展览】 为纪念中国人民解放军建军 80 周年，弘扬我党我军的优良传统，激发全国全民的民族精神和时代精神，增强国防意识和巩固军政军民团结，唱响“共产党好，社会主义好，改革开放好，人民军队好”的主旋律，盐城市文化局和盐城市图书馆主办了“人民解放军的光辉历程”——纪念中国人民解放军建军 80 周年图片展览。本次展览从 8 月份开始，延续到 9 月，共设计制作了 44 块展牌，陈列在市图书馆南大厅内，以历史图片分六大专题集中展示了人民军队在党领导下走过的光辉历程、建立的丰功伟绩和取得的伟大成就。前来参观展览的读者、盐城消防支队的官兵、双语小学的同学络绎不绝，达到千余人次。（江苏省图书馆学会）

【共享工程优秀影片展播】 为了充分利用文化共享工程资源和新馆良好的设施，盐城市图书馆利用周日和暑假时间为市内中小学生累计放映优秀影片 60 多部、100 多个场次，让青少年读者更多地了解中华悠悠五千年的历史和百年沧桑风云，丰富了同学们的暑期和周末生活，发挥了馆藏音像资源和公共文化设施的积极作用。由于影片正常化播放，学生及其家长现在都自发前来观看，每到周末放电影的时段，三楼 120 多座的学术报告厅都是场场爆满。（江苏省图书馆学会）

【盐城市图书馆举办系列导读活动】 为了让更多的小朋友认识图书馆，了解图书馆，盐城市图书馆少儿部开展了“走进图书馆”专题讲座活动，并采用走出去，请进来的方法，邀请近 2000 名学生参观图书馆，通过听讲座，看馆貌，一个全新的图书馆形象展示在孩子们的面前。2007 年举办了各种适合孩子们的讲座，采取一些具体的导读措施，把孩子们吸引到有利于他们健康成长的优秀读物中来。通过长期举办各种展览、讲座、报告会、朗诵会、竞赛活动等，盐城市图书馆构筑起了持续开展各项导读活动的基地和平台，2007 年被省文明办表彰为江苏省“七彩的夏日”优秀活动场馆。（江苏省图书馆学会）

【响水县图书馆创建军营图书馆】 3 月 26 日上午，响水县图书馆武警中队分馆揭牌开馆仪式隆重举行。该分馆是由响水县馆协助创办的，使用面积 60 平方米，首期上架图书 500 余册，期刊 30 个种类。以后将根据官兵阅读需要，适时调整书目，保证分馆藏书与时俱进，常看常新。响水县公安局、县文化局、县图书馆和驻响部队指战员 100 多人参加了揭牌仪式。8 月，在建军 80 周年之际，响水县图书馆消防大队流动图书馆揭牌仪式隆重举行。该流动图书馆是由响水馆协助创办的第二家军营图书馆。首期上架包括政治、军事、文学、科技、经济等方面 300 余册图书、20 多种期刊。军营创办图书馆，是该馆开展军民共建活动、实施“送文化”进军营的又一举措。揭牌后还举行了军民联欢活动，书画家的精湛展示和艺术家的精彩表演，把活动推到高潮。（江苏省图书馆学会）

【盐城师范学院图书馆正式启用新馆】 2007 年 10 月 10 日，盐城师范学院正式启动新长校区

图书馆搬迁仪式。新长校区图书馆是新校区标志性建筑，是面积最大的单体建筑，建筑面积达32 465.00平方米，楼层共七层，阅览座位3900个。图书馆服务功能完备，管理手段先进，可为全校师生提供外借、阅览、信息咨询、文献检索、网络学习、读者教育和视听欣赏等多类型、多层次的服务。（江苏省图书馆学会）

【盐城高校图书馆通过本科教学工作水平评估】 2007年11月，盐城师范学院图书馆和盐城工学院图书馆接受教育部本科教学工作质量水平评估，取得满意成绩。图书馆均按照学校统一部署，按照《图书馆评建工作实施方案》，认真做好诊断性评估和预评估的宣传发动工作，认真学习评建宣传知识，开展环境优化工作，精心准备专家汇报材料。评估专家对图书馆取得的评建成效给予了充分的肯定，对文献检索课教学效果、图书馆的硬件建设和现代化管理手段及服务效果给予了充分肯定。（江苏省图书馆学会）

【盐城工学院图书馆举办英文数字资源服务宣传周】 为了使读者充分了解和利用英文数字资源，盐城工学院图书馆于2007年4月9日至13日举办了为期一周的“英文数字资源服务宣传周”活动。信息服务周特别邀请了河海大学图书馆馆长高新陵教授、河海大学图书馆信息部主任吴东敏研究员、国道数据公司总经理刘玉良副研究员、万方数据公司区域经理林松生硕士等专家学者分别就《数字图书馆建设与发展》《EBSCO系列数据库》《SpringerLink检索系统》《国道外文数据超市》《外文文献检索与全文传递服务》等数字资源的检索原理和利用方式进行了深入具体、形象生动的讲述。报告会平均每场讲座参与读者200人左右。为促进数字信息资源的利用，图书馆还开展了16次文献资源利用专题讲座，营造良好的学术氛围和校园文化氛围。（江苏省图书馆学会）

【盐城纺织职业技术学院图书馆注重新生入馆教育】 盐城纺织职业技术学院图书馆开设了文献信息检索与利用的选修课程和讲座，开展新生入馆教育，提高了学生的信息素质。该馆利用晚自习时间，先后对全院53个班级共2600多名新生进行入馆教育的讲座；在全院高年级学生中开设文献信息检索与利用的选修课程，并举办了超星数字图书馆资源和万方数据库资源使用的讲座。（江苏省图书馆学会）

【“扬图讲堂”扬州非物质文化遗产专题系列讲座拉开序幕】 1月9日下午，扬州市图书馆、图书馆学会承办的“弘扬传统文化 守护精神家园”“月月看非遗”之“扬图讲堂”扬州非物质文化遗产专题系列讲座在市图书馆报告厅拉开了序幕。市委宣传部副部长祁跃辉、市文化局副局长许林灿等领导出席了开讲仪式。各位领导向“非物质文化遗产”传承责任单位的专家学者、传承人颁发了“扬图讲堂”客座专家聘书。此次系列讲座以已经列入国家级和省级非物质文化遗产的项目为主，全年计划19期讲座，一个项目一期讲座，每期讲座时长90分钟，由“专家论坛”、“现场演示”、“多媒体教学”、现场互动等环节组成，并由新闻媒体开辟“访谈”，“知识介绍”等小栏目向市民宣传。当天开讲的是系列讲座的第一讲——扬州扬剧，由国家一级导演、原扬州市扬剧团副团长邱龙泉主讲，国家一级演员、扬剧传承人李开敏现场表演。邱导演的生动演讲，李开敏老师各种曲牌、声腔唱段的精彩演示，多媒体配合播放图文史料和录像片，使讲座更加丰富多彩，是一道轻松有趣的精神大餐。（江苏省图书馆学会）

【“迎春送书共建学习型警营”慰问活动】 2月15日下午，扬州市图书馆慰问人员一行12人在沈业民馆长的带领下，带着刚刚从书市买回的新书和慰问品来到了武警扬州市中队驻地慰问部队官兵。慰问活动在双拥联谊会的掌声中拉开了帷幕，联谊会上双方共话共建学习型警营的大计，歌声、掌声、笑声此起彼伏。随后进行的为部队写春联的活动，则为部队增添了浓浓的年味。活动在“双拥杯”乒乓球比赛中进入了高潮。（江苏省图书馆学会）

【扬州市图书馆举行“读者沙龙”首次活动】 2月22日扬州市图书馆举行了“读者沙龙”首次活动，正式启动了读者联谊活动的开端。读者朋友通过自荐互荐的形式，产生了“沙龙”的召集人员框架，阅读修改了“沙龙”的有关章程。大家纷纷表示，感谢图书馆能够想读者之所想，为他们提供这个平台，在日后他们将更加关心支持图书馆的建设和发展。（江苏省图书馆学会）

【‘有好书、看好书’心动交流】 2月26日下午，寒假小读者读书沙龙——“‘有好书、看好书’心动交流”活动在扬州市图书馆少儿部成功举行。同学们根据自己阅读过的中外名著、童话、故事，以及一些现代气息浓厚的图书，如科技、经济、自然等方面的书籍，真诚、自由的交流了自己阅读有关课外书籍的心得体会，还热情地将自己精选的好书、好故事推荐给同龄人，畅谈读书乐趣和读书经验，分享知识快乐，同时以书为纽带，结交了新朋友。（江苏省图书馆学会）

【举办“优秀读者”评选】 3月10日，扬州市图书馆在《扬州晚报》公布了评选“优秀读者”的消息，首次提出“全民票选”的概念，通过媒体向社会广征候选人。并在馆内各个窗口部门放置报名表格，读者可采用自荐、互荐的形式，通过邮寄或现场填写等方法报名参加。经活动评审组的综合评价，推荐了50名候选人，并将他们的阅读成果和感想通过晚报、宣传栏、网络等形式进行全方位展示。同时在《扬州晚报》刊发了选票，将“优秀读者”选择权交给了广大读者。最终评选出2位“读者之星”和10位“优秀读者”，他们来自全市各行各业，有公务员、教师、学生、文化工作者，年龄最小的11岁、最大的70岁。（江苏省图书馆学会）

【援建仪征后山区学校“爱心图书室”】 扬州市图书馆援建仪征后山区学校“爱心图书室”活动于3月25日上午在仪征“长兴小学”进行。扬州市图书馆专门为山区孩子们准备了1500册科普少儿读物，更换了该小学图书室里1000多册上个世纪90年代出版的图书读物，切实有效地帮助和改善贫困山区孩子们在课外阅读中读书难、读好书更难的窘困现状，受到了山区孩子们的热烈欢迎。（江苏省图书馆学会）

【扬州市公共图书馆2007年第1次馆长会议召开】 4月19日下午，扬州市馆馆长沈业民主持召开了扬州市公共图书馆2007年第1次馆长会议。市馆辅导部主任袁晖传达了省辖市馆辅导工作暨市学会秘书长会议精神。市馆副馆长刘向东对古籍整理、地方文献联合目录编制、电子资源大赛、组织举办图书馆事业成就展等工作进行了部署。与会各馆领导交流了今年以来的工作情况，并进行了讨论。会议结束前，仪征馆馆长阮晓东陪同各馆领导参观了仪征市图书馆。（江苏省图书馆学会）

【“4·23世界读书日”系列活动启动】 4月23日，扬州市图书馆联合扬州市新闻出版局、共青团扬州市委、扬州电视台“关注”频道在市图书馆广场举办了“4·23世界读书日”系列活动。市新闻出版局吴宝根副局长发表了重要讲话，读者代表钱艺兵先生畅谈了他本人使用图书馆的收获与感想，共青团扬州市委陈书记也做了精彩讲话。最后，市图书馆沈业民馆长宣读题为“建设和谐社会、倡导书香生活”倡议书，与会领导和300多名与会者一起在长达15米的倡议读书学习的横幅上签上了自己的名字。参加仪式的领导同志们还为扬州市32个品学兼优但家庭贫困的同学赠送了“爱心读书卡”。仪式结束后，扬州市图书馆还组织开展了读者沙龙座谈会、百部优秀图书推荐阅读、少儿读者主题讲座等系列活动。（江苏省图书馆学会）

【“关注少儿阅读 知识改变人生”专题讲座】 4月23日“世界读书日”上午，扬州市图书馆少儿部内一场题为“关注少儿阅读 知识改变人生”的专题讲座正在热烈进行。主讲陈静老师从“世界阅读日”的由来展开话题，继而阐述了读书的意义，然后就青少年必读书目及如何提高阅读能力等进行深入的探讨，其间列举了大量古今中外的鲜明实例，生动活泼，深入浅出，催人奋进，激励人心。整个场面气氛活跃，陈老师不时恰到好处地向青少年听众提问，积极引导大家参与互动，深深吸引了在场的每一个人。（江苏省图书馆学会）

【“生命的大智慧”讲座开讲】 4月25日上午，“生命的大智慧——老子道德经”讲座在市

图书馆“扬图讲堂”内举办。扬州大学文学院王强博士用生活中大量鲜活的实例为大家解读了老子《道德经》“无为而治”、“治大国若烹小鲜”、“无私不争”、“无为不矜”等原旨，论述了《道德经》中传统美德对当代人的价值观念、生活方式的影响，古为今用，见解独到。在场的一百多名听众在活跃的气氛中深层次地领悟到了老子的思想精髓，启迪了心智。（江苏省图书馆学会）

【扬州首批国家级“非遗”完整版光盘制作完成】 5月30日，扬州首批国家级“非遗”完整版光盘由扬州市图书馆制作完成。完整版光盘每套7张，分别讲述和演示扬剧、清曲、雕版印刷、剪纸、玉雕、漆器、评话7项非物质文化遗产的历史和现状。（江苏省图书馆学会）

【图书馆服务宣传周开幕】 5月30日上午，2007年度图书馆服务宣传周暨扬州图书馆免证阅览周活动在扬州图书馆广场开幕。活动期间，扬州图书馆各服务窗口、电子阅览室及市区各分馆免证阅览；将在市区设点开展图书馆宣传、咨询、优惠办证服务；进行百部优秀图书专题展示；为市民现场免费鉴定古籍文献；开展“知识与我同行、书香伴我成长”主题报告会；向基层、社区赠送“非物质文化遗产”光盘及更新图书；开展向读者征集合理化建议等活动。（江苏省图书馆学会）

【“非遗”产品捐赠“回家”】 6月9日是中国第二个文化遗产日，在扬州“南门遗址”广场，扬州市图书馆将制作的“非物质文化遗产”系列讲座多媒体光盘版产品捐赠给本市7家国家级“非物质文化遗产”申报单位，以及相关“非物质文化遗产”保护、传承单位。“非物质文化遗产”系列讲座多媒体光盘版产品，作为一个系统的地方文献，它记录了专家讲解的国家级“非物质文化遗产”内容、大师现场演示的场景，以及保护、传承、抢救中的点点滴滴，极具收藏价值。该馆还将把光盘版产品捐赠给更多的社区以及共建服务点，使更多市民了解扬州深厚的文化底蕴。（江苏省图书馆学会）

【扬州市公共图书馆2007年第2次馆长会议召开】 扬州市公共图书馆2007年第2次馆长会议于7月19日在邗江区图书馆召开。扬州市图书馆馆长沈业民及来自全市5个县（市）区图书馆的馆长参加了会议。会上对各馆参加全省“文化共享工程实用技术全员培训及操作技能竞赛”工作进行了动员，各馆交流了上半年的主要工作和下半年工作思路，交流了江苏省公共图书馆志的撰稿情况，重点学习了全国公共图书馆延伸服务经验交流会上周和平副部长报告的精神，以及天津图书馆开展延伸服务的经验，并围绕会议精神进行了讨论。与会馆长一致认为，在新形势下公共图书馆加强服务工作必须走出图书馆，走向社会，积极开展面向社区、面向基层、面向广大农村的延伸服务，同时积极开展网上服务以扩大服务范围，才能提高社会效益。（江苏省图书馆学会）

【文化因传播而美丽 社会因分享而和谐——图书“非遗”光盘漂流活动】 7月26日，由扬州市图书馆联合扬州市新闻出版局、共青团扬州市委、中国移动扬州分公司、扬州电视台“关注”栏目举办的主题为“文化因传播而美丽 社会因分享而和谐”的图书、“非物质文化遗产”系列讲座光盘漂流活动正式起航。扬州市图书馆沈业民馆长宣读了活动倡议书，号召广大市民朋友把这次漂流活动作为一次耕耘文明、播种和谐、传递书香、共享知识的行动，让本次漂流活动成为扬州城市文化的风景线。各主办方领导还为“非物质文化遗产”系列讲座光盘进行了放漂以及对7处漂流站点授牌。（江苏省图书馆学会）

【“扬州的夏日”青少年科技文化节】 扬州市图书馆承办的“扬州的夏日”青少年科技文化节（下称科技文化节）活动，从2007年7月18日开始至8月31日，历时45天。这次科技文化节内容丰富，形式多样，有超过1万人次青少年参加了活动。图书馆在充分利用馆藏文献对青少年进行思想道德教育、爱国主义教育的同时，走出了图书馆，整合利用外部资源。他们利用社区分馆阵地开展社区宣传、演出；与友谊社区联办科普夏令营；走进凤凰岛景区感受大自然；开展

“红色之旅”以牢记历史；走进国美电器开展实践活动。这些都收到了良好的效果，通过报纸、电视、网站等媒体的宣传放大，不仅提高了图书馆的地位和社会影响力，而且提高了图书馆的社会满意度、美誉度。（江苏省图书馆学会）

【“青少年心理健康教育”讲座深受欢迎】 8月8日上午，扬州市图书馆“扬图讲堂”内一场“关注青少年心理健康”的专题讲座正在进行。青少年心理健康教育专家吴人钢，就“青少年心理健康的重要意义及如何加强青少年心理健康教育”进行了详尽的阐述，并就青少年上网、厌学等焦点问题进行了分析。具有典型性与指导性的讲座既引导青少年认识自我心理发展，关注心理健康，树立积极向上的生活心态，不断提高心理素质。同时强调家长要重视自己的言行身教，以自己的良好的心理状态影响孩子，做孩子健康成长的心理指导师。近百名学生及家长听取了此次讲座。（江苏省图书馆学会）

【图书漂流又掀高潮　读书捐书蔚然成风】 扬州市新闻出版局、共青团扬州市委、扬州市图书馆、中国移动扬州分公司、扬州电视台“关注”栏目等单位共同主办的“文化因传播而美丽社会因分享而和谐”——图书、“非遗”光盘漂流活动自7月26日起航以来，在本市形成了强烈的社会影响，首批100多册图书已全部漂进读者手中。随着活动的深入开展，许多市民读者和企事业单位也积极投入到漂书、捐书的活动中来。8月16日，中国移动扬州分公司团委向本次漂流活动捐赠图书120册，扬州市图书馆沈业民馆长代表图书馆接受捐赠，并向中国移动扬州分公司团委赠送了捐赠证书。（江苏省图书馆学会）

【公共文化服务进社区】 9月14日，扬州市图书馆联合扬州市总工会、扬州市文化局、扬州市维扬区民政局、扬州电视台“扬州新闻”频道栏目启动了扬州市“公共文化服务进社区”活动。扬州市困难家庭代表、石桥社区、文昌花园社区、锦旺社区、翠岗社区等社区居民代表200多人参加了在市图书馆广场举办的启动仪式。扬州市政府孙永如副市长出席仪式并讲了话。市图书馆为市直50户低保困难家庭赠送了借阅证，

向部分社区图书室捐赠了图书。仪式上还举行了富有地方特色的传统艺术表演以及奥运百科知识现场有奖竞猜。石桥社区代表参与活动的社区向市图书馆赠送了“公共文化进社区、共建和谐见真情”的锦旗。此次活动自9月15日正式开始，至10月中旬结束。（江苏省图书馆学会）

【扬州市图书馆积极申报首批《国家珍贵古籍名录》】 9月，扬州市图书馆正式投入到《国家古籍珍贵名录》的申报工作中。在申报工作过程中，扬州市图书馆一方面按照文化部公布的《国家珍贵古籍名录》申报评审暂行办法对馆藏古籍进行了严格的筛选、剔除；另一方面，还请了相关专家学者为古籍的定级与版本信息的确定进行了指导和把关，确保了申报工作的严谨与准确。9月中旬，扬州市图书馆就将《国家古籍珍贵名录》的初审名单目录报送至江苏省古籍保护中心。据统计，扬州市图书馆共申报《国家古籍珍贵名录》134种，申报数量在江苏省名列前茅。（江苏省图书馆学会）

【扬州市古籍保护中心成立】 11月6日，扬州市古籍保护中心在扬州市图书馆揭牌，孙永如副市长参加了揭牌仪式。至此，古城扬州成为少数拥有市级古籍保护中心的城市之一。扬州市古籍保护中心的建立，将在全市形成古籍保护的有效的工作和管理机制，长效、持久地承担起古籍文献保护和利用的任务。一方面，行使古籍普查登记中心职能，为古籍普查登记提供培训和业务指导，组织对扬州所藏珍贵古籍定级给予辅导；另一方面，指导、帮助县（市、区）开展古

籍保护工作，为县（市、区）培训古籍保护和修复工作人员等。（江苏省图书馆学会）

【扬州市图书馆冯庄社区分馆揭牌】 12月22日，由邗江区邗上街道冯庄社区与扬州市图书馆共同建设的"扬州市图书馆冯庄社区分馆"揭牌。扬州市文明办副主任强学民，市文化局副局长许林灿，邗江区区委常委、组织部长勾凤诚，邗江区区委常委、宣传部长陈佳宏等领导出席了揭牌仪式。冯庄分馆是扬州市图书馆在邗江区设立的第一家社区分馆，位于冯庄社区金阳苑工作站内，冯庄社区提供场地、资金，负责日常管理，市图书馆负责书刊采访、分类编目、业务辅导培训，并无偿调拨部分藏书到分馆，实现市馆与分馆的资源共享。冯庄分馆馆舍面积60平方米，藏书1500册，报刊60种，阅览座位16个，下设图书外借、报刊阅览两个服务窗口，采用计算机业务管理系统，实现了与市图书馆书目数据的共享。（江苏省图书馆学会）

【"扬图讲堂"扬州非物质文化遗产专题系列讲座完美谢幕】 12月29日下午，扬州市图书馆、图书馆学会承办的"月月看非遗"之"扬图讲堂"，在日月明大茶馆举行了扬州弹词专场讲座暨闭幕式。为期一年的"非遗"系列讲座在观众热烈的掌声里，画上了一个圆满的句号。市领导孙永如、李孟星专程参加了闭幕式，扬州馆被授予扬州非物质文化遗产传播基地称号。这一年里，扬州的国家级、省级非物质文化遗产瑰宝，走上了大讲堂，开辟出了"非遗"传承的新天地；讲座光盘赠送给"非遗"传承单位和社区的活动，又成为一次"非遗"传播的接力；众多主流媒体对"非遗"知识的介绍和传承人的专访，延伸并拓展了"非遗"传播的社会影响。《中国文化报》也对这一具有开创性的文化传播方式给予了报道，向全国推广。（江苏省图书馆学会）

【镇江市图书馆实施借阅大厅和参考咨询室扩容改造工程】 根据市文化局"完善功能配置、扩大服务平台"的要求，镇江市图书馆继2006年二期工程辅楼综合改造工程之后，2007年4月，又实施了借阅大厅和参考咨询室的扩容改造工程。扩容后读者借阅大厅增加了600多平

方米，拥有温馨舒适的读者休息区、宽敞优雅的读者阅读区；新扩建的参考咨询室面积增加了200多平方米，更换了一大批阅览桌椅，藏书量也比原来增加了一倍，并于"十一"国庆节当天正式对外开放。这项改造工程有效地缓解了镇江图书馆读者数量多与阅读区域小的矛盾，体现了"以人为本"的理念与人性化的关怀，进一步提升了该馆的硬件水平。（江苏省图书馆学会）

【《文心雕龙》论文全文数据库单机版问世】 在镇江市图书馆文献开发部和信息技术部全体工作人员的共同努力下，《文心雕龙》全文数据库单机版于2007年8月正式面市。该单机版共收入文心雕龙论文3509篇，时间跨度达100余年，基本包含了其间出版的文心雕龙论文和部分专著。《文心雕龙》单机版在深受专家好评，取得广泛社会效益的同时，又取得直接经济效益12 000余元，提升了该馆信息服务的能力。（江苏省图书馆学会）

【江苏大学查新工作站成绩斐然】 教育部科技查新工作站的挂牌，结束了江苏大学查新工作有实无名的状态，标志着该校科技查新工作走向了一个新的更高的起点。江苏大学查新工作站具备了各级各类课题的申报、验收、鉴定、报奖的查新资质，是国家教育部2006年认定的14个“国家教委科技项目咨询及成果查新工作站”之一，也是镇江地区唯一的高校查新站。该站依托江苏大学图书馆丰富的馆藏资源和人力资源优势，严格贯彻执行了教育部和科技部有关查新工作的各项规定，积极探索进取，不断拓展业务领域，一年来成绩斐然，在人员结构、查新项目数量和质量、文献资源、制度建设以及硬件环境上都有了极大的发展和提高，逐步形成了集人才支撑、信息资源支撑、网络支撑、专家支撑、体系管理支撑为一体的综合支撑体系。（江苏省图书馆学会）

【江苏科技大学图书馆加快电子资源建设】 江苏科技大学图书馆加快电子资源建设，新增“同方”中文工具书数据库，进一步完善中文电子资源；新增Ei、Elsevier、Springer外文图书等外文电子资源，使该馆的外文电子资源建设上了一个大台阶，构建起了能满足学校科研与教学需求的外文电子资源的完整体系。特别是Elsevier外文全文库，其权威性学术性较高，对该校博士点的申报和建设有一定的支撑作用。（江苏省图书馆学会）

【镇江高专图书馆建设完成《旅游与酒店特色管理》数据库】 镇江高专图书馆充分利用本校省级品牌专业优秀教学资源，依托自身优势馆藏，建设《旅游与酒店特色数据库》，2005年申报省高校图工委JALIS文献共享课题，获立项及经费资助。本课题将信息化技术应用于该数据库建设中，深入、全面，多方位地挖掘了本校优秀教学资源、地域文献资源及本校特色馆藏资源。目前课题已鉴定结题，专家鉴定意见是：该项目完成了项目预期目标，技术方案切实可行，在省内高职院校处于领先水平，同意通过鉴定。（江苏省图书馆学会）

【东南大学“李文正图书馆”开馆仪式暨图书馆建设学术报告会隆重举行】 2007年9月28日，东南大学“李文正图书馆”开馆仪式暨图书馆建设学术报告会在东南大学九龙湖校区隆重举行。随后，举行了《南京高校（江宁地区）图书馆资源共享合作协议》签字仪式，由东南大学、南京航空航天大学等六所高校图书馆组成了江宁地区高校图书馆联合体，该联合体将就高校图书馆的资源共建、知识共享方面开展多样的工作。当天下午，各高校图书馆馆长在李文正图书馆报告厅进行了图书馆建设和发展的研讨会。（江苏省图书馆学会）

【常州市中小学图书馆专业委员会第6届学术研讨会暨馆长论坛召开】 1月30日至31日，常州市中小学图书馆专业委员会第6届学术研讨会暨馆长论坛在常州召开。会议主题为：如何最大限度地拓宽图书馆的功能，为新一轮课改服务，为学生的终身可持续性发展奠定基础。江苏省图书馆学会秘书长吴林出席会议并讲了话。

无锡市中学图书馆协会理事长尤敬党老师在本次论坛活动中作了题为《面向教育现代化的中小学图书馆》的专题讲座，明确了新课程改革下图书馆工作的方向，从背景、目标、理念、路径四个方面提出了图书馆工作如何正确地面向教育现代化，尤其突出了理念和路径两个问题。张正和老师作了主题为《在为新课改的主动服务中“先声夺人”——中小学图书馆网络信息资源的收集、整合与著录索引》的演讲，他以新课程中的历史教学为引子展开讨论，为图书馆人如何为新课改主动服务提供了方法、指明了方向。

中国人民大学附中、清华大学附中、扬州职教中心等名校的图书馆馆长也纷纷发言，畅谈了图书馆如何为新课改服务，提出了许多独特的见解与具体的做法。（江苏省图书馆学会）

浙江省

【浙江图书馆概况】 2007年浙江图书馆以科学发展观为统领，锐意进取，开拓创新，着力提升服务水平，保障公众基本文化权益。文澜讲坛被浙江省委宣传部评为“2007年全省基层宣传思想工作‘三贴近’创新实例”，承办的“浙江省未成年人读书节”被浙江省精神文明建设委员会评为“浙江省未成年人思想道德建设工作创

新案例优秀奖”。

基础业务建设稳步推进。2007年文献购置经费1653万元，采访各类文献8.3万多种，其中购买普通图书6.8万多种，征集地方文献2200多种。分编入藏文献22万余册（件），其中图书入藏8万多种、共18万余册。

读者服务工作全面提升。突出抓好“细节与创新”，在细节处优化传统文献服务，提升服务质量，以思维创新带动服务创新。为方便读者，先后推出老花眼镜借用、免费存包、允许读者带包阅览、电话续借、随书配送精制美观的书签式借书到期单和提书袋等；为降低门槛和费用，调整最大外借册数，为读者提供文献借阅到期E-mail提醒，并实行办证免年费；为改善阅览环境，成立“馆容馆貌办公室”，加强绿化，美化环境，统一标识。全年办理有效借书证4.6万多张，比2006年增长25%。外借书刊93万册，接待读者154万人次（不含嘉业堂藏书楼人数），比2006年增长26%，其中流通人次达93万。举办讲座、展览、报告会等各种形式的读者活动120余场，近5万人次参加。向读者推荐文献2000多种，解答咨询8.2万条，代检索课题527项。读者投诉明显减少，服务质量显著提高。中央电视台、新华社等数十家媒体争相报道，产生了良好的社会影响。

馆外服务范围延伸。至2007年底建立馆外服务点60个，各分馆流通站全年送书47次共3.9万多册。汽车图书馆出车200多次，借书1.9万册。为盲人读者送书上门68次，邮寄31次。

自动化网络化建设稳步推进。更新计算机152台，26台服务器及计算机外设更新工作已完成报批。开展RFID项目建设的前期工作，着手网站改版工作。全年网站访问量180多万人次。累计下载各类数字资源11万人次，40多万篇，是去年的2倍多。

共享工程成果显著。成立文化共享工程浙江省分中心办公室，建立浙江省文化共享工程信息专报制度。建立数据库远程访问系统，每月下载文献超过20万篇，为各市县图书馆节省了大量经费。完成南方（浙江）镜像站建设，南方21个省的电信用户访问全国文化信息资源共享工程主站速度提升了6倍。编辑《浙江省文化信息资源共享工程5周年回顾》《浙江省文化信息资源共享工程简报》等材料，摄制“资源共建，文化共享——浙江省文化信息资源共享工程纪实”宣传片，进行宣传。

贯彻落实“中华古籍保护计划”。积极参与全国性工作，参加古籍普查表、定级图录、教材的研讨审订以及全国专家组对“全国古籍重点保护单位”申报的评审和试点单位的督导工作。全面开展我省古籍保护工作，成立“浙江省古籍保护中心”，建立本省厅（局）际联席会议制度，制定《浙江省古籍普查工作方案》等8项制度。做好我馆古籍保护试点工作，制定了《浙江图书馆试点工作方案》，完成《国家珍贵古籍名录》42种申报和“全国古籍重点保护单位”的申报，编制馆藏一、二级古籍普查目录1500余部，完成普查表编目250种和书影的拍摄。受到文化部古籍普查督导组的好评与肯定。

充分发挥中心馆作用。对全省公共图书馆专业人员进行参考咨询、网络数字化建设、读者服务、标引编目、古籍工作、地方文献工作、图书馆和社会教育等七大内容的培训，多次到市县图书馆进行调研与指导。组织和推广巡讲、巡展工作，全年共举行巡展17次，巡讲6次，近4万人次参加。省图学会创建“浙江省图书馆事业青年人才库”，吸收浙江省图书馆45周岁以下的青年人才入库，对入库青年人才在学术活动、培训、评奖等方面提供优先机会。（俞月丽）

【浙江图书馆成为全国首家省级“零门槛”图书馆】 自2007年12月1日起，浙江图书馆读者借书证的年费实行全免，借书证年检由原来的一年一次改为两年一次。浙江图书馆成为首家免费向公众开放的省级图书馆。

2006年以前，读者在浙江图书馆办借书证需交纳工本费、年费、押金共3笔费用。2006年初，浙图开始免收读者证工本费。2007年5月起，浙江图书馆开始现刊、现报阅览室的免费阅览。

2007年12月1日，在浙江省财政的支持下，浙江图书馆正式免除读者证年费，实现了真正意义上的免费，成为全国首家省级“零门槛”图书馆。

浙江图书馆实行免费开放，吸引了更多的人

尤其是低收入人群进入图书馆，使浙江图书馆真正成为惠及全民的公共文化设施。免费办证当天，办证大厅出现了排队长龙的“盛况”，有592位读者办理借书证。仅2007年12月一个月，浙江图书馆就办理读者证10 467张，约为以往全年办证量的1/3。

在免费的同时，浙江图书馆还推出免费存包、允许读者带包阅览、电话续借、随书配送美观的书签式借书到期单和提书袋、文献借阅到期E-MAIL提醒、老花眼镜免费借戴等服务新举措。这些新举措优化了传统服务，提升了服务质量，产生了良好的社会影响，办馆效益和读者满意度明显提高。浙江图书馆的免费服务，使所有人都能自由、平等、无障碍地走进图书馆、利用图书馆，扩大了公共服务面和范围，尤其是原先因费用问题被挡在图书馆门外的读者群。读者增多，馆藏文献的流通率与利用率也随之提高。（俞月丽）

【国家文化部副部长周和平到浙江考察】 1月27日，国家文化部副部长周和平、社图司副司长刘小琴、国家图书馆馆长詹福瑞等一行5人来到杭州，分别考察浙江大学图书馆中美百万册数字图书馆工程、浙江文化信息资源共享工程试点情况，浙江省文化厅厅长杨建新、副厅长金庚初，社文处处长尤炳秋及浙江图书馆馆长程小澜、副馆长刘晓清等陪同考察。（俞月丽）

【南非图书馆馆长约翰·猜布到访浙江图书馆】 6月11日，南非图书馆馆长约翰·猜布一行4人在国家图书馆采访人员顾犇等陪同下到浙江图书馆参观，浙江图书馆党委书记兼副馆长应长兴等接待介绍。（俞月丽）

【浙江图书馆与日本静冈县立中央图书馆签订友好意向书】 2007年10月26日，浙江图书馆与日本静冈县立中央图书馆签订了《关于浙江图书馆与静冈县立中央图书馆缔结友好馆的意向书》，标志着两馆的交流有了突破性进展，为双方的进一步合作奠定了坚实的基础。

早在1999年，在浙江省外办的协调下，浙江图书馆与日本静冈县生活·文化部商定，开展互赠图书活动，互设文库。同年，浙江图书馆在馆内设立了静冈文库。此后，两馆的交流平稳发展并日益成熟。

2007年正值浙江省与静冈县缔结友好省县关系25周年，为进一步加强两馆间的合作与交流，双方表达了建立友好馆的共同心愿。10月26日，日本静冈县立中央图书馆天野忍馆长一行15人来到浙江图书馆，先后参观了国外捐赠阅览室、中文文学图书借阅室、中文社科图书借阅室，就图书馆工作的未来发展、特色化服务、创新服务等问题进行了交流，并签订了意向书。

11月1日，天野忍馆长发来传真，表示友好馆意向书的签订为两馆今后的交流打下了基础，此行取得了很大的收获，特别是吕祖善省长在浙江省、静冈县缔结友好省县关系25周年庆祝大会上介绍了友好馆一事，让他们对合作充满了信心。11月2日，文化部正式批准浙江图书馆与日本静冈县立中央图书馆建立友好馆关系（文外函［2007］2166号），双方将根据批复精神，抓住机遇，进一步加强交流，使两馆关系向更深层次发展。（俞月丽）

【浙江省举行文化共享工程基层点(国家资助)技术培训班】 1月8日至13日，浙江省文化信息资源共享工程基层点（国家资助）技术培训班在浙江图书馆举行。浙江省文化厅副厅长金庚初、浙江图书馆馆长程小澜、副馆长刘晓清等领导出席了培训班开班仪式。来自各级分中心的技术人员、杭州灵隐寺云林图书馆代表、解放军硬骨头六连所在团代表、学校代表以及村级基层点负责人等70多名学员参加了培训班的学习。培训班向与会基层点代表详细介绍下发每个设备的具体操作，讲解如何使用共享工程基层版应用系统，并对如何开展服务工作提出了具体要求。此外还进行了文化共享工程工作的座谈会，与会者

对设备下发后如何开展活动进行了交流。（吴莳）

【浙江省文献信息共建共享协作年会召开】 1月18日，由浙江图书馆、浙江大学与浙江省科技信息研究院联合发起的浙江省文献信息共建共享协作年会在安吉召开，浙江图书馆馆长程小澜、副馆长刘晓清，浙江大学图书馆馆长竺海康、副馆长赵继海、省科技信息研究院副院长潘杏梅等参会，共同探讨三家合作的浙江省文献信息共建共享协作有关事宜。（吴莳）

【浙江“数字文化乡村行”启动仪式在长兴举行】 1月29日，浙江省文化信息资源共享工程“数字文化乡村行”启动仪式在浙江长兴县雉城镇玄坛庙村文化活动中心举行，拉开了全省文化共享新春行动的帷幕。浙江省文化厅社文处副处长戴言、浙江图书馆副馆长刘晓清代表文化信息资源共享工程浙江省分中心向玄坛庙村村民赠送了“共享资源和谐风”系列光盘38张，还有《红楼梦》《杨乃武平冤记》《西厢记》《牡丹亭》等10部经典越剧、昆曲DVD光盘。此外还举行了全国文化信息资源共享工程基层服务点的揭牌仪式。（吴莳）

【萧山区文化中心落成暨跨湖桥文化国际研究中心成立典礼】 2月1日，萧山区文化中心落成暨跨湖桥文化国际研究中心成立典礼举行。浙江省文化厅副厅长金庚初，浙江省社科院副院长、跨湖桥文化国际研究中心主任何一峰，萧山籍中国现代文学著名作家、诗人邵燕祥，萧山籍著名历史学家、文献学家、方志学家、南开大学教授来新夏等领导和专家学者参加成立典礼。

文化中心占地6.7公顷，总投资2.3亿元，总建筑面积4.4万平方米，由萧山剧院、文化广场和萧山图书馆、文化馆等部分组成。这座熔文化传播、信息交流、文化展示、培训会务和历史文化研究等功能于一体的开放式、多功能、现代化的新型文化设施，将担负起寓教于乐、以文化人的重任，成为萧山人民和广大外来创业人员共享的高品位的文化学习、消费、休闲场所。（吴莳）

【浙江文澜大讲坛“世界读书日”活动丰富】 今年4月23日是第12个“世界读书日”，浙江图书馆文澜大讲坛在全省各地举办了一系列的专题读书讲座。4月12日，在台州路桥区图书馆举办“纸证如山”专题讲座，由浙江图书馆地方文献部主任、研究员袁逸主讲。21日，举办“曹布拉眼中的金庸”专题讲座，由杭州师范学院弘一大师丰子恺研究中心研究员、杭州市作家协会副主席曹布拉主讲。4月20日，在湖州图书馆报告厅举办“名曲欣赏与人文素养”专题讲座，由浙江艺术职业技术学院音乐系副教授张铭主讲。4月21日，舟山普陀区图书馆举办浙江文澜大讲坛“走进历史的书房”专题讲座，由浙江图书馆地方文献部主任、研究员袁逸主讲。4月21日、22日，在浙江图书馆举办“我的江南我的家——阅读大江南文化”、“读万卷书 行万里路”两场以读书为主题的讲座，分别由《江南》杂志主编袁敏教授与浙江大学数学系教授、诗人、旅行家蔡天新主讲。（吴莳）

【宁波推出文献借阅“卡卡通”服务】 为建立一个开放、共建、共享，亲民、利民、便民的公共图书馆服务体系，满足广大市民日益增长的阅读需求，促进宁波学习型城市、学习型社会的建设，5月1日起，宁波的12家公共图书馆紧密联手，共同推出文献借阅“卡卡通”服务。读者持任何一家图书馆的有效借书证，可到全市所有公共图书馆借阅文献，阅毕可就近归还至当地图书馆，实现文献的通借通还。（吴莳）

【2007年浙江省高校图书馆馆长工作会议在温州召开】 5月10日至12日，2007年浙江省高校图书馆馆长工作会议在温州医学院图书馆召开，来自全省各地60多所高校的70多名图书馆馆长、负责人参加会议。省教育厅高教处韩天棋作关于省高等教育情况及图书馆建设等方面的报告；省高校图情工委副主任兼秘书长高跃新作工作报告，通报省高校图情工委2006年工作情况及2007年工作计划。随后，与会人员还听取了浙江省高校图工委副主任竺海康的《访台报告》，浙江大学宁波理工大学图书馆馆长夏勇的《图书馆业务工作管理》，浙江省高校图工委副主任、浙江工业大学图书馆馆长何立民的《加强图书馆人才队伍建设》等七个专题报告，并就图

书馆馆长怎样有效开展工作、如何加强各馆之间的合作等问题进行了讨论、交流。（吴荇）

【浙江大学图书馆召开“数字时代图书馆的和谐发展与服务转型暨庆祝浙江大学图书馆建馆110周年学术研讨会”】 2007年5月18日下午，浙江大学图书馆在科技分馆演讲厅召开了“数字时代图书馆的和谐发展与服务转型暨庆祝浙江大学图书馆建馆110周年学术研讨会”。浙大图书馆学术委员会主任、副馆长赵继海主持会议，首先宣布了由浙大图书馆学术委员会评选出的优秀论文并为获奖者颁奖。随后获奖论文作者进行了论文交流。最后，浙大图书馆副馆长高跃新作了总结发言。作为迎接浙江大学110周年校庆的系列活动之一，浙江大学图书馆对这次研讨会做了充分准备，共收到征文32篇，评选出优秀论文9篇。（赵美娣）

【浙江省第三期欠发达地区图书馆业务基础知识培训班在杭州举行】 2007年5月21日—25日，由浙江省文化厅主办、浙江省图书馆学会承办的浙江省第三期欠发达地区图书馆业务基础知识培训班在杭州举行。来自全省各地区的48位学员参加学习。

培训班根据欠发达图书馆工作人员和图书馆实际情况，邀请浙江大学信息资源管理系叶鹰教授，浙江图书馆副馆长徐洁，浙江图书馆袁逸、刘如、丁红研究馆员等资深教师讲授图书馆工作和图书馆学导引、读者服务工作、图书馆地方文献、图书分类与文献标引、中文机读目录格式、文献信息检索、中国古代典籍常识与古籍管理。（吴荇）

【《视观信息学》专题讲座在浙江图书馆举行】

6月4日下午，浙江省图书馆学会和浙江省高校图工委联合主办了《视观信息学》专题讲座。讲座由美国罗得岛大学信息系教授马焰主讲。来自公共、高校等各系统图书馆100多位图书馆工作者听取了精彩的学术讲座。（吴荇）

【浙江图书馆举办馆史教育系列讲座】 为了缅怀浙图历史，发扬浙图精神，创造浙图更辉煌的明天，浙江图书馆为中青年职工举办馆史教育系列讲座，从2007年7月—8月，每周一讲，共6讲，有袁逸研究馆员的“浙江图书馆精神”、徐洁副研究馆员的“张宗祥先生与浙江图书馆”、王效良副研究馆员的“陈训慈先生与浙江图书馆”、赵大雄研究馆员的“近代名人与浙江图书馆”、李性忠研究馆员的“饮水思源——浙江图书馆历史上的捐赠者”和徐晓军副研究馆员的“浙江图书馆的蓝海”。馆内中青年职工踊跃参加听讲，补上了馆史教育的重要一课。（吴荇）

【浙江省公共图书馆地方文献研修班在永嘉举行】 2007年7月18日至20日，由浙江省图书馆学会古籍与地方文献分委会主办、永嘉县图书馆承办、杭州市图书馆和温州市图书馆协办的浙江省公共图书馆地方文献研修班在温州永嘉举行。这次研修班是我省建国以来规模最大、研修内容最为系统的地方文献专业培训活动，也是近年来第一次全省性的地方文献专门研修班。

研修班由浙江省图书馆学会古籍与地方文献分委会主任、杭州图书馆馆长褚树青主持，浙江图书馆地方文献部主任袁逸研究馆员主讲，讲授内容为“地方文献工作的新视野、新实务”。研修班采用讲授与答疑相结合的方式，学员到课率高，听课认真，课堂交流与咨询热烈。嘉兴图书馆范笑我也在研修班上畅谈了自己对地方文献工作的认识及独到见解，体现了教学相长，研讨互动的良好风气。（袁逸）

【浙江图书馆成立青年学术研究会】 2007年7月26日，“浙江图书馆青年学术研究会”成立，该会由浙江图书馆馆团总支组织发起并管理，本馆60余名35岁以下青年自愿加入组成。研究会以组织青年钻研业务知识，开展业务交

流，提供学术平台，营造学术气氛，培养和输送后备人才为目的。（吴荇）

【“美国图书馆的现况及最新管理理念和课外阅读的重要性”学术报告会在杭州举行】 2007年8月1日，应浙江省图书馆学会少儿分委会和杭州少年儿童图书馆的邀请，美国纽约雪城翰灵阁高中图书信息媒介主管徐静博士来杭进行了学术交流，并作了题为“美国图书馆的现况及最新管理理念和课外阅读的重要性”的学术报告。来自萧山、桐庐、临安等各级公共图书馆及城区各个学校图书馆近50人听取了报告。

报告从美国图书馆的现况、最新管理理念、课外阅读的重要性等三个方面，通过翔实的数据、具体的事例，结合工作实践经验，介绍了美国图书馆各方面的发展情况。同时通过与学校图书馆同仁的现场交流，讨论不同文化背景下同龄人的不同生活方式、学习方式、思考方式和解决问题的方式。报告会为大家借鉴国外图书馆先进的办馆理念和服务经验提供了一个良好的学习交流机会，也为省内各级公共图书馆与学校图书馆在今后创新工作中瞄准国外图书馆先进发展水平、开拓办馆思路开辟了有效途径。（吴荇）

【国内外图书馆学术和图书馆事业发展形势分析会在杭州召开】 为使学会的工作方向和目标逐渐与国外的最新发展及国内的先进水平接轨，找准发展方向、拓展学术视野，浙江省图书馆学会于2007年8月15日召开了国内外图书馆学术和图书馆事业发展形势分析会。浙江省图书馆学会学术委员会和各分委会的主任、副主任近20人参加会议，各位主任结合各自的专业特点，在广泛征求专业委员会成员馆意见的基础上，对本专业领域的学术研究与事业发展现状与趋势进行分析、梳理、归纳，提出下阶段研究走向的建议。（吴荇）

【文化部古籍保护督导组莅临浙江省督导古籍保护试点工作】 2007年9月6日，由国家古籍保护工作专家委员会副主任、中国社会科学院学术委员、民族研究所研究员史金波担任组长，陕西图书馆古籍部主任杨居让、国家古籍保护中心刘明为组员的专家督导组对浙江省的古籍保护试点工作进行督导。督导组听取了浙江省文化厅及浙江省古籍保护中心的工作汇报，对浙江省各家试点单位的工作都表示了肯定与赞赏，也希望各地政府及行政主管部门能加大对古籍保护工作的支持力度，使这项工作能更顺利地开展下去。9月7日—15日，文化部古籍保护督导组先后巡查了浙江省5家古籍保护试点单位：浙江图书馆、杭州图书馆、宁波市天一阁博物馆、绍兴图书馆、温州市图书馆。（王燕萍）

【“图书馆发展与未来”国际讲习班在杭开课】 9月23日—26日，为了提升图书馆同仁对于世界图书馆事业发展趋势的认识，促进图书馆工作水平的提高，由浙江省图书馆学会、江苏省图书馆学会、上海图书馆学会、汕头大学图书馆联合主办的“图书馆发展与未来”国际讲习班在杭开课。讲习班由美国图书馆与信息资源委员会主席、美国赖斯大学副教务长兼图书馆馆长查尔斯·亨利主讲，讲课内容有图书馆馆员角色的变化、图书馆服务的技术和发展、数字时代图书馆的定位、21世纪的知识管理、未来的图书馆及大学图书馆系统中信息获取的新方式等。长三角地区共计82人参加听讲。（吴荇）

【2007浙江省公共图书馆文献采编中心工作会议在奉化市举行】 9月24日—26日，2007浙江省公共图书馆文献采编中心工作会议在宁波奉化市举行。会议由浙江省图书馆文献采编中心

主办，奉化市图书馆协办。浙江省50家省、市、县（市、区）公共图书馆100余位代表（其中包括33位馆长或副馆长）参加了会议。会议由浙江图书馆副馆长兼采编中心主任贾晓东主持，党委书记兼副馆长应长兴、奉化市文联副主席施建国致辞，省新华书店集团配供部代表与万方数据

公司浙江代表到会发言。会上对 2006 年度工作突出的单位进行了表彰。杭州图书馆、温州市图书馆和绍兴图书馆分获 2006 年度采编中心组织工作奖、数据下载奖和数据质量奖。(吴莳)

【第 3 届浙江省未成年人读书节成功举办】 10 月 20 日，由浙江省文化厅主办，浙江图书馆、桐乡市委宣传部、桐乡市文化广电新闻出版局等单位承办的第 3 届"浙江省未成年人读书

节"启动仪式在桐乡举行。浙江省文化厅副厅长金庚初等领导出席了开幕式。从 269 件作品中脱颖而出的节徽、节歌第一次亮相读书节。从 2007 年起，"浙江省未成年人读书节"开幕式定于每年 10 月的第三周周六启动，活动将持续一周。同时，每届未成年人读书节开幕式的承办单位，将通过申办制度，在全省各地县公共图书馆中产生。

本次读书节的活动主题是"寻找美丽的中华"。浙江图书馆在读书节前夕，率先推出三项热身活动——"迎奥运知识竞赛"、"青少年绿色阅读空间"推荐和新童谣征集活动。在一周时间内，全省有 40 家公共图书馆以自办和联办等方式同时同步开展了丰富的宣传和活动，组织了近 300 场各类读书活动，参与人数约 7 万。(吴莳)

【浙江图书馆 2007 年流通站工作会议在杭召开】 10 月 25 日上午，"浙江图书馆 2007 年流通站工作会议"在杭州召开。来自社区、文化站、福利院、部队、监狱等系统的各流通站代表 30 人参加。本次会议主要围绕"延伸服务、深化服务、提高社会效益"的主题，总结了 2007 年流通站工作的基本情况，探讨了 2008 年新的工作思路。它为各流通站点间的相互交流提供了一个学习和交流的平台，进一步密切了图书馆与各流通站的联系，积极发挥了流通站的桥梁和纽带作用，促进了图书馆读者服务工作的发展。(吴莳)

【"皕宋楼暨江南藏书文化国际研讨会"在湖州召开】 10 月 29 日至 30 日，由湖州市政府、复旦大学和湖州师范学院共同举办的"皕宋楼暨

江南藏书文化国际研讨会"在湖州师范学院召开。来自北京大学、清华大学、复旦大学和日本早稻田大学、大阪成蹊大学及韩国等海内外高校的专家、学者，中国社会科学院、中华书局等单位的研究专家近 100 人参会。南开大学来新夏教授、复旦大学葛剑雄教授、中国社科院王春瑜研究员、美国普林斯顿大学马泰来教授做了主题报告。与会专家学者还进行了论文交流并实地参观考察皕宋楼、潜园等。(吴莳)

【"国际图联南非会议与德国基层图书馆印象"报告会在杭举行】 11 月 2 日，浙江省图书馆学会在浙江图书馆报告厅举行"国际图联南非会议与德国基层图书馆印象"报告会，浙江图书馆副馆长徐洁介绍"第 73 届国际图联大会介绍和埃及亚历山大图书馆掠影"，省图书馆学会秘书长王效良主讲"访问德国基层图书馆印象"，来自全省公共、高校图书馆 100 余人参加听讲。(吴莳)

【全国高校图书馆第十一次期刊工作学术研讨会在杭举行】 11 月 14 日至 17 日，全国高校图书馆第十一次期刊工作学术研讨会在浙江大学

召开。来自全国近 70 所高校的 120 余位代表参加会议。北京大学图书馆馆长朱强研究馆员、南京大学叶继元教授、浙江大学副校长来茂德教授、浙江大学图书馆常务副馆长竺海康研究馆员、浙江大学图书馆副馆长高跃新研究馆员出席了会议。

本次研讨会采用专题报告、论文交流和自由发言三结合的方式，有近 10 位专家作了专题报告，有 10 多位代表在会上宣读了论文，有 4 位代表进行了自由发言。会议还进行了论文交流和自由发言。朱强研究馆员致大会闭幕词，并就"数字图书馆环境的期刊工作走向"作了重要讲话。会议达到了预期的效果，取得了圆满成功。（陈益君）

【杭州图书馆"一证通"获"群星奖"】 11 月 19 日，杭州图书馆"一证通"获中国社会文化最高奖——第 14 届 "群星奖"。群星奖是我国最高级别的常设性群众文艺政府奖，今年首次设立了针对图书馆的"服务奖"。杭州全市 9 家公共图书馆、75 家社区图书馆、14 家乡镇（村）图书馆组成图书联盟，都纳入'一证通'运行体系。全市从城市居民到农民、外来民工都可凭借书证在全市城乡所有图书馆免费借阅图书，通借通还。（吴荇）

【浙江省"古籍修复初级培训班"在杭举行】 11 月 22 日—12 月 21 日，由浙江省图书馆学会古籍与地方文献委员会、浙江图书馆和杭州图书馆联合主办的"古籍修复初级培训班"在省馆举行，由古籍修复专家潘美娣主讲和现场指导。来

自浙江图书馆、杭州图书馆及绍兴、湖州、桐乡、萧山、金华、大连等地图书馆的从事古籍修复的学员共 25 名参加了为期一个月的培训。在培训中，潘老师从修复的基本常识到古籍修复的目的、要求，具体的修复技术、技巧，深入浅出地讲解，使学员收获颇大，对古籍修复的认识有了进一步提高。（吴荇）

【全国文化信息资源共享工程南方（浙江）镜像站开通仪式在浙江图书馆举行】 11 月 25 日，全国文化信息资源共享工程南方（浙江）镜像站开通仪式在浙江图书馆举行。开通仪式由浙江省文化厅副厅长金庚初主持，文化部社图司副司长刘小琴、全国文化信息资源建设管理中心主任张彦博等相关领导出席。省文化厅厅长杨建新介绍了浙江省文化共享工程和南方（浙江）镜像站建设情况，文化部周和平副部长向共享工程浙江省分中心授全国文化信息资源共享工程南方（浙江）镜像站牌。最后周和平副部长与浙江省副省长盛昌黎共同开通了南方（浙江）镜像站。这是全国第一个同步更新的镜像站。

全国文化信息资源共享工程国家中心主站作为共享工程丰富资源的发布和展示平台，置于北方网通的环境中，南方电信用户访问文化共享工程主站时速度比较慢。随着共享工程资源日益丰富，访问人群的日益增加，访问的瓶颈越来越突出。为此，文化部提出在浙江建设南方（浙江）镜像站。浙江省高度重视镜像站项目建设，积极落实镜像站建设资金。经过努力，全国文化信息资源共享工程南方（浙江）镜像站项目于 2007 年 2 月正式立项并获得 100 万元财政专项资金支持。在国家管理中心的指导下，南方（浙江）镜像站于 2007 年 7 月开始上线试运行。近几个月的试运行表明，南方（浙江）镜像站的开通运行有效缓解了南方电信用户访问国家中心主站的网络延时问题，实现带宽分流、负载均衡，视频访问的平均响应时间由原来的 32.1 秒提升到 5.1 秒，即视频访问能力提升为原来的 6 倍，文化共享工程网站的视频服务能力因此获得了大幅度提高。南方（浙江）镜像站的开通使南方 22 个省的用户更加方便快捷地访问全国文化信息资源共享工程主站丰富的信息资源，这对于推进全国文化信息资源共享工程建设具有重要的意义。（吴荇）

【浙江省公共图书馆馆长培训班在杭举行】 11 月 26 日—30 日，由省文化厅主办，浙江图书馆承办的“浙江省公共图书馆馆长培训班（第三期馆长高级研修班）”在杭州举行，省文化厅厅长杨建新讲话，副厅长金庚初致辞，来自全省 11 个地区的 91 名馆长参加了培训班。

研修班邀请了 8 位图书馆界专家进行面对面的讲授。浙江大学信息资源管理系副主任李超平主讲“正确理解公共图书馆”，深圳图书馆馆长吴晞主讲“迈向智能化的图书馆”，《中国图书馆学报》常务副主编李万健主讲“当前图书馆的发展趋势”，浙江图书馆副馆长刘晓清主讲“浙江省文化信息资源共享工程建设与发展”、贾晓东主讲“切实加强宣传推广工作 推进公共文化服务体系建设 塑造公益讲座品牌 创新图书馆文化”、徐洁主讲“图书馆分馆、流通站建设与发展”、学会秘书长王效良主讲“中德基层图书馆之比较”、古籍部主任童正伦主讲“浙江省中华古籍保护计划”。4 天的培训学习，8 位专家的深度剖析，使大家拓展了思路，开阔了视野，获得了收益，取得了实效。（吴荇）

【浙江图书馆程小澜当选为国际图联善本手稿专业委员会常委】 在 2007 年国际图联南非德班大会善本手稿专业委员会常委会上，浙江图书馆程小澜研究馆员当选为该委员会常务委员并得到国际图联总部的批准，任期为 2007－2011 年。在本次常委会上，委员会秘书长 Jan Bos 博士对在浙江图书馆召开的 2006 年国际图联杭州会前会的工作做了总结，并介绍了该会英文版文集出版进展情况，得到与会常委们的赞同。（吴荇）

安徽省

【概况】 截至 2007 年底，安徽省有公共图书馆 85 所，总建筑面积 16.22 万平方米，阅览坐席 12 625 个；从业人员 1176 人，其中，高级职称 47 人，中级职称 283 人；总藏量 1005.99 万册（件），其中图书 822.47 万册，古籍 68.7 万册，善本 4.1 万册，报刊 149.6 万册，视听文献、缩微制品 13.5 万件，其他 2 万册；累计发放有效借书证数 22.26 万个；总流通人次 562.13 万人次，其中书刊文献外借人次 282.57 万

人次，书刊文献外借册次 447.49 册次；举办各种读者活动 1537 次，参加人次 46.94 万人次；文献购置费支出 922.7 万元，年新购文献藏量 52.36 万册；计算机 2023 台，电子阅览室终端 1005 个，网站 16 个；文化信息资源共享工程省级分中心，市、县支中心，乡镇、社区及村基层服务点总计 108 个，其中新建基层点 62 个，另与党员干部现代远程教育工程合作共建省远程教育终端站点 23 575 个，基本形成全省文化共享工程服务网络，完成全部 28 000 个站点建设的 84%，其中乡镇基层服务点覆盖率达到 98.7%。

统计数据显示，2007 年全省各级公共图书馆在新增文献藏量、接待读者人次、书刊文献外借册次、举办各种读者活动等方面较上年度均有较大幅度增长。此外，在文化信息共享工程基层网点建设和地方特色资源建设方面有较快发展，根据文化部的布置启动了安徽省古籍保护工作。各级公共图书馆坚持“读者第一，服务至上”的宗旨，以人为本，在努力改善服务的同时，不断拓宽服务领域，创新服务路径，千方百计地满足人们日益增长的文化需求，为构建公共文化服务体系和社会主义和谐社会做出了积极贡献，取得了显著的社会效益。

总体看，省图书馆、合肥市图书馆总藏量和社会服务水平相对较高，基层图书馆图书藏量和社会服务水平则较弱。2007 年，安徽省图书馆和合肥市图书馆拥有藏量 317.35 万册（件），流通人次为 200 万人次，累计发放有效借书证 5.8 万个，书刊文献外借 130 万册次，分别占全省总量的 31.8%、28.1%、26.1%和 29%。

根据文化部的最新统计数据显示，与全国公共图书馆各项人均总量指标相比，我省公共图书馆事业发展与社会经济的发展相比存在滞后现象，主要表现为总量投入不足，区域间发展不平衡。近年全省公共图书馆投入稳步增长，南部优于北部。2007 年，全省 85 个公共图书馆经费总收入为 8660.8 万元，比 2006 年增长 13.14%，其中财政拨款为 7481.6 万元，比上年增加 1625.2 万元，增长 12.77，新增藏量购置费为 922.7 万元，但经费投入不平衡问题仍十分突出。省图书馆、合肥市图书馆两个馆的财政拨款为 3240.75 万元，占全省 85 个公共图书馆财政拨款总额的 43.3%，而 70 个县级馆的财政拨款不足全省拨款总额的 30%，多数县级图书馆财政投入很少，其中有 26 个县区级馆无专项购书经费。此外，公共图书馆现有藏书品种老化，新增藏量增长缓慢，影响了综合功能的充分发挥。

在我国大力推进新农村建设的政策引导下，为改变我省部分公共图书馆存在的经费投入低、藏书量少、馆舍面积小、设施陈旧简陋、现代化装备达不到要求等落后局面，推进我省公共图书馆事业健康发展，文化主管部门省文化厅积极争取设立专项资金，为事业发展提供经费保障。2006 年，省文化厅和省财政厅联合下发了《安徽省农村文化建设专项资金管理暂行办法》（财教［2006］1010 号）文件，继省财政 2006 年投入 1000 万元农村文化专项资金后，2007 年又投入 1500 万元，对县级图书馆设立了设施维修和设备购置项目以及图书购置项目的补助。随着专项资金总数的逐年递增，对图书馆的经费支持逐步加大。

随着国家对公益性事业单位的“加大投入、转变机制、改善服务、增强活力”分类管理政策的进一步落实，各级政府和文化部门正在改变长期以来漠视公共文化服务领域的管理理念，逐步加大对公共图书馆的投入。公共图书馆作为我国构建公共文化服务体系的重要组成部分，维持其健康发展，有效运行，将会在保障社会所有成员的基本文化权益、促进人的全面发展、促进社会主义精神文明方面发挥着不可替代的重要作用。（张海政）

【安徽省文化信息资源共享工程发展概况】 2007 年安徽省文化厅、财政厅认真贯彻《文化部财政部关于进一步推进全国文化信息资源共享工程的实施意见》精神，各级政府部门对文化共享工程的重视程度进一步提高，各级财政支持力度普遍增加，支中心和基层站点建设速度加快，资源建设征集加工力度加大，试点工作稳步推进，与党员干部现代远程教育工程整合共建工作取得突破性进展，使我省文化信息资源共享工程得到了全面快速发展，提前完成了安徽省“十一五”基层服务网点的年度建设目标。

一、建立长效保障机制，加大共享工程投入

2007 年 4 月 10 日至 11 日，全国文化信息资源共享工程会议在安徽合肥召开，会议极大地推动了我省共享工程的建设步伐。会后，省文化厅多次召开专题会议研究共享工程工作，厅领导亲自带队赴全省各地调研共享工程建设情况，并与省财政厅多次会商，制定实施方案，提出市县支中心及乡镇、村基层服务点建设规划。按照“突出重点，整体推进”的思路和“加强合作，共建共享”的模式，要求各级财政建立保障长效机制，加大对文化共享工程的投入。我省在中央财政补助经费50%的基础上，省财政和县（市、区）财政对县级支中心、村级基层点建设经费各投入配套资金25%。2007年选定首批30个县、448个村推进安徽省文化共享工程建设。其中省财政对30个县级支中心共投入配套建设经费510万元，448个村级点共投入配套建设经费60万元，拨给太湖、繁昌、蒙城3个试点县30万元专项经费，省级财政总计投入共享工程经费600万元，较2006年有了大幅度增长。此外我省3个试点县县级财政投入56万元，乡镇财政投入77.25万元，村级投入38.51万元，较之2006年也有了较大增长。

为进一步贯彻落实党中央、国务院关于加大文化信息资源共享工程建设的一系列指示精神，确保完成《文化共享工程“十一五”发展规划》和《文化部财政部关于进一步推进全国文化信息资源共享工程的实施意见》部署的任务，9月29日，安徽省人民政府副省长任海深、省文化厅厅长杨果与文化部就完成2007－2010年文化共享工程基层服务网络建设任务签署了责任书，进一步明确了省政府承担文化信息共享工程的工作和责任。

二、弘扬地方特色文化 加强资源建设力度

安徽省分中心在地方特色资源建设方面，以安徽省文化资源和省图书馆文献资源为依托，积极建设有安徽特色的数字资源库。2007年初，省分中心制定了《安徽省图书馆“十一五”地方特色资源数据库建设规划》，以“安徽记忆”为主线，尽力搜集、整理、保存安徽特色文献信息资源，加快专题数据库建设和特色文献数字化，达到资源共建共享目的。为了弘扬安徽地方特色文化，省分中心与全国文化信息资源建设管理中心签订了资源共建共享协议，启动建设国家级专题数据库《徽州建筑》。

省级分中心继续加强地方戏剧征集工作，2007年从安徽黄梅戏剧院、安徽文化音像出版社等单位，征集黄梅戏、徽剧、泗州戏等各类地方戏曲视频资源400多部；对资源资料认真验收、备份、授权、推荐，报送国家中心审查；全年制作有自主知识产权的数字资源640MB；向国家中心报送资源507部，1100小时。此外，省分中心通过自建、外购等方式，全年共获得数字资源约8TB，加上历年加工积累资源，总量已达15TB。

三、整合共建资源共享 快速扩建基层站点

按照文化部、财政部文件要求，文化信息资源共享工程村级基层点采用依托现有资源，合作共建，资源共享的模式，加快推进。村级基层点依托农村党员干部现代远程教育工程（以下简称“农远”），整合共建。为了进一步完善合作共建机制，安徽省文化厅积极争取省委组织部支持，在“农远”“先锋在线”播出平台开设了文化共享工程专栏，在所有乡镇、村和街道、社区的远程教育终端接收站点加挂文化共享工程基层网点标牌，实现了文化共享工程与“农远”工程互联共享。2007年，省分中心已向省委组织部党员干部现代远程教育中心提供视频资源298部，容量302.7GB，时间483.7小时。包括经典影视、系列讲座、舞台艺术和农业技术等4大类15个子类的节目。实现了文化信息资源共享工程和全省党员干部现代远程教育资源共建共享，实现“先锋在线”前端平台播出。

2007年11月省委组织部、省文化厅、省财政厅会签《关于加强全省党员干部现代远程教育与文化信息资源共享工程资源整合工作的通知》（组通字［2007］39号）印发全省，此举标志着我省文化共享工程与党员干部现代远程教育整合共建工作取得突破性进展。(张海政)

【安徽省图书馆编著出版图书资料系列“以考代评”培训教材】 2007年1月，受省人事厅、省文化厅的委托，由安徽省图书馆组织有关专业技术人员编著的安徽省图书资料系列培训教材——《图书馆工作概论》、《信息组织》、《信息检索》，由安徽科学技术出版社正式出版。该教材是我省人事厅组织的中级以下职称“以考代评”的指定教材。新出版的教材根据图书馆学科的进展、立足当前图书馆实际工作的需要，在2003

年版教材的基础上，对其内容和结构进行了大幅的增补和修订，内容新颖实用，适合图书馆工作者业务学习、岗位培训及职称评定之用。（武巍泓）

【省图书馆创办《文化剪报》】 2007年2月，由安徽省图书馆主编的《文化剪报》正式创刊。这是一份省图书馆利用丰富的馆藏报刊和网络资源剪辑汇编而成的内容丰富、独具特色的文化剪报，旨在帮助读者在眼花缭乱的信息海洋里，高效准确地找到自己需求的文化信息。《文化剪报》一经问世，即受到社会各界的广泛关注和好评，安徽省人大常委会副主任张春生、安徽省政协副主席战秋萍等纷纷为《文化剪报》题词。截至2007年12月，已编辑《文化剪报》11期，编发文章300多篇，内容涵盖各级领导对文化工作的指示、国内外文化动态、文化政策、地方文化以及国内外图书馆介绍等。（武巍泓）

【文化部副部长周和平视察省图书馆】 2007年4月9日上午，文化部副部长周和平在安徽省文化厅厅长杨果、副厅长田传江的陪同下视察了省图书馆。在观看了省图书馆摄制的《共享工程在安徽》专题资料片后，对安徽省在共享工程建设方面所做工作及取得成绩给予了充分肯定，并就文化信息共享工程发表了重要讲话。周部长强调，党中央、国务院高度重视文化共享工程建设，"十一五"期间，中央财政决定投入24.7亿元用于工程建设，这是新中国文化建设史上前所未有的大事。而建设文化共享工程主要是依托各级公共图书馆，省图书馆作为共享工程省级分中心，承担着站点建设、资源建设、人员培训等任务，省级分中心今后要加大资源建设的力度，把丰富的地方文献集中起来，积极为农民朋友提供实用的农业种植、养殖等信息，为农民致富奔小康，缩小城乡文化信息鸿沟发挥更大的作用。周和平副部长一行还参观了省馆的中文期刊阅览室、历史文献部、计算机网络中心、信息咨询部及电子文献阅览室。（武巍泓）

【安徽省图书馆举办破损书展览】 2007年4月23日，为纪念第12个世界读书日，倡导利用图书、爱护图书、文明阅读的风尚，安徽省图书馆举办了破损书展览。此次展出的是从本馆藏书中选出的破损程度较重、具有典型破损性的图书，共40余种。其破损的主要特征有：在书上勾勾划划、将精彩段落或画面撕掉或"开天窗"等。展览吸引了众多读者，使他们深受触动，纷纷留言，提倡文明阅读，大家共同珍爱公众的精神家园，展览为杜绝此类现象的发生起到了很好的宣传教育作用。世界读书日举办的这项活动还引起了媒体的广泛关注，纷纷给予了报道，中央电视台早间新闻也进行了播报。（武巍泓）

【省图书馆与解放军73181部队政治处开展军民共建】 2007年4月27日上午，省图书馆与解放军73181部队政治处在南京举行了军民共建协议签字仪式。签字仪式由省图书馆副馆长林旭东主持，73181部队政治处干事汪星海首先宣读了《军民共建协议书》，省图书馆馆长易向军、73181政治处主任公举东分别在《共建协议书》上签字。在签字仪式上，省图书馆向73181部队首批赠送500册图书和1000册期刊。根据共建协议，省图书馆将充分发挥信息资源优势，积极主动开展科技拥军、文化拥军、智力拥军活动，协助部队建立图书阅览室，在"五四"、"八一"等重大节日，开展拥军优属活动；部队则通过上党课、组织参观等形式，为省图书馆员工进行国防教育、革命传统、艰苦创业及学习"南京路上好八连"等宣传教育活动提供帮助。开展军民共建对促进军队与地方精神文明、物质文明和政治文明建设，加强双方队伍建设和服务创新发挥重要的作用。（武巍泓）

【安徽省图书馆借阅部被授予"青年文明号"称号】 2007年5月，在安徽省直机关开展的"青年文明号"创建活动中，省图书馆团支部与借阅部按照省直机关创建活动要求，团结协作，密切配合，加强规范管理，强化读者服务意识，开展了"岗位能手"等各项创建活动，得到了省直机关青年文明号考核组的充分肯定，被授予"青年文明号"称号。（武巍泓）

【安徽省图书馆被命名为爱国主义教育基地】 2007年5月，安徽省图书馆被省委、省政府命名为第三批爱国主义教育基地。爱国主义教育基地是对广大群众和青少年进行爱国主义教育的重要场所，安徽省图书馆多年来致力于社会教育职能的拓展和完善，本基地的设立对省图书馆进一步挖掘爱国主义教育基地的内涵、开拓爱国主义教育基地的功能，将起到积极的推动作用。（武巍泓）

【省图书馆举办新闻媒体座谈会】 2007年5月28日下午，省图书馆在“2007年图书馆服务宣传周”期间举行了新闻媒体记者座谈会，来自本省多家主流媒体的新闻中心主任和记者共12人出席座谈会。会议由阚华副馆长主持，张海政副馆长和林旭东副馆长分别介绍了近年来的工作和开展图书馆宣传周活动的一些情况。本次座谈会围绕着如何宣传图书馆，让更多的人走进图书馆、利用图书馆，推动学习型社会的形成，共建和谐社会等议题进行座谈。与会者踊跃发言，积极建言献策，对省图书馆的读者工作及举办宣传周等活动提出了许多宝贵意见和建议。其中“读者群调查”、“电子刊物的购买和开放”、“纸质文献的数字化建设”、“新安百姓讲堂品牌的做大、做强”等建议已经列入省图书馆2008年工作计划。（武巍泓）

【安徽省图书馆与合肥市五一小学联合举办首届校园读书节】 2007年5月31日，安徽省图书馆与合肥市五一小学联合举办的首届校园读书节圆满结束。此次活动的主办双方利用省图书馆在五一小学设立流动阅览室的藏书资源，开展了多种形式的读书活动，并评选出11名“读书小明星”、60名“读书小能手”。通过历时一个月的校园读书节各项活动的开展，扩大了同学们的阅读视野，培养了他们快乐阅读的兴趣，促进了校园读书氛围的形成。（武巍泓）

【全国第一期文化行业职业技能鉴定考评员培训班在安徽黄山举办】 2007年6月23日至25日，由文化部、劳动和社会保障部联合主办的全国第一期文化行业职业技能鉴定考评员培训班在安徽黄山举办，来全国各地的134名首批预备考评员参加了培训，安徽省图书馆有11名业务骨干参加了培训。通过两天的密集培训，使参加此次培训的学员对此项制度的推行有了一定的认识和了解，并初步掌握了文化行业职业技能鉴定的主要内容和操作方法。（武巍泓）

【省图书馆举办“南京路上好八连先进事迹展”系列活动】 2007年7月25日—8月5日，为纪念中国人民解放军建军八十周年，以“飘扬的旗帜，时代的楷模”为主题的“南京路上好八连先进事迹展”在安徽省图书馆隆重举行。本次展览由安徽省文化厅、中国人民解放军73181部队联合主办，安徽省图书馆承办。展览共展出图片80余幅，反映了连队在不同历史时期继承和发扬我党我军艰苦奋斗优良传统并不断赋予新的时代内涵的感人事迹。“南京路上好八连先进事迹展”在社会各界引起了强烈反响，据统计，有30多个团体近万人参观了展览。

为配合“南京路上好八连”先进事迹展，省图书馆还举办了“好八连”先进事迹报告会、“南京路上好八连”皖籍老战士座谈会、“弘扬和培育好八连精神”少儿主题活动、“新时期艰苦奋斗大家谈”有奖征文等系列活动。在省图书馆结束了本次展览在后，还组织“南京路上好八连”先进事迹展在全省公共图书馆进行了为期4个月的巡展。举办“南京路上好八连先进事迹展”，开展军民共建活动，是安徽省图书馆开展延伸服务的具体体现，也是图书馆职能的进一步延伸。（武巍泓）

【省图书馆在农民工子女集中的学校开设流动图书馆网点】 2007年9月10日，省图书馆在江淮航空仪表厂学校开设图书馆网点正式揭牌开放，首批由该校老师精心挑选的、符合学生兴趣爱好的各类图书已进入学校图书馆，其中的400册图书可定期到省馆进行调换，让省图书馆的丰富藏书源源不断的流进校园，以满足学生们的阅读需要。江淮航空仪表厂学校，现有学生700多名，其中85%为农民工子女。为了将关爱农民工子女教育落实到行动上，充实完善该校图书室的藏书，引领学生多读书、读好书，省图书馆专门在该校建立了全省首个农民工子女流动图书室。（武巍泓）

【安徽省古籍保护试点工作正式启动】 2007年9月17日上午，安徽省文化厅在省图书馆举行了安徽省古籍保护中心揭牌仪式。仪式由省文化厅社文处处长丁光清主持，国家古籍保护中心办公室主任陈红彦、省文化厅副厅长田传江先后致辞，并为安徽省古籍保护中心揭牌。仪式后，陈红彦一行对安徽省古籍保护工作进行了督查指导，安徽省古籍保护试点工作正式启动。

安徽省古籍保护中心设在安徽省图书馆，中心主要职责：行使全省古籍普查登记中心的职能；对全省公共图书馆、博物馆和教育、宗教、民族、文物等系统的古籍收藏和保护状况进行全面普查；为全省范围的古籍普查登记提供培训和业务指导；组织专家对安徽所藏珍贵古籍进行定级；配合文化厅在全省范围内开展《国家珍贵古籍名录》和“全国古籍重点保护单位”的评审、申报工作，公布《省级珍贵古籍名录》及命名“全省古籍重点保护单位”；建立安徽省古籍联合目录和古籍数字资源库；为古籍保护厅际联席会议提供普查成果和数据分析成果；加强古籍修复工作等。安徽省古籍保护中心的成立对于挖掘本地区的古籍资源、加强古籍保护工作的力度和范围，更好地传承保存人类文化遗产起到积极的推动作用。（武巍泓）

【“新安百姓讲堂”举行百场庆典活动】 2007年9月22日下午，由安徽图书馆与“新安晚报”社联合主办的大型公益讲座——“新安百姓讲堂”百场讲座庆典活动在安徽省图书馆东二楼报告厅隆重举行。省文化社文处领导、双方主办单位的领导、讲座主讲嘉宾代表及社会各界听众共300余人出席了庆典活动。庆典活动由省图书馆副馆长张海政主持，庆典活动上，播放了省图书馆制作的“百场讲座回眸”短片，并向由听众推荐产生的“最受听众欢迎的主讲人”、“最受听众欢迎的讲座主题”、“最佳公益合作单位”的主讲嘉宾代表、合作单位进行了颁奖，主讲嘉宾和听众代表发表了感言，最后安徽省图书馆馆长易向军、《新安晚报》社总编丁传光也发表了热情洋溢的讲话，并表示双方要进一步合作，齐心协力将新安百姓讲堂越办越好，奉献给广大听众更多更好的讲座。（武巍泓）

【“新安百姓讲堂”获文化部第十四届群星奖服务奖】 2007年11月，由安徽省图书馆与《新安晚报》社联合举办的大型公益讲座——“新安百姓讲堂”获文化部第十四届“群星奖服务奖”，这是省图书馆首次获得的政府最高奖项。“新安百姓讲堂”自2006年3月诞生以来，截至2007年底，已推出100多场讲座。内容涉及人文历史、文化艺术、医疗保健、家庭教育、投资理财、文物收藏、法律保护等。因讲题关注社会问题，贴近百姓生活，受到了社会各界的大力支持和广大听众一致好评，直接听众近3万人次。为了让更多的听众共享讲座资源，省图书馆还将讲座内容以视频形式挂接到网页上，供远程读者点播收看。（武巍泓）

【安徽省图书馆与安徽大学联手共建实习基地】 2007年12月7日下午，“安徽大学安徽省图书馆实习基地”揭牌仪式在安徽省图书馆举行，双方签署了共同建立实习基地和在职培训基地协议。该基地的建立主要是为安徽大学图书馆学、信息管理、档案学和历史学专业提供满足教学实践需要、具有一定规模并相对稳定的实习场所，同时安徽大学也将成为安徽省图书馆的在职培训基地，定期对安徽省图书馆的工作人员进行在职培训。安徽省图书馆与安徽大学长期以来有着良好的合作关系，此次共建实习基地对推动双方友好合作、联合开展科研活动搭建了平台。（武巍泓）

【文化部周和平副部长第三次视察合肥市图书馆】 2007年4月9日上午，文化部副部长周和平在安徽省文化厅厅长杨果、副厅长田传江、合肥市副市长张雪平、合肥市文化局局长黄先明等领导同志的陪同下视察了合肥市图书馆，并为合肥市文化信息资源共享工程合肥市中心进行了揭牌。

周和平副部长非常关心合肥市图书馆的建设和发展，早在新馆建设初期就亲临工地视察，此次是第三次来到合肥市图书馆。在合肥市有关方面负责人的陪同下，周和平副部长参观了合肥市图书馆的地方文献阅览室、古籍阅览室、电子阅览室。在参观电子阅览室时，周和平副部长详细询问了文化资源共享工程在安徽的进展情况，并亲自上网查询全国文化信息资源共享工程“国家中心”、“安徽省分中心”和“合肥市分中心”

网站。周和平副部长对合肥市图书馆的对社会服务工作以及文化信息资源共享工程建设给予了充分的肯定，他在视察中指出：文化信息资源共享工程要“搞好社会化服务，使文化信息资源共享更贴近大众，为更多人的服务”。（凌波）

【合肥市图书馆免费举办老年读者电脑培训班】 2007年10月22日至12月24日，合肥市图书馆举办了“夕阳红——老年人电脑培训班”，200多名老年读者参加了本期培训。夕阳红电脑培训班是市图书馆针对老年读者朋友举办的大型公益性活动，旨在为爱好电脑的老年朋友提供一个普及电脑基础知识的平台。截至2007年底，夕阳红电脑培训班已举办了11期，共有500多位老人接受了培训。电脑基础培训使老年朋友对电脑的基础知识有所了解，体会到了学习电脑的乐趣，有了与网络亲密接触的机会。（凌波）

【合肥市图书馆举办“新善本”讲座反响热烈】 2007年11月6日下午，应合肥市图书馆之邀，国家图书馆善本部副研究馆员赵洁敏老师在合肥市图书馆报告厅做了一场《浅谈新善本的由来、现状与发展》的讲座。来自合肥地区各系统图书馆的工作者及古籍文献收藏爱好者100多人聆听了本次讲座。

赵洁敏老师从事善本研究工作多年，专业理论深厚，实践经验丰富。讲座中她用生动的语言，结合大量的案例向听众讲解了有关“新善本”的知识。新善本的收藏范围是从辛亥革命至中华人民共和国成立之前的书刊资料及名人手稿、书札等。新善本记录了近代中国历史的变迁，极具历史研究价值。（凌波）

【合肥市图书馆举办克里斯托弗·哈丁教授钢琴音乐讲座】 2007年9月18日，合肥市图书馆与美国驻沪领事馆联合举办了“美国音乐　美国特色——克里斯托弗·哈丁教授钢琴音乐讲座”。哈丁教授以现场演奏与互动讲述的形式展示了构成美国文化的要素及多元文化对美国古典音乐的影响，他运用世界通行的音乐语言，通过演奏美国著名作曲家格什温、亚伦·科普兰、塞缪尔·巴伯和威廉·包尔康所作的钢琴曲，表现出美国音乐中蕴涵的激情与活力，率直的情感与价值观，以及不同地域对美国音乐的影响。前来聆听音乐讲座的有专业文艺工作者、高等院校的师生以及合肥地区的音乐爱好者。广大听众还积极与哈丁教授进行了互动交流。（凌波）

【马鞍山市图书馆新馆开工建设】 马鞍山市图书馆新馆选址位于新规划的市政广场，建筑面积19 000平方米，由澳大利亚TMG公司设计，投资过亿元。预计2007年年底主体工程完工，2008年年底投入使用。（贾莉）

【太湖县文化信息共享工程扎实推进 基层站点社会服务效益显著】 2007年，太湖县在加快经济发展的同时，把文化信息资源共享工程作为加强农村精神文明建设、传播科学文化知识、提高农民素质的重要工作，扎实推进。截止到2007年底，太湖县支中心已达国家一级标准，建成了26平方米的主控机房、30台计算机的电子阅览室和县图书馆网站，共接待读者21 600人次。全县已有15个乡镇、19个行政村建立了基层站点，并于2007年7月投入正常运行。

此外，文化共享工程太湖县支中心还成立了文化共享工程服务小分队，大力开展进机关、下基层服务活动。为县直部门会议服务20余次，利用节假日为老年大学、老年公寓、武警中队、消防中队、新城小学、太湖二小等单位服务20余次。每周在县图书馆多功能厅播放爱国主义教育影片3场，共接待少儿读者2000余人次，举办“共享工程服务幼儿家长”讲座10场。太湖县共享工程开展的一系列活动，受到了社会各界的欢迎和好评。（周盛华）

【繁昌县图书馆整合共享工程基层点与基层图书室网点】 2007年10月，繁昌县图书馆尝试将文化共享工程村级服务点与农村基层图书服务网点融为一体，即一个活动场所两块牌子，一个平台多项内容。通过这一整合，不仅丰富了农村文化生活，同时也大大提高了两个基层网点的工作效率。特别是随着“农家书屋”工程的推进，将文化共享工程资源融入农村文化工作将是一项值得探索的有意义的工作。（管霞）

【安徽中医学院西校区图书馆新馆建成并投入使用】 2007年10月24日，安徽中医学院图书馆西校区新馆经过两年多时间的建设，并经过图书搬迁整理，正式对外开放。新馆于2007年1月正式交付使用，该馆总投资为2000万元，建筑面积9400平方米，共分五层。该校新馆的建成开放，为西校区师生员工的教学科研活动提供了丰富的文献资源和优质服务保障。（张海政）

【黄山学院旅美校友袁木松捐赠母校千箱外文图书】 2007年3月5日—6日，黄山学院旅美校友袁木松向母校捐赠外文原版书籍，共计1100箱，39 211册，极大地丰富了黄山学院图书馆的外文馆藏。所赠书籍全部是英文版，主要有经典文学名著、美国现当代文学，还有大量的工具书以及经典杂志，如著名的美国《国家地理杂志》《读者文摘》合订本等。4月11日袁木松再次回国，应邀来到母校，校党委书记汪良发、副校长汪大白亲切会见了袁木松，盛赞他的慷慨奉献之举，并计划在即将竣工的逸夫图书馆为这批捐赠书籍设立专门馆藏外文书室。（张海政）

【《大学图书情报学刊》百期华诞座谈会在安徽大学图书馆召开】 2007年4月16日安徽省高校图工委在安徽大学图书馆召开了《大学图书情报学刊》（以下简称《学刊》）百期华诞座谈会。安徽省教育厅、安徽省新闻出版局、安徽省科技厅情报所领导以及部分在肥编委、专家和编辑部全体人员出席了会议。会议由《学刊》执行主编许俊达教授主持。他回顾了《学刊》的历史发展与改革，通报了刊物目前的状况，指出《学刊》在大家的共同努力下，影响因子不断上升，被引因子、即年指标、年载文量和被下载率、装帧、编辑规范、获奖等项指标不断进步，是华东高校唯一全国公开发行的图情专业学术期刊，已经处于遴选核心刊之列。他还指出了《学刊》与同类核心期刊的差距，提出了提高改进的思路和措施。百期是一个里程碑，《学刊》将集思广益，共谋发展，步入下一个百期。教育厅高教处汤仲胜副处长、省新闻出版局报刊处向鲁渤副处长、科技厅赵今明副所长纷纷对《学刊》百期华诞表示祝贺，希望刊物在大家的共同努力下，不断提高《学刊》的学术水平，越办越好。（张海政）

【著名作家王蒙莅临考察安徽师范大学敬文图书馆】 2007年5月14日，中国当代著名作家王蒙先生，在副校长余淑珍、文学院副院长胡传志、诗学研究中心主任丁放及图书馆馆长庄华峰等人的陪同下，参观考察了新落成的安徽师范大学敬文图书馆。该校“敬文图书馆”的馆名由王蒙先生亲笔题写。当得悉新馆建设得到了香港朱敬文教育基金会1000万元的慷慨捐助，故冠名“敬文图书馆”时，王蒙先生一行特地在朱敬文先生塑像前合影留念，以表达对朱老先生的缅怀和尊敬。（张海政）

【蚌埠医学院图书馆积极探索发挥图书馆教育功能的新途径】 2007年由蚌埠医学院图书馆老师指导的、挂靠在图书馆的“大学生医学探索研究会”，荣获安徽省大学生“挑战杯”科技作品竞赛二等奖1项、三等奖2项。研究会于11月还举办了首届科技周、论文征集、优秀论文评选及表彰活动，共评选出优秀论文12篇，较好地发挥了图书馆教育功能。（张海政）

【滁州学院图书馆与同济大学图书馆联合举办“部主任和业务骨干培训班”】 2007年7月20日—21日，滁州学院图书馆与同济大学图书馆联合在滁州学院举办了为期两天的“部主任和业务骨干培训班”。同济大学图书馆馆长慎金花教授、滁州学院图书馆馆长梁辉教授等4位专家分别就图书馆学研究、图书馆管理和服务作了专题报告。这种跨省联合培训员工的模式，既增进了兄弟馆员之间的交流和合作，也加深了馆际之间的学术研究和办馆经验的交流。（张海政）

【安徽大学磬苑校区4万多平方米新馆投入使用】 2007年9月，安徽大学磬苑校区4万平方米的新馆文典阁图书馆主体完工交付使用，经过1个多月的搬迁整理，开始试运行对外开放，试运行阶段首先开通了网络和借还服务。新馆建筑大气，美观实用，设有学术报告厅、会议室、电子阅览室、8个大型图书报刊阅览室和5个普通阅览室，拥有阅览座位4000余席。（张海政）

【"徽州文书管理系统"研制成功并投入使用】 2007年9月，由黄山学院图书馆特藏部徽州文化资料中心与电脑系教师共同研制开发的"徽州文书管理系统"正式投入使用，其良好的查询和检索功能，为学校徽州文化的研究工作提供了便利。特藏部徽州文书整理工作也取得了重大进展。目前已整理出徽州文书40 000余份，编辑出版《中国徽州文书》工作正在准备中，预计2008年初将出版民国卷10册。（张海政）

【铜陵学院图书馆在铜陵市第4届社会科学文学艺术奖评选中2人获奖】 2007年9月，在铜陵市第4届（2004—2006年）社会科学文学艺术奖的评选中，铜陵学院图书馆张寒生研究馆员所著《当代图书情报学方法论研究》（合肥工业大学出版社出版）一书获一等奖；王伟赞馆员撰写的《高校图书馆特色资料库建设标准刍议》（载《情报资料工作》）一文获三等奖。（张海政）

【淮北煤炭师范学院图书馆开展大型读书活动】 2007年10月至12月，淮北煤炭师范学院图书馆开展"以弘扬传统美德 共建和谐校园"为主题的第17届大型读书活动，推荐阅读书目160多种。活动共收到读书心得征文645篇，期间图书馆还组织举办了读书报告会，在大学生中起到了很好的读书引导作用。（张海政）

【联合国副司长翁盈盈访问安徽师范大学敬文图书馆】 2007年11月13日，联合国副司长翁盈盈夫妇，在校党委副书记余淑珍、图书馆馆长庄华峰等人的陪同下，参观访问了安徽师范大学敬文图书馆。在图书馆举行了简朴隆重的赠书仪式，翁司长向图书馆赠送了英文原版图书，庄华峰馆长将亲笔书写的"大爱至上"书法作品回赠给翁司长夫妇。翁司长并参观了敬文图书馆古籍、特藏、社会科学等阅览室。（张海政）

【安徽工程科技学院图书馆开展第二届图书馆读者服务宣传月活动】 2007年11月1日至12月13日，安徽工程科技学院图书馆开展了以"共建和谐，享受阅读"为主题的第二届图书馆读者服务宣传月活动。先后组织了"利用图书馆知识"讲座、"图书馆文明用语有奖征集"、"我喜欢的一本好书"推荐、"书法、绘画、摄影"比赛、"利用图书馆基本知识"竞赛等活动，并向读者提出"爱护图书、阅读无痕"倡议，持续6周的内容丰富的读者服务宣传月活动达到了预期的目的。（张海政）

【淮北煤炭师范学院图书馆开展2007图书馆服务质量月活动】 2007年12月，淮北煤炭师范学院图书馆开展了为期一个月的以"服务、和谐、发展"为主题的"2007图书馆服务质量月"活动，通过问卷调查、座谈会、学术讲座、馆长接待日、有奖征文等系列活动，进一步加强图书馆与读者的沟通，深化"读者第一、服务至上"理念，提高工作人员业务素质，增强服务意识，提高为教学科研服务的质量。（张海政）

【安徽省高校图书馆第10届期刊工作暨学术研讨会在安徽太湖县召开】 2007年4月18日至20日，安徽省高校图书馆第10届期刊工作暨学术研讨会在安徽太湖县召开，来自省内外的业界代表共63人参加了会议。开幕式上，安徽省政协常委、教育厅原厅长、图工委主任陈贤忠到会讲话。本次研讨会征文活动得到了来自省内外图书情报单位的作者积极响应，纷纷踊跃投稿，经组织专家认真评选，共评选出了一等奖4篇、二等奖8篇、三等奖12篇、优秀奖10篇。其中10位获奖论文作者在会上宣读了论文。代表们在会上就期刊工作的管理模式、期刊与文献资源共享等问题进行深入讨论和交流，并对期刊专业委员会将来的工作提出了一些建议。会议期间还举行了由与会的馆长和期刊委员会委员参加的期刊专业委员会的工作会议，就期刊专业委员会的成员单位设置、委员调整方法以及全省高校图书馆优秀期刊工作者评选事宜展开了热烈讨论。（张海政）

【安徽省高校图书馆2007馆长年会在阜阳市召开】 2007年5月16日至18日，安徽省高校图书馆2007馆长年会在阜阳市召开，全省86位代表参加了会议。图工委副主任兼秘书长许俊达教授作了题为"和谐·建设·发展"的报告，并对图工委2006年度的工作做了总结，宣布组建文献资源建设、信息技术、用户研究与服务等7个专业委员会。图工委副主任、安徽师范大学图书馆馆长庄华峰、皖西学院李平副馆长、安徽水利水电职业技术学院副馆长丁传奉分别作了“以人为本服务创新”、“新升本院校水平评估与图书馆建设”、“高职高专院校水平评估与图书馆建设”的主题报告。与会代表还深入探讨了文献资源建设、创新服务体系、全省高校文献资源共享、各专业委员会机构建设等问题。会后全体代表参观了阜阳师范学院图书馆。（张海政）

福建省

【概况】 据统计2007年全省34个市县区公共图书馆馆舍总面积93 281.3平方米，平均每个图书馆2743.57平方米；其中2个图书馆新建馆舍，新馆舍总面积4000平方米。2007年总经费2990.05万元(其中财政拨款2184.6万元，社会捐助72.6699万元)，平均每个图书馆87.94万元；其中文献资源建设费728.65万元，占总经费24.37%；自动化建设（含硬件、软件）253.17万元，占总经费8.47%。至2007年底，34个市县区公共图书馆在编人员305人，平均每个图书馆8.97人，其中大专以上人员225人，占总人数73.8%。

福建省联合编目中心目前有60家成员馆，全省公共图书馆可全部免费使用省编目中心的MARC数据。2007年福建省图书馆与维普全文电子期刊、万方数字化期刊等大型数据库继续签订了全省公共图书馆共享的网络版使用权，有105家公共图书馆和共享工程基层服务点签订协议，免费参加资源共享。

至2007年底，受福建省文化厅委托，共享工程福建省分中心（设在福建省图书馆）已加工征集非物质文化遗产、优秀戏曲节目等资源57部，容量188.1G；加工讲座资源18部，容量73.8G；自建新闻、歌舞、戏曲资源容量322.9G。这些特色资源多根据共享工程国家中心数字资源标准要求制作，已成为福建省分中心特色资源重要组成部分。共享工程基层建设方面，2007年福建省共有187个基层示范点，其中50个为国家财政资助示范点。

至2007年底，福建省图书馆有馆外流通点35个。福建省图书馆与福建省社科继续联合开办“社会科学周末讲坛”，邀请省内外专家学者到省图书馆举办专题讲座。2007年福建省图书馆共举办馆内外公益讲座84场，其中46场拍摄录像，并与讲演者签订相关知识产权协议，将制作成数字资源报送共享工程国家中心实现全国共享。其他市县区公共图书馆也积极开展延伸服务。

福建省图书馆长期举办武汉大学图书馆学本科班（专升本，函授），2007年尚有30名学员在读。2007年福建省图书馆共举办各种类型业务培训（研讨）班5期，培训人数近400人。（福建省图书馆学会秘书处）

【福建省图书馆获“全国教科文卫体系统模范职工之家”等荣誉称号】 2007年1月，福建省图书馆工会被中国教科文卫体工会全国委员会评为“全国科教文卫体系统模范职工之家”；2007年11月福建省图书馆“闽图周末讲座”荣获国家文化部“全国第14届群星奖（公共图书馆服务奖）”；2007年12月福建省图书馆辅导部、协调部、台湾文献研究室工会小组被评为“福建省模范职工小家”；2007年3月福建省图书馆妇委会被福建省文化厅直属机关妇委会评为“2004—2006年度先进妇女组织”。（福建省图书馆学会秘书处）

【福建省图书馆积极开展讲座、展览等各类文化活动】 2007年里，福建省图书馆进一步拓展公益文化服务功能，提升服务水平，积极组织开

展讲座、展览和各类读者活动。在省文化厅的领导下，积极与省社科联、省文联、省委宣传部、市委宣传部、省妇联、市妇联、各高校和各类社

会团体广泛合作，全年共举办馆内外讲座、展览和各类文化活动108场（讲座85场，展览15场，文化活动8场）。其中专题文化活动包括纪念2007年4·23“世界读书日”活动：“海西和谐之春——美文篇经典诵读”；配合福州市委宣传部、福州市精神文明办举办“福州十大名片”摄影展及开幕仪式；纪念中国第二个文化遗产日活动；配合福州市民族宗教局、福州市妇联举办“城乡手牵手，民族心连心”夏令营省图站活动；纪念福建省“9·28终身教育日”活动等，直接受益读者达32 400余人次，获得了社会广泛好评。2007年5月在省文化厅团委与闽侯县善恩园师生开展的“阳光文化，春满人间”主题活动中，省图书馆团总支还将善恩园纳入省图少儿分馆定点流动图书站，定期开展送书活动。（福建省图书馆学会秘书处）

【福建省图书馆与省社科联联办“东南周末讲坛”】 为贯彻落实《福建文化强省建设纲要》和

《福建省文化发展“十一五”规划》，2007年福建省图书馆与福建省社科联积极协商达成共识，联合打造“东南周末讲坛”，向社会公众普及哲学社会科学知识，提高人民群众的社会科学素养，先后推出了“易经与中国传统文化”系列、“文学鉴赏”系列、“古典诗词鉴赏”系列、“福建海洋文明”系列、“船政文化”系列、“《红楼梦》与人生”系列等。此外还与其他有关单位联合举办各种公益讲座，一批大众喜爱的主讲人脱颖而出，专家学者的学术成果得到更大范围传播。为此福建省图书馆的“闽图周末讲坛”2007年获文化部“群星奖”公共图书馆服务奖。（龚永年）

【福建省图书馆举办海西和谐之春——纪念4.23“世界读书日”文化活动】 2007年4月23日是第12个“世界读书日”，为倡导全民阅读，构建海峡西岸学习型社会，福建省图书馆与有关单位联合举办了一系列文化活动，如与福建老年大学摄影家协会在省图书馆大厅联合举办首届“读书乐”摄影展览，再现人们爱读书、痴读书、乐读书的美好瞬间；与福建海峡朗诵艺术团在省图书馆多功能厅联合举办“海西和谐之春——‘美文篇’经典诵读”，弘扬中华民族优秀传统文化，培育民族精神。（福建省图书馆学会秘书处）

【福建省图书馆举办2007年度图书馆服务宣传周活动】 5月28日至6月3日，福建省图书馆隆重举办2007年度图书馆服务宣传周活动，本次活动主题是“延伸服务，深化服务，提高社会效益”。主要内容有：

1. 省图书馆仓山监狱分馆挂牌开放。2007年5月25日，由福建省图书馆与福建省仓山监狱共同建立的福建省图书馆仓山监狱分馆正式挂牌开放。省图书馆郑一仙馆长、郑智明副馆长出席了开馆仪式。

2. 省图书馆肢残人分馆举行延伸服务讨论座谈会。2007年6月1日，省图书馆外借部在省图书馆肢残人分馆举行延伸服务讨论座谈会，传达全国公共图书馆延伸服务工作会议精神，针对分馆服务、流动服务和网络服务等工作征求肢残人读者的意见和建议，为进一步做好延伸服务搜集信息，开展宣传。

3. 为读者免费开放电子阅览室。5月28日至6月3日，省馆自动化部免费为读者开放电子阅览室，提供省馆收藏的电子书刊（包括万方数字化期刊、维普全文电子期刊、书生之家全文图书、国研网数据库等）以及全国文化信息资源共享工程提供的视频讲座、影视戏曲等资源。

4. 新书推荐。5月底至6月在省馆科技图书阅览室走廊利用墙报制作一期“读书乐”专栏，在中文社科图书阅览室内开辟“好书新书推荐专栏”。

5. 开通“闽台文化”专题栏目。省馆台湾文献研究室利用海西文化信息网平台，开通“闽台文化”专题栏目，为读者打开一扇了解海峡两岸文化历史渊源的窗口。

6. 讲座、展览活动。

7. 闽台家谱及古籍文献展。6月9日至11日在省图书馆特藏部中文古籍与地方文献阅览室举办。(福建省图书馆学会秘书处)

【福建省图书馆开展第二个中国文化遗产日宣传活动】 2007年6月9日是第二个中国“文化遗产日”，福建省图书馆举办了以“保护文化遗产，构建和谐社会”为主题的系列活动。包括“福建省非物质文化遗产的生态环境——宗教、信仰、民俗”知识讲座，“福建省非物质文化遗产的生态环境”图片展览，“台湾史学家、作家秦风：《跨越海峡》——老照片解读”讲座和“闽台家谱及古籍文献展”等，以增进全社会对文化遗产的认识，提高公众的文化遗产保护意识。(福建省图书馆学会秘书处)

【福建省图书馆积极参加第2届“福州读书月”活动】 福州市第2届读书月活动于2007年9月28日孔子诞辰纪念日拉开序幕，福建省图书馆积极响应，联合《福州晚报》社举办“知识进万家，书香满社区”公益巡展活动，在“福州读书月”期间为福州市社区居民带去丰富的文化生活食粮。系列展览内容包括：“和谐社会，共享自然”鸟类摄影展、“海西和谐之美”画展、“读书乐”摄影作品展、“山边的孩子”大型图片展等，把文化产品送进社区，让市民感受到“书香文化”的浓郁气息。(龚永年)

【福建省图书馆开展举办全民读书月活动】 2007年12月全民读书月期间，福建省图书馆推出全民读书系列活动，包括4场周末公益讲座，在全民读书月期间电子阅览室免费开放，在多功能厅免费播放视听资料等，吸引了大量读者。(福建省图书馆学会秘书处)

【福建省机关事业单位工人技术等级(图书资料)岗位培训考核在福建省图书馆举办】 2007年10月9日至24日，102名来自全省各机关事业单位从事图书资料工作的学员，在省图书馆多功能厅参加了全省工人技术等级（图书资料）岗位培训与考试。(龚永年)

【福建省图书馆展出“闽版古籍展”、“闽台家谱展”】 2007年10月15日至19日，福建省图书馆与中共福州市委文明办联合举办的“闽版古籍展”、“闽台家谱展”在省图书馆特藏部开展，近百部珍贵的闽版古籍与闽台家谱首次与读者见面。展品全部选自福州古代重要历史典籍、有代表性的福州文献以及闽台重点姓氏家族谱，其中《三山志》《福建全省地舆图说》《天演论》《船政奏议续编》《寿山石考》等都是读者平时难得一见的古籍珍本。(龚永年)

【福建省图书馆与美国俄勒冈州立图书馆继续开展馆员交流】 2006年底，在有关部门的支持下，福建省图书馆与美国俄勒冈州立图书馆续签了《俄勒冈州立图书馆——福建省图书馆关于霍纳馆员交流计划的谅解备忘录》，新一轮霍纳馆员交换计划从2007年开始至2010年结束，每

两年俄勒冈州派出3名馆员、福建省派出4名馆员进行互访，访问时间为3周，访问目的是交流图书馆学和信息科学方面的专业知识。根据协议，自2007年开始新一轮的霍纳图书馆员交流计划。2007年8月23日—9月14日，由福建省图书馆牵头选送我省4位专业馆员到美国俄勒冈州图书馆界进行访问。10月22日—11月10日，福建省图书馆迎来了来自美国俄勒冈州的3位交流馆员。此轮交流计划较前几轮活动增加了美国俄勒冈州与我省高校图书馆界之间的交流，3位美国交流馆员还参观考察了福州和厦门部分高校图书馆。（福建省图书馆学会秘书处）

【福建省图书馆举办“汉字——从甲骨文到计算机”展览】 由中国图书馆学会主办，福建省图书馆学会与福建省图书馆承办的“汉字——从甲

骨文到计算机”大型展览，于2007年11月2日至16日在福建省图书馆一楼大厅展出。该展览共展出84幅绢丝挂轴，分为6个单元：①汉字的起源；②汉字的构造；③汉字的演变；④汉字的书写；⑤汉字的贡献；⑥信息时代的汉字。以汉字演变为主线，展示汉字的起源、构造、演变、书写、信息时代汉字的发展以及汉字对中国和世界文化、科技的推动作用等内容。短短半个月展出期间，吸引了近万名读者观看，许多读者还纷纷留言，希望今后多举办类似的展览。（龚永年）

【福建省图书馆完成馆局域网网络改造、机房配电改造及存储设备扩容工作】 2007年里，福建省图书馆改造了原有网络，更新网络核心交换机及所有边缘交换机，将原网络升级为主干带宽为1000M、桌面带宽为100M的千兆以太网；改造机房部分配电系统，增大不间断电源的供电能力；扩大存储设备容量，满足电子资源服务及共享工程对存储容量日益增长的需求。与此同时加大投入，继续加强本馆特色数据库的建设，更新维护维普、万方、书生之家、年鉴数据库、国研网、联合参考咨询等数据资源，对使用本馆各类数据库的读者进行培训指导。（福建省图书馆学会秘书处）

【福建省图书馆“文化信息资源共享工程”工作取得新成果】 2007年里，福建省图书馆加强对“海西文化信息网”、“数字福建——福建文化信息应用系统”的基础建设及管理，为全省城乡基层提供文化信息传播服务，主要完成了以下工作：

1. 年初完成《福建文化信息资源共享工程建设方案（2007—2010）》、《福建省文化信息资源共享工程（2007—2010年）工作规划》、《共享工程福建分中心设备发放流程方案》、《福建文化信息资源共享工程经费预算方案》初稿并上报省文化厅。按照共享工程国家中心要求，完成全省35个基层点的服务器、卫星接收设备等的接收、验收、下发工作。为共享工程接收及下送信息资源，2007年接收共享工程国家中心千里马资源总量7611G，VCD及电子光盘186种640余张，刻录并下发共享工程地市县中心、基层服务点7704张光盘。

2. 根据共享工程国家中心“关于利用国家电子政务外网平台开展文化部全国文化信息资源共享工程应用试点”的精神，福建省分中心参与了利用国家电子政务外网平台开展文化信息资源

传输测试工作，完成省分中心机房通过100M光纤线路接入国家电子政务外网并进行资源下载的测试。

3. 加大力度进行地方特色文化信息资源建设。完成与共享工程国家中心合作共建的《闽南文化》专题资源库方案；摄制闽图讲坛知识讲座录像42部；全场拍摄2007年福建省新剧目展演剧目12部，"喜迎十七大海西展新姿"广场系列文艺演出晚会7部；采拍报道省文化系统活动、会议80余场次；采集舞台艺术剧照、非物质文化遗产照片17 000余张。

4. 完成福建省图书馆网站、海西文化信息网、福建省文化厅政务网站的改版工作，将原采用的静态网页技术转换为动态网页技术。

5. 协助福建省政务数据灾难备份中心针对"福建省文化信息应用系统项目"的数据库进行远程数据灾难备份测试。（福建省图书馆学会秘书处）

【福州市图书馆春节送书到基层】 福州市图书馆为了让外来建设者在榕度过一个欢乐、祥和的春节，精选2000册各类图书，分别送到晋安区金城社区图书室和闽侯县青口镇文化站图书室。许多全家留在福州过春节的农民工在社区、乡镇图书室看到内容丰富多彩的新书，纷纷表示感谢。（福建省图书馆学会秘书处）

【福州市图书馆开展文化科技下乡服务】 2007年里，福州市图书馆在市文化局组织下开展"走进新农村"文化大篷车下乡系列活动，先后到闽侯县上街镇新峰村、永泰县岭路乡以及长乐市玉田镇，建立福州市图书馆图书流动站。为配合闽侯县"农家书屋"启动仪式，分别在青口镇杨厝村、尚干镇洋中村建立图书流通点，开展为农村图书室 "送资料下乡、送技术下乡"活动。该馆还多次派出业务骨干前往长乐、平潭等县图书馆，指导书目数据建库以及为新农村读者服务提供业务支持，并为基层图书馆（室）送去财产登记册、书签、书袋等用品，指导图书登记、分类、编目等业务工作。（福建省图书馆学会秘书处）

【福州市图书馆积极参加福州市第2届读书月活动】 福州市第2届读书月期间，福州市图书馆在晋安区浦东社区摆摊设点，开展现场咨询、阅读辅导、推荐优秀书目等活动，同时在馆内举办一系列活动：①阅览部举办庆祝建国58周年成就图书展阅专柜；②外借部设立读书月重点图书推介专柜；③举办庆祝建国58周年成就图片展；④自动化部举办"文化信息共享资源"免费浏览；⑤邀请福州民俗专家方炳桂举办"可爱的福州"专题讲座。（福建省图书馆学会秘书处）

【福州市图书馆开展文化拥军活动】 福州市图书馆为解决驻榕部队官兵看书难问题，2007年7月26日至27日分别送书1000册到驻榕空军义序机场和86师防化营，受到官兵欢迎。全年共送45 000册图书进军营。（福建省图书馆学会秘书处）

【福州市少儿图书馆积极开辟馆外图书流通点】 2007年福州市少儿图书馆在全市各市县区设立16个图书流通点，类型包括社区、企业、镇政府、少体校、小学、幼儿园、乡镇老人会、农村祠堂等，分别配置图书数百至1000册；同时为10个部队、社区、小学、幼儿园、宗祠等流通图书室更新图书数千册。此外还联合《福州日报》开展"为农村中小学送书和设立流动图书室爱心活动"，通过媒体呼吁在全市范围为贫困地区中小学校建立流动图书室。元旦、春节、五一和国庆期间，该馆还举办丰富多彩的有奖书迷竞猜、名著新书展借、新知识科普图片展及动漫书展等活动。（福建省图书馆学会秘书处）

【连江县图书馆积极参与本县首届"全民读书月"活动】 连江县首届"全民读书月"活动于2007年9月28日拉开序幕，主题是"书香满凤城"。县图书馆积极参与，图书馆大楼前悬挂着"连江县首届全民读书月"大幅标语，馆内举办了专题书展、新书推荐、优秀读物展借、"书香门第"与"读书明星"评选、知识大比拼、读书征文比赛、送书献爱心、建立社区和农村书屋等系列活动，吸引了众多读者。（福建省图书馆学会秘书处）

【南平市图书馆举办大型书展】 2007年4月至5月，南平市图书馆举办了“让阅读走向社会”为主题的大型书展，展出图书近5000种，向广大读者宣传“世界读书日”，进一步激发市民的读书热情。在为期一个多月的书展活动中，参观读者达5000多人。（福建省图书馆学会秘书处）

【南平市图书馆开展送图书、送知识、送信息进社区、进军营活动】 2007年，南平市图书馆同延平区玉屏山社区、杨真社区联谊结对子，建立共享工程流动点，开展图书流通和业务辅导。同时积极开展“万册图书进军营、进警营”活动，在南平市军分区、解放军92医院、预备役部队、刑警南平支队、消防队等6个单位开展“军警民”共建活动，设立图书流通点，每个点常备2000册图书并不定期更换，丰富了官兵们的业余文化生活。（福建省图书馆学会秘书处）

【南平市图书馆与市文化局联办“延津文化讲坛”】 该讲坛自2007年10月开设以来，至12月底共举办讲座12场，内容涉及音乐、舞蹈、书法、摄影、文博、传统文化、朱子文化等，旨在倡导读书，活跃思想，提高公民人文素质，提升城市文化品位，受到广大读者欢迎。（福建省图书馆学会秘书处）

【光泽县图书馆举办“快乐阅读，享受阅读”读书书签设计比赛】 2007年4月23日是“世界读书日”，光泽县图书馆联合县实验一小开展以“快乐阅读，享受阅读”为主题的读书书签设计比赛。要求参赛者读一本书并为该书设计书签，文字和图画要与该书内容相关。参加书签设计比赛的小学生多达1000人，其中100名同学的作品获奖。县图书馆向获奖者赠送了《中国青少年百科全书》、《中国四大名著》、《世界未解之谜》等图书和少儿借书证。（福建省图书馆学会秘书处）

【三明市图书馆开展送图书、送知识、送信息进农村、进社区、进军营活动】 2007年10月16日，该馆精选适合农民群众阅读的种植、养殖等科普图书200多册、期刊100本，赠送给永安市洪田镇大科畲族村图书室，受到村民热烈欢迎。10月17日前往白沙社区居委会，在居委会干部配合下，组织村民观看文化共享工程视频点播节目《中老年自我保健》，还组织“光辉的历程——中共‘一大’至‘十六大’图片展”到社区巡回展出。10月19日“重阳节”之际，来到三明军分区干休所慰问，展出“光辉的历程——中共‘一大’到‘十六大’图片展”，还制作了200多条字谜，干休所老同志们赏图片猜谜语，欢声笑语，其乐融融。（福建省图书馆学会秘书处）

【将乐县图书馆积极参与本县首届“全民读书月”活动】 该县首届“全民读书月”启动仪式于2007年10月20日上午隆重举行，县有关部门领导和干部职工、小学师生600多人出席。读书月主题是“倡导全民阅读，共建和谐将乐”，内容包括：县图书馆与有关单位联合举办图书夜市、捐书、征文、演讲、绘画、藏书与阅读推荐书目、读书竞赛、评选读书标兵等系列读书活动；图书馆还延长开放时间，优惠办理借书证，实行免证阅览，简化借书手续，吸引更多群众走进图书馆。（福建省图书馆学会秘书处）

【厦门图书馆开展“‘我与书缘’读书活动宣传月”活动】 为了让更多市民了解厦门图书馆新馆，该馆于2007年9月29日至10月31日举办

"'我与书缘'读书活动宣传月"活动，包括读书主题展览、读书讲座、文献征集、读书征文、读书沙龙等5项内容以及图书展销等配套项目，参加读者5000多人。

为配合"读书活动宣传月"活动，该馆与《厦门晚报》联合举办"'我与书缘'读书征文活动"。10月28日还与《厦门晚报》联合举办新馆首场"读书沙龙"，厦门大学教授谢泳主讲，一批青年学者和慕名而来的读者30多人参加。该馆"读书主题展览"、"读书讲座"、"读书征文"3项活动还被列入厦门全市性读书活动——"2007鹭岛书香"之中，并延期至11月23日结束。"读书活动宣传月"期间，该馆先后接待了新加坡国家图书馆和美国俄勒冈州图书馆两批交流馆员。她们对"读书主题展览"给予高度评价，并在"我与书缘——读书活动宣传月"主题墙前留影纪念。（福建省图书馆学会秘书处）

【厦门市少儿图书馆举办"巾帼文明岗"爱心捐书送温暖等活动】 该馆春节期间积极参加由市委文明办、市妇联共同组织的"巾帼文明岗"爱心捐书送温暖活动，与同安区西溪村结对子，现场签订"巾帼文明岗"结对协议。配合市委宣传部"三下乡"活动，到同安区汀溪镇隘头村举行优秀图书现场阅览、有奖图书推荐、科学普及读物专题书展、有奖智力拼图等活动。配合思明区梧村街道办2007年度"扶贫济困情暖思明"活动，与梧村街道辖区特困儿童家庭结对子，资助学费，为其免费办理借书证。暑期举办两期"英特尔求知计划"免费夏令营，94名来自外来工家庭和低收入家庭的学生参加培训；举办1期"贫困下岗职工和外来员工子女读书辅导夏令营"，30位学生参加了为期11天的免费读书辅导活动。（福建省图书馆学会秘书处）

【厦门市少儿图书馆开展"绿色阅读"活动】 2007年9月至10月，该馆积极响应中图学会《关于参加2007年"绿色阅读"主题科普活动的邀请函》，配合中国科协"节约能源资源，保护生态环境，保障安全健康"主题系列科普活动，面向青少年开展捐赠图书、阅读接力、征集荐书寄语、展示创意图画等"绿色阅读"、"环保节能"主题活动。还在汽车图书馆的各流通点设立"图书接力箱"，送到瑞景小区、海沧海达广场、康乐社区等，使小读者体验交换阅读的乐趣，培养资源循环利用、减少浪费的节约意识。同时开展"我与2008有个约会"创意图画比赛，以畅想2008年为主线，创作五彩斑斓的奥运世界。活动结束后市少儿馆还表彰了一批优秀组织单位和33名表现突出的小读者。（福建省图书馆学会秘书处）

【厦门市少儿图书馆加强社区分馆建设和汽车图书馆下点流通工作】 2007年里，该馆积极利用社会资源，形成由市文明办出资购买相关设备，街道办事处出人员经费，社区出场地并负责运行费用的社区分馆建设模式，得到中央文明办未成年人思想道德建设工作调研组的肯定。2007年该馆建立社区联网分馆8个，分布在前埔南、前埔北、金尚、浦南、鼓浪屿内厝、文屏、禾欣、金山等8个社区，全年社区分馆流通图书8.8万册次。该馆还注意抓好直属分馆的建设与管理，成立直属分馆部，新建中山公园直属分馆。同时继续做好汽车图书馆的下点流通工作，新开通康乐、海达2个社区汽车图书馆流通点，常年坚持下点流通，做到现场办证、现场取证、现场借书，全年下点140次，流通图书13 457册次。此外，该馆还在偏远地区学校建立流通点，常年坚持送书下点，定期轮换图书，共建有联网分馆17个，分馆流通站、点19个，集体用户22个。（福建省图书馆学会秘书处）

【厦门市少儿图书馆长期坚持中小学、幼儿园"图书馆日"和"红读"活动】 该馆坚持以活动带动阅读，全年共接待中小学、幼儿园"图书馆日"活动15场；在寒暑假期间举办中小学生图书馆利用教育实践活动31场次，500多名中小学生参加。日常阵地活动包括低幼故事会、手工、英语讲故事、英语角、文学欣赏、育儿家教讲座、中考支招专题讲座等，吸引不同年龄、不同阅读爱好的小朋友参加。还成立小书虫俱乐部，并在网站开设小书虫论坛，编印《小书虫》专刊；开展"好书推荐大家读"活动，在网站开辟专栏介绍每月新书、好书。

在该馆举办的全市中小学生"知荣辱，树新风——寻找身边的榜样"读书征文比赛中，共收到征文2万多篇；同时举办演讲与朗诵比赛，活动覆盖全市6个行政区，700多名中小学生参加现场决赛。暑假期间还举办了1期“厦门市小学生朗诵夏令营”，280人次参加。还配合2007年度“红读”主题，组织开展以“学习身边榜样，做合格小公民”为主题的“红读”巡回讲座，邀请专家、学者到市区10所中小学校作专题报告，形成“好读书、读好书”的良好社会风气。（福建省图书馆学会秘书处）

【厦门市少儿图书馆举办庆六一少儿游园活动】 该馆结合厦门市第三届“同一蓝天下”六一欢乐广场活动，6月1日在馆内举办庆六一少儿游园活动，现场还开展了图书阅读与咨询、办理图书证、接受特困家庭学生报名参加夏令营等多项服务活动，1800多名小朋友参加。还举行“我的图书我做主”读者采选图书活动，组织26名读者代表到书店直接参与图书采选。在图书馆服务宣传周期间，挑选适合小朋友阅读的图书送到岛外偏远的山区小学，同时举办图书馆利用讲座，让山区小朋友认识图书馆，学会利用图书馆。（福建省图书馆学会秘书处）

【集美区少儿图书馆开展文化下乡活动】 该馆结合全区“科技、文化、法律、卫生”四下乡活动，在春节、世界读书日、5月图书馆服务宣传周及国庆期间，到灌口双岭、后溪村、杏西市场、霞梧文化广场、杏林西滨村等地举办多场图书下乡活动，给基层群众带去科技图书、儿童读物及期刊4000多册；并先后在各镇、街广场及繁华地段举办“庆祝香港回归十周年”、“庆祝中国人民解放军建军80周年”及“迎接党的十七大胜利召开”等专题图片展。（福建省图书馆学会秘书处）

【集美区少儿图书馆举行图书义卖资助弱势群体】 该馆结合图书馆服务宣传周及图书下乡等活动，先后在灌口镇、后溪镇、侨英街道、杏林街道、集美街道等地开展书刊义卖活动，所得款项上交区红十字会，用于资助本区弱势群体。（福建省图书馆学会秘书处）

【泉州市图书馆举行首届优秀读者评选】 为了把全民读书活动引向深入，吸引更多人走进图书馆，泉州市图书馆于2007年1月举行首届优秀读者评选活动，从2万多名读者中评出12位市民为首届优秀读者。其中有86岁高龄的退休干部、12岁的小学生以及公务员和大学教授等。（福建省图书馆学会秘书处）

【泉州市图书馆开展共享工程下基层（文化下乡）活动】 2007年1月22日，泉州市图书馆组织馆员到德化县山区浔中镇，拉开了共享工程下基层活动的帷幕。活动形式包括送图书、送科技资料、送科普VCD光盘、猜灯谜、放电影等。春节前夕连续在泉州市周边县乡以及驻军营地开展活动，共发放VCD光盘300张、科技资料5000份，组织播映影片10场。5月28日该馆文化下乡服务小分队由副馆长带队，深入到德化县贫困山区仙境村，为当地村民送去电脑、书架、书柜和图书3000多册，帮助建立农村图书室。（福建省图书馆学会秘书处）

【泉州市图书馆开设温陵讲坛】 该馆于2007年4月22日推出周末公益讲座“温陵讲坛”，并于当天开讲。该讲坛设立时政热点、名著解读、闽南文化、经济与生活、卫生与健康等百姓关注的专栏，每周日上午9:00—11:00免费向市民开放，同时通过大屏幕投影展播文化共享工程视频资源，还把讲座办到驻泉部队军营。（福建省图书馆学会秘书处）

【泉州市图书馆向贫困边远山区儿童捐款捐物捐书】 2007年“六一”国际儿童节前夕，该馆通过《泉州晚报》、泉州电视台再次向一些山区儿童和学校赠送图书和文具，先后分6次向中国青少年发展基金会希望工程管理中心汇款2900元，以“1（家）+1助学行动”的方式，分别资助福建、安徽、浙江、内蒙古的贫困山区7名小学生完成学业，并多次向他们寄出学习用品、书籍和衣服等。还多次组织书源，分别向惠安县光山小学、安溪县剑斗镇福斗小学、洛江镇梧峰希望小学、石狮市龟湖中心小学赠送图书和文具。该馆还发出倡议，号召全市广大小读者把自己看过的书刊捐献给贫困山区小学，现已帮助重庆市开县北斗小学建立一所图书室。几年来，

该馆捐赠图书总价值达1万多元。（福建省图书馆学会秘书处）

【泉州市图书馆开展文化拥军活动】 2007年里，泉州市图书馆组成拥军小分队，深入到驻泉部队的高山哨所和沿海前哨，在多个基层连队设立图书流动点，利用文化共享工程资源刻录制作爱国主义影视片和适合部队农副业生产实用技术、医疗卫生保健、休闲观赏等VCD光盘赠送部队，并送书2000多册，每一至两个月下部队服务一次。（福建省图书馆学会秘书处）

【惠安县图书馆开展送图书下乡活动】 2007年春节期间，该馆联合洛阳镇前园村举办"迎新春"百科知识（计生知识、农业科技、风俗文化等）灯谜竞猜活动，全村1000多人次参加活动。该馆坚持每季度定期送图书下乡，全年送书5000多册次，分别送到8714驻惠部队、洛阳镇前园村、张坂镇埕边盐场、崇武镇潮洛小学等8个基层图书流通点，受到广大读者欢迎。（福建省图书馆学会秘书处）

【惠安县图书馆开展"阅读与写作"读书活动】 该馆在2007年4月23日"世界读书日"这天，与惠安高级中学联合开展"阅读与写作"读书活动，近两百名写作爱好者参与活动，并对征文进行评奖，让学生在阅读中开阔视野，增长知识，陶冶情操，感受快乐。（福建省图书馆学会秘书处）

【宁德市蕉城区图书馆开展"六一"少儿活动】 2007年"六一"国际儿童节期间，该馆组织专场播放全国文化信息资源共享工程提供的少儿视频节目木偶戏《大肚弥勒佛》《少年岳飞》等，附近幼儿园、小学100多名小朋友前来观看，该馆还向到馆的小朋友分发了学习用品等六一节礼物。（福建省图书馆学会秘书处）

【蕉城区图书馆走出馆门播放文化共享工程优秀节目】 2007年里，该馆积极利用文化信息资源共享工程丰富的视频资源，到老干局、老年大学等机关单位播放《中老年自我保健》、《夏季清热篇》、《漫谈饮食与健康》等养生保健节目，到蕉北社区、鹤峰社区、崇文社区、三元社区等播放《优生优育与和谐社会》、《家庭礼仪面面观》、《天仙配》等科教、社科、文艺节目，受到干部群众热烈欢迎。对一些有条件播放节目的社区，该馆提供共享工程光盘节目单，让社区干部挑选借回去组织播放。先后在社区组织播放节目16场，1200多人次观看。10月23日该馆召开"倡导全民读书，共建和谐海西"全民读书月活动座谈会，市文化与出版局、区文体局、区方志办、海军共建单位有关领导、屏南县图书馆馆长以及乡镇文化站站长、读者等36人参加。在全民读书月活动中，该馆还精心准备了适合农村读者和社区居民阅读的图书，送到猴盾畲族文化站、崇文社区、蕉北社区流通。（福建省图书馆学会秘书处）

【周宁县图书馆开展"送知识、送温暖"下乡服务活动】 2007年5月21日、28日，该馆挑选图书100册，编印《科技信息》200份，配合县文体局、科技局举办"送知识、送温暖"下乡服务活动，到狮城镇安后村、李墩镇黄埔村向"农家书屋"赠书，并指导书屋管理员分类上架。（福建省图书馆学会秘书处）

【周宁县图书馆建立小学图书流通点】 2007年"六一"国际儿童节期间，该馆选购了一批学生用品并挑选部分少儿图书，于6月1日分别赠送给城关三小和残疾特教小学，并在这两所小学建立图书流通点，受到广大师生欢迎。（福建省图书馆学会秘书处）

【周宁县图书馆开展"倡导读书活动，情系少年儿童"活动】 2007年，该馆新购了一批适合未成年人阅读的书籍，在馆内开设少年儿童读物专架，因陋就简在报纸阅览厅开设少儿读书角，从小读者的实际需求出发，摆设少儿桌椅和少儿图书，提高了少儿读者到馆率。（福建省图书馆学会秘书处）

【柘荣县图书馆开展送书下乡活动】 2007年图书馆服务宣传周期间，该馆馆长带队深入黄柏、楮坪等中小学校，开展送书下乡活动及举办图片展览，送去各类图书500余册，并展出当地风光摄影作品及名艺人剪纸作品100余幅。该馆还深入到“农家书屋”试点村扶持其建设，捐赠价值2000余元的图书，向村民发放《柳图信息》300份。（福建省图书馆学会秘书处）

【屏南县图书馆向“农家书屋”赠送图书】 2007年图书馆服务宣传周前夕，屏南县图书馆工作人员多次到该县际下村和棠口村“农家书屋”了解建设情况，辅导分编、借阅工作。服务宣传周期间，馆长带队来到际下村，向“农家书屋”赠送图书、期刊300多册，受到农民群众欢迎。（福建省图书馆学会秘书处）

【漳州市图书馆开展“六一”少儿活动】 2007年“六一”国际儿童节期间，该馆组织了一系列馆外少儿活动，向市机关第二幼儿园、市实验幼儿园、市幼儿园、漳浦县实验幼儿园送去健康有趣的科普、动漫、童话图书300多册，带去孩子们喜闻乐见的木偶剧、童话剧、动画片等碟片现场播放，还邀请艺校木偶班学员表演木偶戏，受到小朋友和老师们热烈欢迎。该馆还积极利用馆内电子阅览室阵地，为未成年人提供健康有益的绿色网上空间，引导青少年了解、利用全国文化信息资源共享工程的丰富资源。（福建省图书馆学会秘书处）

【龙海市图书馆积极为农村服务】 2007年5月28日至29日，龙海市图书馆邀请水产养殖专家来到该市东泗乡，为当地虾农现场解答养殖中的疑难问题，并赠送《信息选编》等有关农村种植养殖资料。5月30日，该馆组织工作人员到榜山、卓歧等村，为“农家书屋”更换、补给图书。（福建省图书馆学会秘书处）

【龙海市图书馆举办庆“六一”系列活动】 “六一”国际儿童节前夕，该馆与内社小学师生举行联欢，为同学们送去图书、笔记本等学习用品。6月1日举行红领巾读书读报积极分子表彰会，为获奖小读者颁奖，并展出小读者日常读书照以及读书读报心得体会文章。当晚在红树林广场举行“共享工程”大型宣传活动，现场展播国内外优秀少儿影视作品。6月2日该馆少儿外借室举行小读者现场读书现场讲故事比赛，并请老师、家长和图书馆领导为优秀小读者颁奖。（福建省图书馆学会秘书处）

【长泰县图书馆开展图书馆服务宣传周系列活动】 2007年图书馆服务宣传周期间，长泰县图书馆举办了谜语竞猜、少儿阅读征文作品展、少儿宣传板报、新书推介等系列活动，并联合长泰县第一、第二实小等学校，组织学生积极参加。本次活动共接待小读者1000多人次，对评选出的136篇优秀作品颁发奖品。（福建省图书馆学会秘书处）

【长泰县图书馆调整布局吸引读者】 为了满足不同读者群体阅读需要，该馆2007年调整布局，设立了少儿读书室、农村科普知识阅读室和老年人阅读室，每天到馆读者由原来的不到50人次上升到上百人次。并与长泰第一实验小学、第二实验小学联合建立馆外阅读班，定期更换书刊。此外还在“六一”儿童节开展猜谜活动，在九九重阳节为老年读者举办卫生保健知识、花鸟虫鱼培育知识、老年健身常识等讲座，吸引更多老少读者利用图书馆。（福建省图书馆学会秘书处）

【漳平市图书馆举行世界读书日宣传活动】 2007年“世界读书日”这天，该馆制作了“图书馆：阅读社会的家园”横幅张挂在图书馆大楼上，并组织馆员上街宣传如何利用图书馆，向过往群众发放科技资料1000多份。（福建省图书馆学会秘书处）

【漳平市图书馆开展图书馆服务宣传周活动】 2007年图书馆服务宣传周期间，该馆开展了一系列活动，编印农业科技信息资料100多份，开展送书、送信息下乡以及送文化进社区、进校园活动。自该馆文化共享工程服务点开通以来，多次到学校、社区、农村为不同读者群体播放电影、专题片和农村实用技术视频资料。（福建省图书馆学会秘书处）

【福建师范大学图书馆举办首届“读书节”系列活动】 2007年4月，该馆举办了以“读者·书·图书馆”为主题的首届“读书节”系列活动，4000多名学生和教职工参加。内容包括：①在新老校区图书馆、生活区发放《读者满意度调查表》和《读者意见征求表》，汇总分析意见和建议，公布整改措施，共收回调查表4000份。②与校图书馆《读书与评介》编辑部、协和学院“艺文”文学社共同举办“读者·书·图书馆”主题征文、摄影、书法作品比赛，收到征文稿件136篇、90多幅摄影和书法作品，并举行评奖。③与越洋图书城合作，在新校区图书馆举办大型书展。④向读者宣传图书馆使用知识，如“我的图书馆”、书目报刊机检知识、报刊编辑部信息查询等。⑤向科研读者免费开放新馆四楼研究室。⑥全面开展“创良好馆风、做文明读者”宣传活动，向读者作出服务质量承诺。⑧开展业务知识竞赛、学术讲座、百本好书推荐、污损图书展、图书跳蚤市场、图书展销、读者座谈会、“我看我思我写”征文比赛、“笔墨正妍——书墨读传统”书法比赛、“捕捉书香精彩瞬间”摄影比赛等系列活动。读书节开幕式还邀请福建师大社会历史学院院长作“汉学与国学”学术讲座，闭幕式上图书馆馆长作“书·读书·图书馆”讲座，还举行了图书漂流的开漂仪式。（福建省图书馆学会秘书处）

【福建省高校图书馆第二届文献传递工作会议召开】 2007年1月25日至26日，该会议在福建师范大学图书馆召开。福建省教育厅高教处刘会勇副处长、福建师范大学图书馆方宝川馆长、福州大学图书馆张文德馆长、厦门大学图书馆萧德洪副馆长、福建农林大学图书馆郑崇慧副馆长以及福建省高校图工委郭毅秘书长等出席会议。会上厦门大学图书馆、福州大学图书馆和福建师大图书馆分别总结了各校的文献传递工作，并详细介绍了CASHL系统和图书馆际互借流程。会议就馆际互借人员配备、政策支持、与读者沟通、检索策略、需求满足率、服务方式、读者培训、馆际交流等问题开展讨论交流。与会代表还参观了福建师范大学新校区图书馆以及福州大学、福建农林大学图书馆，实地观摩馆际互借工作。随着文献传递工作的普及，福建省内各本科院校陆续推出馆际互借与文献传递服务，业务量逐年攀升，2006年文献传递申请量达到1300多条。（郭毅）

【2007中国数字图书馆发展趋势研讨会福建会议暨福建省高校图书馆特色数据库项目建设交流会在福州召开】 会议于2007年4月11日在福建师范大学图书馆召开，会议由中国数字图书馆有限责任公司、北京新东方教育科技集团、北京新星快威数码技术有限公司主办，福建省高校图工委协办，福州中锐资讯系统集成有限公司、福建师范大学图书馆承办。来自全省各高校图书馆、部分公共图书馆及科研院所的代表参加了会议。会议研讨了“2007年我国数字图书馆的发展趋势”、“个性化的数字图书馆在未来图书馆中的影响及地位”等主题，发布了相关新产品，还进行了福建省高校图书馆特色数据库建设项目软件平台应用交流答疑。有关各馆通报了特色数据库建设项目的进展情况，交流探讨各馆特色数据库项目建设过程中的经验和存在的问题。（郭毅）

【闽浙高校图书馆读者工作交流会在浙江杭州召开】 2007年4月17日至21日，福建省高校图工委读者工作专业委员会成员一行17人在该专业委员会主任、厦门大学图书馆副馆长向毓轩带领下，赴杭州参加“闽浙高校图书馆读者工作交流会”。两省部分高校图书馆馆长和流通部主任等60多人齐聚杭州电子科技大学图书馆，共同就“多校区的读者服务工作”、“藏、借、阅一体化服务中的问题与解决方案”、“读者服务工作中的学生工使用”、“网络环境下的读者服务创新”等主题开展热烈研讨。杭州电子科技大学图书馆馆长张云电教授主持会议，杭州电子科技大学副校长陈畴镛教授、浙江省高校图工委副主任兼秘书长高跃新等出席会议。代表们还参观了杭州电子科技大学图书馆、浙江理工大学图书馆以及浙江大学紫荆岗校区基础馆和医学馆。（郭毅）

【福建省高职高专图书馆馆长2007年年会】 于2007年6月10日至15日在龙岩市召开，全省30多所高职高专院校图书馆馆长和代表出席会议。省高校图工委高等职业院校分委员会主任、福州职业技术学院图书馆饶蕴伟馆长主持会议，福建省高校图工委副主任、华侨大学图书馆卫红馆长到会致辞。代表们交流了高职高专院校评估相关工作，并对高职高专院校图书馆合作采

购和集团采购工作进行研讨。会议期间代表们还参加了龙岩学院图书馆新馆的揭牌仪式。（郭毅）

【福建省高校图工委开展福建省高校图书馆特色数据库项目建设中期检查】 按照省高校图工委项目建设计划安排，2007年下半年对全省9所学校共13个立项项目进行中期检查（包括9个重点资助立项项目和4个自筹项目）。各项目自立项以来，认真组织开展建设工作，严格执行特色数据库建设规范和技术标准，基本按计划顺利完成各阶段建设任务。数据库提供基于题名、作者、关键词、日期等各字段的检索途径，采用基于DIPS系统的数据库WEB服务方式。硬件设施上基本都有独立的服务器，网络通信条件为教育网的网络带宽（100M），具有数据备份机制，保证数据安全。（郭毅）

【福建江夏学院（筹）图书馆组团赴浙江、上海等高校图书馆考察】 2007年9月4日至7日，由福建行政学院副院长兼福建江夏学院筹委会副主任郑龙领队，一行8人前往浙江、上海等高校图书馆考察。先后考察了浙江万里学院图书馆、宁波高教园区图书馆、浙江大学图书馆、同济大学图书馆和上海大学图书馆等，重点考察高校合并后图书馆人力资源整合、自动化系统整合、馆藏布局以及图书馆合并重组后的资产管理、新图书馆内部设施以及功能布局等方面，达到了预期目的。（郭毅）

【华东区地市属高校图书馆第14次协作年会暨福建省高等师范专业学院图书馆2007年会召开】 会议由福建武夷学院图书馆承办，2007年10月11日至15日在武夷山市召开，来自华东区50余所地市属高校图书馆（包括福建省高等师范学院）的近百名代表出席会议，收到论文59篇。武夷学院领导裘国伟等到会祝贺。会议还邀请南京师大图书馆副馆长张智松研究馆员作“社会信息化及影响”、福州大学图书馆馆长张文德研究馆员作“参加国际图联会议观感”的学术报告。会上代表们就地方高校图书馆发展进程中的问题及其对策进行了热烈探讨。（郭毅）

【福建省高校图书馆第三届文献传递工作会议在福州召开】 2007年12月21日至22日在福州大学图书馆召开。厦门大学图书馆萧德洪副馆长主持，福州大学图书馆张文德馆长、福建省高校图工委郭毅秘书长等到会。会议听取了10多个高校图书馆开展文献传递服务的报告，旨在进一步推动全省高校馆际互借与文献传递的合作与发展，共建、共享全省高校文献信息资源。福建省高校图书馆文献传递网目前覆盖了全省绝大部分本科院校，共架设3台文献传递服务器，分别设在厦门大学图书馆、福州大学图书馆和福建师范大学图书馆。截至2007年12月底，共传递期刊论文、图书等3000多份，文献申请满足率达95%以上，达到全国先进水平。“十一五”期间还拟将此项服务推广到一批省内高职高专院校图书馆。（郭毅）

江西省

【概况】 江西省现有公共图书馆104所，省级图书馆1所，地、市图书馆11所，县级92所；从业人员共计1438人，其中高级职称61人，中级职称269人。全省图书馆总藏量1324.2万册，其中：图书1092.2万册，古籍112.8万册，善本5.5万册，报刊199.5万册，缩微制品3.8万册，其他28.8万册。全年总流通人数531.3万人次，书刊文献外借279.1万人次，440.2万册次。公用房屋建筑面积20.9万平方米，其中：书库面积5.5万平方米，阅览室面积6.2万平方米，阅览坐席数共计17 417个。全省公共图书馆计算机共计1773台，有电子阅览室终端941个，设网站13个，共享工程服务点299个。（程远）

【陈至立考察江西文化共享工程农村基层服务点】 6月14日至15日，国务委员陈至立在省委书记孟建柱、省长吴新雄，教育部部长周济等陪同下，先后赴九江、上饶、景德镇、南昌等地考察江西省农村义务教育经费保障机制改革落实情况及文化共享工程农村基层服务点。参加考察的还有财政部副部长张少春、文化部副部长周和平、广电总局副局长张海涛和省领导王宪魁、孙刚。

文化共享工程是为广大群众提供公益性服务、实现优秀文化信息资源共建共享的文化创新工程。陈至立十分关心这项工程的建设，听取了江西文化共享工程建设的情况汇报，并专程来到婺源县江湾镇江湾村文化活动室，仔细询问工程建设和利用情况。当得知村里通过建设文化信息资源共享工程，开通了宽带网，村民们通过网络不仅能方便地收看自己想看的文化节目，还实现了网上销售土特产、砚台等产品时，陈至立十分高兴，她饶有兴趣地坐在电脑前，浏览文化共享工程江西分中心的地方数据资源，点击信息田园网，专注地收看江西地方戏、“怎样办好一个特种水产养殖场”视频教育片。陈至立指出，要加快建设公共文化服务体系，全力推进广播电视“村村通”、全国文化信息资源共享工程、农村电影放映工程等。各级公益性文化单位要主动面向基层、面向农村提供优质服务，为建设社会主义新农村作出贡献。（程远）

【周和平副部长视察省图书馆】 6月16日，在省委宣传部副部长、省文化厅党组书记、厅长李玉英，副厅长王晓庆等有关方面领导的陪同下，视察了省图书馆。

视察中，周和平副部长听取了省图书馆章伏源馆长的情况汇报，视察了采编部、少儿部、借阅部的各借阅室以及文化共享工程江西省分中心，并饶有兴致地观赏了省图书馆珍藏的海内外孤本《宋应星四种》《太上洞玄灵宝无量度人上品妙经》以及《欧阳文忠公集》等古籍善本。周和平副部长十分重视文化共享工程的建设，得知江西文化共享工程成功地与电信部门的合作，走出了一条建设新路子，周和平副部长十分赞赏，并指出要进一步结合江西的现状，特别是要根据贫困地区农村的实际，因地制宜地做好建设规划，找准文化共享工程整体建设行之有效的模式，使优秀的文化信息资源能真正快捷、便利的服务广大人民群众，特别是服务于贫困地区农村的广大农民朋友，充分发挥文化共享工程传播先进文化的积极作用。周和平副部长还非常关心省图书馆的建设和发展，并就省图书馆改扩建问题提出了明确要求，指出要积极争取有关部门的重视和支持，认真制订改扩建的详细规划，尽快实施省图书馆改扩建工程，使省图书馆能以强大的功能优势服务于江西经济、社会的快速发展，切实满足广大人民群众精神文化生活的需要。（程远）

【省人大财经委领导视察省图书馆】 7月13日，省人大财经委副主任胡德成、熊承忠、宋军、虞中一、崔林堂、胡柏龄、张振球等领导一行听取了省文化厅上半年预算执行情况的汇报后，在省文化厅领导李玉英、汪天行、王晓庆、刘长泽、魏玮的陪同下，视察了省图书馆等厅直单位。

在省图书馆的视察中，省人大财经委领导一行听取了该馆上半年主要工作情况和预算执行情况的汇报，并视察了各借阅部门的工作。省人大财经委领导充分肯定了省图书馆今年上半年的经费预算执行工作，认为该馆工作规范合理，资金使用效率较高，保证了有限的资金用于重点工作项目和重大活动，为服务江西经济社会又快又好的发展营造了良好的氛围。

省委宣传部副部长、省文化厅党组书记、厅长李玉英代表厅党组和全省文化工作者对省人大财经委对江西文化工作的关心和支持表示感谢。李玉英说，省文化厅作为2007年部门预算重点审查单位，在省人大财经委的指导和帮助下，部门预算工作进一步得到细化，财务管理更加规范，资金使用效益得到进一步提高，这一工作直接促进和推动了江西文化事业和文化产业的繁荣发展，为江西经济社会又好又快发展提供了强有力的文化支撑。（程远）

【江西共享工程参加周和平副部长在线专访】 9月18日14时30分，文化部副部长周和平、山东省文化厅厅长杜昌文和安徽省太湖县图书馆馆长曾玉琴接受了中国政府网在线专访，就“全国文化信息资源共享工程”有关问题与网民在线交流。江西文化共享工程试点县和部分市、县支中心参加了在线访谈，并就江西共享工程建设中的有关问题与周和平副部长和嘉宾进行了交流，获得了许多宝贵的经验和有益的启示。（程远）

【李玉英厅长等厅领导慰问春节坚守岗位的省图书馆工作人员】 2月18日上午，省委宣传部副部长、省文化厅党组书记、厅长李玉英，厅党组副书记、副厅长汪天行，厅党组成员、纪检组长魏玮及有关处室负责人，走访慰问了节日期间坚守工作岗位的省图书馆工作人员。

李玉英厅长一行在省图书馆借阅部、少儿部等阅览室同正在值班的工作人员和读者进行了亲切的交谈，并代表厅党组向同志们致以新春的诚挚问候，对大家的辛勤劳动表示衷心的感谢，向读者致以新春的祝福。李玉英希望省图书馆全体员工在新的一年中，再接再厉，面向基层，面向农村，不断创新服务方式，不断增强服务的吸引力，不断扩大服务的社会影响，充分发挥图书馆在构建和谐社会中的重要作用，为全省人民提供更多、更好的文化信息服务，丰富广大人民群众的精神文化生活。（程远）

【景德镇市政协副主席李昌华视察景德镇市图书馆】 3 月 22 日，景德镇市政协副主席李昌华率市政协委员一行，在市文化局主要领导的陪同下到景德镇市图书馆进行文化工作视察。李昌华一行先后来到该馆服务大厅、报刊阅览室、期刊阅览室、电子阅览室、图书外借室和古籍文献室等服务窗口，仔细察看了工作环境，并详细询问了有关工作进展。市图书馆馆长向市政协领导汇报了近 3 年来图书馆的发展情况和需要市政府帮助解决的问题。李昌华副主席对市图书馆在贯彻市第九次党代会提出的工作目标所做出的努力表示赞赏。（程远）

【九江市领导考察该市图书馆】 3 月 26 日上午，九江市委副书记刘德意，市委常委、宣传部长冯敏等领导视察了市图书馆。市领导听取了熊学明馆长的工作汇报，仔细察看了市图书馆各阵地服务部门及古籍藏书，对图书馆“学习知识，交流信心和文化休闲”的功能定位和“政府投入为主，寻求社会支持”的办馆理念给予了充分肯定；对该馆近年来开展的传承文化、服务社会所做的工作给予了赞扬和鼓励。（程远）

【省图书馆再次荣获南昌市“文明单位”光荣称号】 经南昌市精神文明建设指导委员会的认真评选中，省图书馆再次荣获中共南昌市委、市人民政府授予的南昌市第 11 届（2006—2007 年度）文明单位称号，并获得了奖牌。这也是该馆继荣获南昌市第 9 届（2002—2003 年度）精神文明建设先进单位之后，又一次获此殊荣。（程远）

【省图书馆元旦少儿活动异彩纷呈】 元旦期间，省图书馆精心组织开展了异彩纷呈、好戏不断的少儿读书活动，深受小读者的欢迎，

1 月 1 日至 3 日，省图书馆开展了新颖独特的少儿主题教育活动，如：“构建社会主义和谐社会”、“弘扬民族精神加强和改进未成年人思想道德建设”图片展等。展出期间正值元旦佳节，为了增添节日气氛，让这项活动更具趣味性和吸引力。图片展采用悬挂式布置，一幅幅内容丰富、真实生动的图片，不仅吸引了孩子们的目光，也引起了家长们的兴趣，参观者络绎不绝。

在新年欢快的日子里，深受孩子们喜爱的“兰兰姐姐故事会·元旦专辑”1 月 1 日如期举行。这期“兰兰姐姐故事会”推陈出新，不仅增加了才艺表演，更加入了游戏环节，使故事会互动性更强，令小读者们耳目一新。（程远）

【全省共享工程试点工作会议在南昌召开】 1 月 12 日，全省文化信息资源共享工程试点工作会议在南昌召开。会议传达了中央有关开展文化信息资源共享工程的文件精神和中央领导的重要指示，传达了全国文化信息资源共享工程经验交流会议和试点工作会议精神，交流了国家试点县（市）的工作情况和经验，部署了下阶段的江西共享工程试点工作。高安、都昌、弋阳、永新、崇义 5 个国家试点县（市）分管文化的副县长、文化局长、图书馆长参加了此次会议。5 个国家试点县（市）分管文化的副县长代表当地政府与江西省文化厅签订了有关共享工程试点工作的实施协议。江西省文化厅副厅长王晓庆出席会议并讲话。（程远）

【省图书馆服务“两会”】 为了向省人大代表和省政协委员提供快捷、便利、实时的信息咨询服务，在江西省 10 届人大 5 次会议和江西省政协 9 届 5 次会议期间，省图书馆组织信息咨询服务小组深入到代表和委员们下榻的宾馆，开展了“两会”信息咨询服务活动，这也是该馆连续第五年开展此项服务活动，受到了代表和委员的欢迎，更得到了省领导的高度重视，中共江西省委书记孟建柱在省委常委、赣州市委书记潘逸阳等领导的陪同下来到省图书馆驻江西饭店“两会”

信息咨询服务台，亲切看望了省图书馆的工作人员。孟建柱书记对省图书馆的发展十分关心，他一边向工作人员询问去年购书经费增加的情况，一边仔细听取省图书馆为读者服务的情况汇报，他还亲自点击浏览了省图书馆网站的联合参考咨询服务等页面。孟建柱书记对网络新型服务方式表示赞赏。

“两会”期间，省委常委、省委宣传部长刘上洋，新当选的省政协主席傅克诚，省政协副主席黄懋衡等领导都先后分别来到省图书馆驻江西饭店和滨江宾馆的“两会”咨询服务台，亲切看望服务人员。他们还在现场点击浏览了省图书馆网站，对网上联合参考咨询服务、地方文献数据库等网络资源表示了极大的兴趣。并充分肯定了省图书馆为会议提供的服务工作，感谢同志们付出的辛勤劳动，同时，勉励工作人员一定要继续做好服务工作，为江西又好、又快的发展做出应有的贡献。

省图书馆抓住“两会”契机，把为“两会”开展信息咨询服务作为一个窗口，充分利用自身优势，采取文献信息的查询、打印、复印、光盘刻录以及现代化网络技术等多种手段，有效的为代表和委员提供形式多样、快捷便利、现场实时的信息咨询服务，使代表和委员获得了更多、更全面的参考资料，尤其是省图书馆专门为“两会”精心编辑的《信息与咨询——“两会”参考资料》特受代表和委员的青睐，省图书馆网站开辟的“两会”信息服务专栏，则提供了新颖、多样的信息服务手段和方法，营造了良好的宣传氛围，取得了很好的服务效果，受到代表和委员的广泛赞扬。（程远）

【江西卫视采访报道省图书馆春节服务活动】 在家家户户欢度新年之际，省图书馆干部职工放弃了与家人的团聚，坚持节日为读者服务，并从大年初一到初七，精心组织、安排了喜迎新春有奖猜谜、对春联、精品讲座、经典影视展播、少儿围棋比赛、儿童画比赛等系列读者活动，吸引了广大市民的积极参与，更引来了媒体的广泛关注。2 月 23 日，江西卫视的记者专程来到省图书馆记录下了广大读者在节日期间看书学习、参加各种读书活动的喜悦心情，并以“图书馆里过大年”为题，在 2 月 24 日的《江西新闻联播》中报道了广大市民利用春节黄金周在省图书馆读书、学习，进行文化休闲的情景。（程远）

【江西首个县级图书馆网站建成】 近日，弋阳县图书馆网站正式向社会开通，它标志着江西县级馆没有网站的历史已经结束。

弋阳县是革命老区，是方志敏烈士的故乡，也是国家级贫困县，尽管条件艰苦，但是弋阳县图书馆发扬老区人民的优良传统，克服重重困难，常年坚持为大众服务，为基层服务，各项工作都取得了突出的成绩。此次网站的建立，将使该馆在今后的服务工作中又增添了一种全新的手段，特别在宣传先进文化，宣传文化共享工程以及充分利用网络资源为大众提供便捷的网上服务等工作中，将如虎添翼，使之能更好地为当地经济发展和社会进步提供强大的精神动力和智力支持，同时，在全省县级图书馆网站建设中也开了个好头。（程远）

【峡江县图书馆募捐图书成效好】 峡江县图书馆在充分用好有限的购书经费的同时，积极拓展藏书入藏渠道，开展向社会募捐图书活动，取得了很好的效果，到 2 月底已获得社会各界捐赠的图书 3100 多册。

为了搞好图书募捐活动，峡江县图书馆经过认真分析和策划，积极走出馆门，大力开展募捐图书的宣传活动，动员全社会都来关心图书馆，支持图书馆的发展，得到了广大人民群众的理解、支持和积极响应，大家纷纷把自己的图书捐给图书馆，让更多的人能够利用这些图书，充分发挥图书的使用效益。目前，峡江县图书馆已加工、整理好了社会各界人士捐赠的图书，并向读者开放。今后，该馆将在做好图书采购的同时，坚持继续做好向社会募捐图书工作，并想方设法开辟更多、更好地增加馆藏的途径，为广大读者提供优质服务奠定馆藏基础。（程远）

【省图书馆为青少年成长导航】 3 月 10 日，省图书馆专门邀请了在全国进行“成长 110 百城义行”活动的箫芸、叶小平这对传奇夫妇，在省图书馆报告厅举办了“厌学、辍学、休学少年成长护航”公益讲座，吸引了 300 多名家长和孩子参加。

在讲座中，箫芸、叶小平夫妇分别就厌学、辍学、休学、早恋等青少年心理问题进行了详细分析和阐述，并在现场就家长和孩子们的提问进行了分析和解答。箫芸、叶小平夫妇富有哲理的分析、讲解和典型案例的介绍，赢得现场听众的阵阵掌声。不少听众都表示能现场亲耳聆听箫芸、叶小平夫妇在孩子教育方面的成功经验，对自己有很大的帮助，感谢省图书馆为大家提供了这么好的学习机会。

早在2003年，箫芸、叶小平夫妇就开辟了“少年成长导航”服务热线，至今引领了200多名遭遇成长困惑的少年走出了心灵的沼泽，使25名休学少年重新回到了校园。从2006年1月开始，他们自筹资金开展了“成长110百城义行”活动，计划在2年多的时间里行及100座城市，行程20万公里，举办义务讲座300场。目前，他们已到过33个城市，此次南昌之行应邀在省图书馆的讲座受到了家长和孩子们的热烈欢迎，取得了很好的效果，此举是省图书馆为广大青少年提供更好、更多的读书活动，有效地为青少年成长提供导航服务所开创的又一崭新方法和有效手段。（程远）

【全省高校图工委常务馆长会议召开】 3月16日至18日省高校图工委常务馆长会议举行了第1次全体会议，会议就增设经费管理委员会、全省高校图书馆电子资源团购、团购经费的承担、成立了团购谈判小组等议题进行了紧张、热烈、慎重的讨论，并形成了决议。大会认为各专业委员会主任馆应抓紧上报各自的委员会成员馆，牵头开展学术研讨活动的专业委员会主任馆要如期组织好各项活动。此外，各专业委员会应有计划地组织好相应的图情业务培训活动。（程远）

【省图书馆“社科大讲堂”隆重开讲】 3月18日，由省图书馆与省社联联合举办的“社科大讲堂”首场讲座在省图书馆报告厅隆重开讲，这场由省社科院院长傅修延主讲的“文化阅读与阅读文化”讲座，以新颖的观点，鲜活的事例，通俗易懂的语言，吸引了300多名听众现场聆听讲座。

“社科大讲堂”是省图书馆继与北大江西校友会联合开设“未名论坛”系列讲座之后推出的又一讲座品牌，该“讲堂”的设立旨在充分挖掘图书馆的资源优势和省社联的专家优势，积极传播真理，普及科学，用社会科学前沿知识和科学方法、科学思想、科学精神引导民众，促进人的全面发展和社会全面进步。（程远）

【第4届“魅力九江”在九江市图书馆举行】 3月26日，第4届“魅力九江”演讲比赛在市图书馆报告厅举行，从40多个单位选拔出来的18名选手参加了决赛。选手们紧扣“建设经济中心城市，我们准备好了吗”的活动宗旨，以“千秋伟业在于创，九江巨变在于干”为主题，表现出了极大的参与热情和崭新的精神风貌。（程远）

【“瓷都讲坛”开讲】 4月7日下午，“瓷都讲坛”第一讲——“女性形象与礼仪”在景德镇市图书馆报告厅如期举行，吸引了来自各行各业的市民前来听讲。

在讲座中，上海海运大学公关礼仪学教授鲍日新以极具魅力的谈吐、生动形象的肢体语言从新时代女性以怎样的形象立足社会、立足家庭等人们普遍关心的问题，进行了深入浅出的分析。并通过事例剖析了讲究礼仪形象对于女性增加自身修养，提升形象，达到自尊、自立、自强、自爱的重要性。听完讲座，大家都被鲍老师诙谐幽默的语言、举手投足间的优雅气质深深打动。并表示今后将继续关注“瓷都讲坛”。（程远）

【省高校图书馆数据库团购项目谈判成功】 4月13日，由省图工委牵头组团的电子资源数据库，在以南昌大学图书馆为组长的谈判小组的主持下，与各数据商进行了紧张艰苦的谈判，达成各项目谈判结果。清华同方学术期刊库和清华同方博硕论文库：由于该公司销售策略的改变，表示不采取联采方式，但承诺维持原有价格，并会根据各类不同学校，把服务做得更细，更到位。万方期刊：以18家本科院校全体参加为前提，每家3.8万元（包括回溯数据库）。EBSCO外文数据库：南昌大学图书馆、江西师范大学图书馆每年每家4万元，大学级图书馆每年3万元，学院级图书馆每年2.9万元。重庆维普数据库：南昌大学图书馆、江西师范大学图书馆无论采取镜像或网络版方式使用，每年都是 2 万元，其他本科院校镜像站每年 2 万元，网络版每年 1.9 万元。爱迪科森网上报告厅数据库：每系列为 0.8 万元，买 4 个系列送 1 个系列试用 1 个系列。（程远）

【2007 年全省高职、高专、民办院校图书馆馆长会议在南昌召开】 “2007 年全省高职、高专、民办院校图书馆馆长会议”于 4 月 16 日至 18 日在南昌召开。会议由高职、高专、民办院校图书馆专业工作委员会主任馆江西旅游商贸职业学院承办，参加会议的有江西省高校图工委领导，高职、高专及民办院校馆长等共 40 余人。

会议由江西旅游商贸职业学院图书馆馆长张灵敏主持。江西旅游商贸职业学院副院长胡建华教授致辞。省高校图工委秘书长周洪教授发表了热情洋溢的讲话。与会代表听取了省高校图工委副秘书长朱甫典传达全省高校图工委常务馆馆长会议精神，公布了高校电子资源团购的相关价格作为对高职院校团购的参考依据。同时提出了 5 月份对各馆展开检查的几点要求和注意事项。随后，各院校馆由 3 个常务馆馆长牵头分为三组讨论如何做好迎接图工委检查的准备工作及相关的团购意向。

会上，上饶师院图书馆馆长汪继南教授就如何做好图书馆工作作了专题学术讲座。会议期间，与会代表还现场参观了江西旅游商贸职业学院及南昌工程学院图书馆，并就加强图书馆建设进行了广泛的交流。（程远）

【省图书馆南昌女子职业学校流通站隆重揭牌】 4 月 20 日，省图书馆南昌女子职业学校图书流通站揭牌暨图书捐赠仪式在南昌女子职业学校隆重举行。省图书馆总支书记谭兆民、馆长助理闵以福，校长陈磊，副校长马丽华、吴展等有关领导以及全校数百名师生出席了仪式。

在仪式上，谭兆民书记和陈磊校长分别致辞，祝贺流通站的建立，学生代表汪洋表达了学生们渴望读书学习的激动心情。随后，省图书馆向学校赠送了图书并为流通站揭牌，而学生们丰富、精彩、独具特色的茶艺表演，则把仪式一次次推向了高潮。仪式结束后，谭兆民书记一行参观了该校图书借阅室。（程远）

【省图书馆隆重开展全民阅读活动】 在 4 月份的全民阅读月活动中，省图书馆开展了形式多样、内容丰富的系列读书活动，尤其是隆重开展的纪念 4·23 世界读书日系列全民读书活动，吸引了广大读者积极参与。

每年 4 月份，省图书馆都开展全民阅读月系列读书活动，积极倡导全民阅读，营造学习型社会的良好氛围。今年，省图书馆除了在馆区内设置宣传展板、大型横幅，营造全民阅读的气氛外，还向广大市民推出了“全民阅读推荐书目”、“知识工程推荐书目”以及国家图书馆的“文津图书奖”获奖书目。在南昌市女子职业学校成立了图书流通站，同时还举办了“中西文化纵横谈”、“陆九渊、王阳明心学对明代文学发展的影响”、“中国文化与中国人——品读三国及其他”、“律师说法·典型案例分析”、“在阅读中提高写作”等六场讲座，尤其是为纪念第 12 个世界读书日，4 月 23 日举办的“天天读书，快乐生活——世界读书日新书展览”，更是吸引了广大读者眼球，参观展览的读者络绎不绝。“我读书，我快乐”少儿阅读征文比赛、视频讲座等系列读书活动，也备受读者关注，并取得了很好的效果。（程远）

【抚州市图书馆召开学会换届暨公共图书馆馆长会议】 4 月 20 日，抚州市图书馆学会理事换届会议暨公共图书馆馆长会议在抚州市图书馆会议室召开。会议由市文化局党委副书记、纪委书记丁友保主持，市文化局党委书记、局长李建林到会并作了重要讲话。李建林局长在肯定抚州市图书馆学会工作的同时，要求学会会员要更新概念，提高认识，开拓创新，推进图书馆事业的发展，为城市文化建设作出更大的贡献。

会上，市图书馆学会秘书长王晓华报告了 2006 年学会工作；表决通过了抚州市图书馆学会章程和第 4 届抚州市图书馆学会调整理事名单；常务副理事长孔彬部署了 2007 年抚州市图书馆学会工作，与会理事还围绕学会工作进行了总结与交流。（程远）

【省图书馆接收首批中华再造善本】 4 月 23

日，省图书馆接收了由文化部、财政部组织实施的大型文化工程——“中华再造善本工程”的第一期的一部分，共100种1337册再造古籍善本。省图书馆将按照文化部、财政部的要求，像对待古籍珍善本一样管理《中华再造善本》，并将尽快加工、整理上架，以飨读者，使之更好地为江西文化建设和学术研究服务。（程远）

【景德镇市图书馆隆重举行图书捐赠仪式】 4月23日，景德镇市图书馆举行了隆重的图书捐赠仪式，在仪式上，前市政协主席龚农民将其个人专著《家园厚土》《深水静流》《景德镇历代诗选》捐赠给市图书馆，馆长陈厚奇代表市图书馆接受了龚农民先生的赠书，并向龚农民先生表示衷心感谢和敬意。市文化局领导及市图书馆班子成员出席了捐赠仪式。龚农民说：他选择在“世界读书日”向图书馆赠书，意在为建设阅读社会出力，通过捐书，带动社会各界人士向图书馆捐献图书，使图书服务社会，形成人人爱读书的社会新风尚。（程远）

【抚州市图书馆举办世界读书日新书展】 抚州市图书馆于4·23“世界读书日”在赣东大道举办了以“图书馆：阅读社会的家园”为主题的新书展，吸引了广大市民的眼球。此次书展共展出新书近千册，内容涉及伟人传记、政治法律、科技教育、医学卫生等。在展出的同时，抚州市图书馆还开展了现场办理借书证和现场借阅活动，取得了很好的效果，得到广大市民的欢迎和好评。（程远）

【江西文化共享工程建设全面提速】 5月11日，江西省文化厅与中国电信集团江西省电信有限公司正式签署协议，合作建设“江西省文化信息资源共享工程”。江西省文化厅副厅长王晓庆、江西省电信有限公司副总经理吴泉顺出席合作签字仪式并签署合作协议。此项合作由文化共享工程江西省分中心与江西省电信有限公司下属的“信息田园”共建农村综合信息服务点，双方将通过真诚合作，积极协调，加强管理，使文化共享工程的文化资源通过电信网络和网络服务站（点），迅速传播到江西省的每一个村落，实现江西省的文化事业与电信之间优势互补、强强联合、资源共享，使江西农村信息化建设、社会主义新农村建设走上一条合作、互利、双赢、集约的发展之路。此次合作是江西构建农村文化服务体系、建设社会主义新农村的一项重要举措，也是江西文化共享工程建设的一大创新，更标志着江西文化共享工程建设将全面提速。（程远）

【江西图书馆服务宣传周活动好戏连台】 按照《全国“知识工程”活动领导小组办公室关于开展全国2007年度图书馆服务宣传周活动的通知》精神，省图书馆充分发挥龙头作用，除精心组织本馆的各项服务宣传活动外，还及时下发通知，发动全省公共图书馆在5月28日至6月3日期间，围绕宣传周的主题，结合当地特点和实际，积极开展丰富多彩、形式多样、群众喜闻乐见的图书馆服务宣传周活动。宣传周期间，全省公共图书馆纷纷结合当地实际，开展了一系列服务宣传活动，吸引了老百姓的眼球，取得了很好的宣传效果。

为使宣传周活动真正落到实处，各馆都按照部署，认真制定活动计划，精心组织宣传项目，推出了众多深受群众欢迎的活动项目，可谓好戏连台。省图书馆充分发挥特色优势，推出了创建民工子女阅览室、读书征文比赛、庆“六一”经典影展、上街服务宣传咨询、视频讲座、故事比赛、影视赏析点评、送书活动、读者英语口语交流等服务宣传活动。特别是6月1日，部分民工子女应邀参加了省图书馆组织的一日少儿读书活动，活动中，孩子们参观了省图书馆，开心地接受了省图书馆全体党员捐赠的书包、文具等学习用品，观看了专场电影等，度过了一个愉快的儿童节。而6月2日省图书馆上街开展的服务宣传咨询、优惠办证等活动，更是吸引了广大市民的目光，市民们纷纷参加省图书馆组织的读者问卷调查，数百人填写了调查表。九江市图书馆开展的九江市“九电杯”读书知识有奖竞赛、公益健康知识讲座、文化科技进乡村、庆“六一”少儿诗文朗诵会、图书馆服务咨询以及读书知识有奖竞赛颁奖等活动丰富了广大人民群众的文化生活，该馆刊出的《寻庐文化·2007年九江市图书馆服务宣传周专刊》进一步扩大了宣传的效果和影响。全省其他市、县（区）馆都以各自的方法，开展了诸如上街开展服务宣传、免费办证、

展览、咨询、送书下乡等，举办知识讲座、读书心得比赛以及少儿读者活动等服务宣传活动，各地还通过电台、电视、报纸等传媒大力开展宣传报道，形成了强大的图书馆服务宣传声势，营造了良好的宣传氛围。（程远）

【省图书馆首个“民工子女阅览室”成立】 5月28日，省图书馆南昌市月兔实验学校民工子女阅览室成立揭牌仪式在该校隆重举行。省文化厅副厅长王晓庆莅临仪式，并致辞祝贺省图书馆创建首个民工子女阅览室。省图书馆章伏源馆长、卢涛副馆长，青山湖区区委宣传部、区教育局、区图书馆等有关方面领导以及全校师生600余人出席了仪式。

省图书馆月兔实验学校民工子女阅览室于2007年3月26日试开放，此次揭牌，省图书馆又为该阅览室配备了中小学教学辅导以及课外读物2010册，还精心挑选了520册新书赠送给该校，有效丰富了阅览室的藏书，并为民工子女提前送上了“六一”节的礼物。今后，省图书馆除定期更换图书外，还将与该校联合开展各项丰富多彩的读书活动。同时派出辅导员引导民工子女快乐阅读，启动爱心志愿者资源库为贫困生进行义务辅导。并将以民工子女阅览室揭牌为起点，把各项公益活动长期开展下去，让民工子女和城市的孩子们一起在同一片蓝天下共同成长，共享阅读。（程远）

【省图书馆党员爱心献给民工子女】 继省图书馆月兔实验学校民工子女阅览室成立后，省图书馆全体党员集体倡议为该校民工子女捐款购置新书包和新文具等学习用品，向孩子们献上一片爱心。6月1日，全体党员还与民工子女共同度过了难忘的“六一”儿童节。（程远）

【让小读者在阅读中提高写作能力】 5月5日，省图书馆邀请江西省校外教育学会秘书长、高级教师刘翠华老师为小读者们精心开设了一场题为“在阅读中提高写作”的讲座，吸引了100多名学生和家长前来听讲。

在讲座中，刘老师以通俗易懂的语言，丰富的事例，详细解读了阅读给写作带来的好处，阐述了以寻找阅读伙伴、集中时间与家长共同读书、以游戏方式每天读半小时的阅读方式，并针对听众提出的问题进行了一对一的解答。在近两个小时的讲座中，台上老师讲得有趣，台下小读者们听得入神，加上双向互动，取得了很好的效果，家长们都一致表示听了讲座受益匪浅。江西卫视都市频道对此进行了报道。（程远）

【南昌民俗风情讲座吸引听众】 5月12日上午9时30分，由省图书馆举办的“南昌民俗风情”讲座在三楼报告厅开讲，吸引了近百名读者听讲。

此次讲座特邀南昌市社科联副主席、南昌市民俗博物馆馆长梅联华先生主讲。梅联华先生从南昌民俗的特征、南昌古城门、南昌人生礼仪三个方面介绍了丰富多彩的南昌民俗，加之风趣的南昌方言，使听众在流连之余，细细品味出南昌地域民俗的淳朴、芳香，赢得了听众的强烈共鸣。（程远）

【江西完成共享工程试点县技术人员培训】 文化共享工程省分中心于5月29日至7月5日，先后在崇义、永新、弋阳、高安、都昌5个试点县举办了文化共享工程基层点工作人员专业培训班，按计划完成了文化共享工程试点县基层点工作人员250余人的专业培训，合格者将获得省中心颁发的资格证书。

此次培训的主要内容包括文化共享工程的介绍和计算机、卫星系统、投影仪等设备的安装、维护，资源的利用等，同时组织学员进行上机操作。针对参加培训班的学员来自乡村，电脑知识水平参差不齐的情况，省分中心还专门编写了电脑基础知识课程，并向学员们作了深入浅出的讲解。通过培训，力求在试点县建设中，达到《江西省文化共享工程试点工作验收标准》要求：乡镇级基层点有一名以上合格的专职工作人员，行政村级基层点有一名合格的专职或兼职工作人员。（程远）

【江西组织检查高职高专、民办院校图书馆】 根据江西省教育厅赣高字［2006］86号文件的决定，省高校图工委圆满地完成了对高职高专、民办院校图书馆检查的任务。此次检查组织了5个专家组同时分别对全省39所高职高专、民办院校图书馆进行了检查。在检查过程中，院校领导对本次检查工作都极为重视，基本上全程参与汇报、实地考察，并做了介绍，认真听取专家们的反馈意见，针对专家的反馈意见及时地做了相应的改进指示。各专家组严格按照检查程序，认真听取被检查学校图书馆负责人的情况汇报、审阅，对照汇报材料、实地考察、召开读者座谈会，对各项检查内容逐一落实，并与被检查学校领导进行了充分的交流，被检查学校也认真地填报了《江西高职院校图书馆基本情况调查表》。使专家组能基本掌握被检查院校图书馆的现实状况，并针对各院校图书馆的具体情况，本着认真负责的态度，提出了针对性的意见，对今后各馆的专业化、规范化建设与发展起了充分的指导性作用。2006 年和 2007 年对全省整个高职院校图书馆的检查中，专家们一致认为高职院校的 5 所常务馆在各方面都做得比较好，希望各院校之间能广泛地进行交流，使江西高职院校图书馆能真正地成为学校教育和科研的支柱。并经向教育厅请示，省高校图工委常务会通过决定，由图工委对高职院校的 5 所常务馆及馆长进行表彰。（程远）

【省图书馆隆重举行“六一”讲故事大赛】 6 月 2 日下午，省图书馆三楼报告厅内彩球飘荡，欢笑声不绝于耳，由少儿部精心策划的“兰兰姐姐故事会·庆六一特辑暨第二届‘六一’讲故事大赛”在这里隆重举行。比赛中，参赛小选手们个个身着节日盛装，显得格外漂亮。经过紧张、激烈的角逐，汤雅婷、程湘雯两位小朋友以其娴熟的故事表演，精彩的故事内容，赢得了评委及观众们的一致好评，最终分别摘得了幼儿组、少年组的桂冠。（程远）

【永新县举办文化共享工程基层服务点专业人员培训班】 6 月 8 日，永新县举办了首期文化共享工程乡镇、行政村基层服务点专业人员培训班。全县 23 个乡镇和 47 个行政村的文化共享工程基层服务点的专业技术人员参加了培训学习。

在培训班上，文化共享工程江西省分中心的技术人员结合文化共享工程的具体工作和农村文化建设的实际，有针对性地就电脑基本操作、相关的电脑知识和新时期如何加强农村文化建设等方面的内容对学员进行了培训。此次培训班的举办，进一步提高了文化共享工程乡镇、行政村基层服务点专业人员的业务水平，对进一步加强文化共享工程的试点工作以及促推该县农村文化建设，都将起到积极的推动作用。（程远）

【宜春市公共图书馆馆长会议召开】 6 月 12 日，宜春市公共图书馆馆长会议在樟树市召开。省图书馆馆长章伏源、宜春市文化局局长邹震宇、樟树市人民政府副市长陈胜、樟树市文化局局长熊云凯以及全市各公共图书馆馆长和有关方面人员共 20 余人出席了会议。

会议由宜春市文化局副局长吴施主持。会上，陈胜副市长和章伏源馆长分别致辞。章伏源馆长还介绍了文化共享工程建设、图书馆延伸服务以及古籍保护等方面工作的发展情况，并就加强基层公共图书馆事业发展等有关问题提出了指导性意见。邹震宇局长就当前和今后宜春市公共图书馆的发展提出具体要求。全市 10 个公共图书馆的馆长们交流了各自的工作经验，并就如何更好、更快的建设图书馆，切实为广大读者特别是为新农村建设服务等问题，提出了意见和建议。（程远）

【省图书馆进行人才招聘面试】 6 月 14 日，省图书馆举行了应聘人员面试。省文化厅副厅长王晓庆以及省文化厅人事处、监察室、社文处等有关方面领导和省图书馆班子成员作为考官，对 33 名通过笔试的入围者进行了面试。（程远）

【省图书馆举办“唐代江西诗人”讲座】 6 月 16 日上午，省图书馆举办的“唐代江西诗人”讲座在该馆三楼报告厅开讲，此次讲座的主讲老师为江西师范大学文学院教授王琦珍先生。每当人们谈及江西文学史，往往只是从宋代欧阳修、王安石、曾巩谈起，于此前的江西文坛则鲜有论及。王教授以多年的研究积累，列举了 20 多位唐代江西诗人的成就，指出唐代江西文坛已形成了一批在全国颇有影响的诗人，他们不仅将先进的中原文化传播到江西，而且让先进的中原文化在江西发扬光大，成为宋代江西文坛崛起的先驱

者。王琦珍教授独到的视野，敏锐的洞察力，翔实的史料辨证，精彩的言语阐述，深深地感染了在场的 80 多位听众，也赢得了听众的阵阵掌声。（程远）

【省高校图工委读者工作 2007 年学术研讨会议召开】 由江西省图工委主办，江西师大图书馆承办的全省第 7 届读者工作学术研讨会于 6 月 20 日至 23 日在浙江省金华市召开。全省 30 所院校的 55 位图书馆领导和读者服务工作代表参加了会议。

本次会议共收到 27 所院校提供的 75 篇论文，是历届读者服务工作研讨会提交论文数量最多的一次。本次大会共评选出一等奖论文 2 篇，二等奖论文 16 篇，三等奖论文 20 篇，并向获奖作者颁发了获奖证书。会议期间，代表们进行论文宣读，经验交流，还参观考察了浙师大图书馆，并特邀浙师大陈兴伟馆长做了有关高校图书馆读者服务工作的专题报告。（程远）

【省图书馆"社科大讲堂"进社区】 6 月 22 日上午，由省图书馆和省社联科普中心共同举办的"社科大讲堂"在南昌市董家窑街道办六楼多功能报告厅开讲，这也是"社科大讲堂"走出省图书馆，首次进入社区的第一场讲座，吸引了社区群众百余人前来听讲。

将公益讲座延伸到社区是省图书馆开展讲座服务活动以来，使讲座进一步贴近生活、贴近实际、贴近百姓，提升公益讲座服务效果所推出一项的新举措。此次讲座由董家窑街道办承办，特邀北京大学经济学硕士、世纪证券南昌井冈山大道营业部总经理周宝林先生主讲，周宝林先生以"谁动了你的奶酪——现代经济环境下个人理财与股票投资"为题，着重讲述了个人理财、股票投资、投资与投机、盲目理财与科学理财等群众关心的话题，解答了人们对股市的种种疑问，受到社区群众的欢迎。（程远）

【江西公共图书馆馆长高级研修班在鹰潭举办】 6 月 25 日至 29 日，省图书馆、省图书馆学会联合主办的"江西公共图书馆馆长高级研修班"在鹰潭市举办。省文化厅社文处肖向东处长、鹰潭市文化局王辉局长等有关领导出席了开学仪式，全省各市、县、区图书馆馆长等有关方面人员 75 人参加了研修学习。

此次高级研修班旨在进一步提升全省公共图书馆馆长的业务素质，推动江西公共图书馆事业更好、更快的发展。为此，研修班特邀北京大学资深教授吴慰慈先生以"图书馆发展新趋势"为题作了专题学术报告。吴慰慈教授以其敏锐的视角，全面分析和阐述了当前图书馆发展的八大新趋势，并就参加研修的馆长们感兴趣的问题，进行了交流和解答，现场气氛十分热烈。在研修班上，省图书馆章伏源馆长和蔡荣生副馆长都亲自为市、县、区的馆长们授课，馆长们还就文化共享工程建设、现代化技术与方法、图书馆管理以及延伸服务、文献分类编目理论与实践、古籍保护知识与措施等方面内容进行了研修学习，同时相互探讨和交流了各自在实际工作中所遇到的有关问题等，并进行了文化调研和考察，取得了很好的学习效果。（程远）

【吴慰慈教授为江西高校图书馆工作者作专题学术报告】 6 月 25 日上午，北京大学图书馆学资深教授吴慰慈先生江西师范大学老校区图书馆报告厅作了主题为"国内外图书馆发展趋势"的学术报告，与会代表 120 余人。吴教授针对当前我国图书馆目前的现状和国际发展的状况，从宏观层面谈了网络时代图书馆资源观的变化及应采取的应对策略，并提出了信息资源开发与利用的十大热点问题，使听众从更高的层面认识到未来图书馆的发展趋势与发展方向。（程远）

【景德镇市图书馆开放"暑期放映室"】 景德镇市图书馆充分利用丰富的馆藏资源，推出了"暑期放映室"活动，受到小读者的欢迎。7 月 11 日的第一次播映，就吸引了众多青少年读者前来观看。

景德镇市图书馆通过"暑期放映室"，向青少年读者展示经典电影、卡通片、动画片以及青少年教育系列讲座，将对扩大青少年视野、增长文化知识、提高道德素养、丰富暑期生活等产生积极影响，此举有效拓展了景德镇市图书馆为青少年读者服务内容，提高了服务质量，打造了服务品牌。（程远）

【省图书馆夏季纳凉电影晚会受青睐】 每年夏季的每周末，省图书馆都会利用国家文化信息资源共享工程的设备和资源，在生活小区举办“夏季纳凉电影晚会”，播放优秀爱国主义影片。这也是省图书馆进一步推进文化进社区、丰富群众业余文化生活的重要举措之一，它不仅宣传了社会主义先进文化，同时也给社区群众和附近的农民工朋友提供了一个休闲场所。

今年的纳凉电影晚会从7月20日开始，计划放映《党的女儿》《南昌起义》《狼牙山五壮士》《平原游击队》《打击侵略者》《回民支队》《万水千山》《南征北战》等多部优秀爱国主义影片。(程远)

【省图书馆岗位培训求实效】 为进一步提高在职员工的业务理论水平和专业技能，省图书馆精心策划，启动了岗位培训工作，并于7月20日由章伏源馆长讲授了图书馆学概论课程。此次岗位培训与以往有所不同，这次的培训对象以2004年以后进馆人员为主，其他职工对感兴趣的专业可以进行选修，培训课程设置全面、系统，重点讲授图书馆学基础理论、业务技能以及图书馆现代化技术等。并规定从2007年7月起，每周五下午为岗位培训授课时间，培训的主要科目有：图书馆工作概论、读者工作、图书馆信息技术工作、文献标引工作和文献编目工作等。(程远)

【送书下乡工程2006年度图书抵赣】 7月23日，省图书馆再次迎来了文化部、财政部共同实施的国家重点文化项目“送书下乡工程”的第二批第一年度的图书1064包、68 362册（每个单位获赠图书514册）。

自2003年开始的第一批三年计划启动以来，江西已有10个县级图书馆和110个乡镇文化站共获得图书117 260册。该项工程对江西的国家级贫困县，特别是红色老区的文化事业的发展，帮助贫困地区县级图书馆、乡镇文化站图书室解决藏书贫乏、购书经费短缺等实际问题，努力满足广大人民群众对知识信息的需求，发挥了积极的作用，深受农村读者的欢迎。(程远)

【鹰潭市图书馆设立部队图书流通服务点】 7月24日，在纪念中国人民解放军建军80周年之际，鹰潭市图书馆图书流通车开进了驻鹰部队，并在73865部队活动中心设立了图书流通服务点。本次共送去精心挑选的各类图书100册，今后每月还将定期更换图书100册供官兵们阅读，受到了部队官兵们的热烈欢迎。图书流通服务点的设立，不仅为广大官兵免费提供了精神食粮，同时，也为该市双拥工作做了些实实在在的事情，取得了很好的效果。(程远)

【高安市图书馆革新服务喜迎读者】 7月份以来，高安市图书馆又积极采取措施，革新传统的管理和服务模式，实施自动化管理，为广大读者提供了更为便捷舒适的服务，受到广大读者的热烈欢迎和社会各界的广泛赞誉。为搞好此次管理和服务模式的转变，面对新领域和新技术，高安市图书馆上下齐心，虚心求教，苦心钻研，边干边学，务求完美。首先，安装了图书管理软件及监测仪等设备。其次，购置了双面铁书架46组。再就是全馆同志发扬高度敬业精神，冒高温，战酷暑，加班加点，连续作战，经过短短的22天，完成了外借室所有图书（2万册）的自动化管理的前期准备工作。7月25日，高安市图书馆以全新面貌正式向读者开放，现仅外借室就日均接待读者近200人次。高安市图书馆自动化管理的实施，为该馆今后进一步的发展奠定了坚实的基础。(程远)

【省图书馆隆重举行部队图书流通站揭牌仪式】 省图书馆与英雄航天员——聂海胜曾经战斗过的空军某师共同创建的图书流通站揭牌仪式，于7月25日在该部队隆重举行。省图书馆章伏源馆长、谭兆民书记等有关方面领导以及部队官兵出席了仪式。在仪式上，双方互签协议，章伏源馆长和部队首长分别致辞，谭兆民书记和部队首长共同为图书流通站成立揭牌。省图书馆除了向部队赠送了500册新书外，还为图书流通站配送了500册新书，今后将定期为流通站更换新书，并将配合部队开展形式多样的读书活动，促进图书流通站的健康发展。(程远)

【少儿暑期手工制作乐融融】 7月28日省图书馆举办“少年儿童手工制作比赛”。为进一

步推动儿童素质教育，开发少年儿童的动手动脑能力，省图书馆针对暑期这个特定时段策划了这场寓教于乐的手工制作大赛。

经过对完成手工作品的时间和作品质量的细致评比，7岁的杨君鹏和12岁的陈世豪分别以30分钟和42分钟的好成绩完成手工制作，分别夺得少儿组和少年组的第一名。通过比赛，不仅丰富了广大小朋友的课余文化生活，还培养了他们的动手能力和创新能力，促进了相互间的交流与学习。（程远）

【省图书馆召开庆八一座谈会】 8月1日上午，省图书馆召开了庆八一座谈会。座谈会由章伏源馆长主持，副馆长蔡荣生、卢涛，馆长助理闵以福以及全馆在职的复员转业退伍军人等20余人出席了会议。在座谈会上，章伏源馆长代表馆领导班子向全馆复员转业退伍军人及军人家属致以节日问候，对同志们在各自的工作岗位上起到的模范带头作用给予了充分肯定。他希望大家在今后的工作中，要继续发扬我军的优良传统，不断取得更好成绩。同志们也纷纷发言，畅谈我军80年来发生的翻天覆地的变化和取得的伟大成就，并结合工作实际，表示要以军人的作风，进一步做好本职工作，以优异的工作业绩更好地为图书馆的发展服务。（程远）

【景德镇市图书馆建立消防特警中队图书流动站】 8月1日，景德镇市图书馆工作人员与消防支队官兵欢聚一堂，共同庆祝建军80周年和军民共建的图书流动站启动运行。在启动仪式上，该馆向特警中队流动站送去书刊300余册，各类学习光盘50张，并当场为官兵们播放爱国主义教育系列影片《八一军旗升起的地方》。至此，景德镇市图书馆开展的“五个一”工程中的建立“一座军营”图书流动站正式成立。

近年来，景德镇市图书馆了解到消防部队由于点多面广，基层官兵不能及时阅读新书和杂志的情况。为了丰富部队官兵的文化生活，为消防官兵读书成才提供优质服务，该馆主动与市消防支队领导联系，并就警民共建图书流动站达成共识，图书流动站建立后，将定期为流动站送去各类新书、期刊和视听讲座光盘。并进一步将该流动站建成文化共享工程的基层服务点，把优秀的文化资源送到军营，为官兵们搭建了一个学习知识、提高素质的平台。（程远）

【江西文化共享工程走进农村校园】 8月9日至10日，江西省文化厅副厅长王晓庆率省文化厅社文处副处长万一君、省图书馆馆长章伏源以及文化共享工程江西省分中心的有关工程技术人员一行，带着文化部、文化共享工程国家中心赠送的设备到湖口县二中和婺源县江湾中学，先后出席了在这两所中学隆重举行的文化共享工程设备赠送仪式。

在仪式上，婺源县委书记林显军和湖口县政府副县长孙志强致辞，感谢上级对农村中学和广大师生的关爱，特别感谢省文化厅领导冒着酷暑将文化共享工程的设备送到学校，使同学们在自己的校园内就能通过卫星和网络获得优秀文化信息资源。王晓庆副厅长将文化共享工程的设备赠送给学校。文化共享工程江西省分中心向两所学校配发了有关党史教育、革命历史影片、科学技术讲座等光盘资源，同时还帮助学校安装了文化共享工程的卫星接收设施、服务器等有关设备，并对学校的专业人员进行了培训。（程远）

【江西利用国家政务外网传输文化共享工程资源】 为了充分利用国家公共网络资源，加快推进文化共享工程的建设，文化部全国文化信息资源建设管理中心和国家信息中心决定依托国家政务外网，开展文化共享工程的文化信息资源传输工作，作为省级先期应用试点，江西省率先开展了此项工作。试点成功后，将向全国各省市推广。

利用国家政务外网传输文化信息资源能有效提高文化共享工程向全国传输文化信息资源的效率和降低传输成本。同时，对拓展政务外网应用，更好地发挥政务外网的效益也具有重要作用。文化共享工程江西省级分中心、省图书馆和江西省信息中心领导高度重视此项工作，经过积极沟通，相互配合，8月10日，实现了文化共享工程江西省分中心网络与地方政务外网的互联，经过测试，下载速率达到1.27MB/S，传输资源24小时达到100GB。（程远）

【文化共享工程江西省分中心扩展服务社区】

8月16日晚，文化共享工程江西省分中心、省图书馆和南昌市西湖区系马庄街道办事处在南昌市第18中学联合举办“送电影进社区”活动。这次活动也是省分中心、省图书馆走出自己所在的社区，扩展服务区域，为群众服务的新举措。省分中心今后将在社区举办电影晚会的基础上，进一步举办各种讲座等活动，并将在市内建立一批共享工程社区服务点，以便更好地满足广大人民群众的需求。（程远）

【万安县图书馆“捐书惠农”活动惠及农村千万家】 8月14日，在万安县图书馆举办的“捐书惠农”启动仪式拉开了这次活动的序幕。县委书记王俊雄亲临活动现场，并捐赠了一套价值2000多元的图书，县委、县政府各部门积极响应，全县各行政事业单位及省、市直管单位均参加了这次活动，而且参与率达到100%，当天就捐得图书3000多册，现金5000多元。截止到9月26日，本次活动共收到各类图书7821册，现金21 570元。

该批捐赠的图书和现金，将在该县的涧田、潞田、芙蓉等乡镇新建6个图书室，同时充实10个图书室的藏书。县图书馆工作人员已把捐赠的图书全部整理完毕，10月份，将把所有捐赠的图书送到各个图书室。此次“捐书惠农”活动的开展，在全县形成了节约资源、奉献爱心、扶贫助困的良好风尚，为科技兴农提供了智力支持和信息保障，具有十分重要的现实意义。（程远）

【景德镇市图书馆法律服务进社区】 8月17日上午，景德镇市图书馆开展的义务法律咨询活动在太白园街道举行，受到辖区居民的欢迎和好评。为了搞好活动，景德镇市图书馆联合泰方律师事务所，并邀请有关专家、律师共同开展此次活动，同时做好活动的宣传。当天一大早辖区居民就守候在街道办事处等候参加活动，专家和律师们冒着酷暑，耐心详细地解答了大家提出的问题，特别是所遇到的有关法律方面的难题。（程远）

【“社科大讲堂”公益讲座再进社区】 8月22日，省图书馆再次走出馆门，将“社科大讲堂”公益讲座送到南昌市青山湖区湖坊工业园区，受到广大听众的热烈欢迎。这场由省社科院社会学法学研究部主任、社会学所所长马雪松研究员主讲的公益讲座以“感悟幸福，共建和谐”为题，从社会学与心理学、物质生活与精神生活等多角度、多侧面，结合社会幸福调查实例，深入浅出的讲述了幸福的内涵和如何去感悟幸福，以及是不是财富越多就越幸福等人们关心和感兴趣的话题，并与听众一起认识幸福、感悟幸福，吸引了百余名听众现场聆听。（程远）

【上海黄浦区馆情系遂川】 8月24日，上海市黄浦区馆刘栩馆长一行带着价值10万元的2000册图书、10台电脑来到遂川县图书馆，向遂川县图书馆捐赠了图书和电脑。遂川县图书馆举行了隆重的欢迎仪式，并向黄浦区图书馆回赠“上海黄浦区图书馆情系遂川，友谊长存”的牌匾表示感谢。黄浦区馆自2003年与遂川县图书馆结为友好单位以来，曾先后两次向遂川县图书馆捐赠图书资料两万多册。遂川县图书馆对这次赠送活动非常重视，为了搞好这次捐赠活动，该馆精心准备了隆重的欢迎仪式，并致辞热烈欢迎黄浦区馆的同行，感谢他们对革命老区的关怀。（程远）

【弋阳县图书馆送电影进社区】 8月24日晚，弋阳县图书馆利用文化共享工程数字化信息资源在县人民广场免费为当地百姓播放了《我的长征》等爱国主义影片。此项活动不仅体现了人民群众对文化信息的孜孜追求，这也是该馆为传播文化共享工程所做的一件实事。该馆将会不定期的继续播放优秀影片，使文化共享工程发挥应有的作用。（程远）

【江西全面启动古籍普查工作】 9月11日至9月14日，省图书馆举办了首期“全省古籍普查培训班”。省文化厅副厅长王晓庆，省文化厅社文处处长肖向东、副处长万一君，省图书馆党总支书记谭兆民，省图副馆长蔡荣生、卢涛等有关方面领导出席了培训班开班仪式，来自全省的古籍普查人员10余人参加了培训学习。此次培训班的成功举办，标志着江西古籍普查工作在全省正式全面启动。

在培训班开班仪式上，王晓庆副厅长就学员

们的学习和全省开展的古籍普查工作提出了具体要求。老师全面、系统的讲述了古籍数据标识号、古籍书目信息(如书名、卷数、著者、版本、附注、分类、定级等)、书影，古籍破损原因、程度、级次和修复需求建议，古籍库房环境和管理状况的记录等古籍普查登记数据的规范问题；对普查登记表的填写等具体工作也进行了详细的讲解。学员们还重点学习了《古籍定级标准》《古籍普查规范》《古籍特藏破损定级标准》《古籍修复技术规范与质量要求》《图书馆古籍特藏书库基本要求》等相关标准，并就古籍普查的具体方法进行了实际操作实习。培训班还就下一步全省古籍普查工作进行了具体部署，此次培训达到了预期的目的。(程远)

【江西图书馆界掀起科普日活动热潮】 全省各级各类图书馆按照省图书馆学会的部署，9月15日—9月22日，以“节约能源资源、保护生态环境、保障安全健康”为主题，开展各种科普宣传活动，掀起了全省科普日宣传活动的热潮。

为了搞好今年的科普日宣传活动，省图书馆学会按照省科协的整体部署，做到早通知、早部署、早准备，要求各设区市图书馆学会根据当地实际，因地制宜的组织各级各类图书馆围绕活动主题开展形式多样、内容丰富的宣传活动，取得了很好的宣传效果。在活动期间，省图书馆学会还与省图书馆联合，围绕活动主题悬挂宣传横幅，举办“倡导科学用能·共建资源节约型社会”、“新能源与再生能源”等科普挂图展览，大力营造宣传活动声势。同时还积极组织开展了播放革命历史电影、并于9月15和16日分别举办了“远离心肌梗死”和“社科大讲堂·走进‘天下第一山’——井冈山精神的解读与启示”系列科普讲座等各种宣传活动。全省各地图书馆也纷纷响应号召，他们结合当地实际，开展了科普讲座、书刊展览、送科技图书下乡、少儿科普知识竞赛等内容丰富、形式多样的科普宣传活动，形成了全省图书馆共同倡导“节约能源资源、保护生态环境、保障安全健康”的宣传氛围，吸引了广大人民群众的目光，为倡导科学精神，普及科学文化知识，发挥了图书馆的积极作用。(程远)

【科技查新与专利查新培训班在南昌举办】 省国防科技情报研究所、省高校图工委联合于9月26日—29日在南昌大学科技交流中心举办了“科技查新与专利查新培训班”。来自各综合信息(情报)机构、各大专院校图书馆、各企事业单位信息咨询与情报服务部门的相关人员，科技查新与文献检索从业人员，专利工作和科技成果管理、推广以及科研工作人员等30余人参加了培训学习。

培训班由省科技项目鉴定委员会专家丁志超讲授了“科技查新与项目鉴定”，省专利事务所专利代理人张静讲授了“专利基本知识与实务”，国家级审核员许吉芹讲授了“国际联机DIALOG数据库检索”，国家级查新员殷倩讲授了“科技查新概论与实务”。学员们还通过现场上机进行了实习。培训班使学员掌握科技信息检索的基本知识和检索技巧，充分了解了常用的各类文献型数据库及网上的免费信息资源(程远)

【省图书馆开展系列活动庆国庆、迎盛会】 省图书馆在国庆期间开展了“庆国庆、迎盛会”系列读者活动，吸引了广大读者的参与，取得了较好的效果。省图书馆展播的电影《开国大典》吸引广大读者重温建国的喜悦；祝福祖国表心愿活动、“兰兰姐姐故事会”、手工制作、树叶贴画等少儿系列活动，让小读者们度过了一个既有意义又愉快的黄金周。而由中国教育学会书法教育专业委员会委员、南昌市硬笔书法协会常务理事欧阳荷庚主讲的“书法有法——青少年硬笔书法（写字）的规范学习实务”少儿系列讲座，由中国科学院院士欧阳自远主讲的“深空探索与人类未来”科普系列讲座、“初高中生面向国际化人才的教育培养”等学习系列讲座，以及原版影视赏析《窃听风暴》和英语角等系列读者活动，则让读者在看书学习的同时，享受到了省图书馆为他们准备的国庆黄金周的精神文化盛宴。与此同时，省图书馆还积极做好与江西电信“信息田园”的共建工作，努力构建遍布全省的文化信息资源服务网络，通过文化共享工程的优秀文化资源引导广大人民群众庆国庆、迎盛会。(程远)

【省图书馆国庆少儿活动异彩纷呈】 10月1日，省图书馆少儿部举办“兰兰姐姐故事会·国庆特别活动”。此次系列活动共评选出6名优秀小选手，30名小读者获得鼓励奖。活动结束后，许多家长都表示省图书馆在国庆举办这种特别活动，能够培养孩子的爱国情怀，非常有意义。同时也能使孩子们在寓教于乐的活动中，锻炼动手和动脑的能力。（程远）

【省图书馆举办“书法有法”讲座】 10月2日，省图书馆特邀欧阳荷庚老师在该馆三楼报告厅举行了“书法有法——青少年硬笔书法（写字）的规范学习实务”讲座，近200名读者聆听了讲座。在讲座中，欧阳老师首先介绍了硬笔书法的规范学习之路，随后亲自示范了正确的执笔与坐姿，为小读者们分析了汉字的造型结构，并在黑板上现场演示了运笔的技巧，形象而生动，使现场的小读者们受益匪浅。特别是最后20分钟的互动，使欧阳老师与小读者们进行了面对面的互动，当面直接进行指导，使现场气氛更加热烈。（程远）

【庐山馆将以新面貌迎接读者】 在庐山管理局的高度重视下，作为庐山管理局今年文化建设项目之一的庐山馆大门厅改造工程于10月8日正式启动。

庐山馆历史悠久，处在交通要道，周边环境优美，馆藏极具特色，却一直没有一个正式的大门。为了提升图书馆丰富的文化内涵，同时也给读者营造一个与周围环境相协调和舒适的阅读环境，庐山管理局决定兴建该馆的大门，并且要求大门设计力求精致、典雅，具有庐山特色，符合现代化图书馆的功能要求，具有时代感，整个门厅建筑外观既要符合庐山风景区的建筑特色，又要使新老建筑相互协调，力求使其成为庐山东谷的一个亮点。此次门厅改造工程总建筑面积为180平方米，两层、大门入口为圆弧形。工程总预算40万元，预计12月初交付使用，届时该馆将以崭新的面貌迎接广大读者的光临。（程远）

【石城县图书馆“流动书库”送书忙】 10月11日—12日，石城县文化局黄荣琳书记带领石城县图书馆业务人员一行，进行了“流动书库”第二次送书下乡活动，受到广大农民朋友的欢迎和好评。此次送书活动先后到了该县的琴江、丰山、高田、木兰、小松、屏山、大由、龙岗、横江、珠坑等10个乡镇，送去图书1500余册、文明用语及名人名言等宣传条幅400多条，吸引了广大乡镇群众和当地农民朋友，取得了很好的效果。（程远）

【石城县举办“庆盛会 迎重阳”有奖知识竞猜】 10月18日上午，石城县图书馆举办了“庆盛会，迎重阳”有奖知识竞猜活动，深受中老年读者的欢迎，200余名中老年读者参加了竞猜活动。为了搞好此次活动，该馆精心准备，认真组织，并设置了257条涉及党的十七大的相关知识，中老年生活保健、生活常识等方面内容的竞猜题。（程远）

【江西旅游商贸职业学院图书馆举办读者协会成立一周年庆典晚会】 10月14日晚，江西旅游商贸职业学院图书馆隆重举办了读者协会成立一周年庆典晚会。晚会上，会员们以歌曲、朗诵、民乐、游戏等丰富多彩的形式和充满文化气息的节目欢庆读者协会生日。该院图书馆读者协会自成立以来，本着“强化自身素质，服务全院师生”的宗旨，坚持“读书好、读好书、好读书”的“三好方针”，以“广泛开展读书活动，提高读书鉴赏能力”为目标，积极将协会办成学生重要的文化阵地。一年以来，读者协会开展了许多独具特色的读书活动，如“读书沙龙”、“读者聚焦”、“知识竞赛问答”、“读书名言展”、“好书推荐”、“读书交流会”、“知识讲座”、“我与图书馆征文比赛”等活动，受到广大师生的一致好评。（程远）

【省图书馆学习贯彻十七大精神】 为了使员工全面理解和领会党的十七大精神，省图书馆开展系列活动积极组织职工认真学习贯彻党的十七大精神，用党的十七大精神武装全体员工，使同志们在新的历史时期，在各自的工作岗位上努力完成时代赋予的新的历史使命。（程远）

【省图书馆举办十七大精神解读讲座】 为广泛宣传党的十七大精神，省图书馆在刊出《党的盛会 人民的节日》图片宣传板报的同时，10月28日，省图书馆还和省社联社科普及咨询中心

联合特邀省社联副主席、省社会科学院经济研究部主任、汪玉奇先生，在该馆报告厅举办了题为“扬帆远航的指南——党的十七大精神解读”的讲座，吸引了300余名读者。（程远）

【江西文化共享工程试点县图书馆业务培训班在昌举办】 10月29日至11月1日，文化共享工程江西省分中心在省图书馆举办了试点县图书馆业务技术培训班，来自5个试点县图书馆的技术骨干10人参加了培训学习。

培训班以图书馆自动化管理系统（ILAS）为主要内容，包括系统介绍、通用业务、维护工具、简单数据库维护等方面。旨在通过培训，使各试点县图书馆的工作人员能够熟练地掌握由省分中心统一配发的图书馆自动化管理软件，提高各试点县支中心工作人员的图书馆自动化业务水平和服务水平（程远）

【南昌航空大学图书馆举行征文颁奖仪式】 11月9日，南昌航空大学图书馆在该馆多媒体会议室举行了“南昌航空大学图书馆征文颁奖仪式”。本次征文共收到论文21篇，荣获一等奖的有9篇，荣获二等奖的有10篇，荣获优秀奖的有2篇。这次征文是该图书馆有史以来收获论文最多的一年，它预示着图书馆的学术氛围日益浓厚。（程远）

【全国公共图书馆缩微品拍前整理培训班在昌举办】 11月11日至15日，由全国图书馆缩微复制中心主办，江西省图书馆承办的“全国公共图书馆缩微品拍前整理培训班”在南昌市嘉莱特和平大酒店举办，全国图书馆缩微复制中心主任李健、江西省图书馆馆长章伏源、副馆长蔡荣生等有关方面领导出席了培训班开班仪式。来自全国11个省、市公共图书馆的代表16人参加了培训学习。

省文化厅高度重视在江西的此次培训班，要求省图书馆全力做好各项服务工作，王晓庆副厅长还到培训班亲切看望了学员们。在开班仪式上，李健主任和章伏源馆长分别致辞，勉励学员们在南昌期间学习好、生活好，并希望学员们在未来的文献抢救和保护工作中充分发挥骨干作用，作出自己的贡献。此次培训班的主讲老师是全国图书馆缩微复制中心具有丰富经验的孙静荣和杨勇两位老师，他们分别讲授了民国图书、中文报刊的拍前整理与著录等课程，并指导学员进行了实际操作实习。学员们的学习热情和学习成绩得到了李健主任和老师们的充分肯定，李健主任为学员们颁发了结业证书。江西省图书馆的服务工作得到了缩微中心领导、老师及学员们的高度赞誉。（程远）

【九江市图书馆加强职工素质教育】 11月16日，九江市图书馆特邀九江学院文学评论家、心理教育专家陈忠教授就图书馆员工如何为市民、读者服务进行授课，陈忠教授还向该馆捐赠了图书。九江市图书馆新馆开馆以来一直把员工培训与教育作为重要工作来抓，取得了较好的效果。（程远）

【省图书馆公关礼仪讲座受欢迎】 11月18日，省图书馆特邀江西中医学院郑晴教授，在该馆报告厅举行了以“现代公共关系礼仪”为主题的讲座，吸引了100多位读者聆听讲座。在讲座中，郑晴教授针对人们的现实生活习惯，从“接打电话”、“交谈”、“递接名片”、“仪容服饰”等多方面，联系实际，列举事例，生动、具体的阐述了生活中的礼仪问题，特别突出地讲述了人们在交往过程中“语言要规范化”、“注意细节”、“注意场合、对象”等各方面应注意的问题。整场讲座贴近人们的生活、工作，赢得了现场读者的阵阵掌声，整个讲座气氛活跃，生动有趣，受到了广大读者的欢迎和好评。（程远）

【江西师大图书馆举办“超星数字资源和读秀知识库使用”讲座】 11月27日，江西师大图书馆在瑶湖校区图书馆二楼多媒体教室举办了“超星数字资源和读秀知识库使用”讲座，吸引了广大师生听讲。读秀知识库是一个可以对文献资源及其全文内容进行深度检索，并且提供原文传送服务的平台。该库已为江西师大校园网开通试用，为使广大师生充分利用该库，江西师大馆举办了本场讲座。讲座重点介绍了读秀现收录中文图书题录信息、图书搜索引擎，上网用户利用题录信息、目录、全文内容进行搜索以及进行文献传递的方法。（程远）

【九江市图书馆宣讲十七大精神】 11月30日下午，九江市图书馆邀请市委党校副校长王林教授在该馆报告厅作“新世纪、新阶段政治宣言和行动纲领”的主题报告。除本馆全体员工外，市话剧团、市文化稽查支队的部分职工及读者参加了报告会。在宣讲报告中，王林教授全面讲述了党的十七大的精神和纲领，使听众在思想上加深理解了十七大报告的精神实质和重要意义。（程远）

【2007年度全省高校馆馆长会议召开】 12月6日至7日，由省高校图工委主办，景德镇陶瓷学院图书馆承办的江西省高校馆馆长工作会议在景德镇市陶源大酒店召开，全省本专科院校、高职院校、民办院校、二级学院、成人院校等高校馆馆长70余人以及商家代表30余人出席了会议。此次会议由华东交大图书馆黄卫春馆长主持。会议听取并通过了省高校图工委2007年工作总结，讨论了2008年省高校图工委的工作计划，同时听取了江西财大图书馆参加教学水平评估的经验介绍以及图书馆相关产品经销商的产品及服务介绍。与会者还参观考察了景德镇陶院、景德镇高专和陶瓷工艺美职院等院校的新馆。（程远）

【省图书馆“社科大讲堂”进高校】 12月7日，由省图书馆和省社联科普中心联合主办的“社科大讲堂”在江西旅游商贸职业学院礼堂开讲，该校师生千余人聆听了讲座。这也是自“社科大讲堂”走出省图书馆，走进社区、走进军营之后，首次在高校举行的社科知识普及讲座，受到了广大师生的欢迎和好评。

“社科大讲堂”自3月18日开办以来，备受广大人民群众的关注，也赢得了社会各界的广泛赞誉，6月22日，“社科大讲堂”首次走出省图书馆，走进南昌市董家窑街办进入社区，9月18日“社科大讲堂”走进军营，在南昌陆军学院开讲，受到了社区群众和部队干部战士的热烈欢迎。此次“社科大讲堂”来到江西旅游商贸职业学院更是备受师生的欢迎。为搞好本场讲座，主办者精心策划，认真准备，并特邀省社联副主席、省社会科学院马克思主义研究部主任郭杰远研究员主讲。（程远）

【群策群力推进文化共享工程建设】 12月14日，高安市文化共享工程分中心举办了文化共享工程经验交流座谈会，会议主要围绕各乡镇（村）建点以来各自的经验做法，结合本地特点，就如何进一步发挥文化共享工程的作用、文化共享工程在基层的服务方式和服务内容、需要上级如何扶持等内容进行了交流和讨论。参加会议的乡镇（村）管理员和分管干部畅所欲言，他们充分肯定了文化共享工程给农民和广大人民群众带来的实惠，群众积极参与，特别是农民朋友通过文化共享工程，使科学致富有了新经验和新办法，不仅精神文化生活得到了充实，也获得了很好的经济效益和社会效益。与会者也提出了许多宝贵的意见和建议。这次讨论和交流，使该市掌握了基层文化共享工程的建设的第一手材料，对今后进一步实施好文化共享工程将起到很好的推动作用。（程远）

【江西农大图书馆首届职代会隆重召开】 12月23日，江西农大图书馆首届职工代表大会隆重召开，校党委副书记毛学东、副校长上官新晨、校工会主席王兰、省图工委副秘书长朱甫典、华东交大图书馆馆长黄卫春及该馆全体正式职工、离退休干部代表、聘用工代表共70余人出席了大会。

该馆党支部书记唐金凤主持开幕式。校党委副书记毛学东、副校长上官新晨、校工会主席王兰分别致辞，祝贺大会的召开。会上，魏毅馆长总结回顾了过去三年图书馆的主要工作，支部书记兼工会主席唐金凤报告了近两年来的工会工作情况，同时提出了2008年工会工作的思路。郑瑜副馆长报告了2006－2007年图书馆经费使用情况，包括文献购置费和专项经费情况、业务经费的使用情况、预算外的收支情况。会议还分三个组讨论有关报告和制度，大家对本次大会的报告给予了充分肯定，同时也提出了一些意见和建议。会议采用鼓掌的方式，通过了馆长工作报告、工会报告、经费工作报告，并产生了新一届馆务委员会。唐金凤代表党支部作了总结讲话，她强调要进一步提高对职工大会制度的认识，坚持不断完善职工大会制度，把职工大会纳入制度化、规范化、程序化的轨道，确保党的十七大精神和学校的各项工作任务在图书馆得到坚决贯彻

落实。（程远）

【文化部文化共享工程督导组莅临江西检查指导】 12月23日至30日，文化部全国文化共享工程第三督导组一行4人在管理中心崔建飞副主任的带领下莅临江西省进行了检查指导。督导组一行实地考察了省分中心和弋阳、都昌、崇义、永新、高安等5个试点县支中心以及中畈乡、中馆镇、土塘镇、独城镇、铅厂镇、劳墩村、马鞍村、新桥村、柒溪村、关刀坪村、高贤村、才丰乡、湖面上村、桅杆下社区等14个乡（镇）、村、社区基层服务点。

在检查中，督导组听取了江西省文化厅王晓庆副厅长关于全省文化共享工程建设以及5个试点县建设的情况汇报，并听取各试点县及所辖的乡（镇）、村基层服务点的情况汇报，全面了解了建设的特点以及存在的问题。同时实地察看了各支中心的主机房，到电子阅览室上网查看了地方特色资源，检查了用户登记情况和网络访问情况，现场询问了基层点开展服务的情况，详细了解了基层服务点所享用的信息资源的内容、服务网络运行、人员配置等具体情况。督导组对江西文化共享工程的网络建设、技术发展模式、地方特色资源建设和服务效果给予了高度评价。（程远）

【省图书馆荣获校外教育工作先进集体称号】 为推进全省校外教育工作的进一步发展，省教育学会少年儿童校外教育专业委员会12月18日在南昌市惠苑宾馆召开的2007年年会上表彰了在校外教育工作中辛勤耕耘、勇于创新、作出突出贡献的10个先进集体、32名先进个人，省图书馆荣获先进集体，省图书馆的魏洁、肖美兰两位同志荣获先进个人。年会还表彰了第5届全省校外教育创新奖的获奖论文及活动方案，其中，省图书馆的魏洁同志撰写的《为下岗职工义务辅导》论文和黄珣、张小燕策划的《“兰兰姐姐故事会——国庆特辑”活动方案》获得了三等奖。（程远）

山东省

【概况】 截至2007年底，山东省17个地市共有县（市、区）级以上公共图书馆145所，其中省级图书馆1所，副省级图书馆1所，计划单列市图书馆1所，市级图书馆13所，县（市、区）级图书馆129所（其中少儿馆两所）。93所公共图书馆被文化部命名为一、二、三级图书馆，其中一级图书馆26所、二级图书馆44所、三级图书馆23个。

全省公共图书馆总馆舍面积为434 450.4平方米，其中山东省图书馆建筑面积64 792平方米，是全省最大的公共文化设施之一。另外青岛市图书馆（2.5万平方米）、烟台图书馆（2万平方米）、枣庄市图书馆（1.2万平方米）是目前全省建筑面积较大的市级图书馆。滨州市图书馆7600多平方米的新馆业已投入了使用，使该馆的馆舍面貌有了质的提高，桓台县图书馆新馆正式启用，面积达1.5万平方米，成为全省建筑面积最大的县级图书馆。

全省图书馆总补助经费为1.599亿元，总购书费为2871.18万元，其中山东省图书馆年购书经费1047.4万元、青岛市图书馆350万元、济南市图书馆200万元。在县级图书馆中，购书费较多有青岛市崂山区图书馆(43万)、烟台市牟平区图书馆(35万元)、烟台开发区图书馆(30万元)。总藏书量达2751万册，职工总人数为2580人，持证读者总数为715 382人，总阅览坐席29 244个，计算机设备6995台，举办讲座1198场，乡镇、社区图书馆（室）达5725个。从总体上看，地区发展并不平衡，东部地区要强于内陆和西部地区。

近年来山东省公共图书馆事业发展迅速：各级图书馆坚持加强基础业务建设，省图书馆、东营市图书馆等先后举办了基础业务培训班；济南市和烟台市两地举办了全市公共图书馆业务竞赛。图书馆服务延伸到农村基层，烟台图书馆、济宁市图书馆、兖州市图书馆、蒙阴县图书馆等深入到农村、社区，举行了丰富多彩的文化活动。不断创新读者服务模式，如聊城市海源阁图书馆推出读者免费查询电话等。文化共享工程是全省图书馆工作的重点，在山东省被列为全国文化信息资源共享工程试点省份期间，全省各级政府认识到位，加大了对文化共享工程的投入力度，全省累计投入总计约1.87亿元，为文化共享工程的建设和完善提供了强大的保障，使全省的文化共享工程经过一年多试点阶段的建设，全省80%以上的县级图书馆、60%以上的乡镇文化站和30%以上的村文化大院得到改扩建，搭建起具有山东特色的优质文化信息资源库，同时全省各级支中心培训基层技术人员达19 000余人次，整体体系初步建成并开始有效发挥作用。并于年底通过文化部的评估验收，成为全国文化信息资源共享工程示范省。（王彬　陶嘉今）

【山东省图书馆举办“文化信息资源共享工程研讨培训班”】 为贯彻落实全省文化信息资源共享工程建设工作会议精神，迎接全省文化共享工程建设“试点省”的验收，省图书馆于7月18日在济南举办了“文化信息资源共享工程研讨培训班”，来自全省17地市图书馆负责人和技术人员70余人共同探讨、研究当前文化共享工程工作思路和方法。全国文化信息资源共享工程专家咨询委员会主任孙承鉴，全国文化信息资源共享工程技术专家吴晓，省文化厅社文处处长李军、副处长蔡焱，省图书馆馆长赵炳武、副馆长李西宁等领导，出席了培训班开课仪式。

培训班上，省文化厅李宗伟副厅长对全省近期如何更好地开展文化共享工程工作做了重要指示。孙承鉴主任作了题为“图书馆与文化共享工程”的报告，展望了图书馆发展趋势、深入分析了数字图书馆与共享工程之间的关系。吴晓老师讲解了共享工程示范县建设方案和案例。李西宁副馆长介绍了全省文化信息资源共享工程与农村党员干部远程教育合作流程，并传达了关于建立文化共享工程信息联络员制度的通知。省馆计算机网络中心周玉山主任演示了共享工程OA系统和视频点播系统的功能。本次培训班将全省迎接文化信息资源共享工程建设“试点省”验收工作推向一个新的高潮。（王彬）

【全省公共图书馆古籍保护工作会议召开】 2007年12月11日，全省公共图书馆古籍保护工作会议在山东省图书馆召开。来自全省17个地市公共图书馆的馆长或文化局有关领导、古籍部主任、工作人员以及山东省古籍保护中心、省图辅导部的工作人员参加了会议。

会议由赵炳武馆长主持，李宗伟副厅长就全省古籍保护工作做了重要讲话，认为省图举办的这次的古籍保护工作会议和古籍普查培训班很及时、很务实，体现了创新精神和超前意识，并提了三点意见。随后，蔡焱副调研员传达了“山东省人民政府办公厅关于进一步加强古籍保护工作的意见”，李勇慧副馆长通报全国与全省古籍保护工作进展情况，各地市文化局领导和市图书馆馆长就本地区古籍保护工作开展情况做了交流，并就我省古籍保护工作达成共识，表示要在省文化厅、各地市文化局及省保护中心的领导和指导下，有条不紊地进行各项工作，推动我省古籍保护计划的全面实施。（王彬）

【山东省图书馆建起农村学校图书站】 4月24日上午，山东省图书馆“把希望送给农村下一代”启动仪式在济南市历城区西营中心学校举行。山东省图书馆、历城区文化局、西营镇政府、西营镇教委的领导出席了仪式。在仪式上，西营镇政府的领导代表全镇人民对山东省图书馆的这一行动表示了感谢。省图书馆李勇慧副馆长就如何利用省图书馆的资源向同学们进行了介绍，并向同学们的学习提出了殷切的希望。为配合此次活动的开展，少儿部还向西营中心学校赠送了价值近两万元的图书，其中新书1010册，杂志200册。少儿部还在西营中心学校建立了图书流通站，少儿部将定期向流通站上门送图书

400册。（王玮）

【山东省图书馆举办全省第一期古籍普查工作培训班】 2007年12月10日至16日，山东省图书馆、山东省古籍保护中心举办了全省第一期古籍普查工作培训班，来自全省17个地市图书馆的31名学员参加了培训。本次培训开设的课程有：全国知名版本目录学与四库学专家、山东大学博士生导师杜泽逊教授讲授《古籍版本鉴定》，山东省图书馆研究馆员、副馆长李勇慧讲授《古籍基础知识与古籍保护》《〈古籍定级标准〉解读》《如何撰写“珍贵古籍名录申报说明”》，山东省图书馆副研究馆员、历史文献部主任杜云虹讲授《古籍普查登记》《常用工具书使用》，山东省图书馆副研究馆员、历史文献部副主任唐桂艳讲授《古籍编目》。除此之外，在为期一周的培训中，采取了理论与实践相结合的方式，学员在山东省古籍保护中心工作人员指导下进行古籍普查与破损登记实习。

培训结束后，省中心组织学员进行了闭卷考试，所有学员均通过考试并顺利拿到了结业证书。此外，为进一步巩固培训成果，使学员更好地掌握古籍普查、古籍编目与著录、古籍版本鉴定的正确方法，省中心又安排学员在省图历史文献部进行为期10天的实习。（王玮）

【2007年全省公共图书馆馆长联席会在青岛市召开】 全省公共图书馆馆长联席会于2007年3月30日至31日在山东青岛召开。省文化厅社文处副处长蔡焱，省图书馆馆长赵炳武、副馆长李西宁、副馆长李勇慧，青岛市文化局副局长王纪生、社文处处长苏里以及全省17个市级公共图书馆馆长等领导出席开幕式并参加了会议。开幕式由赵炳武馆长主持。王纪生副局长首先致欢迎辞，蔡焱副处长代表省文化厅做了重要讲话。

本次会议的主要议题是：1. 传达文化部文化厅关于全国文化信息资源共享工程工作精神；2. 传达关于进一步加强古籍保护工作的意见；3. 通报2006年中国图书馆学会秘书长会有关内容；4. 迎接2008年全国公共图书馆第四次评估定级的相关工作；5. 部署《山东省志·文化志（1986—2005）》图书馆篇目编写工作。在会议交流阶段，省图书馆及全省17个地市图书馆馆长分别发言，交流了2006年工作，并沟通了2007年工作打算和思路。与会代表就图书馆新馆建设、图书馆多元化和多层次服务、图书馆改革与创新、人才培养和社会培训等方面的问题做了充分的交流。（王玮）

【山东省图书馆第3届“暑期读书夏令营”活动成功举办】 2007年7月10日，山东省图书馆第3届“暑期读书夏令营”活动如期拉开了帷幕。上午9点，在图书馆音像放映厅举行了暑期夏令营活动的开幕式。山东省图书馆的赵炳武馆长参加了开幕式并讲话。开幕式结束后，同学们听取了馆长助理周玉山以“文化信息共享工程”为主题的知识讲座。然后，集体参观了图书馆。下午，同学们参加了“我做图书管理员”活动，他们走进图书馆一线对外服务窗口，在工作人员的指导下进行最基本的整架、上书等实践。

在为期5天的活动中，山东省图书馆为小营员们安排了丰富多彩的内容：如参观省图所有开放书库，了解图书馆馆藏体系，开展“我做省图管理员”活动。选择古代经典部分篇章组织诵读活动。邀请古籍专家为同学们讲解古籍版本知识，并观赏省图收藏的古籍珍本。组织“名著阅读与欣赏”讲座，请专家与同学们一起就名著的阅读欣赏展开交流与探讨。通过小游戏、问答等方式进行互动，使同学们在轻松的氛围中展示英语才华，培养学习兴趣。以活动期间在图书馆所见闻的人、事、物为素材拍照，在夏令营结束时进行展览并评选颁奖。（王玮）

【山东省图书馆“第2届全省读书朗诵大赛”

获得圆满成功】 山东省图书馆联合《齐鲁晚报》举办的“第2届全省读书朗诵大赛”自4月中旬启动后，受到广大读者的关注，全省各地数百人报名参赛。4月23日，为纪念第12个“世界读书日”，“第2届全省读书朗诵大赛”颁奖朗诵会在省图书馆报告厅隆重举办。山东省图书馆馆长赵炳武，《齐鲁晚报》《生活日报》总编辑郝克远以及著名艺术家薛中锐、徐少华等为获奖选手颁奖。省图书馆馆长赵炳武说，此次大赛并非一个单纯的庆祝读书日的活动形式，而是要从根本上向社会发起倡导读书、爱书的召唤。他表示，将把这项赛事持久地做下去，创成济南的一个文化品牌，在全省营造更加浓郁的读书氛围。(王玮)

【“中华古籍保护计划”专家督导组来我省督导工作】 2007年9月5日，由天津图书馆李国庆主任担任组长，国家图书馆林世田、向辉为组员的专家督导组来到我省，对我省的古籍保护试点工作进行督导。

9月5日上午，督导组在听取了省图书馆关于山东省古籍保护工作及试点工作进行状况的汇报后，就目前存在的问题展开讨论。赵炳武馆长就高层次古籍人才及修复人才的培养、古籍保护经费落实、保护工作的持续督察、专家组成员组成等问题提出自己的看法。李国庆组长代表督导组对省馆古籍保护工作前期付出的努力给予了高度评价，一致认为山东的古籍保护工作已经走在前面，并且做得很好，赵馆长的几项建议很有前瞻性，一定把这些建议反映上去。同时对下一步的工作做出指示。5日下午至9日，督导组先后在省图书馆、省博物馆、山东大学、青岛市图书馆督导试点工作情况，就试点方案和首批“国家珍贵古籍名录”、“全国重点古籍保护单位”的申报工作做出具体指导。前往曲阜师范大学，对其申报首批“全国重点古籍保护单位”进行考察。(王玮)

【山东省图书馆首届职工业务技能大赛圆满结束】 山东省图书馆工会组织的全馆职工业务技能大赛于2007年12月24日至25日在省馆二楼电子阅览室和三楼自然科学阅览室举行，全馆共有92人参加了比赛。这次比赛，不仅是职工业务技能的检验，也是参赛队员之间工作经验的交流，受到领导和职工的欢迎。(王玮)

【山东省副省长黄胜同志莅临省图书馆视察指导】 2007年12月7日上午，副省长黄胜、省政府副秘书长司安民在省文化厅杜昌文厅长、李宗伟副厅长的陪同下，来到山东省图书馆视察。黄省长先后视察了省图书馆中文图书外借室、办证处、电子阅览室、共享工程山东省分中心镜像站、历史文献部特藏书库，认真听取了共享工程省中心工作汇报，现场观看了省中心镜像站关于卫星接收系统、新农村网上图书馆、视频分发点播系统、数字图书馆共享服务平台、运行管理系统的操作演示等，对省中心工作给予高度评价，强调要充分发挥文化信息资源共享工程的作用，整合更多更好的信息资源，服务基层，服务民众；加强对基层支中心的业务培训，提高服务效率；搞好试点省建设，做好迎接文化部试点省验收的各项准备。(王玮)

【山东省图书馆被确定为全国古籍保护工作试点单位】 为贯彻落实《国务院办公厅关于进一步加强古籍保护工作的意见》(国办发[2007]6号)文件精神，使中华古籍保护计划全面顺利实施，2007年8月2日文化部办公厅印发了《全国古籍保护试点工作方案》，从全国各个系统和不同层面的古籍收藏单位中选择了57家作为全面开展古籍保护计划的试点单位。

山东省图书馆与青岛市图书馆、山东大学图书馆以及山东省博物馆4家单位被选在内。此次试点工作历时1年，自2007年8月开始，至2008年7月结束。期间，各试点单位要完成编制古籍目录、区分藏品等级、提出修复和保护计划、培训工作人员、申报第一批《国家珍贵古籍名录》和全国古籍重点保护单位等任务。(王玮)

【山东省图书馆服务宣传周活动】 为进一步提高服务能力，扩展服务范围，提升服务水平，发挥教育职能，省图书馆在全国图书馆服务宣传周(5月28日—6月3日)期间，紧紧围绕“延伸服务，深化服务，提高社会效益”的主题，充分利用馆藏资源，发挥场地优势，开展了丰富多彩的读者活动。

活动伊始，省馆与济南市图书馆联合在知识广场举行了图书馆服务宣传活动。通过散发服务传单，向读者介绍我馆丰富的资源和便捷的服务；发放“读者意见调查表”，征求读者意见和建议，改进服务方式。省馆还向读者展示了馆藏珍品、典藏图书、外文资料、港台报刊及部分珍贵的地方文献，受到了广大读者的欢迎。省图书馆还利用已日渐成熟的文化品牌“大众讲坛”为社会公众举办公益讲座，为老年读者举办了主题为“生活方式与健康养生”的保健知识讲座，特邀王承略教授在我馆报告厅做了题为“恩师王绍曾”的报告。

同时，省馆借宣传周之机，与驻济近30所高校图书馆按照“资源共享、优势互补、互惠互利、平等自愿”的原则正式启动了馆际互借活动。参加馆际互借活动的每个协议馆的读者可从本馆领取馆际互借证到其他协议馆享受图书资料借阅、网上资源下载利用等方面的服务。

活动期间适逢“六一”国际儿童节，省图书馆以少儿分馆为主专门策划了丰富多彩的少儿活动。如“快乐读书、放歌六一”主题活动、“庆六一，享童趣”益智公益活动、“济南市中小学生英语朗诵比赛”等。同时启动“走进图书馆——中小学生接待日”活动。每周六上午为少年儿童参观接待日，安排专门的工作人员接待来馆参观的未成年人团体，讲解图书的采编、分类、上架、流通流程及图书馆的使用方法，让少年儿童了解图书馆，从小培养阅读兴趣，养成终身阅读的生活方式。（王玮）

【烟台图书馆开展“图书社区行”活动】 为落实市委、市政府优化发展环境会议精神，烟台图书馆于2007年6月上旬至9月下旬，利用周六、周日到社区巡回服务，开展“图书社区行”活动。这次活动主要目的是要让更多的市民认识图书馆，了解图书馆。让更多的市民走进图书馆，利用图书馆。活动内容包括为市民提供阅览服务、现场为市民办证、解答咨询，了解市民对图书馆的需求情况并将在条件允许的社区建流动图书室。（周玲）

【2007年烟台市公共图书馆组织业务竞赛】 2007年9月28日至29日烟台市公共图书馆业务竞赛在烟台图书馆举行。竞赛分“文献信息知识”和“文献信息检索”两个项目，来自全市各县市区的11支代表队、20名选手参加了竞赛。竞赛在内容设计上突出了计算机应用技术、网络技术、联机检索技术的考察和应用，旨在加快烟台市图书馆自动化、数字化、网络化建设的进程，加强全市公共图书馆信息服务能力，提高图书馆专业人员的业务素质和专业技能。两个竞赛项目都在计算机上完成，这在烟台市多次公共图书馆业务竞赛中还是第一次。（周玲）

【济南市馆改建工程列入2007年全市重点建设项目】 2007年2月14日，济南市政府召开会议，专门研究济南艺术大厦改建市图书馆和市群众艺术馆迁人济南图书馆现址有关工作。会议决定，市图书馆改建工程作为济南市公共文化服务体系建设和创文明城市的一项重点任务，将列入2007年全市重点工程项目。改建工程首期计划投资3000万元。（王秀亮）

【济南市召开公共图书馆馆长联席会】 2007年4月20日—21日，全市公共图书馆馆长联席会在济南军区五所召开，参加会议的有山东省图书馆馆长赵炳武、辅导部主任陶嘉今，市文化局副局长司庆福，市图书馆馆长郭秀海、副馆长牛汉武，市属各县（市）区图书馆馆长等20余人。会议中心议题有三项：一是传达文化部副部长周和平在全国深化文化体制改革经验交流会议上的讲话精神及省市文化工作会议精神；二是简要总结2007年工作，并重点研究、交流2007年工作思路和打算；三是安排落实市学会第11次学术研讨会、《山东省志·文化志》编写计划等事宜。

会议经过广泛、深入的讨论和交流，达成如下共识：2007 年是全面开展文化建设新布局，推动济南向一流文化强市跨越的关键之年，图书馆一定要振奋精神，抢抓机遇，按“文化建设年”的安排部署，进一步加强文化共享工程建设，提升管理水平，拓宽服务领域，创新服务形式，以实际行动迎接共享工程国家试点省验收、文化部评估和“十七大”的召开。（王秀亮）

【济南市第 5 届公共图书馆业务竞赛】 为培养和造就一支熟练掌握和运用现代信息技术的图书馆从业人员队伍，济南市文化局主办，市图书馆承办的济南市第 5 届公共图书馆业务竞赛，于 2007 年 10 月 30 日至 31 日在市图书馆举行，各县（市）区及济南市图书馆共 12 支代表队 24 位选手参赛。

竞赛分三个阶段进行：第一阶段为信息技术知识项目比赛，第二阶段为信息技术利用项目比赛，第三阶段为决赛，团体排名前 7 位的代表队参加。经过一天半的角逐，市图书馆一队、二队及长清、章丘等 7 支代表队分获团体一、二、三等奖，聂卫红、朱成香等 13 位选手分获信息技术知识与利用个人全能及信息技术知识项目、信息技术利用项目的一、二、三等奖。此次业务竞赛，为全市培养了一批业务骨干，充分展示了图书馆专业队伍的风貌，为全市公共图书馆业务工作的开展打下了坚实的基础。（王秀亮）

【济南市举办“世界读书日”系列活动】 “世界读书日”期间，为倡导多读书，读好书的良好风尚，市图书馆与市教育局、市文化局、明天出版社、《山东商报》等单位合作开展了一系列读书活动：选择 10 所图书馆资料匮乏的学校，各赠送价值 1 万元的图书；邀请著名儿童文学作家到育贤小学等 5 所学校进行“与作家面对面——名家讲座进校园”活动；举办“经典品读——从于丹《论语》心得热谈起”读者沙龙；在市公交公司举办“知识改变命运”公益讲座，并将流动图书馆开进公交公司，现场进行图书借阅和办证服务；成立“小荷阅读俱乐部”，为小读者提供自由交流平台；与市文化局、中国重汽集团联合启动“重汽杯”济南市第 2 届“读书人”摄影比赛；在一楼大厅推出馆藏文献珍品展和济南市首届“读书人”摄影比赛优秀作品展，观众 3000 余人。（王秀亮）

【济南市图书馆服务宣传周活动】 2007 年 5 月 28 日至 6 月 3 日，市图书馆以“延伸服务，深化服务，提高社会效益”为主题，结合本馆实际，开展了形式多样的宣传活动：到裕园社区发放“一生必读的一百本书”等推荐书目和宣传资料 1000 余份；举办“成功父母大课堂”公益讲座，300 余人参加；在电子阅览室举办“济南市党员干部现代远程教育和文化共享工程培训班”和“怎样利用图书馆”公益讲座，各 30 余人参加；开展“济南市流动图书馆进重汽”活动，现场为重汽职工开展借阅、办证服务；举办“快速检索，网上冲浪”比赛、动漫绘画展览及绘画技法讲座，吸引 100 余名小读者参加；举办“小人书——童心永恒”主题活动，近百名小学生和家长到场；流动图书馆进阳光 100 社区，为社区居民提供现场办证、图书借阅等服务，深受居民欢迎。宣传周期间，市馆还免工本费办理借书证 300 多个，举办了“艾滋病离我们有多远”科普展览、“留守儿童图书馆里过‘六一’”、图书馆接待日、趣味科普培训等活动，接待读者近 4000 人。这些活动的开展，进一步延伸了图书馆的服务功能，收到了良好的社会效益。（王秀亮）

【济南市天桥区林桥分馆开馆】 济南市图书馆林桥分馆是市图书馆在天桥辖区内建设的第一个社区分馆，2007 年 12 月 16 日正式开馆。它采用 Interlib 图书管理系统，与市图书馆网络连接，是全市第一个以“一卡通”借阅模式向读者提供书刊借阅的分馆。分馆面积近 200 平方米，内设多媒体阅览室。市馆投入图书、期刊、电脑、书刊架等设施价值近 20 万元，并提供文学典籍、历史地理、科普知识、名家讲座等数字化资源，提供 8 万余册电子图书及中国期刊网全文检索。林桥社区分馆的建立，极大地丰富了社区居民的精神文化生活，方便了社区居民终身学习和休闲生活的需求。（王秀亮）

【共享工程济南卫校基层服务点建成开放】 为传播先进文化，打造健康向上的校园文化，济南市图书馆于2007年6月建立了文化共享工程济南卫校基层服务点，并提供信息量达900G的万种报刊、10万册电子图书，以及信息量达80G的“济南名人”、“济南名泉”、“古籍地方文献”等地方特色数据库，为师生们开辟了一个不受地域、时空限制的信息传播空间。（王秀亮）

【济南市启动“爱心捐书助学”活动】 2007年1月17日，市图书馆与市文化局、市教育局、明天出版社联合向玉函小学捐赠图书1000余册，正式启动了“爱心捐书助学”活动。“爱心捐书助学”活动主要是为改善本市部分中小学，特别是偏远农村办学条件艰苦、藏书量小、图书陈旧的状况而推出的一项社会公益活动。为配合此项活动的开展，各举办单位想方设法，共同筹措价值10万元的图书，并陆续捐赠给玉函小学、宋庄小学等10所办学条件较差的中小学校，以缓解学校经费紧张、学生读书难的问题，并借此激发学生读书热情，丰富师生校园生活。（王秀亮）

【济南市图书馆举办“成功父母大课堂”】 为解决家庭教育中面临的各种问题和困惑，传播科学、先进的教育理念，市图书馆与《山东商报》、历下区教育局合作，共同推出了“成功父母大课堂”，初步计划从2007年4月到2008年4月，每月开讲两次。“成功父母大课堂”采用专家报告会、家庭教育咨询会等形式，由专家现场为家长咨询指导，解答问题，家长可面对面向专家请教。大课堂开讲以来，已成功举办多次，场场爆满，成为泉城知名的文化服务品牌之一，深受广大学生家长和社会各界欢迎与好评。（王秀亮）

【济南市图书馆举办“五三惨案”史料图片展】 济南“五三惨案”纪念日前夕，市文化局、市档案局主办，市图书馆、市档案馆、博物馆联合承办的济南“五三惨案”史料图片展，自4月29日起在市图书馆展出。展览分“惨案前夜，风雨欲来”“血腥惨案，罄竹难书”“唤起民众，奋起抗争”三部分，共60余幅珍贵的图片资料。同时展出的还有济南画家王建平先生反映“五三惨案”的巨幅画作《1928·你看见了吗？你记得吗？》。作品以“五三惨案”悲烈场景为内容，涉及人物近百人，整幅画卷长4.6米，宽2.1米，气势磅礴，极具感染力。（王秀亮）

【“暑假读一本好书”征文活动】 市关工委、市教育局、市文化局等单位联合主办，市图书馆承办的济南市第4届“暑假读一本好书”征文活动，于2007年6月正式启动，历时6个月。活动组委会列出了著名儿童文学作家杨红樱、伍美珍、郁雨君等编著的精品书目供小读者选择阅读，全市数万名中小学生参加。评委会从数万篇征文中推选出一万余篇优秀征文参加评选，共评出小学组一等奖40篇，二等奖73篇，三等奖113篇。中学组一等奖35篇，二等奖63篇，三等奖103篇，50名教师获得优秀指导奖。在12月21日举行的颁奖大会上，明天出版社提供了价值5万元的图书。著名儿童文学作家伍美珍、郁雨君等人出席参加了颁奖典礼，并现场与同学们进行互动交流。（王秀亮）

【“与大师的心灵对话”征文比赛】 世界读书日期间，市图书馆与市文化局、市教育局、明天出版社联合推出“世界读书日——与大师的心灵对话”经典作品续写结尾征文比赛，并于9月23日举行了颁奖活动。活动以明天出版社出版的《世界奇幻文学大师精品系列》为蓝本，小读者们可任选其中一部，尽情发挥想象力，为经典作品续写新的结尾，编织新的故事情节。本次征文共收到参选稿件6600余篇，最后评出一等奖33篇，二等奖79篇，三等奖119篇。（王秀亮）

【济南市图书馆荣获“省级文明单位”称号】 2006年，济南市图书馆以“三个代表”重要思想和十六届六中全会精神为指导，不断增强服务意识，提升服务水平，先后创建了“全国先进，省内一流”的济南市流动图书馆，组织实施了文化共享工程进企业、进军营、进校园、进社区活动，建立了首个农村流动站，举办了首届“读书人”摄影展，并在山东省第5届公共图书馆业务竞赛中荣获团体二等奖。全年共接待读者60余万人次，外借书刊近50万册次，网站点击20万人次，举办公益讲座、展览、读者征文等活动100余次，开展流动送书服务166次，新建分馆、服务点 12 个，取得了较好的社会效益，受到上级领导和社会各界的充分肯定，并于 2007 年初荣获“省级文明单位”称号。此外，本馆还获得中共济南市委先进基层党组织、济南市安全生产先进单位、“弘扬济南城市精神，创建文明城市”主题行动先进单位等多项荣誉。（王秀亮）

【济南市图书馆向春蕾小学捐赠图书】 济南市文化局、市妇联、济南市图书馆、济南图书馆学会在平阴子顺南村组织的帮扶结对活动（“春蕾计划”内容之一），向春蕾小学捐赠了学习用品及价值近万元的图书 1023 册。所赠图书以深受青少年学生喜爱的文学艺术、科普类图书为主，旨在丰富青少年阅读生活，引领青少年学生走进科学殿堂。（王晓燕）

【济南市“读书人”摄影比赛】 济南市“读书人”摄影比赛是响应中宣部等 11 部委共同发出的“爱读书、读好书”全民阅读活动倡议，由市文化局主办、济南图书馆学会承办的全市规模的读书活动，旨在通过人们在生活、校园、图书馆、大自然等环境中读书、学习的一个个精彩瞬间，激发市民读书求知热情。参赛稿件近 400 余幅，并于 12 月 30 日在济南市图书馆举办了“读书人”摄影展览开幕式，济南市文明办、济南市文化局等有关部门的领导出席参加了开幕式剪彩活动。（王晓燕）

【济南市图书馆开展 2007 年全国科普日活动】 全国科普日期间，济南市图书馆围绕相关活动主题，启动了“科普图书下乡”活动，并举办了文化共享工程——网上科普讲座、机器人六足竞步及舞蹈模拟演示、成功父母大课堂——奥运文化进校园讲座等科普宣传系列活动。国庆期间学会在市图书馆大厅举办了“节约能源资源、保护生态环境、保障安全健康”大型科普展。受到了广大市民特别是中老年读者和青少年学生热烈欢迎。一周以来，共接待读者 1500 余人次。（王晓燕）

【梁祝文化展览馆开馆】 2007 年 6 月 6 日上午，梁祝文化展览馆在济宁市图书馆开馆。梁祝文化展览馆是对梁祝传说产生、发展、变化及梁祝文化研究发展情况进行专门展示的资料馆，也是济宁市第一家入选国家级非物质文化遗产保护名录项目的专题展览馆。展览馆通过大量的图书、文字和实物资料，展示了梁祝传说源于孔孟故里，并沿古老的泗河、运河传播到各地。展览馆还对梁祝传说主要遗存地、人类社会婚姻家庭发展史、中国婚姻家庭史及儒家思想对梁祝传说的影响等情况进行了介绍。（马鹏）

【“济宁市非物质文化遗产现状与保护”专题讲座】 2007 年 5 月 26 日上午，由济宁市图书馆学会、市群众文化学会组织的“济宁市非物质文化遗产现状与保护”专题讲座在济宁市图书馆报告厅圆满结束。此次讲座由济宁市非物质文化遗产保护中心专家组组长张继刚主讲。主讲人从非物质文化遗产的概念到具体的分类，从济宁市非物质文化遗产的分布状况到现阶段的保护工作都做了详细的讲解，并对济宁市非物质文化遗产中的重点项目进行了重点介绍。讲座内容既有针对专业保护人员的专业性指导，又有针对普通听众的通俗性介绍，生动而深刻。该讲座被山东省社科联评为 2007 年山东省社会科学普及周活动优秀项目。（马鹏）

【潍坊市图书馆加强社会服务网点建设】 2007 年潍坊市图书馆根据市直机关党工委在全市开展“优质服务项目”的安排，加强“拥军分馆”、企业分馆、社区分馆建设，积极参与文化帮扶，送书下乡等活动，推动图书馆各项社会职能的充分发挥。2007 年为 12 个“拥军分馆”送书 16 次，送书 4482 册并在武警潍坊支队新设分馆；与奎文区后门街社区、早春园社区、奎文区二十里堡街办等单位联系，合作设立服务点，帮助组建图书室，送书 3000 余册，帮助开展文化活动；捐赠图书参与文化帮扶、送书下乡活动两次，捐赠图书千余册。2007 年底潍坊市图书馆社会服务网点建设获市直机关党工委“优质服务项目”表彰。（林娟）

河南省

【“远程教育搭金桥，文化共享进农村”活动启动仪式】 为落实河南省委组织部、河南省党员干部现代远程教育试点工作领导协调小组、河南

省文化厅、河南省财政厅《关于加强全省农村党员干部现代远程教育与文化信息资源共享工程资源整合工作的通知》精神，2007年2月9日，河南省委组织部、河南省党员干部现代远程教育试点工作领导小组、河南省文化厅、河南省财政厅在河南人代会堂联合举行“远程教育搭金桥，文化共享进农村”启动仪式。仪式由河南省文化厅副厅长崔为工主持，河南省委常委、组织部长叶冬松，省长助理孙泉砀，河南省文化厅厅长郭俊民，河南省委组织部副部长、河南省党员干部现代远程教育试点工作领导小组副组长杨国文，河南省财政厅副厅长杨玲出席仪式。河南省文化厅厅长郭俊民在仪式上就两大工程的意义、取得的成效、工程资源整合的必要性和工作任务要求作讲话。仪式上展出了两大工程的成果，演示了“对接”后资源整合利用效果。来自基层图书馆、行政村的代表作了发言。仪式上，河南省委常委、组织部部长叶冬松启动“远程教育架金桥，文化共享进农村”活动的按钮，标志着河南农村党员干部现代远程教育与文化资源信息共享工程正式“对接”，实现资源共享。（*汤树俭*）

【郑州市未成年人思想道德教育建设工作现场会】 2007年4月5日，郑州市文明委及全市100多位各级领导亲临河南省图书馆参加郑州市未成年人思想道德教育建设工作现场会。近年，在未成年人思想道德建设工作中，河南省图书馆少儿部充分发挥文献资源和第二课堂优势，探索出一条适合少年儿童成长的新的教育模式，得到社会各界和家长的一致好评。这些活动主要有：一是开展读书活动，让孩子课余时间免费阅读各类有益读物，增长知识。二是进行爱国主义教育。通过举办国防知识讲座、老红军讲故事、实地参观国防基地、唱响“八荣八耻”宣传儿歌活动等，培养少年儿童的爱国主义意识。三是培养兴趣爱好。邀请社会各界名师名家举办各类讲座，激发孩子的求知欲和兴趣爱好，如航模知识讲座、奥数知识讲座、戏曲文化讲座、乒乓球比赛等活动。四是与社区共同打造未成年人教育阵营。开办“家长学校”，聘请著名教育学专家讲课，提升了家庭教育水平。现场会召开前，与会领导和代表们还分别对河南省图书馆少儿阅览室、外借处和少儿活动室等进行了实地考察。（*汤树俭*）

【河南省高校图书馆馆长会议】 2007年4月11日至15日，河南省高校图书馆馆长会议在商丘师范学院图书馆召开。北京大学图书馆党委书记、副馆长高倬贤，河南省教育厅高教处唐多毅处长，教育部高等学校图书情报工作指导委员会副主任、河南省高校图工委主任崔慕岳，副主任岑少起、李景文、张怀涛，秘书长崔波，以及商丘师范学院党委书记赵豫林、副院长蒋志民出席大会。全省89所高校的100多位馆长参加会议。崔慕岳主任介绍了会议的主要议题，并安排部署2007年省高校图工委的重点工作：第一，继续推进数字化建设，扩大共享范围；第二，积极推进各高校图书馆建设，把高校图书馆建成学校的亮点；第三，做好评估检查准备，推进高职高专院校图书馆的发展；第四，积极筹备，努力承办好2007年下半年中南六省区高校图书馆工作会议；第五，继续开展“阅读文化经典，建设书香校园”活动。在4月13日进行的大会交流活动，河南师范大学金俊岐、河南中医学院赖谦凯、郑州航空工业管理学院张又林、郑州大学王槐深、河南职业技术学院王家驹、河南工业职业技术学院吕冰清等6位馆长分别介绍了在迎评促建工作中的成功经验，使与会代表受益匪浅。（*汤树俭*）

【河南省公共图书馆党建工作研讨会】 为交流公共图书馆党建工作经验，加强党组织、领导班子建设和改进思想政治工作，河南省公共图书馆党建工作研讨会2007年5月10日至12日在河南省图书馆会议室召开。此次会议主题为：讲正气，树新风，构建和谐公共图书馆事业。（*汤树俭*）

【2007中文连续出版物编目与管理培训班】 2007年5月22日至25日，郑州召开“中文连续出版物的编目与管理”培训班。这届培训班，由国家图书馆和河南省图书馆联合举办，学员来自广东、广西、浙江、河北、山东、上海、辽宁、安徽、陕西以及河南等地，范围包括公共、院校、情报机构图书馆等，培训人员共计120余名。为办好此次培训班，专门邀请了国家图书馆

副研究馆员、《中文连续出版物著录格式》主编马静老师讲课。在为期 4 天的授课中，各馆负责期刊采购与编目的同志不仅学到连续出版物的管理模式、采购内容以及编目、阅览、装订、收藏、服务等工作环节的基本知识，还对文献类型、期刊的不同版本、期刊题名等做了深入了解。培训班还向学员们颁发了国家图书馆培训结业证书。（*汤树俭*）

【《大河报》发出倡议，读者踊跃响应】 2007年 5 月 26 日，《大河报》以《你家有这些“宝贝”吗？》为题，报道河南省图书馆面向全省征集家谱、地方史志、革命历史文献、统计资料等历史资料的消息，引起社会各界强烈反响。郑州、济源、平顶山、安阳、开封、新乡等地的一百多位读者或打电话，或直接找到河南省图书馆，捐赠家谱、地方史志、行志史志等文献。河南省建设厅一位老先生将自己收藏的 1000 余册《河南省志》、《河南近代建筑志》、《郑州市房地志》等资料无偿捐献出来。据不完全统计，十余天来，社会各界已向河南省图书馆捐赠图书 2300 余种 3100 余册。这批图书主要包括家谱族谱、地方史志、个人著述等。（*汤树俭*）

【全国文化信息资源共享工程经验交流会】
由文化部主办的全国文化信息资源共享工程经验交流会于 2007 年 7 月 28 日至 29 日在郑州召开。文化部副部长周和平出席会议并作重要讲话，对河南等省份在文化共享工程建设方面的经验给予充分肯定。为了加快推进文化共享工程建设，河南结合当地实际，与农村党员干部现代远程教育试点工程在基础设施资源、教学资源、基层网点组织管理资源等方面进行整合，依托网通宽带网，采用 IPTV 网络电视技术，创造了“宽带网络＋机顶盒＋电视机”建设模式，全省文化信息资源共享工程基层网点发展迅速，预计年底前，河南全省基层网点将达到 3.84 万个，覆盖率达到 90％以上。文化部社图司司长张旭、副司长刘小琴，国家共享工程管理中心和全国各省、自治区、直辖市、新疆生产建设兵团文化厅（局）以及省级分中心的有关负责同志参加会议，并分赴各地考察了偃师市支中心和首阳山镇沟口头村、高龙镇辛村、庞村镇西庞村基层服务点。河南省省长助理孙泉砀出席会议，河南省文化厅厅长郭俊民在会上发言。河南、山东、浙江、山西等省及青岛市的代表在大会上作交流发言。（*汤树俭*）

【全国文化共享工程资源建设工作会议】
2007 年 7 月 27 日，全国文化共享工程资源建设工作会议在郑州召开，共享工程国家管理中心副主任崔建飞主持会议。广西、重庆、四川、贵州、云南、陕西、甘肃、新疆分中心的等西部八省的领导汇报了各省上半年资源建设项目进展情况。与会的各省分中心领导对《全国文化信息资源共享工程“十一五”时期资源建设规划（讨论稿）》进行了讨论，并一致认为国家中心在短时期内为出台“共享工程‘十一五’时期资源建设规划”做了大量工作，拿出了一个较为出色的讨论稿，提出了在资源建设技术层面上既要做到标准化、规范化，又要简单化，加强应用性和可操作性。在管理层面上提出了应进一步明确资源建设的申报和运作程序、建立资源建设保障机制、强化分级管理，同时对国家中心和省、市、县各级在资源建设中承担的职责、任务作了进一步明确。河南省图书馆馆长王爱功、副馆长夏雁列席会议。（*汤树俭*）

【河南文化图书图片展在美国尤金市图书馆举行】 2007 年 7 月 22 日，应美国俄勒冈州政府的邀请，河南文化图书图片展开幕式在尤金市图书馆举行。河南省文化厅副厅长李霞，河南省图书馆书记张松道、副馆长孔德超参加展览活动。这次展览是河南省图书馆第一次赴国外举办，是 2007 年“河南/俄勒冈友好周”活动的一部分。此次展览向俄勒冈州人民介绍了河南，展示了河南开放、文明、充满活力的崭新形象，更好地加深了河南与俄勒冈州人民的友好感情。所展出的 200 多册图书和 20 多幅图片，均为河南省图书馆员工精心挑选，代表了河南文化深厚的历史底蕴，展示了河南经济社会发展的崭新成就。展览活动受到当地新闻媒体的关注和居民的热烈欢迎。活动结束后，展出的图书和图片都捐赠给俄勒冈州尤金市图书馆，作为该馆馆藏永久保存。仪式结束后，张松道书记和尤金市图书馆馆长康妮女士进行了会谈，就加强两馆之间文献、技

术、人员培训等方面的交流进一步交换了意见，并初步达成共识。尤金市图书馆还向河南省图书馆赠送了介绍俄勒冈州历史、文化及社会发展情况的图书。（汤树俭）

【全国转星调整工作督查小组莅临河南省分中心】 全国转星调整工作督查小组一行4人由国家广电总局广播电视科学研究院马炬院长率领，在省广电局科技处杨靖处长、事业管理处孔健处长的陪同下，于2007年8月20日到河南省分中心听取全省文化共享工程转星工作汇报，并现场查看卫星转星运转情况。督查组一行对河南文化共享工程转星调整工作表示满意。河南省图书馆有关领导就近期河南文化共享工程卫星转星相关工作向国家转星调整工作督查小组领导作了简要汇报。（汤树俭）

【加拿大"爱心河南行"活动暨捐赠图书阅览室揭牌仪式】 2007年10月16日上午，加拿大"爱心河南行"活动暨捐赠图书阅览室揭牌仪式在河南省图书馆东门广场隆重举行。出席此次活动的领导和来宾有河南省人大常委会副主任、河南省红十字会名誉副会长贾连朝、河南省红十字会副会长何传军，河南省归国华侨联合会主席张亚洲、副主席董锦燕，河南省教育厅外联处副处长张水潮，以及河南省文化厅外联处、社文处负责人。河南省文化厅副厅长李霞主持启动仪式。河南省图书馆馆长王爱功在致辞中，对加拿大海峡两岸河南同乡总会、加拿大本拿比爱德蒙顿狮子会会长郭一平先生，以及海外侨胞、国际友人的慷慨善举表示感谢，并庄重承诺：所有捐赠图书将全部向读者开放，服务于社会各界。2006年4月，河南省归国华侨联合会、河南省图书馆共同向海外侨胞和港、澳、台同胞发出《向河南省图书馆捐赠英文原版图书的倡议书》，开展以"拳拳爱心，浓浓书情"为主题的捐赠外文图书活动。加拿大爱国侨胞郭一平先生，祖籍河南新郑，对家乡文化事业建设十心关心，获悉此事后，慷慨响应，2006年9月，在河南省归国华侨联合会对外联络部耿诚聪部长的主持下，与河南省图书馆签署了捐赠协议。2007年2月，第一批5001册图书运抵河南省图书馆。2007年7月，郭一平先生兼任狮子会会长之后，扩大了捐赠范围，再次向河南省图书馆捐赠外文图书12 577册，所捐图书不仅有英文，还有法文、德文、西班牙文等语种。启动仪式结束后，郭一平先生一行还赴洛阳，参加洛阳市图书馆捐赠图书阅览室揭牌仪式，并对伊川县吕店乡老庄小学等进行慈善项目考察。（汤树俭）

【2007年全省公共图书馆馆长座谈会】 2007年10月16日至17日，河南省公共图书馆馆长座谈会在郑州召开。全省27个市、县（区）公共图书馆的馆长及河南省文化厅、河南省图书馆有关领导近40人出席会议。河南省图书馆馆长王爱功就少儿馆建设、文化共享工程、古籍保护工程和百年馆庆筹备等当前省图书馆所做的四项主要工作向与会的馆长们做了介绍。郑州市图书馆原馆长张惠民向与会的馆长们介绍了郑州市图书馆新馆筹备及目前进展情况。开封市图书馆馆长徐勇就图书馆与当地经济、文化建设关系做了发言。（汤树俭）

【首届河南省公共图书馆发展论坛年会】 2007年11月5日至7日，首届河南省公共图书馆发展论坛年会在郑州召开。该论坛是旨在通过年会的形式，加强全省公共图书馆之间的交流与协作，促进全省公共图书馆业务工作与学术研究。今年年会主题：图书馆服务与和谐社会建设。来自全省各级公共图书馆馆长、论文作者、业务骨干等40多人参加会议。本次论坛收到论文74篇，12名论文作者就公共图书馆服务等问题进行大会发言。洛阳市图书馆徐瑞霞、新乡市图书馆冯新顺、信阳市平桥区图书馆严祥瑞、邓州市图书馆耿海英、安阳县图书馆王爱红、内乡县图书馆张惠娟分别就公共图书馆服务工作中的若干问题进行了探讨。（汤树俭）

【文化部督导组到河南督查文化共享工程工作】 2007年12月24日，文化部文化共享工程督导组一行4人到河南检查共享工程工作，并在河南省级分中心听取有关情况汇报。崔为工副厅长代表河南省文化厅作全省有关共享工程建设及未来发展情况的汇报。2007年初，共享工程被纳入河南省委、省政府向全省人民承诺的十件实事之一，同时，还建立了共享工程联席会议制度和协调机制，为共享工程建设的快速发展提供了强有力的支持。崔厅长对河南全省下一步的重点工作，向督导组作了汇报。文化部督导组对河南文化共享工程工作的特色模式和建设成果予以肯定，并希望河南的共享工程继续提升服务水平，作出更大贡献。（汤树俭）

湖南省

【湖南图书馆颐而康盲人图书馆获“残疾人之家”称号】 在2007年2月举行的湖南省第三次残疾人事业工作会议上，湖南图书馆颐而康盲人图书馆受到表彰，被湖南省人民政府残疾人工作委员会授予“残疾人之家”荣誉称号。此批荣获“残疾人之家”称号的单位和集体共有14家，在保障残疾人权益、扶持残疾人事业等方面作出了积极努力和突出成绩。

湖南图书馆颐而康盲人图书馆是由湖南图书馆和颐而康保健责任有限公司共同筹建的湖南省首家盲人图书馆，于2004年10月15日第21个国际盲人节正式成立。现有盲文版社会科学、自然科学类图书及有声读物近3000余册（件）。除了传统读物外，配备了安装语音读屏软件的盲人专用电脑，供盲人读者上网，还备有特制的盲文馆藏书目供盲人读者查询，湖南图书馆网站主页上也开辟有盲人图书馆盲文专题书目。

盲人图书馆成立以来，针对盲人读者行动不便的困难，开辟了免费办证、电话咨询、电话借阅、送书上门、邮寄借书等服务项目，组建了青年志愿者服务梯队，向广大盲人读者提供热心、便捷、人性化的阅读和学习服务，成立三年以来，累计服务盲人读者千余人次，为保障残疾人文化权益，提高残疾人素质起到了积极作用。（邓签）

【湖南省图书馆为《湖湘文库》编纂提供文献服务】 编纂《湖湘文库》是湖南省委、省政府组织实施的一项重大出版工程，湖南图书馆认真落实上级指示精神，尽最大努力提供馆藏文献服务，保证了《文库》编辑有关工作的顺利开展，获得上级领导、专家学者和社会各界的充分肯定。

湖南图书馆藏书340万册，馆藏古旧文献80万册，是全国重点古籍保持单位，此次《湖湘文库》甲编所用版本80%来自本馆，而乙编的编纂资料很多需要查找和参考本馆资料。为了协助做好这项大的出版工程，湖南图书馆党委班子高度重视，多次研究布置和落实上级指示精神，首先是明确专人负责与《湖湘文库》联络工作，及时反馈有关信息；其次是在馆内辟《湖湘文库》工作室，以便于资料的收齐、照相、复制等重要日常工作；三是根据《湖湘文库》编纂工作的特殊性，修改了馆藏借阅制度，在复制资料费用上给予最大的优惠，同时建立相应的珍贵古籍保护措施，以保证馆藏文献的合理利用。四是本馆工作人员利用文献版本知识专长，在提供大量资料的同时，为《湖湘文库》版本的选择提出了许多合理化的建议。五是为培养和锻炼学术能力，该馆参加和负责编纂《湖湘文库》项目中的《湖南图书馆馆藏近现代名人未刊手札选》《湖南家谱族谱知见录》《湖南近现代藏书家书目题跋》及《湖南古旧地方文献目录》等项目，促进了本馆学术工作。（雷树德）

【《湖南地方戏剧资源库》等地方特色数字资源建设项目获文化部立项】 2008年2月26日至27日，文化部在北京召开2007年度全国文化信息资源共享工程（以下简称文化共享工程）试点资源建设项目方案专家评审会，包括湖南在内的14个省份参加本年度的项目申报。我省文化共享工程省级分中心（设在湖南图书馆内）申报的《湖南地方戏剧资源库》《湖南近代名人资源库》及《曾国藩研究数据库》等三个项目方案通过专家评审，获2007年度全国文化信息资源共享工程试点资源建设项目立项，中央财政资助我省建设经费200万元。本次申报立项的三个项目充分彰显湖南地域文化特色，将对湖湘文化在网络数字时代的传承和保护起着重要的促进作用。（伍艺）

【湖南省图书情报界举办“和谐颂”文艺汇演】 2007年5月22日，由湖南省图书馆学会主办，湖南省高校图书情报工作委员会、湖南科技情报学会、湖南省高职教育图书馆管理研究会协办，湖南图书馆承办“和谐颂·湖南省图书情报界文艺汇演”在长沙湖南大剧院举行。参加汇演的来自全省图书情报界22家单位。节目形式有

音乐、舞蹈、京剧、曲艺、杂技、诗朗诵、广播操、时装秀，近300名演员登台表演。（沈小丁）

【湖南图书馆举办湖湘文化系列讲座】 湖南图书馆“湘图讲坛”湖湘文化系列讲座始于2004年，讲坛选材涉及湖南文化、经济、历史、地理等各个方面，目的是通过讲座弘扬湖湘文化，提高市民文化品位，推出学术新人。2007年湖南图书馆对湖湘文化系列讲座进行调整，调整后的湖湘文化系列讲座以文化题材为主，主要探讨研究湖湘历史、湖湘文化，以及湖湘文化所孕育的湖湘人物，湖湘文化对湖湘精神、湖南经济、湖南政治等方面的影响。讲坛追求学术创新，鼓励思想个性，强调雅俗共赏。演讲风格追求内容的学理性与权威性，力求雅俗共赏，适合具有中学以上文化程度，具有求知欲的观众。湖湘文化系列讲座受到了专家学者的大力支持。文选德、唐浩明、王晓天、王跃文、何光岳、肖永明、邓洪波、刘小豹、马博、王纪卿等20余位专家学者相继应邀来讲坛演讲，为社会大众奉献了“湖湘文化的形成与特质”、“岳麓书院漫谈”、“湖湘文化与湖南人”、“亡者归来”“大写的黄兴”等系列讲座，从各个侧面剖析湖湘文化的形成、精神特质、具体表现、对近代中国的影响等。讲座特色鲜明，融思想性与普及性于一体，较好地挖掘了湖湘文化的深厚底蕴，受到了学术界的赞誉，也得到了广大读者欢迎，媒介广为传播，扩大了湖南图书馆的社会影响。（邹序明）

广东省

【广东高校图书馆事业概况】

1. 馆舍建设与发展

2007年间，广东高校图书馆的新馆建设和扩建工作继续进行。截至2007年底，仅广州市辖区内21所可统计的各类高等学校图书馆面积总量达60余万平米。

纵观广东高校这些新建的图书馆，共同反映了图书馆建筑设计和功能布局的国际先进趋势，体现了世界图书馆流行建筑的特点。

此外，广州大学城十余所高校的大学城分馆在2007年间进一步全面完善各馆开放和读者服务工作，部分图书馆在流通与参考咨询服务之外，逐步拓展大学城分馆的其他业务职能。图书馆之间通过馆际互借、文献传递、开办联合阅览证等形式，逐步推进大学城信息资源共享服务的发展。

2. 文献资源建设

随着广东高校图书馆旧馆扩建与新馆建设高潮逐步进入尾声，各馆发展重点更加集中于馆藏文献资源建设。在数字资源和市场不断成熟的形势下，高校师生对数字资源的需求大大增强，如何科学、合理地设置纸质资源和数字资源馆藏的比例，引起广东各高校图书馆的普遍重视。与此同时，高校图书馆发展在随着新馆建设或旧馆扩建等工作逐步完成后，各馆文献资源购置经费也相对进入一个稳定的阶段，文献购置经费达1000万元以上的图书馆共有5个。

截至2007年底，广东各高校图书馆的文献资源建设取得了较大的发展，值得一提的是，广东高校图书馆凭借地缘优势，不断增强粤港澳台四地之间的交流与合作，大力增强书刊交换与赠送业务，以多种渠道和方式来进行文献资源的建设。在调查的高校图书馆中，许多图书馆年平均书刊受赠量达5000至10 000册，各馆注重利用图书捐赠仪式推广自身的公共形象，以便吸引社会更多的捐赠机构和个人捐赠。其中在捐赠类型上近年来也逐步扩展至珍贵文物，其中如中山大学图书馆历年来接受了许多珍贵文物的捐赠，其中商承祚教授后人所赠文物古籍占多数，类型多样，包括青铜器皿、书画、墨砚、图谱彩蝶、佛教经卷等。其数次所捐文物价值无法估量，弥足珍贵。

与此同时，广东高校图书馆继续大力发展数字资源建设工作，一方面各馆积极参与数字资源的联合采购项目，一方面也自建了许多特色数据库。例如中山大学图书馆自建了颇具规模和特色的中山大学学位论文数据库等5个特色数据库，华南师范大学图书馆自建有“馆藏中外文图书、期刊目录数据库”等20个特色数字资源库。此外，广州石牌地区六高校图书馆联合建设了“六校馆藏中外文期刊联合目录”、“六校馆藏光盘、网络数据库联合目录”、“六校图书馆免费电子全文数据库”、“六校图书馆报纸馆藏库”等。

另外，广东地区高校图书馆在数字资源的采购上进一步加强了集团采购的力度。中山大学图书馆是CALIS华南地区中心，广东省共有13所高校图书馆参加该项目，本年度该中心继续集中开展电子资源集团采购、专题与特色数据库建设、文献传递和馆际互借、会议与培训等工作。其中华南地区高校文献资源的引进工作，包括全国性集团采购和华南地区集团采购，主要完成了Springer电子期刊华南地区2007年和2008年度集团续订及通知付款工作，EBSCO数据库WSN电子期刊华南地区2007年度续订及通知付款工作，LexisNexis数据库华南地区2007年度续订、更改代理商及通知付款工作等，并制定了Springer电子图书广东集团（2007—2009年）采购方案，开展谈判、组织等工作。受CALIS管理中心委托，华南地区中心负责牵头组织Safari电子图书数据库集团（2006—2009年度）采购工作，顺利完成了Safari电子图书（2007—2009年度）续订和每半年一度的集团成员选书工作和通知付款工作；牵头组织ABI数据库和ARL数据库集团采购工作，谈判并制定两个数据库全国地区集团的（2007—2009年度）采购方案。

3. 图书馆人才建设

广东高校图书馆始终注重人才建设，拥有一大批多学科的博硕士研究生、本专科毕业的图书馆人才，形成了结构优化的图书馆人才梯队。

4. 信息服务与资源共享

广东高校图书馆的文献信息服务一直以来均走在国内图书馆前列，各馆在不断提高图书馆借阅、文献传递、新书通报、读者咨询等基本服务的同时，更充分拓展和增强网络信息服务、用户信息素质教育等职能，如网络参考咨询、科技查新、专题检索、学科导航、用户文献检索培训等，注重为用户提供学术研究的基础设施的拓展服务和个性化服务，许多图书馆开辟了研究室、会议室出借服务，无线上网服务等，注重为用户营造人性化的环境。

5. 对外交流与合作

广东高校图书馆不仅与华南地区、西南地区、东南地区临近省份的高校图书馆界加强交流与合作，更积极开展与港澳台地区和国际图书馆界的合作，在信息资源共建共知共享、馆员交流与培养、学术交流与合作研究等多个领域有着长足的发展。

2007年10月11—15日，闽粤港图书馆学（协）会2007年学术年会在福建省武夷山市召开，年会主题是“图书馆服务模式创新与发展研究”。来自福建、广东、香港三地图书馆学（协）会的代表和公共、高校、科研等系统图书馆论文作者160多人出席了会议，这是闽粤港三地图书馆学（协）会首次联合召开的学术年会。

近年来，粤港两地高校图书馆间的交流与合作已步入实质性的阶段。为了深入实质探讨粤港高校图书馆交流与合作的可行性、渠道和模式，粤港两地高校图书馆自2006年开始，相继合作召开了三届“粤港高校图书馆交流与合作高层论坛”，由香港大学图书馆联席会的8所大学图书馆和广州10所重点高校图书馆馆长参与交流与研讨。经过三届论坛的召开、交流与合作，粤港两地高校图书馆已迈出了实质性的信息资源共享行动。（王蕾）

【第2届广州市图书馆人才高级研修班在中山大学举行】 2007年3月12日，由广州市委宣传部主办，中山大学资讯管理系承办，广州市文化局、广州图书馆、中山大学图书馆协办的“第2届广州市图书馆专业人才高级研修班”开学典礼在中山大学图书馆隆重举行。

本届研修班是广州市委宣传部继2006年成功举办第1届研修班之后的又一次广州公共图书馆人才培训活动。学员是来自广州市公共图书馆界一批具有中级以上职称、本科以上学历的业务骨干。研修班从授课专家、教学计划与安排、教学形式与内容等进行了精心的设计与安排，希望藉此研修班，向广大学员传播国际最新的图书馆学发展理念，提高他们的理论水平和专业技能，为广州市图书馆界培训更多的专业人才。本届研修班学员自2007年3月12日至5月31日进行了为期两个半月的学习和培训。（王蕾）

【深圳大学城图书馆隆重开馆】 2007年3月30，深圳大学城图书馆（深圳科级图书馆）正式开馆。深圳大学城图书馆坐落于深圳市南山区西丽丽水路，是大学城的标志性建筑，是深圳第二大图书馆，也是国内第一家兼具高校图书馆和公共图书馆双重功能的图书馆。

该馆总投资2.28亿元，馆内设有功能完善的学术报告厅、展厅、会议室、多媒体阅览室、计算机培训教室，个人（集体）研究室、媒体实验室、课件制作室、软件学习室，以及书店、咖啡厅等设施。设计藏书150万册，突出科技文献、外文文献和电子资源，以电子信息、化学生物学、材料科学、物流工程与管理、城市与环境为重点。阅览座位3000个，网络节点1700个（全馆无线网络覆盖），可日接待读者8000人次。图书馆采用库阅合一的平面大开间布局，满足藏、检、阅、借一体化的开架管理方式要求。主要服务项目包括信息检索报道、文献借阅传递、参考咨询、多媒体课件学习、数字学术资源存档、专题展览、本地和远程学术交流、用户信息素质教育培训等。（王蕾）

【第1届全民阅读论坛在中山大学隆重举行】 由中国图书馆学会科普与阅读指导委员会和广东省图书馆学会联合举办，中山大学图书馆、中国世纪读秀技术有限公司承办，中山大学资讯管理系、中山大学图书馆与资讯科学研究所协办的"第1届全民阅读论坛"于2007年4月6日在中山大学南校区小礼堂隆重举行，来自全国各地的图书馆界专家学者和广东省图书馆学会各会员单位代表近400人参加了本次盛会。本届论坛主题为：数字时代的阅读——"读秀"新闻发布会暨中山大学图书馆"读秀"开通仪式。

论坛邀请了北京世纪读秀技术有限公司史超董事长，程焕文教授，CALIS华东北地区中心办公室主任、JALIS中心办公室主任沈鸣先生，台湾政治大学图书资讯暨档案学研究所杨美华教授，台湾大学图书馆资讯学系暨研究所主任黄慕萱教授，武汉大学信息管理学院副院长王新才教授，北京大学王余光教授等，围绕数字时代和全民阅读的主题做了精彩的主旨发言。专家们向与会代表阐释了数字时代传统阅读如何延伸，在纸本与网络之间悦读，数字时代如何延续阅读传统等新视点与新观念，全面地展示了世界各国精彩的图书阅读运动以及台湾的阅读现状和历程等。王余光教授对本届论坛的召开进行了简要的总结，希望在大家的努力下，将全民阅读论坛持续开展下去，为推进全国民众的阅读，引导全民阅读方向贡献图书馆界的一份力量。（王蕾）

【美国图书馆协会主席Loriene Roy博士访问中山大学】 2007年12月17日至20日，应广东图书馆学会、中山大学图书馆、中山大学资讯管理系的邀请，美国图书馆协会（ALA）主席、美国德克萨斯大学奥斯汀分校信息学院教授Loriene Roy博士前来中山大学进行为期4天的学术访问。这是首次美国图书馆协会在任主席访问中国。18日上午Loriene Roy博士在我校南校区小礼堂举行了题为"创新公共图书馆服务与空间"（Innovative Public Library Services and Spaces）的专题学术报告，广东图书馆学会会员、中山大学资讯管理系师生、中山大学图书馆馆员近200人参加，报告介绍了美国公共图书馆发展现状，及其在馆舍建筑、管理和服务等领域的创新发展经验，引起很大的反响。Loriene Roy博士还与中山大学资讯管理系老师、硕士、博士研究生进行了深入的学术座谈。（王蕾）

【中山大学对外交流情况】 2007年1月18日台湾政治大学图书情报与档案研究所王梅玲、杨美华、薛理桂、陈志铭等26人来访，与本校资讯管理系师生进行学术交流、洽谈系所合作，签署系所交流协议，参观南校区图书馆。

2007年4月24日德国科隆应用科技学院Achim Osswald先生来中山大学图书馆进行学术访问和交流，为中山大学图书馆馆员、中山大学资讯管理系学生开设专题学术报告，并进行学术讨论。进一步增强中山大学图书馆、中山大学资讯管里系与德国科隆应用技术学院、香港歌德学院图书馆的交流与合作。

2007年6月21日美国哈佛大学哈佛学院图书馆馆长Nancy M. Cline女士和美国哈佛燕京图书馆郑炯文馆长来访，对中山大学图书馆所藏哈佛大学捐赠的15万册喜乐斯藏书的管理与利用服务进行参观与指导，以喜乐斯藏书为纽带，增强了中山大学与哈佛大学图书馆之间的进一步交流与合作。

2007年8月21日香港理工大学图书馆Steve O'Connor来访，初步达成合作创办图书馆学国际专业期刊意向，促进了粤港图书馆事业及图书馆学专业研究的交流与国际化发展。

2007年9月7日台湾辅仁大学图书资讯学系郑恒雄教授等师生代表团25人来访，增进海峡两岸图书资讯学学术交流与合作，增进中山大

学与台湾辅仁大学图书资讯学学术交流。（王蕾）

【关汉亨先生文物赠送仪式在华南师范大学图书馆隆重举行】 5月11日上午，华师香港校友、著名的古泉学者关汉亨先生文物捐赠仪式在华南师范大学图书馆隆重举行。校党委杨文轩书记、王国健校长到会看望关汉亨先生并参观展品，中山大学、华南农业大学、广东工业大学、广州中医药大学图书馆馆长，华南师范大学各院系领导、图书馆馆员、义务馆员和学生代表出席了仪式，王富民馆长主持了仪式。

关汉亨先生自1998年以来陆续将他集数十年精力和积蓄收藏的古铜镜、古钱、香港珍贵钱币、银币、纸币、青花瓷器、瓷片、古旧铜墨盒、墨片等共306件文物无偿捐赠给华南师范大学图书馆，这些文物具有较高的欣赏价值和研究价值。王校长代表学校接受了捐赠，并向关汉亨先生颁发了荣誉证书。仪式结束后，全体与会人员饶有兴致地参观了关汉亨先生所捐赠的文物，关先生亲自为大家详细解说文物的源流和价值，琳琅满目的文物给参观者留下了深刻的印象。（王蕾）

【华南农业大学图书馆两分馆建成投入使用】 2007年10月8日，华南农业大学东区分馆和跃进南分馆投入使用，两个分馆都设有报刊阅览室、图书借还处和电子阅览室，分别设立在东区、跃进区两个学生社区，两个分馆的建设是落实科学发展观，贯彻以人为本、读者第一的服务宗旨，旨在为上述两区2万多学生就近提供文献信息服务。

开馆以来，每个期刊阅览室日均接待读者超过1000人次，阅览座位天天满座，两分馆的图书借还量达到11万册次，占2007年全馆第4季度图书借还量的30%，电子阅览室上机人数超过6万人次，效果良好。（王蕾）

【暨南大学图书馆新馆隆重举行开馆仪式】 2007年11月9日上午10点，暨南大学图书馆新馆开馆仪式在图书馆二楼大厅隆重举行。新馆建筑面积38 180平方米，共7层，现有藏书170多万册，阅览座位2500个，全年开放时间340天，每天服务的时间长达14个半小时。新馆配备了集复印、打印、扫描为一体的自助服务系统，从国外引进了先进的自助还书机，全天24小时开放，目前在国内高校图书馆中尚属少见。（王蕾）

【“高校图书馆评估工作研讨会”在广州大学图书馆召开】 2007年3月28日上午，由广州市图书馆学会主办、广州大学图书馆承办的“高校图书馆评估工作研讨会”成功召开。馆长、广州市图书馆学会理事长张白影馆长以怎样对待评估为主题，结合我馆去年成功迎评的经验，从6个方面谈了高校图书馆迎评应该注意的方方面面；广东外语外贸大学图书馆李敬平馆长介绍了广东外语外贸大学图书馆2003年评估中的经验、体会与收获；广州医学院图书馆朱培毅馆长介绍了广州医学院图书馆即将到来的迎评准备工作，强调材料准备的重要性和科学性。省高校图工委、市图书馆学会以及兄弟高校图书馆馆长和同仁共50多人应邀参加了会议。（王蕾）

【广东省立中山图书馆2007年概况】 2007年是广东省立中山图书馆改扩建工程紧锣密鼓施工的一年，该馆在积极稳妥地推进改扩建工程的同时，坚持不中断读者服务，以桂花分馆为临时服务总部，不断创新读者服务机制，合理延伸读者服务范围，被广东省直机关工委评为广东省直系统“部门排头兵”。由该馆组织实施的广东流动图书馆、网上联合参考咨询服务被全国第14届“群星奖”评委会评为“全国服务奖”。（宋玲）

【文化部副部长周和平视察广东省立中山图书馆与乳源县图书馆】 1月13日至14日，文化部副部长周和平到广东省立中山图书馆调研信息资源共享工程、改扩建工程等工作，并深入乳源县图书馆，了解广东流动图书馆及基层文化建设情况。周和平副部长认为广东流动图书馆是解决基层贫困地区看书难的一种信息资源共享的有效模式。在乡镇一级建设广东流动图书馆，关键是要探讨一种长效机制，建设好人才队伍。（宋玲）

【广东图书馆界捐赠重建乐昌公共图书馆】 1月14日，广东图书馆界捐赠仪式暨重建“广东流动图书馆乐昌分馆”挂牌仪式在乐昌图书馆举行。2006年广东乐昌县发生“7·15”超百年一遇特大洪水灾害后，乐昌图书馆及广东流动图书馆乐昌分馆损失惨重。广东图书馆学会发起向乐昌图书馆捐款、捐物的倡议。广东省立中山图书馆为重建广东流动图书馆乐昌分馆投入了价值40万元的新书和设备。（宋玲）

【花旗集团援建广东省立中山图书馆六祖、龙门少年儿童图书馆】 1月31日，花旗集团援建广东省立中山图书馆六祖、龙门少年儿童图书馆新闻发布会在广东省立中山图书馆举行。美国花旗集团中国区首席执行官施瑞德代表花旗集团向广东省立中山图书馆赠送了220万元人民币的捐赠支票。2月11日，广东省立中山图书馆六祖分馆——花旗集团六祖少年儿童图书馆开馆；3月25日，广东省立中山图书馆龙门分馆——花旗集团龙门少年儿童图书馆开馆。（宋玲）

【广东省立中山图书馆95035部队分馆开馆】 2月7日，广东省立中山图书馆95035部队分馆开馆揭幕仪式在空军95035部队举行。该分馆拥有1万多册书刊，内容涉及政治、军事、历史和自然科学等门类，并可共享广东省立中山图书馆丰富的网络信息资源，是广东省立中山图书馆开展文化拥军和知识拥军的举措。（宋玲）

【《广东历代方志集成》（省部卷）举行首发式】 2月12日，由广东省地方史志办公室主编，广东省立中山图书馆负责主要整理编校工作的《广东历代方志集成》（省部卷）举行首发式。《广东历代方志集成》是广东省系统抢救整理古旧方志文献的大型文化工程，2003年10月，被列入文化大省建设规划纲要。该丛书将分省部、广州府部、潮州府部、惠州府部、韶州府部、南雄府部、肇庆府部、高州府部、雷州府部、琼州府部和廉州府部等11部影印出版，共收民国以前广东方志400余种。首发的“省部卷”，共收载明嘉靖《广东通志》、清康熙《广东通志》、清康熙《广东舆图》、清同治《广东图志》等方志资料17种，是了解广东、研究广东的重要的历史资料。（宋玲）

【国家清史工程项目《清代稿钞本》正式出版】 《清代稿钞本》是由广东省立中山图书馆和中山大学图书馆联合承担的国家清史纂修工程文献整理类项目，3月通过清史编纂委员会专家评审委员会的评审，4月份由广东人民出版社正式出版。《清代稿钞本》依托我馆和中山大学图书馆丰富的馆藏资源，汇集珍贵的清代稿钞本文献于一体，共收入清人日记20余种，清人文集140余种，以及清末广东咨议局等机构的公文档案20余种，共计180余种，约5400余万字，具有重要的文献史料价值。（宋玲）

【广东省立中山图书馆察隅分馆揭牌】 5月8日，广东省立中山图书馆察隅分馆暨察隅县图书馆开馆揭幕仪式在西藏察隅县文化中心举行。这是广东省立中山图书馆自2005年援助林芝地区图书馆，2006年援建墨脱县图书馆、援建林芝地区基层图书室以来的第四个文化援藏项目，三年来图书设备总投入超过160万元。（宋玲）

【广东省立中山图书馆与广州大学图书馆合作共建桂花分馆】 6月18日，广东省立中山图书馆与广州大学图书馆合作共建的桂花分馆正式开放。根据广东省立中山图书馆改扩建工程建设进程，原文明路馆舍开始进入改造装修。为不间断读者服务，广东省立中山图书馆在广州大学的鼎力支持下，达成在广州大学桂花岗校区设立分馆的协议。广东省立中山图书馆借阅部、报刊部、外文部、采编部、公关部等业务部门迁驻广州解放北路桂花岗。桂花分馆坚持公益、开放、公平的公共图书馆服务宗旨，向广州大学师生及校外社会公众提供优质、免费的多元化知识信息服务。（宋玲）

【广东省立中山图书馆代表出席第73届国际图联大会】 8月19日至25日，第73届国际图联在南非德班召开，大会的主题为“未来的图书馆：进步、发展与合作”。广东省立中山图书馆李昭淳馆长、黄群庆研究馆员的论文《图书馆向弱势群体延伸服务》被评为“主题最佳实践”，受邀参加8月22日的主题发言与交流。黄群庆研究馆员出席了大会并宣读了论文。（宋玲）

【广东省立中山图书馆建立网上生态环保图

书馆】 11 月 23 日，文化部副部长周和平出席广东省立中山图书馆生态环保图书馆开通仪式。“生态环保图书馆”建立在广东省立中山图书馆馆藏资源及互联网上的各类相关数字资源基础上，设有多个栏目。在服务上设有新闻资讯及图片、专题数据库、图书期刊、网络咨询等，并与 383 个国内外权威网站作了链接，力求从不同角度、不同方位向读者提供有关生态及环保方面的各类信息。（宋玲）

【广东图书馆学会召开第 10 次会员代表大会】 11 月 30 日，广东图书馆学会第 10 次会员代表大会于在广州从化召开。大会选举产生了广东图书馆学会第 10 届理事会，其中理事 97 人，常务理事 39 人。程焕文当选为理事长，李昭淳、楼宏青、朱丽娜、吴晞、曹树金、刘洪辉、李宏荣、李敬平当选为副理事长，李昭淳为常务副理事长；林庆云当选为秘书长，陈卫东、张德馨、卢向阳、骆卫平聘任为副秘书长。（宋玲）

【广东省立中山图书馆推出书报刊预约服务】 为保证读者在广东省立中山图书馆改扩建工程建设期间继续方便快捷地利用总馆藏书，该馆推出了书报刊预约服务的便民措施，承诺在三个工作日内满足读者的书报刊预约需求。截止到 12 月底，共为 1094 位读者预约中外文书报刊 1994 册次，CD 光盘 45 张。（宋玲）

【广东流动图书馆工作继续向基层深化】 2007 年广东省立中山图书馆继续加大广东流动图书馆建设力度，扩大基层人民与基层图书馆受惠面。截止到 12 月底，共设立连州、五华、封开、佛冈、潮阳、四会、肇庆、始兴、徐闻、清城、丰顺 11 个分馆。50 个分馆全年共接待读者 470 万人次，是 2006 年的 1.74 倍；阅览图书 889 万册次，是 2006 年的 1.66 倍；办理外借证 20 608个，外借图书 49 万册次；接待上网咨询读者46 958人次，咨询总件数达63 642件；网上远程协助解决各流动分馆业务咨询和技术难题约 1000 余条，回复相关邮件 1200 个。（宋玲）

【建立学科馆员制度，拓展服务功能】 2007 年广东省委党图书馆在全国党校系统率先建立了以学科知识分化为导向的学科馆员制度。通过该制度的建立，培养专业咨询人员在资料积累、辨析能力方面的专业倾向，做到服务紧扣主体班课程、紧扣党校重点学科。一是开展按学科、按专题对教研部门和主体班次进行参考咨询服务，效果良好，各类型检索项目 200 余项；二是 2007 年起学科馆员的分工和联系方式列入教务处印发的施教方案上，通过施教方案，学员很容易就能够找到相应专题的学科馆员寻求帮助；三对主体班教师和学员开设“信息素质”课程，使他们对图书馆的资源和服务有了更加深入地了解，大大提高了信息资源的利用率；四是参与了为省委理论学习中心组成员开展“新时期坚持党的群众路线问题”专题调研的资料收集工作，进一步发挥了为领导决策服务的功能。（张炳常　何炳祥）

【小读者群数字图书馆建设】 广东省委党校图书馆尝试为小读者群建设数字图书馆。2007 年该馆与校马克思主义中国化导师组合作，建成“中共广东省委党校马克思主义中国化硕士点教学教研网”并挂在图书馆网页上，作为数字图书馆系统中的小读者群数字图书馆。该网站包含：教研报道、导师介绍、课程设计、科研情况、教研信息和学术论坛等多个专栏内容，方面读者利用，深受欢迎。该网站在全国党校系统“马克思主义中国化”硕士点工作会议上进行了演示，获得与会人员的一致好评。根据这一经验，该馆正尝试开设更多的小读者群数字图书馆和个人数字图书馆。（何炳祥）

【广东地市级党校图书馆评估】 2007 年 10 月，广东省委党校图书馆和广东省党校文献信息学会组织专家兵分四路对全省 19 家地市级党校图书馆（副省级以上除外）进行了数字化建设评估工作。这是首次以数字资源的建设和利用为核心内容的考评检查，极大地调动了全省各地市级党校图书馆数字化建设的工作积极性，促进了广东省各地市级党校图书馆的数字化建设工作的发展，佛山、中山、东莞等地级党校图书馆在数字图书馆总体建设和服务方面已步入全国党校先进行列。评估实现了“以评促改、以评促建”的目的，对于信息时代党校图书馆的发展方向、工作内容和服务方式起到了积极的导向作用。（张炳

常　何炳祥）

【全国党校文献信息学会成立 20 周年纪念大会暨理论研讨会】 由中央党校、全国党校文献信息学会主办，广东省委党校承办的全国党校文献信息学会成立 20 周年纪念大会暨理论研讨会于 2007 年 11 月 23 日至 28 日在广东省委党校成功举行。来自中央党校、全国各副省级以上党校图书馆和广东省地（市）级以上党校图书馆的 90 多名代表齐聚广州，共同庆祝这一具有里程碑意义的盛会。这次会议回顾了全国党校文献信息学会 20 年的发展历程，为学会如何在党校对党员干部大培训、大教育，全面提升全体党员整体素质的总体任务中有所建树确立了奋斗目标；会议还进行了工作经验及学术论文交流，并就《中国共产党党校图书馆工作规程（修改稿）》进行了讨论。（张炳常　何炳祥）

广西壮族自治区

【广西桂林图书馆开展“文化共享工程”新春文化服务活动】 2007 年 3 月 1 日，广西桂林图书馆到灵川县潭下镇新桥村，开展“2007 年文化共享工程新春服务活动”。活动内容包括：现场点播播放《打猪草》、《济公下山》等戏曲节目；给农民朋友发放农业、科普、文娱书刊；展出文化共享工程知识、生活保健、医药卫生等科普知识板报；联合桂林市社科联、桂林市农业局邀请水果专家向农民群众现场讲解脆皮金桔的生产管理技术，向农民发放柑橘黄龙病虫害防治技术资料。春节期间，该馆还到桂林市全州县永岁乡九节岗村、桂林市培智学校开展新春服务活动。为农民现场播放农业养殖技术视频和戏曲节目，给农民朋友发放农业、科普、文娱书刊和农业种养殖资料；为培智学校学生播放老电影、教育片。还利用“桂海讲坛”播放“文化共享工程”视频讲座“文明家庭 和谐社会——家庭礼仪面面观”。（广西图书馆学会）

【“桂海讲坛”举办开讲一周年庆祝活动】 广西桂林图书馆在“桂海讲坛”开讲一周年之际，举办一系列庆祝活动：2007 年 4 月 1 日下午，召开“桂海讲坛听众座谈会”。参会人员讨论了讲坛一年来所举办的讲座内容，并提出意见和建议。4 月 15 日，举办“听讲座，游王陵”活动。活动邀请专家肖先华与广大听众一起走进靖江王陵，解读历史春秋，共同感受全国重点文物保护单位及国家级大遗址保护重点园区——靖江王陵的独特魅力。4 月 21 日，在“桂海讲坛”报告厅举行捐赠仪式。广西师范大学艺术系副主任、副教授罗克中为庆祝“桂海讲坛”开讲一周年，为“桂海讲坛”创作了一幅水彩钢笔画赠送给广西桂林图书馆，该馆副书记丰雨滋代表广西桂林图书馆接受了捐赠。（广西图书馆学会）

【第 3 届“读书乐”全国摄影比赛优秀作品桂林巡回展圆满结束】 2007 年 7 月 26 日，由上海图书馆主办，广西桂林图书馆和桂林市展览馆共同承办的第 3 届“读书乐”全国摄影比赛优秀作品桂林巡回展在桂林市展览馆圆满结束。该展览从 7 月 20 日开始，免费向桂林市民开放，让市民从艺术的角度感受读书——读书人——读书场景的经典瞬间。7 月 20 日上午，承办方在市展览馆举行展览启动仪式，桂林市人大副主任邓纯东、市委宣传部副部长唐建林、市文化局局长唐柳林等领导出席了启动仪式并为展览剪彩。唐建林副部长代表市领导致辞。“读书乐”全国摄影比赛由上海图书馆发起，是全国首个以读书活动为主题的摄影比赛。从 2002 年始，迄今已成功举办三届。此次到桂林展览的是从 2007 年第 3 届比赛的 3000 多幅作品中精选出的 110 多幅作品，作品反映了各种人物“读书”的雅趣和场景。（广西图书馆学会）

【广西全区城市社会科学普及工作经验交流现场会在桂林市召开】 2007年9月21日至23日，广西全区城市社会科学普及工作经验交流现场会在桂林市召开。会议内容主要包括广西各市社科联交流科普工作情况、部署全区社会科学普及工作以及现场参观桂林市社科普及基地和“桂林百姓文化大讲坛”。广西桂林图书馆作为“桂林市社会科学普及基地”参加了会议。该馆于2006年与桂林市社科联合作建立“桂林市社会科学普及基地”，并于6月18日在榕湖分部正式挂牌。自成立以来，该馆先后开展了进社区、下农村、举办知识讲座、开展青少年活动等活动。会议期间，该馆与桂林市社科联、桂林市七星区人民政府联合驻桂大专院校社科联在桂林市七星区南城百货广场共同举办以“科学发展 共建和谐”为主题的“2007年全区社会科学普及十月联合大行动桂林七星区社区活动”。桂林市委、市政府、市人大、市政协领导出席了当晚的活动。（广西图书馆学会）

【广西桂林图书馆讲座编辑受到文化共享工程国家中心表彰】 广西桂林图书馆于2006年4月开展周末公益讲座“桂海讲坛”，讲座拍摄、编辑制作、光盘刻录等视频制作主要由该馆数据制作部沙耘同志负责。讲座视频制作质量得到文化共享工程国家中心的肯定，国家中心把沙耘同志编辑制作的讲座命名为“沙编讲座”，其中“桂林喀斯特地貌山水画法研究——桂林山水画技法研究”、“陈宏谋的治学之路与为官之道”获得国家中心奖励，并作为示范样盘在全国文化共享工程各级中心下发。国家中心还将沙耘同志制作讲座的经验和技巧编辑成“讲座建设工作经验交流”宣传册在全国各公共图书馆交流共享。（广西图书馆学会）

【广西桂林图书馆参与《广西大百科全书·历史卷》典籍部分条目撰写】 作为向广西壮族自治区成立50周年献礼项目之一的《广西大百科全书》是广西大型、综合、权威性的百科工具书，属国家百科工具书系列出版物。2006年4月，《广西大百科全书·历史卷》编纂工作开始启动，广西桂林图书馆作为典籍收藏的重要单位，负责典籍部分的条目撰写工作。截止到2007年12月，共完成条目367条，配图112幅。（广西图书馆学会）

【南宁图书馆开办“绿城讲坛”】 2007年南宁市图书馆开办的“绿城讲坛”的教育科技系列、文化艺术系列、卫生与健康系列、备战高考系列公益讲座取得较好的效果。如：广西大学教授文天谷的“易经对当今构建和谐社会所起到的重要作用”，广西法律专家孙小迎的“国际安全发展中心的妇女、儿童问题”，张俊秋、韦屏山主讲的高考作文指导。截至12月底止，在市图书馆多功能厅、“永凯现代城”等建筑工地、武鸣县杨李村等乡村共举办讲座53场，吸引听众近11 000人。（广西图书馆学会）

【南宁市图书馆举办专题展览】 2007年，南宁市图书馆举办各种专题展览53次，参观近53万人次，其中主要的有：“三江侗族农民画展”、大型科普“昆虫世界”标本展、“邕江文化艺术展”、“青少年科技创新大赛作品展览”、“残疾人书画展”等，特别是在中国东盟博览会期间举办的“王猛画展”，将广西壮剧团的国家一级舞台美术设计师王猛先生近年来创作的油画、素描、彩墨画及软陶作品等100余件进行展示，该画展成为当年南宁国际民歌艺术节系列文化活动之一。（广西图书馆学会）

【第2届南宁读书月活动】 2007年5月启动的以“阅读、创新、进步”为主题，以“崇尚知识、开放创新、热爱读书、提升品位”为目的的“第2届南宁读书月”中，南宁市图书馆设计了“图书漂流”活动，从7月份开始在馆内设立“图书漂流”点，为广大市民提供了一个集捐书、读书、交友、育德于一体的德育教育平台，截至12月底，市图书馆图书漂流站“漂出”图书2000多册，“漂入”500多册。该项活动市图书馆还发动南宁市、县、城区公共图书馆共同开展。（广西图书馆学会）

【南宁市图书馆与韩国果川市情报科学图书馆结为友好馆】 在南宁市政府和韩国果川市政府的支持下，市图书馆与韩国果川市情报科学图书馆结为友好馆，双方同意就互赠文献资料、长

期互设对方的图书文献展示区、共同合作举办图书馆业务交流会，并进行工作访问、学术交流等方面达成友好协议。签约仪式于10月28日在市图书馆多功能厅举行，这是继泰国孔敬市、越南下龙市之后，第三个与市图书馆订立友好馆关系的外国图书馆。签约仪式后，举办了韩国果川市情报科学图书馆吴世寅先生学术报告会。（广西图书馆学会）

【南宁市图书馆承办西部地区市、地、州图书馆协作网年会】 2007年6月19日至22日，南宁市图书馆承办了西部地区市、地、州图书馆协作网年会暨学术讨论会，西部地区20多个城市30多个图书馆的近百名代表参加，会议通过了《中国西部地区市地州图书馆协作意向书》，确定了"增进西部地区各图书馆之间的学术交流与业务协作，推进文化信息资源的共建共享，为西部地区三个文明建设服务，为西部大开发战略的推进做出积极的贡献"的协作宗旨。还确定了会徽和会旗，并做出将会议名称由"西南地区市（州）协作网"改为"中国西部地区市地州图书馆协作网"的有关决定。本次学术讨论会共收到主题为"发展中的西部地区图书馆"的论文146篇，并评选出一、二、三等奖37篇，汇编成《2007年西部地区市地州图书馆协作网年会论文选集》。（广西图书馆学会）

【广西高校图工委等单位联合举办"图书馆学专家讲学"学术报告会】 2007年6月15日，由广西高校图书情报工作委员会和广西高教学会图书馆专业委员会和广西民族大学图书馆联合举办，由广西大学图书馆协办的"图书馆学专家讲学"学术报告会在我区隆重举行。此次学术报告会同时邀请了武汉大学信息管理学院院长、博士生导师陈传夫教授和北京邮电大学图书馆馆长、北京高校图工委副主任代根兴研究员作两场专题学术报告。来自全区高校图书馆、公共图书馆、科技图书馆等不同图书馆系统的400多人参加了此次学术报告会，是历次中参会人员最多、涉及图书馆系统面最广的一次学术报告会。（广西图书馆学会）

【CADAL管理中心的第11次工作会议】 由CADAL管理中心主办，广西高校图工委、广西大学图书馆联合承办的CADAL（高等学校中英文图书数字化国际合作计划）项目第11次工作会议于2007年12月16日至18日在广西大学召开。教育部高教司教学条件处李晓明处长亲临会议，广西大学韦化副校长、教育厅陈跃波调研员，以及北京大学、清华大学等国内20多所知名大学的图书馆馆长、同仁共31人参加了会议。会后，CADAL项目管理中心还组织部分广西高校图书馆召开座谈会，共商信息资源共建共知共享的新举措。（广西图书馆学会）

四川省

【四川省图书馆概况】 截至2007年10月，购进中文新书10 828种，30 704册，收集中文样书1969种、2597册，征集地方文献1759种、2438册，订购中文报刊3487种，外文原版期刊、台港澳期刊191种，外文原版及港澳台报纸9种，购外文图书300种，其他各类视听音像资料200种（400件），收到国际交换期刊31册。强化和延伸公共服务工作，为方便读者阅读，为老年读者配备放大镜、老花眼镜，并将开放时间调整为9时至20时，农民工、现役军人、离退休人员、残障人员和未成年人均可凭有效证件免费阅览图书文献。接待读者30万人次，文献流通62万册次，接待上网查询5万余人次，咨询2万余人次。办理借书证948个、临时借阅证2315个。完成书目数据78 181条，上传书目数据2000余条。为市（州）县图书馆制做书目数据1000条，在省委宣传部、省直机关事务管理局和成都监狱建立了四川省图书馆分馆；为省委宣传部分馆作书目数据、加工图书6000种，为图书流动点送书8次；参与科普和送文化下乡活动等，发放各种宣传资料8000份，光盘资料及网上读书卡近万张。播放电影40场，举办各种讲座62场。完成共享工程40个国家示范点和14个省级示范点的培训、设备下放和安装工作。完成保存本图书整理上架、目录排片；完成报纸、期刊整理登录及入库上架工作，古籍善本《湖南萧氏族谱》、《湖北杨氏族谱》及《湖南李氏族谱》等书正在修复之中；完成我省"国家古籍保护工作"的前期筹备及项目书的起草工作及四川省馆"全国古籍重点保护单位"的申报工作和《国家珍贵古籍名录》的申报工作；《民国四川方志简编》一书正在整理编辑之中；拍摄馆藏《天府早报》、《成都晚报》等 8 种现报合计 60 卷，30 218拍。为省委、省政府及各级领导编辑《四川省文化发展概况》、《我国行政管理体制改革理论综述》；为社会和企业编辑《旅游资讯》（20 期）、《村镇建设》（20 期）、《企业财务管理》（38 期）、《物流》（29 期）、《建材》（27 期）、《文化政策法规及行业动态》（8 期）、《水利政策法规及行业动态》（8 期）。我馆被中国图书馆学会授予“全民阅读活动先进单位”光荣称号。（李菱）

【四川省全国文化信息资源共享工程 2006 年国家、省两级示范单位业务培训班】 培训班 1 月 30 日在成都举办。来自全省包括仪陇县、绵竹市、都江堰市、峨眉山市 4 个国家试点县以及 14 个四川省级示范点分管领导和技术员参加了此次培训班。四川省图书馆副馆长、全国文化信息资源共享工程四川省分中心副主任王嘉陵，四川省图书馆文化工程研究发展中心主任陈雪樵、副主任郑蜀出席了培训班并分别讲话。培训班是在文化部全国文化信息资源建设管理中心的统筹安排下，全国文化信息资源共享工程四川省分中心结合自身业务和四川本地特点而举办的。培训班结束后，省分中心还组织统一发放了国家、省两级示范单位工程设备。（李菱）

【2007 年四川省、市（州）公共图书馆馆长联席会议】 2 月 2 日在成都市锦江区三圣乡百花园乡村酒店召开。

会议由省文化厅社会文化处处长邓熊宏主持。省文化厅党组副书记、副厅长胡继先在开幕式上讲话，省图书馆党委书记、馆长李忠昊在会上作了“2006 年四川省公共图书馆工作总结及 2007 年工作的总体思路”的报告并传达了李长春同志和周和平部长的重要讲话精神。

文化厅党组成员、省纪委驻文化厅纪检组组长、监察专员孙舒亚，文化厅社文处处长邓熊宏先后在开幕式上讲话并向全省公共图书馆代表赠送学习资料。省图书馆副馆长王嘉陵作了专题业务报告。（李菱）

【四川省第 7 届“迎新春科技大场”活动】 本次活动于 2 月 6 日在绵阳市梓潼县石牛镇举行。为了帮助广大农民提升科技文化素质，更好地为建设社会主义新农村服务，中共四川省委宣传部、省文化厅等 15 家省级单位组织了本次活动。四川省图书馆由党委副书记司建华带队，书目参考部、阅览部、行政科、工程中心和文献信息中心等 4 个部室共 7 人参加了这次科技大场。活动向梓潼县图书馆赠送了图书 500 册、音像光盘 600 张，并在石牛镇现场开展宣传活动中发放了 18 种近万册（份）各种科技文化资料。（李菱）

【省图阅览室向农民工开放】 2 月省图书馆已推出多种文化“惠民”举措，对阅览制度作出局部调整，按照新制度，农民工、现役军人、离退休人员及残障人可凭本人有效证件免费在省馆阅览部新书阅览室、期刊部现刊室和书目参考部阅览图书。今年省图书馆在抓好阵地服务的同时，还将向外辐射，深入基层，深入农村，为国家级、省级贫困县的乡、村放映电影 100 场，举办讲座 100 场，以多种方式推进文化“惠民”工程的实施。（李菱）

【四川省“共享工程”领导小组 2007 年第 1 次工作会议】 2 月 15 日在成都新华国际酒店召开。四川省文化信息资源共享工程领导小组组长、四川省文化厅党组书记、厅长郑晓幸，四川省文化信息资源共享工程领导小组副组长、四川省财政厅副厅长高仁全，四川省文化信息资源共享工程领导小组副组长、四川省文化厅党组副书记、副厅长胡继先，四川省文化信息资源共享工程领导小组成员、四川省财政厅科教文处副处长

夏建华等文化厅、财政厅相关领导出席了会议。各与会领导就如何进一步贯彻 2007 年 1 月文化部文化共享工程情况汇报会上李长春同志的讲话精神，落实文化部在全国开展文化共享工程试点工作的要求分别作了重要讲话。四川省文化信息资源共享工程领导小组成员、全国文化信息资源共享工程四川省分中心主任、四川省图书馆党委书记、馆长李忠昊总结了 2006 年我省文化共享工程建设和服务工作，并分析了当前文化共享工程工作的形势。（李菱）

【"科技之春"科普活动月启动】 3 月 5 日，由四川省科技厅、中共四川省委宣传部、四川省科协主办的四川省第 12 届"科技之春"科普活动月全省启动仪式在蒲江县西来镇举行。四川省科技厅、中共四川省委宣传部、四川省科协有关领导参加启动仪式并讲话。四川省图书馆、四川省图书馆学会组织 19 人，由省馆副馆长彭本诚带队参加了此次活动。围绕本次活动"依靠科学技术发展现代农业"的主题，四川省图书馆提供了百余种图书让当地群众现场查阅，并向当地群众现场发放 16 种共计 1200 份科普资料，以帮助农民群众掌握生产技能，增强环保意识、法律意识，深受群众的欢迎。（李菱）

【新都"二月二"庙会科普宣传活动】 3 月 20 日在新都区木兰山举办。根据省科技厅、省委宣传部、省科协、省社科联《关于开展第 12 届"科技之春"科普活动月的通知》精神，应新都县委宣传部的邀请，四川省图书馆、四川省图书馆学会惠民支农小分队参加本次科普宣传活动，针对青少年科普宣传和支农惠农开展活动，省图书馆学会、辅导部、阅览部、参考咨询部、期刊部、信息中心和行政科的 9 位同志也参加了该项活动。活动中，省图书馆散发农副业科技资料和向农民朋友赠送《建设社会主义新农村》手册，并举办了有关科技兴农的图书期刊展览，受到当地农民朋友的欢迎。（李菱）

【齐白石后人向四川省图书馆捐赠画集】 四川省图书馆收到两本齐白石之孙齐可来寄赠的两本《齐子如画集》。齐子如系齐白石第三子，自幼在齐白石身边习画，主攻虫草花卉，后师从半丁老师灵秀之风格，画风工、写并重，豪放、秀雅兼具被誉为中国工笔花鸟界成就显著的齐派传人。（李菱）

【四川省公共图书馆界文化惠民百场讲座启动仪式】 4 月 29 日上午 9 时在朱德故乡仪陇县隆重举行。本次活动由四川省图书馆、四川省中心图书馆委员会办公室、全国文化信息资源共享工程四川省分中心、四川省图书馆学会、南充市文化局、仪陇县委宣传部主办，仪陇县文化局、南充市图书馆、仪陇县图书馆承办。启动仪式由四川省图书馆党委书记、馆长李忠昊主持。仪陇县委书记、县人大主任杨建华致欢迎词；四川省文化厅社文处处长邓熊宏代表四川省文化厅发表了重要讲话。南充市文化局副局长蒋小华也代表南充市文化局在启动仪式上讲了话。启动仪式结束后，中共四川省委党校、四川行政学院教授樊昭荣作了题为"加强作风建设，传承'两德'精神，构建和谐仪陇"的主题讲座，受到仪陇县委、县政府领导及机关乡镇主要领导的热烈欢迎。（李菱）

【首场文化惠民公益讲座】 5 月 20 日南充高级中学顺庆校区举行，300 多市民认真听取了来自南充市委党校唐铁军老师的精彩礼仪常识讲座。本讲座由四川省图书馆、南充市文化局、南充市文化信息资源共享工程领导小组、南充市图书馆联合主办的。首场文化惠民公益讲座受到了市民烈欢迎。（李菱）

【省、市公共图书馆送文化科技进警营暨社会主义法制理念教育专题讲座活动】 讲座于 5 月 22 日在武警南充市嘉陵区消防大队隆重举行。南充市消防支队官兵及省、市、县图书馆工作人员约 150 余人参加了活动。活动仪式结束后，省市图书馆和南充市文化局领导还参观了武警南充市消防支队组织的特勤器材展示活动，并亲自参加了油盆灭火演习。演习活动后，还举行了警民"共建图书室"揭牌仪式，并向消防官兵赠送图书 500 册，武警官兵观看了科普教育短片，并认真聆听了由省图书馆聘请的郭荣老师所作的"社会主义法制理念专题教育讲座"。（李菱）

【四川省图书馆建立成都监狱分馆】 6月26日下午，以“文化进高墙，知识育新人”为主题，由四川省图书馆和四川省成都监狱共同建设打造的四川省图书馆成都监狱分馆授牌仪式在成都监狱举行。省委宣传部、省文化厅相关领导，省图书馆和成都监狱的主管领导出席仪式并作了讲话。四川省图书馆成都监狱分馆成立以后，省图书馆将定期向监狱送书，举办法律及技能等相关讲座，播放包括法制、爱国主义教育、科普知识、技能培训等方面的电影。四川省图书馆成都监狱分馆是继四川省图书馆省委宣传部分馆、四川省图书馆成都残联分馆、四川省图书馆省直机关事务管理局分馆后成立的又一家分馆。（李菱）

【省文化厅党组书记、厅长郑晓幸到乐山市图书馆调研指导工作】 6月6日上午，四川省文化厅党组书记、厅长郑晓幸一行，在乐山市副市长徐建群、市文化局局长廖克全的陪同下来到乐山市图书馆进行调研指导工作。郑厅长一行首先视察了该馆艺术阅览室，对该馆创建艺术阅览室为读者提供特色服务，收集地方文献特藏品的作法给予了充分肯定。郑厅长一行来到该馆今年新装修的报告厅，对该馆举行的首场公益性讲座给予充分肯定，要求乐山市图书馆把公益性讲座坚持下去，并要搞出自己的品牌来。（李菱）

【省图书馆领导赴凉山彝族自治州调研公共图书馆和文化信息资源共享工程建设情况】 6月17日至20日省图书馆党委书记、馆长李忠昊，副馆长王嘉陵，特藏部主任何先进一行3人赴凉山彝族自治州考察调研公共文化服务体系建设情况，为党政决策服务。先后到普格县、盐源县、西昌市、凉山州图书馆进行了实地考察调研，对上述图书馆的办馆条件、人员构成、馆藏、读者服务、自动化、购书经费、人员培训等方面的情况逐一进行调查核实，并亲切看望了彝族地区的图书馆同仁，并对今后如何发展民族地区图书馆事业提出了具体要求和建议。调研组还通过座谈、开工作汇报会向当地州委州府、州文化广电局领导，县委县政府、县文化广电局领导呼吁，进一步加强公共文化服务体系的建设，切实保障人民群众的基本文化权益。调研其间李馆长一行还参加了“省州县图书馆向盐源县泸沽湖镇赠送图书仪式”。（李菱）

【四川省图书馆获赠美术画册】 6月29日为庆祝香港回归十周年，“‘回归交融’祖国内地和香港美术家作品交流展”在四川省美术馆揭幕。中共四川省委副书记李崇禧、中国美术家协会主席靳尚谊、香港美术家协会主席文楼等出席了展览开幕式。在开幕式上，同时举行了由四川出版集团、四川美术出版社出版的《回归交融》大型画册首发仪式和赠书仪式。该画册汇集了祖国内地和香港140名艺术家创作的150余件作品，集中地展示了两地近年来在“国画、油画、版画、雕塑、水彩、粉彩”等领域取得的最新成果。李忠昊馆长代表四川省图书馆接受了有中国美协主席靳尚谊、香港美协主席文楼、中国书画院院长龙瑞等亲笔签名的画册。（李菱）

【省图书馆党委组织庆“七一”特色活动】 “七一”前夕，省图书馆党委组织全体党员赴邛崃参观红军长征纪念馆，以此庆祝中国共产党建党86周年并给全体党员上一次特别的党课。（李菱）

【美国哈佛大学燕京图书馆原馆长吴文津博士及夫人到省图书馆交流访问】 7月17日上午，在四川大学信息管理学院教授刘元奎陪同下，美国哈佛大学燕京图书馆原馆长吴文津博士及夫人来到四川省图书馆交流访问。交流座谈会在特藏部专家阅览室举行。参加座谈会的有四川省文化厅副厅长胡继先、四川省图书馆馆长李忠昊、四川省图书馆副馆长彭本诚、四川省图书馆副馆长王嘉陵、四川省中心图书馆委员会办公室常务副主任徐建华等。座谈会后，吴馆长及夫人在馆领导的陪同下，参观了举世罕见的金沙遗址博物馆。（李菱）

【文化共享工程峨眉山市全市乡镇文化信息资源共享工程管理员技术培训班】 8月21日在峨眉山市举办。本培训班由文化信息共享工程四川省分中心和峨眉山市支中心联合举办。由“共享工程”四川省分中心工程师王家富主讲，来自峨眉山市18个乡镇的“共享工程”管理员25人参加培训学习，在开班仪式上市文化局副局长任

建红作了重要讲话。培训班由馆长林栩主持。（李菱）

【四川省图书馆馆长李忠昊到北川羌族自治县图书馆调研】 8月29日至30日，四川省图书馆党委书记、馆长李忠昊，绵阳市图书馆馆长张尔君等一行7人到北川羌族自治县图书馆进行调研，实地考察了老城区图书馆的收藏室、期刊杂志借阅室和新城区图书馆电子阅览室。在认真听取了北川羌族自治县图书馆负责人李春对图书馆2007年工作情况的汇报后，各位领导充分肯定了图书馆一年来快速的变化，对图书馆未来的建设与发展提出了新的目标。最后，李忠昊馆长表示希望经过共同努力，使北川图书馆列为全国文化信息资源共享工程试点县。争取率先在少数民族地区初步实现“全国文化信息资源共享”的目标，使北川图书馆事业的发展再迈上一个新台阶。（李菱）

【四川省贫困地区又一次喜获精神食粮】 9月7日，文化部、财政部“送书下乡工程”四川省赠书仪式在省图书馆举行。这是文化部、财政部“送书下乡工程”的第四批图书，计12万余册抵运四川，这批书不仅数量大，而且这些书内容更加丰富，题材广泛、数量多、质量好，深受基层图书馆工作者和广大群众的欢迎。省文化厅要求各地文化局和图书馆要认真做好这批图书的发放工作，切实根据文化部的要求逐级下发到广元、宜宾、达州、泸州、阿坝、凉山、南充等市、州、县、区、乡图书馆和图书室，尽快让这批图书与广大读者见面，丰富群众的文化生活。（李菱）

【小平同志亲属向邓小平图书馆捐赠首批珍贵文献】 邓小平之女邓榕女士代表“邓家”向我馆捐赠了首批珍贵文献。这批珍贵文献包括《我的父亲邓小平》（上卷）的泰文、俄文、芬兰文、日文版等及《我的父亲邓小平——文革岁月》的泰文与英文版共计12册。邓榕女士在这些书籍上均亲笔签名留念。（李菱）

【四川省古籍保护工作座谈会】 9月13日，座谈会在四川省图书馆举行。会议旨在贯彻《国务院办公厅关于进一步加强古籍保护工作的意见》和落实《四川省人民政府关于进一步加强古籍保护工作的实施意见》等文件精神，本着做好试点，取得经验，逐步推进的要求，四川省古籍保护中心邀请我省部分古籍收藏量较大或保护条件较好的四川省图书馆、成都市图书馆、泸州市图书馆、南充市图书馆、四川大学图书馆、四川师范大学图书馆、西南民族大学图书馆、成都杜甫草堂博物馆等单位，就如何开展我省的古籍普查工作等问题进行了座谈研讨。中心向与会各单位分发了国家《古籍普查规范》、《古籍定级标准》、《四川省人民政府关于进一步加强古籍保护工作的实施意见》等文件，会议就此进行了认真的学习和讨论。四川省图书馆王嘉陵副馆长传达了省编委关于在四川省图书馆挂牌设立四川省古籍保护中心的批复意见，并就我省古籍普查工作的准备情况及相关文件的起草等问题作了通报；省中心办公室就全省普查工作试点和全面展开的具体实施部骤、各单位的职责、前期准备、人员培训及我省首批《国家古籍珍贵名录》、“全国古籍重点保护单位”的申报、评定工作等相关问题作了说明。（李菱）

【省文化厅领导到中江调研文化建设工作】 9月5日，省文化厅党组副书记、副厅长胡继先深入中江县调研文化建设工作，并视察了中江县图书馆新馆。胡继先听取了中江县委、县政府关于高度重视图书馆建设，将建筑风格独特、风景秀丽的原明珠山庄划拨作为县图书馆新馆的情况介绍，胡继先对中江的做法给予了充分肯定。他要求，建图书馆一定要有学术报告厅，面向群众多开办讲座，以启迪心智、丰富知识；原山庄房屋内部设置不能适应县级公共图书馆所需的功能发挥，对房屋必须进行改造；对图书要注意防潮、防虫。他希望将原来的2万元购书经费增加至5万元，并发动社会力量捐资购书。（李菱）

【省图书馆领导到峨眉山市视察“文化共享工程”建设】 9月26日至27日，四川省图书馆党委副书记司建华带队“文化共享工程”工作小组，前往峨眉山市视察“文化共享工程示范县（市）”建设进展情况，分别对该市支中心、罗目镇基层服务站进行实地考察，峨眉山市图书馆馆长林栩详细汇报了该市“文化共享工程示范县（市）”建设进展及对外服务活动情况。同时，省中心副主任郑蜀，工程师王家富、段鹏、温立还对市支中心的设备、软件进行了更新和维护，并针对支中心、乡镇基层服务站的实际情况进行了现场培训。（李菱）

【四川省图书馆新馆建设论证会】 论证会10月30日下午在成都武侯祠碧草园召开。会议由四川省图书馆党委书记、馆长李忠昊主持。省文化厅副厅长胡继先，社文处处长邓熊宏，计财处副处长潘沛，新馆建设领导小组办公室副主任苟勇，省财政厅夏建华副处长，省机关事务管理局刘俊琦处长，四川大学图书馆原馆长、教授李秉严，中科院成都文献情报中心原主任、研究员王伾，国家级建筑大师郑国英，西南建筑设计院所长杨国、总建筑师刘艺、工程师李愉，成都市国土局副局长胡斌，成都市规划局郭世伟处长，以及省图书馆领导班子出席了会议。与会人员就省图书馆新馆建设选址、土地、建设规模、资金等内容进行了论证。（李菱）

【省图书馆领导赴革命老区万源市考察调研文化信息资源共享工程建设情况】 11月22日至23日，省图书馆党委书记、馆长李忠昊，副馆长彭本诚一行6人赴革命老区万源市考察调研文化信息资源共享工程建设情况，受到万源市委、市政府、市文化局、市图书馆领导及全馆职工的热烈欢迎。11月23日一大早，李馆长一行首先参观了万源保卫战战史纪念馆，随后与万源市委、市政府、市文化局、市财政局、市图书馆领导就公共文化服务体系和文化信息资源共享工程建设等方面的议题举行了座谈会。在认真听取了万源市委、市府、市文化局、市图书馆领导情况汇报后，李馆长对万源市委、市政府对文化工作的支持和重视给予了高度评价，对图书馆近几年来的工作所取得成绩给予了充分肯定，对今后图书馆工作提出了五点建议。考察调研期间还在万源市高级职业中学举办了一场“巴蜀讲坛”讲座，由四川省高级心理健康咨询师王以庄作以“做身心健康的青少年”为题的讲座。（李菱）

【四川省文献影像技术协会召开第一次常务理事会】 11月9日，会议在成都市四川大学科华苑宾馆召开。会议由理事长刘元奎主持。会议主要议题有两个，一是协商推荐中国文影协2008年换届选举理事候选人；二是研究协会更名后下一步的工作安排。（李菱）

【四川省第1期古籍保护培训班】 12月3日至7日在四川省图书馆报告厅开班，来自全省42个公共图书馆、高校图书馆及社科院图书馆的55人参加了此次培训。四川省馆王嘉陵副馆长主持开幕，李忠昊馆长作了重要讲话。该班由四川省图书馆和四川省古籍保护中心主办。四川省图书馆专程从国家图书馆请来了古籍著录方面的专家鲍国强先生，以及省馆从事古籍工作多年、具有丰富古籍工作经验的彭邦明先生授课。四川省古籍保护中心的挂牌成立和第1期古籍保护培训班的顺利开办，标志着四川省的古籍保护工作在坚实的基础上顺利展开。（李菱）

【邓小平图书馆开展“邓小平同志逝世十周年”纪念活动】 为纪念“邓小平同志逝世十周年”，邓小平图书馆开展了系列纪念活动，向小平同志献上了一份特殊的礼物：2007年2月18日，位于图书馆四楼的“邓小平音像资料阅览室”正式面向广大读者开放，并连续三天为读者播放了《邓小平》、《小平与香港》、《小平您好》、《纪念邓小平》等专题片，邓小平图书馆还利用图书馆多功能厅为广大群众免费放映了《邓小平1928》《永远的小平》《百色起义》等专题影片，三天共接待观众800余人次，产生了良好的社会反响。（吕伟红）

【自贡市图书馆开展“新春文化惠民”活动】 2007年2月2日上午，自贡市图书馆带着“三农”所需的科普宣传片、图片、资料和图书来到了仲权镇，送去了1000多份农家科普种养简报和100余册科普图书画报。此外，春节期间，自贡市图书馆还将利用共享工程资源为广大市民、学生举办春季“快乐阅读”读书、“寒假，我与图书馆有约”有奖读书征文、网上远程读书等“新春文化惠民”活动。（吕伟红）

【凉山彝族自治州图书馆开展“迎新春·文化

信息共享工程惠民服务"活动】 2007年2月7日至24日，凉山州图书馆开展了为期17天的"迎新春·文化信息共享工程惠民服务"活动。州图书馆在春节期间，在电子阅览室专设了5台电脑为"文化信息资源共享工程"工作站，并开通国家中心"共享工程"网站上"各地优秀资源春节大联展"专栏和省分中心"共享工程"网站上"迎新春·送文化精品服务"栏目，全天候免费向广大读者提供浏览。州图书馆还向广大读者免费放映"首届彝族文化旅游节"开幕式大型文艺表演《风情凉山》光盘和《铁血男儿》等优秀电影故事片。

2007年2月7日至9日，"07迎新春送文化信息共享工程送(文化科技)下乡服务队"，深入到德昌县的茨达乡等地开展送"共享工程"文化信息资源、送书、送科技、送电影、送曲艺等丰富多彩的惠民服务活动，共送书400余册，散发馆部编印的《科普知识》3期共900余份，送科普挂图4套50余张，放映文化信息资源共享工程下载的农村科技《草莓栽培技术》和多部优秀抗战影片，以及《风情凉山》实况光盘等。(吕伟红)

【少年儿童走进图书馆】 2007年3月27日下午，绵阳市涪城区西山路小学三年级的150余名学生，在辅导老师的带领下，来到市图书馆进行以"学习网络知识"为主题的课外活动，并拉开了2007年"小学生走进图书馆"活动的序幕。在市图书馆少儿阅览厅里，工作人员组织学生观看科普电影片《海洋绿洲》，指导学生上网学习如何进行文字编辑、发送电子邮件等网络知识。根据工作计划安排，图书馆还将同有先锋路小学、跃进北路小学、城郊小学等学校陆续开展这项活动。(吕伟红)

【弘扬孝道文化 构建和谐巴中】 2007年3月5日，巴中市巴州区图书馆在城南龛山川陕苏区将帅碑林内开展了以"弘扬孝道文化，构建和谐巴中"为主题的图书宣传活动。此活动旨在向全社会宣传孝道文化和广大民众应遵循的社会道德规范。上午10时，图书馆工作人员向过往游客发放巴州区图书馆编印的《孝道文化》《时事政治》《学习与读书》《科普信息》等信息活页资料，并开展有奖知识竞答活动。(吕伟红)

【乐山市召开2007年公共图书馆馆长暨共享工程工作会议】 2007年3月12日至13日乐山市公共图书馆馆长暨共享工程工作会议在峨眉山电力宾馆召开。四川省图书馆党委书记、馆长李忠昊，乐山市政府副秘书长蒋渝，乐山市文化局党组书记局长廖克全，乐山市文化局副局长李利林和峨眉山市部分领导出席了会议。各县、市、区文化主管局分管副局长和图书馆馆长参加了会议。峨眉山市文体局局长林立在会上介绍了峨眉山市"全国文化信息资源共享工程试点县"工作的开展情况。四川省图书馆李忠昊馆长就改善公益文化服务，发挥公共图书馆作用，建立五级服务网络和共享工程建设与管理等提出了六点要求。乐山市图书馆馆长席毅强传达了全省市州馆长会议精神，并提出了全市公共图书馆系统2007年工作要点。乐山市文化局副局长李利林在讲话中分析了乐山市图书馆工作当前面临的形势和任务，指出了市乐山图书馆目前存在的问题。会议期间，与会代表们参观了新平乡净安村共享工程村级服务站和图书室。(吕伟红)

【广元市图书馆提高服务质量，构建和谐团队】 2007年广元市图书馆从作风建设入手，立足建设长效机制，以办好读者满意的图书馆为载体，树立"读者第一，服务至上"的办馆宗旨，大力提升服务质量和水平，以读者满意为准则，以实际行动为"坚持科学发展，构建和谐广元"作出了最好的诠释。这次作风整顿建设活动中，馆领导班子将队伍建设作为作风建设的重中之重，改进工作方式和方法，推行谈心式思想教育，增强凝聚力；引导广大干部职工牢固树立终身学习的理念，把学习作为提高广大干部职工贯彻落实科学发展观能力的基本途径，坚持内强素质，外树形象，提高服务质量，构建和谐团队。(吕伟红)

【梓潼县图书馆开展科技之春"三下乡"活动】 2007年3月27日，梓潼县第7届科技之春"三下乡"活动在双板乡举行。梓潼县图书馆带着适宜双板乡农民朋友的种养殖的技术、有关"三农"热点等信息、《梓潼县图书馆科技兴农

系列参考资料》20 种 1 万余份资料参加了此项活动。（吕伟红）

【达州市图书馆开展“和谐家庭与孩子成长”公益性知识讲座】 2007 年 4 月 12 日，达州市图书馆聘请了心理咨询师在通川区大北街社区开展了“和谐家庭与孩子成长”公益性知识讲座，社区居民和辖区单位职工 200 多人聆听了讲座。讲座的主要内容是如何提高家长的认知能力，了解孩子不同阶段的个性特征，掌握正确教育子女的方式方法，明确作为家长的社会责任，当好孩子的第一任教师，从自然型的父母转变为学习型、专家型的家长，为孩子创造一个适合其健康成长的家庭环境。讲座通过理论知识传授、典型事例分析和现场心理咨询相结合的方式，内容丰富，形式多样，寓教于乐。（吕伟红）

【广汉市图书馆获赠一批港台书刊】 2007 年 3 月由全国政协委员，香港汉荣书局董事长石景宜先生捐赠的价值 10 万元的 2000 册港台书刊已运抵广汉图书馆。广汉市图书馆领导通过全国中小型图书馆协会多次协调沟通，获得了这批捐赠，填补了市馆港台图书的缺藏，为广汉市人民提供了台、港、澳人文地理、社会生活、民族风情和文化传承方面的翔实资料。为充分发挥石景宜先生捐书的意义，市馆将设专室陈列并提供借阅服务。（吕伟红）

【峨眉山市第 1 期文化信息资源共享工程建设任务全面完成】 2007 年 4 月 28 日由国家支援的 10 套设备在峨眉山市胜利镇基层服务站全部安装完备，峨眉山市市第 1 期文化共享工程建设任务全面完成。至此，绥山镇、双福镇、新坪乡、符溪镇、桂花桥镇、罗目镇、高桥镇、峨山镇、黄湾乡十个基层服务站正式进入试运行阶段，开始为农民提供服务。在文化部、财政部、国家图书馆及省图书馆、省分中心的大力支持下，市政府划拨专项资金 50 万元，迅速启动了此项工程建设并纳入了该市的惠民工程。除国家支持的设备外，峨眉山市配套设备已全部进入了政府采购程序，该市分中心配套建设工程也正式展开。（吕伟红）

【泸州市图书馆、江阳区文体局“文化惠民”送电影下基层巡演活动正式启动】 2007 年 4 月 6 日泸州市图书馆和江阳区文体局联合开展的“文化惠民”送电影下基层巡回放映活动在泸州市江阳区邻玉镇先锋村正式启动。市图书馆和区文体局放映小分队将用 7 个月的时间分别到江阳区的 14 个乡、镇及 3 个街进行巡回放映活动。（吕伟红）

【巴州区图书馆开展野生鸟类标本展览】 2007 年巴中市巴州区图书馆利用双休日举办了以“鸟儿总动员”为主题的野生鸟类科普展览活动。展览期间，展出的栗啄木鸟、褐翅鸦鹃、白头鹎、丘鹬、虎皮鹦鹉、红头长尾山雀、兰孔雀等世界各地各种鸟类 100 多种。还有来自中国和泰国的绢斑蝶、豹蛱蝶、线蛱蝶等 80 个蝴蝶标本。还有世界名螺的鹦鹉螺、皇冠螺、黑刺旋螺等近 65 种海螺，以及来自海南、西沙、南沙群岛等地所生长的大海龟和珊瑚贝类。五彩缤纷的野生鸟类标本和海螺贝壳吸引了 2000 多青少年和社会各界群众，收到了良好的社会效益。（吕伟红）

【2007 年四川省公共图书馆开展服务宣传周活动】 2007 年 5 月 27 日至 6 月 2 日，四川省各地开展了服务宣传周活动。

自贡图书馆组织自贡地区公共、高校、企业图书馆等 6 个单位在自贡市人大广场举行以“图书馆：阅读社会的家园”为主题的图书馆服务宣传周活动。现场为市民办理借书卡并借书，免费赠送图书馆图书室览证、期刊室阅览证，少儿阅览证，并在自井区麻柳湾小学建立了该市第 5 个农村小学“红领巾读书点”。

泸州市图书馆举办“开开心心迎六一”大型科普游园活动，还与市委宣传部、市社科联联合开展了市民充电讲座活动，邀请泸州市知名学者赵永康先生前来市图书馆主讲“泸酒文化的特色与传承”专题报告会。

雅安市图书馆 5 月 30 日召开读者座谈会，宣传图书馆，让读者了解图书馆；6 月 6 日，市图书馆为雅安二中学生开设“三雅文化”专题讲座，使学生们了解雅安的历史文化。

内江市图书馆利用共享工程设备，下载未成

年人动漫影片，并在少儿活动室及时为未成年人进行放映。6月1日内江三小的68名留守学生在校长与老师的带领下，来到内江市图书馆，与许多来馆的小朋友一起参加内江市图书馆举办的庆"六一"活动。服务宣传周活动期间，图书馆还向内江8742部队提供图书500册，为部队开展读书活动。

德阳市图书馆、德阳市图书馆学会、广汉市图书馆 广汉市总工会、广汉市文体局、广汉市摄影家协会等6家单位，在广汉市雒城门楼前，联合打造了以"阅读社会的家园、全民健康与奥运同行"为主题的图书服务宣传周活动，活动分为6个内容的展区："圣火光耀三星堆"有奖知识问答；港台书展览；摄影家协会图片展览；宣传工会知识问答；献爱心助学捐款；提供中国图书馆学会全民阅读推荐书目。（吕伟红）

【乐山市图书馆与乐山市收容教育所共建图书室】 2007年7月27日，乐山市图书馆由馆长席毅强、书记万林率队和乐山市公安局收容教育所共同签订协议，在乐山市收容教育所建立乐山市图书馆流动图书室，帮助乐山市收容教育所对收容管教人员开展文化和职业技术教育。（吕伟红）

【攀枝花市图书馆举办复馆暨"攀枝花讲坛"开讲仪式】 2007年8月25日，攀枝花市图书馆在市图书馆举行复馆暨"攀枝花讲坛"开讲仪式。仪式由市文化局党委书记、局长马晓凤主持，市委常委、宣传部部长肖立军发表了讲话，要求市图书馆要以新的面貌服务读者，要努力把"攀枝花讲坛"办成贴近实际、贴近生活、贴近群众的公共文化活动项目，为加快建设"实力、魅力、活力、和谐"攀枝花做出积极贡献。仪式后举行由市委宣传部、市文化局、市社科联主办，市图书馆承办的"攀枝花讲坛"首堂讲座，聆听了由原市政协副主席、著名学者王文君首讲的"弄弄坪——攀枝花精神的历史源泉"的讲座。（吕伟红）

【简阳市图书馆举办暑期少儿读者故事演讲比赛】 2007年7月简阳市图书馆举办了第7届暑期少儿读者故事演讲比赛。有近100名少儿读者报名参加，30名选手进入决赛，最大的11岁，最小的6岁。此次比赛共评出一等奖2名，二等奖3名，三等奖8名。（吕伟红）

【泸州市图书馆举办暑期少儿心理健康讲座】 2007年7月25日由泸州市社科联、市图书馆、市图书情报学会联合举办的市民充电工程暨第15期"酒城讲坛"，在"酒城讲坛"泸州市图书馆分会场隆重举行。江阳区大山坪、南城、北城3个街道24个社区及市少儿图书馆科普夏令营的共计180余名同学前来参加。市委党校讲师、国家二级心理咨询师周琴老师以"阳光少年·阳光心态"为主题，开展了青少年心理健康讲座。周老师制作了图文并茂的多媒体课件，运用现代声光电手段，以青少年偶像、动画、游戏等不同形式，从分享快乐、倾诉烦恼，青少年的心理特点，阳光心态我做主，做自己的心理医生等四个方面，为全体中小学生上了一堂很好的心理课。（吕伟红）

【广元市图书馆电子阅览室提供免费上网(读书)活动】 2007年7月1日广元市图书馆电子阅览室开始向所有持有图书借阅卡的读者进行免费开放，其主要服务内容有："共享工程"文化信息的传播和利用，电子文献的阅读和查询，为科研、生产、领导和机关提供信息查询服务，多媒体资料、音像资料的浏览、欣赏、查询、收发电子邮件，其他有益于读者身心健康的互联网服务等。（吕伟红）

【广汉市图书馆对霍家庵藏书进行整理】 2007年6月17日，广汉市图书馆业务人员来到广汉市和兴镇霍家庵，对霍家庵灵光阁藏经楼的一万余册藏书进行分类整理。霍家庵藏书多为佛教类书籍，市图书馆工作人员根据中图法对佛教书籍的分类，将其粗分为大藏经、经及经疏、律及律疏、论及论疏、布教仪注、宗派、佛教组织及寺院、对佛教的分析和研究、佛教史等9个方面。（吕伟红）

【泸县图书馆开展了"送法进农家"普法宣传活动】 2007年6月15日，泸县图书馆在牛滩镇赵湾村开展了"送法进农家"普法宣传活动，为赵湾村村民送去了《宪法》、《四川省安全生产条例》、《居家安全生活知识》等法律法规读本和印制的法律宣传资料 300 余份，帮助村民学习法律知识，为构建和谐泸县、平安泸县及大力发展图书馆事业，营造关心农村、关注农村、关爱农村的良好法制环境做出了应有的贡献。（吕伟红）

【平武县图书馆开展"送书到军营"的读书活动】 2007 年 7 月 27 日平武县图书馆到平武县武警中队，开展"送书到军营"的读书活动。平武县图书馆利用馆内有限资源精选了 160 余册图书、杂志，同时为每一位战士免费办理了借书证，电子阅览室也向所有官兵免费开放。（吕伟红）

【叙永县举办"文化惠民"电影进社区进农村公益活动】 2007 年 8 月 15 日晚在叙永县叙永镇红岩村九校门口院坝内举行了由叙永县图书馆承办的叙永县"文化惠民"电影进社区进农村公益活动的首映式，为村民们放映了幻灯宣传、科教普法和故事影片。（吕伟红）

【凉山州图书馆举行庆祝建馆 15 周年纪念活动】 2007 年 10 月 1 日，为庆祝凉山州图书馆建馆 15 周年，凉山州图书馆举行了图书馆发展成果展览和"我爱读书，我爱图书馆"读书有奖征文等庆祝活动。建馆 15 周年发展成果展览以文字、图片、实物的展示方式，共分"关怀篇"、"成就篇"、"服务篇"、"党建篇"、"创建篇"、"协作篇"、"展望篇"等 7 个方面，展出图片近百张，奖状、证书、专著、论文、地方文献联合目录、工作简报等实物 50 余件。（吕伟红）

【"雅州讲坛"创文化品牌】 2007 年年初，雅安市图书馆与雅安市社会科学联合会创办了"雅州讲坛"。"雅州讲坛"先后邀请了四川省社科院院长侯水平，省社会学所所长郭虹，美国哈佛大学博士、卡内基基金会高级研究员、中国政法大学客座教授丁字良等国内外知名专家学者举办"物权法"、"干部健康心理"、"投资理财"、"中国经济发展中的非经济问题"等 9 场专题讲座，听众达 2000 多人。为打造雅安文化的大品牌，市图书馆还组织全市的专家学者成立了"雅州讲坛"专家库，在讲座的内容和形式上不断创新，探索实行"菜单式"服务，即：市民点题，主办方请讲师，专家配文化大餐。（吕伟红）

【洪雅县图书馆开展"关心老年人文化生活"活动】 2007 年 10 月 17 日在中保镇老年协会图书阅览室成立之际，县图书馆按照老年人的兴趣爱好，为他们送去了科学养生、钓鱼、盆景艺术、疾病防治等图书和休闲期刊 105 册。为解决瓦电移民读书看报难的问题，洪雅县图书馆开展了"情系移民——知识让您富有"活动。10 月 19 日向瓦屋山镇"阶梯书屋"赠送阅览桌、报架、期刊架和出纳台联建图书阅览室。根据库区地理特点，洪雅县图书馆提供了乡村旅游、农家乐菜谱、花木栽培、山羊养殖、黄牛养殖、节假日摄影等适合当地旅游经济和生态经济发展的图书供广大移民阅览。（吕伟红）

【龙泉驿区举办 2007 年"阅读·进步·和谐"中小学生征文比赛】 11 月 10 日，由成都市龙泉驿区委宣传部、区文化体育局主办，区图书馆承办的龙泉驿区中小学生"阅读·进步·和谐"征文比赛颁奖典礼在区图书馆举行。区委宣传部、区关工委、区文体局等相关负责人及龙泉驿区中小学校老师、学生代表 200 余人参加了颁奖典礼。省图书馆副馆长王嘉陵出席颁奖典礼。本次征文活动共有 9 所中小学校的 5000 余名学生参赛，共评出高中组、中学组、小学组一、二、三等奖及优秀奖 116 篇，指导老师奖分别评出一、二、三等奖及优秀奖 46 名。（吕伟红）

【什邡市"图书杂志进村"活动】 2007 年以来，在全市实施"乡风文明十进村"工程，其中，"图书杂志进村"、"电影戏剧进村"是"乡风文明十进村"的重要内容，对促进农村基层文化建设起到了积极的推动作用。"图书杂志进村"工作开展以来，得到了市委、政府、文化主管部门的高度重视，从方案的制订、实施、经费保障、图书采购等工作都进行了全程的监督。到 2007 年 9 月底，全面完成了 2007 年度 46 个

村图书室的建设任务，每个村送书1000册。“图书杂志进村”工程的总目标是通过3年的努力，建立覆盖全市每个村的图书室网络，到2011年各乡镇中心图书室藏书达到3000册以上，村级图书室藏书达到1000册以上，并逐年丰富藏书内容，切实满足广大人民群众的学习需求。（吕伟红）

【邓小平图书馆举行“惠及百乡”送书活动】 2007年11月8日，“惠及百乡”送书活动启动仪式在邓小平图书馆举行。仪式由市委宣传部常务副部长童光辉主持，广安市人民政府副市长明亮讲话，中共广安区委书记、区人大常委会主任苏利明，邓小平图书馆副馆长邹来云作了发言，市文体局、邓小平图书馆、广安区领导以及来自邓小平图书馆、广安区级相关部门及14个乡镇约120人参加了仪式。在启动仪式上，副市长明亮等领导向广安区7个乡镇代表现场捐赠了图书。此次所送书籍近8000册，现已送至广安区14个偏远乡镇。邓小平图书馆结合乡镇图书服务点的实际，制定了《邓小平图书馆乡镇图书服务点图书借阅制度》《邓小平图书馆乡镇图书服务点图书管理制度》等，加强了规范化管理。目前，邓小平图书馆正在对首批建立的15个乡镇图书服务点进行指导、规范，力争进一步完善提高，以为“惠及百乡”送书活动在全市铺开提供经验借鉴。（吕伟红）

【“梅园杯”上海国际藏书票邀请展揭幕仪式在广元市图书馆隆重举行】 2007年10月10日下午3时，“梅园杯”上海国际藏书票邀请展（广元巡展）揭幕仪式在广元市图书馆隆重举行。揭幕仪式由市图书馆党支部书记黄黎嘉主持。参加今天揭幕仪式的有广元市文化局赵泽中副局长，市图书馆馆长陈洋，远道而来的上海浦东新区陆家嘴街道图书馆毛练芳馆长，上海版画、藏书票艺术家、藏书票收藏家以及广元本地书画家、藏书票爱好者、大中院校师生人员共100多人。在揭幕仪式上由市图书馆副馆长张缙蓉女士与上海浦东新区陆家嘴街道图书馆馆长毛练芳女士互赠图书。本次“梅园杯”上海国际藏书票邀请展（广元巡回展）共展出的80幅展品全出自世界顶级藏书票制作大师之手，展期四天。（吕伟红）

【乐山市图书馆“三江讲坛”推出“乐山的历史与文化”系列讲座】 2007年9月22日下午，由乐山市图书馆举办的“三江讲坛”之“乐山的历史与文化”系列讲座正式开讲。本系列的首场讲座由四川大学客座教授黄德彰主讲，主题为：“文化名城的文字问题”。席毅强馆长主持了这次讲座，本次讲座后，乐山市图书馆还将陆续推出乐山著名文史专家唐长寿的“乐山佛另类解读”和省社科院特约研究员魏奕雄老师的“乐山现当代文化名人点睛”等讲座。（吕伟红）

【开江县文化信息资源共享工程的发展】 为加快推进开江县文化信息资源共享工程建设，实现“到2010年基本建成资源丰富、技术先进、服务便捷、覆盖城乡的数字化服务体系，努力实现‘村村通’”的总体目标，开江县成立了以副县长刘菁为组长、文教局局长阳甫忠和财政局局长熊波为副组长的县级文化共享工程领导小组。确立了以县级分中心建设为主体，以农村基层服务点建设为重点，建成完善的文化信息服务网络的工作思路。开江县将在2009年建立和完善“一个县级分中心，乡镇、社区和村基层服务点”的两级服务网络；到2010年实现县有一个分中心、乡乡建有基层服务点，并努力实现“村村通”。县政府和财政采取了多种措施，切实保障人才队伍的建设和共享工程运行和维护的长效机制。将文化共享工程建设资金和运行维护所需经费纳入了财政预算，确保县分中心年运行经费不低于1万元，乡镇基层服务点年运行经费不低于5000元，村级服务点年运行经费不低于1000元。（吕伟红）

【叙永县图书馆举办李正明先生“读报辑粹”捐赠仪式】 2007年10月13日上午9时，叙永县图书馆在三楼报刊阅览室举办李正明老先生的“读报辑粹”捐赠仪式，县文体广电局局长杨文浩、副局长杨勇、文化股股长李晓明以及县老年人协会有关领导、图书馆全体干部、部分读者30多人参加了捐赠活动。仪式由文体广电局副局长杨勇主持，图书馆馆长牟建强向李正明老先生颁发了荣誉证书。李正明老先生从1997年开始至今剪报成册共计 16 种 140 册全部捐赠图书馆，内容包括：时代人物、老龄老协、家庭婚姻、政治生活、政策法规、养生之道、保健医药等，命名为“读报辑粹”，今无私赠送图书馆，让更多的读者同享李老先生十年来的成果。（吕伟红）

【四川省高校图书馆概述】 截止到 2007 年底，四川省共有高校图书馆 73 所，大多数本科高校已顺利通过教育部本科教学工作水平评估。我省高校图书馆抓住本科评估这一契机，深化改革，加强图书馆基础业务工作和读者服务工作的规范化、科学化管理，大力加强纸本资源建设和电子资源建设，加强图书馆专业队伍建设，巩固本科教学工作水平评估的成果，积极服务本科教学质量与教学改革工程，服务教学科研和人才培养，推进高校图书馆的管理创新、服务创新。

根据四川省 62 所主要高校图书馆的统计汇总，2007 年文献资源购置费达 1.5 亿元，文献根据总量 9068 万册，当年购置中文纸质图书 364.9 万册，当年购置外文纸质图书 5.98 万多册，当年购置中文纸质报刊 11 万多份，当年购置外文纸质报刊 4507 份，当年购置数据库 345 个，自建数据库 244 种，读者座位120 944个，外借书刊达 1807 多万册次。博士、硕士共 191 人，本科以上学历的比例约占 55%，中高级职称比例达 53%。28 所本科院校当年生均纸本文献 76 册，生均拥有文献（含电子文献）120 册。（袁学良 刘裴裴）

【2007 年四川省高等学校图书馆工作会议】 2007 年 3 月 22 日至 3 月 24 日，四川省高校图书情报工作委员会在成都召开了 2007 年四川省高等学校图书馆工作会议。会议由四川大学图书馆承办。省内 70 所高校图书馆的 100 余位同志参加了会议。

会议围绕 “四川省高校图工委 2006 年工作总结与 2007 年工作计划”、“四川省高校图书馆文献资源共享”以及“《四川省高校图书馆安全管理暂行办法》”三个主题内容展开。四川省高校图工委主任、省教育厅副厅长王康教授首先分析了我省高等教育发展的形势，回顾了近年来四川省高校图书情报工作委员会和全省高校图书馆的工作情况，指出了今后我省高校图书馆工作的发展思路。教育部高教司教学条件处李晓明处长在会上作了重要讲话，强调了 CALIS 作为高校专业知识与文献整合的数字化、网络化平台，对高校图书馆发展的重要性。

教育厅高教处赵锦棻调研员在会上宣读了《四川省教育厅关于调整四川省高等学校图书情报工作委员会的通知》（川教函［2007］26 号），并对《四川省高校图书馆安全管理暂行办法》的起草和制订进行了说明。四川省高校图工委秘书长、四川大学图书馆馆长姚乐野教授向大会作了“四川省高校图工委 2006 年工作总结”和“四川省高校图工委 2007 年工作计划”的报告。西南财经大学图书馆刘方健馆长、四川农业大学图书馆杨长平馆长、成都理工大学图书馆叶艳鸣副馆长、四川大学图书馆林平副馆长、西南交通大学图书馆高凡副馆长、乐山师范大学图书馆于天乐馆长、四川交通职业技术学院图书馆文南生馆长分别作了专题报告。（袁学良 刘裴裴）

【成都地区高校图书馆第 10 届离退休馆长联谊会】 2007 年 3 月，成都地区高校图书馆第 10 届离退休馆长联谊会在温江澄园举行。会议由西南财经大学图书馆承办。省高校图工委领导、成都地区各高校图书馆退休馆长、主办馆及下届承办馆领导等共计 30 余人参加了会议。（袁学良 刘裴裴）

【CALIS 数字资源管理与长期存取研讨会暨第 5 届国外引进数据库培训周活动】 2007 年 5 月 14 日至 19 日，由 CALIS 管理中心主办，四川大学图书馆协办的“CALIS 数字资源管理与长期存取研讨会暨第 5 届国外引进数据库培训周”活动在四川大学举行。教育部有关领导、CALIS 管理中心有关领导、全国各地图书馆 300 多位代表、国外 20 多家数据库商代表出席了会议。四川大学副校长李虹教授致开幕词并对大会的召开表示祝贺，四川大学图书馆馆长姚乐野教授致欢迎词。随后，教育部高教司教学条件处李晓明处长和 CALIS 管理中心副主任、北京大学图书馆副馆长朱强分别讲话。

围绕“数字资源管理与长期存取”专题，大会进行了 6 场报告。CALIS 全国工程中心副主任、清华大学图书馆副馆长杨毅作了“CALIS 组团引进电子资源的发展和评估”的报告；CALIS管理中心副主任、北京大学图书馆副馆长朱强作了“数字资源管理与长期存取的几个问题”的报告；国家图书馆副馆长陈力作了题为“国家图书馆数字资源长期保存工作的现状与未来”的报告；美国斯坦福大学图书馆总馆长迈克尔·凯勒先生作了题为“研究型图书馆：数字化媒介与数字化存档——斯坦福大学的规划、实践与应用”的报告；四川大学图书馆馆长姚乐野作了题为“四川省高校图书馆文献资源共建共享的实践”的报告；CALIS管理中心副主任、北京大学图书馆副馆长陈凌作了题为“CALIS‘十一五’展望”的报告。

大会共举行了共举行了26场专题报告。包括Thomson Scientific、CSA第26家数据库商代表作了报告。

在会议期间，CALIS第2届引进资源工作组召开了第3次会议，CALIS还分别举行了与用户座谈会和与数据库商座谈会。（袁学良　刘裴裴）

【川渝高校情报工作研究会第17次学术年会】 2007年5月19日至22日，“川渝高校情报工作研究会第17次学术年会”在重庆解放军后勤工程学院召开，来自41个高校图书馆的111位代表参加了会议。代表们围绕网络环境下图书馆的情报研究，图书馆用户与知识产权，电子资源建设、利用与评价，信息素质教育与大学生素质培养，面向知识创新和知识服务的图书馆发展战略等主题进行了讨论。会议共收到论文57篇，并评选表彰了优秀论文。（袁学良　刘裴裴）

【第35届成都地区暨川西片区高校图书馆馆长研讨会】 2007年5月24日，由西南科技大学图书馆承办的“第35届成都地区暨川西片区高校图书馆馆长研讨会”在绵阳举行，来自28所高校图书馆的馆长及相关代表共80余人参加了本次会议。会议围绕“本科教学水平评估与图书馆人事聘任”进行了深入交流和探讨。来自西南科技大学图书馆、四川大学图书馆、电子科技大学图书馆、西南交通大学图书馆、西华大学图书馆的专家做了专题报告。（袁学良　刘裴裴）

【“读秀知识库”集团购买谈判会】 2007年6月8日，四川省高校图工委在四川大学图书馆召开了“读秀知识库”集团购买谈判会。图工委秘书长、副秘书长与读秀公司代表10余人出席会议，双方就四川省高校图工委集团购买“读秀知识库”相关事宜进行了谈判，最后达成共识，于会后签署了《读秀知识库四川省联合采购协议》。（袁学良　刘裴裴）

【川南高校图书馆协作组、四川师范院校图书馆协作组交流研讨会】 2007年6月18日，由西昌学院图书馆承办的“2007年川南高校图书馆协作组、四川师范院校图书馆协作组交流研讨会”在西昌召开。川南和四川省师范院校共20余所高校图书馆领导和代表与会。会议围绕“高校图书馆如何服务于教育部高等教育质量工程，确保本科办学水平评估达标”和“新信息环境下高校图书馆的建设、管理与服务”两大主题展开。（袁学良　刘裴裴）

【四川省高校特色数据库项目验收培训会、四川省高校教学参考信息系统项目建库培训会、四川省高校文献传递服务体系建设项目协调会】 2007年6月22日至23日，四川省高校特色数据库项目验收培训会、四川省高校教学参考信息系统项目建库培训会、四川省高校文献传递服务体系建设项目协调会在西华大学召开。各项目参建馆负责人及相关工作人员共计40余人参加了会议。会议对四川省高校特色数据库项目进行了阶段性验收，组织了教学参考系统信息收集的范围、元数据著录标准、本地系统的安装和使用等培训，并对文献传递服务体系建设项目工作进行了协调。（袁学良　刘裴裴）

【教育部高校科技查新人员资格培训班】 2007年7月24日至28日，“教育部高校科技查新人员资格培训班”在成都举办。本次培训班由教育部科技发展中心主办，四川大学图书馆承办。来自全国各高校220余名代表参加了培训。教育部科技发展中心李志民主任，四川大学副校长李光宪教授，教育部科技发展中心周静副主任、金涛处长出席了培训开幕式。

培训班特别邀请谢新洲教授、吴晓镔教授和

张柏秋教授三位专家，分别做了题为《科技查新与科研项目管理》、《查新报告的撰写与查新案例分析》、《怎样成为一名合格的查新人员》的专题讲座。DIALOG 系统专业人员还对学员进行了查新应用平台和应用指令的上机培训。经结业考试后，还为成绩合格的学员发放了培训证书。（袁学良　刘裴裴）

【CALIS 西南地区中心馆际互借与文献传递研讨会暨 CASHL 西南区域中心工作会议】 2007 年 9 月 28 日，“CALIS 西南地区中心馆际互借与文献传递研讨会暨 CASHL 西南区域中心工作会议”在四川大学举行，西南地区 44 所高校图书馆的主管馆长及相关工作人员共计 88 人参加了此次会议。四川大学图书馆副馆长林平介绍了 CASHL 西南区域中心工作的基本情况和未来规划。西南大学图书馆副馆长阮建海、乐山师范学院副馆长朱俊波、西南财经大学信息参考部主任江佳惠分别就本馆馆际互借及文献传递服务情况做了介绍，并就文献传递服务的现状及存在问题进行了分析。随后，会议进行了文献传递服务工作交流及相关问题讨论以及文献传递流程上机实习。（袁学良　刘裴裴）

【四川省高职院校图书馆网络及数据安全研讨会】 2007 年 9 月 28 日至 30 日，四川邮电职业技术学院图书馆承办的“四川省高职院校图书馆网络及数据安全研讨会”在成都北湖举行。全省 32 所高职院校的图书馆负责人及技术人员共 56 人参加了会议。此次会议的主要内容是传达“全国高校图工委 2007 年工作会议”精神；举办图书馆网络及数据安全讲座；开展高职院校图书馆网络及数据安全经验交流；介绍四川省高等院校图书馆馆际互借系统建设基本情况。（袁学良　刘裴裴）

【四川省高校图工委举办第 4 届“专家论坛”】 2007 年 10 月 23 日，四川省高校图书馆第 4 届“专家论坛”在西南交通大学犀浦校区图书馆二楼多功能厅举行，四川省教育厅高教处赵锦棻调研员、省高校图工委秘书长姚乐野教授出席，会议特邀了中科院文献情报中心博导孟广均教授、南开大学信息资源管理系系主任柯平教授、香港浸会大学图书馆陈启仙副馆长等专家。来自四川省、重庆市高校和文献情报中心近 70 个单位的 120 余名图书馆界同行，以及香港等地的特邀专家参加了会议。

中科院文献情报中心博导孟广均教授作了“为图书情报事业奋斗一生——与中青年馆员谈工作与治学”的专题报告，南开大学信息资源管理系系主任柯平教授作了“图书馆服务理论与图书馆服务创新趋势”的专题报告，香港浸会大学图书馆陈启仙副馆长作了“建立有效的文献资源发展之经验谈”的专题报告。（袁学良　刘裴裴）

【第 36 届成都地区高校图书馆馆长研讨会暨四川高校图书馆新馆长研讨会】 2007 年 11 月 13 日至 15 日，由四川大学图书馆承办的“成都地区第 36 届高校图书馆馆长研讨会暨四川高校图书馆新馆长研讨会”在成都召开。四川省教育厅、四川省高校图书情报工作委员会的领导和来自全省 38 所普通高校图书馆的馆长共计 70 多人参加了会议。20 多位省内高校图书馆馆级领导参加了新馆长研讨会。会议邀请有关专家分别围绕高校图书馆文献资源建设、数字图书馆建设、网络环境下图书馆管理和文献检索课教学资源建设等热点问题，跟各位新任馆级领导分享了图书馆发展与担任馆领导的经验。会议还就新形势下的文献资源建设与共享，深化人事制度改革等议题进行了交流。（袁学良　刘裴裴）

【四川省高校文献资源共建共享项目进展情况】 四川省高等学校图书馆特色数据库项目建设情况：项目组完成了四川高校特色数据库网站建设，建成了包括汽车特色数据库、石油天然气特色数据库在内的 17 个具有四川重点学科特色、优势专业特色、区域经济特色、地方文化特色和优势产业特色的数据库群。建立了一个基于集中式元数据库的特色数据库数据中心网站。“四川高校特色数据库”已投入实用，为四川高校文献信息资源共享提供了一个新平台。

四川省高校文献传递服务体系项目建设情况：该项目立项以来，项目组以四川高校图书馆馆藏文献资源、购买的电子资源和特色数据库为保障，依托 CALIS 及 NSTL、CASHL 等国家文献保障体系，初步构建了四川省高校文献资源共享的文献传递体系服务平台。9家省属高校图书馆及CALIS西南地区文献信息服务中心联合签署了《四川地区高校文献传递服务协议书》。四川地区高校文献传递服务中心设在成都理工大学，西华大学作为备份服务中心。

四川省高校文献保障体系建设（高校教学参考信息系统）项目建设情况：项目管理组已经完成中心网站建设工作，中心网站自2007年8月正式运行，提供项目建设工作交流和软件更新下载。项目管理组通过和参建馆广泛交流，获取了大量软件改进意见，并根据这些意见对学科参考信息本地系统进行了更新升级，新版本也正在逐步向各参建馆推广和部署。根据参建单位项目联系人反馈，所有确认参加建设的图书馆都已经完成了客户端系统的安装调试工作，并已经进入数据收集和录入阶段。（袁学良　刘裴裴）

贵州省

【贵州省图书馆开展期刊外借服务】 3月1日起，贵州省图书馆开展了期刊外借服务。为解决读者利用业余时间吸收期刊提供的信息和知识，以及图书馆阅览的时间限制的问题等，贵州省图书馆突破传统的室内阅览模式，积极创造条件，开展了期刊外借服务。自实行期刊外借服务以来，来馆阅览人数和期刊利用率都有明显的增加和提高。贵州省图书馆也制定了合理的规章制度严格管理，包括了每次借阅的册次、借阅的期限等，保证了期刊外借的良性循环。（罗玲）

【贵州省图书馆举办"公民意识、民间行动与和谐中国建设"公益讲座】 3月17日，已故著

名作家冰心的次女、北京外国语大学吴青教授应贵州省图书馆和贵州发展论坛的联合邀请，在贵州省图书馆做了主题为"公民意识、民间行动与和谐中国建设"的公益讲座。吴青教授通过生动的语言、大量的事例、亲身的经历以及她父母的家庭教育等，讲述了公民意识、民间行动与和谐中国建设。讲座最后通过互动交流的形式，一起探讨了相关话题。与会听众不时提问，吴教授一一作答，奇思妙语时而赢得阵阵掌声和笑声。（罗玲）

【贵州省图书馆邀请外教主持英语角】 3月25日，贵州省图书馆外文部举办的英语角特邀美国俄勒冈·兰学院的外籍教师安迪·霍华德进行了一场题目为："美国人以什么为乐?"的别

开生面的外语讲座。前来参加的读者达40余人。5月27日，贵州省图书馆特邀来自澳大利亚南昆士南大学（University of Southern Queensland）第二外语教育专家、语言心理学专家CeCily Clayton教授来贵州省图书馆进行英语角讲座，题目是"准备成功"，此次讲座以"商务英语"为主，讲授商业理论和实践技巧。安迪·霍华德和CeCily Clayton的演讲坦率真诚、生动有趣，不少读者纷纷提问，形成互动演讲，气氛十分活跃。（罗玲）

【贵州省图书馆举办职业道德培训班】 为了加强对新进人员职业道德方面的教育，把本馆的职业道德提高到一个新的水平，3月28日至29日，贵州省图书馆举办了一期职业道德培训班，参加培训的人员是2001年以来新进馆的职工，共22名。培训期间，主要学习了毛泽东的《为人民服务》、胡锦涛总书记关于"八荣八耻"的

重要论述以及《公民道德建设实施纲要》，观看了中国人民大学金正昆教授关于职业道德、文明服务、服务意识、心态调整讲座光碟。文献部主任陈琳同志还作了读者服务的专题发言。培训期间，大家紧密联系自己的职业道德、如何更好地服务读者以及充分发挥公共文化设施等方面的情况，进行了热烈的讨论。（罗玲）

【中共贵州省图书馆委员会成立】 5月28日，中共贵州省图书馆委员会成立大会隆重举行。会议以无记名投票方式，产生了第1届委员

会委员，他们是：王曼、李莉、张应胜、陈琳、高誉。党委下属划分四个党支部，其中在职党支部三个，离退休人员党支部一个。党委的成立，是贵州省图书馆党组织建设的一件大事、喜事，是省图书馆党建工作的一个里程碑，必将进一步促进省图书馆党建工作全面发展，更好地发挥党组织的战斗堡垒作用和党员的先锋模范作用，开创贵州省图书馆工作的新局面。（罗玲）

【著名作家叶辛作客贵州省图书馆细叙《上海日记》】 4月28日，中国作家协会副主席、著名作家叶辛来到贵州省图书馆与喜爱他的读者见面，并带来了他的新书《上海日记》。叶辛与在座的文学爱好者进行了对话交流并进行了亲笔签名售书活动。（罗玲）

【第3届"读书乐"全国摄影比赛优秀作品巡回展在贵州省图书馆与读者见面】 5月10日至16日，第三届"读书乐"全国摄影比赛优秀作品巡回展在贵州省图书馆二楼展览厅与读者见面。展览活动期间，我市摄影爱好者以及上千市民前往参观，发人深省的优秀作品、精美的画面让观者驻足凝神，让读书爱书的市民通过视觉文化的艺术大餐享受到读书的无尽乐趣。（罗玲）

【贵州省文化信息资源共享工程试点工作会议胜利召开】 5月18日，贵州省政府办公厅在贵州省军区第一招待所召开了全省共享工程试点工作会议。领导小组组长吴嘉甫副省长，领导小组成员省文化厅厅长徐圻、省文化厅机关党委书记罗运琪、省财政厅副厅长王先耕、省远教办主任宋洪宪，以及省农业厅、教育厅、科技厅、广电厅、新闻出版局、遵义市的领导和全省9个地

区的文化局局长、图书馆馆长，以及10个试点县的分管副县长、文化局局长和图书馆馆长共80余人出席了会议。本次会议旨在贯彻落实党中央、国务院关于加快推进文化共享工程的指示精神和文化部关于在全国开展文化共享工程试点工作的通知要求，进一步统一思想，提高认识，就下一步我省共享工程试点县建设工作进行安排部署，进而加快推动试点县建设。（罗玲）

【“国家图书馆西部援助计划”首次向贵州省赠书】 6月28日，贵州省图书馆高誉副馆长和我省10个县级图书馆的馆长参加了在国家图书馆举行的赠书仪式。各馆馆长还参加了为期7天的公益性业务培训，参观了国家图书馆，进行了文化考察。我省获赠5万册图书。我省10个县级图书馆分别得到受赠图书4千册，贵州省图书馆留存1万册。（罗玲）

【贵州省图书馆举办图书馆基础知识业务培训班】 6月4日至14日，贵州省图书馆研究辅导部举办图书馆基础知识业务培训班。来自全省各地图书馆系统的38位从业人员参加了学习，内容包括《图书馆工作概论》等6门课程。（罗玲）

【贵州省图书馆对职工进行数据库检索培训】

虽然贵州省图书馆投入了大量的资金购买了CNKI期刊全文数据库和维普中文科技期刊全文数据库，但是利用率较低，原因是对内对外宣传不够和缺乏数据库检索辅导。针对这样的情况，信息服务部对全馆职工进行了软件检索和使用技巧的培训，使职工在短时间内熟练掌握了数据库资源的特点、检索流程和文献的索取方法，从而为指导读者利用好这些数字资源打好基础。（罗玲）

【贵州省图书馆开展“世界读书日”以及图书馆服务宣传周活动】 4月23日，“世界读书日”以及图书馆服务宣传周期间，贵州省图书馆积极开展各种宣传活动，提高公众对图书馆的认知度，吸引大众充分利用图书馆：悬挂2007年全民阅读活动的主题标语“图书馆：阅读社会的家园”；在宣传栏上向读者推荐宣传2006年“知识工程推荐书目”和国家图书馆“文津图书奖”获奖书目以及《中华读书报》“十佳、百佳”推荐书目，共计推荐书目542种。（罗玲）

【贵州省图书馆举办公益讲座和公益展览】

7月6日上午，贵州省图书馆和省图学会特邀贵州师范大学文学院副院长朱伟华来馆，作了一场题名为“中国式的现实主义与超现实主义——金狮奖获奖影片《三峡好人》赏析”的讲座。讲座开始之前，大家观赏了影片《三峡好人》。朱伟华博士对影片进行了深入浅出的解析，朱博士妙语连珠，博得了阵阵掌声。省图书馆职工、省图学会会员和读者近200人到场聆听。

7月18日至25日，贵州省图书馆与上海图书馆联合举办了“读书乐”全国摄影比赛优秀作品巡回展。此次展出的是在第1、2届“读书乐”摄影比赛当中获奖的作品，展示的是来自五湖四海的摄影爱好者们用镜头艺术地记录下的读书、读书人、读书场景的经典瞬间。80余幅关于读书的珍贵照片吸引了来来往往的众多读者。（罗玲）

【贵州省图书馆举办“我读书，我快乐”少年儿童暑期公益活动】 7月31日至8月6日，贵州省图书馆、《贵州都市报》、贵州西南风图书连锁有限公司联合举办“我读书，我快乐”少年儿童暑期公益活动。活动共分为两个板块，一是少年儿童才艺表演秀，来自全市约80名少年儿童参加了表演秀比赛。一是作文比赛，以“我读书我快乐”为主题的作文征文活动收到了来自全省的几十篇征文。本次少年儿童暑期公益活动从6月25日开始精心策划、统筹安排、组织实施，到8月6日颁奖典礼举行，整个活动历时一个多

月。（罗玲）

【“流动图书馆”重点提案承办单位协调会议在贵州省图书馆召开】 8月6日下午，“流动图书馆”重点提案承办单位协调会议在贵州省图书馆召开。“流动图书馆”作为2007年省委督办的政协重点提案，林树森省长、王富玉副书记都曾做过重要批示，为进一步落实黔府办函（2006）51号、黔党办函（2007）6号以及2007年5月24日省委重点提案督办组会议的精神，经讨论会议达成如下共识：建立“流动图书馆”能够解决农民读书难、更新知识难的问题，非常具有可行性；宣传、文化、新闻出版部门一致同意按照实现资源整合、资源共享、优势互补的原则共同完成流动图书馆的工作；由省图书馆具体负责全省“流动图书馆”的筹建和对全省的业务指导。（罗玲）

【贵州省古籍保护工作厅际联席会2007年第1次例会在贵州省图书馆召开】 9月7日，贵州省古籍保护工作厅际联席会议2007年第1次例会在贵州省图书馆召开。联席会议召集人省文化厅厅长徐圻，联席会议部分成员以及省财政厅、省发改委、省科技厅、省民委、省新闻出版局、省教育厅、省宗教局、省档案局、省文化厅、省博物馆和省图书馆的有关负责人出席了会议。贵州省古籍保护工作厅际联席会议制度是根据《国务院办公厅关于进一步加强古籍保护工作的意见》（国办发［2007］6号）和《文化部关于发布〈古籍定级标准〉等5项行业标准的通知》（文教科发［2006］20号）精神，为加强我省的古籍保护工作而建立的一项制度。由省文化厅牵头，进行统筹规划，组织实施。各成员单位按照各自的职责分工，密切合作，共同做好古籍保护工作。联席会议办公室设在省文化厅。联席会议每年召开一至二次例会。（罗玲）

【贵州省文化共享工程试点县乡镇基层点建设工作会议召开】 9月7日，贵州省文化共享工程试点县乡镇基层点建设工作会议在贵州省图书馆召开，赤水等10个试点县的文化局长介绍了本县乡镇远程教育基本情况；核对了各县乡镇和行政村数目；对下一步乡镇基层点和村级基层点建设方案进行讨论，提出了一些建议。厅党组成员、机关党委书记罗运琪作了高度总结，就人员培训、搞好宣传和信息汇集上报等方面的工作提出了具体的要求。（罗玲）

【贵州省图书馆实现办公自动化管理】 为了使贵州省图书馆行政办公实现标准化、规范化、有序化，根据贵州省图书馆实际工作需要，技术部完成了自动化软件需求分析报告，经过认真研究，设计完成贵州省图书馆“办公自动化管理系统”。该系统包括公文管理、行政事务管理、公共信息、部门工作、个人事务、财务管理和学会事务等功能模块，贵州省图书馆的行政办公向无纸化阶段迈进。（罗玲）

【文化共享工程走进劳教所】 8月29日，由贵州省图书馆和共享工程省分中心联合主办的“走进心灵——爱国主义电影巡播”活动正式启动。此次活动特地为劳教学员推荐了国产电影176部，外国电影97部，由省女子劳教所根据其劳教学员的特殊性，选择放映了《八女投江》和《巴山儿女》，影片中为了新中国的解放，祖国儿女们如何在艰苦的环境下为国战斗，为国牺牲等英雄事迹深深打动了2000多名学员。放映结

束后，学员们反映很热烈，希望省分中心和省图书馆今后能为她们多组织这样的活动，多送去精神食粮。（罗玲）

【"中华古籍保护计划"专家督导组来我省督导工作】 9月12日，全国古籍保护工作部际联席会议办公室委派研究馆员罗琳和副研究馆员周崇润二人组成的专家督导组，对我省开展的古籍保护工作进行督导。经过检查，专家组认为：省领导和厅领导都十分重视我省的古籍保护工作，馆长亲自抓，工作机构已经成立，厅际联席会议制度也已建立，工作开展确有成效。专家组要求我省古籍保护中心尽快完成申报本省首批"国家珍贵古籍名录"和"全国重点古籍保护单位"的工作，并对申报工作做出了具体指导。（罗玲）

【贵州省图书馆举办"青年人投身公益与志愿者成长分享"讲座】 11月11日下午，贵州省图书馆与贵州发展论坛联合举办主题为"青年人投身公益与志愿者成长分享"的讲座。讲座以对话的形式，让听众了解几位志愿者是如何投身公益事业；如何通过民间的方式来关心支持教育、服务社区、帮农助学、促进环保；他们的成长经历，遭遇的困惑与收获。通过这期讲座，相信会有越来越多的人关心公益活动，成为他们之中的一员。（罗玲）

【《贵州省古籍联合目录》】 11月21日，贵州省图书馆编纂的《贵州省古籍联合目录》由贵州人民出版社正式出版。（罗玲）

【文化部文化共享工程建设督导工作组来我省督导检查】 12月19日至25日，文化部文化共享工程建设督导工作组对贵州省文化共享工程建设进行了督导检查。通过检查，督导组对贵州省文化共享工程建设所取得的工作成果给予了充分肯定，贵州文化共享工程得到各级领导高度重视，各级财政配套资金落实到位，试点县设备已全部安装并运转正常，工程建设按照要求落实推进，已正式开始服务，取得良好的成绩，完成了既定任务，队伍建设初具规模。同时，督导组对我省下一步工作的开展提出了许多宝贵的建议。（罗玲）

【"贵州省图书馆咨询平台"搭建成功】 贵州省图书馆延伸服务又推新举措——"贵州省图书馆咨询平台"在省政府、省人大、省政协、省民政厅等官方网站顺利搭建成功。"贵州省图书馆咨询平台"是由咨询员采用数字化手段，通过网络方式把图书馆数据库、电子出版物、因特网信息源、印刷型文献以及计算机网络信息综合运用起来，免费向用户提供高质量的文献信息及参考咨询服务。这是贵州省图书馆信息服务的一种新模式，也是图书馆延伸服务的一次新尝试。截止到12月底，完成咨询近800余条，提供原文约1200篇。（罗玲）

【贵州省古籍保护中心积极组织《国家珍贵古籍名录》和"全国古籍重点保护单位"的申报工作】

贵州省古籍保护中心将省博物馆、省图书馆收藏的汉文古籍，以及荔波县档案局（馆）、三都县档案局（馆）与民院教授潘朝霖个人收藏的民族典籍，合计30余部珍贵古籍名录上报国家古籍保护中心。这些书籍，基本上反映了我省汉文古籍和少数民族古籍的特色。同时每一部古籍都详细写有提要类文字和申报说明，并附有书影。

我省已上报贵州省图书馆、三都县档案局（馆）、荔波县档案局（馆）为第一批“全国古籍重点保护单位”。我省申报工作的完成，为下一步古籍普查计划的实施打下了良好的基础。（罗玲）

【贵州省图书馆党委获“五好基层党组织”】 12月28日，中共贵州省直属机关工委召开“五好基层党组织”创建活动经验交流会。会上，省直工委命名了首批“五好基层党组织”共34个，贵州省图书馆党委榜上有名。（罗玲）

【遵义市图书馆新馆正式向读者开放】 9月28日，遵义市图书馆举行隆重的开馆典礼，仪式由市委常委、市委宣传部部长张明辉主持，市四大班子主要领导和省文化厅党委书记罗运琪以及省内外众多嘉宾出席，市长慕德贵为新馆揭牌，市委书记傅传耀宣布开馆，这标志着在闭馆搬迁1年多后，新馆正式开放接待读者。首批开放的窗口有报纸阅览室、期刊阅览室、综合开架借书处、社科基藏书库、科技基藏书库、儿童阅览室、古籍阅览室、地方文献查阅室、黔北文艺家作品陈列室、工具书查阅室、过刊查阅室共11个。（杨铭）

【遵义市“文化共享工程”试点工作顺利推进】 为贯彻落实全省文化信息资源共享工程试点工作会议精神，在市委组织部的安排下，遵义市图书馆起草了《落实全省文化信息资源共享工程试点工作会议精神方案》，并于5月23日上报市政府。此后，在省分中心的直接负责下，遵义市“文化共享工程”试点工作加紧进行，于8月底基本完成。12月20日至23日，国家中心派出的专家组来我市督导检查，8个试点县（市）的支中心建设全部通过验收。（杨铭）

【国家文化部副部长周和平视察遵义市图书馆】 10月31日，文化部副部长周和平在省文化厅和市政府领导的陪同下，来到新建成开放的遵义市图书馆视察指导，在检查、了解有关情况后，周和平对新馆的工作取得的阶段性成绩给予了高度评价，并进一步要求作好充分准备，努力争取在2008年国家文化部开展的图书馆评估工作中取得好成绩，达到地（市）级公共图书馆一级馆标。（杨铭）

【遵义市图书馆做好《大藏经》的移交工作】 为贯彻落实党的宗教政策，按照贵州省和遵义市有关领导的指示精神，在遵义市佛教协会和湘山寺的要求下，经遵义市文化局和市民族宗教局协调，7月8日，遵义市图书馆将一部从1953年起妥善收藏至今的1913年出版的40函《大藏经》移交给湘山寺作为圣物贡存，湘山寺则将一部新版的《大藏经》供遵义市图书馆典藏。（杨铭）

【遵义市图书馆举办“全市公共图书馆馆长培训班”】 为进一步提升全市公共图书馆的服务质量和水平，12月26日，遵义市图书馆举办了“全市公共图书馆馆长培训班”，邀请贵州省图书馆副馆长、研究员钟海珍和省图书馆办公室副主任、《贵图学刊》编辑罗玲，分别作“让公共图书馆社会影响力在延伸服务中得到有效提升”和“图书馆学论文的写作与投稿技巧”的专题讲座。通过培训，大家开阔了视野，深受启发，进一步理清了工作思路，强化了创新服务的理念。（杨铭）

【遵义市图书馆配合贵州省分中心做好8个县(市)“文化共享工程”试点工作】 2007年贵州省分中心将赤水、仁怀、绥阳、桐梓、湄潭、凤冈、余庆、遵义8个县（市）作为试点，遵义市分中心派出技术人员与省分中心组织的技术专家组一道，前往8个县（市）对前期准备工作进行指导、协助和协调，选择落实场地，采集设计所需数据，优化设计方案；在实施安装过程中，随

时掌握进展情况，对出现的设备故障和场地装修等问题，及时帮助协调解决；在安装工作结束后，协助做好设备调试和工程自检初验工作。在国家中心12月下旬组织的督导检查中，8个试点县（市）以较好的成绩全部通过了验收。（杨铭）

【六盘水市图书馆开展“全民阅读”图书宣传周活动】 5月28日至6月2日，六盘水市图书馆开展了“全民阅读”图书宣传周活动，举办了“读一本好书”征文比赛。（丁志萍）

【六盘水市图书馆组织人员外出参观培训】 6月4日，六盘水市图书馆派遣了6名工作人员到贵州省图书馆学习培训。8月6日至17日，派遣两批共计16名业务人员到省馆学习图书馆业务知识及ILAS2操作系统。（丁志萍）

【六盘水市图书馆和新兴工读学校合作共建工读学校图书室】 六盘水市图书馆和新兴工读学校合作共建了工读学校图书室，并在8月3日举行了隆重的成立仪式。（丁志萍）

【清镇市图书馆在“2007湖城读书月”举办丰富多彩的活动】 4月22日至5月30日，清镇市举办“知识改变命运、学习创造未来”为主题的“2007湖城读书月”活动。清镇市图书馆承办了“读书、成长、人生”演讲比赛；组织各社区和农村群众开展“学电脑、学普通话、学科技知识”；开展“企业员工读书评书”；为农村群众推荐好书、赠书；向市民赠送清镇市图书馆借阅证及举办“万册图书进农家”等活动。（贵阳市图书馆学会）

云南省

【云南省图书馆首度与省外图书馆合作举办高规格精品展】 1月29日至2月4日，由云南省图书馆与江西省景德镇市图书馆、景德镇市文化艺术展示交流中心联合主办的“千年瓷韵”昆明首届中国景德镇陶瓷艺术精品展成功举行。开幕式由云南省图书馆馆长李友仁主持。本次展览汇聚了景德镇两千多年来优秀的陶瓷艺术精品，共展出200多件青花、粉彩、玲珑、颜色釉等四大名瓷精品和300多件大众适用瓷器，吸引了数千名昆明市民前来参观。为方便古玩收藏者和各界群众购买，还于2月4日举办了由昆明市永嘉拍卖有限公司承拍的景德镇陶瓷精品拍卖会。（云南省图书馆学会）

【联手社会各界打造“红云先进文化论坛”】 1月14日，由云南省图书馆与省社科联、省演讲学会、红云烟草（集团）有限责任公司、昆明新华书店连锁有限公司和《春城晚报》等单位联合主办的“红云先进文化论坛”正式拉开帷幕。首场讲座请来云南省省级机关党校副校长王鸿林教授作题为“和谐社会的宏观解读”的演讲，各界群众共400多人听讲。“红云先进文化论坛”是云南省图书馆与社会各界联手打造公益讲座品牌的重要举措，初步拟定于2007年度邀请我省各个领域著名的专家、学者，开展高层次的、不同主题的24期讲学，内容涵盖政治、经济、文化、教育等各个方面，旨在传播和普及先进文化理念，营造良好的文化生活氛围，满足人民群众日益增长的精神文化需求。（云南省图书馆学会）

【省馆与上海图书馆开展中层干部互访互学】 云南省图书馆与上海图书馆于2月5日正式签订了交流学习协议。协议规定：每季度接待对方1—2名中层干部进行为期1个月的两地交流学习，学习的具体内容及方式由双方根据所派人员的具体情况商定。近两年来，两馆一直保持着良好的合作关系。此次双方开展中层干部间的互访互学，将进一步建立健全长效互惠的合作机制，有力地加强相互间的交流与合作，实现人才资源互补、办馆优势互补。特别是对于中层干部而言，通过实地到上海图书馆交流学习，有助于亲身接触、感受到先进图书馆的办馆理念和办馆模式，深入学习到先进的图书馆学理论知识，从而切实提高专业水平和综合能力。（云南省图书馆学会）

【云南省文化共享工程试点工作会议成功举行】 3月24日，云南省文化厅在红河州蒙自县召开了全省文化信息资源共享工程试点工作会议。省共享工程领导小组副组长、省文化厅副厅长陶国相，红河州州委常委、宣传部部长李涛，州政府副秘书长何文亮，共享工程云南省分中心主任李友仁、副主任何永新等有关领导出席会议，楚雄、大理、红河州文化局局长、分管副局长和州图书馆馆长，以及禄丰、宾川、蒙自三个试点县分管副县长、县文体局局长、县图书馆馆长共30余人参加了会议。会议由省共享工程领导小组办公室副主任、省文化厅社文处处长张瑛主持。

本次会议旨在贯彻落实党中央、国务院关于加快推进文化共享工程的指示精神和文化部关于在全国开展文化共享工程试点工作的通知要求，进一步统一思想，提高认识，并就下一步我省共享工程试点县建设工作进行安排部署，加快推动试点县建设。会后，与会代表实地参观了蒙自县部分农村公共文化服务设施。（李钊）

【省科技厅政策法规处领导到云南省图书馆指导科普基地考察】 3月18日，云南省科技厅政策法规处处长陆开文一行来到云南省图书馆，对“云南省科学普及教育基地”的基础设施、服务工作，以及一年来实施“云南省图书馆科普设施完善及未成年人系列活动”项目的具体情况进行了实地考察和现场指导。（云南省图书馆学会）

【省馆举办盲人读者“听电影”专场活动】 云南省图书馆典藏借阅部于3月30日组织昆明市盲哑学校、市民政局下属福利厂等单位的部分盲人读者，以及盲人阅览室固定读者，到报告厅参加了盲人读者“听电影”专场活动。为了让更多的盲人读者参与到这一活动中来，目前已与市盲哑学校等单位协商达成共识，今后拟于每月最后一个周五下午在图书馆定期举办此项活动，将其打造成长期开展的公益品牌活动。（云南省图书馆学会）

【省馆少儿阅览室举办“感恩的心”亲子互动活动】 3月16日，来自云师大幼儿园中四班的师生、家长约150余人在此举行了一场以“感恩的心”为主题的亲子互动活动。活动中，孩子和家长们通过讲故事、朗诵诗歌、唱歌、参加亲子互动游戏等丰富多彩的节目，诚挚地表达了孩子对父母养育之恩的感激、感恩之情，以及家长对老师细心教诲的感谢之情。尤其令人感动的是，一些孩子在老师的引导下，对自己的父母说出了“你是我一生中最重要的人”、“我爱你”一类让人感动不已的话。通过此次活动，广大师生和家长进一步增进了彼此间的了解和感情。（云南省图书馆学会）

【省馆设立省戒毒所图书分馆，隆重纪念世界读书日】 4月23日云南省图书馆以在省戒毒劳教管理所设立图书分馆的形式，来纪念这个特殊的日子。该图书分馆有110平方米的图书室和58平方米的阅览室，陈列了包括文艺、法律、科技、医疗卫生、戒毒知识、思想道德教育等内容的5000多册优秀图书和50张共享工程视频光碟，能够初步满足在此劳教的戒毒学员的阅读需求。当天，图书馆与省戒毒劳教管理所合作，共同举办了2007年度全民阅读活动启动仪式暨省戒毒劳教管理所图书分馆揭牌仪式。云南省图书馆李友仁馆长、王水乔副馆长和省戒毒劳教管理所领导班子成员出席了仪式。（李钊）

【省共享工程基层站点技术骨干培训班成功举办】 4月2日至3日，共享工程云南省分中心举办了“2007年全国文化信息资源共享工程云南省基层站点培训班”。来自宾川、禄丰、蒙自

3 个试点县的图书馆馆长、30 个乡镇文化站的技术骨干，以及省内其他 12 个县级图书馆、3 个乡镇文化站的工作人员，共计 53 人参加了培训。

共享工程云南省分中心专门组织了此次培训。在为期 2 天的培训中，共享工程云南省分中心办公室的工作人员分别就此次下发设备的发放流程、设备使用技术、卫星接收平台使用技术，以及共享工程基层服务经验等相关课题，向参加培训的基层人员作了详尽的讲解和介绍，并组织了上机实习和结业考试。在本次培训班上，共享工程云南省分中心还与 12 个县图书馆签订了共享工程实施协议，并专门下发了《全国文化信息资源共享工程云南省基层站点管理办法》。此外，我省 45 个“文化共享工程基层示范点”有关设施设备的安装工作将于 4 月底以前完成。（云南省图书馆学会）

【成功举办全国少儿图书馆(室)服务工作研讨会】 4 月 15 日至 22 日，由云南省图书馆主办的“2007 年全国少儿图书馆（室）服务工作研讨会”成功举行。来自全国各地的少儿图书馆（室）工作者近 50 人参加了会议。云南省图书馆副馆长王水乔主持了会议开幕式，馆党总支书记周景光作了精彩的致辞。共青团云南省委、云南省妇联、云南省关工委的有关领导出席开幕式并讲话。

会议期间，参会代表围绕少儿图书馆特色服务、少儿图书馆与社区工作、网络化服务研究、青少年网瘾与阅读问题、对特殊和弱势青少年群体读者的服务等专题进行了积极的交流和探讨。来自上海、南京、深圳等地的代表还较详细地介绍了当地少儿图书馆（室）开展服务的经验。部分代表在会议结束后，远赴大理、香格里拉等州、市考察了少数民族地区少儿图书馆工作情况。（云南省图书馆学会）

【举办第 2 期盲人计算机培训班】 应广大盲人读者的要求，4 月 23 日至 27 日，云南省图书馆第 2 期盲人计算机免费培训班在盲人阅览室如期举办。本期培训班先后有近 50 名盲人报名，根据报名顺序确定了 12 名人员参加培训。通过培训，盲人学员初步掌握了电脑操作基本技能，效果突出。大家纷纷感谢图书馆创造了良好的学习机会，表示今后将经常来图书馆读书、学习。根据实际情况，盲人阅览室今后将每年举办两期盲人电脑培训班，以满足盲人读者的需求。（云南省图书馆学会）

【省文化厅厅长黄峻到云南省图书馆调研】 5 月 17 日、21 日，云南省文化厅党组书记、厅长黄峻在厅办公室副主任颜力飞陪同下，先后两次到云南省图书馆调研。

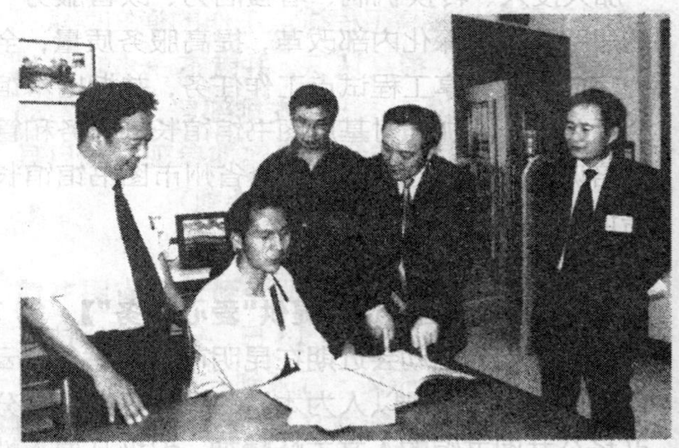

17 日，黄厅长与图书馆领导班子全体成员和中层干部进行了座谈。李友仁馆长就图书馆总体情况和近几年的工作变化向黄厅长作了汇报。黄厅长对图书馆取得的成绩给予了肯定，对职工表现出的良好精神面貌留下了深刻印象。21 日，黄厅长先后到盲人阅览室、少儿阅览室、古籍阅览室、善本阅览室、地方文献阅览室、共享工程云南省分中心办公室和古籍修复装裱室进行了实地调研。（云南省图书馆学会）

【2007 年全省州市公共图书馆馆长联席会在腾冲召开】 5 月 26 日至 27 日，由云南省图书馆

主办的2007年第4届云南省州市公共图书馆馆

长联席会在保山市腾冲县成功举行。省文化厅副厅长陶国相、社文处处长张瑛、计财处处长杨习跃，保山市副市长解丽平，腾冲县委常委、宣传部部长张志芳，部分州市文化局局长、副局长，以及云南省图书馆馆长李友仁、书记周景光、副馆长何永新、王水乔出席了会议，全省16个州、市公共图书馆馆长参加了会议。李友仁馆长作了重要讲话，要求全省公共图书馆系统按照"加大投入、转换机制、增强活力、改善服务"的思路进一步深化内部改革，提高服务质量，全力完成文化共享工程试点工作任务，并指出本馆今后将进一步加强对基层图书馆馆长的业务和管理培训，在适当的时候举办全省州市图书馆馆长培训班。（云南省图书馆学会）

【积极为全国残运会提供"爱心服务"】 第7届全国残疾人运动会近期在昆明市隆重举行，云南省图书馆本着"以人为本"的服务理念，充分弘扬公共图书馆的人文关怀精神，积极开展人性化服务，于5月12日至19日在残运会主场馆所在地新亚洲体育城尼斯酒店613室，为来自全国各地的部分残疾人运动员提供了高质量的现场咨询和文献信息服务。

此次服务活动得到了省文化厅、残运会组委会、省残联及馆领导的大力支持，确保了工作的顺利开展。在服务现场，云南省图书馆共提供了3台配套电脑（均装有盲人专用读屏软件）、52册盲文图书、230册中文现期期刊、144盘MP3光盘、59盒磁带、2台复读机和1辆专用服务车辆。服务内容包括现场信息咨询、电脑上网指导、有声读物导读、盲文书和期刊借阅等。10多名工作人员以真诚的爱心和耐心，为残疾人运动员提供了热情周到的服务，共接待了超过300人次的运动员和教练员，借阅书刊200多册，辅助160人次上机150小时，极大地丰富了残疾人运动员比赛之余的精神文化生活，得到了组委会和广大残疾人运动员的好评。（云南省图书馆学会）

【"读书乐"全国优秀摄影作品云南巡展在云南省图书馆启幕】 5月31日，由云南省文化厅、共青团云南省委、省关心下一代工作委员会、省妇联和中共昆明市委宣传部共同主办，上海图书馆与云南省图书馆联合承办的"读书乐"全国摄影比赛优秀作品展"托起明天的太阳——红云伴我行"云南巡展隆重启幕。"读书乐"全国优秀摄影作品展览通过一种艺术的视觉和形式，诠释了读书的真谛和意义，以凝固的瞬间再现了不同社会人群在读书过程中不同的生活空间，展现了读书人的丰富乐趣，激励人们多读书、读好书。本次云南巡展的展地分别为（昆明）云南省图书馆、（楚雄）楚雄州图书馆、（大理）大理州图书馆、（保山）保山市图书馆。这也是该展览继在上海、广州、山东、陕西等20多个省市巡回展出后，首次到我省巡展。展览中还将举行"观展有感——向贫困山村学生捐献一元钱献爱心捐助活动"，其所获捐赠将分别捐献给省内几所贫困县小学。（云南省图书馆学会）

【积极参加云南边疆解"五难"惠民工程】 6月12日，云南边疆解"五难"惠民工程启动仪式在潞西市风平镇拉院村民小组隆重举行，省文化、广电、卫生、教育、科技等部门分别向潞西市相关部门赠送了价值共计19余万元的解"五

难”有关设备。其中，省文化厅赠送的是价值4.8万元的文化共享工程设备和510册期刊。云南省图书馆积极派人参加了设备安装调试和送书活动。

云南边疆解“五难”惠民工程，是省委、省政府根据云南省边疆民族地区群众读书难、看病难、看电视听广播难、看戏难、学科技难等较为突出的实际问题采取的重大举措，带动和推进教育、科技、文化、卫生、广播电视事业发展，使云南省边境地区和藏区农村群众“五难”问题基本得到解决，初步构建起较为完善的公共社会事业服务体系。

启动仪式前，省委常委、省委宣传部部长张田欣，副省长高峰一行到芒赛村卫生室、文化活动室及文化共享工程活动室和学校进行了调研。（云南省图书馆学会）

【“香港电影周暨图片展”在云南省图书馆隆重举行】 为纪念香港回归十周年，由云南省政府新闻办、香港特别行政区驻成都经济贸易办事处联合主办的“香港电影云南宣传周暨滇港十年手足情”图片展，于6月23日至29日在云南省图书馆隆重举行。该活动是云南省委、省政府庆祝香港回归十周年暨“滇港合作10年”系列活动之一，以增进两地人民的了解与友谊，推动双方在影视、旅游业等方面的交流与合作。

活动为期7天，分两块同时进行。“电影周”由香港特别行政区驻成都经济贸易办事处选出香港过去10年有代表性的《南海十三郎》、《暗战》、《卧虎藏龙》、《麦兜故事》等电影，免费在省馆报告厅每日放映两部。晚间放映前，还专门安排30分钟至45分钟的电影交流时间，放映后举办抽奖活动。“图片展”地点在省馆二楼大厅，共展出展板40块，其中，19块展板介绍香港过去10年取得的成就，9块展出香港回归10周年摄影比赛得奖作品，2块介绍香港旅游，10块介绍云南及滇港合作。展出期间还进行了问答抽奖等互动项目。（云南省图书馆学会）

【共享工程云南省分中心领导对试点县建设进行初验】 6月18日至21日，共享工程云南省分中心主任李友仁率领分中心工作人员，对我省共享工程试点县宾川和禄丰的建设情况进行了初验。

目前，我省3个试点县的建设进展比较顺利，各县级支中心的自动化设备及30个乡镇的共享工程设备已经安装调试完毕，二期的行政村基层点已经进入安装阶段，3个试点县的设备安装工作将于6月底全部结束。

在宾川县图书馆，李友仁主任视察了宾川县支中心的建设情况，对其电子阅览室主机房提出了整改要求：一是对主机房的地板进行更换，二是加强主机房设备的管理和维护。在禄丰县文体局，李友仁主任听取了禄丰县试点工作进展情况的汇报，并实地视察了共享工程禄丰县支中心及禄丰县勤丰镇基层点。（云南省图书馆学会）

【越南胡志明市文化厅领导干部到云南省图书馆参观考察】 6月4日下午，在省文化厅熊正益副厅长和云南省图书馆领导的陪同下，越南胡志明市文化厅领导干部一行12人先后参观考察了盲人阅览室、历史文献阅览室、善本阅览室、电子阅览室和共享工程云南省分中心。在参观的过程中，越南嘉宾对图书馆“以人为本，读者至上”的服务理念和“微笑服务”、“优质服务示范岗”等创新服务举措表示了浓厚的兴趣，对服务水平给予了较高的评价。

为了让越南来宾对图书馆有更深入的了解，李友仁馆长在陪同过程中对图书馆为弱势群体服务的情况、馆藏特色资源等，一一作了详细介绍，引起了嘉宾们的极大兴趣。李馆长还把图书馆致力于构建“大湄公河次区域跨国文献信息资源平台”的情况向越南朋友进行了特别介绍，希望能与包括越南在内的东南亚图书馆界共同合作

开展此项工作，受到了越南来宾的关注。

为做好此次参观考察的接待工作，馆领导进行了周密的安排部署，并配合省文化厅文艺处在云南省图书馆多功能厅组织了一场别开生面的迎宾演出，为越南朋友留下了美好的印象。（云南省图书馆学会）

【举办云南地方文献收集工作研讨会】 6月18日至19日，云南省图书馆联合云南高校图工委及云南省医院系统图书馆，共同举办了“云南地方文献收集工作研讨会暨地方文献置换活动”。旨在通过交流与探讨，集思广益，群策群力，加强沟通与协作，商讨出版《云南地方文献联合目录》一书，完成云南地方文献工作委员会的组建，搭建一个全省图书馆系统开展地方文献信息交流和查遗补缺、互通有无的平台，以此助推我省图书馆系统尽快建立起“云南省地方文献特色数据库”，实现地方文献资源的共建共享。

会议邀请了全省各州（市）、县（区）公共图书馆，高校图工委，大学图书馆等有关单位，以及知名作家黄先才、谷雪儿、张国富等各界人士参加。参会人员涉及各行各业，为搭建全省地方文献资源共建平台提供了较好的基础。

6月19日，会议进行了图书置换活动。来自13个州、市、县的单位和个人共捐赠省馆图书98种276册，价值8369.57元；各家用于置换的图书共计3983册。此次收到的捐赠图书和置换图书，都是史料价值较高、较为珍贵的图书。（云南省图书馆学会）

【省民族茶文化研究会落户云南省图书馆】 6月8日，致力于传承、弘扬我省茶文化精髓的民间社团组织——云南省民族茶文化研究会·职业技能培训站，在云南省图书馆正式挂牌成立。该培训站旨在培养我省民族茶艺工作者，并同时开设了老年茶艺班和少儿茶艺班，使得不同年龄层次的茶艺爱好者都能得到学习交流的机会。（云南省图书馆学会）

【省馆二氧化碳气体灭火系统事故】 2007年7月21日上午11时，省图书馆3楼电子阅览室配置的二氧化碳气体灭火系统突然发生意外喷放。事故发生后，省图书馆在第一时间启动了紧急预案，在最短的时间内，将39名受伤人员抢救出来并进行了现场紧急救治，同时将馆内近千名读者平安、有序地疏散到了安全区域。昆明市公安、消防和急救中心的工作人员及车辆迅速赶到现场开展救援，及时有效地控制了事态的发展。

由于抢救及时，处置得当，39名受伤人员均得到了及时有效的治疗，恢复情况良好。截止7月23日上午11点，39人全部出院。（云南省图书馆学会）

【领导干部积极参加全省文化系统领导干部研讨培训班】 7月14日至15日，由省文化厅组织的“全省文化系统领导干部研讨培训暨理论中心组学习班”在云南省文化产业学院隆重举行。高峰副省长，文化部艺术司于平司长，省政府卫星副秘书长，省文化厅黄峻厅长，省社科院纳麒院长，省文产办赵晓澜副主任，省文化厅副厅长陶国相、黄丕义、熊正益等领导出席。各省直文化事业单位的主要负责人和全省16个州、市文化局局长参加了考察和研讨。省直文化系统中层以上领导干部参加了培训。我馆严格按照会议要求，所有馆领导和全体中层干部均积极参加了此次培训。通过积极参加培训，图书馆中层以上领导干部认真学习了中央和省里关于当前文化建设的有关政策和指示精神，逐步了解和掌握了有关文化建设的一系列重大理论问题，特别是通过学习高峰副省长和黄峻厅长的讲话，对今后一段时期我省文化建设的方向和工作重点有了更为清晰的了解，进一步统一了思想，提高了认识，明确了任务，增添了信心，切实增强了做好公共文化服务工作的责任感、使命感和紧迫感。（云南省图书馆学会）

【美国图书馆专家学术讲座成功举行】 7月3日，应云南省图书馆邀请，国际著名图书馆学专家、美国斯坦福大学图书总馆馆长迈克·凯勒教授和斯坦福大学东亚图书馆馆长邵东方博士，在报告厅举办了一场高水平的国际学术讲座。来自昆明地区公共和专业图书馆的300余名同仁有幸听取了两位国际顶级专家高层次的演讲。

讲座由云南省图书馆馆长李友仁、副馆长何永新共同主持。迈克·凯勒先生的演讲题为“斯坦福大学如何以数字图书馆的形式为大学师生进行服务”。他就斯坦福大学数字图书馆的建设和应用情况做了介绍，重点演示了数字化服务的现状，并对数字图书馆的研究、开发、进展及发展趋势等作了具有前瞻性的分析和展望。邵东方博士的演讲题为“北美东亚图书馆——历史、发展、特点、现状”，介绍了哈佛大学燕京图书馆、哥伦比亚大学东亚图书馆、耶鲁大学东亚图书馆等北美东亚图书馆的概况，重点就斯坦福东亚图书馆的历史沿革、发展概况、中文藏书情况做了详细介绍；并就目前北美东亚图书馆的特点和今后的发展方向进行了详细而生动的阐述，提出了一些新的见解和观点，使讲座具有很强的针对性和指导性。此次国际学术讲座，使我省图书馆同仁“足不出户”就能与国际先进的图书馆知识亲密接触。（云南省图书馆学会）

【省馆扩大与美国斯坦福大学图书馆的交流与合作】 7月3日，借着美国斯坦福大学图书总馆馆长迈克·凯勒教授和斯坦福大学东亚图书馆馆长邵东方博士来云南省图书馆举办国际学术讲座的“东风”，云南省图书馆和斯坦福大学图书馆进一步加强了交流与合作。

当天下午，李友仁馆长与迈克·凯勒先生共同签订了《云南省图书馆与斯坦福大学图书馆合作意向备忘录》，其主要内容有：图书馆资料及人员交流，馆际资料的交换，馆级行政领导和骨干馆员的交流等。这一备忘录的签订，标志着省馆与斯坦福大学图书馆今后将在更为广泛的领域扩大交流与合作，对各自事业的发展将产生积极的影响。

此外，云南省图书馆正式聘请迈克·凯勒先生为本馆高级管理顾问。馆长李友仁为迈克·凯勒先生颁发了聘书。这标志着云南省图书馆高级顾问团又增加了一名“重量级”的国际著名图书馆专家。（云南省图书馆学会）

【“中美图书馆实务培训研讨会”在云南省图书馆举行】 7月16日至18日，云南省图书馆与美国华人图书馆员协会合作，共同举办了“中美图书馆实务培训研讨会”。此次培训研讨会是美国华人图书馆员协会首次与国内公共图书馆合作，授课老师全部由美国图书馆界华人专家担任。

在为期3天的培训研讨中，以美国俄亥俄州威斯利安大学图书馆副馆长、技术服务部主任、美国华人图书馆员学会中西部分会会长金旭东博士为首的来自美国的4位图书馆学专家，分别就美国公共图书馆历史及概况、资金筹措及人事管理、公共图书馆员的继续教育、参考咨询的理论与实践、海外中文数字化图书馆等课题，为我馆及部分州、市公共图书馆馆员进行了系统的讲述，并与听讲者进行了互动和探讨。（云南省图书馆学会）

【省馆全体干部职工参加消防安全知识培训】 8月3日上午，昆明市消防支队战训科参谋施永寿应馆领导邀请，到云南省图书馆报告厅为全体干部职工作消防安全知识培训。施参谋结合实际，以生动的讲述和突出的案例相结合，详细介绍和讲解了高层建筑火灾自救逃生技巧，一般的灭火常识，电器火灾预防及初期火灾补救方法，二氧化碳灭火气体运用及意外泄露逃生自救事项，以及消防灭火设备的有关知识和技能。随后，全馆职工还观看了系列大型火灾案例。

通过培训，干部职工进一步学习和掌握了有关消防安全防范知识和自救技能，以及相关灭火方法，切实增强了消防安全责任意识。李友仁馆长再次向全馆干部职工强调了安全工作的重要性，要求全馆人员认真学习有关安全保卫知识，进一步增强安全防范意识，做到人人都自觉、主动地为维护全馆的安全贡献力量。（云南省图书馆学会）

【省文化厅验收组对蒙自县共享工程试点工作进行初验】 为了迎接文化部对我省共享工程试点县建设的检查验收，7月18日至19日，由省文化厅计财处处长杨习跃，省文化厅社文处副处长、共享工程云南省分中心副主任蔡永辉率领的共享工程试点县建设验收组，对蒙自县共享工程试点工作的建设进展情况进行了初验。

在蒙自县图书馆，验收组检查了蒙自县支中心的建设情况，详细询问了县支中心对乡镇、行政村基层点的支持服务工作。蔡副处长要求，市县支中心是文化共享工程服务网络建设中的重要环节，要尽快将支中心建成规范化的县级支中心，使之具备数字资源的存储能力、传输能力和服务能力；市县支中心要与图书馆自动化、网络化建设紧密结合，建成的电子阅览室，要为广大基层群众，尤其是青少年提供文化信息服务和绿色上网空间；要担负起对乡镇、村基层服务点的管理、资源更新、技术维护、人员培训和绩效考核等职责。（云南省图书馆学会）

【高峰副省长到云南省图书馆调研】 8月30日上午，高峰副省长在省文化厅黄峻厅长、熊正益副厅长的陪同下，来到云南省图书馆调研。馆领导班子陪同高峰副省长一行先后深入到历史文献阅览室、古籍善本阅览室、共享工程电子阅览室、盲人阅览室等服务“窗口”进行调研。高峰副省长还参观了正在举办的省直机关廉政文化建设展览，并到会议室观看了7·21“成功大营救”电视专题片。（云南省图书馆学会）

【廉政文化之“花”绽放云南省图书馆】 8月28日上午，由省直机关工委主办、云南省图书馆承办的“云南省直机关廉政文化建设教育基地”正式揭牌，这是继省科学普及教育基地、省哲学社会科学普及教育基地、省青少年思想道德教育研究实验基地之后建成的第四个省级教育基地。省直机关廉政文化建设展览和廉政文化建设推进会也同时启幕。来自省纪委、省检察院、省直机

关各部（委）厅（局）、《云南日报》报业集团等单位的部分领导干部、社会各界代表、新闻记者，以及我馆干部职工近500人参加了此次活动，观看了由“理论导廉沐甘露”、“求源问计勤探索”、“寓教于乐润心田”、“风清气正谱华章”等四个部分组成的廉政文化展览。（云南省图书馆学会）

【共享工程云南省分中心主任李友仁深入基层调研】 8月16日至18日，共享工程云南省分中心主任李友仁率领分中心工作人员，分别深入到楚雄州禄丰县、大理州宾川县的部分乡镇文化站进行实地调研，并检查了当地文化共享工程基层站点的工作。（云南省图书馆学会）

【共享工程试点县支中心技术骨干培训班成功举办】 共享工程云南省分中心于8月9日至10日在禄丰县举办了试点县支中心技术骨干培训班，来自禄丰、宾川、蒙自三个试点县的技术骨干共20余人接受了培训。共享工程云南省分中心副主任何永新代表分中心向三个试点县赠送了农业科技光盘58张、电子期刊10套、电子图书10套和移动硬盘资源400部。培训期间，共享工程云南省分中心办公室朱庆华和李义同志就县级支中心的工作职责和管理规定、资源管理和使用、资源入库、电子阅览室的管理和维护、“云南文化信息资源网”的使用和信息发布、基层站点设备的管理和维护、县级支中心信息报送等7个方面进行了详细的讲解；全体学员还到禄丰县勤丰镇文化中心进行实地参观学习。（云南省图书馆学会）

【省馆参与“云南省第5届读书节”】 8月25日至9月5日，由省委宣传部、省新闻出版局、云南出版集团公司联合主办的“云南省第5届读书节”在昆明国贸中心隆重举行，其中图书展示会场设于滇池书城。省馆在李友仁馆长的领导下，进行了充分的展示和宣传：一是发放了1000份读者阅读倾向调查表，将其作为今后调整图书采购比例的科学依据；二是积极宣传读者荐购工作，倾听读者意见；三是把600余种用于交换的地方文献进行实物宣传，鼓励社会各界参与地方文献收集和置换工作；四是向相关参会单位展示图书馆整理出的全国35个省、市、自治区、直辖市的地方文献目录，向有关图书馆、书商、单位和个人进行征订，以保证地方文献的完整性。活动期间，前来展位填表、咨询、阅读地方文献的读者达到了2000多人次，展示和宣传效果突出。（云南省图书馆学会）

【省馆开展“图书超期免交罚金”活动】 云南省图书馆本着“以人为本、读者至上”的服务理念，于8月27日至9月2日开展了“图书超期免交罚金”活动。在该周内，无论是超过还书期限一天两天，还是一年两年，甚至是十年二十年，读者在归还时都无需缴纳逾期罚款，也无需给出任何解释。（云南省图书馆学会）

【省馆改善老年读者服务工作】 为了更好地为广大老年读者服务，云南省图书馆从9月1日起积极采取措施改善老年读者服务工作。一是向持有老年证的读者免费开放馆内各阅览室，老年读者可免费阅览馆藏现代中外文图书、报刊；二是对行动不便的老年读者，图书馆各读者服务部门免费提供资料代查和送书上门服务；三是对持有老年证的读者，在办证时只收取押金和工本费，并提供上门办证服务。此举受到了广大老年朋友的欢迎，《都市时报》为此专门做了宣传报道。（云南省图书馆学会）

【“全省图书馆暨文献信息机构领导干部高级研讨会”成功举办】 9月17日至19日，由云南省图书馆主办的“全省图书馆、文献信息机构领导干部高级研讨会”在多功能厅成功举行。云南省图书馆李友仁馆长，云南大学博士生导师、图书馆馆长万永林教授，云南大学人文学院党委书记杨勇教授，以及云南省图书馆何永新、马云川、王水乔副馆长分别作了专题讲解，来自全省各州、市图书馆和部分县级图书馆的馆长共20多人参加了会议。

期间，李友仁馆长的讲座题为“图书馆改革与机制创新”，万永林馆长的讲座是“云南省高校图书馆信息资源共建共享对策研究”，杨勇教授的讲座是“文献保障与文献资源建设方略”，何永新副馆长的讲座是“共享工程特色资源的加工整合与基层站点的拓展服务”，马云川副馆长

的讲座是“图书馆经营创收补充经费不足的思考”，王水乔副馆长的讲座是“古籍文献保护”。（云南省图书馆学会）

【中华古籍保护计划督导组到云南省图书馆检查指导】 为推动全国古籍保护试点工作与古籍普查工作的顺利开展，文化部从8月下旬开始派出督导组到各地检查督导古籍保护工作。9月9日至10日，督导组一行2人来到云南省图书馆，对我省古籍保护工作进行检查指导。李友仁馆长按照督导组的要求，把云南省图书馆开展古籍保护工作的情况作了简要汇报。

督导组到我馆历史文献阅览室、善本阅览室、八楼善本书库进行了实地考察，对云南省图书馆开展的古籍保护试点工作十分满意，给予了高度评价。最后，督导组希望省馆能够尽快促成云南省古籍保护工作会议的召开，并将省馆早日设立为“云南省古籍保护中心”，以加快推进全省古籍保护工作的顺利实施。（云南省图书馆学会）

【省馆2007夏令营活动深受小读者欢迎】 在云南省图书馆典藏借阅部工作人员和相关学校老师的共同努力下，2007年度夏令营活动取得了圆满成功。

本次活动时间为7月9日至8月29日，为期一个半月，共有30名6至13岁的少年儿童参加。活动的主要内容有：辅导学生完成假期作业，参观图书馆，学习检索技能，参与少儿阅览室日常图书管理，学习计算机知识等。同时，单独开设了“葫芦丝吹奏兴趣班”，满足了喜爱艺术的学生的个性需求；增设了“儿童趣味英语班”，让孩子们在轻松愉快的氛围中学习了英语知识。总之，在整个活动中，既保留了以往“夏令营”活动的精华内容，又推陈出新，满足了孩子们不断增长的求知欲。（云南省图书馆学会）

【“和谐中华展翅腾飞”书画展在云南省图书馆举办】 由云南省报刊老记者协会、云南省杂文学会联合主办的“和谐中华展翅腾飞”书画展，于9月底至10月初在云南省图书馆隆重举办。期间展出的100多件书画佳作主题鲜明，各具特色，异彩纷呈，展现了我省书画艺术家和书画爱好者的深厚功力，以及祖国优秀传统文化的独特魅力。省委副书记、省长秦光荣，省人大常委会常务副主任牛绍尧分别发来贺信，赞扬展览对我省的书画艺术事业、构建和谐社会起到了积极的促进作用。（云南省图书馆学会）

【共享工程云南省分中心荣获设备发放工作二等奖】 全国文化信息资源建设管理中心2005年资助云南省45套共享工程基层点设备，为做好这些设备的发放工作，在共享工程云南省分中心领导的指导和支持下，分中心办公室全体工作人员经过前期摸底调查，中期组织培训，后期安装设备、汇总资料，于今年5月底顺利完成了全部设备发放工作，并在最近国家管理中心对此项工作的评比中荣获二等奖。（云南省图书馆学会）

【云南省图书馆荣获第14届全国群星奖】 第14届全国群星奖获奖名单揭晓，云南省图书馆喜获殊荣，荣膺服务奖。这也是自2004年实施改革试点以来获得的第三个国家级奖项。本届群星奖增设了服务奖，首次对公共文化服务领域取得优异成绩的单位和个人给予奖励。我馆以“少数民族群众和弱势群体公共文化信息服务”获得该项荣誉。

近年来，云南省图书馆坚持“以人为本、读者至上”的服务理念，全心全意为人民群众提供高质量、全方位的文化信息服务，不断创新服务方式，延伸服务范围，拓展服务领域。特别是立足特色资源，结合我省实际，以少数民族群众和弱势群体为服务重点，积极开展人性化服务的举措，赢得了广泛的社会效益，深受各界赞誉和好评。（云南省图书馆学会）

【共享工程云南省分中心领导验收宾川县试点工作】 11月2日至5日，受省文化厅领导委托，由文化共享工程云南省分中心主任李友仁、副主任何永新、云南省图书馆副馆长王水乔组成的验收组，对宾川县文化共享工程试点工作进行了检查验收。

本次验收是根据文化部办公厅《全国文化信息资源共享工程试点工作方案》、《全国文化信息资源共享工程试点工作验收标准》，以及省文化厅与宾川县政府签订的《云南省文化信息资源共享工程试点工作实施协议》的要求，对宾川试点县建设的一个全面验收。内容包括：试点县的组织领导、管理措施、实施方案、经费保障、自查结果；县级支中心场地、机房、电子阅览室装修、桌椅、地线系统、防雷系统、供电、防火器材、防盗设施、电话及互联网接入（不低于2MB）到位及运转情况；试点县乡镇、行政村专项配套资金落实及到位、使用情况；县级支中心技术服务、运行保障及持续运行机制的措施和落实情况；试点县开展基层培训情况；县级支中心及所属乡镇开展服务情况。（云南省图书馆学会）

【云南省图书馆获得国家联编中心上传数据权限】 云南省图书馆文献采编中心在馆领导的关心和支持下，通过两年不懈的努力，于去年考取了国家图书馆联编中心的上传资格证，并于2007年11月20日通过了数据测评，获取了上传数据的权限。在全国28个省市自治区中，居第11位。目前国家图书馆联编中心已有省馆制作的数据成功输入，充分证明省馆具备了与国内先进图书馆进行数字资源交流与合作的实力。（云南省图书馆学会）

【《云南历代僧人著述考略》问世】 11月8日，由云南省图书馆地方文献部专业研究人员历时两年多时间辛勤工作，数易其稿、独立编撰而成的大型地方文献理论专著《云南历代僧人著述考略》，由云南美术出版社公开出版发行。

地方文献部专业研究人员在查考众多云南地方文献的基础上，就云南省唐、宋、元、明、清、民国等不同历史时期63位僧人留存于世，或散佚于公私藏家目录所著录的篇章近百余种，裒集成书，近12万字，题为《云南历代僧人著述考略》，以便从事佛教文化研究者查考参稽。《云南历代僧人著述考略》的问世，不仅理顺了云南历代僧人著述的发展线索，而且继承《直斋书录解题》、《千倾堂书目》、《四库全书总目提要》之体制，揭示报道各书之著者生平、成书源流、版本状况及学术价值，颇具学术深度与文化品位。从某种角度来看，也不失为一本省内外佛教课题研究者及一般读者进行佛教文献检索的工具书。（云南省图书馆学会）

【天津市宣传文化系统领导干部参观云南省图书馆】 11月21日上午，天津市委宣传部组织天津市属宣传、文化部门领导，以及下属区委宣传部长、文化局局长一行28人到我省考察公益文化事业，期间该考察团专门参观了云南省图书馆。经过一个多小时的参观，考察团一行对云南省图书馆优质的服务水平和职工良好的精神风貌留下了深刻的印象，对图书馆的管理给予了较高的评价。（云南省图书馆学会）

【读者荐购见面会成功举办】 11月25日下午，云南省图书馆文献采编中心与昆明新华书店合作，在南屏街新华书店举办了读者荐购见面活动。广大读者与工作人员以书为媒，亲密交流，互通信息，进一步加深了彼此的了解和信任。（云南省图书馆学会）

【李友仁馆长出席红河州图书馆学会2007年年会】 2007年12月6日，云南省图书馆学会理事长、省图书馆馆长李友仁，省图书馆学会常务副理事长、省图书馆副馆长王水乔赴蒙自县，出席了红河州图书馆学会2007年年会暨学术研讨会。在会议开幕式上，李友仁馆长作了讲话。开幕式结束后，李友仁馆长就红河州图书馆事业的发展前景、发展重点及发展策略，与红河州文化局局长李正有、副局长朱丽红和州图书馆馆长赵正良进行了深入的探讨和交流，并就全州文化信息资源共享工程的建设提出了建议。（云南省图书馆学会）

【云南省图书馆网站完成第二次改版】 云南省图书馆网站自今年2月全新改版之后，读者点击率明显上升。在不断学习借鉴一些优秀网站经验的过程中，计算机中心工作人员结合实际情况，于最近再次对网站进行了改版。

此次改版在保持原有版面风格不变的基础上，主要完成了对图片的更新和清晰化处理、对flash的改进完善、对网站内容的更新等工作。（云南省图书馆学会）

【《“长联犹在壁”——孙髯其人》完成初稿】 云南省图书馆地方文献部完成了《“长联犹在壁”——孙髯其人》一书的初稿，并将其列为明年学术专著出版项目。

清代乾隆年间云南历史文化名人孙髯翁，不仅是名士、学者、诗人，也是颇富实践经验的水利专家。其所撰《大观楼长联》被誉为“天下第一长联”。孙髯翁先生的一些遗作，如《盘龙江水利图说》、《孙颐庵先生遗诗六十四首》等，300多年来没有人进行过系统化的整理。为填补这项空白，地方文献部本着“收拾丛残，整理故籍”的宗旨，以滇省清抄本为底本，参稽相关地方文献，按照“整旧如旧”的原则，进行了精心的整理和注释，在此基础上完成了《“长联犹在壁”——孙髯其人》的初稿撰写工作。（云南省图书馆学会）

【普洱市北部文化中心图书馆建设】 1月9日，召开办公会议，通报普洱市北部文化中心图书馆建设图纸三稿设计情况，并将我馆的意见要求等相关内容形成图书馆（2007）1号文件上报。新图书馆正在建设中。（张梅）

【普洱市图书馆学术研讨活动】 5月11日，开始在全体职工中开展“公共图书馆与社会主义新农村建设”的学术方研讨活动，利用每星期五上午学习的时间，交流3—5篇论文。编辑《普洱图书馆学刊》1期，发表专业论文近30篇；编辑发行《信息参考》4期，为领导提供信息服务；编辑《科技文摘》6期，为农村提供信息服务。（张梅）

【普洱市图书馆“6·3”地震后慰问汻洱县图书馆】 6月3日汻洱县地震，第二天普洱市图书馆查正儒馆长带领一行5日去看望汻洱县图书馆的全体职工，给他们带去了关爱。6月15日，召开全体职工大会，向“6·3”地震灾区汻洱县图书馆捐款，献爱心。（张梅）

【参加科普日宣传活动】 9月16日上午，图书馆参加了由科学技术协会主办，市领导、市直各部门领导及市直各学会组织负责人、科技专家、科普志愿者、群众共1000余人参与的普洱市第三个全国科普日活动。此次活动活动以“节约能源、保护生态环境、保障健康”为主题，普洱市图书馆带上适合各类市民所需的图书500册和19块展板到活动地点进行认真的宣传，得到了广大市民的一致好评。（张梅）

西藏自治区

【西藏首家寺庙阅览室成立】 2007年3月29日，西藏首家寺庙阅览室在哲蚌寺成立。自治区新闻出版局向哲蚌寺阅览室赠送了价值6万余元的精品图书3000余册，优秀期刊1000多种，并举行了阅览室成立仪式。在为阅览室配备图书的同时，自治区新闻出版局针对寺庙僧人的特殊需求，先后从民族出版社、中国藏学研究中心出版社、西藏人民出版社、四川民族出版社、青海民族出版社等全国8家藏文出版社出版的图书中，挑选了有关历史、哲学、宗教、古籍整理、传统文化等精品图书和优秀期刊，免费送给寺庙，送到僧众手中，让寺庙僧众及时了解党和民族的宗教政策，了解国内外形势，掌握佛教等传统文化，学习现代科学文化知识，为丰富寺庙僧众的业余文化生活提供了精神食粮。哲蚌寺民管会主任洛桑旺久代表民管会和寺庙僧众向自治区新闻出版局表示感谢，并赠送了锦旗。（胡京波）

【全国文化信息资源共享工程国家中心向西藏基层文化活动中心捐赠设备】 2007年4月，

全国文化信息资源共享工程国家中心向西藏地(市)、县图书馆及文化活动中心捐赠了投影仪和卫星三级站等设备。据了解，全国文化信息资源共享工程国家中心在2003至2006年3年中，曾四次向西藏的37个基层文化活动中心捐赠过三级卫星站的设备，这次国家文化信息资源共享工程国家中心共向西藏地(市)县图书馆及文化活动中心捐赠了投影机、服务器、卫星天线、音响设备、幕布等价值3万余元的仪器，这次捐赠的对象共有25个基层点。这些设备配备各地(市)、县图书馆及文化活动中心后，扩大基层图书馆和文化活动中心的服务范围，让广大农牧民通过卫星、网络等方式获得信息，改变西藏广大农牧区文化信息和文化生活匮乏的现状。(胡京波)

【拉萨市城关区政府加大对基层乡村文化站建设的投入】 2007年以来，拉萨市城关区政府非常重视文化基础设施的建设，加大对基层乡村文化站建设的投入，目前所辖的12个行政村都有了自己的村级文化活动室。城关区辖区有蔡公堂乡、纳金乡、夺底乡和娘热乡4个乡，共有12个行政村。据不完全统计，近年来城关区财政用于乡、村文化站（室）和区文化馆的建设资金达100万元以上。目前，城关区有1个文化馆、4个乡级文化站、12个村级文化室、4个社区文化活动室。文化站（室）成立至今，城关区委、区政府从音响设备的配套到书架、桌椅、文体用具等软硬件建设方面给予了大力扶持。现在文化站（室）都能正常开展各类文化、文体和学习等活动。其中，纳金乡文化站、蔡公堂乡文化站、纳金乡藏热村小组文化室和当巴社区居委会文化室发挥效益最好，为社会主义新农村建设起到了积极的推动作用。(胡京波)

【西藏图书馆重视馆藏特色资源建设】 一位资深的藏学研究者在参观西藏图书馆的藏文古籍书库后，望着一排排整洁、有序的用包经布和木雕夹板精心保护的藏文古籍，意味深长地说："你们为子孙后代做了一件功德无量的好事。"西藏图书馆走过了十年的发展历程，逐步发展成为深受读者喜爱的文化场所。在2007年，图书馆为自己确立了新的发展目标，希望通过广大图书馆工作人员的共同努力，通过改善软硬件设施，把图书馆建设成为具有一定特色的现代化综合性图书馆，真正成为知识传播的窗口和精神文明建设的重要阵地。西藏图书馆不但承担起了公众的知识传播作用，还通过在藏学领域的建树，打造出了独具民族特色资源的品牌，并得以在激烈的竞争中树立了自己的信誉。为此，西藏图书馆采取了以下具体措施：一是加强人才队伍建设。建馆初期，图书馆并没有专门从事藏文古籍整理编目的部门和专门的人事编制。图书馆首先把加强人才队伍建设作为首要任务，克服一切困难，组建了一支由副研究馆员和硕士为主的具有浓厚民族特色的高水平、素质强的藏编部。藏编部承担起了图书馆全部藏文古籍的研究、收集、编目、传播等工作，并取得了较好成绩。提高职工队伍的整体素质。积极采取请进来送出去的方式，与国内各图书馆建立合作关系，互相提供信息，进行馆际互借等业务。同时，争取资金支持，邀请文化信息资源共享工程国家中心技术人员，对西藏省级中心和基层示范点的工作人员进行培训，提高他们的技术水平和服务水平。二是积极开发特色资源。西藏图书馆要打造特色文化品牌，并不是收藏部分古籍图书，完成一般的借阅手续就可以实现，而是要充分开发独具藏民族特色的文化资源。为此，西藏图书馆积极开发馆藏藏文古籍的潜力，进一步发挥藏文古籍在藏学研究领域的作用。该馆从藏文古籍图书馆的保护、收集、整理入手，不断加强特色资源的开发力度，创造了接近于中图法式的表格式藏文图书细目录编制法，分两种方式对藏文古籍进行分类：一种是采用传统的编目方式，主要提供给一般的藏文读者；一种就是自创的较科学、实用的表格式细目录编制法，主要提供给藏学研究者和一些研究员。为了使古籍图书在藏学研究领域发挥新的作用，同时更好地保护好这些珍贵的文献，西藏图书馆对研究价值高、实用性强的部分古籍图书进行了复制整理，对101函拉萨雪版本甘珠尔和219函德格版本丹珠尔订制了特制本雕夹板，完成了803函苯教甘珠尔、丹珠尔的一系列加工编制工作，为打造特色品牌提供了较好的物质基础。目前，西藏图书馆的馆藏藏文古籍已达10万余册（函），共完成了5万余册的编目加工工作。四是改善软硬件设施，运用现代手段提升特色服务品牌。首先，进一步做好文献信息资源建设，为建立强有力的文献资源保障打下基础。在文献采集中兼顾藏汉文印刷文献、电子文献、光盘、杂志、报纸等其他载体，保证文献的质量，保证重要文献和特色资源的完整性和连续性。同时，加强对各种图书的编目、加工，加紧回溯数据，为编制各种专题书目、索引、文摘数据库和重要文献等特色数据库打下基础，争取存放在机器中的数据达到一定的数量。其次，进一步拓宽服务渠道，开展多层次多方式的读者服务工作。采取走出馆门、服务上门等方式，持续拓展工作范围，不断开辟新的读者源。在原有基础上增加部分具有参考价值的报纸、期刊的征订工作，争取 2007 年读者人数突破 3 万人次，流通图书突破 9 万册次（含电子读物、声像制品等）。再次，加强基础设施建设，为真正实现自动化奠定基础。在资金保障的基础上，西藏图书馆争取在 2007 至 2008 年内，建成全面实现文献资料采访、编目、流通、检索自动化管理集成系统，成为西藏自治区的文献信息枢纽和精神文明建设的重要基地，向西藏乃至全国提供优质高效的文献信息服务。充分利用现有力量，积极推进信息资源共享工程的基础建设。2007 年，西藏图书馆将全面投入到省级信息资源共享分中心和 7 个地区（市）分中心的建设中，实现西藏省级分中心的建设与联网，开始网站建设，实现网络平台、资源建设、用户服务等实质性运行，主要以本地特色资源为主，进行资源的建设、采购、制作、整合，搭建数据共享平台，索取和发布国家中心数据库资源。为了将西藏古老的文明展现给世人，将优秀的民族文化传播给后人，西藏图书馆运用现代科技手段，对所有藏文文献实现了计算机编目，为今后的网络一体化奠定了基础。在不久的将来，随着西藏信息资源共享工程的顺利实施和西藏图书馆自动化建设的发展，西藏图书馆的特色品牌一定可以在较短的时间内通过网络传输传向世界。（胡京波）

【西藏图书馆成立法律公共图书中心】 2007 年 6 月，西藏法律图书信息中心在西藏图书馆成立。该中心由西藏律师协会，央金法律援助中心和恒丰律师事务所共同出资设立了西藏法律图书信息中心。信息中心周一至周日免费向公众开放。一方面既满足了西藏的法律工作者、法律爱好者以及法学专业的学生能够及时读到最新最全的法律图书的需要；另一方面，也为广大群众提供了一个学习、了解、咨询法律的平台，使大家都能通过了解法律知识来维护自身的权益。作为西藏第一家法律公共图书中心，西藏法律图书信息中心共藏有各类法律用书 6000 余册，其中包括法律学术书籍、法律专著、法律教科书、实务书籍、法学期刊等。西藏法律图书信息中心发起人和负责人、恒丰律师事务所律师罗桑群培说，信息中心还将计划增添几台电脑，以方便来中心的读者上网查阅法律信息。同时，还将计划立足法律图书信息中心开展一些学术研讨和学术讲座，以及为读者提供法律咨询，力争将西藏法律图书信息中心办得让广大读者满意。（胡京波）

【西藏科协向农牧民赠送科普资料】 2007 年 6 月，西藏科协把《2007 藏文科普台历》等科普资料送到农牧民手中。《2007 藏文科普台历》共编译了 365 个条目，字数达 15 万多字。从内容上分为天文地理、农牧实用技术、卫生保健、传统节日四类，并收录了许多常用生活知识以及养殖业、种植业、加工业等知识。今年，西藏科协还将继续同中国藏学研究中心合作，向农牧民群众赠送《农业生产实用技术》、《畜牧业生产实用技术》、《卫生健康知识》等多种科普资料。西藏科协送科普资料下乡，作为实施农牧民科学素质行动的一项重要内容，收到了良好效果。（胡京波）

【西藏图书馆向自治区未成年犯管教所赠书】

2007 年 7 月，西藏图书馆举行了"进一步丰富未成年犯的精神文化生活，培养他们爱书、读书的良好习惯，重塑自我，早日回报社会和亲人"的主题赠书活动。图书馆向自治区未成年犯管教所捐赠价值 1 万余元的各类图书 1000 余册，在图书捐赠活动上，图书馆负责人转达了文化厅党组对管教所全体干警的慰问，希望管教所利用好这批图书，正确引导和教育服刑人员树立正确的理想信念和世界观、人生观、价值观，自觉养成良好的思想品质和道德情操，在净化心灵、积极改造方面发挥积极的作用。（胡京波）

【深圳大学等 4 家单位援助西藏职业技术学

院】 2007年7月，为贯彻落实全国教育援藏工作会议精神，深圳大学、深圳职业技术学院、高等教育出版社、西北农林科技大学和西藏职业技术学院在拉萨签订对口援助协议，协议规定，从人才培训、图书馆建设、科研开发等方面加大对西藏职业技术学院的援助力度。这4家对口援助单位高度重视援藏工作，为确保对口支援工作取得实效，分别派专人来藏落实对口支援项目，并签署协议。其具体援助情况为：在教师、干部培训方面，4家单位共计为西藏职业技术学院培训教师122人次；在人才援藏方面，四家单位共计派出教师39人次援助区职业技术学院教育工作；在实验室、实训基地建设方面，深圳大学等3家高校为区职业技术学院援建实验室和实训基地14个。此外，在图书馆建设方面，高教出版社将为区职业技术学院图书馆数字化系统建设投入165万元，援助图书20万册，通过教材形式资助贫困生32万元。（胡京波）

【全国图书馆援藏调研团在西藏举办座谈会】 2007年8月初，以国家图书馆馆长詹福瑞为团长的全国图书馆援藏调研团一行与西藏图书馆、藏医学院图书馆、区社科院图书馆、自治区党校图书馆馆长、专家举行了座谈会。座谈会上，来自全国各省、市、自治区图书馆的馆长就如何更好地保护文化、发展图书馆事业与西藏地区图书馆的馆长进行了交流。陕西图书馆馆长谢林说，刚刚到西藏图书馆转了一圈，感觉西藏图书馆馆藏很丰富，尤其是有关民族文化方面的馆藏非常丰富，保护完好，深受启发。西藏和陕西同处西部地区，读者的文化需求同样迫切，两地图书馆肩负的历史使命都很重，希望今后有更多的学习交流机会。座谈会结束后，调研团一行向西藏图书馆捐赠了一辆图书流动车和5万册图书。（胡京波）

【西藏启动"农家书屋"工程】 2007年11月，根据国家新闻出版总署、中央文明办、财政部等八部委《关于印发〈"农家书屋"工程实施意见〉的通知》和《关于做好"农家书屋"工程规划编制工作的通知》精神，西藏自治区"十一五"期间将全面启动"农家书屋"工程。"农家书屋"工程是由政府统一规划、组织实施的一项重大工程，工程的建设对解决农牧民群众"买书难、看书难"的问题，保障农牧民群众基本文化权益，推进社会主义新农村建设具有重要意义。2007年西藏自治区启动了"农家书屋"工程，在拉萨、日喀则、山南、林芝等地（市）选择了20个行政村进行试点建设，并在总结建设经验的基础上，完成了自治区"农家书屋"工程规划编制，落实了规划选点和资金来源，并制定了年度规划。据了解，根据国家新闻出版总署关于全国"农家书屋"工程规划编制工作的要求，在"十一五"期间，西藏自治区每年将建设660个行政村的"农家书屋"工程，真正解决农牧民群众"买书难、看书难"的问题，进一步提升农牧区公共文化服务水平。（胡京波）

陕西省

【概况】 陕西省现有公共图书馆111所（含少儿图书馆4所），省级馆1所，地、市级馆6所，县级馆104所。从业人员共计1768人，比2006年下降了0.5%，其中高级职称63人，中级职称398人。全省图书总藏量935.8万册，比2006年增长了2.6%，其中图书789.8万册，古籍64.7万册，善本7.9万册，报刊127.7万册，缩微制品4.2万册件，其他14.1万册件。本年新购藏量21.4万册，其中新购图书18.5万册。全年总流通人数358.7万人次，书刊文献外借292.9万册次。公用房屋建筑面积18万平方米，其中书库面积4.3万平方米，阅览室面积4.9万平方米。阅览室坐席数共计14 022个，其中少儿阅览室坐席2934个。全省公共图书馆计算机共计1835台，比2006年增长了34%，有电子阅览室终端781个，设网站11个，共享工程服务点430个。（强颖）

【陕西省图书馆工作进展】 省图书馆开展第二次全员岗位聘任，新成立工作质量考核评估办公室、参考咨询部，并实施文献专业化分工采选。

洛南县图书馆新馆、三原县图书馆新馆、大荔县图书馆新馆、西安市灞桥区图书馆骏马分馆、城固县图书馆新馆，西安市图书馆EE康城社区分馆陆续开放。洛南县图书馆组建少儿阅览室，宜川县图书馆、临渭区图书馆新建电子阅览

室。（强颖）

【全省公共图书馆一体化建设】 为推动全省公共图书馆事业快速发展，促进资源共建共享工作，省图书馆拟在全省县级以上公共图书馆开展计算机管理系统一体化建设工作，以省图书馆的计算机管理系统软硬件为基础平台，构建全省公共图书馆一体化的文献编目、流通共建共享体系。2007 年，省图书馆和咸阳图书馆在图书馆自动化管理、电子资源应用及图书馆资源的共建共享等方面开展了一体化建设的试点工作，取得初步成效。11 月底，省图书馆又对咸阳、宝鸡、铜川、定边等 9 个市、县级图书馆的 20 名学员进行了公共图书馆计算机管理人员及计算机编目人员的免费培训。今后还将陆续对具备条件的基层馆进行业务和技术方面的培训，逐步展开全省公共馆一体化建设。（强颖）

【古籍保护工作】 2 月份，文化部在京召开全国古籍保护工作会议，国务委员陈至立出席会议并向国家图书馆和各省级公共图书馆颁赠《中华再造善本》，省图书馆馆长谢林参加了此次会议。3 月，由国家图书馆主持的全国古籍普查工作紧急会议在国家图书馆召开，陕西省图书馆作为试点馆之一，特藏文献部主任杨居让同志参加了会议，普查工作开始进入实施操作阶段。6 月，省馆完成了新的善本特藏书库改建工作，并顺利完成善本特藏的搬迁任务。8 月，省馆的古籍普查工作正式开始。9 月，按期完成馆藏一、二级古籍普查工作，接受了全国古籍保护督导工作组就我省贯彻落实《国务院办公厅关于进一步加强古籍保护工作的意见》精神的有关情况进行的督查。10 月，完成了《全国珍贵古籍名录》及《全国古籍重点保护单位》的申报工作。11 月，完成馆内善本古籍 512 部的普查著录。为配合我省古籍普查及古籍总目编纂工作，省馆在将古籍普查数据上传国家古籍保护中心的同时，也报给陕西省社科院，为我省编写《陕西古籍总目》提供翔实的资料信息。（强颖）

【文化共享工程】 1 月，全省文化信息资源共享工程试点县工作会议在陕西省图书馆召开，宝鸡市、咸阳市、渭南市、榆林市文化局主管副局长，凤翔县、眉县、泾阳县、华县、合阳县、定边县政府负责同志、县文化局主管副局长和县图书馆馆长 30 余人参加了会议。省图书馆馆长谢林介绍了全国文化共享工程的有关情况，并就我省试点县建设进行了具体的安排；蒋惠莉副厅长代表省文化厅与 6 个试点县政府负责人签订了工程建设协议书。2 月，省文化厅在省图书馆举办了为期两天的全省文化信息资源共享工程基层服务点暨农村示范文化室设备技术人员培训班。来自全省文化信息资源共享工程基层服务点所在县（区）图书馆和农村示范文化室首批配送设备项目所在县（区）图书馆的技术人员共 30 余人参加了培训。 2007 年底，我省已顺利完成 6 个试点县支中心和 252 个乡镇、村基层服务点的建设工作并通过全国文化共享工程建设督导检查组的评估验收，现已投入使用，开始为当地群众提供文化服务。我省已建成各级中心、基层服务点 430 个。各级中心积极利用共享工程平台开展延伸服务，为广大群众送戏，送科技信息，举办公益电影、知识讲座，使文化共享工程真正成为公众文化服务的有效平台。宝鸡市图书馆大力宣传推广本馆数字资源，宣传共享工程，举办“公益电影放映”活动，建设基层外阅点和分馆，被授予文化共享工程先进单位。洛南县图书馆派管理人员为配送村的乡镇文化站站长及管理人员进行培训，并于 12 月与省文化厅签订了 2007 年实施建设共享工程支中心的合同。（强颖）

【省馆进行文化体制改革】 陕西省图书馆作为省文化事业单位改革的试点，于 4 月至 5 月份顺利完成了第二次全员岗位聘任工作。这次聘任的特点：一是全面推行岗位管理，明确岗位职责和考核办法，实现人事管理从身份管理到岗位管理的转变；二是逐步实现专业技术职务评聘分离，根据专业技术人员实际水平和岗位需要，实行同职平聘、高职低聘、低职高聘，促进人才合理流动；三是深化分配制度改革，推行岗位工资制度，实行以岗位绩效工资为主体的分配制度，逐步建立起重实绩、重贡献、向优秀人才和关键岗位倾斜，形式多样、适合发展需要的分配方式。这标志着改革已经进入一个新的阶段，形成了新的管理体制。实践证明，改革是符合文化体制改革的总体思路，符合公共图书馆的工作实际

的。（强颖）

【省馆数字化、网络化建设】 陕西省图书馆陕图网站2007年度点击数为397 131人次，平均每天为1088人次。同时，省馆加强电子文献的建设和推介工作，9月，实现网上数字资源的免费开放，凡省馆持证读者均可在公网上免费浏览下载，全年APABI电子图书在线阅览5629人次，下载1509册次，万方数据访问量达323 406人次，下载量达18 935页。

12月，陕西省信息化领导小组办公室组织验收组对陕西省文化信息资源共享工程项目——省分中心TRS数据库升级进行了验收。与会的评审专家通过参观陕西省文化共享工程的相关工作部门，了解网站运行、数字化生产、视频制作的大体流程，一致同意陕西省文化信息资源共享工程项目（省分中心TRS数据库升级）通过验收。我省共享工程分中心向国家管理中心申报的8个陕西特色文化专题数据库，于年初得到了国家管理中心的充分认可，经过近一年的建设，年底已基本完成了申报的资源总量。

7月，西安图书馆张弥馆长带领馆内相关领导及业务骨干在国际古迹遗址理事会国际保护中心会议室与国际古迹遗址理事会国际保护中心、日本生态环境设计协会、日本高斯城市设计研究所就四家联合开展古城与古建筑计算机数字化三维复原研究与开发的问题进行了讨论。各方对唐长安城大明宫、青龙寺及大小雁塔塔院等中外著名古建筑群数字化三维复原，建立古城古建计算机数字化三维数据库，研发数字化三维影像、三维动画、户外三维全息成像等内容，开发包括CD-DVD、网络数据、大型户外演示等产品，后期向亚洲及世界各国推广技术及研究成果发表了意见，并达成初步的合作意向。（强颖）

【陕西图书馆接受政府与社会捐助】 截至2007年底，文化部“全国送书下乡工程”所有图书2666件，1 369 371册已顺利送至我省受赠单位，共计25个县馆、290个乡镇文化站。

为了更好地服务于广大基层图书馆，提高基层图书馆的数字资源服务能力，国家图书馆推出为县级基层图书馆开通数字资源的服务，向我省34个图书馆赠送了175张基层图书馆服务卡。

陕西省图书馆全年接收铁木尔·达瓦买提、泰王国驻西安领事办公室、韩国驻华大使馆、罗铁宁等单位、个人捐赠及征集文献3161种，5384册。（强颖）

【未成年人及弱势群体服务】 陕西省图书馆少儿分馆2007年组织少儿声乐、器乐、朗诵大赛，少儿英语夏令营，心理健康沙龙，少儿科普宣传等少儿活动，开展流动服务进校园活动，开办英语、绘画、速记等各种类型的少儿培训，全年接待阅览读者近6万人次，外借图书37 506册次，办理借书证1004个。三原县图书馆与咸阳图书馆联合组织首届少儿暑期“手拉手夏令营”活动，参加学生50余人。宝鸡市图书馆与市教育书店联合发起中小学征文活动，收到征文3000余篇。

六一期间，西安市图书馆馆长张弥与西安市政协副主席李广瑞带领相关工作人员对临潼区土桥乡仁宗中学进行慰问，捐赠图书2000余册；邀请三星小学700名学生参观图书馆，并免费赠送阅览卡70张，馆内开展少儿优秀影视展播活动，并新购少儿读物2000余册。三原图书馆为小学送去各类青少年读物200余册。汉台区、千阳县、蓝田县图书馆为少儿开展免费阅读活动。（强颖）

【读者活动】 陕西省图书馆全年举办展览、讲座273场次。节假日及全民阅读活动、服务宣传周期间，省图书馆、西安图书馆、咸阳图书馆、安康市图书馆等举办各类读书宣传活动，包括：读书征文，知识讲座，设立宣传展板，发放宣传资料，免证阅览，电子图书免费体验，为学校、监狱、机关、厂矿送书上门等。其中，省图书馆举行“数字资源体验周”活动，邀请相关专家开展现场讲座；西安图书馆召开读者座谈会暨优秀读者颁奖活动，并邀请著名作家叶广芩向获奖读者赠送新作《青木川》；绥德县子洲图书馆提出县级各单位为图书馆赠订一份报纸或杂志的倡议，得到各单位的支持，共订报54份，杂志22份；岐山县图书馆通过电视、网络开展宣传，并与省广电网络岐山支公司联合开展“上宽带送借书证”活动。

此外，省图书馆“陕图讲坛”渐成品牌，全

年共举办各类报告会 40 场次，接待人数逾万人。德语自学中心也通过举办德国信息报告会和德语角活动，为德语学习者搭建了一个良好的交流平台。西安图书馆“天禄讲坛”自 2001 年创办起，已成功举办公益讲座近百期。“天禄讲坛”系列光盘也以 90%的高比例入库率成为全国文化信息共享工程资源库的主力军。（强 颖）

【教育培训、业务辅导】 省图书馆教育培训部先后开办包括和国家图书馆联合举办的《中国机读目录格式》编目上岗资格证培训班，配合文化共享工程举办的地县公共图书馆计算机管理人员及编目人员免费培训等在内的图书馆专业技能培训 4 次，共有 165 名地县馆、各大专院校图书馆的同志参加了培训学习。

省图书馆对大荔县和三原县的新馆筹建方案多次派人进行实地调研和指导，并前往灞桥区图书馆和岐山县图书馆进行业务指导和服务。10 月，接受三原县图书馆 24 名员工来省馆进行业务技能学习。陕西省图书馆学会和省图书馆共同举办中德图书馆交流会，来自省内 20 家市县级公共图书馆的馆长、馆员共 80 余人与来自德国图书馆界的专家学者进行了面对面的互动交流。

城固县图书馆派人参加省图书馆举行的共享工程基层服务点设备操作人员培训后，对 10 个村示范文化室的人员进行讲解，并帮助村文化室分编图书共计 1500 多册。临渭区图书馆派人到白杨中学进行业务指导，帮助分类、编目、上架图书 4000 余册。（强 颖）

【会议及外出学习】 5 月，省图书馆馆长谢林、西安市图书馆馆长张弥参加了由文化部组织的在天津召开的全国公共图书馆延伸服务经验交流会。此外，谢林馆长参加了由国家图书馆、四川省图书馆共同倡议的西藏自治区图书馆事业发展研讨会暨援藏活动，参会的 14 家图书馆达成一致意见，为西藏图书馆捐款购买一辆流动送书车。全年，省图书馆共派出馆领导、各部门负责人及业务骨干 10 余人参加了图书馆读者服务工作、多载体文献编目、延伸服务、文化共享工程等工作交流会及业务培训。西安图书馆馆长张弥参加西南地区市地州图书馆协作网工作会议，文献建设部主任王志红赴大连参加了由国家图书馆主办的“第 2 届全国图书采访工作研讨会”和“全国图书馆联合编目中心 2007 年工作会议”。李琼、刘兵主任参加由陕西省科技情报学会、陕西省科技图书文献中心、陕西省科技信息研究所在临潼召开的“自主创新环境下的情报研究及信息服务”研讨会。（强 颖）

【学术活动】 8 月，省图书馆馆长谢林参加了 2007 中国图书馆学会年会。西安图书馆副馆长王东文应邀在会上发言，宝鸡市图书馆馆长索新全作为征文一等奖获得者也作了报告。本次年会上，陕西共提交论文 24 篇，其中一等奖 2 篇，2 等奖 4 篇，3 等奖 7 篇。

12 月，陕西省图书馆学会第 6 次会员代表大会在省图书馆召开，来自全省各系统图书馆和相关机构的代表 118 人参加了此次大会，大会选举产生了第 6 届理事会，在 6 届 1 次理事会上，选举产生了 6 届常务理事会，并通过了各专业委员会主任委员提名。选举产生了新一届理事长、副理事长、秘书长、副秘书长，谢林同志再次当选学会理事长。陕西省图书馆学会第 6 次科学讨论会由新组建的学术研究委员会主持召开，来自全省各级各类图书情报系统的 50 多名代表参加了会议。本次讨论会以“和谐 · 共建 · 共享”为主题，收到应征论文 113 篇，其中有 8 篇、21 篇、29 篇分获一、二、三等奖，4 家图书馆获得征文组织奖。

西安图书馆副馆长王东文参加第 5 届全国目录学学术研讨会并获优秀论文奖。宝鸡市图书馆在 2007 年全省第 6 次图书馆学会学术研讨会征文活动中，共有 14 篇论文参加评选，二等奖 3 篇，三等奖 1 篇，优秀奖 10 篇，并被评为优秀组织奖；在中图学会第 5 次年会论文评比中，获一等奖 1 篇，二等奖 1 篇；在陕、甘、川图书情报协作网年会上，分获一等奖 1 篇，二等奖 1 篇。铜川市文化局主办、铜川市图书馆承办了铜川市图书馆事业发展研讨会，来自全市各县、区公共图书馆以及厂矿图书馆（室）的 50 余名代表参加了研讨会。（强 颖）

【领导视察与馆际交流】 陕西省委书记赵乐际、陕西省副省长李堂堂、国家发改委有关方面负责同志先后到省图书馆视察工作。此外，陕西

省图书馆先后接待了济南市图书馆、辽宁省葫芦岛市图书馆、内蒙古图书馆、深圳市盐田区图书馆、国家图书馆、北京西城区图书馆、青海省图书馆等百余人参观交流。

西安市副市长韩松、市政府办公厅相关领导到西安图书馆视察，内蒙古阿拉善盟图书馆一行到西安图书馆进行学术交流。咸阳市委书记、市人大常委会主任张立勇到咸阳图书馆进行工作调研。三原图书馆组织人员分别到咸阳市馆、永寿、乾县、泾阳、大荔县图书馆进行参观交流。

6月，宁夏、青海、新疆、甘肃、陕西五省区图书馆馆长暨学会理事长、秘书长首次齐聚古城西安，共同探讨西北五省区图书馆合作发展大计，并在陕西省图书馆举行了西北五省区图书馆合作协议的签字仪式。（强颖）

【延伸服务、送书下乡】 省馆流动服务车继续做好网点发展及服务工作，截至2007年底，已开通包括企业、学校、社区在内的流动服务点9个。全年共计上门服务169次，办理读者证934张，外借图书7038册，接待阅览读者9915人。

三原县图书馆、临渭区图书馆、洛南县图书馆、彬县图书馆、岐山县图书馆、佛坪县图书馆等积极开展科技、文化、图书下乡活动，到乡镇、农村及部队发放科技信息、宣传资料，赠送农业书刊，并在乡镇村建立图书网点，为农村图书室赠送书刊资料，开展免费借阅活动等。（强颖）

【陕西省高校图书馆概况】 2007年陕西省高等学校图书情报工作委员会（简称图工委）有成员馆57家。根据54家图书馆的统计数据，2007年陕西高校图书馆馆舍建筑总面积100.53万平方米，平均每馆建筑1.86万平方米，比2006年的平均每馆1.81万平方米增加了2.76%，有8家图书馆进行新馆建设，在建新馆面积20.90万平方米。读者座位为116 673个，平均每馆2161个，比2006年的平均每馆2113个增加了2.27%。2007年图书馆正式职工2341人，平均每馆43.35人，比2006年的平均每馆47.57人下降了8.87%。其中男职工794人，占总人数的33.92%，女职工1547人，占总人数的66.08%。博士学位人员12人，硕士学位人员165人，本科文化程度1015人，大专文化程度的390人，大专文化程度以上共1582人，占67.58%；高级专业职务人员349人，占总人数的14.91%。54家高校图书馆年度运行经费为14 884.65万元，平均每馆275.64万元，其中文献资料购置费14 127.34万元，占图书馆总经费的94.91%；电子资源购置费为3308.42万，平均每馆61.27万元，比2006年的平均50.72万元增加了20.80%。2007年中外文图书采购量（含电子书）719万册，平均每馆13.31万册。截至2007年，文献资源累积量达7846.50万册（件），平均每馆145.31万册，比2006年的平均140.13万册增加了3.70%。2007年我省高校图书馆共有各类服务器379台，平均每馆7.02，比2006年的平均6.80台增加了3.24%；PC机10 897台，平均每馆201.80台，比2006年的平均167台增加了20.84%。我省高校图书馆为校内固定读者83.41万人服务，平均每馆每周开馆时间为82.96小时，全年文献外借书刊1918.42万册。（张惠君）

【陕西省高等学校图书情报工作会议】 2007年陕西省高等学校图书情报工作会议于6月20日至22日在榆林市举行，来自全省56所高等学校图书馆的馆长、副馆长共90人出席了会议。本次会议主题为“文献资源采购规范及区域性文献资源共享”。会议分别由省高校图工委副主任委员贾希铭、李志俊、孔润年主持，榆林学院副院长赵红星到会致欢迎辞。会上，省高校图工委副主任委员、西安交通大学图书馆馆长俞炳丰对《陕西省高校图工委2007年工作要点》作了说明性报告；省高校图工委副主任委员兼秘书长张西亚对2006年省高校图工委工作做了总结报告，并就有关情况进行了通报。清华大学图书馆副馆长杨毅应邀专程到会作了“图书馆资源建设与发展”的报告；省高校图工委副主任委员、西北农林科技大学图书馆常务副馆长胥耀平作了“教育部高校图工委《普通高等学校图书馆文献集中采购工作指南》学习”的专题报告；省高校图工委副主任委员、陕西师范大学图书馆副馆长康万武作了“陕西省高校图书馆馆际互借改进方案”的专题报告；省高校图工委副主任委员、西北工业大学图书馆馆长荀文选作了“图书馆迎接本科教学评估经验交流”的专题报告；西安建筑科技大学图书馆常务副馆长裴世荷作了“为贫困生捐赠教材工作汇报与经验交流”的专题报告；西安思源学院图书馆馆长杨邦俊作了“从评估指标探讨高职高专院校的图书馆建设”的专题报告。西安航空技术高等专科学校图书馆馆长许文丹代表省图工委高职高专工作组作了一年来业务活动的汇报。最后，孔润年副主任委员做了会议总结。（张惠君）

【图书馆资产核查工作】 2007年4月3日，省高校图工委召开常委馆会议，西安交通大学、西北大学、西北工业大学、西安电子科技大学、西安建筑科技大学、长安大学、西安理工大学、陕西师范大学等8所西安高校图书馆的相关人员出席会议，会议针对各馆普遍关注的资产核查问题进行了交流、讨论。根据西北大学图书馆等先行单位的经验，图工委整理了本次图书馆资产核查工作要点，下发各馆。要点明确了本次核查年限范围、核查依据、实施要点及步骤；关于资产卡录入，建议以“年”为基本单位建立卡片信息；对数据库核查的问题也给出了明确的建议。（张惠君）

【教育部“高职高专图书馆馆长研修班”】 2007年9月19日至24日，由教育部授权举办、西安交通大学承办的“高职高专图书馆馆长研修班”在西安交大图书馆举行，来自全国41所高职高专院校图书馆的48位学员参加了研修班学习。

高职高专图书馆馆长研修班是教育部高等教育司“高等学校青年骨干教师高级研修班”项目的一部分，是加强高等学校图书馆骨干培养的重要举措。

教育部高校图书情报工作指导委员会副主任、教育部高教司教学条件处李晓明处长出席开班典礼，结合高职高专图书馆建设详细解读了《普通高校图书馆规程》，对高职高专图书馆发展进行了宏观指导；教育部高校图书情报工作指导委员会副主任兼秘书长、北京大学图书馆副馆长朱强研究馆员作了“中国高等学校图书馆的现状与发展”的专题报告；西安地区有关高校图书馆的专家学者分别就高校图书馆管理、文献资源建设、文献整序、高职高专图书馆建设、图书馆现代化与数字图书馆建设等专题作了专题讲座。研修班还组织学员参观了西安欧亚学院图书馆，来自全国其他省区的图书馆馆长领略了陕西省民办教育取得的成就和高职院校图书馆的办馆水平，他们对欧亚学院图书馆先进的建筑设计、完善的管理措施及人性化的服务模式表示赞赏。研修班采用授课和研讨相结合的方式，取得了预期效果，得到了学员的广泛认可。（张惠君）

【第8届阅览参考学术研讨会】 2007年12月11日至12日，陕西省高校图工委“第8届阅览参考学术研讨会”在西北农林科技大学举行，来自全省30余所高校图书馆馆长、入选论文作者和有关工作人员共90余人出席了会议，西北农林科技大学张雅林副校长、陕西省高校图工委张西亚秘书长出席会议，并发表重要讲话。本次研讨会的主题为“新形势下高校图书馆读者服务在发展模式、社会功能拓展与转换方面的实践与思考”，与会代表紧紧围绕图书馆管理、信息服务与参考咨询、信息资源开发利用与期刊管理、队伍建设与信息素质教育、读者工作研究等方面问题，从理论和实践两个层面进行了深入和广泛的交流与学术研讨。会议共收到应征论文89篇，最后经由专家对所有论文进行认真的审读和评比，确定一等奖论文8篇，二等奖论文16篇，三等奖论文24篇。大会向论文获奖者颁发了证书。（张惠君）

甘肃省

【概况】 截至2007年底，甘肃省现有县以上公共图书馆92所（含少儿图书馆1所），其中省级馆1所，地市级馆8所，县级馆83所。全省公共图书馆馆舍总面积14.8万平方米，其中书库面积3.4万平方米，阅览面积3.5万平方米。阅览座位9834个，其中少儿阅览座位2766个。藏书总量889.2万册（件），比2006年增长了10%，其中图书686.9万册，古籍52.5万册；报刊合订本152.9万册，视听文献、缩微制品4.9万册件；开架书刊292.4万册，约占总藏书量的40%。当年，全省新增藏量13万册（件），其中新购图书10.8万册，当年订购报刊122 547种。

全省公共图书馆从业人员 1205 人，其中，省级馆 192 人，地市级图书馆 247 人，县级图书馆 766 人；中级职称以上的专业技术人员 263 人，占从业人员总数的 30%，其中高级职称 44 人，中级职称 219 人。在信息化装备方面，全省公共图书馆拥有计算机 1114 台，比 2006 年增加了 20%，其中省级馆 196 台，地级馆 288 台，县级馆 630 台；有 30 个图书馆建起了电子阅览室，终端数 521 个；已建成的共享工程分中心、支中心 95 个，其中省级分中心 1 个，地市级支中心 13 个，县级支中心 60 个，乡镇、村、社区等基层点 16 个。在图书馆自动化、网络化建设方面，省图书馆、兰州市图书馆、白银市图书馆、天水市图书馆、甘南州图书馆、麦积区图书馆、清水县图书馆、张掖甘州区图书馆、临泽县图书馆、陇南武都区图书馆等 12 所图书馆实现了业务工作自动化管理，省图书馆、兰州市图书馆、白银市图书馆、张掖甘州区图书馆等 4 个图书馆建立了自己的网站。2007 年，全省公共图书馆事业经费 6693.9 万元，比 2006 年增长了 40%，其中新增藏量购置费 605.6 万元，比 2006 年减少了 10%。全省图书馆在册读者 14.1 万人，与 2006 基本持平；全年接待读者 376.3 万人次，比 2006 年增加了 30%；书刊外借 138.8 万人次，流通书刊 263.2 万册次；举办各类读者活动 1859 次，参加人数达 21.6 万人次。（董隽）

【白银市读者协会在白银市图书馆启动首次读者沙龙】 2007 年 1 月 20 日，白银市读者协会首次读者沙龙聚会在白银市图书馆正式启动。此次沙龙以“我最喜爱的一本书”为话题，吸引了 20 多名读者参加。大家畅所欲言，各述心怀，谈论了对自己最有影响的一本书。其中有多位读者提到《于丹〈论语〉心得》一书，引起大家的热烈讨论。“读者沙龙”在白银市尚在尝试之中，旨在给广大读者提供一个交流学习的平台。（王文涛）

【文化部全国文化信息资源管理中心规划处刘刚处长到甘肃天水调研】 2007 年 1 月 23 日，文化部全国文化信息资源建设管理中心规划发展处刘刚处长、国务院扶贫办信息中心骆爱荣副处长在甘肃省图书馆马立淑副馆长、蔡奕明处长、丁枫同志的陪同下，视察了天水市图书馆、麦积区图书馆、麦积区伯杨镇下坪村等文化共享工程基层中心，听取了各基层点负责人就共享工程进展情况、资源需求和对今后工作的设想等所作的汇报，并实地考察有关网络建设以及其他各项工作进展。（王文涛）

【徽县图书馆举办民间工艺美术作品展览】 2007 年 2 月 25 日至 3 月 10 日，徽县图书馆举办民间工艺美术作品展览，共展出 60 余名作者的作品 180 件，包括绢绣、泥塑、根艺、木雕、剪纸、刺绣、粘贴、农民画等，具有鲜明的艺术特色和地方特色，显示了当地民间工艺美术作品的艺术水准。作品征集由徽县图书馆和徽县民间文艺家协会负责。徽县图书馆多次举办书画展、图片、民间工艺、昆虫标本等展览，这次举办的民间工艺美术作品展览，是历次同类展览中档次最高、思想性和艺术性最佳的展览。展览期间徽县图书馆特意为每件参展作品拍了照片，留作资料以备查询。（王文涛）

【文化信息资源共享工程白银市支中心春节期间开展宣传活动】 2007 年春节期间，白银市图书馆根据全国文化信息资源共享工程甘肃分中心的统一安排和白银市文化出版局的要求，按照“三贴近”的原则，精心组织，扎实部署，深入农村基层，开展了一系列文化共享工程宣传利用活动。为让更多的人了解和享受该工程提供的服务，白银市图书馆通过悬挂标语横幅、在网站上公布春节期间活动安排、邀请新闻媒体（电视台、报社）记者采访报道等形式，广泛宣传，使文化信息资源共享工程深入人心，许多人主动加入到了利用文化信息资源的行列。春节期间，市级以上新闻媒体先后 3 次报道了白银市图书馆开展活动的情况。从正月初一开始到正月十五，白银市图书馆都在一楼大厅利用文化信息资源共享工程的设备和资源，结合不同社会群体对信息需求各异的特点，播放影视资料。先后播放老年人常见疾病的预防、感冒的防治、四季食疗等养生保健知识短片 5 部，播放具有本土特色的秦腔和其他戏曲曲目 5 部，播放爱国主义教育影片和小朋友喜欢的动画片等影视娱乐片 5 部。在播放影视资料、加强阵地宣传的同时，白银市图书馆还挑选了一批农业科技图书、农业科普知识光盘、影视娱乐片等文献资料，深入三县两区农村，开展了文化对口帮扶和送农业科技信息下乡活动，取得了预期效果。2月27日，白银市图书馆送农业科技信息下乡活动进入会宁县郭城镇郭城村文化室大院、平川区种田乡文丰希望小学，为当地的农民朋友和小学生送去图书近1000册，赠送《农作物种子的真假鉴别》等农业科技知识光盘40多套，播放农业科技教育片3部。（王文涛）

【张掖市甘州区图书馆春节期间送文化下乡】 2007年春节假期期间，张掖市甘州区图书馆以知识讲座、文化帮扶为主要内容开展了文化共享工程系列活动，极大丰富了城乡居民的节日文化生活。在春节假期期间，甘州区图书馆制作假期“新书目”宣传专栏，引导读者阅读，向读者推荐《百年潮》系列、《百家讲坛》系列等各类最新文学书籍近百种。印制“图书馆简介”、“全国文化信息资源共享工程简介”宣传材料1000多份。在读者借阅时进行了积极的宣传引导，使读者能全面了解全国文化信息资源共享工程的内涵、图书馆的服务功能和多样化的读书方式，了解如何利用图书馆和享用文献共享信息资源。工作人员在现场为读者怎样使用文化信息资源共享工程所提供的信息进行了演示，并利用共享工程提供的设备，组织社区近百名学生到馆观看《与法同行》、《读书精神与读书方法》等电教片。（王文涛）

【文化共享工程麦积区支中心举办“共享工程和谐风”系列活动】 2007年春节前夕，麦积区图书馆发挥“共享工程”设备和资源优势，开展全方位宣传和资源服务活动，在当地形成“欣赏文化共享资源，关注文化共享工程动态”的良好氛围。麦积区图书馆在各服务窗口散发“共享工程”简介1500份，并在馆内局域网上连续宣传，使广大市民知晓、关注这一惠民工程，同时分别于正月初八、初九下午在多媒体教室播放了省中心配发的优秀影片《东方神舟》《冲出亚马逊》及“共享工程”资料片。吸引了不少群众特别是未成年人前来观看。另外，春节期间，麦积区图书馆还举办了“幸运读者”评选、“成长在校园，奉献于社会”的义务小馆员评选、文明窗口及“优秀管理员”评选等系列活动。（王文涛）

【共享工程甘肃省分中心举办文化资源共享工程第四期业务培训班】 2007年3月13日，文化资源共享工程第四期业务培训班在甘肃省图书馆举办，来自全省各县图书馆的40多名工作人员参加了培训，此次培训的内容是共享工程设备的使用和维护。甘肃省文化厅社文处处长梁世俊在开学典礼上发表讲话。梁处长针对今年文化共享工程基层点的建设工作提出了几点要求。甘肃省图书馆馆长郭向东在开学典礼上也就文化资源共享工程的建设发表了讲话，典礼由甘肃省图书馆副馆长马立溆主持。培训班上，甘肃省中心的技术人员详细讲解并现场演示了“文化信息资源共享工程”网络平台的操作方法，并让学员上机实习，给他们一对一的辅导，使每个参加培训的人员都能熟练掌握使用方法。培训结束后，下发了34套设备，省中心于4月底之前全部安装完毕。（王文涛）

【安宁区图书馆元台社区图书馆流动站成立】 2007年3月16日，安宁区图书馆在元台社区设立的图书馆流动站正式挂牌成立，并首次为该社区流动站提供图书期刊40种200册，今后安宁区图书馆将逐步增加该流通站的期刊种类。（王文涛）

【《公共图书馆建设标准》编制组邀请建筑专家实地调研甘肃省公共图书馆】 2007年3月21日至24日，《公共图书馆建设标准》编制组为了全面征求各地区各级公共图书馆对《公共图书馆建设标准》（征求意见稿）的意见，由文化部计财司综合处处长李建军、一行8人组成的调研小组，前往甘肃省进行了实地调研并征求意见。调研组考察了甘肃省图书馆、兰州市图书馆、兰州市少年儿童图书馆、天水市图书馆以及天水市麦积区图书馆共5个图书馆。

21日，调研组一行在省图书馆馆长郭向东、党委书记董映澜等馆领导的陪同下，实地察看了甘肃省图书馆的建筑状况，专家组对省图书馆的总建筑规模以及阅览楼、书库楼、办公区、读者活动区等分项建筑面积与使用状况进行了详细了解。在之后举行的座谈会上，专家组又与来自兰

州大学、中科院国家科学图书馆兰州分馆的专家一道，就省图书馆的调研结果与《公共图书馆建筑标准》中的相关指标进行比照、探讨，并听取了省图书馆领导和相关专家关于《公共图书馆建筑标准》的意见和建议。

22日上午，调研组成员到兰州市图书馆进行了实地调研。编制组的专家们认真听取了王保玉馆长对本馆馆舍建设和使用情况的汇报，并进行了实地调研。专家们认为，兰州市图书馆目前的建设情况还是不错的，保存详细的档案也为《公共图书馆标准》的制定提供了不可多得的第一手资料。

23日，调研组成员在省图书馆郭向东馆长等陪同下，到天水市进行了实地考察和调研活动。天水市文化文物出版局局长苏定武，市图书馆馆长陈建中及麦积区委宣传、文化局主要负责人全程陪同调研组对天水市图书馆和麦积区图书馆进行了考察。调研组采取听、看、问的形式，先后对市、区图书馆基础设施建设、藏书体系建设、自动化建设、业务研究、读者服务、现代化装备等结合《公共图书馆建设标准》有关内容进行了深入细致的调研，天水市图书馆馆长陈建中就市馆基本情况及今后工作打算向调研组做了介绍和汇报，并就《公共图书馆建设标准》涉及的与基层馆建设有关问题谈了建议，调研组在肯定工作的同时也希望天水市图书馆立足实际，抢抓机遇，加快天水市公共图书馆事业的发展。

31日，甘肃调研组成员与编制组一起召开研讨会。编制组听取了清华大学高冀生教授和建筑专家韩光宗的调研情况汇总，以及他们对《公共图书馆建设标准》（征求意见稿）的修改意见。与会人员对标准条文的章节划分、指标依据以及文字表述再次进行了细致的讨论和交流。经过研讨，对一些关键问题达成共识，尤其是建筑技术方面的内容更加理清了思路。文化部和建设部相关领导也参加了会议并带给编制组新的国家政策信息，为修改条文提供参考依据（王文涛）

【西固馆举办"阳光阅读 健康成长"青少年新书展阅宣传活动】 从4月18日起，西固区图书馆举办了为期两个月的"阳光阅读 健康成长"新书展阅宣传活动。宣传期间，西固区图书馆充分利用馆藏文献和文化信息共享工程的资源优势，为读者提供新书展阅及优秀影片放映活动，受到了社会各界的广泛好评。（祁自顺）

【甘肃省图书馆等6家图书馆荣膺"CNKI数据库最佳应用单位"】 在2007年4月18日召开的"CNKI产品与服务发布巡会暨2006年度甘肃、青海省CNKI数据库使用统计排行发表会"上，甘肃省图书馆被《中国知识资源总库》编委会授予"甘肃省CNKI数据库最佳应用单位"的称号，兰州大学、西北民族大学、兰州理工大学、兰州工业高等专科学校及甘肃省委党校等图书馆均获此殊荣。"CNKI数据库最佳应用单位"称号的授予，是对上述6家数字图书馆建设成果以及数字资源应用效果的充分肯定。（王文涛）

【甘肃省图书馆、甘州区图书馆联合开展"世界读书日"系列活动】 2007年4月22日上午，由甘肃省图书馆、甘州区人民政府、甘州区图书馆联合举办的"世界读书日"活动启动仪式在甘州区中心广场隆重举行。省图书馆、甘州区委、区人大、区政府、区政协领导，市、区相关部门负责人参加启动仪式。启动仪式上，与会领导与新乐小学500余名小学生及围观的群众，先后在写有"图书馆阅读社会的家园、书籍是人类进步的阶梯"的横幅上签名留字。随后阅览了城区30多家图书零售经营户提供的15 000多册图书。全国文化信息资源共享工程在"世界读书日"活动期间，为甘州区图书馆赠送了APABI电子图书及中国农业知识仓库期刊光盘10套、光盘资源200张，图书200余册，更新流通图书2000册。更新文化信息资源100GB，并提供技术指导和业务咨询。当天下午，甘州区民族小学200多名小学生和甘州区图书馆联合举办亲子阅读活动。学生们以书为主题表演了诗词朗诵、讲小故事、舞蹈、相声、三句半、小品等。当天晚上在图书馆内开展了文化共享工程甘肃省图书馆、甘州区图书馆世界读书日活动——西来寺社区世界读书日活动，社区200多名群众观看了文化共享工程提供的革命历史题材影视片《我的长征》。（王文涛）

【兰州市图书馆荣获甘肃省“书香农家”读书活动组织奖】 2007年4月22日下午，在兰州举行的甘肃省纪念“世界读书日”暨给农村进城务工人员赠书仪式上，中共甘肃省委宣传部、省新闻出版局对从上一年9月开展至今的“书香农家”农民读书活动进行了表彰。兰州市图书馆在这次活动中因组织得力，荣获甘肃省“书香农家”读书活动组织奖。（王文涛）

【庆阳市委宣传部向合水县图书馆捐赠近万册图书】 2007年，庆阳市委宣传部向合水县图书馆捐赠的9017册图书，涵盖了政治、经济、文化、教育等方面。市委宣传部的领导希望合水县图书馆营造良好的读书氛围，丰富知识传播，培育现代市民，塑造昂扬向上的城市精神，为合水实现经济强县、文化新城、和谐社会的宏伟目标提供强大的智力支撑。（王文涛）

【张掖籍作家“情系故乡”为临泽图书馆赠书】 2007年4月24日下午，临泽县文化出版局邀请张掖籍作家在文化出版局会议室举行“情系故乡”赠书仪式。参加仪式的有县委常委、副县长蒋世兴，县委常委、宣传部长刘伟红，张掖市文化出版局局长张维谦以及张掖市文联、张掖市作协和张掖籍作家共25人，作家们向临泽县图书馆无偿捐赠图书46种，60多册。（王文涛）

【西峰区图书馆乔迁新馆】 2007年5月，西峰区图书馆终于告别了建馆20年搬迁10余次、长期无馆址的历史，搬入了新竣工的文化、图书馆综合大楼。西峰区图书馆自1996年建馆至今，因种种原因，馆址问题一直没有得到解决。这不仅直接影响了图书馆业务的正常开展，还极大制约了西峰区图书馆事业的发展，更对老区广大读者造成了许多负面影响。这次搬迁，成为西峰区图书馆塑造自我，发挥职能的一个新起点。西峰区图书馆将认真寻找差距，创新管理思路，通过全方位、多层次、优质、便捷的服务，将图书馆公共文化设施的功能作用发挥光大，使老区广大读者感受到文化信息资源为他们带来的无限乐趣。（祁自顺）

【兰州市周丽宁副市长一行到兰州市图书馆视察工作】 2007年5月14日上午，兰州市副市长周丽宁到兰州市图书馆视察工作。周副市长一行在王保玉馆长的陪同下，对兰州市图书馆各部门进行视察，并了解了兰州市图书馆的藏书、部门设置、读者服务、新馆建设等情况。在视察和听取汇报后，周副市长对兰州市图书馆近年来的工作给予了充分的肯定，并鼓励兰州市图书馆继续努力，开拓渠道，更好地为读者服务。（王文涛）

【康县图书馆对城区中学图书室进行业务辅导】 在教育系统“两基”攻坚达标验收工作之前，康县图书馆于5月26日至6月8日对康县城关中学图书室管理人员进行了业务辅导培训。培训期间，康县图书馆工作人员通过实际操作演示，使该图书室管理人员基本掌握了图书的登录、加工、分类、著录、排列等工作流程。今后，康县图书馆将随时对该校图书室管理人员遇到的问题继续进行辅导解决，直到完成整个工作任务。（祁自顺）

【甘肃省图书馆为青少年提供绿色服务平台】 甘肃省图书馆电子阅览室于2007年6月1日开始开展活动，免费指导青少年学习网络知识、常用网络资源使用方法等，引导青少年正确使用网络资源，丰富了广大青少年精神文化生活，不少家长陪着孩子一起上网查资料、看电影、下载歌曲。阅览室规定青少年上网时间不能超过2小时，即使有家长陪同，也不能超过规定的时间。工作人员对所有上网人员的电脑实行监控，对不良网站给予屏蔽，为青少年提供了一个健康有益的绿色网络学习娱乐平台。（王文涛）

【皋兰县公共文化活动又添新成员】 在“六一”国际儿童节来临之际，皋兰县青少年活动中心正式启动，举行了丰富多彩的庆祝活动，经多方筹措，上级拨付了大部分青少年图书，缓急了青少年图书紧缺的困境，经过分类、编目，现已正式向青少年读者开放，提供借阅、阅览。宽敞明亮的阅览室座位50个，拥有青少年图书8000余册，每天开放4小时，双休日全天候开放，深受青少年读者的欢迎。（祁自顺）

【泾川县成立全省最大的县级图书流通站】 2007年6月3日，甘肃省图书馆泾川流通站在泾川县正式成立，该流通站是甘肃省图书馆在我省建立的最大的县级流通战，今后甘肃省图书馆每年为该流通站提供1万册图书，这将有效解决目前泾川县图书资源不足与各方面知识需求量增加的矛盾。6月3日上午10时举行了揭牌仪式。省文化厅社文处处长梁世俊、省图书馆副馆长许新龙等省领导，县委常委、宣传部长脱德涛，县人大副主任扬晓慧，县政府副县长陶梅，县政协副主席张怀群出席揭牌仪式，县委常委、宣传部长脱德涛，省文化厅梁世俊处长，省图书馆许新龙馆长为流通站揭牌，副县长陶梅作了重要讲话。（王文涛）

【中国科学院副院长李家洋视察国家科学图书馆兰州分馆】 2007年6月8日，中国科学院副院长李家洋来到国家科学图书馆兰州分馆视察指导工作。李家洋一行参观了兰州分馆的新大楼，并到情报部、服务部、技术部等部门看望了工作人员，视察了网络机房设备、各个阅览室的书刊陈列和读者阅览情况，还查阅了读者登记本、向工作人员询问读者到馆阅览的情况，了解开展网络信息服务和战略情报研究工作的情况。参观视察后，李家洋听取了兰州分馆的工作汇报。国家科学图书馆副馆长、兰州分馆馆长张志强简要汇报了国家科学图书馆的管理架构、业务架构、发展战略，详细汇报了兰州分馆创新三期的发展定位和发展战略，介绍了兰州分馆的人员队伍、主要业务工作及其进展情况。张志强就李家洋副院长关心的问题，介绍了国家科学图书馆面向研究所的学科化信息服务，特别是针对重点科学家、重点实验室、重点项目等开展针对性信息服务的工作情况，表示将按照院领导的要求，深入做好对研究所战略科学家的信息服务工作。（祁自顺）

【中科院图书馆兰州分馆举办“创新、和谐、发展”演讲比赛】 2007年6月20日，国家科学图书馆兰州分馆综合办公室、研究生部、团总支联合举办了“创新、和谐、发展”演讲比赛。来自分馆各部门以及在读研究生的7名选手，分别从和谐团队、和谐部门建设、国家科学图书馆及兰州分馆创新发展等角度作了精彩演讲。分馆全体职工和研究生听取了演讲。（祁自顺）

【天水市图书馆开展服务宣传月活动】 天水市图书馆于6月25日至7月28日开展了“阅读健康 享受生命”服务宣传月系列活动。6月份，天水市图书馆自动化管理系统建设工作完成，所有图书实现了自动化检索，对读者实行开架式借阅。为扩大宣传影响、提高服务质量，天水市图书馆围绕优质服务开展了形式多样的系列宣传活动：制作宣传展板、横幅、印发传单，在繁华街道和社区进行宣传，倡导人们走进图书馆，享受阅读的快乐；与驻地部队开展军民共建，组织官兵参观图书馆，为他们集体办理借书证，设立图书流动点，为市直机关单位、企业、学校上门办理书证1000多个，并针对暑期青少年读者集中的情况，大量新购各类科普读物和少儿读物，社会反响热烈，在天水市掀起了读书热潮。（祁自顺）

【“上海松江农民丝网版画”在兰州市图书馆展览】 6月29日至7月8日，兰州市图书馆举办“上海松江农民丝网版画”展览。该展览共有100幅作品，作品反映出了一群热爱绘画的松江农民在文化馆美术老师精心辅导下，博采松江地域民间传统文化和江南水乡的民俗民风，利用现代丝网感光套印等技艺，加上自身那种无拘无束、异想天开、随意赋彩、造型夸张质朴、构图简括有趣的审美理念，创作了一幅幅极有农村乡情味的灿烂画面。这些作品大都取自于作者自身熟悉的本土生活，展示了广大百姓安居乐业和谐生活的快乐状态，表现了乡村农事小景，抒发了农民对生活的热情。（祁自顺）

【2007西北民族大学图书馆学术研讨会顺利召开】 2007年7月，2007西北民族大学图书馆学术研讨会如期召开，西北民族大学图书馆近50名同志参加了此次会议，17名论文作者在会上作了专题发言，与会的同志们畅所欲言，就自己对图情工作的思考和认识，展开了热烈讨论，并切磋交流了目前图书馆学界的热点学术问题。（祁自顺）

【西固图书馆"图书诚信之旅"进社区】 2007年，西固区图书馆为充分发挥馆藏文献的作用，保证将图书"进社区、进校园、进工厂、进乡（镇）村、进军营、进机关"这项民心工程做实、办好，为了更好地启动工作，通过实地调研、下发图书需求调查表格等形式，深入基层掌握了解基层社区百姓对图书的需求。调研结束后，就这项工作提出了相关建议和措施，并与驻区部门单位建立了图书流动站点。此项工程受到了西固区文化局领导的高度重视和大力支持。为了丰富社区居民的文化生活，利用社区活动中心这块阵地，西固区图书馆在图书服务宣传周期间，将204册优秀精品图书流动到临洮街中街社区站点，在图书流动活动中，西固区图书馆注重把好宣传关，确保活动效果好，成效明，反响大，切实将活动落到实处，通过建立图书流动站点，使社区居民利用图书、阅读图书、传递图书，让更多的居民享受到阅读的乐趣，以此营造诚信、和谐、文明的社会氛围。（祁自顺）

【应中逸逝世三周年省图举办遗作展】 7月20日至7月25日，甘肃省图书馆举办了题为"梅花万点照甜心"的馆藏应中逸作品展开展。全国政协常委邓成城、省政协副主席陈剑虹及有关单位领导，省诗书画联谊会会员、应中逸先生的家人及亲朋好友等参加了20日的开展仪式。时值应中逸老先生逝世三周年，省图书馆将馆藏应先生作品进行大型展出，旨在缅怀应老先生的精神，寄托人们的哀思。本次展出的书画作品共有60多轴，共计100余幅，多表现爱梅咏梅的主题。（祁自顺）

【兰州市图书馆举办"小小书市"】 为了让孩子们在假期里读到更多喜爱的图书，同时通过读书活动结识更多的朋友，兰州市图书馆于7月24日至7月29日在少儿阅览室举办"小小书市"活动。小朋友们可以带上自己闲置的图书到"小小书市"来参加展阅和交换活动。通过"小小书市"的交换活动，可以培养独生子女们分享所爱、节约资源的意识和好习惯，让孩子们在"书市"中看到更多自己喜爱的书，学到更多的新知识。本次活动还设有一个图书捐赠"爱心角"，孩子们可以把多余图书捐赠到"爱心角"里。兰州市图书馆会利用举办的各类读书活动和送书下乡的机会，将孩子们的这份爱心送到贫困地区和困难家庭，让那些想看书而看不到书的孩子们和大家一起分享读书的快乐，让他们感受到社会这个和谐大家庭的温暖！（祁自顺）

【中国图书馆学会志愿者行动专家组在甘肃调研】 7月31日，中国图书馆学会志愿者行动甘肃专家组前往甘肃省兰州市西固区图书馆、永登县图书馆、白银市图书馆进行实地调研。专家组一行在组长苏州市图书馆邱冠华馆长带领下详细了解了西固区图书馆、永登县图书馆、白银市图书馆的基本业务情况和近年来所开展的业务活动后召开座谈会。座谈中，专家组与三馆工作人员就公共图书馆的定位、意义及困惑西部经济欠发达地区公共图书馆发展的因素展开了讨论，专家组特别强调了图书馆的社会教育职能，将图书馆继续教育和义务教育并为同等重要的地位，建议图书馆在做好基本业务工作的同时积极为政府部门提供参考咨询、信息服务，从而引起当地政府的重视和支持。此次调研，专家组始终强调一个新的理念：转变服务理念，以有为赢得有位，先利用现有的人力、物力资源条件，做出实实在在的成绩，取得一定的社会效益，然后多渠道争取政府部门的支持，寻求公共图书馆更大的发展。（祁自顺）

【2007中国图书馆学会志愿者行动在白银】 7月31日至8月4日，"中国图书馆学会志愿者行动——甘肃省基层图书馆馆长培训班"在白银市举行，来自全省80个基层图书馆的近90位馆长参加了培训。在3天的培训时间里，专家组以专题报告的形式分别就图书馆推介、新农村建

设中的图书馆、图书馆资源建设和服务网络、图书馆自动化建设、馆长实务和我省基层图书馆馆长进行了深入的探讨，为使馆长们对所学课程有更深层次的理解，便于实践，同时解决其他相关问题，培训班还在晚上开设了专题讨论。2007 年的“中国图书馆学会志愿者行动”是中国图书馆学会继去年成功举办“中国图书馆学会志愿者行动”之后，走进中、西部地区，向基层图书馆馆长宣传图书馆新理念，介绍图书馆工作新方法，启迪图书馆馆长新思维，开阔图书馆工作者新眼界的又一次尝试，将利于进一步推进公共文化服务体系建设，提高各级图书馆管理水平，增强图书馆馆长的业务素质，有效推动图书馆事业发展，更好地为城乡群众提供优质的文化服务。（祁自顺）

【华裔德国专家甘肃互动报告会受好评】 8 月 3 日至 4 日，三位华裔旅德学者刘百宁、王河新、冯平作为“中国图书馆志愿者”来到甘肃，在甘肃省图书馆、白银市图书馆分别做了名为“一位中国少年与她的德国伙伴们——从〈美丽的童年〉谈起”、“全民阅读在德国——从‘德国公民图书馆为民服务点滴’谈起”和“读书与人生——从〈未来世界的 100 种变化〉谈起”三场报告。三位旅德学者在报告中融入了国外的新理念，尤其是冯平女士谈到的中国与德国的家长对孩子的教育观念的不同，受到了广大学生和家长的热烈欢迎。报告会上，专家与读者、学生和家长进行了现场互动，就中西方文化背景下孩子的成长和学习以及未来世界的变化给我们的生活带来的变化等方面回答了读者的提问。（祁自顺）

【新亚欧大陆桥沿线中心城市公共图书馆协作网第 6 届年会在兰州举行】 由中国图书馆学会、新亚欧大陆桥沿线中心城市公共图书馆协作网委员会主办，兰州市图书馆、兰州市图书馆学会承办的“新亚欧大陆桥沿线中心城市公共图书馆协作网第 6 届年会”8 月 6 日在兰州圆满结束。8 月 4 日召开的预备会上，与会代表讨论通过了“协作网”章程（修订稿）和设计制作的“协作网”会徽、会旗；确定了由新疆乌鲁木齐市图书馆作为第 7 届年会的承办馆等项议程。8 月 6 日年会以“图书馆与社会主义新农村文化建设”为主要议题，共同探讨在新形势下公共图书馆如何更好地为社会主义新农村建设服务，如何拓宽合作和交流的新思路，为进一步促进沿桥城市构建农村公共文化服务体系建设，推动和谐社会发展进程发挥积极作用。文化部图书馆司副司长刘小琴，中国图书馆学会理事长、国家图书馆馆长詹福瑞等领导出席会议并做了重要讲话。来自连云港、西安、宝鸡、郑州、乌鲁木齐、南宁等 20 个城市的 81 位代表出席了本届会议。西安市图书馆、郑州市图书馆、乌鲁木齐图书馆、南宁市图书馆、兰州市图书馆以及获得征文一等奖的宝鸡市图书馆索新全和连云港图书馆范玮分别做了关于新农村文化建设的主题发言，郑州市图书馆代表向兰州市图书馆赠送了一套线装的《郑州志》。兰州市图书馆馆长王保玉在会议总结中说：协作网第 6 届年会作为分会场，纳入到中国图书馆学会第 8 届年会中来是一次创新和尝试，提升了协作网的规格和档次、增强了在全国的影响力，也给沿线图书馆提供了学习交流和展示自身良好形象的大好机会。（祁自顺）

【甘肃省委组织部部长侯长安视察国家科学图书馆兰州分馆】 2007 年 8 月 7 日上午，中共甘肃省委常委、组织部部长侯长安一行视察了国家科学图书馆兰州分馆。侯长安部长在听取了国家科学图书馆副馆长、兰州分馆馆长张志强关于国家科学图书馆暨兰州分馆工作的简要汇报后参观了兰州分馆阅览室、书库、网络机房和情报研究部等业务部门，参观了分馆展览室，并与兰州分馆领导和部分员工亲切交流。（祁自顺）

【路甬祥院长视察国家科学图书馆兰州分馆】 8 月 8 日下午，全国人大常委会副委员长、中国科学院院长、党组书记路甬祥视察了国家科学图书馆兰州分馆。路甬祥院长等领导一行参观、视察了兰州分馆，在参观、视察中，路院长就国家科学图书馆整合组建一年多以来的改革发展情况、兰州分馆馆藏资源状况、数字信息资源状况、信息服务、读者到馆阅览情况、读者网上资源利用情况、图书馆对外开放情况、网络基础设施状况等所关心的方面，提出了一系列的问题，与陪同汇报工作的兰州分馆领导和工作人员亲切交谈，详细询问了解相关情况。参观之后，路甬祥院长听取了国家科学图书馆副馆长、兰州分馆馆长张志强的工作汇报，并做了重要讲话。路院长强调，文献情报工作要坚持“两个服务”的目标。第一，文献情报工作要为科研人员提供高效率的信息支撑服务；第二，要为民主科学决策提供文献情报方面的战略研究服务。科技创新，人才为本，文献情报工作也要以人为本。要让全院科研人员满意、让全院研究生满意、让社会读者满意。

在谈到兰州分馆发展中存在的困难和问题时，路院长指出，兰州分馆地处西部，条件艰苦，但要看到自身的优势，兰州分馆主要在资源环境领域形成了服务优势，很专业、很有特色。路院长还对兰州分馆发展中面临的一些制约因素提出了解决的意见。（祁自顺）

【甘肃省副省长咸辉、省文化厅厅长马少青到甘南州图书馆检查指导工作】 9月14日上午，甘肃省副省长咸辉，带领省文化厅党组书记、厅长马少青等一行，在甘南州图书馆调研。咸辉副省长就我省图书馆今后的发展建设方向作了重要指示，她指出：一要按照“三个代表”重要思想和科学发展观的要求正确把握三个文明建设的内在规律。二要把和谐文化建设摆在更加突出的位置，努力构建有时代特色的和谐文化。三要全面繁荣公益性文化事业，促进文化延伸服务，服务、保障、促进为一体，贴近读者、贴近基层、贴近群众。四要积极稳妥推进深化文化体制改革，科学规划，统筹安排，分类指导，分步实施。五要全面加强文化基层阵地、文化队伍、文化活动内容和文化方式的建设。六要利用好、管理好文化资源共享工程设施，充分发挥作用，积极作好服务工作。七要树立人是第一资源的观念，逐步建立一支熟悉文化、热爱文化、善于管理专业人才队伍，创造一个人尽其才，才尽其用的良好环境。（祁自顺）

【“全省图书馆实用技术暨图书馆员继续教育培训班”在甘肃省图书馆举办】 9月16日至9月23日，“全省图书馆实用技术暨图书馆员继续教育培训班”在省图书馆举办，开设的课程以计算机实用技术为主，涵盖计算机基础知识、网络信息资源检索、常用数据库检索与TPI数字图书馆系统、电子阅览室管理、共享工程系统安装与使用、图书馆自动化概述等与图书馆自动化建设紧密相关的实用技术。来自全省各级公共图书馆、高校图书馆、科研院所图书馆及厂矿企业图书馆的业务骨干51人参加了培训。（张毅宏）

【美国俄克拉何荷州庞卡市政府友好访问团参观访问白银市图书馆】 2007年9月21日下午，美国俄克拉荷马州庞卡市市长尼柯尔森先生一行4人，在白银市市长袁占亭等陪同下，到白银市图书馆参观访问。美国客人先后参观了图书馆少儿阅览室、数字资源查阅室、影像视听室、读者自修室、报刊阅览室、《四库全书》特藏室和“白银市民间收藏民间手工艺品展览”。安进宝馆长向客人介绍了图书馆的基本情况和近年来的发展。在一楼少儿阅览室，客人和小读者坐在一起亲切交谈，问询小读者的学习情况；小读者为客人朗诵了一段寓言故事。白银公司八校的同学用英语表达了对美国客人的欢迎。在二楼展厅，美国客人对展出的彩陶、古旧字画、民间手工艺品产生了浓厚的兴趣。此外。展出的50幅白银画家的精品画作也引起客人的注意。白银市美术家协会会长李迎春、白银市美术家协会理事王肖然两位白银市著名国画家在展厅现场洒墨作

画，馈赠美国客人。（祁自顺）

【第 3 届兰州读书节暨兰州市图书馆庆祝建馆五十周年活动在兰州举行】 由中共兰州市委宣传部、兰州市文明办，兰州市文化出版局联合主办、兰州市图书馆承办的“第 3 届兰州读书节暨兰州市图书馆庆祝建馆五十周年”活动于 9 月 16 日至 23 日在兰州举行。今年读书节的主题是“共建书香农家，构建和谐兰州”。

9 月 16 日，举行了开幕式。开幕式上，张思隋先生代表父亲将《兰州春秋》手稿本捐赠给市图书馆收藏；市图书馆向市上确定的 2007 年帮扶对象榆中县的马家山、豆家山、范家营等三个山村小学捐赠了价值60 000元的图书设备；兰州画院、甘肃现代集团向市图书馆捐赠书画作品和捐款。在随后的一周时间内开展了新人、新事、新农村读书征文、兰州市首届百家“农村优秀读书家庭”评选、“绿色阅读”主题科普活动、“金城大讲堂”公益讲座等一系列新颖、别致、有动感的文化活动。在此次读书节举办期间，也恰值兰州市图书馆建馆五十周年，为此开展了建馆五十周年庆典，《书香五十年》纪念文集，“情系图书馆”社会各界捐赠图书、书画活动，《我的图书馆情结》主题征文，建馆五十年图文回顾展，召开读者座谈会，发行纪念建馆五十周年个性化邮票等一系列丰富多彩的活动。

在 9 月 23 日举行的闭幕式上，为征文、竞赛和百户农村优秀读书家庭评选活动中的获奖者代表颁发了证书。据统计，直接或间接参与读书节活动的读者有 6 万余人次；十余家国家、省、市新闻媒体纷纷参与宣传报道为读书节营造了强大的舆论声势；各项竞赛活动的获奖者达 166 人次，取得了显著实效，达到了预期目的。（祁自顺）

【会宁县图书馆博物馆新馆落成开馆】 2007 年 9 月 26 日上午，会宁县图书馆、博物馆新馆开馆仪式在会宁县红军会师旧址内隆重举行。省文化厅厅长马少青、省图书馆党委书记董映澜、省文物局副局长张正兴、市政府副市长梁蓉兰等省市领导出席仪式并为“两馆”正式对外开放剪彩。市文化出版局党组成员、市图书馆馆长安进宝及我馆相关部室负责人参加了“两馆”开馆仪式 。开馆仪式结束后，省市领导来到县图书馆，为该馆揭牌，看望读者，并详细了解了图书馆的藏书、读者利用及电子阅览室建设等情况。“两馆”的建成和开馆，使革命圣地会宁的文化服务水平得到明显提升，同时也为全市基层文化服务阵地建设树起了新的“标杆”。（祁自顺）

【省图书馆举办迎国庆集邮展】 集邮展于 2007 年 9 月 29 日在甘肃省图书馆大厅隆重开展。早上 10 时展览开幕式开始，甘肃省人大常委会内务司法委员会副主任王新中、甘肃省图书馆馆长郭向东、副馆长许新龙出席了开幕式，开幕式由许新龙副馆长主持，郭向东馆长和王新中副主任分别就迎国庆集邮展发表了讲话，另外，此次邮展的提供者郭静泉先生也讲了话。参加开幕式的有甘肃封片戳研究会和兰州市集邮协会许多成员和到馆的广大读者，约有 200 多人。

这次邮展共展出邮集 6 部 68 框 544 枚贴片。展览通过特殊的载体展现了“书画”这一中国传统文化的精妙以及对保护环境、关爱自然、构建和谐的关注；丰富广大读者和市民的业余文化生活。通过展览既宣传了邮票文化又丰富了读者文化生活，为广大读者特别是集邮爱好者提供了一个交流学习的平台。同时，通过展览使更多的人走进图书馆、了解图书馆，吸引了更多广大市民群众来馆学习、查阅资料，进一步扩大了甘肃省图书馆的社会影响。

展览期间，《甘肃邮电报》社，兰州市集邮协会，全国集邮协会副会长王新中，甘肃省邮协编辑委员会副主任、甘肃省书画研究院副院长、兰州市集邮协会常务理事郭静泉，分别向甘肃省图书馆捐赠了有关反映邮票文化的专著、杂志、报刊合订本等书籍共 16 种 30 册。甘肃省图书馆馆长郭向东接受了捐赠书籍，并为捐赠单位和个人颁发了收藏证书。这些书籍为丰富馆藏内容，起到了补充作用。同时，在展览期间，甘肃省图书馆和甘肃封片戳研究会、兰州市集邮协会共同向前来图书馆的前 40 位读者赠送邮折或纪念封，进一步丰富了活动内容，起到了积极作用。（祁自顺）

【甘肃省文化信息资源共享工程中心“十一”期间活动精彩纷呈】 甘肃文化信息资源共享工程中心根据全国文化部全国文化信息资源建设管理中心《关于在 2007 年国庆期间开展活动的通知》精神，及时下发了相关文件通知，要求共享工程各市、县支中心，乡、村基层服务点根据当地实际情况，利用共享工程资源，在“十一”期间积极开展丰富多彩的文化服务宣传活动，把文化共享工程信息资源送到基层、送进社区，使广大群众度过一个欢乐、愉快、祥和的节日。

“十一”长假期间甘肃省共享工程中心的工作人员分别来到了兰州市定西路社区、雁滩公园、兰州水车博览园，开展服务宣传活动，并在甘肃省图书馆举办了集邮展和“周末名家讲坛”等活动，发放各类宣传材料 1000 多份。

9 月 29 日至 10 月 1 日，在甘肃省图书馆大厅举办“迎国庆”集邮展，这次邮展共展出邮集 6 部 68 框 544 枚贴片。丰富的展品受到了广大市民及读者的好评和欢迎，取得了良好的社会效益。

10 月 3 日，在定西路社区活动室内，省中心的工作人员为社区居民首先播放了文化共享工程宣传片，通过宣传片，居民们深入地了解到了更多共享工程的情况，随后应居民的要求，为他们播放了纪录片《世纪大阅兵》，为群众的节日文化生活增添了一道亮丽的风景。

10 月 4 日，在兰州水车博览园举办了“传播先进文化 共享人类资源”主题宣传活动。在这里，工作人员悬挂起“传播先进文化共享人类资源”横幅，摆放文化共享工程宣传展板，向游人发放宣传资料，播放宣传片、讲座、电影等视频资源，游人们纷纷上前观看。

兰州市雁滩公园是市民们晨练、游玩较为集中的地方，10 月 5 日，省中心工作人员在园内悬挂起横幅，向市民发放共享工程、周末名家讲坛等资料，为扩大文化共享工程在城市居民中的影响力起到了积极作用。

10 月 6 日，省中心邀请兰州大学政治与行政学院教授、法学博士张新平以“中国周边安全环境与安全战略”为题为广大的市民奉献了一道精神大餐。

省中心系列活动也得到媒体的广泛关注，甘肃电视台、《兰州晚报》、《西部商报》均报道和刊发了活动的有关内容。（祁自顺）

【第 8 届上海国际摄影获奖作品展在兰州市图书馆展出】 10 月 15 日至 22 日，兰州市图书馆和上海市图书馆在兰州市图书馆联合举办“第 8 届上海国际摄影获奖作品展”，两年一届的上海国际摄影艺术展览是全国省市级最早的国际性对外文化交流项目，是集中展示当今摄影艺术、增进各国人们友谊的国际摄影盛会。展览作品题材和风格各异，时代感强，贴近社会和生活。本次展览的 80 幅作品是从 36 个国家和地区、我国 33 个省市（包括台湾省）摄影者 8376 幅作品中遴选而出。（祁自顺）

【肃南县图书馆“书香家园”公益讲座正式启动】 10 月，肃南县图书馆 “书香家园”公益讲座仪式启动了。“书香家园”公益讲座的启动，为全县的群众搭建了一个学习娱乐的平台，图书馆开展群众喜闻乐见，丰富多彩，对关心的热点问题进行针对性的公益讲座，建立长效机制，形成系列满足社会各个领域各层次文化知识需求。（祁自顺）

【临洮县图书馆举办“迎接十七大、展示新风貌”全民读书有奖征文活动】 为迎接党的“十七”大胜利召开，深入学习宣传党的“十七”大精神，推进临洮县和谐社会建设，积极引导广大群众养成“读好书、爱读书”的良好习惯，临洮县图书馆于 2007 年 10 月至 12 月 8 日举办了“我与农家书屋”或“我的读书故事”有奖征文活动。其间共收到征文 1173 篇，经过认真评选，共评出优秀征文 50 篇。荣获一等奖的征文 4 篇，二等奖征文 6 篇，三等奖征文 10 篇，优秀奖征文 30 篇，并于 12 月 8 日在县文化中心举行了

颁奖活动。（祁自顺）

【中科院国家科学图书馆兰州分馆在定西举办高级用户培训班】 2007年10月31日，受定西市科技局邀请，中科院国际科学图书馆兰州分馆（资源环境科学信息中心）副研究馆员叶启智，在定西举办了国家科学数字图书馆高级用户培训班。定西市直农口副高以上职称科技人员共70余人参加了培训。此次由定西市科技局组织的中科院国家科学数字图书馆定西用户培训班，主要目的就是通过培训，使科技人员能够熟练掌握国家科学数字图书馆这一有力的工具，充分利用这一服务平台，围绕定西市特色优势产业开发，把握最前沿的科技信息，不断增强自主创新能力，为定西市地方经济又好又快发展作出更大贡献。（祁自顺）

【武汉大学邱均平教授应邀到国家科学图书馆兰州分馆作专题学术报告】 11月24日，我国著名情报学家、武汉大学信息管理学院教授、博士生导师、中国科学评价研究中心主任邱均平先生，应邀在国家科学图书馆兰州分馆做了题为"网络计量学的历史、现状与趋势"的专题学术报告。兰州分馆全体业务人员和兰州大学管理学院部分教师、研究生听取了报告。兰州分馆党委书记王彦东主持了报告会。邱均平教授在报告中全面、系统地介绍了网络信息计量学的基本理论、网络信息计量学的研究现状和存在的基本问题，分析总结了目前国内外网络信息计量学的研究热点与重点领域，展望了网络信息计量学的发展趋势，并结合一个研究实例——链接分析的不足与修正，介绍了如何开展网络信息计量学研究，以及如何利用网络信息计量学方法改进实际业务工作、提升情报服务的水平与层次。（祁自顺）

【"甘肃省农民工流动图书馆"正式启动】 11月26日，在甘肃省第七建筑公司工地上，彩球飘扬，欢声笑语，由共青团甘肃省委、甘肃省青年联合会、兰州市图书馆发起的农民工流动图书馆活动在繁忙的工地现场正式启动。为配合这次活动的启动，兰州市图书馆制作了专用流动图书箱，购置并投放新书刊1200多册。启动仪式结束后，将有省建六公司等六个农民工流动图书馆开展图书借阅活动。流动图书馆将坚持每两个月图书交换流通一次，以保证农民工朋友能经常看到最新的书刊，了解最新信息。团省委、省青联、兰州市图书馆还在工地会议室组织了以《读书与人生》为主题的"金城大讲堂"视频讲座，参加启动仪式的100多名农民工以极大的热情现场聆听了专家讲座。"金城大讲堂"专题讲座也是农民工流动图书馆的重要组成部分和服务内容，今后将根据农民工的需要，在各建筑工地巡回组织现场讲座和视频讲座。（祁自顺）

【秦安县图书馆喜迁新馆】 11月26日，秦安县宣传文化中心大楼前人潮涌动，秦安县图书

馆迁址开馆典礼在这里隆重举行。仪式结束后，所有领导和嘉宾参观了县图书馆的书库、电子阅览室等。多年以来，秦安县图书馆因馆舍年久失修，阅览设施陈旧简陋，藏书品种数量不足，管理服务相对滞后，未能很好地发挥其应有的作用。2006年11月，县宣传文化中心大楼在秦安县委、县政府的关心支持下成功建成，文化旅游局高度重视县图书馆的工作，积极协调各方力量，多方筹措资金，新购进图书、书架、文化信息资源共享工程设备等，使得图书馆具备了对外开放功能，全面开展工作。参加典礼仪式的省市县领导对文化部门所做的工作给予充分肯定，同时希望秦安县文化战线的同志要在落实科学发展观、建设学习型社会、创新型社会和构建社会主义和谐社会中再创佳绩，为秦安政治、经济、文化建设做出应有的贡献。（祁自顺）

【全国文化共享工程兰州市中心培训班在兰

州市图书馆举办】 2007年11月26日上午，由兰州市文化出版局主办，兰州市图书馆、共享工程兰州基层中心承办的“2007年全国文化信息资源共享工程兰州市乡村服务中心业务培训班”在兰州市图书馆隆重开班。来自兰州市三县五区各基层站点、兰州市公安消防支队各基层站的48名学员参加本次培训班。技术人员利用一周的时间从计算机基础知识、计算机实用操作技术，共享工程系统安装与使用以及与信息共享工程建设等相关的实用技术方面入手，为学员们进行认真的讲授。(祁自顺)

【甘肃省图书馆赴漳县图书馆进行业务辅导】 甘肃省图书馆辅导部一行3人于2007年12月6日至12月14日，对漳县图书馆进行了为期9天的业务辅导。漳县图书馆新馆建筑面积1106平方米，12月竣工并投入使用，计划于12月底正式开馆。由于历史原因，漳县图书馆基础业务建设相对薄弱，馆藏图书、期刊6.8万册中，有近一半没有分编，现有的7名工作人员无一人受过系统的专业培训。这种状况制约了漳县图书馆的进一步发展，为彻底改变这一现状，以全新的面貌向社会开放、迎接2008年全国第四次公共图书馆评估的到来，省图书馆辅导部抽调3名专业人员对漳县图书馆进行了为期9天的重点辅导。通过辅导，漳县图书馆工作人员基本掌握了图书馆的基本业务工作流程和相关的基础业务知识，业务工作能力和水平有了显著提高，图书馆基础业务建设也开始向规范化和标准化方向迈进，为即将到来的第四次公共图书馆评估奠定了基础。此外，省图书馆辅导部还为漳县图书馆流通站配送了价值3400余元的各类图书264册。(祁自顺)

【临洮县图书馆举办全县中小学生“读书—和谐—进步”演讲比赛】 12月8日，临洮县图书馆在县文化中心举办了全县中小学生“读书—和谐—进步”演讲比赛。县上四大班子领导、县直各机关单位、各乡镇负责人、文化专干、城区各学校全体师生700多人观看了演讲比赛。经过各学校预选赛选拔出30名中小学生选手，参加了演讲比赛的最后角逐。经过比赛，产生一等奖4名，二等奖8名，三等奖18名。通过演讲比赛，更进一步地激发了全县中小学生读书的热情。(祁自顺)

【甘肃省图书馆召开读者座谈会】 为了加强与读者之间的沟通，更加深入地了解读者需求，倾听读者心声，甘肃省图书馆于12月19日在二楼会议室召开了读者座谈会。社会各界热心读者、甘肃省图书馆领导及相关人员约30人参加了座谈会。读者关注的问题主要涉及：加大宣传力度、延长开放时间、强化周末名家讲座互动、充实馆藏、加强保全及环境建设工作等方面。馆领导及各部室主任针对读者的不同问题作了相应的回答，并对有些问题进行了解释和说明。此次座谈会的召开，加强了图书馆与读者之间的沟通，使读者对图书馆的工作有了更多的了解。(祁自顺)

【白银市图书馆积极开展2007年全民读书月活动】 在第8个全民读书月到来之际，白银市图书馆和市读者协会精心策划，认真组织，使一年一度的全民读书月活动有声有色。本次全民读书月活动，内容丰富，形式多样，又有一些新的举措。一是在媒体上广泛宣传读书与增长个人才干、提高民族素质的必然联系和重要意义，让全社会增强读书意识。二是周六周日以“看电影长知识”的多媒体形式在图书馆一楼大厅进行公益放映，吸引更多的人尤其是青少年走进图书馆，利用图书馆。三是走上街头悬挂横幅，宣传阅读，并开展咨询服务，展示图书馆的各类文献资源，介绍图书馆的服务窗口，使又一批市民成为图书馆的读者。四是市读者协会在本月共组织了四次周末读者沙龙，让读书人广泛交流读书方法、读书心得、读书乐趣，将全民读书月活动引向深入。(祁自顺)

【拓展领域　服务新农村——临泽县图书馆积极参加“三下乡”活动】 临泽县图书馆于12月20日参加了临泽县在新华镇文化体育广场举行的文化、科技、卫生“三下乡”活动启动仪式。为切实搞好这次“三下乡”活动，临泽县图书馆领导及早筹划，精心安排，挑选精品图书210种，收集、整理、编制了农业技术专题资料，抽调工作人员组成了图书服务队，赴各乡镇巡回开展图书借阅活动。在这次活动中，工作人员一边耐心细致地解答群众提出的各种疑问，一边对优秀图书进行推荐，在7天的“三下乡”活动中，向群众发放信息资料3500多份，展阅图书1478本，推荐新书160多本，解答咨询200多次，受益群众达2300多人。（祁自顺）

【文化共享工程督导组在甘肃考察】 由文化部全国文化信息资源建设管理中心技术处副处长罗云川为组长，广东省东莞市图书馆馆长李东来为副组长的督导组，于2007年12月24日至29日，对甘肃省文化信息资源共享工程工作情况进行督导。督导组在甘期间，听取了甘肃省文化厅社文处“关于全省开展文化信息资源共享工程的工作汇报”和甘肃省图书馆“关于甘肃省文化信息资源共享工程中心的工作情况汇报”，并参观了省中心的办公环境、主控机房、资源加工室及其设备，询问了设备使用情况、资源制作情况、政务外网应用情况和开展服务情况等工作。

随后考察了兰州市支中心及11个基层服务点。同时，督导组参加了在张掖市甘州区支中心召开的由市文化局、区委宣传部、区文化局、区图书馆以及县、乡镇、村文化馆、文化站负责同志参加的文化共享工程建设座谈会。督导组成员克服气候、交通、饮食等困难，每到一处都详细询问了人员培训、设备配置、开展活动、资源使用等情况，并对今后广大基层如何推进文化共享工程提出了具体见意。督导组成员的敬业精神、工作作风给当地群众留下了深刻印象。考察结束后，督导组组长罗云川同志代表督导组口头反馈了意见，省文化厅社文处副处长王学军同志和省图书馆副馆长、省中心主任许新龙同志根据督导组的反馈意见分别进行了表态，决心将督导组肯定的方面继续做强做好，对存在的不足和建议提出整改措施并加以落实，努力使文化信息资源共享工程在甘肃得到健康、快速的发展。（祁自顺）

【陇西县图书馆建馆50周年暨图书馆综合楼落成开放典礼举行】 12月24日，陇西县图书馆隆重举行建馆50周年暨图书馆综合楼落成开放典礼仪式。新建图书馆综合大楼总建筑面积2214平方米，总投资224.7万元，工程于2005年5月动工，2006年12月竣工，2007年5月工程通过竣工验收，2007年10月投入使用。陇西图书馆综合楼的建成开放，图书藏量大，现代信

息传送快捷，集培训、讲座、业务辅导和藏、借、阅、询为一体，具有以古籍、地方文献为特色的多功能服务机制，为广大读者提供了一个资源丰富、设备先进、服务优质、环境优良的阅读学习场所。（祁自顺）

【漳县图书馆新馆顺利开馆】 2007年12月28日，漳县图书馆新馆的顺利开馆。漳县图书馆新馆建筑面积1100平方米，整体规模扩大，采用网络一体化管理模式，功能设施完善，能满足广大读者对精神文化的需求。馆内设有书库、地方文献室、过期刊物外借处、特藏室等服务窗口。其中书库现有藏书6.8万余册，电子阅览室设计规模为20个机位，期刊阅览室订阅的报纸有35种、杂志168种，少儿阅览室征订相应刊物136种，过期刊物外借处年进库各类杂志304种3648册，有历年库存杂志384种2.7万余册。（祁自顺）

青海省

【概况】 截止2008年，青海省公共图书馆机构数43所，其中省级馆1所，地市级馆7所，

县级馆 35 所。从业人员 381 人，其中副高级职称以上 22 人，中级职称 128 人。馆藏总量 340 万册（件），其中图书2 722 216册，古籍78 432册，善本14 952册，报刊550 400册，视听文献、缩微制品 3.4 万件。公用房屋建筑面积37 000平方米，其中书库12 000平方米、阅览室 8000 平方米。阅览室坐席 2600 个，其中少儿阅览室坐席 490 个。累计发放有效借书证59 519个。年总流通人次为984 000人次，文献外借952 000册次。年购书经费 180 万元，其中省图书馆 100 万元。计算机 382 台，电子阅览室终端 195 个，网站 3 个，“共享工程”服务点 64 个。已建成“共享工程”县支中心 29 个，在建 14 个。省图书馆与部队、学校、监狱等单位共建“流动图书室” 36 家。

全省本科院校图书馆 3 所，职业学院图书馆 6 所，省电大图书馆 1 所，省党校图书馆 1 所，地市级党校同级 9 所。从业人员 245 人，其中副高级职称以上 87 人，中级职称 110 人。馆藏总量 410 万册（件），其中图书 340 万册，古籍 11 853册，善本10 858册，报刊510 700册，公用房屋建筑面积 7 万平方米。阅览室坐席 6587 个，年总流通人次为 70 万人次，文献外借 40 万册次。年购书经费 250 万元。计算机 350 台，电子阅览室终端 160 个，网站 3 个。

全省科研、工会、企业、党政、军队、医疗、中学、乡镇图书馆事业发展较为平稳，各馆（室）读者活动、馆藏资源建设等方面都有一定规模的发展。（李盛福）

【我省人大、政协领导及教科文卫委员会委员视察青海省图书馆】 2007 年 1 月 26 日下午，省人大常委会副主任宋彭生，省政协副主席鲍义志、蒲文成，省人大常委会教科文卫委员会主任伍国城、副主任周国建，省政协教科文卫委员会主任胡令浩、副主任何玉成、专职副主任汪源等 30 余位委员在省文化厅厅长曹萍、副厅长王建平的陪同下，视察了青海省图书馆。

视察中，省人大、政协领导及委员们对省图书馆借阅部新书阅览室、内阅室、地方文献中心、期刊部过期期刊阅览室、培训中心电子阅览室、盲文盲人有声读物阅览室工作做了详细了解，并认真仔细地听取了各业务部门工作人员的介绍，不时向他们询问有关问题，工作人员一一就他们提出的问题给予了认真的答复。在地方文献中心，委员们就如何进一步做好我省地方文献收集、整理工作谈了自己的想法，并对建立全省地方名人资料库及全省医学名人资料库工作给予了高度评价。在电子阅览室参观时，省图书馆于立仁馆长就“全国文化信息资源共享工程”青海分中心的情况向各位领导和委员们作了介绍，委员们一致认为，通过“共享工程”这个大平台，把大量优秀的文化信息资源传送到县、乡基层文化网点和农牧民身边，这对于加快扭转我省贫困边远地区信息匮乏和文化落后的状况具有重大意义。（周锋）

【“华汉杯”青海省少年迎春书画展在青海省图书馆举行】 为了充分发挥省图书馆公共文化设施的作用，加强未成年人教育，丰富青少年的寒假及春节期间的文化生活，省图书馆与西宁市书法家协会在我馆新建成的“华汉青少年读书活动中心”隆重举办“华汉杯——青海青少年迎春书画展”。本次书画作品展收到 136 位同学共 158 件作品，作者年龄最小的仅有 6 岁。在这些作品中，有的分别在全国、省、市展览中获奖，有的发表于国内各种报刊。（王进先）

【青海省图书馆与省东川监狱共建“求知图新”流动图书站】 2 月 9 日下午，青海省图书馆、青海省东川监狱共建“求知图新”流动图书站签字赠书仪式在省东川监狱隆重举行。青海省图书馆副馆长张志青，东川监狱党委书记、监狱长许勤建，副监狱长宋开礼及青海省监狱局管教处的领导和图书馆有关部门的负责人出席了签字赠书仪式。仪式上，张志青副馆长代表省图书馆向监狱方面捐赠了 600 余册图书及期刊。东川监狱监狱长许勤建对青海省图书馆采取“送书进监狱”的这种社会帮教形式表示感谢。（周锋）

【青海省图书馆新书阅览室荣获全国“巾帼文明岗”荣誉称号】 2007 年“三八”国际妇女节前夕，省馆新书阅览室受到中华全国妇女联合会、全国妇女“巾帼建功”活动领导小组的联合表彰，被授予全国“巾帼文明岗”光荣称号。

省馆新书阅览室自 2000 年建立以来，一直是本馆读者接待量、图书流通册次等统计数据显示最多的一个窗口。该室现有工作人员5人，其中女职工4人。她们立足本职、爱岗敬业、热心服务，致力于把“以人为本”的服务理念贯穿到工作的始终，真切践行了我馆“读者至上、服务第一”的诺言。该阅览室始终采取开架借阅，工作人员既要做好借还图书工作，还要及时纠正图书流通过程中的乱架、错架现象，及时修补破损图书。在2004－2006年的三年内，该阅览室共借出新图书30万册，接待读者15万人次，为提高我馆办馆效益做出了应有的贡献。（周峰）

【青海省图书馆获赠《台湾文献汇刊》】 由国务院台湾事务办公室、海峡两岸出版交流中心、九州出版社向省馆捐赠的《台湾文献汇刊》，近日，经我馆采编部门分编已全部陈列在省馆三楼工具书阅览室，供全省读者参阅使用。

《台湾文献汇刊》共整理出版各种文献400余种。这套文献汇刊成为迄今为止研究台湾历史文化最重要的资料。该文献的入藏，填补了我馆台湾历史文化研究在文献资源建设方面的一项空白，也进一步促进了青海与台湾的文化交流和了解。（周峰）

【国家图书馆派员考察青海省图书馆《中华再造善本》存放保护工作】 2007年5月16、17日，由国家图书馆古籍保护部陈卫、田周玲组成的检查组，对省馆入藏的《中华再造善本》存放、保护工作进行了检查验收。2007年《中华再造善本》进入各省级图书馆，我省已经获得第一批善本100种，现已陈列在我馆古籍阅览室，这将进一步丰富我馆的馆藏。我馆决定在今年的5月28日起，在全国“图书馆服务宣传周”活动开展之际向广大读者开放，届时欢迎广大读者参观展览和阅览使用。（王建福）

【青海省图书馆“夏都讲坛”开讲】 我馆从2007年5月起举行“夏都讲坛”活动。该讲坛将整合省图书馆常年举办的各类知识讲座、学术报告会及学习交流活动资源，广泛引起社会各界关注的热点信息，反映时代特点的学术讲座、报告会，讲坛分为子专题，内容包括：青海民族文化系列讲座、未成年人教育系列讲座、青少年的素质教育系列讲座、构建阅读社会、和谐社会系列讲座、“千年中国、智慧人生”系列讲座、都市文化系列讲座，此项工作从今年6月26日省图书馆举办的“第6届高考迎考专题辅导”开始。（王进先）

【青海省图书馆2007年度“全国图书馆服务宣传周活动”落下帷幕】 根据全国知识工程领导小组《关于在全国开展2007年度图书馆服务宣传周的通知》精神，我馆于2007年5月28日至6月3日，精心组织和实施了图书馆服务宣传周活动。

围绕相关主题，大力宣传和举办各种宣传栏展览，介绍图书馆的服务功能及有关图书馆延伸服务项目内容，在搞好阵地服务的同时，并为读者提供信息卡等。在我馆悬挂宣传横幅：“延伸服务、深化服务、提高社会效益”等宣传口号。在知识长廊宣传板和馆内宣传栏上分别举办了“第二批非物质文化遗产名录”公告等宣传；特别制作我馆网络中心及基层中心“共享工程”建设情况宣传栏；制作介绍本馆网站运作情况展板；青少年英语学习宣传板；并以图文并茂形式介绍由文化部、财政部部门主持，国家图书馆承办配送的《中华再造善本》；介绍由国台办、海峡两岸出版交流中心、九州出版社捐赠我馆的《台湾文献汇刊》及捐赠仪式图片。

“夏都讲坛”举办的第6届全省“高考生迎考专题系列讲座报告会”也是宣传周活动的重点之一，因此活动正值“六一”儿童节期间，我们在少儿图书室门前特制2块少儿知识宣传栏；在一楼展厅举办了“庆六一”儿童优秀书画作品学习交流展，共展出展板78块、300余幅少儿书画作品，拓宽未成年人的视野，增长知识，让图书馆作为未成年人教育的第二课堂。

5月29日下午，我馆举办了捐赠图书及签订“流动图书室”协议的仪式。我馆在购书经费有限的情况下，拿出部分新图书和剔旧的部分图书复本，为互助县哈拉直沟中学捐赠新旧图书复本2000余册及阅览桌椅等；为西宁市第五中学捐赠新旧图书复本700余册；为青海师大附中捐赠新旧图书复本600余册；为青海武警总队第二支队警通中队捐赠新旧图书复本800余册；为黄南州河南县文化站捐赠剔旧图书复本1500册；

并与互助县哈拉直沟中学、青海师大附中、青海武警总队第二支队警通中队签订共建“流动图书室”协议，颁发“流动图书室”牌，为广大部队官兵、学校师生提供更为便利的文献服务。（蒲宁英　周锋）

【西北五省(区)图书馆科学讨论会恢复协商会议在西安召开】 6月5日，西北五省(区)图书馆馆长、图书馆学会理事长、秘书长本着合作、共荣、发展的理念，聚首古城西安，探讨五省(区)图书馆紧密携手、共同发展的现实基础与未来前景。青海省图书馆学会理事长、青海省图书馆馆长于立仁，青海省图书馆学会秘书长李盛福参加了此次会议。

经过五省(区)图书馆充分沟通与研讨，决定恢复已中断8年之久的西北五省(区)图书馆科学讨论会。延用1999年中断的西北五省（区）图书馆科学讨论会名称与届次。讨论会仍为两年一次，轮流主办。此次会议搭建起了西北五省(区)图书馆峰会的平台。与西北五省(区)图书馆科学讨论会相对应，西北五省（区）图书馆峰会侧重实际工作问题的研究与解决。同时建立了西北五省（区）图书馆馆长暨学会理事长、秘书长联席会议制度。联席会议作为西北五省（区）图书馆合作发展的主导力量，负责制定五省（区）图书馆合作的宏观发展规划与具体实施计划，积极探索实现五省（区）图书馆双边与多边全面合作的有效模式。会议还决定，五省（区）图书馆学会联合开展图书馆学理论与图书馆工作的课题研究，联合举办专业培训，实现学会会刊、工作通讯及其他出版物全面交换。五省（区）图书馆加强地方文献建设协作协调，共建西北地方特色文献数据库，加强参考咨询工作的协作与协调，共建网上参考咨询平台；互派馆员及参观交流。

会议结束后，西北五省（区）图书馆共同签订了合作协议，决定恢复后的西北五省（区）图书馆第9次科学讨论会将于2008年在宁夏银川举行。（李盛福）

【“共享工程”青海分中心顺利完成我省第三批基层站、点安装调试工作】 为进一步落实好文化部、财政部共同组织实施的“全国文化信息资源共享工程”，我省省级分中心积极组织专业技术人员，经过近三个月的艰苦工作，近期已顺利完成了25个基层分中心的安装、调试工作。这25个基层站、点，全部集中在我省的牧业区，广大牧民群众的文化生活相对落后，为了改变这一现状，省级分中心提前做好各种准备工作，年前组织25个基层站、点工作人员进行业务培训，使他们能够尽快掌握设备的操作技能。分中心的工作人员在馆领导的要求下，对下乡车辆及安装设备也进行了仔细检查和维护，他们的工作受到了基层分中心的赞扬。（周锋）

【2007年“中国图书馆学会志愿者行动——青海基层图书馆馆长培训班”在西宁圆满结束】 8月1日至3日，由中国图书馆学会主办，青海省图书馆学会、青海省图书馆承办的2007年“中国图书馆学会志愿者行动——青海基层图书馆馆长培训班”在青海省图书馆成功举办。来自全省33所省、州、市县图书馆和部分高校图书馆的馆长、业务骨干共68位学员参加了此次培训。

参加2007年“中国图书馆学会志愿者行动”青海组的专家、教授有西北大学公共管理学院副院长杨玉麟教授(组长)、南开大学商学院信息资源管理系主任徐建华教授、长春市图书馆馆长刘慧娟研究馆员、北京工商大学图书馆副馆长李艳芳副研究馆员、无锡市第一女子中学图书馆馆长尤敬党副研究馆员、黑龙江省图书馆电子文献部主任孙芳副研究馆员。

6位专家、教授在3天的培训时间里，分别讲授了“社会主义新农村建设中的图书馆”、“基层图书馆馆长实务”、“图书馆的资源建设与服务”、“基层图书馆的自动化网络化建设”。最后，“志愿者行动”青海组的专家、教授向全体学员颁发了结业证书。（李盛福）

【青海省第一批国家珍贵古籍名录申报项目论证会在青海省图书馆举行】 10月5日，青海省第一批国家珍贵古籍名录申报项目论证会在青海省图书馆举行。“青海省第一批国家珍贵古籍名录申报项目论证会”是在国务院办公厅《关于进一步加强古籍保护工作的意见》精神指导下召开的。参加会议的专家、学者有：青海师范大学蔡成瑛、刘霞，青海省民委金索南，青海民族学院王忠，青海省图书馆李智信、王建福、柴秋香。此次申报工作自9月份开始，严格按照《国家古籍保护中心办公室关于报送(国家珍贵古籍名录)申报材料的说明》，以《青海省古籍善本目录》为基础，组织青海省图书馆、青海民族学院图书馆、青海师范大学图书馆、青海大学医学院图书馆进行申报工作。专家组就我省申报第一批国家珍贵古籍名录进行了认真评估论证和反复筛选，最后确定申报《古兰经》等103部古籍作为青海省第一批国家珍贵古籍名录。(王建福)

【青海省图书馆被青海省人民政府批准为申报第一批全国重点古籍保护单位】 我馆依照《国家古籍保护中心办公室关于报送（全国古籍重点保护单位）申报材料的说明》，组织专家对全省50多个图书馆及其馆藏珍贵古籍进行了认真评估和反复筛选，认为，青海省图书馆作为青海省重要古籍保护单位，古籍馆藏量较为丰富，古籍保护措施较为完善，有严格的保护设施，符合申报“全国重点古籍保护单位”的条件。我馆此次申报工作已于2007年9月上报省文化厅，经青海省人民政府批准，向文化部申报第一批“全国重点古籍保护单位”，同时申报并批准的还有青海民族学院图书馆。(王建福)

【文化部古籍保护督导组专家到青海省图书馆视察指导工作】 9月11日，以甘肃省图书馆历史文献部易雪梅为组长，国家图书馆古籍部李婧为组员的文化部古籍保护督导组莅临我馆，对我馆古籍保护工作的开展情况、《国家珍贵古籍名录》和“全国古籍重点保护单位”申报的准备情况及工作进展情况进行了督导检查，省文化厅副厅长王建平、社会文化处处长李晓燕、省图书馆馆长于立仁等相关人员向督导组作了具体汇报。督导组专家先后视察了我馆的善本书库、普通线装书书库、古籍阅览室。督导组专家在听取汇报和视察后，对我馆所开展的古籍收藏、保护、研究与开发工作给予了充分肯定。(周锋)

【青海省图书馆派员参加“全国公共图书馆文献缩微工作会议”】 10月29日至11月2日，我馆地方文献中心王建福同志在河南开封参加了“全国公共图书馆文献缩微工作会议”，此次会议的主题是“民国图书调查工作总结”及“民国图书抢救计划”。

受于立仁馆长委托，王建福同志代表我馆总结了民国图书调查工作。在为期二年的调查工作中，我馆完成民国图书数据库建库工作11 589条，经缩微中心审查，合格为11 556条。这套数据库的建立，不仅全面、集中揭示了我馆馆藏民国图书资料，而且为读者查阅文献提供了方便。此数据库建成以后，对我馆保存和利用民国图书将起到积极的作用。(王建福)

【青海省图书馆为省建新监狱服刑人员举办文化知识讲座】 2007年11月16日下午，省图书馆在省建新监狱为服刑人员举办了一场“塑造新形象，迎接新生活”专题知识讲座，部分监狱干警和200多名服刑人员参加了听讲。此次讲座主要是针对即将刑满出狱的服刑人员，专家从社会学和心理学角度向这一特殊听众群体讲述了面对未来生活应如何树立正确的人生观和价值观。(龙梅宁)

【青海民族学院图书馆古籍普查和申报工作结束】 9月，根据文化部关于组织工展全国古籍文献普查和重点单位申报工作的安排，青海民族学院图书馆在馆藏的3327部古籍善本中筛选出13部符合申报要求的古籍:《南辉西献图》《贞观政要》《前汉书钞后汉书钞》《十七史详节》《何氏语林》《六家文选》《汉书》《韩柳文》《临川先生文集》《阳明先生文粹》《重校正唐文粹》《少微通鉴节要》《杜氏通典》，入选首批《国家珍贵古籍名录》。(那成英)

【教育部高校图工委2届4次年会在青海师大图书馆举行】 8月7日至11日，教育部高校图工委2届4次年会在青海师大图书馆举行，来自全国各省图工委的领导共75名代表参加了大会，省教育厅和青海师大领导出席会议。大会的成功召开，提升了青海师范大学图书馆在全国高校图书馆中的声誉，展现了青海师大的风采。(魏晓燕)

【国家教育部教材评审委员会为青海师范大学图书馆捐赠图书】 12月8日，国家教育部教材评审委员会为青海师范大学图书馆捐赠了价值达303 204.20元的图书10 538册。为部分解决兄弟馆文献资源匮乏的困难，青海师范大学图书馆将部分副本图书以高校图工委的名义转赠给了青海大学图书馆（4050册，价值123 212.6元）、青海交通职业技术学院图书馆（132册，价值3639.80元）、青海建筑职业技术学院图书馆（270册，价值达6874.40元）、青海卫生职业技术学院图书馆（366册，价值达8387.80元）。（魏晓燕）

【大通县图书馆为农村“文化大院”赠书】 3月29日，大通县图书馆为极乐乡后庄村“文化大院”捐赠价值4017元人民币的图书、期刊366册。捐赠图书部分解决了该村农民看书难的燃眉之急，受到欢迎。（赵守祥）

【大通县图书馆举办“图书馆——知识的源泉”主题展览】 4月23日，为庆祝“世界读书日”诞生12周年，大通县图书馆举办了“图书馆——知识的源泉”为主题的图书展览，展览接待读者2006人次。（赵守祥）

【大通县图书馆“图书馆服务宣传周”活动受欢迎】 5月23日至30日，在举办的“图书馆服务宣传周”活动期间，大通县图书馆在朔北乡代同庄藏族小学、多林镇口子庄土族小学、极乐乡后庄村回族“文化大院”主办了“热爱图书，传播知识”为主题的图书展览和知识问答活动，906人次的读者参加了活动，活动得到了学生、农民读者的欢迎和好评。（赵守祥）

【大通县图书馆隆重举行“全国文化信息资源共享工程”县支中心揭牌仪式】 8月23日，大通县图书馆隆重举行了“全国文化信息资源共享工程”县支中心揭牌仪式，省文化厅社文处邱杰副处长、省图书馆刘正伟副馆长、大通县人民政府王生元副县长等领导参加了揭牌仪式，大通县图书馆“全国文化信息资源共享工程”正式投入使用。12月22日，国家文化信息资源中心技术处副处长罗云川，在省、县有关部门领导的陪同下，莅临我馆检查了“共享工程”的运行情况。（赵守祥）

【青海省图书馆“青少年读书教育基地”喜获第2届中国青少年社会教育“银杏奖”优秀团队奖】 2007年12月8日，由中央宣传部、中央文明办等十部委主办的第2届中国青少年社会教育“银杏奖”表彰活动在京举行。作为来自全国图书馆行业青少年社会教育工作的代表之一，我馆自2003年开展和实施“青少年读书教育基地”工作以来，大力整合社会资源，探索项目和机制创新，推动了各界支持和参与青少年社会教育局面的形成。经省文化厅和省上相关单位的推荐，喜获第2届中国青少年社会教育“银杏奖”优秀团队奖。我馆培训中心主任王进先赴京参加了此次颁奖典礼。（王进先）

宁夏回族自治区

【宁夏将在全国率先实现“全国文化信息资源共享工程”地区全覆盖】 近年来，宁夏各级政府积极扶持、开展“全国文化信息资源共享工程”工作，现已呈现出显著成效，已经完成了69个基层服务站点的建设。截至2007年6月底，宁夏已有600个行政村铺设了光纤，计划2008年实现光纤村村通。

2007年7月6日至8日，国务委员陈至立对宁夏进行了考察。在考察期间，她对宁夏的文化信息资源共享工程建设工作感到非常满意，并要求宁夏在自治区成立五十周年大庆前，实现“全国文化信息资源共享工程”宁夏地区全覆盖。7月18日，国家文化部副部长周和平一行受陈至立国务委员的委托，专程来到宁夏，就“‘全国文化信息资源共享工程’宁夏地区全覆盖”项目商定实施方案。18日，周和平副部长在银川市主持召开座谈会，听取了宁夏回族自治区副主席张来武关于宁夏文化信息工程建设情况的介绍，并就资金投入、平台建设、资源加工、信息传输等环节进行了细节磋商，确定由国家文化部投资3000万元，宁夏财政解决配套资金缺口，从而确保在2008年8月前完成“‘全国文化信息资源共享工程’宁夏地区全覆盖”项目。文化部还将免费为宁夏提供信息资源，并提供专项资金支持宁夏图书馆开发地方特色文献资源及数据库建设。（张京生）

【宁夏图书馆新馆建设工程完成主体结构封

顶】 2007年11月，宁夏图书馆新馆建设工程顺利完成了主体结构封顶，其他各项工作如期进行。按计划，内外装修等配套工程将于2007年12月底完成并交付使用。

宁夏图书馆新馆建设工程于2006年4月1日正式动工，是宁夏回族自治区成立五十周年大庆献礼项目之一，也是自治区重点大型社会文化基础设施。宁夏图书馆新馆总建筑面积33 242平方米，其中地上29 049平方米，地下4193平方米，建筑高度25.4米，总概算2.45亿元。该馆设计藏书容量300万册，有1500个阅览座位，同时还建有数字化图书馆，使其成为综合型、开放型、信息化的大型综合图书馆。同时设有学术报告厅、视听室、电子阅览室、培训教室、读者餐厅、书店等设施。图书馆建成后，将与“文化信息资源共享工程”相辅相成，成为宁夏信息中心平台公共服务的重要应用子平台，读者可以在线阅读和检索1994年以来约8000种中文期刊、报纸和20万种（册）中文电子图书及宁夏图书馆馆藏近百万册（件）文献数据，同时还可以在线查阅综合年鉴、国家标准及各行业年鉴、行业标准和法律、法规、文献及经济统计数据。（张京生）

【宁夏贺兰县“共享工程”分中心的工作实践被文化部作为“宁夏模式”向全国推广】 宁夏贺兰县“全国文化信息资源共享工程”分中心（机构设置在贺兰县图书馆）自2004年8月成立以来，在文化共享工程自治区分中心的指导以及贺兰县委、政府及其组织、宣传等部门的支持下，采取光盘和移动硬盘服务模式，以推广使用文化共享工程资源为切入点，以服务基层、服务大众为立足点，使文化共享工程真正成为“惠民工程”。几年来，他们先后为基层印发宣传资料8000多份，刻录光盘14 000多张，为全县农民科技致富和开展保持共产党员先进性教育活动提供了及时、最新的VCD光盘节目，受到了基层广大群众和党组织的欢迎和好评。国家文化部副部长周和平曾到该中心视察文化共享工程工作。新华社、人民日报、光明日报、中国文化报、国家数字文化网、中央电视台国际网、中华网、新浪网、宁夏电视台、宁夏日报、银川晚报等多家媒体都对该中心文化共享工程资源利用工作进行了报道。该中心总结出的多年的“共享工程”工作实践经验，也被国家文化部作为“全国文化信息资源共享工程”工作的示范典型—“宁夏模式”，向全国推广。（张京生）

新疆维吾尔自治区

【阅读新体验活动】 1月8日至2月28日，新疆维吾尔自治区图书馆开展“走进自治区图书馆——阅读新体验活动”。旨在让更多公众走进图书馆，了解图书馆，利用图书馆，充分体验自治区图书馆“文明、便捷、公益”的服务内涵。（新疆图书馆学会）

【自治区文化信息资源共享工程基层点管理人员培训班】 1月12日至19日，由新疆自治区文化厅、新疆自治区图书馆主办，全国文化共享工程新疆自治区分中心承办的两期“自治区文化信息资源共享工程基层点管理人员培训班”圆满结束，培训工作顺利完成了预定课程。这次两期培训共有13个地州95个基层点的131人参加。（新疆图书馆学会）

【2006 年度工作总结暨表彰大会】 2 月 9 日，新疆维吾尔自治区图书馆召开 2006 年度工作总结暨表彰大会，会上，对 2006 年度先进个人、先进集体，第三、第四季度文明岗、文明标兵等进行了表彰奖励。副馆长刘星同志作了 2006 年工作总结。文化厅厅长、党组副书记阿不力孜·阿不都热依木同志结合 2 月 6 日全国文化厅局长会议暨全国深化文化体制改革经验交流会精神，以及 2007 年文化厅党组中心工作，对我馆工作提出了具体要求。馆长张君超同志强调：2007 年我馆将结合自治区图书馆事业发展的阶段性任务，继续坚持“开门办馆”的 42 字方针，继续以文明单位创建工作为契机，提升服务水平；以效绩管理为手段，提高服务意识；以发展读者为关键点，扩大服务覆盖面；以“读书进社区工程”为载体，延伸服务功能；以资源加工工程为突破，加快图书馆自动化建设步伐。同时，进一步强化图书馆基础业务建设，推动图书馆各项事业稳步向前发展。（新疆图书馆学会）

【读者面对面座谈会】 2 月 14 日，正值春节前夕，新疆维吾尔自治区图书馆办公室与自治区图书馆学会联合召开“情系读者——馆员·读者面对面”座谈会，座谈会邀请到了医学院图书馆、昌吉州图书馆等馆的领导和同业人士，以及各层次的读者代表 40 余名。（新疆图书馆学会）

【全民读书月活动】 4 月 22 日在新疆维吾尔自治区图书馆门前的书香文化广场，举行了“推进全民阅读，建设和谐新疆”为主题的“全民读书月”活动启动仪式。此次活动共有来自公共、高校、科研三大系统的 13 个图书馆近 200 余人参与活动，各图书馆设立了专家咨询台，展示了宣传图书馆服务和“世界读书日”的板报，让市民更直接的了解图书馆的服务，引导市民走进图书馆、热爱图书馆。

23 日“世界读书日”，我馆每一个阅览、外借的服务窗口都摆放了一束束美丽的康乃馨，工作人员向每一位到我馆读书的读者送上一支鲜花和一句祝福，以此表达图书馆人对读书人的尊重。（新疆图书馆学会）

【自治区图书馆接受捐赠首批中华古籍再造善本】 4 月 25 日，由国家文化部捐赠的首批《中华古籍再造善本》100 种共 1341 册到达我

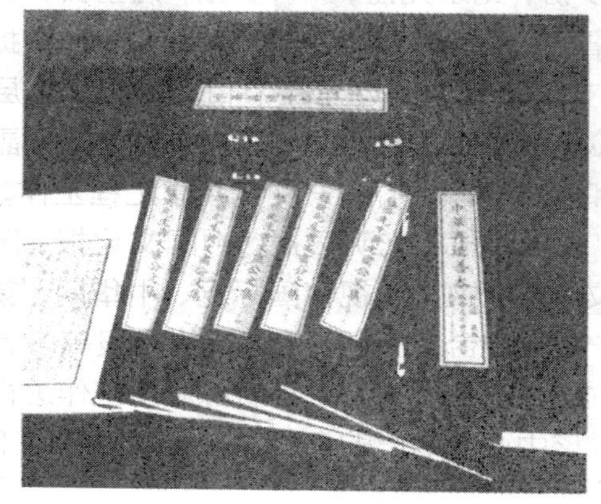

馆，由我馆采编工作人员和古籍部工作人员共同接受。首批书籍中有：《史记》《汉书》《后汉书》《继资治通鉴长编》《晦庵先生朱文公文集》《宋提刑洗冤集录》《诗经旁注》《山谷老人刀笔》《刘梦得文集》《新刊五百家注音辨昌黎先生文集》等珍贵典籍。（新疆图书馆学会）

【周末智慧大讲堂】 5月26日、6月2日，新疆维吾尔自治区图书馆与新疆大鹏鸟亲子教育研究院协商，联合义务举办“周末智慧大讲堂”，活动目的是通过讲座，传播先进的、科学的家庭教育理念，开发和培养孩子的潜能，培育孩子良好的品质和良好的生活、学习习惯，解除家长在教育孩子过程中存在的疑难和困惑问题。（新疆图书馆学会）

【伊朗大使来自治区图书馆访问】 6月25日下午，伊朗大使瓦德·曼苏里大使来新疆维吾尔自治区图书馆参观访问。在参观古籍部和少数民族文献部时，大使先生对汉文古籍和少数民族古籍产生了浓厚的兴趣，在参观少儿馆奥翔体育俱乐部时，大使先生兴致勃勃地和馆长张君超打起了乒乓球。在随后的座谈中，大使先生谈到了图书馆保存传统文化的重要职责，并热诚邀请我馆领导和工作人员届时到伊朗访问，以便更好地加强两国之间的文化交流。（新疆图书馆学会）

【“八一”前夕拥军活动】 7月31日、8月1日，新疆维吾尔自治区图书馆和自治区电影公司联合，连续两晚在书香文化广场播放了军事题材电影《我的长征》和《邓小平在1928》。另外，我馆地方文献特藏部上门为部队服务，在高炮旅等部队举办了《党的光辉照天山》图片展览，受到了广大官兵的一致好评。汉文外借部，设立了建军八十周年推荐图书专柜，将革命历史题材的优秀图书推荐给广大读者。（新疆图书馆学会）

【区文化厅领导视察共享工程工作】 8月21日，自治区文化厅社文处处长马迎胜同志、副处

长王洁同志、副处级调研员梁珍同志一行三人来省自治区图书馆调研文化信息资源共享工程工作。调研过程中主要了解了省自治区图书馆去年采购的共享工程服务器及其他设备的运行使用情况，对已加工的资源进行了抽检，在检查过程中对加工及翻译的质量进行了肯定，对翻译过程中的细节提出要求。（新疆图书馆学会）

【自治区图书馆首届职工代表大会】 8月24日，自治区图书馆成功召开了自治区图书馆首届职工代表大会，成立了专门工作组负责大会的筹备工作。为了保证职代会的质量，加大了提案工作力度，成立专门工作组向每一位员工征求提案，最后正式立案22条，提案内容涉及图书馆行政管理、业务建设、后勤管理、生活福利、计划生育等范围。会上，图书馆党支部书记、馆长张君超同志还作了关于确立图书馆馆训、办馆宗旨、办馆方针，以及加强图书馆文

明单位创建工作、加强图书馆评估达标工作的建

议案。会议第二阶段由会议代表对以上三个报告和三个建议案进行了讨论和表决，对馆领导班子进行了民主评议。（新疆图书馆学会）

【自治区图书馆古籍保护工作】 9月5日至9日，全国古籍保护中心专家徐忆农老师和田周铃老师来新疆对自治区馆古籍保护工作开展情况

进行调研和督导，在文化厅社文处副处长王洁同志、副处级调研员粱珍同志以及图书馆馆长张君超同志、副馆长刘星同志的陪同下，走访了民族宗教委员会的古籍办公室、博物馆、新疆大学图书馆、自治区图书馆等古籍收藏单位，对我区古籍收藏现状和古籍书库情况进行了全面了解，对我区申报古籍保护重点单位和古籍珍贵名录工作进行了辅导。（新疆图书馆学会）

【自治区党委领导视察区图书馆】 9月12日，自治区党委宣传部副部长施生田同志在文化厅副厅长黄永军同志的陪同下来我馆进行调研，一同前往的还有宣传部徐锐军处长、牛远峰副处长、阿里木江副处长。在调研过程中，自治区图书馆馆长张君超同志，介绍了我馆基本概况和近

年来的发展情况。随后施生田副部长参观了汉文报刊部、少数民族文献部、自习室、地方文献部、少儿馆、技术部及全国文化信息工程资源加工室。在参观过程中，施生田副部长详细询问我图书馆业务流程、办证情况以及业务人员职称结构。（新疆图书馆学会）

【自治区图书馆少儿分馆开馆】 10月16日新疆维吾尔自治区图书馆少儿馆在福海县举行了

分馆揭牌仪式。参加揭牌仪式的有福海县委常委、宣传部部长柳运森同志和政府副县长。自治区馆副馆长艾尼瓦尔同志和少儿馆馆长杜娟同志前往福海参加了建馆仪式。（新疆图书馆学会）

【参考咨询部编制十七大专题资料】 十七大召开之际，自治区馆参考咨询部编制4期《中国共产党第十七次代表大会专题资料汇编》，分为

历史回顾篇、大会开幕篇、大会闭幕篇、新疆代表团篇，该文献汇集了各大报纸、网站有关“十七大”相关报道和信息。（新疆图书馆学会）

【第 1 届少儿故事大赛圆满落幕】 11 月 10 日，由自治区图书馆，乌鲁木齐市团委、少工委主办，自治区图书馆少儿馆和自治区 96.1 新闻广播电台协办的乌鲁木齐市第一届“故事大王”少儿故事大赛圆满的落幕了。此次比赛是通过初赛、复赛和决赛选出了 14 名选手，然后进行了总决赛。最后选出了一名“故事大王”，2 名一等奖，3 名二等奖和若干名三等奖。除此之外，还选出了“最美声音奖”、“最佳表现奖”、“最佳风采奖”以及“最具潜力奖”。担任此次比赛评委的有西北地区唯一一位获全国金话筒大奖的朱月，全疆主持人大赛一等奖获得者李秉原和自治区图书馆少儿馆馆长杜娟。（新疆图书馆学会）

【席鹏鸣先生捐书仪式】 11 月 30 日，中国文学院常务副院长、中国文学家协会副主席鹏鸣先生向自治区图书馆捐赠本人作品《鹏鸣文集》共五套。自治区图书馆为鹏鸣先生举办了隆重的捐书仪式，仪式上馆长张君超同志代表全自治区图书馆向鹏鸣先生关爱、支持公益事业的行为表示了感谢，并向鹏鸣先生颁发了新疆维吾尔自治区图书馆收藏证。（新疆图书馆学会）

【读者面对面座谈会】 12 月 17 日，文化厅召开安全生产、综合治理工作例会，由厅长阿不力孜·阿不都热依木同志和副厅长艾尼瓦尔·阿不都许库尔同志就近期安全生产和综合治理及两节期间职工慰问工作作了重要指示。自治区图书馆于 12 月 18 日上午及时召开中层干部会议，刘星副馆长传达了 12 月 17 日文化厅会议重要指示。党支部副书记、保卫部主任李西义同志就 12 月 18 日下午馆内安全自查情况进行了通报。（新疆图书馆学会）

香港特别行政区

【香港公共图书馆概况】 公共图书馆与市民生活息息相关，香港公共图书馆自大会堂公共图书馆 1962 年启用以来，至今已经历了 45 个年头。2007 年，香港公共图书馆系统内共有 76 个公共图书馆，组织上可按图书馆的规模和性质分为 5 个级别，分别为中央图书馆、主要图书馆、分区图书馆、小型图书馆和流动图书馆，包括 66 个有固定地点的图书馆及 10 个流动图书馆。全港各公共图书馆共有馆藏书籍 1057 万册和多媒体数据 154 万项，登记读者多达 356 万人，年内外借书籍及其他图书馆数据超过 5840 万项。2007—2008 年度香港特别行政区政府的财政拨款为 6.8 亿元，较 2006—2007 年度的修订预算增加 2220 百万元，主要用于净开设 128 个职位和其他运作开支的增加。香港公共图书馆致力改善对市民的服务，不断丰富馆藏，加强参考咨询和信息服务，提升信息科技水平，并积极推广阅读风气。（杨继贤 谭淑莹）

【公共图书馆基础设施得到完善】 为配合新市镇的发展及提供更多元化的服务，香港公共图书馆体系在 2006—2007 年度增加了两间新的图书馆：天水围北公共图书馆已于 2006 年 12 月 20 日正式启用，该馆面积 494 平方米，基本馆藏超过5万项，更提供全港公共图书馆首设的馆内还书箱，免却读者到服务台轮候还书，为新界西北地区提供更优质及更方便的图书馆服务。赤柱公共图书馆则于2007年5月11日开幕，新馆面积约500平方米，基本馆藏超过5万，为港岛南区居民加添一处休闲和自学进修的好地方。

2007年5月，位于九龙公共图书馆的教育资源中心开始启用，为教师、研究人员和市民提供与教育专业有关的书籍及参考资料，拥有书刊24 000册，并备有计算机设施供读者使用。

2007年12月，九龙官塘顺利邨公共图书馆正式迁往顺利邨体育馆继续服务，面积为628平方米，环境较前宽敞舒适，约为旧址的4倍，为市民提供更优良的图书馆环境和设施。

香港公共图书馆继续与特区政府教育局携手合作，共同推广为鼓励小学生善用图书馆服务而设的“一生一卡”计划。另外又与学校图书馆主任定期举行会议，以加强相互了解并善用图书馆的资源。此外，16个公共图书馆也备有香港公开大学的教材，支持市民自学进修。

在2007年，香港公共图书馆在5个进行翻新工程的分区图书馆增设信息中心，包括土瓜湾公共图书馆、花园街公共图书馆、瑞和街公共图书馆、骆克道公共图书馆和鲗鱼涌公共图书馆，总共增设65台计算机工作站供读者使用。

在西贡区议会地区设施管理委员会的拨款资助下，香港公共图书馆于2007年6月4日至10月29日期间，试行将西贡及将军澳公共图书馆的开放时间由6天延长至每天开放。（杨继贤 谭淑莹）

【公共图书馆加强参考咨询和信息服务】 香港中央图书馆和5个主要图书馆（大会堂公共图书馆、九龙公共图书馆、沙田公共图书馆、荃湾公共图书馆和屯门公共图书馆）为市民提供参考咨询和信息服务。中央图书馆存放《书刊注册条例》常设特藏和9个国际组织特藏，而其下的艺术资源中心、香港文学数据室和地图图书馆也为市民提供专科的参考咨询服务。至于大会堂公共图书馆，则通过其下的工商业图书馆创造力及创新资源中心和基本法图书馆，提供相关的参考咨询服务。

网上参考咨询服务是参考咨询和信息服务重要的一环。香港中央图书馆联同广东省立中山图书馆、深圳图书馆和澳门中央图书馆提供网上参考咨询服务，让粤港澳三地读者能够直接向这些协作图书馆查询个别地区的信息。图书馆网页也配备多种电子资源，包括在线数据库、电子书籍、网上资源指引和专题资源指引，方便公众使用。（杨继贤 谭淑莹）

【信息科技和数码图书馆方面的新措施】 香港公共图书馆的计算机系统是全球最大的中英双语兼容图书馆计算机系统之一，提供全天24小时网上图书馆服务，供读者在网上检索目录、预约和续借图书数据等。2007年，通过互联网和电话续借的数据超过1736万项。此外，香港公共图书馆网页亦为市民24小时提供免费多元化的参考数据，推广个人终身学习和推动社会阅读的风气。

在2007年，申请把智能身份证同时用作图书证的读者超过536 000人，而各公共图书馆共有205台计算机安装了软件，让公众能够使用兼读电子证书的智能卡阅读器，借此鼓励市民广泛利用电子证书用于网上购物，使用电子政府服务以及其他服务。

2007年，9个公共图书馆试行设立互联网信息站，为读者提供无须预约的免费限时上网服务，这项服务将于明年推展至更多的图书馆。此外，各图书馆分馆共增设多5台自助借书终端机，以进一步推广自助服务。

此外，多媒体信息系统让公众得以实时在馆内或家中阅览多类数码文件，并欣赏自选影音节目。系统多年来不断加强功能，让使用者享用更有效的多媒体信息服务。由于系统采用先进科技提供有效的服务，因此屡获本港和海外机构颁发奖项。（杨继贤 谭淑莹）

【推广图书馆服务、阅读和文学艺术的活动】 推广活动是图书馆服务重要的一环。除前文提及的中央图书馆活动外，香港公共图书馆举办林林总总的活动，供各年龄组别和不同兴趣的市民参加，其中定期举办的活动包括儿童故事时间、书籍展览、图书馆简介讲座等。按全年计算，所举办的服务推广活动共18 522项。

香港公共图书馆推行多元化的阅读计划，并

举办与阅读有关的活动包括专为儿童及全体家庭成员而设的“阅读缤纷月”。除31个图书馆设有青少年读书会外，香港5个主要图书馆也成立了家庭读书会。为庆祝“4·23世界阅读日”和香港特区成立十周年，香港公共图书馆还举办以“香港是我家”为主题的创作比赛。1月至8月期间，为读者举办十多场“与作家会面”的聚会，10位出色的本地作家在轻松的气氛中与年轻人近距离接触交流，畅谈阅读及写作。

香港公共图书馆于2007年也举办了多项特别节目和比赛，以推广文学创作和文学欣赏，例如与香港艺术发展局合办第9届香港中文文学双年奖，鼓励香港作家创作优秀的作品，以及推动本地出版商出版高质素书籍。另外又举办了全港诗词创作比赛和学生中文故事创作比赛，并与其他组织合办全港阅读活动，供市民大众参加。

香港公共图书馆、香港教育专业人协会及香港电台合办的“第18届中学生好书龙虎榜”及“第4届书丛榜”向公众推介多本青少年眼中的好书。另外，为进一步推动阅读及表扬优秀的中文书籍，香港公共图书馆与香港电台及香港出版总会合办首届“香港书奖”活动，邀请出版界、教育文化专业团体及公众人士提名年度好书，经两轮专业评审，选出2007年度优秀中文书籍予以表扬。(杨继贤　谭淑莹)

【文化交流】 在2007年，香港公共图书馆继续与外地公共图书馆合作和加强联系，利用互联网保持联络、互通图书馆消息，以及就共同关注的事项交流意见。另外，香港公共图书馆亦有派员到哥本哈根、斯德哥尔摩和赫尔辛基的图书馆参观交流。此外，香港公共图书馆与深圳图书馆合作举办了征文比赛，以庆祝“4·23世界阅读日”。两地得奖作品首先在香港中央图书馆先行展出，其后香港的得奖作品又送往深圳展出。(杨继贤　谭淑莹)

【图书馆委员会】 香港特区政府于2004年11月成立图书馆委员会，由梁智仁教授担任主席，共有22名成员。委员会就多项课题向民政事务局局长提供意见，包括香港公共图书馆设施与服务的发展策略和计划、如何进一步反映公众意见，以及加强与社会各界合作等。图书馆委员会在两年任期届满时，向民政事务局提交了一份全面的报告——《图书馆委员会建议报告》(2007年5月)，就改进香港公共图书馆服务提出多项建议。政府原则上接纳委员会全部建议，并正逐步予以推展落实。(杨继贤　谭淑莹)

【读者意见】 香港公共图书馆于11月17日至25日在全港32个公共图书馆举行顾客联络小组茶叙，市民可于茶叙中分享使用公共图书馆的经验及提供建议，从而改善图书馆设施和提升服务水平。(杨继贤　谭淑莹)

【图书馆服务之不足与改善】 2007年4月，特区政府审计署对香港公共图书馆的服务提出管理图书馆馆藏、采购图书馆数据、处理新图书馆数据以及收取图书馆费用等建议。

10月，公共图书馆被揭发容许读者借阅已评为不雅的刊物，而全港18间公共图书馆的计算机信息中心亦被揭发可供浏览色情视讯的漏洞。(杨继贤　谭淑莹)

【书刊注册组】 书刊注册组隶属于香港公共图书馆，为本地出版的书刊注册，协助保存香港的文学遗产，管理并监察国际标准书号系统的使用情况。注册组每季在《政府宪报》刊登“香港印刷书刊目录”，该目录也可在互联网上阅览。2007年，该组共登记14 136册书、13 751份期刊和687个新的出版社识别代号。(杨继贤　谭淑莹)

【高校图书馆概况】 香港共有10多所公立或私立的大学和高等院校，提供不同程度的广泛课程选择。多年来，特区政府大学教育资助委员会辖下的8所大学及学院图书馆的馆长组成“大学图书馆馆长联席会”(Joint University Librarians Advisory Committee，以下简称“联席会”)，紧密合作，为在校的老师、学生及研究人员提供更全面、更便捷的服务，为图书馆同盟发展树立楷模。联席会成员包括：香港大学图书馆、香港中文大学图书馆、香港科技大学图书馆、香港理工大学图书馆、香港城市大学图书馆、浸会大学图书馆、岭南大学图书馆及香港教育学院图书馆的馆长。联席会下常设7个委员会，负责流通、采购、编目、多媒体、参考咨询、统计数据、版权等事宜。联席会每3个月开会一次，委员会一般在联席会开会前举行会议。（杨继贤　谭淑莹）

【储存图书馆】 香港地少人多，空间面积有限，大学的建筑有严格的规定，所以图书馆的馆藏空间一直成为图书馆的严峻挑战。酝酿多时的联校储存图书馆（Joint Universities Research Archive，JURA）获得政府拨款进行可行性研究，因此，联席会成立了专责的委员会，并在2007年2月向大学校长会提交初步的报告书；报告书经修订后，联席会在9月向大学教育资助委员会提交建议计划，经审批后再需要经过相关的政府部门和特区立法会通过，才可以开展工程。储存图书馆首期的目标储存量为600万册书籍，预期2012年完成，设施启用后可以大大缓解各图书馆的馆藏压力。（杨继贤　谭淑莹）

【高校图书馆馆藏发展】 在电子资源协作方面，联席会属下的采购委员会一直起着主导性的作用，以联盟方式订购数据库及电子期刊。去年，联席会获得政府支持，在今后的两年内负担50%的费用。2007年，款项用于采购主要的工具书和约9000种电子书。除了电子资源外，联席会也成立了针对外文书籍的采购联盟，联盟承诺某一额度的年度采购经费，再以招标的方式，聘用能够提供最大折扣的供货商，今年由美国的YBP公司成功获得合约。（杨继贤　谭淑莹）

【馆际互借】 在馆际互借、促进书籍的利用方面，联席会成绩非凡。2005年成立了“香港高校图书联网”（简称“港书网”），系统内每一位老师和学生都可以查询并预约其他院校的书籍。软件十分简单易用，在一般情况下，书籍两个工作日便可以由一个图书馆送到另一个馆供读者借用，费用全免。港书网数据库中约有950万项资料，2006－2007学年，大约有160 000册书籍通过港书网提供，读者反应热烈。受到港书网成功所鼓舞，2007年8月，各成员馆着手尝试以发源于美国科罗拉多州立大学图书馆的RAPID馆际互借联盟系统，扩大期刊文章的交换和使用。（杨继贤　谭淑莹）

【香港 Innovative Users Group 年会】 香港绝大部分高校图书馆都使用美国的Innovative图书馆系统，作为业务的骨干系统。为分享经验，每年会在不同的院校举行会议，欢迎区内各用户图书馆派员参加。第8届的HKIUG会议于2007年12月3日及4日在香港教育学院举行，除了海外代表外，本地约有200多人参加。（杨继贤　谭淑莹）

【开放存取】 开放存取是当前图书馆业务的主要发展方向。5月17及18两日，联席会在香港大学举行了“Promoting 21st Century Scholarly Communication：The Role of Institutional Repository in the Open Access Movement”会议，邀请国内外杰出的学者和专家参加讨论和分享经验。本地的高校图书馆也报告了最新的发展，据统计约有85 000项研究资料或成果可供公众在非牟利情况下取阅。会议同时呼吁政府支持的研究项目，成果必须在开放存取的期刊中发表或在机构库中提供。（杨继贤　谭淑莹）

【图书馆与版权】 2007年7月版权法修订落实。由于教育界的团结及大力争取，新法例对利用版权物进行教育活动作出了适当的豁免，例如，可以在学校的内联网上提供档案给修读该课程的同学下载。从上一次暂停部分条例后到新修订的6年间，联席会一直作出努力，向负责的政策局说明情况，并提出书面建议，积极地配合教

育界关注版权法联会的行动。（杨继贤　谭淑莹）

【用户调查】 香港的大学图书馆都有定期进行用户意见调查，了解读者的需求，但每个图书馆的调查方法并非一致。为更好比较调查结果及分享成功的经验，经过大半年筹备，2007 年 11 月联席会的 7 个成员馆进行了 LibQual+ 的调查，一共发出了14 600份问卷，LibQual+ 属国际性认可的图书馆用户意见调查，在北美洲及欧洲地区已经有几百所图书馆参加过调查，但在东亚地区却是首次。调查结果显示，一般而言，学生比较重视图书馆的阅读环境，而老师则看重图书馆所提供的研究信息资源，和国外同类型的图书馆比较，本地的高校图书馆能够提供更符合读者期望的服务。（杨继贤　谭淑莹）

【区域合作】 去年，应中央人民政府驻香港特别行政区联络办公室教育科技部之邀，联席会访问了广州市的高校图书馆。2007 年 5 月 9 日及 10 日两天，广东省的高校图书馆馆长回访，在香港大学图书馆商谈合作计划，其中一项获得落实的是交换彼此重复的书籍。11 月，广东方面派员来港筛选及安排运输。除了加强粤港两地的合作外，11 月联席会也出访了越南，参观了越南国家图书馆及其他主要的高校图书馆。高校图书馆成功的合作模式为各成员馆带来每年逾千万元的节省开支。为更有效推行高校图书馆之间的合作及开展新项目，联席会决定成立秘书处，从 4 月起，聘请 Anne Douglas 女士为项目经理。（杨继贤　谭淑莹）

【图书馆的扩建与翻新】 为应付 2012 年度的 4 年高等教育新学制，各高校图书馆也开始筹备和进行一连串的图书馆扩建与翻新工程。2007 年 8 月，香港中文大学图书馆整修了主馆的三楼及四楼，以提供更佳的学习环境；10 月，香港教育学院图书馆的 7×24 研习中心开幕；11 月，香港城市大学图书馆完成第一期整建，新建的设施包括“学习共享空间”中心区、多媒体及电子资源中心及消闲阁，为读者带来更佳的学习环境；香港大学图书馆的技术服务小组亦于年中迁至坚尼地城，以提供更多馆内空间予日益增加的馆藏。（杨继贤　谭淑莹）

【信息科技的新举措】 2007 年，香港城市大学图书馆展开对射频识别技术（RFID）的研究，以引进更方便的自助借还书服务；9 月，岭南大学图书馆推出图书馆工具列（LU Library Toolbar），方便读者浏览常用的图书馆及网上资源；另该馆亦首创使用 YouTube 视频短片分享网站进一步推广图书馆服务及网上讲座服务；10 月，香港教育学院图书馆推出新的在线信息服务——EdSEARCH，透过个人化的接口，读者可以容易地同时检索多个在线资源，省却检索时间。（杨继贤　谭淑莹）

【高校图书馆的读者服务】 为使读者能有更多时间享用图书馆设施，岭南大学图书馆于 2 月 26 日起逢星期一至四正式延长服务时间至晚上 12 时；而香港城市大学图书馆亦于 2007 年 5 月试行第二次的 24 小时开放，这次测试只开放局部地区（包括学习共享空间），确保对学生提供最理想的学习支持。另外城大图书馆亦于 2007—2008 学年举办“阅读推广计划”，以鼓励及培养学生良好的阅读习惯。（杨继贤　谭淑莹）

【高校图书馆参考咨询和信息服务】 香港大学图书馆于 2007 年 5 月与香港中央图书馆合办参考转介服务，为持有公共图书馆图书证而又有研究需要的市民提供阅览服务，开展了高校图书馆与公共图书馆之间的合作。另外，11 月，香港大学图书馆推出了 Wiki@HKUL，此为该图书馆的知识库，为读者提供更快的途径去获取图书馆信息。（杨继贤　谭淑莹）

【高校图书馆数字化计划】 2007年3月，香港中文大学图书馆推出“中国古籍库”，方便用者浏览、检索该馆的古籍目录及作资源共享之用，该古籍库依据《香港中文大学图书馆古籍善本书录》及《香港中文大学图书馆中国古籍目录》两书而成，一些较珍贵的罕见的藏书，均附书影扫描，至2007年12月底，已有533种2077册古籍拥有电子版；岭南大学图书馆也于10月完成了《岭南周报》之数字化，为学者及校友提供珍贵的历史材料；香港大学图书馆亦于2007年开始对由香港赛马会与特区政府康乐及文化事务署携手推动的“香港记忆”计划提供技术上的支持。（杨继贤　谭淑莹）

【各图书馆举办的会议】 在2007年，多所高校图书馆分别举办了数个地区及国际性的会议，促进业界交流。香港中文大学图书馆于4月11日及12日主办“腾蛟起凤，处变更新：学术图书馆馆员在变革管理上的挑战”。香港大学图书馆则举办了数个会议，于4月12日至14日举办了第9届“Annual Fiesole Collection Development Retreats”，主题为“The Quest for Information: Open or Closed, Democratic or Controlled? Perspectives from the Scholarly Community”；在5月10日举办了“第2届粤港高校图书馆交流与合作高层论坛”；在5月11日至15日与厦门大学图书馆合办“第5届图书馆领导研修班”。香港科技大学图书馆则于12月10日及11日举办“International Conference on Information and Learning Commons”国际性会议。（杨继贤　谭淑莹）

【国际协作】 香港大学图书馆在2007年成为美国国际图书馆计算机中心（Online Computer Library Center, OCLC）最大的原始编目书目提供者，2007年共提交75 912条书目；参与“高等学校中英文图书数字化国际合作计划”（China-America Digital Academic Library, CADAL），于2007年送交2300项数据进行数字化；年中与北京大学、北京大学医学部、清华大学、山东大学、台湾大学、世新大学、政治大学及太平洋数字图书馆联盟（Pacific Rim Digital Library Alliance, PRDLA）签订馆际互借协议；10月，成为“Scopus Development Partner Program”的成员，与超过30所高等院校之馆员及研究员有更紧密的合作。11月5日，香港中文大学图书馆与法国普罗旺斯大学图书馆（Library of the Université de Provence）签署合作协议，共同为两校图书馆收集及搜购有关2000年诺贝尔文学奖得主高行健及其作品的数据，以丰富两馆相关馆藏。（杨继贤　谭淑莹）

【高校图书馆编目工作】 香港大学图书馆于2007年完成部分中国大型丛书如《四库禁毁书丛刊》、《四库全书存目丛书补编》及《四库全书存目丛书》的分析编目，读者可在在线目录查询超过10 000条相关的书目数据。（杨继贤　谭淑莹）

【高校图书馆接受外界捐赠】 香港大学图书馆于2007年1月23日获徐四民先生大紫荆勋贤赠缅华书籍，还包括手稿，集多人心血，具有很高参考价值，为研究缅甸华人史之重要文献。香港理工大学于9月10日获澳洲净宗书院和香港佛陀教育协会捐赠《乾隆大藏经》全套，成为全港两所获赠这套佛教经典的大学之一。（杨继贤　谭淑莹）

【命名与规划】 1月26日，香港中文大学为表扬利国伟博士大紫荆勋贤对中大的卓越贡献，特将新成立的法律图书馆以利博士命名。6月25日，岭南大学将位于大学图书馆的信息坊命名为“蒋震信息坊”，以答谢蒋震工业慈善基金及震雄集团主席蒋震博士大紫荆勋贤捐赠600万港元予岭大。香港理工大学图书馆于3月新委任欧书亭先生（Steve O'Connor）为图书馆馆长，以接替领导该馆长达34年的前馆长贝励敦先生（Barry Burton）。10月，该图书馆建立情境规划，目的为了迎接“三三四学制改革”和配合读者的教学、研究及学习的需要。图书馆成立了情境规划小组、举办读者座谈会和情境建设工作坊以及设立网上问卷调查，其后又进行集思会，以订立策略发展计划。（杨继贤　谭淑莹）

【香港中小学图书馆】 香港的中、小学校都设置图书馆，从小培养学生的阅读兴趣和提高他

们的信息素质。2007 至 2008 年，北角卫理小学图书馆主任陆学熙先生担任香港学校图书馆主任协会会长，协会致力推动学校图书馆的专业发展和提升学校图书馆于本地教育界的地位。在这一年，协会举办了多项活动以加强会员之间的联系：3 月 24 日分享义工团在贵州省金沙县的培训经验；5 月 12 及 19 日，分别举行两场分享交流会，主题是"如何全校推广阅读"及"扩建后的图书馆"。同一时间，协会也积极与各专业团体和公司企业合作举办各项专业活动，例如与澳门图书馆暨信息管理协会合作，在 4 月至 5 月的每一个周六，派员赴澳主持阅读技巧课程。6 月 29 日，协会与 Info Access & Distribution (HK) Ltd. 合作，举办电子资源在学习上的应用讲座。7 月 24、25 日，"Read to Learn: School Library Development in China"国际会议在港举行，协会也积极配合。8 月，陆学熙会长出席了香港图书馆协会主办的图书馆教育及职业讲座，介绍学校图书馆的就业情况。圣诞节假期间，协会应慈善团体健行杏社之邀，第二次组织义工团前往贵州省金沙县城关镇和当地中、小学老师进行图书馆课程培训。除了举办及协办各类型活动外，协会也积极和教育局(7 月 1 日前称教育统筹局)讨论学校图书馆的未来发展。跟进年初与教育局的会面，陆会长 6 月去函该局总课程发展主任叶荫荣先生，询问在新高中学制下图书馆主任的编制及定位。12 月 9 日，叶主任在《星岛日报》撰文响应，肯定了图书馆主任的角色和任务。特区政府教育局设有教育服务中心及网上信息站给予学校图书馆主任支持。6 月 25 日，中心邀请了 3 位学校图书馆主任交流分享推动阅读的经验。随着新采购合约生效，8 月 3 日开始，官立学校图书馆主任可以到香港图书文具有限公司及辰冲图书有限公司直接选购英文书籍，11 月 18 日开始则可以到商务印书馆直接选购中文书籍。除香港学校图书馆主任协会外，全力推动学界透过信息科技提升教与学效能的香港教育城也设有图书馆主任园地专业讨论区，帮助业界沟通联系。(杨继贤　谭淑莹)

【专业图书馆】 在香港有不少公司企业、宗教或专业团体、政府机关及半政府机构等都设有图书馆，提供与业务有关的信息；服务对象多限于机构内部员工，一般不对外开放。虽然没有完整的统计有多少个专业图书馆，但图书馆协会网页上有超过 180 个专业图书馆的记录，理事会并设有专业图书馆的联络主任，促进业界沟通，在联络主任电邮名册中约有 200 人。专业图书馆主任每年都会举行春节和圣诞聚会，让同业聚首一堂，加强归属感。春节联欢会在 2 月 28 日举行，至于圣诞联欢会则在 12 月 11 日举行。2007 年 1 月 19 日专业图书馆主任举办了一次午餐研讨会，邀请了耶鲁大学法律图书馆馆长考夫曼教授(Prof. S. Blair Kauffman)主讲美国的法律与研究。社会公众对专业图书馆的工作比较陌生，在 8 月中举行的图书馆教育及职业讲座中，主管贝克·麦坚时律师事务所图书馆的杨思敏小姐便分享了作为一个法律图书馆负责人应具备的条件和所承担的工作。3 月 24 日佛教志莲净苑图书馆也接待了图书馆协会的会员参观。2007 年年中版权条例修订完成，专业图书馆主任都积极协助企业或机构内部遵守版权条例的新增规定。(杨继贤　谭淑莹)

【香港图书馆协会概况】 香港图书馆协会于 1958 年成立，为香港图书馆业界提供一个跨界别的专业交流平台。2007 年的新一届协会主席由香港教育学院图书馆馆长罗明新先生(Michael Robinson)担任，另有 13 位来自不同图书馆单位的成员，共同组成理事会。协会在 2007 年出版了 3 期通讯，提供最新的图书馆业界消息。

在 2007 年，香港图书馆协会的会员人数为 569 人，成员多来自高校图书馆、公共图书馆、专业图书馆以及教育界。(杨继贤　谭淑莹)

【香港图书馆协会专业活动】 为提供发展方向，香港图书馆协会在 2007 年举办与协办了一连串与图书馆有关的讲座：1 月 10 日，与香港中文大学图书馆合办"Library 2.0-Working Towards Next Generation Systems"讲座；5 月 17 日及 18 日，赞助在香港大学图书馆举办的开放存取会议；8 月 31 日，与岭南大学图书馆合办"基于 OPAC 的 CALIS 联合目录资源整合与检索"讲座。

协会于 8 月 11 日在香港中央图书馆举办了

一年一度的“香港图书馆教育及职业讲座”，吸引超过110位人士参加。讲座简介了教育机构在港所提供的图书馆课程，另由几位图书馆馆长介绍在不同类型图书馆的就业状况，让有志投身图书馆界的人士得知有关工作性质和进修途径。

另外，为增进业界之间交流，协会亦举办了数个图书馆参观活动供会员参加，于2007年内参观了恒生商学院图书馆、志莲净院图书馆、耀中国际学校（中学）资源中心及香港浸会大学石门校园图书馆。

为了鼓励公众培养良好阅读习惯、强化香港的阅读文化，2007年4月，香港图书馆协会和香港教育城邀请了数字小区领袖拍摄海报，以轻松、正面、生活化的姿态，将“爱阅读”的信息正面传扬。（杨继贤　谭淑莹）

【香港图书馆协会与内地合作】 香港图书馆协会与广东图书馆学会及福建省图书馆学会在10月11日至14日于武夷山合办了“图书馆创新、发展与变革”联合会议。香港图书馆协会亦组织代表团出席会议，这次会议为三个组织之首次跨区域合作，对推动香港、广东及福建三地图书馆的区域交流与合作迈出重要的一步，颇具历史意义。（杨继贤　谭淑莹）

【周年会员大会】 香港图书馆协会会员周年大会于12月6日召开，会上邀请了香港特别行政区新闻统筹专员何安达先生演讲，另颁发图书馆助理员证书、图书馆学文凭及各项奖学金。（杨继贤　谭淑莹）

【香港图书馆教育与培训】 图书馆教育是图书馆专业发展，人才供应不可或缺的一环。香港的图书馆教育自1960年以来不断发展，至2007年已有5间本地教育机构：香港大学教育学院、香港大学专业进修学院、香港中文大学专业进修学院、香港浸会大学持续教育学院，以及明爱徐诚斌学院，开办由证书、文凭、学士以至硕士学位的相关课程。其中，香港大学专业进修学院与澳洲查尔斯特大学（Charles Sturt University）合办的为遥距课程，部分机构提供的副学位课程亦能与外地大学的学位课程衔接。此外，香港特别行政区教育局也会定期提供培训课程给新入职及在职的学校图书馆主任。（杨继贤　谭淑莹）

澳门特别行政区

【概况】 16世纪以来，随着西方宗教活动在东方的展开，澳门图书馆先后有圣保禄学院图书馆、圣若瑟修道院图书馆、东印度公司图书馆、澳门陆军俱乐部图书馆等。在这相对悠长的岁月里，澳门的图书馆及其文献资源形成了一定的特色。今天的澳门图书馆以小型和分布在小区里（如公园、街市）见称；文献资源亦因澳门的特殊历史及社会环境而显得极具特色。例如，澳门早期报业的发展、宗教活动产生的多元文献、丰富的葡文文献，乃至近年发展起来的国际组织文献等，皆为这南海一隅的历史名城多添了一份文化气息。

2007年，澳门博彩业高速增长，她的许多方面如政治、经济、文化的发展都在国际舞台上再度引人注目。此时此刻，作为社会的文化基石，澳门图书馆发展也有着较明显的转变，如服务素质的提升、小区图书馆的普及化，以及图书馆渐向电子化和网络化发展，定题服务和文献传递服务日益增加，图书馆同仁也积极组织和参与各种学术交流活动，馆际间的互借服务也逐步展开。

与此同时，社会各界对图书馆的需求和重视日益强烈。新的中央图书馆兴建已进入规划阶段，选址也敲定在南湾旧法院大楼；部分公共图书馆延长开放时间；图书馆相关的研究渐渐受到大众的关注。

公共图书馆

澳门公共图书馆的特点是以细小型阅览室形式居多，而且多深入小区或公园内，当中包括图

书室、自修室及阅览室，共有40多处。公立公共图书馆系统又分为多个体系，主要包括文化局、民政总署和教育暨青年局等。

规模最为庞大者为澳门文化局属下的中央图书馆体系，总馆、分馆连流动图书车共计有7馆，藏书约30万册，另约有25万册图书存于货仓，以葡文图书为主；2007年间，部分图书馆实施延长开放时间，作为试点。而该年各馆合共使用人次达1 055 592之多；馆内设立国际标准书号中心(ISBN)。民政总署下属图书馆多设于公园内，只提供阅览服务，主要走小区路线，在推动阅读和义工计划上也不遗余力，并日见成效。教育暨青年局下属的公共图书馆有成人教育中心图书馆、教育资源中心图书馆等。其他的还有来自教科文中心及一些政府部门、社团的阅览室等，然而无论在规模上、馆藏种类及数量上都极为有限。

2007年向公众开放的图书馆及阅书报室统计数字

项目	统计数据	单位
图书馆及阅书报室	45	间
书籍	1 115 051	册
期刊	243 90	种
多媒体数据	46 982	套
接待人次	3 507 354	人次
借书册次	792 837	册次
总面积	334 550	平方呎
座位数目	3 273	个
提供给公众上网的计算机设备	417	台
计算机使用人次	409 858	人次
购书总支出	27 871	千澳门元
工作人员	262	人

资料来源：澳门统计年鉴2007. 当中数据包括一些对外开放的高校图书馆。

澳门的公共图书馆有着相当程度的转变，如大规模地增加中文文献资源，尽量满足大众市民的诉求；积极发挥小区教育的职能，举办各种活动与基层市民贴近。

大学及专科学校图书馆

运作中的大专院校图书馆共有16个，包括大学、学院、专科学校图书馆等。部分图书馆，如澳门大学、理工学院等的图书馆也对外开放，承担社会责任。高等院校图书馆中以澳门大学图书馆规模最大，是澳门现代图书馆中最早的高校图书馆，近年正不断发展电子及网络资源，亦是澳门设备最完善的图书馆，2007年藏书约25万册，全年接待422 843人次，借出图书64 111册次。理工学院图书馆藏书数万册，2007年接待人次106 109，借出图书18 757册次。

值得一提的是，1728年创办的圣若瑟修院图书馆目前仍然存在，修院已经停止办学而其图书馆也只供教会内人士使用。内藏大量天主教传教士活动所产生的古籍文献，成为澳门现存最悠久的高校学术图书馆。

专门图书馆(室)

澳门的专门图书馆包括数据室及档案中心，主要来自社团、私人、政府部门、医院等多个体系，而且涵盖的门类甚广。例如，宗教类有：澳门主教公署图书馆、佛学图书馆、澳门基督教会宣道堂图书馆、耶稣会图书馆等；艺术类有艺穗图书馆；国际组织类有澳门大学图书馆之文献中心；经商类有经济司图书馆、财政局信息汇编中心、银行数据室等；法律类有立法会图书馆、法务局图书馆、初级法院图书馆等；海事类的有海事博物馆图书馆；引外还有医学类、教育类等。在80多个专门图书馆/数据室中，大部分藏书极少，在5千册以下。

学校图书馆

2007年澳门中、小学及幼儿园图书馆（室）共有90多间。除了极个别学校图书馆外，大部分的图书馆或图书馆（室）是规模极小“藏书只有数千册甚至更少”，只有10多个阅览座位的小型阅览室或资料室。

为了振兴澳门阅读之风，教育暨青年局由2004年拨款推出的阅读推广计划依然在各中小学推行，主要针对图书馆的藏书量、专业管理、人员素质等问题进行有效的改进。

另外，值得高兴的是，几所学校在扩建教学大楼时也都将图书馆的扩建和相关设备纳入兴建计划中。

国际组织寄存文献

文献寄存馆(Depository Library)，即被指定为长期免费接收出版文献的图书馆。

随着澳门高等教育的快速发展，文献成为人们追求知识不可或缺的工具，不断拓展各个领域文献资源便成为图书馆以至社会人士的重任。因此，发展国际组织文献，为澳门学术研究和社会发展提供参考便是其中开发文献资源的途径之一。

自1992年联合国文献寄存馆和欧洲文献中心在澳门大学图书馆的设立，使澳门可以长期免费获得其最新的出版文献，奠定了国际组织文献馆藏在澳门的发展基础。至2007年，该中心已经与10多个国际组织建立了同样的寄存馆关系。

2007年澳门所藏国际组织寄存文献情况

国际组织	在澳门建立寄存馆（年份）
欧盟信息文献中心（EU *i*）	1992
联合国（UN）	1992
世界贸易组织（WTO）	1994
国际劳工组织（ILO）	1994
世界粮食计划署（WFP）	1995
世界银行（WB）	1995
亚洲开发银行（ADB）	1998
亚太经合组织（APEC）	1998
北大西洋公约组织（NATO）	1999
联合国社发研究所（UNRISD）	2000
国际货币基金组织（IMF）	2005
东南亚国家联盟（ASEAN）	2006
国际海事组织（IMO）	2006
其他非正式寄存组织：（粮农组织、世界卫生组织、环保署、联合国大学、亚太经合组织、世界知识产权组织、联合国教科文组织）	1992—

澳门是一个社会思想和学术文化相对自由及多样化的地区，国际组织寄存馆制度在澳门的实行，正是澳门文献资源多元文化的体现，对本地文献资源开发和对外交流皆有着重要的意义。国际组织每年投资大量经费用于各研究项目，并将研究成果出版成文献，在世界各地发行。澳门借着寄存图书馆制度而取得这些文献，使图书馆节省不少资源，丰富澳门高层次文献馆藏，加强了与国际之交流。

整体而言，各类型的图书馆亦在不断地求进中，包括：服务多元化，着重图书馆对市民的宣传和教育工作，发展图书馆电子化及网络化等，极力发挥图书馆的社会职能。（杨开荆）

【图书馆专业发展专题讲座系列】 为了加强澳门与国际的交流，扩大图书馆员的视野，澳门大学图书馆由2007年开始推出“图书馆专业发展专题讲座系列”，邀请世界各地图书馆界专家学者与澳门业界分享国内外图书馆业的最新发展动向。2007年间，澳门大学图书馆共举办了4场专题讲座，澳门各图书馆馆员亦参与活动。具体内容如下：

首场讲座于2007年1月19日举行，题目是“大学图书馆公共服务的发展与未来趋势”（The Development and Future Trends of Public Access Service in University Libraries）。主讲嘉宾是香港科技大学图书馆的专业人士：Ms. Corrie Marsh，以及负责公共服务的梁美玉女士和梁惟基先生。

第二场讲座于2007年4月16日，主讲题目为“从清华大学图书馆的经验来看大学图书馆的发展路向”，邀来的主讲嘉宾是北京清华大学图书馆的薛芳渝馆长，以及姜爱蓉副馆长和邵敏主任。

讲座系列之三是在2007年5月16日举行，专题为“21世纪学术发展、电子出版、公开检索的发展机遇”（Scholarly Communication Futures, Digitial Publishing and Open Access Opportunities in the 21st Century）。曾任澳洲国家图书馆馆长的Colin Steele先生应邀作主讲嘉宾。

来自美国北美伊利诺大学—香槟分校的亚洲图书馆馆长，Ms. Karen Wei主持了第四场的专题讲座，题目是“东亚图书馆在数字时代面向北美中国学者的信息服务”（East Asian Libraries in a Digital Age and Information Services to China Scholars in North America”）。

各讲座主题独具精要之处，细味其中内容，不难发现，来自不同文化国度的图书馆馆长或主管级的学者，在刻意或不经意间都透出了一个共同关注的问题，面对数字化及网络信息科技对图书馆事业的机遇和冲击，既喜且忧。面对21世纪的信息时代，图书馆的发展已渐渐走进无墙的、不受时空限制的网络环境中。作为信息与读者之间的媒体，当进入了网络世界后的图书馆更需表现出它提供快速检索信息的特征。所以，当国内外图书馆正致力以技长技、开发新的服务模式之际，澳门图书馆事业如何充分利用新的环境所创造的机遇，如何集成各方面资源，如何开辟或拓展服务功能和形式，如何建立可持续和有竞争力的图书馆系统，皆是甚为迫切的问题。（杨开荆）

【首本图书馆英文专书首发】 澳门大学图书馆于2007年4月24日下午举行《图书馆英语：图书馆日常用语》新书发行仪式。该书亦是作为庆祝澳门大学成立25周年的一份献礼。

澳门大学图书馆与上海交通大学图书馆于2006年底合作出版了《图书馆英语：图书馆日常用语》一书，并附有录音计算机光盘以英语及普通话对照演示。此为全国首度出版的图书馆英语专书，将有助港澳及内地图书馆人员提升英语及普通话水平。同时通过合作加强内地与澳门的文化和学术交流。

该书已引起澳洲、内地、香港及本澳图书馆界的极大兴趣。简体版《图书馆常用英语900句》亦于同年在内地发行。（杨开荆）

【如何有效提升图书馆馆员服务素质研讨会】

为配合图书馆英文专书发行活动，澳门大学图书馆于2007年4月25日举行了“如何有效提升图书馆馆员服务素质研讨会”，借以推动澳门图书馆服务素质的提升以及整体图书馆事业的发展。

有见图书馆工作性质日益趋向全球化，提高图书馆馆员的知识水平已成为重要课题。研讨会就相关议题展开探讨交流，由澳门大学图书馆馆长潘华栋担任主持，前香港浸会大学图书馆馆长谢吴道洁、上海交通大学图书馆代表季一欣、澳门大学图书馆助理馆长王国强、澳门大学英语教师李淑如以及陶小芩等人任主讲。内容涵盖如何提升图书馆馆员服务水平，增强馆员之英语沟通能力，并克服英语学习的难题等。（杨开荆）

【澳大图书馆“欧盟信息文献中心”揭幕仪式】

2007年5月8日澳门大学图书馆文献中心举行“欧盟信息文献中心（EU *i*）”更名揭牌仪式。仪式由欧盟驻港澳办事处主任鲁堂安先生及澳门大学署理校长马许愿教授主礼。出席揭幕仪式的嘉宾还包括德国驻港澳总领事卜百贺先生，外交部驻澳特派员公署政策研究室主任王卫先生，澳门大学校董会主席谢志伟博士、图书馆馆长潘华栋博士、文献中心负责人杨开荆，以及欧盟多个成员国的总领事或其领事馆代表，以及多名澳门高等院校代表等。

此次“欧盟信息文献中心（EU *i*）”更名揭幕仪式乃庆祝欧盟成立50周年及欧洲日等系列活动之一。前称“欧洲文献中心（EDC）”于

1992在盟支持下于澳门大学图书馆文献中心成立，长期免费获得欧盟的官方文件、出版刊物及电子数据库等，从而推广与欧盟有关的教学及研究。该中心定期举办有关展览，以增加公众对欧盟的认识。

适逢2007年是《罗马条约》签署50周年，1957年正式成立了欧洲经济共同体，即欧盟的前身。故此，"欧盟信息文献中心(EU *i*)"揭幕仪式后随即举行有关欧盟发展及现况的展览，展出有关欧盟半个世纪以来的发展数据及图片，如《罗马条约》及其他影响欧盟发展的条约内容、欧盟与澳门之合作等。(杨开荆)

揭幕仪式的主要嘉宾

【澳门大学图书馆与美匹兹堡大学图书馆签合作协议】 澳门大学图书馆与美国匹兹堡大学图书馆签署了文献传递服务合作协议。据此协议，两校读者可获对方馆藏的学术期刊论文的资料，另外，还可取得与该大学有合作关系的其他图书馆的期刊论文数据。借此，可进一步支持澳大的教研活动，以及加强澳大与国际学术机构的联系。(杨开荆)

【澳门理工学院图书馆引入无线射频系统】 澳门理工学院图书馆在2007年8月引入RFID技术，利用无线及免接触的传送方式，协助图书馆节省基本行政管理的作业时间。涉及范围包括读者借还书、自动盘点、寻找失书等，因而提升了图书馆的工作效率，进而满足读者服务需求。

该馆在2006年开展导入无线射频图书馆藏管理系统的可行性研究，并于2007/2008学年进行首阶段的无线射频图书馆藏管理系统的软硬件配备工作，2009年正式投入使用自助借还书系统，相信将提高图书馆的管理和服务素质。(杨开荆)

【澳门理工学院图书馆建立资源整合查询系统】 澳门理工学院图书馆于2007年8月建立资源整合查询系统(Muse-Search)。透过单一检索界面，可同时检索各种数据库类型的数据及各种网络资源，使读者能以最简单的方式存取、检索图书馆数字化馆藏，以及不同操作系统或服务器间之各类电子资源，令用者轻松地搜集到完整的资料。(杨开荆)

【图书馆亲子之旅】 澳门教育暨青年局成人教育中心于2007年4月22日举办"图书馆亲子之旅"活动。主要目的是提升市民的阅读兴趣，加强亲子间的沟通及对认识澳门的图书馆。活动的对象是家长及其15岁以下的子女。参观的图书馆包括：成人教育中心图书室、澳门大学图书馆、仔黄营均图书馆、澳门中央图书馆等。各图书馆将安排专人负责讲解图书馆的资源、运作及相关活动。(杨开荆)

【民政总署扩大图书馆义工服务层面】 澳门民政总署辖下图书馆推行图书馆义工计划已多年，该署辖下图书馆共招募了160名小义工及22名义工妈妈，均热心投入工作，将课业和工作余暇奉献给图书馆。

义工认为，在参与图书馆义务工作过程中，学会很多人生道理，寻找到人生的目标，将自己所学回馈社会，更明白到阅读的重要性。事实上，此计划充分发挥社会人力资源，有效推广图书馆服务。

为回应社会大众的支持与期望，2007年特别降低招募对象的年龄，凡12岁起，抱社会服务的热诚、耐心与毅力者，均可报名加入图书馆义工行列。以扩大义工的服务层面，推动澳门的阅读风气。另外，除在图书馆协助整理图书、维持馆内秩序，协助推广阅读活动和出版图书馆刊物外，亦会安排很多培训班和交流活动让义工参与，如："迎新·义工培训营"、图书馆资源利用研习、摄影基础与 PhotoShop 研习班、故事坊等及多项到外地交流的活动，让他们时刻增值自己、与时并进。

另外，为表扬图书馆义工的服务社群精神，澳门民政总署于 2007 年 3 月 11 假澳门综艺馆举行 "2006 图书馆义工嘉许礼暨 2007 图书馆义工就职礼"。颁发奖项予去年度图书馆义工 "表现良好奖"、"表现优异奖"、"新星飞跃大奖"、"全情投入奖"、"三年服务奖" 及 "五年服务奖" 得主，同场还举行了 2007 年义工就职仪式，由民政总署管委会代主席谭伟文主持监誓。（杨开荆）

图书馆义工嘉许礼暨就职礼

【中央图书馆展古籍贺中国文化遗产日】 为庆祝 "中国文化遗产日"，澳门中央图书馆于 2007 年 6 月至 9 月期间，在何东图书馆大楼三楼举办 "澳门中央图书馆珍藏古籍展览"，展出了中央图书馆属下的各馆珍藏。包括：民政总署大楼图书馆、何东藏书楼、澳门资料室于 1950 年

以前的中、西文古籍及澳门数据，以原件、图文及目录三种形式展示古籍的典藏情况。

这次展览提供了各书的简介，著录书名、作者、出版年份等书目资料，以令读者全面了解古籍。其后展板在粤、港等地的图书馆作巡回展出，以加强粤、港、澳文化交流。（杨开荆）

【兴建新中央图书馆计划及选址定案】 根据 2006 年有关新中央图书馆研究报告的选址要求和公共图书馆系统规划建议，以及经广泛社会咨询和深入调查研究，特区政府最终敲定选址在南湾原法院大楼兴建新中央图书馆，并计划于 2009 年动工。

2007 年 10 月 24 日，澳门特区政府财政局局长刘玉叶正式将政府物业原法院大楼交予文化局，由局长何丽钻代表接收。该大楼名列本澳 128 项受保护文物中，属 "具建筑艺术价值的建筑物"，占地面积约17 000平方呎。当局选取南湾旧法院改建成新中央图书馆，其一是考虑该座建筑物的历史文物价值。因此，改建时会保留建筑的正立面及两旁外墙。计划在原大楼后部纵深 15 米内新建一座约 50 米高的主体建筑，约楼高十层，另包括地下两层。

预定 2009 年开始动工，主体建筑可于两年内如期竣工。新中央图书馆的第一期整体规划面积约为11 000平方米，阅览座位约 1125 个，藏书量约780 000册，多媒体视听数据约81 000件，各地报纸期刊约 1322 种，相信可满足十年内需求。

文化局副局长陈泽成响应公众关注新中央图书馆分区功能时表示，该局无论对于功能设置、交通配套以至新中央图书馆统筹角色等方面，均作前瞻性的考虑。随着该馆的建成，澳门整体公共图书馆服务网络系统亦将形成，而分散各区的公共图书馆亦将作整合或协调。（杨开荆）

【2007 年春季书香文化节】 为期一周的大型书展以“推动阅读、拥抱科学”为主题，于 2007 年 4 月 2 日在理工学院体育馆隆重开幕，社会文化司司长崔世安等各界嘉宾主礼。活动由澳门出版协会与理工学院合办，由星光书店统筹，获社会多个团体支持。

两岸四地近 50 家出版社提供逾万种各类图书参展，以各地新书、科普书及精品书为主，另外也展示了关于校园科普教育、发展成果的图片。

同时，配合主题开设了多场专题讲座，包括：理工学院图书馆馆长林子予主讲“20 世纪影响和改变人类的重大发明”，《邀月》作者郁人为读者主讲 “叹酒”，同场安排试酒会；澳门图书馆暨信息管理协会理事长王国强、会员叶文生分别主讲 “科普读物和科普阅读”、“发现第四个爱因斯坦”等。（杨开荆）

【2007 年秋季书香文化节】 由澳门出版协会、台湾图书出版事业协会合办，体发局协办，文化广场统筹的“2007 年秋季书香文化节——两岸四地(澳门)书展”，于 2007 年 12 月 5 日下午假塔石体育馆隆重揭幕。今届秋季书香文化节以“自强勤锻炼，上进喜攻书”为主题。来自四地 60 多家参展商提供逾 5 万种图书参展，总册数达 20 万，涵盖面广，规模为历届之最。显见澳门阅读市场不断扩大，阅读文化不断提升。

因应推广阅读教育与奥运的重要，活动特设教育与奥运两主题专区。教育专区则以彰显“十年树木，百年树人”为特色，提供两岸四地出版社最新出版的教育类图书；另外，奥运专区强调“拥抱 08 奥运，缔造美好丰盛人生”为整体格局，展出与奥运有直接关联的图书及产品，借此宣扬 2008 北京奥运信息。

活动中有专题演讲、多本新书同场首发，新书作者即场为读者主持签名会并展开交流，吸引不少市民参与。（杨开荆）

【2007 年图书馆周】 由文化局中央图书馆、民政总署、教育暨青年局、澳门图书馆暨信息管理协会合办的“2007 澳门图书馆周”，主题为“读出生活趣味”，在 2007 年 4 月 21 日下午于岗顶前地揭开序幕。共 20 多项不同类型的阅读推广活动，让不同年龄阶层的居民感受阅读乐趣。

为鼓励居民接触书籍，寻找阅读乐趣，图书馆周共有 12 家学校及单位参与，由 4 月初至 6 月上旬在澳门多间图书馆举行。活动主题包括：

好书传阅——鼓励居民以书会友，把自己看过、收藏在家中的好书与其他人分享。传阅地点于纪念孙中山公园黄营均图书馆、白鸽巢公园黄营均图书馆、黑沙环公园黄营均图书馆、仔黄营均图书馆。

好书交换——参与者可将自己的好书与其他人分享，也可找到别人喜欢的书籍。主办单位于 3 至 4 月期间收集图书，共 1749 册。工作人员按书籍原价分类计分，参与者可凭计分卡的得分，到何东图书馆换取等值的图书，共享资源。

市民对“好书交换”很感兴趣

导赏服务——为增进居民了解图书馆，有关部门在指定时间安排导赏服务，向到访何东图书馆、民署大楼图书馆的人士介绍两馆的建筑、馆史、馆藏特色及服务。

利用图书馆教育——中央图书馆举办“图书馆利用教育”课程，派推广员巡回澳门 9 所中小学，向 3600 多名师生介绍图书馆的各种资源，也在何东图书馆举行讲座，介绍图书馆在学习型小区中的营运定位与角色，分析图书馆与小区互动的模式，图书馆推动小区阅读活动及组织读书会的具体工作及手法等。

中央图书馆派推巡回学校介绍各种资源

展出名家赠书——著名国学名家常宗豪热衷推广国学，2006 年将家藏的研究用书 3278 种（4336 册）赠予澳门中央图书馆，泽惠士林。该批赠书为研究中国文化的专书，有中国哲学、史学、中国艺术和中国文学评论及诗词别集。该批书籍于图书馆周期间在何东图书馆展出，让读者认识名家阅读的足迹。图书馆周开幕式上，文化局向常宗豪颁发赠书人藏证。

图书馆图片展——澳门图书馆暨信息管理协会举办"澳门图书馆历史图片展"，在各馆巡回展览。展出早期澳门的公共图书馆、大专院校图书馆、学校图书馆、历史人物及图书馆专业工具书等，图文并茂展现澳门图书馆的历史及发展图片近 60 幅。（杨开荆）

【2007 年终身学习周】 由教育暨青年局、文化局、民政总署、成人教育学会、成人教育协会、澳门小区文明与教育研究会合办，为期一周的活动于 2007 年 10 月 25 日至 31 日间进行。主要目的是让不同小区的居民都能直接参与终身学习周的活动。各有关图书馆也积极参与和配合。活动内容包括：专题讲座、展览、培训课程、校园推广、好书交换和图书馆之旅等。例如中央图书馆负责的活动有"好书交换"、"校园利用教育"、"图书馆导赏"、"摊位游戏"等。（杨开荆）

主持"2007 年终身学习周"活动的各单位代表

【澳门文献信息资源网络化管理研究项目】 由澳门科学技术发展基金资助，澳门图书馆人士杨开荆提出申请及研发的"澳门信息资源网络化管理研究"项目，于 2007 年 1 月 17 日举行了公众发布会。该项目从信息资源网络化管理的角度，以"澳门记忆工程"和"全澳文献信息资源网络总库"的构建为核心主题，提出了相关的建议方案，是科技与文化相结合和互动的体现。

项目负责人杨开荆向公众介绍研究所成果

该研究探讨了以现代化科学技术组织有价值的澳门文化史料，并有效地保存和延续；同时也探讨了如何透过网络将全澳图书馆及文献机构的信息资源数据，乃至网络上一些有价值的或与澳门有关的信息科学地形成一个有机体，为社会各领域人士提供最快、最新、最有效的信息，从而在整体上提升澳门地区的科研能力及竞争力。基于此，杨开荆呈交了一份逾 7 万字的研究报告，对相关范畴的发展作出了可行性建议。并在此基础上模拟了两个相关的网站，分别为"澳门记忆"及"全澳文献信息资源网络总库检索平台"，以展示具体内涵及功能。该研究得到普遍认同，也为社会所关注，其后"澳门记忆工程"进入具体实施的研究阶段。

研究报告也同时强调了科学管理及相关措施配合的重要性。这些工作涉及多方面，包括：梳理澳门历史珍贵文献资源与电子化整理；整理索引目录、全文数据数据库；发展虚拟图书馆；联系各地的澳门专题库；建立全澳期刊、论文索引数据库；开拓更深更广的网络资源等等。

澳门科学技术发展基金主席唐志坚（后排右四）与研究小组成员及嘉宾合照

“构建全澳文献信息资源网络总库”的重点是建立一个全澳门的信息资源网络总库。研究强调了整合各文献信息资源数据的必要性，并建议将全澳门图书馆及文献机构的文献数据目录、不受版权规范的全文书刊、澳门期刊索引、论文索引、国内外专题文章、各图书馆自建的特色数据库、各馆开发的网络资源等数据进行汇总，最终为用者提供一站式的搜寻服务，令澳门文献资源能发挥更大效益。（杨开荆）

【《澳门图书馆系统研究》出版】 该著作是在杨开荆的博士后论文基础上，与导师赵新力共同修订而成。全书共十一章，约 30 万字。本书从战略的角度对澳门图书馆进行了系统的深入探讨，并首次对澳门图书馆的发展历程进行了整体回顾以及对各个发展时期作了分析总结。基于大量的调查数据和专访数据，作者对澳门图书馆的优势和存在的问题进行了全面分析和总结。在此基础上，参照国内外图书馆事业发展的成功经验，提出了澳门图书馆事业发展的战略目标以及具有针对性和前瞻性的发展规划。

该书为澳门基金会策划出版的《澳门丛书》系列书籍之一，2007 年由广东人民出版社出版。（杨开荆）

【图协学刊第七、八期出版发行】 澳门图书馆暨信息管理协会在 2007 年 6 月 2 日为该会第七、八期学刊举行了发行仪式。两期的主题分别为《两岸三地阅读文化研究》和《两岸三地图书馆事业论述》。前者汇集台湾、内地、澳门多名学者的论文及学生组别的研究报告，一共录得有关阅读研究文章 15 篇；后者集中了澳门与两岸相关专家的论文，除综述图书馆事业发展外，也探讨市场、管理、建筑、古文献、校书等方面，让读者从多方面认识图书馆事业。（杨开荆）

【国家图书馆馆长一行访澳门】 2007 年 12 月，中国国家图书馆馆长詹福瑞访问澳门。其间与台湾汉学研究中心代表宋建成，美国芝加哥大学东亚图书馆馆长周源，澳门社会发展研究会理事长陈炳强、副理事长兼秘书长陈秉松等一行人拜访澳门中联办文化教育部，得到副部长张晓光、副处长陈木河热情接待。双方就澳门文化事业的发展交换了意见。詹福瑞向中联办文化教育部介绍了国家图书馆近两年的最新发展情况及未来的工作计划。

其后也访问了澳门科技大学，获校长许敖敖教授及副校长陈乃九教授热情接待。

在中国国家图书馆馆长詹福瑞等访澳期间，同时敲定了 2008 年在澳门举办“中文文献资源共建共享合作会议”的活动计划，将由社会发展研究会承办。届时邀请两岸四地及欧美等国家、地区的文化信息机构及具影响力的图书馆代表出席会议。（杨开荆）

【图书馆技术课程】 澳门图书馆暨信息管理协会与澳门大学校外课程及特别计划中心合办“图书馆专业技术文凭课程”，于 2007 年 5 月开课。课程内容包括：中国图书分类法、主题词表、中文编目规则与中国机读格式、英美编目规则与 MARC21、美国国会图书馆分类法、图书馆自动化系统等六个科目。修读方法可分单科或全科，成绩合格者可获澳门大学及澳门图书馆专暨信息管理协会颁发单科或全科证。（杨开荆）

【古籍整理与修复课程】 为了让澳门市民及图书馆业界能有机会认识中国古籍文化的发展源流与古籍修护的技术，澳门图书馆暨信息管理协会与澳门大学持续进修中心合办"古籍整理与修复证书课程"，于2007年11月开课。课程内容包括：古籍整理导论（北京大学图书馆古籍部主任沈乃文教授主讲）、目录学及方志学（南开大学来新夏教授主讲）及古籍修复与装裱（上海图书馆童芷珍主讲）三个科目。修读方法为全科，成绩合格者可获颁发证书。由于该课程已列入教育暨青年局的持续教育资助计划，学员如符合计划的资助标准，可获得补助澳门币960元。（杨开荆）

【图书馆法律加油站之护法小豆苗活动】 澳门中央图书馆于2007年5月、6月、10月及12月期间，与法务局合办"图书馆法律加油站之护法小豆苗"活动，以配合该局小学法律公民教育课程的推行，进一步提高学童对学习法律信息的兴趣，让小学生明白知法守法的重要性。中央图书馆辖下的青洲图书馆及望厦图书馆提供场地，在馆内儿童阅览区设置活动区，以配合法务局人员顺利开展工作。（杨开荆）

法务局人员在图书馆向儿童讲解法律知识

【"图书馆e学堂"课程】 澳门中央图书馆于2007年1月至12月举办了"图书馆e学堂"。对象为社会大众，主要目的是推广阅读文化，令市民自我增值、提升文化素质，以及充实闲暇时间。课程内容丰富多样，包括：计算机基本知识、上网、图书馆电子资源数据库介绍、文书处理、简报、电子表格、电子邮件、仓颉输入法等。市民反应甚为热烈。（杨开荆）

市民热心参加"图书馆e学堂"课程

【中小学重视图书馆设施】 随着社会各界对阅读文化的推动，澳门各中小学也相当重视图书馆设施的配置。

嘉诺撒圣心英文中学新教学大楼于2007年3月18日举行揭幕礼，行政长官何厚铧等出席。校长郑文玲致词表示学校以"德智并重"为办学宗旨，希望在优化的学习环境下教育学生，培育学生成为"爱国爱澳"的良好公民。六层的新教学大楼，为学生及教师提供更多教学空间，除一般课室、计算机室外、实验室外，更将设立一个大型的图书馆。

岭南中学综合教学大楼于2007年6月22日揭幕，行政长官何厚铧为新大楼揭匾，并参观大楼各项教学设施。校长区金蓉致词时表示，受人尊敬的当年校董会主席何贤一直支持岭南教育事业，1950年，他捐送一座两层高的中学礼堂，当时学校即以其先父何澄溪命名新大楼礼堂——寿澄堂，其中已设有图书馆。现在综合教学大楼所在地的前身正是寿澄堂，新大楼将有九层，建筑面积约10万方呎，五楼设有图书馆。

培正中学于2007年7月4日举行"创校120周年纪念大楼"动土感恩典礼。新大楼楼高十层，预计2009年落成启用。校董会主席何建宗表示，新大楼将局部向小区开放，回馈社会。大楼将包括馆藏15万册的大型图书馆、课室、多功能活动空间、体育馆等。透过校园小区化的计划，将有效地提升该区居民的整体生活素质。（杨开荆）

【图书馆馆歌创作】 澳门大学图书馆于2007年4月举办馆歌微词比赛，目的是推动大学学子的阅读、学习与创作风气，以及营造校园文化及艺术气息。馆歌由黄启航作曲。微词比赛的评委由澳大教育学院单文经院长、潘华栋馆长、作曲者黄启航组成。经过严格的评审，选出由余姗姗同学填词的《美丽的三书一碟》为冠军作品，成为澳大图书馆馆歌的歌词。于6月举行了颁奖礼，并由学生会合唱团联同图书馆馆员现场演唱。（杨开荆）

中国图书馆学会、分支机构及地方学会

中国图书馆学会

【首次开展专项资金资助工作】 1月，中国图书馆学会专项资金办公室根据《中国图书馆学会专项资金管理办法（试行）》，实施《2007年中国图书馆学会专项资金资助方案》，向各专门工作委员会发出了《关于申请中国图书馆学会专项资金的通知》，共收到申请书10个。3月8日，在北京召开了“2007年中国图书馆学会专项资金评审会”，8个项目最终获准资助共计9万元，分别是：“图书馆服务网络构建模式研究”、“我国图书馆学专业教育与职业需求的调查分析”、“图书馆文献采访工作规范研究”、“中国图书馆学著作总目提要”、“中国阅读年度报告2006（三卷本）”、“图书馆法立法建议研究”、“中国图书馆学会志愿者行动”和“中国图书馆的核心价值与《图书馆服务宣言》研究”。这是中国图书馆学会自成立以来首次开展专项资金的资助工作。作为专项资金资助工作之一，5月18日，学会在国家图书馆召开2007年韦棣华奖学金评审会，共评定35名学生获得总额为65 000元的韦棣华奖学金。（中国图书馆学会）

【香港图书馆协会来访】 3月16日，中国图书馆学会理事长、国家图书馆馆长詹福瑞和秘书长汤更生在国家图书馆会见了香港图书馆协会新任会长罗明新及秘书长麦绮雯。双方就加深合作提出了自己的见解和主张，并围绕香港图书馆协会成立50周年庆典活动、推广社会阅读、编目标引和古籍保护等共同关心的问题展开了深入交流。会见结束后，罗新明、麦绮雯参观了国家图书馆。（中国图书馆学会）

【2007年“世界读书日”宣传及全民阅读活动】 4月，学会响应中宣部等17个部门联合发出的开展“同享知识，共建和谐”为主题的全民阅读活动倡议，下发《关于开展2007年全民阅读活动的通知》，主题为“图书馆：阅读社会的家园”。号召全国图书馆利用4·23“世界读书日”、五四青年节、“图书馆服务宣传周”、六一儿童节及“全民读书日”开展多种形式的阅读推广活动，展示图书馆的多种社会功能，提高公众对图书馆的认知度。学会在活动设计上突出了整体性、指导性和服务性，并强化了宣传效果。4月22日至23日，中国图书馆学会与国家图书馆、中国残疾人联合会、中国科协等单位合作，先后在国家图书馆举办了“倾听春天——2007世界书香日经典诵读”和“文津读书沙龙”讲座。学会科普与阅读指导委员会与当地图书馆学会在广州举办了“第1届全民阅读论坛”，在厦门举办了“多元媒体时代的阅读问题”研讨会。遍及各地图书馆的阅读、讲座、展览、捐书等活动，与中国图书馆学会在北京组织的活动形成全国性的呼应。（中国图书馆学会）

【《书与阅读文库》丛书第一辑出版】 2007年，中国图书馆学会科普与阅读指导委员会策划、主编了《书与阅读文库》丛书（第一辑）。丛书共9册，分别是《爱上阅读》《影响中国历史的30本书》《小小读书郎》《青春好读书》《读书人家》《畅销书风貌》《中国名著导读》《古书楼寻踪》和译著《书·阅读》，是一套鼓励阅读、指导阅读的大众读物。其中前6册已于4月由武汉大学出版社出版。（中国图书馆学会）

【评选2005—2007年度学会优秀会员和优秀学会工作者】 4—7月，学会在各分支机构、地方学会中开展了2005—2007年度学会优秀会员和优秀学会工作者评选工作。经评选推荐及7届5次常务理事会审议通过，335名同志被评为“优秀会员”，32名同志被评为“优秀学会工作者”。北京地区有73名会员、3位学会工作者分别获得这两项荣誉称号。（中国图书馆学会）

【"绿色阅读"主题科普活动】 7月1日到10月31日，学会举办了以"绿色阅读、节能环保、健康和谐"为主题的"绿色阅读"主题科普活动，宣传节约环保和健康共享的阅读新理念，由阅读推荐、阅读接力、阅读创意、阅读健康四个板块组成。9月，9种1040块"绿色阅读"科普宣传牌乘上了北京13条公交线路的40辆汽车。本次活动还遴选国内7个省（自治区、直辖市）的13家少年儿童图书馆（室）共同参与实施，其中包括首都图书馆少儿图书馆、西城区图书馆少儿部、西城区青少年儿童图书馆、石景山区少年儿童图书馆、崇文区图书馆少儿部等5家北京地区图书馆（室）。（中国图书馆学会）

【中国图书馆学会七届三次理事会】 8月4日，中国图书馆学会7届3次理事会在兰州召开。会议传达了中国科协全国学会工作会议精神，总结了上次理事会以来的工作。经审议，同意受理北京大学教授李国新等7名理事联名提交的"关于建立学生会员制度的建议"，并责成学会秘书处、图书馆学教育与培训专业委员会起草《中国图书馆学会学生会员管理办法》。会议还特别安排云南省图书馆就该馆阅览室发生的二氧化碳气体灭火系统意外喷放事故向大家做了通报，理事们对该馆干部职工在事故中表现出的临危不惧、舍己救人的精神给予了高度评价和充分肯定。（中国图书馆学会）

【"节能减排科普行动"赠书活动】 9月5日，学会承办了由中国科协主办的"节能减排科普行动"赠书仪式。此活动在国家图书馆隆重举行，来自各级各类图书馆、企事业单位、学校、农村和首都窗口行业的代表接受了由中国科协赠送的数万套宣传"节能减排"的科普图书。此后，学会制作的以"节约能源资源 保护生态环境 保障安全健康"为题的科普展览在全国各图书馆巡展。（中国图书馆学会）

【"公共科普场馆生态节能环保巡礼"展览】 9月15日至23日，学会在北京"全国科普日"宣传主会场，举办了"公共科普场馆生态节能环保巡礼"展览，宣传节能环保知识，促进公共科普场馆标准化建设。展览受到社会公众的关注，现场发放读书卡1000张，400名观众参与了《公共科普场馆调查问卷》活动。此展于9月8日在武汉"2007中国科协年会"主会场首展。（中国图书馆学会）

【《中国图书馆学报》创刊50周年纪念座谈会】 9月20日，《中国图书馆学报》创刊50周年纪念座谈会在国家图书馆隆重举行。文化部副部长、中国图书馆学会名誉理事长、原学报主编周和平和文化部办公厅分别发来贺词、贺信。学报主编詹福瑞在讲话中介绍了学报50年的历史、现状，提出了今后的发展方向。任继愈、周文骏、彭斐章等老前辈相继即席发言。为纪念学报50周年华诞，编辑部组织业内专家学者，从1979年改革开放后复刊到2006年学报发表的论文中评选出37篇优秀论文，会上为作者代表颁发了获奖证书和纪念品。现场还展示了1957—2007年出版的全部学报样刊。（中国图书馆学会）

【第4届中美图书馆合作会议】 10月17日至31日，第4届中美图书馆合作会议在美国都柏林召开。学会与国家图书馆、美国图书馆和美国图书馆协会联合主办了本次会议，主题为"中美图书馆、博物馆、档案馆之间的合作"。学会组织了19名图书馆、博物馆、档案馆界的代表参团访美，其中北京地区代表13名，中国科学院国家科学图书馆副馆长孙坦担任团长，首都图书馆副馆长邓菊英、天津图书馆副馆长朱凡分别任副团长。为了使本次访美活动更富有实效，学会安排代表团参加了加州大学图书馆主办的"百年收藏：北美东亚典藏发展史"研讨会，参观了国会图书馆、纽约公共图书馆、纽约布鲁克林图书馆、旧金山艺术博物馆等，并与美国纽约布鲁克林图书馆同行及美国华人图书馆员协会会员举办了座谈会。（中国图书馆学会）

【2007全国图书馆学会工作会议暨2008中国图书馆学会秘书长联席扩大会议】 11月11日至15日，为进一步贯彻中国科协会议有关精神，总结、研讨图书馆学会工作，学会在天津召开了"2007全国图书馆学会工作会议暨2008中国图书馆学会秘书长联席扩大会议"。全国学

会、各分支机构、各地方学会的约 110 名代表出席了会议。邀请中国科协学会学术部副部长杨文志作了题为“新时期科技社团的创新发展——学习贯彻党的十七大精神，深入落实全国学会工作会议精神”的大会报告；秘书长汤更生作了题为“肩负新时期学会工作的责任与使命，推动中国图书馆事业走上科学发展之路”的报告；11 位代表就本学会学术交流、科研创新、科普阅读等方面工作作了“学会先进典型”发言，其中包括 3 位北京地区代表。会议组织了分组讨论。“2008 中国图书馆学会秘书长联席扩大会议”通报了中国图书馆学会 2007 年工作总结和 2008 年重点工作；黑龙江、安徽等省学会分别通报了 2007 年的重点、亮点工作；浙江和甘肃省学会作了典型发言。会议期间，还举办了《图书馆服务宣言》（草案）征求意见座谈会和中国科协个人会员管理系统培训班。（中国图书馆学会）

【2007 数字图书馆建设与应用研讨会暨成果展示会】 11 月 25 日至 29 日，由中国高等教育数字化图书馆、国家数字图书馆、中国图书馆学会等共同主办的“2007 数字图书馆建设与应用研讨会暨成果展示会”在深圳市科技图书馆（深圳大学城图书馆）隆重召开，大会主题为“中国数字图书馆十年：回顾与展望”。国内外近 300 位图书馆界知名专家与会，5 位来自北京地区的专家做主题报告。研讨会设立以数字图书馆理念与发展、数字资源建设与管理、数字图书馆服务、数字图书馆系统等为主题的 4 个分会场，与会代表就数字图书馆发展的各相关问题进行了深入探讨与交流。为了让图书馆界了解更多数字图书馆相关装备产品和技术，学会同期举办了“2007 数字图书馆建设与应用成果展示会”。（中国图书馆学会）

【《公共图书馆建设标准》编制工作】 2007 年，《公共图书馆建设标准》编制工作取得显著进展。编制组和有关专家实地调研考察了甘肃省的 5 个图书馆并走访了德国的 8 个乡镇图书馆，收集了大量相关数据和图纸，在北京召开十几次座谈会和工作会议讨论修改文本。《标准》正在报批中。（中国图书馆学会）

高校图书馆分会

【李岚清同志向北京部分高校图书馆赠书】 2007 年 3 月，已退休的国务院副总理李岚清向北京部分高校图书馆赠送他的著作《原来篆刻这么有趣》，并亲笔书写题词，受到了读者和图书馆人的欢迎。

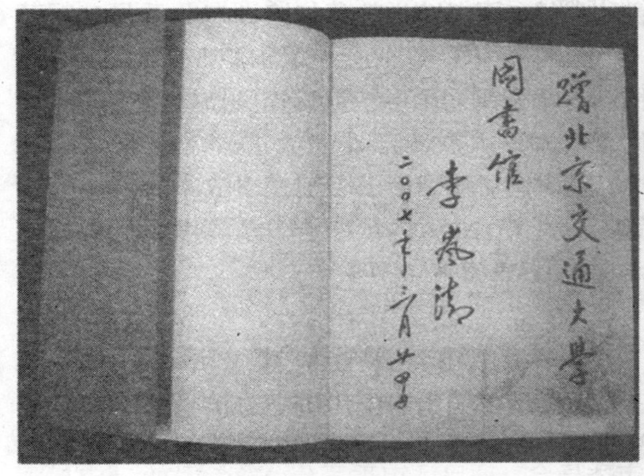

李岚清同志曾在国务院分管了 10 年的教育工作，退休后他坚持自己的 8 字秘诀“健身、健脑、读书、写书”，笔耕不辍，著述颇丰，相继出版了《李岚清教育访谈录》和《李岚清音乐笔谈》。（北京高校图工委、北京高教学会图书馆工作研究会秘书处）

【“2007 年图采会高峰论坛”举行，出版、发行与图书馆人同台论馆配】 2007 年 1 月 11 日，2007 年图采会高峰论坛在北京举行，图书馆界专家和发行业知名人士，就当前图书馆馆配市场的热点问题进行高层次的专业探讨。首都师范大学图书馆胡越馆长、北京大学信息管理系刘兹恒教授应邀出席论坛并做主题演讲。（北京高校图工委、北京高教学会图书馆工作研究会秘书处）

【顺利完成了北京地区高等学校图书馆工作委员会的换届工作】 2007年3月29日，北京地区高等学校图书馆工作委员会第5届委员会成立会议在中国人民大学图书馆举行。根据北京地区高校图书馆事业发展的实际情况，经过市教委与各副主任馆充分协商，第5届委员会在原有的副主任和委员单位的基础上，增加了北京师范大学为第5届委员会的副主任单位；增加北京农学院、北方工业大学、北京工业职业技术学院为第五届委员会的委员馆单位；并根据工作需要，增加一名委员兼秘书长助理，由秘书处所在馆中国人民大学图书馆出任。新一届委员会的工作重心将放在以北京地区高校图书馆文献资源共享项目为龙头，进一步加强北京高校图书馆文献资源共享工作。（北京高校图工委、北京高教学会图书馆工作研究会秘书处）

【北京高校图书馆第2届研究基金项目正式发布】 2003年北京高校图工委和北京高校图书馆学会设立了北京高校图书馆研究基金，根据大家的意见，2007年继续开展这一工作。2006年12月正式发布了“北京高校图书馆2007年科研基金课题指南”，课题范围既有图书馆学及相关学科的理论研究、创新研究等，又包括高校图书馆迫切需要解决的一些实践方面的课题。2007年5月成立北京地区高校图书馆研究基金项目评审委员会，项目评审委员会办公室共收到申报项目66项，经评审委员会评审，确立二等资助项目3项、三等资助项目11项、四等资助项目26项。结题时间定在2009年1月。（北京高校图工委、北京高教学会图书馆工作研究会秘书处）

【首都高校图书馆第7届田径运动会胜利闭幕】 2007年4月21日，北京地区高校图书馆第7届田径运动会在北京邮电大学举行，来自35所高校图书馆的800多名运动员参加了42个项目的角逐，还有5000多名图书馆工作者积极参与、热情鼓劲、助威加油。本次运动会召开之际，正值全国人民满怀信心迎接2008年北京奥运会的关键时刻，广泛开展群众性体育活动，不仅是奥林匹克精神的体现，同时对推动北京地区高校图书馆事业的发展也发挥了积极的作用。（北京高校图工委、北京高教学会图书馆工作研究会秘书处）

【举办北京高校图书馆本科教学评估工作经验交流会】 2007年4月6日，北京高校图工委在中国人民大学举办“本科教学评估工作经验交流研讨会”。本次会议的主要内容有：本科教学评估与图书馆的发展战略，对图书馆评估指标的认识与理解，图书馆在评估中的具体做法、经验介绍，北京地区高校图书馆130余名馆长及相关人员参加了会议。会上中国人民大学图书馆、北京交通大学图书馆、北京青年政治学院图书馆在会上分别介绍了各自图书馆在学校本科教学评估工作中图书馆所做的工作经验，受到与会者的欢迎与好评。（北京高校图工委、北京高教学会图书馆工作研究会秘书处）

【举办北京地区高校图书馆读者服务研讨会】 2007年5月17日至18日，“北京地区高校图书馆读者服务研讨会”在集贤山庄隆重召开。这是北京地区首次举办的针对图书馆一线读者服务工作的学术大会。大会开幕式由北京高校图工委胡越副主任、代根兴副主任主持。中国人民大学校长助理、图书馆馆长倪宁致大会开幕词。北京地区28个图书馆的近100人参加了大会。本届研讨会由北京高校图工委与中国人民大学图书馆共同主办。大会旨在通过对图书馆一线读者服务工作研讨，促进图书馆服务水平的提高。（北京高校图工委、北京高教学会图书馆工作研究会秘

书处）

【北京高校网络图书馆发放通用阅览证】 2007 年 5 月，为了更好地为北京高校网络图书馆成员馆的师生提供服务，充分发挥各图书馆资源共享的优势，方便师生因需就近利用图书馆，北京高校网络图书馆开展了面向成员馆师生提供图书馆通用阅览的服务。（北京高校图工委、北京高教学会图书馆工作研究会秘书处）

【举办“北京高校图书馆编目工作论坛”】 2007 年 6 月 1 日联合体与北京地区高校图书馆编目工作研究会共同主办、北京交通大学图书馆承办的“北京高校图书馆编目工作论坛”在北京交通大学图书馆隆重召开。共有 36 个图书馆的 29 位馆长、45 位编目员参加。本次论坛旨在搭建一个编目人员与馆长交流、互动的平台，就新形势下高校图书馆编目工作如何更好地为高校图书馆的建设与发展服务进行了有益的探讨。（北京高校图工委、北京高教学会图书馆工作研究会秘书处）

【北京高校图书馆学科馆员服务探讨研讨会】 2007 年 6 月 8 日，北京高校情报资料研究会在中国人民大学图书馆举办了“高校图书馆学科馆员服务探讨研讨会”。旨在讨论图书馆学科馆员制度的理论与实践问题。来自北京地区 21 所高校的 50 余人参加了会议。与会代表在听取特色馆介绍经验的同时，还对他们提出的问题和困惑进行了思索和探讨，许多代表表示受益匪浅。本次会议达到了交流学术、交流服务的目的，必将对北京地区高校学科馆员制度的建设起到促进作用。（北京高校图工委、北京高教学会图书馆工作研究会秘书处）

【举办首届中国铁路百年文化收藏展北京交通大学学生专场】 2007 年 6 月 11 日至 13 日，由北京交通大学图书馆和首都铁路公共关系协会共同举办“首届中国铁路百年文化收藏展北京交通大学学生专场”。本次收藏展的展览内容包括：站台票、火车票、茶水票等票证及各种精美仿真的车模“毛泽东号”蒸汽机车、“韶山 9”电力机车、“周恩来号”内燃机车、美国动力火车（1：48）等。（北京高校图工委、北京高教学会图书馆工作研究会秘书处）

【协助内蒙古高校图工委办好华北高校图协第 21 届年会】 2007 年 6 月 12 日至 15 日，华北高校图协第 21 届年会在内蒙古自治区呼伦贝尔市召开，本次年会由内蒙高校图工委主办，呼伦贝尔学院图书馆承办，出席会议的正式代表有 146 人。北京高校图工委全力配合内蒙古高校图工委办好这次年会，组织年会的征文和评审并组团参会。本届年会的主题为：和谐社会与高校图书馆文献信息服务。大会交流论文共 190 篇，其中北京 55 篇，评选出优秀论文共 58 篇，其中北京 21 篇。会议决定由山西省高校图工委承办第 22 届学术年会。（北京高校图工委、北京高教学会图书馆工作研究会秘书处）

【举办北京高校数字图书馆‘十五’建设成果交流与‘十一五’建设规划展望研讨会】 2007 年 6 月 28 日至 29 日，北京地区高校数字图书馆建设研究会举办“北京高校数字图书馆‘十五’建设成果交流与‘十一五’建设规划展望研讨会”，参加会议的有 34 所高校图书馆的馆长、技术人员和一些公司的代表约 100 人。会议就环境建设与规划、资源建设与整合、技术开发与应用等专题进行了研讨。会议采取了大会主题报告、分会专题报告的形式，使更多的理事馆和馆员能够参与其中，取得良好效果。（北京高校图工委、北京高教学会图书馆工作研究会秘书处）

【北京高校图书馆举办“爱心扶贫西部行”活动】 2007 年 8 月 1 日至 6 日，北京 34 所高校图书馆开展了为西部图书馆献计献策、捐书捐物的

“爱心扶贫西部行”活动，为甘肃定西师专科募集图书杂志、书架、电脑、文具等物资 4 万余件和价值数十万元的各类数据库、电子书。活动包括：举办了定西师专新图书馆落成典礼暨捐赠仪式、“西部地方高校图书馆特色馆藏建设研讨会”。（北京高校图工委、北京高教学会图书馆工作研究会秘书处）

【北京地区高校图书馆馆长代表团应邀访问美国】 2007 年 8 月 14 日至 26 日，以胡越馆长为团长的北京地区高校图书馆馆长代表团应邀访问美国，这是北京市教委、北京高等教育学会、中国图书馆学会高校分会馆长培训计划的一部分。代表团会见了伊利诺州立大学的校长、图书情报学院和图书馆的负责人，参观访问了美国国会图书馆、哈佛大学图书馆等 9 所大学和公共图书馆。（北京高校图工委、北京高教学会图书馆工作研究会秘书处）

【第 2 届全国高校文库工作研讨会召开】 2007 年 10 月 17 日至 19 日，中国人民大学图书馆在逸夫会议中心举办了“第 2 届全国高校文库工作研讨会”。教育部高教司教学条件处处长李晓明，中国人民大学校长助理、图书馆馆长倪宁、北京大学图书馆副馆长高倬贤，清华大学图书馆副馆长陈杰渝，北京邮电大学图书馆馆长代根兴等领导嘉宾同全国 20 多所高校的 40 多位专家学者济济一堂，就“文库收藏与利用的相关制度”、“网络环境下文库建设的发展方向”、“全国高校文库交流协作机制探讨”等议题进行了交流。此次研讨会是庆祝中国人民大学 70 周年校庆、中国人民大学图书馆 70 周年馆庆的系列活动的组成部分。（北京高校图工委、北京高教学会图书馆工作研究会秘书处）

【北京市 30 余所高校图书馆的馆长、参考咨询员与美国同行开展学术交流】 2007 年 10 月 17 日，美国纽约州立大学石溪分校黄柏楼应邀在首都师范大学图书馆举行了以参考咨询为主题的专题报告会，就参考咨询的服务方式，学科化、个性化问题进行的互动探讨。北京市 30 余所高校图书馆的馆长、参考咨询员近 100 人参加了此次活动。（北京高校图工委、北京高教学会图书馆工作研究会秘书处）

【举办了多媒体学术资源建设暨服务共享空间研讨会】 2007 年 10 月 30 日，北京高校图工委、中国图书馆学会与中国图书馆学会高校分会、北京大学图书馆联合主办的“多媒体学术资源建设暨服务共享空间研讨会”在北京大学召开。52 所高校图书馆及相关单位的 140 余位代表参加了会议，研讨会为期一天，进行了多媒体学术资源建设暨服务共享空间的主题报告，多媒体资源建设及服务整体解决方案相关的产品演示及培训研讨。会议展现了北京高校图书馆多媒体服务的最新发展动态，并为多媒体服务的下一步发展指明了方向和目标。（北京高校图工委、北京高教学会图书馆工作研究会秘书处）

【第 5 届北京高校情报资料研究会法律分会年会召开】 2007 年 11 月 9 日，北京高校情报资料研究会法学分会在中国人民大学法学院组织了第 5 届北京高校情报资料研究会法律分会年会，主题是“法律信息资源的整合管理与服务创新”。来自北京大学法学院图书馆、清华大学法学院图书馆、中国政法大学图书馆等多所首都高校法学院图书馆，全国人大常委会图书馆、全国人大法工委研究会资料室、最高人民法院办公厅图书馆等机关单位图书馆的代表以及中国社会科学院法学所图书馆、著名法律数据库公司的代表 70 余人参加了会议。（北京高校图工委、北京高教学会图书馆工作研究会秘书处）

【举办了北京地区高校图书馆“文献资源建设培训班”】 2007 年 11 月 20 日“北京地区高校图书馆文献资源保障体系（BALIS）培训中心成立暨‘文献资源建设培训班’开班仪式”在北京师范大学图书馆举行。此次培训是 BALIS 培训中心的首次培训，邀请了来自武汉大学、华东师范大学、复旦大学、厦门大学、南京大学和北京师范大学等图书馆学界的文献资源建设专家作为培训教师，培训的核心内容是文献资源建设问题，涉及文献采选的宏观与微观实践；文献经费预算、分配和控制办法；图书馆协作共建模式与图书馆协作的发展；馆藏复选原理、方法与操作；馆藏评价方法与操作；文献集中采购工作等专题。本期培训班为期 4 天。（北京高校图工委、北京高教学会图书馆工作研究会秘书处）

【北京地区高校图书馆文献资源保障体系(BALIS)启动仪式】 2007 年 11 月 30 日“北京地区高校图书馆文献资源保障体系（BALIS）”启动仪式在中国人民大学举行。240 余人出席了会议。北京市教委副主任郭广生为 1 个管理中心和 4 个分中心颁发了匾牌。BALIS 的启动标志着北京地区高校图书馆文献资源建设又向前迈进了一步，北京地区高校图书馆在这个平台上的合作与交流将日益加强，更加有利于北京地区高校图书馆共建共享工作的开展。（北京高校图工委、北京高教学会图书馆工作研究会秘书处）

【BALIS 馆际互借管理中心揭牌仪式暨馆际互借与原文传递培训会在北京邮电大学隆重召开】 2007 年 12 月 12 日，BALIS 馆际互借管理中心揭牌仪式暨馆际互借与原文传递培训会在北京邮电大学隆重召开。北京地区 80 多所高校图书馆馆长、相关工作人员共 140 多人出席了会议。目前与 BALIS 管理中心正式签署馆际互借和文献传递协议书的已经有 62 家成员馆。现在的工作进展：整理、核对各成员馆地址、IP 地址、确定联系人和联系方式；制定工作和服务流程；就馆际互借和文献传递系统进行论证和谈判；就馆际互借的物流问题与物流公司进行谈判；成立 BALIS 各中心的管理机构；设计和制作主页；培训。（北京高校图工委、北京高教学会图书馆工作研究会秘书处）

【高等学校图书馆数字资源计量指南（2007 年定稿）】 为了进一步规范全国高校图书馆的数字资源计量、统计工作，2007 年 4 月 10 日，教育部高等学校图书情报工作指导委员会秘书处和高等教育文献保障系统（CALIS）管理中心组织全国各地对数字资源计量有研究专长的 14 名专家，在北京大学图书馆召开会议，分析了近三年高校图书馆数字资源在规模、类型、结构上发生的新变化，针对实际计量和统计过程中所遇到的问题，对《高等学校图书馆数字资源计量指南》（2004 年）进行了修订，形成《高等学校图书馆数字资源计量指南》（2007 年），兹公开发布，

今后的数据填报工作请遵照此指南执行。与指南配套的数据库列表，也随后发布。（教育部高校图工委）

【全国高校图书馆第 11 次期刊工作学术研讨会】 2007 年 11 月 14 日至 17 日，全国高校图书馆第 11 次期刊工作学术研讨会在浙江大学召开。有来自全国近 70 所高校的 120 余位代表参加会议。本次研讨会采用专题报告、论文交流和自由发言三结合的方式，具有内容丰富、形式多样、时间紧凑的特点，有近 10 位专家围绕中国学术期刊合理布局、电子资源期刊与纸本期刊资源建设的协调发展、开放存取、期刊管理与服务方式、数字环境的图书馆期刊工作走向等主题进行了交流。（陈益君）

【湖南省高职教育图书馆管理研究会 2007 年学术年会】 2007 年 12 月 11 日至 13 日，湖南省高职教育图书馆管理研究会 2007 年学术年会在湖南大众传媒职业技术学院隆重召开。湖南省 47 所高职院校的 100 余名代表参加了会议。会议从三个方面对研究会 2007 年的工作进行了总结。一是丰富学会活动，突出学会指导，创新学会工作。二是加强横向联系，主动协作服务，搭建交流平台；及时组织在湖南省高职院校图书馆开展《湖南省图书情报事业志》的编撰工作。三是坚持科学发展，强化管理建设，实现共同进步。会议围绕 2008 年工作计划和年会主题展开了热烈讨论，对湖南省高职院校图书馆评估条例讨论稿、湖南省高职院校图书馆馆际互借办法讨论稿、湖南省高职教育图书馆管理研究会 2008 年图书馆评优评选办法讨论稿等进行了分组讨论达成共识。

本次年会共收到论文 99 篇，经《图书馆》杂志社专家的评审，评选出一等奖论文 7 篇，二等奖论文 22 篇，三等奖论文 32 篇，大会对获奖者进行了颁奖。（唐晓应）

【全国独立学院、民办高校图书馆馆长研讨会】 全国独立学院、民办高校图书馆馆长研讨会于 2007 年 10 月 29 日至 11 月 1 日在武汉召开，会议由武汉大学东湖分校图书馆负责牵头，教育部高等学校图书情报工作指导委员会主办、湖北省高等学校图书情报工作委员会协办，武汉大学东湖分校图书馆、华中科技大学武昌分校图书馆、华中师范大学汉口分校图书馆、武汉科技大学中南分校图书馆、武汉生物工程学院图书馆联合承办。出席此次会议的有来自全国 66 所独立学院、民办高校图书馆馆长代表（其中湖北省的馆长代表 24 位），公司的代表 16 家，近 100 人。大会收到论文 75 篇，将结集出版。

简短的开幕式后，四位馆长代表先后发言，武汉大学东湖分校图书馆王玉华馆长发言的题目是“独立学院图书馆的建设与思考”，海南大学三亚学院图书馆杨宗英馆长发言的题目是“从海南大学三亚学院看独立学院图书馆的评估”，华中科技大学武昌分校图书馆梁家兴馆长发言的题目是“独立学院图书馆建设论纲”，仰恩大学图书馆李声权馆长发言的题目是“前进中的仰恩大学图书馆”。华中师范大学汉口分校图书馆杨德平馆长、北京科技大学天津学院图书馆刘淑娥馆长、武汉科技大学中南分校图书馆王群生馆长、武汉生物工程学院图书馆许耀才馆长也先后发言。他们根据自己多年来的工作经验，从各自的工作实际出发，探讨了独立学院、民办高校图书馆在办馆宗旨、服务理念、馆藏建设、人事管理、发展思路等方面的问题和对策。

代表们主要针对文献资源建设问题、队伍建设问题、管理模式问题和独立学院、民办高校图书馆之间的交流机制问题进行了不同程度的讨论，对独立学院、民办高校图书馆在发展中遇到的问题进行了探讨和思考，提出了解决办法，为今后独立学院、民办高校图书馆的健康、有序、快速发展奠定了良好的基础。（教育部高校图工委、湖北省高校图工委）

【中南图苑花枝俏——转型期高校图书馆工作高级研讨班暨中南六省(区)高校图书馆 2007 学术年会】 2007 年 11 月 1 日至 6 日，"转型期高校图书馆工作高级研讨班暨中南六省（区）高校图书馆学术年会"在郑州市嵩山饭店国际会议中心隆重举行。来自各方的领导与嘉宾、任课专家、中南六省高校图工委负责人和高校图书馆馆长、专家、论文作者共计 180 多位代表参加了会议。

2007 年 11 月 2 日上午 9 点，会议安排了 8 位专家的 8 场精彩报告，众位专家的报告分别从图书馆的文化、图书馆的服务、图书馆的功能、图书馆的管理、图书馆的发展趋势与转型以及馆员的心理等方面，为与会代表奉献了一场场精彩纷呈、回味无穷的文化大餐。会议期间，来自中南六省（区）的图书馆届专家共提交了 68 篇论文，共评出一、二等奖 43 篇。(魏秀娟　崔波)

【教育部"高职高专图书馆馆长研修班"在西安交通大学图书馆举办】 2007 年 9 月 19 日至 24 日，由教育部高等教育司《关于公布 2007 年高等学校青年骨干教师高级研修班项目名单的通知》授权举办，西安交通大学承办的教育部"高职高专图书馆馆长研修班"在校图书馆举行，来自全国 41 所高职高专院校图书馆的 48 位学员参加了研修班学习。教育部高校图书情报工作指导委员会副主任、教育部高教司教学条件处李晓明处长出席开班典礼，并就如何理解和落实《普通高校图书馆规程》作了专题报告，教育部高校图书情报工作指导委员会副主任兼秘书长、北京大学图书馆副馆长朱强研究馆员作了"中国高等学校图书馆的现状与发展"的专题报告，西安地区有关高校图书馆的专家学者分别就高校图书馆管理、文献资源建设、文献整序、高职高专图书馆建设、图书馆现代化与数字图书馆建设等专题为研修班作了专题讲座。研修班还组织学员参观了西安欧亚学院图书馆，来自全国其他省区的图书馆馆长领略了陕西省民办教育取得的成就和高职院校图书馆的办馆水平，他们对欧亚学院图书馆先进的建筑设计、完善的管理措施及人性化的服务模式表示赞赏。研修班采用授课和研讨相结合的方式，开阔了学员们的视野，使他们掌握了高校图书馆的发展概况、发展规律和普通高校图书馆规程，树立起了现代化图书馆的管理和服务理念，对现代化大学图书馆的文献资源建设、管理手段、服务模式、现代化技术和网络化技术等有了全新的认识。(陕西高校图工委、西安交通大学图书馆)

【河南图书情报工作业务骨干培训班】 2007 年 9 月 23 日至 28 日，由河南省高校图工委、河南省图书馆学会、河南省科技情报学会联合举办的"河南图书情报工作业务骨干培训班"在郑州大学南校区图书馆举行。来自全省公共图书馆、情报系统和高校图书馆的 82 位代表参加了培训，探讨学术问题，共商河南省图书馆事业的发展大计。专家学者围绕素质教育与大众阅读、国外信息服务与国内科技文献资源共建共享、图书馆理论与实践的若干热点问题、图书馆文化结构与功能、信息资源共享、科技查新、信息资源开放存取的版权问题等做了精彩报告，受到学员们的欢迎。(河南高校图工委)

【"图书馆学专家讲学"学术报告会在广西隆重举行】 2007 年 6 月 15 日，由广西高校图书情报工作委员会和广西高教学会图书馆专业委员会和广西民族大学图书馆联合举办，由广西大学图书馆协办的"图书馆学专家讲学"学术报告会在广西大学图书馆隆重举行。来自全区高校图书馆、公共图书馆、科技图书馆等不同图书馆系统的 400 多人参加了此次学术报告会。

两位图书馆学界专家来馆做了精彩报告。由中国图书馆学会副秘书长、北京邮电大学图书馆馆长代根兴研究员做了"关于中国高校图书馆发展路向的思考"和"北京地区高校图书馆的机构人事分配制度改革"两个专题报告；武汉大学信息管理学院教授、博士生导师陈传夫教授做了"数字环境下图书馆服务创新"的学术报告。两位专家所做的报告，内容紧贴图书馆事业发展实际，高瞻远瞩地对当前新的信息环境下图书馆面临的机遇和挑战，以及高校图书馆的发展策略提出了自己的看法。学术报告内容既有理论研究，又有实践探索。精彩的学术报告会拓宽了与会人员的视野，引发了大家对图书馆发展事业的积极思考。(广西高校图工委)

【东北三省高校图书馆馆长工作会议】“2007年东北三省高校图书馆馆长工作会议”于2007年5月10日至11日在长春召开。此次会议由吉林省高校图工委主办。其中辽宁省高校图书馆代表45人，黑龙江省高校代表29人，吉林省高校代表64人参加了本次会议，是近年来东北三省高校图书馆馆长工作会议参会代表最多的一次。会议就图书馆学科馆员培养、人力资源管理、为教学科研服务方式、业务岗位等级及设定、在迎接教育部教学工作水平评估中的作法及近来CALIS、CASHL、CADLS的工作进行了交流。

按照会议安排，10日上午和11日上午参会代表分别参观了东北师范大学、吉林大学、吉林华侨外国语学院、长春税务学院、吉林农业大学图书馆。这5所高校图书馆分别是近5年来新建馆舍并在管理上各具特色，代表们参观后很有收获。（吉林省高校图工委）

【2007年河南省高校图书馆馆长会议】2007年4月11日至15日，由河南省高校图工委主办、商丘师范学院承办的“河南省高校图书馆馆长会议”在古都商丘隆重召开，河南省89所高校派出馆长及公司代表150余人参加了会议。

河南省高校图工委崔慕岳主任在开幕式上发表了重要讲话，介绍了本次会议的主要议题，汇报了2006年河南省高校图工委的工作成绩并安排部署了2007年河南省高校图工委的重点工作，与会馆长从迎评促建的思想动员、组织领导、博采众长、材料准备、突出亮点等方面分别介绍了他们各自在学校迎评促建工作中的成功经验。（魏秀娟）

【海南省高校图书馆2007年学术年会在博鳌召开】 2007年12月28日至29日，由海南省高校图工委主办，海口经济职业技术学院承办的海南省高校图书馆2007年学术年会在琼海博鳌隆重召开。来自全省17所高校图书馆的400多位馆员和院校领导以及省教育厅高教处的相关领导参加了此次会议。

会议充分肯定了2007年我省高校图书馆在各方面取得的成绩，同时重点强调海南省高校图书馆发展的不足，省内各高校图书馆发展不平衡等问题，省高校图工委主任、海南大学图书馆馆长詹长智代表省高校图工委常委会作了2007年年度工作报告。报告总结了2007年省高校图工委在落实“十一五”规划、加强学术研究、开展人力资源调查、加强文献资源共建共享、加快高职高专图书馆发展、配合教育厅开展图书馆检查、积极调动各专业委员会的积极性开展各种专业知识和专业技能的培训、促进交流与合作等方面的工作，对2008年我省高校图工委的工作提出了设想。

此次学术年会还举办了海南省高校图书馆首届才艺大比拼活动和体育比赛。来自全省11所高校图书馆的100多名馆员在舞台上各展才艺。会议还举行了体育比赛，内容包括沙滩排球、接力赛和跳绳比赛等。（海南省高校图工委）

【海南省高校图书馆2007年工作检查总结】为了全面贯彻和落实《海南省高等学校图书馆“十一五”发展规划》的各项任务，建立图书馆自我约束、自我诊断、自我完善的质量保障和监控的长效机制，不断提升为学校教学、科研服务的水平和层次，海南省教育厅高教处组织专家检查组按照海南省教育厅2005年印发的《海南省高等学校图书馆评估方案（试行）》（以下简称《评估指标》）的要求，于2007年12月17日至26日分别对全省本科高校图书馆和高职高专图书馆进行了全面检查，此次检查，交流了各图书馆创新的管理经验，沟通了信息，充分肯定了各图书馆发展的亮点和成绩，同时对不足之处和存在的问题提出了整改建议，这对促进各图书馆确定发展目标，拓展发展思路，提升业务和服务水

平等方面起到了积极的作用。（海南省高校图工委）

【同济大学百年华诞庆典暨图书馆建筑学术研讨会】 教育部高校图书情报工作委员会、中国图书馆学会高校分会、中国图书馆学会建筑与设备专业委员会、同济大学图书馆联合举办的"图书馆建筑学术研讨会"，于2007年5月同济大学百年华诞庆典之际在上海举办。（教育部高校图工委）

【教育部高等学校图书情报工作指导委员会2届4次会议在青海西宁召开】

2007年8月7日至8日，教育部高等学校图书情报工作指导委员会2届4次会议在青海西宁召开，图工委委员、各省图工委秘书长、特邀代表共69人参加会议。（教育部高校图工委）

【教育部图工委发布出版《中国高等学校图书馆大全》的通知】 2007年09月13日，高等学校图书情报工作指导委员会秘书处发布关于出版《中国高等学校图书馆大全》的通知，启动最新的高校图书馆名录性质的工具书的编撰。（教育部高校图工委）

【2007数字图书馆建设与应用学术研讨会暨成果展示会胜利召开】 2007年11月26日至27日，教育部高等学校图书情报工作指导委员会作为主办单位之一的"2007数字图书馆建设与应用学术研讨会暨成果展示会"在深圳大学城图书馆召开。从事数字图书馆建设的国内外图书馆工作者，参与数字图书馆建设的多个学科的专家，与数字图书馆建设相关的企业和机构代表，以及新闻界的朋友们，约300人出席了本次会议。《大学图书馆学报》为会议支持媒体之一，编辑出版了会议论文集《中国数字图书馆十年：回顾与展望》。（教育部高校图工委）

【大学图书馆馆长论坛暨文献资源发展战略研讨会在浙江大学召开】 2007年4月26日至28日，教育部高校图书情报工作委员会、高校分会、CALIS、浙江大学共同举办的"大学图书馆馆长论坛暨文献资源发展战略研讨会"在浙江大学召开。共有来自全国高校的160余名代表出席会议，会上，中图学会文献资源建设委员会课题组的成员汇报了课题研究成果，并在会上进行了学术演讲。（中国图书馆学会高等学校图书馆分会）

【"第3届余志明《文渊阁四库全书电子版》学术成果奖"评奖活动顺利完成】 高校分会完成"第3届余志明《文渊阁四库全书电子版》学术成果奖"评奖活动并出版获奖论文集。分会认真组织评奖活动，拟定评审委员会名单和顾问委员会名单，起草评奖办法，拟定宣传提纲模版，组织购买余志明《文渊阁四库全书电子版》的40余所学校参加评奖活动。经过半年多的努力工作，从征集的30余篇参评作品中评出获奖论文类11篇，著作类12部。（中国图书馆学会高等学校图书馆分会）

【图书馆文献资源采访模式及招投标工作研讨会】 "首届全国图书交易博览会暨第十七届全国书市现货采购会"于2007年4月20日至30日在重庆市举行。在此期间，中国图书馆学会高校图书馆分会、人天书店和重庆图书出版集团在重庆共同举办"图书馆文献资源采访模式及招投标工作研讨会"，为使研讨会办得富有成效，会议共征集研讨论文27篇，会上还特邀北大、首师大、西南大学的专家学者进行专题发言，指导高校的文献资源采访工作。（中国图书馆学会高等学校图书馆分会）

【2007图书馆家具设备新产品展示会】 6月，高校分会与教育部高校图书情报工作指导委员会和中图学会图书馆建筑与设备专业委员会联合主办"2007图书馆家具设备新产品展示会"，展示了新型的办公自动化设备和家具。（中国图书馆学会高等学校图书馆分会）

【西部地区专科学校特色图书馆建设研讨会】

高校分会参加8月在甘肃兰州举办的"中国图书馆学会年会"，并与全国学会在青海联合举办"西部地区专科学校特色图书馆建设研讨会"，支援西部建设和发展。（中国图书馆学会高等学校图书馆分会）

专业图书馆分会

【专业图书馆分会概况】 中国图书馆学会专业图书馆分会正式成立于1979年6月19日，是依照中国图书馆学会章程而成立的全国性的、公益性的学术性群众团体，经中国民政部核准注册登记，由全国专业系统图书馆及行业信息机构的信息工作者自愿结合组成，是中国图书馆学会的重要组成部分，也是发展中国图书馆事业的重要社会力量。分会挂靠单位是中国科学院文献情报中心，现有团体会员单位280个，均来自国务院所属各部、委（局、办）、中央直属单位和科研系统的图书馆、信息中心。拥有一大批具有各种专业背景的图书情报学专家、学者，是一支有相当学术水平和业务能力的学术性群体。（专业图书馆分会）

【学术交流工作概况】 2007年的学术活动以学术年会、专题研讨会和学术讲座三种形式展开。学术讲座以介绍图书馆事业新发展、业务新趋势为主，组织会员单位结合工作实践，交流研究进展和思考；专题研讨会以交流探讨专业图书馆业务热点、焦点实践为主，讨论专业图书馆服务的前沿问题，开阔视野、启发思维。学术年会以促进会员单位间的沟通学习、展示专业图书馆前沿研究与实践应用成果为主，全面交流专业图书馆创新工作的实践。三者互为补充，各有侧重。（专业图书馆分会）

【学术年会】 2007年7月14日至17日，在云南昆明组织举办了"专业图书馆的知识服务实践探索"年会，探讨了专业图书馆开展知识化服务模式，实现图书馆服务模式转型、服务内容深化等问题。会议沿袭了专业图书馆分会"求真务实"的学术特色，提倡关注现实问题，重在业务实践探讨，因此，讨论的内容多侧重于图书馆事业发展或工作业务开展中知识服务的实证分析、理论探索。会议采用征文研讨形式，收到社会各界论文136篇，来自16个省市80余家单位的124名图书馆员参加了会议，大会还邀请了与图书馆知识服务密切相关的技术和系统开发商及服务商参会。分会理事长张晓林，常务副理事长周金龙，副理事长揭玉斌、鲍初建参加了会议，新浪读书频道、龙源期刊网、《新华书目报》图书馆专版提供了媒体支持。云南省图书馆学会和云南省科技情报研究所作为年会协办单位于会前在当地做了广泛的宣传，云南省图书馆副馆长王水乔、云南省科技情报研究所副所长尚朝秋在会议开幕式上代表协办单位致辞。代表们对这次会议评价很高，认为内容丰富，信息量大、整体学术水平高、实践特色鲜明，对其他专业图书馆的发展具有显著的引导、借鉴作用，收获很大。（专业图书馆分会）

【专题讨论会】 2007年9月，交流合作专委会继续举办第3届军地图书馆馆长会议，主题为："新时期图书馆信息服务的模式、方法与手段"。16位军地图书馆馆长就新环境下本馆在信息服务的形式、效果、评估及成功的经验、存在的问题等内容进行了交流和讨论。交流合作委员会还举办了以"基于内容的信息资源组织方法与技术"为主题的"2007年青年技术骨干交流研讨会"，就海量信息组织和信息深度揭示、知识组织体系等内容进行了探讨。2007年4月19日至20日，分会秘书处在延庆举办了2007年中小型专业图书馆馆长研讨会，主要邀请科学院系统、中国社会科学院系统、中央国家机关系统、国防系统图书馆的馆长交流各自一年来最新的业务进展与实践思考。67名中小型图书馆长参加了会议。2007年11月，中央国家机关图书馆工作部举办2007年联谊活动，此次活动由常务理事单位全国人大图书馆承办，来自全国人大、全国政协、中央办公厅等13家单位的20多名图书馆负责人参加了联谊会。（专业图书馆分会）

【学术讲座】 2007年，分会及时跟踪业内发展新动向，将图书馆先进的服务理念、技术和方法及时传递到会员单位。一年来先后在资源共建共享、文献创新服务和服务系统平台建设方面举办了数次报告会，及时将最新的研究成果和项目进展推介到会员单位，讲座内容涉及"文献信息集成化服务平台建设"、"学科馆员与学科化服务"、"原文传递系统的建设与服务"、"数字资源整合建设的创新与发展"和"如何对用户进行电子资源培训"等内容。分会华南工作委员

会邀请国家科学图书馆副馆长孙坦博士为广东地区的图书馆员作了题为“数字时代图书馆资源建设与服务模式转型的思考”的学术报告。（专业图书馆分会）

【参与组织国际专题研讨会】 2007 年 9 月和 10 月，分会分别参与组织了由 NSTL 主办、国家科学图书馆承办的两次国际会议：“数字图书馆与著作权法律应用热点问题研讨会”和“iPRES（International Conference on Preservation of Digital Objects）国际会议”，组织国内图书情报管理、服务、教学研究机构的百余名管理者和研究者参加了研讨会，会议分别围绕数字化和数字信息环境的发展引起的著作权变化、数字资源长期保存等问题展开深入讨论。（专业图书馆分会）

【继续教育活动概况】 分会依托会员单位丰厚的智力资源和挂靠单位优良的教学环境，以“师资优良、针对性强、内容实用”为特色，先后组织各类岗位培训班 9 个，共有 387 名图书馆员参加了培训。其中图书馆岗位培训班开办到第 26 期，图书情报工作高级研究班也已开办到第 17 期。一些专题培训班也都是新领域、新课题，如“图书馆学科化服务机制的设计与实施”、“复合图书馆的数字资源建设新实践”等内容。课程聘请国内从事专项工作研究与实践的专家作为授课老师，理论与实践紧密结合，使学员们的专业素质得到很大提高。（专业图书馆分会）

【“数字图书馆标准规范建设项目”宣传推广】 2007 年，分会承接了国家科技基础专项《我国数字图书馆标准与规范建设宣传与推广》子项目，在全国范围内推广宣传数字图书馆的各类技术标准，并依次在四个区域内（北京、哈尔滨、西安、深圳）开展了 4 期培训活动，来自全国 28 个省市的 450 多名图书馆员参加了培训。为加强对数字图书馆标准规范重要性的认识，分会通过网络、期刊、相关会议、纸质信息等多种方式和途径展开广泛的宣传、推广工作，宣传广度可覆盖到全国 30 个省市一级的图书馆。在宣传推广过程中，中国图书馆学会及部分省市图书馆学会也响应推广活动，国家图书馆、国家科技图书文献中心、中国科学院国家科学图书馆、CALIS、上海图书馆、中国社会科学院图书馆等文献机构均在各自的主页上做了相应宣传，《数字图书馆标准与规范建设项目》网站、《图书情报工作》、《现代图书情报技术》也给予必要的媒体支持。培训班每到一地，都联合当地省市级图书馆或图书馆学会联合办班，黑龙江省图书馆学会、陕西省图书馆学会、深圳图书馆学会作为协办方直接参与了培训的组织与实施。（专业图书馆分会）

【举办第三期中美数字图书馆高级研讨班】 2007 年 5 月，联合承办了由 NSTL 主办的第三期中美数字图书馆高级研讨班，本班历时 13 天。研讨班采取开放式英语教学，全部课程由美方老师承担。在培训期间，还联合上海图书馆学会举办了数字图书馆开放论坛。NSTL 袁海波主任，理事长张晓林教授，上海图书馆馆长吴建中博士、副馆长缪其浩研究员，美国雪城大学图书馆秦健博士出席闭幕式并做报告，常务理事国家科学图书馆副馆长孙坦博士出席开幕式并做报告。（专业图书馆分会）

【组织建设与会员服务】 1. 初步构建了一个结构相对稳定的通讯与组织联络体系。目前分会同京区约 100 家会员单位保持着较密切的联络和活动关系，形成了相对稳定的信息沟通渠道和核心会员。2. 规范学会工作流程和运行机制。目前已经形成理事会领导、专业委员会和秘书处组织实施、会员参与、辐射到社会的运行机制，能持续、稳定地依靠专业委员会开展工作。3. 强化宣传力度。通过会议、培训、网络、期刊等方式，把专业图书馆分会的形象在业内做了广泛宣传，今年先后在 NSTL、CALIS 等机构网站，以及《图书情报工作》等刊物上做了持续不断的宣传。另外，还通过大量的纸质宣传、会议信息，将宣传力度扩大到全国各省市级各类型重要图书馆。4. 组织编写《中国图书馆 2006 年度发展报告》专业图书馆分报告及《中国图书馆年鉴 2006》；编辑出版《专业图书馆分会会讯》，发送《中国图书馆学会工作通讯》、《图书情报工作动态》到理事手中，通报业内最新信息，宣传会员单位资源与服务，展示学会风貌。（专业图

书馆分会）

【开展图书馆资源与服务调查工作】 2007年7月，利用会员单位的广泛联系，完成EBSCO公司委托的“图书馆资源与服务调查”项目。设计调查方案、发放和回收调查表，回收调查表400余份，组织专门力量对调查表进行分析。通过调查，全面分析了我国专业图书馆机构的印本资源状况、电子资源状况，文献服务发展水平，人员专业结构状况，专业培训需求等。调查成果已在《图书情报工作》杂志2007年第12期上发表。（专业图书馆分会）

【国家科技基础条件平台建设项目实施】 2007年是实施“标准文献共享服务网络建设”项目的第二年，也是工作量最大的一年。根据项目任务书要求，实现了如下阶段目标：完成了项目的组织建设和资源整合机制；制定了39个管理制度和技术规范；完成文摘题录数据加工总量为118万条，占三年总任务的86%以上，项目完成后预计可占国内标准文献资源总量的90%以上；提前超额完成全文数据库三年的总任务，数据总量23万条；向科技部平台中心门户系统汇交50余万条数据，达到数据总量的50%；作为项目创新点和亮点的标准文献内容揭示数据库研究工作已取得预期成果，并完成了部分环保领域重要标准内容揭示数据库建设。整合的数据资源已通过建成的项目门户网站对社会开放服务。目前，中国标准服务网注册用户已达145 943个，用户来自政府机关、科研机构、教育机构、检测机构、工程公司、进出口公司、大中小企业等，网站日访问量平均达6万余次。（专业图书馆分会）

【中国国家标准馆文献信息服务与咨询服务工作】 2007年的标准查新发展到上万个，是2006年的4倍；承接了总装部“作战防护服”项目，提供近万页资料和查询报告；数据库销售已突破20家，只此一项收入近40万元；美国材料试验协会（ASTM）会员发展是历年来会员发展（含团体会员）最好的一年。按照国家科技图书文献中心（NSTL）的要求，建立了合理高效的工作流程，开通原文请求双休日服务模式，为用户提供7天不间断服务。（专业图书馆分会）

【标准信息研究工作】 完成了3个国内外重要标准化网站分析研究报告和一个标准比对研究报告；正在实施两项国家质检总局研究项目和两项中央基本科研业务费支持项目，即：国家质检总局自筹经费项目“美国太阳能标准信息资源指南”和“美国ASTM标准信息动态跟踪与分析研究”，以及中央基本科研业务费支持项目“标准文献信息共享机制及相关原型系统研究”和“国家标准馆数字资源长期保存管理机制研究”；参与了我院缺陷产品管理中心相关课题研究。（专业图书馆分会）

【承担院信息技术保障和国家标准化管理委员会相关系统支持工作】 更新了我院的计算机杀毒系统；改造、安装了机房空调系统和机房报警系统；接收处理系统维护工作单和技术支持任务单430多个；负责具体实施院中文网站建设，主要工作包括调研分析、栏目设计、页面设计、模板设计、流程设计、系统培训等，中文网站于2007年8月14日正式开通，英文网站技术开发工作已完成。继续承担国家标准化管理委员会网站与投票系统的维护工作，完成了国家标准化管理委员会国际标准化工作管理系统的主体开发工作；积极支持和配国家标准化管理委员会“国家技术标准资源服务平台”建设工作，抽调出两位副馆长和一名主任并担任总体组长和资源组长，全职参与平台建设工作，同时还将向平台提供系统开发和数据库建设所需要的各类数据资源。（专业图书馆分会）

【中国国家标准馆探索与地方标准化院所开展资源共建共享机制】 先期在广州、沈阳、宁波、青岛、河北、重庆进行试点工作，随着资源的不断丰富与系统功能的完善，逐步将共享范围扩展到全国其他省市。至2007年6月，共有19个省市标准化研究院和1个科研信息服务机构参加了资源共享工作，这些地方标准化院所充分利用国家标准馆的资源，为本地区和本领域用户提供标准检索、全文阅览以及咨询服务。我馆开发的“地方标准化网络服务系统”提供国家标准、行业标准、地方标准、国际标准、发达国家及国外重要学协会等145种50万余条数据。自2006年11月开始至2007年12月底，全文资源使用

量达20 925份，累计达426 213页，提高了国际标准、国外先进国家标准及中国国家和行业标准利用率。(专业图书馆分会)

【中国地质图书馆概况】 中国地质图书馆(中国地质调查局地学文献中心)是国土资源部所属的公益性事业单位，主要承担地学文献的收藏、整理、加工和开发工作，开展相关研究和信息化建设，向社会提供地学文献信息服务。

一、资源建设

1. 书刊采集。2007 年中国地质图书馆共采集图书类文献 4776 种 6590 册，期刊 1169 种 8909 册；选购 PQDD 论文 500 篇，与国外近 400 家单位进行国际交换及馆际互借工作，全年共收到国外交换书刊及图件等 2273 册，向国外发刊 3194 册；新建文献交换单位 5 个。2. 电子文献资源。2007 年新开通了龙源电子期刊数据库、维普中文科技期刊数据库、超星读秀知识库及美国土木工程师协会全文电子期刊、SOCOLAR：OA 资源一站式服务等多个电子资源。截至 2007 年年底，中国地质图书馆网站上已有 30 个文献数据库，可利用文献数据量 3000 万条。3. 文献数据库。2007 年完成中外文书刊书目数据库回溯近 1.5 万条，完成西文期刊数据库流通数据录入 2.2 万条，数据维护 1 万余条次，截至 2007 年年底，书目数据回溯已完成约 98%；完成了 300 种/册馆藏特色文献的数字化工作；完成了《中国地质文摘》等三个刊物的正常出版和发行。4. 资源共享。在与中国科学院图书馆等五馆联手，建立文献传递业务，达成资源共享互补的基础上，2007 年我馆又与国家科技图书馆进行洽谈，开展文献资源共享合作，进一步扩展我馆文献资源服务领域，使我馆读者也能够利用兄弟馆的资源。5. 门户网站。2007 年中国地质图书馆对门户网站进行改版，更新后的主页更加突出人性化，服务主题更鲜明，服务内容更丰富，服务功能增强，注重实用性和可操作性，成为公众更为喜爱的地学信息重要窗口。

二、服务工作

1. 读者服务。2007 年中国地质图书馆共接待到馆读者 3.2 万人次，图书流通量总计近 8 万册，网上读者量 15 万人次，年文献下载浏览量 100 万篇。承接直属单位期刊复印用户由 13 家增至 15 家，复印期刊由 155 种增至 159 种，完成了 1860 册共 29.97 万页复印量。为地科院等在京单位上门服务 42 次，外刊展示 937 册，提供文献检索服务 380 人次，复印文献 1662 篇，为直属单位节省了大量文献购置经费。2. 用户培训。直接为用户及读者提供文献和技术服务，提高图书馆文献资源的利用率，逐步实现资源到所，服务到人。2007 年中国地质图书馆上门为水文方法所、青岛海洋地质研究所、地质力学研究所进行了网络文献数据库使用等培训，得到了广大科研工作者的欢迎，收到了很好的效果。为地大新生举办了图书馆资源利用培训班，成功接待了周边国家及南美地区地矿官员的参观考察和学习培训。3. 科技查新服务。2007 年共完成科技查新 18 例，比去年多 2 例。查新工作涉及的范围从国土资源部系统的立项、成果鉴定和评奖申请查新，扩展到其他相关行业。4. 文献信息研究与服务。以地调项目带动文献信息研究，取得了良好社会效益。其中《地质文献数据库建设》、《地质调查情报信息服务体系建设》完成结题，成果已通过网络向社会服务；《地球科学文化建设与发展研究》为科技部、国土资源部的科普政策制定提供了有力的参谋作用；异构数据库检索系统开发基本完成，为读者检索提供了方便；横向项目则在情报研究、信息综合服务领域展开，为大调查项目提供专业信息支持。5. 服务时间与服务环境。2007 年 9 月开始增加了夜间开馆，开放时间从 8:00 到 22:00 连续开放 14 小时。增加和更新了读者检索用机，增设了读者导航指示牌，粉刷和调整了阅览室，进一步改善了服务环境。(专业图书馆分会)

【改革与管理】 结构调整：根据中国地质调查局“建设世界一流地调局”的目标和上级批准图书馆新的“三定”方案，中国地质图书馆研究制定了内设机构及主要职责、人员定编及岗位设置的实施方案。顺利完成了新一轮中层领导岗位竞聘和处室结构及人员结构调整，内设机构从 9 个增加到 11 个，聘任中层干部 14 人。

劳动人事管理：按照北京市劳动和社会保障局有关工伤保险的新规定，为职工新增了工伤保险项目。按照事业单位工作人员收入分配制度改革方案，完成了职工基本工资的套改工作。组织开展了 2007 年职称评审工作，推荐 3 人申报副高级职称，评审通过中级职称 3 人。择优录用了 2 名应届毕业生，接收 1 名复转军人。

队伍建设：中国地质图书馆继续开展岗位学习、岗位培训、岗位研究活动，采取送出去、请进来、开展学术交流研讨和业务技能竞赛等方式，提高职工素质。2007 年，职工参加各类培训达 300 多人次，举办了《中文文献主题标引》培训班、地学基础知识培训班和青年公文写作培训班，组织了图书馆第一届计算机技能比赛，召开了学术年会，全年职工发表论文 110 篇，比往年有大幅增加，队伍素质有新的改善。

后勤与综合治理：较好地完成了馆舍和各类设施设备的日常维修工作。加强网络通信和安全维护工作，保证了网络的正常运行；积极配合做好迎奥运环境整治工作，重点完成了安防监控系统的扩容改造和地下消防管道的维修工作。认真组织开展了图书馆基地建设规划的编制工作。加强安全和保密工作检查，完善了图书馆应急机制，有力地保证了图书馆的安全。（专业图书馆分会）

【经济管理】 加强财务管理。中国地质图书馆努力探索和实践财务管理体制改革，提出了加强预算管理体系和会计核算体系建设的方案，完善财务管理办法，加强预算收支管理，确保了各项经费的合理有效使用，较好地完成了我馆 2007 年各项经费预算执行工作，预算执行率位于国土资源部直属单位前列，2007 年实现预算收入 2005 万元，较 2006 年的 1613 万元增长 24.3%。职工收入保持了稳定增长，读者服务环境及职工工作条件明显改善。强化资产管理。根据部、局要求，中国地质图书馆完成资产清查工作，基本摸清本馆设施设备状况，健全了固定资产库，及时做好了设备调整和报废工作。认真完成了技术装备采购、政府采购以及办公用品的定点采购工作。（专业图书馆分会）

【党建与精神文明】 积极推进党建工作：（一）加强领导班子建设和基层党组织建设，发挥整体功能。馆领导班子注重抓大事，办实事，促发展，保持廉政、勤政、务实、高效的作风，坚持科学民主决策。根据局党组“建设世界一流地调局”的总体要求，领导班子进一步完善了图书馆的发展思路，确定了建设数字图书馆的核心发展目标和文献资源建设、信息技术创新、文献情报研究三个核心业务方向。在局党组的领导下，顺利完成了图书馆党总支改建党委的工作，这将有利于加强图书馆党的建设，有利于图书馆当前与长远事业的发展。（二）加强党员干部队伍建设，认真组织多种形式的党员主题实践活动。分别举办了党员干部素质教育培训班、中层以上干部工作研讨班，组织召开了党员干部素质教育学习交流会。以纪念建党 86 周年和建军 80 周年为主题开展教育活动，组织全体职工考察了井冈山革命根据地，激发了广大党员和职工爱党爱国爱图书馆，努力做好本职工作的热情。

扎实开展文明单位创建工作：按照地调局实施“凝聚力工程”要求，广泛开展文明创建、和谐创建活动。2007 年图书馆开展了创建职工之家、巾帼示范岗活动；成功举办了“迎奥运，文明礼仪知识竞赛”活动；开展文化下乡支农，图书馆与密云县不老屯村共建乡村文化站，为文化站捐赠图书 2500 余册，计算机 6 台，桌椅书架等设施 30 多件。中央文明办领导对此给予了高度评价：图书馆认真落实“以城带乡、城乡共建”要求，将文化下乡活动作为支持新农村建设的切入点，为中央国家机关带了一个好头，发挥了示范和带动作用。2007 年图书馆荣获首都“城乡携手迎奥运，共建文明京郊行”先进单位光荣称号。通过党建和精神文明建设，图书馆职工精神面貌发生了新变化：环境和谐、氛围良好、心情愉悦、充满自信和活力、凝聚力强，工作上水平、上档次，充分展现了一个优秀的文明窗口形象。（专业图书馆分会）

【中国科学院国家科学图书馆组织召开战略研讨会，明确发展目标】 2007 年 3 月，中国科学院国家科学图书馆召开了总分馆全体中层以上干部参加的战略研讨会，提出了重置服务场景、重塑服务模式、再造数字信息服务系统、建设新型数字知识环境的目标任务，结合对国际科技信息服务领域的调研，多次专门集中学习研究信息环境变化趋势及其挑战，分析思考国科图发展战略；会议明确提出，要夯实已经布局的学科馆员服务、战略情报研究、用户服务系统等创新服务

模式，加强传统结构转型准备，策划新型服务关键能力的突破，积极准备新型机制突破。（专业图书馆分会）

【重新布局战略情报研究服务，提升服务目标】 中国科学院国家科学图书馆坚持以国家和院科技战略决策为核心，以科技创新领域战略规划为重点，动态跟踪，长期积累、敏捷反应，形成可靠的战略情报服务能力。全年编印专报特刊报告 13 种，及时报道国际科技重大战略、计划、评价和政策研究；继续组织编写《重要科技国家和国际组织关注的重大问题》调研报告；编写《国际科技竞争力报告》和《国家创新体系其他单元发展态势分析——产学研专题研究》报告，继续编辑《科学发展报告》，继续开展《世界科学中的中国》分析研究，继续出版《科学观察》月刊，编制报送《我院科学论文产出及其竞争态势分析》报告，逐步形成快速跟踪报道、综合调研报告和系统研究论述相结合，动态监测、数量分析和重大问题研究相结合的宏观战略情报研究产品体系。在支持创新基地战略研究方面，全年共编辑 11 个专辑的《科学研究动态监测快报》276 期，配合创新基地和科学领域开展重大问题调研和竞争力分析，积极参与国家、各部委和院有关单位的重要问题调研，提供各类调研报告近 200 份，并正在组织 15 个领域的年度态势分析报告。（专业图书馆分会）

【深化文献服务形式，融入科研一线、提高服务效果】 2006 年 3 月 18 日国家科学图书馆组建后即在全馆建立了学科馆员服务队伍，成立了全馆学科化服务协调工作组。2007 年总分馆继续补充学科馆员队伍，形成了一支有自然科学学科背景的年轻馆员队伍。不断优化学科馆员服务，不断优化学科馆员服务模式，一方面坚持要求“服务到所”、“责任到所”，进而要求“常下所”和“长下所”，到一线了解需求、分析问题、提供培训和咨询，解决用户科研信息需求的疑难问题；一方面加大学科馆员帮助研究所进行资源配置分析、所级信息集成门户建设、合作服务机制设计等服务的力度，加大学科馆员与资源建设和系统开发人员的协商合作，使学科馆员能够从用户端促进创新、设计创新和组织创新服务；再一方面组织学科馆员在保证普遍信息服务的同时，积极探索学科情报服务，支持重点研究团队和重要研究课题的情报研究工作，提高对科研创新的支持力度。

据不完全统计，2007 年学科馆员下所 1819 次，举办培训 1258 场，用户达18 217人次。继续实施每周 7 天每天 12 小时的网络实时咨询服务，进一步规范参考咨询服务机制，受到我院用户的热烈欢迎，使用量大幅度增加，2007 年解答的各种咨询总量为16 340次，比 2006 年月均增加 30%，满意率达 90%。

在坚持常规服务和普遍服务的同时，学科馆员利用自身的情报资源优势，积极探索课题情报服务，包括课题跟踪与定题检索服务、文献收录与引用服务，针对各研究所的重点学科发展方向开展的重点课题组的情报咨询服务，根据科研需求组织专题数据库和专门信息资源，建设所级文献信息门户，完成专题调研 50 余项，为 20 个研究所新建了研究所图书馆门户。（专业图书馆分会）

【加强文献资源集成体系建设，提高信息保障】 2007 年，国家科学图书馆重点加强提升科研一线文献资源获取能力，着力提升全院核心文献资源的保障能力，调整采购政策，对全院普遍、经常需求的 Elsevier、Springer 电子期刊、SCIE 等数据库加大统筹文献费的补贴力度，减轻研究所电子资源的经费负担，有效提升了全院科研一线高效获取文献资源的能力。充分挖掘整合调整后的经费潜力，新增引进科研一线需求的专业电子资源，共增订全文数据库 14 个（含外文期刊 695 种），战略情报研究数据库 6 个。

组织实施每周 7 天、每天 12 小时服务、24 小时保障的全文传递服务，2007 年传递达到 13 万篇（其中院内 5 万多篇，增长 45%），24 小时满足率达到 90%。继续扩大图书的馆际互借，实际服务已经扩大到 56 个研究所。继续扩大对第三方资源集成，新增标准与计量文献资源。开展与汤姆森科技信息集团的战略合作，将中国科学引文数据库嵌入 Web of Science 系统，使得检索 Science Citation Index 时可同时检索中外文献及其引文数据，实现国内外科技文献网络有机链接。

加强全国西文期刊联合目录和我院图书联合目录建设，全国西文期刊联合目录覆盖期刊达到5万种（其中现刊1万9千种）、覆盖图书馆500余家；全院图书联合目录达到中外文图书83万种，覆盖国家科学图书馆和40余个研究所；加强和ScienceChina资源建设，ScienceChina新增来源记录48万条、新增引文记录351万条。（专业图书馆分会）

【加强综合集成平台建设、提升系统能力】 2007年，国家科学图书馆着重推进用户端系统建设和综合科技信息资源集成，构建用户驱动的数字图书馆服务环境。推出个人桌面检索工具e划通新版（1.5版），实现在PDF阅读和PPT编辑状态下的划词检索功能和综合科技信息资源检索，同时实现2.0版本的关键技术突破。进一步优化公共信息服务平台，嵌入了新的第三方信息资源——国家标准文献信息系统，对跨库集成检索系统进行升级更新。启动了新型的文献资源建设与服务协同工作平台，包括文献资源建设整合管理系统、协同查新管理系统、研究所新型集成信息门户平台等。同时，积极支持研究所机构知识管理，试验建立了力学所机构知识库；建设战略情报研究平台，实现战略情报研究成果共享、基础数据集成分析、战略研究信息门户的搭建，为建设集成情报分析与服务支撑体系做准备。（专业图书馆分会）

【中国科学院第15次图书馆学情报学科学讨论会】 中国科学院第15次图书馆学情报学科学讨论会（简称“科讨会”）于2007年11月6日至9日在成都举行。国家科学图书馆各馆和全院各研究所的图书情报工作者共计160余人参加了会议。这是我院文献情报系统深入研讨改革、促进创新发展的一次盛会。

本次会议以“深化文献情报服务的改革与创新”为主题，以中科院文献情报系统“十一五”发展规划为指导，深入探讨了数字化环境下中科院文献情报工作的新内容、新形式，并着力推进中科院文献情报系统服务工作的转型和模式变革，推动研究所文献情报工作的深入发展。

中国科学院副秘书长曹效业代表李静海副院长出席大会，曹秘书长在开幕式上做了重要讲话。

国家科学图书馆常务副馆长张晓林以“重新定义文献情报服务”为题做大会主报告。报告从中科院文献情报系统所面临的环境挑战形势分析入手，阐述了中科院文献情报系统的发展战略选择，并从资源建设模式创新、服务机制创新和服务模式转型、信息系统及空间布局变革等方面提出了应对变化的策略和思路，深入探讨了推动资源结构转变、加强服务形态转变、加强系统机制转变、主动扩大服务功能、重新塑造文献情报人才队伍的规划设想。国家科学图书馆副馆长张志强、钟永恒等从提升战略情报研究服务能力、增强学科化文献信息服务能力等方面在大会上作了专题报告。

围绕新形势新环境下文献情报工作的发展态势，与会代表认真热烈地讨论了中科院文献信息保障能力建设的思路及其资源增长的模式、决策情报研究与服务机制建设、全院馆所结合的学科化联合服务机制建设，以及全院统一的自动化信息服务系统的建设思路等。（专业图书馆分会）

【第5次数字资源长期保存国际会议（iPRES 2007）】 iPRES（International Conference on Preservation of Digital Objects）是数字资源长期保存领域的主流的国际性系列会议。第5次会议2007年10月11日至12日在北京成功召开。

本次会议由国家科技图书文献中心主办，中国科学院国家科学图书馆承办，为扩大数字资源长期保存的影响，推动数字资源长期保存的实践，会议主办方还联合国家图书馆、文化部全国文化信息资源建设管理中心、中国高等教育文献保障体系管理中心、上海图书馆等单位组成会议组委会。邀请大英图书馆、荷兰国家图书馆、美国国会图书馆、德国国家图书馆、法国国家图书馆、澳大利亚国家图书馆、康奈尔大学、马普学会、哥廷根大学、汉诺威大学、哈佛大学、中国国家图书馆、上海图书馆、中国文化信息资源共享工程等机构及研究项目的专家进行交流。吸引了来自13个国家、69家单位（国外28家、国内41家）的近200名与会者参加会议，共同探讨这一问题。

本届会议主题为“数字资源长期保存：当前进展和最佳实践”（Digital Preservation:

Sustainable Programs and Best Practices），以大会、并行分会的形式从战略计划与基础设施、相关管理问题、技术研究与实践、认证与评估、教育与培训等 5 个方面介绍研究和实践的进展情况，深入分析总结已有的经验和教训，探讨面临的挑战和下一步发展。会议还荣幸地邀请到中国科学院院士、著名科学家师昌绪作大会主旨报告，代表中国科学家呼吁和倡导要重视和推动数字资源的长期保存。

会议议题包括：数字保存基础设施建设（Infrastructures for Digital Curation）；长期保存系统实践进展（Archival Systems in Practice）；机构知识库（Institutional Repositories）；长期保存战略与政策（Preservation Strategies and Policies）；可信赖知识库及其认证（Trusted Repository &Certification）；文件格式与登记系统（Ingest: File Formats & Registries）；研究数据的长期保存（Preservation of Research Data）；其他资源的长期保存（Preservation of Other Resources）；长期保存的教育与培训（Education/Training for digital preservation）；长期保存项目与系统的管理（Preservation Administration）。（专业图书馆分会）

【第 3 期中美数字图书馆高级研讨班】 2007 年 5 月 15 日至 27 日，第 3 期中美数字图书馆高级研讨班（Joint Advanced Workshop on Digital Libraries）在上海举办。本次研讨班由国家科技图书文献中心和美国 Syracuse 大学信息学院（School of Information Studies, Syracuse University）联合主办。来自全国 17 个省市 40 多家单位的 62 名学员参加了研讨培训。

研讨班分两期举办，共 6 门课程，全部由美方教师授课，历时 13 天，学员们分别学习《数字图书馆概论》、《数字图书馆服务规划发展与评价》和《XML 在数字图书馆中的应用》。中国科学院国家科学图书馆副馆长孙坦参加了研讨班开班仪式，并做“国家科学图书馆的数字化发展战略选择”的主题报告。培训期间，主办单位与上海图书馆联合举办了“数字图书馆建设实践”开放论坛，邀请国家科技图书文献中心主任袁海波、国家科学图书馆常务副馆长张晓林、上海图书馆副馆长缪其浩及美国 Syracuse 大学信息学系副教授秦健作专题报告。（专业图书馆分会）

【数字图书馆知识产权热点问题国际研讨会】

2007 年 9 月 24 日至 26 日，由国家科技图书文献中心主办，中国科学院国家科学图书馆和中国图书馆学会交流与合作委员会联合承办的“数字图书馆与著作权法律应用热点问题研讨会”（Hot Issues in Copyright and Related Legal Matters in Digital Libraries）在国家科学图书馆（总馆）成功举办。

研讨会邀请了美国霍普金斯大学图书馆馆长、国际图联版权与其他法律问题工作组组长 Winston Tabb，美国哥伦比亚大学副校长兼图书馆馆长、美国研究图书馆协会主席、美国国家版权局版权法 108 条款评审委员会成员 James Neal，eIFL（Electronic Information for Libraries）知识产权专员 Teresa Hackett 女士，欧盟法律顾问委员会成员、律师 Emanuella Giavarra 女士作专题报告。

会议内容包括数字化引起的著作权发展和变化等一般问题（Key Copyright Developments and Issues Raised by Digitisation）、学术信息交流形式变化及其涉及的著作权问题（Changes in Scholarly Communications and Their Copyright Implications）、数字资源协议及其中的著作权保护陷阱（Licensing Content and Its Copyright Implications）等 3 个主题，10 个专题报告，从不同角度阐述了著作权保护的限制与例外、第三方数字化项目建设、开放获取、机构仓储建设、教育资源与教学方式发展所引发的多种与著作权相关的热点与争议问题，介绍了欧洲、美国和中国等国家的著作权法律，介绍了 WIPO（国际知识产权组织）、eIFL 等组织重要的著作权保护相关协议、规则和手册内容。就图书馆应该如何通过谈判和签订协议规避风险、争取权益的问题，参会人员在专家们的指导下对协议进行了逐句分析和实践讨论，并就目前国内数字资源建设过程中面临的著作权问题进行了深入的交流与探讨。

此次研讨会由国家科学图书馆常务副馆长张晓林主持。国家科技图书文献中心的袁海波主任出席开幕式并致辞。来自国家图书馆、清华大学图书馆、北京大学图书馆、武汉大学图书馆以及国家科学图书馆等多家国内图书情报管理、服务、教学研究机构，及与图书情报密切相关的业界机构的80余名管理者和研究者参加了此次研讨。（专业图书馆分会）

【中德图书馆数字信息服务的合作伙伴项目】 2007年10月15日至16日，由中国科学院国家科学图书馆与德国国家科技图书馆共同主办的中德数字信息服务研讨会在国家科学图书馆成功举行。此会议来自于由中国自然科学基金委中德中心、德国科学基金委共同资助的中德合作项目，该项目支持在2007—2009年双方就信息服务发展进行交流和合作研究。

中德两国有40余位数字信息服务领域专家参加了此次研讨会。德国国家科技图书馆、柏林国家图书馆以及德国国家级的技术、医学、农业等专业图书馆都有代表参加会议。中国方面的代表来自于国家科学图书馆、国家科技图书文献中心、高等教育文献保障中心、国家图书馆、上海图书馆、清华大学图书馆、北京大学图书馆、武汉大学图书馆、中国农业科学院农业信息研究所等单位。两国如此众多重要图书馆的热情参与充分显示了中德两国相互学习的积极性。

会议汇集了上述图书馆及负责人，就各自研究项目交流工作内容、研究重点与预期目标，并共同讨论下一步合作研究的内容重点、预期目标、合作方式与进度要求。中德双方的交流讨论集中在双方文献传递服务与管理实践；门户建设与互联网资源建设方面的先进机制；复杂对象数字化的标准规范；基于成熟标准的内容及元数据交换指南；长期保存工作流管理的建设、长期保存系统及不同层次长期保存的政策；信息检索行为与信息素质；机构知识库的仓储组织模式、技术与最佳实践；中德双方当前开放获取的经验、进展、政策及其支撑机制。

会议期间，中德双方通过报告展示、分组讨论、单独讨论等多种方式的交流与沟通，提出了今后的合作规划。计划在2007年—2009年期间就信息合作交流、跨学科门户网站建设、元数据交换、开放存取、中德合作门户网站建设、电子期刊国家许可6个方面开展合作研究。希望在此次会议相互交流学习的基础上，双方共同或协同配合就有关问题进行比较深入的研究，提出针对性技术线路和应用实施方法，进而希望双方能够就有关系统、服务和任务的应用进行研究，提出有关指南、规范与最佳实践范例。（专业图书馆分会）

【中国化工信息中心图书馆概况】 中国化工信息中心（CNCIC）是全国化工行业综合性信息采集、信息研究、信息服务和计算机应用技术开发中心，设有国家工程技术图书馆化工分馆、全国化工国际展览交流中心、音像出版中心、化工节能中心，赋有化工期刊管理、中国化工情报信息协会等社团工作职能。收藏范围主要是石油、石化、化工、化学以及相关的经济技术、工程技术、生物技术、安全环保等学科的国内外科技文献信息资源。截至2007年底，馆藏拥有中文图书、报刊和科技资料15万册（件），外文图书、科技报告、工具书、期刊会议文献等4万多册（件），光盘、数据库6000张（个）。每年订购国内期刊1200多种，国外期刊1400多种，科技报告、咨询报告、会议文献、工具书等1000多种（册）。（专业图书馆分会）

【数据库建设】 中国化工信息中心图书馆2007年优化流程、增加人员、科学管理、责任到人、严格管理，减少失误，从而保证了对采集的文献资源及时完整的进行了加工揭示。其中：自建国内外文献文摘数据库6个，加工揭示国内外科技文献信息40万条；全文数据库6个，年增数据量2万条；科技动态数据库个，年增数据量13万条，另外建有引文数据库、广告数据库、产品数据库等，实现了订购的文献的全面揭示服务。（专业图书馆分会）

【文献信息服务】 2007年中国化工信息中心图书馆在保证原文请求基本满足的前提下，努力提高文献传递质量，同时尽量缩短提供时差，力争用户满意。对在本馆暂时查找不到原文的文献，有专职人员从外单位进行加急原文请求，和国家图书馆、北大图书馆、清华图书馆、化工大学图书馆建立了原文传送快速通道，确保24小时之内完成。经过改革，2007年成功提供原文请求6万余篇，比2006年增加了近50%。在发展

用户，宣传推广服务方面，采用多种形式积极宣传，扩大影响。2007 年先后在青岛、淄博、南京、四川（成都、绵阳）、重庆、南宁、西安、大连举行了用户推介与调研活动，参加者均是当地或周边的一线用户，活动既包括举行用户宣讲和座谈，也包括去重点单位上门拜访，广泛征求一线科技人员的意见与需求，在扩大用户的同时，也宣传推广了 NSTL，保证了科技文献资源的利用率和知名度。（专业图书馆分会）

【机械工业信息研究院文献资源中心概况】 机械工业信息研究院文献资源中心，又名机械工业信息研究院情报研究所，是我国装备制造业科技文献收藏、研究、服务中心。中心积 40 余年的馆藏积累和服务经验，被国家科学技术部确认为国家科技文献资源保障体系 8 家重点支持单位之一，是国家科技图书文献中心和国家工程技术图书馆的组成单位之一。（专业图书馆分会）

【机械工业信息研究院文献资源中心联机编目工作】 根据项目进度安排，严格按照编目手册和规范要求，配置专人对本地期刊、会议文献的编目数据进行了重新规范审核，共完成审校 3162 条，转入主库 3079 条（期刊 2118 条，会议文献 961 条），83 条无法转入主库中，10 条为按新规范规则确认的重复数据，其余为期刊的继承关联数据。至 2007 年年底，上传期刊编目数据 2118 条，当年签到数据 9292 条。（专业图书馆分会）

【机械工业信息研究院文献资源中心数据库建设】

（1）保障数据加工计划、质量和时效，经过对流程、人员配置和任务指标管理的改进完善，目前每批提交数据的时间范围已控制在 14 天内，基本符合国家中心对数据加工时效的要求。全年完成文摘数据加工 31.98 万条，超过计划量（26.1 万条）22.54%。

（2）承担中心热点门户建设的具体更新和维护情况。2007 年我院承担的 7 个门户正常运行，除汽车科技门户的数据更新基本保持稳定外，其他 6 个专业信息门户由于下半年人员流失严重，数据更新遇到了困难，全年数据更新量有所下滑，但各门户的访问量有较大提高。

2007 年全年 6 个门户的总访问人次 833 937，合计年增长的综合估算同比超过 50%。

（3）承担中心引文数据库建设工作。2007 年 3 月，国家中心正式开展了国际科学引文数据库的建设工作，机械工业信息研究院文献资源中心作为参建单位之一，对中心安排确定的 34 种外文期刊进行了引文数据加工。截至 2007 年底，我们按项目计划的时间要求，保质保量地完成了 2006 年 34 种期刊 18 万条引文数据的加工任务，计划安排于 2008 年 3 月前完成的（2007 年）17 万条的后续任务，目前也已完成 14 万条。（专业图书馆分会）

【文献信息服务工作】 加强文献传递服务质量和时效，通过加强流通管理、延长服务时间、开展经验交流和提高服务意识等措施，2007 年机械工业信息研究院原文请求完成量达到 18 340 份，148 177页。用户 1340 人，完成量比 2006 年（11 178条）增长 64%。（专业图书馆分会）

【机械工业信息研究院图书馆个性化、特色化服务】 机械工业信息研究院图书馆开展用户的调研工作。2007 年初，进行了有关“国外科技文献利用率”的调研。根据调研情况分别建立了用户需求档案，协助急需科技文献的单位开通 NSTL 用户注册，并建立了信任关系。根据用户反馈信息，针对其从事的研发项目，主动开展推送服务。2007 年主动推送服务近 2 万人次，出版揭示馆藏文献的专题文摘双月刊 19 个分册，撰写各类研究报告 44 份。出版中国贸易救济网辑要 67 份。

为政府部门服务方面，承担的商务部“中国贸易救济信息网”建设项目平稳运行，“中国机电出口指南服务系统”进展顺利，通过了三期验收。该门户在商务部公共信息平台的排名稳步上升，确立了在商务部系统为产业提供信息内容服务的优势地位。

在完成国家商务部、发改委、科技部等部委多项课题研究工作基础上，还协助配合国务院东北办、重大装备办等机构作了大量的工作。（专业图书馆分会）

【机械工业信息研究院图书馆科研项目工作】 承担“面向集团用户（企业）嵌入式解决方案”课题研究，以中航一集团所属国有大型企业为试点，构建延伸到终端用户桌面的一体化文献服务平台，实现 NSTL 网络文献信息服务从社会公共服务到专业集团用户定制化服务的延伸拓展。（专业图书馆分会）

【中国计量科学研究院文献馆数据库建设】 中国计量科学研究院文献馆作为国家科技图书文献中心引文数据库建设的子任务承担单位，负责 24 种外文期刊的引文数据加工。2007 年 4 月正式开始引文数据加工，截至 2007 年 12 月 31 日，共完成引文数据 52 万余条，所有数据均符合项目课题组制定的标准规范和时效要求。（专业图书馆分会）

【中国计量科学研究院文献馆加强与 NSTL 工作的规范化管理】 1. 建立支持 NSTL 工作的文献管理制度，制订了计量院《计量院图书、文献资料管理规定》，推动我院科研人员使用 NSTL 网络服务，同时文献馆又能及时获取最新的会议文献，并以最快的方式提供到 NSTL 网络服务平台，实现资源共享。2. 为实现 NSTL 的优质服务，文献馆采取了将文献馆全部开架借阅服务更改为部分开架借阅服务，NSTL 数字化的文献资源仅提供阅览服务等措施，保证了 NSTL 独有的纸本文献资源不丢失或损坏。实现了 NSTL 对用户的承诺：7 天不间断，24 小时内完成原文发送的文献传递服务。3. 坚持“以人为本、诚信服务”的理念，确保服务工作质量服务工作严格执行 NSTL 服务规范，并结合自身服务工作的特点，再将 NSTL 服务规范细化，制订出本馆的服务细则，以满足本馆服务工作的具体需要，使得计量文献服务工作既有原则性又有可操作性。（专业图书馆分会）

【中国农业科学院图书馆资源建设与图书馆数字化服务】 作为全国农业信息资源收集、整理、加工及服务的中心，作为亚洲第一大农业图书馆，2007 年围绕国家农业图书馆资源数量增加、提升数字化服务能力两项重要工作开展了一系列工作。

2007 年，在文献资源建设上，国家农业图书馆和 NSTL 文献资源建设快步发展，成为我国最大的农业科技文献资源收藏和集散中心。全年共采集纸本书刊、电子出版物37 270册（张），精心选购网络版数据库，采集了国内外主要的数据库种类覆盖了农业科技创新的主要领域，使有限的资金发挥最大的作用。数据库服务范围已经从 2003 年的京区大院，延伸到了 2007 年的京区所有研究所和京外 15 个研究所。截至 2007 年，共引进数据库品种 40 余个，涵盖了 8000 余种中文全文期刊（包含 2000 万条记录、镜像数据达 16TB）、2000 余种外文全文期刊、3500 万篇外文文摘记录；共收集书刊 210 万册，其中印刷版期刊11 000种，包括外文现刊 2500 余种，中文现刊 1600 余种，大大提升了科技文献对农业科研的支撑保障能力。

在资源数字化加工方面，图书馆进一步加强了图书、电子出版物编目、加工、图书馆数据库资源网页的建设与维护，国家科技图书文献中心（NSTL）的农业科学外文文献文摘和引文数据的加工等工作。2007 年开始承担 NSTL 引文数据加工工作，全年完成 227 万条，超额完成了 NSTL 的任务。

“中国农业科技文献信息与服务平台”（NAIS）到今年运行已 3 年，2007 年重点工作是完善功能、优化栏目，数据库资源的利用获得了更好的效果。2007 年中文数据库全文下载达到 204 万篇，外文数据库达到 44 万篇，初步形成网上文献检索、全文获取、原文传递和馆藏印本文献协同保障的文献信息综合提供能力。截至 2007 年 12 月 20 日，该平台注册用户 2037 人，累计访问量近 38 万次。

2007 年，我馆的文献提供服务继续保持良好的上升之势。截至 12 月 25 日，累计为全国用户远程传递全文文献12 429篇，比上年增加 3812 篇，增长率为 44.2%。此外，我们还提供网上参考咨询和定题服务等深层次服务，定题服务作为我馆一项很有特色的深层次服务，2007 年的服务范围和内容都在不断扩大。

农业科学数据共享中心建设自 2006 年开展以来，积极开展工作，取得了预期的成果。2007 年新增主体数据库 12 个，新增的主体数据库数据整合量50%以上。更新维护主体数据库48个，数据整合量从80%提高到90%。经过2年的研究和建设，农业科学数据共享中心（试点）项目基本完成农业科学数据共享的标准框架体系，制订了一批急需的标准规范，建设了6个数据分中心，集成数据库（集）490个，数据量80GB以上，并全部实现网络化共享。开发的农业科学数据共享平台网站，提供的在线下载数据累计200 GB，离线数据服务量600余GB，访问量已超过100万次，注册用户4000个，用户主要分布在科学研究机构、教育机构和企事业单位。

图书馆承担并保障着中国农科院的网络服务与环境建设，2007年承担了网络中心和重大工程楼机房的日常维护工作，一年以来网络中心完成的终端服务次数达到1866次，为用户提供邮件问题电话支持和上门服务300余次。图书馆还承担中国农业科技信息网、中国农产品供求信息网、中国农科院网、院机关各局（中心）网站和农业信息研究所网站、中国金农信息网、农业部科技入户工程网站、大湄公河次区域农业信息网、中国农业书刊网的系统功能升级、日常维护及资源建设工作。为保证以上网站的正常运行和持续发展，网站数据日更新量1000多条，其中网络中心承担300条/日。承担“中国农业科技信息网”、“中国农科院网”两大网站80%栏目的资源采集、内容更新工作。（专业图书馆分会）

【中国农业科学院图书馆科研工作】

（1）结合农业信息科学发展，凝练三大学科发展方向

根据现代农业和信息技术的发展变化，信息所与时俱进，不断推进农业信息学科的建设。图书馆以改革促发展，凝练学科优势，合理布局研究处室结构和人员力量、财务资金，经过学术委员会充分讨论和研究，凝练、确立了农业信息技术、农业信息管理和农业信息分析三大学科方向为主体的农业信息科技创新方向，明确了农业信息学科的发展思路是科技创新与公益服务相协调、理论攻关与技术转移相衔接、团队建设与学科平台建设相适应。

在学科建设方面，加强了智能化农业预警技术与系统重点开放实验室的建设，在应用研究工作中，建立了一批基础数据库和农业信息系统，初步建立了国内外农业信息采集发布系统、农产品市场分析预警系统，有力地提高了农业生产与经营管理能力，有效提升了信息服务能力。此外，通过召开《全国农业信息技术创新与学科发展大会》，总结农业信息学科的发展经验，促进农业信息学科原始创新和集成创新。

（2）争取国家重大科技计划立项，提高整体科技创新质量和水平

在农业部、科技部以及院领导的鼎力支持下，广大员工共同努力，2007年共争取科研立项62项。其中国家“863”计划3项，国家科技支撑5项，国家科技基础条件平台2项，科技成果转化资金1项，科技部“星火计划”1项，公益性科研院所基本科研业务费专项资金1项，农业部跨越计划1项，各类项目都已按计划进度实施和结题。

（3）适应国家经济建设和行业发展需求，研究工作取得丰硕成果

在数字农业研究领域，国家“863”课题“商品鸡数字养殖技术平台”获得中国农科院科技成果二等奖。基于国家“863”计划“主要粮食作物生产数字化管理”，已完成项目的集成和成果转化应用，拟申报国家科技进步奖励。

农业信息网络化研究领域，完成国家科技攻关计划项目“农业信息采集服务系统”研究，获得3项成果软件登记。

智能化农业预警研究领域有国家科技项目“食物安全发展战略研究”研究成果、国家自然科学基金项目“粮食与食物安全早期预警研究”；已构建的面向生产者的农业信息预警系统、面向政府管理部门的预警平台，获得中国农学会“神农中华农业科技奖”二等奖。完成农业信息化标准研究制定，“农业信息化标准技术研究”成果已获得中国农学会“神农中华农业科技奖”二等奖。农业基础数据库与信息系统研究领域，完成了国家基础条件平台项目“农业科学数据共享中心”集成和建设任务。（专业图书馆分会）

【中国农业科学院图书馆国际交流与合作工作】 2007年共派出10个团组22人次，出访美

国、瑞典、马来西亚等 10 个国家以及港澳地区，共引进接待外宾 5 个团组、33 人次。参加了由 FAO 和 WHO 等联合举办的 2007 健康挑战——食物供需与预防肥胖国际会议、第 6 届农业计算机应用大会、2007 年 McGill 健康挑战思想库学术交流会等 5 个国际学术会议，接待了美国信息技术与远程教育考察团、美国匹兹堡大学图书馆代表团、越南农业部考察团等 5 个团，邀请了联合国粮农组织高级官员、CABI 和加拿大曼尼托巴大学专家等，就农产品市场短期预警的理论与方法、农业风险分析、食物安全、农业信息化技术与政策、科技文献资源管理等方面进行了广泛的学术交流。

围绕农业信息科技创新和学科建设，新开辟了 5 个国际科研合作渠道。开辟了到美国农业部经济研究局和国际食物政策研究所学习和培训机会（共 7 人次），美方到我馆举行了 4 次学术报告会，与国际食物政策研究所初步达成了联合培养硕博士研究生的合作意向。协助科研人员还新签署了与美国普度大学、加拿大曼尼托巴大学、日本农业科技机构的合作研究协议。2007 年，参与组织了“中国——CABI 农业科技合作高层研讨会”，明确了我馆与 CABI 开展合作的重点与方向，促进了农业部与 CABI 合作备忘录（MOU）的签署工作。

在科学研究上，2007 年申报的“中国内蒙和新疆农业保险应用与缓解贫困及促进持续发展”获得英国 DelPHE 计划项目资助，这是在科研领域获得的第一个国际合作项目，该项目由我单位信息分析与评估室主任张峭研究员主持，参加单位包括英国诺丁汉大学、加拿大曼尼托巴大学、美国普渡大学、首都经贸大学和内蒙古农业大学等。2007 年 10 月召开了项目启动会和第一次学术研讨会。

在对外技术援助上，2007 年我馆承办的东盟粮食安全信息系统培训班项目，参加培训人员共 23 人，除新加坡外，东盟 10 国均派学员参加。为东盟国家提供网络和数据库技术培训，促进了东盟 10 国农业信息化的进程。

2007 年，圆满完成了 FAO 中文出版物工作，CABI、IFIS 和 AGRIS 文摘的制作项目，通过严格执行管理方案，强化质量管理，保质保量、按时翻译出版了 18 本技术类书籍、6 本渔业年鉴，翻印发行了 10 本 FAO 中文图书。为英国 CABI 提供了 1500 条源于中文文献的英文文摘；为国际食品信息系统（IFIS）提供了 150 条源于中文文献的文摘；为 FAO 国际农业信息系统（AGRIS）提供了 3000 条英文文摘和题录。（专业图书馆分会）

【中国农业科学院图书馆科技兴农相关工作】 2007 年，按照与河北省联合建立新农村信息化示范基地协议书的要求，先后在北京和河北省定兴县、怀来县联合召开了 5 次工作会议，加强了工作的针对性、实效性。随后组织所内 40 多位专家赴实地调研，确定了开展村村响、农搜、农业信息智能采集与利用平台、农产品市场短期预警以及小麦、玉米管理辅助决策系统等 5 个成果转化与示范项目，以“培训班”和“论坛”等形式加强了“基层信息员”培训和“农业实用技术”培训等工作。科技成果转化工作在基地初见成效：在定兴县进行了“小麦、玉米及其连作智能决策系统”、“农村信息综合服务系统开发工具”等科研成果的推广；为怀来县开发了“村村响”实用技术信息采集与管理平台，开发了 5 套网站信息采集模板；专程派 3 位科研人员到基地蹲点 1.5 个月，帮助怀来县建立了一支 21 人的信息员队伍，为基地农民生产葡萄、苹果获得及时、准确的信息提供了支持。

在推动期刊产业发展方面，在充分调查研究的基础上，2007 年 6 月将主办的 14 种期刊分为《中国农业科学》编辑出版部和期刊编辑与出版部两块，推动了期刊产业的健康发展。2007 年期刊创收比 2006 年有所增加。根据 2007 年 11 月举行的“中国科技论文统计结果发布会”公布的消息，《中国农业科学》再获“百种中国杰出学术期刊”称号，这是第 6 次再获此殊荣，刊物的中文版影响因子达到 1.247，继续在全国农业科技期刊界保持最前列位次。（专业图书馆分会）

【中国农业科学院图书馆组织科研项目】 2007 年，图书馆充分利用国家大力支持农业科技创新体系建设的机遇，认真谋划、积极争取国家有关条件建设项目，仪器设备条件显著改善，基本科研业务条件经费有所增加，国家农业图书馆改扩建项目取得突破性进展。

通过争取近千万元的修购项目支持，为科研人员、信息服务人员和管理人员改善了工作条件，整体提升了信息技术研究、数字网络服务的硬件水平，对图书馆电梯和相关设备进行了及时更新。在实施修购项目的过程中，研究所成立专门的执行班子和监督班子，确保项目的科学、合理执行，更确保把有限的经费用在亟须解决的方面。

针对基本科研业务费项目，制定了详细的执行办法，将一批年轻的科研人员推上科研一线，让他们通过项目的组合实施经受锻炼，得到培养。经过近一年的执行，目前已经基本形成了一个有利于年轻人才成长和图书馆基本能力建设的条件环境和融洽局面。（专业图书馆分会）

【中国社会科学院图书馆（文献信息中心）院庆展览和电视专题片筹备工作】 2007年是我院建院30周年，图书馆承担了优秀科研成果展览和电视专题片的筹备工作。这项工作从2006年就开始筹备，2007年春节以后，筹备工作进入最后实施阶段。院领导对展览十分重视，强调展览是整个院庆活动的重中之重。武寅副院长、黄浩涛秘书长多次专门听取汇报。在党委领导下，院图书馆领导分工负责，积极组织力量，认真做好各个环节的工作，保证了展览和专题片的顺利完成。这项工作得到了院领导的肯定和表扬。（专业图书馆分会）

【中国社会科学院图书馆信息化建设】

（1）继续推动ECO图书馆自动化系统在全院的推广应用

在全院推广ECO系统的使用是全面提升我院图书馆工作现代化水平的一项重大举措，也是近几年院图书馆工作的一个重点。2007年1月，召开了"中国社会科学院图书馆系统ECO系统推广应用交流会"，布置落实该系统的推广工作，10月份，召开了推广工作总结会，对各个研究所使用ECO系统时遇到的问题进行了研讨。2007年组织了部分研究所的图书馆业务人员来院馆实习11人次，帮助他们熟悉ECO系统的功能和使用方法。同时，院馆技术人员深入各所开展培训，及时了解和解决推广使用中存在的问题。

（2）电子资源跨库检索系统投入使用

院图书馆目前引进的数据库近70个，涉及10多个平台。由于不同数据库的检索入口、界面甚至检索方式都不同，读者检索很不方便。2006年院图书馆完成了信息化建设项目"电子资源跨库检索系统"的开发。2007年初该系统投入使用，研究人员可以通过一个检索入口一次性完成多个数据库的检索。极大地简化了检索程序，提高了检索速度。

（3）西文期刊导航系统开发初步完成

考虑到科研人员对西文期刊的利用较多，而且有固定浏览的习惯，院图书馆2007年将西文期刊导航系统的开发作为所级重点课题列入信息化建设项目。目前开发工作初步完成，正在进一步完善。

（4）学位论文题录数据库初步建成

我院图书馆是国务院学位办指定的硕士、博士论文收藏机构。2006年院图书馆与中国科学技术信息研究所就共同建立国家学位论文服务系统项目签订了合作协议。在2006年完成约7万册学位论文元数据和文摘数据库建设基础上，2007年完成125 000余册论文的元数据加工工作。（专业图书馆分会）

【中国社会科学院资源建设工作】

（1）继续加大电子信息资源建设力度。2007年图书馆加大了电子资源建设力度，全年开展数据库试用36批次，数据库试用的数量和密度超过往年。根据科研人员反复试用情况，2007年新引进了万方、维普、Elservier、Emerald、Blackwell等一批中外文数据库。在引进新的数据库的同时，还根据科研人员使用情况对现有数据库进行了调整，暂停了某些数据库的续订。

2007年订购中文图书14 334种，已经到馆12 672种，24 564册，外文图书订购4089种，到馆3479种3791册。现场采购图书557种/册，采集学位论文28 000册。订阅外文期刊951种，中文期刊1527种，中文报纸124种。

（2）调整书刊采集政策。2007年6月，院图书馆召开了读者座谈会，就建立图书馆网上选书系统听取读者的意见和建议，院内6个研究所的部分科研人员参加了座谈。目前院图书馆已经采用 OPAC 系统开展网上荐书，让每位读者都能够直接反映他们需要的图书。在期刊方面，为了保证订阅期刊的到馆率，2007 年院图书馆对国内几家大的中外文期刊发行单位的经济实力、到刊情况和价格进行了调查研究，重新选择了合作单位。

（3）加强制度化建设，规范资源采购办法。2007 年院图书馆资源采集全部实行了“实洋制”并开始研究招投标办法。在电子资源采购方面，经过几年的摸索，逐渐形成了一套基于电子信息资源生命周期的引进办法，2007 年 9 月召开了电子资源引进专家咨询会，听取研究所科研人员关于电子信息资源引进、管理、使用等方面的建议和意见。同时，起草了《中国社会科学院图书馆电子信息资源引进管理规程》，为今后进一步规范资源采购做制度方面的准备。

（4）突出资源建设重点，加强馆藏特色建设。2007 年，院图书馆还加强了对本院科研成果的采集，根据科研局编制的科研动态发布的我院科研成果统计进行专著采集，特别加强了对我院学科带头人学术著作的采集。

地方志是院馆重点收藏内容，2007 年全年采访各级各类志书 1366 种，1952 册。其中省、市、县级志书 286 种；专业志、部门志、山水志、厂矿企业志及城市区、街道、乡镇志等 1080 种。目前，院馆新方志藏书已经超过21 000种，成为全国最大的新方志收藏单位。

2007 年，院图书馆被文化部列为全国古籍保护试点单位之一。院图书馆积极参与文化部古籍保护计划，并向国家古籍保护督导组专家汇报我院古籍保护工作的历史与现状，向文化部递交了国家古籍保护重点单位申报书，报送 9 种古籍参与国家第一批珍贵古籍名录，培养青年同志系统学习古籍保护知识。（专业图书馆分会）

【中国社会科学院学科建设与课题研究】

2007 年院图书馆承担的 2 项重点学科建设项目都已临近结项阶段，部分阶段性成果已经发表。国外社会科学政策与管理学科相继举办了“亚洲地区中国学研究述评”和“学术伦理与人文社会科学的发展”两次国际学术研讨会。由黄育馥主持的院 B 类重大课题“国外人文社会科学机构数据库”2006 年通过结项，2007 年正式出版了《国外人文社会科学机构手册》。一批与学科建设相关的课题正在按计划顺利进行，其中有院重点课题“国外人文社会科学发展政策与管理”和“英语世界中的论语”，所重点课题“信息伦理学研究”和“德国学术腐败的防治机制”等。2007 年下半年，该学科正在进行结项验收准备工作。

文献计量学学科建设的重点工程“中国人文社会科学引文数据库建设”，完成了 234 万条数据的规范工作，正加快收尾步伐准备结项。同时建成的摘引率指标统计数据库，已有近 30 万条数据。这两个数据库成为本学科计量指标统计的坚实基础。北京市职称评定工作已利用该统计指标作为成果认定依据之一。

院 A 类重大课题“人文社会科学领域文献计量学的理论与应用”申请延期结项，但其子课题“国外三大检索工具收录我国人文与社科论文的统计分析”已经进入收尾阶段，完成研究报告 40 万字，其他子项目正在进行之中。所重点课题“我国学者在国外学术刊物上发表论文的统计分析”正在进行，2007 年批准立项的院重点课题“中国人文社会科学国际论文统计分析”已经启动。

文献计量学的重点研究项目“核心期刊研究”建成了 93 万条数据的新版核心期刊遴选数据库，并为北京大学的核心期刊研究提供了统计数据。今年正在进行《中国人文社会科学核心期刊要览》（2007 年版）的准备工作。

2007 年，成立院属文献计量与科学评价研究中心的申请已经获得经院里批准。该中心的成立将有利于进一步加强重点学科建设，推进学术交流与合作。

随着国家对哲学社会科学研究整体投入的增加，院图书馆承担的科研课题也越来越多。目前全馆在研各类课题有 47 项，其中院级课题 18 项。2007 年院里批准立项院级课题有 6 项，所级重点课题 7 项，为了加强所级重点课题的管理，引导科研业务人员围绕学科建设和实际工作发展的需要开展课题研究，院图书馆学术委员会出台了“2007 年所重点课题指南”，进一步规范院图书馆的课题研究和课题管理。

2007 年主要科研成果有：专著 2 种，53 万字；论文 63 篇，69.78 万字；研究报告 17 篇，

33.35万字；译著3部，68万字；译文95篇，48万字；一般文章31篇，11.4万字；论文集1部，40万字。

2007年主要科研成果有何培忠主编的《当代国外中国学研究》；黄育馥主编的《国外人文社会科学机构手册》；《第欧根尼》编辑部编辑的译文集《哲学家的休息》、《圣言的无力》等。

在我院第6届优秀科研成果奖评选中，肖俊明同志的专著《文化转向的由来》获专著类二等奖；李惠国、何培忠主编的《面向21世纪的国外社会科学》和姜晓辉主编的《中国人文社会科学核心期刊要览》获三等奖。

院图书馆负责的《网讯》工作成绩突出，受到国务院办公厅表扬，院图书馆被评为我院2006年信息报送工作先进单位。（专业图书馆分会）

【中国社会科学院期刊和学会工作】 目前中国社会科学院图书馆主办《国外社会科学》、《第欧根尼》、《环球市场信息导报》、《程序员》等4种刊物。2007年院图书馆在期刊管理上主要做了以下几方面工作，一是馆领导明确分工，指定专人负责刊物管理，加强对期刊工作的领导。二是及时传达中宣部、新闻出版署和我院有关文件，督促各刊物按照上级指示精神把握办刊方向，防止出现政治上的失误。三是组织各刊物业务人员参加院科研局在北戴河举办的业务培训，提高青年编辑人员的业务水平。

中国社会科学情报学会于2007年10月在四川成都召开了第6次全国会员代表大会。武寅副院长出席大会并讲话。大会通过了新的章程并选举产生了新一届学会领导。院学部委员黄长著当选为学会理事长，院图书馆馆长杨沛超当选为副理事长。（专业图书馆分会）

【中国社会科学院学术交流工作】 2007年院图书馆对外交流有了明显增加，其中出访由去年的7人次增加到今年的14人次，来访由13人次增加到37人次。

2007年重要出访项目有2个，2007年10月8日至16日，杨沛超馆长率团访问俄罗斯科学院，并举办了“中国社会科学图书展览”。书展升级为中国社会科学院与俄罗斯科学院两院之间的交流项目，并列入俄罗斯政府“中国年”庆祝活动的一项内容，得到了两国政府和两院领导的高度重视。书展规模由以前的600册扩大到1500多册。访俄期间，杨沛超馆长还与俄罗斯科学院社会科学情报研究所皮沃瓦罗夫所长就今后继续开展文献交换和人员交往的有关问题交换了意见。

2007年9月3日至9日，杨沛超馆长率团访问德国杜伊斯堡—埃森大学等机构。代表团随行成员有院馆网络部馆员包凌，欧洲所欧洲资料中心主任刘立群、馆员钱小平。此次出访得到中国—欧盟欧洲研究中心项目办公室的全额资助。杨沛超参加了在德国杜伊斯堡—埃森大学图书馆举行的有关培训和考察活动并访问了德国曼海姆大学欧洲研究中心和图书馆、比利时布鲁日的欧洲学院图书馆等机构。随行人员在杜伊斯堡—埃森大学图书馆进行了为期5天的培训。培训内容包括德国北威州馆际互借的系统及馆际互借的具体实施、文献传递系统、电子资源管理系统及管理方法、图书馆自动化系统Aleph等。

2007年重要来访项目除了上述两个重要国际会议及其应邀来访的外宾外，越南社会科学院情报所代表团的来访是今年的一项重要外事活动。

2007年院图书馆举办了两次重要国际会议。一次是1月13日至14日举办的“亚洲地区中国学研究述评”国际学术研讨会。武寅副院长出席会议并讲话。研究中心理事长汝信同志主持开幕式并做基调发言。研究中心主任黄长著等主持了会议。来自日本、韩国、新加坡、越南、印度等国的学者以及北京、上海、福建、台湾等地的国内学者50多人参加了会议。院图书馆馆长杨沛超、科研局副局长王正、国际合作局副局长张友云等负责同志也出席了会议。与会学者分别就我国开展“国外中国学研究”的历史和现状、亚洲地区开展中国问题研究的情况和未来的发展趋势等问题进行了研讨。

另外一次重要会议是2007年8月31日召开的中韩“学术伦理与人文社会科学的发展”学术研讨会。2007年恰逢中韩建交15周年，经国际合作局批准，院属国外中国学研究中心与韩国经济人文社会研究会人文政策研究委员会共同举办了"学术伦理与人文社会科学的发展"学术研讨会。国外中国学研究中心理事长汝信同志主持会议，武寅副院长出席并致辞。院哲学所、文学所、文献信息中心以及科研局、国际合作局、办公厅等单位的学者和负责同志参加了会议。以韩国经济人文社会研究会理事长李钟昨先生为团长的韩方代表团一行17人参加了会议。

除了人员交往外，院图书馆与国外机构之间的文献交换工作也取得了较好的成绩。受院里委托，院图书馆继续向与院有交流协议的50多家国外研究机构寄送院出版的学术刊物。2007年寄出15批，3230册期刊。同时，收到国外赠送的期刊33种260册，外文图书1003册。（专业图书馆分会）

【冶金工业信息标准研究院信息研究所会展】 上半年分别组织举办了"2007中国钢铁工业科技论坛暨《世界金属导报》5届4次工作会议"和"《世界金属导报》第7届记者工作会议"。下半年成功举办了"2007中国钢铁工业竞争战略论坛"、"第2届冶金信息资源及科技查新应用研讨会"。（专业图书馆分会）

【中国医学科学院图书馆全力做好2007年重大项目的执行】 2007年在国家卫生部、财政部、科技部和院校的大力支持下，所馆迎来了历史性的发展机遇，全年获得的各项经费支持，为所馆各项事业的发展提供了强有力的保障。

（1）初步完成一站式医学信息服务平台建设工作

一站式医学信息服务平台是数字图书馆建设的主要内容，也是所馆提高资源利用、提升服务水平的重要基础。自上半年启动以来，组织多部门各方力量共同参与项目实施，完成了前期调研、平台相关产品和技术路线及资源整体分析等工作，提出了平台总体需求方案。已实现对所馆80%的信息资源进行了整合，实现跨库检索。

（2）努力做好所馆基本科研业务费专项项目

中央级公益性科研院所基本科研业务费是科技体制改革的重要成果之一，所馆对此项工作高度重视。经过精心组织、认真调研和专家评审，共有20项课题获得资助，研究领域涉及卫生政策研究、信息整合、科技创新机制、资源建设策略研究、信息服务平台建设技术应用研究以及信息分析评价等，为提升所馆科研能力、培养研究人才、推动事业发展打下了基础。

（3）全力推进科研楼修缮工作

在卫生部、财政部和院校的大力支持下，所馆科研楼改造项目2006年底获得批准后，克服重重困难，采取多种措施，积极开展工作，力争科研楼改造项目早日完成，尽早投入使用，从而实现改善科研基础支撑条件、提升科技创新能力的目标。（专业图书馆分会）

【中国医学科学院图书馆医学信息咨询工作】

（1）医学信息咨询服务工作取得新成绩

全年共完成医药卫生科技查新540项，比去年增长30%；查引服务146项，文献检索330项。完成"突发公共卫生事件每日科技快讯"数据上载和审核约350条，"医药时讯"网上信息更新约3000条，"艾滋病预防与控制热点门户"数据上载、审核42条，"人禽流感及重症流感门户网站"数据加工305条、数据审核412条。此外，为政府、企业、医学院校和科研院所提供了大量不间断的相关信息咨询、政策论证以及决策支持服务。积极参加国家科技基础性工作专项、国家重大科技平台等项目的论证工作。

（2）课题申报和执行取得新突破

2007年，所馆积极向卫生部、科技部、国家自然科学基金委以及世界卫生组织（WHO）等机构申报各级各类科研项目和课题20多项，获得批准课题18个，共获得科研经费200余万元。完成了"医学卫生服务管理模式及互动机制研究"、"新时期国家科技信息资源建设格局与策略"和"人禽流感门户网站建设项目"等多项课题研究工作。（专业图书馆分会）

【中国医学科学院图书馆提高信息资源保障能力和服务水平】

（1）积极开展研究，提升资源建设科学化水平

积极依托政府投入，推进多元化文献资源保障体系建设。国内外医学期刊文献数量持续增长，学科结构不断优化，薄弱学科、新兴学科期刊的订购比例持续提高，平均增长了20%。通过

调整，国外印本期刊订购从 2584 种扩展到 2839 种（覆盖 PubMed 数据库收录期刊 5871 种的 48.3%）。印本中文期刊订购 1365 种，比 2006 年增加 37 种。订购国外期刊全文网络数据库 11 个，含期刊 3400 种，全文下载量 67 万余篇。完成图书编目 1842 种。

（2）文献服务明显增长，流通工作取得新成绩

图书馆接待读者 11 万余人次，同比增长 24.2%。同时，积极扩大文献服务业务合作，加强宣传和推广，突出重点，深化服务，资源利用率与用户满足率不断提高，呈规范化和规模化发展。文献服务实现显著增长，完成全文提供 23 万余篇，用户检索咨询服务 5000 多次，同比增长分别达到 81%和 100%。

（3）文献数据加工成绩显著，数据库建设持续发展

根据 NSTL 数据质量控制要求，在充分揭示馆藏的基础上，周密、科学制定数据加工计划，重点加强加工规范、人员培训、流程管理等，稳步推进各项数据加工工作。完成各类文摘数据 38 万余篇，品种覆盖西文期刊现刊馆藏的 95%。同时，参与 NSTL 国际科学引文数据库建设中规范制定和软件测试工作，承担了其中 245 种期刊、230 万条数据的加工任务，为 2008 年实现引文和文摘的同步联合加工以及扩大引文加工的规模打下了基础。

继续做好中国生物医学文献数据库（CBM）年度数据更新、出版发行工作，重点提升检索系统功能，逐步实现检索系统“知识服务”的理念，从整体上提高综合服务能力和水平。初步建立馆藏西文医学期刊文献数据库、免费外文医学期刊全文数据库和指南库，使所馆外文生物医学期刊及网上免费期刊资源得到了充分揭示与利用。

（4）继续做好计算机网络服务与技术支持

初步建立计算机网络技术支持和服务数据库管理系统，为用户服务提供稳定可靠的运行平台和决策依据。完成汇文图书馆自动化系统的维护和升级，进一步落实计算机病毒专业监测、治理和群防群治防护机制。新建图书馆综合楼和十二楼间的光纤互联链路，完成了图书馆网络扩容、优化和新增用机的安装、调试，实现了网络设备和服务平稳迁移，保证网络平台正常、平稳运行。（专业图书馆分会）

【中国医学科学院图书馆教育培训、学术交流、国际合作工作】

（1）教育培训与学术交流成绩显著

完成协和医学院《医学文献信息检索与利用》、八年制本科生《社会医学》、公共卫生学院研究生《卫生事业管理》等课程的教学工作；举办了“医药卫生科技最新进展讲习班”、“HPSP 知识整合方法与应用培训班”等，培训学员 300 余人。

先后邀请知名专家来所馆讲学，全年共举办了包括专利检索与专利分析，软科学研究的思想、方法和实践等内容在内的所馆内学术讲座 13 期，参加人员 690 人次。鼓励科研人员积极开展国内外学术交流，全年参加学术会议和交流活动总计 150 余人次。

（2）国际合作领域不断扩大

加强与 WHO 常规合作，组织 WHO 出版物资源建设摸底调查；完成 WHO 在华合作中心网站建设项目；积极申报“数字卫生图书馆资源建设、利用与开发”等合作项目；组织召开 WHO 全球卫生图书馆中国委员会第一次会议，派员参加 WHO 西太区医学索引（WPRIM）非正式咨询会议等国际学术交流活动。合作出版“国外医学新书评价（中文）”印刷版及网络版；继续拓宽海外图书赠阅渠道，不断丰富馆藏资源。（专业图书馆分会）

【资源组织揭示】 为加强文献组织揭示力度，相继启动了资源集成揭示发布系统、图书馆自动化系统加工流程改造和知识连接系统等工程，通过调整工作流程、提高工作效率等多种措施，并以所馆网站建设为契机，逐步加强印本资源和数字资源的统一描述和集成揭示，建设统一的整合发布系统，最终要让每本文献都实现网络揭示与检索，实现广度意义上的“每本文献有迹可循”，并最终实现知识关联服务。

（1）资源集成发布系统建设

开发了融馆藏资源整合揭示发布、业务展示交流、用户服务平台于一体的资源集成管理与发布服务系统。该系统整合各种类型的印刷版、光

盘版、镜像版、网络版资源，面向用户提供跨库、集成、一站式的检索服务。对不同类型文献如期刊、会议、学位、科技报告等，实现了按出版单位、国别、年代、字顺、主办单位、学科专业、语种等不同角度进行导航揭示机制，综合反映馆藏各类资源品种和载体。实现了信息检索、文献传递、代查代借、科技查新、收录引证、定制推送、学科导航、知识链接服务、学科信息门户等服务的网络化和集成化，优化了等服务流程。

（2）知识链接系统建设

知识链接系统由 6 千种期刊近 10 年的论文、引文、作者、机构、基金数据组成，为用户提供知识要素相互链接、相互参照、相互引用、相互链接的知识关联服务，从期刊、作者、主要机构、基金等多角度对某一特定对象发文情况和文献被引情况进行专项查询和统计分析，直接查询期刊的文献计量指标并进行原文链接服，是开展知识服务的基础平台。该系统通过对海量信息资源进行分析、统计和挖掘，能够根据用户要求，进行“论文分析”、“期刊指标”、“机构分析”、“引文分析”、“基金分析”、“作者分析”等。（专业图书馆分会）

【信息服务】 国家工程技术图书馆以丰富的自身资源及国家科技文献保障体系为依托，以数字化网络化的资源加工揭示、集成整合、发布服务平台为支撑，重点针对国家科技计划和基金项目、面向科研院所、公司企业、高等院校等各类用户，提供包括集成检索、参考咨询、原文传递、代查代借、收录引证、科技查新、定制推送、知识关联等在内的自助式、个性化、网络化、知识化的科技文献保障与服务。（专业图书馆分会）

【重点用户服务】 为促进以自主创新为核心的服务体系建立，并保障大型科研院所、特殊用户群体和重大科研工程项目的信息需求，工程馆加大与大中型科研院所和中型大专院校的合作，加大对重点用户群体的服务力度，对重点大院大所、院士及科研团队、重大事件实施重点服务策略，加强定题、定向服务。探索和推进个性化、知识化、重点突出、层次多样的服务格局。

在多渠道调研了解用户信息获取渠道、方式、具体信息需求的基础上，通过学科导航、专题知识门户等的建设，例如“抗震救灾的专题文献数据库”、数字院士著作馆、水利专题门户等，整合相关科技文献信息和服务，并建立绿色服务通道，实行专人服务机制，定制和提供个性化、专业化、系统化的一揽子服务，实现资源嵌入到院所、服务深入到项目。（专业图书馆分会）

【用户分析研究】 为发现和培养重点用户、研究建立服务推广体系、完善服务模式，提升服务质量，在 NSTL 的支持下，加强用户分析研究工作，对15 000余位个人用户，800 个机构用户发放了调查问卷，并组织 40 余家机构用户代表进行座谈或走访。通过全面深入的用户调查和分析，对用户信息环境、用户需求特点、用户信息行为、用户对资源/服务/系统满意情况，以及用户对图书馆未来发展的意见和建议做了较为全面的总结和汇报，为开展资源建设和服务拓展提供了用户依据。此外，针对网络服务系统用户管理比较粗放，服务模式比较单一的问题，从强化用户管理制度建设、建立有利于用户/服务评价常态化的方法与规范、建立用户数据中心三个方面提出了加强用户管理，使用户/服务评价工作常态化的建议。为准确、恰当、稳定的用户识别、评估和定位，促进服务层次的提升，提出了 NSTL 用户服务中心改进方案，从用户研究分析与评价、重点服务推进、重点用户跟踪等方面，提出了建立“以用户为中心”的服务框架体系。（专业图书馆分会）

【中国中医科学院中医药信息研究所科研工作】 2007 年共投标 44 份，其中，申报国家自然科学基金项目 3 项，北京市自然科学基金项目 1 项，科技部基础性工作专项 4 项，国家社会科学基金项目 1 项，博士后科学基金 2 项，2008 年度亚洲区域合作专项奖金项目 1 项，商务部援外项目 1 项，北京市科技新星计划 2 项，自主选题项目 29 项。中标 31 项，中标率达 70%。副高以上牵头申报课题 10 项，人均中标率 70%。组织项目建议书 12 份，其中，国家中医药管理局 2006、2007 年度中医药行业科研专项 5 项，科技部基础性工作项目建议 5 项，中医药行业科研专

项项目建议2项。（专业图书馆分会）

【中国中医科学院中医药信息研究所学科建设】

（1）开展多层次的学术交流和学术活动。共举行学术性会议34次，其中全国性学术会议12次，开展全国性培训工作4次，其他学术会议及讲座18次。参加国际会议7人次，国际考察1人次。

（2）加强行业中心建设。正在组建中国中医科学院创新体系合作委员会中医药信息研究中心；中国中医药信息研究会中医药信息数字化分会正在筹备换届改选；国家重点古籍保护试点单位工作开展顺利；国家中医药管理局中国中医药文献检索中心正在积极开展工作；国家科学技术部中医药科学数据中心建设工作正在积极推进；申报“国家中医药管理局国际交流合作基地”；申报成立中华中医药学会中医药图书情报分会；申报成立中国中西医结合信息学专业委员会；与国家知识产权局知识产权出版社共同成立了传统知识保护中心；筹建数字中医药联合研究室。

（3）积极申报国家中医药管理局中医药特色优势重点学科，起草了重点学科试点单位建设方案。（专业图书馆分会）

【中国中医科学院中医药信息研究所项目管理】

（1）目前在研纵向课题32项：其中科技部863项目1项、软科学项目1项、“十一五”支撑计划8项、基础条件平台3项、公益性或基础性工作项目5项；国家中医药管理局项目6项，北京市中医管理局51510项目2项，中国中医科学院院长基金6项。副高职称以上人员21人，人均占有课题量1.5项。结题2项。

（2）建立科研管理数据库：对我所1992年至今的纸质科教文献档案全面系统的整理，从论文论著、学术交流、科研课题、科研奖项、研究生教育、科研人员、科教文件等方面，对所内的数据特点进行了初步的分析，建立了信息所科研管理数据库。

（3）规范自主选题全过程管理：按照国家及院里的文件精神制订了研究所管理办法和申报指南等相关文件；统筹规划、充分论证，遴选项目；成立了研究所自主选题项目专家委员会，为项目评审提供了质量保证；制定了《组织实施计划》、《答辩专家手册》，做好过程管控和服务，财政部、院、所发文等各种文件及时发布，为申请人提供便利；专门开了经费预算会议，让大家详细了解基本科研业务费的开支范围，做到合理预算。（专业图书馆分会）

【中国中医科学院中医药信息研究所成果获奖与论著】

成果申报：申报各级科研成果奖4项，其中中华医学会科技奖1项，中华中医药学会科学技术奖2项，中国中西医结合学会科学技术奖1项。

获奖成果：获2006年度科技成果奖励3项。其中中华医学会科技三等奖1项，中国中医科学院中医药科学技术进步奖二等奖1项，三等奖1项。

在学术期刊上发表第一作者论文87篇，出版学术论著8部。（专业图书馆分会）

党校图书馆委员会

【概况】 2007年，全国党校系统图书馆发展进入一个新的阶段。按照科学发展观的总的要求，为配合党校的教学布局，更好地为党校教学科研和领导决策服务，全国党校图书馆在继续加强基础建设、搞好传统文献信息服务、提高服务质量的同时，重点开展了全国党校图书馆数字资源共建共享工作，从统一认识、计划实施、人员培训、技术标准等方面开展工作，下大力气推进此项工作的进行。1月20日，中央党校图书馆向全国副省级以上党校图书馆、省会城市党校图书馆以及铁道部、新疆生产建设兵团党校图书馆下发《全国党校图书馆数字资源共建共享基本标准与规范（试行）》。4月11日至13日，在中央党校召开15家数字资源共建共享示范馆技术负责人会议，会议对前述《标准与规范》的贯彻、执行作了进一步部署，研究了具体技术问题。5月10日至6月8日，“全国省级党校图书馆馆长研讨班”在中央党校举办，共有来自全国45所副省级以上党校图书馆的46位馆长或副馆长参加。该班业务课的重点是数字图书馆方面的理论和实践问题。馆长们通过学习和讨论达成了共识，要通过共建，在党校系统形成合力，建设具有党校特色的数据库群。7 月 26 日、10 月 8 日至 9 日，作为全国数字图书馆建设与服务联席会议成员单位，中央党校图书馆先后参加了第一、二次联席会议，在会上介绍了全国党校数字资源共建共享情况，与成员单位交流了相关做法与体会，探讨如何共享数字资源建设与服务成果，进一步加强各系统图书馆的紧密联系与合作，更好地推动我国数字图书馆建设。10 月 10 日至 12 日，在北京召开了全国党校文献信息学会常务理事扩大会议，研究拟于 11 月召开的“全国党校文献信息学会成立 20 周年纪念大会暨理论研讨会”诸事宜，评审全国党校系统图书馆 2005－2006 年度优秀科研成果。11 月 24 日至 25 日，“全国党校文献信息学会成立 20 周年纪念大会暨理论研讨会”在中共广东省委党校召开，来自全国省级、副省级党校图书馆以及广东省部分地市党校图书馆的代表共 93 人出席了会议。会议的一个主要议题就是，总结学会成立 20 周年以来的工作经验和不足，并对今后工作进行部署，重点研究了如何发挥学会作用，把全国党校图书馆特别是数字图书馆建设事业推向前进。（秦虹）

【全国省级党校图书馆馆长研讨班在北京举办】 2007 年 5 月 10 日至 6 月 8 日，“全国省级党校图书馆馆长研讨班”在中央党校举办，研讨班由中央党校教务部统一安排，中央党校图书馆承办，中央党校研究生院负责学员管理。这个研讨班是改革开放以来中央党校举办的第三次全国党校系统图书馆馆长研讨班，共有来自全国 45 所副省级以上党校图书馆的 46 位馆长或副馆长参加。该班业务课在安排上注意突出重点，又考虑尽可能全面反映图书馆学和图书馆业务的最新进展。来自公共图书馆、高校图书馆、社科院图书馆、中科院图书馆以及党校图书馆等系统的专家学者担任授课教师，为大家讲授了《图书馆情报与文献学的现状和未来》《数字图书馆建设的现状与发展趋势》《数字时代图书馆的核心能力》《人文社科信息资源建设的现状和发展战略》《信息资源的优化配置、管理与服务》《信息网络、CALIS 与文献资源共享》《数据库建设的技术标准》《图书馆的服务观念和服务方法》《数字图书馆馆长必备素质和基本工作方法》等课程。这些课程内容覆盖面广、时代性强、信息量大，既有前瞻性的专业理论知识，又有具有可操作性的实践经验。结合听课还开展多种形式的讨论。共安排小组讨论 5 次，全班交流 2 次，学习总结 1 次。在学习和研讨的基础上，每个学员都撰写了论文。此外，第一批参加全国党校数字资源共建共享工程特色数据库建设的 15 个示范馆，就数字资源建设过程中的协调机制、知识产权保护、建库平台选择、数据库的党校特色等问题专门组织了交流和研讨。这期研讨班还安排考察了清华同方期刊网的数据加工基地，参观了《情报资料工作》编辑部。作为学员支部活动，组织到平山西柏坡参观，重温入党誓词，接受革命传统教育。馆长们通过学习开阔了视野，促进了观念更新和对党校图书馆如何发展的思考。（秦虹）

【全国党校文献信息学会成立 20 周年纪念大会暨理论研讨会在广东召开】 2007 年 11 月 24 日至 25 日，“全国党校文献信息学会成立 20 周年纪念大会暨理论研讨会”在中共广东省委党校召开会议的主要议题是：（一）总结全国党校文献信息学会成立 20 年以来的工作经验和不足，并对今后工作进行部署；（二）各地方党校分会代表交流工作经验；（三）讨论修改《中国共产党党校图书馆工作规程（修改稿）》；（四）庆祝全国党校文献信息学会成立 20 周年征文优秀论文交流；（五）表彰 2005－2006 年度全国党校系统图书馆优秀科研成果。会议由中共中央党校和全国党校文献信息学会主办，中共广东省委党校承办。中共中央党校副校长王伟光作了题为《在全国党校文献信息学会成立 20 周年纪念大会暨理论研讨会上的讲话》的书面讲话。中共广东省委党校常务副校长郑盛廷出席大会并致欢迎辞，副校长郑楚宣出席会议。中央党校图书馆副馆长朱满良主持大会开幕式，在大会闭幕时作了总结讲话，中央党校图书馆副馆长、全国党校文献信息学会副理事长郝莉代表理事会作了《发挥桥梁和纽带作用，积极推动党校图书馆事业发展——全国党校文献信息学会工作 20 周年回顾与展望》的报告。北京、河北、江苏、浙江、山

东、广东、四川等7家分会的代表在会上进行了经验交流，朱满良等7位同志作了大会论文交流发言。会议代表还就《中国共产党党校图书馆工作规程（修改稿）》进行了认真热烈的讨论。大会对2005—2006年度全国党校系统图书馆优秀科研成果进行了表彰，22家分会的104项科研成果分获一、二、三等奖。来自全国省级、副省级党校图书馆以及广东省部分地市党校图书馆的代表共93人出席了会议。会议取得了圆满成功。（秦虹）

军队院校图书馆委员会

【概况】2007年是我们迎接党的"十七大"和学习贯彻"十七大"精神的重要一年，也是军队院校图书馆建设和发展面临实际问题较多的一年。在总部机关的领导下，以迎接图书馆评估为动力，图书馆委员会和全军院校图书馆适应院校教学科研的信息需求，把加强特色信息资源建设、加强信息资源共享、加强信息和知识服务作为重点，积极开展工作，较好地发挥了作用。2007年工作的基本情况是：

（一）全面推进全军院校数字图书馆工程建设

数字图书馆工程自2001年启动试点建设7年来，取得了丰硕的成果。一是已批准立项建设的重点项目，坚持更新维护，不断充实新的信息，始终保持其新颖性、实用性。二是2007年总部机关批准立项建设的《中国军事图书总库》等项目，按照实施方案和计划遂行建设任务，坚持边建边用，发挥了建设效益。三是完成了全军院校数字图书馆应用技术平台的二期开发取得了任务，具备了网上信息统一检索等多项功能，并按照总部机关的指示，已将该系统送全军计算机软件中心进行技术测试。四是各院校图书馆从各自的实际情况出发，突出本院校学科专业特色，加强原生信息资源的数字化建设和整合，基本形成了具有本院校特别是重点学科特色、动态发展的数字信息资源体系，在图书馆评估中作为重点项目经受了检验，获得了好评。五是图书馆委员会和各院校图书馆重视加强信息资源共建共享，在总部机关的支持下，公共信息资源实行统一订购、全军院校共享；社会科学和自然科学外文期刊的订购和共享仍由国防大学图书馆和理工大学工程兵工程学院图书馆负责，受到了普遍的欢迎。

（二）以党的"十七大"精神为指导，以笔会的形式召开了贯彻落实科学发展观学术研讨会

根据图书馆委员会第19次会议的决议，今年上半年图书馆委员会办公室发出召开全军院校图书馆贯彻落实科学发展观研讨会的征文通知后，得到了全军院校图书馆的积极响应，截至9月底，共收到论文165篇。经聘请陈云昌等10位专家，按照统一的标准评审，评出等级奖优秀论文123篇其中一等奖17篇、二等奖40篇、三等奖66篇。这次会议原计划在烟台海军航空工程学院召开，后来由于情况变化，改为笔会的形式进行，将优秀论文汇编成册，由国防大学出版社出版，已发行到全军院校图书馆。

（三）为纪念《条例》颁布和图书馆委员会成立20周年进行了部分准备工作

2007年12月，是《中国人民解放军院校图书馆工作条例》颁布和图书馆委员会成立20周年。图书馆委员会和各图书馆积极进行了部分筹备工作。一是组织《军队院校图书馆辉煌20年》一书的征稿工作，到2007年底大部分图书馆都按照要求提交了稿件、照片和图片，为该书的编撰提供了基础素材。二是按照中国图书馆学会的要求，组织做好全军院校图书馆20年先进单位、先进工作者、优秀青年工作者的推荐、评选工作，各地区专业组已向图书馆委员会办公室推荐了参评人员名单，图书馆委员会成员将以通信方式进行评选推荐。

（四）贯彻落实《院校图书馆评估实施办法》，协助总部机关搞好院校图书馆的评估

2007年总部机关结合院校教学评价，对11家院校图书馆进行了评估，图书馆委员会积极协助，有5名图书馆馆长参加了总部机关组织的《院校图书馆评估实施办法》的修订工作，派出3名专家和院校教学工作评价专家组一起参加了对11家院校图书馆进行了专项评估。

（五）完成图书馆业务管理系统的分头开发、合成和文档整理，即将提交全军计算机软件中心进行技术测试

《军队院校图书馆网络系统3.0》（简称MILNETS3.0），在2006年分头开发的基础

上，2007 年上半年进行了系统合成，6 月份组织 12 名专家对该系统进行了全面的技术测试，后安装到部分图书馆试运行，针对发现的问题，又作了认真修改完善，并进行了大量的文档准备工作，该系统即将提交全军计算机软件中心进行技术测试。

（六）重视加强图书馆人员培训，提高了专业技术队伍素质

针对目前图书馆队伍建设方面存在的问题，总部机关充分发挥南京政治学院上海分院军事信息管理系人才培训基地的作用，多方面加强了人员培训。总部机关和全军院校图书馆加大了文职人员的培训力度，除各图书馆组织培训外，由军事信息管理系承办，2007 年上半年、下半年各举办了一期文职人员培训班，培训文职人员 120 名。

（七）完成了《全军院校军事信息素质教育系列教材》初稿的编写任务

在 2006 年研究论证的基础上，按照分工，到 2007 年 10 月底军事信息素质教育系列教材初稿分头撰写工作基本完成，11 月由图书馆委员会办公室在国防科技大学组织了汇稿。本套系列教材总书名为《全军院校军事信息素质教育系列教材》，包括 5 个分册。这套教材将组织专家审稿后报总部机关审定出版发行。

（八）进行了全军院校图书馆基本情况的调查、统计和分析，为领导机关决策提供依据

今年初，图书馆委员会办公室向全军院校图书馆发出了《图书馆建设和工作情况统计表》，对图书馆馆舍建设、馆藏建设、数字化建设、设备设施建设、人员队伍建设、服务工作、学术研究情况等 90 多个项目进行了调查，到暑假前已收回 67 所院校 87 个图书馆的基本情况统计表，经汇总统计和分析，掌握了到 2006 年年底前全军院校图书馆建设的基本情况，为总部机关图书馆建设方面的决策提供了依据。

（九）各地区、各系统积极开展协作活动

各地区专业组采取多种形式组织协作活动，结合本地区的实际情况，以实现信息资源共享为重点，积极开展地区图书馆协作和经验交流，特别是进行了跨地区的协作交流。长春地区、长沙地区图书情报协作组 2007 年工作会议于 7 月份在长春召开两地区的 18 个图书馆的馆长参加了会议。西安地区图书情报专业组“军队院校数字图书馆建设学术研讨暨经验交流会”于 2007 年 10 月在西安召开，30 余位新、老馆长参加了会议。石家庄协作区文职人员队伍建设研讨会于 7 月份召开，各成员馆馆长、副馆长、部门主任及全体文职人员共 38 人参加了会议。长春地区专业组学术研讨会 11 月份在北京召开，军队及武警院校 13 名图书馆馆长参加，会后参观了部分驻京军队院校图书馆。7 所中级指挥院校图书馆馆长在石家庄聚会，就中级指挥院校图书馆文献信息共建共享及联合保障等问题进行了深入的探讨，确定了文献信息联合保障的运行机制，明确了军事文献的联合采购、馆际互借、图书书目及学位论文等资源共享的实施办法，向文献信息保障的学科化、专业化迈出了新的步伐。

（十）积极参加军队、地方学会的学术技术交流

积极参加中国图书馆学会、中国国防科技信息学会、中国社科信息学会及其在各地、各专业委员会组织的学术技术研讨、交流活动，拓宽了协作交流的渠道。军队院校图书馆系统 16 名代表在合肥参加了中国国防科技信息学会第 9 届学术年会，5 名代表参加了在兰州召开的中国图书馆学会 2007 年学术年会，6 名代表参加了在成都召开的中国社科信息学会学术研讨会。按照中国国防科技信息学会关于评选、表彰“十五”优秀国防科技信息成果的指示精神，军队院校图书馆系统各会员单位共有 15 个项目获奖。其中一等奖 1 项、二等奖 2 项、三等奖 5 项、优秀奖 7 项。图书馆委员会办公室组织军队院校图书馆系统 23 名代表参加了中国国防科技信息学会第 4 届会员代表大会，有 23 名团体会员代表当选为中国国防科技信息学会理事、4 位同志当选为常务理事、王瑞清同志当选为副理事长。信息工程大学图书馆不断开拓创新，加强与驻地高校的协作，充分利用地方高校的信息资源优势，促进了资源融合、互补、共享的和谐发展。此外，军队院校图书馆委员会办公室还做了大量的对上、对下联络和接待工作，帮助各地区专业组、各院校图书馆解决一些实际问题，编辑发行《协作简报》12 期，发布信息 49 条。（王健　刘家坤）

【成功举办两期全军院校图书馆文职人员培训班】 第一、二期“军队院校图书馆文职人员培训班”分别于2007年5月28日至6月29日、11月1日至12月14日在南京政治学院上海分院军事信息管理系举办。第一期来自全军51所院校图书馆的58名、第二期来自全军53所院校图书馆的65名文职人员参加了培训。在总部机关的直接领导下，承办单位严密组织，授课教员认真施教，参训人员刻苦学习，圆满地完成了预定培训任务，两期培训班都取得了良好的培训效果。（林平忠　周军）

【国防科技大学图书馆开馆】 国防科技大学图书馆新馆于2007年5月1日正式开馆，建筑面积14 715平方米。设计藏书、刊150万册，缩微平片90万件，设有7个藏、借、阅、查一体化的大型阅览室、1个电子阅览室，1个密集书库，共有阅览座位1200多个。至此，国防科技大学图书馆现有的3座馆舍，建筑总面积达33 515平方米，阅览座位3670个，每周开放时间90小时以上，并提供每天24小时的数字文献信息服务。国防科技大学图书馆现有馆藏文献资料总量290多万册（件），其中印刷型图书总量200余万册，缩微平片90万件。中外文印刷型期刊2900多种，其中外文原版期刊350余种。（刘春林）

【炮兵学院南京分院图书馆开馆】 炮兵学院南京分院图书馆新建于2007年3月，总体建筑面积14 980平方米。馆舍位于学院教学区域的中心位置。

新馆的建筑设计体现了现代图书馆要求的新颖活泼、朴素大方、自由舒展的文化内涵，建筑风格与学院的整体建筑风格基本一致，与周围环境也十分协调，可以说是一幢代表学院风格的标志性建筑。

学院新馆为五层建筑，共设阅览座位1602个。

新馆的布局以大开间开放式结构为主，与老馆相比各项基础设备、设施有了很大的提高，照明、通风、消防、安全等设施齐全；馆舍布局舒适优雅，功能区分合理，体现了浓郁的人文关怀和文化品位。新馆的建设极大地改善了读者的阅览条件，能够满足目前学院的教学、科研需要。（丁立平）

【军事交通学院图书馆开馆】 军事交通学院图书馆前身为解放军运输技术学校图书馆，1986年改为运输工程学院图书馆，1999年随着军队院校体制编制的调整更名为军事交通学院图书馆。现馆舍分为两部分，一部分是于1982年建成并投入使用的老馆舍，另一部分是2007年3月扩建后的新馆舍。

图书馆位于校园的中心位置，图书馆建筑总面积6810平方米，书库总面积1200平方米，设计藏书容量60万册，阅览室面积3180平方米，阅览室座位1010个。（姚海法）

【军械工程学院图书馆开馆】 军械工程学院图书馆完成馆舍改扩建工程于2007年9月10日竣工并投入使用。军械工程学院图书馆始建于1982年，原建筑面积为4970平方米，设有1个书库和4个阅览室。由于学院教学任务不断增加，读者对图书馆的需求日益加大，2006年学院对图书馆实施了改建、扩建。改扩建后的图书馆，不仅在外观上新馆与旧馆融为一体，而且在功能上更加符合现代图书馆发展的需要，实现了图书分类藏阅、藏阅一体。改扩建后的图书馆，建筑面积达到11 208平方米，设立了自然科学阅览室、社会科学阅览室、重点学科阅览室、报刊阅览室、电子阅览室、声像阅览室等9个阅览室和1个流通书库，阅览座位数达到1500个。（孙德强）

【第二炮兵工程学院图书馆开馆】 第二炮兵工程学院图书馆始建立于1959年9月，由于当时国家处于经济困难时期，图书馆没有独立馆舍。党的十一届三中全会以后，随着学院本科教学的恢复，为适应教学科研的需要，1979年第二炮兵拨专款建设图书馆，并于1983年启用，馆舍面积4200平方米，阅览座位320个。

按照学院在军内“创一流、创重点、创名校”的发展目标，2003年下半年，学院多方筹措资金开始建设新的图书馆，并于2006年5月面积20 000平方米的独立馆舍启用。新图书馆地下一层，地上十层，布局合理，设有阅览座位2400

个。图书馆大楼的设计充分体现出了“第二炮兵”的特色，中间是导弹型的观光电梯，两侧的弧形像是打开的发射架，同时也象征老师张开双臂迎接学生的到来。新馆舍适应“藏、借、阅”一体化的布局，设有基础科学图书借阅室、工业技术图书借阅室、社会科学图书借阅室、基藏图书阅览室、特色阅览室、自然科学期刊阅览室、社会科学期刊阅览室共 7 个书刊阅览室。2007 年新馆内建成 278 个机位的电子阅览室，为读者提供国际互联网信息服务，可查阅海量互联网信息和图书馆数字化文献信息资源。新馆舍既为读者创造了舒适高雅的阅览环境，又能满足网络信息检索的需要，能提供各类载体包括虚拟馆藏多种形式的信息服务。（徐军）

【武警学院图书馆开馆】 中国人民武装警察部队学院图书馆（简称武警学院图书馆）位于河北省廊坊市，2007 年 9 月新馆建成并投入使用，新馆建设按照现代图书馆藏、借、阅、查、研一体化的管理模式，体现了网络化、智能化、个性化服务的理念，凸显了边防、消防、警卫、国际民事维和及部队管理等专业特色，建筑采用模数式设计，环境优美，设施完备，总面积10 875.75 平方米，设有 10 个阅览区，总阅览座位 1514 席，微机 440 台。（吴景贵　刘媛）

【南京陆军指挥学院建立文献信息大馆藏体系】 《中国人民解放军院校图书馆条例》指出：“院校的院、系、所、室建立的资料室是院校文献信息工作的组成部分，在业务工作和资源配置上应当接受图书馆的指导和协调，向全院开放。”从全院文献信息工作的全局出发，重新认识图书馆和各资料室在教学和科研文献信息保障中的地位和作用，确立适应学院总体建设和学科发展的图书馆与资料室的协作、互补、共享的文献信息建设和保障机制，充分发挥学科专业资料室在文献信息建设中的服务保障作用，是文献资源建设中不可或缺的重要组成部分。近年来，南京陆军指挥学院图书馆在文献信息建设资源整合、建立保障体制等方面都做了一些积极的工作。

一、初步实现了文献信息建设的资源整合

为提高南京陆军指挥学院文献信息保障和服务能力，发挥图书馆和学科专业资料室文献信息资源的整体效应，为教学、科研提供高效、优质的知识支撑，2003 年 6 月，该院图书馆启动了学科专业资料室和院图书馆的资源整合、统一管理、协调发展的建设步伐。

一是做好资源整合的物质基础准备。从 2003 年起，结合学院信息化基础设施建设，给各学科专业资料室开通了校园网和长城网接口，分别连接军事训练网和因特网；给资料室配备计算机，用于文献信息资源的组织、管理和检索。同时，由各系安排专人对资料室图书资料进行整理、登记，为图书馆集中力量进行统一编目奠定了基础。

二是对资料室图书进行统一编目和加工。2003 年 10 月开始，由图书馆派人对学科专业资料室进行了统一编目和加工。之后又于 2004 年、2005 年、2006 年分别对各学科专业资料室新补充的图书进行了编目和加工，建立了完整的全院图书目录数据库。

三是实现图书馆和学科专业资料室目录整合与共享。在第一次资料室回溯编目建库的同时，图书馆就给各资料室电脑上安装了 NM2000 检索系统，通过该系统可以实现全院馆藏图书目录的检索与查询；同时，对图书馆网站功能进行了完善，通过网站也可以进行馆藏全部图书资料的查询检索。这样，读者可以通过图书馆网站和 NM2000 检索系统都可以实现查询、检索图书馆及资料室典藏的全部图书资料。

四是编目问题及典藏位置的处理。技术上采取了资料室图书编目规范和要求按照图书馆工作规范和中文 MARC 著录规范要求实施。在对资料室图书编目时，不单独给资料确定各自的分类排架标准，分类号与种次号取舍与图书馆计算机管理系统中央数据库保持一致。排架问题采取图书馆排架方式与资料室习惯相结合的办法，既保证了各资料室的管理和使用习惯，又能按分类把相近的资料相对集中。对于各资料室图书数据在计算机系统中的区分问题，该馆利用 NM2000 流通系统的典藏功能，给各资料室分配一个典藏位置，设置相应的典藏属性，把其所属的图书典藏在相应的典藏位置上。读者在检索、借阅时，可以通过典藏位置和借阅属性来区分该书的位置和借阅状态。

二、确立文献信息资源建设协作、互补、共享的保障机制

图书馆和学科专业资料室在文献信息资源建设中由于建设单位、经费来源、服务对象等方面不具统一性，因此，较易形成小而全、各自为政的建设局面，不但造成资源重复建设，浪费人力、物力和财力，还影响各自学科特色文献信息体系的形成。要克服这种局限必须要形成文献信息资源建设和提供服务保障的协作、互补、共享的长效机制。该院在图书馆与学科专业资料室文献信息资源建设、管理和服务方面取得了行之有效的方式。

一是建设全院大馆藏体系。将各资料室所藏图书资料纳入图书馆馆藏，实行计算机标准化、规范化组织管理，建立完整的机读目录，形成学院书目数据中心。各资料室结合自身学科专业特点，作为图书馆的学科资料室或学科分中心进行开展工作。

二是文献信息资源建设各有侧重。图书馆文献信息资源建设从学院发展和学科建设的整体层面出发，进行综合规划，以满足教学和科研共性信息需求的保障。学科专业资料室服从学科专业发展和重点建设需求，对本学科领域的文献信息进行重点建设，重点保障学科专业特色信息服务。

三是统一文献信息资源管理和服务标准。学科专业资料室应按照图书馆文献信息组织管理和服务的标准实行计算机标准化和规范化组织管理。由图书馆向各资料室提供软件技术支持、管理人员培训和业务指导以及共享文献书目信息和采访信息，相互协调，共同发展。

四是文献信息资源面向全院开放。图书馆和学科专业资料室都要想方设法创造条件，向读者开放，提供外借、阅览、咨询等信息服务，提高馆藏文献信息的利用率。由图书馆制作统一借书证，逐步实现读者凭证到图书馆、学科专业资料室查阅、外借、咨询等信息活动。（王兆勇　王自华）

【信息工程大学图书馆与地方高校建立“区域性大图书馆”】 信息工程大学图书馆以教学工作评价为契机，不断开拓创新，加速图书馆建设进程。

一、适应需求，转变观念，积极开展馆际交流与合作

为充分利用各高校丰富的文献信息资源，不断提高图书馆服务保障能力，信息工程大学图书馆经过多方努力，分别与郑州大学、河南工业大学、中原工学院、华北水利水电学院等10所地方高校图书馆正式签订了《军地图书馆馆际协作资源共享协议书》，加强学术与技术交流，开展文献资源联合采购、馆际互借与文献传递等方面的工作，提供以工程技术为主要内容的专业信息，加强工作人员的交流与培训，在确保军事秘密的前提下有限开放电子资源，为我校读者提供了一个拥有1500万余册图书、5000种期刊及大量数字资源的“大图书馆”，促进知识传播，推进图书馆发展，提升了整体保障实力。仅在外文期刊的复制合作方面，就为该校图书馆节约经费20多万元。被军队院校图书馆委员会视为“军地高校图书馆信息资源共享示范单位”；并被中国军网、《中国教育报》《中国财经报》《北京日报》《河南科技日报》《河南日报》等近40家新闻媒体进行了宣传报道。

二、更新服务理念，主动开展科技查新代理服务

为进一步提升图书馆服务层次，充分发挥高校图书馆的情报职能和科技信息咨询服务优势，信息工程大学图书馆与郑州大学协商设立“科技查新代理工作站”，制定了工作流程、委托须知、代理查新委托书、用户反馈意见表等业务规程，开通了查新服务网站，提高查新工作效率和规范度。派专人全面了解查新业务流程，做到从项目受理、策略制定、课题检索均能与委托人及时沟通，协助委托人办理查新手续，并认真听取对查新代理服务的意见与建议。依托郑州大学图书馆丰富的文献资源、专业的人力资源与先进的设备资源优势，在科研立项、成果评审、申报奖励、研究生论文开题和专利申请等方面联合开展科技查新代理服务，不断强化服务保障能力，为广大教职员工提供优质的信息咨询服务。

信息工程大学图书馆主动把握时代发展脉搏，紧抓与地方高校合作的机遇期，以科学发展观为指导，积极探索，求真务实，全面推进图书馆建设向纵深发展，更好地发挥图书馆文献信息中心的作用。（耿卫）

【海军院校数字图书馆建设成果丰硕】 “海军院校数字图书馆”是“全军院校数字图书馆”的子系统之一，是海军远程教育的信息基础工程。该项目于2005年3月经总部正式立项启动，由海军指挥学院图书馆牵头，协调海军各院校图书馆承建。

“海军院校数字图书馆”实现了网络平台上与军训网接轨，软件平台上与MDLS接轨，标准平台上与军事资料分类法接轨。系统以MDLS为后台开发，以aspx开发的动态管理页面作为客户端，使用方便，可移植性好。系统提供联合检索及独立检索功能，检索方式多样，不仅能够实现跨库、跨字段检索，也能够按读者需求在某一特定资源库内进行特定字段检索，读者能够快捷的查找某一篇或某一类文献。

“海军院校数字图书馆”信息资源体系共分为：海军相关信息、海军历史、海军作战指挥、海军教育训练、海军装备技术、海军政治工作、海军后勤、海军对台问题研究八个一级类目，67个二级类目。

目前本系统数据已达八万余篇文章，资源包括海军相关院校的部分教材、学位论文、院校期刊、军事图书、视频报告厅和专题资源库等，并可进行多渠道的检索使用。其中：

（1）院校教材：已收录海军各院校教材一千六百余篇，并提供书名、作者、主题词、海军数字图书馆分类和全文等9种检索途径；

（2）学位论文：已收录海军各院校学位论文近两千篇，考虑到资源安全保密问题，在军训网提供学位论文的文摘部分，在保密网提供学位论文的全文浏览。同时，提供了题名、作者、专业名称、导师、中文关键词和海军数字图书馆分类等16种检索途径；

（3）专题资源：分别建立了16个专题数据库，数据达两万七千余篇，分别为：海军航空文献数据库2214篇、海军作战指挥文献库5855篇、三代领导人论台湾问题170篇、兵器工程文献数据库1156篇、地理地图信息350篇、海军后勤保障数据库5248篇、海洋学数据库2931篇、舰船与海洋工程文献数据库1069篇、海军基础政治工作2874篇、对台问题研究综合数据库765篇、潜艇作战训练数据库1060篇、动力工程文献数据库1004篇、舰船电子战数据库333篇、海军航空兵飞行与指挥文献信息数据库904篇、航空武器装备数据库1079篇、中外登陆作战战例库数据库126篇。读者登陆各数据库，可根据其提供的多种检索途径分别进行检索。

（4）院校期刊：收录了海军各院校19种期刊，近三万篇数据。读者可根据需要对各期刊进行多种检索途径的检索使用。

（5）视频报告厅：从海军院校师生学习、研究的实际需求出发，整合了国内外、军内外有关专业单位制作的大量学术报告和专题资料片。视频报告厅总数据量为1.2TB，数据条数5814条，视频节目9600多部集；具备节目片名、演员、地区、时间等项目的检索功能，读者发布求片信息和评论、管理员与读者及读者之间发布短信等交互功能，浏览本人观看历史的个性化记录功能等。视频报告厅栏目分为：军事视频，人文历史，科学探索，经济管理，时事观察，人物系列，法律视点，地理风光，综合素质等九个一级类目。为突出军事特色和海军特色，军事视频占数据库一半以上，并在军事视频类下设立海军视频、军力军情、军事历史、军事人物、科技装备、军事研究、战争影片、军事剧集等八个二级类目。

（6）军事图书：目前包含各类军事书籍达一万八千余册。主要收录有关军事、政治、法律、经济、空军、航空、航天方面的中外文图书、会议文献、内部报告等类型的专业文献。其中军事类书籍细分为：军事理论，世界军事，中国军事，各国军事，战略学、战役学、战术学，军事技术和军事地形学、军事地理学7个大类，共12 930册。

在总参、海军军训部门领导和指导下，在海军各院校图书馆的通力协作下，经过三年多的建设，已取得了一定成果。未来将在对数据资源进行补充维护的同时，继续进行其他文献信息资源的整合。（王法权　王丽文）

【全军陆军学院文献资源联合建设成效显著】 “全军陆军学院文献资源联合建设服务系统”的建设，是根据总参军训和兵种部关于加强军队院校教育信息化建设和信息资源数字化建设的指示精神，为适应全军陆军学院教育训练的特点和日益增长的信息需求，以全军军事训练信息网和各陆军学院园区网为依托，采用现代信息技术，以石家庄机械化步兵学院图书馆联合西安、昆

明、南昌和乌鲁木齐各陆军学院图书馆为实施主体，以军队院校已经建设的数字化信息资源和军队院校数字图书馆技术平台为资源和技术的支撑条件，建立的具有鲜明陆军学院特色、联合共享的数字化信息资源体系和信息服务体系。

一、项目建设的简要过程

该项目于 2006 年 6 月开始进行调研论证，起草立项报告；10 月通过了总部组织的专家组论证，正式立项建设；2007 年 5 月基本完成了系统网站的开发、后台数据库结构的建立和部分特色资源的数字化加工、标引、入库；6 月在装备指挥技术学院进行了设备安装、系统调试、系统资源镜像和系统的使用管理培训，并配发各陆军学院图书馆试运行。

二、项目的主要建设成果

该项目目前数据量已达约 2000GB，并通过卫星实时接收数据、自建加工特色资源不定期上传数据和引进相关资源定期更新数据，不断增加系统信息资源数据量。

系统信息资源内容主要包括：军政时事信息资源、学科特色信息资源、军事公共信息资源和本馆数字化信息资源等。

1. 军政时事信息资源。主要包括：新华社军事信息、军事新观察、台湾政情军情和时事大视野。为读者提供最新的国内外军事、政治时事动态和评论，开阔视野，为教学提供最新的素材。

2. 学科特色信息资源。学科特色信息资源是联合服务系统数字化信息资源的核心，其内容分类框架是依据《军事信息资源分类法》的分类原则，结合陆军学院信息资源的内容和特点，既涵盖了初级指挥院校教学、科研和学员任职能力、素质培养所需的专业内容，又兼收了其他学科的相关内容，共分九个大类。分类导航按照“军事信息资源分类”和“陆军院校文献资源分类”两种方式，既体现军事信息资源的分类标准，又突出了系统资源的特色。

3. 军事公共信息资源。军事公共信息资源是对学科特色信息资源的重要补充，主要包括：数字化军事图书总库、数字化军事期刊总库、军事港台外文期刊和全军院校图书馆馆藏书目总库及其他数字化资源等，为读者提供较为全面和系统的军事信息资源服务。

4. 本馆数字化信息资源。包括自行购买或自建的公共电子图书、期刊和专题数据库等。

系统建设的特点主要表现在以下几个方面：1. 系统资源实现了全军各陆军学院的共建共享，来源广泛，针对性强，能够满足陆军初级指挥对专业及相关资源的需求。2. 系统资源建设采用全军统一的管理平台和先进的技术，内容分类、标引标准规范，便于管理和可持续发展。3. 系统提供了多种分类导航、字段检索和跨库检索，可多渠道、全方位地检索读者所需资源。4. 系统数据更新及时，时效性强，有通过卫星接收的实时数据、定期更新的公共数据和随时加工的特色资源数据，保证读者对资源的实时有效利用。5. 系统提供了适应性强、个性化服务明显和功能先进的资源在线阅读工具。6. 对于没有网络环境的读者或基层单位，可根据用户的需求，自行定制资源内容，通过系统光盘发布功能，将系统及资源发布到光盘上，在单机上运行，其所能达到效果与网络用户基本相同，从而满足部队基层对信息资源的需求。

三、项目的主要功能

1. 资源加工功能

采用军队院校数字图书馆技术应用系统中的数据加工系统完成印刷型文献的数字化加工处理，原有数字化信息资源的转换、导入，原生数字资源的网络获取，外部网络资源的采集、整理及网络资源的虚拟链接等，实现特色数字资源的生成格式的规范和统一。

2. 资源管理功能

采用军队院校数字图书馆技术应用系统中的数据标引、数据管理、文档管理等系统，完成数字资源元数据标引，数字资源分类，数字对象关联、文档管理、书目数据集成；实现不同数据格式的转换，实现已有特色资源和重要引进资源的格式转换。

3. 信息服务功能

具有信息发布管理功能；实现，实现全系统异构数据的联合检索；开发个性信息定制、信息推送服务、虚拟参考咨询等服务功能。（王凯）

医院图书馆委员会

【概况】 2007 年度，在中国图书馆学会的关心指导下，在各地分会及委员馆和广大医院图书馆工作者的积极工作和努力配合下，中国医院图书馆委员会依据中国图书馆学会章程，坚持独立自主、民主办会的宗旨，着眼提高医学行业服务水平和能力、拓展学会服务领域和范围、增强学会的向心力和凝聚力，按照既定工作计划，始终遵循“献身、创新、求实、协作”的中国医院图书馆委员会精神，圆满完成了年度各项任务。学会的凝聚力、影响力不断提升；学会学术科研能力建设不断加强；扎实开展评选表彰活动，为学会工作注入生机和活力；努力改进和提高《学会通讯》期刊质量，从加强编辑人员素质方面进行努力，取得初步效果；着力加强学会信息化建设，筹划和设计“中国图书馆学会医院图书馆委员会网站”；认真落实 2007 年度继续教育培训计划和组织会员费的交纳工作。（**张文静　张文举**）

【第 15 届学术研讨会暨 2007 年年会会议纪实】 中国图书馆学会医院图书馆委员会于 2007 年 9 月 3 日至 6 日在青海省西宁市远东大酒店召开了“中国图书馆学会医院图书馆委员会第 15 届学术研讨会暨 07 年年会”。来自全国各地 20 多个省、市、自治区卫生系统的图书馆、卫生行政部门的图书馆管理人员，专门从事医院科研教学工作的专家学者以及奋斗在医院图书馆第一线的代表，共计 130 余人参加了会议。

中国图书馆学会医院图书馆委员会主任委员、解放军医学图书馆湛佑祥馆长代表常委会，向大会作 2007 年度工作报告。

会议通报了过去一年来学会的工作成绩及其开展学术交流及财务开支等情况。

会议充分总结了学会的主要工作经验与启示。一是充分发挥常委的职能作用，是开展好学会工作的根本保证。一要充分发挥常委在委员中的表率作用，认真组织宣传学会工作；二要积极拓宽学会资金来源渠道，为开展国内外考察和学术研讨活动奠定良好基础；三要加强联系，密切沟通，团结协作，定期向委员单位通报参加学会活动的情况，定期或不定期了解委员关心的热点和难点问题，收集信息，及时反映委员的愿望和呼声，更好地为委员服务；四要认真总结开展工作情况或经验，并及时以书面或邮件形式报送学会秘书处。二是以学会为依托，积极推进医院图书馆资源信息化共享进程，从根本上提升学会地位。在建设医院图书馆资源信息化共享过程中应坚持以学会为主导、以医院图书馆为主体、有关企业与社会各界主动参与，充分利用与整合现有的馆藏和信息资源，共同促进医院图书馆资源信息化共享的发展进程，从根本上改变各地医院图书馆分散、各自封闭、横向沟通协作不够、重复购置信息资源、信息发展不平衡问题等现状。三是加强宣传力度，切实扩大学会影响力。充分利用信件、电子邮件、电话、网络等各种宣传媒介，加大学会宣传力度，是解决学会生存和发展的出路之一。

会议根据当前和今后的需要，提出了下一年度主要工作设想。一是加强领导和协调，不断完善学会组织机构；二是搞好明年的换届选举工作；三是加大资金投入力度，完善学会信息化建设；四是加强人才培养和投入，为学会建设提供智力支撑；五是努力争取各方支持和援助，建立健全社会化办会机制；六是不断强化长效激励机制，努力提高学会建设的整体生机和活力。

会议对 2007 年度学会先进集体和先进个人进行了表彰。会议还就学会明年换届改选的事宜进行了沟通和通报。

会议共收到论文 65 篇，其中 8 篇被评为大会交流发言论文。中国图书馆学会医院图书馆委员会主任委员、解放军医学图书馆湛佑祥馆长和中国图书馆学会医院图书馆委员会秘书长、解放军医学图书馆张文举主任分别做了“医学图书馆资源建设”和“医学知识组织”专题报告，受到与会者的热烈欢迎。（**张文静　张文举**）

【不断发展壮大的解放军医学图书馆】 解放军医学图书馆位于北京市海淀区西四环中路西

侧，该馆原有馆舍面积12 980平方米，2006年7月21日正式动工扩建7295平方米，于2007年12月正式竣工两座大楼。目前共拥有馆舍面积20 275平方米，分A、B、C三栋连体大楼，A楼为书库及读者阅览室，B、C楼分别为机关和部门办公室，扩建后，办公环境和读者阅览环境有了极大改观。

解放军医学图书馆于1990年由军事医学科学院图书馆和解放军第301总医院图书馆合并扩建而成，是目前全军规模最大的图书馆，是我国最大的生物医学图书馆之一，是国家级生物医学图书馆中心馆组的重要成员。现隶属于军事医学科学院。邓小平同志为该馆题写了馆名。该馆拥有丰富的生物医学馆藏文献信息资源。现有馆藏一百万册，每年订购外文期刊3400余种（其中印本刊1200余种，电子期刊2200余种），中文期刊3800余种（其中印本刊1500余种，电子期刊2300余种），中文图书3300余种，外文图书500种，零次文献3000册，文献数据库40余种。

该馆设有资源建设部、读者服务部、信息服务部、网络管理中心、数据库研究与开发部、编辑部、培训与文印部7个业务部室。现有工作人员129名，其中高级职称21人，中级职称31人，形成了由图书馆学、情报学、医学和计算机网络等学科专业组成、具有较高素质的人才队伍。该馆现承担多项军内外科研项目的研究任务，现有医学图书情报学专业硕士研究生导师6名。（张文静　张文举）

【扎实开展评选表彰活动 为学会工作注入生机和活力】 2007年2月，学会领导经过缜密考虑和研究，在全国范围内展开了评选表彰学会先进集体和先进个人的活动，评选中坚持民主、公正、公开原则，实现评选工作的数据化、程序化、科学化，评选结果真实地反映学会工作状态和情况。活动经历以下七个阶段：

1. 学会秘书处于2月12日，下发《关于征求〈中国图书馆学会医院图书馆委员会2007年评选先进集体和个人〉意见的通知》，广泛征求各地常委对评选表彰活动的意见和建议。

2. 在收集、整理常委意见和建议的基础上，4月23日下发了《关于征求〈中国图书馆学会医院图书馆委员会先进集体和先进个人评选表彰办法〉（征求意见稿）修改意见的通知》。

3. 根据各位常委反馈的修改意见进行了汇总，5月25日正式制订并下发了《中国图书馆学会医院图书馆委员会先进集体和先进个人评选表彰办法》（试行）。

4. 各地常委通过组织会议研究讨论，按照评选条件和程序，进行审核，然后上报评选结果名单。

5. 7月24日，学会秘书处将评选名单下发各地常委进行初步筛选。

6. 8月10日，学会领导根据反馈的评选结果进行审核后，初步确定广东、北京、山东、浙江4个先进分会，12个先进医院图书馆，46名先进个人。

7. 9月3日，常委会全部审议通过。常委们一致认为本次表彰评选活动达到了推动学会工作、活跃学会氛围、激励工作热情的目的，评选结果为大家所认可。（张文静　张文举）

工会图书馆委员会

【概况】 工会图书馆，包括全国各级工会组织、基层企事业工会以及省（区、市）总工会所属工会院校所有的图书馆、图书室和读书站。

2007年，工会图书馆以服务科学发展、服务职工群众为宗旨，在为职工群众提供便利阅读条件、丰富业余文化生活以及提高素质方面作出了新的贡献。

截至2007年9月底，馆藏图书1万册以上的工会图书馆（室、站）有29 153个。其中，基层企业事业工会图书馆（室、站）14 769个，县及县级以上工会包括工业园区工会图书馆（室、站）14 384个。（工会图书馆委员会）

【促进阅读活动】 近年来，因为各种原因，工会图书馆数量发生了很大变化。以上海为例，上世纪80年代初期基层工会图书馆的总量近10 000个，目前不到2000个。为此，各级工会以及工会图书馆积极应对，改变工作方式，开展了各种形式的职工读书学习活动。大连市总工会制作100个流动书柜，购买和募集2万余册图书，送到20个农民工相对集中的单位，大连中交一航局三公司在基层160余个班组建立了图书角。福建通过征集读书名言、读书心得、读书征文，增加农民工的读书时间，提高农民工的读书兴趣；通过读书竞赛、读书报告、专家评书等活动，提高农民工的读书质量，提升农民工的读书品味；通过开办读书沙龙、兴趣小组，营造农民工团队学习氛围，拓宽农民工的读书空间。省总工会与省建设厅联合在建筑工地设立职工读书站、读书角，通过小型、分散、多样的读书形式，鼓励更多人读书，读更多的好书。（工会图书馆委员会）

【确立全国职工书屋建设目标】 全国总工会今后五年建设职工书屋的目标：自2008年开始，全总每年投入2000万元建1000个书屋示范点，连续三年共投入6000万元专项资金在全国各地建设3000个职工书屋示范点，各地工会同时按合适的比例筹集配套资金用于这些示范点的建设，并且以这些示范点的建设推动职工书屋在全国更大范围开花，力争用5年左右的时间，在全国目前尚缺乏读书条件的基层企事业单位、社区等开办5万个职工书屋，逐步形成阅读条件比较完备、广泛覆盖职工群众的工会读书设施网络。（工会图书馆委员会）

【各地工会组织职工书屋建设】 2007年，北京市兴建300个“职工书屋”，未来的三年内，北京市将建1000个“职工书屋”。四川省将每年划拨90万元专项经费，力争用五年时间建设2250个“职工书屋”。江苏省计划用五年时间建设2500个职工书屋。职工书屋在江苏也称职工读书站，省总工会要求“全省有条件的乡镇、街道以及农民工人数相对集中的开发区、工业园区，都要普遍建立农民工读书站”。福建省明确未来五年建设1880个省级职工书屋，逐步健全和规范图书管理、图书借阅、图书更新等制度。各市总工会也都制定了本地目标。泉州市近三年内将投入一百万元，用于建立市内百家企业职工书屋流动书库、建设数字图书馆城域网和大信息平台、奖励优秀读书团队、学习型班组和读书活动中贡献突出的工会主席。（工会图书馆委员会）

地方图书馆学会

天津市

【天津市图书馆学会第六次会员代表大会隆重召开】 2007年1月22日在天津市红楼大酒店召开了天津市图书馆学会第六次会员代表大会。来自全市公共、高校、科研三大系统的图书馆工作者共计167名代表出席了大会。中国图书馆学会副理事长、国家图书馆副馆长陈力、中国图书馆学会秘书长汤更生、天津市文化局副局长赵婉香、天津市文化局社文处处长刘晓梅、天津市科学技术协会学会部副部长张燕、天津市社团管理处处长王玉伦等领导出席了会议。赵婉香副局长做了重要讲话，陈力副理事长在致词中对天津市图书馆学会工作给予了充分的肯定。

大会主席团成员、天津市科学技术信息研究所副所长万家泰和天津理工大学图书馆原馆长许家梁分别主持了会议。全体代表审议通过了五届理事会理事长、天津图书馆馆长陆行素所做的《天津市图书馆学会第五届理事会工作报告》；审议通过了大会主席团成员、南开大学图书馆馆长阎世平所做的《关于天津市图书馆学会章程修改草案的说明》及《天津市图书馆学会章程》；选举产生了六届理事会理事。在六届一次理事会

议上，选举产生了六届理事会常务理事；选举产生了新一届理事会领导班子。通过了天津市图书馆学会学术工作委员会、继续教育工作委员会、文献资源建设与共享工作委员会和编辑出版工作委员会负责人名单。经六届常务理事会第一次会议通过，鉴于五届理事会副理事长、常务理事等人在五届理事会工作期间的突出成绩，特决定为他们颁发荣誉证书，以感谢他们为五届理事会及我市图书馆事业发展所作出的贡献。

这次大会是“十一·五”期间天津市图书馆界的一次盛会。会议自始至终洋溢着民主团结、求实进取、友善和谐的气氛。三大系统的图书馆界代表共聚一堂，在践行“三个代表”重要思想，树立科学发展观，充分发挥图书馆在促进科技进步和传播先进文化知识，实现文化强市的目标，强化图书馆职能等方面达成了共识；在图书馆学科的理论创新、体制创新和服务创新、图书馆专业教育和信息资源共享等问题上取得了一致意见。最后，会议在三大系统与会代表依依不舍的气氛中圆满结束。（天津市图书馆学会）

【2007 全国图书馆学会工作会议暨 2008 中国图书馆学会秘书长联席扩大会议在津召开】 2007 年 11 月 12—14 日，中国图书馆学会主办、天津市图书馆学会和天津图书馆承办的“2007 全国图书馆学会工作会议暨 2008 中国图书馆学会秘书长联席扩大会议”在天津隆重召开。中国图书馆学会副理事长、国家图书馆副馆长陈力，中国图书馆学会秘书长汤更生，副秘书长代根兴、刘细文，全国学会 7 个分支机构，27 个省、自治区、直辖市图书馆学会，13 个计划单列市图书馆学会的领导和代表，及有关方面的领导和论文作者等约 110 人出席了会议。陈力副理事长，天津市图书馆学会理事长、天津图书馆馆长陆行素分别在会上致词。

“2007 全国图书馆学会工作会议”邀请了中国科协学会学术部杨文志副部长作了题为《新时期科技社团的创新发展——学习贯彻党的十七大精神，深入落实全国学会工作会议精神》的大会报告；汤更生秘书长作了题为《肩负新时期学会工作的责任与使命，推动中国图书馆事业走上科学发展之路》的报告。江苏、山东、新疆、天津等 11 个分支机构和学会代表就本单位在学术交流、科研创新、科普阅读、教育培训、图书馆联盟、为政府服务等方面做出的成绩在会上作了“学会先进典型”发言。会议期间还举办了“中国科协个人会员管理系统培训班”。来自全国各地的 20 多名负责会员发展工作的同志参加了培训。

“2008 中国图书馆学会秘书长联席扩大会议”于 13 日下午召开，汤更生秘书长通报了中国图书馆学会 2008 年的重点工作，秘书处的工作人员分别就 2008 年的年会主题与征文要求，IFLA 大会参会要求与国际交流活动，《中国图书馆学会工作通讯》与网站宣传，继续教育与培训等工作进一步做了简单介绍与说明。黑龙江、安徽、上海、四川、福建等学会分别通报了本学会 2007 年的重点、亮点工作。

会议期间，还召开了《图书馆服务宣言》（草稿）征求意见座谈会，会议由中国图书馆学会理事、南开大学商学院信息资源管理系主任柯平主持。代表们就《图书馆服务宣言》（草案）进行了热烈地讨论，并提出了许多好的建议。

会议在主办方的精心策划下，在承办方细心周到的安排下，在参会人员的共同努力下，特别是在陆行素馆长和朱凡副馆长的带领下，天津图书馆会务组的全体同志以饱满的热情、严谨的作风和认真负责的态度圆满完成了接送代表、安排食宿及专业和文化参观等会务工作，使会议顺利完成各项议程，获得圆满成功。（天津市图书馆学会）

辽宁省

【辽宁省图书馆学会 2006 年学术年会在锦州召开】 2007 年 4 月 10 日—11 日，辽宁省图书馆学会 2006 年学术年会在锦州召开。来自全省图书馆界的学会领导、会员代表和论文作者 100 余人出席了会议。

开幕式由辽宁省图书馆学会副理事长、沈阳市图书馆馆长杨学义主持。辽宁省社会科学界联合会副主席杨路平，辽宁省社会科学界联合会学会部副部长李红，锦州市政府副秘书长张元廷，锦州市委宣传部副部长杜金奎，锦州市社会科学界联合会主席王玉华，锦州市文化局党委书记、局长吴玉林，锦州市文化局副局长张杰，辽宁省图书馆学会理事长、辽宁省图书馆馆长王荣国等领导出席了会议。

王荣国理事长在会上做了“辽宁省图书馆学会 2005 年工作总结”，对 2005 年省学会全年工作从五个方面进行了全面客观的总结。此次会议共征集学术论文 244 篇。经省学会学术委员会组织专家评审，共评出一等奖论文 66 篇，二等奖论文 146 篇，三等奖论文 32 篇。有 8 位论文作者利用多媒体课件在会上做了大会交流发言，使与会者受益匪浅。

召开辽宁省图书馆学会第 6 届理事会第 1 次常务理事会议，也是此次年会的重要内容。常务理事会共有四项内容，一是增补了 10 位理事，4 位常务理事；二是讨论通过了“辽宁省图书馆学会 2005 年工作总结”；三是讨论通过了“辽宁省图书馆学会 2007 年工作计划”；四是讨论通过成立“辽宁省图书馆学会医院图书馆分委员会”。

此次会议得到了锦州市政府、锦州市委宣传部、锦州市文化局、锦州市图书馆、锦州市图书馆学会的高度重视和大力支持。（刘芳　高贤）

【辽宁省图书馆学会积极参加第 5 届社会科学普及周】 6 月 16 日，辽宁省暨沈阳市第 5 届社会科学普及周“社会科学进企业”活动在沈北新区虎石台镇文化广场举行了启动仪式。此次社会科学普及周活动由辽宁省人民政府国有资产监督管理委员会、辽宁省社会科学界联合会主办，沈阳煤业（集团）有限责任公司承办。省委常委、宣传部部长焦利，省人大常委会副主任徐德，省政协副主席张行湘，省政府副秘书长马述君等领导参加了开幕式。

此次社会科学普及周的主题为“创新、和谐、振兴——社会科学普及与企业发展同行”。辽宁省图书馆学会在副理事长、秘书长高贤的带领下，一行 5 人参加了此次活动。为配合此次科普周活动，省图书馆、省图书馆学会利用辽宁省图书馆丰富的馆藏资源，精心制作了“十年明珠——纪念香港回归十周年图片展”展板 30 块，在科普周当日还带去了“汉字发展史”展板 30 块，宣传资料 1000 余份。省委宣传部部长焦利在省社科联副主席杨路平陪同下，观看了我们制作的两个展览。展览同时受到群众的热烈欢迎。（刘芳　高贤）

【辽宁省图书馆学会参加东北三省第 11 次图书馆学科学讨论会】 9 月 3 日至 6 日，辽宁省图

书馆学会一行 34 人在辽宁省图书馆副馆长、辽宁省图书馆学会秘书长高贤同志的带领下参加了会议。此次会议辽宁省图书馆学会共征集论文 241 篇，经辽宁省图书馆学会学术委员会评审，共评出 70 篇获奖论文。其中一等奖 31 篇，二等奖 21 篇，三等奖 18 篇。(刘芳　高贤)

【辽宁省图书馆学会 2007 学术年会暨“图书馆延伸服务”专题研讨会在吉林省长春市召开】 辽宁省图书馆学会 2007 学术年会暨“图书馆延伸服务”专题研讨会，于 2007 年 12 月 9 日至 12 日在吉林省长春市召开。此次会议共征集论文 281 篇。经省学会学术委员会评审，共评出一等奖 44 篇，二等奖 51 篇，三等奖 62 篇。来自全省各级各类图书馆的 118 位论文作者代表和图书馆馆长出席了会议。

12 月 10 日上午，大会开幕式由辽宁省图书馆学会副理事长、东北大学图书馆馆长王恩德主持。辽宁省图书馆学会副理事长、秘书长高贤在会上宣读了“辽宁省图书馆学会 2006 年工作报告”。报告从五个方面回顾了省学会 2006 年开展的工作和取得的成绩。开幕式之后，进行了大会的论文交流发言。闭幕式上，高贤秘书长宣读了辽宁省图书馆学会《关于表彰 2006 年度先进学会、优秀学会工作者的决定》；辽宁省图书馆学会常务理事、沈阳师范大学图书馆馆长王宇宣读了《辽宁省图书馆学会 2008 年工作计划》。大会对 2006 年先进学会、优秀学会工作者获得者和优秀论文获得者进行了表奖。

最后，高贤秘书长代表省学会从三个方面为大会做了总结。(刘芳　高贤)

【大连市图书馆学会参加“第 4 届社会科学普及周”活动】 大连市第 4 届社会科学普及周于 2007 年 6 月 16 日至 6 月 22 日举行。今年的社会科学普及周由市国资委、市社科联（院）联合举办，主题是“创新、和谐、振兴——社会科学普及与企业发展同行”。普及周历时 7 天，内容包括广场宣传咨询、“大连社科讲坛”等 8 项活动，大连各大专院校、社会科学团体和研究院所共 90 多个单位参加了本次活动。

大连市图书馆学会参加了广场咨询、宣传活动和“大连社科讲坛”主题报告会活动。在胜利广场我们展出了“大连市数字图书馆工程”主题宣传展板，向市民发放 1000 余张“大连图书馆数字资源介绍”宣传单，同时向企业赠送过刊 250 册。普及周期间我们还在甘井子区图书馆成人外借处举办了“第 4 届社会科学普及周图书展”，向读者推荐了《中国百姓科普知识读本》《中国科普佳作精选》《影响世纪的 62 部科学名著》《世界青少年科普经典》等科普图书 280 种 500 余册。(张宏)

【大连市图书馆学会举办“图书馆基础业务培训班”】 2007 年 4 月 10 日至 20 日大连市图书馆学会举办了“图书馆基础业务培训班”，其宗旨就是为了在短时间内提高初学者的专业基础知识和实际操作能力，尽快胜任工作。本次培训班，共开设《图书馆学概论》《文献编目》《读者工作与藏书建设》《图书分类》四门基础课，来自大连地区教育系统的 17 位老师参加了培训。通过参加培训，学员们对图书馆基础知识有了全面的了解，基本掌握了文献标引理论和文献编目方法。(张宏)

【朝阳市图书馆学会组织并积极参与图书馆宣传周活动】 在接到省文化厅转发的《全国“知识工程”活动领导小组办公室关于开展全国 2007 年度图书馆服务宣传周活动通知》后，朝阳市图书馆与市图书馆学会积极行动起来，围绕着本届宣传周“延伸服务、深化服务、提高社会效益”的主题，组织全市的公共图书馆结合地方特点，精心策划，开展了一系列丰富多彩的宣传活动。

5 月 28 日，朝阳市图书馆学会组织市内 4 个公共图书馆 30 多名图书馆工作者举办第 19 届

"图书馆服务宣传周"一条街活动。朝阳市图书馆、朝阳县图书馆、双塔区少儿图书馆和龙城区科技图书馆都各展所长，除了现场办证、解答咨询、书刊展借外，还向市民宣传各自的特色服务：朝阳市图书馆的视频讲座服务；朝阳县图书馆的夜间阅览服务；龙城区科技图书馆的农业科技服务；双塔区少儿图书馆的小读者图书互换活动。（姜宏英　沈玲）

【葫芦岛市图书馆学会组织经验交流会】 2007年度，葫芦岛市图书馆学会注重会员馆之间工作交流活动的开展，6月11日，在绥中县馆召开2007年会，绥中、兴城馆就新建改建馆舍及事业开展做了经验介绍。6月28日，学会组织会员馆赴渤船重工图书馆，参加"庆七一弘扬阅读风尚座谈会"，学习大型企业注重文化建设实践经验。（刘杰）

吉林省

【吉林省图书馆学会迎接省社科联创建标准化学会评估考核】 1月12日，吉林省社科联秘书长张喜才、学会工作处处长李丽达等一行4人来到省图书馆，对学会参加创建标准化学会评估进行实地考核。学会张毕臣秘书长汇报了学会近两年工作，石丽珍理事长做了补充发言。张喜才秘书长对省图书馆学会工作给予了很高评价，他认为，图书馆学会办会方向正确，秘书处工作定位准确，学术活动开展得有声有色，信息咨询、科普等工作做得很好，学会自身建设规范、基础设施完善。他希望图书馆学会再接再厉，争取成为全省学会学习的"样板"。（张毕臣）

【吉林省图书馆学会2007年学术年会在承德召开】 6月24日—28日，吉林省图书馆学会2007年学术年会暨7届2次理事扩大会在河北省承德市隆重召开。全省各系统图书馆代表122人参加了盛会。大会由吉林省图书馆学会常务理事、副秘书长、长春市少年儿童图书馆馆长尹振安同志主持，学会理事长石丽珍同志出席会议并做了重要讲话，她总结了近年来的学会工作，并从三个方面对广大会员的学术研究提出了希望和要求，即：多一点踏实，少一点浮躁；多一点理性，少一点盲从；多一点创新，少一点重复。她的讲话将对我省图书馆学会今后学术工作的开展具有重要的指导意义。

与会代表们聆听了吉林省社科联副主席、省社科院院长邴正教授所做的学术报告"社会和谐与文化和谐"，一致反应邴正教授的报告风趣幽默，引人入胜，收获很大。大会安排4位获奖论文作者以PPT形式做了会议交流发言。本届年会的主题是"图书馆：发展、变化、创新"，在我省广大会员和图书馆工作者的积极参与下，年会共收到论文156篇。经学会学术工作委员会评审，评出一等奖6篇，二等奖39篇，其余参会作者获优秀论文奖。一等奖论文还将在《图书馆学

研究》上予以发表。会议公布了年会征文评奖结果，并为获奖论文作者代表颁发了证书。

省学会常务理事、副秘书长、长春工程学院图书馆副馆长张萍同志做了会议总结。

在同时召开的省学会7届2次理事扩大会上，与会理事及馆长们一致通过了学会秘书处提请的《吉林省图书馆学会七届理事会部分理事任免提案》。（张毕臣）

【吉林省图书馆学会在2007年中国图书馆学会年会上获得表彰】 8月4日至8日，吉林省图书馆学会组织全省10余名代表参加了在兰州举行的2007中国图书馆学会年会。在开幕式上举行的2005－2007年度中国图书馆学会优秀会员、优秀学会工作者颁奖仪式上，我省共有13人获优秀会员称号，1人获优秀学会工作者称号。学会秘书处代表我省获奖者上台领取了荣誉证书。本次年会我省共提交论文36篇，有17篇获奖。（张毕臣）

【我省代表参加东北地区第11次图书馆学科学讨论会】 9月4日至6日，吉林省图书馆学会组织我省代表30余人赴五大连池参加了由黑龙江省图书馆学会承办的"东北地区第11次图书馆学科学讨论会"。吉林省图书馆、长春市图书馆以及长春市少儿图书馆代表吉林省做了大会交流发言。围绕本次讨论会的征文主题，我省共提交论文72篇，并有40余篇征文分获一、二等奖及优秀论文奖。第12届研讨会将于2009年由我省学会承办，吉林省图书馆副馆长吴爱云代表我省学会在会上表示，一定会认真准备会议，积极促进同行间的学术交流与研讨，同时也诚挚地欢迎辽、黑两省同行参加。（张毕臣）

【全省图书馆少年儿童工作研讨会在长春召开】 12月17日至18日，由吉林省图书馆学会主办、长春市少年儿童图书馆承办的"全省图书馆少年儿童工作研讨会"在长春召开。来自全省公共、少儿及中小学图书馆（室）的代表及获奖论文作者共80余人参加了会议。吉林省文化厅社会文化处处长蒋占富、长春市文化局社文处处长张伟应邀参会并致辞。

省学会副秘书长、长春市少年儿童图书馆馆长尹振安主持了会议。会议首先公布了《全省图书馆少年儿童工作研讨会征文评奖结果》，并向获奖论文作者颁发了证书。本次研讨会共收到征文102篇，经学会学术委员会评审，评出一等奖6篇，二等奖20篇。然后由吉林省馆、长春市馆、吉林市馆、九台市馆以及延吉、白城和长春市少年儿童图书馆分别介绍了本馆开展少儿服务工作的经验与体会；四平、前郭、德惠市图书馆

的获奖论文作者做了论文交流发言。

省学会常务理事、省图书馆副馆长吴爱云做了会议总结。会议达到了预期的效果，在代表们的沟通与交流中圆满结束。（张毕臣）

上海市

【上海市图书馆学会通过2007年上海市科协二星级学会评估及复查】 为了规范学、协会、研究会（以下简称学会）管理，加强学会建设，进一步推进和引导学会的改革与发展，上海市科协自2003年起，在市科协主管和所属学会中开展星级学会评估及复查工作，并对获得星级学会称号的学会每2年根据现行的《评估标准》进行复查，复查合格继续保留称号，复查不合格，降级直至取消星级学会称号。我会在2003年首次星级学会评估中就通过并荣获一星级学会的称号；在2005年上海市科协星级学会评估及复查中，申报并通过了二星级学会的评估。2007年6月，根据上海市科协继续在主管和所属学会中开展星级学会评估及复查工作的有关通知，我会以严肃认真的态度，积极开展了二星级学会的复查申报工作。评估工作由市科协学术部（学会工作部）和市科协学会服务中心有关人员组成的市科协星级学会评估办公室（以下简称评估办公室）负责。为此，学会秘书处在理事会的领导下和理事长亲自过问下，严格按照《上海市科协星级学会评估标准（试行）》（2007）要求，逐项对照、整理和建立了完整的申报资料和档案材料，于2007年7月31日前，将经学会理事长签署的《申报表》（二份）和有关的附件或材料报市科协评估办公室。经市科协评估办公室对我会申报材料进行认真的核查、计分，报市科协分管领导审核及向市科协主管和所属学会公示，并征得上海市科协8届常委会委员的同意，我会最终顺利地通过这次上海市科协星级学会评估工作，继续保持了二星级学会的称号。（金晓明）

【第7届图书情报高级研修班开学】 由上海市文献资源共建共享协作网牵头，上海市图书馆学会、上海市科技情报学会、上海图书馆上海科学技术情报研究所联合举办，上海图书馆上海科技情报所教育培训中心具体承办的第7期图书情报高级研修班于2007年3月7日在上图举行。上海图书馆吴建中馆长在开学典礼上致词，并给研修班学员上了第一堂课。从2007年3月至6月，图情研修班分两个阶段进行。第一阶段分三个单元由专家集中授课，第一单元图情基础研究及趋势，第二单元数字图书馆研究及文献服务，第三单元图情实际业务。这些内容有的涉及当前图书情报领域颇具前沿水平的课题，均由资深专家进行授课。第二阶段为论文撰写，将专门邀请有关专家为学员的论文进行精心的指导，使学员在规定的时间按时按质完成论文的撰写。（金晓明）

【学会理事长王世伟为青浦监狱服刑人员作读书辅导】 2007年4月18日下午，上海图书馆党委副书记、上海市图书馆学会理事长王世伟教授走进上海青浦监狱，为2000多名服刑人员作题为“中国传统文化中的荣辱观及其启示”的读书辅导报告。这是青浦监狱鼓励服刑人员把刑期当学期的举措之一。据了解，上海青浦监狱每年都组织服刑人员开展“希望读书”活动，并提供良好的读书条件。监狱中心图书馆藏量已达到2万余册，社会图书馆每季度向服刑人员提供1500余册流转图书。监狱在每一个分监区建立了配置各类书籍800册以上的图书阅览室，开辟读书角和交流栏。（金晓明）

【上海文广局研究文化信息资源共享工程推进工作】 文化部、财政部2007年4月10日在安徽合肥召开全国文化信息共享工程工作会议，文化部副部长周和平、财政部副部长张少春以及来自全国各省、自治区、直辖市文化厅（局）、财政厅（局）分管领导出席了会议，我局副局长张哲与局有关处室负责人参加会议。会议就贯彻党中央、国务院关于加快推进文化信息资源共享工程的最新指示、进一步做好共享工程工作进行了部署，提出了2010年实现文化信息资源共享工程“村村通”的新目标。按照会议要求，上海市文广局将在深入学习文化部、财政部《关于进一步推进全国文化信息资源共享工程工作的意见》的基础上，进一步调整本市文化信息资源共享工程“十一五”规划，采取签订目标责任书等举措，细化工作任务，明确时间节点，逐级落实责任，确保文化信息共享工程有效推进，实现预期目标。（金晓明）

【上海市图书馆学会高级专家咨询委员会举行全体会】 值上海市图书馆学会新一届理事会成立重组所属委员会之际，隶属学会的“高级专家咨询委员会”于5月23日在上海图书馆贵宾室举行了全体会议。会议由常务副主任孙秉良主持。学会名誉理事长上海图书馆馆长吴建中，学会理事长上海图书馆党委副书记王世伟两位领导，以及学会秘书处的有关同志出席了会议。与会同志对学会长期来给予“高级专家咨询委员会”的关心表示感谢，并希望学会一如既往地重视并支持“高级专家咨询委员会”，大家提出了不少积极的建议。两位领导均高度评价“高级专家咨询委员会”所做的工作，对老同志退下来后仍积极不倦地为上海图书馆事业的发展倾注满腔热情并作出积极贡献表示深深的敬意。会议最后，一致通过由朱庆祚、孙秉良、龚义台、夏顺奎等20位同志组成新一届“高级专家咨询委员会”。（金晓明）

【上海市图书馆学会荣获2006年“全国省级学会之星”称号】 6月25日下午，上海市科协在上海科学堂国际会议厅召开了“贯彻落实全国学会工作会议精神大会”。大会表彰了获得2006年度全国“省级学会之星”荣誉称号的学会，并向获得2006年度全国“省级学会之星”荣誉称号的学会颁发了证书。上海市图书馆学会荣获2006年度全国“省级学会之星”荣誉称号，学会副理事长于建荣代表学会上台接受颁证。此次上海市科协共有22个所属市级学会获得此荣誉。（金晓明）

【上海市图书馆学会举行7届专门委员会成立暨学术报告会】 上海市图书馆学会第7届理事会学术委员会、编译出版委员会、教育科普委员会、高级专家委员会成立暨双月学术报告会，6月29日下午在上海图书馆举行。学会理事长，部分副理事长、常务理事、理事，学术委员会、编译出版委员会、科普教育委员会、高级专家咨询委员会委员，部分系统委员会主任、会员单位领导和会员代表等60多人出席了会议。会议由学会秘书长刘炜主持。金晓明副秘书长首先向会议报告了这4个专门委员会的产生情况以及其他8个系统委员会完成新一届委员会重组与调整工作的推进情况。根据上海市科协对学会建设与管理的要求和学会发展需要，学会从6届理事会起就对机构设置进行了调整，在原来设立的学术委员会、编译出版委员会、科普教育委员、高级专家咨询委员会这4个专门委员会的基础上，增设了高校、党校、专业、区县、医院、中小学、工会、少儿等8个系统工作委员会，对推动本市图书馆学研究学科建设，对促进各系统图书馆理论实践结合和图书馆工作实践建设与发展起到了积极作用。今年1月学会7届理事会选举产生后，为落实学会“七大”所确立的新形势下学会工作方针和任务，进一步加强学会自身建设发展，学会秘书处根据理事长的指示，在理事会的领导下，按照民主办会的原则和学会有关规定，开展了新一届委员会的重组与调整工作。学会4个专门委员会产生的程序，经过了三轮民主协调，一是各位理事提名，确定四位分委员会主任人选；二是由各委员会主任提名，再次广泛协调，三是初步形成名单后，再次征询全体理事和常务理事意见，并根据有关意见进行了人选的增补调整。其他各系统工作委员会的调整工作，按照有关程

序和规定也正在有条不紊的进行之中。随后，刘炜秘书长宣读了7届学术委员会及其下设专业委员会、编译出版委员会、科普教育委员会和高级专家咨询委员会组成名单（名单另外公布）。华东师范大学信息学系主任范并思教授任学术委员会主任委员，《图书馆杂志》社副社长、常务副主编王宗义任编译出版委员会主任委员，中科院上海生命科学研究院信息中心图书馆馆长孙继林任科普教育委员会主任委员，上海图书馆原馆长朱庆祚任高级专家咨询委员会主任委员（上海图书馆原副馆长孙秉良任常务副主任）。在宣布完成4个专门委员会的组建工作后，会议请新任7届学术委员会主任范并思、编译出版委员会主任王宗义、科普教育委员会主任孙继林、高级专家咨询委员会常务副主任孙秉良分别就各自委员会基本情况和本届工作思路或工作打算进行了介绍和发言。最后，学会理事长、上海图书馆党委副书记王世伟教授发表了讲话。

成立会议结束后举行了双月学术讲座，由学术委员会主任范并思教授主持。双月学术讲座是上海市图书馆学会创立的一个学术品牌活动，自开讲以来一直受到广大会员的喜爱。此次讲座共有三个报告，分别邀请了学会名誉理事长、上海图书馆馆长吴建中博士就学术动态及对于学术的建议作了专题报告，以及学术委员会副主任同济大学图书馆馆长慎金花、信息技术分委员会主任上海大学图书馆副馆长任树怀分别就近期在上海举行的两个有影响的学术会议情况进行了介绍。吴建中馆长的报告题目是："对未来专业研究的建议。"另外两个报告分别是："2007海峡两岸图书馆建筑研讨会"综述和"上海地区图书馆2.0应用与实践研讨会"报告。"2007海峡两岸图书馆建筑学术研讨会"，由中国图书馆学会建筑与设备专业委员会、教育部高校图书情报工作指导委员会、中国图书馆学会高校分会、同济大学图书馆联合举办，值同济大学百年华诞校庆之际于，5月10日在同济大学拉开帷幕。此次研讨会的主题为"图书馆建筑与空间设计"，来自香港、台湾、澳门、上海等两岸四地以及北京、江苏、浙江、江西、辽宁、陕西、广东、福建、湖北、河北等100多位高校、公共、科研等系统图书馆的领导和专家以及建筑界的建筑师们参加了研讨会。整个会议历时3天，共举行了13场主旨报告和专题报告以及2个专题讨论会。会议对促进和加强海峡两岸图书馆界的学术交流与合作，对分享国际及海峡两岸在图书馆建筑设计与建设的理论研究和实践探索，搭建了一个共同沟通的平台。"上海地区图书馆2.0应用与实践研讨会"，由上海市图书馆学会学术委员会主办、上海大学图书馆承办于5月30日在上海大学本部图书馆举行。来自上海市图书馆学会高校、公共、科研等系统图书馆60余名代表参加了研讨会。这也是在国内第一次直接以"图书馆2.0"命名的会议。会议形成了一批合作项目，取得了初步成果，对推进图书馆2.0理念与技术在上海地区各图书馆的交流、协作与深层应用起到了积极作用。（金晓明）

【德国哥廷根州立大学图书馆馆长学术演讲在上海图书馆举行】 2007年10月17日上午，应上海市图书馆学会和上海图书馆的邀请，德国哥廷根州立大学图书馆馆长诺尔伯特·卢梭博士访问上海图书馆，并在上海图书馆为学会的"双月学术讲座"做了题为"超越数字图书馆思考：建设支持研究的新的信息架构"的学术报告，来

自本市学会各图书馆系统的会员 60 多人出席听讲。并吸引了来自江浙地区的图书馆和正在上海出席第 5 届中日国际研讨会的来自全国各地的部分代表也听取了演讲。报告介绍了若干国际性或国家级的数字图书馆项目及活动情况，包括欧洲数字化仓库网络计划 DRIVER、欧洲数字图书馆和世界数字图书馆项目等；同时围绕“开放存取”这一实现全球资源库网络的基本原则以及网格技术对科研信息环境潜在的影响进行了探讨。卢梭博士自 2006 年起出任德国哥廷根州立暨大学图书馆馆长。此前他曾先后担任德国比勒菲尔德大学图书馆长及学术信息咨询总监和英国牛津大学“牛津数字图书馆”计划的首任领导人。（金晓明）

【2007 长三角地区公共少儿图书馆馆长论坛在上海举行】 2007 年 10 月 16 日至 17 日，由上海市普陀区文化局和上海少年儿童图书馆主办，上海市图书馆学会，江苏、浙江省图书馆学会少儿图书馆专业委员会为指导单位，上海市普陀区少年儿童图书馆承办的“2007 长三角公共少儿

图书馆馆长论坛”胜利召开。市文广局副局长王玮、普陀区委宣传部部长祝学军、普陀区副区长景莹等领导出席论坛并致词，上海市图书馆学会理事长、上海图书馆党委副书记王世伟和《少年文艺》主编任哥舒分别为会议作了主题报告，来自上海市图书馆学会的代表及 22 家区县公共少儿图书馆、江苏省图书馆学会的代表，以及南京市、无锡市、扬州市、南通市、靖江市少儿图书馆，浙江省图书馆学会少儿图书馆专业委员会的代表及杭州市、温州市、金华市少儿图书馆的馆长出席论坛。本次论坛以“快乐阅读、健康成长”为主题，研究、探讨了在构建社会主义和谐社会中读书活动的指导性、针对性、有效性以及培育和谐文化的新途径，积极倡导快乐阅读、快乐成长、快乐生活，把阅读更好地融入少年儿童的生活。在分组讨论中，各位代表总结经验、交流成果、探讨问题，就如何进一步拓展服务、创新思维、加强合作、转变观念、构建大文化等方面达成共识。（金晓明）

【第 5 届中日国际图书馆学研讨会】 2007 年 10 月 17 日至 18 日，由上海市图书馆学会、日本图书馆研究会、上海图书馆主办，江苏省图书馆学会、浙江省图书馆学会、常熟图书馆协办的“第 5 届中日国际图书馆学研讨会”在上海图书馆隆重举行。本次研讨会的主题是“图书馆立

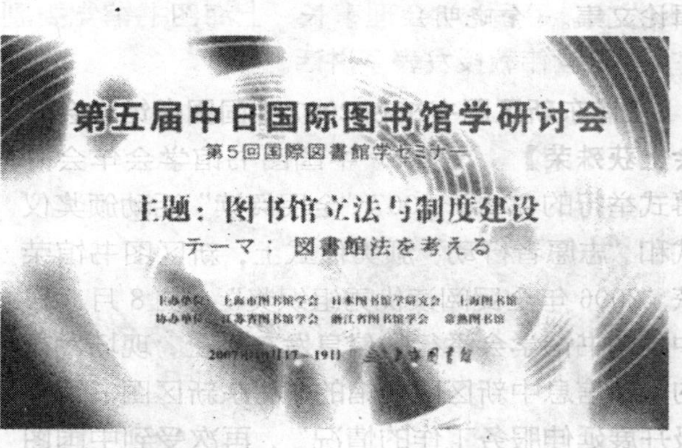

法与制度建设”。来自日本公共图书馆、大学图书馆系以及在日本研修的韩国大学图书馆和来自上海和中国 7 个省市、17 个城市的 43 个公共图书馆、大学图书馆和大学图书馆系共计 95 位代表参加了会议。上海市图书馆学会理事长、上海图书馆党委副书记王世伟教授主持了大会的开幕仪式和主旨报告。上海市图书馆学会名誉理事长、上海图书馆馆长吴建中，日本图书馆协会会长、大阪教育大学名誉教授塩見昇先生出席研讨会并致欢迎辞，日本图书馆研究会理事长川崎良孝教授也以书面形式向大会致词，共同表达了对此次会议的良好祝愿。大会特邀日本图书馆协会会长、大阪教育大学名誉教授塩見昇教授，中国图书馆学会副理事长、武汉大学信息管理学院院长陈传夫教授，上海市人大常委会法制工作委员会主任、上海社科院副院长沈国明研究员作了精彩的主旨报告。另有来自日本、韩国和中国的 7

位专家学者向大会做了报告。除大会报告外，研讨会还特别安排了讨论会，与会代表就关心的问题和研究展开了热烈的讨论，陈传夫院长和塩見昇会长共同主持了讨论会。本次为从事图书馆立法理论研究和立法实践提工作者供了一个广泛了解了国内近期研究，又深入了解了来自日本、韩国方面的图书馆立法专家的研究和立法实践成果的交流平台。由上海市图书馆学会和日本图书馆研究会联合举办的“中日国际图书馆学研讨会”，自 2001 年起每年在中日两国轮流举行，至今已成功举办过 4 届。历届与会者均认为，此类定期召开的国际学术会议对促进两国图书馆事业的发展具有一定的意义，对两国的工作不无启发和借鉴作用。下届会议将于日本举办，研讨会主题经初步的酝酿，包括图书馆布局\开放存取\图书馆延伸服务等，并可能将延续本届的做法编辑论文集。（金晓明）

【浦东新区图书馆在 2007 中国图书馆学会年会上获殊荣】 在 2007 中国图书馆学会年会开幕式举行的 2005－2007“全民阅读”活动颁奖仪式和“志愿者行动”颁奖仪式上，新区图书馆荣获“2006 年全民阅读优秀组织奖”。在 8 月 5 日中国图书馆学会举行的信息发布会上，现场发布的 9 条信息中新区图书馆的“浦东新区图书馆积极开展延伸服务工作的情况”，再次受到中国图书馆学会的充分肯定和好评。（金晓明）

【上海市图书馆学会举行上海地区第 2 届图书馆 2.0 研讨会】 由上海市图书馆学会学术委员会、上海交通大学图书馆主办的“上海地区第 2 届图书馆 2.0 研讨会”2007 年 11 月 22 日在上海交通大学图书馆举行。上海市图书馆学会理事长、上海图书馆党委书记王世伟，学会副理事长、上海交通大学图书馆馆长陈进，学会副理事长、中科院上海生命科学院信息中心副主任于建荣，学会秘书长、上海图书馆图书馆学情报学研究所所长刘炜，学会学术委员会主任、华东师范大学信息管理系主任范并思，厦门大学图书馆副馆长萧德洪，上海大学图书馆副馆长任树怀，上海图书馆系统网络中心副主任赵亮等学会领导、专家学者，以及来自本市及长三角周边地区各系统图书馆的领导、会员、青年学者等 80 多人出席。会议开幕仪式由上海交通大学图书馆副馆长郑巧英主持，王世伟理事长、陈进馆长分别致词。图书馆 2.0 作为一种倡导随用户需求而变的图书馆服务新模式，在国内外图书情报界已经引起广泛的关注与讨论。2007 年 5 月 30 日，由上海市图书馆学会学术委员会主办，上海大学图书馆承办的首届“上海地区图书馆 2.0 应用与实践研讨会”，在针对各馆应用现状、近期目标和未来打算，并结合各自技术优势和应用需求，共同寻求大家感兴趣及合作的切入点，以及在技术共享、服务创新和深化应用等方面探寻实施对策，加快图书馆 2.0 服务模式的发展步伐，提升图书馆服务水平等方面起到了积极作用。为进一步加强各馆间交流与合作，推进图书馆 2.0 技术的深层应用，本次召开的“上海地区第 2 届图书馆 2.0 研讨会”的主题是“图书馆 2.0 规划与实施”，主要就图书馆 2.0 规划与实施中涉及的理念推广、组织文化、队伍建设、人员协调、服务模式等问题进行深入探讨，认真总结图书馆 2.0 实施现状、建设经验及不足，并就图书馆 2.0 的应用与发展作进一步的展望。另外，本次会议开通了会议博客并对会议全程进行了网上直播。使不能亲临与会的同行也不必担心错失这次交流学习的好机会，收到了广大的同行的好评。（金晓明）

【第 3 届长江三角洲城市图书馆发展论坛在宁隆重举】 2007 年 12 月 9 日，由江苏、浙江、上海二省一市图书馆学会和南京图书馆联合主办的第 3 届长江三角洲城市图书馆发展论坛暨江苏省图书馆第 11 次科学讨论会在南京隆重举行。文化部社会文化图书馆司副司长刘小琴，南京图书馆党委书记马宁，上海图书馆馆长吴建中，上海图书馆党委副书记王世伟，浙江省图书馆副馆长刘晓清等领导出席会议并致词。来自上海、江苏、浙江三地的文化行政部门有关领导、各系统图书馆领导、图书馆学专家学者和论文作者等 150 多人参加会议。会议开幕仪式由江苏省图书馆学会学术委员会副主任、南京图书馆副馆长许建业主持。南京图书馆党委书记马宁、上海图书馆馆长吴建中分别致词，浙江图书馆副馆长刘晓清代宣读了浙江省文化厅分贺信。刘小琴副司长代表文化部社图司发表了讲话，对本届论坛

的开幕表示祝贺。

会议对获得本届论坛征文一、二、三等奖的作者举行了颁奖仪式。出席会议的二省一市论文作者代表上台接受了颁奖。本届论坛的征文主题是“区域性图书馆事业协作发展与资源共享”。三地图书馆专家学者和图书馆工作者围绕论坛主题，并就共同关心的图书馆联盟建设、国内外文献信息资源共享模式、图书馆协作发展与和谐图书馆建设、文献信息共享的制约因素、实现文献信息资源共享的法律保障、数字（虚拟）参考咨询协作服务、图书馆技术协作、文献信息资源共建共享体系的比较、长三角地区图书馆的协作发展、图书情报教育资源的共享与继续教育合作、图书馆讲座与会展资源共建共享、图书馆人才交换与流动等课题进行了深入研究和探讨。本届会议还汇集三届以来获奖的 177 篇研究成果编辑出版了论文集。

大会开幕仪式结束后，举行了专家报告会。分别邀请了南京大学经济学院教授、博士生导师、文化部南京大学国家文化产业研究中心常务副主任顾江作题为“美国公共文化服务体系”报告；邀请上海图书馆馆长、中国图书馆学会副理事长吴建中作题为“现代图书馆管理的若干思考”的报告。专家报告由上海图书馆党委副书记王世伟主持。作为本次论坛的核心会议的馆长论坛下午在南京图书馆举行。会议由马宁、吴建中、刘晓清共同主持，王世伟作会议总结。与会代表首先听取了许建业就第 2 届会议以来的合作进程和三届论坛的筹备汇报。并就如何促进以项目带动资源共享模式的运行和实施、长三角图书馆深入合作的途径和保障、有效建立具有可操作行的区域合作的长效机制等问题进行了深入和热烈的讨论。（金晓明）

【李芳馥先生诞辰 105 周年纪念座谈会在上海图书馆举行】 2007 年 12 月 18 日，著名图书馆学专家李芳馥先生诞辰 105 周年纪念座谈会在上海图书馆举行。座谈会由上海图书馆、上海市图书馆学会联合主办。座谈会由上海图书馆馆长吴建中主持，上海图书馆党委副书记、上海市图书馆学会理事长王世伟，上海市图书馆学会高级专家咨询委员会常务副主任、原上海图书馆副馆长孙秉良，上海图书馆采编中心主任傅俊，李老的入党介绍人张贤俭，与李老工作过的张敏捷、章红、杨秋萍，李芳馥先生之子李名世等先后发言。（金晓明）

江苏省

【第 3 届长江三角洲城市图书馆发展论坛暨江苏省图书馆第 11 次科学讨论会】 在南京图书馆新馆全面开放及百年馆庆之际，由江苏、上海、浙江三省市图书馆学会主办，江苏省图书馆学会和南京图书馆共同承办的“第 3 届长江三角洲城市图书馆发展论坛暨江苏省图书馆第 11 次科学讨论会”于 2007 年 12 月 9 日在南京隆重举行。文化部社会图书馆司副司长刘小琴、南京图书馆党委书记马宁、上海图书馆馆长吴建中、上海图书馆副书记王世伟、浙江省图书馆副馆长刘晓清等长三角地区的文化部门和图书馆领导、国内图书馆界专家学者及论文作者共 180 人出席了会议。

会议期间，上海图书馆馆长吴建中分别作了

题为“美国的公共文化事业”和“现代图书馆管理的若干思考”的主旨报告。与会代表们就“长三角城市图书馆阶段性合作的经验总结及如何促进以项目带动资源共享模式的运行和实施”、“长三角图书馆深入合作的途径和保障”、“长三角图书馆如何有效建立具有可操作性的区域合作的长效机制”及“长三角图书馆未来合作的发展远景”等重要议题进行了热烈的讨论。一致认为实现长三角区域内图书馆的可持续性合作与和谐发展，要建立一个行之有效的长效机制以及与之相适应的可操作的运行模式。

会议对第 2 届以来长三角城市图书馆合作进程情况、第 3 届论坛筹备情况、继续教育合作项目及联合咨询导航网的合作情况做了工作汇报，并对优秀论文作者颁发了奖状。会后代表们还到扬州进行了文化考察。（江苏省图书馆学会）

【2007 年江苏省少儿图书馆建设理论研讨会】 “2007 年江苏省少儿图书馆建设理论研讨会”于 6 月 26 日至 28 日在全国百强县之首的苏州昆山市图书馆举行。省学会少儿图书馆专业委员会委员，分管市、县图书馆少儿工作的馆长，少儿部主任和部分征文获奖的作者代表 60 余人汇聚昆山，就新世纪少儿图书馆的职能定位与作用等问题进行了有益的探讨。研讨会主题是：新时期少儿图书馆的职能定位与发展，有 6 个分主题，收到征文 116 篇，经评委评审，有 71 篇获奖，其中一等奖 8 篇，二等奖 20 篇，三等奖 43 篇。南通、盐城两地区获得组织奖。（江苏省图书馆学会）

【“江苏省第 11 届县(市)区图书馆馆长理论研讨会及经验交流会”】 6 月 12 日至 14 日，由江苏省图书馆学会和南京图书馆主办、仪征市图书馆协办的“江苏省第 11 届县（市）区图书馆馆长理论研讨会及经验交流会”在扬州仪征市召开。全省 40 个市、县（市、区）级公共图书馆馆长、书记等 47 人参加了会议，江苏省哲学社会科学联合会夏东荣同志应邀出席会议。会议还特邀了南京大学信息管理系徐雁教授就图书馆在构建和谐社会的作用及做法作了学术报告。会议围绕“和谐社会与中小型图书馆发展”主题，总结交流了近几年全省县（市）区图书馆在图书馆延伸服务的主要成绩和工作经验，探讨研究了全省县（市）区图书馆如何在和谐社会建设中做好服务的思路。（江苏省图书馆学会）

【“长三角公共少儿图书馆馆长论坛”】 10 月 16 日至 17 日，由上海少年儿童图书馆、上海市普陀区主办，上海市普陀区少年儿童图书馆承办，上海市、江苏省、浙江省三省市图书馆学会协办的“长三角公共少儿图书馆馆长论坛”在上海市普陀区召开。来自长三角地区公共图书馆、少儿馆馆长 60 多人参加了会议，江苏省少儿图书馆专业委员会主任吴林等 7 名代表出席了会议。

本次论坛主题为：“快乐阅读，健康成长”。会议特邀请了《少儿文艺》编辑部主编任哥舒、上海图书馆党委副书记王世伟教授作了主题报告。江、浙、沪三地少儿馆馆长进行了交流发言。闭幕仪式上宣读了《共建和谐图书馆，引领少儿快乐阅读，长江三角洲地区少年儿童图书馆馆长论坛倡议书》。这次论坛是长三角少儿图书馆交流的一次尝试，它将为今后三地进一步合作，促进区域性少儿图书馆事业发展起到积极的推动作用。（江苏省图书馆学会）

【组织召开“第 4 届苏中地区图书馆发展战略研讨会”】 由江苏省图书馆学会和南通市图书馆学会联合主办，如东县图书馆承办的第 4 届苏中地区图书馆发展战略研讨会 11 月 20 日在如东举行。出席会议的领导有南京图书馆副馆长许建业、省图书馆学会秘书长吴林、南通市文化局副局长王倚海、如东县副县长陈建华、南通市社科联秘书长蒋建民、南通大学图书馆副馆长王斌

等，南通、扬州、泰州图书馆工作者和论文作者代表60余人参加了会议。

大会由南通市图书馆张红馆长主持，陈建华致欢迎辞。吴林代表省图书馆学会宣读获奖论文作者名单。许建业研究馆员作了题为“访问德国观感”的学术报告，介绍了德国的专业、大学和国家图书馆的发展原则、服务等次和简况。南通大学图书馆涂中群副教授等代表分别在会上作了发言。（江苏省图书馆学会）

【参加“第6届中国社区乡镇图书馆发展战略研讨会暨全国中小型公共图书馆联合会2007年研讨会”】 由中国图书馆学会社区乡镇图书馆专业委员会、全国中小型公共图书馆联合会共同主办，山西省图书馆学会、山西省图书馆、大同市图书馆学会、大同市图书馆承办的“第6届中国社区乡镇图书馆发展战略研讨会暨全国中小型公共图书馆联合会2007年研讨会”于9月15日至18日，在历史文化名城——山西省大同市举行，来自全国22个省、市的论文作者，中图学会社区乡镇图书馆专业委员会、全国中小型公共图书馆联合会的成员，图书馆界知名专家、学者约180多人出席了开幕式。江苏省6位代表参加了本次会议。本次研讨会共评出获奖论文近400篇，江苏省共有47篇文章参评，其中一等奖5人，二等奖11人，三等奖15人。（江苏省图书馆学会）

【“江苏藏书家”评选活动】 为不断激发江苏人读书、爱书、藏书、用书的热情，培养人们读书、藏书的兴趣爱好，倡导健康、文明、科学的生活方式，挖掘江苏丰厚的文化底蕴，省学会结合世界读书日活动，在全省筹划与组织了首届“江苏藏书家”评选活动。在各地区图书馆的大力协助下，已有数十名在藏书质量、特色、品位以及藏书使用成果方面符合评选条件的藏书家报名参与。评选活动从4月份开始，将于2008年4月结束。（江苏省图书馆学会）

【江苏省公共图书馆事业发展成果展览】 学会自3月份开始筹划与组织以图片为主要形式的江苏省公共图书馆事业发展成果展览，省馆和各地区图书馆共制作了139块展板参展，于12月下旬在南京图书馆新馆展出。并组织有关专家对此进行评选，评选出一等奖1名，二等奖2名，三等奖3名，鼓励奖7名。2008年将在全省进行巡展。（江苏省图书馆学会）

【举办培训班】 为更好地开展本省所藏古籍文献的保护工作，在全省组织举办了第一期“古籍保护工作培训班”。并在5月份组织了分类、CNMARC编目业务培训班。9月份举办“计算机基础培训”及“力博图书馆管理软件培训”两期短训班。（江苏省图书馆学会）

【“第5届中日国际图书馆学研讨会”】 10月17日至18日，由上海市图书馆学会、日本图书馆研究会、上海图书馆主办，江苏省图书馆学会、浙江省图书馆学会、常熟市图书馆协办的“第5届中日国际图书馆学研讨会”在上海图书馆隆重举行。本次研讨会的主题是“图书馆立法与制度建设”。来自日本公共图书馆、大学图书馆系以及在日本研修的韩国大学图书馆的10位代表，和来自上海及全国各地7个省市、17个城市的43个公共图书馆、大学图书馆的95位代表参加了会议。江苏有8位代表参加了本次研讨会。本省代表金陵图书馆副馆长严峰做了题为“国家意志主导下的社会知识保障体系与‘公共图书馆’的制度建设”的报告，另有来自日本、韩国和中国的6位专家学者向大会做了报告。36篇论文汇集成册的大会论文集为会议和研究者提供了翔实的信息，这对继续研究和推动中国的图书馆立法具有十分积极的意义。（江苏省图书馆学会）

【2007年江苏省图书馆学会第5届理事会扩大会议】 3月15日“2007年江苏省图书馆学会第5届理事会扩大会议”在南京图书馆新馆学术报告厅召开。来自全省公共、高校、科研等系统图书馆的全体理事，各专业委员会主任、副主任共60余人参加了会议。省学会理事长、南京图书馆党委书记马宁，省文化厅社文处副处长谷峰，省社科联学会部何国军出席了会议。学会副理事长、东南大学图书馆馆长顾建新教授主持了会议。

马宁理事长在讲话中对省图书馆学会的工作

提出了五点意见。省学会秘书长吴林通报了学会2006年工作总结，提出了学会2007年工作计划，并传达了中国图书馆学会2007年有关工作。各专业委员会也通报了2006年主要工作和2007年工作打算。副理事长郑建民通报了编辑《江苏省图书馆事业志》有关事宜。《新世纪图书馆》主编彭飞对刊物的改名、来稿、发行量、编辑队伍及存在的问题等作了介绍。会议还提交了几位理事和常务理事的更换和增补名单。最后，副理事长郑建民对会议作了总结。（江苏省图书馆学会）

【江苏省图书馆学会少儿图书馆专业委员会工作会议】 4月5日至7日，江苏省图书馆学会少儿图书馆专业委员会工作会议在徐州召开。会议由省学会秘书长、少儿专业委员会主任吴林主持。与会委员交流了年内工作计划和活动安排，讨论并通过了《江苏省图书馆学会少儿图书馆专业委员会2007年工作计划》，并就如何做好少儿工作提出了建设性的意见。会后代表们参观了徐州市博物馆、狮子山楚王陵，感受了汉文化的深厚底蕴。（江苏省图书馆学会）

【江苏省图书馆学会科技图书馆专业委员会第11届学术年会】 12月7日至8日，江苏省图书馆学会科技图书馆专业委员会第11届学术年会在苏州市召开，18个团体会员单位的30余名代表出席会议，收到论文若干篇。年会的主题为：自主创新时代专业图书馆的服务与发展。年会上，专业委员会主任徐建民汇报了10届年会以来的工作情况；省科技情报所文献服务中心主任唐宝莲到会介绍有关网络文献资源与科技文献平台的建设与使用；与会代表就有关问题进行交流和讨论。（江苏省图书馆学会）

【参加第73届国际图联大会暨2007年度世界图书馆与信息大会】 第73届国际图联大会暨2007年度世界图书馆与信息大会于8月19日至23日在南非德班举行，本次大会有来自160多个国家的近4000名注册代表列席，江苏有20名代表参加了会议。（江苏省图书馆学会）

【组织全省部分公共图书馆馆长赴港学习考察】 3月下旬至4月初，省学会组织开展了全省公共图书馆馆长培训班，并组织全省部分公共图书馆馆长赴港对香港中央图书馆、香港大学图书馆、赤柱峰社区图书馆、香港流动图书馆学习考察。（江苏省图书馆学会）

【常州市图书馆学会成功举办文化共享工程实用技术全员培训及操作技能竞赛】 为了配合省“文化共享工程实用技术全员培训及操作技能竞赛”，同时为了进一步推动常州市图书馆系统的现代化建设，加快全市图书馆系统信息服务网络的建设步伐，提高工作人员的业务水平和操作技能，常州市图书馆学会于7月份，组织全市图书馆系统各协会、各馆分别对本系统45岁以下在编人员进行了培训。10月10日，进行了“文化共享工程实用技术全员培训及操作技能竞赛”初赛（笔试）和决赛（上机操作）。决出了公共图书馆个人一等奖2名，二等奖4名，三等奖6名；学校、医卫系统图书馆个人一等奖3名，二等奖6名，三等奖12名。10月18日则由武进、溧阳、金坛和市馆各组成2个代表队，共计8个参赛队参加了总决赛，经过必答题、抢答题、风险题三轮比赛，决出了团体一、二、三等奖。此外，溧阳市图书馆、常州工程职业技术学院图书馆等8个单位还由于组织工作出色、比赛成绩优异获得了组织奖。（江苏省图书馆学会）

【2007常州市图书馆学会基础教育培训班圆满结束】 常州市图书馆学会于2007年5月17日举办了一期图书基础知识培训班。来自全市各学校、医卫图书馆以及常州市各公共图书馆的33名学员参加了培训。本次培训旨在提高学员的操作能力，使学员们掌握本学科的业务特点和系统规律。培训班的课程由《图书馆基础知识》《图书分类》《文献编目》《读者工作》和《信息检索》组成。课程具有较高的针对性和实用性，由图书馆学会聘请资深专家教授授课，以确保培训质量。培训历时一个星期，于5月24日顺利结束。学员们于培训最后一天全体通过结业考试。培训结束后，学员们拿到了由市图书馆学会鉴印的继续教育证书、结业证书。（江苏省图书馆学会）

【连云港市图书馆学会召开常务理事会】 1月24日，连云港市图书馆学会常务理事第3次会议在市图书馆召开。全体常务理事参加了会议，市社科联副主席张建民出席会议并讲了话。会议由学会秘书长封海云主持，市图书馆馆长、学会理事长臧雷首先讲话，他肯定了学会在新一届理事会的领导下一年来所做的工作，并提出学会下一步发展方向和发展思路，即在构建完善活动网络、打造活动品牌、提升社会效益等方面再下工夫。各位常务理事就2007年学会开展学术活动、举办学术报告会和学术讲座、业务培训以及加强组织建设等方面进行了讨论。大家各抒己见，畅所欲言，一致认为要充分利用图书馆学会搭建的平台，实行资源共享，使效益最大化。（江苏省图书馆学会）

【泰州市图书馆学会3届1次理事会在泰州召开】 4月4日，泰州市图书馆学会召开了3届1次理事会。会议由常务副理事长周谨主持，会上改选市文化局副局长杨延慧为新任理事长。周谨在会上传达了省图书馆学会理事会精神以及省学会2007年工作计划。秘书长徐进向会议提交了市学会2007年工作计划讨论稿，与会各理事对工作计划中各项工作安排进行了认真的讨论。会议还对部分理事的变更进行了表决。（江苏省图书馆学会）

【江苏工艺精品展在江阴市图书馆顺利展出】 为继承和弘扬优秀的民间艺术，创造出更多更好地适应人民群众需求的精神产品，由江苏省工艺美术馆、江苏省图书馆学会联合举办的“盛世风采——江苏工艺精品展”于5月10日至13日

在江阴市图书馆顺利展出，这是江苏省工艺美术馆第一次走出南京举办的展出。

本次展出了1000多件刺绣、木雕、玉器、漆器、瓷器等工艺精品及一批近现代书画作品，其中还有一些国家级的工艺珍品。同时于5月12日下午1点在图书馆四楼的电化教室开展了以“藏市、藏家、藏品”为主题的鉴赏知识讲座。此次展览吸引了众多的工艺品爱好者前来参观，它重在普及、欣赏，旨在让传统的工艺精品走向寻常百姓，使观众从中了解了中国工艺美术尤其是江苏工艺美术的精髓。（江苏省图书馆学会）

【盐城市图书馆学会第20次科学讨论会召开】 盐城市图书馆学会于2007年12月29日召开了第20次科学讨论会，来自盐城市各系统图书馆的领导、学会理事和论文获奖代表60人参加了本次市学会2007年年会。会议先后由黄兴港副理事长和潘松华副理事长主持，盐城市民政局民间组织管理处颜新春处长、市社科联唐冰秘书长、市文化局社文处潘慧萍处长出席了会议并对年会的召开表示了热烈的祝贺。会上，刘进理事长代表市学会理事会从四个方面回顾总结了2007年市学会工作，并提出了2008年的初步工作计划。副理事长姜汉卿研究馆员对年会征文做了详细的评点。会上对获奖代表和单位进行了颁奖，会上同时进行了中小学和少儿图书馆业务建设专题研讨。会议还特邀了江苏省图书馆学会吴林秘书长、南京大学商学院博士后杨海平副教授为会员们做了“非洲之行：参加第73届国际图联(IFLA)大会并顺访埃及亚历山大图书馆的情况介绍”、“数字时代图书馆理论与实践的几个热点问题”两场学术报告。（江苏省图书馆学会）

【扬州市图书馆学会2007年学术研讨会举行】 扬州市图书馆学会于2007年12月6日至7日在仪征举行为期两天的“图书馆管理与服务创新”学术研讨会。来自各系统图书馆的论文作者代表和各馆领导50余人参加了会议。会议进行了论文交流和学会成员馆工作经验交流，宣读了论文获奖名单并颁发了获奖证书。扬州市文化局副局长吴宝根、市社科联副主席张雷、仪征市新闻出版局局长刘光义应邀出席会议。（江苏省图书馆学会）

【扬州市图书馆学会召开常务理事会议】 4月19日上午，市图书馆学会常务理事扩大会议在仪征图书馆举行。常务副理事长、市图书馆馆长沈业民，副理事长、扬大图书馆馆长刘从富等13人出席了会议。会议由副理事长、扬州大学图书馆副馆长王立诚主持。沈业民传达了省图书馆学会常务理事会议精神；市图书馆辅导部主任袁晖通报了市学会2007年工作计划和今年以来已完成的主要工作；会议同意增补袁晖为市学会副秘书长，马桂平、高洪树为市学会常务理事。（江苏省图书馆学会）

安徽省

【概况】 截至2007年底，省学会在7届理事会的领导下，认真贯彻落实科学发展观，以繁荣图书馆学研究为己任，以服务广大会员为宗旨，大力开展学术交流、科学普及等活动。学会坚持民主办会原则，认真履行民主管理程序，重视省学会的协调职能，加强学会组织建设，使会员队伍不断壮大，省学会拥有会员1100余人。

在学术研究方面，以发展创新为着力点，积极组织多层次的学术研究和学术交流活动。围绕图书馆学科建设和事业发展，鼓励会员认真探讨新时期学术交流活动的规律，通过省学术年会、学术报告、专题研讨、高层论坛等一系列的学术活动，繁荣了学术研究，培养了一批人才，使图书馆学术活动和质量都有了一定提高。积极发动组织会员开展各种学术活动，活动涉及研究领域广阔，不仅内容丰富、信息量大、选题新颖、视角广阔，而且理论联系实际，学术交流形式得到了图书馆工作者和会员的普遍认同，产生了很好的效果。

学会还注意发挥“联”的优势，努力拓展学会新局面。组织会员积极参与省科协、省社科联等权威机构组织的课题申报与成果评奖等活动，积极举办公共图书馆评估定级、科普展览讲座、人才培训等工作。2007年有2个申报课题获准立项，1个课题顺利结题。

学会还依托挂靠单位的支持，积极开展科普讲座和科普展览活动。省学会作为安徽省图书馆继续教育培训基地的实施机构，来致力于开展多层次的继续教育培训工作，努力提高全省图书馆工作人员的业务素质，提高全省图书馆业务工作的规范化、标准化水平。

安徽省图书馆学会第7届理事会有23名常务理事、57名理事。理事长易向军，副理事长丁光清、陶新民、柳炳康、阚华、张海政、陆和健、凌波、周国正，秘书长张海政（兼）。学会设有秘书处（办公室）、学术委员会、教育培训委员、协作交流委员会和学刊编辑委员会。（张海政　武巍泓）

【安徽省图书馆学会2007年会暨7届2次理事会在黄山歙县召开】 10月24日至26日，安徽省图书馆学会2007年会在黄山歙县隆重召开。来自全省各地、各系统图书馆界的代表共160余人出席了大会。北京大学资深教授、著名图书馆学家吴慰慈先生为本次年会做了题为“信息资源开发与利用的10个热点问题”的主旨报告。报告内容丰富，视角广阔，与会者深受启发。

本次年会主题为“图书馆与和谐社会”，共收到年会征文41篇，经评审，共评出一等奖2篇，二等奖8篇，三等奖15篇。会上，获奖论文代表刘小鹏、郑玲等6位论文作者在会上进行了交流。在分组讨论会上，代表们围绕资源共建共享、古籍保护、学术交流与成果评奖、二级学会建设等话题进行了认真的研讨。闭幕式上，大会还对获奖论文作者及2005—2007年中国图书馆学会优秀学会工作者、优秀会员进行了表彰。

在本次年会期间，安徽省图书馆学会还召开了7届2次理事会。50余名理事出席了会议。理事长易向军做了“2007年学会工作及2008年工作设想”的工作报告，省学会副理事长、省图书馆副馆长张海政做了2007年度学会财务工作报告。理事会上参会理事就2008年省学会工作和“安徽省图书馆学会学术成果评奖试行办法”（讨论稿）、“安徽省图书馆学会先进集体、先进个人评选办法（试行）”展开了认真讨论并提出了修改意见，同时还对省学会工作提出了许多很好的建议，根据学会章程，会议还对变更部分理事的提案进行了审议和表决。（武巍泓）

【省学会制定学术成果评奖办法，建立学术成果激励机制】 2007年3月，为繁荣学术，培育人才，调动安徽省图书馆学会会员和图书馆工作

者从事科学研究的积极性，表彰和奖励在图书馆学及相关学科领域开展学术研究和技术创新中作出突出贡献的个人会员和团体会员，经省学会7届理事扩大会议研究，决定设立安徽省图书馆学会学术成果奖，并制定了“安徽省图书馆学会学术成果评奖办法（试行）”。该办法在2007年10月23日召开的7届2次理事会上，经参会理事审议并原则通过。该奖项为安徽省图书馆界学术研究成果的最高奖项，自2008年具体实施，该奖项的设立对于繁荣图书馆学术研究、推动学术进步、培养人才将起到积极的推动作用。（武巍泓）

【省学会两项课题获准立项】 2007年省学会继续组织会员积极参加安徽省社科联2007年课题申报。我会推荐申报的两项课题获准立项。分别是“政府网站建设与政府效能的长效机制——兼论我省政府网站建设的现状、问题与对策建议”（安徽省图书馆　张海政）和“大众深层阅读现状及改善对策之调研报告”（安徽省图书馆　陈瑛）。（武巍泓）

【省学会多名会员获中国图书馆学会表彰】 2007年在中图学会开展的“评选2005－2007年中国图书馆学会优秀会员和优秀学会工作者”活动中，经各理事单位推荐并广泛征求意见，我省会员吴文革、徐修宜、丁传奉、郑玲、孟庆杰、贾莉、管霞同志荣获“2005－2007年度优秀会员”称号，张海政同志荣获“2005－2007年度优秀学会工作者”称号。（武巍泓）

【省学会举办学术报告会】 2007年6月17日，安徽大学管理学院院长谢阳群教授应安徽省图书馆学会之邀，在省图书馆做了一场题为“社会转型中的图书馆——机遇与挑战”学术报告会，来自合肥地区各系统图书馆的60多名会员和图书馆工作者聆听本场学术报告。谢教授在报告中根据马克思主义社会进化的观点，向听众阐述了社会转型的定义及在社会转型的大背景下，社会的政治、经济、文化、法制、道德、体制等领域发生的一系列变化，深入剖析了社会转型期图书馆所面临的种种挑战和机遇。学术报告会受到广大会员的肯定和好评。（武巍泓）

【合肥市图书馆学会召开第3次会员代表大会】 2007年7月11日，合肥市图书馆学会第3次会员代表大会在合肥市图书馆隆重开幕，来自全市各系统及相关单位的60多名会员代表参加了会议。开幕式由合肥市文化广电新闻出版局副局长杨小燕主持，市政府副秘书长项贤俊，市委宣传部副部长、市文化广电新闻出版局党组书记、局长姚卫东，市科协副主席金维平，省文化厅社文处处长侯进，省图书馆学会秘书长张海政，合肥市社科联副主席陆俊昌等应邀出席会议并讲话。

合肥市图书馆副馆长朱忠义同志向代表们作了题为“奉献、创新、求实、协作推进合肥市图书馆事业蓬勃发展——合肥市图书馆学会第二届理事会工作报告”，合肥学院图书馆副馆长昌超同志宣读《合肥市图书馆学会章程》，合肥市少儿图书馆馆长汪茜就本次代表大会会员代表及第3届理事会候选人的条件、名额分配原则及产生办法等向大会做了汇报。大会审议通过了《合肥市图书馆学会第2届理事会工作报告》、《合肥市图书馆学会章程》（修改草案）以及《会员会费标准及管理办法》，原则通过了《合肥市图书馆学会“十一五”期间工作规划》（建议稿）。

大会通过举手表决方式选举产生了合肥市图书馆学会第3届理事会，合肥市图书馆馆长凌波当选为第3届理事会理事长，昌超、苏伟、汪茜、朱忠义、丁传奉、李少芬当选副理事长，王大林当选秘书长，李永钢、陆其美当选副秘书长，大会还推选杨小燕同志担任本会的名誉理事长。

会上代表们还就今后如何进一步加强馆际协作、协调与合作，促进合肥市图书馆事业更好更快发展，为构建“和谐社会”和“学习型社会”，推动合肥市社会、经济、文化事业的全面发展等话题进行了充分的交流。（凌波）

【蚌埠市图书馆学会组织召开蚌埠地区馆际互借协调会】 2007年4月12日，蚌埠市图书馆学会在安徽科技学院组织召开了蚌埠地区图书馆馆际互借协调会。安徽科技学院副院长刘朝臣及来自本地区各系统图书馆的10余位馆长出席了会议。与会馆长认为：资源共享对于充分发挥各图书馆资源价值，实现优势互补、资源共享具有重要意义，可以为更好地服务于社会，是图书馆工作发展的趋势，馆长们在会上还对本地区资源共享的实施步骤、方法进行了热烈讨论，积极建言献策，充分酝酿协商，鉴于目前各馆的资源及网络管理等方面的差异，在不影响各馆业务工作和读者权益的前提下在本地区开展馆际互借，并签署了“蚌埠地区图书馆馆际互借协议书”，迈出了蚌埠地区图书资源共享的步伐。（张海政）

【铜陵市图书馆学会召开第 3 次会员代表大会】 2007 年 10 月 29 日，铜陵市图书馆学会第 3 次会员代表大会在铜陵市图书馆隆重召开。来自全市各系统图书馆的 40 余名会员代表参加了会议。安徽省图书馆学会副理事长、秘书长、省图书馆副馆长张海政，铜陵市图书馆学会副秘书长刘宪宁，市文化局局长胡凤林，市民间组织管理局副局长巫晓明，市社科联秘书长贺思圣应邀出席开幕式并发表了热情洋溢的讲话。

本次大会审议通过了《铜陵市图书馆学会第 2 届理事会工作报告》、《铜陵市图书馆学会第 2 届理事会财务报告》、《铜陵市图书馆学会章程》（修改草案）及《铜陵市图书馆学会会费标准及管理办法》等文件，选举产生了铜陵市图书馆学会第 3 届理事会，铜陵市图书馆馆长储立新当选为理事长，铜陵学院图书馆馆长张寒生、铜陵市图书馆副馆长王杰当选为副理事长，铜陵市图书馆吴杰当选为秘书长，并召开了 3 届理事会一次会议。会议完成了各项议程，圆满结束。（吴杰）

【马鞍山市图书馆学会获中国图书馆学会表彰】 2007 年 7 月，经中国图书馆学会科普与阅读指导委员会评委评选，马鞍山市图书馆学会荣获 2006 年度全民阅读“优秀组织奖”，马鞍山市图书馆、马鞍山雨山中学图书馆分别荣获 2006 年度全民阅读“先进单位奖”。马鞍山图书馆学会根据中国图书馆学会关于开展全民阅读活动的通知精神，积极响应并广泛组织发动，在本地区开展了一系列丰富多彩、卓有成效的全民阅读活动，有力地推动了这一活动的组织实施。（贯莉）

福建省

【福建省图书馆学会举办新春灯谜竞猜活动】 2007 年 2 月 9 日，福建省图书馆学会与省图书馆读者活动中心联合为福建省社科联春节联欢会举办新春灯谜竞猜活动，精心准备的 200 条灯谜和丰富的奖品吸引了众多社科联委员和各省级学会领导。（龚永年）

【福建省图书馆学会被福建省社科联和福建省科协评为先进学会】 2007 年 1 月，福建省图书馆学会被福建省社科联评为 2004－2005 年度先进学会，学会理事长谢水顺和秘书长龚永年被评为省社科联先进学会工作者。2007 年 9 月，福建省图书馆学会被福建省科协评为 2007 年度先进学会，学会会刊《福建图书馆理论与实践》被评为 2006 年度优秀学术期刊鼓励奖。（龚永年）

【闽粤港图书馆学(协)会 2007 年学术年会在武夷山市召开】 2007 年 10 月 11 日至 15 日，来自福建、广东、香港三地图书馆学（协）会的领导和公共、高校、科研等系统图书馆论文作者代表 160 多人出席了会议。年会主题是“图书馆服务模式创新与发展研究”，14 位代表在大会上作了精彩的专题发言。这是闽粤港三地图书馆学（协）会首次联合召开的学术年会，共收到征文 144 篇（其中福建 48 篇，广东 90 篇，香港 6 篇），三地入选论文分别编印了论文集。会议期间，代表们还参观考察了世界自然和文化双遗产武夷山风光和 1000 多年前的闽越王城遗址。（龚永年）

【福建省图书馆学会、福建省图书馆联合举办美国俄勒冈州交流馆员学术报告会】 2007 年 10 月 25 日下午，福建省图书馆学会、福建省图书馆在省图书馆多功能厅联合举办学术报告会，邀请前来福建省图书馆交流访问的美国俄勒冈州科瓦里斯—本登郡图书馆副馆长特丽莎·兰德斯、波特兰大学图书馆科学馆员格丽塔·西杰尔作学术报告，波特兰大学图书馆馆员王周若龄担任翻译。福建省图书馆学会理事长谢水顺主持报告会。特丽莎·兰德斯的报告题目是“以读者为本的图书馆服务：给读者所需要的”，格丽塔·西杰尔报告的题目是“当地性、地区性和全球性的灰色文学”。两位美国交流馆员的学术报告引起了与会者的很大兴趣，福州市多所大学图书馆、

公共图书馆以及福建省图书馆近200名图书馆员参加了学术报告会。（龚永年）

【福建省图书馆学会2007年学术年会在永安市召开】 10月27日至30日，来自全省各级各类图书馆的86位图书馆长和论文作者代表出席会议。本次学术年会也是福建省科协第7届学术年会分会场，年会主题是“和谐社会、海西文化建设与图书馆新发展”，共收到应征论文115篇。本次学术年会期间，还于10月27日晚上召开了省图学会7届4次理事会，会议期间代表们还参观了新落成的永安市图书馆新馆。（龚永年）

【福建省图书馆学会被中国图书馆学会评为2006年全民阅读活动优秀组织奖】 2006年里，福建省图书馆学会积极组织发动全省各系统图书馆和广大会员积极参与全民阅读活动，取得优异成绩。在2007中国图书馆学会年会上，福建省图书馆学会被中图学会评为2006年全民阅读活动优秀组织奖；与此同时，郑一仙等11名会员被评为中国图书馆学会优秀会员，福建省图书馆学会秘书长龚永年被评为中图学会优秀学会工作者。（龚永年）

江西省

【江西省图书馆学会部署科学普及工作】 1月11日，省图书馆学会下发了《关于开展科学普及工作的通知》（以下简称《通知》），要求各设区市图书馆学会积极争取当地党委和政府的支持，把科学普及工作摆上重要位置，并将其列入学会年度工作目标之中，切实有效地开展科学普及工作。

《通知》强调，要充分发挥图书馆学会和各级、各类图书馆的优势，调动各方面的积极因素，结合当地实际，因地制宜，选择百姓关注的选题，开辟更多渠道，采用举办科普宣传日（周），开设科普知识讲座、讲坛，出版科普读物以及开展知识竞赛、科学成果展览、义务咨询服务等内容丰富、通俗易懂、形式多样的方式方法，在全省掀起科学普及活动热潮，为在新的起点上实现江西崛起的新跨越的进程中，更好地起到舆论先行、理论支撑和智力支持作用，做出图书馆工作者的积极贡献。

《通知》要求，在开展科学普及工作中，各设区市图书馆学会要建立科学普及工作制度和协调机制，要有阵地、有渠道、有队伍；要加强与广大专家、学者的密切联系，形成一支高素质的科学普及专、兼职队伍；要密切与社会传媒、出版单位的沟通与联系，形成畅通的工作网络；要加强与各级、各类图书馆和有关部门的联系，形成良好的社会氛围；要按计划开展工作，并及时总结典型经验，推广先进经验，使科学普及工作不断健康、有序的发展。（程远）

【《公共图书馆建设标准》专题研讨会在南昌召开】 2月8日，由省图书馆学会和省图书馆联合组织召开的《公共图书馆建设标准》专题研讨会在省图书馆召开，来自全省各设区市图书馆以及部分县（区）图书馆的馆长20余人出席了会议。

会议一致认为，由国家统一制定和颁布全国性的《公共图书馆建设标准》，对有效规范公共图书馆建设和发展具有重要意义，特别是对县级图书馆，尤其是贫困地区基层公共图书馆的建设，具有很强的法规性指导意义，同时对进一步规范各级公共图书馆的统一、协调、健康发展将起到积极的作用。与会者还结合当地实际和公共图书馆的发展需要，纷纷就《公共图书馆建设标准》（征求意见稿）和公共图书馆的设置以及改建、扩建、新建等标准问题，提出了建设性的意见和建议，并盼望这部关系到公共图书馆发展的全国性标准能早日颁布实施。（程远）

【省图书馆学会再获殊荣】 3月16日，从“2007年江西省科协学会工作会议”传来喜讯，省图书馆学会荣获省科协授予的“2006年度先进省级学会”光荣称号，这也是省图书馆学会自2002年以来第4次获此殊荣。另外，省图书馆学会常务副秘书长程远同志荣获“2006年度江西省科协学会（院校科协）工作先进个人”。（程远）

【全省学会干部学习研讨班在上饶举办】 7月31日至8月1日，由省科协学会部、省自然科学学会研究会联合主办的2007年全省学会干部学习研讨班在上饶市举办。来自全省57个省级学会的干部以及各设区市科协的有关领导等81人参加了学习研讨，省图书馆学会常务副秘书长程远参加了学习研讨。

此次学习研讨班传达了中国科协全国学会工作会议和中国科协书记处第一书记邓楠同志的讲话精神，听取了省科协贯彻中国科协全国学会工作会议精神的意见和江西省科技社团承接政府职能转移的调研报告，部分代表围绕学会管理及组织建设等方面工作介绍了经验，与会者还分组学习讨论了邓楠同志在中国科协全国学会工作会议的讲话，就将要实施的《江西省科学技术协会省级学会组织通则（试行）》（征求意见稿）进行了学习和讨论，并提出了修改建议和意见。

会议强调，今后全省科协和学会要以中国科协全国学会工作会议提出的要求为指针，按照学会组织通则的要求，规范和完善学会的组织建设，不断探索和研究做好学会工作的新方法、新思路，动员和组织广大学会工作者切实肩负起繁荣科学技术、服务国家发展的历史使命，为建设充满生机和活力的现代科技社团而努力奋斗。（程远）

【江西将承办华东少年儿童图书馆协作委员会 2009 年年会】 10月23日至26日，由厦门市少儿馆承办的华东地区少年儿童图书馆协作委员会2007年年会暨学术研讨会在厦门市庐山大酒店隆重召开。江西省图书馆卢涛副馆长、弋阳县图书馆胡堂香馆长等一行3人代表江西少儿读者服务工作者参加了会议。

会议确定江西省图书馆将承办华东少图协2009年年会，并举行了会徽交接仪式。江西省图书馆卢涛副馆长代表江西省图书馆表示将努力办好华东少图协2009年年会，同时热忱欢迎图书馆同行到江西传经送宝。（程远）

【省图书馆学会召开常务理事会议】 为筹备召开省图书馆学会第5次会员代表大会，10月24日，省图书馆学会常务理事会议在省图书馆二楼会议室召开，第4届常务理事会常务理事16人出席了会议。按照《江西省图书馆学会章程》的规定，本次会议主要商议确定了：第4届理事会工作报告的起草、《江西省图书馆学会章程》的修订、省图书馆学会第5届理事会成员分配比例、省图书馆学会第5届常务理事会成员分配比例以及秘书长以上领导组成比例等的问题，讨论通过了省图书馆学会优秀学会工作者和优秀会员表彰办法；通报了省图书馆学会五年来的财务情况。（程远）

【全省社联系统协作会在南昌召开】 10月29日，由省社联主办、南昌市社联承办的“2007年全省社联系统协作会”在南昌市春都商务大酒店隆重举行。来自全社省各设区市社联、企业社联和部分省属学会（协会、研究会）的负责同志80余人出席了会议，省图书馆学会常务副秘书长程远参加会议。（程远）

【省图学会统计工作受表扬】 11月28日，江西省科学技术协会发文通报表彰2006年省级学会统计工作先进单位、表扬单位和先进个人。其中：省图书馆学会为受表扬单位，省图书馆学会常务副秘书长程远同志荣获先进个人。省科协根据2006年省级学会统计工作的具体情况，进行了全面认真的评比，共评选出10个先进单位、14个表扬单位和24名先进个人，并以《关于表彰2006年省级学会统计工作先进单位、表扬单位、先进个人的通报》（赣科协字［2007］128号）进行了通报表彰。（程远）

【省科协省级学会分片总结会召开】 12月26日下午，由省科协主办，省女科联承办的2007年省科协省级学会分片总结会（第三组）在省妇联会议室召开，省图书馆学会等20个学会的秘书长或代表参加了会议。省妇联主席、省女科联会长李亚平到会指导并讲话。各学会秘书长（代表）汇报了2007年学会工作开展的情况及2008年学会工作安排。省科协学会部部长梁纯平重点就2008年省级学会工作进行了安排部署。（程远）

山东省

【概况】

一、定期召开、参加有关工作会议

1. 参加中国图书馆学会2007年学术年会

2007年8月5日，2007中国图书馆学会年会在兰州正式开幕。山东省图书馆学会派员参加

了本次盛会。

2. 参加 2007 全国图书馆学会工作会议暨 2008 中国图书馆学会秘书长联席扩大会议

山东省图书馆学会秘书处派员参加了这次工作会议，并在会议上做了典型发言。

3. 参加省社科联有关工作会议

先后派员参加山东省社科联工作会议，第 5 期省级学会会长、秘书长研讨班，全省社科普及工作总结表彰暨经验推广会议。

二、组织建设

学会作为行业性社会团体，会员是学会的基础。随着学会工作逐步推进，学会的影响力和辐射力不断增强，会员数量不断增多。在省学会领导及秘书处工作人员的共同努力下，截至 2007 年底共发展中国图书馆学会会员 276 人，省学会会员 455 人，会费的收缴工作完成情况良好。

三、学术研讨与交流

为适应图书馆事业的发展，省学会围绕事业发展的中心，积极开展了专题研究、学术研讨会、学术年会等一系列活动，并参与全国性的学术研讨活动。

1. 学术研讨

省学会在年内先后举办了山东省图书馆学会第 14 次科学讨论会、“图书馆社会服务职能的拓展与创新”专题研讨会等学术活动。得到全省广大会员的大力支持，各系统图书馆工作者踊跃撰稿，共计征得论文 400 余篇，内容涉及图书馆工作的各个方面，针对图书馆工作中带有普遍性的实际问题，深入探讨，提出了许多新观念、新方法，具有较高的学术价值和现实意义。

2. 参加全国性学术活动

2007 年 2 月，为配合中图学会做好年会征文组织工作，山东省图书馆学会转发了《中国图书馆学会 2007 年年会征文通知》，并从省内选送部分优秀论文参加了年会论文评选。

四、科普宣传活动

坚持发挥图书馆科普宣传主阵地的作用，充分借助“世界读书日”、“全民阅读”、“省社科普及周”、“图书馆服务宣传周”等有利时机，策划、组织了一系列科普宣传活动。其中有影响的宣传活动就达 18 次，各种活动累计接待观众 3 万人次。活动形式多样，包括广场咨询、报告会、讲座、专业参观、展览、广场演出等。同时广泛发动电视台、电台、报纸等媒体展开强大的宣传攻势，给社会营造一个认识图书馆、了解图书馆、走进图书馆和利用图书馆的良好氛围，努力树立和提高图书馆的社会形象和社会地位。

五、继续教育

1. 共享工程业务培训

为贯彻落实全省文化信息资源共享工程建设工作会议精神，迎接我省文化共享工程建设“试点省”的验收，省学会联合省图书馆先后举办了 6 次有关共享工程工作的研讨培训班。

2. 山东省图书馆学会、山东省图书馆举办“全省图书馆基础业务培训班”

山东省图书馆学会、山东省图书馆联合山东省职业院校协会于 2007 年 4 月 10 日至 13 日在泰安市举办了为期四天的“全省图书馆基础业务培训班”，来自全省 70 余家单位的 110 名图书馆专业人员参加了培训班学习。

六、编辑出版

1. 编辑出版山东省图书馆学会第 14 次科学讨论会获奖论文专集《图书馆用户服务研究》。

2. 继续做好学会内部刊物《山东图书馆信息》的编辑工作，今年共编辑出版了 6 期，为广大会员和图书馆工作者提供了交流和学习的平台。

七、获奖情况

2007 年，山东省图书馆学会在第五届理事会的带领下，在各个上级领导部门的关心和支持下，努力发挥学会自身优势，充分整合社会各方资源，不断夯实基础，积极推进学会改革与发展，探讨构建公共文化服务体系，在学会组织建设、学术活动、科普宣传、全民阅读等各项工作都取得新的进展。先后被中国图书馆学会授予“全民阅读活动优秀组织奖”；山东省社会科学界联合会授予“山东省社会科学普及周活动先进集体”、“山东省先进学会”；山东省民政厅授予“2006 年度优秀省管社会团体”等荣誉称号。
（王玮　陶嘉今）

【山东省图书馆学会举办第 14 次科学讨论会】 山东省图书馆学会第 14 次科学讨论会于 2006 年 10 月举行，研讨主题为“以用户为中心的图书馆”。本次活动得到全省广大会员的大力支持，各系统图书馆工作者踊跃撰稿。截至2007年3月10日，共征文263篇。经省学会专家评委会严格评审，评出一等奖2篇，二等奖28篇，三等奖及优秀奖若干。为加强学术交流，使论文的学术水平得到认证，作为今后职称评定的重要学术依据，省学会将140余篇具有一定学术水平的获奖论文结集，出版《图书馆用户服务研究》一书，以便广大图书馆工作者能够相互借鉴、学习，更好地推动全省图书馆事业的发展。（王玮）

【《山东省公共图书馆发展简史》出版发行】 由山东省图书馆学会秘书处组织编写的《山东省公共图书馆发展简史》一书，于2007年6月已由中国文联出版社正式出版。

该书通过图文并茂的形式，总结和记录了全省近百年来各级公共图书馆不平凡的发展足迹和辉煌历史，展现了各馆的发展历程，突出反映了各馆几代图书馆人，在基础建设、业务建设、服务措施和学术研究等方面取得的累累硕果。该书所收各级图书馆简史内容大多从其建馆初期开始，截至2004年底，个别前溯或后延，章节依照山东省行政区划标准进行编排。该书编写坚持实事求是、有据可查的原则，所收相关数据准确、可靠，可作为了解山东省公共图书馆事业发展历程的重要史料，亦可供学术研究和领导决策时参考。（王彬）

【山东省图书馆学会、山东省图书馆举办“全省图书馆基础业务培训班”】 山东省图书馆学会、山东省图书馆联合山东省职业院校协会于2007年4月10日至13日在泰安市举办了为期4天的“全省图书馆基础业务培训班”，来自全省70余家单位的110名图书馆专业人员参加了培训班学习。

培训班由时任山东省图书馆中文采编部主任的王玉梅研究馆员授课。主要讲授图书馆文献资源建设、计算机编目理论与实践、图书馆文献标引工作、图书馆自动化集成系统的管理与应用等内容。王主任结合多年的工作经验，全面系统地讲解了各类中小型图书馆业务建设的基本理论，耐心地解答了学员们在工作中遇到的实际问题，学员们感到受益匪浅。（王彬）

【山东省图书馆学会举办“图书馆社会服务职能的拓展与创新”专题研讨会】 山东省图书馆学会主办了“图书馆社会服务职能的拓展与创新”专题研讨会。本次研讨会征文选题主要涉及图书馆在图书馆延伸服务与公共文化服务体系建设、图书馆社会服务功能的拓展与延伸、文化信息资源共享工程的服务方式与方法、信息环境下公共图书馆的社会化服务理念等方面。本次研讨会的召开主要目的是学习贯彻中央有关加强公共图书馆延伸服务的指示精神，从理论和实践两方面交流推广各地市图书馆的开展延伸服务的成功经验，对新形势下公共图书馆服务工作的开展将产生一定的推动作用。

本次专题研讨会共征得论文139篇，作者来自全省各地市各系统的图书馆，充分体现出我省图书馆工作者对事业发展的关注和研讨工作的热情。经省学会专家评委严格评审，共评出（一等奖空缺）二等奖22篇，三等奖62篇，优秀奖若干。（王玮）

【山东省图书馆学会倾力打造“大众讲坛”文化服务品牌】 为了满足人民群众日益增长的精神文化需求，拓宽公共图书馆服务内容和服务方式，文化部下发了《关于深入开展公共图书馆讲座工作的通知》，根据通知的要求，省学会联合省图书馆开设了“大众讲坛”，准备通过讲座这一方式为广大群众提供健康向上的精神食粮。

通过与省科学院、省社科院、省科协、省企业家协会、省经济学会、山东大学等单位积极联

系，邀请在某一领域有突出贡献且知识渊博、思维敏捷、关注社会的专家学者等做主讲人。讲座内容主要涉及时政热点、文学艺术、法律讲解、健康知识、经济论坛、科普教育等。“大众讲坛”系列讲座主要有在济南工作的两院院士主讲的“院士讲坛”，山东省部分十大杰出青年主讲的“青年论坛”，全国知名学者主讲的“名家讲坛”，以讲述山东历代学者的人生故事、学术理想、风骨人格以及那个时代社会发展的轨迹为主的“学人系列”，知名心理专家主讲的“家长课堂系列”等。

省学会自2006年3月正式向社会推出“大众讲坛”这一活动后，引起了社会的广泛关注，先后举办了“马瑞芳讲聊斋”、“古典文明与西方文明”、“青年成才道路的规划与设计”、“了解孩子的行为目的”、“陆侃如与冯沅君”、“我国周边安全环境与台海局势”等，在社会上引起了强烈的反响。（王玮）

【济南图书馆学会举办第11次学术研讨会】

2007年6月30日，以“图书馆与城市文化建设”为主题召开了济南图书馆学会第11次学术研讨会暨学术报告会，就图书馆在城市文化建设、和谐社会创新、学习型社会中的地位与作用，新时期图书馆管理和服务的创新等一些前沿性研究课题进行了细致的分析和探讨。本次会议共收到论文68篇，经专家评委会认真筛选，共评出一等奖6篇，二等奖12篇，三等奖25篇，部分获奖论文进行了大会交流。为加强学术交流，会议还邀请中国图书馆学会副理事长倪晓建作了题为“图书馆服务与创新”专题报告，200余人参加。（王晓燕）

【济南图书馆学会开展全市共享工程管理人员业务培训】 保障我市共享工程建设的顺利进行，济南图书馆学会于2007年11月29日30日举办了全市文化信息资源共享工程管理人员培训班，全市县（市）区公共图书馆近30人报名参加了培训。此次培训以实际操作技能为主，根据区县图书馆的特点，进行了有计划的系统培训，提高管理人员的业务素质和操作能力，为共享工程的开展和服务水平的提升提供人才保障。（王晓燕）

【2007年青岛市图书馆学会工作成绩斐然】

2007年青岛市图书馆学会在省图书馆学会等上级部门的支持下，较圆满地完成了计划内的工作任务，取得了一定工作成绩。

在学术活动方面，积极开展学术研讨工作，注意培养青年图书馆工作者参加全国全省的学术交流活动以及本市的社会成果评奖等活动，使学会学术氛围浓厚。积极组织学会会员参加各种不同类型的学术研讨会和社科评奖活动，先后组织人员参加了山东省图书馆学会年会论文评奖活动、青岛市图书馆学会论文评选活动等，青岛市图书馆学会积极参与图书馆学论文集《图苑汇英》的征稿、校对等出版工作。青岛市图书馆学会还组织开展了图书馆学论文集《和谐社会的图书馆建设》一书的征稿工作。全市图书馆界共有300余人投稿，经过认真评审，遴选出119篇论文于2007年6月结集出版。

青岛市图书馆学会积极参与青岛市社科普及工作。2007年，青岛市图书馆学会开展的文化大讲堂讲座活动受到市社科联等上级有关领导的重视和好评；“青岛文化大讲堂”活动被市社科联选定为青岛市社科联10项重点科普活动之一。2007年5月。在市社科联组织的“青岛市社科普及周”活动中，青岛市图书馆学会围绕活动主题举办讲座、展览、新书推荐、影视欣赏等活动。2007年11月，青岛市图书馆学会参加山东省社会科学普及工作暨经验交流现场会，并作了交流发言。

青岛市图书馆学会因其出色的工作成绩得到上级有关部门的肯定。先后荣获青岛市社科联“2006年度先进学会”称号，青岛市市委宣传部、青岛市社科联共同颁发的“社会科学普及周活动先进集体”荣誉证书。（青岛市图书馆学会）

【潍坊市图书馆学会组织会员馆参加“加强行风建设，创新服务品牌”活动】 潍坊市图书馆学会以“同享读书　共建和谐”为题，参加了潍坊市科协组织的“关于开展潍坊市市级学会优质服务项目创评活动”并审报立项。此后学会多次召开理事长会议进行重点部署，对活动的组织领导、目标要求、活动内容、实施步骤等方面提出了具体的要求。随后，认真组织协调，加强督导交流，结合在图书馆之间广泛开展的“加强行风建设，创新服务品牌”活动，及时通报各馆的特色活动和创新服务。联合全市各系统、各类型图书馆并且利用自身的资源优势，在积极传播信息知识，广泛开展社会教育方面发挥了积极的作用，取得了“同享读书、共建和谐”的良好社会效果。（林娟）

【2007年烟台市图书馆学会学术研讨会】 2007年6月28日至30日，由烟台市图书馆学会主办、烟台市图书馆学会读者工作委员会承办，主题为“以人为本，服务创新”的“2007烟台市图书馆学会学术研讨会”在长岛召开。来自烟台市高校、公共及企事业单位图书馆的50余人参加了会议。研讨会共收到学术论文50余篇。评出一等奖3篇，二等奖6篇，三等奖9篇，优秀奖18篇。研讨会上烟台大学图书馆副馆长张廷广作了题为“传统图书馆·数字图书馆·复合图书馆及其三者之间的关系”的学术报告。5篇获奖论文进行了大会交流。（周玲）

河南省

【河南省图书馆学会第7届2次全体理事会】 2007年3月20日，河南省图书馆学会第7届2次全体理事会在郑州召开。理事长王爱功，副理事长李景文、张惠民、张怀涛、张雷顺，秘书长孔德超，高校图工委秘书长崔波及70多位理事出席会议。河南省科协学会部部长陈萍、河南省文化厅社文处副处长甘源等到会祝贺。大会通报了调整、增补第7届常务理事、理事名单，审议“河南省图书馆学会2006年度工作报告暨2007年工作要点”和“河南省图书馆学会2006年度财务收支情况报告”，并通报了中国图书馆学会、河南省高校图工委及河南省图书馆学会有关委员会2007年工作要点。与会者一致认为，2006年以来，学会在全省图书馆界积极营造和谐的环境和氛围，在学术交流与研究、组织建设、资源共建共享等方面做了大量工作。如组织以“和谐社会建设与图书馆发展”、“统筹发展中的图书馆事业”和“图书馆信息资源共知、共建、共享”为主题的学术讨论会，以“建设人文社区和谐社会”为主旨的“文化黄金周”活动，组织部分会员参加“第72届国际图联大会”等。2007年，学会工作要以科学的发展观指导工作实践，在组织建设、学术活动、拓展与国际图书馆界的交流等方面进一步发挥其职能，为河南图书馆事业发展做出积极的贡献。会议还就基层图书馆、高职院校图书馆及中专、中小学图书馆事业建设等问题做了进一步探讨。（严真　汤树俭）

【河南省图书馆学会学术工作会议】 河南省图书馆学会学术工作会议于2007年4月20日在中原工学院图书馆召开。全省公共图书馆、高校图书馆、科技情报机构、图书情报教学单位的学术委员和专家30余人出席。会议围绕“如何更好地开展学术研究和学会工作”展开讨论。河南省科技情报学会常务副理事长、河南省科技情报研究所长张永超提出高校图书馆、公共图书馆、情报机构要形成三位一体的创新服务体系的新思路。河南省图书馆学会副理事长及编译工作委员会主任、河南大学图书馆长李景文认为学会的编译工作与学术工作关系密切，两个委员会应加强联系与合作，共同推进学会整体水平的提升。郑州大学信息管理系副主任臧国全、河南大学图书馆王学春等，希望能通过对外交流学习，提升整个河南图书情报界的形象。河南科技学院情报研究所所长崔永斌也提出在项目申报中，要明确学术方向，发挥团队精神，整合省内人力资源，以提高各类科研项目申报通过率。河南省高校图工委秘书长、河南省图书馆学会编译工作委员会副主任崔波强调图书馆文化建设的重要性，尤其是精神文化建设，希望通过各种有效学术活动，提高馆员素质，消除职业倦怠。河南省图书馆学会学术委员会副主任、郑州大学信息管理系主任索传军提出新形势下的学术活动可以发挥网络优势，例如可在网上以博客形式交流传递信息，在网上评奖，可以组织专家为企业开展咨询活动等。河南省科技情报学会肖瑞兰秘书长向与会者介绍了评选河南省科技情报成果奖、举办竞争情报论坛等活动的宝贵经验。河南省图书馆学会秘书长孔德超提出要依靠各位专家和全体会员，群策群力，办好学会的设想。最后，河南省图书馆学会理事长、河南省图书馆长王爱功对大会进行总结。（汤树俭）

【全省图书情报工作业务骨干新知识培训班】

2007年9月23日至28日在郑州大学南校区图书馆举行的全省图书情报工作业务骨干新知识培训班，共吸引来自全省公共、情报系统和高校图书馆的近80位代表参加。经过5天的学习，培训班完成各项议程，取得了良好效果：一是在全国首创高校图书馆、公共图书馆、情报所三家共同举办培训班。这是一个了不起的突破，说明在信息资源共享和合作方面走在了全国前列。10场报告10个专题内容，不但从不同的侧面向与会代表讲述了图书馆学发展的前沿性问题，对促进中原崛起、推动河南文化事业发展也将起到一定的作用。二是讲课专家级别高，讲授内容水平高且紧密结合图书情报工作迫切需要解决的实际问题。如崔慕岳、张永超、张怀涛、王爱功、秦珂、崔波、王槐深等均为河南知名专家。这么多知名专家亲临培训班讲课，历年来不多见。三是高校、公共馆、情报所三家的同志首次坐在一起，共同讨论，互相学习，增进了团结。（*严真 汤树俭*）

【刘中朝副馆长应邀出席第73届国际图联大会】 2007年8月19日至23日，河南省图书馆副馆长刘中朝应邀出席在南非德班举行的第73届国际图联大会。本次年会有150个国家的专家和学者出席，议题："图书馆的未来：进步、发展与伙伴关系"。成立于1927年的国际图书馆协会和机构联合会，简称国际图联。它是一个独立的、非官方的，具有联合国教育、科学和文化组织A级顾问资格的国际图书馆组织。国际图联大会每两年召开一次。刘馆长在南非期间，随团参观了当地著名的大学、博物馆以及各类型图书馆，出席了举办方安排的主要文化交流活动。（*汤树俭*）

湖北省

【湖北省图书馆学会召开第4届理事会第4次全体会议】 2007年3月20日，湖北省图书馆学会第4届理事会第4次全体会议在省图书馆召开。会长周济洋，常务副会长万群华，副会长邓珞华、孟惠玲等67名理事出席了会议。

理事会由会长周济洋主持，常务副会长万群华作了2006年学会工作总结报告。报告从鼓励学术创新，搭建理论与实践相结合的平台，积极开展学术交流；立足需要，举行多种形式学术报告会，努力扩大会员和图书馆工作者的视野；积极开展合作与交流活动，创新服务项目，扩大学会的社会影响；办好理论刊物，积极做好学会论文集出版工作，加大人才培养的力度；坚持民主办会，加强学会组织建设，优化会员服务及其他工作等六个方面对2006年的工作进行了全面的总结。副会长邓珞华作了学会2007年工作计划报告。学会秘书长胡银仿作了湖北省图书馆学会2006年财务报告。

根据议程，会议进行分组讨论。理事们围绕2006年工作总结报告、2007年工作计划、2006年财务报告以及人事任免等问题进行了认真的审议。理事们对学会2006年的工作报告和财务报告以及学会2007年工作计划给予充分肯定，并且提出不少修改意见。分组讨论结束后，会议表决通过了2006年工作总结报告、2007年工作计划、2006年财务报告以及人事任免决定。

理事会还就2007年湖北省图书馆学会年会征文、关于召开第6届中国社区乡镇图书馆发展战略研讨会征文、关于组织部分图书馆馆长赴西部省区学习考察、关于组织会员参加第73届国际图联大会、关于举办培训班等工作作了布置。副秘书长徐力文对发展《新华书目报·图书馆》专刊通联站通讯员、2007年度全民阅读活动、联合组织第19届图书馆服务宣传周活动、《图书情报论坛》征稿等工作进行了部署。第4届理事会第4次全体会议开得紧凑，取得了圆满成功。（*湖北省图书馆学会秘书处*）

【湖北省图书馆学会2007年学术年会在赤壁市召开】 湖北省图书馆学会2007年学术年会于12月17日至20日在历史名城赤壁市召开。参加年会的代表很广泛，既有普通高校、职教院校、独立院校、中学图书馆的馆长和论文作者，也有公共图书馆、科技图书馆、企业图书馆的馆长和论文作者，还有特邀嘉宾共约200人。本届年会的主题是：新环境下的图书馆、价值、需求与协调发展。

在年会开幕式上，周济洋会长作的开幕辞阐释了年会的主题。年会举办了学术报告，学会副会长、华中师范大学信息管理系主任王学东教授所作的《情报学研究进展》学术报告，理论联系实际，使代表们思路开阔。年会举办了专题报告，学会常务理事、华中科技大学武昌分校图书馆馆长梁家兴教授所作的“独立学院图书馆建设与愿景”专题报告，报告了独立院校图书馆勃勃发展的现状。年会进行了学术交流，7位论文作者作了精彩的学术发言。（湖北省图书馆学会秘书处）

【湖北省省图书馆学会举行多种形式学术报告会】（一）钟永恒研究馆员报告会。4月28日上午，湖北省图书馆学会2007年专家巡回讲座在十堰市举行。学会邀请中国科学院国家科学图书馆副馆长、武汉分馆馆长钟永恒研究员作为主讲专家，他报告的题目是“图书馆个性化服务：图书馆可持续发展的战略选择”。来自十堰市各级各类图书馆的120余名会员和图书馆工作者聆听了演讲。钟馆长从图书馆的背景分析、环境挑战、发展模式、创新战略、个性化服务五个方面进行了精辟的论述，给与会者很大的启发。巡回讲座得到十堰市图书馆学会和十堰市图书馆的大力支持。

（二）周明华研究馆员报告会。2007年6月7日，学会特邀武汉大学图书馆副馆长周明华作“武汉大学图书馆的学科馆员制度与服务”报告会。报告从武汉大学图书馆设置学科馆员制度的原因与背景、武汉大学图书馆学科馆员制度的基本构架与管理、学科馆员岗位设置、聘任与考核机制、学科馆员工作的基本要求、学科馆员工作的基本内容和学科馆员工作评价等。来自武汉市公共、高校、职教、医院、科研等系统图书馆约400名会员聆听了这场高水平的报告。

（三）美国匹兹堡大学信息学院Margarete Bower教授报告会。在学会组织学科馆员制度与学科馆员服务研讨班上，学会特邀美国匹兹堡大学信息学院Margarete Bower教授作了“美国大学图书馆的学科馆员制度与服务”的学术报告。由于Margarete Bower教授事前作了比较充分的调查研究，学术报告比较符合国情，引起了与会者的共鸣。

（四）夏立新教授报告会。学会邀请华中师范大学信息管理系夏立新教授作了“图书馆学科馆员管理、制度与培养”、“数字图书馆发展”两场报告会，报告会介绍了国内外图书馆学科馆员制度的发展与服务、数字图书馆发展情况。（湖北省图书馆学会秘书处）

【湖北省图书馆学会组织2007年度全民读书月活动】 学会根据中国图书馆学会统一安排，于5月28日至6月4日组织了与全国同步的年度“全民读书月”活动。期间，重点组织了在武昌洪山广场举办的“湖北省2007年图书馆服务宣传周广场活动”。湖北省图书馆学会、湖北省信息学会、湖北省高校图工委、湖北省图书馆、武汉图书馆、武汉市少儿图书馆、武汉大学图书馆、华中科技大学图书馆、华中师范大学图书馆、武汉理工大学图书馆、湖北大学图书馆、湖北第二师范学院图书馆、武汉电力职业技术学院图书馆、武汉职业技术学院图书馆、国家科学图书馆武汉分馆、黄石市图书馆、洪山区图书馆、武昌区图书馆、青山区图书馆、江岸区图书馆、江汉区图书馆共近千人参加了宣传活动。此外，学会还宣传了全国知识工程“知识工程推荐书目”、中国科协“科学发展观推荐书目”和国家图书馆“文津图书奖”获奖书目展示活动，并且在学会网页上增设“全民阅读”栏目。（湖北省图书馆学会秘书处）

【湖北省图书馆学会举办“学科馆员制度与学科馆员服务培训班”】 2007年4月23日至26日，湖北省图书馆学会联合湖北省高校图书情报工作委员会、湖北省职教图书馆工作委员会(图协)，在湖北大学图书馆成功举办了“学科馆员制度与学科馆员服务培训班”。来自湖北、湖南和江西三省公共图书馆、高校图书馆的53名学员参加了学习。这次培训班准备充分，加上老师精心编写教案，培训坚持少而精和着重效果的原则，学员普遍反映收获很大。（湖北省图书馆学会秘书处）

【湖北省图书馆学会组织部分会员到西部考察】 根据学会2007年工作计划安排，学会组织16位馆长于2007年6月20日至28日到西部地区考察。代表团在西部先后访问了青海省图书馆、西藏自治区图书馆和西藏大学图书馆，受到了热情接待，了解各馆的基本情况。代表团考察后认为，西部地区地域广阔，人烟稀少，自然条件恶劣，经济实力弱，读者文化素质较低，要在短期内解决广大居民有书看的问题，靠政府拨款建图书馆买书不太现实，捐赠图书可以解决一些基层图书馆的燃眉之急，但最现实有效，最省钱的办法是加快图书馆的自动化、数字化和网络化建设，让广大居民通过网络看到各种文献信息，同时加强对图书馆员和读者在这方面的培训。代表团建议省图书馆学会发动一个"支援西部"行动：与西藏自治区图书馆联系，在该馆安装自动化管理系统的时候，由省图书馆、武大图书馆和其他重点高校图书馆派 5—10 人对有关人员进行培训，帮他们建书目数据库，时间 2—3 个月。根据西藏、青海省图书馆的需求，在全省，尤其是高校范围内发动一场"支援西部献爱心"的捐书活动，为两省的基层图书馆充实一批图书。（湖北省图书馆学会秘书处）

【武汉城市圈图书馆组织少年儿童爱护环境征文活动】 由湖北省图书馆学会少儿图书馆工作委员会和省教育厅中小学图书馆工作委员会主办，武汉市少儿图书馆承办，孝感、天门、仙桃、潜江、咸宁、黄石、鄂州、黄冈等 8 城市图书馆协办，特邀襄樊市少儿图书馆参加此次征文活动。各市图书馆均高度重视，大力宣传，得到了当地文化、教育、环保部门的支持。有的城市图书馆直接得到了市委有关领导的重视和支持，有效扩大了征文活动的影响力，吸引了大量少年儿童关注环保，投身环保主题征文活动。本次征文活动共收到征文 4000 多篇，评出 265 篇获奖文章，获奖文章结集《绿色的呼唤》7 月出版。（湖北省图书馆学会秘书处）

广西壮族自治区

【广西图书馆学会举办"谈民族歌曲创作与欣赏"讲座】 广西图书馆学会科普与教育工作委员会与广西图书馆于 2007 年元月 6 日上午举办了题为"谈民族歌曲创作与欣赏"的讲座，广西老年大学、周边社区单位读者、南宁市师范学校的师生共 120 多名读者参加了本次活动。主讲人是国家一级作曲家、广西音乐家协会主席付磬。主讲人主要介绍和分析了广西及国内外一些获奖或传唱的歌曲的创作情况，使听众进一步了解了如何欣赏音乐、如何欣赏歌曲，以达到对音乐深层次的欣赏水平。（广西图书馆学会）

【广西图书馆学会医学图书馆工作委员会成立】 2007 年 5 月 25 日广西图书馆医学图书馆工作委员会在广西医科大学举行成立大会。来自各医院及医药院校图书馆的领导、工作人员 80 余人出席了会议。会议还安排了学术讲座，分别由广西图书馆馆长、广西图书馆学会理事长徐欣禄和广西医科大图书馆文献检索与利用教研室副主任叶青主讲，徐馆长讲座的题目是"构建图书馆公信力的探讨"，叶青副主任讲座的题目是"医学文献检索和课题查新"。（广西图书馆学会）

【"全国文化信息资源共享工程"学术报告走进高校校园】 2007 年 5 月 29 日下午，广西图书馆学会理事长、广西图书馆馆长徐欣禄应邀前往广西民族大学，做了一场题为"实施全国文化信息资源共享工程是构建公共文化服务体系的有效举措"的学术报告。来自广西民族大学管理学院图书馆学系、档案系的本科生、研究生以及广西民族大学图书馆馆员 250 多人参加了报告会。

徐馆长首先为大家介绍了"全国文化信息资源共享工程"这项公益性基础文化工程建设的基本情况，描述了共享工程在"十一五"规划中的发展前景以及党中央和国务院对共享工程的高度重视，接着又从全国文化信息资源共享性质、文化共享工程管理和运行结构、文化共享工程资源建设、文化共享工程文化信息资源服务等四个方面给大家作了深入的阐述。徐馆长在讲述过程中图文并茂，形象地展示了共享工程开展 4 年来取得的良好效果。报告结束时听众们就自己关心的问题踊跃提问，双方就"是否所有公民都能通过网络点击共享'共享工程'中的资源"、"纸质文献与数字化资源的关系"、"'共享工程'实施效果评价"等问题进行了广泛的互动交流。（广西图书馆学会）

【志愿者行动】 2007 年 7 月 31 日，由广西壮族自治区文化厅、广西壮族自治区人事厅、中国图书馆学会联合主办，广西壮族自治区图书馆、广西图书馆学会承办的全区公共图书馆服务理念及服务项目策划运作技术高级研修班广西壮族自治区图书馆举行了隆重的开班仪式。中国图书馆学会选派的6位来自北京、上海、佛山、绍兴等地的专家志愿者，由中国图书馆学会图书馆学理论委员会副主任、华东师范大学信息学系系主任范并思领队，成员包括中国图书馆学会副理事长、首都图书馆学者型馆长倪晓建，中国图书馆学会数字图书馆专业委员会副主任、上海图书馆数字图书馆研究所所长刘炜，佛山科技学院图书馆研究馆员曲晓玮，北京工商大学图书馆、副研究馆员任秀儒，浙江绍兴图书馆副研究馆员周岚岚。专家们用三天时间分别从“社会主义新农村建设中的图书馆”、“基层图书馆馆长实务”、“基层图书馆的资源建设与服务”、“基层图书馆的自动化网络建设”、“基层图书馆的宣传推介”等五个方面对109位来自全区各市、县、城区公共图书馆的馆长、管理人员出席了开班仪式管理者进行业务培训。（广西图书馆学会）

【广西图书馆学会召开2007年年会暨第25次科学讨论会】 广西图学会于9月18日至21日在桂林资源县召开了“广西图书馆学会2007年年会暨第25次科学讨论会”。来自全区公共、高校和科研系统图书馆的120位领导和代表出席了此次盛会。本次科学讨论会主题为“图书馆：新环境、新变化、新发展”，共收到征文90篇，经学术工作委员会组织评选，评选出入选论文87篇，其中正式论文63篇，交流论文24篇。在闭幕式上，广西图书馆学会学术工作委员会主任王雪光女士对本次年会征文作了精彩的点评。（广西图书馆学会）

【第2届全区图书馆采访工作研讨会在南宁召开】 2007年10月16日，由广西图书馆学会采访委员会主办、广西昕涛文化发展有限公司协办的“第2届全区图书馆采访工作研讨会”在南宁召开。来自全区各地、各类型图书馆的代表共165人出席了本次研讨会。研讨会的目的在于“推动我区图书采访工作领域内的学术研讨，促进采访业务工作人员的交流，构建图书馆采访人员与书商之间的交流平台”。广西图书馆学会理事长、广西图书馆馆长徐欣禄为大会致辞，广西图书馆学会副理事长、广西科技图书馆馆长韦任平，广西图书馆学会采访委员会副主任、广西大学图书馆采访部副主任莫霄，分别作了“关于图书馆核心价值的思考”、“图书馆如何在图书采购政府招标中维护合法利益”的学术报告。（广西图书馆学会）

【《图书馆界》编辑部人员与同行交流】 2007年11月26日，中国科学院《图书情报工作》杂志社社长兼主编周金龙一行来到广西图书馆参观访问，并与徐欣禄馆长、《图书馆界》编辑部工作人员就当前我国图书情报学术期刊在发展过程中所面临的共性问题展开了热烈讨论，双方交流了各自刊物的基本情况及办刊理念与经验，周金龙还为《图书馆界》的改进与发展提出了许多宝贵的建议。座谈会上，《图书馆界》与《图书情报工作》还就今后进一步加强在学术研究、资源共享等方面的合作与交流，促进共同发展交换了意见，并初步达成共识。（广西图书馆学会）

四川省

【建设和谐社会开展文化惠民百场讲座】 2007年4月29日上午9时，由四川省图书馆、四川省中心图书馆委员、会办公室，全国文化信息资源共享工程四川省分中心，四川省图书馆学会，南充市文化局，仪陇县委宣传部主办，仪陇县文化局、南充市图书馆、仪陇县图书馆承办的“四川省公共图书馆界文化惠民百场讲座启动仪式”在朱德元帅和张思德同志的故乡仪陇县政府礼堂隆重举行。

四川省文化厅社文处处长邓熊宏，中共仪陇县委书记、县人大常委会主任杨建华，中共四川省委党校、四川行政学院教授樊昭荣，仪陇县人民政府县长陈科，四川省图书馆党委书记、馆长李忠昊，南充市文化局副局长蒋小华，四川省图书馆副馆长欧君国，南充市图书馆馆长魏赤笑等省市县相关领导及专家出席启动仪式并发表了重要讲话。仪陇县委、县政府机关干部、各乡镇主要负责人约320人参加启动仪式并听了讲座。

启动仪式结束后，中共四川省委党校、四川行政学院教授樊昭荣作了题为“加强作风建设，传承‘两德’精神，构建和谐仪陇”的主题讲座，受到仪陇县委、县政府领导及机关乡镇主要领导的热烈欢迎。（程歌）

【积极参加省科协和省社科联组织的工作】 2007年3月5日，由四川省科技厅、中共四川省委宣传部、四川省科协主办的四川省第12届“科技之春”科普活动月全省启动仪式在蒲江县西来镇举行。四川省科技厅、中共四川省委宣传部、四川省科协有关领导参加启动仪式并讲话。四川省图书馆、四川省图书馆学会组织19人，由省馆副馆长彭本诚带队参加了此次活动。

围绕本次活动“依靠科学技术发展现代农业”的主题，四川省图书馆提供了百余种图书让当地群众现场查阅，并向当地群众现场发放16种共计1200份科普资料，以帮助农民群众掌握生产技能，增强环保意识、法律意识，深受群众的欢迎。

应新都县委宣传部的邀请，3月20日，四川省图书馆、四川省图书馆学会惠民支农小分队来到新都区木兰山，参加在新都举行的“二月二”庙会科普宣传活动，针对青少年科普宣传和支农惠农开展活动，省图书馆学会、辅导部、阅览部、参考咨询部、期刊部、信息中心和行政科的9位同志共同参加了该项活动。活动中，省图书馆散发农副业科技资料和向农民朋友赠送《建设社会主义新农村》手册，并举办了有关科技兴农的图书期刊展览，受到当地农民朋友的欢迎。（程歌）

【学会6届3次常务理事会议召开】 2007年2月1日，四川省图书馆学会6届3次常务理事会在三圣乡召开。常务理事、特邀专委会主任和学会秘书处工作人员共24人参加了会议。

学会理事长李忠昊总结了2006年学会工作，并传达了中国图书馆学会常务理事会会议精神。总结充分肯定了学会在2006年中取得的成绩。接着，特邀出席会议的四川省社科联学会部焦渡同志发言，他充分肯定了四川省学会2006年所取得的成绩，并就学会工作的发展作了指示。学会副理事长王嘉陵对2007年工作计划作了说明，并布置学术年会征文工作。

2007年，学会将围绕活跃学术气氛、召开学术年会、开展学术研究和业务培训等专题展开工作。学会副秘书长程歌通报了四川省科协关于学会改革达标验收的有关问题。学会秘书处对此项工作做出了认真的安排，争取达标创优。副秘书长姜晓就规范学会管理制定的12项管理制度进行了说明，并提请常务理事会审议，获得通过。

学会副理事长李秉严、王俨、徐建华和四川省学会9个专委会主任通报了各专业委员会2006工作情况和2007年工作计划。会议还审议通过了攀枝花市图书馆更换理事的申请。

会议还就如下问题进行了认真讨论并提出了建设性意见：1. 四川省图书馆学会2007年学术大会征文；2. 四川省图书馆学会组织考察参观先进地区图书馆；3. 动员鼓励会员参加中图、省图学会和第73届国际图联大会的征文、组团等问题。（程歌）

【积极组织参加中国图书馆学会中国社区乡镇图书馆发展研讨会】 2007年9月16日，中国图书馆学会社区乡镇图书馆专业委员会和全国中小型公共图书馆联合会联合举办2007年学术研讨会，在山西大同召开，来自全国21个省、市、自治区的80余家公共图书馆、大专院校图书馆等170多名代表参会。中图学会社区乡镇图书馆专委会委员、四川省图书馆副馆长王嘉陵和四川省中心图书馆委员会办公室常务副主任徐建华，以及绵阳、广元、龙泉、渠县、大竹、梓橦等图书馆领导及业务骨干共14人代表四川省公共图书馆参会。会议就中小型图书馆和社区乡镇图书馆在当今面临的种种问题和发展对策展开了深入研讨。（程歌）

【2007年四川省图书馆学会年会隆重召开】 2007年11月1日，来自我省各级公共图书馆、大专院校图书馆及科学院系统和企业图书馆的158名代表，相聚大邑县安仁镇参加四川省图书馆学会2007年学术年会。参加年会开幕式的领导有：四川省文化厅党组副书记、副厅长胡继先，四川省文化厅党组成员、纪检专员孙舒亚，四川省科协学会部金琳琅，四川省文化厅社文处游丽娜。

会议分为四个阶段：开幕式、主旨报告、论文交流、闭幕式。开幕式由四川省图书馆学会副理事长、秘书长王嘉陵主持。四川省文化厅胡继先副厅长发表了热情洋溢的致词，四川省图书馆馆长、四川省图书馆学会理事长李忠昊作了“2007年四川省图书馆学会工作报告”。四川省图书馆学会李秉严副理事长宣读了“四川省第12次哲学社会科学优秀成果奖”名单，2007中国图书馆学会年会论文获奖名单，中国图书馆学会2005—2007年优秀会员、优秀学会工作者名单；有关领导为获奖代表颁发了奖状和奖牌；四川省文化厅党组成员、纪检专员孙舒亚宣读了“四川省图书馆学会2005—2006年度学会工作先进集体”、“四川省图书馆学会2005—2006年度学会活动组织优秀奖”、“四川省图书馆学会2006年全民阅读活动先进单位”名单，有关领导为获奖代表颁发了奖状和奖牌；全国中小型公共图书馆联合会秘书长董海向大会致辞。

大会主旨报告由中国科学院科技图书馆成都分馆馆长、IFLA大会管理与市场营销组委员方曙主持。首先，来自中国科学院国家科技图书馆成都分中心的副研究馆员文奕作了“四川省科技文献资源共享服务平台”的主题报告，四川省学会副理事长李秉严作了“公共图书馆的核心价值”的专题报告。北京市政府文化顾问、北京市图书馆协会理事长冯守仁出席了大会，并作了北京“一卡通”的专题报告，全面介绍了北京一卡通的使用情况。

论文交流会由学会副理事长徐建华主持。中国图书馆学会年会和四川省图书馆学会年会征文中获得一、二等奖的8位作者分别作了大会交流。他们的论文在紧紧围绕“图书馆：新环境、新变化、新发展”的年会主题，特别是围绕党的中心工作建设和谐社会、文化惠民、建设社会主义新农村中发挥图书馆的职能，加大服务力度等方面进行了深入的探讨。四川省图书馆学会年会期间，还召开了四川省图书馆学会各分支机构、各市（州）学会秘书长会议，就开展学会工作作了交流。（冯志　程歌）

【加强学会管理工作，努力为会员服务】 5月28日上午，以省科协原副主席周之常带队，由省科协学会部部长唐礼华、金琳琅，省物理学会秘书长杜定旭，省气象学会秘书长傅金林组成的四川省科协省级学会改革达标考核组一行5人来到四川省图书馆学会，开展考核验收省级学会改革达标工作。

四川省图书馆学会理事长、副理事长和学会秘书处全体同志参加了会议。考核组专家、领导在汇报过程中就有关问题进行了详细询问，并现场考察了学会的办公条件和认真查看了档案文件，对照省科协下发的《四川省图书馆学会改革验收标准及考核办法（试行）》评分标准，认真打分，给出考核成绩。

周之常副主席代表考核组作了总结发言，对四川省图书馆学会取得基本分138（满分160分），奖励分23分，总分161分分值的得分扣分情况给予了详细说明。并就四川省图书馆学会取

得的好成绩给予了祝贺，对四川省图书馆学会的工作成绩给予了充分肯定。（程歌）

【组织会员赴深圳、广东图书馆学习考察】 四川省图书馆学会、深圳图书情报学会联合举办的“四川省图书馆学会、深圳图书情报学会馆长研修班”于6月8日如期在深圳图书馆举行。四川省图书馆学会19位市（州）县（区）公共图书馆馆长组团前往参加该研讨班和考察图书馆之行。7天来，除了学习研讨外，参观考察了深圳、东莞、广州、盐田区和尖沙咀街道等6个公共图书馆，深圳图书馆副馆长王大可、东莞市图书馆副馆长李映嫦、广州市图书馆副馆长方家忠分别就本馆的特色给代表们作了详细的介绍。每个馆都各具特色也有相同之处，图书馆之城果然名不虚传。参会代表通过学习和交流，深受感染，开阔了视野，受益匪浅。代表团也向深圳图书馆、东莞图书馆赠送了四川省图书馆馆藏珍品善本再造图书《南阆盐务图说》。（程歌）

【积极开展业务培训工作】 2007年4月18日至20日，四川省图书馆、四川省图书馆学会组织的“图书馆学”论文写作培训班在四川省图书馆举行，来自全省公共图书馆、高校图书馆和省图书馆的50多名学员参加了此次培训学习。此次培训的主要目的是为了提高我省图书馆学术论文的质量，配合图书馆业务职称申报，搭建业务职称竞争平台，选拔优秀学术论文，提高图书馆员的文化素质。为了提高培训质量，培训班聘请了四川省图书馆副馆长、研究馆员王嘉陵，四川省中心图书馆委员会办公室常务副主任、《四川图书馆学报》副主编、副研究馆员徐建华，《四川图书馆学报》责任编辑、副研究馆员唐岚授课。培训开设了图书馆学的发展趋势、学术论文的选题、学术论文的写作与答辩、学术论文的标准化等课程。（程歌）

【与中图学会联办“2007中国图书馆学会志愿者行动——基层图书馆馆长培训班”】 7月28日至31日在四川省委党校开展的2007年“中国图书馆学会志愿者行动——基层图书馆馆长培训班”，130余位基层图书馆馆长和学员参加了培训。志愿者老师金武刚、郭斌、李超平、林忠娜、李海英、杨东波、武晓丽分别就社会主义新农村建设中的图书馆、基层图书馆馆长实务、基层图书馆的资源建设与服务、基层图书馆的自动化网络化建设和基层图书馆的宣传推介五个主题作了精彩的讲授。培训活动得到了四川省文化厅的大力支持，结业仪式上，四川省文化厅党组副书记、副厅长胡继先到会讲话，给予图书馆工作者以极大的鼓舞；四川省图书馆馆长、四川省图书馆学会理事长李忠昊作了热情洋溢的讲话，向志愿者老师付出的辛勤劳动表示感谢和深深的敬意。在培训班期间，29日晚上，志愿者老师不辞辛苦又组织了与基层图书馆的交流互动座谈会，会场气氛热烈，发言踊跃。志愿者老师还和学员们开展了联谊活动。（程歌）

【省学会社区、乡镇、少儿图书馆专业委员会2007年工作会议】 2007年4月12日，四川省图书馆学会社区、乡镇、少儿图书馆专业委员会2007年工作会议在泸州市江阳区邻玉镇先锋村隆重召开。来自全省18个市州的图书馆界领导和专家及本市县区公共图书馆、江阳区文体局和市图书情报学会负责人近60人出席了会议。省图书馆学会理事长李忠昊、学会副秘书长程歌、泸州市文化局副局长李林、江阳区副区长黄月

桂、区文体局长罗了威及邻玉镇有关领导到会并作了重要发言。泸州市图书馆馆长王世友作了关于“社区乡镇少儿图书馆专业委员会协作方案和2007—2010年工作计划”的报告。（张晋蓉）

【四川省少数民族地区图书馆2007年度馆长联系会】 四川省图书馆学会少数民族图书馆专业委员会于2007年6月25日至28日，在康定组织召开了全省少数民族地区图书馆2007年度馆长联系会，会议由甘孜州图书馆承办。来自西南民族大学和甘孜、阿坝、凉山、宜宾4州市及所属17个县、市的图书馆馆长、专家、学者共50余人参加了会议。甘孜州文化局副局长阿莲应邀出席会议。

甘孜州图书馆馆长、省图书馆学会少数民族图书馆专业委员会副主任王友珍，向与会代表介绍了甘孜州州情和州图书馆的现状及未来发展思路；阿坝州图书馆馆长王文、宜宾市图书馆办公室主任肖雪梅、宜宾市兴文县图书馆馆长张鹏等，分别就各馆近年来的工作情况和今后的发展规划作了交流发言；西南民族大学图书馆副馆长谢木刚就配合支持、协作协调全省少数民族地区图书馆工作作了发言；最后，熊克江同志以其凉山州图书馆馆长和省图书馆学会少数民族图书馆专业委员会主任的双重身份，作了题为“更新理念，拓展思路，开创少数民族地区图书馆工作新局面”的讲话。（张晋蓉）

【川陕甘毗邻地区图书情报协作网第7届年会暨学术研讨会】 2007年7月10日至13日，川陕甘毗邻地区图书情报协作网第7届年会暨学术研讨会在巴中市召开。来自本届协作网年会的各成员馆及泸州、宜宾、自贡等省内外市、县公共图书馆的馆长和论文作者近130人参加了会议。巴中市副市长经伟宪，四川省图书馆副馆长欧君国、王嘉陵，四川省中心图书馆委员会办公室常务副主任徐建华等应邀出席会议。本次年会共收到学术论文131篇，评出一等奖4名，二等奖6名，三等奖8名，会议对获奖论文作者给予了表彰奖励。（张晋蓉）

【2007年西部少数民族地区图书信息协作网年会】 2007年西部少数民族地区图书馆信息协作网年会于10月16日至19日在德宏召开。会议由德宏州文化局副调研员汪延贺主持，德宏州政府副秘书长袁少全、德宏州委宣传部副部长熊艳、四川省图书馆学会副理事长徐建华、德宏州图书馆副馆长王丹出席会议并讲话。来自我省和四川、宁夏36家公共图书馆72名图书馆代表参加了会议。会议对强朝辉等10位同志颁发了优秀论文奖。同时，四川省图书馆学会副理事长徐建华、宁夏银川图书馆强朝辉馆长、四川凉山州图书馆熊克江馆长、云南保山地区图书馆鲁兴勇馆长针对本次会议的主题“西部少数民族地区图书馆的创新与发展”作了交流发言。（张晋蓉）

【成都市图书馆学会注重会员的学术研究】 成都市图书馆学会积极组织学会会员撰写学术论文，参加第19届全国十五城市公共图书馆研讨会，共有23人参加撰写论文，有20篇论文被收入此次研讨会的论文集；参加2007年中南、西南省（市）自治区公共图书馆业务协作研讨会，组织21篇论文参与了此次研讨会，其中20篇论文获奖，1篇论文参加大会发言交流；参加2007年四川省图书馆学会年会，荣获论文一等奖1篇、三等奖3篇；2007年10月18日召开了成都市图书馆学会2007年度学术年会，共有50余名会员参加，收到论文39篇，评出成都地区年度优秀论文一等奖5篇、二等奖9篇、三等奖27篇。（张晋蓉）

【成都市图书馆学会开展丰富多彩的读者活动】 2007年10月17日，成都图书馆建立了“邛崃市夹关镇熊营村馆外分馆”，成都图书馆针对该村是以猕猴桃种植、茶叶生产为主以及猪、兔养殖等的特点，将经过认真准备，精心挑选的有关这方面的书籍以及科学种田、文艺、教辅等书刊送到该村；另根据熊营村农村党员干部远程教育点建设情况和宽带的开通情况，在该村设立了共享工程农村基层服务点，并对其管理人员进行了现场技术指导和操作培训。村民们可以方便快捷地通过互联网共享成都图书馆4TB的数字资源，以全新的阅读方式和信息获取途径，真正享受到文化方面的援助和科技知识的普及服务。（张晋蓉）

【"送知识下乡、捐千村书屋"】 2007年9月11日，"送知识下乡、捐千村书屋"大型公益活动在成都图书馆隆重举行，此次活动旨在充分发挥社会各界力量，为农村捐赠图书，以加强农村文化建设，推进统筹城乡综合配套改革。该活动自启动以来，收到捐赠图书近2万册。这些图书已由成都图书馆分别送到金堂县、蒲江县、大邑县、邛崃市农村图书室。按照市文化局的统一部署，要逐步建立并完善以成都图书馆为业务指导中心，19个区（市）县图书馆为实施中心，形成覆盖全市19个区（市）县238个乡镇（街道），2288个村（社区）以及符合条件的个人自办图书室的图书流转网络，实现图书资源的合理配置和有效利用。10月19日，由成都图书馆、成都市图书馆学会组织的全市农村图书流转工作现场会在龙泉驿区召开，各区（市）县图书馆馆长和业务骨干共40余人参加了经验交流和现场观摩，至此，农村图书流转工作全面铺开。（张晋蓉）

【成都市图书馆学会送文化知识进校园、送文化知识进警营】 （1）为拓宽少儿阅读服务领域，变传统的馆内静态服务方式为面向学校的、有针对性的，主动服务方式，2007年4月28日，成都市图书馆学会理事长钟刚毅、秘书长肖平与市财政局相关处室领导一行来到位于成都市正通顺街56号的正通顺街小学举行"成都图书馆馆外图书流通点"挂牌仪式。（2）2007年7月13日，成都市图书馆学会理事长钟刚毅、成都市图书馆书记王利率图书借阅部、报刊资料部、业务辅导部的负责人，来到位于成都市外西土桥金盾路1号的成都市公安局交警六分局进行馆外流通点的挂牌，实行警民共建图书室。成都市公安局交警六分局馆外图书流通点是成都图书馆在交警这个特殊读者群建立的第一个馆外图书流通点，共送去图书、期刊近2000册。（张晋蓉）

【市图书馆学会积极为区（市县）图书馆作业务培训及指导】 （1）成都市图书馆信息自动化部门2007年下基层33次，为区（市）县图书馆进行ILAS图书馆系统管理培训；举办其他业务培训6次。（2）2007年7月18日成都市图书馆到武侯区社区图书室举办了图书馆业务知识培训，100余名社区图书室的管理员走进了培训课堂。成都市图书馆学会副理事长陈实华为100余名社区图书室的管理员认真讲解了《图书分类基本方法》、《图书的加工流程、借还、排列》、《四角号码应用》、《计算机编目与流通管理》等基础业务课程。（3）2007年11月3日，成都市图书馆学会副秘书长潘翠萍带领自动化部、参考咨询部的2位专业人员，到新都图书馆进行业务辅导，现场对该馆从事ILAS系统管理的工作人员进行了快速培训，取得了显著效果。（张晋蓉）

【成都市图书馆学会积极开展全民阅读活动】 （1）为迎接第13个"世界读书日"，倡导市民多读书、读好书。市学会于4月23日开展了系列读书活动，活动对2006年度成都市图书馆借阅书刊前40位的读者进行了"超级读者"颁奖，取得了非常好的社会效益。（2）组织开展以"好书推荐、智慧人生"为主题的好书推介活动。（3）协同文化局、科技局等单位组织送文化、科技、卫生下乡活动，组织参与八宝街社区举办"欢享科技、和谐青羊"——新华西路社区科协第七届科技活动。（张晋蓉）

【成都市图书馆学会2007年学术年会】 2007年10月18日至19日，成都市图书馆学会2007年学术年会在龙泉驿区巴金文学院隆重召开。成都图书馆、各区（市）县图书馆馆长及论文作者共50余人参加了会议。会议认真总结了今年图书馆工作面临的新任务、新情况，尤其是对公共图书馆如何服务新农村进行了深入的交流和探讨，评出成都地区年度优秀论文一等奖5篇，二等奖9篇，三等奖27篇。会议由成都图书馆书记王利主持。针对成都市图书馆事业发展现状，与会代表重点交流和探讨了以下三个方面的问题：一是公共图书馆如何创新服务；二是图书馆如何在我市新农村文化建设中发挥积极作用；三是农村图书流转工作经验交流。（张晋蓉）

【攀枝花市图书馆学会第5次会员代表大会】 2007年1月31日，攀枝花市图书馆学会第5次会员代表大会在攀枝花市委党校隆重召开。攀枝花市民政局、市社科联、市科协、市文化局等领导出席会议并讲话，来自全市各系统的73名会员代表参加了大会。会议由攀枝花市图书馆学会第4届副理事长赵文广主持。大会审议通过了“攀枝花市图书馆学会第4届理事会工作报告”和“攀枝花市图书馆学会第4届理事会财务工作报告”；审议通过了《攀枝花市图书馆学会章程》、《章程修改说明》及《攀枝花市图书馆学会会费收取办法》。大会同时选举产生了攀枝花市图书馆学会第5届理事会，并召开了第5届理事会第1次会议，选举产生了常务理事、理事长、副理事长和秘书长。学会下设学术委员会及科普工作委员会两个分支机构。（张晋蓉）

【攀枝花市图书馆学会2007年学术年会】 2007年11月30日，攀枝花市图书馆学会2007年学术年会在市图书馆综合报告厅召开。来自全市各系统图书馆界的近50位同仁出席了会议。本届学术年会主题为“和谐攀枝花与图书馆服务创新”。攀枝花市文化局党委书记、局长马晓凤，市科协党组书记、常务副主席林智深等领导出席会议并讲话。会议由攀枝花市图书馆学会理事长、市图书馆副馆长陈临峻主持，唐春燕副理事长作了“攀枝花市图书馆学会2007年工作报告”。会议共收到论文29篇。大会向10名获奖论文作者及9名优秀会员颁发了获奖证书，并请获奖论文作者在大会作了学术交流。（张晋蓉）

【泸州市图书情报学会2007年学术年会】 2007年12月4日，泸州市图书情报学会2007年学术年会在泸州市职业技术学院隆重召开，来自全市图书情报系统60余名会员、论文作者及100多名职业技术学院学员出席了会议，职业技术学院院长贺元成、市文化局文艺科长高燕等应邀出席。会议由学会秘书长黄兆奎主持。职业技术学院院长贺元成同志代表学院致欢迎词后，向学会所属社区和乡镇图书馆赠送了2000册图书，纳溪区打古镇文广中心主任雍兴国同志作为社区乡镇图书馆代表上台接受了捐赠。泸州“酒城讲坛”讲师、四川省警察学院副教授刘文芳作了“和谐社会与人际沟通能力的提升”的专题讲座。本次年会共收到学术论文54篇。会上，还向荣获2007年度优秀学术论文一等奖2名、二等奖4名、三等奖10名的作者颁了奖。（张晋蓉）

【凉山州图书馆学会2007年度年会暨学术研讨会】 由凉山州图书馆学会主办，会理、会东两县图书馆承办的州图书馆学会2007年度年会暨学术研讨会于2007年12月8日至9日，分别在会理、会东两县隆重举行开幕。来自全州公共、高校系统和凉山日报社等图书馆界16个县（市）的领导及同仁共60余人参加了会议。（张晋蓉）

【自贡市图书馆学会2006—2007年度学术研讨会】 2007年12月12日自贡市图书馆学会在四川理工学院召开了“自贡市图书馆学会2006—2007年度学术研讨会”。来自全市17个公共、大专院校、企事业技术、医疗系统、企业工会、中学等图书馆的100余名会员及工作者参加了会议。会议由四川理工学院图书馆馆长、自贡市图书馆学会副理事长郭毅主持。自贡市图书馆学会理事长洪勋代表学会作了“自贡市图书馆学会2006—2007年度学术研讨会论文综述”。本次会议收到论文53篇，其中公共图书馆15篇、高校图书馆33篇、企业图书馆5篇。经专家组评审，评出一等奖8篇、二等奖16篇、优秀奖29篇。（张晋蓉）

【自贡市图书馆学会积极组织开展学术研究和交流活动】 1.2007年6月，自贡市图书馆馆长洪勋参加了由四川省图书馆学会、深圳市图书馆学会联合组织的四川省公共图书馆19个地区的图书馆馆长到深圳、东莞、广州图书馆学习考察。2.2007年6月，中国西部地区市地州图书馆协作网2007年会在广西南宁图书馆召开，自贡市图书馆副馆长王毅代表自贡地区图书馆参加此次会议。自贡市图书馆共有6篇论文参会，获得一等奖1篇，二等奖2篇，三等奖3篇。3.2007年6月国家图书馆在北京举办“两部援助计划”之“图书馆培训与考察”学习班，来自西部五省的县级基层图书馆馆长35人接受了此次培训。自贡市富顺县图书馆馆长郭先敏参加了此次培训考察。4.2007年3月自贡市文化信息资源共享工程会议在自贡市图书馆召开。5.2007年8月由自贡市文化局主办、自贡市图书馆学会承办的

"自动化和公文写作培训班" 在自贡市图书馆举办，学会会员 30 多人参加了次此培训班的学习。6. 2007 年 6 月四川省图书馆学会年会和学术研讨会在成都大邑召开，自贡市图书馆学会会员有 8 篇论文参会。7. 2007 年 12 月自贡市图书馆谢弛、闫渝娟分别参加了四川省图书馆在成都举办 "共享工程业务培训班" 和 "古籍业务知识培训班" 的学习。(张晋蓉)

【宜宾市图书馆学会开展形式多样的宣传活动】 为了进一步落实 "科技之春" 和图书馆宣传周活动，学会组织人员选编了 "农村科技信息"，全国文化信息共享工程知识介绍共 1000 余份。制作 "迎接中国共产党十七次代表大会的胜利召开" 和 "庆祝中国人民解放军建军八十周年" 图片展，在珙县的巡场镇、武警六中队展开了街头、军营宣传，在少儿图书室专门购置少儿科普读物 1000 余册，激发少年儿童 "爱科学、讲科学、学科学、用科学" 的积极性。(张晋蓉)

【组织图书馆专业技术人才培训班】 2007 年 7 月 28 日到 31 日，组织了学会理事及县馆馆长参加在四川省委党校举办的中国图书馆学会在西部地区组织的西部援助计划 "2007 年中国图书馆学会志愿者行动——基层图书馆馆长培训班" 的学习。(张晋蓉)

【宜宾市图书馆学会参加各级学术交流】 1. 2007 年 6 月 18 日至 25 日组织学会会员参加了在南宁市图书馆举办的西部地区市、地、州图书馆协作网工作年会，与会代表讨论通过了西部地区市、地、州图书馆协作网章程，共谋西部地区公共图书事业的发展。2. 2007 年 6 月 25 日至 28 日，组织学会理事、会员参加了四川省少数民族地区图书馆在甘孜州康定图书馆举办的 2007 年馆长联系会，参加的各馆在会上作了新时期图书馆发展规划的工作交流发言。3. 2007 年 7 月 10 日至 13 日，学会副理事长带领学会会员参加了在巴中市举行的川陕甘毗邻地区图书馆情报协作网第 7 届年会暨学术研讨会。4. 组织参加了宜宾市第 3 届优秀论文评选活动。(张晋蓉)

【宜宾市图书馆学会积极参加"送文化下乡"活动】 宜宾图书馆学会组织一批适合农村的农业科技、卫生、普法方面书籍 200 多种，《千乡万村书库》2 套，价值 3600 余元，帮助翠屏区、江安县、宜宾县建立全国文化信息资源共建共享试点县，完善江安县大井镇、怡乐镇共享工程乡镇基层点的建设，使农民朋友在自己的家门口就能寻求科技致富的信息，给农民朋友提供方便、快捷的信息渠道，服务广大基层。(张晋蓉)

【雅安市图书馆学会开展"科技文化下乡宣传"活动】 2007 年 5 月 15 日，为雅安市育才路社区图书室赠送了图书 35 种 53 册，以满足广大社区群众的需求；2007 年 5 月 25 日，组织会员在雅安市上里镇开展 "科技文化下乡宣传" 活动，同时了解、指导由雅安市图书馆协助建立的 "上里镇邹盛椿健华图书馆" 工作，引导农民群众，走进图书馆，利用图书馆。2007 年 5 月 31 日组织人员到天全县，指导申报建立 "支中心"，并与文化行政管理部门联系，对领导体制、管理服务、资金投入等方面做出规划；2007 年 9 月学会在雅安市的雨城区八步乡、合江镇、名山县茅河乡建立了 3 个 "健华图书馆"，学会组织会员积极为 3 个 "健华图书馆" 购买的新书进行分编，并且还对 3 个图书馆的场地规划、书架摆放以及对图书管理员进行业务培训。(张晋蓉)

【雅安市图书馆学会开展业务探讨】 2007 年 5 月 18 日雅安市图书馆学会召开了 "雅安市图书馆学会学术研讨会暨表彰大会"，总结了 2006 年学会工作，提出了 2007 年图书馆古籍保护和支持县、乡（镇）、村建立文化信息资源共享支中心和服务站。按照《国务院办公厅关于进一步加强古籍保护工作的意见》精神，市图书馆草拟了《加强古籍保护工作》，对会员开展了古籍知识培训，并开展了加强古籍保护工作的探讨，提高了加强对古籍保护的认识。(张晋蓉)

【达州市图书馆学会开展学习考察和学术交流活动】 2007 年 6 月，学会副理事长廖启刚等 4 人参加了省图书馆学会、深圳图书情报学会联合举办的图书馆馆长研修班学习，考察学习了深圳、东莞、广州、港澳等地公共图书馆建设情况。6月下旬，市图书馆学会在开江县组织召开了赴深圳、港澳学习考察汇报会，介绍推广了这些图书馆的办馆理念、管理模式及工作经验，增进了图书馆之间的交流与沟通。2007年7月，由学会副理事长孙登英带队，一行23人参加了在巴中市召开的川陕甘毗邻地区图书情报协作网第7届年会。本届年会，市图书馆学会有18篇论文参加征文活动，并全部获奖。在8月举行的2007中国图书馆学会年会征文活动中，有1篇论文获得二等奖、1篇论文获得三等奖。2007年10月，四川省图书馆学会在大邑县召开了2007年年会，市图书馆学会有13名会员参加了会议。会员孙明政的论文《构建和谐社会，促进图书馆事业的新发展》获2007年四川省图书馆学会年会二等奖。（张晋蓉）

【达州市图书馆学会开展公益性讲座和阅读推广活动】 2007年4月12日，市图书馆学会聘请了心理咨询师，与大北街社区联合举办了“和谐家庭与孩子成长”公益性讲座，主要针对孩子的个性特征、家庭父母与子女间亲情关系的构建以及家长如何为孩子成长创造和谐家庭环境等方面进行了讲解，有200多人聆听了讲座。《达州日报》、达州电视台和《川图导报》等分别作了专题报道。

在推进社会主义新农村文化建设进程中，市图书馆学会各会员单位主动配合、积极参与宣传部、文化局、科协、社科联分别组织的送文化下乡和科普宣传活动，通过散发农业技术和科普宣传资料、书刊现场阅览、科技咨询服务、办理借书证等形式，服务农村，服务农民，为他们送政策、送知识、送致富信息，得到了当地政府和农民读者的欢迎。

为了响应党和政府“着眼于满足人民群众文化需求，保障人民文化权益”的号召，各个会员单位充分利用“4·23世界读书日”，5月的“图书馆服务宣传周”时间，在中心广场举办的“欢庆十七大，展示新风采”图片展览活动；万源市图书馆在萼山剧场开展的“4·23国际读书日宣传活动”等。（张晋蓉）

【达州市图书馆学会坚持开展业务培训】 2007年达州市图书馆学会坚持把开展业务培训作为一项主要工作抓好抓实，先后组织会员参加了国家图书馆组织的“西部援助计划——图书馆培训与考察活动”、省图书馆和省图书馆学会联合举办的“图书馆学论文写作培训”班、中国图书馆学会“志愿者行动”基层图书馆馆长培训班，以及文化信息资源共享工程四川分中心组织的“共享工程技术骨干业务培训班”的学习。（张晋蓉）

【达州市图书馆学会2007年年会】 2008年1月8日，达州市图书馆学会在达州市通川区召开了2007年年会，达州市公共图书馆、高等院校和职业中专图书馆（室）的40余名代表参加了会议。会议由达州市文化局文化艺术科科长、学会副理事长任华明主持，学会理事长戴鸿作了学会工作报告，3名获奖论文作者代表在会上作了交流发言。本次年会共收到征文38篇，评出一等奖2篇，二等奖4篇，三等奖6篇，优秀奖22篇。（张晋蓉）

【四川省图书馆学会党校系统分会大事记】 2007年4月4日，全国党校文献信息学会四川分会、四川省图书馆学会党校系统分会常务理事会在成都四川省省级机关党校召开，分会常务理事等共17人出席会议。会议讨论研究了全国党校文献信息学会2005－2006年度科研成果评奖事宜，并议定了2007年全国党校文献信息学会四川分会、四川省图书馆学会党校系统分会换届和机构调整设置等事宜。

2007年10月23日－26日，中国社会科学情报学会第6次全国会员代表大会暨学术研讨会在成都召开。会议由中国社会科学情报学会主办，中共四川省委党校、四川行政学院办公室与图书馆承办。来自全国社会科学院系统、党校系统、高校系统、新闻系统、军队系统、公共图书馆系统的120名代表参加会议。各系统领导在会上作工作报告并认真总结交流经验，中国社科院学部委员黄长著、武汉大学信息管理学院院长陈传夫、首都图书馆馆长倪晓建就当前图书馆学情报学领域相关问题，及文献信息加工体系与方法创新，数字环境下图书馆变革趋势做了学术报告。会议还审议了学会工作报告，修改了章程，

选举产生了新一届学会领导班子及成员。中国社会科学院副院长武寅出席闭幕式并致词。

2007年11月24日—28日，全国党校文献信息学会、中央党校图书馆在广州市广东省委党校召开"全国党校文献信息学会成立20周年纪念大会暨理论研讨会"，中央党校图书馆副馆长朱满良主持大会，中央党校图书馆领导和广东省委党校校领导出席大会，四川省委党校图书馆馆长郑军、成都市委党校图书馆副馆长唐蓉琼参加了大会。会上郑军代表四川党校分会向大会作了工作汇报发言。

2007年12月11日—12日，全国党校文献信息学会四川分会、四川省图书馆学会党校系统分会第5届会员代表大会暨理论研讨会在四川省委党校召开。来自全省各市、州党校、大型企业党校图书馆分管领导、馆长共30余人参加了会议。会议的主题是学习贯彻党的"十七大"精神，以科学发展观为指导，总结分会近十年来的经验，探讨党校图书馆建设中的理论和实践问题，换届选举第5届分会理事会领导机构及各专业委员会负责人选，增强全省党校图书馆的联系、沟通、合作与交流，进一步推进全省党校图书馆事业的新发展。

会议还邀请四川大学图书馆原馆长李秉严研究馆员、四川省图书馆副馆长王嘉陵研究馆员分别作了"图书馆的核心价值"、"资源与服务"的专题学术报告。(李晓梅)

贵州省

【遵义市图书馆学会换届】 12月26日，遵义市图书馆学会第3次会员代表大会在遵义市图书馆召开，来自全市公共图书馆、高校图书馆、工矿企业图书馆的会员代表和应邀嘉宾共80多人出席会议。大会听取了《遵义市图书馆学会第2届理事会工作报告》，审议通过了新的《遵义市图书馆学会章程》，选举产生了遵义市图书馆学会第3届理事会；召开了3届1次理事会议，推选产生了常务理事、理事长、副理事长和秘书长，通过了学会工作机构和秘书处、专门工作委员会成员名单，并向第3届理事会聘请人员颁发了聘书。遵义市图书馆馆长、新当选的第3届理事会理事长吴喜文向大会作了"开拓创新，再创辉煌"的讲话。(杨铭)

【六盘水市图书馆学会理事改选】 10月11日，在六盘水市图书馆学会年会上，审议通过六盘水市图书馆学会理事改选。市图书馆馆长许荣富同志当选为六盘水市图书馆学会理事长。副理事长武力群同志续任原职，秘书长丁志萍同志续任原职。会议还审议通过了六盘水市师专图书馆副馆长许维琴同志、六盘水市职院图书馆负责人李隆兴同志、市委党校图书馆馆长黄远英同志、水钢图书馆馆长倪志芳同志当选为六盘水市图书馆学会常务理事。(丁志萍)

【贵阳市图书馆学会承办"2007年林城读书月"系列活动之"书目推荐"及"专家讲座"活动】 5月上旬，贵阳市图书馆学会把推荐书目及推荐书目提要刊登于"贵阳市学习网""读书评书"栏目及《贵阳日报》。5月26日，在贵州省商业专科学校举办了"阳明心学与和谐社会构建"专家讲座，主讲人是贵阳学院中文系副主任、副教授、贵阳王阳明研究会副会长孙德高博士。学会成员馆息烽县图书馆在活动中向息烽县南门小学赠送价值500余元的图书。(贵阳市图书馆学会)

【贵阳市图书馆学会2007年会员学习培训情况】 8月，学会成员馆贵阳学院图书馆派出6人参加图书馆自动化建设研讨会；10月22日至30日贵阳市图书馆学会一行9人对珠江三角洲部分城市的先进图书馆进行了参观考察。成员由贵阳市图书馆，贵阳学院图书馆，花溪区图书馆、乌当区图书馆、白云区图书馆、清镇市图书馆、息烽县图书馆等7个图书馆的会员组成。10月，学会成员馆贵阳学院图书馆派出两人参加CASHL中国高校人文社会科学文献中心培训会；11月学会成员馆贵阳学院图书馆派出两人

参加西南地区第12届高校图工委会议。（贵阳市图书馆学会）

【贵州省图书馆学会参加2007年“科技活动周”】 5月19日，2007年“科技活动周”在贵阳市人民广场拉开帷幕。省图学会组织成员馆参加了该活动。贵州省图书馆、贵阳市图书馆以现场办证、业务咨询、免费发放期刊和实用生活资料等形式为前来参加科技活动的群众服务，咨询者络绎不绝，不时向工作人员提出意见和建议。在这次活动中，省图学会为群众提供了200多册科技期刊，科普常识宣传资料300余份。（罗玲）

云南省

【为“两会”提供数字化服务】 继2005年和2006年为“两会”服务后，今年云南省图书馆学会继续以传统咨询手段与先进信息网络技术相结合的方式，为省10届人大5次会议、省政协9届5次会议提供了全方位、多层次、高质量的服务，特别是为“两会”提供数字化服务的全新形式，得到了“两会”代表和委员的高度赞誉，使为“两会”服务的水平迈上了新的台阶。

云南省图书馆把数字化服务送进会场，成为“两会”一个亮点，《云南日报》“两会”特别报道组在“现场直击”栏目中对图书馆与省电子政务网络管理中心、省统计局等3家单位将“数据服务”送给代表和委员的新闻及时进行了宣传报道，受到了社会舆论的极大关注。同时，进行了“全国文化信息资源共享工程”的宣传和推介，让代表和委员们充分认识和了解我省实施共享工程的目的、意义和进展情况。

“两会”期间，我馆工作人员共接待了600多名代表、委员的现场咨询，提供书刊60余册，接受重要专题咨询3项，发放共享工程宣传资料、“云南省图书馆读者卡申请表”、“云南省图书馆开放时间一览表”共500多份，圆满完成了各项服务工作，受到了与会代表和委员的好评。1月26日，省人大常委晏友琼同志亲自视察服务现场，给予了充分肯定。（云南省图书馆学会）

【省图书馆学会积极指导临沧市图书馆学会工作】 4月2日，临沧市图书馆学会成立大会在临沧市顺利举行。云南省图书馆学会秘书长计思诚受学会理事长李友仁委托出席会议并作讲话。计思诚秘书长就进一步建设好临沧市图书馆学会提出了几点建议：一是从学术活动入手，以积极举办学术年会、专题研讨会等形式，带领会员搞好学术研究；二是开展学习活动，创建“学习型学会”；三是适当组织一些评优活动，使会员的学术研究成果、工作成绩获得应有的社会承认。计思诚还提出，加强学术研究、促进交流的最终目的，是为了提升图书馆从业人员的整体服务水平，使学会融入社会，深化社会服务职能，促进学会工作社会化。（云南省图书馆学会）

【省图书馆学会积极开展2007年度全民阅读活动】 4月23日，学会借助省图书馆在省戒毒劳教所设立第三个图书分馆之机，启动了本年度全民阅读活动；5月19日，学会在玉溪市聂耳文化广场举行的云南省科普宣传周活动中，展出了各种科普书刊，发放了文化共享工程资料，举办了有奖知识问答，吸引了众多群众，受到了云南省人大常委会副主任梁公卿、王义明的高度肯定；5月20日，学会联合省图书馆、昆明市图书馆以及盘龙、五华、官渡、西山等基层图书馆，在官渡古镇启动了“2007年昆明地区公共图书馆服务宣传周”，通过举办图书展阅、有奖问答等活动，进一步密切了图书馆与读者的联系，切实促进了公共图书馆的服务水平，吸引了众多市民对“多读书、读好书”活动的关注。据不完全统计，在学会组织的各类全民读书活动中，社会各界参与人数达到了5万多人。

学会还组织全省各地、各行业图书馆，根据各自实际情况，纷纷开展了丰富多彩的全民读书活动。由昆明理工大学图书馆发起的“世界读书日宣传周”大型公益活动，征集到了捐赠图书

30 370册；由楚雄州图书馆学会组织的系列读书宣传活动，以“图书馆：阅读社会的家园”为主题，营造了浓厚的学习氛围，州图书馆还到监狱、戒毒所等单位送书3000多册；由普洱市图书馆学会、安宁市图书馆学会、石屏县图书馆学会等基层学会组织的全民读书活动，与部分中小学校和乡村共同开展活动，社会效益十分明显。（云南省图书馆学会）

【云南省图书馆学会2007年年会召开】 7月21日，云南省图书馆学会2007年年会在云南省图书馆召开，来自全省各级公共图书馆、学校图书馆、科研系统图书馆的250多名学会会员代表相聚一起，围绕“构建和谐社会与图书馆的创新和发展”这一主题进行了学术交流和探讨，为进一步促进我省图书馆事业的繁荣和发展积累了丰富的智力资源。

会议分三个专题组进行学术研讨。第一组，主要就地方文献、古籍文献的收集、保护、开发与利用，以及图书馆人力资源的培养等问题进行讨论；第二组，主要就构建和谐社会与图书馆建设，图书馆为弱势群体服务，读者服务等问题进行讨论；第三组，主要就新农村文化建设与图书馆事业发展，图书馆工作中的人文关怀，基层图书馆工作等进行讨论。通过这样分专题、分层次的学术交流方式，与会代表就自己擅长和感兴趣的学术课题进行了交流和探讨，推动一批有价值、有分量的学术成果产生。（云南省图书馆学会）

甘肃省

【甘肃省图书馆学会组织开展2007年“全民阅读活动”活动】 2007年4月，根据中国图书馆学会《关于开展2007年全民阅读活动通知》的要求，甘肃省图书馆学会及时转发通知，对活动做出安排和部署，在全省开展围绕为贯彻落实“全面落实科学发展观，加快构建社会主义和谐社会”，以“全面推进社会主义经济建设、政治建设、文化建设、社会建设”为指示精神，“图书馆：阅读社会的家园 ”为主题的“全民阅读活动”。接到通知后，各单位纷纷行动起来，组织开展了形式多样、内容丰富的“全民阅读活动”。省图书馆学会利用工作通讯——《甘肃图书馆工作》对我省的“全民阅读活动”和“图书馆服务宣传周活动”作了集中的宣传报道，并将我省“全民阅读活动”开展的情况及时总结上报中国图书馆学会和省社科联。甘肃省图书馆学会由于组织工作出色，2006、2007连续两年被中国图书馆学会授予“全民阅读活动”最佳组织奖；为了把“全民阅读活动”深入持久地开展下去，办出实效，甘肃省图书馆学会在年会上对在2006—2007年全民阅读活动中表现突出的甘肃省图书馆、陇东学院图书馆、兰州市图书馆、白银市图书馆、嘉峪关市图书馆、麦积区图书馆、甘州区图书馆、安宁区图书馆、西固区图书馆、庆城县图书馆、庄浪县图书馆等11家单位进行表彰。（张毅宏）

【甘肃省图书馆学会公共图书馆少儿图书馆工作委员会成立暨第1次工作扩大会议在兰州召开】 2007年4月5日，甘肃省图书馆学会公共图书馆少儿图书馆工作委员会成立暨第1次工作扩大会议在省图书馆隆重召开。学会领导，分支机构的主任、副主任、委员以及部分市县图书馆的馆长47人参加了会议。会议讨论并通过了工作委员会2007年工作计划，并对分支机构的运行模式和经费问题讨论达成共识，对当前公共图书馆发展的热点问题如共享工程建设、流通服务、讲座展览等进行了研讨与交流。（张毅宏）

【甘肃省图书馆学会2007年学术年会在兰州举行】 2007年7月13日，甘肃省图书馆学会2007年学术年会在省图书馆召开。年会征文主题为“图书馆：新环境、新变化、新发展”。来

自全省各地公共、学校、科研和企事业图书馆的近 90 名代表参加了会议。本次会议共收到来自全省各地、各系统图书情报工作者提交的论文 154 篇，其中地县图书馆 105 篇；非地县图书馆 49 篇。经过专家评委的认真评议，58 篇论文获地县图书馆组一、二、三等奖；23 篇论文获非地县图书馆组一、二、三等奖；西北民族大学图书馆等 10 个单位在年会征文活动中，组织工作突出，成绩显著，被评为“优秀组织奖”。年会期间还对 2006—2007 年度全民阅读活动的先进单位进行了表彰。陇东学院图书馆等 11 个单位被授予“全民阅读活动先进单位”荣誉称号。(张毅宏)

【甘肃省图书馆学会积极协办 2007 中国图书馆学会年会】 2007 年 8 月 5 日，中国图书馆学会 2007 学术年会在兰州举行，这是继 2002 年中国图书馆学会在陕西西安成功举办后，第二次在西北地区举办。为迎接此次年会的召开，甘肃省图书馆学会做了大量的前期工作，1 月份转发征文通知的同时，还专门下发了《关于做好 2007 年年会征文组织工作的通知》，要求各理事单位、会员单位、各图书馆、各分支机构重视年会征文的组织工作，向中国图书馆学会推荐一批高质量的、能够反映我省图书馆学研究实力与水平的论文。利用学会网站开辟专栏，跟踪报道中国图书馆学会 2007 年年会的最新进展和动态，向全国同行宣传推介甘肃和兰州的人文历史、风土人情、山水风光等。在各位理事和会员单位的积极组织下，广大会员踊跃撰稿，积极参与，向中国图书馆学会提交论文 90 篇。经评选，5 篇获一等奖，12 篇获二等奖，31 篇获三等奖，42 篇被选为大会交流论文。无论是提交论文的数量，还是获奖论文的数量都创了我省参加中国图书馆学会历届年会之最。在 8 月 4 日—8 月 7 日召开的中国图书馆学会 2007 年年会上甘肃省图书馆学会和兰州市图书馆被评为优秀组织奖，这是甘肃省图书馆学会第三次获得这一荣誉。(张毅宏)

【甘肃省图书馆学会组织“图书馆改革与发展”学习考察活动】 2007 年 10 月 26 日至 11 月 7 日，甘肃省图书馆学会学习考察团一行 23 人，即来自各市州图书馆和部分高校图书馆的馆长和业务骨干，进行了主题为“图书馆改革与发展”学习考察活动。在 13 天的时间里先后参观考察了南京图书馆、扬州少儿图书馆、苏州图书馆、浙江图书馆、杭州图书馆、绍兴图书馆和上海图书馆，旨在学习、借鉴其先进的办馆理念与运作模式。学习考察的内容涉及图书馆管理体制改革、总分馆制及“一卡通”服务现状、图书馆深化服务延伸服务的经验、共享工程建设、图书馆新馆建设、社区与乡镇图书馆建设等多个方面。(张毅宏)

【《甘肃图书馆事业理论与实践研究》出版发行】 2007 年 12 月，甘肃省图书馆学会 2007 年年会论文集《甘肃图书馆事业理论与实践研究》

由甘肃民族出版社正式出版发行。该书大 32 开，收录论文 63 篇，计 37 万余字。内容涉及和谐社会与图书馆、图书馆法制建设、新农村建设与图书馆、文献资源建设与共享、图书馆员、图书馆的现代化服务等领域。该书是学会成立 30 年来编辑出版的第一部专业书籍，成为广大会员进行学术交流的又一媒介。(张毅宏)

【甘肃省图书馆学会 6 届 2 次常务理事暨分支机构工作会议在省图书馆举行】 2007 年 1 月 10 日，甘肃省图书馆学会 6 届 2 次常务理事暨分支机构工作会议在甘肃省图书馆举行。会议由甘肃省图书馆学会名誉会长孙成权主持。会议讨论审议并原则通过了《甘肃省图书馆学会 2006 年工作报告》、《甘肃省图书馆学会 2007 年工作计划》、《甘肃省图书馆学会 2006 年财务工作报告》、《关于新增马立淑等四人为甘肃省图书馆学会副会长的决定》和《甘肃省图书馆学会关于更换部分分支机构主任、秘书长的决定》等文件。会后，学会办公室根据各位常务理事的建议对上述文件做进一步的修改，以书面形式再次征求各位常务理事的意见，并以正式文件的形式下发到各理事和会员单位，为积极开展工作，有效推动图书馆事业发展打下良好基础。(张毅宏)

宁夏回族自治区

【宁夏图书馆学会参加"宁夏第4届'哲学社会科学与您同行'科普咨询日"活动】 2007年9月21日上午，由宁夏区党委宣传部、宁夏社会科学界联合会主办的"宁夏第4届'哲学社会科学与您同行'科普咨询日"活动，在银川市光明广场隆重举行。

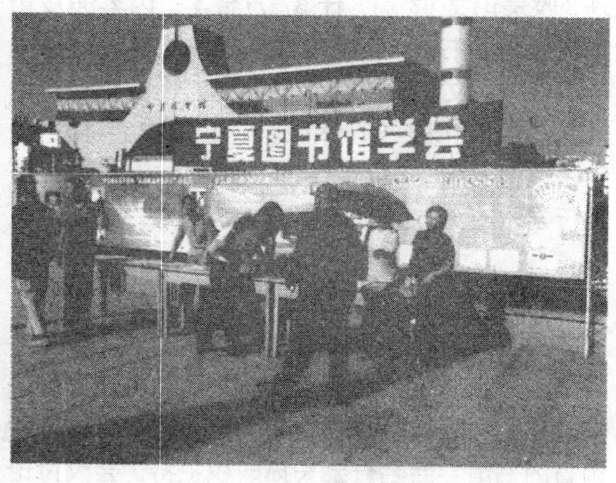

本次活动以"全面落实科学发展观，奋力开创宁夏跨越性发展"为主题，通过制作展板、散发宣传材料、义务咨询服务、展销社科类图书等多种形式，普及社会科学知识，弘扬科学精神，宣传科学思想，传播科学方法，帮助广大干部群众树立正确的世界观、人生观、价值观，努力使哲学、社会科学社会化和大众化。

宁夏图书馆学会认真配合、组织、参与了这次活动。宁夏图书馆学会积极组织了来自宁夏各地区、各系统的图书馆，包括公共图书馆、高校图书馆、科技专业图书馆等所属业务会员单位，积极参加这次活动，并制作了图案精美的展板，散发宣传材料，现场办理图书借阅证。通过广泛宣传图书馆的社会作用及图书馆的业务工作、服务项目，展示图书馆的科研成果，讲解图书馆与人民群众日常生活的密切联系，从而扩大了图书馆的影响。由于注重实际，展板特色鲜明，贴近读者需求，很受读者欢迎，成为本次活动的一个热门展点。(张京生)

新疆维吾尔自治区

【概况】 2007年新疆图书馆学会在自治区科协、自治区文化厅、自治区社科联、自治区民政厅的领导、指导下，全面贯彻党的十七大和十六届六中全会精神，以适应科学发展观，共建和谐社会为导向，以满足我区广大群众的科学文化需求，满足广大会员需求为出发点。通过开展多种多样的学术交流、科普、阅读、培训和宣传等多项活动，发挥群众学术团体与行业服务的双重职能，进一步提高学会的公信力，扩大图书馆的社会影响力。

(一)学术交流活动

学术研讨与交流活动应坚持普及提高相结合的原则，在普及中提高，在提高中普及，以提升全区从业人员的整体理论素质。

（1）2月14日由学会与自治区图书馆共同举办“走进图书馆——享受阅读快乐”读者研讨会。

（2）组织我区会员积极撰写了论文，参加了中国图书馆学会2007年学术年会。

（3）参加《西北五省区图书馆第9次科学讨论会》。征收论文20余篇。此次会议共同研讨图书馆理论与西部图书馆发展实践中的热点问题，相互交流，加深图书馆员之间的了解和友谊，增进西部图书馆之间的协调与合作，促进图书馆事业的发展。

（二）教育培训工作

举办了2007年全区图书·资料继续教育培训班。共招收150余名学员。

（三）科普与阅读工作

（1）组织开展我区4月23日“世界读书日”阅读活动，进一步提高各族群众的阅读意识，吸引更多的人了解图书馆、走进图书馆。

（2）组织会员单位参加自治区科协举办的2007年“科普活动日”活动。

（四）编辑出版工作

2007年出版《西域图书馆论坛》（汉文）3期、《西域图书论坛》（维文）2期。编辑部在资金困难的情况下努力做好《新疆图书馆工作通讯》的编辑出版，扩大信息容量，及时报道、宣传推广图书馆工作的新动态、新经验。

（五）组织管理工作

（1）2月26日，召开学会第5届4次常务理事会扩大会议。

（2）按时更新学会工作网页内容，进一步实现网上直接交流和联系。

（3）做好会员发展工作。

（4）按时收缴会员会费。（新疆图书馆学会）

学术研究与活动

Academic research and activities

专业学术会议 453
国际学术交流 465

学术研究与活动

专业学术会议

中国图书馆学会2007年年会综述

8月4—8日，2007中国图书馆学会年会在兰州隆重举行。这是中国图书馆学会自1999年以来召开的第8次年会，也是全国图书馆界同仁的又一次盛大聚会。年会的主题为“图书馆：新环境、新变化、新发展”。来自全国各省、自治区、直辖市和香港、澳门特别行政区，以及美国、德国的800余名代表出席了会议。

8月5日，大会隆重开幕。中国图书馆学会理事长、国家图书馆馆长詹福瑞致开幕词；文化部社会文化司副司长刘小琴讲话；甘肃省文化厅厅长马少青、副厅长王兰玲出席会议，王兰玲致欢迎词；李国庆先生代表美国华人图书馆员协会向大会致贺词并宣读了美国图书馆协会主席的贺信。

开幕式上，举行了中国图书馆学会优秀会员、优秀学会工作者颁奖仪式，韦棣华奖学金颁奖仪式，“全民阅读”活动颁奖仪式和“中国图书馆学会志愿者行动”颁发证书仪式，对学会近两年来开展的重大活动作了总结表彰；宣布了中国图书馆学会与中国出版对外贸易总公司《现代阅读》联合启动的“全民阅读”赠书计划。学会科普与阅读指导委员会与《新华书目报》合作，募集机械工业出版社等6家出版社的10万码洋新书，赠送给甘肃省的基层图书馆，会上举行了赠书仪式。

为了充分诠释和体现本届年会的主题，今年年会在内容、形式和成效等方面有了新的突破。

一、大会报告聚焦核心问题

在主会场，华东师范大学信息学系主任范并思、北京大学信息管理系教授李国新、苏州图书馆馆长邱冠华、武汉大学信息管理学院图书馆系主任肖希明分别作了题为“图书馆核心价值研究”、“图书馆法治建设：现状与问题”、“人民的图书馆：公共图书馆向基层延伸的模式研究”、“我国图书馆学专业教育与职业需求的调查与分析”的大会报告；中国图书馆学会副理事长、首都图书馆馆长倪晓建宣读了“中国图书馆学会《图书馆服务宣言》（草案）”。这5个报告均是在“中国图书馆学会2007新年峰会”上提出，经七届四次常务理事会确定为“中国图书馆学会2007年专项资金”资助的专项课题的阶段性成果。

范并思在报告中介绍了建立图书馆核心价值的背景、意义以及目前国内外已公布的图书馆核心价值，重点分析了建立图书馆核心价值面临的挑战。报告指出，建立图书馆核心价值是我国图书馆事业走向新阶段的必然选择，但在目前社会核心价值有所缺失、图书馆核心价值基础薄弱等情况下，其建立是一个棘手问题，需要继续进行有针对性的理论研究，并建议纳入中国图书馆学会的工作规划。李国新的报告，对我国图书馆法、图书馆员职业资格认证制度、《公共图书馆建设标准》《公共图书馆建设用地指标》等相关法律、规定的制定进展情况作了介绍；重点分析了图书馆员职业资格认证制度需要解决的问题、目前阶段难以解决的问题、最需要和有可能解决的问题以及需要防止的倾向，提出应从职业准入入手构筑我国的图书馆员职业资格认证制度；报告还对《政府信息公开条例》与图书馆的关系和图书馆行业自律规范的制定作了说明。邱冠华的报告在收集大量调研数据的基础上，对现有延伸服务的3大类型、10种模式进行了划分及分析，总结了图书馆服务向基层延伸的成果，分析了影响延伸服务的因素以及构建服务网络需要注意的问题，并就总／分馆制提出了一个比较理想的模式，为各地设计服务网络提供了参考借鉴。肖希

明的报告通过大量调研，利用翔实数据和多种图表，介绍了 2002－2006 年我国图书馆学教育进展概况，并分别从馆长的视角、图书馆学专业毕业的图书馆员的视角，对职业竞争力与图书馆学教育的关系进行了分析，提出了改革与发展我国图书馆学教育的若干建议。值得关注的是，于“中国图书馆学会 2005 新年峰会”上提出动议的《图书馆服务宣言》，经过业内几年来的理论积淀，经过倪晓建、范并思领衔的课题组半年多来的辛勤努力终于结出硕果，《图书馆服务宣言》（草案）在本次年会上正式发布。

这些报告研究的都是我国图书馆面临的新的发展问题，内容厚重、深刻，视野开阔，富于前瞻性和指导意义，具有很强的理论性和实践性，是非常重要且务实的。业内学者与图书馆实践者联袂，共同研究并解决好这些问题，将为图书馆在和谐社会中的同步发展起到积极的促进作用。

二、分会场设立倡导互动

本次年会继续采用学会网站上的“征文系统”，从投稿到评审都达到无纸化，也保证了整个征文评审工作的公平与公开。共收到征文 1092 篇，经过 43 位业界专家、学者的评审，评出一等奖 87 篇、二等奖 202 篇、三等奖 323 篇；12 个省学会和单位获得征文活动组织奖。本次年会共开设 14 个分会场，这是历次年会设立分会场最多的一年。中国图书馆学会学术研究委员会下属的各专业委员会配合今年年会的分主题积极组织分会场，范并思、陈传夫、李国新、刘细文、肖燕、汪东波、张奇、王世伟、吴贵飙、戴利华、张勇、林明、褚树青、郭向东、赵逵夫、王保玉、于良芝、邱冠华、倪晓建等业内专家、学者担当了各分会场的主持人或点评人，46 位专家、学者及论文作者作了专题发言（其中包括 3 位外籍人士），研讨内容涵盖了图书馆学理论、图书馆法制建设、图书馆学专业教育、信息服务、图书馆建筑与设备、地方文献、公共图书馆服务等诸多方面。其中第 2 分会场“中国图书馆学专业教育与职业需求——图书馆学教授与图书馆馆长的对话”、第 11 分会场“公共图书馆服务体系构建”和第 12 分会场“‘图书馆服务宣言’大家谈”采用了圆桌会议或开放式论坛的方式，不设主旨报告、专题发言，而是让与会者围绕分主题畅所欲言，充分沟通，营造尊重个性、鼓励创新、民主宽容的学术氛围。

此外，在分会场的策划组织中，注重倡导图书馆理论研究、学科教育、人才培养和实际工作相结合；倡导理论研究者、教育者、企业界和技术界与馆员、馆长面对面的互动，谈需求，讲困惑，摆问题，想办法。同时，注重突出地方特色，甘肃省图书馆、兰州市图书馆分别主办了“《四库全书》研究”和“新亚欧大陆桥沿线中心城市公共图书馆协作网第六届年会”两个分会场，少数民族专业委员会主办了“和谐社会与西部地区图书馆的新变化”分会场。

三、网络直播扩大宣传

本次年会学会依托厦门大学图书馆“网志中心”，首次对会议全程进行网络直播报道。在 8 月 5 日上午主会场公布“中国图书馆学会《图书馆服务宣言》（草案）”和 8 月 6 日下午设立“《图书馆服务宣言》大家谈”开放论坛，以及第一、二、十一共 4 个分会场实施现场直播，实现了场内场外互动，实时网上参与量近 300 人次，提高了年会的参与度、影响力和传播力。

自 2005 年以来，《新华书目报》已连续三年作为年会的支持媒体。本次年会其“图书馆专刊”以两期 27 版的篇幅，对年会进行了全方位报道。年会期间，甘肃省图书馆还邀请《甘肃日报》、《兰州晨报》、《兰州晚报》、甘肃卫视等当地 7 家主要媒体对会议进行跟踪采访，刊登（发布）宣传报道 7 篇。

四、会员交流和谐一家

年会已成为中国图书馆学会的“会员日”。据统计，今年有 560 余位会员参加了年会征文活动，有 360 余位会员出席年会，均占参加征文和注册代表的一半以上，充分显示了会员参与学会活动的积极性。为了给广大会员搭建信息交流与沟通的平台，使会员有机会宣传、展示自己，并及时了解业内有关动态和热点、亮点问题，年会期间召开了“2007 中国图书馆学会会员信息发布会”和“会员联谊晚会”。在现场及学会网站上，个人会员、事业团体会员、企业团体会员以及学会相关机构共发布信息 17 条；120 余位新老会员欢聚一堂，载歌载舞，展现图书馆员的风采，共享“会员之家”的温馨与和谐。

五、企业参与共促发展

近几年图书馆的快速发展，引起社会各界的关注和参与，也带动了电子信息技术与软件开发、电子资源生产、出版发行以及设备设施等图书馆相关产业的发展，因此企业界的积极参与是年会成功举办的重要条件。在主会场，3M 中国有限公司的陈韶辉作了题为“RFID 技术在图书馆领域的应用——前景、现状及规划”的专题发言，介绍了图书馆的藏书资源建设和现代化科技在图书馆领域的应用情况；在分会场，除 3M 中国有限公司、香港慧科讯业有限公司单独举办分会场外，香港迪志文化出版有限公司还与甘肃省图书馆联袂举办了《四库全书》研究分会场。

会议期间，还举办了“2007 年中国图书馆应用技术与专业设备及图书馆资源展览会”和“汉字：从甲骨文到计算机”科普展览。3M 中国有限公司等 5 家企业被参会代表评为“最受欢迎的参展企业”。

本次年会从筹备到召开历时 8 个月。年会已日益成为所有图书馆人和关心、关注图书馆事业的有识之士砥砺心志、交流心得、互换心声的大舞台，成为所有图书馆人欢聚的节日。年会的成功举办，是学会各专门工作委员会、全国各地方学会，以及各级各类图书馆、各位论文作者和各位与会代表以及企业会员共同努力的结果，同时得到甘肃省文化厅、甘肃省图书馆、省图书馆学会和兰州市图书馆的高度重视和大力支持。闭幕式上，中国图书馆学会向有关的 6 个单位赠送了《感谢状》，对他们的辛勤付出和重要贡献表示敬意和感谢。（王旭东）

中国图书馆学会 2007 新年峰会

由中国图书馆学会主办、苏州图书馆承办的中国图书馆学 2007 年新年峰会于 2006 年 12 月 10—12 日在苏州举行，来自各级各类图书馆、教学科研单位、政府部门的近 30 名代表参加了本次会议。

这是中国图书馆学会自 2005 年 1 月在哈尔滨举办首届峰会后的第三次峰会。

中国图书馆学会理事长詹福瑞致开幕词，首先回顾了前两次新年峰会召开的情况，认为参加新年峰会的代表都是当今图书馆界、教育界的精英，在会议上讨论的都是图书馆界的焦点和重要问题，是务实的。而且会议上研讨的内容在会后引起了各方的重视，得到了推动和解决。同时指出中图学会在不断发展过程中，出现了一些新的发展趋势，正逐渐从单纯的学术团体向行业协会发展，正从北京日益走向最基层，发挥其协调各方力量的作用。

文化部社图司副司长刘小琴、苏州市副市长朱永新、苏州市社科联主席高志罡、南京图书馆副馆长许建业也分别在开幕式上致辞。

与会代表围绕贯彻落实《国家“十一五”时期文化发展规划纲要》，研讨和展望政府、学会、图书馆三者之间的关系、作用这一核心议题，分别就图书馆核心价值的再认识、图书馆服务网络模式构建、图书馆立法进程与需求、中国图书馆学专业教育与职业需求、中国图书馆学会志愿者行动等 5 个分议题进行了热烈、深入的研讨，范并思、李国新、邱冠华、于良芝、杨玉麟分别就 5 个议题的核心内容作了说明，包岐峰、屈义华、胡银仿、李超平、范并思等还分别介绍了常熟图书馆、佛山禅城区图书馆、杭州图书馆、上海嘉定区图书馆服务网络模式的尝试及设想。陈力、倪晓建分别主持了议题的研讨。

在 11 日下午的总结会上，詹福瑞理事长就 5 个讨论议题分别作了布置，逐项落实，并做了总结发言，指出峰会一年比一年更直奔主题，更追求落实，得力于来自不同领域的专家与管理者互相理解，互相补充，而本次峰会的议题研讨及后续工作，不仅在当前有现实意义，还有长远意义。

会议结束后，与会代表还就地参观考察了苏州地区的社区乡镇图书馆。

代表们对苏州图书馆提供的无微不至的会议服务工作给予高度评价。（卓连营）

第二届百县馆长论坛

2007 年 10 月 30—11 月 1 日，由中国图书馆学会、德国歌德学院（中国）、常熟市人民政府、江苏省图书馆学会联合主办，常熟市文化局承办，常熟图书馆、苏州图书馆学会协办的中国图书馆学会第二届“百县馆长论坛”——中德社区乡镇图书馆建设与发展——在历史悠久、人文荟萃的江南胜地常熟隆重召开。在与会的120多位代表中，有来自全国各地包括香港地区在内的公共图书馆的馆长、有来自北京大学、南开大学等图书馆学院系的专家学者、在校研究生、有热心图书馆事业的社会团体、民间组织和个人兴办图书馆的代表，以及各级文化主管部门的领导和媒体界朋友。大家为了一个共同的目标，汇聚常熟，一起商讨基层图书馆的发展大计。

作为本次论坛的一个重要组成部分，2007年6月，中国图书馆学会曾组团赴德国巴伐利亚州实地考察德国的乡镇社区图书馆。歌德学院和巴伐利亚州国家图书馆高度重视中国代表团的考察活动，歌德学院魏尼卡女士和巴伐利亚州国家图书馆戴费尔先生全程陪同，相继走访了巴伐利亚州的8个乡镇图书馆，并与当地的图书馆同仁进行了坦诚而深入的交流。常熟会议期间，魏妮卡女士又率德方代表团全程与会，并在开、闭幕式上做了热情洋溢的发言，同时，德方福格特女士和戴费尔先生还在大会上做了精彩报告。

本次论坛的主题是“社区乡镇图书馆的建设与发展”，旨在通过中外图书馆同行的实地考察和交流比较，研究探讨县（区）级图书馆在社区乡镇图书馆建设和发展过程中的核心作用，及其在管理体制、资源调配、社会力量参与等各环节所面临的共性问题，总结和推广成功经验，达成共识，促动我国基层图书馆事业的健康有序发展。

这一会议主旨契合了刚刚胜利闭幕的党的十七大“保障人民基本文化权益”、“让人民共享文化发展成果”的基本精神，因而引起社会各界的高度关注。在大会上，分别由南开大学信息资源管理系于良芝教授、德国维尔兹堡市立图书馆的馆长汉内洛蕾·福格特(Hannelore Vogt）博士、香港公共图书馆高级馆长、香港图书馆协会副会长郑学仁、巴伐利亚州公共图书馆事业专业指导部副主任拉尔夫·戴费尔（Ralph Deifel）先生、佛山市禅城区图书馆馆长屈义华、常熟图书馆馆长包岐峰、北京天下溪教育咨询中心乡村图书馆项目负责人付惠萍等做了题为“走进普遍均等服务时代——近年来我国公共图书馆服务体系构建”、“公共图书馆以用户为中心的管理方式和管理理念”、“便利图书站——香港的社区图书馆经验”、“巴伐利亚州地区的图书馆”、“中德基层图书馆之比较研究”、“以争创全国文化共享工程示范县（市）为契机，加速构建常熟农村公共文化服务体系”、“从天下溪乡村图书馆项目看社会力量参与图书馆建设的现状和困境”等专题报告。

围绕县（区）级图书馆在社区乡镇图书馆建设发展中的核心作用，本次论坛还专门设置了“体系建设”、“资源共享”、“社会力量参与图书馆建设”等三个专门分会场。经过三天主、分会场的认真研讨和充分交流，与会代表就基层图书馆建设与发展面临的共性问题达成了“常熟共识”，呼吁各级政府进一步重视公共图书馆建设，充分发挥县级图书馆在社区乡镇图书馆建设中的核心作用，让普遍均等的公共图书馆服务体系真正成为“阅读中国”的支柱；同时，希望有关部门加快立法进程，尽早颁布《中华人民共和国图书馆法》。（卓连营）

附：

《常熟共识》

两年前，来自全国的一百多位县级图书馆馆长聚首红旗渠畔，共商县级公共图书馆的振兴之策，针对当时县级图书馆的生存困境，达成“林州共识”，引起社会关注。今天，第二届“百县馆长论坛”在常熟举行。经过两天的热烈讨论，与会代表形成以下共识：

一、党和政府关于公共文化服务的一系列方针政策的颁布与实施，特别是刚刚召开的党的“十七大”将文化建设提到了前所未有的高度，使我国县级图书馆处于历史上最好的发展时期。我们呼吁各级政府进一步重视公共图书馆建设，加大基层公共图书馆投入，支持公共图书馆服务体系建设。

二、在各级政府的支持下，经过图书馆人的艰苦努力，“林州共识”中的呼吁和期盼已经程度不同地变为现实。图书馆人应该抓住这一机遇，推动县级图书馆事业的大繁荣、大发展。

三、为实现普遍均等、惠及全民的公共文化服务目标，必须充分发挥县级图书馆在社区乡镇图书馆建设中的核心作用，改革县（区）乡镇（社区）

图书馆管理体制，重新界定县级图书馆在公共图书馆服务体系中的基本职能。

四、"全国文化信息资源共享工程"的加快推进，对于县级图书馆，特别是中西部地区县级图书馆实现数字化的跨越式发展，是一个难得的机遇。县级图书馆应该积极参与、用好资源，使之惠及广大百姓。

五、社会力量的积极参与是发展图书馆事业的一个重要方面。我们呼吁有关部门落实社会力量参与公益性文化事业的鼓励政策，图书馆行业组织和县级图书馆应该承担起相应的组织与协调责任。

六、全民阅读是增强国家软实力的重要途径，促进全民阅读是图书馆义不容辞的职责。县级图书馆应该更加有效地组织区域内的阅读活动，让普遍均等的公共图书馆服务体系真正成为"阅读中国"的支柱。

七、重视图书馆评估的导向作用，调整现有县级公共图书馆的评估指标，将县级图书馆的服务网络建设纳入评估指标体系，使之与公共图书馆服务体系对县级图书馆的新要求相适应。

八、完备的图书馆法律法规体系，是促进县级图书馆承担起公共文化服务职能的关键，"中国图书馆法"是这一体系的核心，我们希望有关部门加快立法进程，尽早颁布《中华人民共和国图书馆法》。

(2007年11月1日于常熟)

第十九届全国十五城市公共图书馆工作研讨会

2007年11月18—19日，由中国图书馆学会主办，大连图书馆承办的"第十九届全国十五城市公共图书馆工作研讨会"在大连图书馆成功召开，会议主题是"公共图书馆的社会教育"。

中国图书馆学会理事长、国家图书馆馆长詹福瑞、大连市文化局党委书记王星航出席会议并致辞。会议邀请上海图书馆党委副书记、中国图书馆学会学术研究委员会副主任王世伟先生做了题为《当代全球图书馆发展的理念、路径与空间》的报告。5位代表进行了大会交流：成都图书馆代瑞雪的《成都市公共图书馆网上联合参考咨询服务系统的建立》、金陵图书馆张幼林的《浅谈城市建设中公共图书馆实施总馆分馆制的意义——以南京为例》、青岛图书馆冷秀云的《公共图书馆在构建社会主义核心价值体系中的地位与作用》、深圳图书馆魏建华的《为弱势群体服务是公共图书馆的天职》和大连图书馆辛欣的《白云无语自化成——新时期大连图书馆社会教育工作探索》等。辽宁省图书馆学会副理事长、辽宁省图书馆副馆长高贤对会议征文做了点评。会议评选出一等奖6篇，二等奖12篇，三等奖14篇；出版文集《公共图书馆教育职能研究》。

中国图书馆学会秘书长汤更生做了会议总结。会议决定，第二十届全国十五城市公共图书馆工作研讨会由沈阳市图书馆承办。

时值大连图书馆百年庆典，为会议增添了隆重、热烈和喜庆的气氛，突出和营造了浓厚的文化氛围。代表们除了参加馆庆系列活动外，还观看了大连图书馆的社会教育"品牌"——白云吟唱团的"含英咀华"专场演出。

2007数字图书馆建设与应用研讨会暨成果展示会综述

以国家"863计划"将"试验型数字图书馆"立项作为我国数字图书馆建设的开端，我国数字图书馆的建设与研究已经走过了十年，一些应用系统已经进入实用。为了展示成果、总结经验、研讨问题、瞻望未来，更好地推进我国数字图书馆的发展，由中国高等教育数字化图书馆（CADLIS）、国家数字图书馆（NDL）、国家科学数字图书馆（CSDL）、国家科技图书文献中心（NSTL）、中国图书馆学会（LSC）共同主办，中国图书馆学会数字图书馆建设与研究专业委员会、中国图书馆学会秘书处、深圳大学城图书馆（深圳市科技图书馆）共同承办了"2007数字图书馆建设与应用研讨会"。会议是对1997年以来我国在数字图书馆建设与研究方面的成果进行的一次检阅。为了让图书馆界了解更多的数字图书馆相关装备、产品和技术，也为了使和数字图书馆产品相关的企业更直接、更有效地宣传自己、推介产品、结识客户，与会议同期、同地举办了"2007数字图书馆建设与应用成果展示会"。

2007年11月26日上午，会议开幕式在深圳

大学城图书馆四层学术报告厅隆重举行。开幕式由中国图书馆学会秘书长汤更生女士主持。

文化部社会文化图书馆司陈胜利处长，深圳市文化局副巡视员李南生女士，深圳大学城管理委员会办公室副主任张儒林先生，国家科技图书文献中心主任袁海波先生，中国科学院国家科学图书馆常务副馆长张晓林先生，国家图书馆副馆长、中国图书馆学会副理事长陈力先生，中国图书馆学会数字图书馆建设与研究专业委员会主任、中国高等教育文献保障体系管理中心副主任、北京大学图书馆馆长朱强先生，中国高等教育文献保障体系管理中心副主任陈凌先生，广东省图书馆学会理事长、中山大学图书馆馆长程焕文先生，香港理工大学图书馆馆长欧阳亭先生，香港大学图书馆馆长彭仁贤博士，哈佛大学哈佛燕京图书馆馆长郑炯文博士，普林斯顿大学东亚图书馆馆长马泰来博士，芝加哥大学东亚图书馆馆长周原博士，耶鲁大学东亚图书馆馆长蔡素娥女士等领导和嘉宾出席了开幕式。

从事数字图书馆建设的国内外图书馆工作者，多个学科参与数字图书馆建设的专家，与数字图书馆建设相关的企业和机构代表，以及新闻界的朋友们，约 300 人出席了本次会议。

中国图书馆学会陈力副理事长、深圳大学城管理委员会办公室张儒林副主任、文化部社会文化图书馆司陈胜利处长、深圳市文化局副巡视员李南生女士、广东省图书馆学会程焕文理事长在开幕式上分别代表各方致辞，对数字图书馆十年来的发展给予了充分肯定，对会议的召开表示支持，预祝会议圆满成功。

会议的主题是“中国数字图书馆十年：回顾与展望”。主题报告中，袁海波先生的“NSTL的建设与发展愿景”、陈力先生的“国家图书馆数字资源建设回顾与展望”、陈凌先生的“中国高等教育文献保障系统‘十一五’建设思路及进展”分别介绍了国家三大数字图书馆系统——国家科技图书文献中心（NSTL）、中国数字图书馆工程、中国高等教育文献保障系统（CALIS）的缘起、进程、现状和发展方向。中国科学院国家科学图书馆常务副馆长张晓林的“重新定义国家科学数字图书馆”从情景感应和用户驱动两个方面，强调 e-only、e-first 已经成为用户特别是科学家群体的阅读习惯，因而提出了打造随地随时随身、感觉不到而又无所不在的数字图书馆的新理念。John Erickson 的“Dspace 基金会介绍”、陈韶辉的“RFID 系统到底是‘上’还是‘不上’？——四大动力及三大阻力剖析”、孙卫的“数字图书馆未来趋势”、赫思佳的“整合数字资源，构建数字图书馆新平台”则让与会者增加了对开源软件、电子标签、数字出版的了解。

主题报告之后，会议按专题分为 4 个会场，采取报告加讨论的方式进行深入交流。

第一分会场交流数字图书馆的理念与发展，涵盖数字图书馆发展战略、现代图书馆的模型、知识组织与知识管理、数字图书馆管理、数字版权与知识产权等。演示报告中，CADAL 项目管理中心黄晨先生的“我国数字图书馆发展战略的几点思考”主要介绍浙江大学参与“中美百万册数字图书”工程的思路、做法及项目进展情况。深圳图书馆甘琳副馆长的“数字化、智能化、人性化——深圳图书馆的实践与展望”主要介绍深圳图书馆的电子标签系统和自动还书系统。宁波大学城图书馆颜务林馆长的“对城市数字图书馆建设的实践与思考——以宁波市数字图书馆为例”，主要介绍如何结合市情、馆情，建设实用的中小型数字图书馆。

第二分会场交流数字资源的建设与管理，包括资源共建共享、资源数字化、元数据、数字资源整合与保存、机构仓储等。特邀嘉宾演示报告有北京大学肖珑副馆长的“CASHL：人文社会科学信息资源共享平台”、上海图书馆数字图书馆研究所刘炜所长的“元数据抽象模型与新加坡框架”、上海交大郑巧英副馆长的“数字图书馆中基础管理性元数据框架研究”。会议征文获奖作者的演示报告有曾新红先生的“中文叙词表本体共建共享系统 OTCSS 的设计与实现”、吴振新先生等的“构建面向实际应用的数字资源长期保存系统”、董光彩先生的“数字馆藏存储媒体之选择”、郭正武先生的“信息资源建设中的元数据冗余”。

第三分会场交流数字图书馆服务，包括用户行为角度的服务、图书馆情报角度的服务、传统图书馆与数字图书馆服务的整合、服务组织、可获得性、个性化、门户等。演示报告有中科院图书馆乐小虬博士的“构建嵌入到用户环境的数字图书馆服务”、深圳大学城图书馆赵洗尘副馆长的“深圳市科技图书馆（深圳大学城图书馆）的数字化服务”、北京师范大学林颖女士的“基于WAP的移动终端在线书目检索系统的设计和实现”、香港岭南大学谭文力先生的“香港岭南大学图书馆把联机目录提升成图书馆资源门户网站的实践”。

第四分会场交流数字图书馆系统，包括互操作与互交换标准规范、系统结构、功能、性能、稳定性与应用、开放源代码应用、开放存取应用、检索技术、知识组织与挖掘技术、调度与链接技术等。演示报告有国家图书馆吴斌总工程师的“国家数字图书馆工程建设概况”、中科院国家科学图书馆张智雄主任的“NSTL三期网络服务系统建设的核心服务构架及服务模式设计”、中国高等教育文献保障系统王文清总工程师的“CALIS数字图书馆系统的开发及相关技术”、复旦大学图书馆杨明华先生的“复旦大学图书馆E-Reserves原型系统”、汕头大学图书馆杨明华女士的“RFID技术在图书馆中应用的思考”。

展示会设两个论坛，第一个是3M公司的“图书馆管理与服务的新技术”专题论坛，演示了“如何选择图书馆资料流通管理系统”。第二个是HP公司的“DSpace发展与应用”专题论坛，演示报告有北京大学张铭教授的“科研协作平台——PKUSpace介绍”、清华大学邢春晓教授的“DSpace应用的经验和体会”、北京航空航天大学沈旭昆教授的“DSpace在数字博物馆中的应用”等。在“DSpace发展与应用”论坛上，邢春晓等教授的发言，实际上已经超出了对DSpace的讨论，而是对数字图书馆的发展阶段、技术现状都作了精辟的总结。

一批数字图书馆软硬件和内容供应商、服务商，及一些数字图书馆应用系统参加了展示会，展示了它们的产品和服务。

会议共收到征文98篇，评出了一等奖2篇，二等奖11篇，三等奖32篇，会上印发的《“中国数字图书馆十年：回顾与展望”论文集》收录了全部获奖论文。会上对获奖作者颁发了证书。参会的一、二等奖论文作者在会上介绍了他们的研究成果。

中国图书馆学会数字图书馆建设与研究专业委员会主任朱强先生在27日下午闭幕式的总结发言中认为，本次会议达到了预期目的，十年来中国数字图书馆建设成就显著，几个国家级的数字图书馆项目、大规模的数据库集团引进、大规模的数字化工作、大规模的数据库制作、中文数字出版、中文数据库、数字图书馆技术、多方面的数字图书馆应用，在会上都进行了盘点，全面展示了我国数字图书馆事业发展的现状。建议数字图书馆的建设要从实际出发，加强顶层设计，加强跨行业、跨系统及与用户的合作，开放源代码，开放应用。数字图书馆不再是一个趋势，而是我们身边正在成长的事物，将像空气一样，不知不觉、随时随地随身地为人们的日常工作、学习和生活提供信息服务。

有关新闻媒体、图书情报刊物、厦门大学图书馆网络直播小组等对会议情况进行了充分报道。（王波）

第五次全国图书馆学基础理论研讨会

2007年11月28—30日，由中国图书馆学会图书馆学理论专业委员会主办的第五次全国图书馆学基础理论研讨会在新近落成的重庆图书馆新馆召开。来自全国各地不同系统的近40名图书馆学理论研究者和图书馆实际工作者齐聚一堂，回顾了自2003年第四次研讨会以来我国图书馆学理论的发展，对当前我国图书馆学基础理论研究的热点和焦点问题进行了探讨，共同描绘其未来发展蓝图。

研讨会召开前夕，《构建面向图书馆职业的理论体系——第五次全国图书馆学基础理论研讨会论文集》由北京图书馆出版社正式出版。该文集汇编了从图书馆学理论专业委员会发起的“继承、发展与完善——立足于当代图书馆实践的图书馆学理论研究”征文活动中优选出的38篇论文，内容涉及图书馆学科理论体系建设、图书馆人文精神、图书馆核心价值、图书馆学研究方法等领域，基本反映了我国图书馆学理论研究的现状，体现了我国图书馆学理论研究新的进展。

这是一次开放、自由的学术研讨会，与会者发言踊跃，各抒己见，围绕“进一步拓展图书馆学的研究领域、深入发掘图书馆职业核心价值”这一主题展开讨论。

在研讨会上，吴慰慈先生高屋建瓴地分析了

图书馆学基础理论研究未来的4个走向，而图书馆学基础理论研究领域的拓展即是其中之一。他指出，图书馆学的发展与科学技术等外界社会环境的发展息息相关，图书馆学的研究范畴，始终处于不断更新和拓展的过程中。当今信息环境的变化和图书馆事业的变革为图书馆学研究创造了学科新的知识生长点，促使图书馆学研究范畴不断拓展——再也不能仅从图书馆这个实体来进行研究，而是要将现代信息技术与图书馆学理论结合起来开展前沿性课题的研究。所有这些均为图书馆学基础理论研究创造了发展的良机。同时他也指出，研究者应该拓展思维方式，因为"以人类社会图书馆活动的全部历史和实践为对象的开放型思维是开展图书馆学理论研究的思想基础"。

与会者通过回顾改革开放以来我国四次图书馆学基础理论研讨会召开的背景、研讨内容及所取得的成果，对我国图书馆学基础理论20多年来的各个发展阶段作了总结。一些与会者认为，经过多年的发展，中国图书馆学基础理论研究已经取得了有目共睹的成果，因此，在新的信息环境下构建当代图书馆学新的学科体系不仅具有必要性，而且也具有了可能性。虽然关于新图书馆学学科理论体系的构建问题在上次研讨会上就已经有所涉及，但这次会议的讨论不同于上次会议比较注重体系的"全"，而是更加注重体系的"精"。正如刘兹恒教授在本次会议的主旨报告中所言，需要"总结与吸收近年来国内外图书馆学理论进步的成果，并按学科内在的逻辑关系对它们加以科学组织。因此，以现代图书馆学理念为核心，重构图书馆学理论体系已经成为当前图书馆学基础理论研究的重要任务"。有学者以"中国国情的特殊性"、"中国文化传统"、"中国图书馆事业发展的现实状况"等为前提，探讨了中国语境下的图书馆核心价值表述，提出了以"文化权利"为中心，包括"保存与共享"、"阅读社会"、"平等服务"和"隐私权"等在内的图书馆核心价值范畴体系。一些与会者提出，图书馆学基础理论研究应定位于"立足实践，面向职业"，并多次提到实证研究方法在图书馆学研究中的重要作用，呼吁通过实证研究来反映图书馆、图书馆学发展的现状，还提出了符合图书馆实际的方向性、指导性建议。

第五次全国图书馆学基础理论研讨会为我国图书馆学基础理论研究的进一步"拓展与探寻"开了一个好头——它将引导我国图书馆学理论研究者在今后一段时间里，不断拓展图书馆学理论研究的新领域，深入探寻图书馆职业的核心价值。（高丹）

全国第五届目录学学术研讨会

全国第五届目录学学术研讨会于2007年5月17－18日在重庆西南大学召开。此次大会由中国图书馆学会目录学分会主办、西南大学计算机与信息科学学院承办。大会的主体活动于5月18日举行，开幕式由西南大学计算机与信息科学学院副院长邓小昭教授主持，西南大学副校长黎小龙教授和西南大学计算机与信息科学学院陈朗书记出席开幕式并致欢迎辞。台湾政治大学图书资讯学研究所杨美华教授、重庆图书馆馆长邵康庆研究馆员、《中国图书馆学报》常务副主编李万健研究馆员、《图书情报知识》副主编周黎明女士应邀参加会议。闭幕式由王新才教授主持，目录学专业委员会的领导为优秀论文作者颁发证书，纪晓平教授和廖璠教授分别代表小组作讨论汇报，最后由柯平教授作大会总结。

第五届目录学研讨会的主题是"数字时代目录学的发展"，分主题有6个：①我国目录学的现状与未来；②网络信息资源的书目控制与网络书目情报服务新模式；③古籍数字化与古籍书目资源共享；④目录学教育的回顾与发展；⑤信息素养教育与书目导读；⑥数字参考咨询服务与书目工作的变革。围绕大会主题，参会的21篇论文当中，主要涉及到3个方面：第一是数字目录学书目控制和书目情报的研究，反映了目录学新的方向和新的研究，这方面有8篇论文。第二是目录学史和古籍文献的研究，有6篇论文。第三是信息素养和国外目录学等的一些研究，有7篇论文。

进入数字时代，如何把握时代特征，如何确立目录学的定位是十分重要的问题。开幕式上，目录学的两位大家——彭斐章先生和谢灼华先生作为特邀嘉宾讲话。彭斐章先生回顾了五届目录学研讨会的历程，指出"变革是我们所处时代的重要特征。目录学是一门具有鲜明时代特征不断变革的科学。目录学要发展，只有紧跟时代节拍，以书目情报为基点，以读者需求为导向，以现代信息技术为手段，与时俱进，才能获得生存与发展”。他的指示确定了中国目录学应变数字时代的基调。谢灼华先生作了题为“重新评价目录学对学术发展的地位”的讲话，提出两点：第一，“目录学发展适应信息时代发展的需要，不断作出努力，也有不少成果。如何继承目录学传统，促进学术发展，还要从‘深’和‘广’的角度作出新的努力”；第二，“建议编写一部‘中国目录学史’，一是总结传统，探讨思想学术精髓，具有厚重和高度的传世作品，使目录学能在学术之林，在各种学科著作中占据一席之地。从书籍史方面利用目录学文献研究文本结构、接受与适应性、书籍影响社会与思想；从传播史方面总结文本的传播、交流方法、渠道，说明目录学在信息传播上的巨大作用与影响；从接受史方面叙述书籍不同时代的接受、交流、阅读与收藏的时代特征；从社会史的意义说明阅读对文化发展与人类文明进步的贡献。挖掘著作与评价历史人物”。

新时代目录学有哪些重大任务，要开展哪些研究，这是亟待明确的问题。开幕式上中国图书馆学会目录学分委会倪晓建主任做了大会主旨的一个阐释，配合大会的主旨又安排了两个副主任作主旨报告。一个是目录学分委会副主任、南开大学信息资源管理系主任柯平教授所作的《面向数字书目控制和数字资源控制的数字目录学》，另一个是目录学分委会副主任、武汉大学信息管理学院王新才教授所作的《浅议目录学的发展趋势》。这两个报告刚好是当代中国目录学的两个重要领域：数字目录学和大众（阅读）目录学。北京大学信息管理系李国新教授认为这两个主旨报告选的恰到好处，刚好说明了目录学下一步的两个发展方向——数字化和大众化，所以此次研讨活动的设计也得到了代表们的充分肯定。在大会主旨报告会场，中国图书馆学会学术委员会常务副主任李国新教授作为主持人做了精彩的总结和点评，他强调要把握好三个关系：守阵与创新、继承与发展、传统与变革，这三点代表了本届学术活动的特色，也说明了三者关系的重要。同时，从本届会议的研讨内容看出，代表的论文充分体现了继承与发展这样一个主线。大家一致认为我们现代很多领域的活动都是目录学的应用，目录学作为一个工具，作为一个方法，已经在不断发展，包括李国新教授提到的比尔·盖茨和百度他们做的都是目录学的事情。本届研讨会提的比较多的是“辨章学术、考镜源流”的学术精髓和再现，它的精神在新时期怎么再现——这很好地体现了继承和发展。关于目录学史的广度和深度、关于古典目录学和现代目录学共同发展问题，关于导读和信息素养的发展问题，把古代的导读发展成现代的信息素养，这些讨论都十分重要，充分显示出目录学要继承也要发展。

此次参会代表共有 35 人，青年教师和学生成为主力军。形成了博士生、硕士生和本科生的阵容，展示了目录学后继有人，目录学研究充满新的生机和希望。西南大学计算机与信息科学学院的应届本科毕业生陆秀萍等提交了论文《关于在 OPAC 系统添加书评的价值分析和可行性分析》，东北师范大学传媒学院信息管理系主任纪晓萍教授带着她的两个硕士生参加会议，武汉大学信息管理学院的两位博士生费巍和武利红分别提交了论文《西方目录学研究现状及对我国的借鉴意义》和《数字时代书目导读在信息素养教育中的运用思考》。

第二届全国图书采访工作研讨会

2007 年 5 月 30 日—6 月 2 日，第二届全国图书采访工作研讨会在大连隆重召开。研讨会由国家图书馆主办，中国图书进出口（集团）总公司、中国图书馆学会资源建设与共享专业委员会、中国图书商报协办，来自公共图书馆、高校图书馆、专业图书馆等方面的 150 多名代表参会。

国家图书馆副馆长陈力致开幕词，并提出了信息资源共享问题，数字资源与实体资源的相互关系问题，文献建设的方针问题，文献采访范围问题，政府采购、招标采购问题等关系图书采访工作，乃至整个图书馆事业未来发展的五大命题，开拓思路，促进思考，引人深思。

中国科学院国家科学图书馆郑建程、南京大学图书馆陈远焕被特邀发言，分别介绍了各自图书馆在信息资源建设方面的思路和实践经验，激发了参会代表的探讨热情。

剑桥大学出版社、Wiley 公司、Springer 公司作为出版方的代表分别介绍了各自图书的特点、领域，图书的出版发行情况，出版社的运营情况，乃至市场占有情况等。

获奖作者中，来自上海图书馆的丁建勤介绍了上海图书馆中文图书采访工作的情况，并对《图书馆文献采访工作规范》进行了实证比较与分析；国家图书馆采编部中文图书采选组组长梁爱民介绍了采访工作中重要的环节——馆藏补缺的情况，并就盗号书问题与参会代表展开了热烈的讨论；来自镇江市图书馆的徐苏讲解了《镇江市图书馆采集特色文献的对策和措施》；北京大学图书馆的王海兰作了题为《信息资源采访与编目的协作与创新》的报告，重点分析了采访与编目的关系；国家图书馆的苏健对国家图书馆台港文献采访的情况进行了数理分析。

参会代表分为 3 个分会场，共同探讨了采访管理，采访与编目之间的关系，文献获取能力与文献控制能力之间的关系，采访人员业务能力对获取能力的影响，政府采购问题，图书馆文献采访工作行为规范等六大议题。

北京大学信息管理系教授刘兹恒做大会总结，并对参会论文进行了分析。此次论文征集活动历时 1 年，参选论文共 126 篇，经过专家评审委员会的甄选，评出一等奖 10 篇，二等奖 14 篇，三等奖 16 篇。主办方已将获奖论文结集出版。论文评审专家们一致认为，此次论文的质量比较高，多角度地反映了图书馆人对采访工作的思考和对未来发展的关注。

本次研讨会是一次图书馆采访工作者的盛会，不仅在图书馆界产生了重大的影响，也加强了图书馆与出版商、馆配商的沟通和理解，并得到新闻媒体和出版界的广泛关注，《中国图书商报》为会议出版了专刊，《新华书目报》、《出版人》等媒体也进行了跟踪报道。（张玮）

国家图书馆举办“全国馆际互借与文献传递研讨会”

2007 年 10 月 11—12 日，由国家图书馆主办的“全国馆际互借与文献传递研讨会”在该馆文会堂隆重举行，203 位代表参加了会议。这是第一次在全国范围内召开的馆际互借与文献传递工作大会。与会代表对近年来馆际互借与文献传递工作进行了梳理和总结，并共同探讨数字时代馆际互借与文献传递业务发展中的理论与实践问题。

国家图书馆副馆长陈力出席研讨会并致欢迎辞。大会特邀上海图书馆党委副书记王世伟、中国科学院国家科学图书馆副馆长戴利华、首都图书馆馆长倪晓建、武汉大学信息管理学院院长陈传夫、北京大学图书馆副馆长陈凌作了精彩的主旨报告。这些演讲高屋建瓴，分析有理有据，引起了与会代表的强烈共鸣。陈力在会上作了题为“数字时代馆际互借与文献传递工作的思考”的演讲，图文并茂地解析了文献传递、馆际互借服务的现状，面临的机遇与挑战，提出了国家图书馆馆际互借与文献传递在数字时代的发展战略。来自国家科技图书文献中心、天津图书馆、广东省立中山图书馆、JALIS 管理中心、厦门大学图书馆的同行们介绍了各自开展馆际互借与文献传递服务的情况，与参会代表展开了热烈的讨论。

由于信息技术、网络技术的飞速发展以及伴随全球范围内出版物及其价格的剧增而出现的图书馆采购经费的紧缺，资源共建共享成为越来越多图书馆的共识。面对海量的信息资源，多样化的读者需求，以及社会信息服务机构的竞争，图书馆的馆际互借与文献传递业务正面临着前所未有的机遇与挑战。本次会议正是在此背景下，为全国从事馆际互借与文献传递的工作者提供了一个互相交流的平台，大家彼此分享经验、共同探讨问题，有利于该项工作在全国范围内深入健康发展，推动了全国馆际互借与文献传递工作领域内的学术研讨。

此次会议中，由国家图书馆提出建立“全国文献提供协作网”机制的倡议，得到与会代表的赞同和积极响应。为实现这一目标，国家图书馆将率先建立“全国文献提供协作网”网站。

会议还安排代表参观了国家图书馆、清华大学图书馆和首都图书馆。（据国家图书馆网站 2007 年 10 月 15 日报道）

2007 海峡两岸四地图书馆建筑学术研讨会

同济大学百年华诞之际，海峡两岸四地图书

馆建筑学术研讨会于 2007 年 5 月 10—12 日在同济大学图书馆召开，来自内地及港澳台地区图书馆界和建筑界的 150 余名代表齐聚上海，共同探讨新时期图书馆建筑的理论与实践问题。

本次会议由中国图书馆学会建筑与设备专业委员会、教育部高校图书情报工作指导委员会、中国图书馆学会高校分会、台湾中华图书信息馆际合作协会海峡两岸信息交流委员会和同济大学图书馆联合主办。大会的主题是图书馆建筑与空间设计，研讨的分主题包括：图书馆建筑理论与技术、图书馆建设标准和规划、图书馆功能布局及设施、图书馆空间规划与人性化服务，以及图书馆信息共享空间的规划等。会议共收到参会论文 60 余篇，在会上交流论文 14 篇。

会议采用主旨报告、专题论坛、专题讨论和参观考察相结合的形式，邀请上海现代设计集团有限公司总建筑师唐玉恩、台湾大学图书馆副馆长林光美和中国图书馆学会副理事长胡越分别作了题为“图书馆建筑空间的多样化趋势”、“海峡两岸大学图书馆建筑之发展与研究”和“馆长——新图书馆建设中的角色定位”的主旨报告；同济大学建筑设计院的王文胜、吴杰两位建筑师和同济大学图书馆副馆长陈欣向大会介绍了同济大学旧馆更新改造与嘉定新馆建设方案；来自内地、香港、台湾的数位专家学者围绕学习共享空间、德国图书馆建筑、无线射频技术与图书馆建筑、信息共享空间、象征主义图书馆、科技创新与人性关怀、台湾图书馆建筑案例研究等问题作了专题报告；会议还举办了“图书馆建筑与设施”和“图书馆空间规划与人性关怀”两个专题讨论，并安排参观了上海工程技术大学图书馆、复旦大学视觉艺术学院图书馆和同济大学嘉定校区新图书馆等。（同济大学图书馆）

“第六届中国社区乡镇图书馆发展战略研讨会”暨“全国中小型公共图书馆联合会 2007 年研讨会”

2007 年 9 月 15—18 日，由中国图书馆学会社区乡镇图书馆专业委员会、全国中小型公共图书馆联合会共同主办，山西省图书馆学会、山西省图书馆、大同市图书馆学会、大同市图书馆承办的“第六届中国社区乡镇图书馆发展战略研讨会”暨“全国中小型公共图书馆联合会 2007 年研讨会”在山西省大同市举行，180 多人出席了开幕式。社区乡镇图书馆专业委员会副主任胡银仿、全国中小型图书馆联合会副主席栗祥忠、山西省文化厅社文处处长成宵东、大同市文化局局长李恒瑞、中国图书馆学会学术委员会副主任、北京大学信息管理系教授李国新发表了热情洋溢的讲话；中国红十字扶贫中心向中西部贫困地区 10 个图书馆捐赠了图书。

这次研讨会的主题为“市县图书馆与社区乡镇图书馆的建设与发展”。李国新教授作了首场报告，题目是“社会主义新农村建设与社区乡镇图书馆发展”。李教授认为应创办市民身边的图书馆，创办在市民生活中发挥作用的图书馆，而乡镇社区应主动融入总分馆体系，抓住国家重大工程实施的机遇：全国文化信息资源共享工程、乡镇综合文化站建设工程、社区综合服务设施建设工程、“农家书屋”工程等，趁势发展自我。原深圳市南山图书馆馆长程亚南作了题为“基层图书馆的服务定位与阅读推广”的报告，从社会的多角度和多层面对基层图书馆的现状进行了客观与科学的评价，认为基层图书馆应选择好服务的切入点，搭建公平的阅读平台，推广全民阅读。北京市图书馆协会理事长、北京市政府文化顾问冯守仁的“北京‘一卡通’的探索与实践”和中小型公共图书馆联合会秘书长、原北京市东城区图书馆馆长董海的“‘一卡通’给北京市街道（乡镇）图书馆发展带来活力”的报告，分别就北京市“一卡通”的实施情况、服务功能、服务范围等作了主题阐述。浙江省图书馆学会秘书长王效良做了题为“访问德国基层乡镇图书馆印象”的报告，向与会者介绍了德国基层图书馆的类型、功能、特点，中德图书馆的比较等。5 位专家的报告，为代表们带来社区、乡镇图书馆和中小型图书馆发展的新技术、新方法和新理念，既有理论的高度，又有对现实的关注以及实践经验的科学总结，具有启发思维和实际工作的参考价值与指导意义，使与会者受益匪浅。

代表们分成 3 个专题讨论组，就社区、乡镇图书馆、中小型图书馆的建设与发展，各抒己见，集思广益，纷纷建言献策。图书馆立法、解决体制与经费问题、政府的高度重视、财政的投入等，是大家谈到的最多的议题，也充分体现出图书馆人高度的使命感与责任感。13 位获得一等奖的论文作者作了大会发言，发言内容包括少儿图书馆网络化服务、图书馆服务的品牌战略、社区图书馆服务、对弱势群体服务、文化共享工程与县级图书馆建设、文化信息资源共享等专题，具有学术参考价值与工作指导意义。

闭幕式上，3 位小组负责人——社区乡镇图书馆专业委员会委员吴林、冯守仁，中小型公共图书馆联合会副主席韩筱芳分别做了讨论总结，总结中不仅有对讨论成果的汇总，更多的是代表们对大会组织工作和对我国图书馆界工作走向光明未来的建议和希冀。胡银仿副主任作了征文综述。会上为获得一等奖的论文作者颁发了获奖证书。社区乡镇图书馆专业委员会委员、山西省图书馆副馆长石焕发作了总结发言，认为这次研讨会充分体现了对工作实践中新观念、新经验的理论总结，突出了对理论与实践问题的理性思考，因而具有较强的理论性、对策性和实际的可操作性。会议组织代表实地考察了大同市图书馆和大同市少年儿童图书馆。

本次会议引起社会与新闻媒体的高度关注，出版人杂志、大同日报、大同电视台等新闻媒体分别进行了采访报道。（山西省图书馆学会办公室）

国际学术交流

国家图书馆派团参加第73届国际图联大会

2007年8月15日至24日，詹福瑞馆长率团参加了在南非德班举办的第73届国际图联大会。代表团包括国家图书馆组、图联核心项目版权与其他法律事务委员会、信息自由获取与言论自由委员会、编目组和家谱地方志组等专业组委员5人，观察员1人；10名翻译志愿者中我馆7人，外馆3人。参加专业会议15场，提供同声传译33场，编辑图联快报共7期。此外，詹馆长还参与了9次双边会晤，与俄罗斯国家图书馆签署了合作备忘录和赠书备忘录。

国际图联选择南非德班作为会议地点，既考虑到此地为印度圣雄甘地领导的第一次非暴力抵抗运动所在，也考虑到它在南非反对种族隔离斗争中的地位，更重要的是促进本地区信息社会和图书馆事业的发展。

此次会议，世界其他地区共有3500人与会，南非组委会做了大量工作，确保1500名非洲人参会，其中包括一些最不发达国家的代表，可以说是非洲人参与人数最多的一次图联大会，对非洲地区的图书馆事业将是有利地推动。本次大会的主题是："未来的图书馆：进步、发展与合作"，大会的许多议题都是围绕非洲的发展而展开的，大多数专业组的分会场都特意安排了非洲代表发言。如非洲大学图书馆的IT与研究，图书馆面临的新问题：灾难、应急准备和突发疾病，图书馆在反腐败中的作用，在非洲获取HIV/AIDS信息与知识产权问题，等等。

担任今年开幕式主旨发言的南非大法官阿尔比·萨克斯(Albie Sachs)是捍卫人权的斗士，并因此而失去了自己的一只眼睛和一条胳膊。他的演讲风趣但也发人深省。他谈到在监狱里最需要的是看书，只有图书馆员才能给他提供两本书看。

2007年是中文成为国际图联工作语言的第二年。按照图联总部提出的"同传人员应是非职业同传"的要求，国家图书馆除组织了5名快报翻译外，还组建了同声传译志愿者小组为参会的中文代表提供翻译服务。快报组由王燕（馆办公室）、罗欢（报刊部）、樊桦（典阅部）、沈正华（北大图书馆）和刘红（科学院图书馆）组成；同传组由王雁行（典阅部）、张维（国际交流处）、陈宁（参考部）、武翰（采编部）和冯洁音（上海图书馆）组成。

在"各国国家图书馆馆长会议"上，莱索托国家图书馆馆长在发言中特别感谢中国政府援建馆舍；尼日利亚和南非的国家图书馆馆长都赞赏与我馆开展的交流与合作，由此可见我馆在贯彻国家文化外交方针方面所取得的具体成果。乌干达国家图书馆馆长专门约见詹馆长希望中国政府援建馆舍（已向文化部报告）。会上，詹馆长还应会议主席的邀请，发表了对该会主题的看法，建议讨论图书馆如何应对商业搜索引擎公司的挑战，国家图书馆如何在缩小数字鸿沟中发挥作用，如何促进传统阅读等议题，并支持大会主席提出的建立馆长会议主导的"数字图书馆项目"。

在编目组常设委员会的工作会议上，我馆顾犇被一致通过增补为ISBD修订组成员，要在今后的几年内参与这个国际标准的修订工作。这次出版的《国际标准书目著录》统一版以散页形式出版，以便今后不断更新。作为更新的一个部分，要在明年内完成各种语言样例的提供工作。中文是国际图联的工作语言之一，所以中文的样例也应该列入。其他语言的样例视情况收入。

今年参会的另外一个特点是，双边会谈具体而富有成效。詹馆长在紧张的会议期间还专门约见了俄罗斯、新西兰、英国、法国、加拿大、新加坡、日本和韩国等9国的国家图书馆馆长，进行了富有成效的工作会谈。詹馆长与俄罗斯国立图书馆（莫斯科）嘉丽娜副馆长讨论了建立各自的工作组，开展中、俄、哈丝绸之路资料数字化项目；向新西兰国家图书馆馆长彭妮·卡纳比了

解新方与新加坡、爱立贝斯公司的合作项目；与英国国家图书馆馆长布兰德里讨论了交换图书出版信息和书目数据、数字资源永久保存的合作、英方为中方培训西文善本修复人员等议题；邀请法国国家图书馆新任馆长布鲁诺·拉希安访问中国，并在"世界图书馆馆长论坛"上发表讲演；与日本国立国会图书馆馆长尾真和韩国国立中央图书馆馆长李淑铉就数字图书馆合作和今后的交流等问题进行了广泛的讨论；向新加坡国家图书馆管理局严立初介绍了国家图书馆的最新进展和发展改革思路，并就国家图书馆如何应对众多商业公司搜索引擎的挑战、如何延揽人才等重要问题交换了意见；与加拿大国家图书馆副馆长帕伦特讨论了建立白求恩资料数字化项目；与俄罗斯国家图书馆（圣彼得堡）馆长扎伊采夫共同签署了《中国之窗赠书项目谅解备忘录》、两馆合作意向书，并邀请俄方派遣编目人员来馆工作，邀请俄方在华举办伏尔泰有关中国书籍的展览。

今年是图联的选举年，各个层次的官员都要重新选举。在本次会议期间，上任主席澳大利亚人阿列克斯·伯恩(Alex Byrne)结束了任期，上一届的当选主席德国人克劳迪亚·卢克斯(Claudia Lux)正式成为主席。南非人艾伦·泰塞(Ellen R. Tise)被选为当选主席，她将在两年以后正式成为国际图联的主席。

在发表的就职演讲中，卢克斯指出她的工作重点是"将图书馆列上日程"，即将图书馆事务努力列入各级政府、社会各个角落乃至乡村的工作日程上，促进发展信息社会，消除数字鸿沟，这包括图书馆从业人员向政府主管部门游说，呼吁全社会都重视图书馆的建设。与发达国家相比，我国的图书馆营销相对落后，各馆很少设置"公共关系部"或"市场部"，而这在许多国家图书馆屡见不鲜。

通过此次参会，我们还了解到，南非政府意识到图书馆在构建知识经济、促进终身学习和培养社会凝聚力方面所起到的不可替代的作用，尤其值得我们借鉴的是，南非政府通过立法确立图书馆的地位，如宪法中的《权力法案》规定赋予每个人获取信息的权力，《促进信息获取法案》进一步保障了此项权力。相比之下，我国的有关图书馆方面的法律可以追溯到清朝，图书馆缴送方面的法律追溯到民国时期，可以说立法滞后严重影响了我国图书馆事业的可持续性发展，是我国图书馆界需认真面对的问题。（严向东）

中国图书馆学会代表团访问美国

2007年10月17—30日，中国图书馆学会代表团一行19人，在团长孙坦、副团长邓菊英、朱凡的带领下访问了美国。代表团成员由来自图书馆界、博物馆界和档案馆界的代表共同组成。

10月18日上午，"图书馆、档案馆、博物馆：2007及未来的藏书与利用国际研讨会"暨加州大学伯克利分校图书馆新馆落成仪式在加州大学伯克利分校的西波里礼堂召开，全体代表参加了会议。中国国家图书馆副馆长陈力、美国国会图书馆副馆长狄安娜·马克姆、韩国国会图书馆馆长Yong Joo Moon及日本国立国会图书馆副馆长Yoshitaka Ikuhar分别围绕着中、美、韩、日四国图书馆、档案馆和博物馆的资源利用问题作了发言。10月18日下午，代表们参加了在该校召开的"东方研究：19世纪初到二战结束亚洲研究的形成与东亚藏书建设国际研讨会"，就亚洲藏书建设等问题与各国代表进行了交流和对话。

10月23日，第四届中美图书馆合作会议在俄亥俄州都柏林的全球在线计算机图书馆中心(OCLC)开幕，本次会议的主题为"中美图书馆、博物馆、档案馆之间的合作"。陈力、国家档案局档案科学技术研究所所长邱晓威、北京大学图书馆副馆长朱强、中国文化部社图司图书馆处处长陈胜利、OCLC主席杰伊·乔丹，加州大学洛杉矶分校图书馆馆长加里·斯特朗、研究图书馆协会主席玛丽安·刚特和狄安娜·马克姆等分别在开幕式上致辞。陈力和来自网络信息联盟的克利福德·林奇分别作了主旨报告。会议方组织与会代表参观了OCLC，并举办了盛大的招待晚宴。10月24—25日，本届会议的分会场陆续召开，分会场主题分别为"联合的机遇：图书馆、博物馆和档案馆"、"校图书馆的研究与教学——问题与趋势"、"博物馆与其他文化机构现存的问题"等。武汉大学信息管理学院副院长王新才、中国科学院图书馆副馆长孙坦、中国社科院图书馆副馆长蒋颖、国家图书馆数字图书馆处副处长申晓娟、中国国家博物馆信息网络部主任肖飞，以及邱晓威、朱强等在分会场作了发言。10月25日，会议闭幕，国家图书馆业务处处长汪东坡、加州大学洛杉矶分校加州善本学院教授贝弗利·林奇作了总结发言。

在访美期间，代表们还参观了美国国会图书馆、纽约公共图书馆唐尼尔中心、纽约布鲁克林公共图书馆。值得一提的是，在访问纽约布鲁克林图书馆期间，在美国华人图书馆员协会的积极斡旋下，中美图书馆员举行了座谈会。座谈会上，纽约布鲁克林公共图书馆馆长迪尔尼尔·麦克介绍该馆概况，中国图书馆学会副秘书长、首都图书馆副馆长邓菊英和陈胜利处长代表中方作了致辞。中美双方围绕彼此关心的问题进行了深入的讨论，整个座谈会气氛融洽、热烈。

本次访美活动为中美图书馆工作者提供了交流与对话的机会，通过参会和访问，代表们学习到了美国图书馆界的先进经验，拓展了与美国文化交流与合作的领域，促进了我国图书馆事业的发展。（吴悦）

中国图书馆学会访德考察团活动纪实

6月3日至6月10日，中国图书馆学会组织的赴德考察团一行12人，对德国的乡镇图书馆进行了深入细致的考察和学习。本次赴德考察团由中国图书馆学会下属的社区和乡镇图书馆专业委员会副主任王效良带队，成员有文化部计财司李建军处长和建设部标准定额司的杨力群处长、负责编制《公共图书馆建设标准》的北京大学教授李国新、6位区县级图书馆馆长、中国图书馆学会工作人员以及德国歌德学院中国分院的图书馆馆长。考察学习活动在德国歌德学院的积极支持和德国同行的精心安排下，获得圆满成功。

一、考察目的

1. 中国图书馆学会自2005年召开了“首届百县馆长论坛”。时隔两年，将于2007年11月召开“第二届百县馆长论坛”。本次考察德国的乡镇图书馆为其论坛的前奏，即通过访德考察与交流，学习和借鉴德国乡镇图书馆的经验。德国的图书馆同行将派代表参加“第二届百县馆长论坛”，中德图书馆同行将对公共图书馆的发展等论题作进一步的探讨，以促进中德图书馆界之间的交流与合作。

2. 在文化部和建设部的委托和指导下，中国图书馆学会正在编制《公共图书馆建设标准》。根据我国的图书馆发展现状，文化部和建设部正在计划编制《乡镇图书馆建设标准》。因此，本次访德考察的目的之一，即作为编制《公共图书馆建设标准》的国外调研部分，特别是学习和借鉴德国乡镇图书馆的建设经验。

二、考察内容

在访德代表团出发前的预备会上，中国图书馆学会秘书长汤更生对本次考察的内容作了说明，主要有以下方面：

1. 考察德国乡镇图书馆的现行体制及政策环境；

2. 了解德国乡镇图书馆的服务对象；

3. 学习德国乡镇图书馆的服务手段、方式及内部管理经验；

4. 参观德国乡镇图书馆建设、环境、布局、特色及人文环境；

5. 访问同时，与德国同行随时交流，并进行中德图书馆比较。

三、考察方式

赴德考察活动是中国图书馆学会与德国歌德学院中国分院（德国驻华大使馆文化处）合作的项目。在德国歌德学院中国分院半年多的积极努力和支持下，负责联系了德国巴伐利亚州国家图书馆，考察团的整个访问行程都由州国家图书馆做了周密的安排。歌德学院和巴伐利亚州国家图书馆高度重视中国代表团的考察活动，州图书馆负责人丹弗先生和德国歌德学院中国分院图书馆负责人魏尼卡女士，全程陪同代表团，走访了巴伐利亚州的8个乡镇图书馆。其中有市图书馆、县图书馆、乡镇图书馆和汽车图书馆。据魏尼卡介绍，8个图书馆的选择，是州国家图书馆针对我们考察的目的，精心挑选的具有代表性的图书馆。考察活动主要以听取德方介绍、实地参观、座谈交流等方式进行。

1. 听取德方介绍德国概况

考察的第一天，在巴伐利亚州国家图书馆分馆，由丹弗先生介绍德国的基本情况、图书馆体制及文化方面的信息。

德国的图书馆存在双轨制的局面，各州的管理方式不尽相同，各有特色。目前，全国16个州只有4个州得到政府资助，其中巴伐利亚州就是由州政府支持的。

德国的公共图书馆主要有两种：社区公共图书馆和教会图书馆，均对任何人开放。

德国政府至今没有制定“图书馆法”，图书馆没有统一的法来约束，因此各地图书馆的发展空间较大，并各具特色。图书馆由行业协会管理，分管各系统的图书馆。

德国图书馆具有三大任务：

第一，让所有公民无限制地使用和了解信息；

第二，从文化、社会的角度为老百姓服务；

第三，与学校配合，起到对青少年进行阅读教育的作用。

除了为公众提供信息资料和教育信息之外，图书馆还是培养儿童阅读兴趣的场所、市民聚会的免费空间（对小社区而言，相对酒馆等更方便）。因现在社区图书馆不仅是提供图书、报刊等资料的文献馆，还有多媒体资料和网络系统，因此现在有不少社区称图书馆为“媒体馆”。

公共图书馆的机制是以城市为中心，设一个中心馆，下设区馆（分馆）若干个和乡镇馆（1个）。

中心图书馆的主要职能是咨询、讲座和培训。咨询工作分为两个部分，一是对国家政府提供决策咨询；二是对下属的新建馆提供咨询，即通过调研，提供资金来源，提出建馆方案和设想，做出可行性实施方案，最终帮助新馆建成。同时，还要了解贫富地区图书馆的分布情况，在文化信息的布局方面，尽量满足较平均的生活水平下居民所需要的文化需求，根据居民的需求规划图书馆的建设，并向政府提出建议，得到政府投资方面的支持。除此之外，中心图书馆还负责协调馆际互借、资源共享、业务统计，提供发展前景规划，追踪新建馆使用情况，并给予服务指导等。

培训方面，中心图书馆要对不同的人群进行经常性的培训：

如在职人员的继续教育，对专职与兼职人员的图书馆知识业务的指导和提高；举办各种专题讲座；组织大学生到图书馆实习。

中心图书馆还非常注重交流活动：经常向企业推荐信息资料，开展与其他州、协会、同级机构的沟通与交流，举办各种活动周、图书馆宣传日、儿童阅读活动等。各级图书馆通常通过报纸广告来宣传图书馆业务。

图书馆员有专职和兼职人员，包括馆长、部门负责人和家庭妇女。兼职人员几乎是无偿的。

德国的教会图书馆有着悠久的历史，影响也较大。一般都由政府与教会签订合同，并由政府提供基金，满足大众需求。巴伐利亚州教会图书馆更多，与公共图书馆并行提供服务，形成互补。其员工多数为信徒兼职义务服务。

学校图书馆由学校自办，从属于社区的分馆。因办馆水平不一而优劣均有。

另外还有流动（汽车）图书馆、监狱图书馆、音乐图书馆、盲人图书馆等。全国在8600多个地区有社区图书馆共10 330个。

巴伐利亚州是德国面积最大而经济最富裕的一个州。被称为“电脑＋皮裤”——既现代又传统的州。现有社区和教会图书馆2000多个，共有220个图书馆专职人员。其中50%以上的图书馆设在居民小区。虽然没有图书馆法，但基本法里有关于所有公民无条件享受文化信息服务的条款，而文化中当然包括图书馆。

2. 实地走访图书馆

在德国7天的考察，代表团共走访了维尔茨堡市图书馆、图根乡镇图书馆、策林根乡镇图书馆、威廷根乡镇图书馆、诺丹斯达特流动（汽车）图书馆、诺丹斯达特县图书馆、维森兰特县图书馆和哈斯福特县图书馆8个不同类型的图书馆。代表团每到一个馆，都受到德国当地政府和图书馆同行的热情接待，当地的市长、县长亲自到馆发表讲话，介绍我们参观的图书馆建设历史、办馆理念以及工作的实绩。

维尔茨堡市图书馆

据丹弗先生介绍，维尔茨堡市图书馆在巴伐利亚州称得上第一好的，在德国也是名列前茅。这是本次考察中最大的图书馆、读者也最多。馆长带领我们参观了图书馆，并对各种设施作了详尽的介绍。馆内专门设置的一间母婴室里面备有换尿布的小桌，母亲喂奶的椅子和幼儿卫生间，充满了人文关怀。该馆平均7秒钟就借出一本书。74%的读者年龄在40岁以下，30%的读者为青少年和儿童。

在交流中我们得知，在德国关于图书馆建设规模的确定，是以图书量作为依据，即以人均2册图书为准，按1千册书需要30平方米的面积，由此测算出图书馆的规模。小地区以人均1.5册图书计算。

在友好的气氛中，王效良团长代表考察团向州国家图书馆和维尔茨堡市馆赠送了具有中国民族特色的礼物，李建军处长赠送了文化部主编的《中国文化统计年鉴》。

图根乡镇图书馆

这是一个只有103平方米的小乡镇图书馆，为1200个居民服务。由政府投入经费，给以装修、购买图书和电子读物、添置媒体设备。这个图书馆没有阅览室，房间周围是书架，一半以上是青少年图书，四分之一为儿童图书，小说占四分之一。据统计，年借阅人次达到2000多。图书馆共3台电脑，一台用做工作人员数据管理，另两台供读者使用。

此馆面积虽小，但却成为小镇的活动中心。每逢节日都要举办各种活动，为培养儿童的阅读兴趣，暑假还举办阅读之夜，让孩子们睡在图书馆里，培育其独立生活的能力。

策林根乡镇图书馆

策林根图书馆，面积150平方米，为小镇的7000居民服务。有藏书6500册，每一季度都要根据读者需求更换一次新书，剔除旧书。每周向居民开放2.5天。这个小镇的特点是孩子少，老年人多，关注老年读者就成了他们准备开发的新项目。如多购进老年题材的图书和大字本的图书等。因图书馆面积较小，为避免儿童吵闹，特把儿童阅览室设置在地下室。办证按年收费，成人每人每年10欧元，儿童5欧元，家庭证为15欧元。馆员全是本镇的居民兼职服务。

威廷根乡镇图书馆

威廷根图书馆是一个新建尚未开馆的乡镇图书馆，全镇1700人口。因这里是较偏远的旅游小镇，图书馆无报纸，居民看报都上网阅读。图书偏重于旅游、健身、休闲类居多。

诺丹斯达特流动图书馆

由德国著名的奔驰汽车公司根据图书馆的需要而专门设计的。车厢里三面整齐的书架放满了图书，还有一台电脑可查阅数据。它要在95个乡村和15所学校共110个服务点之间不停的流动，一周工作40至45小时，服务重点为1－4年级的小学生。流动图书馆于1974年建立，主要为那些没有图书馆的乡村居民提供阅读方便。30多年来，年借阅册次达9万多册，平时有8千册书都在读者手中。读者80%为青少年和儿童。还有电影资料250种，能满足乡村居民的阅读需求。车内的电脑与中心馆联网，可随时了解借阅情况和查询数据。流动图书馆不但外借图书，还每年为新入学的小学生举办阅读活动，居民和儿童都踊跃参加。

诺丹斯达特县图书馆

诺丹斯达特图书馆为本地区1.2万人服务，一周开放4天时间。因主要服务对象是学生，藏书多为学习类、科学类，没有烹调、旅游、休闲类图书。在此，我们看到明显的位置摆放着标价的图书，据图书馆馆长介绍，这是读者将自已买的图书看完后，为了充分的再利用，特放到图书馆用来交换的，每册书只需0.5欧元。许多读者都如此互换图书，显然提高了图书的使用价值。而图书馆如果发现读者用来交换的图书很好，也会编目上架，作为馆藏图书。政府提供的经费仅够80%，其余经费要靠收取会员费（办证费）和图书罚款来补充。

维森兰特县图书馆

馆藏图书7100册，一半为青少年读物，现代读物和多媒体很受欢迎，一天开放8小时，每天接待60—70位读者，镇上约有800多位读者常来图书馆阅读，青少年居多。

哈斯福特县图书馆

本地区最大的图书馆，也是本地的中心馆（是原来一家服装店改建而成）。图书馆是每个人都可享用的，是居民聚会的场所，图书馆经常性地为市民举办活动，网上借阅等为市民提供方便。

面积1250平方米，有58 000册书，7200件音像资料，5台电脑为读者使用。一周开放39个小时，从周一至周六上午都接待读者。图书馆因为举办丰富多彩的活动，受到巴伐利亚州国家文化处颁发的奖状。为了培养孩子们的多种社会实践能力，在馆内还专门设立了卖咖啡，做蛋糕的设备，每周为学生们提供培养他们动手能力和经营能力的机会。

该馆的运行经费由市和县政府共同担负，百分之百地保证图书馆的正常运行。

3. 座谈交流，相互学习

走访了8个公共图书馆之后，代表团与德国同行们在哈斯福特图书馆进行了半天的交流座谈会。巴伐利亚州的丹弗先生和维尔茨堡市立图书馆馆长特地赶来参加了座谈会。

王效良团长首先发言，对德国歌德学院和德国同行们的精心安排表示由衷的感谢。李国新教授代表考察团概要介绍了中国公共图书馆目前的情况，即中国政府对公共图书馆的政策、国家的"十一五"规划对公共图书馆建设的发展目标、中国公共图书馆的发展现状、编制《公共图书馆建设标准》以及正在准备编制《乡镇图书馆建设标准》等信息。接着，李教授谈到此次访德的四点感受：

第一，德国有专业化的规划、执行、协调机构，专门指导乡镇图书馆的发展和建设，对中国的图书馆建设有着借鉴意义。

第二，德国的基层图书馆星罗棋布，分布广泛，可见德国重视图书馆和阅读环境的营造。

第三，德国的公共图书馆重视与学校的合作，重视青少年的读书活动和阅读习惯的培养，值得我们学习。

第四，德国有一大批专业水准高，工作热情高的敬业的图书馆馆长，为图书馆事业作出了努力，给我们留下深刻印象。

李教授还表示，德国公共图书馆的好经验，好做法会迅速在中国传播开来，为中国图书馆界所借鉴。希望德国歌德学院继续追踪中国图书馆馆长们的后续行动，直到2010年。

座谈中，歌德学院的魏尼卡馆长表示，歌德学院现有好几个与中国的区县级图书馆的合作项目，正在向国家申报待批准，希望与在座的图书馆馆长有更多的合作。维尔茨堡市立图书馆的福格特馆长认为中国的图书馆图书数量不少，但书太陈旧，大量的图书无人问津。书不在追求数量，而是满足读者需要。

访德代表团成员建设部的杨力群处长发表了自己的感想。他认为德国的图书馆虽然面积不大，但功能很全，发挥的作用非常好，比如好多图书馆都是利用旧的房屋改建而成，既实用又节约，很值得我们学习。

随团访问的文化部计财司李建军处长也介绍了中国公共图书馆的发展现状，以一系列的数字表明中国图书馆建设的速度和政府将加大投入的可观前景。同时感受到德国的图书馆协调机构在图书馆建设方面的前期调研工作和追踪办馆效率方面做得非常细致，值得我们借鉴。

巴伐利亚州国家图书馆的丹佛先生也表示，这次交流，双方都很感兴趣，希望与歌德学院的合作能继续进行下去。

最后，王效良团长作了总结发言，代表考察团再次向歌德学院和州国家图书馆、各位图书馆馆长表示感谢。希望德国的同行能有机会到中国进行访问。

本次考察活动，得到德国政府的高度重视，有多家媒体记者亲临现场进行了采访。

巴伐利亚广播电台下法兰克福地区编辑部记者进行了报道；

《美茵邮报》维尔茨堡编辑部进行了电话采访，并报道了考察团走访图根图书馆、策林根市镇图书馆和威廷根图书馆的消息；

《中法兰克新闻报》报道了考察团走访流动图书馆；

《法兰克州报》报道了考察团走访诺丹斯达特县图书馆；

还有《每周见闻》、《法兰克日报》、《哈斯福特日报》等多家媒体都对本次访问活动作了新闻报道。

四、考察团的收获

1. 在与德国同行们的直接交流中，考察团一致认为本次考察活动非常有意义，从行程的周密安排到图书馆的精心选择，从各个图书馆的热情接待到充分的资料准备，从图书馆布局的温馨和人文的幽雅环境，让我们充分领略到德国人严谨、认真的品质以及务实的做事风格。尤其是在整个访问过程中，深切体会到德国各级政府对图书馆的重视，他们关注对青少年和儿童阅读习惯的培养，因地制宜的办馆方针，图书馆重视媒体宣传等诸多方面，都给我们留下了深刻的印象。通过与德国同行深层次的交流，真正促进了中德公共图书馆之间的相互了解，学习到德国图书馆的办馆理念和图书馆建设、服务等许多经验。

2. 本次考察团由政府官员、大学教授、图书馆馆长、学会工作人员以及歌德学院的工作人员组成。在考察过程中，代表团成员相互之间也进行了深入的沟通和交流，增进了相互的了解，互相学习到不少知识。尤其是文化部和建设部的官员表现出的敬业精神和亲和力，令全团成员所赞许。（尹岚宁）

第三期中美数字图书馆高级研讨班在上海成功举办

2007 年 5 月 15—27 日，第三期中美数字图书馆高级研讨班在上海成功举办。本次研讨班由国家科技图书文献中心和美国 Syracuse 大学信息学院联合主办，由中国科学院国家科学图书馆承办、上海图书馆和中国科学院上海生命科学信息中心协办，在中国科学院上海生命科学信息中心举行。来自全国的 62 名学员参加了研讨培训。

本研讨班分两期举办，共 6 门课程，全部由美方教师授课。学员们分别学习了《数字图书馆概论》、《数字图书馆服务规划发展与评价》和《XML 在数字图书馆中的应用》等。中国科学院国家科学图书馆副馆长孙坦作了“国家科学图书馆的数字化发展战略选择”的主题报告。培训期间，主办单位与上海图书馆联合举办了“数字图书馆建设实践”开放论坛，邀请国家科技图书文献中心主任袁海波、中科院国家科学图书馆常务副馆长张晓林、上海图书馆副馆长缪其浩及美国 Syracuse 大学信息学系副教授秦健作专题报告。

“中美数字图书馆高级研讨班”始于 2005 年，依托美国 Syracuse 大学信息学院的数字图书馆高级证书项目内容，系统讲授数字图书馆建设相关方面的知识，全面解析数字图书馆的规划设计、项目实施、系统管理、技术方法、服务规划与评价、法律问题、可持续运行模式等问题。将数字图书馆作为一个服务机制，而不是一个简单、孤立的技术系统，强调数字图书馆的服务功能；将数字图书馆作为一个涉及复杂问题和关系的系统工程，而不是简单的技术问题，强调数字图书馆的整体效能；将数字图书馆作为一个发展过程，面向问题分析和解决，而不是简单地积累现有知识和技术；将数字图书馆课程作为一个学习起点，面向实践和发展，学习如何学习、分析规划和发展，而不是灌输尽可能多的知识。通过培训，培养数字图书馆建设的规划者、组织者、系统分析员而不是程序员，提升我国数字图书馆建设队伍的设计能力。

为保证教学效果，研讨班成立了由专家组成的教学指导委员会，制定了规范化的管理制度，由中国科学院国家科学图书馆业务处处长刘细文担任班主任，并设立了一位班长，协助班主任对研讨班进行教学管理。同时，为帮助学员与外籍教师之间更顺畅的交流与沟通，培训班还专门安排了学习助理在课堂上提供协助，包括提问翻译，协助学员与授课教师进行交流等。

为了保证学员的学习条件，信息中心提供了无线上网，学员可免费使用该馆网络教室和网络服务区。在培训开始前，组建了“中美数字图书馆高级研讨班”网站和博客网址，用于学员讨论与交流课程内容。

研讨班采用了典型的美式教学方式，按照项目管理实施课程安排，项目课程报告从始至终贯穿于教学当中，调动了学员思考和实践的能力。课程组织强调的是团队、合作和沟通，对于图书情报界系统地了解国际数字图书馆的研究发展趋势，掌握数字图书馆项目建设的规划、设计、组织、评价等多方面的理论和实践知识提供了平台。（赵树宜）

法律、法规与政策性文件

Laws, regulations and regulatory documents

法律法规与政策性文件全文 475

相关法律法规与政策性文件摘要 497

法律、法规与政策性文件

整理、编辑　胡月平（国家图书馆参考咨询部）

法律法规与政策性文件全文

中华人民共和国政府信息公开条例
（2007—04—05）

第一章　总则

第一条　为了保障公民、法人和其他组织依法获取政府信息，提高政府工作的透明度，促进依法行政，充分发挥政府信息对人民群众生产、生活和经济社会活动的服务作用，制定本条例。

第二条　本条例所称政府信息，是指行政机关在履行职责过程中制作或者获取的，以一定形式记录、保存的信息。

第三条　各级人民政府应当加强对政府信息公开工作的组织领导。

国务院办公厅是全国政府信息公开工作的主管部门，负责推进、指导、协调、监督全国的政府信息公开工作。

县级以上地方人民政府办公厅（室）或者县级以上地方人民政府确定的其他政府信息公开工作主管部门负责推进、指导、协调、监督本行政区域的政府信息公开工作。

第四条　各级人民政府及县级以上人民政府部门应当建立健全本行政机关的政府信息公开工作制度，并指定机构（以下统称政府信息公开工作机构）负责本行政机关政府信息公开的日常工作。

政府信息公开工作机构的具体职责是：

（一）具体承办本行政机关的政府信息公开事宜；

（二）维护和更新本行政机关公开的政府信息；

（三）组织编制本行政机关的政府信息公开指南、政府信息公开目录和政府信息公开工作年度报告；

（四）对拟公开的政府信息进行保密审查；

（五）本行政机关规定的与政府信息公开有关的其他职责。

第五条　行政机关公开政府信息，应当遵循公正、公平、便民的原则。

第六条　行政机关应当及时、准确地公开政府信息。行政机关发现影响或者可能影响社会稳定、扰乱社会管理秩序的虚假或者不完整信息的，应当在其职责范围内发布准确的政府信息予以澄清。

第七条　行政机关应当建立健全政府信息发布协调机制。行政机关发布政府信息涉及其他行政机关的，应当与有关行政机关进行沟通、确认，保证行政机关发布的政府信息准确一致。

行政机关发布政府信息依照国家有关规定需要批准的，未经批准不得发布。

第八条　行政机关公开政府信息，不得危及国家安全、公共安全、经济安全和社会稳定。

第二章　公开的范围

第九条　行政机关对符合下列基本要求之一的政府信息应当主动公开：

（一）涉及公民、法人或者其他组织切身利益的；

（二）需要社会公众广泛知晓或者参与的；

（三）反映本行政机关机构设置、职能、办事程序等情况的；

（四）其他依照法律、法规和国家有关规定应当主动公开的。

第十条　县级以上各级人民政府及其部门应当依照本条例第九条的规定，在各自职责范围内确定主动公开的政府信息的具体内容，并重点公开下列政府信息：

（一）行政法规、规章和规范性文件；

（二）国民经济和社会发展规划、专项规划、区域规划及相关政策；

法律、法规与政策性文件

整理、编辑　胡月平（国家图书馆参考咨询部）

法律法规与政策性文件全文

中华人民共和国政府信息公开条例
（2007—04—05）

第一章　总则

第一条　为了保障公民、法人和其他组织依法获取政府信息，提高政府工作的透明度，促进依法行政，充分发挥政府信息对人民群众生产、生活和经济社会活动的服务作用，制定本条例。

第二条　本条例所称政府信息，是指行政机关在履行职责过程中制作或者获取的，以一定形式记录、保存的信息。

第三条　各级人民政府应当加强对政府信息公开工作的组织领导。

国务院办公厅是全国政府信息公开工作的主管部门，负责推进、指导、协调、监督全国的政府信息公开工作。

县级以上地方人民政府办公厅（室）或者县级以上地方人民政府确定的其他政府信息公开工作主管部门负责推进、指导、协调、监督本行政区域的政府信息公开工作。

第四条　各级人民政府及县级以上人民政府部门应当建立健全本行政机关的政府信息公开工作制度，并指定机构（以下统称政府信息公开工作机构）负责本行政机关政府信息公开的日常工作。

政府信息公开工作机构的具体职责是：

（一）具体承办本行政机关的政府信息公开事宜；

（二）维护和更新本行政机关公开的政府信息；

（三）组织编制本行政机关的政府信息公开指南、政府信息公开目录和政府信息公开工作年度报告；

（四）对拟公开的政府信息进行保密审查；

（五）本行政机关规定的与政府信息公开有关的其他职责。

第五条　行政机关公开政府信息，应当遵循公正、公平、便民的原则。

第六条　行政机关应当及时、准确地公开政府信息。行政机关发现影响或者可能影响社会稳定、扰乱社会管理秩序的虚假或者不完整信息的，应当在其职责范围内发布准确的政府信息予以澄清。

第七条　行政机关应当建立健全政府信息发布协调机制。行政机关发布政府信息涉及其他行政机关的，应当与有关行政机关进行沟通、确认，保证行政机关发布的政府信息准确一致。

行政机关发布政府信息依照国家有关规定需要批准的，未经批准不得发布。

第八条　行政机关公开政府信息，不得危及国家安全、公共安全、经济安全和社会稳定。

第二章　公开的范围

第九条　行政机关对符合下列基本要求之一的政府信息应当主动公开：

（一）涉及公民、法人或者其他组织切身利益的；

（二）需要社会公众广泛知晓或者参与的；

（三）反映本行政机关机构设置、职能、办事程序等情况的；

（四）其他依照法律、法规和国家有关规定应当主动公开的。

第十条　县级以上各级人民政府及其部门应当依照本条例第九条的规定，在各自职责范围内确定主动公开的政府信息的具体内容，并重点公开下列政府信息：

（一）行政法规、规章和规范性文件；

（二）国民经济和社会发展规划、专项规划、区域规划及相关政策；

（三）国民经济和社会发展统计信息；

（四）财政预算、决算报告；

（五）行政事业性收费的项目、依据、标准；

（六）政府集中采购项目的目录、标准及实施情况；

（七）行政许可的事项、依据、条件、数量、程序、期限以及申请行政许可需要提交的全部材料目录及办理情况；

（八）重大建设项目的批准和实施情况；

（九）扶贫、教育、医疗、社会保障、促进就业等方面的政策、措施及其实施情况；

（十）突发公共事件的应急预案、预警信息及应对情况；

（十一）环境保护、公共卫生、安全生产、食品药品、产品质量的监督检查情况。

第十一条　设区的市级人民政府、县级人民政府及其部门重点公开的政府信息还应当包括下列内容：

（一）城乡建设和管理的重大事项；

（二）社会公益事业建设情况；

（三）征收或者征用土地、房屋拆迁及其补偿、补助费用的发放、使用情况；

（四）抢险救灾、优抚、救济、社会捐助等款物的管理、使用和分配情况。

第十二条　乡（镇）人民政府应当依照本条例第九条的规定，在其职责范围内确定主动公开的政府信息的具体内容，并重点公开下列政府信息：

（一）贯彻落实国家关于农村工作政策的情况；

（二）财政收支、各类专项资金的管理和使用情况；

（三）乡（镇）土地利用总体规划、宅基地使用的审核情况；

（四）征收或者征用土地、房屋拆迁及其补偿、补助费用的发放、使用情况；

（五）乡（镇）的债权债务、筹资筹劳情况；

（六）抢险救灾、优抚、救济、社会捐助等款物的发放情况；

（七）乡镇集体企业及其他乡镇经济实体承包、租赁、拍卖等情况；

（八）执行计划生育政策的情况。

第十三条　除本条例第九条、第十条、第十一条、第十二条规定的行政机关主动公开的政府信息外，公民、法人或者其他组织还可以根据自身生产、生活、科研等特殊需要，向国务院部门、地方各级人民政府及县级以上地方人民政府部门申请获取相关政府信息。

第十四条　行政机关应当建立健全政府信息发布保密审查机制，明确审查的程序和责任。

行政机关在公开政府信息前，应当依照《中华人民共和国保守国家秘密法》以及其他法律、法规和国家有关规定对拟公开的政府信息进行审查。

行政机关对政府信息不能确定是否可以公开时，应当依照法律、法规和国家有关规定报有关主管部门或者同级保密工作部门确定。

行政机关不得公开涉及国家秘密、商业秘密、个人隐私的政府信息。但是，经权利人同意公开或者行政机关认为不公开可能对公共利益造成重大影响的涉及商业秘密、个人隐私的政府信息，可以予以公开。

第三章　公开的方式和程序

第十五条　行政机关应当将主动公开的政府信息，通过政府公报、政府网站、新闻发布会以及报刊、广播、电视等便于公众知晓的方式公开。

第十六条　各级人民政府应当在国家档案馆、公共图书馆设置政府信息查阅场所，并配备相应的设施、设备，为公民、法人或者其他组织获取政府信息提供便利。

行政机关可以根据需要设立公共查阅室、资料索取点、信息公告栏、电子信息屏等场所、设施，公开政府信息。

行政机关应当及时向国家档案馆、公共图书馆提供主动公开的政府信息。

第十七条　行政机关制作的政府信息，由制作该政府信息的行政机关负责公开；行政机关从公民、法人或者其他组织获取的政府信息，由保存该政府信息的行政机关负责公开。法律、法规对政府信息公开的权限另有规定的，从其规定。

第十八条　属于主动公开范围的政府信息，应当自该政府信息形成或者变更之日起 20 个工作日内予以公开。法律、法规对政府信息公开的期限另有规定的，从其规定。

第十九条　行政机关应当编制、公布政府信息公开指南和政府信息公开目录，并及时更新。

政府信息公开指南，应当包括政府信息的分类、编排体系、获取方式，政府信息公开工作机构的名称、办公地址、办公时间、联系电话、传真号码、电子邮箱等内容。

政府信息公开目录，应当包括政府信息的索引、名称、内容概述、生成日期等内容。

第二十条　公民、法人或者其他组织依照本条例第十三条规定向行政机关申请获取政府信息的，应当采用书面形式（包括数据电文形式）；采用书面形式确有困难的，申请人可以口头提出，由受理该申请的行政机关代为填写政府信息公开申请。

政府信息公开申请应当包括下列内容：

（一）申请人的姓名或者名称、联系方式；

（二）申请公开的政府信息的内容描述；

（三）申请公开的政府信息的形式要求。

第二十一条　对申请公开的政府信息，行政机关根据下列情况分别作出答复：

（一）属于公开范围的，应当告知申请人获取该政府信息的方式和途径；

（二）属于不予公开范围的，应当告知申请人并说明理由；

（三）依法不属于本行政机关公开或者该政府信息不存在的，应当告知申请人，对能够确定该政府信息的公开机关的，应当告知申请人该行政机关的名称、联系方式；

（四）申请内容不明确的，应当告知申请人作出更改、补充。

第二十二条　申请公开的政府信息中含有不应当公开的内容，但是能够作区分处理的，行政机关应当向申请人提供可以公开的信息内容。

第二十三条　行政机关认为申请公开的政府信息涉及商业秘密、个人隐私，公开后可能损害第三方合法权益的，应当书面征求第三方的意见；第三方不同意公开的，不得公开。但是，行政机关认为不公开可能对公共利益造成重大影响的，应当予以公开，并将决定公开的政府信息内容和理由书面通知第三方。

第二十四条　行政机关收到政府信息公开申请，能够当场答复的，应当当场予以答复。

行政机关不能当场答复的，应当自收到申请之日起 15 个工作日内予以答复；如需延长答复期限的，应当经政府信息公开工作机构负责人同意，并告知申请人，延长答复的期限最长不得超过 15 个工作日。

申请公开的政府信息涉及第三方权益的，行政机关征求第三方意见所需时间不计算在本条第二款规定的期限内。

第二十五条　公民、法人或者其他组织向行政机关申请提供与其自身相关的税费缴纳、社会保障、医疗卫生等政府信息的，应当出示有效身份证件或者证明文件。

公民、法人或者其他组织有证据证明行政机关提供的与其自身相关的政府信息记录不准确的，有权要求该行政机关予以更正。该行政机关无权更正的，应当转送有权更正的行政机关处理，并告知申请人。

第二十六条　行政机关依申请公开政府信息，应当按照申请人要求的形式予以提供；无法按照申请人要求的形式提供的，可以通过安排申请人查阅相关资料、提供复制件或者其他适当形式提供。

第二十七条　行政机关依申请提供政府信息，除可以收取检索、复制、邮寄等成本费用外，不得收取其他费用。行政机关不得通过其他组织、个人以有偿服务方式提供政府信息。

行政机关收取检索、复制、邮寄等成本费用的标准由国务院价格主管部门会同国务院财政部门制定。

第二十八条　申请公开政府信息的公民确有经济困难的，经本人申请、政府信息公开工作机构负责人审核同意，可以减免相关费用。

申请公开政府信息的公民存在阅读困难或者视听障碍的，行政机关应当为其提供必要的帮助。

第四章　监督和保障

第二十九条　各级人民政府应当建立健全政府信息公开工作考核制度、社会评议制度和责任追究制度，定期对政府信息公开工作进行考核、评议。

第三十条　政府信息公开工作主管部门和监察机关负责对行政机关政府信息公开的实施情况进行监督检查。

第三十一条　各级行政机关应当在每年3月31日前公布本行政机关的政府信息公开工作年度报告。

第三十二条　政府信息公开工作年度报告应当包括下列内容：

（一）行政机关主动公开政府信息的情况；

（二）行政机关依申请公开政府信息和不予公开政府信息的情况；

（三）政府信息公开的收费及减免情况；

（四）因政府信息公开申请行政复议、提起行政诉讼的情况；

（五）政府信息公开工作存在的主要问题及改进情况；

（六）其他需要报告的事项。

第三十三条　公民、法人或者其他组织认为行政机关不依法履行政府信息公开义务的，可以向上级行政机关、监察机关或者政府信息公开工作主管部门举报。收到举报的机关应当予以调查处理。

公民、法人或者其他组织认为行政机关在政府信息公开工作中的具体行政行为侵犯其合法权益的，可以依法申请行政复议或者提起行政诉讼。

第三十四条　行政机关违反本条例的规定，未建立健全政府信息发布保密审查机制的，由监察机关、上一级行政机关责令改正；情节严重的，对行政机关主要负责人依法给予处分。

第三十五条　行政机关违反本条例的规定，有下列情形之一的，由监察机关、上一级行政机关责令改正；情节严重的，对行政机关直接负责的主管人员和其他直接责任人员依法给予处分；构成犯罪的，依法追究刑事责任：

（一）不依法履行政府信息公开义务的；

（二）不及时更新公开的政府信息内容、政府信息公开指南和政府信息公开目录的；

（三）违反规定收取费用的；

（四）通过其他组织、个人以有偿服务方式提供政府信息的；

（五）公开不应当公开的政府信息的；

（六）违反本条例规定的其他行为。

第五章　附则

第三十六条　法律、法规授权的具有管理公共事务职能的组织公开政府信息的活动，适用本条例。

第三十七条　教育、医疗卫生、计划生育、供水、供电、供气、供热、环保、公共交通等与人民群众利益密切相关的公共企事业单位在提供社会公共服务过程中制作、获取的信息的公开，参照本条例执行，具体办法由国务院有关主管部门或者机构制定。

第三十八条　本条例自2008年5月1日起施行。

国务院办公厅关于做好施行《中华人民共和国政府信息公开条例》准备工作的通知(国办发[2007]54号)(2007—08—04)

各省、自治区、直辖市人民政府，国务院各部委、各直属机构：

《中华人民共和国政府信息公开条例》（以下简称《条例》）将于2008年5月1日起施行。为切实做好各项准备工作，确保《条例》全面、正确、有效施行，经国务院同意，现就有关事项通知如下：

一、充分认识贯彻施行《条例》的重要性和紧迫性。《条例》的公布施行是推进社会主义民主、完善社会主义法制的重要举措，是提高科学执政、民主执政和依法执政能力的必然要求，是建设行为规范、运转协调、公正透明、廉洁高效的行政体制的重要内容。认真贯彻施行《条例》，保障公民、法人和其他组织依法获取政府信息是行政机关的重要职责。同时必须看到，实行政府信息公开是一项政治性、政策性和技术性很强的系统工程，施行《条例》的准备工作时间紧、任务重、要求高。各地区、各部门（单位）务必增强紧迫感和责任感，进一步加大工作力度，在《条例》施行前把各项准备工作做好做实。

二、抓紧编制或修订政府信息公开指南和公开目录。编制政府信息公开指南和公开目录，是做好政府信息公开工作、方便公众依法获取政府信息的关键。《条例》正式施行前，要抓紧编制或修订政府信息公开指南和公开目录。当前，要按照由近及远的原则，重点对本届政府以来的政府信息，特别是涉及人民群众切身利益的政府信息进行全面清理。要依据保守国家秘密法和《条例》等有关法律法规的规定，科学界定公开和不能公开的政府信息，凡属于应当公开的必须按规定纳入公开目录。清理政府信息和编制公开指南、公开目录的工作，政策性强，技术难度大，任务繁重，各级政府及其部门（单位）要组织专门力量尽快开展这项工作，务必在 2008 年 3 月底之前完成政府信息公开指南和公开目录编制任务，并按时在政府网站和相关政府信息查阅场所公布。

三、尽快建立健全政府信息公开工作机制及制度规范。建立科学高效的政府信息公开工作机制和严格的制度规范，是确保政府信息公开工作依法、有序进行的基础和前提。根据《条例》要求和工作实际，各级政府及其部门（单位）要抓紧建立政府信息主动公开工作机制，明确职责、程序、公开方式和时限要求。健全政府新闻发布和新闻发言人制度，增强政府发布信息的主动性和权威性。要抓紧建立政府信息公开申请的受理机制，制定依申请公开政府信息的工作规程，明确申请的受理、审查、处理、答复等各个环节的具体要求，有效保障申请人的合法权益，维护政府信息公开工作秩序。要抓紧建立政府信息发布保密审查制度，在《条例》规定的基础上进一步明确有关保密审查的职责分工、审查程序和责任追究办法，切实发挥保密工作机构的作用，确保不发生泄密问题。

四、认真落实和制定相关配套措施。各级政府要按照《条例》规定，尽快在本地的国家档案馆、公共图书馆设置政府信息查阅场所，各部门（单位）应根据需要设立相应的场所或设施，以利公众及时完整地获取政府主动公开的信息。国务院价格主管部门和财政部门要按照职责分工，尽快制定依申请提供政府信息时收取检索、复制、邮寄等成本费用的具体办法，并充分考虑可能出现的新情况、新问题；县级以上地方人民政府价格主管部门、财政部门等要切实加强管理，严格规范收费行为。国务院有关主管部门（单位）要参照《条例》的规定，抓紧制定教育、医疗卫生、计划生育、供水、供电、供气、供热、环保、公共交通等与群众利益密切相关的公共企事业单位的信息公开实施办法，积极推动上述公共企事业单位的信息公开工作。

五、有效开展对行政机关工作人员的教育培训。教育培训的主要内容是，实行政府信息公开的重要意义、《条例》的基本内容、相关配套措施和工作规范。对政府信息公开工作主管部门、工作机构工作人员的培训，还应包括政府信息清理、相关保密知识、编制政府信息公开指南和目录、处理政府信息公开申请、编制政府信息公开工作年度报告以及政策咨询等内容，全面提高有关人员做好信息公开工作的能力和水平。各地区、各部门（单位）要抓紧制订教育培训工作计划，并认真组织实施。各级行政学院要把《条例》列为公务员培训的重要内容，加强相关的培训工作。

六、充分发挥政府网站公开政府信息的平台作用。各级政府网站要成为政府信息公开的第一平台。各级政府和政府各部门（单位）网站都要开设政府信息公开专栏，并建立和畅通链接。要充分利用国家档案馆、公共图书馆等场所的网络设施，设置政府网站公共检索点，发挥好政府网站的辐射作用。大力推进电子政务建设，强化政府网站的支撑保障体系。政府网站应开设政府信息公开意见箱，及时听取公众对政府信息公开工作的意见和建议，以利改进工作。

七、切实加强对贯彻施行《条例》的组织领导。各地区、各部门要明确一位负责同志具体分管政府信息公开工作，切实加强领导，落实责任，确保各项工作顺利进行。按照《条例》规定，县级以上地方人民政府办公厅（室）作为政府信息公开工作主管部门，要切实担负起推进、指导、协调、监督本行政区域内政府信息公开工作的职责；如需另行指定政府信息公开工作主管部门的，必须在 2007 年 9 月中旬以前予以明确。各部门（单位）要尽快指定负责本机关政府信息公开工作的机构，及时充实力量，认真做好各项工作。各级政府应保障政府信息公开工作所需的经费。要建立健全监督保障机制，对于公民、法人或者其他组织提出的行政机关不依法履行公开义务的举报，上级行政机关、监察机关或者政府信息公开工作主管部门，要认真受理并及时调查处理。

各地区、各部门要在 2007 年 9 月底以前将政府信息公开工作主管部门和部门负责政府信息公开工作机构的名称、负责人、联系人、联系电话报国务院办公厅。国务院办公厅将在《条例》

施行前对各地区、各部门贯彻施行《条例》的准备工作情况进行一次检查。

国务院办公厅
2007年8月4日

国务院办公厅关于进一步加强古籍保护工作的意见(国办发[2007]6号)(2007—01—19)

各省、自治区、直辖市人民政府,国务院各部委、各直属机构:

我国是历史悠久的文明古国,拥有卷帙浩繁的古代文献典籍。这些古籍是中华民族的宝贵精神财富。党中央、国务院历来高度重视古籍保护工作。近年来,在各地区、各有关部门和全社会的共同努力下,我国古籍保护工作取得了显著成绩。但是,也应清醒地看到,当前我国古籍保护工作还面临许多问题,形势严峻。为抢救、保护我国珍贵古籍,继承和弘扬优秀传统文化,推动社会主义先进文化和和谐社会建设,根据《中华人民共和国文物保护法》和《国务院关于加强文化遗产保护的通知》(国发[2005]42号)、《国家“十一五”时期文化发展规划纲要》(中办发[2006]24号),经国务院领导同志同意,现就进一步加强古籍保护工作提出以下意见:

一、充分认识古籍保护工作的重要性和紧迫性

我国古代文献典籍是中华民族在数千年历史发展过程中创造的重要文明成果,蕴含着中华民族特有的精神价值、思维方式和想象力、创造力,是中华文明绵延数千年,一脉相承的历史见证,也是人类文明的瑰宝。古籍具有不可再生性,保护好这些古籍,对促进文化传承、联结民族情感、弘扬民族精神、维护国家统一及社会稳定具有重要作用。同时,加强古籍保护工作,也是建设社会主义先进文化,贯彻落实科学发展观和构建社会主义和谐社会的客观要求。

由于诸多原因,当前我国古籍保护存在不少突出问题,如现存古籍底数不清,古籍老化、破损严重;古籍修复手段落后,保护和修复人才匮乏,尤其是少数民族古籍保护和整理人员极度缺乏,面临失传的危险;大量珍贵古籍流失海外。因此,加强古籍保护刻不容缓。地方各级人民政府和有关部门要从对国家和历史负责的高度,充分认识保护古籍的重要性,进一步增强责任感和紧迫感,切实做好古籍保护工作。

二、加强古籍保护工作的指导思想、基本方针和总体目标

(一)指导思想。坚持以邓小平理论和“三个代表”重要思想为指导,全面贯彻和落实科学发展观,加大古籍保护工作力度,建立科学有效的古籍保护制度,提高全社会的古籍保护意识,充分发挥古籍在传承中华文化,提高人民群众思想道德素质和科学文化素质,增强民族凝聚力,促进社会主义先进文化建设中的重要作用。

(二)基本方针。贯彻“保护为主、抢救第一、合理利用、加强管理”的方针。坚持依法保护和科学保护的原则,正确处理古籍保护与利用的关系,统筹规划、分类指导、突出重点、分步实施。

(三)主要任务和基本目标。“十一五”期间,大力实施“中华古籍保护计划”和“十一五”国家古籍整理重点图书出版规划,全面、科学、规范地开展保护工作。对全国公共图书馆、博物馆和教育、宗教、民族、文物等系统的古籍收藏和保护状况进行全面普查,建立中华古籍联合目录和古籍数字资源库;实现古籍分级保护,建立《国家珍贵古籍名录》;完成一批古籍书库的标准化建设,命名“全国古籍重点保护单位”;加强古籍修复工作,培养一批具有较高水平的古籍保护专业人员。通过努力,逐步形成完善的古籍保护工作体系,使我国古籍得到全面保护。

三、突出重点,科学规范地开展古籍保护工作

(一)统一部署,全面开展古籍普查登记工作。从2007年开始,用3到5年时间,在全国范围内组织开展古籍普查登记工作,全面了解和掌握各级图书馆、博物馆等单位及民间所藏古籍情况。对登记的古籍进行详细清点和编目整理,并依据有关标准进行定级。在文化行政部门领导下,国家图书馆负责全国古籍普查登记工作,各省、自治区、直辖市省级图书馆负责本地区古籍普查登记工作。教育、宗教、民族、文物等部门根据实际情况,制订本系统古籍普查实施方案,也可委托各省(区、市)省级图书馆统一开展普查登记工作。民间收藏的古籍可到所在地省级图书馆进行登记、定级、著录。加强与国际文化组

织和海外图书馆、博物馆的合作。有关单位和机构要对海外收藏的中华古籍进行登记、建档工作。国家图书馆负责汇总古籍普查成果，建立中华古籍综合信息数据库，形成全国统一的中华古籍目录。

（二）建立《国家珍贵古籍名录》，逐步形成完善的古籍保护制度。统筹规划，加强对珍贵古籍的重点保护，并以此带动古籍保护工作的有序开展。建立《国家珍贵古籍名录》，经国务院批准后公布。对列入《国家珍贵古籍名录》的古籍，收藏单位要按照有关要求，完善保护措施，切实做好保护工作。地方各级人民政府要对此进行监督检查。

各省、自治区、直辖市也可建立省级珍贵古籍名录，并采取相应保护措施，加大保护力度。

（三）改善古籍保管条件，命名全国古籍重点保护单位。建立健全古籍书库的建设标准和技术标准，改善古籍保管条件，完善安全措施，保障古籍安全。对古籍收藏量大、善本多、具备一定保护条件的单位，经国务院批准，命名为全国古籍重点保护单位，并作为财政投入和保护的重点。对全国古籍重点保护单位，要定期进行评估、检查。各省、自治区、直辖市也可命名省级古籍重点保护单位。

（四）加快推进古籍修复工作，提高古籍修复水平。集中资金，有计划地对破损古籍进行修复，重点抓好列入《国家珍贵古籍名录》和濒危古籍的修复工作。各古籍收藏单位要建立修复档案，按照有关技术标准和规范对古籍进行修复，确保修复质量。要将传统修复技艺与现代技术相结合，充分吸收国外先进技术和经验，提高古籍修复水平。在具备条件的图书馆设立国家文献保护重点实验室，开展古籍保护技术的研究和实验。

（五）进一步加强古籍的整理、出版和研究利用。制订古籍数字化标准，规范古籍数字化工作，建立古籍数字资源库。利用现代印刷技术，推进古籍影印出版工作，继续实施中华再造善本二期工程。积极采用缩微技术复制、抢救珍贵古籍。要整合现有资源，建立面向公众的古籍门户网站。要采取有效措施，向社会和公众开放古籍资源，发挥古籍应有的作用。

四、加强领导，协同配合，共同做好古籍保护工作

（一）建立古籍保护工作协调机制。建立由文化部牵头，发展改革委、财政部、教育部、科技部、国家民委、新闻出版总署、宗教局、文物局等部门组成的全国古籍保护工作部际联席会议，联席会议办公室设在文化部。部际联席会议各成员单位要按照现有职能分工，认真履行职责，密切配合，共同做好古籍保护工作。各省、自治区、直辖市也要建立相应的工作机制，组织实施本地区的古籍保护工作。地方各级人民政府要将古籍保护作为文化遗产保护工作的重要内容，明确工作目标和任务，认真落实保护措施，建立健全古籍保护责任制度和责任追究制度。要充分发挥专家在古籍修复、保护、研究等方面的作用，推进古籍保护工作的有效开展。

（二）加大古籍保护资金投入。各级财政部门要对本地区古籍普查、修复、出版及数字化等工作给予必要的资金支持。要制定鼓励政策，积极吸纳社会资金参与、支持古籍保护工作。

（三）加强古籍保护人才培养。有关部门要制订规划，多渠道、分层次培养古籍保护人才。建立古籍修复机构资格准入与修复人员资格认证制度，在有条件的高等院校设置古籍保护和修复专业，培养一批技术精湛、素质较高的古籍修复人才。加强古籍保护工作人员的在职培训和少数民族古籍翻译、整理、出版、研究人才的培养。积极开展国际与地区间古籍保护的交流与合作。

（四）加大古籍市场监管力度。有关部门要依法规范古籍市场流通和经营行为，加强古籍销售、拍卖行为的审核备案工作，严厉打击盗窃、走私古籍等违法犯罪活动。要按照文物管理的有关法规，制定古籍出入境审核、监管办法。加强国际合作，坚决依据有关国际公约和法律法规追索非法流失境外的古籍。

（五）加强对古籍保护的宣传。各级各类图书馆要积极开拓文化教育功能，通过讲座、展览、培训、研讨等形式宣传古籍保护知识，促进古籍利用和文化传播。广播电视、报刊、互联网等新闻媒体要加大古籍保护工作宣传力度，普及保护知识，展示保护成果，培养公众的保护意识，营造全社会共同保护古籍的良好氛围。

国务院关于同意建立全国古籍保护工作部际联席会议制度的批复

（国函[2007]43号）

（2007－04－30）

文化部：

你部《关于建立全国古籍保护工作部际联席会议制度的请示》（文社图报［2007］51号）收悉。现批复如下：

同意建立由文化部牵头的全国古籍保护工作部际联席会议制度。联席会议不刻制印章，不正式行文，请按照国务院有关文件精神认真组织开展工作。

附件：全国古籍保护工作部际联席会议制度

国务院

二〇〇七年四月三十日

附件：

全国古籍保护工作部际联席会议制度

为贯彻落实《国务院办公厅关于进一步加强古籍保护工作的意见》（国办发［2007］6号）精神，加强对全国古籍保护工作的组织领导，促进部门间的协调配合，做好全国古籍保护工作，经国务院同意，建立全国古籍保护工作部际联席会议（以下简称联席会议）制度。

一、主要职能

在国务院领导下，研究拟订全国古籍保护的重大政策措施，向国务院提出建议；协调解决全国古籍保护工作中的重大问题；讨论确定年度工作重点并协调落实；指导、督促、检查古籍保护各项工作的落实。

二、会议成员

召集人：	孙家正	文化部部长
成　员：	张　茅	发展改革委副主任
	李卫红	教育部副部长
	刘燕华	科技部副部长
	丹珠昂奔	国家民委副主任
	张少春	财政部副部长
	周和平	文化部副部长
	邬书林	新闻出版总署副署长
	齐晓飞	宗教局副局长
	张　柏	文物局副局长

联席会议成员因工作变动需要调整的，由所在单位提出，联席会议确定。为便于开展工作，联席会议成员单位各确定一名联络员。联席会议办公室设在文化部，承担联席会议的日常工作。

三、工作规则

联席会议每年召开1至2次例会。根据党中央、国务院领导同志指示或工作需要，可以临时召开全体会议或部分成员单位会议。联席会议以会议纪要形式明确会议议定事项，经与会单位同意后印发有关方面，同时抄报国务院。

四、工作要求

各成员单位要按照职责分工，研究全国古籍保护工作的有关问题，认真落实联席会议布置的工作任务。要互通信息、相互配合，形成合力，共同做好全国古籍保护工作。

文化部关于印发《全国古籍普查工作方案》等文件的通知

（文社图发[2007]31号）

（2007－08－01）

各省、自治区、直辖市文化厅（局），新疆生产建设兵团文化局，国家图书馆（国家古籍保护中心）：

为贯彻落实《国务院办公厅关于进一步加强古籍保护工作的意见》（国办发［2007］6号）文件精神，全面实施中华古籍保护计划，经全国古籍保护工作部际联席会议审议通过，现将《全国古籍普查工作方案》等有关文件印发给你们，请认真贯彻执行。

特此通知。

附件：

1. 全国古籍普查工作方案
2. 全国古籍保护试点工作方案
3. 《国家珍贵古籍名录》申报评审暂行办法
4. “全国古籍重点保护单位”申报评定暂行办法

二〇〇七年八月一日

附件1：

全国古籍普查工作方案

我国古代文献典籍是中华民族创造的重要文明成果，是中华文明绵延数千年、一脉相承的历史见证，也是人类文明的瑰宝。为了解我国现存古籍保存保护的现状，加强对古籍的保护和管理，根据《国务院办公厅关于进一步加强古籍保护工作的意见》（国办发［2007］6 号）的规定，从 2007 年开始，在全国范围内组织开展古籍普查登记工作，目的是全面了解和掌握各级图书馆、博物馆等单位及民间所藏古籍情况，对登记的古籍进行详细清点和编目整理，建立中华古籍综合信息数据库，形成中华古籍联合目录，以便国家有重点、有针对性地开展古籍保护工作，加强对古籍的管理。全国古籍普查是古籍保护的基础性工作，是古籍抢救、保护与利用工作的重要环节。这是建国以来在全国范围内进行的第一次全面深入的调查，各有关部门和单位应给予高度重视，认真组织，积极开展工作。为做此次古籍普查工作，特制订如下方案：

一、普查范围和内容

这次全国古籍普查范围包括我国境内的国家图书馆、各公共图书馆、文博单位图书馆（藏书楼）、高等院校图书馆、科研单位图书馆、宗教单位图书馆（藏经阁）等；个人或私人收藏机构，也可以纳入普查范围。古籍普查对象为我国汉文和少数民族文字古籍，其他特种文献，如甲骨、简牍、帛书、金石拓片、舆图等，暂不列入这次普查范围。

这次古籍普查的主要内容包括：古籍基本信息、古籍破损信息和古籍保存状况信息等。

普查登记表由国家古籍保护中心制定。

全国古籍普查工作的执行标准主要有《古籍定级标准》（WH/T 20—2006）、《古籍普查规范》（WH/T 21—2006）、《古籍特藏破损定级标准》（WH/T 22—2006）、《古籍修复技术规范与质量要求》（WH/T 23—2006）、《图书馆古籍特藏书库基本要求》（WH/T 24—2006）等。其中汉文古籍的定级，依据《古籍定级标准》执行；少数民族文字古籍的定级标准由国家民族事务委员会组织制定并颁布实施。

二、工作机构与任务分工

全国古籍普查工作由全国古籍保护工作部际联席会议统筹规划，由文化部领导实施。设立专家委员会，聘任有关专家负责珍贵古籍的定级审核和普查咨询工作。国家图书馆设中国国家古籍保护中心，为全国普查登记中心和培训中心，负责全国古籍普查登记工作和培训工作，研制标准，编写教材，培训普查人员，汇总古籍普查成果，建立中华古籍综合信息数据库，形成中华古籍联合目录。

各省、自治区、直辖市成立各省级古籍保护分中心，负责本地区古籍普查登记工作和培训工作，按照统一的标准和教材培训本地区的普查人员，汇总并向国家古籍保护中心报送古籍普查报表，建立地方古籍综合信息数据库，形成地方古籍联合目录。

全国古籍保护工作部际联席会议成员单位可根据实际，在本系统成立古籍保护分中心，统一开展本系统的普查工作，将数据汇总后报送国家古籍保护中心；也可由各古籍收藏单位分别报送国家古籍保护中心或各省级分中心。中央其他各有关部委及所属单位按统一要求开展普查工作，直接向国家古籍保护中心报送古籍普查报表。

民间收藏的古籍，可到所在地省级古籍保护分中心进行登记、定级、著录。

三、工作步骤

2007 年普查的工作重点是组建古籍普查相关机构，开展普查软件平台的研发工作，开展人员培训，确定古籍普查试点单位，开始对一、二级古籍进行普查，建立中华古籍保护网和中华古籍综合信息数据库等工作。到 2009 年 7 月底前，初步掌握现存一、二级古籍状况。分批次发布《国家珍贵古籍名录》及《全国古籍重点保护单位名录》。从 2009 年 8 月—2010 年底，开展二级以下古籍普查工作，汇总古籍普查成果，逐步形成《中华古籍联合目录》。各地要按照分级负责的原则，结合当地实际情况，建立机构，充分利用已有工作成果，因地制宜开展本地区的普查工作。

普查采用纸本表格或电子表格登记，也可在普查网络平台上进行登记。普查流程如下：基层收藏单位填写表格并校对后，汇总提交到省级分中心。省级分中心对基层收藏单位提交的数据进行审校、汇总，对古籍进行定级，并制作成规范的数据格式文档，提交到国家古籍保护中心。国家古籍保护中心对省级分中心提交的数据进行审核、汇总和发布。专家委员会协助国家古籍保护中心对数据进行审核。

四、工作要求

这次全国古籍普查工作是我国第一次开展此类普查，对全面、准确地掌握我国古籍的数量、价值、分布、保存状况等基本情况，有针对性、

有计划地开展古籍保护工作意义重大。各有关部门一定要充分认识全国古籍普查工作的重要性，增强工作责任感。要积极开展普查宣传工作，广泛动员和组织各有关方面力量，使广大古籍工作者及民众理解开展古籍普查工作的重要意义，调动各方面的主动性和积极性。

各级普查机构应健全机制、配备普查人员和设备，建立数据质量控制岗位责任制和工作细则，对普查工作各个环节实行全过程的质量控制，严格按标准和程序开展普查登记工作，提交普查数据。普查登记工作中，各级普查机构须对下级的普查数据采取随机抽样与重点抽查相结合的方法进行质量检查。

人员培训事关普查工作的质量。为保证全国古籍普查工作的顺利开展，国家古籍保护中心和各省级分中心应尽快成立普查队伍，认真筹备、组织培训工作。应结合本地普查任务、人员素质情况、实际工作需要和面临的问题，有针对性地制订培训计划。普查培训应注意对普查人员进行工作责任心和专业知识等的培训、教育。集中各地优秀师资力量、专家力量参与、指导培训工作。各级财政部门要对本地区古籍普查、修复、出版及数字化等工作给予必要的资金支持。鼓励、积极吸纳社会资金参与、支持古籍保护工作。

附件2：

全国古籍保护试点工作方案

为贯彻落实《国务院办公厅关于进一步加强古籍保护工作的意见》（国办发［2007］6号）文件精神，使中华古籍保护计划全面顺利实施，今年将从全国各个系统和不同层面的古籍收藏单位中选择一批古籍收藏单位，作为全面开展古籍保护计划的试点单位，采用试点先行，以点带面的工作方式，摸索出不同地域、不同层面的古籍保护工作经验，为积极、稳妥地在全国范围内全面推进古籍保护计划打好基础。

一、试点工作的时间

全国古籍保护试点工作自2007年8月开始，至2008年7月结束，历时一年。

二、试点工作的任务

（一）通过普查工作摸清家底，编制出本单位的古籍目录，并及时将普查结果上报上级主管部门。应尽快摸清并上报所藏古籍的生存状况，探索在不同条件下开展古籍普查和保护工作的方法，取得有价值的推广经验后及时推广。

（二）各试点单位根据普查进程，及时分析普查结果，区分藏品的不同等级，对古籍实行分级保护。要针对古籍所处的保存条件、环境等提出符合当地特点的修复及保护计划。

（三）各试点单位的古籍修复须首先提出计划和具体方案，特别对古籍修复涉及的一、二级古籍，其修复方案和修复人员须得到国家中心或国家中心委托的省份中心认可。必要时一级藏品送国家中心或省中心修复，以免造成破坏性修复。

（四）对于古籍库房内部环境不符合藏品需求的，消防等外部环境不合格的，古籍收藏单位应及时向上逐级汇报，提出整改建议，申报改造计划，避免灾害隐患。

（五）对于库房条件过差和库房管理严重不合格的单位，根据藏品等级，必要时将寄存上级收藏单位或其他收藏条件好的单位，归属权不变，待库房的改进经专业人员认定符合藏品需要后，藏品方可归回。

三、试点工作的要求

（一）建立健全组织工作机制。各级政府文化主管部门要切实担负起领导责任，要把古籍保护试点工作列入当前的重点工作。要明确各有关部门的职责和分工，落实工作班子和人员，安排部署好试点工作的各项任务。

（二）制定试点工作方案。要根据当地的工作基础和条件，因地制宜，制定出符合实际、目标明确、任务具体的试点工作方案。

（三）落实经费。对列为古籍保护试点工作的单位，文化部将根据藏量、所在地区经济状况、工作进程和成果等因素给予一定的经费补贴。补贴仅可用于与古籍保护计划有关的各项工作，挪用后一经查实，文化部有权终止其资金的继续投入，并追回原投入资金，严重者将取消其试点单位资格。

（四）深入调研。深入开展各种形式的调查研究工作，摸清情况，认真研究试点工作的重点、难点问题，并要有针对性地研究解决。

（五）人员培训。凡列为试点的古籍收藏单位，在古籍整理研究及保管、修复人才的培养要加大力度，通过在职培训和充分参与等方面提高其人员的专业技术水平，以保证古籍保护计划的全面实施。

（六）加强组织协调。各地文化主管部门，要担负起试点工作的具体组织与协调任务。要广泛调动社会各方面的力量，形成全社会参与的格局。通过精心策划和实施，保证试点工作的各项任务落实到位，要充分发挥试点的示范和引导带动作用。

（七）加强信息沟通。各试点单位和管理部门要与上级文化主管部门及时沟通工作情况，各试点之间也应经常进行交流，研究探讨工作中的问题。各省、自治区、直辖市文化厅（局）要确定一名联络员，及时反映本地区试点工作的进展情况。国家古籍保护中心将以简报形式陆续通报各试点单位的工作进展情况。

（八）古籍保护工作试点单位要与国家古籍保护中心签订责任书，并在试点工作完成后完成总结报告。

四、试点单位

全国古籍保护工作试点单位由全国古籍保护工作部际联席会议审议确定，共 57 家，名单如下：

国家图书馆
首都图书馆
天津图书馆
上海图书馆
山东省图书馆
陕西省图书馆
辽宁省图书馆
内蒙古自治区图书馆
江苏省南京图书馆
浙江图书馆
湖北省图书馆
安徽省图书馆
甘肃省图书馆
河南省图书馆
广东省立中山图书馆
福建省图书馆
云南省图书馆
辽宁省大连图书馆
山东省青岛市图书馆
江苏省苏州市图书馆
江苏省常熟市图书馆
浙江省杭州图书馆
浙江省温州市图书馆
浙江省绍兴图书馆
山西省祁县图书馆
北京大学图书馆
清华大学图书馆
中央民族大学图书馆
中山大学图书馆
东北师大图书馆
山东大学图书馆
国家科学图书馆
中国中医科学院图书馆
中国社会科学院图书馆
中国社会科学院文学所图书馆
中国艺术研究院图书馆
故宫博物院
中国文物研究所
上海博物馆
山东省博物馆
安徽博物馆
西安博物院
浙江省宁波天一阁博物馆
江苏省苏州博物馆
甘肃省武威市博物馆
内蒙古自治区巴林右旗博物馆
河北省唐山市丰润区文管所
山西省应县文保所
中国民族图书馆
佛教图书文物馆
中国道教协会
北京白云观
中华书局
商务印书馆
中国书店
上海书店
上海辞书出版社图书馆

附件 3：

《国家珍贵古籍名录》申报评审暂行办法

第一条　为加强对珍贵古籍的保护工作，建立《国家珍贵古籍名录》，根据《中华人民共和国宪法》、《中华人民共和国文物保护法》及其

他相关法律、法规的规定，制定本办法。

第二条　建立《国家珍贵古籍名录》的目的是建立完备的珍贵古籍档案，确保珍贵古籍的安全，推动古籍保护工作，提高公民的古籍保护意识，促进国际文化交流和合作。

第三条　文化部负责组织《国家珍贵古籍名录》申报评审工作。文化部设立专家委员会，负责《国家珍贵古籍名录》的评审工作。

第四条　《国家珍贵古籍名录》的主要收录范围是1912年以前书写或印刷的，以中国古典装帧形式存在，具有重要历史、思想和文化价值的珍贵古籍。少数民族文字古籍可视具体情况适当放宽。

第五条　国家珍贵古籍的评选标准，原则上与《古籍定级标准》所规定的一、二级古籍的评定标准相同，即国家珍贵古籍原则上从一、二级古籍内选定。

第六条　申报及评审程序：

（一）由古籍收藏单位和个人按照文化部制定的统一格式，向所属地省级文化行政部门提交《国家珍贵古籍名录》申报书。

（二）省级文化行政管理部门对本行政区域内的申报古籍进行汇总、初审，向文化部提出申报。中央直属单位经上级主管部门批准后，向文化部提出申报。

（三）文化部对申报材料进行审核，并将合格的申报材料提交专家委员会。

（四）专家委员会根据评审标准进行评审，提出国家珍贵古籍推荐名录，提交部际联席会议办公室。

（五）文化部根据专家委员会的评审意见，拟定入选国家珍贵古籍名录，经部际联席会议审核同意后，报国务院批准后公布。

第七条　《国家珍贵古籍名录》的申报评审工作根据情况不定期开展。每次申报评审时间由文化部确定并印发相关通知。

第八条　各省、自治区、直辖市可参照本暂行办法进行省级珍贵古籍名录的评定。

第九条　本暂行办法由文化部负责解释。

第十条　本暂行办法自发布之日起施行。

附件4：

“全国古籍重点保护单位”申报评定暂行办法

第一条　为进一步加强对我国古籍的保护和管理，建立“全国古籍重点保护单位”申报评定制度，根据《中华人民共和国宪法》、《中华人民共和国文物保护法》及其他相关法律、法规的规定，制定本办法。

第二条　评定“全国古籍重点保护单位”的目的是加强对古籍保护工作的管理，推动各古籍收藏单位改善古籍保护条件，提高古籍保护工作水平，促进我国古籍保护工作健康、持续开展。

第三条　文化部负责组织“全国古籍重点保护单位”申报评定工作。文化部设立专家委员会，负责“全国古籍重点保护单位”的评审工作。

第四条　“全国古籍重点保护单位”的评选范围包括全国范围内的各类型图书馆、博物馆等古籍收藏单位。

第五条　“全国古籍重点保护单位”评选标准如下：

（一）收藏古籍的数量一般在10万册件以上或收藏古籍善本数量在3000册件以上；

（二）有古籍专用书库；

（三）有专门的古籍保护机构和工作人员，管理制度健全；

（四）有专项古籍保护经费。

第六条　申报及评定程序：

（一）各图书馆、博物馆等古籍收藏单位，向所在行政区域省级文化行政管理部门提出“全国古籍重点保护单位”申请。

（二）“全国古籍重点保护单位”申报单位须按照文化部制定的统一格式，提交申请报告、申报说明书、古籍保护计划及其他说明材料。

（三）各省级文化行政管理部门对本行政区域内的申报单位进行汇总、筛选，经同级人民政府核定后，向文化部申报。中央直属单位经上级主管部门批准后，向文化部申报。

（四）文化部对申报材料进行审核，并将合格的申报材料送专家委员会评审。

（五）专家委员会根据评选标准进行评审，提出“全国古籍重点保护单位”推荐名单，提交文化部。

（六）文化部通过媒体对“全国古籍重点保护单位”推荐名单进行社会公示，公示期

30天。

（七）文化部根据专家委员会的评审意见和公示结果，拟订"全国古籍重点保护单位"名单，经部际联席会议审核同意后，报请国务院批准、公布。

第七条　"全国古籍重点保护单位"要按年度向文化部提交古籍保护情况报告。文化部每两年一次组织专家对"全国古籍重点保护单位"进行评估、检查，对未履行保护承诺、出现不良后果的单位，视不同程度给予警告、严重警告直至除名和摘牌处理。

第八条　各省、自治区、直辖市可参照本办法进行"省级古籍重点保护单位"的评定。

第九条　本暂行办法由文化部负责解释。

第十条　本暂行办法自发布之日起施行。

文化部办公厅关于成立全国古籍保护工作专家委员会的通知

（办社图函[2007]367号）

（2007—08—02）

各省、自治区、直辖市文化厅（局），新疆生产建设兵团文化局：

根据《国务院办公厅关于进一步加强古籍保护工作的意见》（国办发［2007］6号）的精神，为规范和加强全国古籍保护工作的咨询、论证、评审和专业指导，促进全国古籍保护工作的全面开展，经全国古籍保护工作部际联席会议通过，决定成立全国古籍保护工作专家委员会，并在征求专家意见的基础上，制定了《全国古籍保护工作专家委员会章程》。

特此通知。

附件：

1.《全国古籍保护工作专家委员会名单》

2.《全国古籍保护工作专家委员会章程》

二〇〇七年八月二日

附件1：

《全国古籍保护工作专家委员会名单》

（共66人）

顾问：

冯其庸（中国人民大学国学院院长、教授）

傅熹年（国家文物鉴定委员会主任、中国建筑技术研究院建筑历史研究所研究员、中国工程院院士）

傅璇琮（原中华书局总编辑、编审）

主　任：

李致忠（国家文物鉴定委员会委员、国家图书馆发展研究院院长、研究馆员）

副主任：

安平秋（北京大学古籍文献研究中心主任、教授）

史金波（中国社会科学院学术委员、民族所研究员）

秘书长：

陈红彦（国家古籍保护中心办公室主任、研究馆员）

成员（按姓氏笔画排列）：

丁　瑜（国家文物鉴定委员会委员、国家图书馆研究馆员）

才让太（中央民族大学藏学研究院研究员）

王　尧（中央民族大学教授）

王　素（故宫博物院研究员）

王亚蓉（中国社会科学院研究员）

王兴康（上海古籍出版社社长编审）

王余光（北京大学信息管理系主任、教授）

王菊华（中国制浆造纸研究院研究员）

方广锠（上海师范大学教授）

白化文（北京大学教授）

达力扎布（中央民族大学历史系教授）

朱凤瀚（北京大学教授）

朱赛虹（故宫博物院图书馆馆长、研究馆员）

刘卫东（清华大学计算机系副主任、教授）

刘家真（武汉大学信息管理学院教授、博士生导师）

刘跃进（中华文史文献学会副会长、中国社科院文学所研究员）

许逸民（原中华书局编审）

阳海青（湖北省图书馆研究馆员）

杨成凯（国家文物鉴定委员会委员、中国社会科学院研究员）

苏品红（国家图书馆古籍馆副馆长、研究馆员）

李　岩（中华书局总编辑）

李　铎（北京大学中文系教授、北京大学数

据分析研究中心负责人）

李　蓝（中国社会科学院语言所研究员）

李玉虎（陕西师范大学历史文化遗产保护中心主任、教授）

李国庆（天津图书馆历史文献部主任、研究馆员）

吴　格（复旦大学图书馆研究员）

吴　斌（国家图书馆数字图书馆管理处总工程师）

吴元丰（中国第一历史档案馆满文部主任、研究馆员）

吴相洲（首都师范大学文学院院长、教授）

吴建中（上海图书馆馆长、研究馆员）

吴振武（吉林大学校长助理、古籍研究所教授）

沈乃文（北京大学图书馆善本部主任、研究馆员）

张公瑾（中央民族大学少数民族语言文学系教授）

张廷皓（中国文物研究所研究员）

张志清（国家文物鉴定委员会委员、国家图书馆善本特藏部主任、研究馆员）

张晓林（国家科学图书馆常务副馆长、研究馆员）

陆行素（天津图书馆馆长、研究馆员）

陈正宏（复旦大学古籍整理研究所教授）

陈先行（国家文物鉴定委员会委员、上海图书馆历史文献中心副主任、研究馆员）

陈高华（中国社会科学院历史研究所研究员）

宗福邦（武汉大学古籍整理研究所教授）

荣新江（北京大学教授）

罗　琳（中国科学院国家科学图书馆研究馆员）

胡俊峰（北京大学计算语言所博士）

晁　健（中央档案馆研究员）

倪晓健（首都图书馆馆长、教授）

徐忆农（南京图书馆古籍部主任、研究馆员）

奚三彩（中国文物保护技术协会副理事长、南京博物院副院长、研究员）

郭丽珠（中国人民大学教授）

陶文鹏（中国社会科学院编审）

黄建明（中央民族大学古籍所所长）

韩　琦（中科院自然科学史所研究院教授）

韩格平（北京师范大学古籍研究所所长、教授）

韩锡铎（辽宁省图书馆研究馆员）

蒋　寅（中国社会科学院文学所研究员）

程郁缀（北京大学社会科学部部长、中文系教授）

程毅中（原中华书局副总编辑、编审）

董洪利（北京大学中文系古典文献专业主任、教授）

戴龙基（北京大学图书馆馆长、研究馆员）

附件 2:

《全国古籍保护工作专家委员会章程》

第一条　为规范和加强我国古籍保护工作的咨询、论证、评审和专业指导，建立全国古籍保护工作专家委员会（以下简称“专家委员会”）制度，根据《国务院办公厅关于进一步加强古籍保护工作的意见》（国办发［2007］6 号）精神，制定本章程。

第二条　专家委员会是在文化部（全国古籍保护工作部际联席会议办公室）领导下的古籍保护工作咨询机构，主要就下列事项进行咨询：

（一）古籍保护规划的制定；

（二）普查工作方案的制订和实施；

（三）珍贵古籍定级及破损定级；

（四）国家珍贵古籍名录的评审；

（五）全国古籍重点保护单位的评审；

（六）古籍保护相关标准规范的评审；

（七）中华再造善本、珍贵古籍的整理、出版和数字化工作；

（八）其他重要事项。

第三条　专家委员会由文化部聘请古籍保护相关领域的专家学者组成。设主任委员 1 名，副主任委员、委员若干名。专家委员会秘书处设在文化部社会文化图书馆司。

第四条　专家委员会委员应具备下列条件：

（一）严格遵守国家古籍保护有关法律法规；

（二）热爱古籍保护事业，能够坚持原则，实事求是，科学严谨，团结协作，具有良好的职业道德；

（三）从事古籍保护或相关专业研究，具有高级专业技术职务，有相当的学术造诣或突出业绩；

（四）身体健康，能够承担专家委员会的相关工作。

第五条　专家委员会委员每届任期三年，由文化部颁发聘书。

第六条　专家委员会委员享有以下权利：

（一）以独立身份表达意见或建议；

（二）根据需要，参与有关古籍保护调研、培训与宣传等工作。

第七条　专家委员会委员应履行以下义务：

（一）遵守专家委员会的工作制度和工作纪律；

（二）提出的意见应客观、公正、负责，凡涉及本人参与的项目应遵循回避原则；

（三）在开展古籍保护咨询工作中取得的原始实物和资料应及时移交有关部门，不得据为己有；

（四）严格遵守保密纪律，遵守知识产权有关规定。

第八条　专家委员会委员出现下列情况，由专家委员会主任委员提出，经文化部批准，终止聘任：

（一）半年以上未参加专家委员会活动，不能履行相关职责的；

（二）触犯国家法律，危害国家利益，违背职业道德，违反本章程的。

第九条　本章程由文化部（全国古籍保护工作部际联席会议办公室）负责解释。

第十条　本章程自批准之日起生效。

文化部关于印发《文化标准化中长期发展规划(2007—2020)》的通知
(2007—07—13)

各省、自治区、直辖市文化厅（局）：

标准化是促进文化艺术与现代科技紧密结合、推动文化创新的重要技术保障，是繁荣文化事业和发展文化产业的重要基础性工作。为进一步推动文化领域的标准化工作，特印发《文化标准化中长期发展规划（2007—2020）》。

望根据《规划》要求，采取切实措施，加强标准化工作，以标准化推动文化创新，推动文化事业和文化产业健康有序地发展。

文化部

二○○七年七月十三日

《文化标准化中长期发展规划（2007—2020）》

一、序言

文化领域的标准化是促进文化艺术与现代科技紧密结合、推动文化创新的重要技术保障，是繁荣文化事业和发展文化产业的重要基础性工作。“十五”期间，文化标准化工作取得了很大的进展，为繁荣文化事业、发展文化产业发挥了积极作用。随着文化建设的迅猛发展，文化标准数量少、水平低、适用性较差、缺乏统一规划等问题日益凸现。加快文化标准化工作已成为今后一段时期一项十分紧迫的任务。

本世纪前 20 年，是我国文化发展的重要战略机遇期，也是国家标准化事业实现跨越式发展的关键时期。为更好地推动国家标准化发展战略在文化领域的贯彻实施，发挥标准化工作在落实科学发展观、建设先进文化和推动文化体制改革和文化创新中的技术支撑和保障作用，根据国家标准化管理委员会《标准化“十一五”发展规划》和文化部《文化建设“十一五”规划》，结合文化建设实际，制定《文化标准化中长期发展规划（2007—2020）》，指导我国文化领域的标准化建设。

二、指导思想和基本原则

（一）指导思想

以邓小平理论和“三个代表”重要思想为指导，全面落实科学发展观。以立足中国、面向世界，立足当代、面向未来建设中国特色社会主义文化的高度，创新文化标准化管理机制，全面推进文化标准化建设。

（二）基本原则

坚持政府主导原则。标准化工作是一项全局性、战略性的工作，必须加强政府宏观指导和政策导向，大力推动标准化规划的实施。

坚持重点保障原则。标准化工作要面向文化建设的中心工作，重点加强基础性标准、行业急需标准以及涉及公共文化安全和文化环境保护的标准建设，逐步开展面向社会的文化服务标准、技术标准、管理标准、基础标准等各项工作。

坚持需求导向原则。加强文化标准化与文化

建设紧密结合，密切标准化建设与社会需求的联系，加快速度，提高质量，增强适用性。为繁荣文化事业、发展文化产业提供技术保障，为制定、贯彻执行文化法律法规提供技术支撑。

坚持共同参与原则。充分调动和发挥文化企事业单位、社会团体和专家学者的积极性和创造性，参与文化标准的研究和制（修）订工作和文化标准的贯彻实施。

坚持制定与实施并重原则。不仅要注重标准的研究、制（修）订工作，更要注重标准的贯彻实施，使标准真正成为文化建设的规范，成为广大文化艺术工作者自觉遵循的行为准则。

坚持自主创新原则。文化标准化建设要解放思想，弘扬创新精神，善于把现代科学理论同文化建设的具体实践相结合，积极探索有中国特色的文化标准化创新之路。

坚持国际化原则。积极采用国际标准和国外先进标准，加强与国际有关标准组织的交流与合作，学习和借鉴国外先进的标准化经验，全面提升我国文化产品和文化服务的国际竞争能力。

三、主要目标和任务

2010 年以前，初步建立起文化领域标准体系，开展文化标准化理论研究，完成部分安全标准、基础标准和行业急需标准的制（修）订。2020 年以前，建立起较为完善的标准体系，取得一批文化标准化理论研究重大成果，完成主要标准的制（修）订工作，使文化标准化建设走向规范有序健康发展的道路。

1. 加强文化标准化基础建设。建立健全文化标准管理体制，创新文化标准管理机制，努力实现文化标准化的统筹规划、有序发展、规范管理。

加强文化标准化组织建设。建立文化部标准化指导委员会、组建全国专业标准化技术委员会，积极推动文化行业标准监督检验和认证机构的构建。在全国培育一批标准研究和制定的文化企事业单位及社会团体，形成有一定规模和业务水平的文化标准化建设队伍。

建立文化标准化理论研究机制，加强文化标准化基础性科学研究。在 2010 年以前，逐步开展文化标准化基础理论研究、文化行业技术标准体系研究、公共文化服务标准体系研究、文化行业基础分类标准的研究及初步制定文化行业标准课题指南等。在 2020 年之前，基本完成文化标准化基础研究，推出一批文化标准化基础理论研究成果；全面推进文化标准体系研究，形成涉及文化领域安全、环保、质量、工艺、功能、技术、检验检测、资质、等级评定、保护消费者权益的标准体系；建立较为完善的图书馆、博物馆、文化馆、美术馆、演出场所、社会艺术教育、社区文化设施、文化娱乐场所、网络文化、动漫游戏、乐器、工艺美术等文化行业分类标准；出版发行《文化行业标准编制导则》、《文化艺术分类标准》、《文化标准体系》等系列的行业基础标准。

培养文化标准化建设人才。有计划、有步骤地每年培训一定数量的文化标准化专业人才，逐步建立文化标准专家库。鼓励学术交流、国际合作等多种形式培养文化标准化专业人才。加强与国家标准委员会人才培养的联合联动，积极参加国家标准委员会标准化专业培训活动，在国家标准化管理委员会的指导下，培养文化标准化工程师，试行文化标准化首席研究员制度。

建立文化行业标准网。建立网上查询、申报、公示、交流和宣传文化标准的信息平台。

2. 加强公共文化服务体系的标准化建设。加强公共文化体系服务标准的制定实施，努力改善公共文化服务体系的社会服务功能和社会效益。制定实施以服务为核心，以群众满意度为基本准则的公共文化服务标准，推动全国公共文化服务体系的规范化服务。制（修）订公共文化体系的建设标准、建筑设计规范、文化设施价值评价体系等一系列的文化标准。鼓励和扶持区域性公共文化服务体系的规范化、标准化建设，促进基层文化事业发展。

3. 编制涉及公共文化安全标准。制定涉及文化安全、文化环境保护、公共文化活动场所安全的相关标准。研究和制定文化资源数字化等涉及文化资源安全的技术标准和管理标准；研究和制定关于抢救和保护物质的、非物质的文化遗产管理技术规范；研究和制定文化内容管理规范，限制多媒体、互联网等文化载体中的文化公害，保护文化环境的健康发展；研究和制定剧场、互联网上网服务营业场所、歌厅、露天演出、文化集会等公共文化活动场所的安全管理技术规范。

4. 编制文化领域急需标准。制定《文化服务术语》、《公共文化服务体系分类标准》、《文化设施分类标准》、《文化设施通用术语》、《文化信息系统标准》、《文化内容数据库核心元数据》等标准。

制（修）订美术馆、文化馆等文化设施建筑设计规范、质量合格检验评定标准，社区文化设施建设标准，数字图书馆技术规范；制定图书馆、美术馆、博物馆、文化馆、剧院等公共文化设施的服务规范。

制定音响师、灯光师、舞台机械师、调律师、舞台美术师、录音师等职业岗位认证标准和等级评定标准。

加快文化标准制（修）订速度，使制（修）订周期缩短为 2 年，标准寿命期缩短为 5 年；努力满足社会发展对文化标准的需求，逐步提高和改善文化标准的质量和适用性。

5. 以标准化推动文化艺术领域科技进步。全面推动文化艺术领域的技术标准化建设，促进我国文化艺术领域的科技进步和新产品研发。着力促进现代科学技术在文化艺术领域的创新和广泛应用，引导新兴科学技术和前沿科学技术在文化领域产、学、研各方面的广泛应用和集成创新或消化吸收再创新，推进具有自主知识产权的我国文化标准的研究制定。

6. 以标准化促进文化产业的发展。推进文化产业科学技术进步，以标准的形式推动文化产业的秩序化发展，促进文化市场的规范化管理，使我国文化产业向规模化、品牌化方向发展，提高民族文化产品的国际竞争力。

7. 通过标准化为文化法制化建设打下良好基础。加强与文化法制建设紧密相关的标准化工作，努力实现文化标准对文化法制化建设的技术支撑和保障作用，使文化标准化研究和贯彻实施真正成为文化法律法规前期研究和实践性检验的过程。研究具有我国自主知识产权的文化技术标准；建立全面、统一、公开的文化产品准入制度和评审规则；研究、制定文化经营场所的合格检验标准和验收规范，完善质量检测、检验规程；完善文化市场的分类服务标准，为贯彻文化市场法律法规提供可操作的依据和规则。

8. 加强文化标准的宣贯实施力度。通过文化标准行政主管部门出台行政法规，扩大文化标准的宣传范围和执行力度；加强文化标准的国内国际交流，广泛宣传我国文化标准化建设的意义和成果；逐步建立以推动文化标准贯彻实施为目的的认证、鉴定、检测机构，切实加强文化标准贯彻实施的措施；建立文化标准贯彻实施的奖励机制。

四、保障措施

要采取切实可行的措施，为标准化工作创造良好环境。建立以政府为主导，文化企事业单位和社会团体积极参与的文化标准建设机制；加强文化标准化组织的基础建设工作，保证文化标准化各项目标和任务的完成。

加大经费支持力度。各级文化主管部门要加大公共文化安全、基础、通用、公益等行业标准的研究和制（修）订经费的财政支持，努力争取列入年度财政预算；鼓励和引导社会各界，特别是有条件的文化企事业单位出资制（修）订行业标准。

加强文化标准化的推广宣传。大力加强标准化知识的普及、宣传和加大标准的宣贯工作，颁布《关于加强全国文化标准化工作的实施意见》。建立奖励机制，鼓励和调动文化企事业单位、社会团体积极参加文化标准研究制定和标准实施。激励全社会各行业的专家学者对文化标准化建设的创新。

健全文化标准化管理组织，完善文化标准化管理制度。根据文化行业的发展，逐步建立健全专业标准化组织，并加强归口管理工作。全面推动文化行业标准监督检验和认证机构的建设，加强对涉及公共文化安全的监督管理。逐步建立科学、合理的文化标准课题研究制度，努力完善课题申报、审批、审核和发行的规范化管理制度。不断培育标准研究制定的各类组织和标准化人才。

安徽省地方志工作条例

(2007 年 2 月 28 日安徽省第 10 届人民代表大会常务委员会第 29 次会议通过)(2007—05—01)

第一条　为了规范地方志工作，发挥地方志服务、促进经济建设和社会发展的作用，根据有关法律、行政法规，结合本省实际，制定本条例。

第二条　本条例所称地方志，是指以县级以上行政区域名冠名的地方志书、地方综合年鉴。

本条例所称地方志书，是指全面系统地记述

本行政区域自然、政治、经济、文化和社会的历史与现状的资料性文献。

本条例所称地方综合年鉴，是指系统记述本行政区域自然、政治、经济、文化和社会等方面情况的年度资料性文献。

第三条 县级以上人民政府应当加强对地方志工作的领导，将地方志工作纳入国民经济和社会发展规划。地方志工作所需经费列入同级财政预算。

第四条 编纂地方志应当统一规划，科学规范，全面客观，存真求实，确保质量。

第五条 县级以上人民政府地方志工作机构主管本行政区域的地方志工作，其主要职责是：

（一）组织、指导、督促和检查地方志工作；

（二）拟定地方志工作规划和编纂方案；

（三）组织编纂地方志书、地方综合年鉴；

（四）搜集、保存地方志文献和资料，组织整理旧志，推动方志理论研究；

（五）组织开发利用地方志资源，培训编纂人员，为社会提供服务。

第六条 省、设区的市、县（市、区）地方志书、地方综合年鉴，由本级人民政府地方志工作机构组织编纂，其他组织和个人不得编纂。

地方志书每20年左右编修一次。

第七条 县级以上人民政府地方志工作机构应当建立征集制度，及时征集和保存文字、图表、照片、音像、电子文本、实物等各种地方志资料。

第八条 编纂地方志书、地方综合年鉴，应当制定编纂方案，报本级人民政府批准。

根据编纂方案的规定，承担编纂任务的单位应当在本级人民政府地方志工作机构的指导下，按照编纂方案规定的时间和质量要求完成编纂任务。

承担编纂任务的单位应当在人员、经费和工作条件上予以保障。

第九条 编纂地方志应当吸收有关方面的专家、学者参加。

地方志编纂人员实行专兼职相结合，主编和专职编纂人员应当具备相应的专业知识和学术水平。

地方志编纂人员应当恪尽职守、客观公正，据事直书、忠于史实。任何单位和个人不得要求编纂人员在地方志中作虚假记述。

第十条 县级以上人民政府地方志工作机构可以采用查阅、摘抄、复制等形式，向国家机关、社会团体、企业事业单位以及其他社会组织和个人征集相关的地方志资料，有关单位和个人应当为其提供支持。但涉及国家秘密、商业秘密和个人隐私以及不符合档案开放规定的除外。

第十一条 地方志书文稿经本级人民政府审查验收，地方综合年鉴文稿经本级人民政府或者其确定的部门批准，方可以公开出版。

设区的市、县（市、区）地方志书文稿在报本级人民政府审查验收前应当征求上一级人民政府地方志工作机构意见，并接受其指导。

对地方志书文稿进行审查验收，应当组织有关保密、档案、历史、法律、经济、军事、方志等方面的专家参加，重点审查地方志书的内容是否符合宪法和有关保密、档案等法律、法规的规定，是否全面、客观地反映本行政区域自然、政治、经济、文化和社会的历史与现状。

第十二条 地方志出版后，编纂单位应当及时向本级和上级国家档案馆、公共图书馆无偿提供馆藏书。

第十三条 县级以上人民政府应当加强地方志工作的基础设施建设和信息化建设。

第十四条 国家机关、社会团体、企业事业单位以及其他社会组织和个人需要查询地方志有关内容的，县级以上人民政府地方志工作机构、收藏地方志书的国家档案馆和公共图书馆、方志馆，应当通过网络公布、志书借阅等多种方式提供便利。

第十五条 地方志编纂过程中收集的文字、图表、照片、音像、电子文本、实物等文件资料及形成的地方志文稿，由本级人民政府地方志工作机构指定专职人员集中统一管理，妥善保存，不得损毁；修志工作完成后，应当依法移交本级国家档案馆或者方志馆保存、管理，个人不得将其据为己有或者出让、出租、转借。

第十六条 地方志书、地方综合年鉴属职务作品，参与编纂人员依法享有署名权。

第十七条 鼓励单位和个人从事地方志文献的开发、研究。县级以上人民政府地方志工作机构应当提供业务指导。

鼓励高等院校开设与地方志有关的专业或者课程，培养地方志编纂专业人才。

第十八条　在地方志工作中作出突出贡献的单位和个人，由县级以上人民政府给予表彰和奖励。

第十九条　违反本条例第六条第一款规定，擅自编纂出版地方志书、地方综合年鉴的，由本级人民政府地方志工作机构提请本级人民政府出版行政部门依法查处。

第二十条　违反本条例第八条第二款规定，不按照编纂方案的规定承担和完成编纂任务的，由本级人民政府责令限期改正，并可予以通报批评。

第二十一条　违反本条例第十一条规定，未经审查验收、批准将地方志文稿交付出版，或者地方志存在违法内容的，由上级人民政府或者本级人民政府责令改正，并视情节追究有关单位和个人的责任；构成犯罪的，依法追究刑事责任。

第二十二条　违反本条例第十五条规定，未将文献资料及地方志文稿依法归档，造成损毁，或者将其据为己有，或者出让、出租、转借的，由其所在单位责令改正，依法给予处分。

第二十三条　县级以上人民政府及其地方志工作机构、承担地方志编纂任务的单位及其工作人员不履行本条例规定的职责，致使地方志出现严重质量问题的，对直接负责的主管人员和其他直接责任人员依法给予行政处分。

第二十四条　需要且有条件编纂部门志和乡（镇）志的，参照本条例的相关规定执行。

第二十五条　本条例自 2007 年 5 月 1 日起施行。

新闻出版总署关于加强音像制品和电子出版物样本缴送工作的通知(新出音[2007]71 号)(2007—01—24)

各省、自治区、直辖市新闻出版局，总政宣传部新闻出版局，各音像、电子出版单位：

2001 年 12 月国务院颁布的《出版管理条例》（国务院令第 343 号）中规定“出版单位发行其出版物前，应当按照国家有关规定向国家图书馆、中国版本图书馆和国务院出版行政部门免费送交样本”。同时，国务院颁布的《音像制品管理条例》（国务院令第 341 号）和我署颁布的《电子出版物管理规定》（新闻出版署令第 11 号）也分别对音像制品和电子出版物样本缴送作了明确规定。然而一些音像、电子出版单位由于缴送样本意识淡薄，没有按规定及时向管理部门和有关单位缴送样本。为了做好音像制品和电子出版物的样本缴送工作，现通知如下：

一、要高度重视样本的缴送工作

按照国家的有关法规和规章的规定，缴送样本是出版单位应尽的义务，这对于建立国家出版样本库，加强对音像、电子出版行业的行政管理，具有重要意义。各音像、电子出版单位要充分重视此项工作，在接到本通知后，立即对本单位 2005 年以来的出版情况进行核查，对没有及时缴送的音像制品和电子出版物样本，应在本通知下发之日起 2 个月内清理后邮寄或直接送达新闻出版总署音像电子出版物样本征集办公室、国家图书馆和中国版本图书馆。各省级新闻出版局要对辖区内音像、电子出版单位的样本缴送情况进行跟踪检查，加强对出版单位缴送样本工作的监督。

二、具体要求

1. 缴送样本范围。缴送样本为新版音像制品和电子出版物，对于再版的音像制品和电子出版物，凡是节目内容有变动、包装有更换或使用新的条形码的，均需缴送样本。此外，对于配合本版出版物出版的音像制品和电子出版物，也要按规定缴送样本。

2. 样本缴送要及时、完整。音像制品和电子出版物出版发行后，30 日内须向新闻出版总署音像电子出版物样本征集办公室、国家图书馆和中国版本图书馆缴送样本各 1 套，所缴送的样本必须完整，不得有缺失。

3. 凡缴送的出版物样本，应附有单位盖章的《音像制品缴送样本清单》或《电子出版物缴送样本清单》，一式三份。各样本征集办公室核收后，应在清单上签字、盖章，并在 10 天内将清单返回出版单位，以备查验。出版单位应同时将《清单》电子版（以 EXCEL 表格形式）发送到以下邮箱：yangbenguanli@126.com。

4. 各音像、电子出版单位须指定专人负责音像制品或电子出版物样本的缴送工作，并于 2007 年 4 月 1 日前以传真或电子邮件形式，将

《样本管理指定人员信息表》报新闻出版总署音像电子和网络出版管理司（传真：010－65127827，邮箱地址：yinxiangsi@yahoo.com.cn）。今后，各音像、电子出版单位样本管理人员若有变动，需重新填写《样本管理指定人员信息表》，及时上报新闻出版总署音像电子和网络出版管理司。

三、处罚措施

新闻出版总署每半年通报一次音像、电子出版单位样本缴送情况，对不缴送样本或不按期缴送样本的出版单位，将视情节轻重给予通报批评、核减中国标准音像制品编码或中国标准书号，情节严重的，予以停业整顿或吊销出版许可证。此外，各音像、电子出版单位缴送样本的情况，将被列为音像、电子出版单位考核和年检的重要内容，对不按期缴送样本或不缴送样本的出版单位，年检时将予以暂缓登记或不予以登记。

特此通知。

附件：（略）

北京高等学校图书资源建设项目管理办法（试行）（京教高[2007]15号）（2007－12－27）

第一章　总则

第一条　为规范北京高等学校图书资源建设项目的管理，保证高校图书馆建设和发展目标的实现，提高专项资助经费的使用效益，依据教育部颁发的《普通高等学校图书馆规程（修订）》（教高［2002］3号）、教育部高等学校图书情报工作指导委员会颁发的《普通高等学校图书馆评估指标》、《高等学校图书馆数字资源计量指南》、《北京市市级教育经费项目支出预算管理办法（试行）》（京财文［2006］2486号）以及国家有关法律法规，特制定本办法。

第二条　设立北京高等学校图书资源建设项目宗旨是：遵循高校图书馆的基本规律，牢固树立服务高校教学科研、服务高等教育改革发展、服务首都经济建设和社会发展的理念；按照分类指导、注重特色、资源共享的原则，加大图书馆文献资源、现代化基础设施的投入，加强全市文献资源的共知、共建、共享和整体化建设的投入，推动北京高校图书馆事业的发展。

第三条　北京高等学校图书资源建设项目包括：图书馆文献资源建设项目，图书馆自动化、网络化、数字化系统建设项目，北京高校网络图书馆建设和北京地区高校文献资源保障体系建设项目等。

第二章　项目建设内容

第四条　图书馆文献资源建设项目的主要内容为：

1. 重点学科、重点建设学科文献建设。在图书馆基本文献建设的基础上，根据学校的发展目标和学科建设规划，有目的地选择一些重点学科或重点建设学科，提高文献的保障水平，满足教学科研的需要，逐步使该学科文献建设达到或超过全国同类院校先进水平。

2. 特色学科文献建设。在图书馆基本文献、重点文献建设的基础上，根据学校的发展目标和学科建设规划，有目的地选择一些有特色、有发展或对首都建设有突出贡献的学科，提高文献的保障水平，满足教学科研和首都发展的需要，逐步使该学科文献建设达到或超过国内先进水平。

3. 新建学科或博、硕士学位点的文献补充建设。在图书馆基本文献建设的基础上，根据学校的发展目标和学科建设规划，有目的的对一些新建学科或博、硕士学位点，提高文献的保障水平，满足教学科研的基本需要。

4. 重点文献和新类型文献的补充建设。在图书馆基本文献建设的基础上，根据文献资源的发展，有目的的补充一些过去由于各种原因缺藏的重点文献（包括大型工具书、资料书、手册、经典著作、外文文献等）和新类型（包括多媒体资源、课件、数据库等）文献，提高文献的保障水平，满足不断发展的教学科研的需要。

第五条　图书馆自动化、网络化、数字化系统建设项目的主要内容为：图书馆管理所需各类软硬件，各种专业设备和数字化加工制作。

1. 软件类主要包括：操作系统、数据库管理系统；应用系统（包括：图书馆自动化管理系统、电子资源管理系统、阅读器、点播系统、网络搜索系统、网络视频系统等）；存储系统；安全防范系统；数据备份系统等。

2. 硬件类主要包括：系统设备（服务器、计算机等）；网络设备（交换机、路由器等）；文献存储设备（包括硬盘、磁盘机、磁带机、磁盘阵列、光盘库等）；配套电源设备（UPS、小型发电机等）。

3. 专业设备类主要包括：

（1）文献保护设备：空调类（恒温恒湿机、专用空调机、新风机、去湿机）；图书防盗监控设备；门禁管理系统设备。

（2）书库管理设备：书车、书梯；自助借还书设备；装订修补设备（包括装订机、烫金机、切纸机）。

（3）专用阅览室设备：电子、音像、网络阅览室设备；报告厅、多功能厅设备（音响设备、同声传译设备、展厅设备）。

（4）信息采集发布系统设备：各类显示屏、大屏幕电视、卫星接收设备、编辑设备等。

（5）文献加工、复制与数字化设备：各类翻拍机、复制还原机、缩微阅读器、译码器；数字摄（照）相机、复印机、扫描仪、小型印刷机等。

4. 数字化加工制作主要包括委托数据加工、数字化制作、数据转换等。

5. 配套的专业家具主要包括：

（1）书架（柜）类：含密集架、期刊架（柜）、报纸架、磁带架（柜）、光盘架（柜）、档案柜、地图柜、陈列架（柜）、实物柜、存包柜等；

（2）阅览桌椅类：各类阅览桌椅、读者用休闲桌椅、培训用课桌椅、工作人员业务用桌椅等；

（3）其他专用家具：出纳台、咨询台、电脑查询台、视听阅览台等。

第六条　北京高校网络图书馆建设项目和北京地区高校文献资源保障体系建设项目是北京市教育委员会委托有关高校建设的图书馆项目。项目建设的内容为：通过购入中外文文献数据库，直接面向高校读者提供检索服务；联合建设一批具有学科和学校特色的文献数据库；开展各馆文献资源采购协调、馆际互借、文献传递、联合参考咨询等业务工作；开展高校图书馆的协作研究与实践；培训高校图书馆管理干部和专业干部队伍。

第三章　组织实施

第七条　北京高等学校图书资源建设项目实行北京市教育委员会、高等学校和项目组三级管理，以项目组为基础，以项目所在高等学校为依托，北京市教育委员会统一领导。

第八条　高等学校应加强对北京高等学校图书资源建设项目的规划和管理，并按照要求组织项目的申报、论证、监督、管理与验收等工作。

第九条　北京高等学校图书资源建设项目实行项目负责人负责制，项目负责人全面负责本项目的申报、实施等工作。项目负责人应依据学校实际需要和项目经费的使用原则，于每年 6 月底前提出项目的实施方案和经费使用预算，并按照部门预算编报程序列入本单位下一年度部门预算当中。项目预算批复后项目负责人负责组织项目的实施，做好项目完成情况的总结及验收等工作。

第十条　项目申请书为项目实施和验收的主要依据。项目实施的内容、经费使用及经费执行进度应严格按照申请书所列计划进行，在项目实施过程中，一般不做调整。如确需对实施内容或经费进行调整，须按程序报批。

第十一条　项目实施过程中产生的成果归项目所在高等学校所有，学校应按照有关知识产权保护的法律、法规进行规范管理。

第四章　项目经费与管理

第十二条　北京高等学校图书资源建设项目经费主要来自专项拨款，鼓励多渠道联合资助，鼓励有关高校给予配套经费。高等学校图书馆正常运行和日常图书添置、设备购置所需经费应由学校正常经费予以保障。

北京高等学校图书资源建设项目经费开支范围包括：

1. 文献资料费：包括中、外文纸介质图书、报刊，中外文电子图书、报刊、多媒体资料，文献类数据库（包括一次性购置和年度镜像、包库访问权购置），课件等。

2. 各类软件的开发、集成、购置费。

3. 各类硬件、各种专业设备购置费。

4. 数字化加工制作费。

5. 专业家具购置费。

6. 北京市教育委员会委托项目的开支范围按建设内容执行。

第十三条　购置各类硬件、各种专业设备及家具，需单位价值在 10 万元（含）以上或批量在 30 万元以上；如需购置通用类设备，同一设备总体价格需在 30 万元（含）以上。

第十四条　项目资助经费不得用于各种罚款、捐款、赞助等项支出，不得用于各种福利性支出。

第十五条　使用项目经费购置的固定资产，必须纳入项目所在高等学校的固定资产账户进行核算与管理。

第十六条　项目所在高等学校要加强对项目经费使用的指导、监督和管理，单独核算、专款专用，不得挪用、借用。

第五章　检查与验收

第十七条　北京高等学校图书资源建设项目采取年度检查或项目验收的办法进行管理。

第十八条　项目组应按规定提交项目年度进展报告，所在高等学校应组织专家对项目实施情况进行检查，并于下一年度1月底前将项目结题报告报到相关学校，并由学校组织验收。

第十九条　本办法由北京市教育委员会与北京市财政局按各自职责分别负责解释。

第二十条　本办法自2008年2月1日起施行。

相关法律法规与政策性文件摘要

法律法规

中华人民共和国文物保护法
(2007—12—29)

(1982年11月19日第五届全国人民代表大会常务委员会第二十五次会议通过 根据1991年6月29日第七届全国人民代表大会常务委员会第二十次会议《关于修改〈中华人民共和国文物保护法〉第三十条、第三十一条的决定》修正 2002年10月28日第九届全国人民代表大会常务委员会第三十次会议修订 根据2007年12月29日第十届全国人民代表大会常务委员会第三十一次会议《关于修改〈中华人民共和国文物保护法〉的决定》第二次修正)

第一章　总则

第二条　在中华人民共和国境内，下列文物受国家保护：

(四)历史上各时代重要的文献资料以及具有历史、艺术、科学价值的手稿和图书资料等；

第三条　古文化遗址、古墓葬、古建筑、石窟寺、石刻、壁画、近代现代重要史迹和代表性建筑等不可移动文物，根据它们的历史、艺术、科学价值，可以分别确定为全国重点文物保护单位，省级文物保护单位，市、县级文物保护单位。

历史上各时代重要实物、艺术品、文献、手稿、图书资料、代表性实物等可移动文物，分为珍贵文物和一般文物；珍贵文物分为一级文物、二级文物、三级文物。

第三章　考古发掘

第三十四条　考古调查、勘探、发掘的结果，应当报告国务院文物行政部门和省、自治区、直辖市人民政府文物行政部门。考古发掘的文物，应当登记造册，妥善保管，按照国家有关规定移交给由省、自治区、直辖市人民政府文物行政部门或者国务院文物行政部门指定的国有博物馆、图书馆或者其他国有收藏文物的单位收藏。经省、自治区、直辖市人民政府文物行政部门或者国务院文物行政部门批准，从事考古发掘的单位可以保留少量出土文物作为科研标本。

考古发掘的文物，任何单位或者个人不得侵占。

第四章　馆藏文物

第三十六条　博物馆、图书馆和其他文物收藏单位对收藏的文物，必须区分文物等级，设置藏品档案，建立严格的管理制度，并报主管的文物行政部门备案。

县级以上地方人民政府文物行政部门应当分别建立本行政区域内的馆藏文物档案；国务院文物行政部门应当建立国家一级文物藏品档案和其主管的国有文物收藏单位馆藏文物档案。

第四十七条　博物馆、图书馆和其他收藏文物的单位应当按照国家有关规定配备防火、防盗、防自然损坏的设施，确保馆藏文物的安全。

江西省防震减灾条例
(2007—03—29)

(2000年6月24日江西省第九届人民代表大会常务委员会第十七次会议通过，2007年3月29日江西省第十届人民代表大会常务委员会第二十八次会议修订 2007年3月29日江西省人民代表大会常务委员会公告第97号公布　自2007年7月1日起施行)

第三章　地震灾害预防

第二十三条　下列工程必须进行地震安全性评价，并根据地震安全性评价结果，确定抗震设防要求：

(四)工业与民用建筑、公共设施

5. 省级博物馆、档案馆、科技馆、展览馆、图书馆；

云南省老年人权益保障条例
(2007—03—30)

(1999年4月2日云南省第九届人民代表大

会常务委员会第八次会议通过

2007 年 3 月 30 日云南省第十届人民代表大会常务委员会第二十八次会议修订）

第四章　社会保障

第二十六条　向公众开放的公园、园林、旅游景点、风景名胜区、博物馆、美术馆、科技馆、纪念馆、烈士纪念建筑物、名人故居、公共图书馆、文化馆（站、宫），老年人持《老年人优待证》或者《离休证》免购门票进入；属个体私营的，应当为老年人提供门票价格优惠。

太原市残疾人保障办法

（2007－04－02）

第二十三条　报刊、广播电台、电视台等新闻媒体应当刊登、播出宣传残疾人事业的公益广告，相关电视节目中应当增加字幕、手语解说。

县级以上公共图书馆应当设立盲人有声读物和图书阅览室。

第二十八条　盲人及一、二级下肢残疾人持乘车证免费乘坐市内公共汽车、电车；其随身必备的辅助器具，准予免费携带。

残疾人凭《中华人民共和国残疾人证》进入体育场（馆）、文化馆、图书馆、博物馆、文化中心、科技活动中心、公园、动物园、烈士陵园、风景区、城市公厕等场所实行免费；对盲人、双下肢残疾人和重度智力残疾、精神残疾人，可由 1－2 名陪护人员免费进入上述场所。

残疾人代步车在公共停车场停放，应当免收停车费。

浙江省非物质文化遗产保护条例

（2007－05－25）

（2007 年 5 月 25 日浙江省第十届人民代表大会常务委员会第三十二次会议通过）

第四章　保护措施与管理

第三十条　非物质文化遗产丰富的地方，县级以上人民政府应当建立专题博物馆，收藏、保存和展示当地的非物质文化遗产。

鼓励单位和个人兴办专题博物馆、展示室等，展示非物质文化遗产。

文化馆（群艺馆）、图书馆、博物馆等文化机构，应当组织开展相关非物质文化遗产的展示活动。

福建省科学技术普及条例

（2007－06－04）

第十七条　医疗卫生机构、影剧院、体育场馆、文化馆、图书馆、宾馆饭店、车站、码头、公园、商场（店）、机场、网吧等各类公共场所的经营管理单位，应当根据各自特点，开展面向公众的科普宣传。

第十九条　科技馆、博物馆、天文馆、气象台（站）、文化馆、图书馆、科技活动中心、工人文化宫、青少年宫以及动物园、植物园、自然保护区等是开展科普活动的主要场所。科普网站或者网页是虚拟的网上科普场所。

科普场所应当发挥展示和教育的功能，面向社会开展科普活动。

政府财政投资建设的科普场馆、设施除向公众常年开放外，还应当对青少年实行免费或者优惠开放。对现有科普场馆、设施应当加强管理，做好利用、维修和改造工作，并不得擅自改变用途；经费困难的，同级财政应当予以补贴，使其正常运行。

河北省实施《中华人民共和国文物保护法》办法

（2007－07－19）

（2007 年 7 月 19 日河北省第十届人民代表大会常务委员会第二十九次会议通过）

第四章　博物馆和馆藏文物

第三十四条　国有博物馆、文物保管所及收藏文物的图书馆、档案馆等文物收藏单位应当依照国家有关规定，配备专门的库房、专职技术人员，并安装安全和消防设施。

山西省实施《中华人民共和国科学技术普及法》办法

（2007－07－26）

（2007 年 7 月 26 日山西省第十届人民代表大会常务委员会第三十一次会议通过）

第十二条　政府投资建设的科技馆、博物馆、图书馆、科技文献馆、文化馆、群艺馆、青少年宫等科普场馆，应当建立健全向公众开放的制度，配备必要的专职人员，发挥其科普教育功能，并向公众提供科普产品和服务，在寒暑假、法定节假日和科技活动周期间向中小学生免费开放。

前款规定的科普场馆运营困难的，同级财政应当给予补贴，保证其正常运行。

科普场馆、设施不得擅自改作他用。任何单位和个人不得侵占、毁损科普场馆、设施。

徐州市老年教育条例(2007—07—27)

（2007年6月28日徐州市第十三届人民代表大会常务委员会第四十次会议制定 2007年7月26日江苏省第十届人民代表大会常务委员会第三十一次会议批准）

第七条 市、县（市、区）、镇人民政府应当利用文化馆（站）、文化宫、体育场馆、图书馆、博物馆、科技馆等公益性设施，为老年教育提供便利。

重庆市实施《中华人民共和国民族区域自治法》办法(2007—07—29)

（2007年7月29日重庆市第二届人民代表大会常务委员会第三十二次会议通过）

第四章 社会事业

第二十八条 市文化行政主管部门应当支持民族自治地方建设民族艺术之乡以及图书馆、文化馆（站）等文化设施，指导和帮助民族自治地方加强对民族民间传统文化的收集、整理、抢救、保护、研究和开发利用工作。

西藏自治区文物保护条例(2007—08—03)

（1990年5月31日西藏自治区第五届人民代表大会第三次会议通过 1996年7月12日西藏自治区第六届人民代表大会常务委员会第二十次会议第一次修正 2007年7月27日西藏自治区第八届人民代表大会常务委员会第三十二次会议第二次修订）

第一章 总则

第二条 自治区行政区域内下列文物受国家保护：

（五）历史上各时代重要的文献资料以及具有历史、艺术、科学价值的手稿、古籍、古旧图书、经卷等；

第五章 馆藏文物

第三十四条 博物馆、图书馆、宗教活动场所和其他文物收藏单位对收藏的文物，应当建立严格的藏品保护管理制度和藏品档案。对所收藏的文物应当逐件划分等级、登记造册、建立档案。藏品档案应当报相应的文物行政部门备案，其中一级藏品档案应当报国务院文物行政部门备案。

县级以上文物行政部门应当建立本行政区域内文物收藏单位的馆藏文物档案。

馆藏文物档案应当用藏汉两种文字记录。

第三十八条 馆藏文物中既是文物又是档案（典籍）的，经自治区文物行政部门批准，国有文物收藏单位可以与档案馆、图书馆、纪念馆、科研等单位相互交换复印件或者目录，共同编辑出版有关史料或者进行史料研究。

第三十九条 博物馆、图书馆、被确定为文物保护单位的宗教活动场所和其他收藏文物的单位应当按照国家和自治区的有关规定配备防火、防盗、防虫、防尘、防震等设备和设施，严禁存放易燃、易爆、易腐蚀等危险物品，确保安全。

河北省实施《中华人民共和国民族区域自治法》若干规定(2007—09—21)

（2007年9月21日河北省第十届人民代表大会常务委员会第三十次会议通过）

第二十五条 上级人民政府及其有关部门应当支持、帮助自治县发展民族文化事业，加强图书馆、文化馆、文化站等文化基础设施建设，支持和帮助自治县发展文学艺术、新闻出版、广播电视等事业，重点扶持具有民族形式和民族特点的公益性文化事业，加强自治县的公共文化服务体系建设，培育和发展当地的民族文化产业。

江西省科学技术普及条例(2007—09—21)

第二十一条 新闻出版、广播影视、文化等机构和团体应当加大科学技术传播力度，发挥各自优势做好科普宣传工作。

综合类报纸、期刊应当开设科普专栏、专版，广播电台、电视台应当开设科普栏目或者转播科普节目，制作并免费发布一定数量科普类公益广告；影视生产、发行和放映机构应当加强科普影视作品的制作、发行和放映；书刊出版发行机构应当扶持科普书刊的出版、发行；综合性互

联网站应当开设科普网页；图书馆、博物馆、文化馆等文化场所应当结合各自特点，开展科普教育活动。

成都市未成年人安全保护条例

（2007—09—27）

（2007年6月7日成都市第十四届人民代表大会常务委员会第三十三次会议通过 2007年9月27日四川省第十届人民代表大会常务委员会第三十次会议批准）

第三章 学校保护

第二十八条 学校应当定期对食堂、宿舍、厕所、浴室、教室、图书馆等公共场所进行卫生防疫检查和消毒，发现有传染病疫情的，应当及时处理并向有关主管部门报告。

第二十九条 学校教室、图书馆、实验室、宿舍等教学生活场所必须安装合格的通风、防火、防盗、逃生等安全设施。

学校不得使用可能危及未成年人安全的建筑物。

甘肃省地震安全性评价管理条例

（2009—09—27）

（2007年9月27日省十届人大常委会第三十一次会议通过）

第六条 下列建设工程必须进行专门地震安全性评价：（一）国家重大建设工程和受地震破坏后可能发生严重次生灾害的建设工程；（二）受地震破坏后可能引发放射性污染的核电站和核设施建设工程；（三）国家建筑工程抗震设防分类标准中规定的必须进行地震安全性评价的建设工程；（四）大中型水库大坝，大型水力、火力、风力发电工程，送变电枢纽工程，高等级公路、高速公路和铁路干线上的大中型桥梁、中长隧道、铁路大中型站的候车楼，机场及其新建和扩建的重要建筑物，大中型广播电视发射工程，长途邮电通信枢纽工程，大型工矿企业建设项目；（五）城市的公安消防、道路交通安全指挥中心和医院、疾控中心、血站的重要建筑，供水、供电、供气等生命线工程，超限高层工程，学校、图书馆、展览馆、档案馆和教学科研实验楼等人口密集场所的重要建设工程；（六）国家或者省重点文物保护工程；（七）位于地震动参数区划图分界线附近两侧各8公里区域内的新建工程；（八）横跨不同工程地质条件区域的大型建设工程；（九）位于地震活动断层区域的重要建设工程；（十）位于地震重点监视防御区和重点监视防御城市的重要建设工程；（十一）国务院有关行业主管部门规定或者省地震工作主管部门与有关部门共同确定的有特殊要求的其他需进行地震安全性评价的建设工程；（十二）省人民政府认为对本省有重大价值或者有重大影响的其他建设工程。

洛阳市市区烟花爆竹安全管理条例

（2007—10—18）

（2007年7月27日洛阳市第十二届人民代表大会常务委员会第二十九次会议通过，2007年9月27日河南省第十届人民代表大会常务委员会第三十三次会议批准）

第十四条 下列场所和区域禁止燃放烟花爆竹：

（三）医院、图书馆、档案馆、学校、幼儿园、敬老院、疗养院；

天津市文物保护条例

（2007—11—15）

（2007年11月15日天津市第十四届人民代表大会常务委员会第四十次会议通过）

第二十二条 博物馆、图书馆和其他文物收藏单位的文物藏品的级别，由文物鉴定委员会按照国家规定进行评定。

第二十三条 博物馆、图书馆和其他文物收藏单位应当充分发挥馆藏文物的作用，通过举办展览、科学研究等活动，加强对中华民族优秀的历史文化和革命传统的宣传教育。

第二十四条 市和区、县文物行政管理部门可以对博物馆、图书馆和其他文物收藏单位收藏的文物进行核查。

博物馆、图书馆和其他文物收藏单位，应当对馆藏文物定期进行检查。

天津市未成年人保护条例

（2007—11—15）

（1990年6月12日天津市第十一届人民代表大会常务委员会第十八次会议通过 根据1997

年5月5日天津市第十二届人民代表大会常务委员会第三十二次会议通过的《关于修改〈天津市未成年人保护条例〉的决定》修正 2007年11月15日天津市第十四届人民代表大会常务委员会第四十次会议修订）

第四章　社会保护

第三十八条　爱国主义教育基地、图书馆、青少年宫、儿童活动中心应当对未成年人免费开放；其他博物馆、纪念馆、科技馆、文化馆（站）、体育场（馆）、影剧院、文化宫（俱乐部）等公共文化体育设施和企业事业组织、社会团体所属的文化体育设施，应当保障对未成年人开放的时间，依照有关规定实行免费或者优惠。

江西省爱国卫生工作条例
（2007—12—14）

第三章　社会责任

第二十条　各级人民政府应当开展吸烟危害健康的宣传教育活动，根据本地的实际情况，开展公共场所禁止吸烟工作。实行禁止吸烟的场所，应当有明显的禁止吸烟标志。

禁止在中小学校、幼儿园、托儿所、少年宫的教室、寝室、活动室等其他未成年人集中活动的场所吸烟。

禁止在医院、影剧院、图书馆、候车（机、船）室、公共交通工具内以及其他设有禁止吸烟标志的公共场所内吸烟。上述场所有条件的，可以设置吸烟区。

文化建设与图书馆

广西壮族自治区党委、自治区人民政府关于建设文化广西的决定(桂发[2007]8号)
（2007—01—08）

三、建设文化广西的主要任务

9. 加强文化基础设施建设，完善公共文化服务体系。坚持政府主导、多方筹资、因地制宜、合理布局，把文化基础设施建设纳入经济社会发展总体规划。以大型公共文化设施为骨干，以社区和乡镇基层文化设施为基础，优先安排关系人民群众切身文化利益的设施建设，加强图书馆、博物馆、文化馆、美术馆、乡镇综合文化站、社区和村级文化室（书屋）、电台、电视台、广播电视发射转播台（站）、互联网公共信息服务点、村村通广播电视工程等公共文化基础设施建设。整合资源，按照实用、美观、高起点、高质量和适度超前的原则，集中力量在南宁等中心城市建设广西民族博物馆、广西文化艺术中心等一批代表广西形象、显示广西综合实力的重大文化设施。加快少数民族聚居地区民族文化设施建设，建设一批生态博物馆。加强新闻出版、广播影视、社会文化、休闲娱乐等各种思想文化阵地建设，推进文化信息化建设，扩大服务范围，实现资源共享。建立财政对公共文化事业投入的长效机制，加大对公共文化事业的投入，充分发挥公共财政的职能作用，逐步形成覆盖全社会的比较完备的公共文化服务体系。加强文化设施建设与管理的衔接，注意整合文化资源，充分发挥文化设施的综合效益。

苏州市人民政府关于加快文化事业和文化产业发展若干经济政策的意见(苏府[2007]10号)
（2007—01—17）

二、加大对文化事业的财政投入

（四）对政府兴办的公益性文化单位，包括图书馆、文化馆（站）、美术馆、博物馆、科技馆、革命历史纪念馆等，各级财政要确保人员经费和业务活动等经费，并视财力逐年增加。

（五）市财政继续设立宣传文化发展专项资金。“十一五”期间，市财政每年在预算中安排2300万元用于支持文化事业的发展。重点支持群众性精神文明建设、文化精品创作生产、优秀传统文化保护、群众文化建设、市博物馆文物征集、市图书馆图书购置、重大文化活动开展、社会科学研究与发展、文化市场管理、宣传文化优秀人才奖励等方面。切实维护人民群众基本文化权益，采用政府购买、补贴等方式，向基层、低收入和特殊群体提供免费文化服务。

三、加快公共文化设施建设

（十）对因城乡建设确需拆除或改变其功能、用途的图书馆、博物馆、纪念馆、美术馆、文化馆（站）、新华书店、体育场（馆）、青少年宫、工人文化宫、广播电视发射台、转播台、微波站、卫星上行站等文化设施，必须按照国家有关规定报批。经批准拆除或者改变其功能、用

途的，应按照规划要求择地重建，一般不得小于原有规模。迁建工作应坚持先建设后拆除或建设拆除同时进行的原则。迁建所需费用由造成迁建的单位承担。

五、扶持文化产业发展

（十九）鼓励、支持、引导社会资本以股份制、民营等形式，兴办影视制作、动漫、放映、演艺、娱乐、发行、会展、中介服务等文化企业。非公有制文化企业在投资核准、土地使用、财税政策、融资服务、对外贸易等方面享受国有文化企业同等待遇。凡列入我市服务业发展范围的各类文化企业，按市政府《关于促进服务业跨越发展若干政策意见》（苏府［2005］1号）有关规定给予扶持。支持、引导和规范非公有资本投资文化事业中非营利性和营利性领域。对社会力量兴办图书馆、博物馆、文化馆等项目的，在用地、税收等方面给予政策优惠。对民营文化企业从事公益性文化活动给予资助。

六、落实税收优惠政策

（三十）继续对纪念馆、博物馆、文化馆、美术馆、展览馆、书画院、图书馆及文物保护等文化单位举办文化活动的门票收入按规定免征营业税。对公益性青少年活动场所暂免征企业所得税。

七、鼓励对宣传文化事业的捐赠

（三十六）社会力量通过依法成立的非营利性公益组织或国家机关对下列宣传文化事业的公益性捐赠，经税务机关审核后，纳税人缴纳企业所得税时，在年度应纳税所得额10%以内的部分，可在计算应纳税所得额时予以扣除；纳税人缴纳个人所得税时，捐赠额未超过纳税人申报的应纳税所得额30%的部分，可从其应纳税所得额中扣除。公益性捐赠的范围为：

2. 对公益性图书馆、博物馆、科技馆、美术馆、革命历史纪念馆的捐赠；

宁夏回族自治区党委、人民政府关于进一步加强全区文化建设的意见(宁党发[2007]18号)(2007—02—16)

二、健全和完善文化公共服务网络

(三)完善公共文化设施网络布局。各级党委、政府要把文化设施建设摆在优先位置，结合推进工业化、城市化和新农村建设，规划建设好公共文化设施。以大型公共文化设施为骨干，以社区和乡镇基层文化设施为基础。加强图书馆、博物馆、文化馆、美术馆、互联网公共信息服务点等公共文化基础设施建设。建设一批现代化、多功能的区域重点文化设施，大力推进文化信息资源共享工程等重大文化工程建设，加大对文化研究机构、体现民族特色和自治区水准的艺术院团、承担政治性和公益性文化宣传任务的单位扶持力度；改善公共文化设施条件，“十一五”期间建成自治区图书馆、博物馆、银川市文化艺术中心、吴忠市图书馆等大型公益文化项目。进一步加大县文化馆、图书馆和影剧院改造力度，建设100个乡镇综合文化站，基本实现全区乡镇都有综合文化站的目标。

(四)创新公共文化服务方式。适应人民群众多方面、多层次、多样化的文化需求，拓宽服务领域，创新服务方式，提高服务质量。建立健全公共文化设施服务公示制度，公开服务时间、内容和程序，在窗口接待、场所引导、资料提供以及内容讲解等方面，创造良好的服务环境，增强吸引力；完善公办博物馆、美术馆等公共文化设施对未成年人等免费或优惠开放制度，有条件的爱国主义教育基地的公共文化设施可向社会免费开放；实行定点服务与流通服务相结合，鼓励具备条件的城镇图书馆采用通借通还等现代服务方式，推动公共文化服务向社会和农村延伸；促进数字和网络技术在公共文化服务领域的应用，建设网上图书馆、网上博物馆、网上剧场和群众文化活动远程指导网络。支持民办公益性文化机构的发展，鼓励民间开办博物馆、图书馆等，积极引导社会力量提供公共文化服务。

(五)健全公共文化服务组织体制和运行机制。各级政府要发挥主导作用，加强对公共文化机构的指导、监督，并从资金、设施、场地、机构、人员等多方面，保障公共文化设施正常运转和功能的发挥。公共文化机构要完善功能定位，明确服务目标、任务和责任，建立考核、激励和约束机制，提高使用效益。鼓励和引导社会资金兴办国家允许的各类公共文化设施，形成政府主办、社会参与、功能互补、运转协调的公共文化服务组织体制和责任明确、行为规范、富有效益的运行机制。

三、全面推进农村文化建设

（八）加大文化资源向农村的倾斜。合理配置公共文化资源，逐步增加为农村服务的资源总量。要加大对农村题材重点选题的资助力度，把农村题材纳入舞台艺术生产计划，文化部门要会同财政部门抓好农村题材文艺作品的创作、选拔和推广，每年推出一批反映当代农村生活、农民喜闻乐见的文艺精品，对重要文化项目和文化产品采取政府补贴的方式直接送到农村。购买适合农村需要的优秀版权，免费提供给基层艺术团体使用、改编并为农民演出；要大力开展文化下乡和文化对口支援活动，尤其要采取财政补贴办法，组织专业和民办剧团参加下乡演出。要建立城市对农村的文化援助机制，把农村文化建设纳入对口扶贫计划，支援农村文化建设。实施“送书下乡工程”，重点面向经济欠发达县的图书馆和乡镇文化站、农村文化室配送图书、计算机。

（九）加强文化信息资源共享工程建设，推动数字化文化服务进乡村。“十一五”期间，实现县县（市、区）有分中心、乡乡有基层服务点、50%的行政村有终端接收点，并与农村文化设施建设统筹规划、综合利用，使县文化馆、图书馆和乡镇综合文化站、村文化活动室逐步具备提供数字化文化信息服务的能力，为广大农村基层群众提供实用性、知识性、娱乐性的文化信息服务。要抓住国家数字化图书馆工程建设的契机，加快县级图书馆数字化建设，逐步建成数字图书馆服务网络；加强对农村优秀民间文化资源的系统发掘、整理和保护，发展农村特色文化，充分发挥优秀传统文化在农村文化建设中的重要作用。

四、大力发展文化产业

（十二）加快国有文化企业的公司制改造，鼓励、支持和引导非公有资本发展文化产业……支持、引导个人、企业和其他社会组织兴办博物馆、图书馆、美术馆、纪念馆、艺术表演团体、老年大学、艺术学校、农村文化大院、农民书屋、民间艺术协会等各类具有公益性民办非营利机构。探索“民办公助”的有效方式，对民办非营利机构予以扶持。

七、大力加强文化人才队伍建设

（二十一）加强农村文化队伍建设。文化部门要积极与机构编制部门配合，按照县图书馆、文化馆和乡镇文化站的性质和职能，确定编制员额，保证其正常运转。对农村文化事业单位的人员实行从业资格制度。采取多种形式，加大对现有人员的培训力度，全面提高县乡两级专职人员的业务素质，拓宽农村文化人才渠道，广泛动员和鼓励大中专院校毕业生，特别是熟悉农村生活、有一定文艺专长的青年学生投身农村文化建设，从事文化传播、活动组织、人员培训等活动。要重视培养和选拔农民文化骨干和乡土艺术人才，将其纳入区、市、县三级优秀农村实用人才评选表彰范围，树立典型，示范带动，充分发挥民间艺人、文化能人在活跃农村文化生活、传承发展民族民间文化方面的作用。组织农民文化骨干到大专院校进行系统学习和专业训练，提高业务素质和工作能力。组织专家学者和专业文化工作者深入农村基层，通过举办短期培训班、到文化中心户讲课等方式，帮助农民文化骨干掌握文化知识，增进艺术技能。

八、积极推进文化体制改革

（二十二）积极稳妥地推进改革。各级文化行政部门要按照中央“六个坚持”和“六个形成”的要求，按照“区别对待、分类指导、循序渐进、逐步推开”的原则，根据不同地区、不同行业、不同单位的性质和特点，稳步推开改革。坚持一手抓公益性文化事业，一手抓经营性文化产业，“两手抓、两加强”的改革思路，区别文化事业和文化产业的不同特点，以增加投入、转换机制、增强活力、改革服务为重点，发展公益性文化事业；以创新体制、转换机制、面向市场、增强活力为重点，发展经营性文化产业。国家兴办的图书馆、博物馆、文化馆（站）、群众艺术馆、美术馆等，面向社会提供公共文化服务，是公益性文化事业单位，实行事业体制。体现民族特色和较高水准的艺术表演团体，承担重要艺术创作、研究和艺术教育等公益性任务的艺术研究机构、艺术学校、画院等单位，继续实行事业体制，由政府重点扶持。对实行事业体制的单位，文化行政部门要研究制定切合实际的改革办法和机制创新的措施。对艺术表演团体的体制改革，既要大胆探索、勇于创新，又要细致稳妥、有序推进，根据不同艺术表演团体的发展状况、市场环境和主营艺术品种的性质，确定具体的改革政策。

山东省委办公厅、省政府办公厅关于印发《山东省实施〈国家"十一五"时期文化发展规划纲要〉的意见》的通知(鲁办发[2007]7号)(2007—03—02)

山东省实施《国家"十一五"时期文化发展规划纲要》的意见

三、思想道德建设

(六)提高公民思想道德素质。围绕建设社会主义核心价值体系,以理想信念为核心,按照社会主义荣辱观的要求,倡导和谐理念,培育和谐精神,进一步形成全社会共同的理想信念和道德规范。

3. 推进爱国主义教育基地等青少年活动场所建设。加强爱国主义教育基地和青少年道德建设示范街、社区青少年科普知识长廊建设。将青少年校外活动场所建设和管理纳入国民经济和社会发展总体规划,有条件的地方可建设少年儿童主题公园,到2010年力争县县有综合性、多功能的未成年人校外活动场所。各类博物馆、科技馆、纪念馆、烈士陵园等爱国主义教育基地,对中小学生集体参观一律免费,对学生个人参观实行免费或半价收费。发挥图书馆、文化宫、影剧院等文化场所的教育阵地作用。命名表彰一批"山东省红领巾实践教育示范基地"和"山东省小公民道德建设计划示范基地"。

四、公共文化服务体系建设

(九)完善公共文化服务网络。以实现和保障公民基本文化权益、满足人民群众基本文化需求为目标,增强政府公共文化服务职能,加快公共文化服务体系建设。坚持公共服务城乡统筹、普遍均等原则,按照设区的市有图书馆、群众艺术馆、博物馆,县(市、区)有图书馆、文化馆,乡(镇、街道)有综合文化基础设施,行政村、城市社区有文化大院或文化活动室的要求,建成省、市、县、乡、村设施配套、上下联动、覆盖城乡的公共文化服务体系。

1. 加强公共文化设施建设。以大型公共文化设施为骨干,以社区和乡镇基层文化设施为基础,建设完善配套的公共文化设施。

——发挥省级公共文化设施龙头带动作用。加快山东省图书馆数字化改造和山东省群众艺术馆升级改造。加快山东省博物馆新馆建设。改建山东省美术馆、山东画院。规划建设山东演艺中心、山东书城。完成山东广电中心建设工程。

——17个设区的市,按照国家一级馆标准建设公共图书馆、群众艺术馆和地志性综合博物馆。有条件的市建设专业水准剧场和影城。

——县(市、区)公共图书馆、文化馆建设达到国家二级馆以上标准。经济发达县建设现代化影剧院。

——乡镇(街道)综合文化站建设不少于500平方米、争取多数达800平方米以上的文化活动场所,配备相应设施设备,能够开展图书阅览、艺术培训、科技推广、影视观赏、文化娱乐、文化信息资源共享等文化活动。中心镇建设规范的影剧院。

——行政村、城市社区建设文化大院或100平方米以上文化活动室,能够提供图书、报刊、文艺、娱乐、文化信息资源共享等文化服务。

2. 完善公共文化服务功能。加强图书馆、博物馆、文化馆(站)、群众艺术馆、美术馆、电台、电视台等公共文化服务机构的功能建设,从资金、设施、场地、机构、人员等方面,保障公共文化设施正常运转,增强服务能力,提高服务水平。

——发展公共图书馆、文化(艺术)馆、博物馆、美术馆事业。逐步增加各级公共图书馆的藏书量,达到全省人均拥有公共图书馆藏书0.6册。实施"山东省数字图书馆群"工程,建设以省图书馆为中心,市、县公共图书馆为主体的文化信息数字化服务集群。健全博物馆的文物收藏和展陈机制,增加馆藏品数量,改善馆藏品的保存条件,建立博物馆陈列展览和社会服务质量评价体系,增强陈列展览的知识性、趣味性、观赏性。积极发展各类专业博物馆和特色博物馆,形成功能完善的博物馆体系。强化美术馆的美术创作、展示、交流和美术品收藏功能。建立健全公共文化服务机构服务公示制度,公开服务时间、内容和程序,创造良好服务环境。对未成年人、老年人、残疾人等群体实行免费或者优惠开放。

——建设数字广播电视信息平台、数字电影放映网络系统、网上图书馆、网上博物馆、网上文化(艺术)馆、网上剧场等,推动数字和网络技术在公共文化服务领域的应用,提升公共文化服务设施的服务效能。

（十）加强新农村文化建设。认真落实《中共中央、国务院关于推进社会主义新农村建设的若干意见》（中发［2006］1号）和《中共中央办公厅、国务院办公厅关于进一步加强农村文化建设的意见》（中办发［2005］27号），增加政府投入，调整资源配置，大力发展农村公共文化事业，加强农村文化设施建设，提高农村公共文化服务能力。

1. 推进农村重点文化工程建设。改善和提升农村公共文化设施条件和服务能力，努力满足农民群众的精神文化需求。

——文化信息资源共享工程。基本实现“资源丰富、技术先进、服务便捷、覆盖城乡”的文化信息资源共享工程建设目标。完善省文化信息资源共享工程功能。完成全省市、县和乡镇共享工程建设，重点支持对文化信息资源进行数字化加工与整合、共享工程软硬件平台建设以及基层服务网点建设。结合数字图书馆建设，开发和建设“山东省文化艺术信息资源库”、“农村实用信息库”和“数字图书馆信息资源库”。加强与党员干部现代远程教育、农村中小学现代远程教育、中小学校园网合作共享，探索与广播电视“村村通”和数字电视工程合作共建，扩展共享工程的覆盖范围。加强村级服务站点建设，完善农村共享工程设施设备，提供更多适应农村需要的文化信息资源。

——流动文化服务工程。各级政府为图书馆、群众艺术馆、文化馆、专业艺术表演团体等文化单位配备具有图书借阅、科普宣传、流动舞台等多种功能的流动文化服务车，为农民提供灵活多样和经常性的文化服务。

——农村文化设施“双百”示范工程。用5年时间，在全省建设、改造、完善100个具有较高水平和示范作用的县级文化馆、图书馆和100个乡镇文化站，引导带动县、乡、村文化设施配套建设。

2. 加大文化资源向农村倾斜。改变农村文化资源匮乏的状况，逐步增加为农村服务的资源总量。

——向农村输送图书馆资源。充分发挥县图书馆对乡村图书室的辐射作用，促进县、乡、村图书资源共享，增加农村读者群，加大为农民服务的力度。

3. 建立农村文化建设的长效机制。把农村公共文化建设纳入政府目标管理责任制，纳入各级财政预算，保证文化馆（站）业务经费、基层公共图书馆购书经费、广播电视发射转播台正常运转经费、广播电视“村村通”运行维护经费和农村电影放映补助经费。制定年度农村公益性文化项目实施计划，将服务农村、服务农民作为基层文化单位的主要任务。保持我省“社会文化先进县”创建工作在全国的领先地位。修订“社会文化先进县”评选标准，对我省现有“社会文化先进县”进行定期复查，实行动态管理。到“十一五”末，争取全省25%的县（市、区）建成“全国文化先进县”。积极发展农村业余文化组织。

八、文化产业发展

（二十六）重视优秀传统文化的教育和传承……各级各类图书馆和文化研究、传播机构，加强对优秀传统文化典籍、技艺的推介、演示和讲授。在社会教育中，大力推行吟诵古典诗词、传习传统技艺等优秀传统文化普及活动。

（三十七）深化文化体制改革。贯彻落实《中共中央、国务院关于深化文化体制改革的若干意见》（中发［2005］14号），按照《山东省深化文化体制改革工作方案》，有领导、分阶段、分步骤地将改革引向深入。

（三十八）加大对文化发展的政策支持力度。继续执行行之有效的文化经济政策，制定和完善扶持公益性文化事业、发展文化产业、深化文化体制改革等方面的政策，加大政策对文化事业的投入，设立和完善各项文化发展基金和资金。

2. 加大对公共文化设施建设的投入。制定和落实各级政府对公共文化设施建设项目的投资计划，对大型公共文化设施和基层文化设施建设给予重点支持，推动公共文化服务体系建设。

3. 增加公共文化投入。建立健全政府文化事业稳定增长机制，逐步扩大公共财政覆盖范围，增幅不低于同级财政经常性收入的增长幅度。充分发挥公共财政在公共文化事业投入中的主渠道作用，按照“有所为，有所不为”的方针，重点投向公益性文化项目。研究制定支持和保障公益性文化事业发展的具体办法，重点扶持图书馆、文化馆、博物馆等公共文化事业的发

展。加大政府对爱国主义教育基地投入力度，有计划地扶持重点和有特色的爱国主义教育基地建设。建立政府对公共文化事业投入的绩效考评机制。引入市场竞争机制，推行公共文化活动项目公开招标和政府采购。建立公共文化项目可行性分析与评估体系，逐步推行重大公共文化投资项目专家认证制度、社会公示制度和听证制度。

广东省人民政府办公厅印发广东省文化事业发展“十一五”规划的通知(粤府办[2007]33号)(2007—04—10)

一、发展现状与发展环境

（一）发展现状。

2. 公共文化服务体系初步建立。文化设施建设成效显著，基本形成省、市、县、乡镇四级公共文化设施网络。省博物馆（新馆）、省立中山图书馆（改扩建）、广州歌剧院等重大文化项目开工建设，深圳文化中心、汕头图书馆新馆、东莞玉兰大剧院、中山文化艺术中心、佛山顺德演艺中心及新图书馆等一批标志性文化设施相继建成。省广播电视检测网、微波电路数字化改造、中波转播台改造等项目顺利完成，截至2005年底，全省广播人口综合覆盖率和电视人口综合覆盖率分别达到96.1%和96.4%。覆盖全省城乡的发行网络逐步形成，已建成长洑图书批发中心及各类书报刊发行网点17 129个。在全国首创流动图书馆、流动博物馆、流动演出服务网等工作模式。文化信息资源共享工程初见成效。各级政府和部门进一步加大对文化遗产保护工作的力度，民族民间文化艺术得到弘扬。基层群众精神文化生活日益丰富。

5. 文化体制改革取得新成果。积极探索和建立与社会主义市场经济发展要求和社会主义精神文明建设特点相适应的宏观管理体制和微观运行机制，不断推进我省优质文化资源的强强联合，成功组建了广东粤剧艺术大剧院、广东星海演艺集团、南方广播影视传媒集团、南方报业传媒集团，以及全国第一家期刊集团——家庭期刊集团。推动省出版集团、省电影公司转制为国有企业，广东实验现代舞团转制为广东星海现代舞蹈艺术有限公司。省立中山图书馆、省博物馆、省群众艺术馆等文化单位的内部人事、劳动和分配制度改革不断深化。

二、指导思想和发展目标

（二）发展目标。

——公共文化产品和服务的供给能力明显提高，质量显著改善。到2010年农村乡镇综合文化设施覆盖率达到100%。人均拥有公共图书馆藏书册数居全国前列。2008年前基本实现20户以上已通电自然村村村通广播电视，2010年前实现农村收看到8套以上电视节目的目标，基本实现农村一村一月放映一场电影。

——文化领域的信息化水平普遍提高。加大对岭南文化的宣传推介，推动以省立中山图书馆为龙头的大容量数字化文化资源库建设。进一步推进《广东省数字家庭行动计划》，2008年完成县级以上近千万户有线电视用户完成数字电视转换工作，力争到2010年使广东成为国内最大的数字家庭产品的生产和消费地区。

——完善文化建设的政策和法规体系。

——优化文化人才队伍，建立完善文化事业方面的人才培养、选拔、考核、激励、流动机制。

三、主要任务

（二）健全公共文化服务体系。

加快文化设施建设工作。按照“高起点规划、高标准建设、高效能管理”的原则，大力建设公益性文化设施和开展重要文化活动。继续完成好《广东省建设文化大省规划纲要（2003—2010）》（粤发［2003］15号）和《南粤锦绣工程》（粤计社［1995］354号）涉及的文化设施建设项目工作，逐步形成覆盖全省的公共文化服务体系。

完善公共文化设施网络布局。以大型公共文化设施为支柱，以社区和乡镇基层文化设施为基础，优先安排关系人民群众切身利益的文化设施建设。鼓励广州、深圳等经济发达城市实施“文化强市”、“文化立市”战略所确定的文化基础设施项目建设；加大对粤北山区和东西两翼等经济欠发达地区公益性文化设施建设的扶持力度，进一步健全全省文化服务网络，扩大和提高我省文化服务网络的覆盖面和服务水平。力争到2010年，全省人均占有公共文化设施面积，人均公共图书馆藏书册数，人均参与文化活动并接受文化辅导、培训、讲座、创作的次数等指标均位居全国前列；经济较发达地区的市级图书馆藏书达到80万册以上、县级图书馆40万册以上，欠发达地区市级图书馆藏书50万册以上、县级图书馆15万册以上；县以上公共图书馆80%达到国家一级馆标准，珠江三角洲地区全部达到国家一级馆标准；建成100个流动图书馆分馆；全省大中城市和珠江三角洲地区群众艺术馆、文化馆、文化站全部达到国家一级馆（站）标准；粤北山区和东西两翼60%以上的群众艺术馆、文化馆、文化站达到国家一级馆（站）标准。建立县文化馆、图书馆、科技馆、青少年活动场所、学校图书馆共建共享的新模式，推动机关、学校、部队等内部文化设施对外开放。推进县乡广播电视垂直运营的管理体制，建立和完善县乡广播电视机构。

提高公共文化机构的服务能力。丰富图书馆、群艺馆、文化馆、博物馆、美术馆等公共文化单位的服务内容，完善和提高其服务条件和服务质量。加快实施全省文化信息资源共享工程，积极发展基层公共文化服务网点，重点扶持粤北山区和东西两翼等经济欠发达地区乡镇、村基层服务点建设。构建我省文献资源共建共享体系，加强网上图书馆、网上博物馆、网上剧场和群众文化活动远程指导网络的建设，提高公共文化信息的使用率。继续推动流动图书馆、流动博物馆、流动演出服务网建设，提高全省市、县级文化机构开展流动文化服务的能力，形成组织机构网络化、文化设施现代化、文化工作制度化、服务对象社会化、活动形式多样化的基层文化发展格局。

落实省政府《关于进一步加强基层文化建设的意见》（粤府［2005］50号）的要求，把基层文化建设工作纳入当地国民经济和社会发展总体规划以及城乡建设的整体规划。将农村公共文化建设纳入各级政府重要议事日程和政府目标管理责任制，以及创建文化先进县（市）、文化先进乡镇和创建文明村镇相关评价体系，所需经费纳入各级政府财政预算。各地要加强对公共文化机构的指导、监督，并从资金、设施、场地、机构、人员等方面保障公共文化设施正常运转。到2010年，实现县有图书馆、文化馆，乡镇有综合文化站，行政村有文化活动室。

加强农村公共文化建设。认真落实《中共中央、国务院关于推进社会主义新农村建设的若干意见》（中发［2006］1号）和《中共中央办公厅、国务院办公厅关于进一步加强农村文化建设的意见》（中办发［2005］27号）精神，把加强农村公共文化建设作为建设社会主义新农村的重要任务。加强农村文化设施建设，新建、改扩建450个文化站（文化中心），新建和扩建广播电视无线传输覆盖设施及20户以上自然村广播电视接收设施。建立并完善珠三角地区对粤北山区和东西两翼等地区、城市对农村的文化援助机制。调动社会力量和农民自办文化的积极性，发展农村文化设施和文化活动场所。鼓励和扶持农村题材文艺作品创作，把农村题材纳入舞台艺术生产和音像制品出版选题计划，满足农民群众精神文化需求。加大对农村题材的资助力度，每年推出一批农村题材文艺精品。购买适合农村需要的优秀剧本版权，免费为农民群众演出。基本解决农村群众收听收看广播电视难的问题，确保广播电视村村通、户户通和长期通。继续开展文化下乡，文化、广播电视、新闻出版对口支援活动。

加强对老年人和未成年人的文化服务。进一步贯彻《中共中央、国务院关于进一步加强和改进未成年人思想道德建设的若干意见》（中发［2004］8号）、《国务院关于印发中国妇女发展纲要和中国儿童发展纲要的通知》（国发［2001］18号），以及《中共广东省委、广东省人民政府关于进一步加强和改进未成年人思想道德建设的意见》（粤发［2004］21号）精神。全省建立20所以上专门的少儿图书馆，并积极开办其他少儿文化活动场所。公共文化设施要向老年人和未成年人免费或优惠开放。继续办好省群众戏剧曲艺花会、群众音乐舞蹈花会、少儿艺术花会和老年文化艺术节，丰富老年人和未成年人的文化生活。

鼓励和支持民办文化服务机构发展。简化对民办文化机构或项目的登记审核程序，加强对民办文化从业人员的资质考核和业务培训。民办图书馆、艺术院团等机构及其从业人员，可以按照国家有关规定，参加行业评估与人员职称评定，通过民办公助的方式，扶持热心农村文化建设的农户组建文化中心户、文化室、图书室等，开展各种面向农村、面向农民的文化经营活动，为农民群众提供公共文化服务产品。

（五）深化文化体制改革。

深入贯彻落实《中共中央、国务院关于深化文化体制改革的若干意见》（中发［2005］14号）和《中共广东省委办公厅、广东省人民政府办公厅关于印发〈广东省文化体制改革试点工作方案〉的通知》（粤办发［2003］15号）精神，以激发活力、改善服务为重点，进一步深化文化事业单位的改革，积极探索文化体制创新的新模式；推进经营性文化单位转企改制，培育文化市场新型主体；培育现代文化市场体系，更好地发挥市场机制的积极作用；创新文化管理体制，不断完善文化领域的宏观调控；做好结构调整工作，建立科学的文化管理体制和文化产品生产经营机制。

.坚持区别对待、分类指导，循序渐进、逐步推开的原则，确保文化体制改革稳步推进。按照"增加投入、转换机制、增强活力、改善服务"的要求，深化公益性文化事业单位劳动人事制度、收入分配制度和社会保障制度改革，推行聘用制和岗位管理制度，健全岗位目标责任制，健全财务管理制度，建立高效有序的运营机制和竞争激励机制，提高公共文化服务能力和水平。按照"创新体制、转换机制、面向市场、壮大实力"的要求，在清产核资和产权界定的基础上，经营性文化事业单位逐步转制为企业，并建立现代企业制度；做好劳动人事、社会保障的政策衔接，按照"新人新办法，老人老办法"的原则落实相关政策，妥善安置富余人员。对具有国家水准的广东特色艺术院团，按照事业单位改制的有关规定，在政府扶持的同时，通过转换机制，不断提高其竞争力，在市场中发展壮大。

按照现代企业制度的要求，推进国有文化企业的公司制改造，完善法人治理结构。加快产权制度改革，推动股份制改造，鼓励投资主体多元化。建立健全文化产品生产创新机制，鼓励和支持国有或国有控股的文化企业开发拥有自主知识产权的原创性产品，打造知名文化品牌。

（六）构建文化人才体系。

积极推进人才兴文战略的实施，加快推动有条件的文化艺术类院校进一步做大做强，提高教育质量和办学水平，为我省培养更多高层次的文化艺术、管理和经营人才。

选拔培养和引进优秀专业人才。每年选派优秀的文艺人才和经营管理人才进行培训，加大复合型人才的培养与引进力度，形成多层次的文化艺术专业人才梯队。

创新人才管理体制，建立相应的工作制度和分配制度，鼓励文化创业和创新。

巩固基层文化队伍。建立健全图书馆、文化馆和乡镇（街道）文化机构的工作岗位规范，逐步建立从业资格制度，充实农村广播电视专业队伍，提高基层文化队伍的专业水平和综合素质。着力加大对粤北山区和东西两翼等地区文化人才队伍的培养力度，建立基层文化队伍的培训网络。

四、区域布局

针对我省文化事业发展区域不平衡的现状，科学规划、合理布局，推进全省文化事业协调健康发展。

第一层次：支持广州、深圳市发展成为全省文化事业自主创新的策源地、集聚地和辐射中心。重点发展若干具有国际竞争力的大型文化艺术、广播影视和新闻出版集团；建设和改造一批具有国际一流水准的标志性文化设施，发挥中心城市在改革发展中的示范作用。

第二层次：继续做大做强珠三角地区文化事业。通过吸引民间资本投资和资本运作等途径，建设一批具有国内一流水平的文化设施，打造一批具有核心竞争力的文化企业集团知名品牌，使之成为当地文化事业发展的支柱。

第三层次：推动粤北山区和东西两翼等经济欠发达地区文化事业发展上新台阶。立足于本地文化资源条件，在加大对文物资源和地方艺术剧种保护力度的同时，充分利用政府和社会资金，合理开发和科学利用其商业价值。

第四层次：加快推动农村地区文化事业发展。通过开发和利用自然人文景观、文化遗址以及民俗民间文化等地方文化资源，以发展特色文化为主。各地要制订相应的扶持和优惠政策，公益性文化设施建设逐步向村一级延伸。争取每个村建一个文化活动室、一个宣传橱窗；有条件的地区实现"户户通广播电视"。

五、重点扶持的文化活动（项目）和重大建设工程

（一）重点扶持的文化活动（项目）。

3. 广东流动图书馆、流动博物馆、流动演出

服务网工程。整合全省图书、文博、群众文化资源，每年定期分区域到粤北山区和东西两翼等地区开展流动文化服务，具体工作由省立中山图书馆、省博物馆、省群众艺术馆分别牵头落实。

5. 省文化信息资源共享工程。力争到 2010 年，基本建成覆盖省、市、县和城市社区、农村乡镇的工作网络，实现“各县（市、区）基本建成文化信息资源共享工程分中心，70%以上的城市社区、农村乡镇完成基层中心建设，有条件的村文化室建立基层服务点”的目标；建成特色鲜明、内容丰富、使用便捷的文化信息资源库群，使广大人民群众多渠道享受文化信息资源。加强与港澳地区的合作，建设粤港澳三地文化信息资源互动共享的网络平台。

（二）重大建设工程。

重点建设好省博物馆新馆、省立中山图书馆（改扩建）、广州新图书馆、广东粤剧艺术大剧院、广东海上丝绸之路博物馆、广州歌剧院、广东友谊剧院改造工程、广东星海演艺集团（新址）、广东画院新址、广东演艺中心（含省群艺馆）、广东社会科学中心（含省档案方志馆）和广州博物馆新馆等一批全省文化事业重大工程项目。

六、规划实施与保障措施

（二）落实各项政策，营造有利于文化事业发展的良好环境。

切实抓好《国务院办公厅转发财政部、中宣部关于进一步支持文化事业发展若干经济政策的通知》（国办发［2006］43 号）、《国务院办公厅关于印发文化体制改革试点中支持文化产业发展和经营性事业单位转制为企业的两个规定的通知》（国办发［2003］105 号）、《中共广东省委办公厅、广东省人民政府办公厅关于进一步加强我省农村文化建设的指导意见》（粤办发［2006］21 号），以及省府办公厅《印发关于深化文化体制改革建设文化大省若干配套经济政策的通知》（粤府办［2003］98 号）等文件和有关政策规定的贯彻落实，同时，要结合我省文化事业发展现状，进一步加强对文化事业发展的政策引导。

加大对公益文化事业的扶持力度。一是建立规范有效的公益文化事业筹资机制，鼓励和支持社会资金资助公益性文化艺术，逐渐形成对公益文化事业多渠道投入的体制。各级财政对文化事业的投入逐步增加，到 2010 年，力争实现文化事业费占财政总支出的比重达到 1%以上，人均文化事业费达到 25 元，人均公共图书馆购书费达到 1.5 元。二是发挥公共财政的主导作用。加大对重大文化项目、重点艺术院团、重要文化遗产和优秀民族民间艺术的保护工作，以及对重要新闻媒体和社会科学研究机构、粤北山区和东西两翼等地区文化事业的扶持力度。三是增加对公共文化基础设施建设的投入。大中城市重点建设好图书馆、群艺馆、博物馆，县乡重点建设好图书馆、文化馆、文化站，行政村建设好文化活动室。各地应把图书馆、群艺馆（文化馆）、博物馆、美术馆、文化站建设纳入城乡建设总体规划。城市新建居民小区和经济开发区应规划和配套建设相应的文化设施。四是充分发挥现有各类文化专项资金的作用，积极扶持公益性文化事业发展。

切实推动农村文化事业发展。一是进一步贯彻落实《中共中央办公厅、国务院办公厅关于进一步加强农村文化建设的意见》（中办发［2005］27 号）精神，不断加大对农村文化建设的投入，扩大公共财政覆盖农村的范围，不断提高用于乡镇和村文化建设投入的比例，新增文化事业经费等应主要用于农村。确保文化馆（站）业务必需的经费、基层公共图书馆购书经费、广播电视发射转播台基本运营经费、广播电视“村村通”运行维护经费和农村电影放映补助经费。二是加大对农村文化事业的扶持力度。对重要文化项目和产品采取财政补贴，以政府采购的方式，直接送到农村。大力推动“书香新农村”惠农工程，建立广东“三农”读物出版基金，并为乡镇文化站、图书室配置以农业科技为主体的图书文献。不断扩大流动图书馆、流动博物馆、流动演出服务网的覆盖面；加大省文化信息资源共享工程的实施力度，重点做好资源建设和基层网点建设工作，通过文化资源共享向农民群众提供免费服务，解决农村群众文化信息资源短缺的问题。继续实施扶持东西两翼等地区文化建设工程及农村电影放映“2131”工程。进一步加强广播电视“村村通”工作规划的落实，提高农村的广播电视覆盖率，确保农村广播电视村村通、长期通。

海南省人民政府印发海南省支持文化体制改革和文化事业文化产业发展若干政策的通知

(琼府[2007]25 号)

(2007—04—16)

海南省支持文化体制改革和文化事业文化产业发展的若干政策

一、关于财政税收

(十三)对下列出版物的增值税实行先征后退:

7. 科技图书和科技期刊。

财税部门应按规定及时足额返还文化单位增值税。

(十四)对电影发行企业向电影放映单位收取的电影发行收入免征营业税。对纪念馆、博物馆、文化馆、美术馆、展览馆、书画院、图书馆、文物保护等单位举办文化活动的门票收入,免征营业税。

山西省人民政府办公厅关于印发山西省“十一五”时期文化发展规划纲要的通知

(晋政办发[2007]74 号)

(2007—06—13)

山西省“十一五”时期文化发展规划纲要

三、完善公共文化服务网络,构建公共文化服务体系

(八)健全公共文化服务网络。实施“文化基础设施建设工程”。以大型公共文化设施为骨干,以社区和乡镇基层文化设施为基础,加强公共文化基础设施建设。重点建设一批代表山西形象的重大文化基础设施。各市(县)根据实际情况建设当地的文化中心、演出场所、图书馆和文化馆(站)。新建市级图书馆 9 个,县(区)图书馆 37 个,新建或扩建市级群众艺术馆 7 个,新建县(区)文化馆 33 个,改、扩建县(区)文化馆、图书馆 36 个。提高各级各类博物馆的展示、服务水平,完成山西民俗博物馆、山西艺术博物馆的整修改陈和布展工程,推进运城黄河博物馆等 6 个市级博物馆建设,支持县级特色馆建设,使全省对公众开放的博物馆总数达到 100 座以上。完成省级广播电视微波线路数字化改造,广播电视发射台、转播台的设备更新,完成市、县转播省台节目的设备更新。启动建设山西广播电视中心。建立健全公共文化设施服务公示制度。实行定点服务与流动服务相结合,建立灵活机动、方便群众的服务网络。鼓励具备条件的城市图书馆采用通借通还等现代服务方式,推动公共文化服务向社区和农村延伸。充分发挥网络在文化传播中的作用,建设网上图书馆、网上博物馆、网上剧场和群众文化活动远程指导网,重点推动文化信息资源共享工程。发挥政府主导作用,保障公共文化设施正常运转和充分发挥作用。鼓励和引导社会资金兴办国家允许的各类公共文化设施。开展“文化关怀”活动,切实维护城市低收入居民、残疾人、老年人和农民工等群体的基本文化权益。国有博物馆、美术馆等公共文化设施免费或优惠向残疾人、未成年人、老年人等群体开放。国有艺术院团、影剧院每年安排一定场次的主要面向低收入居民的低价演出或放映。有线电视数字化整体转换后,保留一定数量的模拟频道,对低收入家庭给予优惠资费政策,保证他们的基本收视需求。以省、市、县骨干艺术表演团体为重点,带动其他艺术表演团体,整合资源,调整布局,逐步实施有区别的扶持政策,形成艺术表演新格局。

表 3 重点建设的省级文化设施

2. 山西省图书馆新馆

(九)加强农村文化建设。认真贯彻落实中央关于农村文化建设的各项措施,着力推进农村文化建设重点工程,加大文化资源向农村的倾斜,建立农村文化建设的长效机制。加快对贫困地区综合文化站的改扩建和农村危旧公共文化设施的改造,改善、提升农村公共文化基础设施条件和服务水准。实现一县两馆(文化馆、图书馆)、一乡一站(文化站)、一村一室(文化室)的目标。加强“三农”读物出版工作,开发出版农民买得起、看得懂、用得上的优秀音像制品和图书等各类出版物。文化信息资源共享工程要向农村倾斜、延伸。鼓励和支持艺术院团到农村演出,活跃农村文化生活。鼓励社会力量兴办公益性文化事业,在用地、税费等方面给予政策优惠。通过民办公助等方式,鼓励农民自办文化,支持农民群众自筹资金、自负盈亏、自我管理,兴办农家书屋、民间剧团、电影放映队、文化大院等。对业绩突出的民办文化机构,政府予以资助、表彰和奖励。农村公共文化建设要纳入

各级政府重要议事日程和政府目标管理责任制，纳入创建文化先进县（市）、文化先进乡镇和文明村镇等相关评价体系，所需经费纳入政府财政预算。建立健全基层文化单位的评价体系，将服务农村、服务农民作为基层文化单位工作的重要考核内容。省、市重点报刊要加大对农村和农业报道的数量，省、市电台、电视台要增加农村节目、栏目和播出时间。县（市）电台、电视台要把面向基层、服务“三农”作为新闻宣传主要任务。

表 5

农村文化建设重点工程

文化信息资源共享工程大力实施文化信息资源共享工程，建成以市、县图书馆为基础，覆盖农村乡（镇）、村的农村文化信息资源共享服务网络。

乡镇综合文化站建设工程“十一五”期间，在全省所有乡镇兴建、改扩建综合文化站，配备基本设施，加强农村文化建设。

流动综合文化服务车为省、市、县三级文艺院团配备流动文化服务车，进行流动文艺演出；在适宜开展流动服务的地区，为县乡配备流动文化服务车、流动电影放映车，开展集影视放映、文艺演出、图片展览、图书销售和借阅、科技宣传为一体的流动文化服务。

送书下乡工程“十一五”期间，向“两区”每个行政村文化室配送价值 5000 元的适用读物，由各县图书馆统调，建立流动书库，实现图书共享，以满足当地农民群众基本的阅读需求。扶持兴办一批“农家书屋”，逐步解决农民读书难的问题。

十、完善保障措施，推动规划实施

（三十）制定和完善相关政策法规。构建政策法规支撑体系。落实《国务院办公厅转发财政部、中宣部关于进一步支持文化事业发展若干经济政策的通知》、《国务院办公厅关于印发文化体制改革试点中支持文化产业发展和经营性文化事业单位转制为企业的两个规定的通知》、《中共中央办公厅、国务院办公厅关于进一步加强农村文化建设的意见》等文件精神，制定配套实施办法。制定我省深化文化体制改革建设文化强省的意见、深化文化体制改革促进文化产业发展的相关政策以及发展动漫产业、非物质文化遗产保护条例、公共图书馆条例等符合山西实际的相关政策与法规。加大配合省委中心任务开展的文化工作的财政支持力度，建立和完善政府投资持续稳定增长机制，财政对文化的投入增幅不低于同级财政经常性收入的增长幅度。改善投入方式，在保持财政对文化事业总体投入稳步增长的基础上，财政对文化事业的投入逐步从对事业单位及从业人员的一般投入为主转变为以项目投入为主。建立和完善重大公共文化项目专项投入良性运营机制，重点扶持和资助代表山西水平，体现山西特色的艺术品种和文化项目。加大对基层文化建设和农村文化建设的资金投入。继续加大文物保护专项经费的投入和非物质文化遗产的保护投入。继续完善公共文化项目的立项、申报、评估及政府采购制度。

表 15

支持文化发展的经济政策

1. 宣传文化发展专项资金
2. 文化事业建设费
4. 宣传文化单位实行增值税优惠政策
6. 文化产业发展专项资金
7. 农村文化建设专项资金
9. 鼓励对宣传文化事业捐赠的经济政策
11. 文化体制改革试点单位和地区享受文化体制改革试点中支持文化产业发展和经营性文化事业单位转制为企业的各项政策
12. 《山西省关于深化文化体制改革促进文化发展的若干政策》中规定的各项政策

深圳市文化局、深圳市发展和改革局关于印发《深圳市文化事业发展“十一五”规划》的通知

（深文[2007]183 号）

（2007—07—09）

深圳市文化事业发展“十一五”规划

一、“十五”时期深圳文化事业发展的现状与前景

1. “十五”时期深圳文化事业实现快速发展。

五年来，全市文化设施逐步完善，一批重点文化设施陆续建成，初步形成公共文化服务设施网络；公共文化产品更加丰富，组织开展了能够满足人民群众多层次需求的丰富多彩的文化活动，形成了一批具有深圳特色的文化活动品牌；

基层文化建设指标达到国内先进水平，群众文化活动进一步活跃；争创全国文化先进区取得显著成效，全市已有四个区获得“全国文化先进区”荣誉称号；实施文化精品工程，推动文艺创优工作，五年共获得省级以上文化奖项2467项；提出和实施“两城一都一基地”建设，特色文化培育取得重大进展，“图书馆之城”建设提前实现每1.5万人拥有一座图书馆的目标；广播影视事业发展迅速，传播技术不断更新，节目质量不断提高，广播电视人口覆盖率实现100%；新闻出版事业欣欣向荣，呈现规模化和集约化趋势，辐射力不断增强；历史文化遗产保护加强，大鹏所城被列入国家级文物保护单位，考古发掘取得新发现，博物馆建设有了新进展；扩大对外文化交流，“走出去”、“引进来”战略取得重要成果，“深圳文化周”品牌先后走入欧洲、非洲和美国，深圳的国际形象和影响力得到较大的提升；加强文化市场管理和服务，探索建立文化市场长效管理机制，形成比较完善的文化市场体系；坚持依法行政，加强文化领域的执法检查和扫黄打非力度，确保了文化市场的安全有序；推进文化体制改革综合试点工作，专业文艺院团体制改革、审批制度改革、广播影视和出版发行改革、文化市场综合执法体制改革取得阶段性成果；文化人才队伍更加壮大，素质逐步提高。

三、完善公共文化服务体系，实现市民和外来建设者文化权利

7. 完善公共文化服务设施网络。科学规划、合理布局、统筹协调文化设施建设，建成门类齐全、层次分明、重点突出、功能先进的公共文化服务设施网络。

——加快市级重点文化设施建设。推进已立项文化设施深圳博物馆新馆、中波转播台发射基地和办公基地、少儿图书馆、艺术学校新址、当代艺术馆和文学艺术中心的建设；抓好群众艺术馆原址改造和深圳交响乐团异地新建的有关工作，启动深圳歌剧院、改革开放纪念馆建设研究和前期工作。

——继续推进区级文化设施建设。区级文化设施建设要注重发挥各自资源优势和文化特色，成为市级文化设施的有效补充。福田区进一步完善“一公里文化圈”，重点建设安托山大型文化活动中心；罗湖区重点建设新文化馆，抓好区文化公园升级改造，建设一批文体广场；南山区重点建设桃源街道办事处社区大舞台；盐田区重点建设海山广场群众文化园、沙头角一国两制观光园、三洲田庚子首义纪念园和大梅沙遗址博物馆；宝安区重点建设区广播电视大厦、图书博物馆、中心区文化广场、演艺中心和宝安书城；龙岗区加快文化中心图书馆的数字化改造。

——着力建设街道和社区文化活动场所。加强旧城改造和新建街道、社区的配套文化设施建设；以街道文化站、社区图书馆、文化活动室和文化广场为重点，不断完善基层文化设施网络，其中街道文化广场符合省十佳建设标准，达到2000平方米，新建社区拥有一个不少于200平方米的综合文化活动室、100平方米的社区图书馆和1000平方米的户外文体广场。

11. 保障未成年人、老年人、外来建设者、残疾人等特殊群体的文化权利。采取特别措施推进对特殊群体的文化服务，使其文化权利得到应有的保障。

——完善对未成年人的公共文化服务。继续推进“三推荐（推荐优秀歌曲、图书、影视作品）”、“四进校园（电影、美术、戏剧、交响乐进校园）”、“四净化（净化荧屏、出版物、网络、文化市场）”等三大文化工程，为青少年提供优秀的精神食粮，营造良好的公共文化环境，加强未成年人思想道德建设。

——完善对残疾人的公共文化服务。实施残疾人文化服务工程，组织举办适合残疾人的各种文化活动，提供专项的信息查阅、展演观赏及其他特色文化服务。

13. 推进市民文化建设。依托图书馆、美术馆、群众艺术馆、文化馆（站）等公益性文化机构，开展市民文化艺术再教育活动，培育城市人文精神，提高市民的文化艺术素质。

四、全面推动文化创新，培育城市文化品牌

18. 加快“两城一都一基地”建设。充分发挥深圳现有优势，通过建设“钢琴之城”、“图书馆之城”、“设计之都”和“动漫基地”，形成文化特色，打造文化品牌。

——“图书馆之城”建设。市、区级图书馆分别达到省级、地市级图书馆标准，街道图书馆参照县级公共图书馆标准建设，到2010年，实现常住人口每15万人拥有一座公共图书馆，每

1.5万人拥有一座社区图书馆，常住人口人均拥有藏书2册（件）。区图书馆与街道、社区图书馆之间逐步实行总分馆制，推进市、区级图书馆之间文献的“通借通还”服务。推动深圳科技图书馆等特色专业图书馆建设，建立市少年儿童图书馆、中小学图书馆网络体系，推动行业图书馆逐步向公众开放。设立“图书馆之城”门户网站，开展信息查询、检索、咨询等网上信息服务。结合全国“文化信息资源共享工程”，促进深圳地方文献数字化建设。推动与港澳台和国外先进图书馆的合作与交流，实现馆际资源的有效运用。

九、健全文化法制，促进依法行政

33. 加强文化立法。加快制定文化市场监管、完善公共文化服务体系、保护历史文化遗产等方面的法规。推进修订《深圳经济特区公共图书馆条例（试行）》，推进制订《深圳经济特区实施〈娱乐场所管理条例〉若干规定》、《深圳经济特区实施〈音像制品管理条例〉若干规定》和《深圳经济特区文物保护管理条例》。

十、推动文化体制改革，完善文化运作机制

36. 积极稳妥地推进文化体制改革。深入贯彻落实《中共中央、国务院关于深化文化体制改革的若干意见》，根据“增加投入、转换机制、增强活力、改善服务”的原则，推进公益性文化事业单位的机制改革，着力增强文化创新能力，提高公共文化服务水平。

37. 进一步推进政府职能转变。明确文化行政管理部门职责，创新管理理念，改进管理方式，将管理的重点逐渐转移到规划制定、市场监管、社会管理和公共服务上来。

40. 深化公益文化活动运作机制改革。完善《深圳市重大公益文化活动社会化运作办法》，逐步扩大公益性文化活动社会化运作的范围，将我市重大公益文化项目通过信息发布、接受申请、资格认定、专家评审、授权实施、监督审计等一系列规范的程序，交由符合条件的企业、事业单位及社会团体和民间组织来承办；制定实施《深圳市宣传文化基金社会办文艺团体扶持办法实施细则》，扶持、促进社会文化组织的发展，发挥社会文化资源的作用；完善政府采购制，扩大政府主办的文化活动项目的采购范围与数量；健全委托承办制，继续委托社会文化组织或企业承办政府主办的文化活动；鼓励社会文化组织、企业举办公益性文化活动，政府给予一定的经费资助或其他方面的支持；鼓励企业、社会组织和个人赞助政府主办的公益性文化活动。

太原市人民政府关于印发太原市“十一五”时期文化发展规划纲要的通知(并政发[2007]40号)(2007—09—27)

太原“十一五”时期文化发展规划纲要

三、发展目标

到2010年或更长一段时期，实现文化体制基本理顺、文化机制充满活力、文化事业全面繁荣、文化产业实力雄厚、文化精品不断涌现、文化设施功能配套、文化人才结构优化、文化市场开放有序、文化生活丰富多彩、绿色文化积极发展，文化发展主要指标和文化综合实力居全国省会城市前列，文化发展水平与区域中心城市经济实力相适应，与建设创新型城市基本要求相一致，与省会城市现代化建设相配套。文化及相关产业增加值占地区生产总值的比重力争达到6%—10%；民营文化产业增加值占全市文化产业增加值的比重力争达到60%以上；居民人均年文化消费力争达到1200元；至少建成2个布局合理、设施完善的文化产业园区；形成1—5个在全国具有较大影响的强势文化品牌；广播电视节目制作、播出数字化率达到100%，广播电视人口综合覆盖率达到97%以上；全市印刷包装企业力争达到120个以上，年生产总值1000万元以上的企业达到15—20个；完成太原出版物流配送中心建设，出版物发行网点城市达到平均每5000人1个、农村平均每1.2万人1个；文化建设财政投入年增长幅度不低于当年财政收入增长幅度；市图书馆购书经费达到50万元以上，每万人公共（含大中专院校、厂矿企业、社区）馆藏图书量达到5万册，乡镇文化站等人均藏书达到1册以上；市、县（市、区）、街道（乡镇）、社区（村）四级公共文化设施建设覆盖面达到90%以上。

四、战略架构

（一）文化发展空间布局

1. 汾河轴线：以汾河及滨河公园为轴线，建设一批现代化大剧院、科技馆、图书馆、博物馆、美术馆，由中心绿地沿内河集中，形成具有

强大向心力的文化岛中心区。建设具有辐射力和影响力的大型会展及公益性服务中心区域。在完善原有设施的同时，建设一系列公共文化服务设施及文化创意制作、晋阳文化专题研究等与晋阳古城遗址建设相呼应的文化景观或基地。由南至北，沿滨河东西两路进行规划和建设，使之成为具有吸引力、辐射力和带动力的文化带状区域。

（三）公共文化服务网络

1. 加强文化基础设施建设，着眼于满足人民群众日益增长的精神文化需求，改扩建湖滨会堂、南宫会展中心、青年宫旅游演艺中心、少儿图书馆等文化设施，改造美化五一广场，建设美术馆、广电中心等标志性文化建筑。改扩建解放数码电影城、中北电影城、宽银幕电影院，到“十一五”末期，达到每个城区有2个星级影院，新建剧场达到能够承接国家级艺术节的水平。根据太原实际，按照国际标准和惯例，对在建和现有部分设施进行挖潜改造，提高标准，完善功能，增强效益。

3. 各县（市）、区实现县县有图书馆、文化馆，乡乡有综合文化站，村村有文化室目标，每年安排一定配套经费，用于文化馆站（室）文化设施配置，县级文化馆达到部级标准三级以上。在各县（市）、区新农村建设试点和重点推进村优先实施文化信息共享工程，由大学生村官和工作队员、特别助理兼任文化信息总管理员，并配备相应的硬件设备。在娄烦县、阳曲县新建、改扩建18个综合文化站，配备必需的设备，完成对农村危旧公共文化设施的改造。全面实施农村电影“2131工程”，市、县设立专项资金，支持贫困地区电影队购置电影设备和拷贝，在“十一五”期间实现一村一月放映一场电影的目标。

五、主要任务

（八）繁荣文学艺术和发展群众文化

2. 大力发展群众文化。加强基层文化阵地建设，整合文化资源，形成市、县（市、区）、街道（乡镇）、社区（村）四级文化服务网络。全市100%的乡（镇）文化站和10%的行政村建设文化信息资源共享服务点。充分运用互联网技术，开发以文化服务内容为主的网上图书馆、网上艺术馆、网上博物馆、网上教室等基层群众文化服务平台。大力发展社区文化、广场文化、校园文化、企业文化、机关文化、家庭文化、老年文化、外来工文化等基层群众文化活动。完善基层群众文化辅导队伍，加强群众文化创作，培养群众文化活动骨干，培育群众文化社团，鼓励群众自主开展自娱自乐的文化活动，调动群众自愿参与各种文化活动的兴趣和热情。各县（市、区）每年至少组织4次以上大型群众文化活动。

汕头市人民政府办公室关于印发汕头市文化事业和文化产业发展“十一五”规划的通知
（汕府办[2007]328号）
（2007—10—08）

汕头市文化事业和文化产业发展“十一五”规划

一、“十五”期间文化事业和文化产业发展回顾

——文化基础设施得到改善。市博物馆于2004年9月完成新馆舍二至四层楼内部装修，并成功承办第10届全国美展水彩、粉画展；市图书馆新馆装修配套工程于2006年底完成并开馆。大力推动区县图书馆、文化馆、博物馆和街道乡镇文化馆站等文化设施建设，龙湖区2004年被评为“广东省实施《南粤锦绣工程》文化先进区”；一批乡镇、村陆续兴建了新的文化站（室）和文化广场，出现了金平区新寮文化广场等一批先进典型。

四、主要任务

（一）积极推进文化事业发展

2. 健全公共文化服务体系

加大政府对文化事业的投入，完善公共文化设施，实施文化信息资源共享工程、农村电影“2131”工程、广播电视“村村通”工程、文化“三下乡”工程（送书、送戏、送展览）等重点文化工程，逐步形成覆盖全市的比较完善的公共文化服务体系。

加快公共文化设施建设。完成市博物馆、群众艺术馆的装修配套建设，建设潮剧（潮乐）博物馆，完成汕头艺术学校的易地重建。将区县图书馆、博物馆、文化馆和乡镇（街道）文化站列入城乡建设总体规划，抓住我省重点扶持东西两翼地区基层文化建设的机遇，加强基层文化建设。至“十一五”末期，图书馆方面，建成8个以上入级公共图书馆，实现全市人均拥有公共图书馆藏书0.6册以上，图书馆数字化、自动化建

设得到加强；群艺馆、文化馆方面，至 2010 年建成一级群艺馆 1 个，特级文化馆 2 个，3 个以上达到一级文化馆标准；文化站方面，至 2010 年全市街道、乡镇实现 100%建站，入级率占总数量的 80%以上；行政村（居）100%建立文化活动室。加快实施文化信息资源共享工程，积极发展基层公共文化服务网点，加强网上图书馆、网上博物馆的建设，提高公共文化信息的使用率。继续推动流动图书馆、流动博物馆、流动演出服务网建设，至 2010 年，全市市、县级文化机构全面具备开展流动文化服务的能力。

（二）加快发展和壮大文化产业

4. 文化信息服务业

拓展网上文化资讯服务，推动文化电子商务发展。重点开发一批基础性数据库，建设网上图书馆、网上博物馆、网上书店、网上剧场、网上电影院、网上演出售票系统等一批文化信息资源服务网站。鼓励发展网络游戏、动漫等新兴文化产业。鼓励文化信息服务机构向集团化、网络化、品牌化发展，争取建成一批具有省内领先地位的文化信息企业。继续坚持从严审批、从严管理的原则，到 2010 年形成全面、高效的网吧运营监控系统及运行机制。调整产业结构，促进市场整合，引导互联网上网服务营业场所向规模化、连锁化、专业化、品牌化方向发展。

陕西省人民政府办公厅关于印发加快发展我省文化产业若干政策措施的通知

（陕政办发[2007]148 号）

（2007－11－23）

关于加快发展我省文化产业的若干政策措施

二、加大对文化产业发展的政策扶持力度

16. 要加快职能转变，调整机构设置，理顺文化管理部门职能。实现政企分开，政事分开，形成精简、高效的宏观文化管理体制和统一协调的文化产业管理体系。进一步推进文化体制改革和文化事业单位内部改革，增强文化企业发展活力。培育文化产业骨干企业和战略投资者。整合优势资源，重点发展一批拥有自主知识产权和文化创新能力以及主业突出、核心竞争力强的大型文化产业集团。切实抓好西安、宝鸡、咸阳、延安等 4 个综合试点城市和省图书馆等 10 个试点单位的文化体制改革工作。

深圳市人民政府文化产业发展办公室、深圳市发展和改革局关于印发《深圳市文化产业发展“十一五”规划（2006－2010）》的通知

（深文产[2007]34 号）

（2007－12－03）

深圳市文化产业发展

“十一五”规划（2006－2010）

四、结构调整与产业布局

（二）产业布局。

1. 中心城区重点发展创意设计、数字内容、动漫游戏、传媒出版和文化服务产业，形成新兴和高端文化产业的集聚区域，进一步提升核心城区文化产业的辐射功能。

——福田区依托报业大厦、广电大厦、中心书城、凤凰大厦、关山月美术馆、图书馆、音乐厅、博物馆、少年宫等一大批文化基础设施和会展中心，以及规划建设之中的田面“设计之都”创意产业园、世纪工艺品文化广场等产业园区和基地，重点发展创意设计、数字内容、出版发行、艺术培训、高雅艺术演出、会展等产业，使之成为深圳新兴文化产业和高端文化服务业的集聚区域。塑造中心区文化中心形象，确立全市文化产业中心地位。

山东省委办公厅、省政府办公厅关于加强公共文化服务体系建设的实施意见

（鲁办发[2007]33 号）

（2007－12－06）

三、组织实施重大公共文化服务工程

（四）文化信息资源共享工程。以数字资源建设为核心，以基层服务网点建设为重点，以多种传播方式为手段，以共建共享为基本途径，进一步推进全省文化信息资源共享工程建设。要加强资源镜像站建设和特色数字资源建设，完善管理机制，做好对各级网点的组织协调、管理服务等工作。各级图书馆和乡镇综合文化站、社区文化中心要统一制式，合理分工，充实完善设施设备，成为文化信息资源共享工程的各级分中心、支中心和基层服务点。结合数字图书馆建设，开发和建设“山东省文化艺术信息资源库”、“农村实用信息库”和“数字图书馆信息资源库”，开拓文化信息资源，丰富文化信息内容。加强资

源配送和资源管理，将免费文化信息资源及时传送到因特网等媒体和基层服务点。农村文化信息资源共享工程建设要与广播电视村村通工程、农村党员干部现代远程教育等相结合，实现共建共享。到2010年，完成乡镇文化共享工程服务站点改造提升，40%的村服务点成为规范化站点，由全国文化信息资源共享工程“试点省”发展成为“示范省”。

（七）农家书屋建设工程。农家书屋由政府资助建设，鼓励社会捐助，农民自主管理。相关部门要加强组织协调，有计划地稳步推进农村书屋运行发展。每个书屋拥有一定数量的党报党刊和适合农民阅读的经济、科技、法律、卫生、文化类图书、期刊和音像制品，原则上图书不少于1000册，报刊不少于30种，电子音像制品不少于100种（张），并定期予以更新。要充分利用和整合现有资源，把农家书屋建设与农村基层组织活动场所建设结合起来，做到管理科学、服务规范、内容丰富、农民满意。到2010年，在全省一半左右的行政村建成农家书屋，2015年覆盖每个行政村。

四、增强公共文化产品生产供给能力

（八）建立健全公共文化设施网络。以大中城市公共文化设施为骨干，以县、乡（镇）和社区基层公共文化设施为基础，统筹规划，合理布局，明确重点，分级推进，优先安排关系人民群众切身文化利益的建设项目，形成覆盖城乡、结构合理、功能健全、实用高效的公共文化设施网络。

——省级公共文化设施建设。优化省级公共文化服务体系骨干群体，加快山东省图书馆数字化改造，加快山东省博物馆新馆及文博中心建设，省博物馆东迁后统筹改造山东省美术馆、山东省艺术馆、山东画院，规划建设山东演艺中心、山东书城，完成山东广电中心建设工程。

——市级公共文化设施建设。设区的市要按照国家一级馆标准，建设公共图书馆、群众艺术馆和地志性综合博物馆。有条件的市建设专业水准的大型演艺场所和影城。省会城市和计划单列市有大型标志性文化设施。

——县级公共文化设施建设。全省改造、完善100个具有示范作用的县级文化馆、图书馆。各县（市、区）公共图书馆、文化馆建设要达到国家二级馆以上标准。经济发达县（市、区）建设现代化影剧院，文物资源丰富的县（市、区）建设地志性综合博物馆。

——基层公共文化设施建设。加大乡镇综合文化站设施新建和改、扩建力度，有条件的中心镇可建设适当规模的影剧院。行政村要建设包含农家书屋（村图书室）在内的文化大院，并根据需要配置规模适当的活动广场。城市社区文化活动中心建设要提升档次、设施配套、功能完善、便利居民。要在城镇主要街道、大专院校、公共场所、居民小区规划建立党报阅报栏、售报亭。各出版发行企业要按照普遍服务原则，加强农村出版物分销网点建设，政府给予适当扶持。

（九）完善公共文化服务机制。健全各级各类公益性文化事业单位组织建设，完善服务公示制度和服务质量评价体系。各级各类公共文化服务机构要向社会公开服务时间、服务内容、服务标准和服务程序，认真做好窗口接待、场所引导、资料提供和内容讲解等工作，进一步拓宽服务领域，增强服务能力，提高服务水平，努力营造良好环境，为城乡居民提供优质高效、普遍均等的公共文化服务。图书馆、博物馆、美术馆、艺术馆、纪念馆、文化馆、文化站、爱国主义教育基地等要尽可能做到免费或优惠向社会开放，对城市低收入居民、残疾人、未成年人、老年人和农民工等特殊群体实行免费或半价开放。政府投资的博物馆、美术馆、纪念馆、文化馆、图书馆和乡镇综合文化站等要坚持公益性事业单位的性质，不得企业化或变相企业化，不得以拍卖、租赁等形式改变其文化设施用途，已挪作他用的要限期收回。要充分发挥工人文化宫、青少年宫、妇女儿童活动中心、老年人活动场所以及城市公园在公共文化服务中的作用。

（十）加强公共文化产品创作生产。对具有山东特色和重要艺术价值的原创艺术产品以及民间艺术生产、传播给予扶持。要结合扶持发展文化产业，引导文化企业参与公共文化服务，多生产优质廉价、安全适用的文化产品。紧密结合社会主义新农村建设实践，增加广播电视、电影、图书、报刊、音像、电子出版物为农村服务的资源总量，增加农村节目、栏目和播出时间。政府投资、资助或拥有版权的文化产品要无偿用于公共文化服务。继续组织实施全省精神文明建设

“精品工程”，重点抓好文学、戏剧、电视剧、广播剧、歌曲和文艺类出版物创作生产，进一步加强题材规划，努力在现实题材、革命历史题材、农村题材、少年儿童题材创作方面取得新突破。

五、完善支持公共文化服务体系建设的有关政策

（十三）加大对公共文化服务的投入。“十一五”期间，各级财政要逐步加大对公益文化事业建设的投入，确保每年投入增幅不低于同级财政经常性收入的增幅。

——确保文化事业经费稳定增长。对政府兴办的公益性文化单位，包括图书馆、艺术馆、文化馆、美术馆、展览馆、书画院、博物馆、科技馆、革命纪念馆等，各级财政要确保人员经费和业务活动经费，逐步增加经费投入，支持其不断发展，提高公共文化服务能力。省级文物保护专项经费稳定递增，主要用于省级文物保护单位的文物保护和维修、文物保护科技项目、文物保护利用示范项目、重点博物馆的文物库房维修和陈列展览精品项目（不包括重要文物考古挖掘）。市、县财政也要相应核拨文物保护经费。利用文物设施和文物保护单位开展旅游项目的旅游单位，其门票收入按照“收支两条线”规定全额缴入财政专户，其中每年安排一定的资金专项用于本景区文物的维修保护。

（十四）建立健全宣传文化事业发展专项资金。按照国办发［2006］43 号文件规定，严格征收文化事业建设费。从事娱乐业、广告业的单位和个人，要按其应当缴纳娱乐业、广告业营业税营业额的 3%缴纳文化事业建设费，由地方税务机关在征收娱乐业、广告业营业税时一并征收。地税机关要将文化事业建设费征收列入专项考核目标。文化事业建设费纳入财政预算管理，专门用于发展公益性文化事业。省、市、县财政继续设立、完善宣传文化发展专项资金，每年按 2005 年实际拨付数为基数列支出预算。对于重大公共文化服务工程建设、重点公共文化基础设施建设、重要公益文化活动、重要文物考古发掘等，要分别设立财政专项经费或资金。

（十五）加强对文化建设资金的管理。文化建设专项资金管理要按照有关财政法规的要求，制订规划，健全制度，加强管理，突出重点，集中使用。要建立和完善文化专项资金项目申报、评审、立项和使用管理办法。对各项资金包括接受的捐赠资金，要按规定用途用于文化建设，不得挤占、挪用或私分，也不得以捐赠为由搞乱摊派、乱集资活动。各地财政、审计和监察部门要加强对各项文化建设基金和专项资金的监督管理，对出现的违法违纪行为，要追究责任，严肃处理。

（十六）加强城建及土地方面的政策支持。城市规划建设要保证公共文化设施的数量、种类、布局符合国家规定。新建公益性文化设施，应纳入新建城区、居民住宅小区、各类园区的规划建设，优先安排用地指标，按行政划拨方式供地，并在选址、立项、投入等方面给予支持。对因城乡建设确需拆除或改变其功能、用途的公共文化设施，必须按照国家有关规定报批，批准重建的，应保证按照规划择地重建，并符合节约集约用地的要求。迁建应坚持先建设后拆除或建设拆除同时进行的原则，迁建补偿费用严格按国家和省有关规定执行。文化事业单位置换、转让、开发土地取得的收益，按照“收支两条线”管理规定，全额缴入财政专户，对文化事业、产业发展建设给予积极支持。认真执行中办发［2007］21 号文件的有关规定，把社区文化中心建设纳入城市规划，做到合理布局、综合利用。

（十七）鼓励社会力量参与公共文化服务体系建设。认真落实扶持文化事业发展的税收政策和鼓励对宣传文化事业捐赠的经济政策，对捐助者给予一定的社会荣誉，对协助捐赠的中介机构或中介人，给予一定奖励。放宽公益性文化事业的准入政策，鼓励和支持社会资本和外资参与公益性文化事业，吸引和鼓励社会力量投资兴办公共文化实体、建设公共文化设施、提供公共文化服务，支持和促进各种所有制的公益性文化单位的发展。推行公共文化活动公开招标和政府采购，引入市场竞争机制，调动社会力量参与公共文化服务的积极性。拓宽资金投入渠道，形成以政府投入为主、社会力量积极参与的稳定的公共文化服务投入机制。

六、加强对公共文化服务体系建设的领导

（十九）创新公共文化服务运行机制。通过深化文化体制改革和运用现代科技手段，努力创新服务方式，拓展服务空间，丰富服务内容，提

高服务水平，建立适应社会主义市场经济要求、保障社会公平正义的公共文化服务运行机制。

——深化公益性文化事业单位改革。以发展为主题，以体制机制创新为重点，进一步推动政事分开、事企分开，解放和发展文化生产力。要按照增加投入、转换机制、增强活力、改善服务的要求，深化公益性文化事业单位内部组织人事和收入分配制度改革，全面实行人员聘用制和岗位管理制度，加强财务管理和经济核算，建立健全竞争、激励、约束机制，努力提高公共文化服务能力和水平。党报党刊、电台电视台、重点新闻网站等新闻媒体和博物馆、图书馆、艺术馆、文化馆、乡镇综合文化站等公共文化单位，要优化组织结构，整合内部资源，面向群众、开拓市场，增加公共文化服务总量，提供更多群众喜闻乐见的优秀文化产品和优质文化服务。

——推动公共文化服务方式创新。改革传统的公共文化服务提供方式，引入竞争机制，对重要公共文化产品、重大公共文化服务项目和公益性文化活动，要实行政府采购、项目补贴、定向资助、贷款贴息等，扩大服务范围，提高服务质量，增强服务效益。要鼓励具备条件的城市图书馆采用通借通还等现代服务方式，努力推动其公共文化服务职能向社区和农村延伸。要完善管理制度，简化审批登记程序，提高办事效率，积极引导社会力量以兴办实体、赞助或冠名承办活动、免费提供设施等多种形式参与公共文化服务。支持各类文化基金会和文化投资公司参与公共文化服务。支持民办公益性文化机构的发展，鼓励民间开办博物馆、图书馆等，促进公共文化服务方式多元化、社会化。

——提高公共文化服务技术水平。加快推进现代科技在公共文化服务领域的应用，提高公共文化服务的信息化、网络化水平。大力加强互联网建设，提供更多更好的网络文化产品，发展和传播健康向上的网络文化，使之成为传播社会主义先进文化的新途径、公共文化服务的新平台、大众精神文化生活的新空间。以省图书馆数字化改造为龙头，加快省图书馆与各地公共图书馆、各高校图书馆的联网步伐。加强市、县图书馆镜像站建设，增强文化信息资源的传输、存储和供给能力。加快广播电视、直播卫星和移动多媒体系统建设，推进城市有线电视和地面无线广播电视数字化改造，改善和提高广播电视覆盖效能。推进数字化出版、印刷以及现代物流技术的研发应用，构建数字化出版物的生产、传播和网络平台。

（二十）加强公共文化服务人才队伍建设。树立人才是第一资源的观念，着力解决公共文化服务领域人员老化、人才短缺的问题，按照政治强、业务精、素质高、作风正的要求，努力建设一支适应新形势下文化发展要求的公共文化服务人才队伍。

——加大业务技能培训力度。建立健全公共文化服务人才培养培训和继续教育制度，以基层和农村公共文化服务人才为重点，整合资源、完善机制、创新内容、扩大规模，构建多层次、多渠道、多门类的公共文化服务人才培养培训体系。建立健全博物馆、图书馆、艺术馆、文化馆和乡镇综合文化站等公共文化机构工作岗位规范，按照国家有关规定要求，逐步实施职业资格管理制度。争取 2010 年前，将全省现有县、乡两级公共文化机构专职工作人员轮训一遍。

山东省人民政府办公厅印发关于深化文化体制改革加快文化产业发展的若干政策的通知

（鲁政办发[2007]92 号）

（2007－12－12）

关于深化文化体制改革

加快文化产业发展的若干政策

二、税收优惠政策

10. 图书馆、博物馆、文化馆（站）、纪念馆、美术馆、展览馆、书画院、文物保护单位等举办文化活动的门票收入和宗教场所举办文化、宗教活动的门票收入免征营业税。对公益性青少年活动场所暂免征企业所得税。自 2006 年 1 月 1 日起至 2008 年 12 月 31 日，对科普单位的门票收入，以及县及县以上（包括县级市、区）党政部门和科协开展的科普活动的门票收入免征营业税。

六、土地扶持政策

37. 城乡建设确需拆除或改变其功能、用途的图书馆、文化馆（站）、博物馆、纪念馆、美术馆、新华书店、体育场（馆）、青少年宫、工人文化宫、广播电视发射塔、转播台、微波站、卫星上行站等文化设施，必须按照国家有关规定报批。经批准拆除或者改变其功能、用途需要重建的，应按照规划要求择地重建，根据需要保持适度规模。迁建工作应坚持先建设后拆除或建设拆除同时进行的原则；广播电视发射塔、转播台、微波站、卫星上行站等广播电视基础设施的迁建工作应坚持先建设后拆除的原则。迁建补偿费用按国家和省有关规定执行。

政府信息公开与图书馆

青岛市人民政府办公厅关于贯彻实施《中华人民共和国政府信息公开条例》切实做好有关工作的通知(青政办发[2007]26号)(2007—07—29)

四、明确信息公开方式，落实工作责任制

《条例》规定，行政机关应当将主动公开的政府信息，通过政府公报、政府网站、新闻发布会以及报刊、广播、电视等便于公众知晓的方式公开。市政府办公厅要做好《青岛市人民政府公报》的编辑发行工作；市政府新闻办要适时组织新闻发布，及时公开有关信息；市委市政府计算机中心要利用金宏网和青岛政务网服务平台，做好相应的技术保障工作；市广电局要利用数字电视网络、广播等媒体为公众提供信息服务；青岛日报报业集团要利用报刊等媒体宣传政务公开、刊载政府公开信息。以上单位要按照各自职责，制定做好政府信息公开工作的具体措施。市档案局、市文化局负责档案馆、图书馆落实设置政府信息查阅场所，配备相应的设施、设备，为公众获取政府信息提供便利。各行政机关、公共企事业单位应根据需要，设立公共查阅室、资料索取点、信息公告栏、电子信息屏等场所、设施，公开政府信息。以上各项工作要于2007年12月底前完成，并将有关落实情况报市政府办公厅。市政府督查室将适时对各单位贯彻落实《条例》的工作进展情况进行督查。

新疆维吾尔自治区人民政府办公厅关于贯彻落实《中华人民共和国政府信息公开条例》有关问题的通知(新政办发[2007]182号)(2007—08—31)

五、进一步抓好政府网站建设，保障工作开展

根据条例第十五条规定和我区的实际，政府网站是我区县级以上各级政府（行署）和部门信息公开的主要手段之一，是政府信息公开工作开展的重要平台。因此，各地、各部门必须大力加强政府网站建设并抓好应用管理。

自治区县级以上人民政府（行署）和政府部门、直属机构凡尚未建立政府网站的，必须高度重视、认真部署，加大网站建设工作力度，为开展政府信息公开工作提供手段上的基本保障。各地、各部门要根据政府网站的三大功能定位，建立好政府信息公开专栏，抓好内容建设和完善工作，畅通链接，开设政府信息公开意见箱，建立起与社会和公众就信息公开工作的交流和沟通渠道。同时要在档案馆、图书馆和广场等公共场所，设置政府网站查询点或大屏幕显示，通过建立与政府网站相连接的政务呼叫中心或提供政府公开信息的电话查询服务等方式，扩大政府信息公开的服务覆盖范围。

四川省人民政府办公厅关于全面落实《中华人民共和国政府信息公开条例》的实施意见(川办函[2007]241号)(2007—09—05)

三、建立健全工作机制和制度措施

（三）制订相关配套措施。首先，充分发挥政府网站的第一平台作用，将政府信息的内容在政府网站上公开，暂不具备条件的县、乡级政府和部门应在上级政府网站上进行公开。第二，在本地的国家档案馆、公共图书馆设置政府信息查阅场所，各部门应根据需要设立相应的场所或设施，以利公众及时完整地获取政府主动公开的信息。第三，大力推进电子政务建设，强化政府网站的支撑保障体系。第四，落实政府信息公开责任单位和责任人，坚持“谁提供，谁审核，谁负责”的原则，按照职能职责的要求把好审核和审签关，确保公开信息的准确性、权威性、完整性和时效性。

福建省人民政府办公厅关于做好施行《中华人民共和国政府信息公开条例》准备工作的通知(闽政办[2007]185号)(2007—09—18)

二、贯彻施行《条例》准备工作的主要任务

（四）认真落实和制定相关配套措施

1. 各级政府及其部门都要利用政府网站开设政府信息公开专栏，并建立和畅通链接。各地要尽快在本地的档案馆、公共图书馆设置政府信息查阅场所，各级政府及其部门应根据需要设立相应的场所或设施。各级政府网站开设政府信息公开意见箱，及时听取公众对政府信息公开的意见和建议。各级政府、县级以上政府部门、各地档案馆、公共图书馆，要按时链接和公布政府信息公开指南和公开目录。此项工作于 2008 年 3 月底完成。

江苏省政府办公厅关于做好施行《中华人民共和国政府信息公开条例》准备工作的通知（苏政办发[2007]118 号）

（2007—09—25）

五、大力推进政府网站及其他政府信息公开载体建设。在充分运用政府公报、报刊、广播、电视等传统公开载体的基础上，积极发挥各级政府网站作为政府信息公开第一平台的作用。各级政府及其部门（单位）网站都要开设政府信息公开专栏，及时发布和更新政府信息，并建立和畅通链接。要在政府网站开设政府信息公开意见箱，及时听取公众对政府信息公开的意见。各级政府要尽快在本地的国家档案馆、公共图书馆设置政府信息查阅场所，并充分利用其网络设施，设置政府网站公共检索点，发挥好政府网站的辐射作用。各部门（单位）应根据需要设立相应的场所或设施，以利公众及时完整地获取政府信息。

成都市人民政府办公厅关于贯彻落实《中华人民共和国政府信息公开条例》的通知（成办发[2007]84 号）

（2007—09—29）

三、扎实做好准备工作

（三）各区（市）县政府和市政府有关部门要在 2008 年 3 月底前，完成政府信息查询场所设立工作。其中：市档案局负责进一步完善市政府信息公开服务中心工作；市文化局负责公共图书馆查询点设置工作；市政务服务中心负责全市政务服务中心网络查询点设置工作；市民政局、市劳动保障局、市国土局、市规划局、市房管局试点设立信息公开查阅室（点）工作；市政府办公厅负责市政府各部门设立信息公开资料索取点实施工作。

大连市人民政府办公厅关于做好《中华人民共和国政府信息公开条例》实施准备工作的通知（大政办发[2007]138 号）

（2007—09—30）

五、明确政府信息公开方式和途径

各级政府、各部门、各有关单位要按照《条例》规定，将主动公开的政府信息，通过政府公报、政府网站、新闻发布会以及报刊、广播、电视等便于公众知晓的方式公开。市档案局、市文化局负责在档案馆、图书馆落实设置政府信息查阅场所，配备相应的设施、设备，为公众获取政府信息提供便利。各级政府、各部门、各有关单位应根据需要，设立公共查阅室、资料索取点、信息公告栏、电子信息屏等场所、设施，公开政府信息。以上各项工作要于 2007 年 12 月底前完成，并将有关落实情况报市政府政务公开工作领导小组办公室。

河南省人民政府办公厅关于做好施行《中华人民共和国政府信息公开条例》准备工作的通知（豫政办[2007]107 号）

（2007—10—09）

二、贯彻施行《条例》的主要工作任务

（三）充分发挥政府网站在政府信息公开工作中的作用。政府网站是政府信息发布的法定载体，是政府信息公开的第一平台。各省辖市政府和省政府各部门要重视和加强政府门户网站的建设，强化内容保障支撑体系，开设政府信息公开专栏，方便公众及时获取和利用政府主动公开的信息。同时，要充分利用档案馆、公共图书馆等场所的网络设施设置政府网站公共检索点，发挥政府网站的辐射服务作用。

宁波市人民政府办公厅关于加强信息资源开发利用工作的实施意见（甬政办发[2007]202 号）

（2007—10—09）

二、加强信息资源开发利用工作的指导思想、发展目标和主要原则

（二）发展目标。

公益性信息资源开发利用的目标是：1. 建成一批重点领域公益性数据库；2. 建成一批面向城市管理与生活的公共领域信息服务平台；3. 建成一批数字图书馆、数字档案馆；4. 建成一批社区便民信息服务站；5. 建成一批农村、农民、农业信息服务点。

三、加强政务信息资源的开发利用

（五）加强政府信息公开规定的督查力度。根据《中华人民共和国政府信息公开条例》与《宁波市政府信息公开规定》（市政府令第124号），尽快编制政府信息公开目录，并加强贯彻实施的督促检查。充分利用政府门户网站、重点新闻网站、报刊、广播、电视等媒体，以及档案馆、图书馆、文化馆、社区服务中心、农村信息服务站等场所，为公众获取政府信息提供便利。

青海省人民政府办公厅关于做好《中华人民共和国政府信息公开条例》实施准备工作的通知(青政办[2007]166号)(2007—10—11)

九、完善政府信息公开方式，设立政府信息查阅场所

2008年3月前，各级政府及部门（单位）网站都要建立和畅通连接，开设政府信息公开专栏。要充分利用档案馆、公共图书馆等场所的网络设施，在本地档案馆、公共图书馆设置政府网站公共检索点和政府信息查阅场所。不具备条件设置信息查阅场所的，行政机关要在指定办理机构设置信息查阅室、资料索取点、信息公告栏、电子信息屏等场所、设施，通过网站等多种途径公开政府信息，发挥好政府网站的辐射作用。政府网站要开设政府信息公开意见箱，听取公众对政府信息公开的意见和建议。同时各有关部门要明确汇交制度，定期指派人员将公开的资料信息汇交到公共信息查阅场所，也可以通过邮寄、网络等传送到公共信息查阅场所，为公民、法人或其他组织获取政府信息提供便利。

北京市人民政府办公厅关于贯彻施行《中华人民共和国政府信息公开条例》准备工作的通知(京政办发[2007]71号)(2007—10—23)

四、拓展政府信息公开渠道，保证信息畅通

（三）本市各级各类政务服务办事大厅要设置政府信息公共咨询、查阅、申请点。市及区（县）档案馆要开辟政府信息查阅服务场所，市及区（县）文化局要在公共图书馆开辟方便公众查阅政府信息的场所，并设置相应查阅设施。

北京市施行《条例》准备工作责任分工

四、落实场所和设施（6项）

20. 在全市各级公共图书馆设置政府信息查阅服务设施，实现市、区（县）、街道（乡镇）、社区（村）图书馆四级网络与政府信息的畅通和链接。

主责单位：市文化局、各区（县）政府

完成期限：2008年1月底

山东省人民政府办公厅关于做好施行《中华人民共和国政府信息公开条例》有关工作的通知(鲁政办发[2007]85号)(2007—11—01)

五、落实和完善政府信息公开各项配套措施

各级、各部门要继续加强电子政务建设。要利用政府电子政务建设成果，切实推进政府信息公开，加强对政府信息公开工作的动态管理。要突出强化政府网站作为政府信息公开第一平台的作用，不断提高政府网站的信息公开水平和公共服务能力。要注意发挥政府新闻发布、政府公报在政府信息公开工作中的作用。要利用报刊杂志、公开栏、显示屏、小册子等多平台、多形式向社会公开政府信息。要抓好档案馆、公共图书馆等场所设置政府网站公共检索点的工作。

宁波市人民政府关于做好施行《中华人民共和国政府信息公开条例》准备工作的通知(甬政发[2007]115号)(2007—11—05)

四、尽快落实政府信息公开场所及相关配套设施

市文广新闻出版局、市档案局要尽快在市图书馆、市档案馆落实政府信息查阅场所，完善设施，方便查阅，及时公开政府信息。各县（市）、区也要在本地的档案馆、公共图书馆落实政府信息查阅场所。有线电视台、114号电话号码百事通的有关栏目要及时更新政府有关信息，方便公众查询。

西藏自治区人民政府办公厅关于做好施行《中华人民共和国政府信息公开条例》准备工作的通知(藏政办发[2007]104号)

(2007-11-13)

四、大力推进政府网站及其他政府信息公开载体建设

在充分运用政府公报、报刊、广播、电视等传统公开载体的基础上，积极发挥各级政府网站作为政府信息公开第一平台的作用。各地（市）、各部门要重视和加强政府门户网站的建设，强化内容保障支撑体系，开设政府信息公开专栏，方便公众及时获取和利用政府主动公开的信息。要在政府门户网站开设政府信息公开意见箱，及时听取公众对政府信息公开的意见。同时，各地（市）要在本地的档案馆、公共图书馆设置政府信息查阅场所，并充分利用其网络设施，设置政府网站公共检索点，发挥好政府网站的辐射作用。各部门应根据需要设立相应的场所或设施，以利公众及时完整地获取政府信息。

辽宁省人民政府办公厅关于做好省政府门户网站内容保障工作的通知(辽政办发[2007]78号)

(2007-11-16)

附件1

辽宁省政府门户网站栏目内容保障方案

四、《公益服务》之一：百姓生活栏目内容保障

栏目名称	内容	保障方式	保障部门
文化设施	图书馆、博物馆、美术馆、体育馆等文化设	网上抓取、报送	省文化厅、省体育局、各市人民政府

五、《公益服务》之二：便民查询

栏目名称	保障方式	保障部门
图书馆查询	网站链接	省政府办公厅

内蒙古自治区人民政府办公厅关于做好施行《中华人民共和国政府信息公开条例》准备工作的通知(内政办发[2007]118号)

(2007-11-21)

三、加强政府信息公开载体建设

各级政府、各部门和单位要按照《条例》第十五条、第十六条规定，充分利用各种信息媒介和平台，扩大政府信息公开的覆盖面。要加快各级政府门户网站建设，各盟市、各旗县、自治区各部门及有条件的苏木乡镇，力争在2008年2月底前全部开通门户网站，设立政府信息公开专栏，登载《指南》和《目录》，使各级政府网站成为全天候、自助式的政府信息公开窗口。同时，要在各级国家档案馆、公共图书馆设立政府信息查询场所和设施。各级政府、各部门和单位应向所在地国家档案馆、公共图书馆及时送交本级政府、本部门和单位的《指南》和《目录》，并制定相应的送交制度。此外，要充分利用政府新闻发布会、政府公报、新闻传媒等形式，及时公开政府信息。

南京市政府信息公开规定

(2007-11-22)

第二章　主动公开

第十三条　公开政府信息，可以采取下列一种或者几种方式予以公开：

（三）综合档案馆、公共图书馆、公共查阅室、资料索取点、信息公告（示）栏、电子屏幕、触摸屏等场所或者设施

安徽省人民政府关于贯彻《中华人民共和国政府信息公开条例》的实施意见(皖政[2007]120号)

(2007-11-30)

三、规范政府信息公开方式和程序，切实保障人民群众的合法权益

（九）落实政府信息主动公开方式。政府机关应当通过多种方式主动公开政府信息，并确定政府网站、政府公报作为主要的信息发布渠道。各级政府应当设立门户网站，提供本辖区政府公开信息导航、查询与检索服务，建立健全政府信息网上发布、更新制度。政府公报应当备置于各

级政府办公地点的适当场所、档案馆、公共图书馆，并及时发至指定的书报亭、书店、邮局等免费发放点，方便公众免费查阅。进一步完善政府新闻发布会制度，确保新闻发布主动、及时、准确、权威。各级政府机关应当设立固定的政府信息公开栏、电子屏幕、电子触摸屏等设施，设置公共查阅室或者公共查阅点等信息查阅场所，有条件的可以设立政府信息公开服务热线。

文化遗产保护与图书馆

江西省人民政府办公厅关于加强我省非物质文化遗产保护工作的意见

（赣府厅发[2007]7号）

（2007－01－23）

五、加强非物质文化遗产的研究、认定、保存和传播

各地要组织各类文化单位、科研机构、大专院校及专家学者，对非物质文化遗产保护的理论和实践问题进行研究，注重科研成果和现代技术的应用。组织力量对非物质文化遗产进行科学认定、鉴别、分类，制订和落实保护方案。各级公共文化机构以及经政府文化主管部门授权的有关单位，可以征集非物质文化遗产实物、资料，并予以妥善保管。要采取有效措施，防止珍贵的非物质文化遗产实物和资料流出境外。对非物质文化遗产的物质载体也要进行保护，对已被确定为文物的，要按照《中华人民共和国文物保护法》的相关规定执行。充分发挥各级图书馆、文化馆、博物馆、科技馆等公共文化机构的作用，有条件的地方可设立专题博物馆或展示中心。江西省非物质文化遗产研究保护中心已成立，市、县（区）也要成立相应机构，把非物质文化遗产保护工作作为一项长期任务承担起来。

六、加强领导，落实责任，建立协调有效的工作机制

要充分发挥非物质文化遗产对广大未成年人进行传统文化教育和爱国主义教育的重要作用。各级图书馆、文化馆、博物馆、科技馆等公共文化机构要积极开展对非物质文化遗产的传播和展示。教育部门和各级各类学校要逐步将优秀的、体现民族精神与民间特色的非物质文化遗产内容纳入有关教材，开展教学活动。鼓励和支持新闻出版、广播电视、互联网等媒体对非物质文化遗产及其保护工作进行宣传展示，普及保护知识，培养保护意识，努力在全社会形成共识，营造保护非物质文化遗产的良好氛围。

安徽省人民政府办公厅转发国务院办公厅关于进一步加强古籍保护工作意见的通知

（皖政办[2007]9号）

（2007－3－12）

二、制定保护规划

各地要根据实际情况，在调查研究的基础上，结合古籍保护的长远目标和近期安排，制定切实可行的保护规划。按照有关技术标准和规范，进行古籍普查登记、清点、编目整理及数字化加工、缩微复制等，切实保护好我省珍贵古籍。同时，要宣传普及古籍保护的相关知识，动员全社会关心支持古籍保护工作，促进古籍利用和文化传播。

三、开展古籍普查

我省古籍普查登记工作由省文化厅牵头负责，省图书馆组织实施。各级公共图书馆要积极配合，摸清本地古籍底数。教育、宗教、民族、文物等部门根据实际情况，制订本系统古籍普查实施方案，也可委托省图书馆统一开展普查登记工作。民间收藏的古籍可到省图书馆进行登记定级、著录。省图书馆根据各地、各有关部门古籍普查成果汇总形成全省古籍目录，并将全省古籍普查成果上报国家图书馆。

四、申报古籍名录

各地要在抓好本地古籍普查登记的基础上积极申报“国家珍贵古籍名录”和“全国古籍重点保护单位”。省将在申报国家名录的基础上，适时建立省级珍贵古籍名录，命名省级古籍重点保护单位。

五、加大资金投入

各级财政部门要对本地区古籍普查、修复、出版及数字化等工作给予必要的资金投入。要制定鼓励政策，积极吸纳社会资金参与和支持古籍保护工作。

南宁市人民政府办公厅关于印发南宁市少数民族古籍抢救搜集整理工作方案的通知

（南府办[2007]100号）

（2007－04－13）

南宁市少数民族古籍抢救搜集整理保护工作方案

一、组织机构

南宁市壮族及其他少数民族古籍大多是通过民族民间文化艺人口传心授代代传承下来，用民族古文字撰写的少数民族古籍也均为手抄本，这些少数民族古籍大都分散在民间，多以非物质形态存在，“人亡物失”，流失严重，许多少数民族古籍面临失传的危险。积极开展少数民族古籍抢救搜集整理保护工作刻不容缓。

（一）成立南宁市少数民族古籍抢救搜集整理保护工作领导小组。组长由市人民政府分管副市长担任；副组长由市民委主任、市文化局局长担任；成员由市民族、文化、财政、公安、广播电视、市志、档案、《南宁日报》等部门分管领导和各县、区人民政府分管领导组成；负责组织领导全市少数民族古籍抢救搜集整理保护工作，协调督促检查有关工作开展情况。

领导小组下设办公室，办公室设在市民委。办公室主任由市民委分管副主任担任；办公室副主任由市文化局分管副局长担任；成员从市民委、市文化局及有关单位抽调人员组成；办公室具体负责少数民族古籍抢救搜集整理保护工作的会务筹办、上下联络、综合协调、起草相关文件和材料、整理报送信息、办理领导小组交办的其他工作。

（二）成立南宁市少数民族古籍抢救搜集整理保护专家工作组和专家顾问组。专家工作组从市民委、市文化局、市志办、市少数民族联谊会等单位抽调或聘请专业人员，负责承办和实施少数民族古籍抢救搜集整理保护具体任务。

专家顾问组从中央民族大学、自治区民族古籍办、自治区民族研究所、自治区博物馆、广西民族大学、广西师范学院等单位聘请有关专家、学者组成，具体指导和参与首府南宁少数民族古籍抢救搜集整理保护工作。

二、主要任务

（一）全面开展少数民族古籍普查摸底和登录工作。在全市范围内开展少数民族古籍普查摸底和登录工作，全面掌握各级图书馆、博物馆（文管所）、社会民间所藏古籍情况，对各类古籍进行详细清点，按书籍类、碑铭类、文书类、讲唱类进行分类编制简目，依据有关标准进行定级，建立南宁市少数民族古籍信息数据库，并上报自治区古籍办。

（二）有计划、有重点地开展对少数民族古籍的征集整理和研究利用工作。在开展普查摸底的基础上，对已掌握的壮族《师公经》、《巫经》、《骆垌舞》、山歌古本等珍贵的少数民族古籍资料（手抄本），进一步扩大征集范围，力争征集齐全。同时，对征集的古籍进行整理和研究利用，积极利用现代科学技术，整合现有资源，推进少数民族古籍数字化工作，向社会和公众开放少数民族古籍资源，对有价值的古籍进行编辑出版。

（三）开展对少数民族古籍保护的宣传教育。通过讲座、展览、培训、研讨、新闻媒体、资料印发等形式大力开展少数民族古籍抢救征集整理宣传工作，普及保护知识，展示保护成果，培养公众的保护意识，营造全社会共同保护少数民族古籍的良好氛围，促进少数民族古籍保护和民族文化传播。

三、职责分工

（一）市民委：主要负责少数民族古籍抢救搜集整理保护工作的组织协调、督促检查和工作指导，同时负责信息报送及领导小组办公室的日常工作。

（二）市文化局：负责组织市图书馆、群众艺术馆、文联、博物馆、文物所等文化单位依职责实施少数民族古籍普查摸底和登录工作，负责从业务技术方面指导各县、区开展少数民族古籍抢救搜集整理保护工作。

（三）市志办：负责对地方府志的少数民族古籍进行登录与整理工作，为编辑出版工作提供相关资料。

（四）市档案局（档案馆）：负责对官方文书的少数民族古籍进行登录、整理、保护，提供相关资料。

（五）市公安局：按照有关规定将收缴的民族古籍资料移交民族古籍管理部门。

（六）广播电视局：负责组织电视、广播实

施少数民族古籍抢救搜集整理保护的宣传。

（七）南宁日报社：实施少数民族古籍抢救搜集整理保护的宣传工作。

（八）市财政局：负责市少数民族古籍抢救搜集整理保护工作的经费保障。

（九）各县、区人民政府：负责开展本县、区少数民族古籍普查摸底和登录工作，建立县、区少数民族古籍信息数据库，上报市少数民族古籍抢救搜集整理保护工作领导小组办公室。

（十）专家工作与顾问组：参与重大的调查、征集、整理和编目登录工作，建立南宁市少数民族古籍信息数据库，负责古籍的研究、编辑、评审和出版工作。

四、工作步骤

（一）从2007年4月份开始，编印宣传资料，在《南宁日报》、电视台、电台等媒体实施宣传，举办各县区、各有关部门人员参加的民族古籍普查与编目培训班（市民委、市文化局牵头）。

（二）2007年4月至9月，各县区、各部门按照职责分工，全面实施普查摸底和收录工作（各县区、各职能部门牵头）。

（三）2007年10月至12月，实施民族古籍征集、整理和分类定级，建立市少数民族古籍信息数据库，编印《南宁市少数民族古籍编目简介》（市民委、专家组牵头）。

（四）从2008年1月开始，有计划、有重点地对少数民族古籍进行研究、出版，展示少数民族古籍保护成果，促进少数民族古籍保护和民族文化传播（专家组牵头）。

（五）2008年2月，召开总结表彰会，对开展少数民族古籍抢救搜集整理保护工作贡献突出的单位和个人进行表彰奖励（市民委、市文化局牵头）。

内蒙古自治区人民政府办公厅转发国务院办公厅关于进一步加强古籍保护工作意见的通知

（内政办发[2007]53号）

（2007－05－11）

一、认真做好全区古籍普查工作。从2007年至2010年，我区将开展古籍普查登记和定级工作。此项工作由自治区文化行政部门组织落实，内蒙古图书馆具体实施，全区各公共图书馆、高等院校图书馆、中学图书馆、档案馆、科研、文博单位、宗教单位（寺庙）和私人藏书机构要做好配合工作。全区各级教育、宗教、民族、文物、档案和科研等部门，要积极配合文化部门做好本系统的古籍普查登记工作。普查结束后，由内蒙古图书馆汇总普查成果，建立科学规范的全区古籍目录和信息数据库。

二、建立古籍保护制度，改善古籍保管条件。自治区文化行政主管部门要结合古籍普查登记工作，制定相关标准和条件，建立《内蒙古自治区珍贵古籍名录》，报自治区人民政府批准后公布。对古籍收藏量较大、拥有珍贵古籍、具备一定保护条件的单位，经自治区人民政府批准，可命名为全区古籍重点保护单位。对列入《内蒙古自治区珍贵古籍名录》的古籍收藏单位和全区古籍重点保护单位，各盟市、旗县（市、区）人民政府要进行重点投入和监督检查，自治区文化行政主管部门也要定期进行评估和检查。自治区文化行政主管部门要制订古籍数字化标准，规范古籍数字化工作，建立和完善全区古籍书目数据库，加快古籍书库的标准化建设，并采用缩微技术复制、抢救珍贵古籍。要整合现有资源，在内蒙古图书馆建立面向公众开放的古籍门户网站。

无锡市政府办公室转发市文化局关于推进全市工业遗产普查工作的实施意见的通知

（锡政办发[2007]86号）

（2007－05－18）

关于推进全市工业遗产普查工作的实施意见

（市文化局2007年5月）

二、全面扎实开展工业遗产普查，年内完成普查，摸清“家底”

（一）明确重点，做好梳理工作。下一步工业遗产普查重点是：建国前民族工商业企业、名人故居及公益遗存；建国后50年代的工商业企业；改革开放期间的乡镇企业。普查内容分物质文化遗产和非物质文化遗产，物质遗存有厂房、仓库、码头、桥梁、学校、医院、故居及机关建筑等不可移动文物和机器设备、生产工具、办公用具、生活用具、历史档案、商标徽章及文献、手稿、图书资料等可移动文物。非物质遗产有生产工艺流程、传统手工技艺、品牌影响等相关的文化工艺形态。市区要重点普查工商建筑、名人故居及工商资料、实物档案，村镇要重点普查乡镇企业的老厂房及设备。要一个区域一个区域查，一个单位一个单位认定，全面摸清家底；要做到一一梳理、建立目录和普查档案。重点项目普查要全面知底，在知悉底数的基础上进行梳理登记，列出目录，提交认定。

（三）明确分类，做好保护工作。在认真摸清底数的基础上，分类制定文物保护规划，并认真组织实施。年内，市政府公布首批工业遗产目录，对具有历史、艺术和科学价值的工业建筑公布为市级文物保护单位；市文物管理委员会公布市级文物控制单位；对一些有建筑特色、有规划水平、有突出价值的历史厂区要作为历史街区，纳入城乡规划进行保护；对较具价值的工业可移动文物，由市文化局扎口，分别由市博物馆、图书馆、档案馆和国有专题博物馆征集收藏。

无锡市政府关于印发《无锡市工业遗产普查及认定办法（试行）》的通知（锡政发[2007]208号）
（2007—05—25）

第一章　概念与对象

无锡市工业遗产普查及认定办法（试行）

第二条　工业遗产内容分为物质遗产和非物质遗产。

物质遗产有厂房、仓库、码头、桥梁、故居及办公建筑等不可移动文物；有机器设备、生产工具、办公用具、生活用具、历史档案、商标徽章及文献、手稿、图书资料等可移动文物。

非物质遗产有生产工艺流程、手工技能、原料配方、商号等相关的工业文化形态。

第五章　职责与分工

第十五条　已通过评估界定的工业遗产，市文化部门要积极提升工业遗产文物保护等级。

市文化局会同规划局共同做好工业遗产保护范围和建设控制地带的划定工作，并报市政府批准施行；将有建筑特色、有规划水平、有突出价值的历史厂区，作为历史地段纳入全市总体规划。

较具价值的工业可移动文物，市博物馆、图书馆、档案馆和国有专题博物馆（档案馆）应分别征集收藏。

各级政府要安排专项资金，并纳入本级财政预算，给予重点保障。

山西省人民政府办公厅关于转发省文化厅山西省古籍普查实施方案的通知
（晋政办发[2007]65号）
（2007—05—31）

山西省古籍普查实施方案

一、普查工作机构

成立全省古籍保护工作厅际联席会议，厅际联席会议由省文化厅、省发展改革委、省财政厅、省教育厅、省科技厅、省民委、省新闻出版局、省宗教局、省文物局等部门组成，省文化厅牵头，进行统筹规划，组织实施。各成员单位按照各自的职责分工，密切合作，共同做好古籍保护工作。联席会议办公室设在省文化厅。

成立全省古籍保护工作专家委员会，具体负责珍贵古籍的定级审核和普查咨询工作。

成立山西省古籍保护中心，中心设在山西省图书馆，负责全省古籍普查登记工作和人员培训工作，按照统一标准和教材培训全省普查人员，指导古籍普查登记工作，审核、汇总古籍普查成果，组织专家委员会对善本古籍进行定级，建立山西省古籍综合信息数据库，形成山西省古籍联合目录。并负责向国家古籍保护中心上报普查数据，沟通相关工作事宜。

全省各级各类图书馆、博物馆及各藏书机构作为具体的普查机构，按照统一要求，负责本馆或本地区本部门古籍普查登记工作，并向山西省古籍保护中心报送古籍普查报表。民间收藏的古籍，可直接到山西省图书馆进行登记、定级、著录。也可到所在市、县图书馆进行登记。各地要按照分级负责的原则，结合当地实际情况，建立机构，充分利用已有工作成果，因地制宜开展本地区的普查工作。

二、普查范围和内容

全省古籍普查范围包括全省各级公共图书馆、高校图书馆、科研单位图书馆、文博单位图书馆（藏书楼）、宗教单位图书馆（藏经阁）等；个人或私人收藏机构，也可以纳入普查范围。古籍普查对象为汉文古籍，金石拓片、舆图、简册等特种文献暂不列入这次普查范围。

古籍普查的主要内容包括：古籍基本信息、古籍破损信息和古籍保存状况信息等。古籍基本信息主要指古籍数据标识号、古籍书目信息（如书名、卷数、著者、版本、附注、分类、定级等）、书影等，一般以“部”为单位进行登记；古籍破损信息主要指古籍破损原因、程度、级次和修复需求建议等，一般以“部”为单位进行登记，破损记录应细化到“册”；古籍保存状况信息主要是对古籍库房环境和管理状况的记录，一般以库房为单位进行统计。古籍普查还对收藏单位的基本状况进行调查。

为使古籍普查数据准确、统一，制作普查登记表，包括：《古籍登记表》（附件 1）、《古籍破损登记表》（附件 2）、《收藏单位古籍破损情况统计表》（附件 3）、《收藏单位古籍保存环境调查表》（附件 4）、《收藏单位基本情况调查表》（附件 5）。

全国古籍普查工作的执行标准主要有《古籍定级标准》（WH/ T20－2006）、《古籍普查规范》（WH/ T21－2006）、《古籍特藏破损定级标准》（WH/ T22－2006）、《古籍修复技术规范与质量要求》（WH/ T23－2006）、《图书馆古籍特藏书库基本要求》（WH/ T24－2006）等。全省古籍普查工作执行以上标准。

三、普查步骤和方法

普查采取试点现行，循序推广的办法进行。先选取几个市、县图书馆或高校图书馆作为试点，尝试登记工作，并总结经验，循序推广。

按照《意见》要求和全国古籍保护工作会议的部署，2007 年普查工作的重点是组建古籍普查相关机构，开展普查软件平台的研发工作，开展人员培训，开始对一、二级古籍进行普查，建立中华古籍保护网和中华古籍综合信息数据库等工作。从 2008 年－2010 年，开展二级及以下古籍普查工作，汇总古籍普查成果，逐步形成《中华古籍联合目录》。

普查流程：基层收藏单位填写表格并校对后，汇总提交到山西省图书馆。山西省图书馆对基层收藏单位提交的数据进行审校、汇总，对古籍进行定级，并制作成规范的数据格式文档，提交到国家图书馆。在这一过程中，专家委员会要对数据进行审核、把关。普查结果采用统一的纸本表格或电子表格登记，也可在普查网络平台上进行登记。

四、普查工作要求

全省古籍普查是古籍保护的基础性工作，各地、各有关部门和单位应给予高度重视，认真组织实施。

1. 全省各级普查机构应健全机制、配备普查人员和设备，制订工作细则，对普查工作各个环节实行全过程的质量控制，严格按标准和程序开展普查登记工作，提交普查数据。普查登记工作中，省古籍保护中心应对各普查单位的普查数据进行质量检查。

2. 认真做好人员培训工作，确保普查质量。为保证全省古籍普查工作的顺利开展，山西省图书馆和各市、县图书馆应尽快成立普查队伍。山西省图书馆还应承担起筹备、组织培训等工作。并结合我省的普查任务、人员素质情况、实际工作需要和面临的问题，有针对性地制订培训计划。普查培训应注意对普查人员进行工作责任心和专业知识等方面的培训、教育。集中全省优秀师资力量、专家力量参与、指导培训工作，切实提高培训质量。

3. 各级普查机构应科学、合理编制普查经费预算，将所需普查经费分年度纳入地方或部门预算，确保到位，以保证普查工作的正常开展。

新疆维吾尔自治区人民政府办公厅关于进一步加强自治区古籍保护工作的实施意见

（新政办发[2007]88 号）

（2007－05－31）

一、充分认识古籍保护工作的重要性和紧迫性

新疆区域内的各类古代文献典籍，承载着丰厚的文化内涵，蕴含着各民族特有的精神价值和思维方式，是中华民族数千年历史发展过程中创造文明成果的重要组成部分，是中华文明一脉相承的历史见证，也是人类文明的瑰宝。古籍具有不可再生性，加强古籍保护工作，对于促进文化传承、联结民族情感、弘扬民族精神、维护祖国统一具有重要作用。

新疆的民族成分多，形成的古籍语文种类较多，有回鹘文、婆罗米文、察合台文、阿拉伯文、波斯文、维吾尔文、哈萨克文、托忒蒙古文、柯尔克孜文、满文、锡伯文、乌兹别克文、塔塔尔文、藏文、汉文等 15 种文字，内容丰富多样。由于历史原因，我区古籍的版本载体较为复杂，收藏分布极为分散，收藏条件千差万别。

存在古籍底数不清，古籍老化、破损严重，古籍修复手段落后，保护和修复人才极度缺乏，有些古籍面临失传的危险。因此，加强古籍保护工作刻不容缓。

各地、各有关部门要从全面落实科学发展观，建设社会主义先进文化，构建社会主义和谐新疆的高度，充分认识加强我区古籍保护工作的重要性、必要性和紧迫性，切实增强责任感和使命感，结合我区实际，依据《中华人民共和国文物保护法》和《国务院关于加强文化遗产保护的通知》（国发［2005］42 号），从普查登记、规划设计、组织协调、建立机制、形成制度等方面采取切实可行的措施，进一步做好我区古籍保护工作。

三、突出重点，科学规范地做好古籍保护工作

（一）认真做好古籍普查登记工作

古籍普查登记是古籍保护的基础性工作，是古籍抢救、保护与利用工作的重要环节。各地、各有关部门要精心组织，严格要求，保质保量地完成好古籍普查登记任务。

1. 普查登记时间：2007 年 7 月一2008 年 12 月。

2. 普查登记目的。在全区组织开展古籍普查登记工作，全面了解和掌握全区各级各类图书馆、文物博物、民族宗教、教育、卫生、新闻出版等系统（单位）及民间所收藏、保护古籍的情况，对登记的古籍进行详细清点和整理编目。在全面普查、摸清家底的基础上，分自治区、地（州、市）、县（市、区）三级，建立古籍综合信息数据库，形成《新疆维吾尔自治区古籍联合目录》，并积极配合国家建立珍贵古籍名录，编制《新疆维吾尔自治区珍贵古籍名录》，逐步形成完善的古籍保护制度，以便国家、自治区有重点、有针对性地开展古籍整理、出版和修复工作，促进对古籍资源的利用。

3. 普查登记范围、对象和主要内容。我区古籍普查范围包括自治区境内的各级公共图书馆、高等院校图书馆、科研单位图书馆、文物博物单位、民族宗教单位、医疗卫生单位、书刊出版单位等收藏有古籍的机构和组织，个人和私人收藏机构收藏有古籍的也应纳入普查范围。古籍普查的对象为汉文和各少数民族文字的古籍，其他特种文献，如甲骨、简册、帛书、金石拓片、舆图等，暂不列入这次普查范围。古籍普查的主要内容包括古籍基本信息、古籍破损信息和古籍保存状况信息等。

4. 工作机构与任务分工。自治区古籍普查工作由自治区古籍保护领导小组统一领导、统筹规划，由自治区文化厅牵头组织实施。设立专家委员会，聘任有关专家负责古籍的鉴定、定级及普查、保护咨询工作。自治区图书馆为全区古籍普查登记中心，负责全区古籍普查登记工作和人员培训工作，研制标准，编写教材，培训普查人员，汇总古籍普查成果，建立新疆古籍综合信息数据库，形成《新疆维吾尔自治区古籍联合目录》，并负责向国家图书馆报送古籍普查报表。

地、县两级公共图书馆在同级文化行政主管部门领导下，负责本地区古籍普查登记工作，按照统一的标准和教材，培训本地区的普查人员，汇总并向自治区图书馆报送当地古籍普查报表，建立地方古籍综合信息数据库，形成地方古籍联合目录。

自治区文化、民族宗教、教育、科技、卫生、新闻出版、文物博物等部门，负责组织本系统有关单位，主动协助各级公共图书馆，按照要求做好古籍普查登记工作。

民间收藏的古籍，可到所在地、县图书馆或自治区图书馆登记、定级、著录。

各收藏单位（包括个人和私人收藏机构）所收藏、保护的古籍，其所有权不变。其中的珍贵古籍文献需要整理、出版、修复的，实行申报制，由自治区文化行政主管部门负责受理和规划、落实。

这次古籍普查登记是建国以来在全国范围内进行的第一次全面深入地调查，自治区各有关部门和单位应高度重视，协同配合，认真组织，按时完成普查登记工作。

江苏省政府办公厅关于进一步加强古籍保护工作的意见(苏政办发[2007]85 号)(2007—07—09)

二、科学规范地开展古籍保护工作

（一）全面开展古籍普查登记工作。从 2007 年起，在已有工作成果基础上，用 3 到 4 年时间，开展全省古籍普查登记工作，全面了解和掌

握各级各类图书馆、博物馆等单位及民间所藏古籍情况。2007年重点普查一、二级古籍，建立全省古籍登记制度，做好普查试点工作；2008年至2009年，完成二级及其以下古籍的普查；2010年，汇总普查成果。对普查登记的古籍进行详细清点和编目整理，并依据《古籍定级标准》进行定级。在文化行政部门领导下，南京图书馆负责全省古籍普查登记工作，各省辖市图书馆负责本地区古籍普查登记工作。教育、宗教、民族、文物等部门根据实际情况，制订本系统古籍普查实施方案，也可委托各省辖市图书馆统一开展普查登记工作。民间收藏的古籍可到所在地省辖市图书馆进行登记、定级、著录。南京图书馆负责汇总古籍普查成果，建立全省古籍联合目录。

（三）改善古籍保管条件。按照《图书馆古籍特藏书库基本要求》，建设一批古籍标准书库，改善古籍保管条件，完善安全措施，保障古籍安全。对古籍收藏达到8万册或善本5000册、有古籍专用书库、有保护制度、有专门机构和人员、有保护专项经费的单位，经省政府批准，命名为全省古籍重点保护单位，并作为财政投入和保护的重点。全省古籍重点保护单位每两年命名一次，并定期进行评估、检查，择优申报国家级重点保护单位。

（五）进一步加强古籍的整理、出版、研究和利用。建立古籍数字资源库。利用现代印刷技术，推进古籍影印出版工作。积极采用缩微技术复制、抢救珍贵古籍。向社会和公众开放古籍资源，为公众提供方便快捷的文献服务，发挥古籍在学术研究和文化建设方面的积极作用，特别是要面向青少年开展中国历史、文化和民族精神教育，培养爱国主义情怀，提高科学文化素质。

吉林省人民政府办公厅关于进一步加强古籍保护工作的意见（吉政办发[2007]35号）（2007－07－18）

三、突出重点；科学规范地开展古籍保护工作

（一）全面开展古籍普查登记工作，摸清底数。从2007年6月份开始，用3到5年时间，在全省范围内组织开展古籍普查登记工作，全面了解和掌握各级图书馆、博物馆等单位及民间所藏古籍情况。吉林省图书馆作为全省古籍普查工作的省级中心，要在完成对本单位古籍进行详细清点和整理编目的基础上，负责全省古籍普查登记工作，及时将普查结果上报国家图书馆，并组织专家依据文化部制定的《古籍定级标准》进行定级。各市(州)图书馆负责本地区的古籍普查登记工作。教育、宗教、民族、文物部门要结合本部门实际，制订本系统古籍普查方案并积极组织实施，将普查结果及时汇总到省图书馆。留存于民间的古籍可到收藏人(单位)所在地的市(州)图书馆登记。

（二）建立《吉林省珍贵古籍名录》和古籍综合信息资源库。在全面普查基础上，集中骨干力量，建立《吉林省珍贵古籍名录》和古籍综合信息资源库。对列入《吉林省珍贵古籍名录》的古籍，收藏单位要按有关要求完善保护措施，切实做好保护工作。同时，遴选具有较高历史价值、文物价值、艺术价值和科学价值的古籍申报《国家珍贵古籍名录》。

（三）改善古籍保管条件，命名省级古籍重点保护单位。建立健全古籍书库的建设标准和技术标准，改善古籍保管条件，完善安全措施，保障古籍安全。对古籍收藏量大、善本多、具备一定保护条件的单位，经省政府批准，命名为省级古籍重点保护单位，并作为财政投入和保护的重点。对省级古籍重点保护单位，要定期进行评估、检查。

青海省人民政府办公厅转发省文化厅关于进一步加强我省古籍保护工作意见的通知（青政办[2007]141号）（2007－08－27）

关于进一步加强我省古籍保护工作的意见

三、突出重点，科学规范的开展古籍保护工作

（一）统一部署，全面开展古籍普查登记工作。从2007年开始，用3到5年时间，在全省范围内组织开展古籍普查登记工作，全面了解和掌握我省各级图书馆、博物馆、教育、科研、民委、文物等单位及民间所藏古籍情况，对登记的古籍进行详细清点和编目整理，并依据有关标准进行定级。建立古籍综合信息数据库和少数民族数字资源库，编纂完成青海省古籍联合目录。在省文化厅指导下，由省图书馆负责开展全省古籍

普查登记工作。文物系统要严格按照相关要求和规范，努力配合做好本系统内的古籍收藏和保护状况调查、登记、鉴定、编目、建档等，将该项工作与第三次全国文物普查紧密结合起来，纳入其中，并积极配合做好《国家珍贵古籍名录》和"全国古籍重点保护单位"筛选推荐工作。教育、宗教、民族等部门根据实际情况，制定教育、宗教、少数民族古籍普查实施方案，也可委托省图书馆统一开展普查登记工作；民间收藏的古籍可到省图书馆进行登记、定级、著录。

这次古籍普查登记工作是建国以来全国也是我省进行的第一次全面深入的古籍摸底调查工作，各有关部门和单位要给予高度重视，认真组织，积极开展工作。

（二）实现古籍分级保护，建立《青海省珍贵古籍名录》，逐步形成完善的古籍保护制度。为了加强对珍贵古籍的保护工作，提高全社会对珍贵古籍和少数民族古籍保护重要性的认识，将建立《青海省珍贵古籍名录》，经省政府批准后公布。从《青海省珍贵古籍名录》中遴选出价值高的古籍向国家申报《国家珍贵古籍名录》。对列入《国家珍贵古籍名录》、《青海省珍贵古籍名录》的重点古籍，收藏单位要按照有关要求，完善保护措施，切实做好保护工作，各级政府对此要严格监督，定期检查，保证必要的投入，给予重点保护。

（三）改善古籍保管条件，命名古籍重点保护单位。建立健全古籍书库的建设标准和技术标准，改善古籍保管条件，完善安全措施，保障古籍安全。对古籍收藏量较大，善本较多，管理制度完善，具备一定保护条件的单位，经省政府批准，命名为古籍重点保护单位，并作为财政投入和保护的重点，定期进行评估、检查。对符合全国古籍重点保护单位条件的单位，经省政府同意后，申报全国古籍重点保护单位。并争取建立青海省少数民族古籍收藏馆。

（四）加快推进古籍修复工作，提高古籍修复水平。集中资金，有计划的对破损古籍进行修复，尤其是抓好列入《国家珍贵古籍名录》、《青海省珍贵古籍名录》、濒危古籍和少数民族古籍的修复工作。各收藏单位要建立修复档案，按照有关技术标准和规范对古籍进行修复，确保修复质量。要将传统修复技艺与现代技术相结合，充分吸收国内外先进技术和经验，提高古籍修复水平。在省图书馆设立青海省文献保护重点实验室，开展古籍保护技术的研究和实验。

四、加强领导，明确职责，为古籍保护工作提供有力保障

（一）建立古籍保护工作协调机制。建立由省文化厅（省文物局）牵头，省发展改革委、省财政厅、省教育厅、省科技厅、省民委（省宗教局）、省新闻出版局等部门组成的青海省古籍保护工作联席会议。联席会议办公室设在省文化厅。省文化厅作为联席会议的牵头单位，要积极协调联席会议各成员单位，具体组织实施全省古籍保护工作。联席会议应定期研究少数民族古籍保护工作。具体工作主要依托省图书馆进行。在省图书馆设立青海省古籍保护中心，承担古籍普查登记、业务培训等方面工作。联席会议各成员单位要按照现有职能分工，认真履行职责，密切配合，共同做好古籍保护工作。各州（地、市）人民政府要将古籍保护作为文化遗产保护工作的重要内容，明确工作目标和任务，认真落实保护措施，建立健全古籍保护责任制度和责任追究制度。要成立由相关领域专家组成的古籍保护工作专家委员会，充分发挥专家在古籍修复、保护、研究等方面的作用，推进古籍保护工作的有效开展。

（二）加大古籍保护资金投入。各级财政部门要对古籍普查、修复、出版及数字化等工作给予必要的资金支持。每年应拿出一部分资金用于少数民族古籍保护工作。要制定鼓励政策，积极吸纳社会资金参与、支持古籍保护工作。

（三）加强古籍保护人才培养。有关部门要制订规划，多渠道，分层次培养古籍人才。加强对现有少数民族古籍专职人员教育培训并在保护机制中配备少数民族古籍专职人员。建立古籍修复机构资格准入与修复人员资格认证制度。加强古籍保护工作人员的在职培训和少数民族古籍翻译、整理、出版、研究人才的培养。积极开展国际与地区间古籍保护的交流与合作。

福建省人民政府办公厅关于进一步加强古籍保护工作的意见（闽政办[2007]202 号）

（2007－10－11）

四、加强领导，协同配合，共同做好古籍保

护工作

（一）建立古籍保护工作协调机制。建立由省文化厅牵头，省发展改革委员会、省财政厅、省教育厅、省科技厅、省民族与宗教事务厅、省新闻出版局、省文物局等部门组成的福建省古籍保护工作厅际联席会议，联席会议办公室设在省文化厅。全省古籍普查工作由福建省古籍保护工作厅际联席会议统筹规划，由省文化厅组织实施。厅际联席会议各成员单位要按照现有职能分工，认真履行职责，密切配合，共同做好古籍保护工作。成立“福建省古籍保护中心”，由省文化厅领导，挂靠在福建省图书馆。福建省古籍保护中心作为全省古籍普查登记中心和培训中心，负责全省古籍普查登记和培训工作，按照统一标准和教材培训全省的古籍普查人员。各设区市图书馆负责本地区古籍普查登记工作，汇总并向福建省古籍保护中心报送古籍普查报表；省各有关部门及单位按统一要求开展古籍普查工作，直接向福建省古籍保护中心报送古籍普查报表；民间收藏的古籍可到所在地市级图书馆进行登记、定级、著录。由此建立福建省古籍综合信息数据库，形成福建省古籍联合目录。要充分发挥专家在古籍修复、保护、研究等方面的作用，推进古籍保护工作的有效开展。设立专家委员会，建立古籍专家数据库，聘任有关专家负责珍贵古籍的定级审核和普查咨询工作。

山东省人民政府办公厅关于进一步加强古籍保护工作的意见（鲁政办发[2007]81 号）（2007—10—15）

三、突出重点，科学规范地开展古籍保护工作

（一）统一部署，全面开展古籍普查登记工作。从 2007 年开始，用 3 到 5 年时间，在全省范围内组织开展古籍普查登记工作，全面了解和掌握各级图书馆、博物馆等单位及民间所藏古籍情况。对登记的古籍进行详细清点和编目整理，并依据有关标准进行定级。列入国家古籍保护试点工作的 4 家收藏单位，要在 2008 年 7 月底以前完成普查定级工作。山东省图书馆负责全省古籍普查登记工作，负责汇总全省古籍普查成果，建立全省古籍综合信息数据库，形成全省统一的古籍目录，开展全省古籍业务培训、学术研究等工作。各市图书馆负责本市古籍普查登记工作。教育、宗教、民族、文物等部门要根据实际情况，依据本系统古籍普查实施方案，参加各地图书馆统一开展的古籍普查登记工作。民间收藏的古籍可到所在地图书馆进行登记、定级、著录。加强与国际文化组织和海外图书馆、博物馆等古籍收藏单位的合作。

重庆市人民政府办公厅关于印发重庆市古籍保护工作方案的通知（渝办发[2007]297 号）（2007—10—29）

重庆市古籍保护工作方案

二、总体目标

“十一五”期间，全面普查全市公共图书馆、高校图书馆、博物馆、档案馆和教育、宗教、民族、文物等系统及私人的古籍收藏和保护状况：建立重庆市古籍联合目录、重庆市珍贵古籍名录和古籍数字资源库；实现全市古籍分级保护；完成一批古籍书库的标准化建设；加强古籍修复工作、培养一批具有较高水平的古籍保护专业人员，逐步形成完善、科学的古籍保护工作体系。确定重庆图书馆、西南大学图书馆、北碚图书馆为我市古籍保护工作试点单位，力争进入全国古籍重点保护单位。

三、实施方法

（一）开展古籍普查登记工作

从 2007 年开始，用 3—5 年的时间，在全市范围内组织开展古籍普查登记工作，全面了解和掌握各级图书馆、博物馆等单位及民间所收藏古籍情况。对登记的古籍进行详细清点和编目整理，并依据有关标准进行定级。市文化广电局负责组织实施全市古籍普查工作。

（二）建立古籍保护制度

在古籍普查基础上，统筹规划，有针对性、有重点地对全市的珍贵古籍进行保护。根据古籍的数量、质量和保护条件，命名一批市级重点古籍保护单位，争取 1—3 家单位进入国务院命名的全国古籍重点保护单位。对进入国家珍贵古籍名录和重庆市古籍名录的古籍，收藏单位要根据古籍书库的建设标准和技术标准，改善古籍保管条件。没有条件收藏珍贵古籍的单位和个人，可以统一委托重庆图书馆收藏，古籍所有权不变。

（三）加强古籍的抢救修复工作

珍贵古籍的抢救、修复是古籍保护工作的重点。要集中资金有计划地对各馆藏破损古籍进行修复、抢救，要按照有关技术标准和规范对进入《全国珍贵古籍名录》的古籍和濒危古籍进行修复，保证修复质量。各古籍收藏单位要建立修复档案。重庆图书馆要加强对古籍修复技术的研究，积极吸取国内外先进技术和经验，条件成熟后可成立古籍修复中心，开展古籍保护理论与技术的研究，承担全市古籍修复任务。要积极参与国家古籍数字化标准制定工作，启动我市古籍的数字化工作，继续采用缩微技术复制、抢救珍贵古籍。

(四)加强古籍的整理、出版和开发利用

要加快建立古籍数字资源库，利用现代印刷技术出版古籍影印文献，争取更多重庆古籍入选国家二期善本再造工程。要充分发挥古籍在学术研究和文化建设方面的作用，积极向公众提供古籍全文的数字化阅览、缩微阅览和影印本阅览。积极整合全市图书馆、研究所、高校等单位的古籍研究人员，制定相关规划，大力开展古籍整理出版工作。

四、保障措施

(一)建立重庆市古籍保护工作局际联席会议制度

切实加强古籍保护工作的领导，建立重庆市古籍保护工作局际联席会议制度，制定规范的工作规则，定期召开会议。局际联席会议由市文化广电局牵头，市发展改革委、市财政局、市教委、市科委、市民宗委、市新闻出版局、重庆图书馆等部门和单位组成，负责研究决定我市古籍保护工作的重大事项。局际联席会议办公室设在市文化广电局。

局际联席会议各成员单位要按照现有职能分工，认真履行职责，共同做好全市古籍保护工作。市教委负责全市高、中等院校的古籍普查、保护工作；市民宗委负责全市少数民族、宗教单位的古籍普查、保护工作；市文化广电局负责全市文化系统和个人的古籍普查、保护工作：市新闻出版局负责协调全市古籍出版工作，申报古籍出版立项和经费补贴。

(二)建立市级古籍保护专业组织机构

成立重庆市古籍保护分中心，负责全市古籍普查登记和培训工作，汇总并向国家古籍保护中心报送古籍普查报表，建立地方古籍综合信息数据库，形成地方古籍联合目录。

成立重庆市古籍保护工作专家委员会，加强对全市古籍普查、修复、保护、研究、开发利用等方面的指导。

成立重庆市古籍整理出版规划小组，负责承办古籍整理出版规划工作，向国家古籍整理出版规划领导小组申报国家出版立项和补贴等。

(三)健全古籍保护工作经费保障机制

要加大全市古籍保护经费投入力度。各级财政要将古籍保护工作经费纳入预算安排，对列入《全国珍贵古籍名录》的古籍、进入全国古籍重点保护单位和入选古籍整理出版目录的项目要重点给予支持。积极鼓励公民、法人和其他组织对古籍保护事业进行捐赠。

(四)加强古籍保护人才队伍建设

以重庆图书馆为主，发挥西南大学、重庆师范大学、市档案馆、市社科院等单位和各区县(自治县)文化单位的作用，逐步建立一支专兼职结合的古籍保护人才队伍。要加强对古籍保护人员的分层次培养，有计划地开展在职人员的培训工作，逐步提高古籍保护人员的工作能力和业务水平，培养一批高水平的古籍鉴定、修复和整理专家。积极与国内外的高等院校和研究机构开展合作，学习借鉴先进经验，加强古籍保护技术的研究、运用和推广。

辽宁省人民政府办公厅关于进一步加强全省古籍保护工作的意见(辽政办发[2007]75 号)(2007—11—07)

三、突出重点，科学有序地开展古籍保护工作

(一)全面开展古籍普查工作。从 2007 年 10 月开始，用 3 年时间，在全省组织开展古籍普查工作，全面了解和掌握我省各级各类图书馆、博物馆等单位及民间收藏古籍的情况。对登记的古籍进行详细清点和编目整理，并依据有关标准进行定级。普查工作将按照“统一部署、分级负责、分层次实施”的原则进行，由省文化厅具体组织，在省图书馆设立辽宁省古籍保护中心，具体负责实施普查工作。教育、民族、宗教、文物等部门的古籍收藏单位可根据本系统实际，制定本系统古籍普查实施方案，既可在系统内成立分

中心，根据普查标准开展普查工作，将数据汇总后报送省图书馆；也可由各古籍收藏单位将普查数据直接报送省图书馆。民间收藏的古籍，可到省图书馆进行登记、定级、著录。2007 年 10 月至 2009 年 7 月，重点开展一、二级古籍的普查工作，建立完善的古籍登记制度，着手建立辽宁省古籍综合信息数据库。2009 年 8 月至 2010 年底，开展二级以下古籍普查，汇总古籍普查成果，初步形成《辽宁省古籍联合目录》。

（二）组织《国家珍贵古籍名录》的申报并建立《辽宁省珍贵古籍名录》。从 2007 年 9 月起，我省已经按照文化部统一安排，开始分批次组织《国家珍贵古籍名录》的申报工作。名录申报采取逐级申报的方式进行，各申报单位和个人向省文化厅申报，经省文化厅汇总、初审后，向文化部提出申报。名录原则上从一、二级古籍善本中产生。同时，参照国家模式，制定《辽宁省珍贵古籍名录申报评定办法》，分批次组织我省珍贵古籍名录的建立工作。基本程序是：各申报单位和个人向所在市文化局申报，经各市文化局汇总、初审后，向省文化厅提出申报，经厅际联席会议审核同意后，报请省政府批准后公布。对列入《国家珍贵古籍名录》和《辽宁省珍贵古籍名录》的古籍，收藏单位要按照有关要求，完善保护措施，切实做好保护工作。各市也可建立市级珍贵古籍名录，并采取相应保护措施，加大保护力度。

（三）组织开展全国古籍重点保护单位的申报和辽宁省古籍重点保护单位的命名工作。从 2007 年 9 月开始，我省已经按照文化部要求，组织开展全国古籍重点保护单位的申报工作。全国古籍重点保护单位的申报，由古籍收藏单位向省文化厅提出申请，经省文化厅初审后，报经省政府同意，向文化部申报。同时，制定《辽宁省古籍重点保护单位申报评定办法》，组织我省古籍重点保护单位的命名工作。“辽宁省古籍重点保护单位”的申报，由各古籍收藏单位向所在市文化局提出申请（省直单位直接向省文化厅申报），由市文化局初审通过后，向省文化厅申报，经厅际联席会议审核同意后，报请省政府批准后公布，并统一颁牌。古籍重点保护单位要制定管理办法，完善各项制度，加强管理，不断提高管理水平和工作质量。

（四）加强古籍保护队伍建设。要多渠道、分层次培养古籍保护人才。从 2007 年 10 月开始，有计划地举办全省古籍普查培训班、古籍修复基础培训班和提高班，努力提高古籍从业人员的工作能力和业务水平。在有条件的高等院校设置古籍保护和修复专业，培养一批技术精湛、素质较高的古籍修复人才。要建立古籍修复机构资格准入与修复人员资格认证制度，加强古籍保护工作人员的在职培训和少数民族古籍翻译、整理、出版、研究人才的培养。积极开展国际与地区间古籍保护的交流与合作。

（五）做好珍贵古籍的修复工作。在具备条件的图书馆设立古籍修复室，开展古籍修复工作。各古籍收藏单位要针对古籍所处的保存条件、环境等，提出修复计划和具体方案，尤其是抓好列入《国家珍贵古籍名录》和濒危古籍的修复工作。各古籍收藏单位要建立修复档案，按照有关技术标准和规范对古籍进行修复，确保修复质量。对于一、二级古籍的修复，其修复方案和修复人员须得到国家古籍保护中心和省图书馆认可，必要时一级藏品送国家古籍保护中心或省图书馆修复，以免造成破坏性修复。要将传统修复技艺与现代技术相结合，充分吸收国外先进技术和经验，提高古籍修复水平。

教育事业与图书馆

福建省人民政府办公厅转发省终身教育促进委员会关于实施《福建省终身教育促进条例》试行意见的通知(闽政办[2007]7 号)(2007—01—15)

关于实施《福建省终身教育促进条例》的试行意见

二、明确发展终身教育的指导思想和目标任务

（六）终身教育的具体任务：

5. 举办终身教育活动日活动，激发我省公民参与终身教育的积极性。各地在每年 9 月 28 日终身教育活动日（以下简称“活动日”），应举办各种终身教育宣传活动，充分运用广播、电视、报刊、网络等各种载体，通过生动活泼的宣传形式，大力宣传终身教育思想，表彰终身教育

先进典型。省委宣传部负责开展终身教育的宣传活动，指导新闻媒体加强对终身教育的宣传，积极报道各地、各部门（单位）、社会团体开展终身教育、创建学习型组织的先进典型和活动情况。省科协、省文化厅、省体育局、团省委、省总工会、省委老干部局等部门要协调各级科技馆、图书馆、文化馆、博物馆、美术馆、纪念馆、体育馆、青少年活动中心（青少年宫）、工人文化宫、老年人活动中心等社会公益性场所和设施，在“活动日”免费向公民开放，有条件的地方，上述场所和设施应逐步对未成年人实行全年免费开放。省教育厅负责协调组织“活动日”的具体活动。

河北省物价局、河北省教育厅、河北省财政厅关于实行农村义务教育经费保障机制改革的中小学收费问题的通知(冀价行费[2007]1号)
(2007—01—16)

三、进一步规范中小学收费行为

（四）在教科书之外必须让学生接受教育且免费提供有困难的专项读本、教学参考必需的教辅材料，学校可以根据教师的教学需要少量购买，存放在图书馆（室），供学生借阅，轮流使用，所需经费从公用经费中开支，不得另行向学生收取费用，学校不得要求学生人手一册。

科学技术部、中共中央宣传部、国家发展和改革委员会、教育部、国防科学技术工业委员会、财政部、中国科学技术协会、中国科学院关于加强国家科普能力建设的若干意见
(国科发政字[2007]32号)
(2007—01—17)

二、“十一五”期间加强国家科普能力建设的主要任务

（二）加强公众科技传播体系和科普基础设施建设，建立更加广泛的科技传播渠道。

3. 加强基层科普场所建设。在县文化馆、图书馆和乡镇文化站、广播站、农民书屋、中小学校、农村党员干部现代远程教育接收站点等基层公共设施建设中，增加和完善科普功能。通过开辟乡村科普活动站、科普宣传栏，配备科普大篷车等多种方式，强化农村专业化科普设施建设，为提高农民科学文化素质、建立健康文明的生产生活方式服务。将城市社区科普设施纳入城市建设和发展总体规划，将科普工作纳入社区工作的重要内容，通过设立社区科普活动场所，举办科普讲座、展览、培训、竞赛等多种活动，满足社区居民的科普需求。将社区科普设施建设和开展科普活动情况作为文明社区评选的重要条件之一。

（三）完善中小学科学教育体系，提高科学教育水平。

2. 加强中小学科学教育基础设施建设。建立健全科学教育实验室，使中小学校尤其是边远农村学校实验室数量、实验室的仪器设备，能够基本满足科学课程教学的需要。科学教育的教学仪器、实验材料、工具及多媒体等多种科学教育资源的研发与配备，要体现“以科学探究为核心”的科学教育理念。采取有效措施，进一步培养中小学生对科学的兴趣，提高其操作和动手能力，形成爱科学、学科学、用科学的良好氛围。加强中小学图书室建设，充实科技类图书，扭转我国中小学特别是边远农村学校图书馆规模偏小和科技类图书数量严重不足的现状。主要依托现有力量，建设青少年科普活动资源咨询中心，为全社会提供青少年科普活动的信息和服务。

陕西省教育厅关于印发《陕西省普通高中新课程改革实施方案》的通知(陕教基[2007]7号)
(2007—01—22)

陕西省普通高中新课程改革实施方案

五、实施重点

我省普通高中新课程实验应重点抓好以下几项工作：

（五）积极开发、合理利用课程资源

1. 充分利用学校图书馆、阅览室、实验室、多媒体教室等场地和设施设备，引进、开发与利用好报刊、杂志、电子音像教材、多媒体课件、网络课程等多样性课程资源。因地制宜开发课程资源，努力与当地经济建设和社会发展相结合，利用和争取学校所在地的工厂、社区、高校和科研院所等社会资源和人力资源，为新课程实施提供丰富的课程资源支撑。注重普通高中教育、职业技术教育与成人教育的融合与渗透。农村学校要结合农村建设和发展的实际，积极利用和开发课程资源。

七、保障措施

（四）努力改善办学条件。各级教育行政部门应按照新课程教学的实际需要和《陕西省普通高中新课程装备建设工作的指导意见》和《陕西省普通高中新课程信息化建设工作指导意见》的要求，指导和支持普通高中加强校舍、图书、体育场馆、器材设施、实验仪器、电教设备及各种软件资源等方面的建设工作，不断优化学校教育资源，努力使每所普通高中都能具备实施新课程方案所需的基本条件。

湖南省教育厅关于实施普通高中新课程实验工作的指导意见（湘教发[2007]11 号）

（2007—02—01）

三、实施重点

（四）积极利用、开发课程资源

1. 各地要根据新课程实施的需要，充实、更新新课程实验教学设施设备。各学校要充分发挥图书馆、阅览室、实验室、多媒体教室等的作用，引进、开发与用好报刊、电子音像教材、多媒体课件、网络课程等多样性课程资源；努力与当地经济建设和社会发展相结合，利用学校所在地的工厂、农村、社区、高校和科研院所等社会资源和人力资源，为新课程实施提供丰富的课程资源支撑；要注重普通高中教育、职业技术教育与成人教育的融合与渗透。

河南省教育厅关于严禁农村义务教育阶段学校乱收费的通知

（2007—02—08）

二、取消规定以外的所有收费项目，合理开支纳入公用经费支出范围

2. 在教科书之外必须让学生接受教育且免费提供有困难的专项读本、教学参考必需的教辅材料，学校可以根据教师的教学需要少量购买，存放在图书馆（室），供学生借阅，轮流使用，所需经费从公用经费中开支，不得另行向学生收取费用，学校不得要求学生人手一册。

宁波市人民政府关于“十一五”时期完善高等教育发展体制推进服务型教育体系建设的若干意见（甬政发[2007]10 号）

（2007—02—08）

六、倡导开源节流，建立开放型、服务型的高校发展体制，积极开展节约型学校建设

各高校要开放办学，多渠道吸纳社会资金参与办学。建立开放型、服务型的高校发展体制。要通过与企业开展产品研发、科技攻关、咨询服务、人才培训等多种形式的合作，积极推进产学研结合，加快科研成果转化，努力拓展服务功能；依托学科、专业、实验室、图书馆等资源优势，积极开展对外科技服务和信息情报服务；探索建立以高校为依托的大型社会培训机构，大力开发社会培训市场。通过对外服务与合作吸纳社会资金成效显著的高校，市政府将给予表彰奖励。

汕头市人民政府办公室关于印发汕头市教育事业发展“十一五”规划的通知（汕府办[2007]21 号）

（2007—02—09）

汕头市教育事业发展“十一五”规划

三、“十一五”教育事业发展的主要任务

（二）进一步提高普及九年义务教育的标准和质量

3. 着力推进学校规范化建设及规范化管理。积极落实规范化学校建设项目的规划、征地、建设和资金，将规范化学校建设与义务教育学校布局调整结合起来，加大力度，改善学校校舍、生活设施、图书馆、实验室和仪器室等办学条件。到 2010 年，义务教育阶段学校规范化建设达到 80%左右。同时，建设一批中小学综合实践教育基地和农村中小学生劳动实践场所。

（九）着力推进教育信息化及设备现代化建设

1. 加快常规教学设备建设步伐。启动省有关学校实验室的“新装备工程”。2006 年，完成高中及初中的新装备任务；2007 年，完成农村中心小学及规模较大小学的新装备任务；2008 年，完成农村全部小学的新装备任务。力争 2007 年小学教学装备（包括图书馆建设，下同）符合规范化要求的学校达 50%以上；初中教学装备符合规范化要求的学校达 60%以上；2010 年义务教育阶段的学校教学装备符合规范化要求达 80%以上。

黑龙江省教育厅、省委省政府纠风办、监察厅、物价局、财政厅关于我省在农村义务教育经费保障机制改革中坚决制止学校乱收费工作的通知

（黑教联[2007]5 号）

（2007—02—12）

一、农村义务教育经费保障机制改革实施地区

（二）取消规定以外的所有收费项目，合理开支纳入公用经费支出范围

3. 在教科书之外必须用于学生教育的专项读本、教学参考必需的教辅材料，学校可以根据教育教学需要少量购买，存放在图书馆（室），供学生借阅，轮流使用，所需经费从公用经费中开支，不得另行向学生收取费用，学校不得要求学生人手一册。

湖北省物价局、湖北省财政厅、湖北省教育厅关于进一步明确义务教育学校收费政策的通知

（鄂价费[2007]46 号）

（2007—02—13）

三、取消义务教育阶段收费政策规定之外的所有收费项目，合理开支纳入公共经费支出范围

5. 在教科书之外必须让学生接受教育且免费提供有困难的专项读本、教学参考必需的教辅材料，学校可以根据教师的教学需要少量购买，存放在图书馆（室），供学生借阅，轮流使用，所需经费从公用经费中开支，不得另行向学生收取费用，学校不得要求学生人手一册。

安徽省物价局关于实施义务教育经费保障机制改革后进一步加强收费管理的通知

（皖价电[2007]14 号）

（2007—03—02）

二、取消规定以外的所有收费项目

（三）在教科书之外必须让学生接受教育且免费提供有困难的专项读本、教学参考必需的教辅材料，学校可以根据教师的教学需要少量购买，存放在图书馆（室），供学生借阅，轮流使用，所需经费从公用经费中开支，不得另行向学生收取费用，学校不得要求学生人手一册。

全民科学素质工作领导小组关于转发《科学教育与培训基础工程实施方案》的通知

（全科组办发[2007]9 号）

（2007—03—16）

科学教育与培训基础工程实施方案

一、主要工作内容与目标

2. 加强中小学科学教育资源和基础条件建设，保障科学教育改革的基本条件

在“十一五”期间，要扭转我国中小学特别是边远农村中小学图书馆规模偏小和科技、科普类图书数量严重不足的现状。支持和鼓励为中小学科学教育提供高质量服务的网站建设，加快国家数字科技馆的开发力度，使中小学科学教师和中小学生能方便快捷地从网络、图书馆获得高质量的教学资源和学习支持服务。

二、实施途径

5.“一流科普资源进校园、进社区”项目

组织专家对科学教育类图书、挂图、软件、音像制品等进行评审，选择思想性、科学性、教育性均佳的作品，形成国家公民科学素养推荐读物目录，向中小学、社区和校外教育阵地、社区家庭教育指导中心等机构推荐，作为中小学图书馆及校外教育阵地等机构的基本配备图书资料。对欠发达地区的中小学，由国家免费发放。组织专家科学设计科技馆等校外教育场所的科技教育活动方案，选择趣味性、科学性、教育性均佳的活动，向中小学推荐，采取送进校园或在校外场所开展活动的方式为中小学生参加科学活动提供更多的机会。

四川省教育厅关于组织开展义务教育阶段学校课外活动的通知(川教[2007]69 号)

（2007—03—22）

一、因地制宜，组织开展课外活动

对城镇下午 17:00 之前、农村下午 16:30 之前放学的义务教育阶段学校学生，学校要根据实际组织开展课外活动，开放学校图书室、运动设施等。课外活动要结合学生身心特点和兴趣爱好，因地制宜、形式多样、内容丰富，如各种体育、艺术、科技、兴趣小组、校外参观学习等活动。学生根据自己兴趣爱好选择参加。课外活动时间城镇学校不超过下午 17:30，农村学校不超

过下午 17:00。

四、争取支持，努力创造条件

3. 各级教育行政部门和学校要在当地党委政府的领导和协调下，加强与社区和有关部门的联系，促使校外青少年活动基地免费向学生开放，社区图书馆、科技馆、体育馆、历史文化场所等定期免费向学生开放。

江苏省政府办公厅关于印发江苏省教育事业发展“十一五”规划的通知（苏政办发[2007]28 号）（2007－03－28）

江苏省教育事业发展“十一五”规划

三、主要任务

（五）高水平高质量发展基础教育

专栏四：义务教育阶段学校办学条件改善工程

继续改善农村中小学办学条件，在全面完成农村中小学“六有”工程基础上，启动全省农村初中、小学理化生（科学）实验设备、图书资料、体育、艺术教育器材等教学设施设备“四项配套”建设工程，2008 年底前全部完成。

（七）努力提高高等教育质量

专栏九：高等教育优质教育资源建设工程

数字化图书馆建设。重点加强本专科教学文献信息资源保障与服务，全面提升高校图书文献信息综合服务能力。

高校教学信息化建设。建设基于网络的全省高校教学信息资源共享与查询平台，形成高校教学信息化建设品牌优势。

高校教学状态数据库建设。建立基于网络的教学质量监控体系，定期公布高校教学状态数据。

中共北京市委、北京市人民政府关于大力推进首都学习型城市建设的决定（2007－03－30）

二、加快建立首都终身教育体系和终身学习服务体系

（十）建立覆盖全社会的终身学习服务体系。充分发挥各级各类教育机构为全民学习和终身学习服务的功能，各类中小学校、高等学校、职业学校要带头在构建终身教育和终身学习服务体系中发挥重要作用。充分利用首都教育、科技、文化资源优势，形成覆盖城乡、面向市民的终身学习网络和服务平台。鼓励和组织专家学者及各级各类学校教师和大学生积极参与学习型城市建设。充分利用北京高校的智力资源，建立市民大讲堂，广泛传播中华民族优秀文化和科学技术知识。整合政府、行业、企事业单位的教育资源，各类学校和培训机构面向社会开放学习场所和教育设施，开设适应市民学习需求的专业和课程，开展多种形式的学习和培训活动。逐步扩大市、区两级图书馆、博物馆、科技馆、美术馆等公益性文化设施向市民免费开放的范围，扩展各类科技和文化设施的学习服务功能。开展学习需求调研，沟通学习信息。开展科技周、学习周、文化节等活动，形成浓厚的学习氛围。

山东省物价局、山东省财政厅、山东省教育厅关于进一步规范义务教育阶段学校收费行为的通知（鲁价费发[2007]77 号）（2007－04－09）

二、取消规定以外的所有收费项目，合理开支纳入公用经费开展范围

（二）在教科书之外必须让学生接受教育，但免费提供专项读本、教学参考必须的教辅材料确有困难的，学校可根据教师的教学需要少量购买，存放在图书馆（室），供学生借阅使用。所需经费从公用经费中列支，不得向学生另行收费，学校不得要求学生人手一册。

淄博市人民政府关于认真贯彻《中华人民共和国义务教育法》深入推进素质教育的意见（淄政发[2007]21 号）（2007－04－18）

一、以素质教育的要求为指针，进一步创新工作思路

2. 大力促进教育均衡发展。要将促进教育均衡发展作为促进素质教育实施的根本手段，通过实施中小学布局调整，优化公共教育资源配置。贯彻国家促进教育均衡发展的意见，重点帮扶城区薄弱学校和农村学校提高办学水平，新增教育投入重点投向农村，继续落实教育对口支援。认真做好义务教育段家庭贫困学生的救助工作，对家庭困难学生、学习困难学生、单亲家庭学生等特殊学生群体要给予特别的关爱，保证他

们健康成长。加强师资队伍的统筹管理，实行校长交流任职制度，从办学基础较好的学校及教育行政部门选调开拓意识强、业务水平高的干部到薄弱学校任职，实行城乡学校结对帮扶制度和城市教师农村援教交流制度，优先将优秀的大学毕业生安排到薄弱学校任教，加强师资队伍。加强薄弱学校实验室、图书馆、功能教室等基础设施建设，实现办学条件标准化。大力实施"农村中小学现代远程教育工程"，提高农村中小学的信息化水平，逐步缩小教育的城乡差距和学校之间的差距。

陕西省教育厅关于印发陕西省普通高中新课程改革有关指导意见(方案)的通知

(陕教基[2007]22号)

(2007—04—24)

附件1：

陕西省普通高中课程设置与管理指导意见

四、课程实施

（三）课程资源

学校应加强课程资源建设，充分利用和不断改善校内现有课程资源。要从符合高中新课程需要的角度，优化资源配置，配备和添置必需的图书资料、实验设备、教学软件以及各种教学设施和器材。

附件2：

陕西省普通高中校本课程建设指导意见

四、校本课程开发实施的管理

（四）学校要投入一定的专项经费，保证校本课程资源的开发和建设；要切实加强图书馆、实验室、专用教室、活动基地等设施的建设，合理配置各种教学设备，最大限度利用各种课程资源，为校本课程实施提供物质保障；要充分考虑具体实施校本课程的教师的工作负担，为校本课程的开发实施提供师资保障；要建立校际资源共享机制，积极争取高等院校和科研院所的指导和支持。

中国残联、教育部关于印发《残疾人中等职业学校设置标准(试行)》的通知

(残联发[2007]16号)

(2007—04—28)

第十条　设置残疾人中等职业学校，应符合个别化、无障碍、信息化原则。须有与办学规模、专业设置和残疾人特点相适应的校园、校舍和设施。

图书馆和阅览室：要适应办学规模，满足教学需要。适用印刷图书生均不少于30册，有盲文图书、有声读物和盲、聋生电子阅览室，报刊种类50种以上。教师阅览（资料）室和学生阅览室的座位数应分别按不低于教职工总数的20%和学生总数的10%设置。

信息化建设：要具备能够应用现代教育技术手段，实施教育教学与管理信息化所需的软、硬件设施、设备，并具备安全监控功能。

江苏省教育厅关于贯彻落实教育部中小学公共安全教育指导纲要的通知

(苏教基[2007]16号)

(2007—05—13)

四、切实保障中小学公共安全教育的有效实施。各地各校要采取有效措施，建立健全中小学公共安全教育的保障机制。要保证公共安全教育的时间。各地各校要结合不同学段的课程方案，确保完成《指导纲要》中规定的教学内容，并安排必要的时间，开展自救自护和逃生实践演练活动。要加强教学资源建设。各地各校要积极开发包括网络资源、图文资料等在内的多种形式的教学资源；提倡学校图书馆统一购买相关教育材料，供学生循环借阅使用。要加强对教师的培训。要把公共安全教育纳入教师继续教育的内容之中，分类分层分级展开专题培训。我厅从今年起，将在校长、教师和班主任培训中，专门开设公共安全教育专题，不断提高学校安全教育的能力建设。要制订科学的公共安全教育评价标准，从今年起，我省将在中小学、幼儿园中广泛开展和谐校园的创建活动，公共安全教育工作情况和实施效果是其中一项重要的评价内容。各地也应将学校公共安全教育纳入相应的评价体系之中，作为学校督导和校长考核的重要指标。

国务院批转教育部国家教育事业发展“十一五”规划纲要的通知
(国发[2007]14号)
(2007—05—18)

三、主要任务

(七)加快构建现代化教育体系,积极推进学习型社会建设。

3. 加快教育信息化步伐。

以教育信息化带动教育现代化。大力发展现代远程教育,建设覆盖全国城乡的现代远程教育网络。多形式、多渠道向全国特别是中西部农村地区输送优质教育资源,提高农村学校的教育教学质量,并为农民学习实用技术服务,为农村基层党员和干部培训服务。加快普及信息技术教育,全面提高教师和学生运用信息技术的能力,实现信息技术与教育教学的有机结合。加快教育管理信息化,提高教育管理水平。

努力构建教育信息化公共服务体系。继续加强教育信息化基础设施建设,加强农村学校现代远程教育网络建设和高校校园网建设,创建国家级教育信息化应用支撑平台。加快教育信息资源开发,形成国家信息教育资源服务体系。建立和完善教育信息化技术服务支撑体系。加快教学科研网络、教育政务信息化、高校数字图书馆等应用工程建设。加强教育信息化标准体系建设和专业人才培养,组织对关键技术问题的攻关,为教育信息化提供保障。

浙江省人民政府关于促进高等教育发展的若干意见(浙政发[2007]29号)
(2007—05—23)

四、强化教学中心地位,切实提高育人水平

(四)大力推进优质教学资源建设与共享。调整经费支出结构,加大教学经费投入,切实增加实践教学专项经费,各高校学费收入中用于日常教学经费的比例不得低于25%。加强重点专业建设,发挥重点专业的示范辐射作用。加强教材建设,打造一批精品教材,推进国家、省、校三级精品课程建设。实施教学信息化工程,鼓励教师引入现代教育技术辅助教学。加强专业实验室、实训实习基地建设,建设好高校数字图书馆。充分利用和发挥高教园区集中办学的优势,推进科研、教学平台的开放共享,鼓励和扩大高校间教师互聘、学分互认、课程互选、设施互用,不断提高教学资源的综合利用效率。

上海市教育委员会关于2007年市政府教育实事项目400所农村中小学信息化环境设施建设的实施意见(沪教委基[2007]30号)
(2007—05—26)

四、配套工作

3. 积极为农村中小学提供各种教学资源。将农村中小学所需的教学资源(包括二期课改教学资源,课堂教学用课件、素材、教学平台,数字图书馆、数字期刊库的信息服务,相关教育教学专家讲座等)通过光盘、网络等方式提供给学校,帮助农村中小学教师在教育教学中有效利用信息化环境设施和设备。同时,加强网络资源(库)、学科电子音像教材的建设,以满足各学科的教学需求。

教育部关于加强和改进中小学艺术教育活动的意见(教体艺[2007]16号)
(2007—05—30)

六、教育行政部门和学校要保证必要的经费投入,为开展艺术教育活动提供物质条件保证。要积极创造条件,加强学校艺术教育专用教室和场馆的建设,不断改善艺术教育的设备条件。

应积极整合社会艺术教育资源,在当地政府的协调下,充分利用本地博物馆、剧院、音乐厅、园林、图书馆等文化艺术活动场所,开展学生艺术活动。

福建省教育厅关于印发《福建省达标高中评估办法(试行)》和《福建省达标高中评估标准(试行)》的通知(闽教基[2007]42号)
(2007—06—05)

福建省达标高中评估标准(试行)

序号	项目	分值	级别	评估标准	备注
32	图书馆设备	4	一级	有图书馆，实行计算机管理，全开架借阅，管理制度健全，执行情况良好；藏书室、借书处、学生和教师阅览室、电子阅览室、采编室等馆舍使用面积/2分，以及生均图书拥有量、工具书、教学参考书种类、报刊种类、数字图书和电子报刊、近三年年生均新增图书、藏书分类比例等文献保障均达《福建省普通高中图书馆装备标准》Ⅰ类要求，能为学生开设文献检索与利用、阅读指导等专题讲座，每学年生均借书量不少于15册/2分。	查阅图书馆管理制度和业务活动记录，现场核查，装备标准见《福建省普通高中图书馆装备标准》。
			二级	有图书馆，实行计算机管理，全开架借阅，管理制度健全，执行情况较好；藏书室、借书处、学生和教师阅览室、电子阅览室、采编室等馆舍使用面积/2分，以及生均图书拥有量、工具书、教学参考书种类、报刊种类、数字图书和电子报刊、近三年年生均新增图书、藏书分类比例等文献保障均达《福建省普通高中图书馆装备标准》Ⅱ类要求，能为学生开设文献检索与利用等专题讲座，每学年生均借书量不少于12册/2分。	
			三级	有图书馆，实行计算机管理，管理制度健全，执行情况较好；藏书室、借书处、学生和教师阅览室、电子阅览室、采编室等馆舍使用面积/2分，以及生均图书拥有量、工具书、教学参考书种类、报刊种类、数字图书和电子报刊、近三年年生均新增图书、藏书分类比例等文献保障均达《福建省普通高中图书馆装备标准》Ⅱ类要求，能为学生开设图书馆基础知识等专题讲座，每学年生均借书量不少于10册/2分。	

陕西省教育厅、陕西省财政厅关于集中采购配置中小学教学仪器设备和图书资料的通知

(陕教资[2007]36号)

(2007—06—20)

一、工作目标

通过开展全省集中采购配置工作，逐步改善中小学实验教学条件，实验教学开出率明显提高，实践教学顺利开展；切实加强中小学体育活动设施建设，为学生参加体育锻炼创造良好条件，促进学生身心健康；进一步完善图书室（馆）建设，图书资料种类、数量、结构比较合理，基本满足师生需求；重点支持薄弱学校改善办学条件，提高教育教学质量，促进全省义务教育事业均衡发展。

三、集中采购配置内容

（二）按照教育部有关中小学图书馆建设标准，结合我省实际，集中采购配置十大类中小学图书，分别为：

1. 初中：文化艺术类、文化教育类、历史地理类、自然科学类、综合类；

2. 小学：文化艺术类、文化教育类、历史地理类、自然科学类、综合类。

四、额度分配与测算标准

根据教育部中小学教学仪器配备目录，结合我省实际，本次集中采购配置的教育教学仪器设备和图书资料预算单价暂定为：

（一）初中：初中图书资料（每校每套5万元）。

（二）小学：小学图书资料（每校每套2万元）。

（三）省教育厅、省财政厅根据各地可配置县（区）数、中小学学校数、班级数、在校生数、教学仪器和图书资料装备现状以及人均财力等指标测算各地集中配置额度（具体见附件1）。

教育部办公厅关于做好2007年暑期未成年人校外活动场所工作的通知

(教基厅[2007]8号)

(2007—06—29)

二、主要内容

3. 至少联系一个当地的科技馆、图书馆、博物馆、展览馆、体育馆等公共资源或文艺团体、专业运动队、科研院所、企事业等单位，带领未成年人开展一次体验活动。

北京市教育委员会关于印发北京市普通高中课程改革实验工作方案（试行）的通知（京教基[2007]16号）（2007—07—02）

北京市普通高中课程改革实验工作方案（试行）

四、重点工作

（四）加强课程资源建设

充分利用学校图书馆、阅览室、实验室、多媒体等场地和设施设备，以及报刊、杂志、电子音像教材、多媒体课件、网络课程等多样性课程资源，开发学校所在地区的工厂、农村、部队、社区、高校和科研院所等社会资源和人力资源，为新课程实施提供丰富的课程资源支撑。

陕西省教育厅关于印发《陕西省普通高中新课程学科教学实施指导意见（试行）》的通知（陕教基[2007]36号）（2007—07—02）

陕西省普通高中新课程学科教学实施指导意见（试行）

五、建立和完善课程保障机制，确保新课程教学工作顺利实施

积极开发利用课程资源。在有效利用课程标准和教科书的基础上，充分挖掘校内课程资源，通过学校图书馆等各类教学设施中的教育资源、收集网上资源、制作课件、展示资料、制作多媒体教学软件、开发网页和进行远程学习等，精选蕴含学生终身学习所必备的基础知识与技能，及时体现社会、经济、科技的发展。要重视校外课程资源的作用，根据教学实际情况和学生发展的具体需要，发掘和运用社区及兄弟学校的课程资源，建立经验交流和合作研讨机制，实现资源共享。要注意有效整合校内外课程资源，力求发挥各种课程资源的优势，为新课程提供有力支持。

劳动和社会保障部关于印发国家重点技工学校标准的通知（劳社部发[2007]26号）（2007—07—05）

国家重点技工学校标准

第二章　基础条件

第十一条　学校设有教师、学生阅览室，图书馆藏书量（含电子图书）不少于5万册，图书、资料、报刊、杂志基本能满足教师和学生需要。

福州市人民政府关于进一步义务教育均衡发展的决定（2007—07—16）

三、加大投入力度，逐步推进义务教育办学条件均衡

8. 推进中小学标准化建设。制定并实施《福州市中小学校办学条件标准》，加大城区学校校舍改造、建设力度，加强学校内部办学设施和教学设备的标准化建设，保证同一区域内中小学生就学条件相对均衡。中心城区要按照布点规划，通过改扩建及资源整合等，在3年内（到2009年底）消除办学规模小、质量低、效益差的单班校。各区政府要在城市建设与改造中，统筹拆迁老城区教育预留地，原则上到“十一五”末，应基本完成老城区教育预留地拆迁。要按照小学就近入学、初中相对集中、优化教育资源配置的原则，科学合理调整学校布局，适时调整和撤并一批生源不足、办学条件和办学质量相对较差的学校和教学点，对地处偏僻、交通不便的边远山区可举办高年级寄宿制学校并保留必要的教学点，防止因过度调整造成学生失学、辍学和上学难的问题。建立农村中小学危房改造投入长效机制，确保每年新增危房得到改造和修缮。推进农村中小学校寄宿制建设，力争分别在2007年、2008年内实现农村寄宿制乡镇中心小学和初中校有整洁的校园，有合格的实验室、图书馆（室）和配套的教学仪器设备，有安全的宿舍，有卫生食堂及合格的公厕等“四有”目标。积极鼓励社会、个人和企业投资办学和捐资助学。

中共中央宣传部、教育部、司法部、全国普及法律常识办公室关于印发《中小学法制教育指导纲要》的通知(教基[2007]10号)

(2007—07—24)

中小学法制教育指导纲要

四、中小学法制教育的措施

(二)资源利用

各地教育行政部门和学校要多方开发和利用校内外丰富的法制教育资源，加强法制教育的软件建设，积极开发图文资料、教学课件、音像制品等教学资源；利用网络、影视、图书馆、爱国主义教育基地等社会资源，丰富法制教育的内容和手段。司法、公安部门应选择适合青少年参观的相关普法教育机构和设施，开辟为中小学法制教育基地，向未成年人开放，为青少年法制教育服务。

各地进行法制教育使用的相关材料必须科学、系统、权威，既要符合青少年认识特点和成才需求，又要充分体现法制教育的科学性、规范性、严密性。原则上以结合相关课程教学为主，不另外编写法制教育教材，也不得强行组织学生集体购买。

唐山市人民政府关于进一步加快职业教育发展的意见(唐政发[2007]12号)

(2007—08—02)

四、建立进一步加快职业教育发展的政策体系

25. 落实税收优惠政策。对学校经批准征用的耕地，用于教学用房、实验室、操场、图书馆、办公室及师生员工食堂宿舍用地，免征耕地占用税。对国家拨付事业经费和企业办职业院校自用的房产、土地，免征房产税、城镇土地使用税。纳税人通过中国境内非营利性社会团体、国家机关向教育事业的捐赠，准予在企业所得税和个人所得税前全额扣除。凡与中等职业学校和高等院校签订三年以上合作协议的企业，支付给学生实习期间的报酬，准予在计算缴纳企业所得税税前扣除。对职业院校服务于企业的技术转让、技术培训、技术咨询、技术服务、技术承包取得的技术性服务收入免征营业税和企业所得税。对职业院校举办进修班、培训班取得的收入，全部归学校所有，免征营业税和企业所得税。对学生勤工俭学提供劳务取得的收入，免征营业税。

黑龙江省教育厅关于印发《黑龙江省普通高中课程设置方案(试行)》等文件的通知(黑教基[2007]162号)

(2007—08—02)

附件2:

黑龙江省普通高中学分管理指导意见(试行)

一、学分认定

(三)认定条件

2. 综合实践活动学分认定

(1)研究性学习

④课题研究中收集材料及加工处理资料的记录：包括学生通过图书查询、网络搜索、参观访问、问卷调查、实验记录等所得的文本、录像、录音等素材。学生整理并分析所获取的素材，提炼出自己的认识和见解。

附件3:

黑龙江省普通高中综合实践活动课程实施指导意见(试行)

二、社区服务

(二)内容

3. 社区见习活动：参与社区机构管理服务，如图书馆、健身场所、公园、养老院、绿化机构、乡村农技站(组)等；参加社区民间传统文化活动。

附件8:

关于加强黑龙江省普通高中课程资源建设的指导意见(试行)

一、建设目标

3. 学校图书馆、实验室、专用教室等各类教学场地、设施设备等的配置更为完备，使用更为充分，潜在的各类物力资源得到更为积极的挖掘和利用。

二、建设要求

2. 教学场所和教学设备。各级教育行政部门和学校要根据新课程实施需求，做好现有教学场所功能的调整和改造工作，保证各教学场所适应新课程的需要。要做好区域内高中学校教学场

所的统筹规划，尤其要加强短缺教学场所如新增科目教学场所的规划建设工作。要根据本地高中规模和需要，建立起公用性的通用技术等课程的专用基地，并促进通用技术等专业性较强的教学场所的共享。要健全教学场所的管理制度，充分发挥图书馆、实验室等在促进师生教与学方式转变上的作用，最大限度地满足师生教与学的需要。

三、建设途径

2. 课程资源利用途径包括以下几种：充分发挥名师、骨干教师、学科带头人的作用，优化学校师资资源；整合学校硬件资源，提高使用效率；从学生的经验、兴趣、差异、问题、学习活动过程中捕捉课程资源，关注课堂教学活动的动态资源；根据学校课程发展需求，加强区域内、校内外课程资源的开发、建设与利用；建设案例素材库，建立电子图书馆和虚拟学校以及开设网络课程等，用好网络资源。

五、保障条件

2. 经费保障。各级教育行政部门要在经费投入上为高中学校提供新课程教学必备的基础性课程资源，保证教师参加各类培训的经费投入，保证图书馆、实验室、计算机网络教室、多媒体教室以及各类教学场地等能满足高中新课程实施的基本要求。要做好资源规划，确定学校资源建设目标，着力解决稀缺资源，有计划、分步骤地建设课程资源，坚决杜绝教学设备资源闲置、利用率低下和重复建设等现象。要加大对薄弱学校课程资源建设扶持力度，为促进教育均衡发展创造条件。

4. 政策保障。各级教育行政部门要制定与新课程相适应的政策，解决教师教育、教师配置、教师专业结构等问题，在数量和质量上满足实施高中新课程对师资的需求。要加强对课程资源建设工作的督导评估，包括校内各种设施场所（图书馆、阅览室、各种服务设施、教学设施、计算机房等）是否配备齐全以及是否得到充分利用；校内各种设施场所与校外的场所、机构（图书馆、少年宫、博物馆及其他各种社会机构）是否得到有机的整合，以促进课程资源建设工作有效落实。

江苏省物价局、省财政厅关于印发《江苏省高等学校服务性收费和代收费管理暂行办法》的通知（苏价费[2007]270号、苏财综[2007]68号）（2007—08—08）

江苏省高等学校服务性收费和代收费管理暂行办法

三、收费项目和标准

（一）服务性收费项目和标准

2. 补办证卡工本费。高校首次为学生办理学生证、校徽、图书证、校园卡、就餐卡、毕业证书等各类证卡，不收取费用。学生丢失上述证、卡的，高校可按不超过证、卡工本费的2倍收取补办费用。

4. 资料复印费。高校为学生提供复印等服务的，可按成本收取资料复印费。高校图书馆为学生提供本馆资料检索和查询等，不得收费。

河南省民政厅关于认真做好城乡社区未成年人思想道德教育工作的通知（豫民文[2007]149号）（2007—08—16）

三、采取多种形式，广泛开展未成年人思想道德实践活动

要加强社区未成年人活动设施建设和管理工作，充分发挥其对未成年人的教育作用。各地要把未成年人活动场所建设纳入经济和社会事业发展总体规划，多渠道筹集未成年人活动场所建设所需资金。对现有的未成年人活动场所，要根据需要，适当扩大规模，完善功能。积极开展社区资源共享，充分发挥社区内各类图书馆、文化馆（站）、体育场（馆）、影剧院等场所的教育阵地作用，为未成年人开展活动创造条件。积极探索市场机制参与社区未成年人活动设施建设的路子，鼓励、支持社会资金和社会力量兴办未成年人活动场所。

长春市教育局关于印发《长春市教育教学仪器设备管理暂行办法》的通知（长教[2007]191号）（2007—09—06）

长春市教育教学仪器设备管理暂行办法

第一章　总则

第二条　本办法适用于长春市辖区内所有中小学校、职业院校、幼儿园、教辅单位的教学仪

器设备的使用和管理。具体包括专用教室建设，实训基地的建设，现代教育技术装备，学校图书资料、教学仪器设备的维护、统计、审核和质量监测等工作。

第二章　仪器设备管理范围

第五条　本暂行办法管理的仪器设备主要包括以下几方面：

（一）列入长春市教育局编制的《长春市中小学教育技术装备标准》装备目录，各学科教学大纲、教材所需的仪器设备及图书资料；

（二）学校办公室、实验室、教室、图书馆（室）、阅览室中使用的计算机、打印机、投影机、传真机、空调、一体机、电视机、音响、摄（录）像机、网络设备、办公书柜、教师及学生桌椅、学生宿舍用床；教学管理应用软件；网络工程；体、音、美、卫生器材；新建实验室（功能室）；旧实验室（功能室）的改造、扩建等；

中共上海市科技教育工作委员会、市教委关于深化教育综合改革进一步加强创新人才培养的若干意见(沪教委办[2007]64 号)
(2007—10—09)

三、加强创新人才培养需要积极探索和重点突破的若干工作

9. 强化探索研究，让学生在好奇和探究中提高创新能力。

强化教学中探究与创新实践环节。要研究和试验有助于促进学生创造能力提高的新的教学方式，并及时纳入课程教学体系；加强各级各类学校的教学实验室、图书馆等科技要素的配制工作，为学生开展科研活动提供良好的硬件条件；加强基础教育阶段“劳动技术”、“科学与技术”等课程建设，提高学生动手技能、设计能力、工程意识、美学品位；高校要加强科研与教学的整合，将学科建设和科研成果及时反映到教材和课堂教学之中，将学生科研训练纳入教学环节之中，鼓励和支持大学生参与科技创新；提高研究生学位论文科学研究和自主创新的要求，鼓励与引导研究生在读期间做出高质量的科研成果。

广东省人民政府办公厅印发广东省教育发展“十一五”规划的通知
(粤府办[2007]88 号)
(2007—10—18)

广东省教育发展“十一五”规划

三、主要任务

（五）加快提升高等教育发展水平。

4. 进一步提高教学质量和水平。推进人才培养模式改革，探索多样化人才培养的有效途径。加强实践环节，提高学生的实践能力。推进素质教育，促进学生全面发展。完善教学激励机制，提高教师队伍整体素质。加强教学资源建设，促进教学资源共享。加强教学制度建设，构建教学质量保障新机制。继续推进高校电子图书馆和教学资源中心建设。建设 300 个左右省级名牌专业和 300 门左右省级精品课程，培养 50 名左右国家级和省级教学名师，建设 200 个省级实验教学示范中心，建设和培育 500 个左右国家级、省级教改项目和教学成果。

（八）大力发展社区教育。

4. 推动教育资源向社会开放。高校、普通中学、中等职业技术学校、成人文化技术学校、党团校和社会各类培训机构要主动积极向社会开放，承担更多的学习和培训任务。调动社会各级组织、企业的积极性，建立学校校外培训基地。现有的图书馆、博物馆、科技馆等文化设施要逐步免费向学生开放。

海南省教育厅、海南省发展与改革厅、海南省财政厅关于印发《海南省高等学校服务性收费和代收费管理暂行规定的通知》(琼教计[2007]217 号)
(2007—12—12)

海南省高等学校服务性收费和代收费管理暂行规定

二、高等学校服务性收费和代收费项目及其收费标准

（一）服务性收费

2. 信息检索查询费。学校为学生正常完成课业提供图书馆资料检索、查询等，不得收费。但对需要查询图书馆文献资料的社会人员可以收取信息检索查询费，主要用于期刊数据库购置和相关设备维护费用。收费标准由学校按照成本补

偿、不得营利的原则提出，并报省价格主管部门审批后执行。

佛山市人民政府办公室转发市教育局关于进一步加强我市中小学教育装备建设工作意见的通知(佛府办[2007]412 号)
(2007—12—18)

关于进一步加强我市中小学教育装备建设工作的意见

二、基本目标

严格按照国家和省关于中小学教育装备建设标准，到 2010 年，全面完成实验室（含附属用房）、功能场室、图书馆（室）、体育场地器材、教育信息化设备设施的建设和改造工作。具体目标如下：

（三）大力推进图书馆（室）及藏书的标准化、正版化、数字化建设

到 2010 年，普通高中、初中、小学图书馆生均藏书量分别达到 50、30、20 册以上，每年新增图书比例为藏书量标准的 1% 以上；普通高中、初中、小学报刊总数分别达到 150、70、50 种以上（不含班级和个人订阅），教学参考书、工具书分别达到 250、150、100 种以上。普通高中学校每 1000 名学生配备 1 间多媒体电子阅览室（每间配备 50 台以上学生用多媒体计算机，下同），初中学校建有 1—2 间多媒体电子阅览室，小学至少建有 1 间多媒体电子阅览室。

（六）进一步提高教育装备人员专业化水平

对从事中小学实验工作的人员（下称“实验教师或实验管理员”）、图书管理员等教育装备人员逐步实行职业化、专业化管理，全面提高教育装备人员素质，建设一支与教育现代化、信息化相适应的教育装备队伍。

三、重点任务

（一）以深化课程改革为核心，全面推进教育装备事业的发展

教育行政部门要结合义务教育规范化学校建设、普通高中教学水平评估和示范性高中建设工作，创建一批实验室建设示范学校和示范性图书馆（室）。要采取切实有力的措施，缩小区域之间、城乡之间、学校之间教育装备的差距，促进教育装备均衡发展。着力解决好义务教育阶段学校实施“小班化教学”、普通高中选修课程或人数变化造成教育装备不足的问题，力争使广大师生享有平等的教育装备资源。教育装备机构要严格执行教育装备建设规范和标准，制定教育装备采购和建设工作审批制度，积极深入学校进行指导，力促教育装备工作制度化、规范化和标准化。中小学校要注重优化实验场室设置和设施配备，特别是结合普通高中教学水平评估和义务教育规范化学校建设，加强教育装备的建设、改造和管理，确保教育装备满足课程改革的需要。

（二）以促进学生全面发展为导向，提高教育装备使用效益

3. 积极发挥图书馆（室）为学校教育教学服务的功能，举办形式多样的读书活动，创建“书香校园”，开设学生阅读指导课，引导学生多读书、读好书，提高图书的借阅率和使用率。图书馆开放时间每周应不少于 40 小时，平均每个学生每年借书 15 册（次）以上。

（四）以提高服务水平为目标，加强教育装备人员职业素质技能培养

1. 合理设置实验教师或实验管理员和图书管理员岗位。学校要结合事业单位聘用制度改革，从满足新课程改革需要出发，设置实验教师或实验管理员和图书管理员专（兼）职岗位，建立健全岗位责任和业务考核制度。中小学专职实验教师或实验管理员、图书管理员岗位要分别按照 1984 年《广东省普教系统学校实验室工作章程》和 2004 年《广东省中小学图书馆（室）建设标准》有关要求进行设置。专职实验教师或实验管理员和图书管理员聘用条件、待遇和聘用期限应参照教师聘用制有关规定执行。兼职人员应有一半以上时间从事所在岗位工作。

2. 加快建设一支结构合理的装备人员队伍。各级人事、财政、教育等部门要认真研究解决中小学实验教师或实验管理员职称评聘、晋升和待遇问题，逐步建设一支结构合理、人员稳定的中小学实验教师或实验管理员队伍。建立健全实验教师或实验管理员和图书管理员竞争上岗、绩效评估和奖惩机制，积极开展在职培训和学历进修，逐步提高教育装备人员业务技能和水平。

3. 逐步建立健全中小学教育装备人员持证上岗制度。进一步落实省教育厅《关于加强中小学实验教师（实验管理员）和图书管理员培训工作的意见》（粤教装备〔2006〕15 号），切实把

实验教师或实验管理员和图书管理员的培养培训纳入教师继续教育体系。建立省、市、区合作的分级培训机制，大力开展全员培训，争取用1－2年时间完成新课程实验教学理念、方法、仪器设备操作管理和维修技能等业务培训和考核。到2010年，中小学实验教师或实验管理员必须经过培训考核合格才能担任相应学科的实验教师或实验管理员岗位工作。

四、主要措施

（二）加大教育装备建设经费的投入

3. 保障和落实中小学实验教师或实验管理员、图书管理员的培训经费。实验教师或实验管理员和图书管理员培训经费要纳入中小学教师继续教育经费计划，并按照相关规定执行。

（三）建立完善教育装备规章管理制度

1. 加强对中小学校教育装备的管理。根据《中小学校实验室工作的规定》、《广东省普教系统学校实验室工作章程》和《中小学图书馆（室）规程（修订）》等规章制度，建立健全学校教育装备管理制度，明确职责，落实措施，使教育装备管理工作制度化、规范化和科学化。

3. 规范教育装备采购行为。进一步落实《关于印发〈佛山市教育系统采购管理（试行）办法〉的通知》（佛教规［2007］1号）的有关规定，使新形势下的教育装备供配工作适应公共财政制度，纳入政府采购的轨道。根据教育装备采购的特点，创新教育装备招投标模式，确保质优价廉的设备进入学校。符合省教育厅关于中小学教学仪器设备协议供货办法的学校教学仪器采购，经审批后可实施省级协议供货。学校购置图书资料，要按照市财政局《关于佛山市图书协议定点采购的通知》（佛财采购［2006］11号）要求，实行协议定点采购。

特殊人群与图书馆

南昌市人民政府关于印发南昌市残疾人事业“十一五”发展纲要的通知（洪府发[2007]8号）（2007—01—13）

南昌市残疾人事业“十一五”发展纲要

（2006年—2010年）

三、“十一五”时期残疾人事业发展的主要任务和措施

（六）文化与体育

主要措施

1. 采取措施，鼓励、支持公共文化、体育设施对残疾人开放并提供便利服务和优惠，为残疾人参加群众性文化、体育活动创造条件。公共图书馆（室）为残疾人提供便捷的借阅服务。盲人协会及盲人相对集中的地方开辟盲文及盲人有声读物场所。

兰州市人民政府办公厅关于印发兰州市“十一五”未成年人校外教育事业发展规划的通知（兰政办发[2007]13号）（2007—01—27）

兰州市“十一五”未成年人校外教育事业发展规划

（2006—2010）

三、加快未成年人校外活动场所建设

4. 积极整合各类社会教育资源，充分利用博物馆、纪念馆、展览馆、烈士陵园等爱国主义教育基地和图书馆、文化馆、体育馆、科技馆、影剧院等文化活动场所，开展各类思想道德教育活动，丰富未成年人的校外文化生活。

四、发挥专业校外教育阵地的龙头示范作用

3. 校外图书阅览活动。发挥市少儿图书馆校外读书活动的主阵地作用，加强馆藏建设，增加图书流动阅览站，建设县区少儿图书馆分馆，建成与其他图书馆和重点中小学图书馆的计算机网络。到2010年，达到国家二级图书馆标准，力争建成兰州地区少年儿童文献信息、阅读指导、中小学图书馆文献交换中心，购书经费增加到20万元，藏书增加到10万册。

青岛市精神文明建设委员会2007年全市加强和改进未成年人思想道德建设工作意见（青文明[2007]4号）（2007—02—08）

四、巩固未成年人思想道德教育阵地建设

加强未成年人文化活动场所建设，继续做好博物馆、陈列馆等教育场馆对未成年人集体参观免费开放的工作。增加城乡少年儿童读书场所，充实图书室少儿读物。打造社区“一刻钟读书圈”，继续实施“新农村文化家园”建设工程，

改扩建1200处村文化活动室，配送适合未成年人阅读的图书资料。重视发挥电子阅览场所对未成年人的教育作用，依托学校、图书馆、青少年宫和社区的网络教室、电子阅览室等上网服务场所，建立面向未成年人的公益性上网服务网络阵地，向未成年人免费开放。

（牵头单位：市文化局；责任单位：市文化局、市教育局、市民政局、市财政局、市信息产业局、团市委、市妇联、市科协、各区市政府）

成都市人民政府关于印发成都市残疾人事业发展第十一个五年规划的通知

(2007—02—25)

成都市残疾人事业发展第十一个五年规划

三、主要任务和措施

（五）文化和体育。

1. 主要任务。

（1）市级和各区（市）县公共图书馆为残疾人提供特殊读物。

2. 主要措施。

（1）社会公共文化机构要为残疾人提供优惠服务。

（2）各级政府和文化、体育部门要将公共文化、体育设施普遍对残疾人开放。残疾人综合服务设施要为残疾人特殊文体活动设立专门场所，免费提供必要的设备、设施和服务。文化、教育、出版等部门要组织和扶持残疾人特殊读物的编写和出版；各级公共图书馆、图书阅览室要增加特殊读物的征订和收藏，有条件的公共图书馆可开辟盲文及盲人有声读物场所。

广东省人民政府印发广东省残疾人事业"十一五"发展纲要的通知(粤府[2007]17号)

(2007—02—25)

广东省残疾人事业“十一五”发展纲要

（2006—2010年）

三、“十一五”期间残疾人事业发展的任务指标和主要措施

（五）文化、体育。

主要措施：

1. 各级政府和各有关部门采取措施鼓励、支持残疾人公共文化、体育设施管理机构建设，为残疾人参加群众性文化、体育活动创造条件；公共图书馆和街道（镇）、社区与村图书馆阅览室为残疾人提供借阅服务，开辟盲文及盲人有声读物场所。

贵阳市人民政府办公厅关于转发贵阳市老龄事业发展"十一五"规划的通知

(筑府办发[2007]25号)

(2007—02—27)

贵阳市老龄事业发展“十一五”规划

（2006—2010年）

三、“十一五”老龄事业发展的主要目标和任务

（三）为老服务设施建设

3. 加强老年文化体育活动场所建设，不断丰富和满足老年人精神文化需求。要把老年文化和体育纳入全民文化和体育健身的发展规划，多渠道筹集资金，加强老年活动设施建设。市老干部活动中心要进一步完善设备和功能，区、（市、县）至少要建立一所设施齐全、功能完善、服务到位的老年文化活动中心；街道、乡（镇）要设立老年活动站；有条件的居（村）委会要设立老年活动室，“十一五”期末，力争60%的村老年协会有老年活动场所；要整合城乡各种社会资源，抓好老年文化体育活动设施的建设、管理和使用，公园、展览馆、博物馆、图书馆、文化馆、图书室免费为60岁以上老年人开放。广泛开展多种形式、丰富多彩、适合老年人特点的文化体育活动，举办各种知识讲座，促进老年人身心健康。通过举办老年文艺汇演、老年人运动会以及各类老年体育竞赛活动，开展老年旅游休闲、养生活动等，丰富老年人的精神文化生活，提高老年人生活质量。

石家庄市人民政府关于印发石家庄市残疾人事业"十一五"发展纲要的通知

(石政发[2007]18号)

(2007—03—05)

石家庄市残疾人事业“十一五”发展纲要

（2006年—2010年）

三、“十一五”发展纲要的任务指标和主要措施

（五）文化、体育

主要措施

1. 公共文化、体育设施和机构普遍对残疾人开放并提供优惠服务。公共图书馆（室）和乡（镇）、街道、社区、村图书阅览室可免费为残疾人提供图书借阅服务。有条件的地方要设立盲文及盲人有声读物场所。

南京市政府关于印发南京市残疾人事业“十一五”发展纲要的通知

（宁政发(2007)91 号）

(2007—03—20)

南京市残疾人事业“十一五”发展纲要

三、“十一五”残疾人事业发展的重点工作任务和主要措施

（三）进一步优化残疾人事业发展的社会环境

3. 继续推进全市无障碍设施建设。提高全社会无障碍设施建设水平，做到无障碍设施建设与城市建设、经济建设同步协调发展。主要措施：

——进一步发展残疾人信息交流无障碍环境建设和无障碍服务工作。积极开展手语培训，拓宽市盲人图书馆的服务内容，开发推广适宜残疾人使用的信息通信技术和产品，在公共场所增加盲文标识，为残疾人全面融入社会、参与社会生活创造条件。

南宁市人民政府关于印发《南宁市残疾人事业“十一五”规划纲要(2006 年—2010 年)》的通知(南府发[2007]39 号)

(2007—03—28)

南宁市残疾人事业“十一五”规划纲要

（2006 年—2010 年）

三、“十一五”规划纲要的任务指标和主要措施

（七）社会环境

主要措施

5. 完善南宁市盲人有声读物图书馆的建设，积极开展盲文及盲人有声读物借阅服务，满足残疾人的精神文化需求。

广东省扶助残疾人办法

(2007—03—30)

第十九条　残疾人凭残疾人证可以免费或者减半缴费进入博物馆、纪念馆、科技馆、美术馆、展览馆、体育场（馆）、文化馆（室、中心）、科技活动中心、公园、动物园、旅游风景区等公共场所；对盲人、智力残疾人、双下肢残疾人和其他重度残疾人，可以允许一名陪护人员免费或者减半缴费进人上述公共场所。

残疾人凭残疾人证免费办理图书馆借书证、阅览证。

四川省人民政府办公厅关于印发四川省老龄事业发展“十一五”规划的通知

(川办发[2007]37 号)

(2007—04—19)

四川省老龄事业发展“十一五”规划

（2006—2010 年）

三、主要任务

（三）加强老龄事业基础设施建设。

2. 公共服务、住房和生活环境建设。努力增加投入，建设好与老年人日常生活密切相关的文化、卫生、社区服务等公共设施（场所），在公园、展览馆、博物馆及文化馆、图书馆（室）等文化娱乐场所增加面向老年人的服务项目并免费或优惠向老年人开放。加强殡葬设施建设，制定享受低保的贫困老年人去世实行丧葬殡仪服务费用减免政策。

广西壮族自治区人民政府办公厅转发自治区老龄委办公室和发展改革委等部门关于加快发展我区养老服务业实施意见的通知

(桂政办发[2007]57 号)

(2007—04—25)

关于加快发展我区养老服务业的实施意见

二、加快我区养老服务业发展的主要目标任务

(二)加强社区养老服务设施建设。各级要统筹规划，把社区养老服务设施建设纳入社区公共服务平台建设范畴，积极筹建综合性老年活动服务中心(站、所)，逐步加强和完善社区公共服务功能。到“十一五”期末，基本形成社区有养老服务信息站、居家养老服务站、卫生服务机构，县(市、区)有养老服务中心、托老所等功能齐全的综合性养老服务机构的格局，并以设施网络为基础，建设服务信息网络，实现社区服务管理网

络化。要加强对各种为老服务设施的管理，保证其正常运营。社区要积极建立老年人应急呼叫系统，为老年人应急需要提供信息保障。

要充分利用现有的各种基础设施为老年人服务。公园、展览馆、博物馆、文化娱乐场所、图书馆等要向老年人免费或优惠开放，新建相关设施要充分考虑老年人的需要。社区医疗卫生服务机构要为老年人看病就诊提供方便，有条件的地方要将社区医疗卫生服务机构纳入基本医疗保险支付点。此外，要积极发展集体公益性养老服务业，农村公共文体设施要向老年人免费开放和服务。

安徽省优待扶助残疾人规定
(2007—05—24)

第五章　其他社会保障优待扶助

第二十七条　有条件的县（市、区）和设区的市级以上公共图书馆设立盲文及盲人有声读物图书室。有条件的电视台开办手语节目。

广州市人民政府办公厅印发广州市残疾人事业发展第十一个五年规划的通知(穗府办[2007]21 号)
(2007—06—16)

广州市残疾人事业发展第十一个五年规划

（2006—2010 年）

一、发展基础、发展机遇与面临问题

（一）发展基础。

——无障碍设施建设成效显著。完成了无障碍设施建设和改造任务16 789项，初步形成了覆盖全市主要道路和公共场所、公共交通和信息交流社会化、现代化的无障碍环境；建立了盲人定位导向和聋哑人紧急呼叫中心；开发了免费提供的盲用朗读软件和盲人读报系统，设立了广州图书馆盲人阅览室。

——文化体育工作成绩显著。推动了广州地区新闻媒体对残疾人事业的系列报道；举行了残疾人书画、摄影作品展览、“书香残疾人”活动和大型文艺演出；市残疾人图书馆盲人图书市内送书点增至 14 个，为偏远地区的盲人增设了邮寄书籍业务；我市残疾人运动员获得国际性体育比赛奖牌 11 枚、全国性奖牌 32 枚、省级奖牌 135 枚；广州市成功举办了首届轮椅篮球联赛。

三、各项任务和主要措施

（九）宣传、文化与体育。

8. 办好各区（县级市）、镇残疾人图书馆，提高市、区镇图书配送服务效率和扩大覆盖面。办好残疾人读书会，开展自学成才、提高文化修养等专题讨论会。加强残疾人文学艺术刊物出版与扩大发行工作，每年举办一次“赠书送教”等文化助残活动。

南昌市政府办公厅关于印发南昌市老龄事业发展“十一五”规划的通知(洪府厅发[2007]96 号)
(2007—06—19)

南昌市老龄事业发展“十一五”规划

四、老龄事业基础设施建设

（一）公共服务建设

努力增加资金投入，建设好与老年人日常生活密切相关的文化、卫生、社区服务等公共设施（场所），并充分利用好现有设施（场所）为老年人服务。公园、展览馆、博物馆及图书馆、文化馆、图书室等文化娱乐场所，要增加面向老年人的服务项目，并免费或者优惠对老年人开放，并悬挂标示牌。

汕头市人民政府印发汕头市残疾人事业“十一五”发展纲要的通知(汕府[2007]93 号)
(2007—07—13)

汕头市残疾人事业“十一五”发展纲要

（2006 年—2010 年）

三、各项任务和主要措施

（五）文化、体育

主要措施

1. 全市各级政府和文化、体育行政部门，要采取措施鼓励、支持公共文化、体育设施管理机构，普遍对残疾人开放并提供便利服务，为残疾人参加群众性文化、体育活动创造条件。各区（县）残联及有关单位、学校，应逐步建立健全残疾人体育人才发掘机制和完善各级训练网络，促成早发现残疾人体育苗子，平时早训练，建立我市强大的残疾人体育队伍。市、区图书馆和街道（镇）、社区与村图书馆阅览室要为残疾人提供借阅服务，市、区（县）图书馆开辟盲文及盲人有声读物场所。

珠海市人民政府关于印发珠海市残疾人事业“十一五”发展纲要的通知(珠府[2007]88号)

(2007—08—02)

珠海市残疾人事业“十一五”发展纲要

(2006—2010年)

三、“十一五”期间残疾人事业发展的任务指标和主要措施

(五)文化、体育。

主要措施:

1. 全市各级政府和文化、体育行政部门,要采取措施鼓励、支持公共文化、体育设施管理机构建设,为残疾人参加群众性文化、体育活动创造条件;市图书馆建立盲人综合阅读室,其他公共图书馆和街道(镇)、社区与村图书馆阅览室要为残疾人提供借阅服务,开辟盲文及盲人有声读物场所。

江苏省政府办公厅关于进一步做好老年人优待和服务工作的通知(苏政办发[2007]98号)

(2007—08—11)

四、为老年人提供文体休闲优待

(一)政府主办的公园和风景名胜区等,应对老年人免费开放。图书馆、博物馆、文化馆、美术馆、纪念馆、展览馆、科技馆等公益性文化设施,要积极创造条件,对老年人实行免费开放或票价优惠,并设置明显标志。社会投资的旅游景点和文化服务单位,对老年人要提供优惠服务。

乌鲁木齐市优待老年人规定

(2007—09—07)

第五条 65周岁以上的老年人持老年人优惠待遇证,还可以享受下列优惠待遇:

(三)免费参观展览馆、纪念馆、文化馆、博物馆、陈列馆和纪念性陵园,免费办理公共图书馆借阅证;

湖南省人民政府办公厅关于印发湖南省老龄事业发展“十一五”规划的通知(湘政办发[2007]53号)

(2007—09—11)

湖南省老龄事业发展“十一五”规划

三、主要任务

(三)为老服务

公共服务。各级政府要增加资金投入,建设好与老年人密切相关的文化、体育、卫生、社区服务等公共服务设施(场所),并充分利用好现有的设施(场所),为老年人服务。公园、展览馆、博物馆及图书馆(室)、文化馆、体育馆等场所,要增加为老服务项目,向老年人提供优质的免费或优惠服务。各地新建城市道路、公共建筑和养老机构(场所),要严格按照《城市道路和建筑物无障碍设计规划》进行建设,实现无障碍率达100%。已经投入使用但未建无障碍设施的城市道路、公共建筑和老年人居住区、养老服务机构(场所),“十一五”期间要增补无障碍设施,逐步达到安全无障碍。积极推动城市公交工具无障碍设施建设,“十一五”期末达到30%左右。各地的公共场所要开设专门为老年人提供服务的窗口,并挂牌明示服务内容。

太原市人民政府关于印发太原市妇女发展“十一五”规划和儿童发展“十一五”规划的通知(并政发[2007]39号)

(2007—09—24)

太原市儿童发展“十一五”规划

二、主要目标与策略措施

(四)儿童与环境

主要目标

2. 优化儿童发展社会环境。

将儿童教育、科技、文化、体育、娱乐等课外活动设施和场所建设纳入当地经济社会发展规划,各县(市、区)兴建儿童图书馆或设立儿童阅览室,市及县(市、区)至少有1处儿童活动场所,中小学生科技活动参与率城市达到98%,农村达到60%;为儿童成长创造良好的家庭环境,提供健康向上的精神产品,净化儿童成长的文化环境;提高儿童食品、玩具、用具和游乐设施质量,保证安全无害。

中国残疾人联合会关于开展创建“全国残疾人工作示范城市”和评选“全国残疾人工作爱心城市”活动的通知(残联函[2007]221号)

(2007—09—26)

“全国残疾人工作示范城市”标准

一、东部地区

（八）宣传文化

34. 残疾人群众性文化活动广泛开展，公共文化机构为残疾人提供优惠服务，公共文化场所普遍对残疾人开放，社会公众文化生活广泛吸纳残疾人参加；公共图书馆设立了盲文及盲人有声读物图书室（角），积极开展免费借阅服务；电视台开办了手语新闻栏目，广播电台开播了残疾人专题节目，社会综合类报刊开设有反映残疾人内容的专栏（版）。

二、中部地区

34. 残疾人群众性文化活动广泛开展，公共文化机构为残疾人提供优惠服务，公共文化场所普遍对残疾人开放，社会公众文化生活广泛吸纳残疾人参加；公共图书馆设立了盲文及盲人有声读物图书室（角），积极开展免费借阅服务；电视台开办了手语新闻栏目，广播电台开播了残疾人专题节目，社会综合类报刊开设有反映残疾人内容的专栏（版）。

三、西部地区

（八）宣传文化

34. 残疾人群众性文化活动广泛开展，公共文化机构为残疾人提供优惠服务，公共文化场所普遍对残疾人开放，社会公众文化生活广泛吸纳残疾人参加；公共图书馆设立了盲文及盲人有声读物图书室（角），积极开展免费借阅服务；电视台开办了手语新闻栏目，广播电台开播了残疾人专题节目，社会综合类报刊开设有反映残疾人内容的专栏（版）。

上海市教委、市老龄委、市财政局关于全面推进本市老年教育工作的若干意见（沪教委终[2007]8 号）（2007—09—26）

四、推进老年教育工作的主要措施

（八）整合各类社会教育资源

区县、街道、乡镇政府（办事处）要加强统筹、协调，整合、利用社会教育资源发展老年教育，社区文化中心、社区学院、社区学校、乡镇成人学校、社区青少年活动中心、博物馆、科技馆、图书馆、公共体育场馆、中小学校、东方信息苑等要为老年人提供更多的学习机会和丰富的学习内容。

吉林省优待老年人规定（2007—09—28）

第十七条　国有博物馆（院）、美术馆、科技馆、纪念馆、烈士纪念建筑物、名人故居、公共图书馆、文化馆（站、宫）等公益性文化设施向老年人免费开放。

合肥市人民政府关于印发合肥市残疾人事业“十一五”发展纲要的通知（合政[2007]117 号）（2007—10—09）

合肥市残疾人事业“十一五”发展纲要

第三部分　主要任务和保障措施

六、广泛开展残疾人文化体育活动，丰富残疾人精神生活

（二）公共文化体育机构为残疾人提供服务。采取措施，鼓励、支持各类公共文化体育设施管理机构普遍对残疾人开放，并提供特别服务和优惠。全民体育健身设施建设充分考虑残疾人参加体育锻炼的需求，支持和加强市图书馆盲人有声读物图书室建设，扶持县、区残疾人文体活动中心建设。

建设部、民政部、中国残疾人联合会、全国老龄工作委员会办公室关于开展创建全国无障碍建设城市工作的通知（建标[2007]261 号）（2007—11—15）

创建全国无障碍建设城市工作标准

三、公共建筑设施无障碍建设与改造

（一）进行新建、扩建、改建的办公科研建筑、商业服务建筑、文化纪念建筑、观演体育建筑、医疗建筑、学校与园林建筑、室外公共厕所、加油站、高速公路服务区等各类公共建筑无障碍设施建设率达 100%，并符合《城市道路和建筑物无障碍设计规范》技术要求。

（二）对已经建成的各类公共建筑的服务设施进行相应的无障碍改造，其中：

3. 文化馆、图书馆、科技馆、展览馆、博物馆、纪念馆、影剧院、音乐厅、体育场馆无障碍改造率不低于 50%，“十五”12 个全国无障碍设施建设示范城市、28 个受表彰城市和省会城市 70%，且布局合理。

改造主要内容为：建筑物出入口坡化处理、

安全走道及楼梯、无障碍厕所及厕位、停车场设置无障碍停车位、在显著醒目位置设无障碍标志、大型场所设置无障碍行进路线图，文化馆演建、体育建筑同时要设低位窗口和轮椅席位。

农业、农村、农民发展与图书馆

内蒙古党委、政府关于积极发展现代农牧业、扎实推进社会主义新农村新牧区建设的意见（内党发[2007]1 号）（2007—01—08）

二、扎实推进社会主义新农村新牧区建设，促进农村牧区经济社会全面发展

（六）加快发展农村牧区社会事业……积极发展农村牧区文化事业。加强农村牧区公共文化服务体系建设，逐步改变城乡之间文化发展不平衡现象。到 2010 年，健全旗县、苏木乡镇、嘎查村三级文化服务网络。实现县有图书馆、文化馆，苏木乡镇有综合文化站，行政村有文化室，基本建立起结构合理、发展平衡、网络健全、运营高效、服务优质、覆盖农村牧区的公共文化服务体系。深入推进广播电视村村通工程和农村牧区电影“2131”工程，加强文化信息资源共享工程建设，为农牧民提供更多更好的文化产品和服务……

广西壮族自治区人民政府办公厅印发广西社会主义新农村文化致富工程实施意见的通知（桂政办发[2007]6 号）（2007—01—19）

广西社会主义新农村文化致富工程的实施意见

三、实施社会主义新农村文化致富工程的主要模式

（三）文化知识致富型。以图书馆、文化馆等公益性文化服务机构为载体，以“知识工程”、“文化信息资源共享工程”等为渠道，提高农民思想文化素质，帮助农民增长科学知识和致富技能，引导农民调整产业结构，拓宽致富门路。

宁夏回族自治区党委、自治区人民政府关于印发《宁夏回族自治区社会主义新农村建设规划纲要（2006—2010 年）》的通知（宁党发[2007]12 号）（2007—02—05）

宁夏回族自治区社会主义新农村建设规划纲要（2006—2010 年）

四、主要任务

“十一五”期间，重点实施十大工程，全面推进社会主义新农村建设。

（九）社会事业发展工程。大力发展农村教育、文化、卫生、社会保障等社会公共事业，保障农村基本社会功能……加快县文化馆、图书馆和乡镇文化站、村文化室等公共文化设施建设，推动文化资源向农村倾斜，构建农村公共文化服务网络。继续实施广播电视“村村通”工程，使 80％的乡镇通有线电视，90％的农民免费收看到 8 套以上的电视节目……

湖北省人民政府关于印发湖北省农业和农村经济发展“十一五”规划纲要的通知（鄂政发[2007]17 号）（2007—02—26）

湖北省农业和农村经济发展“十一五”规划纲要

一、“十一五”农业和农村经济发展的基础条件

（一）农业和农村经济发展的现实基础。

5. 农村社会事业不断进步……新建、扩建 23 个县市图书馆、文化馆，建筑面积 4.12 万平方米。改造乡镇文化站 350 个，为 29 个贫困县市配送流动电影放映车。

四、农业和农村经济发展的任务及重点

（七）大力发展农村公共事业。

——努力繁荣农村文化。坚持以政府为主导，以乡镇为依托，以村为重点，完善县、乡、村文化设施，构建农村公共文化服务网络。加快全省文化信息资源共享工程建设，使县文化馆、图书馆和镇综合文化站、村文化活动室逐步具备提供数字化文化信息服务的能力。实施广播电视“村村通”工程，争取到 2010 年基本实现 20 户以上自然村全部通广播电视。鼓励和组织出版农民群众买得起、读得懂、用得上的通俗读物，实

施"送书下乡"、"万村书库"等工程，重点解决贫困地区农民"看书难"问题。按照"民办公助、一主多业"的思路，支持农民兴办集体（个体）放映队、民间职业剧团和业余剧团、演出队等文化实体，力争每个自然村有1个以上文化中心户、每个乡镇有1个以上民办演艺团队。开展非物质文化遗产资源普查、收集、整理、保护和传承工作，积极申报国家非物质文化遗产名录，支持"民间艺术之乡"创建活动，保护和弘扬荆楚文化。推动农民开展形式多样的体育运动，展示新型农民的运动水平和精神风貌。

南宁市人民政府办公厅关于印发南宁市社会主义新农村文化致富工程总体实施方案的通知（南府办[2007]77号）（2007—03—22）

南宁市社会主义新农村文化致富工程

总体实施方案

二、建设主要模式

（三）文化知识致富型。以图书馆、文化馆等公益性文化服务机构为载体，以"知识工程"、"文化信息共享工程"等为渠道，提高农民思想文化素质，帮助农民增长科学知识和致富技能，引导农民调整产业结构，拓宽致富门路。

浙江省文化厅关于实施我省新农村文化建设十项工程的通知（浙文社[2007]36号）（2007—03—26）

附件

农村文化建设十项工程目标与任务

一、农村文化基础设施建设工程

按照国家县有两馆（文化馆、图书馆）、乡有一站（文化站）、村有一室（文化室）建设的要求，建设与当地经济社会发展相适应的县、乡、村文化设施和文化活动场所。"十一五"期间，在全省普及"两馆一站"建设。实现我省一类地区和城市区（县）图书馆、文化馆建筑面积不低于国家二级馆标准（1500平方米），二类地区不低于国家一级馆标准（2500平方米）。发达地区的县文化馆、图书馆建设要与其经济社会发展相适应。因地制宜建设综合性的文化艺术中心，具有独特地方文化资源的县市可建设特色博物馆。加强文化馆综合服务功能和图书馆（室）的数字化建设。乡镇（街道）要建设集图书阅读、广播影视、宣传教育、文艺演出、科技推广、科普培训、体育和青少年校外活动等功能为一体的综合性文化站。一、二类地区乡镇文化站建筑面积各不低于500平方米、1000平方米，中心集镇文化站建筑面积不低于发达地区省级东海文化明珠相应硬件标准（1500平方米）。

三、文化信息资源共享工程

以数字资源建设为核心，结合各级图书馆的自动化、网络化建设，建成由省、市、县级图书馆为骨干的资源共享平台；依托农村党员干部现代远程教育系统、城市有线数字网络等，建成符合我省实际、具有我省特色的基本覆盖城乡的数字文化服务体系，成为公共文化服务体系的重要支撑，使广大基层群众普遍能够享受到数字文化服务。力争通过五年的努力，建成具有浙江地域特色的、较大规模的、分布式的文化信息资源库群。完成百部戏曲、千场电影、万册电子图书建设任务，并不断更新充实，使数字资源建设总量达到40TB；实现所有的市、县（市、区）建有分中心，大部分的乡镇（街道）、行政村（社区）建有基层服务网点目标。

七、实施送戏送书工程

（二）送书工程

根据"三贴近"的要求和广大农民群众的文化需求，有针对性地组织一些农民喜爱的图书下农村。在省统筹指导下，市、县（市、区）文化行政主管部门配置图书流动车、购买图书，开展下乡镇、行政村的送书活动。充分利用图书流动车送书下乡的形式，通过送书上门、定期更换的方式，满足农民群众看书的文化需求。在县级图书馆设立图书配送中心，县级图书馆在乡镇文化站设立图书配送分中心，通过分中心向村流通点配送图书，实现城乡图书信息资源的流通和共享。争取到"十一五"末，全省三分之一的行政村建立流通站（点）。配送中心的藏书不少于2万册，分中心的藏书不少于5000册。每个流通站（点）的图书每季度更换流通一次，以有效解决农民看书难的问题。

九、农村文化队伍素质提升工程

全面提升全省农村文化队伍素质，为构建农村公共文化服务体系提供人才支撑。"十一五"期间，全面培训全省文化馆馆长、图书馆馆长，每年30学时；全员培训全省乡镇文化员，每人40学时；每县每年培训业余文艺队伍骨干100名，每人不少于20学时；组织1/3村文化管理员进行培训，每人不少于20学时。全面系统地培训市、县文化馆音乐、舞蹈、戏剧（曲艺）、美术、书法、摄影、民间艺术（非物质文化遗产）、理论调研等门类业务干部，每人100学时。组织知识竞赛、技能比赛、群文作品及演出展示等全省农村文化队伍素质提升成果展示活动，提高他们的职业道德素养、专业技术水平和实际工作能力。形成覆盖全省的群众文化队伍网络，构建农村公共文化人才体系。省、市、县三级文化部门为培训工作的责任单位。市群艺馆、县文化馆为具体实施单位。省负责培训市、县级文化（群艺）馆、图书馆正副馆长、群众文化门类业务干部及省级“东海文化明珠”乡镇文化站站长；县级负责培训乡镇（街道）文化站文化员、业余文艺队伍骨干和行政村（农村社区）文化管理员。各市、县（市、区）要按照浙江省农村文化队伍素质提升工程的总体目标和培训指标任务，结合当地的实际情况，制定出切实可行的年度培训计划。要根据培训对象的实际情况，选好教材，确保师资，采取课堂讲授、座谈交流、作品加工、文艺观摩、田野采风等形式，坚持理论与实践结合，普及与提高并举，既注重基础知识和基本技能的传授，又关注专业素质和实际应用能力的提高，切实保证培训的针对性和实效性。

河北省人民政府关于印发河北省社会主义新农村建设暨农村经济发展“十一五”规划纲要的通知（冀政函[2007]34号）（2007—03—29）

河北省社会主义新农村建设暨农村经济发展“十一五”规划纲要

三、主要任务和建设重点

（四）加强农民素质建设，培养造就新型农民。

2. 倡导健康文明新风尚。

组织农民积极开展多种形式的农村文化体育活动，丰富和活跃精神文化生活。继续组织文化、科技、卫生“三下乡”活动，建立和完善“三下乡”活动的长效机制，不断创新农村文化活动的内容和形式。到2010年，实现县有图书馆和文化馆，乡（镇）有多功能的综合文化站，每个行政村有一个综合活动场所。

国家发展改革委关于印发全国农村经济社会发展“十一五”规划的通知（发改农经[2007]1253号）（2007—06—09）

一、规划背景

（一）“十五”农村经济社会发展成就

6. 农村社会事业取得新进展……新建和改建县级图书馆、文化馆1156个，基本实现了县县有图书馆、文化馆。50户以上已通电自然村基本实现广播电视村村通，解决了近亿农民收听收看广播电视问题。为中西部地区632个低收入县配置了流动电影放映车和放映设备……

三、主要任务

（六）大力发展农村社会事业

3. 加快农村公共文化建设

加快广播电视村村通工程建设步伐，到2010年基本实现20户以上已通电自然村通广播电视。加强全国文化信息资源共享工程建设，力争到2010年实现县县有分中心、乡镇有基层分中心、村村有基层服务点。继续实施农村电影放映工程，到2010年基本实现全国农村每村每月放映一场电影的目标。加强乡镇综合文化站建设。落实向广大村民配送图书、报刊、音像出版物活动，到2010年全国建设20万个“农家书屋”。做好农村非物质文化遗产保护工作，继承和发展优秀民族民间传统文化。实施农民体育健身工程，推进乡村体育设施建设，到2010年为10万个行政村建成简易硬化篮球场等体育设施，为农村开展全民健身活动创造条件。

浙江省文化厅关于印发新农村文化建设重点工程年度考核评估标准的通知（浙文社[2007]85号）（2007—07—09）

三类地区县（市、区）部分农村文化重点工程建设年度考核评估标准（试行）

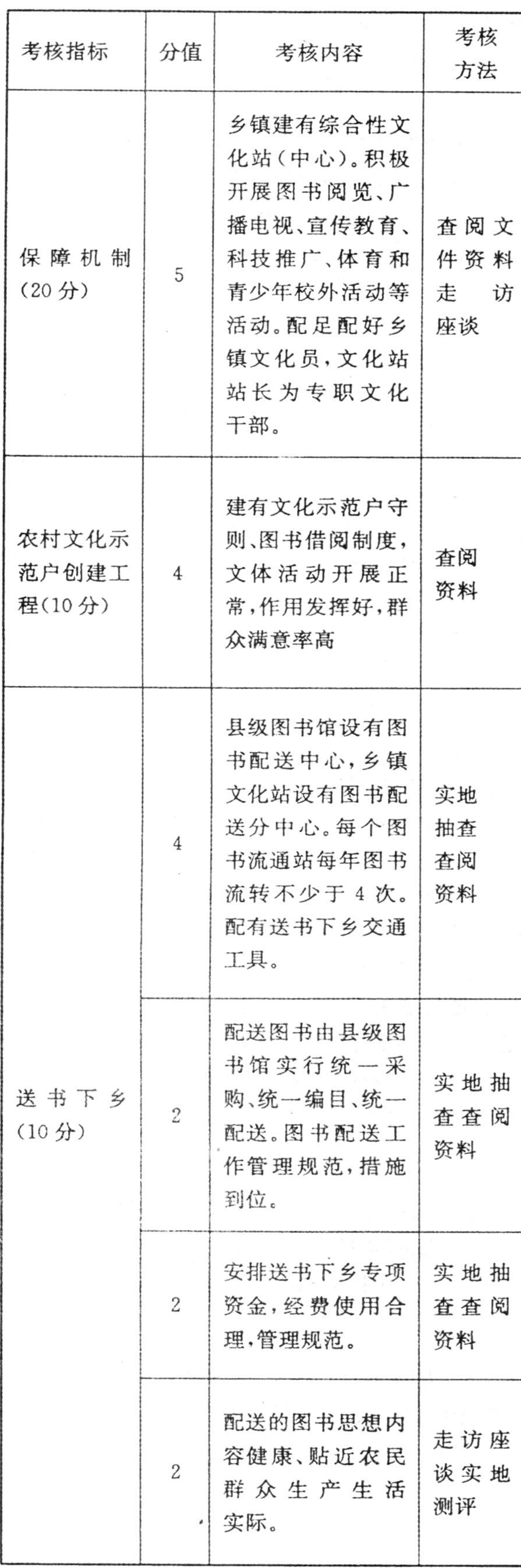

考核指标	分值	考核内容	考核方法
保障机制（20 分）	5	乡镇建有综合性文化站（中心）。积极开展图书阅览、广播电视、宣传教育、科技推广、体育和青少年校外活动等活动。配足配好乡镇文化员，文化站站长为专职文化干部。	查阅文件资料走访座谈
农村文化示范户创建工程（10 分）	4	建有文化示范户守则、图书借阅制度，文体活动开展正常，作用发挥好，群众满意率高	查阅资料
送书下乡（10 分）	4	县级图书馆设有图书配送中心，乡镇文化站设有图书配送分中心。每个图书流通站每年图书流转不少于 4 次。配有送书下乡交通工具。	实地抽查查阅资料
	2	配送图书由县级图书馆实行统一采购、统一编目、统一配送。图书配送工作管理规范，措施到位。	实地抽查查阅资料
	2	安排送书下乡专项资金，经费使用合理，管理规范。	实地抽查查阅资料
	2	配送的图书思想内容健康、贴近农民群众生产生活实际。	走访座谈实地测评

南京市政府办公厅关于转发市科技局《开展新农村建设科技示范行动方案》的通知
（宁政办发（2007）110 号）
（2007－08－10）

开展新农村建设科技示范行动方案

二、实施四项行动

（三）社会事业引导行动

4. 推进农村社区信息化建设和农民上网工程。建设农民科技之家，推广村级图书馆和农民网吧，培育农村网民，开展网上培训，缩小城乡信息化差距。引导农民依靠网络提高科学文化素质，利用网络扩大农业生产经营。

中共浙江省委办公厅、浙江省人民政府办公厅转发《省信息化工作领导小组关于加快农村信息化建设的意见》的通知
（浙委办[2007]105 号）
（2007－12－10）

省信息化工作领导小组关于加快农村信息化建设的意见

三、加快农村信息化建设的主要任务

（十六）丰富农村文化生活。加快文化信息资源共享工程建设，积极发展农村基层服务点，重点支持边远贫困地区乡（镇）、村基层服务点建设。加强农村各类非物质文化遗产的数字化保护，鼓励开发切合“三农”实际需求的文化信息资源，不断提高县文化馆、图书馆和乡（镇）综合文化站、村文化室、广播电视站等公共文化设施的信息化水平和提供信息服务的能力。做好农科教电视片的拍摄、制作和传播。推进数字电影进村工程，增加服务“三农”的广播电视节目套数，延长播出时间。搭建农村社区信息交流和虚拟文化共享平台，传播先进网络文化，营造积极向上、健康进步的农村文化氛围。

服务行业与图书馆

国家标准化管理委员会关于印发《ISO 和 IEC 标准出版物版权保护管理规定（试行）》的通知
（2007－01－15）

ISO 和 IEC 标准出版物版权保护

管理规定（试行）

第二章　复制与销售

第十条　从事标准文献的收集、借阅服务的标准情报机构、科技情报机构和图书馆等，可以向读者提供 ISO/IEC 标准出版物的阅览服务，不得向读者提供复制、销售服务。

石家庄市人民政府办公厅关于印发石家庄市服务业“十一五”发展规划的通知（石政办发[2007]1 号）（2007－01－15）

石家庄市服务业“十一五”发展规划

四、重点行业

（二）积极改造提升生活性服务业。适应市场发展和人民群众消费结构升级的趋势，加大对生活性服务业的升级改造，大力发展面向直接消费者的服务业，为人们的消费需求提供方便。

7. 加快发展文化、传媒产业……加强文化传媒基础设施建设，提高传媒业的现代化水平，重点加快省博物馆、省市图书馆、石家庄美术馆、石家庄广电大楼等重点项目及服务大众的影剧院改造项目建设；推进石家庄华北图书印刷城和出版物流中心建设；加大基层文化基础设施建设和改造力度，各县（市）区要进一步完善文化活动中心、图书馆、文化馆等设施，加大对乡镇综合文化站建设工作的支持力度，加强“村村通”广播电视传输网络建设。

广东省人民政府关于加强和改进我省社区服务工作的意见（粤府[2007]6 号）（2007－01－18）

二、加强和改进社区服务工作的指导思想、总体要求和目标任务

（三）目标任务。

1. 服务场所。大力加强社区警务室（站）、人民调解工作室、文化图书档案室、社区多功能活动室、社区卫生站、计生服务室、社区老年人服务与活动场所、残疾人康复场所、劳动与社会保障站、户外文体小广场、邮政服务亭等各项服务设施的建设，力争到 2010 年，80％以上的社区配备较为完善的社区服务和活动场所，充分满足开展社区服务的需要。

7. 文化、教育、体育服务。到 2010 年，广东省社区建立具有文化、教育、体育、娱乐、休闲功能的设施场所，方便社区居民读书、阅报、健身、开展文艺活动，方便群众参与综合性文体活动，提高公益性文化、教育、体育设施的人均拥有量，提升设备、器材的档次及覆盖率，满足社区居民参加文体活动的需要。动员行政区域内的机关、企业、学校等单位将其拥有的文化体育场馆、图书馆、礼堂、操场等面向社区居民开放。通过商业合作或鼓励企业、团体和个人向社区捐赠文体用品，以优势互补、共建共享、互利互惠的原则推动社区文化、体育、教育设施建设，构建好服务平台。要为社区居民选聘热心文化、体育、教育活动，热心公益事业的专兼职工作人员，帮助建立社区居民文化、体育、教育群众组织，积极开展体现当地民间文化、民俗习惯、地方风情的文体活动。

浙江省国家档案馆管理办法（2007－01－22）

第二章　档案资源建设

第十六条　国家档案馆之间，国家档案馆与博物馆、纪念馆、图书馆之间，应当加强合作和交流，实现信息资源共享。

博物馆、纪念馆、图书馆及其他机构保管的文物、图书资料同时是档案的，应当向综合档案馆提供相关目录。

山西省人民政府办公厅关于印发山西省服务业“十一五”时期发展大纲的通知（晋政办发[2007]20 号）（2007－03－13）

山西省服务业“十一五”时期发展大纲

第四章　培育和丰富消费性服务业

（十九）文化娱乐业

全面发展各类文化娱乐产业。集中力量建设省大剧院、图书馆、科技馆、音乐厅等标志性工程。加快省级文化娱乐产业集团、省文化产业示范基地、文化娱乐产业园区建设。大力发展广播、影视、音像、出版、报业、期刊、书画、演艺、创意、动漫、娱乐、网吧、文物交易等现代文化娱乐产业。加强与北京、上海、广州等全国性文化娱乐中心城市的合作，使太原成为中西部重要的文化中心城市。支持和保障文化公益事

业，建立健全公共文化服务网络。大力扶持我省重要新闻媒体和社会科学研究机构，扶持体现民族特色和国家水准的重大文化项目和艺术院团，扶持重要文化遗产和优秀民间艺术的开发保护，扶持贫困地区的文化发展。

广东省人民政府办公厅关于印发广东省服务业发展“十一五”规划的通知

（粤府办[2007]32 号）

（2007—04—10）

广东省服务业发展“十一五”规划

六、重点项目

（四）文化发展项目。

为建设文化大省奠定坚实基础，重点建设广东高校建设工程、广东科学中心、广东社会科学中心（含省档案方志馆）、省博物馆新馆、广州博物院新馆、广东海上丝绸之路博物馆、广州新图书馆、广东粤剧艺术中心、广东星海演艺集团项目、广东演艺中心（含省群众艺术馆）、广州歌剧院、南方广播影视中心等一批文化基础设施，完成省立中山图书馆改扩建、广东友谊剧院改造、广东画院迁建等工程。建设广州国家网络游戏动漫产业基地、潮州《宇航鼠》原创动漫等文化产业项目。完善全民健身设施和体育运动设施，重点建设 2010 年亚运会场馆项目（包括新建、改建和扩建一批比赛场馆和训练场馆）、广州亚运村、亚运会广州广播电视卫星传播中心、第十三届省运会体育场馆项目（惠州）。

上海市人民政府关于完善社区服务促进社区建设的实施意见

（沪府发[2007]19 号）

（2007—06—23）

五、完善社区体制机制，落实社区工作保障

（二十二）落实社区公共服务设施

各级政府要加大社区公共服务设施投入力度，将社区公共服务设施建设纳入城市规划和土地利用规划，统筹安排。优先配置落实社区卫生、文化活动、社会福利、安全防范等居民安居乐业所需的紧缺设施，实行社区公共服务设施的差别配置和分类落实。严格依照规划和公共服务设施配套标准留足发展空间，确保社区拥有适宜适量的公共服务设施。街道办事处受区（县）政府的委托，参与控制性详细规划方案优化和社区公共服务设施的规划验收，并切实做好日常管理和使用。以社区事务受理服务中心、社区卫生服务中心、社区文化活动中心为载体，整合社区公共服务设施资源。各职能部门为社区提供的公共服务，应尽可能向其集聚，加强设施功能的综合利用。按照社区所需、群众所求、单位所能的原则，采用政府购买服务、市场分担风险、社区参与管理的办法，实行社区内学校、剧场、体育场馆、文化图书馆、科普场馆等可共享的公共设施，在节假日和课余时间向社区居民有序开放。加大设施调剂余缺力度，对移作他用的公共服务设施要恢复属性，对闲置资源要采取低偿购买、低租金租赁等办法盘活存量，最大限度地发挥社区公共服务设施服务群众的功能。

大连市人民政府关于印发大连市现代服务业发展“十一五”规划的通知

（大政发[2007]75 号）

（2009—06—29）

大连市现代服务业发展“十一五”规划

五、现代服务业产业布局与重点项目

（六）文化创意产业布局及重点项目

文化设施：全面完成大连大剧院、大连音乐厅、市民文化广场和综合文化超市建设。加快建设数字化图书馆、大连东方艺术博物馆、大连近代历史博物馆和大连古墓博物馆，进一步提升完善现代博物馆的陈展内容。扩大新华书店经营网点面积，在青泥洼桥新建 3 万平方米的科技图书城，在西安路新建 2 万平方米的综合图书城。

江苏省政府关于加强社区服务促进和谐社区建设的意见

（苏政发[2007]84 号）

（2007—08—02）

二、健全社区服务体系，加快推进和谐社区建设

（八）推进社区文化、教育、体育服务。贴近社区实际和居民需求，打造特色文化、特色教育、特色体育社区，倡导社区资源共享，满足居民多样化需求。发展面向基层的公益性文化事业，加强社区文化场所建设管理。每个社区要配有居民课堂、综合文体站（室）、图书阅览室、

公共信息栏，有条件的地方要普及社区电子阅览室、科普画廊。促进社区社会主义精神文明建设，开展“八荣八耻”社会主义荣辱观教育，在社区居民中倡导社会公德、职业道德和家庭美德。统筹各类教育资源，构建社区教育网络，建立覆盖各类人群的多渠道、全方位的社区学习服务体系。深入开展学习型居民、家庭、楼院、社区等创建活动，不断提高居民的科学文化素质。充分利用社区资源为社区内中小学校开展素质教育和社会实践活动，为未成年人健康成长创造良好环境。大力开展全民健身活动，不断增强社区居民体质。每个社区都要有体育健身设施，有条件的社区可建设体育健身中心。要根据社区居民的兴趣爱好和特长，组织居民开展丰富多彩、健康有益的文化体育、科普教育、娱乐休闲等活动，倡导科学文明、健康向上的生活方式，不断增强居民对社区的归属感、认同感和荣誉感。

（十一）推进社区服务社会化。建立社区服务社会化引入机制，扶持、培育和发展贴近社区居民的服务项目。政府及有关部门要积极创造条件，推动驻区文化馆、图书馆、公园、学校等单位向社区居民开放，为居民群众提供文化学习、文体教育、休闲娱乐等场所。要创造良好的政策环境，鼓励和扶持社区内及周边有关单位和实体按照共驻共建、资源共享、互利共赢的原则，提供多方位社区服务。鼓励和扶持相关企业和个人开发餐饮购物、公交物流、医药保健、家政中介等社区服务。对非赢利性社区服务项目，政府及有关部门要降低开办门槛、简化审批手续。对赢利性商业社区服务项目，工商、税务等部门要落实优惠政策，促进社区服务向产业化、市场化方向发展。要支持社区开展自主性社区服务，方便居民日常生活。

广东省人民政府关于加快发展我省现代信息服务业的意见(粤府[2007]95 号)

(2007—11—26)

六、大力推进产业基础设施建设

（一）加强信息网络基础设施建设。在统一规划和资源共享的基础上，继续完善光纤骨干传输网，优化网络结构，实现各市城域网高速互联。加快有线接入网络的宽带化改造，建成可承载多业务的数字化、宽带化、综合化接入网。推进光纤到大楼、光纤进家庭、宽带到个人。大力建设城市无线宽带工程，完善新一代无线通信基础设施，广州、深圳等珠江三角洲重点城市要率先实现无线宽带全面覆盖，其他城市的中心区和机场、车站、图书馆等公共场所要加快实现无线宽带覆盖。加快有线数字电视网络的双向数字化改造步伐，建成覆盖全省、能够全面提供高清互动多媒体信息服务的数字家庭主通道。积极推进体制创新和机制创新，推动电信网、有线电视网和互联网“三网融合”。加强农村信息基础设施建设，提高信息进村入户能力。

贵州省人民政府贯彻落实国务院关于加快发展服务业若干意见的实施意见

(黔府发[2007]33 号)

(2007—12—03)

二、加快发展服务业的重点任务

（六）大力发展文化服务业。深化文化体制改革，促进文化事业全面繁荣和文化产业快速发展。把发展公益性文化事业作为保障人民基本文化权益的主要途径，建立和完善公共文化服务体系。加大投入力度，加强社区和乡村文化设施建设，深入实施广播电视“村村通”工程和文化信息资源共享工程，逐步建设完善市（州、地）、县（市、区）、乡（镇）群众艺术馆、文化馆、图书馆、文化站和“农家书屋”工程。加快文化领域结构调整，着力构建特色文化产业体系和现代文化市场体系。大力推进文化产业社会化，组建和培育一批文化企业集团；支持发展创意产业和动漫、游戏等数字产业，重点建设贵阳数字产业园；发展壮大以“多彩贵州风”为代表的民族歌舞、杂技、傩戏、地戏等表演团体。继续推进新闻出版和广播电视等产业加快发展。充分发挥文化和旅游等组合优势，大力推动文化产业与旅游、经贸、体育等产业有机结合，加快形成一批特色文化产业带、基地和聚集区。

广西壮族自治区人民政府关于加快发展服务业的实施意见

(桂政发[2007]53 号)

(2007—12—10)

二、大力发展面向生产的服务业适应工业化城镇化快速发展的新形势，促进服务业与制造业加速融合、互动发展，大力发展物流、金融、信息、科技、会展、中介等面向生产的服务业。

（四）科技服务业。积极发展各类科技服务机构，完善技术市场和技术服务体系。大力支持科研院所、高等院校等专业机构，开展技术扩散、成果转化和科技咨询。构建科技文献数据信息服务，推进图书馆数字化和各类科技信息数据共享服务网建设。加强农业科技服务体系建设，大力支持农业专业技术协会、区域成果转化中心、星火专家大院等各类农村专业技术服务组织的发展……

三、大力发展面向民生的服务业，围绕小康社会建设目标和消费结构转型升级的要求，大力发展商贸流通、旅游、房地产、文化、市政公用和社区服务等面向群众生活的服务业，加强公共服务体系建设，逐步实现城乡公共服务均等化。

（四）文化产业。牢牢把握先进文化的前进方向，弘扬优秀传统文化，发展先进文化，建设和谐文化，努力把我区建设成为具有时代气息、民族风格、开放包容的文化先进省（区）。加大对图书馆、博物馆、文化站、广播电视、农家书屋、文化信息等城乡公共文化设施的建设力度，创造更多体现民族特色、反映时代精神的优秀文化精品，不断满足人民群众日益增长的精神文化需求，促进人的全面发展。完善立足基层，面向大众的城乡群众文化网络，积极开展广场文化、社区文化、企业文化等丰富多彩的群众文化活动，活跃城乡文化生活。加强体育设施建设，鼓励社会兴办群众性体育组织，积极发展体育竞赛表演、健身娱乐、体育培训等体育产业，以及体育旅游、用品、彩票、传媒等相关产业。鼓励非公有制资本依法进入文化产业，支持文化企业走出去，加快组建广播、影视、出版、演艺、报业等领域的大型产业集团，大力发展文化经济。

长春市人民政府关于印发《长春市服务业发展规划（2008—2012年）》的通知（长府发[2007]27号）

（2007—12—24）

长春市服务业发展规划（2008—2012年）

重点任务：

——推进通信企业拓展信息服务业务。依托网通、移动、联通、铁通、电信等电信运营公司及其他行业部门的网络资源，构筑适应未来发展的信息传输骨干网。鼓励移动通信企业建设宽带多媒体平台、移动通信平台，结合3G和IPv6的推进，整合开发信息资源，建设市级信息交换中心，支持和培育网络教育、数字图书馆、网上旅游、网络游戏、电子出版物、网上社区的信息服务业发展，提高网络文化产业的规模化、专业化水平，为公众提供不同类型的个性服务。推进传统电信运营商向现代信息服务商转型，催生现代信息服务企业发展。

土地税收政策与图书馆

财政部、国家税务总局关于宣传文化所得税优惠政策的通知（财税[2007]24号）

（2007—02—06）

五、本通知所述宣传文化事业的公益性捐赠，其范围为：

2. 对公益性的图书馆、博物馆、科技馆、美术馆、革命历史纪念馆的捐赠。

南京市地方税务局关于印发服务“跨江发展”18条政策措施的通知（宁地税发[2007]66号）

（2007—03—26）

南京市地方税务局服务“跨江发展”18条政策举措

15. 进一步加大对江北地区文化、体育事业的税收扶持力度。对江北地区纪念馆、博物馆、文化馆、美术馆、展览馆、书画院、图书馆、文物保护单位举办文化活动的门票收入，宗教场所举办文化、宗教活动的门票收入，免征营业税，大力支持江北地区文化、体育事业的发展。

海南省实施《中华人民共和国城镇土地使用税暂行条例》办法

（2007—10—03）

第六条　除《条例》第六条的规定外，下列土地免征土地使用税：

（一）学校、科技馆、科普馆、图书馆（室）、文化馆（室）、体育馆、医院、幼儿园、托儿所、敬老院等公共公益事业的单位自用的

土地；

福建省国土资源厅、福建省教育厅、福建省建设厅关于印发《福建省教育用地控制指标》(试行)的通知(闽国土资综[2007]316号)

(2007—11—14)

福建省教育用地控制指标（试行）

二、基本规定

2.6　普通高等学校在工程的规划与建设中必须科学合理、节约用地，尽量集中紧凑地进行布置，在不影响使用功能的前提下适当提高建筑容积率。教室、图书馆、实验科研用房、教工宿舍、学生宿舍等项建筑的平均层数不低于4.5层，建筑密度≥25%；食堂、风雨操场、会堂、仓库及一些生活福利附属用房的平均层数不低于1.5层，建筑密度≥35%。

政府工作与图书馆

国务院办公厅印发关于做好国务院2007年立法工作的意见和国务院2007年立法工作计划的通知(国办发[2007]2号)

(2007—01—02)

二、需要抓紧研究、待条件成熟时提出的立法项目（133件）

（一）促进社会事业发展，提高公共服务水平需要提请全国人大常委会审议的法律草案和需要制定、修订的行政法规。（28件）

教育法（修订）（教育部起草），考试法（教育部会同劳动保障部、人事部、卫生部、司法部起草），专利法（修订）（知识产权局起草），商标法（修订）（工商总局起草），非物质文化遗产保护法（文化部起草），图书馆法（文化部起草），电影促进法（广电总局起草），精神卫生法（卫生部起草），医疗事故处理法（卫生部起草），中医药法（卫生部起草），国境卫生检疫法（修订）（质检总局、卫生部起草），人类遗传资源保护条例（科技部起草），软件与集成电路产业发展条例（信息产业部起草），互联网信息服务管理办法（修订）（信息产业部起草），信息技术应用促进条例（修订）（信息产业部起草），民间文学艺术作品著作权保护办法（版权局起草），艺术品经营管理条例（文化部起草），互联网上网服务营业场所管理条例（修订）（文化部起草），清真食品管理条例（国家民委起草），禁止非医学需要的胎儿性别鉴定和选择性别的人工终止妊娠规定（人口计生委会同卫生部、食品药品监管局起草），处方药与非处方药分类管理条例（食品药品监管局起草），中药品种保护条例（修订）（食品药品监管局起草），中国人民解放军实施职业病防治法办法（总后勤部起草），医疗器械监督管理条例（修订）（食品药品监管局起草），流动人口计划生育工作管理办法（修订）（人口计生委起草），全民健身条例（体育总局起草），出版管理条例（修订）（新闻出版总署起草），地图编制出版管理条例（修订）（测绘局起草）。

河北省人民政府关于动员全社会力量支持贫困老区建设的意见(冀政[2007]4号)

(2007—01—09)

四、促进贫困老区社会事业发展

……支持贫困老区文化建设，以政府为主导，以乡镇为依托，以村为重点，以农户为服务对象，发展贫困老区县（市、区）、乡（镇）、村三级文化设施和文化活动场所。到2010年，力争实现贫困老区县（市、区）有图书馆、文化馆，乡（镇）有综合文化站，所有文明生态村和其他有条件的村建有综合文化活动室的目标。广泛开展面向贫困老区以送书、送戏、送电影为重点的文化下乡活动，帮助老区人民开展丰富多彩的群众文化活动。

海口市人民政府关于印发海口市“十一五”科技发展规划纲要的通知

(海府[2007]4号)

(2007—01—11)

海口市“十一五”科技发展规划纲要

四、对策与措施

（二）大力引导和整合全市科技创新资源

2. 加强科技创新基础设施建设，改善全市科技创新基础条件

建设一批开放实验室和工程中心；建设科技信息数据中心、数字图书馆，形成覆盖全市的科

技文献保障体系；进一步完善科技产业孵化器，建设科技创业人员公寓和科学家休假中心。加快建设科技公共服务平台，通过大型公共科技设施建设、科技数据与科技文献资源共享、自然科技资源保存与利用，构筑一个为我市科技创新服务的共享平台，降低科技创新成本，促进创新要素有效结合。

中共南京市委、南京市人民政府
关于加快推进跨江发展战略的意见
（宁委发(2007)3号）
（2007－01－12）

三、明确加快推进跨江发展的重点任务

（五）构筑社会事业体系。……三是加强江北地区文化艺术中心、博物馆、图书馆等公共文化设施建设，完成所有镇（村）文化站（室）的改造，逐步完善江北公共文化服务体系；因地制宜，打造一批特色文化产业园，壮大江北地区文化产业。四是以大型场馆建设为重点，完善江北地区体育设施配套体系。五是加强和谐社区、和谐村镇、和谐企业建设，规划建设区、街道、社区服务中心，形成三级服务网络，不断拓宽社区服务的领域和覆盖面，努力创造良好的发展环境和生活环境。六是优化公共支出结构，进一步扩大对江北地区“三农”和社会事业、社会保障、公共安全、生态环境、基础设施等方面的财政投入，实现江南江北社会服务均衡化。

北京市信息化工作领导小组办公室关于印发
《北京市提高全民信息能力行动纲要》的通知
（京信发[2007]2号）
（2007－01－15）

北京市提高全民信息能力行动纲要

四、保障措施

（三）做好教育培训配套工作。

积极开发利用学校、科技馆、图书馆、文化站等公益性信息服务资源，丰富教育培训内容。组织志愿者深入农村、社区开展信息化服务。定期发布全民信息能力培训需求，引导和规范信息化教育培训市场。

杭州市文化广电新闻出版局办公室
关于印发2007年工作要点的通知
（杭文广新办[2007]8号）
（2007－01－19）

杭州市文化广电新闻出版局
2007年工作要点

（一）实施“七大工程”，加强公共文化服务

2. 以构建“十五分钟文化圈”为目标，实施文化阵地建设工程。制定全市文化设施布局规划。加快杭州图书馆新馆建设，积极推进杭州艺校、市群众文化活动中心、杭州艺术馆等重大文化项目的建设。进一步推进各区、县（市）文化馆、图书馆、博物馆等重大文化设施建设。按照“一乡（镇、街道）一中心”的要求，结合东海明珠和文化信息共享工程的建设，积极建设区域性综合性重点文化设施，力争乡镇文化设施达标率达到75%；大力推进农村村级文化设施建设，力争村级文化设施的覆盖率达到50%。

5. 以“平民图书馆”为理念，加快公共图书服务“一证通”建设。抓好杭州图书馆新馆建设以及萧山、临安、建德、桐庐等已建成图书馆新馆的管理，加强各级公共图书馆建设；进一步完善全市公共图书馆“一证通”体系，扩大服务覆盖面；推行“总馆分馆”制，推进数字图书馆建设，完成百个社区图书服务点建设，延伸服务触角，拓宽服务领域，保障市民的阅读权利。

四川省人民政府办公厅关于印发四川省
“十一五”社会事业发展规划的通知
（川办发[2007]17号）
（2007－01－26）

四川省“十一五”社会事业发展规划

五、建设文化强省，不断丰富人民群众的精神文化生活

（一）积极发展文化事业，推进文化产业发展。构建较为完善的公共文化服务体系。健全四级文化网络，逐步完善文化设施，提高公共文化服务质量和水平。大力推进四川省博物馆、省川剧院、省图书馆等一批文化设施重点项目的建设。逐步完善市、州级公共文化设施。全面充实县级两馆设施建设，力争70%的县级公共图书

馆实现网络化管理。加强乡（镇）宣传文化服务中心、村文化活动室和基层文化信息资源共享工程示范点建设……

（二）加强文物保护，合理开发历史文化遗产。认真贯彻《中华人民共和国文物保护法》，坚持“保护为主、抢救第一、合理利用、加强管理”的原则，加强文物保护，合理开发利用我省优秀的历史文化遗产资源。加强全省文物工作的管理和监督，进一步提高工作效率。加强各级图书馆古籍文献的抢救保护和孤本、善本的整理。完成全省县级以上文物保护单位“四有”档案、馆藏文物藏品档案数据库和全省文博信息资料库的建设工作，逐步实现全省文物管理工作网络化、信息化……

加强文化队伍组织建设。按照业务精、作风正、纪律严的要求，抓好文化队伍各级领导班子的政治、思想、作风建设，着力发现、引进、使用、保护文化领域的领军人物。巩固和壮大宣传文化队伍，以专职为主、落实专兼职人员，尤其要落实县（市、区）图书馆、文化馆、广播电视播出机构以及乡镇综合文化站人员及编制。加强宣传文化队伍管理，深化文化单位劳动人事、收入分配和社会保障 3 项制度改革，建立健全规范的用人机制、培训机制、分配机制、激励机制和约束机制。“十一五”期间，培养和引进 200 名以上社科理论、新闻出版、文学艺术、文化产业经营管理优秀人才，使他们成为文化发展领域的领军人物和学术带头人。

专栏 5　文化发展重点工程

省级文化设施建设。围绕建设文化强省的目标，完成省博物馆、省广电中心、省川剧院剧场、省出版传媒中心、省图书馆、西部出版物物流中心、四川期刊大厦等一批重大省级文化项目。

乡镇文化中心建设。以中心乡镇文化中心建设为重点，大力加强基层文化设施建设。

村级文化活动室建设。加强村文化设施建设，发展村级文化设施和文化活动场所。

文化信息资源共享工程。以农村为重点，大力实施文化信息资源共享工程，形成省、市、县、乡镇（村）四级文化信息资源共享网络，完成 2000 个基层服务网点和县级分中心建设。

成都市人民政府关于印发成都市城市化发展第十一个五年规划的通知

（2007—01—27）

成都市城市化发展第十一个五年规划

三、规划发展重点

（四）加快城镇基础设施建设，增强城市化发展后劲。坚持基础设施先行并适度超前的原则，加大对城镇基础设施建设的投入力度，按照城市的标准严格保护城镇环境，确保在经济发展和城市建设的同时环境质量保持稳定，提高城镇的承载能力。

5. 规划、建设好文化以及社会服务设施。加强城镇文化建设。弘扬传统文化和地域特色文化，抓好历史文化名城和文化保护区的建设。提高城镇建设的文化品位，树立精品意识，注重城市标志性建筑以及广场、公园、街景、雕塑、喷泉的设计与建设，展示各具特色的城镇景观。加快建设水平较高的图书馆、艺术中心、影剧院和特色鲜明的博物馆，规划建设具有承办国际性或全国性体育、文化、博览活动能力的设施。积极开展国际文化、体育交流活动，提高成都的知名度。完善卫生医疗设施，在成都形成医疗、保健、教学、科研配套的，技术先进的卫生服务和技术指导中心。

中共深圳市委、深圳市人民政府关于制定《深圳市民生净福利指标体系》的意见

（深发[2007]2 号）

（2007—01—31）

四、《指标体系》的基本框架

《指标体系》共选用 21 项指标，并用民生净福利指数综合反映居民的生活福利状况。

21. 人均公共图书馆馆藏图书。

广东省人民政府办公厅关于印发广东省城镇化发展“十一五”规划的通知

（粤府办[2007]9 号）

（2007—02—08）

广东省城镇化发展“十一五”规划

一、基本情况

（一）“十五”回顾。

2. 城镇功能和要素集聚能力增强，城乡生

产、生活和生态环境明显改善。

……全省累计建成各类卫生机构16 054个，各类艺术馆、文化馆140个，县级以上公共图书馆129个，博物馆、纪念馆148个。

四、政策和体制保障

（四）完善户籍政策和相关配套制度，逐步消除“城乡二元”、“本外二元”结构。

2. 改革相关配套制度。

——努力推进城乡教育均衡发展。全面实施全省农村免费义务教育；加快义务教育学校布局调整，消除义务教育阶段大班额现象；大力推进义务教育学校规范化建设，改善农村及经济欠发达地区中小学校舍、生活设施、图书室、实验室和仪器设备等办学条件；按照以流入地政府管理为主、全日制公办学校为主的原则，把非户籍常住人口子女义务教育纳入义务教育发展总体规划统筹安排；鼓励及规范社会力量举办高中阶段学校；加快中等职业教育发展，使其与普通高中教育规模大致相当。

五、重大工程

“十一五”期间，加快推进我省城镇化发展要重点抓好以下八项重大工程。

（一）和谐社区工程。

到2010年，珠三角80%的社区、其他地区60%的社区要达到“六好”平安和谐社区的要求，即自治好、管理好、服务好、治安好、环境好、风尚好。

——重视社区规划，美化社区环境。加强社区规划指导，优化社区环境，建立便捷的社区公共交通系统，完善社区办公用房、多功能活动室、文化图书室、卫生室、老年之家、户外文体小广场等公共设施建设，优化公共活动空间。加快旧城区中老社区的环境整治，符合条件的可引入物业管理。社区办公、服务和活动场所建设的各种规费，应按规定给予减免。

文化部、国家工商行政管理总局、公安部、信息产业部、教育部、财政部、监察部、卫生部、中国人民银行、国务院法制办公室、新闻出版总署、中央文明办、中央综治办、共青团中央关于进一步加强网吧及网络游戏管理工作的通知

（文市发[2007]10号）

（2007—02—15）

二、采取治本之策，扎实推进长效管理机制建设

（五）加强公益性上网场所的建设与管理

发挥好学校、文化馆（站）、图书馆、青少年宫、青年中心和中小学远程教育、全国文化信息资源共享工程在满足未成年人网络文化需求方面的作用。通过安排专业人员、招募志愿者、教师家长参与等方式建立专兼结合的辅导员队伍，为未成年人提供安全、健康的上网环境。公益性上网场所的建设要向中小城市和农村倾斜。

公益性上网场所应当对未成年人免费或优惠开放，不得以营利为目的，确需收费的应按照行政事业性收费的有关规定管理。各市文化行政部门要会同教育、共青团等部门制定对未成年人开放的公益性上网场所的内容、设施设备、环境、开放时间和辅导员配备等方面的管理制度，不符合条件的不得接纳未成年人。对违反规定条件接纳未成年人或违反规定收费的公益性上网场所，主管部门要予以查处，已享受国家有关政策、资金支持的，要予以取消、核减或追缴。

广东省人民政府办公厅印发广东省实施技术标准战略“十一五”规划的通知

（粤府办[2007]16号）

（2007—02—25）

附件2

企业试点及项目安排

三、试点项目安排

通过对广东省12个重点产业技术标准研制重点方向的定位，2006—2010年要重点开展以下具体技术标准项目的研制工作：

（十一）服务业。

117. 图书馆、文化馆建设评估标准。

国务院办公厅关于印发少数民族事业“十一五”规划的通知

（国办发[2007]14号）

（2007—02—27）

二、主要任务

（五）大力发展少数民族文化事业。

根据国家区域发展总体战略，继续在文化基础设施建设、政策投入、产业发展和人才培养等方面，加大对民族自治地方文化建设的扶持力度。建立健全民族自治地方公共文化基础设施网

络，扶持民族特色文化产业发展，加强民族自治地方各类艺术人才的定向、定点培训。

国家在安排补助地方文化设施建设、广播电视建设经费和文物保护经费等时，要加大向民族自治地方倾斜的力度。继续推进文化信息资源共享工程，加强民族自治地方文化基础设施建设，在实现县县有图书馆、文化馆目标的基础上，重点改扩建一批县图书馆、文化馆和影剧院，提高县级图书馆、文化馆开展文化服务的能力；发展乡、村级文化设施和文化活动场所，建立综合性的乡文化站、村文化活动室。选择少数民族文物史迹丰富地区，建设民族、民俗博物馆。继续实施“西新工程”、广播电视“村村通”工程和农村电影放映工程，努力实现民族自治地方20户以上自然村村村通广播电视、一村一月放映一场电影。

三、重点工程

（五）少数民族文化发展工程。

按照《国家“十一五”时期文化发展规划纲要》的要求，切实加快少数民族文化事业发展。推出在国内外具有较大影响的少数民族文学、戏曲、音乐、舞蹈、美术、工艺、建筑、风情、服饰、饮食等文化艺术品牌；制作优秀的少数民族题材广播影视作品；扶持对少数民族文化发展具有重大影响的民族出版项目；实施民族自治地方送书工程，向少数民族聚居的县（市、旗、区）图书馆和中小学校赠送民族语文和汉语文图书、杂志，向民族自治地方农村牧区的村赠送“三农”实用技术民族语文和汉语文科技图书；保护、发展和培育少数民族特色表演艺术，支持民族特色艺术表演团体建设，开展大型民族特色文化艺术活动。

河北省人民政府关于印发《河北省城市化“十一五”发展规划》的通知

（冀政函[2007]23号）

（2007—03—02）

河北省城市化“十一五”发展规划

六、提高城镇承载能力

（三）完善公共服务设施

按照先进文化建设的要求，在城镇率先形成比较完善的科技和文化创新体系、国民教育体系、全民健身和医疗卫生体系，促进人的全面发展。大中城市建设一批标志性文化体育设施，省会重点建设河北博物馆、河北省图书馆、省会体育中心等公共文化体育设施及河北艺术职业学院等重点项目。具备条件的设区市都要建成水平较高、功能齐全的博物馆、图书馆、群艺馆、文化馆、青少年活动中心和综合性艺术中心，其他县（市、区）也要结合当地条件建设有地域特色的文化设施，形成网络健全、运营高效、服务优质的公共文化服务体系。调整优化医疗资源配置和服务结构，大力发展社区卫生服务，加快医疗保障和公共卫生服务体系和设施建设。合理安排中小学和社区服务设施，确保适龄儿童就近入学，完成九年义务教育，及早普及高中阶段教育。

深圳市人民政府关于印发深圳市人民政府2007年度立法工作计划的通知

（深府[2007]36号）

（2007—03—02）

深圳市人民政府2007年度立法工作计划

三、有关部门提出进行调研论证的法规草案和规章草案

22. 深圳经济特区公共图书馆条例（修改）（市文化局起草）

国家标准化管理委员会关于印发《标准化“十一五”发展规划》的通知

（2007—03—05）

三、主要任务

• 文体、娱乐服务标准

主要包括：文化服务术语；博物馆服务；博物馆智能化系统使用要求；文物保护机构开放服务规范；文物保护机构标志；可移动文物运输包装；文物讲解人员等级评定；图书馆服务；文化馆服务；美术馆服务；电影院服务标准；体育基础术语；体育信息图形符号；体育场馆公共安全；体育场馆开放条件；体育场地使用要求及检验方法；体育场馆等级划分；奥运相关体育服务标准；奥运工程安全应急标准；奥运质量管理体系标准、志愿者的培训与能力要求等；演出场所服务；社会艺术教育；互联网上网服务营业场所；有线数字电视用户服务；广播电视光缆干线传输；卫星电视直播用户服务等方面标准。

到“十一五”末，制定54项国家标准，达到

国内先进水平。

郑州市人民政府办公厅关于落实2007年政府工作报告提出的重点工作的通知（郑政办[2007]6号）（2007—03—08）

八、发挥文化资源优势，加快推进文化建设

大力发展文化事业。加大对公益性文化事业投入，加强重大文化基础设施建设。启动商城遗址保护工程及商都文化苑建设项目，抓好郑州歌舞剧院、郑州图书馆新馆等项目建设。继续实施文化精品工程，认真组织《洛神》等一批文艺精品的生产创作。建立健全公共文化服务体系，加强县级文化馆、图书馆和乡镇文化站、新农村书屋建设，继续实施文化信息资源共享和农村电影放映工程。振兴传统文化产业，大力发展新兴文化产业，放开发展社会文化产业。整合古都文化资源，加强非物质文化遗产保护工作，做好嵩山古建筑群申报世界文化遗产工作……

济南市人民政府关于落实济南市国民经济和社会发展第十一个五年规划纲要主要目标和任务工作分工的通知（济政发[2007]5号）（2007—03—21）

二、指标任务的责任主体及工作分工

（二）重大工程和项目。

15. 加快文化设施建设，重点规划建设中华文化标志城、图书馆新馆、群众艺术馆新馆等项目。建设县（市）区级、社区（乡镇）级的图书馆、文化馆、文化站等，形成布局合理、功能齐全、覆盖城乡的文化设施网络。（市文化局牵头负责）

国家中医药管理局关于印发中医药信息化建设“十一五”规划纲要的通知（国中医药发[2007]12号）（2007—03—23）

二、主要任务

（二）中医药公共信息系统建设

——中医药数字图书馆和博物馆。建立中医药电子文献资源共享平台，提供中医药文献信息资源的网络服务。充实并完善中医药数字图书馆和博物馆，充分发挥中医药数字图书馆和博物馆的网络宣传和教育作用，提高中医药信息资源的管理水平和公众对中医药的认知度。

黑龙江省人民政府办公厅关于印发黑龙江省少数民族事业“十一五”规划的通知（黑政办发[2007]15号）（2007—04—06）

黑龙江省少数民族事业“十一五”规划

二、主要任务

（三）民族文化。

2. 加强民族文化场馆建设。到2010年，4个市级民族文化馆、9个县（区）级民族文化馆公共设施面积分别达到国家最低标准3000平方米和1000平方米；每个民族乡（镇）都要建成一所综合性的文化站。完成牡丹江市朝鲜族图书馆、杜尔伯特蒙古族自治县图书馆的扩建工程；建成齐齐哈尔市梅里斯达斡尔族区图书馆，并达到国家规定的标准；建设同江市图书馆分馆；改善同江赫哲族博物馆、杜尔伯特蒙古族自治县博物馆、阿城金上京历史博物馆和黑龙江省民族博物馆的馆舍条件，提高办馆质量；建设齐齐哈尔市梅里斯达斡尔族区哈拉新村达斡尔族陈列馆和黑河市鄂伦春族博物馆；筹建省级少数民族群众艺术馆。“十一五”期间设立的全省乡镇文化中心设施专项资金要优先安排到少数民族乡镇。

重庆市人民政府关于贯彻实施全民科学素质行动计划纲要（2006—2010—2020年）的意见（渝府发[2007]53号）（2007—04—06）

二、公民科学素质建设四大行动

（一）未成年人科学素质行动

6. 整合校外科学教育资源，利用科技类博物馆、科研院所、高等院校和青少年科普教育基地的教育资源，为提高未成年人科学素质服务；加强现有少年宫、青少年活动中心、儿童活动中心、儿童图书馆等综合型未成年人校外活动场所的科普教育功能，充分发挥社区教育在未成年人校外教育中的作用。

三、公民科学素质建设基础工程

（一）科学教育与培训基础工程

3. 加强学校特别是农村中小学科学教育基础设施建设。建立健全学校科技活动室、实验室、图书馆，充实教学仪器设备、音像设备、计算机等教学器材。积极发展农村中小学现代远程教育，在农村中小学建设卫星接收站7000个，在农村初中建设计算机教室700间。

（四）科普基础设施工程

2. 将科普基础设施建设纳入我市国民经济和社会事业发展总体规划及基本建设计划，加大对公益性科普设施建设和运行经费的投入。加快重庆科技馆、重庆图书馆建设，着手规划设计重庆自然博物馆等一批新的科技类博物馆。在重庆大剧院、重庆图书馆、国泰艺术中心、重庆少儿图书馆等公共文化设施中拓展和完善科普教育功能，策划建设科技主题公园。“十一五”期间，各区县（自治县）至少建有一所综合性、多功能的未成年人校外活动场所。各地体育场馆要免费或优惠向青少年科普活动开放。

中共湖南省委、湖南省人民政府关于继续支持湘西土家族苗族自治州加快经济社会发展的意见(湘发[2007]7号)

(2007－04－07)

四、搞好生态建设和环境保护

18. 加快发展文化事业。加强文化基础设施工程建设，重点建设好龙山里耶秦简博物馆，对里耶古城遗址和凤凰古城历史文化街区实施抢救性保护。对未达国家标准的县级文化馆、图书馆完成改建和扩建，支持湘西自治州新建、改扩建163个乡镇文化活动中心。支持湘西自治州实施文化信息资源共享工程。加强流动文化服务，构建流动演出服务网络。加强非物质文化遗产保护，推进民族文化产业化。大力发展广播电视事业，力争2010年实现村村通广播电视。

广东省人民政府办公厅印发关于加快粤东地区发展产业与重大项目规划的通知(粤府办[2007]40号)

(2007－04－28)

关于加快粤东地区发展产业与重大项目规划

四、重点发展的项目

（七）社会事业项目。

规划建设社会事业项目22项，总投资约38亿元，“十一五”期间投资约30亿元。进一步完善城镇的就业、社会保障、教育、文化、卫生、体育、公共设施等功能，重点加快对劳动力市场信息网络和就业培训服务设施的建设；进一步完善城乡社会保障制度；加强职业技术教育，扩大职业教育和专业技术培训规模，将汕头职业技术学院扩建为省属粤东职业技术学院；配套建设一批图书馆、博物馆、体育馆等文化体育设施；加强公共卫生基础设施建设。

中共广州市委、广州市人民政府关于印发《中共广州市委、广州市人民政府关于切实解决涉及人民群众切身利益若干问题的决定》的通知(穗字[2007]2号)

(2007－05－03)

十、加快发展文化体育事业

61. 提高公共文化产品供给水平。2007年起，全市公共文化体育设施向未成年人免费开放或优惠开放。到2009年，实现城区居民平均每千户拥有一个符合标准的户外文化活动场所；基本实现区（县级市）有三馆（图书馆、文化馆、科技馆或博物馆）、一镇（街）一站（文化站）、一村（居）一室（文化室）、一人一册（书）。（本部分工作由市委宣传部，市文化局、市科技局、市科协等部门负责制定方案并组织实施）

中共深圳市委、深圳市人民政府关于印发《深圳市2007年改革计划》的通知(深发[2007]8号)

(2007－05－09)

深圳市2007年改革计划

二、2007年改革工作的主要任务

（一）全面加强增进民生福利的制度建设，切实让广大人民分享改革和发展的成果。

10. 完善公立机构体育文化设施向全体市民开放的制度，重点保障群众性体育健身和文化娱乐活动。实施文化信息共享工程，实现全市公共图书馆的“通借通还”。

内蒙古自治区人民政府关于进一步扶持老区经济社会发展的意见(内政发[2007]45号)

(2007－05－21)

二、扶持老区经济社会发展的政策和措施

（六）促进老区教育文化事业发展。……支持老区文化建设，优先发展老区旗县、苏木乡镇、嘎查村三级文化设施和文化活动场所。到“十一五”末期，实现老区旗县有图书馆、文化馆，苏木乡镇有综合文化站，嘎查村建有综合文化活动室。结合国家实施广播电视“村村通工程”，“十一五”期间，自治区对大多数处于山区、半山区和丘陵地区的重点老区要作为重点进行投入，确保到“十一五”末期使老区能收看到2套中央和2套自治区电视节目，收听到1套中央和2套自治区广播节目。

陕西省文化厅关于印发全省性文化艺术类民办非企业单位管理办法的通知（陕文办[2007]19号）（2007—05—23）

全省性文化艺术类民办非企业单位管理办法

第二章　成立、变更和终止

第九条　文化艺术类民办非企业单位按其所从事的业务范围，划分为以下类型：

（五）从事图书、资料、文献情报借阅及社会教育工作的民办图书馆（室）；

浙江省司法厅关于贯彻落实五五普法规划进一步加强青少年法制宣传教育工作的若干意见（浙司[2007]137号）（2007—05—30）

三、进一步整合资源，拓展渠道，实现社会青少年法制宣传教育工作的新突破

进一步加强“青少年法律学校”建设，建立多种形式的青少年法制教育活动基地，建立广泛的教育网络体系，通过黑板报、展览橱窗、录像、案例、学习参观以及文化馆、图书馆等形式和场所对社会青少年进行法制教育。要立足社区、乡镇，结合“民主法治村”、“民主法治社区”建设和创建优秀“青少年维权岗”等活动，把社会青少年法制宣传教育列入社区、农村建设工作的重要内容，进一步发挥社区、乡镇在青少年法制宣传教育工作中的作用。社会各职能部门要分工配合，协同运作，积极探索建立社会青少年法制教育行之有效的方式和制度，为社区青少年健康成长营造良好的社会环境和法治环境，实现社会青少年法制宣传教育工作的新发展。

内蒙古自治区人民政府关于贯彻落实2006年至2020年国家信息化发展战略的实施意见（内政字[2007]116号）（2007—06—01）

四、积极推进社会信息化，促进和谐社会的构建

（五）推进文化信息化建设。以建设数字图书馆为重点，全面推进文化信息资源共享。按照建设民族文化大区的要求，加快推进民族文化作品的网络化和数字化。新闻出版、广播影视、文学艺术等行业要大力发展数字化产品，提供网络化服务。加快文化信息资源整合，加强公益性文化信息基础设施建设，完善公共文化信息服务体系。利用互联网络不断提高对外宣传工作整体水平。建设积极健康的网络文化，倡导网络文明，净化网络环境。

九、大力推行国民信息技能教育培训计划，造就大批与经济社会发展相适应的信息化人才

（一）加强信息化人才基础教育。加快基础教育、职业教育、高等教育和各种形式的培训，普及信息化知识和技能，提升基础教育、职业教育和高等教育信息化水平，提高全民信息能力和信息化综合素质。采取普及教育与专业教育并举、教学科研机构培养与社会力量办学培训相结合的措施，以教学资源和教育应用为核心，依托全区大中专院校、中小学、图书馆等公益性设施，逐步建设各级各类学校的校园网和教学资源库，基本实现优质教育资源共享。以远程教育为主，构建跨越时间、空间、地域和教学资源的网络学习环境，为信息化建设提供有力的智力保证。

国务院办公厅关于印发兴边富民行动“十一五”规划的通知（国办发[2007]43号）（2007—06—09）

二、主要任务

（四）加快发展社会事业，提高人口素质。

大力发展文化事业。加强公共文化服务体系建设，完善文化基础设施，实现县有文化馆、图书馆，乡镇有综合文化站，行政村有文化活动室的目标。加快全国文化信息资源共享工程边境基层服务网点建设，加强面向边民的各类信息服

务。继续实施广播电视“西新工程”、“村村通”工程和农村电影放映工程。加强广播电视节目译制、制作能力，使少数民族边民能听（看）得到、听（看）得懂中央台和省、自治区台的广播电视节目。推进文化遗产保护工作，加强民族优秀民间文化资源的系统发掘、整理和保护。对传统文化生态保持较完整并具有特殊价值的村落或特定区域进行动态整体性保护，有条件的地方建立民族民间文化生态保护区，逐步建立科学有效的民族民间文化遗产保护机制。

江西省发展和改革委员会关于印发《江西省新型城镇化“十一五”专项规划》的通知
（赣发改投资字[2007]546 号）
（2007－06－11）

江西省新型城镇化“十一五”专项规划

三、“十一五”城镇化指导思想、基本原则、主要目标和战略任务

（十一）城镇化的战略任务：

——健全城镇功能。……五是加强城镇公共服务设施建设。改善办学条件，大力发展各级各类教育。改善技术推广和技术服务的条件，加强科技开发和推广中心建设。合理规划建设城镇图书馆、博物馆、文化馆、影剧院、体育场馆等公共设施，发展文化产业，丰富群众文化生活。完善医疗服务和预防保健设施，满足居民卫生需求。

广州市政府办公厅印发广州市社会事业发展“十一五”规划的通知（穗府办[2007]20 号）
（2007－06－12）

广州市社会事业发展“十一五”规划

一、发展基础

（一）主要成就。

2. 文化事业和文化产业成绩斐然。大力加强群众文化建设，全面完成了“金穗工程”各项任务，各区、县级市文化站达标率为 83.7%。到 2005 年，全市共有群众艺术馆、文化馆 13 个。实现了 100 户以上自然村“村村通”广播电视，广播、电视人口覆盖率分别为 99.7% 和 99.5%。博物馆、图书馆事业稳步发展，目前全市共有博物馆 40 个（其中市属 15 个）、公共图书馆 14 个（其中 10 个被评为国家一级馆，2 个被评为国家二级馆），广州图书馆和少儿图书馆藏书量分别达到 288 万册（件）和 102 万册（件），年均接待读者分别达到 256 万人（次）和 120 万人（次）。文化事业投资力度加大，经费逐年增加。实施了《关于加快广州文化基础设施建设的意见》，规划建设 22 个大中型文化设施项目，其中第二少年宫已落成启用，广州歌剧院、广州新图书馆等一批重大文化基础设施正加快建设……

三、主要任务

（二）加快文化事业和文化产业发展，满足人民群众文化需求。

加强公益性文化设施建设，在 2010 年前全面实现区（县级市）有三馆（图书馆、文化馆、科技馆或博物馆）、一街（镇）一站（综合文化站）、一村一室（文化室）、“村村通”广播电视，构建功能完善的覆盖全社会的公共文化服务体系。重视农村文化建设，完善农村文化基础设施，深入开展送文化下乡活动，促进农村文化繁荣。完成广州歌剧院、广州新图书馆等重点项目建设，提升城市的文化品位和形象……

（七）加强社会事业基础设施建设，夯实社会事业发展基础。

建设一批社会事业重大项目，提高社会事业发展承载力。“十一五”期间，重点推进创建教育强市基础教育建设工程、广州医学院新校区建设工程、广医一附院改造工程、市第八人民医院、市疾病预防控制中心迁建工程和市妇女儿童医疗中心、广州歌剧院、广州新图书馆、广州档案馆一期、广州新电视塔、广州电视台新址工程以及亚运会场馆及其配套设施等一批重大项目。

深圳市科技和信息局关于印发《深圳市科技创新公共技术平台“十一五”发展规划（2006－2010）》的通知（深科信[2007]155 号）
（2007－06－12）

深圳市科技创新公共技术平台“十一五”发展规划（2006－2010）

引　言

一、深圳公共技术平台发展现状

（五）科技文献信息平台。

深圳与北京、上海、广州等大城市相比，高校和科研院所很少。深圳市目前提供科技信息资

源服务的单位主要有 8 家：深圳市图书馆、深圳大学图书馆、深圳市高等职业技术学院图书馆、深圳大学城图书馆、深圳市医学信息中心、深圳市标准技术研究院、深圳市知识产权事务中心和深圳市科技情报研究所。各家拥有深圳市科技信息的服务机构在科技信息资源与服务方面各有侧重，主要分为以下几个方面：

——科普性服务：深圳图书馆面向公众服务；

——学术性服务：深圳大学和深圳高等职业技术学院的图书馆面向其本校师生的科研和教学服务；

——专业领域服务：深圳医学信息中心为深圳的医疗卫生行业提供文献信息的支撑，深圳市专利中心和标准技术研究院转为企业提供专利和标准方面的信息；

——综合情报服务：深圳市科技情报研究所是隶属于深圳市科技局的事业单位，为全市企事业单位提供综合性的科技信息服务。

目前，8 家单位共拥有印刷本图书 400 万册左右，数据库 180 多个。数据库基本上是外购。

二、深圳公共技术平台目前存在的问题

（三）技术平台存在较严重的缺失，需要投入和建设；同时存量需要盘活，提高服务水平和国际竞争力。

5. 深圳图书文献资源以公众和教学为主，科技文献资料不丰富，对科技开发的支撑作用有限。科技信息服务机构，则表现为信息量有限，而且缺乏个性化服务能力。政府对自主创新型研发机构的管理有待完善。

五、2006－2010 年平台发展规划

（一）科技文献服务和管理决策支持平台。

3. 深圳市科技图书馆。

在深圳大学城建立深圳市科技图书馆，建立以综合性学科、边缘交叉学科、应用科学技术为主的藏书体系。同时建立科技数字图书库和网络信息部，提供各种科技论文、科技藏书、全文及引文电子检索，以及提供电子期刊目录、跨库集成检索、学科信息门户、馆际互借和原文传递业务。

四川省人民政府关于贯彻《全民科学素质行动计划纲要》的实施意见

（川府发[2007]33 号）

（2007－06－15）

四、切实抓好《科学素质纲要》的实施工作

（一）未成年人科学素质行动。……加强中小学和中等职业技术学校科学教育基础设施建设，建立健全科学教育实验室、中小学图书室。

（二）农民科学素质行动。……在县文化馆、图书馆和乡镇文化站、广播站、图书室、中小学校、干部现代远程教育接收站点等基层公共设施建设中增加和完善科普信息和传播功能；建立和完善农村科普示范体系，开展科普示范县（市、区）建设活动。

（六）科普资源开发与共享工程。有效整合现有科普资源，充分发挥省内科技类博物馆、图书馆、教育电视台等的科技教育功能，探索各类科普资源有效服务公众的模式，拓宽公共科普资源的传播渠道，扩大科普信息资源的共享范围。发挥互联网科普传播优势作用，在全省数字电视网络建设中加强全省数字化科普信息交流与共享平台建设。发挥广播、电视等媒体受众面广的优势，加大科技知识的宣传。营造有利于科普资源开发与共享的政策环境，引导、鼓励和支持科普产品和信息资源的开发。

云南省人民政府关于 2007 年重点督查 20 项具体工作的通知

（云政发[2007]101 号）

（2007－06－25）

八、云南边疆解“五难”惠民工程

（四）为 28 个县配备文化大篷车，送戏、送书、送电影下乡；新建 20 个边疆乡镇文化站；在 15 个县公共图书馆建立文化信息资源共享支中心、70 个乡镇文化站建立基层站点；在 28 个县实现农村电影放映覆盖率达 90% 的放映目标（即每个行政村每月看 1 次电影）。

杭州市文化广电新闻出版局关于开展共建共享“生活品质之城”大讨论第二阶段活动的实施意见

（杭文广新党办[2007]13 号）

（2007－06－27）

二、落实推进阶段的重点工作

（二）实施“七大工程”，为民办好实事

一是以市级文化设施建设、市域网络化大都市文化设施专项规划和村级文化设施建设为重点，抓好文化阵地建设工程，确保杭图新馆建设工程如期完成，确保村级文化设施覆盖率达到50%以上；……三是进一步提升“东海明珠”工程和文化信息资源共享工程建设水平，确保全市80%的乡镇达到省市“东海明珠”建设标准。新建8个科技文化信息资源共享工程，建成1000个村级图书馆；……五是完善和拓展公共图书馆服务“一证通”工程，新增基层服务点25个；……六是以把基层文化生活搞丰富、搞热闹为宗旨，积极推进文化服务工程，实现全年各级各类文化活动超万场的目标；

（三）推进八项创新，争创新的突破

六是以杭图新馆建设为契机，围绕建设国内一流、国际领先的现代化公共图书馆的目标，深化内部三项制度改革，创新杭州图书馆的运作机制；

深圳市人民政府关于加快民政事业发展的若干意见（深府[2007]150号）
（2007—06—29）

三、加强社区建设

（六）整合社区资源。充分整合、调剂和利用社区现有设施资源。完善共享机制，引导社区内企事业单位开放服务设施，进一步提高区域内体育场馆、文化馆、图书馆等文体设施向社区居民无偿或低偿开放的程度。

广东省人民政府印发广东省东西北振兴计划（2006—2010年）的通知（粤府[2007]67号）
（2007—07—26）

广东省东西北振兴计划（2006—2010年）

三、主要任务

（三）壮大县域经济实力。

1. 提高城镇化水平。

加快建立、健全推进城镇化的各项保障制度。推进户籍制度改革，形成有利于提高城镇化水平的体制和政策环境。适时进行行政区划调整，打破“行政区经济”的束缚。建立城乡建设规划和土地利用总体规划协调机制，加大土地开发整理工作力度，确保全省耕地保护责任指标的落实。采取有效措施，多渠道解决城市基础设施建设资金不足的问题。进一步完善城镇的就业、教育、文化、卫生、体育、公共设施等功能，配套建设一批图书馆、博物馆、体育馆等文化体育设施。

深圳市公安局关于加强非经营性公共上网服务场所网络安全管理工作的通告
（深公通[2007]4号）
（2007—08—01）

一、全市已开通上网服务的宾馆、酒店、电子图书馆等非经营性公共上网服务场所应于9月30日前到市公安局网监分局办理备案手续；10月1日后开通上网服务的非经营性公共上网服务场所，应当在网络正式联通之日起30日内，到市公安局网监分局办理备案手续。备案流程及备案所需提交材料清单可登陆 www.sznet110.gov.cn 网站查询和下载。

武汉市人民政府关于印发武汉市公共财政发展“十一五”规划的通知
（武政[2007]58号）
（2007—08—02）

武汉市公共财政“十一五”发展规划

五、“十一五”时期我市公共财政改革与发展的内容和措施

（六）加大财政投入，支持科学、教育、文化、体育、计生等事业发展

3. 支持文化事业的发展。综合运用财政投入和贴息、税收优惠政策、政府采购服务等调控手段，加大对文化基础设施建设的财政支持力度。通过政府基本建设投资、财政贴息以及招商引资等多渠道筹集资金，支持武汉广播电视中心、武汉琴台文化艺术中心、武汉体育中心、楚文化旅游区、辛亥首义文化旅游区等一批具有综合文化功能的标志性设施建设，努力提升城市文化形象，为“十一五”期间在汉举行的“八艺节”和“六城会”创造良好的硬件环境。继续支持基层文化馆和图书馆建设，力争在2010年前形成区、街、社区三级公共文化馆网络和市、区、街、社区四级图书馆网络。积极支持文化产业的发展，做好市属艺术表演团体改制的财政配套改革政策实施工作，为文化产业的发展提供良

好的“软环境”。

5. 加大对农村教育、科学、文化等重点事业支持力度。…… “十一五”期间，武汉财政对农村文化事业的支持重点是继续扶持涉农区基层文化站、图书馆网络建设和“有线电视村村通”工程，支持增加免费电影放映，为繁荣农村文化创造条件。

河南省人民政府办公厅关于2007年城乡一体化试点重点改革工作的意见（豫政办[2007]83号）（2007—08—07）

三、加快基础设施和完善公共服务体系建设

各试点市要按照《河南省人民政府关于加快推进城乡一体化试点工作的指导意见》（豫政[2006]33号，以下简称《指导意见》）的要求，进一步加快城乡统一的基础设施建设，努力完善公共服务体系。

（一）要按照《指导意见》的要求，加快进度，确保如期完成2007年应完成的目标任务。……五是全面完成县级文化馆、图书馆的达标改造，实现乡镇有综合文化站、村有文化活动室，20户以上的自然村通广播电视，所有行政村建成村级组织活动场所。……六是基本建立城乡统一的就业服务体系，所有乡镇都建有劳动保障事务所。

山西省人民政府办公厅关于印发山西省省级政府投资“十一五”规划的通知（晋政办发[2007]106号）（2007—08—23）

山西省省级政府投资“十一五”规划

四、“十一五”时期省级政府投资方式、重点领域及主要项目

（二）省级政府投资重点领域与主要项目

5. 扎实推进公益性事业的发展

发展文化事业，丰富人民群众精神生活。加大政府对文化事业的投入，完善图书馆、档案馆、博物馆、科技馆、影剧院、文化站等基础设施，逐步形成覆盖城乡的比较完备的公共文化服务体系。

江西省人民政府关于贯彻全民科学素质行动计划纲要(2006—2010—2020年)的实施意见（赣府发[2007]22号）（2007—09—10）

二、抓住重点人群行动，认真组织实施《科学素质纲要》

（五）实施未成年人科学素质行动，以提高实践能力和创新意识为重点。

4. 加强科技辅导员队伍建设，健全校外科技活动与学校科学课程相衔接的长效机制。……发挥图书馆、实验室、专用教室及各类教学设施和实践基地的作用，广泛利用科技馆、科技类博物馆、青少年科学工作室、高等院校和科研院所实验室、动（植）物园、高科技型企业和农业科技园等科技展教场所，定期免费或优惠向未成年人开放，面向未成年人开展科学教育活动，拓宽中小学生知识面和锻炼实践能力。……

三、推进基础工程建设，确保《科学素质纲要》顺利实施

（九）实施科学教育与培训基础工程，以促进科学教育课程发展和增强培训功能为重点。

1. 深化中小学科学教育课程改革。加强中小学特别是农村中小学科学教育基础设施建设，根据科学课程的需要，建立健全实验室、图书室，充实实验仪器、教具、音像设备、计算机等教学器材。

四川省物价局印发《四川省物价局关于扩权强县试点价格管理权限的具体实施意见(试行)》的通知(川价电发[2007]40号)（2007—09—13）

附件：

四川省物价局关于扩权强县试点价格管理权限的具体实施意见（试行）

二、范围和内容

根据《四川省人民政府关于开展扩权强县试点的实施意见》（川府发[2007]58号）的要求，进一步明确扩权试点县（市）的价格管理权限。

20. 授权扩权试点县（市）制定辖区图书馆、信息咨询及其他有财政拨款的部分公益性服务收费。

福建省人民政府办公厅关于印发福建省全民科学素质工程实施方案的通知

（闽政办[2007]191号）

（2007—09—27）

福建省全民科学素质工程实施方案

三、主要工程

（一）未成年人科学素质工程

4. 整合校外科学教育资源，建立校外科技活动场所与学位科学课程相衔接的有效机制。加强现有科技馆、图书馆、文化馆、博物馆、美术馆、纪念馆、青少年宫、儿童活动中心的科普教育功能。设区市、县（市、区）应建立青少年科技活动中心等专门的科普活动场所。鼓励有条件的科研单位和高校设置面向未成年人的科普教育场所和设施，并对未成年人免费或优惠开放。发挥社区教育在未成年人校外教育中的作用，有条件的社区应建立青少年科学工作室。

湖南省人民政府办公厅关于印发湖南省“十一五”国民经济与社会信息化发展规划的通知

（湘政办发[2007]57号）

（2007—09—28）

湖南省“十一五”国民经济与社会信息化发展规划

二、指导思想和发展目标

（二）发展目标

具体目标：

发展社会信息化。整合教育与科研资源，形成比较完整的教育科研信息基础数据库体系，实现资源互连互通与共享。整合全省文化资源，建设数字图书馆和文献服务体系，全面推进文化信息资源共享。……加快“数字长株潭”的建设，实现信息同享，推进经济一体化。建设社区信息网络与服务体系，整合各类信息系统和资源，构建统一的社区信息平台。全省建设万个社区信息亭，使广大城乡居民可以就近获得信息资源。

三、主要任务

（八）提高国民信息化素质

依托高等院校、中小学、科技馆、图书馆、文化站等设施以及全省农村党员干部远程教育系统，开展形式多样的信息化知识与技能普及教育和培训，提高国民受教育水平和信息能力。强化领导干部的信息化知识培训，普及政府公务人员的信息技术技能培训。普及中小学信息技术教育。鼓励各类专业人才掌握信息技术，培养复合型人才。

四、重点工程

（一）信息化专项

4. 信息资源共享工程。以居民身份证代码为基础，完善湖南省人口基础数据库，实现信息资源交换与共享。以法人单位代码为基础，整合相关部门信息资源，建设湖南省法人单位基础数据库，实现信息资源交换与共享。建设和完善全省基础地理信息数据库，基本建成“数字湖南”基础地理信息框架，为全省信息化建设提供公共基础平台。建立和完善宏观经济数据库，实现数据资源共享。积极实施财政、税务、人行国库、商业银行、海关的联网，建立国库联网信息系统，实现数据共享。建立科技教育、医疗卫生、社会保障等资源数据库，加强对现有资源的整合和优化，实现信息资源的共享。以数字电视视频信息、数字图书信息、数字娱乐信息、数字档案信息等信息资源建设为重点，推进文化信息资源共享。

中共湖北省委办公厅、湖北省人民政府办公厅关于印发《2006—2020年湖北省信息化发展战略》的通知（鄂办发[2007]28号）

（2007—10—08）

2006—2020年湖北省信息化发展战略

四、全省信息化发展的战略任务

（一）信息化能力建设

5. 推进社会信息化。……四是推进文化体育信息化。以建设数字图书馆、数字体育馆、数字博物馆、数字文化馆为重点，突出荆楚文化特色，建立湖北文化体育数据管理和服务平台；大力推动广播电视电影、新闻出版、文化娱乐、体育健身等领域信息化建设，建立全省文化体育事业与产业信息化体系。

辽宁省财政厅、辽宁省物价局关于取消部分收费项目调整部分收费项目性质的通知

（辽财非[2007]744号）

（2007—10—30）

二、下列12项省级批准的证照类工本费，

予以免收，对其所需的工本费支出，改由同级财政给予安排

（三）文化部门

3. 图书馆借书证费

青海省人民政府办公厅关于印发《青海省贯彻落实〈少数民族事业“十一五”规划〉实施意见》的通知

（青政办[2007]184 号）

（2007—12—06）

青海省贯彻落实《少数民族事业“十一五”规划》实施意见

（七）大力发展少数民族文化事业，满足人民群众日益增长的精神文化需求

加强文化基础设施建设。进一步改善民族地区州、县图书馆、文化馆设施条件，加强乡镇文化站和文化信息资源共享工程建设，积极扶持发展“农（牧）家书屋”、“文化中心户”，开展“送电影下乡”、“送文艺演出下乡”、“送书下乡”等活动。办好土族“纳顿节”、藏族“六月歌会”、蒙古族“那达幕”等各类民族民间节庆活动，推动节庆文化、广场文化、社会文化的发展。

上海市人民政府办公厅关于转发市标准化工作联席会议办公室制订的《上海市服务标准化行动计划（2007—2010 年）》的通知

（沪府办发[2007]48 号）

（2007—12—18）

上海市服务标准化行动计划

（2007—2010 年）

六、重点项目

按照总体目标和主要任务，完成下列重点领域与项目服务标准的宣传、实施和预研、制订、修订及试点示范等工作。

（八）综合服务业

重点项目：

3. 图书馆服务规范

河南省人民政府办公厅关于明确全省城市发展与管理工作目标和责任单位的通知

（豫政办[2007]127 号）

（2007—12—25）

三、切实加强城市基础设施和公共服务设施建设

45. 加强文化设施建设。加强市、县级图书馆、群艺馆、文化馆建设、改造，推进社区文化服务设施、文化广场建设，丰富群众业余文化生活。在抓好中国文字博物馆等一批重大标志性工程建设的基础上，加快中小城市、县城和城市社区社会事业基础设施建设，大力推动科技、文化、体育进社区，力争每个社区都能拥有 1 个活动室或活动场地。

责任单位：省文化厅、发展改革委、财政厅、科技厅、体育局负责，各省辖市政府组织实施。

47. 积极推动科技、文化、体育、广电资源共享。鼓励国有企事业单位的图书馆、文化馆、博物馆、体育场馆等设施面向社区居民开放，加强城市广电网络的互通互联，提高资源利用效率。

责任单位：省科技厅、文化厅、广电局、体育局和各省辖市政府负责实施。

文化部关于废止部分规章和规范性文件的决定

（2007—12—29）

二、废止规范性文件目录

序号	规范性文件名称	文号及发布日期	废止理由
3	文化部关于博物馆、图书馆可以根据本身业务需要直接收购文物、图书的通知	1962 年 9 月 11 日	《文物保护法》有新规定
25	全国图书馆文献缩微复制中心章程	文图字（85）第 784 号 1985 年 5 月 14 日	全国图书馆文献缩微复制中心已经隶属于国家图书馆
37	关于不具备规定学历的图书资料专业人员评聘专业职务的暂行规定	文干字（87）1352 号 1987 年 11 月 21 日	已经执行《文化部高级职称评审工作暂行规定》（人函[2003]131 号）

（续表）

序号	规范性文件名称	文号及发布日期	废止理由
50	公共图书馆系统《图书馆学专业证书》制度试行办法	文图字（88）第752号 1988年9月23日	已经被《文化部关于文化系统继续开展〈专业证书〉教育的通知》(文教发[1993]45号)代替
59	关于加强对公共图书馆系统《图书馆学专业证书》制度管理的补充通知	文图发（1990）47号 1990年5月3日	已经被《文化部关于文化系统继续开展〈专业证书〉教育的通知》(文教发[1993]45号)代替

三、宣布失效的规范性文件目录

序号	规范性文件名称	文号及发布日期	宣布失效理由
1	文化部关于在废纸回收中注意抢救有价值的图书资料的通知	(59)文群字第757号 1959年8月6日	适应当时情况的具体规定
8	关于公共图书馆加强查禁书刊管理的通知	文图发(1989)25号 1989年10月9日	适应当时情况的具体规定
12	文化部关于在县以上公共图书馆进行评估定级工作的通知	文图发(1994)10号 1994年3月7日	适用期已过
16	文化部关于在县以上公共系统少年儿童图书馆进行评估定级工作的通知	文图发(1995)21号 1995年5月15日	适用期已过
36	文化部关于1998年对县以上公共图书馆进行评估定级工作的通知	文图发(1997)57号 1997年7月8日	适用期已过

专业文献

Professional literature

2007 年部分院校图书馆学情报学博士学位论文摘要 577
2007 年部分院校图书馆学情报学硕士学位论文目录 591

专业文献

2007年部分院校图书馆学情报学博士学位论文摘要

（以高校名称音序排列）

北京大学2007年博士学位论文摘要

【中文题名】我国地区间数字鸿沟比较分析及对策研究

【论文作者】罗德隆

【指导老师】关家麟

【学位授予单位】北京大学

【内容提要】本文首先探讨了地区间数字鸿沟度量的指标体系、数据来源与数据处理，描述了中国各地区的信息化指数，然后分析了我国各地区之间数字鸿沟的根源，随后介绍了国内外针对数字鸿沟的案例，包括欧盟、美国、日本、巴西、加拿大、印度、德国以及我国的乡村电子信息馆、"千乡万才"计划等。最后给出了政策建议。文章采取多维度的方法度量数字鸿沟。经过对31个省份(不含台湾)的基本数据进行标准化处理，按照不同的权重将8个指标进行整合，计算出2001—2005年我国各省信息化指数的具体数值。通过比较信息化指数，对我国各省间的数字鸿沟进行了各种分析。在文献调研的基础上，本文设定了一个包括4个解释变量(人均GDP、人均受教育年限、人均R&D支出和虚拟变量)的线性回归方程，利用2001年、2005年的混合数据(31个省市5年的时间序列数据和各省市的横截面数据)，检验了各个解释变量对因变量信息化指数的解释程度。结果发现，4个解释变量的回归系数都是相当显著的，并且对信息化指数的影响都是正面的。当上述4个解释变量都相似的情况下，本文尝试给出了观念意识方面的解释。例如，交通越便利的地区，人们的思想也越开放，越容易接受和使用新的技术和产品，信息化指数也会相应的越高。缩小数字鸿沟的成功经验将会对提出有效措施具有重要参考价值。面对我国数字鸿沟现状，本文建议应在全国范围内开展一项类似于上世纪80年代我国促进农村科技发展的"星火计划"的"缩小数字鸿沟专项行动计划"，并给出了具体的政策措施。

【中文题名】政府信息资源组织工具集成研究

【论文作者】杨秀丹

【指导老师】赖茂生

【学位授予单位】北京大学

【内容提要】本文旨在研究构建一个相对完整的政府信息资源组织工具体系以满足政府信息资源组织和利用管理的需要。本文将集成思想引入政府信息资源组织工具研究，分析构成该工具体系的内容，研究不同工具的集成化基础和方法，提出一个基于本体的政府信息资源工具体系模型。论文主要内容如下：分析和梳理政府信息资源开发利用相关问题。通过历史和现状分析，提出当前的政府信息资源以四种实体形态混合存在，具有不同的管理方法、理论、制度机制、立法约束，开发利用的程度也各不相同；电子政府对政府信息资源的管理和开发利用是一种推动，也是新平台和新形式，对信息资源组织工具提出了新的更高要求。论文以集成视角分析通常意义的信息组织工具和新引入的本体和本体集成。通常意义的信息组织工具包括政府信息资源分类系统、政府主题词表、电子政府元数据标准和政府信息资源目录体系。通过分析电子政府本体基本构成，论文认为目前构建的政府本体主要

专业文献

2007 年部分院校图书馆学情报学博士学位论文摘要

（以高校名称音序排列）

北京大学 2007 年博士学位论文摘要

【中文题名】 我国地区间数字鸿沟比较分析及对策研究

【论文作者】 罗德隆

【指导老师】 关家麟

【学位授予单位】 北京大学

【内容提要】 本文首先探讨了地区间数字鸿沟度量的指标体系、数据来源与数据处理，描述了中国各地区的信息化指数，然后分析了我国各地区之间数字鸿沟的根源，随后介绍了国内外针对数字鸿沟的案例，包括欧盟、美国、日本、巴西、加拿大、印度、德国以及我国的乡村电子信息馆、“千乡万才”计划等。最后给出了政策建议。文章采取多维度的方法度量数字鸿沟。经过对 31 个省份（不含台湾）的基本数据进行标准化处理，按照不同的权重将 8 个指标进行整合，计算出 2001—2005 年我国各省信息化指数的具体数值。通过比较信息化指数，对我国各省间的数字鸿沟进行了各种分析。在文献调研的基础上，本文设定了一个包括 4 个解释变量（人均 GDP、人均受教育年限、人均 R&D 支出和虚拟变量）的线性回归方程，利用 2001 年、2005 年的混合数据（31 个省市 5 年的时间序列数据和各省市的横截面数据），检验了各个解释变量对因变量信息化指数的解释程度。结果发现，4 个解释变量的回归系数都是相当显著的，并且对信息化指数的影响都是正面的。当上述 4 个解释变量都相似的情况下，本文尝试给出了观念意识方面的解释。例如，交通越便利的地区，人们的思想也越开放，越容易接受和使用的技术和产品，信息化指数也会相应的越高。缩小数字鸿沟的成功经验将会对提出有效措施具有重要参考价值。面对我国数字鸿沟现状，本文建议应在全国范围内开展一项类似于上世纪 80 年代我国促进农村科技发展的“星火计划”的“缩小数字鸿沟专项行动计划”，并给出了具体的政策措施。

【中文题名】 政府信息资源组织工具集成研究

【论文作者】 杨秀丹

【指导老师】 赖茂生

【学位授予单位】 北京大学

【内容提要】 本文旨在研究构建一个相对完整的政府信息资源组织工具体系以满足政府信息资源组织利用管理的需要。本文将集成思想引入政府信息资源组织具有研究，分析构成该工具体系的内容，研究不同工具的集成化基础和方法，提出一个基于本体的政府信息资源工具体系模型。论文主要内容如下：分析和疏理政府信息资源开发利用相关问题。通过历史和现状分析，提出当前的政府信息资源以四种实体形态混合存在，具有不同的管理方法、理论、制度机制、立立法约束，开发利用的程度也各不相同；电子政府对政府信息资源的管理和开发利用是一种推动，也是新平台和新形式，对信息资源组织工具提出了新的更高要求。论文以集成视角分析通常意义的信息组织工具和新引入的本体和本体集成。通常意义的信息组织工具包括政府信息资源分类系统、政府主题词表、电子政府元数据标准和政府信息资源目录体系。通过分析电子政府本体基本构成，论文认为目前构建的政府本体主要有两种模式：基于业务流程的服务本体和基于特定领域知识的政府领域本体，并提出应用在政府信息资源组织中的本体需要进行一定的映射和集成。研究和实验现有各种工具的集成化基础和方法。重点研究政府信息资源元数据的融合、映射和统一，不同政府主题词表的映射规则和方法，分类系统与政府主题词表的一体化原理和方法，并面向政府信息资源组织的实践，进行元数据与分类主题词表的集成实验。提出一个基于本体的政府信息资源组织工具模型(OntoGIRO)。作为一个本体概念模型，该模型包含元数据规范、面向特定领域应用说明、政府信息资源上层本体、政府分类主题词表以及元数据和分类主题词映射，本文以本体揭示它们之间的关系，对其进行形式化表示和说明。论文的研究成果体现在：针对电子政府环境下政府信息资源的特点和现实需要，以集成的观点将各种分散孤立的组织工具作为一个整体体系来研究。研究现有各种工具的集成化基础和方法，分别对三种不同类型的信息组织工具——政府信息资源元数据、分类系统和主题词表的集成化及其在政府信息资源管理中的应用进行了研究和实验。

【中文题名】 信息素质评价理论与实践研究
【论文作者】 张东
【指导老师】 王惠临
【学位授予单位】 北京大学
【内容提要】 本论文对国内外信息素质和信息素质教育研究现状进行了较为全面系统的分析和评述，依托一个有关“国民信息素质教育研究”的国际项目，针对我国高校学生进行了信息素质评测方法的研究，对评价结果所显示的信息素质群体差异以及造成差异的原因进行了深入的分析，提出了缩小我国信息素质差异的有关对策建议。同时，在实践研究的基础上又对信息素质的理论问题进行了较为深入的研究，指出当前国内外有关信息素质的理论研究受到当前教育领域的相关理论影响较大，特别是受到行为主义教育思想的影响较大。本文从信息素质本质上是一种认知能力这样一种基本认识出发，参考了当代认知科学、认知心理学中新近发展起来的有关理论，主要是体验认知、情境认知等思想，提出了新的信息素质定义，建立了一个基于认知能力的信息素质模型(ILMCC)，并以此模型为基础构筑了一个初步的信息素质评价体系的框架，与现有主要信息素质评价标准进行了对比性分析，验证了 ILMCC 模型的全面性和有效性，并展望了这一模型在信息素质教育等领域中的应用前景。本论文论述的重点包括：对信息素质进行了实践研究，设计了信息素质定量评测方法，分析了我国信息素质差异的成因并提出了缩小差异的有关对策建议；对信息素质进行了理论研究，指出当前信息素质理论的不足，从认知科学原 理出发，提出了一个基于认知能力的信息素质模型，设计了基于此模型的信息素质评价体系框架，验证了这一模型的正确性，展望了这一模型的应用前景。

吉林大学 2007 年
博士学位论文摘要

【中文题名】 中国证券市场信息操纵行为、环境与防控体系研究
【论文作者】 姜兰
【指导老师】 毕强
【学位授予单位】 吉林大学
【内容提要】 本文首先对证券市场信息操纵现状及问题、信息操纵模式及环境、信息操纵本质及特征、信息操纵影响及危害、信息操纵演变及趋势等方面进行了探讨，分析了证券市场信息操纵的基本模型和基本模式。其次，研究了证券市场信息操纵的行为特征，并进行了博弈分析。指出证券市场信息操纵的载体具有私有性特征，证券市场信息操纵对公司股价具有冲击性效应，证券市场信息操纵行为具有证券欺诈性特征，证券信息操纵降低了市场有效性程度。博弈分析涉及证券市场虚假信息传递博弈、监管与信息操纵的博弈分析。阐述了信息操纵对证券市场的影响：信息操纵会导致金融证券市场波动幅度加剧，信息操纵会导致证券市场机制失灵，信息操纵会引起金融机构的脆弱性，信息操纵将引起资金逆配置，信息操纵会引起集体非理性，信息操纵会产生流动性陷阱。第三，分析了中国证券市场信息操纵环境，包括的内容有证券市场信息操纵行为的情报学环境透视，证券市场信息操纵行为的经济学环境透视，证券市场信息操纵行为的

心理学环境透视，证券市场信息操纵行为的投资学环境透视，证券市场信息操纵行为的计量学环境透视，涉及信息操纵的成本分析、信息操纵的收益分析、证券信息披露规则的选择、信息操纵模型的假设和记号、信息传导的例证与现象解释等问题。第四，研究中国证券市场信息操纵度评价模型设计，包括证券市场信息操纵度评价模型设计思路、证券市场信息操纵度评价指标体系构成、证券市场信息操纵度评价级别、证券市场信息操纵评价指标构成及评价方法及框架。第五，研究中国证券市场信息操纵防控体系构建，包括国内外证券市场信息披露制度的比较，国内外证券市场信息操纵防控机制的比较，证券市场反信息操纵的制度建设，证券市场信息操纵预警体系的构建，证券市场信息操纵监测体系的构建以及证券市场信息操纵防御体系的构建。分别提出建立健全证券市场信息披露渠道、建立和完善证券市场监管的组织体系、加强对上市公司的监管、加强外部监督机制的建立与完善、建立信用制度，维护市场信心、建立有效的证券违规惩戒机制、推进《内幕交易法》的立法与执法进程等策略。最后对中国证券市场信息操纵与防控的典型案例进行了分析。

【中文题名】 企业隐性知识转化模型构建与转化环境优化评价研究

【论文作者】 马捷

【指导老师】 靖继鹏

【学位授予单位】 吉林大学

【内容提要】 本文主要内容有：第一，企业隐性知识转化基本理论，包括企业隐性知识的基本理论、知识转化的基本理论、企业隐性知识认知过程研究。第二，企业隐性知识转化环境及其对隐性知识转化的影响，包括企业隐性知识转化环境的构成、企业隐性知识转化的内部环境及其对隐性知识转化的影响、企业隐性知识转化的外部环境及其对隐性知识转化的影响、企业隐性知识转化的宏观环境及其对隐性知识转化的影响。内部环境涉及个体认知、信息加工、个体行为调节与控制等方面的心理因素及个体的人格特质，外部环境涉及企业发展战略、组织结构、规章制度、企业文化、软硬件设施等，宏观环境涉及行业环境、政治环境、经济环境、社会文化环境及技术环境。第三，企业隐性知识转化模型的构建，包括企业隐性知识转化模型的构成要素（人、知识、环境）及其相互作用机理、企业隐性知识转化障碍、企业隐性知识转化方法（出声思考法、虚拟现实法）、企业技术类隐性知识转化模型的构建、企业认知类隐性知识转化模型的构建、企业决策类隐性知识转化模型的构建、企业个性类与信仰类隐性知识转化模型的构建。第四，企业隐性知识转化环境的优化，分别论述了企业隐性知识转化内部环境、外部环境和宏观环境优化的目标与策略。第五，企业隐性知识转化环境评价，明确了企业隐性知识转化环境评价指标的确定原则与方法、权重的确定方法、评价结果的数学处理方法，介绍了基于层次分析法的企业隐性知识转化环境评价指标体系，分别包括内部环境评价指标体系、外部环境评价指标体系和宏观环境评价指标体系，讨论了评价的实施方法。第六，企业隐性知识转化对策，包括企业各种类型隐性知识转化的通用对策、企业技术类隐性知识转化对策、企业认知类隐性知识转化对策、企业决策类隐性知识转化对策及企业个性类与信仰类隐性知识转化对策。最后进行了典型案例分析。

【中文题名】 信息消费机制及效益研究

【论文作者】 马哲明

【指导老师】 靖继鹏

【学位授予单位】 吉林大学

【内容提要】 本文首先阐述了信息消费相关理论，分析了信息消费研究的理论基础、信息供给理论研究、信息需求理论研究、信息供需均衡理论研究。其次，构建了信息消费影响因素模型，从环境、供给和需求三个方面，应用定性和定量方法深入分析了信息消费的影响因素。第三，对信息消费的信息需求机制、信息获得机制、知识形成机制、信息消费效益形成机制以及信息消费机制进行了研究。第四，信息消费内部效益、信息消费外部性效益、信息消费效益理论模型研究信息消费效益理论。在外部性理论的基础上，提出了信息消费外部性理论，定义了信息消费外部性概念，分析了信息消费外部性的特征，研究了信息消费外部性的计量及纠正，并从内部和外部两个方面构建了信息消费效益模型。第五，通过定量研究方法对信息消费效益进行了实证分析，在1985—1996年这一样本区间内，定量研究的结论是我国城镇居民的收入决定信息消费，而在1996—2005年这一样本区间内，居民的信息消费决定收入水平，并对该结论产生的原因进行了分析；农村居民在1985—2005年整个样本区间内都是收入决定信息消费，不符合城镇居民的规律，并对其原因进行了分析。第六是信息消费案例分析。最后是信息消费对策研究，提出改善信息消费环境、改善信息供给状况、改善信息消费需求主体状况等策略。

【中文题名】 信息资源配置质量研究

【论文作者】 孙瑞英

【指导老师】 毕强

【学位授予单位】 吉林大学

【内容提要】 本文从多学科的不同角度对信息资源的概念、信息资源配置的必要性措施、信息资源配置的标准与原则分析、信息服务与保障对经济增长的作用、信息产业投入产出分析、信息经济计量分析等进行综合界定，提出了保障信息资源配置质量的研究视角，运用信息化指标体系和统计数据证明信息资源配置质量与国民经济增长的正相关关系。主要内容包括：第一，信息资源配置理论基础与研究视角，理论基础包括需求拉动理论、技术推动理论、投入\产出理论、产业理论及私人物品、公共物品、准公共物品理论。研究视角引入了DES模型。第二，信息资源配置的现状与问题分析，提供了信息资源配置的结构分析、信息资源配置的数量分布分析、信息资源配置的质量分布分析，指出了帕累托最优标准的适用性问题、信息资源配置的合理性问题、数量配置、质量配置不均衡问题、信息资源配置的标准不统一问题、政府配置与市场配置的作用轻重问题。第三，信息资源配置的标准与原则分析，指出信息资源配置的理想标准满足用户的信息需求及信息资源配置的效益优化，信息资源配置的共同原则包括：社会经济福利最大化原则、信息资源配置均衡原则、信息资源配置省力原则、信息资源配置动态发展原则，信息资源配置的不同原则是私人物品信息资源的配置原则、公共物品信息资源的配置原则。第四，影响信息资源配置质量的因素分析，从政治环境因素角度、社会文化因素角度、信息经济角度、信息技术角度等信息环境角度分析了配置质量，从需求与信息需求、信息需求与“需要层次论”、用户信息需求影响因素与机制等信息需求角度分析配置质量，还从私有信息资源的供给分析、公共信息资源的供给分析等信息供给角度分析配置质量。第五，信息资源配置质量对经济增长的贡献研究，阐述了信息资源配置评价的理论基础、信息资源配置的评价方法，分析了信息资源配置质量与经济增长的关联，包括经济发展与经济增长方式的转变，信息化程度与经济增长的关联，信息化对经济增长的贡献研究。从信息产业的投入产出来研究信息资源配置质量的测定，包括我国信息产业投入产出研究现状，信息产业投入产出表的基本结构与原理，信息经济投入产出表的编制等内容。第六，阐述了信息资源配置的发展策略，包括信息产业的优先发展策略，提高信息资源配置质量的具体措施，提出信息环境优化、信息供给优化、加大对公众利用信息能力的培养等策略。

【中文题名】 公共危机信息管理体系构建与运行机制研究

【论文作者】 王伟

【指导老师】 靖继鹏

【学位授予单位】 吉林大学

【内容提要】 本文从情报学理论视角出发，运用哲学、系统科学、复杂科学、信息科学、社会学、传播学、心理学等相关理论和方法，从公共危机信息资源管理、公共危机信息传播控制和公共危机信息系统建设三个方面对我国公共危机信息管理体系建设和运行机制进行研究。主要内容包括：第一，公共危机信息管理基础理论，阐明了危机信息管理的系统科学基础、危机信息管理的信息科学基础、危机信息管理的复杂科学基础、危机信息管理的价值哲学基础。第二，全流程的公共危机信息资源管理，包括危机信息资源管理流程、危机信息资源管理的职能、危机信息资源管理体系、危机信息资源管理机制、危机信息资源管理模式。分析了危机信息资源管理易形成的误区、危机信息资源管理的基本原则、危机信息资源库建设、危机信息人力资源配置、危机信息管理技术支撑体系、危机信息资源管理机制功能、机制耦合与整体功能放大及基于GIRP的公共危机信息资源管理模式。第三，多主体的公共危机信息传播控制，包括危机信息传播主体、危机信息传播流、危机信息传播过程、危机信息传播模式、危机信息传播管理与控制等内容，分析了危机信息传播构成要素、“三螺旋”结构及其功能、危机信息传播的“5F”假设、危机信息传播的传播学视角、危机信息传播的四轮交叉模式、政府信息监控管理、公众舆论监督管理等问题。第四，全面整合的公共危机信息系统建设，包括系统建设的复杂性分析、国家公共危机信息系统建设的总体框架、国家公共危机信息系统建设的技术支撑、国家公共危机信息系统标准化建设、构建基于 C415R 的公共危机信息系统等内容，分析了影响公共危机信息系统建设因素、公共危机信息系统建设的原则与目标、我国应急信息系统应用标准化建设现状、基于电子政务系统的优势与局限等问题，还对国家公共卫生信息系统建设进行了实例分析。第五，公共危机信息系统应急反应能力的综合评价，包括信息系统评价的基础理论、层次分析—模糊综合评价方法、我国 CDC 网站信息能力的综合评价、我国网络直报系统综合评价指标体系的构建。第六，公共危机信息管理体系优化的对策与建议，包括我国公共危机信息管理战略分析框架、当前公共危机管理中急需解决的信息科学问题、完善我国公共危机信息管理体系的若干对策等内容。

【中文题名】出版企业知识管理研究
【论文作者】王壮
【指导老师】靖继鹏
【学位授予单位】吉林大学
【内容提要】本文综合运用信息科学、管理学、经济学、社会学、心理学等学科的理论和方法，对我国出版企业知识管理理论和实践应用展开了渐进式的分析研究。本文以企业知识管理理论、知识型企业管理理论、出版管理理论和其他相关理论为研究基础，首先分析总结出版企业实施知识管理所面临的宏观、中观、微观竞争环境。包括出版企业知识管理的国际市场竞争环境、出版企业面临来自于其他媒体的市场竞争、出版企业所面临的产业内上游和下游企业竞争环境、出版企业的知识资本等方面。其次，探讨出版企业知识管理和核心竞争力的关系，分析了出版企业核心竞争力的构成要素，构建了知识管理过程和知识管理架构对出版企业核心竞争力的作用机理模型；第三，运用“知识之轮”和“知识木桶”理论，分析并制定了出版企业知识管理战略的规划和实施模式，涉及出版企业知识管理战略制定的几项原则、出版企业知识管理战略流程、出版企业知识管理战略愿景、出版企业知识管理项目组人员的选择、知识管理成熟度分析、出版企业知识管理技术系统选择、知识管理项目的实施等内容。第四，通过引入控制论并创建知识管理控制理论，构建了出版企业知识管理运行保障机制体系，包括制度驱动机制、文化引导机制、创新激励机制和风险规避机制，分析了出版企业知识型企业文化建设、中外知识型员工激励因素、出版企业知识管理风险规避的方法等问题。第五，创建了出版企业知识管理实施过程效果评价指标体系和运行阶段的“五角平衡”效果评价指标体系，并通过对标杆企业的典型案例研究验证出版企业知识管理效果评价指标体系的科学性和实用性，涉及出版企业知识管理效果评价的原则与方法、出版企业知识管理运行效果评价结果的统计分析、出版企业知识管理的评价流程等内容。第六，出版企业知识管理典型案例研究，对现有出版社知识管理效果进行了评价。最后，从宏观、中观和微观三个层面，为国家、出版产业行政管理机构和出版企业提出不同对策，形成了促进出版企业知识管理实现的整体策略框架。宏观对策包括积极倡导知识型企业实施知识管理、设立知识型企业知识管理项目基金等。中观对策包括以产业政策推动出版企业实现知识管理、树立知识管理标杆出版企业等。微观对策包括制定知识管理战略规划和实施方案、加强知识管理人才队伍建设、不断优化企业内部信息技术系统等。

【中文题名】基于信息流控制的信息技术外包产业发展模式与战略研究
【论文作者】吴大刚
【指导老师】靖继鹏
【学位授予单位】吉林大学
【内容提要】本文运用经济学、管理学、数学、系统工程学等领域内的相关知识与方法，研究探讨了信息作为现代生产力系统中第四个要素

的作用，较为系统地研究探讨了基于信息流控制的信息技术外包（ITO）产业的概念体系、作用机理、运行机制、流程控制、管理模型以及评估模型的评价体系等问题。文章首先介绍了国内外ITO行业现状。其次论述了基于信息流控制的ITO产业发展模式的理论基础，分析了“信息流”、“人流”、“资金流”在ITO产业发展中的作用，提出ITO产业信息流控制及“三流合一”理论。第三，研究基于信息流控制的ITO产业发展模式总体框架，根据成本决策模型确定ITO产业运营的基本决策原则，分析ITO产业的运营环节及各环节的信息需求，提出我国ITO产业的“产业集群”发展模式构建，认为建立符合价值链的产业集群是发展ITO产业的有效模式。第四，研究ITO产业发展模式的评估体系包括评估指标确定的依据、评估体系构建的原则、评估体系模型及ITO产业发展模式的典型案例分析。第五，研究信息流控制的ITO产业发展战略，提出确立ITO产业发展的指导思想、ITO产业发展对策，对黑大高科集团的ITO业务运营进行分析。论文建立了ITO产业信息流程控制模式和我国ITO产业发展的产业集群模型、构建了ITO产业发展模式评估体系，确立了基于信息流控制的ITO产业发展策略及发展模式。在实践层面上，论文为提升信息技术外包企业业核心竞争力，实现可持续性发展提供了可操作的方法和手段。

【中文题名】 信息社会学研究内容、理论范式与学科体系研究

【论文作者】 吴正荆

【指导老师】 靖继鹏

【学位授予单位】 吉林大学

【内容提要】 本文以信息社会学现有理论为研究起点，通过对国内外相关研究成果的分析，总结信息社会学理论研究现状。首先，论文介绍了信息社会测度理论、信息社会结构理论、信息社会冲突理论，阐明了信息社会学研究内容。其次，信息活动的社会学研究，分析了各领域信息活动，包括信息经济活动的社会学研究、信息产业活动的社会学研究、国际上信息社会建设活动研究。第三，信息文化研究，包括信息社会公民的信息素养文化、信息社会的信息伦理文化。第四，国家与公民信息关系研究，包括知识产权保护、数据与个人隐私保护、信息自由与信息公开、信息审查与宣传制度等。第五，信息社会学理论范式研究，包括信息社会学范式研究的理论基础、国内外信息社会学范式研究、信息社会学理论范式及其演变。第六，信息社会学理论体系比较研究，包括国外信息社会学理论体系研究、国内信息社会学理论体系研究及其比较分析。第七，信息社会学学科体系构建研究，包括信息社会学的研究对象、任务与学科基础、信息社会学研究方法、信息社会学体系构建的原则与框架等。文章分析梳理了信息社会学的代表著作和代表人物，提出并研究了信息社会学三大基本理论。从信息社会学研究内容出发，对社会信息活动、信息文化、国家与公民的信息关系进行了探讨。划分了信息文化的类型，提出了信息文化的表征要素，对信息素养文化和信息伦理文化进行了研究。探讨了国家与公民之间的信息关系，构建了政府在信息社会的多角色模型。通过对现有信息社会学研究论著体系的比较分析，构建起信息社会学学科体系框架模型。

【中文题名】 农业信息资源配置的理论与方法研究

【论文作者】 张向先

【指导老师】 靖继鹏

【学位授予单位】 吉林大学

【内容提要】 本文以信息资源配置理论、信息化理论、公共物品理论和系统理论等相关理论为研究基础，利用问卷调查法、专家咨询法、实证分析法、系统分析法、层次分析法，并综合运用信息经济学、信息科学、管理学、经济学等学科的理论和方法，对我国农业信息资源配置理论与方法进行了研究。首先，分析了农业信息资源的概念和特性及其对农业信息资源配置的要求，并运用信息传播理论，探讨了农业信息资源配置的含义及其配置过程，分析了农业信息资源配置的影响因素；其次，运用信息资源配置理论和公共物品理论，论述了农业信息资源配置模式选择的依据，提出了农业信息资源的配置模式——“以政府为主导的协调互动配置模式”；第三，运用系统分析方法，分析了农业信息资源配置体系的概念、功能、主体结构和信息资源结构，提出了农

业信息资源配置体系的构建原则、总体架构和构建方法，研究了我国农业信息资源配置体系的运行机制；第四，分析并制定了与农业信息资源配置影响因素相适应的优化配置策略，包括农业信息资源配置主体方面的策略、农业信息用户方面的策略、农业信息传输系统方面的策略、农业信息资源配置宏观环境方面的策略等，提出了在农业信息资源优化配置的控制中应用帕累托法则的策略和方法；第五，针对农业信息资源配置效益的特殊性，研究了农业信息资源配置效益评价指标体系设立的理论依据，提出了农业信息资源配置效益的评价指标体系、农业信息资源配置效益的评价方法；最后对吉林省农业信息资源优化配置进行了实证研究，分析了吉林省农业信息资源配置存在的问题，对吉林省农业信息资源配置效益进行了综合评价，给出了吉林省农业信息资源优化配置策略。

【中文题名】 中国期货市场信息生态理论、模型与环境建设研究

【论文作者】 张玉智

【指导老师】 靖继鹏

【学位授予单位】 吉林大学

【内容提要】 本文主要研究期货市场信息场模型设计、中国期货市场信息生态环境、基于信息生态环境的中国期货市场效率检验、中国期货市场信息生态环境优化等问题。全文以中国期货市场信息生态环境为着眼点，以信息生态学理论、不对称信息经济学理论、基于信息的效率市场理论为指导，在设计了以信息为中心的期货交易基础模型后，借助物理学中“场”的概念提出了期货市场信息场的概念，归纳了期货市场信息场的特征，构筑了期货市场信息场的模型，分析了期货市场信息场的效应，提出了期货市场信息生态环境的概念，分析了期货市场信息生态环境的内涵及其本质特征，构建了期货市场信息生态的平衡——失衡——平衡的动态模型，设计了期货市场信息生态平衡的基本框架，总结了中国期货市场信息生态的现状及其失衡的表现与原因，采用层次分析法、专家咨询法、评价研究法、模型研究法、模糊数学等研究方法，设计了期货市场信息生态环境评价模型和评价指标体系，并应用新的评价方法和指标体系对近年来中国期货市场信息生态环境进行了评价和测度。应用ADF检验法验证了基于信息生态的中国期货市场的非效率，通过信息生态对期货市场非效率的影响进行论证，提出优化中国期货市场信息生态的目标、原则，提出包括建立信息发布听证制度，突出信息生产的预兆性，实施信息节点过程管理，确保信息内容的真实性等5个方面的建议。最后通过中国期货市场信息生态环境失衡典型案例的分析对中国期货市场信息生态环境建设进行了实证研究。

【中文题名】 网络环境下个体信息获取行为研究

【论文作者】 朱婕

【指导老师】 靖继鹏

【学位授予单位】 吉林大学

【内容提要】 论文对个体信息获取的行为进行了行为上、认知上、心理上的研究。主要内容包括：第一，分析和比较国外具有代表性的信息行为理论及模型，即威尔逊信息行为模型、埃利斯信息查寻模型、库尔斯奥信息查寻模型、德尔文信息查寻模型。第二，研究了信息获取理论与模型。对信息层级进行了划分，分析了哲学视域中的信息、情报学视域中的信息、信息系统中的信息。在情报学用户研究的“认知观”思想指导下，对个体信息获取行为的理论进行了研究，提出了“信息差”的概念，认为信息差是个体认知结构的生长要素，分析了个体认知结构与信息的相互作用，讨论了布鲁克斯的知识增长方程式和德尔文的“意义建构”理论。构造了个体信息获取模型，并对信息获取机理进行了论证。第三，研究信息获取的动因，即信息需求。论述了信息需求及其层次。分析了信息需求产生的动因，关于网络环境下的信息需求讨论了网络对个体信息需求的影响、网络环境下个体信息需求的类型、网络环境下信息需求的“连续体”、网络环境下个体信息需求的特性等问题。第四，论述了网络环境下的信息获取，包括信息获取的方式（信息检索、信息浏览、信息互动、信息推送、信息偶遇）、信息获取的阶段（需求表达阶段、路径选择阶段、行为实施阶段、结果评价阶段、终止与继续）、信息获取的特征（自主性、目的性、合目的性、交互性、动态性、不确定性、选择

性）、信息获取的原则（最小努力原则、适度满足的原则、价值原则、经验原则）及信息获取的自我评价等内容。第五，网络环境下信息获取效用研究，论述了信息获取的效用，影响信息获取效用的微观因素分析，影响信息获取效用的中观因素，影响信息获取效用的宏观因素。第六，研究了网络环境下提高信息获取效用策略与方法，包括基于行为过程的策略与方法、基于认知过程的信息获取策略与方法、基于元认知过程的信息获取策略与方法、基于情感过程的策略与方法、基于意志过程的策略与方法。

南京大学2007年博士学位论文摘要

【中文题名】证券行业信息集成与数据挖掘的研究

【论文作者】江念南

【指导老师】苏新宁

【学位授予单位】南京大学

【内容提要】本文运用信息科学理论，对证券行业信息集成问题进行研究，提出解决方案，给出了具体应用实例。主要内容有：第一，信息集成与数据挖掘理论概述，包括信息集成理论与技术、数据仓库基本理论、元数据技术、数据挖掘技术。第二，通用元数据框架GMFS，介绍了通用元数据框架的概念与特征、GMFS的构成概况，分析了证券行业知识体系的构建，探讨了GMFS与Dublin Core的映射及使用流程、半结构化信息的处理、基于GMFS约束的层次数据模型、半结构化信息的存储组织与抽取算法等问题。第三，客户贡献度模型与FCKC算法的建立，包括证券行业客户价值分析的理论与现状，证券行业客户价值模型的建立、应用k-means算法分析“客户综合贡献度”（GCDC）的不足，FCKC算法的设计。第四，DC-CRM模型的设计，包括DC-CRM模型的设计背景，设计目标，DC-CRM模型的体系结构、原理与特点，DC-CRM模型的数据组织与采集，DC-CRM中的数据挖掘功能。文章的研究成果体现在：提出了行业通用元数据框架的概念并给出了GMFS设计方案，建立了对半结构化信息进行集成的数据模型与处理算法，设计了客户贡献度模型及相应的数据挖掘算法。在完成了GMFS框架、HDMCG模型、GCDC评价模型的构建和FCKC算法设计的基础上，针对实施集中交易后，证券行业数据存储集中、数据规模增大的特点，构建了信息集成与数据挖掘在证券行业解决方案的一个应用实例——DC-CRM模型，该模型对客户价值进行高效聚类，完成特殊客户的挖掘分析，还可以通过改变系统参数的方法，变更挖掘分析的目标，对客户提供的优惠策略做出评价。

【中文题名】基于公众满意度的电子政务绩效评估研究

【论文作者】焦微玲

【指导老师】孙建军

【学位授予单位】南京大学

【内容提要】本文主要有：第一，电子政务公众满意度评估研究综述，包括电子政务发展的全球趋势、发达国家电子政务绩效评估的经验、电子政务绩效评估的发展趋势、电子政务公众满意度评估概述、顾客满意度指数模型、电子政务公众满意度评估模型，提出构建我国电子政务公众满意度评估体系。第二，电子政务公众满意度评估模型潜在变量研究，包括电子政务的服务特征，顾客满意度指数评估、电子政务公众满意度的操作流程，确定潜在变量的理论基础，发达国家公众满意度评估指标，我国电子政务公众满意度评估模型潜在变量的建立，确定了公众期望、感知质量、感知价值、公众信任、公众满意、政府形象、公众参与等7个潜在变量，分析将潜在变量转化成观测变量，评估指标的验证，运用SPSS软件对调查数据进行分析。第三，电子政务公众满意度评估指标体系的构建，包括初始指标体系的构建，层次结构图的建立，一级指标权重的计算，二级指标权重的计算及计算结果。第四，电子政务公众满意度评估模型的构建，包括构建评估模型的可能性分析、原因分析、理论模型的选择，介绍了模型的设定和说明，分析了模型的识别、路径参数的估计方法及模型的检验和修正，并与其他模型进行了比较。第五，电子政务公众满意度评估模型的实证研究，分析了上海市电子政务的发展现状，给出了电子政务公众满意度评估的工作流程图，交代了路径分析的迭代算法，对评估结果进行了分析，明确了构建评估模型的意义。论文提出了以公众为核心，以公众的满意度为标准，从公众的角度进行电子政务绩效评估的观点。

【中文题名】 数据挖掘在 CSSCI 中的应用
【论文作者】 金莹
【指导老师】 苏新宁
【学位授予单位】 南京大学
【内容提要】 本文通过研究数据挖掘的手段来处理引文数据库，旨在发现常规引文分析难以发现的观点和知识。论文从南京大学中国社会科学评价中心开发的中文社会科学引文索引（CSSCI）的数据流程入手，分析了从期刊收集、数据标引、输入、校对、提供服务等一系列过程，探讨通过程序自行控制数据质量的可行性和方法，并使用引文数据进行全面的挖掘分析。主要内容有：第一，引文数据仓库与 OLAP 分析，论述了 CSSCI 数据服务现状、CSSCI 数据管理与数据规范、CSSCI 的 OLAP 多维数据分析。第二，关键词聚类及科学地图的绘制，包括基于来源关键词的聚类分析及基于引文关键词的聚类分析。第三，CSSCI 同被引分析，包括期刊同被引分析、作者同被引分析、学科同被引分析、主题同被引分析。第四，CSSCI 关联规则分析，包括简单的关联规则、带时序的关联规则，进行期刊同被引序列分析和学科同被引 GRI 分析。论文的主要研究成果体现在：建立了从引文数据仓库构建到客户端应用的完整流程，利用 Excel、Web 浏览器等工具简单实现客户端的查询。通过聚类分析构建了社会科学地图，借助该地图可以可视化地了解各学科之间的关系，确定各研究热点的位置，有助于分析学科交叉点和热点。对引文数据进行了多角度的聚类分析，描述了引文聚类分析的基本方法，对部分学科进行了挖掘结果的解释，表明聚类分析的可行性和优势。探讨了引文数据关联规则发现的基本方法，揭示 CSSCI 数据中部分规则。

【中文题名】 数字信息资源战略规划研究
【论文作者】 柯青
【指导老师】 孙建军
【学位授予单位】 南京大学
【内容提要】 本书综合了图书情报学、信息科学、管理科学、社会科学等相关领域的理论与方法，通过全面系统的文献调研，构建了数字信息资源战略规划的三大理论基础。在分析比较国内外数字信息资源战略规划案例的基础上，提出了我国国家数字信息资源战略体系以及基于系统观的数字信息资源战略规划分析模式。主要内容包括：第一，理论基础，介绍了战略规划理论和信息资源规划理论。第二，国内外数字信息资源战略分析，介绍了美国、加拿大、新西兰、澳大利亚等国家的数字信息资源战略概况及我国数字信息资源战略进展。第三，基于系统观的数字信息资源战略规划，包括从数字信息资源战略研究到战略规划、国家数字信息资源战略体系构建理论依据、国家数字信息资源战略体系框架、数字信息资源战略规划的分析方法、国家数字信息资源战略规划模式等内容。第四，全球学术数字信息资源存取总体环境分析，包括学术数字信息资源的战略地位及其存取要求、以“开放存取”为理念的学术数字信息战略总体环境分析等内容。第五，我国学术数字信息资源存取内部条件分析，包括我国学术数字信息资源建设和存取现状、开放存取运动在我国的发展历程及研究进展、我国数字信息资源标准规范建设进展、我国数字信息资源存取的相关政策、我国数字信息资源存取的法律建设、我国数字信息资源存取的经济机制、我国学者对开放存取的社会接受度等内容。第六，我国学术数字信息资源公共存取战略，包括我国学术数字信息资源公共存取的 SWOT 模型、我国学术数字信息资源公共存取战略指导思想和战略目标、我国学术数字信息资源公共存取战略内容、我国学术数字信息资源公共存取的主要战略行动等内容。

【中文题名】 Web 个性化信息推荐技术在搜索引擎中的应用
【论文作者】 李树青
【指导老师】 苏新宁
【学位授予单位】 南京大学
【内容提要】 本文主要内容包括，第一，相关技术和概念，包括 Web 信息检索、Web 挖掘和 Web 个性化信息推荐服务等。第二，对网页权重分析技术从网页质量和网页相关度两个角度做出了说明。包括网页质量测度方法、PageRank

的优化计算等。第三，对目前个性化搜索引擎的研究现状和相关概念进行了分析，也分析了这些技术所存在的主要问题。阐述了基于个性化信息采集的个性化搜索引擎、基于查询改进的个性化搜索引擎、基于个性化网页权重的个性化搜索引擎等类型。第四，主要比较了各种常见的用户模式识别方法，包括基于关键词序列的用户模式识别、基于用户事务模式聚类的 Web 信息个性化表达等。介绍了用户识别、事务模式识别、用户事务模式的类别构造、基于频繁路径的用户事务模式类别构造、降维处理问题等。第五，提出了基于修改网页权重值的个性化 PageRank 算法和基于添加修正参数的个性化PageRank 方法。包括基于修改网页权重值的个性化 PageRank、基于添加修正参数的个性化 PageRank、使用事务聚类模式的个性化 PageRank 方法、使用主题化事务聚类模式的个性化 PageRank 方法等。第六，给出了一个较为完整的个性化搜索引擎系统原型，并对用户模式识别方法和 PageRank 方法的运行效果的测试。包括系统的开发方式、数据结构、存储过程、系统的功能模块等部分，并且对关键词访问序列的获取情况、用户事务模式的获取情况、用户事务模式的聚类情况、个性化 PageRank 值的计算情况等结果进行了分析，对系统框架进行了评价。

【中文题名】 基于本体论的信息生命周期研究

【论文作者】 万里鹏

【指导老师】 郑建民

【学位授予单位】 南京大学

【内容提要】 本文是基于本体论的信息生命周期研究，主要内容有，第一，信息生命周期研究范式的转换，介绍了霍顿范式和 EMC 范式的信息生命周期、既往范式的缺失及新的研究内容，分析了信息是有生命的吗、生命周期是方法吗等问题，探讨了范式的转变，包括方法论范式的转换、多学科范式的汇聚、范式转换后的担忧等。第二，信息的本体论约定，阐述了基于传统本体论的信息追问、本体论转向及其启示、信息属关系范畴、信息是关系中的意义呈现等问题。第三，信息生命周期总谱，论述了信息是进化的主角、信息自组织演化的进程、信息自组织演化的总图谱，涉及自然信息的自组织演化、生命信息的自组织演化和社会信息的自组织演化。第四，自然人的信息创生，包括主客体关系的建构、感知觉信息、马尔式的意义建构、皮亚杰式的意义建构等内容。第五，社会人的信息创生，包括信息是社会性存在、舒茨对社会信息的二阶构造，共同的认知装置、社会性的语言符号等内容。第六，社会人的信息建构，包括方法论的整体论转向、信息运动的认识论模型、认识论空间中的信息运动。第七，信息的人际运动，包括认识空间中信息的可扩散性、人际信息交流的愿望和动机、人际信息运动的模型、标准模型的变化等内容。第八，信息的媒介运动，包括媒介即信息、媒介空间、信息媒介的形态演变等内容。本文是对信息生命周期运动的多学科范式的研究。

【中文题名】 学术期刊核心竞争力评价模型及其应用

【论文作者】 魏瑞斌

【指导老师】 叶继元

【学位授予单位】 南京大学

【内容提要】 本文应用核心竞争力理论来探讨学术期刊如何在竞争中保持其竞争优势。论文首先通过对各种文献的调研获得了反映学术期刊现状的相关数据，介绍了学术期刊的发展脉络，从 CNKI 收录期刊分析我国学术期刊的现状，基于“五力模型”从学术论文作者、学术期刊用户、新创办的学术期刊、同类学术期刊、新媒体等方面分析我国学术期刊的竞争态势。其次，阐述了学术期刊核心竞争力评价理论基础，介绍了核心竞争力理论、文献计量学理论、信息传播理论，探讨了核心竞争力识别方法、学术期刊核心竞争力识别工具、学术期刊核心竞争力识别框架等内容。第三，研究学术期刊核心竞争力评价指标，先介绍了学术期刊评价指标、企业核心竞争力评价指标等，然后研究学术期刊核心竞争力评价指标的筛选，介绍了筛选方法、指标调查数据的处理及结果，具体从评价生产能力指标、评价传播能力指标、评价影响力指标等 3 个方面进行了分析。在学术期刊核心竞争力评价指标的选择及评价体系中指标权重的确定过程中运用了德尔斐法。在数据处理的过程中还运用了 AHP 专家决策分析软件（expert choice）和社会科学统计软件包（SPSS）。在学术期刊核心竞争力评价模型建立的过程中，主要运用了层次分析法和模糊分析法。第四，学术期刊核心竞争力评价模型构建，包括评价模型构建原则、评价模型构建方法、评价模型构建步骤。论文提出了学术期刊核心竞争力的识别框架。文章以学术价值链作为识别核心竞争力的工具，从学术期刊的生产、传播、影响三个维度来对学术期刊核心竞争力进行识别。构建了学术期刊核心竞争力的评价模型。通过文献调查和专家调查等相结合的方式选取了学术期刊核心竞争力的评价指标。这些指标有些是学术期刊评价中被广泛采用的，如影响因子、总被引频次；还有些指标刚出现不久，如期刊的 h 指数、Web 下载率。最后，对学术期刊核心竞争力评价模型进行实证分析，选取 15 种图情学期刊来进行核心竞争力评价，包括准则层评价、目标层评价、定性评价，给出了图情学期刊核心竞争力培育的策略。

【中文题名】 企业架构的理论与实践研究
【论文作者】 许鑫
【指导老师】 苏新宁
【学位授予单位】 南京大学

【内容提要】 本文主要内容包括：第一，企业架构的理解，包括企业业务架构、企业信息架构、企业技术架构、企业 IT 管理架构等内容，阐述了企业业务架构的主要内容和扩展性问题，关于企业信息架构论述了信息资源规划、企业数据架构，关于企业技术加工论述了企业网络架构、企业硬件架构、企业安全架构等问题，关于企业 IT 管理架构论述了 IT 规划设计、IT 组织机构等内容。第二，企业架构的理论研究，论述了企业架构的原则、框架、模型、过程、方法、工具、标准等，具体包括企业架构的立法与指导、OMB 参考模型、几种美国联邦政府支持和使用的框架、DODAF 六步过程法、TOGAF 架构开发方法、企业信息化标准等内容。第三，企业架构的实施与管理，分析了企业架构所需要的决策信息，提出为特定环境调整企业架构成果，涉及企业架构开销、企业架构风险、企业架构团队及架构师、如何促使企业架构完善。第四，企业架构的使用与评价，包括如何使用企业架构构建企业 IT 环境、主流的企业 IT 架构模式、对于企业架构/IT 架构的评价及其风险分析。第五，企业架构行业应用——高校的企业级架构，介绍了数字化校园的发展现状、建设目标与框架结构，以中山大学、河海大学为例分析了高校业务架构，探讨了高校的信息架构、数字化校园技术架构、数字化校园网络及硬件架构、数字化校园软件架构、数字化校园集成架构、数字化校园安全架构、高校 IT 管理及运维架构、高校信息化评价体系等内容。

【中文题名】 主题聚类及其应用研究
【论文作者】 章成志
【指导老师】 苏新宁
【学位授予单位】 南京大学

【内容提要】 本文从主题角度出发，提出主题聚类方法，指出主题聚类存在的问题，给出解决办法，并进行了基于主题聚类的相关应用研究。主要内容包括：第一，概述主题聚类研究的进展，阐述了自动标引近 50 年的研究历程、研究路线图及存在的问题，介绍了文本聚类、查询式聚类、查询结果聚类。第二，自动标引通用评价模型研究，包括自动标引评价的方法、自动标引通用评价模型框架、有参照时的标引结果评价方法、无参照时的标引结果评价方法、自动标引评价模型的应用与性能等内容。第三，基于机器学习的主题提取研究，包括基于 CRF 的公交车提取方法、基于集成学习的自动标引方法、基于 CITATION-KNN 的自动赋词标引方法。第四，主题聚类中聚类对象相似度计算研究，包括基于多层特征的字符串相似度模型、基于多语境的查询式相似度计算模型。第五，基于样本加权的文本聚类研究，包括基于样本加权的文本聚类算法、基于主题聚类的主题数字图书馆、基于主题聚类的学科热点检测。第六，文本聚类结果描述算法研究，包括聚类描述要求、形式化及评价方法、基于机器学习的聚类描述算法、基于 DCF-DCL 组合策略的聚类描述算法、基于主题的搜索结果聚类。本文的研究成果体现在：提出了自动标引的通用评价模型，提出了基于机器学习的关键词自动提取算法，提出了基于多层特征与基于多语境的聚类对象相似度计算方法，提出了基于机器学习的文本聚类结果的描述算法。

武汉大学 2007 年 博士学位论文摘要

【中文题名】 基于数据挖掘的客户智能研究

【论文作者】 艾丹祥

【指导老师】 张玉峰

【学位授予单位】 武汉大学

本文应用各种数据挖掘技术，从多个角度、多个层面对客户智能的理论、方法和应用进行了研究。主要内容包括：第一，客户智能理论概述，阐述了客户智能的产生背景、定义、本质、理论基础、技术基础、功能和优势。第二，研究基于数据挖掘的客户智能体系，分析了实现客户智能的各种关键要素，构建基于数据挖掘的客户智能体系框架。基于数据挖掘的客户智能体系由5个层面组成：理论基础层、数据存储层、信息分析与整合层、知识发现层、战略管理层。围绕5个层面阐述了客户分析理论与方法、客户数据源、客户信息的多维组织、客户知识发现的基本方法、客户战略决策等内容。第三，研究基于数据挖掘的客户智能方法论，以企业业务问题的分析与描述为基础，探讨构建和应用数据挖掘模型的模式、步骤与方法，总结了基于数据挖掘的实践活动的有序步骤，具体内容涉及基于数据挖掘的客户智能流程、客户智能中的挖掘目标分析、客户智能中的数据准备、客户智能中的数据挖掘建模。第四，研究基于数据挖掘的客户知识获取与预测，以客户生命周期为主线，将数据挖掘模型应用于客户关系管理的各个阶段，分析了在不同的客户关系阶段，企业所面临的不同客户群类型，分析了围绕客户展开的各种业务活动，以及数据挖掘模型和技术与各阶段业务活动的结合，对客户盈利能力分析、客户响应预测、客户细分、客户增值消费预测和客户流失预测5个重点领域中数据挖掘的实施途径进行了探讨，讨论了数据、建模、成果运用等关键问题。第五，研究基于数据挖掘的客户智能应用实例。文章认为客户智能是企业确定其独特竞争优势的一种战略选择，是企业客户知识管理综合能力的体现。

【中文题名】 技术标准的国家竞争战略研究

【论文作者】 王毅彦

【指导老师】 李纲

【学位授予单位】 武汉大学

本文研究处于产业技术变革期内的、关系到产业发展命运和未来的技术标准。主要内容包括：第一，技术标准与标准竞争，探讨了技术标准在信息时代新的内涵，标准竞争的动因和特征，认为激烈的标准竞争只发生在具有较强网络效应的技术领域。第二，标准竞争的市场层面，论述了技术标准的价值选、标准竞争的影响因素、标准竞争的结果，认为标准的市场竞争，即事实标准的竞争，通过标准竞争的实践研究发现，“胜者全得”不再是必然的结果，“标准共存”将成为常态现象，分析了政府在标准的市场竞争中的作用。第三，标准竞争的战略层面，介绍了标准竞争的国际准则，包括 WTO/TBT 协定对技术标准的原则要求与例外、构建标准化组织的知识产权政策，阐述了发达国家和地区针对国家标准的战略竞争，包括美国、欧盟、日本的标准竞争战略，分析了国家标准竞争的约束条件，总结了发达国家的标准国际化战略，包括标准竞争战略的类型、要点与主要措施。第四，中国技术标准竞争战略，包括中国标准竞争战略的SWOT 分析、中国标准竞争战略的设计、中国标准竞争战略的实施等内容，分析了中国标准处于国际竞争的机会、问题、优势与不足，从市场和国家标准两个方面入手，分析了中国标准国际化的战略和策略，提出了“市场换标准”等战略指导思想，“进攻型合作者”的战略定位，“影响合作”、“区域联盟”、“中国标准联盟”的竞争策略。最后对中国标准国际化的实践进行了案例分析。

【中文题名】 国内外人文社会科学的学科结构比较研究

【论文作者】 余以胜

【指导老师】 邱均平

【学位授予单位】 武汉大学

本文主要研究人文社会科学学科结构，旨在解决人文社会科学创新过程中所涉及到的学科体系如何优化和建设的问题。主要内容有：第一，科学结构学，论述了科学学的发展、科学的认知结构、学科结构的概念与功能，提出了学科结构演化的规律，即学科发展指数曲线振荡规律、学科发展相关生长律和学科发展不平衡规律。第二，人文社会科学的学科结构，论述了人文社会科学的体系结构与学科结构调整问题。对比分析了人文科学与社会科学的差异与共性，理顺了学科体系、学科结构体系。学科内容体系三者之间的关系，提出人文社会科学的三大不同结构类型，即人文社会科学理论结构、人文社会科学社会结构、人文社会科学学科结构。分析了人文社会科学学科结构优化在解决人文社会科学学科危机中的作用及优化的基本原则。第三，国内外人文社会科学的学科分类结构，介绍了美国、德国、俄国、日本、韩国等国家的人文社会科学门类设置及我国人文社会科学的发展及学科设置情况，对国内外人文社会科学学科门类设置情况进行了比较分析。第四，对国内外人文社会科学学科结构实证分析，介绍了国内外人文社会科学评价工具，如社会科学引文索引、艺术与人文科学引文索引、中文社会科学引文索引等，对人文社会科学学科结构进行了宏观对比分析，以经济学为例对人文社会科学学科结构进行了微观对比分析。第五，我国人文社会科学的发展，论述了当代人文社会科学的发展趋势，包括跨学科趋势、应用性趋势、定量化趋势、国际化趋势，分析了微观人文社会科学现存的主要问题，探讨了人文社会科学的学科创新与发展战略及高校人文社会科学的学科建设问题，最后提出构建人文社会科学学。

【中文题名】 新农村信息服务体系建设研究
【论文作者】 曾文武
【指导老师】 何绍华
【学位授予单位】 武汉大学

本文研究发达国家农村信息服务体系建设的成功经验，总结我国农村信息服务体系建设的教训，提出新农村信息服务体系建设的方法与措施。主要内容包括：第一，研究新农村信息服务体系建设基本理论，界定信息服务体系的基本概念，明确信息服务体系的构成，确定信息服务体系的指导思想、原则和目标。第二，发达国家农村信息服务体系建设概况，分析了美国、法国、韩国、日本信息服务体系的发展历程及其成功经验及对我国新农村信息服务体系建设的启示，包括强化政府作用、推广利用信息技术、完善信息采集、发布与风险投资制度，突出农民增收主题等。第三，我国农村信息服务体系建设的概况，阐述了农村信息服务体系发展的阶段划分及各阶段的特征，信息服务体系建设的成就及存在的问题。第四，我国新农村信息服务体系建设的方法，提出 6 个方面的新农村信息服务体系建设方法，具体指：政府主导、统筹规划、多元化信息主体积极参与；加强综合信息基础设施建设，构建完善信息传输网络；加强新农村信息市场培育；加强新农村信息资源的开发；加强新农村信息服务体系的保障措施建设；创新信息服务，提高新农村信息服务效果。第五，我国新农村信息服务体系建设的主要对策。针对目前新农村信息服务体系建设急需解决的问题，提出新农村信息服务“最后一公里”问题解决方案，构建农业官方网站绩效评估指标体系，推广射频识别技术在新农村信息服务领域的应用，构建热带农业预警系统等措施。

【中文题名】 信息资源公共获取制度研究
【论文作者】 肖冬梅
【指导老师】 陈传夫
【学位授予单位】 武汉大学

本论文在探析信息资源公共获取制度现实需求和理论依据的基础上，重点分析了信息资源公共获取制度的构成，归纳了美国，欧盟、日本、韩国信息资源公共获取制度的成功经验，从理论上探讨了信息资源公共获取制度的运行、监督等重要问题。论文内容主要包括信息资源公共获取制度的制度溯源与理论基础、信息资源公共获取制度需求、信息资源公共获取制度构成、信息资源公共获取制度国际经验借鉴、信息资源公共获取制度运行、信息资源公共获取制度监督与反馈等。文章认为，信息资源公共获取制度需求源于缩小信息差距、消除信息资源公共获取障碍、满足社会信息资源公共获取需求和完善现行制度的现实需要。信息资源公共获取制度的构成包括信息资源公开制度、信息资源共享制度、信息资源开发和利用制度、信息素养培育制度。关于国外信息资源公共获取制度论述了WTO 的透明度原则、国际科学信息共享机制、美国信息资源公共获取制度、欧盟信息资源公共获取制度、日本信息资源公共获取制度、韩国信息资源公共获取制度等内容，并阐述了带来的启示。关于信息资源公共获取制度的运行论述了信息资源公共获取立法、信息资源公共获取制度执行机构与队伍、信息资源公共获取制度实施规则。关于信息资源公共获取制度监督与评估，论述了司法监督、行政监督、传媒监督、公众监督、信息资源公共获取制度评估的指标与方法、信息资源公共获取制度反馈原则、制度反馈的信息源及流转方式。

【中文题名】 分布式数字图书馆资源整合与服务集成的管理研究

【论文作者】 谢春枝

【指导老师】 刘家真

【学位授予单位】 武汉大学

本文从资源整合与服务集成的管理角度入手，围绕资源整合与服务集成过程中与管理相关的因素，分析了分布式数字图书馆资源整合与服务集成的动因、原则和方法、目标和功能、模式和环境。首先分析了分布式数字图书馆资源整合与服务集成的动因，指出这是数字图书馆发展到第二代后的必然结果，是数字图书馆应对用户信息使用行为变化后的必然选择，是数字图书馆缓解“数据孤岛”现象的迫切要求。关于其目标和功能，从门户、统一认证、统一检索、权限管理、个性化服务及数字参考咨询等方面进行阐述，介绍了相关案例。关于其原则和方法，论述了整体层面上的7个原则、操作层面上的5个原则。从资源整合的广度和深度两个方面讨论了资源整合的具体方法，介绍了相关技术，如摄取、收割、OAI、RSS、网页采集与元搜索等。关于其模式与环境，研究如何选择整合对象、采取的合作模式、目标定位等。从资源整合与服务集成的对象、功能、范围和主体等方面展开论述。指出资源整合和服务集成的模式与环境呈现出多边合作和提倡资源集合级整合的发展趋势。关于其挑战与对策，围绕策略选择、标准规范、质量控制、版权问题、绩效评估和可持续发展等6个管理方面的要素进行探讨，结合案例研究，指出每个管理要素的研究和实践现状、面临的问题和解决的办法和措施。最后，以Google数字图书馆为例，分析其功能、合作模式、技术方法、盈利模式和存在的风险。

2007年部分院校图书馆学情报学硕士学位论文目录

姓名	论文名称	导师	毕业学校
王　敏	台湾图书馆员专业资格认证研究	李国新	北京大学
阿　部	肯尼亚国家图书馆馆藏评价分类法、主题法在本体概念体系构建中的应用研究	段明莲	北京大学
李　恬	分类法、主题法在本体概念体系构建中的应用研究	马张华	北京大学
潘　梅	图书馆危机管理若干问题探讨	刘兹恒	北京大学
屈　鹏	馆藏多媒体信息资源的组织与检索研究	段明莲	北京大学
孙　静	图书馆知识转移模式、影响因素与策略研究	刘兹恒	北京大学
田　欣	中国成年人群动漫传播研究	李常庆	北京大学
王　伟	我国联机合作编目的标准化问题研究	段明莲	北京大学
吴淑娟	文明书局研究	王余光	北京大学
夏　青	美国图书馆用户隐私权保护的历史与现状	李国新	北京大学
徐　冰	图书馆危机预警机制研究	刘兹恒	北京大学
易　芳	中国民营书店的连锁经营研究	王锦贵	北京大学
殷明慧	国际书展的历史演进与影响因素分析	李常庆	北京大学
张慧丽	良友及其出版物研究	王余光	北京大学
朱环新	1949—2006年中国大陆引进版少儿文学图书出版研究	李常庆	北京大学
刘　婧	城市公共信息服务平台发展策略研究	李广建	北京师范大学
赵　娜	当信息环境下OPAC现状调研与发展探讨	赵　荣	北京师范大学
乔洪奎	我国数字参考服务发展研究	赵　荣	北京师范大学
曹丽娟	高校图书馆网站的人性化设计	丁申桃	北京师范大学
李易宁	高校图书馆学科馆员绩效考核方法研究	雷菊霞	北京师范大学
叶　宁	数字图书馆信息资源建设中的版权问题及对策思考	周晓燕	北京师范大学
张小娟	我国高校图书馆音像资料信息组织研究	乔　欢	北京师范大学
陈　宁	孙星衍文献学研究	曹　之	武汉大学
李华军	网络环境下的合理使用制度研究	陈传夫	武汉大学
王　璐	综合性大学图书馆信息资源整合研究	陈传夫	武汉大学
钱　晶	我国学位论文信息资源建设研究	黄如花	武汉大学
肖艳琴	科技报告资源的开发与利用研究	黄如花	武汉大学
沈科彦	书名研究——以《四库全书总目》为中心	马朝军	武汉大学
徐丽晓	信息组织方向课程教学实习系统的设计与实现	司　莉	武汉大学
陈红艳	网络叙词表的构建及其发展	司　莉	武汉大学
张果果	少年儿童图书馆的知识服务	王子舟	武汉大学
郭沁峰	学科信息用户内容建设研究	肖希明	武汉大学
刘晓霞	图书馆数字资源用户满意度测评研究	肖希明	武汉大学

（续表）

姓名	论文名称	导师	毕业学校
吕 霞	CNKI 与 Elsevier Science 比较研究	肖希明	武汉大学
徐 速	数字图书馆门户界面的用户友好行研究	燕今伟	武汉大学
龚芙蓉	图书馆推进全民阅读活动的策略研究——化解阅读危机的对策	袁 琳	武汉大学
王忠华	在线信息素质教育模式研究	詹德优	武汉大学
邓 蓉	集成化咨询服务研究	詹德优	武汉大学
吴 燕	泛在知识环境下数字图书馆发展研究	张志强	中国科学院
屈云鹏	基于 RIA 的实时参考咨询系统的原型设计	张智雄	中国科学院
王振新	网络信息传播风险分析及对策研究	吴新年	中国科学院
杨莎莎	西文科技会议文献评价指标体系研究	叶建忠	中国科学院
程文艳	电子资源许可使用研究	孙 坦	中国科学院
孙 茜	基于用户交互的网络服务及其在图书馆的应用研究	陈朝晖	中国科学院
徐 坦	数字图书馆服务动态集成机制研究	孙 坦	中国科学院
范 炜	合作式标签系统研究	王 俨	中国科学院
何 韵	《深圳经济特区公共图书馆条例》立法实践研究	程焕文	中山大学
陈永娴	社区图书馆发展研究—以深圳市福田区社区图书馆为例 12	程焕文	中山大学
张新鹤	民国时期外国教会在华图书馆活动研究	罗 曼	中山大学
安兴茹	西文免费网络学术期刊资源整合利用研究	程焕文	中山大学
于 沛	广州市高校图书馆现状调查研究	潘燕桃	中山大学
岳凯军	京剧《空城计》演出流变及版本研究	肖永英	中山大学
杨 帅	广州市高校图书馆员职业倦怠研究	程焕文	中山大学
徐月华	组织学视角下高校图书馆采编业务外包研究——以广州市高校为例	程焕文	中山大学
刘景宇	我国内地图书馆学个人博客对学科发展的影响	肖永英	中山大学
高咏先	石景宜赠书研究	程焕文	中山大学
杨 倩	广州市区级政府门户网站政府信息公开现状研究	程焕文	中山大学
雷 蕾	构建基于关联规则的图书馆个性化信息推荐系统	潘燕桃	中山大学
刘钟美	我国新农村建设中关于发展村民图书室的研究—以河北沧州地区崔尔庄镇为例	罗 曼	中山大学
刘盈盈	国内高校图书馆建立信息共享空间研究	肖永英	中山大学
曾 颖	我国高校图书馆学科馆员制度研究	罗 曼	中山大学
井晓梅	我国入选 INDEX MEDICUS 的生物医学期刊研究及其入选的影响因素分析	孙金立	第四军医大学
杨丰全	基于 CIS 战略的图书馆形象塑造研究	周凤飞	天津工业大学
高 明	MyLibrary 个性化信息服务系统的构建研究	韩海涛	天津工业大学
马新蕾	图书馆 2.0：变化中的图书馆服务	周凤飞	天津工业大学
任 静	信息化环境下图书馆业务流程重组应用研究	周凤飞	天津工业大学
刘学风	基于数据仓库的馆藏数字资源整合研究	韩广峰	天津工业大学
胡广霞	数字时代高校图书馆信息服务模式研究	周秀会	天津工业大学

（续表）

姓名	论文名称	导师	毕业学校
马冬冬	高校图书馆信息共享空间模型的构建及其实施方案设计	周秀会	天津工业大学
徐　芳	图书馆危机预警管理系统构建研究	柴雅凌	天津工业大学
王　锟	高校图书馆知识转移机制与绩效实证研究	韩广峰	天津工业大学
焦秋阳	图书馆参考咨询服务的营销研究	柴雅凌	天津工业大学
王　鑫	图书馆联盟绩效评估研究	柴雅凌	天津工业大学
惠涓澈	网络环境下书目数据质量控制研究	杨玉麟	西北大学
杨利清	图书馆公共关系中的危机管理研究	杨玉麟	西北大学
舒任颖	中外档案开放利用中的法律问题之比较研究	肖文建	湘潭大学
毛章勇	聘用制下高校人事档案管理问题及其对策研究	何　振	湘潭大学
胡胜男	用市场机制引导政府信息资源增值服务	陈能华	湘潭大学
卢明芳	图书馆知识管理研究	刘昆雄	湘潭大学
万建军	我国信息服务产业链的构建研究	邹　凯	湘潭大学
吴锦辉	利用博客强化图书馆管理与服务的思考	陈能华	湘潭大学
秦素娥	基于用户的信息资源组织研究	龙朝阳	湘潭大学
罗　卫	电子政务信息资源共享平台的分析与设计	邹　凯	湘潭大学
陈浩东	公共图书馆信息营销研究	刘昆雄	湘潭大学
杨思洛	Web2.0环境下数字参考咨询服务创新之探究	陈能华	湘潭大学
蒋霞美	我国信息产业链的结构及其优化研究	邹　凯	湘潭大学
廖运平	基于营销的图书馆管理模式的构建	刘昆雄	湘潭大学
冯敏莹	信息资源组织的标准研究	裴成发	山西大学
罗宝刚	信息资源配置评价研究	裴成发	山西大学
赵　鹏	高校数字图书馆网站建设的研究	齐向华	山西大学
车　兴	咨询企业内部管理机制问题研究	尚　珊	山西大学
刘　焘	汉语框架语义知识库信息组织与表示方法研究	李景峰	山西大学
贾慧芳	基于信息生态的信息构建(IA)研究	裴成发	山西大学
冯　毅	山西省医学科技文献资源平台的建设与思考	裴成发	山西大学
朱婧文	论农村图书馆的困境与出路	李景峰	山西大学
赵莉莉	中美数字图书馆教育比较研究	齐向华	山西大学
许　丁	我国管理咨询企业的营销策略研究	尚　珊	山西大学
刘　焘	汉语框架语义知识库信息组织与表示方法研究	李景峰	山西大学
刘　伟	我国高新技术企业信息化研究	李景峰	山西大学
隋　佳	基于知识管理的企业技术创新机制研究	张　辉	山东大学
伏立霞	基于国家信息化水平指标分析山东省信息化发展	郭砚常	山东大学
毛振鹏	山东省中小企业知识管理实证研究	江三宝	山东大学
杨　枫	高校合并后图书馆资源整合研究	刘　磊	南京农业大学
蒋　南	我国公共图书馆公平获取信息的保障机制研究	刘　磊	南京农业大学
沈玲玲	面向本科教学的专业教学导航开发研究	刘　磊	南京农业大学
朱志远	网络环境下市县级公共图书馆竞争环境与运营策略分析	刘　磊	南京农业大学

（续表）

姓名	论文名称	导师	毕业学校
张　彬	外文电子期刊全文数据库评价模型	包　平	南京农业大学
王美琴	我国学科信息门户可持续发展研究	包　平	南京农业大学
顾　颖	我国数据库特殊权利保护制度探讨	包　平	南京农业大学
郭世星	分面元数据应用系统实例分析与评价	刘　磊	南京农业大学
彭　凤	中学图书馆对学生信息素质教育与培养作用研究	叶建忠	四川大学
陈如萌	知识的本体构建及检索模型研究	马　蕾	四川大学
阮莉萍	图书馆自动化系统的开源软件研究	徐恩元	四川大学
杨淑琼	我国高校图书馆业务外包与核心能力构建研究	党跃武	四川大学
樊文隆	基于平衡计分卡的企业知识管理战略绩效评价研究	沈治宏	四川大学
李　媛	网络信息资源建设中外国文化侵蚀及防范研究	赵　媛	四川大学
王株梅	信息公平若干问题研究	蒋永福	黑龙江大学
王明慧	我国清末民初(1840—1925)图书馆学术思想及其评价	蒋永福	黑龙江大学
刘　鑫	基于知识自由的图书馆精神研究	蒋永福	黑龙江大学
刘　璇	数字图书馆的个性化知识服务研究	张秀兰	辽宁师范大学
曾　强	经书与中国传统政治文化	赵忠文	辽宁师范大学
武　婧	数字参考咨询服务质量的评价体系研究	贾玉文	辽宁师范大学
蒋　玲	开放存取模式下图书馆发展对策研究	张秀兰	辽宁师范大学
全　没	书同文公司《四部丛刊》电子版对我国今后古籍数字化工作的启示	赵忠文	辽宁师范大学
黄昌瑛	电子档案信息安全保障策略研究	连成叶	福建师范大学
肖向华	海峡两岸高校图书馆网络信息服务的比较研究	孟雪梅	福建师范大学
傅文奇	全文数据库信息资源建设中的版权问题研究	江向东	福建师范大学
陈丽君	基于用户需求的数字图书馆电子商务信息服务模式研究	许春漫	福建师范大学
李晓花	宋代福建私家藏书考论	方宝川	福建师范大学
刘海霞	公共借阅权制度研究	江向东	福建师范大学
林素絮	政府决策信息咨询服务机构模式研究	廖　璠	华南师范大学
朱远姣	图书馆核心竞争力研究	高　波	华南师范大学
于明佳	图书馆网络信息资源保存的风险管理	徐文贤	华南师范大学
孙　琼	ISO 9000标准质量管理体系在图书馆中的应用研究	高　波	华南师范大学
王　芬	图书馆知识共享研究	朱建亮	华南师范大学
赵　萍	广东省公共图书馆事业失衡问题的研究	朱建亮	华南师范大学
马江宝	图书馆网站评价体系研究	高　波	华南师范大学
李　宾	RSS技术在高校图书馆中的应用与发展研究	廖　璠	华南师范大学
王　静	高等学校外文图书采访工作研究	孙成江	东北师范大学
齐文阁	面向学科方向的图书馆文献资源建设研究	孙成江	东北师范大学
王　哲	网络环境对我国高校图书馆的影响与对策	纪晓萍	东北师范大学
高祥永	信息构建理论对图书馆学的启示与影响	徐跃权	东北师范大学
胡乃志	高校图书馆数据库评价与选择的策略研究	孔庆杰	东北师范大学
王建林	医学文献检索课教学改革研究	徐跃权	东北师范大学

（续表）

姓名	论文名称	导师	毕业学校
徐淑云	中学图书馆(室)信息资源建设问题研究	王东艳	东北师范大学
常雅红	图书馆电子出版物采购工作研究	孔庆杰	东北师范大学
李春刚	数字图书馆个性化信息推送服务研究	王　辉	东北师范大学
庄　研	基于大学生信息素质培养的文献检索课教学改革研究	纪晓萍	东北师范大学
邢春艳	信息构建在个性化信息组织中的应用研究	王翠萍	东北师范大学
王　力	个人知识管理研究	徐跃权	东北师范大学
邓岩彬	高校图书馆采编业务外包研究	孔庆杰	东北师范大学
张素敏	面向东北区域创新体系的信息咨询服务研究	王翠萍	东北师范大学
李旭芳	我国图书馆个性化信息服务实践中的问题研究	徐跃权	东北师范大学
于　宁	我国合作数字参考咨询服务现状及其创新性发展	徐跃权	东北师范大学
张　燕	我国数字化医院建设研究	纪晓萍	东北师范大学
李　薇	基于本体的知识组织问题研究	孙成江	东北师范大学
李杨琳	图书馆学本科教育创新与实践能力培养研究	纪晓萍	东北师范大学
赵　闯	我国省级公共图书馆网站建设调查与评价	纪晓萍	东北师范大学
高雯雯	高等院校图书馆读者满意度模糊评价研究	孙成江	东北师范大学
魏　彬	高校图书馆中的机构知识库研究	李爱国	东南大学
项　珍	基于语义的搜索引擎研究	张厚生	东南大学
王春梅	高校图书馆人力资源绩效评估系统研究	张厚生	东南大学
施宁华	《隋书·经籍志》研究	王国强	郑州大学
乔燕鸿	基于本体论的信息组织研究	白　华	郑州大学
张月春	网络环境下高校图书馆教育模式研究	于双成	吉林大学
黄子健	高校图书馆与公共图书馆整合模式研究	于双成	吉林大学
李晓源	图书馆信息资源网络化建设评估体系的研究	杨玉麟	西北大学
贾国柱	高校图书馆文献采访质量控制研究	杨玉麟	西北大学
杜少霞	民国时期古籍版本学研究	王国强	郑州大学
王　丁	中国图书馆学情报学期刊现状与发展策略研究	崔慕岳	郑州大学
秦金聚	图书馆服务伦理的发展和建设	张怀涛	郑州大学
杨　斌	基于价值链的图书馆核心能力研究	王国强	郑州大学
万　妮	先秦文献学研究	王国强	郑州大学
袁　静	复合图书馆馆藏质量控制研究	崔慕岳	郑州大学
高　明	企业隐性知识共享研究	付立宏	郑州大学
吴　娜	网络环境下大学生信息素质教育探究	崔慕岳	郑州大学
张新勤	网络学术资源利用中的信息损失研究	张怀涛	郑州大学
周　宇	数字化法定公务文书全文检索系统研究	周拴龙	郑州大学
张加红	虚拟馆藏若干问题的研究	王国强	郑州大学
杨鲁捷	从研究生论文引用期刊文献的保障情况考察印本与数字期刊馆藏	索传军	郑州大学
张　旭	基于"所罗门"四组设计的高校图书馆信息素养教育评估研究	吴正荆	吉林大学
苏美文	基于分众分类法的数字信息资源组织研究	曹锦丹	吉林大学

（续表）

姓名	论文名称	导师	毕业学校
孙语择	网络环境下学术信息的开放存取研究	毕　强	吉林大学
王好倩	本体理论在动物学知识组织中的应用研究	曹锦丹	吉林大学
刘　昆	基于语义 Web 的知识服务研究	牟冬梅	吉林大学
崔　春	校图书馆数字信息资源服务评价研究	毕　强	吉林大学
班孝林	基于信息构建(IA)的网站评价及实证研究	徐恺英	吉林大学
范　静	基于共链分析的学术网站评价与聚类的实证研究	王　伟	吉林大学
刘明昕	现代信息环境下图书馆对知识创新的保障体系研究	于双成	吉林大学
曲　鸽	基于信息生态环境的网络信息交流障碍及系统优化研究	王　伟	吉林大学
唱晓阳	网络环境下图书馆信息交流模式研究	吴正荆	吉林大学
陈　强	高校图书馆危机管理研究	吴正荆	吉林大学
高　松	网络信息检索效果评价及其优化研究	毕　强	吉林大学
常　昕	基于 Internet 的个性化信息服务模式及应用研究	王　伟	吉林大学
刘　佳	高校图书馆学科知识服务模式研究	徐恺英	吉林大学
王　倩	面向学习型社会的社区流动图书馆研究	吴正荆	吉林大学
彭　鹏	基于本体的信息检索策略优化研究	曹锦丹	吉林大学
周　萍	高校图书馆个性化信息服务研究	于双成	吉林大学
王新华	博客(blog)在数字参考咨询服务中的应用研究	吴正荆	吉林大学
运桂芬	我国高校图书馆员职业生涯管理研究	徐建华	南开大学
屈宝强	企业战略信息管理的调控研究	王知津	南开大学
侯延香	企业预警情报管理研究	王知津	南开大学
刘　冰	动态环境下企业竞争情报力研究	王知津	南开大学
高钦为	政府隐性知识共享研究	柯　平	南开大学
张　丹	我国出版社图书发行渠道的构建与整合研究	徐建华	南开大学
周九常	企业网络组织竞争情报模式研究	王知津	南开大学
王　芳	信息共享空间的构建模式研究	柯　平	南开大学
韩秀华	我国城市社区图书馆面向弱势群体服务的策略研究	柯　平	南开大学
朱艳华	基于影响力视角的发达地区县级图书馆功能设计研究	于良芝	南开大学
袁密密	我国出版工作室规范化运营研究	徐建华	南开大学
刘煜蔷	我国欠发达地区县级图书馆功能设计研究——基于资源驱动力的视角	李晓新	南开大学
郭晓红	我国大学图书馆学科馆员制度的发展对策研究	柯　平	南开大学
许美荣	Logistic 回归在电子资源评价中的应用研究	徐一新	复旦大学

（续表）

姓名	论文名称	导师	毕业学校
沈　磊	本体的构建及其在数字图书馆中的应用——以基于本体的论文检索原型系统为例	徐一新	复旦大学
殷沈琴	电子教学参考资料系统的研究与设计	葛家翔	复旦大学
李晓源	图书馆信息资源网络化建设评估体系的研究	杨玉麟	西北大学
贾国柱	高校图书馆文献采访质量控制研究	杨玉麟	西北大学
陈　婧	基于信息构建的竞争情报个性化服务体系研究	杨　勇	云南大学
王晓丽	网络环境下国内外图书馆个性化服务的对比研究	沈玉兰	中国科学技术信息研究所
贾安娜	我国图书馆、情报与档案管理学科教育研究	赵新力	中国科学技术信息研究所
赵华琳	信息与电视综述研究	单启成	南京大学
井晓梅	我国入选 INDEX MEDICUS 的生物医学期刊研究及其入选的影响因素分析	孙金立	第四军医大学
曾宇琼	公共图书馆服务质量与读者行为意愿研究	刘　渊	浙江大学

统计资料

Statistics data

2007 年全国十五城市图书馆概况表 600

2007 年全国公共图书馆事业统计 604

统计资料

2007 年全国十五城市公共图书馆概况表

全国十五城市公共

馆　名	总经费（万元）	自动化经费（万元）	购书费（万元）				全馆藏书（万册）	年入藏新书	
			合计	图书	报刊	非书资料		种	册
长春图书馆	2 074	37	300	144	69	87	182	26 531	54 104
成都图书馆	1 569.75	188	450	334.3	70	45.7	172.5579	22 808	79 835
大连图书馆	1 817		400	303	97		300.0348	28 993	112 359
广州图书馆	3 243	130	1 000	610	251	139	383.4	73 173	263 223
哈尔滨市图书馆	1 231	29.9	272	146	58.9	67.1	248	23 100	50 288
杭州图书馆	2 844.07（含开办费）		1 602.08	1 282.2	88.77	231.11	167.92	84 840	400 496
济南市图书馆	1 211	210	200	145	40	15	145.6	27 498	53 839
金陵图书馆	891		280	200	45	35	138.5	31 246	67 038
宁波图书馆	1 002	15	300	202	29	69	109.8721	50 103	99 822
青岛市图书馆	1 635	36.4	350	269	51	13	159	49 624	113 259
深圳图书馆	8 196	122	3 024	1 464	1 172	388	218		210 000
武汉图书馆	1 965.9		285				203	20 612	76 889
西安图书馆	442.50	0	145	98	38	9	21	7 567	18 139
厦门图书馆	1 424.47	72.1566	351.02	148.97	68.21	133.84	121.77	27 597	53 305
沈阳市图书馆	1 816		260	150.16	50.06	59.78	205.472	32 040	64 601

图书馆概况表

馆　名	订报刊数(种)		职工人数		专业职称类					馆舍面积	行政区域人口总数（万）
	报纸	期刊	编制	实有	研究员	副研	馆员	助理	管理员	M^2	
长春图书馆	316	3 723	175	167	3	22	61	38	6	25 000	746
成都图书馆	196	3 136	112	69		7	16	39	1	20 000	497.15
大连图书馆	714	5 911	150	144	3	17	68	18	11	40 000	600
广州图书馆	362	3 773	195	177	2	12	56	87	8	1 7700	1 004.58（常住人口）
哈尔滨图书馆	233	2 872	210	175	5	40	72	15		21 931	987.4
杭州图书馆	309	4 278	230	110	1	19	38	30	7	5 228	666.31
济南市图书馆	143	2 118	108	103	1	16	36	32	2	9 200	600
金陵图书馆	220	2 108	115	96	2	14	37	23		6 849	595.8
宁波图书馆	321	1 626	80	53	0	3	22	18	2	12 000	690
青岛市图书馆	267	2 571	115	105	3	9	22	49	2	25 794	758
深圳图书馆	445.	6 379	270	232	5	32	78	47	0	34 058	
武汉图书馆	3 487(报刊合计)		165	162	5	16	67	45	4	32 975	800
西安图书馆	200	2 000	60	54	1	14	16	11	7	13 466	830
厦门图书馆	217	2 788	83	124	1	3	37	27		25 732	243
沈阳市图书馆	253	3 191	158	157	11	31	67	17	8	39 629	740

2007年全国十五城市公共图书馆概况表

馆名	开放时间		借书证总量（个）	年外借册次（万）	年流通人次（万）	业务软件名称	数据库建设		网站建设	
	全年（天）	每周（小时）					自建（GB）	购入	利用状况、年点击率（万次）	宽带接入（Mbps）
长春图书馆	365	73.5	190 097	79	136	ILASⅡ	350	10种6TB	30	20
成都图书馆	365	80	35 000	119.9444	121.718	ILASⅡ 2.0	2451	12TB	38.7487	电信20M、政府外网10M
大连图书馆	318	72	93 412	85.4114	98.9888	ILASⅡ	36种600G	5种6TB	43	20
广州图书馆	365	72	242 976	172.9	295	ILASⅡ Interlib	350	CNKI、万方、国研、人大复印资料、E线国情、Apabi电子图书	本馆网站83万、广州数字文化网19万	共享100M
哈尔滨图书馆	365	64	78 622	59	96.5	ILASⅡ	160	345.5	27	30
杭州图书馆	365	78	77 871	179.8508	193	图创	5	9500GB	21	“网通100M，电信100M”
济南图书馆	365	83.5	50 644	51	55.6	ILAS(Ⅱ) 2.0 Interlib	400	3T	21.6	100
金陵图书馆	365	79.5	64 027	41.5	56.8	汇文	12	1000GB	772.59	6
宁波图书馆	365	74	32 708	63	69.1	Interlib	15	cnki、万方、龙源、Apabi、中宏	40	100

（续表）

馆名	开放时间		借书证总量（个）	年外借册次（万）	年流通人次（万）	业务软件名称	数据库建设		网站建设	
	全年（天）	每周（小时）					自建（GB）	购入	利用状况、年点击率（万次）	宽带接入（Mbps）
青岛市图书馆	365	80.5	98 839	73.4807	100.5565	Interlib	40	500GB	23	100
深圳图书馆	313	72	355 499	263	246.4	DILAS、RFID文献智能管理系统	345GB	13.6T	113万	1 000
武汉图书馆	365	84	24 000	53	170	ILAS	60	清华同方、维普、万方等	22	30
西安图书馆	365	70	10 000	8	30	ILASⅡ	0	1种	1.218	4
厦门图书馆	365	76	24 912	78.824	87.3743	ILASⅡ	1 172.808	11 115.792G	14	20
沈阳市图书馆	365	72	44 692	68.6	117.1092	ILASⅡ	16个1GB	15个	15	10

2007年全国公共图书馆事业统计

2007年各地区公共图书馆

	机构数(个)	从业人员数(人)			总藏量(千册、件、套)							藏量中:开架书刊(千册、件、套)
			高级职称	中级职称		图书	古籍	善本	报刊	视听文献、缩微制品	其他	
总　计	**2 799**	**51 650**	**3 760**	**15 554**	**520 530**	**391 312**	**27 976**	**2 308**	**68 557**	**22 028**	**38 634**	**173 323**
中　央	1	1 460	184	587	26 310	10 067	2 201	277	12 859	1 535	1 849	——
北　京	24	1 307	65	282	13 091	11 872	505	56	569	457	193	8 319
天　津	32	1 074	118	349	10 297	9 376	557	104	624	139	158	4 873
河　北	160	1 662	153	524	14 432	11 931	608	26	1 471	700	330	5 317
山　西	122	1 591	70	473	10 319	8 114	779	121	1 945	101	159	3 559
内蒙古	113	1 735	127	545	8 018	6 973	298	12	876	26	144	2 201
辽　宁	128	2 933	251	1 212	24 514	20 231	1 034	156	2 076	561	1 647	11 910
其中:大连	13	452	39	164	5 327	4 323	261	23	414	224	367	2 853
吉　林	64	1 694	213	652	12 798	11 043	583	94	1 275	274	206	3 056
黑龙江	98	1 800	253	775	14 708	11 855	453	22	2 024	68	760	6 661
上　海	30	2 456	185	553	62 539	23 197	1 971	193	3 152	13 013	23 177	10 613
江　苏	105	2 527	279	819	34 907	31 536	3 351	200	2 823	366	181	11 510
浙　江	93	2 332	203	742	26 990	22 267	1 959	50	2 930	835	958	13 142
其中:宁波	12	260	11	77	3 358	2 830	169	3	350	62	116	1 492
安　徽	85	1 176	47	283	10 041	8 206	679	41	1 497	135	203	2 288
福　建	85	1 078	59	319	13 840	11 183	513	36	1 626	213	818	5 218
其中:厦门	8	154	6	53	2 469	2 035	76	2	203	94	137	1 974
江　西	104	1 438	61	269	13 242	10 922	1 128	55	1 995	38	288	4 634
山　东	145	2 640	373	1 131	30 852	25 226	1 309	115	3 532	594	1 500	12 191
其中:青岛	13	254	31	92	3 709	3 198	152	2	371	12	128	1 899
河　南	138	2 747	103	598	15 086	12 553	1 141	67	2 301	73	159	4 328
湖　北	102	2 204	167	937	20 374	16 584	959	78	3 042	228	520	8 707
湖　南	120	1 937	106	642	17 245	14 375	1 235	85	2 273	342	255	6 453
广　东	130	3 512	183	623	36 983	31 786	814	53	3 617	779	801	20 271
其中:深圳	8	528	63	123	6 053	5 115	15	1	588	78	272	2 340
广　西	100	1 479	60	427	16 228	12 211	508	16	3 143	239	634	3 954
海　南	20	359	6	22	2 231	1 753	15	——	443	12	23	1 291
重　庆	43	760	70	229	8 585	6 533	749	77	753	274	1 025	2 220
四　川	151	1 884	72	501	21 172	16 922	1 658	103	3 150	434	666	5 772
贵　州	92	895	53	211	6 956	5 912	377	35	936	36	72	2 598
云　南	149	2 086	96	625	14 195	11 284	993	48	2 276	355	280	3 895
西　藏	4	65	4	14	480	388	11	3	75	1	17	191
陕　西	111	1 768	63	398	9 358	7 898	647	79	1 277	42	141	1 434
甘　肃	92	1 205	44	219	8 892	6 869	525	90	1 529	49	445	2 924
青　海	43	381	22	128	3 400	2 743	164	12	428	34	195	677
宁　夏	21	494	25	166	4 084	3 653	153	4	368	15	48	534
新　疆	94	971	45	299	8 363	5 849	99	——	1 672	60	782	2 582

基本情况(一)

当年购买的报刊种类（种）	书架单层总长度（千米）	累计发放有效借书证数（千个）	总流通人次（千人次）		书刊文献外借册次（千册次）	为读者举办各种活动					
				书刊文献外借人次			参加人次（千人次）	组织各类讲座次数（次）		举办展览（个）	
									参加人次（千人次）		参观人次（千人次）
863 443	**13 189 528**	**12 734 077**	**261 030**	**114 540**	**213 185**	**84 670**	**26 753**	**19 861**	**4 982**	**8 889**	**10 044**
20 935	333 200	102 018	3 265	886	2 391	621	251	228	56	230	76
20 355	170 172	736 769	7 963	3 906	8 808	4 396	2 052	1 669	385	528	390
16 416	147 025	284 863	5 580	2 210	4 276	1 077	1 036	409	90	160	253
18 752	495 659	293 626	5 782	3 315	4 744	1 710	439	654	174	404	144
13 217	139 946	271 434	2 764	1 293	1 970	1 319	462	651	113	342	309
18 825	277 951	142 386	3 183	1 317	2 716	9 506	179	226	40	132	52
46 754	456 631	539 116	13 930	5 389	12 874	2 741	1 415	704	136	489	237
15 421	81 822	226 895	4 066	1 610	3 268	594	528	122	45	52	144
18 199	173 436	182 292	5 750	2 456	4 644	1 483	434	416	71	111	43
18 665	273 234	380 693	5 550	2 248	4 693	4 030	567	534	77	212	353
58 447	426 218	599 920	13 233	4 483	12 250	3 965	1 387	1 112	172	310	335
57 127	881 931	936 659	19 157	11 400	17 087	4 205	2 337	1 188	355	578	1 177
59 940	791 717	971 860	20 670	9 809	19 190	2 742	1 348	987	269	568	633
9 932	382 637	144 595	3 836	1 301	3 328	282	159	122	25	39	19
19 102	176 369	222 673	5 621	2 826	4 475	1 537	469	1 032	117	146	216
45 975	256 300	419 194	8 094	4 020	7 610	1 619	789	360	80	308	485
20 255	55 414	220 655	2 154	1 109	2 059	801	363	67	7	53	276
40 124	161 182	190 458	5 311	2 791	4 402	1 020	374	333	88	135	114
36 015	1 073 327	869 300	14 976	7 779	12 369	2 210	938	859	158	279	357
7 786	52 394	148 698	2 905	1 810	2 450	548	193	317	54	19	20
22 297	306 113	426 481	8 547	4 887	7 792	1 417	496	495	106	348	191
28 814	1 061 868	787 706	11 762	5 833	9 539	2 136	1 565	878	565	331	786
20 307	381 931	674 597	9 092	4 905	10 225	1 685	909	573	237	262	435
76 015	2 642 319	1 899 364	38 186	11 154	18 512	19 508	4 443	2 595	747	928	1 989
17 749	1 432 749	530 203	9 529	1 654	4 286	1 164	378	725	128	28	137
30 484	769 377	395 180	14 947	4 034	7 801	1 361	448	479	77	223	174
6 600	103 401	38 024	972	391	477	64	27	20	11	14	7
14 564	121 310	144 463	4 827	2 395	5 537	711	451	302	128	138	251
32 178	374 175	314 331	8 860	3 570	8 287	5 642	2 176	806	287	402	359
13 777	158 630	123 953	2 069	898	1 435	479	260	109	23	131	133
49 124	410 479	212 593	7 509	3 965	6 071	1 229	581	597	187	205	296
1 387	23 511	2 084	30	26	64	7	3	——	——	2	2
13 861	147 705	181 776	3 587	1 814	2 929	1 364	347	492	74	241	58
12 254	166 572	141 382	3 763	1 388	2 632	1 859	216	500	87	143	73
3 185	82 084	59 519	984	431	952	181	50	61	18	63	27
9 458	101 794	55 051	1 563	998	2 344	154	47	31	8	46	8
20 290	103 961	134 312	3 503	1 723	4 089	2 692	257	561	46	480	81

2007 年各地区公共图书馆

地区	举办培训班		信息化建设			本年收入合计（千元）						
	（班次）	培训人次（千人次）	计算机（台）	电子阅览室终端数	网站数（个）	合计	财政拨款	上级补助收入	事业收入	经营收入	附属单位上缴收入	其他收入
总计	**9 868**	**2 250**	**86 968**	**44 719**	**735**	**4 505 116**	**3 954 407**	**77 805**	**209 310**	**27 747**	**8 724**	**227 123**
中央	163	119	1 751	112	1	468 230	402 556	——	28 923	6 554	7 325	22 872
北京	534	562	2 984	1 204	27	188 622	171 265	2 407	8 775	934	——	5 241
天津	220	44	2 015	984	17	138 822	128 082	891	4 912	468	10	4 459
河北	409	64	2 573	1 404	29	89 284	85 173	1 758	620	181	——	1 552
山西	326	40	1 707	812	6	78 191	70 079	3 765	1 364	1 731	——	1 252
内蒙古	168	38	1 098	392	13	73 377	71 500	——	285	——	——	1 592
辽宁	366	60	4 154	1 871	28	200 957	190 537	530	8 370	9	——	1 511
其中：大连	72	10	1 273	661	6	44 747	42 133	20	2 205			389
吉林	133	19	1 564	686	13	90 324	85 786	1 527	670	631	——	1 710
黑龙江	92	19	2 560	1 587	13	100 671	98 374	517	634	——	——	1 146
上海	549	112	5 434	1 548	39	488 502	383 080	5 604	45 902	755	1 387	51 774
江苏	1 375	170	6 729	3 521	52	290 248	244 594	7 028	18 159	2 546		17 921
浙江	751	242	6 584	3 957	65	326 253	281 255	10 423	16 866	1 169		16 540
其中：宁波	52	4	1 180	821	4	37 254	32 959	1 144	721	——		2 430
安徽	102	15	2 023	1 005	16	86 608	74 816	3 751	3 407	142		4 492
福建	142	35	2 266	1 177	20	112 240	84 159	1 354	10 713	75		15 939
其中：厦门	60	10	549	257	2	31 423	29 620	10	1 493	——		300
江西	121	23	1 773	941	13	75 838	63 490	3 424	4 232	235	——	4 457
山东	543	84	6 487	4 215	52	202 283	193 143	1 829	4 536	27	——	2 748
其中：青岛	44	3	932	534	7	30 998	29 108	296	701	7	——	886
河南	221	39	2 086	1 199	27	91 317	83 036	3 834	1 272	1 134	——	2 041
湖北	405	119	4 794	2 569	41	115 791	98 867	2 814	4 536	145	2	9 427
湖南	352	54	2 266	1 494	31	93 480	76 023	2 755	4 456	3 887	——	6 359
广东	1 048	130	8 704	4 519	81	478 541	422 302	12 941	13 348	380	——	29 570
其中：深圳	204	35	1 704	565	8	133 459	99 748	10 865	1 987	——	——	20 859
广西	164	22	2 232	1 152	23	92 785	82 087	1 199	4 091	146	——	5 262
海南	15	3	843	413	3	20 485	18 756	24	3	——	——	1 702
重庆	157	40	1 754	1 010	14	86 054	74 719	405	4 898	550	——	5 482
四川	438	79	4 021	2 594	40	134 645	117 367	1 736	11 133	1 887	——	2 522
贵州	59	5	1 040	569	9	53 544	47 146	2 017	1 494	——	——	2 887
云南	193	48	2 260	1 218	18	99 770	90 358	835	3 675	4 048	——	854
西藏	2	——	147	90	1	4 806	4 806	——	——	——	——	——
陕西	249	17	1 835	781	11	54 009	50 499	368	499	13	——	2 630
甘肃	143	25	1 114	516	16	66 939	65 291	379	33	——	——	1 236
青海	22	1	382	195	3	21 879	21 449	55	104	——	——	271
宁夏	43	2	372	240	3	25 386	24 662	212	200	100	——	212
新疆	363	20	1 416	744	10	55 235	49 150	3 423	1 200	——	——	1 462

基本情况(二)

本年支出合计（千元）												
	基本支出	项目支出	经营支出	在支出合计中：								
				工资福利支出	商品和服务支出					税金支出	对个人和家庭补助支出	
						维修（护）费	差旅费	劳务费	福利费			抚恤金和生活补助
4 313 264	**2 689 928**	**1 432 822**	**21 475**	**1 517 704**	**889 272**	**90 302**	**25 053**	**24 135**	**31 555**	**15 726**	**426 035**	**14 061**
368 855	144 731	223 004	1 120	53 152	116 017	5 130	205	——	7 177	2 008	42 953	176
184 699	99 755	84 343	554	48 962	60 237	6 728	244	401	333	1 229	14 062	137
125 901	110 485	13 625	468	44 101	33 122	932	626	129	527	427	16 462	204
100 925	72 412	23 025	239	36 864	12 022	3 103	433	28	282	42	7 003	186
71 934	57 663	12 540	1 731	34 668	13 251	1 743	524	459	1 137	123	6 743	125
68 793	62 144	4 542	——	39 584	10 128	1 981	682	68	268	11	9 170	524
196 729	133 915	49 792	9	74 895	44 976	7 290	2 151	1 256	1 660	643	26 498	412
44 718	19 689	19 663	——	13 135	7 536	2 601	348	852	69	136	1 315	24
89 471	66 252	18 572	631	42 701	19 974	1 208	445	142	62	268	14 206	215
99 402	78 247	17 447	——	47 371	16 906	2 580	549	215	423	210	13 251	316
455 370	259 501	189 077	244	135 159	113 786	8 017	1 512	2 911	2 676	1 612	15 463	1 480
335 339	201 681	126 801	1 831	106 299	65 148	6 682	1 553	4 414	1 989	1 006	37 052	2 795
311 506	191 033	119 234	941	117 465	70 119	9 489	2 562	2 141	3 915	735	23 760	305
37 155	24 051	13 103	——	17 651	7 535	1 105	367	410	614	105	1 619	12
85 732	50 304	25 824	661	31 664	14 022	2 177	594	302	289	100	15 489	316
95 106	60 957	29 687	1 002	33 805	14 260	1 374	853	385	431	577	10 381	197
30 486	15 769	14 617	——	7 840	5 211	176	159	101	128	——	2 873	18
69 622	48 302	12 369	202	29 073	10 710	1 446	727	229	729	280	9 782	384
215 786	154 530	47 249	20	84 809	31 028	3 791	929	523	523	317	19 488	1 591
30 881	25 112	4 829	2	14 353	4 419	945	117	——	25	34	3 191	16
88 711	66 067	11 383	1 129	46 343	10 753	1 349	460	177	538	332	11 992	433
115 871	68 917	38 981	76	46 878	19 638	1 317	847	381	1 088	448	11 864	188
91 245	70 540	15 547	3 838	42 146	16 276	3 765	802	216	849	754	9 847	527
469 626	237 855	210 761	46	127 399	69 211	7 319	2 790	2 934	3 018	1 413	32 794	1 118
130 224	58 658	67 627	——	15 644	13 434	991	311	962	633	244	3 024	24
89 289	65 895	18 609	125	39 088	15 525	2 399	554	583	274	938	12 385	292
20 699	8 965	10 087	——	7 302	3 105	106	46	89	257	12	266	23
65 447	30 575	28 182	810	17 830	21 400	1 211	699	2 948	569	393	6 155	331
125 999	69 837	40 785	1 782	46 423	27 752	3 168	1 661	989	923	498	13 351	443
50 812	34 986	10 651	156	22 961	13 161	297	275	381	174	349	7 391	42
101 625	67 497	23 838	3 777	45 691	14 697	1 114	770	443	336	808	12 385	160
5 180	4 724	456	——	3 803	525	7	54	——	——	——	392	——
53 630	43 772	4 685	31	31 270	9 031	1 512	355	677	162	9	3 953	344
60 027	50 924	9 103	——	26 515	9 344	1 514	375	41	116	23	7 334	230
22 076	16 656	2 763	——	13 230	2 861	341	117	148	166	15	3 084	19
25 644	21 228	3 259	52	14 685	2 529	266	167	123	224	——	4 674	112
52 213	39 578	6 601	——	25 568	7 758	946	492	402	440	146	6 405	436

2007 年各地区公共图书馆

地区	其他资本性支出	各种设备购置费	新增藏量购置费	图书购置费	本年新购藏量（千册、件）	新购图书	资产合计（千元）	固定资产原值	增加值（千元）
总　计	**1 241 683**	**1 092 086**	**874 860**	**782 618**	**23 653**	**18 710**	**16 300 976**	**14 174 285**	**2 585 803**
中　央	153 597	151 685	137 700	137 700	755	363	2 337 145	1 883 662	188 003
北　京	58 438	50 492	41 764	40 245	1 460	1 355	966 513	848 175	98 955
天　津	30 439	27 030	25 276	24 599	751	653	309 346	211 316	70 170
河　北	22 134	18 733	14 706	13 373	723	636	317 319	292 639	55 659
山　西	14 291	12 630	9 460	6 142	388	299	188 523	182 545	50 802
内蒙古	6 714	6 378	4 973	3 770	208	176	204 105	194 129	56 396
辽　宁	36 290	35 558	30 570	25 745	1 295	1 061	539 603	466 131	123 549
其中：大连	13 372	13 372	11 626	9 250	462	360	145 077	114 029	20 069
吉　林	10 071	8 943	7 314	7 126	293	251	214 652	190 752	64 872
黑龙江	20 095	10 857	8 905	7 285	465	412	450 405	442 171	78 896
上　海	177 696	141 780	125 031	112 649	1 461	1 290	2 301 861	2 030 707	240 030
江　苏	120 383	114 326	60 047	50 339	1 800	1 422	1 136 903	987 986	185 293
浙　江	95 756	86 396	74 783	66 758	2 239	2 018	1 114 724	930 568	186 277
其中：宁波	9 512	7 799	7 440	6 576	360	342	97 994	80 125	23 631
安　徽	23 294	18 422	9 227	7 298	524	317	170 556	158 404	53 964
福　建	21 391	20 303	16 928	14 925	777	541	387 050	311 740	61 253
其中：厦门	5 576	5 301	4 438	3 039	211	200	97 555	79 958	14 184
江　西	17 018	11 443	8 847	7 949	413	352	194 720	177 989	47 428
山　东	58 600	44 434	26 041	25 121	1 441	771	777 030	730 874	133 065
其中：青岛	7 715	6 703	5 741	5 681	210	195	138 384	125 046	22 596
河　南	15 584	15 095	11 334	8 768	486	434	278 554	257 732	69 415
湖　北	33 761	18 863	16 660	15 394	627	534	524 457	459 452	78 909
湖　南	18 883	17 101	12 867	11 733	547	432	269 048	240 588	62 910
广　东	176 493	165 951	143 925	118 298	3 254	2 844	1 247 869	1 118 363	210 361
其中：深圳	66 293	64 785	60 920	44 689	1 041	882	293 031	217 483	29 207
广　西	17 101	15 533	10 456	7 950	441	274	277 981	236 396	62 631
海　南	8 736	8 442	8 287	8 029	154	148	55 107	31 611	9 170
重　庆	16 060	15 661	13 495	12 220	461	397	206 287	159 450	35 219
四　川	29 401	24 045	19 515	16 782	944	498	426 289	347 406	78 065
贵　州	6 115	4 950	4 392	3 581	157	101	138 460	133 492	36 556
云　南	21 094	17 582	10 490	8 994	430	381	461 963	432 515	76 621
西　藏	456	456	456	456	15	12	46 338	45 748	6 028
陕　西	7 720	7 001	5 595	5 454	214	185	366 133	333 455	49 118
甘　肃	7 996	7 585	6 056	5 864	130	108	159 762	138 702	39 371
青　海	2 718	2 106	835	802	35	31	13 763	12 431	17 128
宁　夏	3 468	3 448	2 985	2 796	81	68	56 264	50 337	21 618
新　疆	9 890	8 857	5 940	4 473	684	346	162 246	136 819	38 071

基本情况(三)

公用房屋建筑面积 (千平方米)	书库面积	阅览室面积	书刊阅览室面积	电子阅览室面积	阅览室坐席数 (个)	少儿阅览室坐席数(个)	流动图书馆车书刊借阅人次(千人次)	流动图书馆车书刊借阅册次(千册次)	分馆数量(个)	借阅人次(千人次)	借阅册次(千册次)
7 414	**1 816**	**1 692**	**1 209**	**233**	**527 132**	**143 281**	**4 887**	**7 511**	**2 732**	**14 100**	**26 661**
164	50	21	21	——	3 000	74	——	——	——	——	——
155	26	38	25	6	12 765	3 294	216	744	646	602	1 229
129	40	30	21	6	9 330	1 655	40	84	246	427	935
266	70	68	38	8	20 463	5 409	28	28	11	170	156
180	52	50	39	7	12 644	3 361	170	228	18	24	38
159	38	40	26	4	14 615	3 763	84	80	18	122	224
413	81	85	59	11	27 555	8 987	272	581	188	1 635	3 021
121	21	26	21	4	7 605	2 509	48	126	43	593	1 000
136	33	40	24	3	13 077	3 516	13	8	111	350	921
221	49	54	35	8	13 798	3 666	380	463	13	31	59
263	80	52	45	6	16 136	3 701	416	852	161	2 381	6 018
608	124	101	71	17	27 157	8 454	179	243	65	635	556
468	111	109	86	18	28 497	7 486	914	986	208	1 283	4 370
83	7	27	24	2	4 605	840	475	536	19	40	57
162	34	34	24	5	12 625	3 818	——	1	20	161	256
274	80	75	60	7	19 630	4 709	190	266	128	444	665
51	20	19	18	1	3 313	995	11	13	19	314	473
209	55	62	36	6	17 417	5 718	110	182	8	266	130
380	97	88	63	17	27 863	7 193	167	255	69	616	996
56	6	16	13	2	4 507	846	74	99	4	7	11
284	79	48	27	7	19 317	5 549	109	132	48	100	99
276	67	60	42	10	24 892	7 380	381	469	34	351	416
266	85	60	46	7	27 385	8 670	36	53	81	262	481
673	121	163	125	25	46 440	10 021	430	478	394	2 795	4 195
117	13	30	25	5	6 109	637	7	18	55	47	73
226	72	64	50	5	19 714	6 652	32	76	3	15	38
72	12	15	11	1	4 351	1 054	——	——	——	——	——
139	34	29	18	6	8 094	3 039	106	114	30	198	209
283	77	76	53	13	24 316	6 621	169	398	110	686	1 022
154	36	37	23	4	10 783	3 003	1	3	17	19	30
282	72	54	39	8	20 313	5 936	162	189	25	197	229
26	7	5	4	1	880	87	——	——	——	——	——
180	43	49	38	4	14 022	2 934	55	57	13	115	77
148	34	35	25	5	9 834	2 766	78	171	10	22	42
37	12	8	4	1	2 600	490	——	——	——	——	——
43	16	12	10	2	4 114	954	120	292	——	——	——
138	29	30	21	5	13 505	3 321	29	78	57	193	249

2007 年各地区少儿公共图书馆

地区	机构数（个）	从业人员数（人）	高级职称	中级职称	总藏量（千册、件、套）	图书	古籍	善本	报刊	视听文献、缩微制品	其他	藏量中：开架书刊（千册、件、套）
总计	84	1 652	170	540	15 450	13 496	74	3.6	866	721	368	9 582
北京	4	120	4	16	833.1	735.4	—	—	46.6	51.1	—	773.4
天津	11	181	17	55	1 417.5	1 320.6	—	—	16.7	34.5	45.8	819.2
河北	1	5	—	4	64.6	64.5	—	—	0.1	—	—	40
山西	1	15	1	3	95.3	70.6	—	—	24.7	—	—	—
内蒙古	2	26	1	8	174.0	152.8	—	—	17.7	1.5	2.0	16.6
辽宁	14	278	28	95	2 095.0	1 866.2	—	—	87.1	53.2	88.5	1 229.2
其中：大连	1	48	9	15	426.0	362.1	—	—	3.7	5.0	55.2	321.2
吉林	3	85	21	22	669.4	461.3	—	—	67.1	141.0	—	102
黑龙江	1	17	2	10	48.0	21.6	—	—	9.6	0.4	16.3	4.5
上海	5	117	8	29	1 369.7	1 253.6	—	—	5.7	110.0	0.4	992.4
江苏	6	59	10	24	789.2	742.2	1.1	—	37.5	9.5	0.1	567.4
浙江	3	127	14	35	821.6	708.6	—	—	39.1	72.5	1.4	651.4
其中：宁波	—	—	—	—	—	—	—	—	—	—	—	—
安徽	2	35	1	7	151.1	96.4	—	—	40.8	1.5	12.4	31.7
福建	5	72	4	22	867.7	800.8	—	—	52.5	14.4	—	633.1
其中：厦门	3	46	2	12	545.7	510.1	—	—	21.2	14.4	—	383.1
江西	—	—	—	—	—	—	—	—	—	—	—	—
山东	1	8	—	5	80.0	77.8	—	—	1.8	0.4	—	61.7
其中：青岛	—	—	—	—	—	—	—	—	—	—	—	—
河南	1	15	1	7	120.5	96.0	—	—	23.6	0.9	—	108.2
湖北	4	77	9	35	970.4	760.8	38.9	3.4	19.5	14.4	175.7	490.8
湖南	6	134	12	60	1 033.0	929.5	0.9	0.004	51.0	46.5	6.02	857.7
广东	4	125	17	41	2 458.4	2 265.0	7.4	—	55.8	122.3	15.5	1 870.2
其中：深圳	1	31	7	12	420	383.8	—	—	16.2	20	—	—
广西	3	54	1	25	631.9	379.8	—	—	212.8	35.9	3.4	15.6
海南	—	—	—	—	—	—	—	—	—	—	—	—
重庆	2	76	18	25	582.3	530.9	15.5	—	40.1	11.1	0.3	284.9
四川	—	—	—	—	—	—	—	—	—	—	—	—
贵州	—	—	—	—	—	—	—	—	—	—	—	—
云南	3	2	—	1	56.5	55.2	—	—	1.3	—	—	—
西藏	—	—	—	—	—	—	—	—	—	—	—	—
陕西	2	24	1	11	121.5	106.4	10	0.2	14.8	0.4	0.001	31.9
甘肃	—	—	—	—	—	—	—	—	—	—	—	—
青海	—	—	—	—	—	—	—	—	—	—	—	—
宁夏	—	—	—	—	—	—	—	—	—	—	—	—
新疆	—	—	—	—	—	—	—	—	—	—	—	—

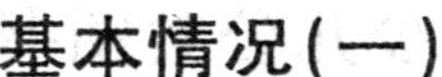

基本情况(一)

当年购买的报刊种类(种)	书架单层总长度(千米)	累计发放有效借书证数(千个)	总流通人次(千人次)	书刊文献外借人次	书刊文献外借册次(千册次)	为读者举办各种活动					
							参加人次(千人次)	组织各类讲座次数(次)	参加人次(千人次)	举办展览(个)	参观人次(千人次)
41 739	**142 900**	**783 879**	**13 628**	**7 915**	**14 512**	**5 467**	**2 881**	**1 052**	**337**	**403**	**424**
1 720	8 483	58 111	622.8	354.4	780.9	533	291.0	160	67.7	58	23.7
1 801	6 016	39 870	854.6	650.4	1 083.1	307	596.7	168	36.3	26	12.2
——	330	——	25	20	25	3	2	3	2	——	——
——	900	230	4.5	2.2	2.2	8	3.1	3	1.1	3	1
91	2 583	18 510	73.8	30.6	31.2	49	11.3	15	4.1	10	1.3
3 872	35 088	68 505	1 405.8	873.2	2 147.8	455	185.9	96	19.3	76	16.4
571	5 598	38 237	363.5	181.8	500.8	64	35.8	5	2.5	——	——
200	1 527	14 316	477.6	317	579.3	284	13.2	70	6	3	3
118	330	3 220	90.9	25.1	42.3	10	6.91	5	3.3	3	1.2
1 919	12 013	54 603	860.9	487.002	1053.8	1 086	399.7	110	24.4	61	10.1
1 909	6 815	45 342	1 334.3	944.8	1 242.9	604	166.5	45	30.4	17	14.5
2 119	6 189	69 638	1 409.5	534.7	1 058.8	306	231.0	29	7.0	55	97.7
——	——	——	——	——	——	——	——	——	——	——	——
646	1 226	15 007	277.3	172.8	369.8	85	10.5	15	1.0	——	——
16 707	11 779	96 564	1 324.1	1 248.9	1 381.1	643	178.3	36	5.0	12	57.5
16 067	9 279	86 564	1 006.1	956.9	1 019.1	626	102.7	32	3.5	5	44.6
——	——	——	——	——	——	——	——	——	——	——	——
236	1 362	9 978	104.5	41.1	123.2	9	2.7	2	0.6	2	2.0
——	——	——	——	——	——	——	——	——	——	——	——
315	12	3 000	96.9	96.9	193.8	58	22	10	1.2	12	12
1 149	7 220	27 614	505.8	227.3	490.7	166	56.2	66	5.3	15	50.9
2 021	11 136	75 830	735.1	304.4	673.5	275	138.4	38	30.1	25	25.1
3 597	16 442	160 068	1 661.6	555.7	1 019.24	273	371.8	64	25.7	3	43.6
1 652	1 500	3 600	10.5	——	——	5	0.84	5	0.84	——	——
1 846	6 702	17 178	900.1	393.8	731.5	117	69.6	10	2.2	7	7.0
——	——	——	——	——	——	——	——	——	——	——	——
1 245	5 307	4 405	799.7	599.8	1 382.9	176	132.9	96	70.3	8	52
——	——	——	——	——	——	——	——	——	——	——	——
——	——	——	——	——	——	——	——	——	——	——	——
65	62	200	10	6	10	2	0.1	——	——	2	0.1
——	——	——	——	——	——	——	——	——	——	——	——
163	1 378	1 690	64.2	38.6	100	18	3	11	2.5	5	0.4
——	——	——	——	——	——	——	——	——	——	——	——
——	——	——	——	——	——	——	——	——	——	——	——
——	——	——	——	——	——	——	——	——	——	——	——
——	——	——	——	——	——	——	——	——	——	——	——

2007 年各地区少儿公共图书馆

地区	举办培训班 (班次)	培训人次 (千人次)	信息化建设 计算机 (台)	电子阅览室终端数	网站数 (个)	本年收入合计 (千元)	财政拨款	上级补助收入	事业收入	经营收入	附属单位上缴收入	其他收入
总　计	**1 183**	**209**	**3 488**	**1 973**	**35**	**166 318**	**144 434**	**2 530**	**8 815**	**1 748**	**——**	**8 791**
北　京	15	0.4	235	115	3	11 342	10 242	49	33	383	——	635
天　津	77	15.2	285	203	1	16 092	13 542	582	1 067	——	——	901
河　北	——	——	——	——	——	——	——	——	——	——	——	——
山　西	2	1	23	——	——	1 016	1 016	——	——	——	——	——
内蒙古	12	1.9	27	20	——	1 051	1 044	——	——	——	——	7
辽　宁	105	16.8	471	255	4	18 431	16 676	——	1 356	——	——	399
其中:大连	30	1.4	188	125	1	5 085	4 082	——	614	——	——	389
吉　林	5	1	75	60	1	5 235	5 046	——	5	——	——	184
黑龙江	2	0.2	2	1	——	414	414	——	——	——	——	——
上　海	71	6.5	363	272	3	17 654	13 605	1 476	1 390	——	——	1 183
江　苏	510	20.5	481	281	4	6 215	5 090	——	736	——	——	389
浙　江	116	126.3	181	99	3	12 716	11 541	300	234	——	——	641
其中:宁波	——	——	——	——	——	——	——	——	——	——	——	——
安　徽	——	——	89	49	1	1 939	1 814	——	——	——	——	125
福　建	59	11.9	211	114	2	17 107	16 275	——	606	——	——	226
其中:厦门	53	10	149	66	1	15 184	14 562	——	396	——	——	226
江　西	——	——	——	——	——	——	——	——	——	——	——	——
山　东	5	0.1	43	31	1	1 391	1 336	50	5	——	——	——
其中:青岛	——	——	——	——	——	——	——	——	——	——	——	——
河　南	——	——	——	——	1	1 015	1 015	——	——	——	——	——
湖　北	4	0.1	131	78	2	8 043	6 814	58	74	——	——	1 097
湖　南	44	1.5	130	68	3	9 446	7 652	15	235	1 359	——	185
广　东	135	2.4	404	156	3	23 366	21 221	——	1358	——	——	787
其中:深圳	——	——	91	——	1	7 503	7 496	——	——	——	——	7
广　西	——	——	155	42	2	3 734	3 546	——	125	6	——	57
海　南	——	——	——	——	——	——	——	——	——	——	——	——
重　庆	19	9.6	174	129	1	9 568	6 022	——	1 571	——	——	1 975
四　川	——	——	——	——	——	——	——	——	——	——	——	——
贵　州	——	——	——	——	——	——	——	——	——	——	——	——
云　南	——	——	1	——	——	103	103	——	——	——	——	——
西　藏	——	——	——	——	——	——	——	——	——	——	——	——
陕　西	2	0.1	7	——	——	440	420	——	20	——	——	——
甘　肃	——	——	——	——	——	——	——	——	——	——	——	——
青　海	——	——	——	——	——	——	——	——	——	——	——	——
宁　夏	——	——	——	——	——	——	——	——	——	——	——	——
新　疆	——	——	——	——	——	——	——	——	——	——	——	——

基本情况(二)

本年支出合计(千元)	基本支出	项目支出	经营支出	在支出合计中:工资福利支出	商品和服务支出	商品和服务支出:维修(护)费	差旅费	劳务费	福利费	税金支出	对个人和家庭补助支出	对个人和家庭补助支出:抚恤金和生活补助
161 800	**101 921**	**55 650**	**1 737**	**59 189**	**31 694**	**7 115**	**1 196**	**1 369**	**762**	**934**	**16 384**	**199**
9 058	5 766	2 908	337	3 277	2 263	391	74	24	14	106	485	——
15 501	14 793	708	——	5 995	2 792	202	127	15	85	108	2 767	20
——	——	——	——	——	——	——	——	——	——	——	——	——
974	974	——	——	492	124	3	11	2	10	——	31	——
1 051	1 051	——	——	679	142	4	1	——	7	——	142	——
18 559	12 508	5 313	——	7 393	3 995	2 137	238	6	39	127	2 247	——
5 085	2 573	2 512	——	1 683	1 428	1 982	137	——	7	127	292	——
5 304	4 344	960	——	2 853	597	39	25	——	4	——	713	——
414	414	——	——	369	3	——	——	——	——	——	——	——
16 581	8 669	7 749	——	5 919	3 263	120	66	457	86	14	909	124
6 835	5 576	1 259	——	2 765	1 751	301	48	228	28	28	494	——
13 705	8 308	5 397	——	5 836	3 718	1 067	108	51	164	86	1755	6
——	——	——	——	——	——	——	——	——	——	——	——	——
2 378	1 416	962	——	939	415	52	31	1	14	——	318	——
16 881	7 391	9 490	——	3 441	2 036	226	99	105	46	7	1 011	7
15 005	5 515	9 490	——	2 719	1 442	43	83	91	43	——	832	7
——	——	——	——	——	——	——	——	——	——	——	——	——
1 401	663	738	——	481	168	——	——	4	——	——	96	——
——	——	——	——	——	——	——	——	——	——	——	——	——
884	884	——	——	334	272	13	10	27	2	——	143	——
8 018	4 198	3 244	35	2 932	561	1	52	1	19	35	1 216	——
9 665	6 226	2 080	1 359	3 883	1 983	1 344	68	10	182	220	1 223	41
24 318	11 491	12 424	——	6 828	5 852	1 017	169	436	38	40	1 356	1
8 525	4 451	4 074	——	2 382	2 068	7	2	——	8	——	——	——
3 764	2 152	1 096	6	1 778	501	106	31	——	2	1	549	——
——	——	——	——	——	——	——	——	——	——	——	——	——
5 990	4 578	1 322	——	2 620	1 226	88	32	——	19	157	893	——
——	——	——	——	——	——	——	——	——	——	——	——	——
——	——	——	——	——	——	——	——	——	——	——	——	——
79	79	——	——	34	3	——	——	——	——	——	36	——
——	——	——	——	——	——	——	——	——	——	——	——	——
440	440	——	——	341	29	4	6	2	3	5	——	——
——	——	——	——	——	——	——	——	——	——	——	——	——
——	——	——	——	——	——	——	——	——	——	——	——	——
——	——	——	——	——	——	——	——	——	——	——	——	——
——	——	——	——	——	——	——	——	——	——	——	——	——

2007 年各地区少儿公共图书馆

地区		其他资本性支出			本年新购藏量		资产合计		增加值
			各种设备购置费		(千册、件)	新购图书	(千元)	固定资产原值	(千元)
			新增藏量购置费						
				图书购置费					
总 计	**37 179**	**32 950**	**25 053**	**21 651**	**1 300**	**1 045**	**489 431**	**384 530**	**94 711**
北 京	1 767	1 467	1 115	1 100	56.5	55.7	56 254	46 190	5 857.6
天 津	3 918	3 832	3 500	3 492	177.2	154.9	70 777	18 946	9 766.1
河 北	——	——	——	——	14.4	14.4			——
山 西	45	45	45	45	2	2	——	——	535.7
内 蒙 古	88	88	64	64	4.8	4.8	1 198	1 198	876
辽 宁	4 102	4 092	3 238	3 121	170.0	161	45 254	44 596	11 599.7
其中：大连	1 682	1 682	1 300	1 200	56.3	55.8	25 139	24 947	3 115.7
吉 林	707	628	572	570	34.2	32.2	12 898	1 2298	4 063.4
黑 龙 江	22	22	15	7	0.6	0.5	552	552	391.1
上 海	5 670	3 150	2 634	2 248	136.7	104.1	42 553	34 530	8 764.0
江 苏	1 825	1 338	1 123	1 030	55.5	46.9	24 510	22 441	4 360.3
浙 江	2 394	2 246	1 689	1 334	122.1	82.2	67 789	61 677	10 367
其中：宁波	——	——	——	——	——	——	——	——	——
安 徽	706	706	376	317	21.3	12.1	9 304	8 047	1 595.9
福 建	1 417	1 136	1 005	995	73.7	64.8	30 999	23 450	5 553.5
其中：厦门	1 036	761	630	630	57.6	49.8	25 629	18 457	4 422.1
江 西	——	——	——	——	——	——	——	——	——
山 东	656	558	98	66	3.7	3.1	1 363	1 289	632.5
其中：青岛	——	——	——	——	——	——	——	——	——
河 南	135	135	117	117	9.5	9.5	1 841	1 533	568
湖 北	1 746	1 742	1 370	1 127	55.7	54.4	16 909	13 090	4 729.9
湖 南	1 529	1 396	1 348	993	58.3	44.6	18 469	18 123	6 135.7
广 东	8 278	8 195	4 915	3 623	215.3	118.2	68 351	62 869	11 222.6
其中：深圳	2 158	2 158	1 773	1 773	80	——	15 587	15 364	3 004.7
广 西	936	936	591	571	42.3	34.9	3 591	3 411	2 468.3
海 南	——	——	——	——	——	——	——	——	——
重 庆	1 162	1 162	1 162	755	44.3	42.6	15 167	8 638	4 736.1
四 川	——	——	——	——	——	——	——	——	——
贵 州	——	——	——	——	——	——	——	——	——
云 南	6	6	6	6	0.2	0.2	——	——	70
西 藏	——	——	——	——	——	——	——	——	——
陕 西	70	70	70	70	2.4	1.9	1 652	1 652	417.5
甘 肃	——	——	——	——	——	——	——	——	——
青 海	——	——	——	——	——	——	——	——	——
宁 夏	——	——	——	——	——	——	——	——	——
新 疆	——	——	——	——	——	——	——	——	——

基本情况(三)

公用房屋建筑面积					阅览室坐席数		图书馆延伸服务情况				
		阅览室面积									
(千平方米)	书库面积		书刊阅览室面积	电子阅览室面积	(个)	少儿阅览室坐席数(个)	流动图书馆车书刊借阅人次(千人次)	流动图书馆车书刊借阅册次(千册次)	分馆数量(个)	借阅人次(千人次)	借阅册次(千册次)
184	**32**	**53**	**37**	**10**	**20 753**	**18 664**	**206**	**323.6**	**234**	**2 063**	**2 921**
13.5	1.2	6.4	4.0	1.1	1 592	1 542	83.5	134.3	9	0.7	2
13.2	2.1	3.4	1.7	0.9	1 259	1 009	13.1	13.1	39	131.1	448.8
0.6	——	0.6	0.6	——	80	80	——	——	——	——	——
——	——	——	——	——	——	——	——	——	——	——	——
2.8	0.4	0.6	0.1	0.3	338	138	——	——	——	——	——
26.8	5.2	5.9	3.2	1.3	3 247	3 157	13.2	33.6	23	292.3	417.3
6.5	1.6	1.7	0.9	0.8	741	741	——	16.2	8	43.2	——
7.5	1.3	0.8	0.2	0.2	710	710	——	——	27	138.4	255
0.3	0.1	0.3	0.1	0.1	160	90	——	——	——	——	——
12.8	2.2	3.3	2.7	0.6	1 887	1 638	7.4	18.4	37	244.9	510.5
13.5	1.8	4.9	4.3	0.6	1 810	1 670	23	46	——	——	——
19	0.3	4.9	3.5	1.1	1 456	1 456	——	——	34	40.2	165.7
——	——	——	——	——	——	——	——	——	——	——	——
3.1	0.3	0.4	0.3	0.1	190	190	0.3	1.3	3	22	35
16.1	5.4	5.5	4.8	0.4	1 349	999	11.001	13.5	10	297.7	373.3
8.3	1.4	3.2	3.034	0.2	849	799	11.001	13.5	10	297.7	373.3
——	——	——	——	——	——	——	——	——	——	——	——
3.9	0.3	1.6	0.3	1.3	220	100	——	——	4	2.6	6
——	——	——	——	——	——	——	——	——	——	——	——
——	——	——	——	——	——	——	——	——	5	8.9	17.8
7.1	1.9	2.1	1.6	0.3	1 196	1 180	6.5	16.6	4	11.2	22.3
18.2	5.5	3.3	2.5	0.3	2 132	2 022	——	——	19	62.6	152.6
12.3	1.5	4.9	3.9	0.5	1 176	996	——	——	18	740.3	448.7
0.9	0.6	0.3	——	——	200	120	——	——	——	——	——
7.3	1.1	2	1.9	0.1	945	795	19.2	40.6	——	——	——
——	——	——	——	——	——	——	——	——	——	——	——
3.8	0.8	1.4	1	0.5	666	552	29.3	6.3	2	70.0	66.1
——	——	——	——	——	——	——	——	——	——	——	——
——	——	——	——	——	——	——	——	——	——	——	——
0.1	0.1	0.1	0.1	——	60	60	——	——	——	——	——
——	——	——	——	——	——	——	——	——	——	——	——
2.4	0.6	0.8	0.8	——	280	280	——	——	——	——	——
——	——	——	——	——	——	——	——	——	——	——	——
——	——	——	——	——	——	——	——	——	——	——	——
——	——	——	——	——	——	——	——	——	——	——	——
——	——	——	——	——	——	——	——	——	——	——	——

2007 年各地区省级公共图书馆

地区	机构数(个)	从业人员数(人)	高级职称	中级职称	总藏量(千册、件、套)	图书	古籍	善本	报刊	视听文献、缩微制品	其他	藏量中：开架书刊(千册、件、套)
总计	**37**	**7 486**	**1 131**	**2 305**	**150 124**	**94 209**	**13 845**	**1 307**	**16 190**	**14 343**	**25 382**	**27 741**
北京	1	352	39	92	4 911.7	4 189.3	445.4	55.5	298.6	305.6	118.2	1 103
天津	2	322	60	148	5 200.4	4 629.3	517	103.5	353.8	100.3	117.0	2 018.3
河北	1	161	57	46	1 648.9	1 356.4	59.7	1.5	188.0	104.0	0.5	1 219.9
山西	1	162	34	57	2 525.5	1 637.9	290.3	50.1	812.7	57.7	17.2	1 262.7
内蒙古	1	156	38	43	1 674.1	1 512.6	180	4.5	71.2	2.9	87.4	206
辽宁	1	251	40	104	4 167	3 520.1	459.9	122.2	438.9	108	100	1 937.6
吉林	1	215	49	75	3 207.8	2 785	349.3	47.6	410.8	11.9	0.1	316
黑龙江	1	211	51	48	2 617.6	2 081.9	133.7	6.6	420.3	33.8	81.6	460.5
上海	2	1 236	147	274	52 242.6	13 656.13	1 908.9	192.4	2 967.4	12 612.6	23 006.5	4 624.5
江苏	1	379	82	140	8 455.4	7 550.1	1 414.6	103	660.4	179.8	65.1	605.4
浙江	1	346	52	93	5 338.4	4 275	837.8	14.5	990.4	72.6	0.4	1 485.4
安徽	1	176	——	——	2 673.6	2 191.4	350.4	31.9	475.8	6.2	0.2	420
福建	1	215	23	64	2 452.9	2 084	248.9	20.6	300.9	26.2	41.7	37.5
江西	1	132	30	40	2 504.4	2 274.6	560	10	215.5	5.8	8.5	920
山东	1	218	44	93	5 782.3	4 443.7	746.3	94.7	674.1	45.8	618.8	2 365.6
河南	1	178	28	71	2 710	2 379	506.6	24	260.7	24.6	45.7	——
湖北	1	166	41	80	4 702.7	3 503.9	452	49.5	1054.1	82.7	62	2 054.7
湖南	2	280	40	110	4 011.3	3 448.3	620.1	50	392	124.7	46.8	1 421.1
广东	1	381	43	93	5 867.9	4 665.4	378.3	32.5	958.8	98.8	145	858.5
广西	3	324	38	144	4 380.7	3 494.5	261.3	7.8	807.3	74.4	4.5	653.2
海南	1	121	6	1	412.9	343	4.1	——	55.8	10	4.1	300
重庆	2	233	35	70	3 155.2	2 331	525.2	56.9	147.6	16	660.7	595.4
四川	1	243	17	60	4 598	3680.6	686.9	60.7	802.3	114.7	0.3	475.1
贵州	1	131	31	46	1 433.5	1 241	280	1	185.9	5.5	1.1	452.8
云南	1	191	21	67	2 505.4	1 992.3	583	28.4	449.5	62.3	1.3	329.7
西藏	1	45	4	14	358.2	273.5	11	3	69.3	0.4	15	90.5
陕西	1	184	20	65	3 022.3	2 548.2	385.2	62.9	455.2	18.9	——	——
甘肃	1	192	20	63	3 036.3	2 506.4	316.2	60.5	519.1	10.8	——	800
青海	1	101	19	33	1 564.4	1 216.4	114.8	10.0	210.2	5.4	132.3	260.4
宁夏	1	105	13	39	1 494.7	1 417.4	137.3	0.9	67	10.2	——	42.3
新疆	1	79	9	32	1 468	980.6	80.6	0.03	476.5	10.8	——	425.4

基本情况(一)

当年购买的报刊种类(种)	书架单层总长度(千米)	累计发放有效借书证数(千个)	总流通人次(千人次)	总流通人次：书刊文献外借人次	书刊文献外借册次(千册次)	为读者举办各种活动	为读者举办各种活动：参加人次(千人次)	组织各类讲座次数(次)	组织各类讲座次数：参加人次(千人次)	举办展览(个)	举办展览：参观人次(千人次)
168 547	3 254 841	2 004 135	28 920.5	10 525	22 718	10 781	6 291	2 812	772	668	1 501
6 024	59 274	138 282	2 847.1	894.8	2 398.6	1 188	777.3	383	102.8	144	168
6 918	75 683	155 606	1 607.9	877.6	2 012.8	147	684.3	101	21.8	10	158.6
4 860	34 230	14 952	184.7	58	87	10	32	6	0.5	1	0.2
3 296	31 176	14 971	473.2	288.3	288.3	235	227.2	121	24	13	200
1 312	84 320	13 596	194.7	6.21	148	19	2	16	1.9	——	——
5 611	92 348	24 729	894.7	314.2	1 340.7	332	280.5	66	16.4	21	2.5
3 469	43 704	41 981	549	434.2	441.5	144	25.1	24	3	8	5
3 662	39 961	39 352	486.1	113.9	295.4	295	58.8	95	17	30	26.8
17 292	245 688	251 131	1 674.7	742.2	2 509.7	681	538.9	174	48	25	162.9
7 921	121 719	43 010	513.9	174.2	372.6	453	178.9	84	28.9	41	15
9 048	59 707	46 359	938.9	415.8	930.6	112	46.8	69	9.3	13	30.4
3 093	60 468	48 199	1 500	550	1 100	82	114.4	73	14.4	9	100
5 183	38 461	15 229	843.0	612.7	816.9	120	35	87	18.3	18	16.7
3 731	22 000	40 740	554.2	190.5	306.7	200	26.6	61	10.5	2	1
4 992	135 648	184 447	1 731.4	662.5	1 283.2	120	150	40	12	20	80
2 888	45 066	7 732	1 478.5	116	186	93	19	57	10.8	32	8
4 234	752 935	184 754	1 207.4	213.9	729.2	321	177.8	204	61	6	21
4 806	78 559	93 849	1 737	429.8	1 658.4	379	86.8	146	13.6	10	21.5
9 472	90 695	278 657	2 036.3	692.5	906.2	759	653.1	97	29	103	231.2
9 663	524 673	123 749	1 543.4	344.3	989	303	78.2	108	21.6	29	28.2
2 517	80 070	11 902	60	15.1	25	7	1.3	1	0.5	2	0.6
5 742	40 281	55 493	1 273.5	577.2	1 426.6	222	99.5	119	75.1	6	13
3 584	86 124	11 323	81.1	18	58.3	3 415	1 513.8	47	84.9	8	26.6
2 682	52 196	15 823	353.9	64.9	117.2	81	54.6	16	2.4	31	30.5
19 957	129 035	9 246	1 200.6	950.3	460.2	358	237.9	260	78	15	135
996	22 708	1 260	20	20	45	2	0.5	——	——	——	——
4 338	78 746	27 522	1 109.8	289.8	528.5	487	150.2	243	44.2	42	9.7
4 812	60 000	47 000	841.3	247.2	741.7	75	14	57	8.6	6	4.5
1 094	37 286	36 722	460.9	147.6	3 33.2	77	16	44	12.3	16	3.2
2 996	32 076	1 215	30.6	15.3	34.5	5	1.2	1	0.1	——	——
2 354	4	25 304	492.8	48.1	146.9	59	8.9	12	1.1	7	0.8

2007年各地区省级公共图书馆

	举办培训班		信息化建设			本年收入合计(千元)						
			计算机		网站数(个)							
	(班次)	培训人次(千人次)	(台)	电子阅览室终端数			财政拨款	上级补助收入	事业收入	经营收入	附属单位上缴收入	其他收入
总　计	**1 050**	**584**	**14 002**	**3 430**	**84**	**1 205 662**	**1 022 765**	**9 460**	**82 531**	**14 285**	**1 329**	**75 292**
北　京	253	506.4	695	130	5	79 589	72 121	——	4 833	——	——	2 635
天　津	25	2.8	586	245	2	57 686	52 071	891	2 389	——	10	2 325
河　北	3	0.1	300	——	3	24 935	24 176	1	130	——	——	628
山　西	101	3.2	330	40	3	22 586	19 716	896	201	1 731	——	42
内蒙古	3	0.1	179	100	2	11 076	10 238	——	——	——	——	838
辽　宁	——	——	348	104	1	28 911	25 938	——	2 805	——	——	168
吉　林	22	0.6	320	36	2	16 312	15 498	——	——	533	——	281
黑龙江	6	1.4	569	304	2	26 782	26 499	——	276	——	——	7
上　海	58	1.7	2 665	150	10	301 423	220 617	——	35 670	755	1 319	43 062
江　苏	3	0.1	1 030	255	1	69 143	60 824	554	3 314	348	——	4 103
浙　江	15	0.2	400	30	3	70 308	61 110	——	5 332	623	——	3 243
安　徽	——	——	487	160	1	29 821	26 218	1 260	1 078	——	——	1 265
福　建	——	——	220	80	2	25 560	21 852	——	3 400	——	——	308
江　西	10	0.6	220	60	1	19 535	16 137	——	492	——	——	2 906
山　东	6	0.3	423	190	2	36 487	33 524	——	2 703	——	——	260
河　南	4	0.2	225	102	1	17 418	16 126	——	190	1 077	——	25
湖　北	38	1	423	137	2	23 498	22 030	——	1 069	——	——	399
湖　南	38	1.9	283	77	3	26 228	19 386	330	2 826	3 670	——	16
广　东	117	18.9	576	84	19	68 500	62 818	2	2 844	——	——	2 836
广　西	8	0.4	535	180	4	37 385	30 985	480	1 974	——	——	3 946
海　南	4	0.2	424	139	1	10 071	9 883	——	——	——	——	188
重　庆	44	10.3	491	118	3	53 823	48 507	——	3 341	——	——	1 975
四　川	18	2.4	257	30	2	33 950	24 959	——	7 130	1 560	——	301
贵　州	9	1.6	263	84	2	18 295	14 997	1 676	——	——	——	1 622
云　南	83	24.9	373	160	1	24 121	19 699	——	300	3 988	——	134
西　藏	1	0.02	80	80	——	3 411	3 411	——	——	——	——	——
陕　西	144	2.8	670	160	3	14 477	13 195	——	——	——	——	1 282
甘　肃	12	1	196	57	1	26 770	26 770	——	——	——	——	——
青　海	17	0.5	101	58	——	8 895	8 661	——	58	——	——	176
宁　夏	3	0.1	86	30	1	8 117	8 077	——	26	——	——	14
新　疆	5	0.4	247	50	1	10 549	6 722	3 370	150	——	——	307

基本情况(二)

本年支出合计（千元）												
	基本支出	项目支出	经营支出	在支出合计中：								
				工资福利支出	商品和服务支出						对个人和家庭补助支出	
						维修(护)费	差旅费	劳务费	福利费	税金支出		抚恤金和生活补助
1 162 319	**579 808**	**567 981**	**14 133**	**283 521**	**284 175**	**24 372**	**6 288**	**9 265**	**3 725**	**6 423**	**98 375**	**3 465**
78 141	36 983	41 158	——	16 204	34 525	2 421	46	300	72	468	5 164	84
44 008	42 817	1 191	——	12 693	7 935	149	236	——	270	222	5 936	88
29 109	10 509	18 600	——	3 492	2 053	——	——	——	——	——	990	——
19 390	9 082	8 577	1 731	4 967	5 031	124	199	141	78	82	2 466	31
8 534	6 776	1 758	——	3 736	2 322	262	108	9	91	——	1 483	59
28 128	19 428	8 699	——	8 073	6 730	713	395	77	219	497	4 746	123
14 848	11 390	2 924	533	6 543	1 768	103	78	——	20	24	3 071	40
27 013	19 515	7 498	——	10 392	6 699	1 476	164	4	——	——	2 424	11
286 028	145 747	139 874	244	61 433	85 648	5 368	1 217	1 719	697	1 082	7 417	714
121 531	31 735	89 766	30	20 978	22 434	2 336	240	1 743	274	233	8 711	1 631
60 040	34 479	24 938	623	18 990	15 285	3 720	447	161	426	——	4 149	74
28 371	10 952	17 419	——	5 573	5 350	1 084	180	217	7	37	4 054	——
21 209	13 059	7 201	947	7 257	2 638	392	216	30	25	500	3 164	15
16 388	7 343	9 044	——	3 866	1 470	56	162	30	51	68	2 008	27
40 511	18 306	22 205	——	10 216	8 971	968	239	335	224	283	4 854	2
15 655	9 132	5 446	1 077	5 486	2 544	539	116	——	118	209	2 353	18
23 498	6 659	16 839	——	4 581	2 559	64	96	——	216	96	2 294	——
26 542	15 577	7 294	3 670	8 474	4 933	1 968	92	93	301	518	3 155	104
68 441	20 335	48 106	——	16 022	5 943	100	591	520	——	500	5 823	——
32 346	20 808	11 537	——	9 618	6 721	418	203	410	84	616	4 733	181
10 430	1 299	9 131	——	1 054	2 267	84	6	5	24	——	——	——
34 654	12 532	22 122	——	6 515	15 030	343	247	2 796	248	279	2 427	57
24 820	8 723	14 536	1 561	5 555	8 985	575	179	313	36	191	2 361	91
17 179	8 604	8 575	——	4 618	9 067	49	123	——	——	269	1 509	9
21 810	10 006	8 087	3 717	4 566	5 188	355	287	146	37	193	4 593	4
3 785	3 385	400	——	2 643	393	7	51	——	——	——	348	——
14 478	11 945	2 533	——	5 807	3 797	216	56	3	——	——	1 824	17
19 831	16 305	3 526	——	5 170	3 889	77	114	——	21	——	2 181	47
9 012	6 347	2 658	——	3 529	1 391	294	78	43	4	15	1 759	19
8 381	5 705	2 676	——	3 311	1 268	44	67	19	182	——	1 553	——
8 208	4 325	3 663	——	2 159	1 341	67	55	151	——	41	825	19

2007年各地区省级公共图书馆

地区	其他资本性支出	各种设备购置费	新增藏量购置费	图书购置费	本年新购藏量（千册、件）	新购图书	资产合计（千元）	固定资产原值	增加值（千元）
总　计	**456 501**	**398 934**	**306 913**	**281 006**	**4 854**	**4 055**	**6 064 699**	**5 251 661**	**613 967**
北　京	22 248	19 546	16 239	15 695	318.2	288.9	549 062	483 668	41 561.6
天　津	17 444	17 434	17 035	17 035	471.1	400	213 019	124 401	24 510.4
河　北	3 974	—	3 974	3 900	62.5	53.7	71 256	59 317	6 832.9
山　西	6 925	6 795	5 000	2 379	44.4	38.6	54 284	54 284	10 160.5
内蒙古	993	993	785	242	6.4	5	100 358	93 730	9 016.1
辽　宁	8 579	8 579	7 000	7 000	231.8	211.3	181 189	181 000	20 830.3
吉　林	2 772	2 772	2 000	2 000	69.8	69.3	49 812	42 708	11 379.2
黑龙江	7 498	4 359	3 139	2 451	53.6	42.4	236 400	236 400	22 273.1
上　海	130 728	103 488	93 568	83 136	533.5	461.7	1 911 424	1 718 326	142 310.9
江　苏	69 377	69 377	23 422	19 165	278.8	117	327 193	247 574	37 451.7
浙　江	20 986	20 986	19 041	19 041	203.1	203.1	367 945	294 779	36 341.5
安　徽	13 394	9 800	3 000	2 077	96.4	77.4	—	—	9 951.9
福　建	7 201	7 000	5 200	5 200	136.4	54.5	129 730	106 594	15 817.4
江　西	7 604	3 041	3 041	2 541	129.1	113.2	67 478	58 909	8 442
山　东	16 470	12 269	10 474	10 474	148.8	137.3	316 145	298 740	27 576.8
河　南	4 195	4 195	4 195	2 612	0.1	0.1	62 149	55 130	10 488.9
湖　北	14 064	5 000	5 000	5 000	149.8	132.4	84 946	70 764	10 023.7
湖　南	6 665	6 653	6 053	5 704	163.2	107.6	104 650	87 652	15 878.4
广　东	40 653	40 531	37 692	37 692	606.9	576.6	234 145	220 391	31 720.9
广　西	7 897	7 681	4 560	2 626	145.5	95.5	95 689	83 636	18 824.7
海　南	7 109	7 109	7 109	7 109	113	113	27 699	7 693	1 391.1
重　庆	10 680	10 680	9 348	8 957	205.6	204.2	105 834	72 780	16 442.9
四　川	6 358	5 273	4 688	4 000	175.3	76.7	110 338	63 814	13 266
贵　州	1 985	1 641	1 641	1 641	34.4	27.2	26 755	26 755	7 465.1
云　南	3 746	3 746	2 895	2 895	53.5	47.3	199 956	185 210	17 368.6
西　藏	400	400	400	400	11.8	10.8	27 718	27 128	4 079.4
陕　西	3 050	2 649	2 000	2 000	69.5	62.7	237 750	215 928	16 257.7
甘　肃	5 064	5 064	3 968	3 968	57.3	52.5	71 346	55 061	9 534.7
青　海	2 310	1 767	526	526	12.3	11.7	4 195	4 099	5 499.2
宁　夏	2 249	2 249	1 920	1 920	38.6	34.4	21 979	17 327	5 761.5
新　疆	3 883	3 883	2 000	1 620	233.4	228.6	74 255	57 863	5 508.3

基本情况(三)

公用房屋建筑面积					阅览室坐席数		图书馆延伸服务情况				
(千平方米)	书库面积	阅览室面积			(个)	少儿阅览室坐席数(个)	流动图书馆车书刊借阅人次(千人次)	流动图书馆车书刊借阅册次(千册次)	分馆数量(个)	借阅人次(千人次)	借阅册次(千册次)
			书刊阅览室面积	电子阅览室面积							
1 055	**351**	**217**	**187**	**15**	**40 427**	**5 215**	**284.5**	**702**	**503**	**3 235**	**7 400**
37	6.6	7.4	6.2	1.2	1 833	146	4.6	97.8	26	62.8	98.9
38	11.4	6.8	5.3	1.3	2 060	150	23.8	64	144	119.3	490
17.6	9.6	7.9	7.3	0.6	600	100	——	——	2	1	3.1
28.6	18.5	3.5	3.3	0.2	1 239	170	41.5	66.4	——	——	——
20.5	5.3	6.9	6.7	0.2	1 593	50	——	——	——	——	——
47.1	8.8	7.7	7	0.7	1 090	100	——	——	5	——	191.5
13.7	6.5	2.9	2	0.1	796	20	——	——	10	46.3	69.4
33	3.4	9.6	7.7	1.3	1 469	90	——	——	3	1.9	4
125	58.4	13.2	12.6	0.6	2 634	534	0.1	46.5	124	1 897.9	5 122.9
34	26.2	5.2	4.9	0.3	747	108	——	——	——	——	——
42.3	19.2	10.4	9.8	0.6	1 517	——	4.1	11	7	105.4	143.2
36.9	8.9	7	6.7	0.4	1 500	108	——	——	——	——	——
38.5	6.5	7	6.7	0.3	1 000	——	——	4	58	——	7.6
22.5	15.2	7.3	——	——	1 140	146	——	——	——	——	——
47.9	18	15	13.2	0.8	1 884	114	8	35	1	278.4	458.9
38.2	10.3	4	0.4	0.2	1 017	100	——	——	1	20.1	20.1
25.2	11	7.5	6.9	0.6	1 289	162	——	——	——	——	——
43	14	92	8.8	0.3	2 064	857	31	45	18	20.7	62.9
38.2	9.6	8.4	8.2	0.2	4 380	338	——	——	50	450.1	450.1
38.7	14.5	15.3	15	0.2	1 230	627	20.8	47.2	2	14.1	35.6
28	0.4	7.5	7.2	0.3	1 139	267	——	——	——	——	——
37.4	7.9	3.7	3.2	0.6	822	442	29.4	6.6	2	70	66.1
17.2	8.6	4.6	4.5	0.1	636	15	104.9	269.8	6	19.1	54.6
22.7	3	5.7	5.4	0.3	720	——	——	——	1	5	2.5
31.5	7.2	7.3	6	0.8	1 013	90	——	——	3	7	15
17.2	4.2	3.4	2.6	0.7	300	45	——	——	——	——	——
44.7	13.4	8	6.6	0.7	2 190	222	16.4	9.2	1	92	45.5
46.9	9.8	7.5	6.4	1	600	——	——	——	——	——	——
12	3.9	1.5	1.1	0.2	791	52	——	——	——	——	——
7.1	3	0.6	0.4	0.2	234	12	——	——	——	——	——
24.7	7.3	5.2	4.9	0.3	900	150	——	——	39	23.9	58.2

2007 年各地区地、市级公共图书馆

地区	机构数（个）	从业人员数（人）	从业人员数：高级职称	从业人员数：中级职称	总藏量（千册、件、套）	图书	图书：古籍	古籍：善本	报刊	视听文献、缩微制品	其他	藏量中：开架书刊（千册、件、套）
总计	**347**	**13 111**	**1 446**	**4 823**	**132 094**	**108 963**	**6 751**	**337**	**14 699**	**3 590**	**4 841**	**55 275**
北京	——	——	——	——	——	——	——	——	——	——	——	——
天津	——	——	——	——	——	——	——	——	——	——	——	——
河北	12	456	63	174	5 743.4	4 361.2	447.3	18.1	639.2	580.2	162.7	1 744.6
山西	6	217	21	76	1 771	1 403.4	149.4	16.5	332.3	22.5	12.9	596.4
内蒙古	12	464	52	183	2 328.2	2 101.9	93	3.4	199.1	14	13.3	884.1
辽宁	28	1 164	137	497	11 809.3	9 405.7	522.9	28.7	1 086.4	388.3	928.9	4 779.8
其中：大连	2	191	28	83	3 426.3	2 625	260.5	23.4	298.6	211.7	291	1 521.4
吉林	12	591	109	240	5 953.6	5 276.1	197	16.2	549.6	124.6	3.3	1 075.3
黑龙江	12	662	154	301	7 652.8	5 879.9	308.2	15.2	1 148.9	27.8	596.2	3 805.7
上海	——	——	——	——	——	——	——	——	——	——	——	——
江苏	15	846	115	290	11 419.4	10 365.8	1 407.5	72.4	962.8	78.6	12.3	4 243.7
浙江	13	729	86	235	8 818.7	7 052.6	592.2	20.8	668.5	452.2	645.4	5 490.7
其中：宁波	1	87	3	23	1 098.7	872	98.2	0.5	99.7	17.1	109.9	397.9
安徽	18	416	38	149	3 307.8	2 618.1	230.1	8	488.6	92.7	108.4	768.1
福建	14	293	21	106	3 500.6	2 846.9	106.9	6.6	478	25.5	150.2	1 822.7
其中：厦门	2	118	6	48	1 687.6	1 475.9	62.4	1.9	187.6	22	2.1	1 453.4
江西	11	376	23	91	3 588.6	3 134.9	194.9	28.4	332.8	1.2	119.8	1 349.6
山东	15	727	156	298	8 338.1	6 438.6	360	8	936.8	491.4	471.3	3 502.8
其中：青岛	1	101	12	25	1 592.6	1 334.8	143.4	1.5	213.6	1.7	42.5	969.2
河南	17	677	57	236	5 520.6	4 580.8	486.1	32.9	896.6	29.1	14.2	1 875.1
湖北	20	802	91	433	8 286.6	7 042.7	396.8	10.9	877.4	103.3	263.3	3 257.9
湖南	12	371	39	194	3 576.2	3 078.6	185.6	6.2	413.4	68.3	16	1 571.7
广东	25	1 331	103	342	16 136.1	14 256.6	234.9	6.5	1 247.3	515.5	116.8	10 914.2
其中：深圳	2	283	44	94	3 225.3	2 649.3	15.4	1.2	499.8	37.2	39	1 673.2
广西	13	377	18	152	3 476.6	2 588	94.7	2.8	634.3	36.7	217.6	1 193
海南	2	70	——	6	475.3	290.7	5.9	——	176	1.8	6.8	278
重庆	——	——	——	——	——	——	——	——	——	——	——	——
四川	21	630	36	204	7 630.2	6 225.5	457.7	26.7	857.2	242.2	305.4	2 439
贵州	9	269	19	94	1 921.7	1 645.4	28.9	3.1	246.9	14	15.5	812.2
云南	18	594	44	174	3 234.5	2 519	109.6	0.3	463.5	221.4	30.6	584.7
西藏	3	20	——	——	122.2	114.8	——	——	5.6	0.1	1.7	100.9
陕西	6	233	18	66	1 734.1	1 499.1	40.9	0.5	199.8	10	25.3	315.5
甘肃	8	247	12	50	1 501.2	1 146.4	79.7	1.6	155	14.8	185	781.5
青海	7	99	2	52	738	573.8	5.3	0.7	89.4	26	48.9	106.1
宁夏	4	146	10	64	1 263.1	1 038	5.6	2.1	179.1	3	43	306.1
新疆	14	304	22	116	2 246.1	1 479.3	10.4	0.012	434.8	5.1	327	675.8

基本情况(一)

当年购买的报刊种类(种)	书架单层总长度(千米)	累计发放有效借书证数(千个)	总流通人次(千人次)	书刊文献外借人次	书刊文献外借册次(千册次)	为读者举办各种活动	参加人次(千人次)	组织各类讲座次数(次)	参加人次(千人次)	举办展览(个)	参观人次(千人次)
248 809	5 296 320	4 002 840	80 785	35 715.5	66 709	17 426	8 147	5 136	1 591	2 014	3 747
——	——	——	——	——	——	——	——	——	——	——	——
——	——	——	——	——	——	——	——	——	——	——	——
7 228	318 380	74 365	1 851.6	986.7	1 714.8	488	191.2	233	105.5	67	50.5
3 642	36 033	28 414	606.2	162.4	326.6	245	60.7	190	32	32	19
8 112	128 550	43 393	1 032.7	459.3	929.2	105	23.3	64	11.5	15	7.2
16 931	219 675	242 887	4 974.8	2 377.2	4 931	955	417.7	321	47.5	227	111.2
5 067	44 558	131 649	1 353.4	630	1 354.9	166	164.7	45	10	16	76.6
9 132	76 022	82 034	2 932.1	802.9	2 032.1	610	199.6	178	25.4	38	21.3
7 477	141 876	223 036	2 721.5	1 007.8	2 059.7	313	210.8	128	24.4	70	155.4
——	——	——	——	——	——	——	——	——	——	——	——
17 153	496 533	347 174	7 729.3	4 635.3	5 773.4	1 864	983.4	385	93.6	234	660.2
16 416	444 385	373 797	8 004.8	3 641	8 399.7	994	600.4	431	137.5	156	239.5
1 947	297 000	32 708	690.7	259.7	1 445.7	81	65.7	48	12.8	9	3.1
6 927	55 214	67 399	1 773.1	935.4	1 445.6	341	168.1	124	29.6	37	30.1
22 664	85 754	198 758	2 759.4	1 515.5	2 761.3	854	332.8	101	9.9	95	253.2
18 731	40 916	169 118	1 825.1	981.3	1 779.2	730	297.2	64	6.8	37	228.4
5 594	70 393	44 984	1 322.7	857.3	1 217.1	228	138	144	26.1	29	55.7
13 727	130 027	251 383	3 654.5	2 006.7	3 464.1	539	243.5	263	43.8	62	85.4
2 879	25 471	98 839	967.1	397.5	723.6	158	32.1	102	8.5	10	14
10 429	120 456	142 247	2 735.2	1 793.5	3 006.2	498	253.6	187	26.3	145	119.7
12 144	146 239	263 041	4 935.5	2 473.9	3 706	804	1 081.4	305	421.3	100	589.2
5 076	75 198	148 767	1 828	1 067.1	2 547.5	390	229.2	63	11.4	42	134.7
29 752	272 356	963 459	13 951.6	4 507.9	8 645.4	6 002	2 314	1 222	382.5	323	904.5
8 542	391 500	359 099	2 474.2	909.9	2 629	173	263.1	130	57.1	16	125.9
6 438	85 266	109 094	7 914.5	1 494.7	2 665.8	446	189.4	186	27	76	70.3
1 184	4 630	14 950	427.3	207.3	173.8	18	7.2	4	1.1	11	5.6
——	——	——	——	——	——	——	——	——	——	——	——
14 007	112 093	126 349	3 489.4	1 395.8	3 843.6	561	250	208	55.9	105	148.9
5 408	42 397	45 099	741.7	311.9	567.1	78	33.8	7	7.3	7	13.5
9 928	94 585	51 871	1 764.9	954.1	1 772	193	70	73	33.6	30	28.1
391	803	824	10.5	6.2	19.4	5	2.2	——	——	2	1.5
3 822	18 405	51 426	750.8	390.8	755.2	196	22.6	76	4.7	37	7.1
3 017	32 975	16 869	722.4	441	770.3	302	44.8	116	23.5	20	15.9
958	18 328	8 882	313.5	160.1	399.1	63	14.1	12	1.5	26	8.1
4 406	31 612	30 853	884.1	585.1	1 549.8	33	20.2	9	0.3	11	0.7
6 845	38 135	51 485	953.1	538.9	1 233.7	301	45.7	106	7.9	17	10.6

中国图书馆年鉴2008

2007年各地区地、市级公共图书馆

地区	举办培训班（班次）	培训人次（千人次）	信息化建设 计算机（台）	信息化建设 电子阅览室终端数	网站数（个）	本年收入合计（千元）	财政拨款	上级补助收入	事业收入	经营收入	附属单位上缴收入	其他收入
总计	**2 475**	**510**	**23 542**	**12 006**	**201**	**1 158 478**	**1 049 646**	**10 088**	**46 993**	**608**	**——**	**51 143**
北京	——	——	——	——	——	——	——	——	——	——	——	——
天津	——	——	——	——	——	——	——	——	——	——	——	——
河北	49	27.5	867	399	8	32 040	30 739	——	397	169	——	735
山西	23	9.7	279	146	2	15 384	14 184	169	986	——	——	45
内蒙古	22	2.5	314	91	3	23 713	22 926	——	97	——	——	690
辽宁	126	30	1 829	714	14	92 596	88 310	——	3 736	——	——	550
其中：大连	39	6.7	488	209	3	24 801	22 898	——	1 514	——	——	389
吉林	24	8.7	534	255	5	45 107	42 876	1 321	417	——	——	493
黑龙江	43	7.3	1 279	821	6	43 969	42 345	388	238	——	——	998
上海	——	——	——	——	——	——	——	——	——	——	——	——
江苏	801	36.1	2 125	1 012	13	102 749	90 627	200	8 325	——	——	3 597
浙江	200	151.1	1 785	895	20	107 337	90 205	3 429	8 740	19	——	4 944
其中：宁波	——	——	186	76	1	11 989	10 023	425	374	——	——	1 167
安徽	29	5.6	683	236	6	28 808	26 124	320	993	138	——	1 233
福建	71	12.2	705	371	7	28 164	25 940	10	1 791	75	——	348
其中：厦门	51	9.9	388	165	2	19 780	18 165	——	1 337	——	——	278
江西	10	2.1	635	328	4	22 005	19 317	20	2 276	——	——	392
山东	66	18.4	1 727	895	11	79 158	76 962	283	730	——	——	1 183
其中：青岛	1	0.1	428	162	1	16 352	15 113	173	180	——	——	886
河南	61	16.6	675	419	7	32 792	29 331	2 297	657	——	——	507
湖北	130	70.9	1 656	874	20	51 753	43 615	506	1 595	1	——	6 036
湖南	111	4.7	506	265	11	20 086	18 538	274	355	——	——	919
广东	445	51.5	3 404	1 596	21	240 822	210 610	——	6 146	——	——	24 066
其中：深圳	11	1.7	712	291	2	89 258	68 124	——	913	——	——	20 221
广西	39	14.3	597	317	8	28 836	26 048	254	1 497	146	——	891
海南	3	0.6	168	105	2	4 495	3 811	——	——	——	——	684
重庆	——	——	——	——	——	——	——	——	——	——	——	——
四川	129	26.9	1 407	904	15	48 398	44 517	335	3 092	——	——	454
贵州	7	0.7	279	172	3	18 565	16 682	2	941	——	——	940
云南	33	5.8	615	390	2	30 936	27 611	272	2 854	60	——	139
西藏	1	0.1	67	10	1	1 395	1 395	——	——	——	——	——
陕西	13	1.9	268	127	2	10 475	9 790	——	248	——	——	437
甘肃	11	1.8	288	129	5	14 855	14 410	8	——	——	——	437
青海	——	——	144	92	——	5 830	5 795	——	28	——	——	7
宁夏	7	0.5	92	62	——	8 039	7 755	——	114	——	——	170
新疆	21	2.5	614	381	5	20 171	19 183	——	740	——	——	248

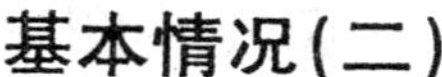

基本情况(二)

本年支出合计（千元）	基本支出	项目支出	经营支出	在支出合计中：工资福利支出	商品和服务支出	维修(护)费	差旅费	劳务费	福利费	税金支出	对个人和家庭补助支出	抚恤金和生活补助
1 159 464	**769 884**	**358 203**	**1 302**	**423 377**	**220 825**	**27 263**	**7 727**	**6 501**	**7 335**	**3 777**	**128 720**	**4 239**
——	——	——	——	——	——	——	——	——	——	——	——	——
——	——	——	——	——	——	——	——	——	——	——	——	——
39 686	34 581	3 247	226	13 321	6 366	1 959	205	14	163	42	3 181	29
14 443	12 317	2 126	——	7 238	3 199	584	96	225	214	36	1 368	41
22 828	20 123	2 705	——	10 922	3 539	499	289	24	95	2	3 906	296
91 387	58 496	32 665	——	33 415	21 399	3 176	608	88	376	127	10 409	144
24 801	9 529	15 272	——	6 429	3 311	2 134	250	——	49	127	619	——
45 512	29 410	14 765	——	18 535	14 046	497	203	9	14	——	6 719	87
42 567	32 673	9 894	——	17 546	7 141	788	193	108	340	120	6 766	138
——	——	——	——	——	——	——	——	——	——	——	——	——
99 118	73 403	25 715	——	36 541	18 916	1 950	687	1 950	499	372	13 868	654
105 964	54 907	50 818	19	36 090	26 335	2 997	609	289	1 662	574	8 290	43
11 455	5 740	5 715	——	4 792	2 234	251	63	131	353	59	622	——
29 652	20 318	6 251	628	13 321	4 781	699	203	53	207	44	5 722	68
27 623	20 576	6 891	55	10 357	6 141	380	232	204	177	42	3 484	31
19 081	13 068	5 913	——	6 217	4 700	141	135	90	115	——	2 607	11
19 852	14 411	1 152	——	7 564	5 572	780	183	88	280	144	2 917	139
78 002	60 373	17 495	——	29 644	13 138	1 702	385	69	139	34	7 582	1 375
16 352	12 666	3 686	——	6 840	3 727	779	94	——	19	34	1 699	13
31 599	22 934	4 176	——	15 229	4 125	536	182	126	210	112	5 783	131
51 610	35 827	14 390	36	22 508	11 985	598	410	119	317	271	5 680	56
19 895	17 128	2 767	——	9 621	3 682	942	268	31	129	166	3 319	49
244 841	120 967	121 658	——	54 989	37 416	5 033	1 338	1 224	1 345	623	16 388	505
89 968	37 051	52 917	——	4 398	5 658	602	171	101	490	78	2 076	20
29 416	23 459	5 322	125	13 823	5 391	1 404	189	163	88	146	4 273	23
4 474	3 515	351	——	2 418	474	8	22	——	185	——	180	——
——	——	——	——	——	——	——	——	——	——	——	——	——
48 284	27 324	16 379	——	18 109	9 234	927	586	293	273	233	4 686	216
17 033	15 178	1 582	153	7 859	2 501	140	107	314	114	68	3 242	8
34 891	20 145	12 722	60	12 944	4 876	342	293	242	216	595	3 408	42
1 395	1 339	56	——	1 160	132	——	3	——	——	——	44	——
10 415	9 287	1 128	——	4 709	2 799	376	68	545	1	——	834	25
15 253	13 112	2 141	——	6 445	3 036	381	93	6	40	23	1 552	5
5 830	4 825	20	——	4 138	489	28	13	105	7	——	1 028	——
7 978	7 000	370	——	5 227	481	139	47	86	4	——	1 354	——
19 916	16 256	1 417	——	9 704	3 631	398	215	126	240	3	2 737	134

2007 年各地区地、市级公共图书馆

地区	其他资本性支出	各种设备购置费	新增藏量购置费	图书购置费	本年新购藏量（千册、件）	新购图书	资产合计（千元）	固定资产原值	增加值（千元）
总　计	**302 731**	**265 826**	**225 190**	**178 432**	**7 594**	**5 420**	**3 939 345**	**3 534 635**	**706 965**
北　京	——	——	——	——	——	——	——	——	——
天　津	——	——	——	——	——	——	——	——	——
河　北	13 791	10 881	7 680	6 748	246.9	201	123 244	115 523	21 239.8
山　西	2 145	2 046	1 695	1 491	49.7	42.7	62 695	58 361	11 521.2
内蒙古	2 712	2 643	2 396	1 891	62.2	49.3	45 961	43 315	16 404.4
辽　宁	16 228	15 845	14 250	11 495	497.8	368.5	224 426	178 003	51 423.9
其中：大连	6 942	6 942	6 300	5 200	207.4	147.4	100 597	75 913	10 276.5
吉　林	5 755	4 755	4 388	4 367	177.4	149.4	119 903	107 188	29 491.1
黑龙江	10 559	4 776	4 253	3 567	309.2	293.5	158 712	154 999	30 960.4
上　海	——	——	——	——	——	——	——	——	——
江　苏	29 094	24 389	19 865	16 082	698.9	582.5	465 015	427 368	69 807
浙　江	35 027	33 376	30 974	24 144	1 029.5	878.4	349 329	293 288	58 837.1
其中：宁波	3 807	2 639	2 639	1 820	97.3	83.1	47 767	40 684	7 605.1
安　徽	5 282	5 116	4 212	3 900	129.6	117.5	135 419	131 780	24 538
福　建	6 650	6 340	5 285	3 678	252	148.1	108 143	89 118	17 843.9
其中：厦门	5 095	4 820	4 111	2 772	120.9	110.1	87 796	70 276	11 884.7
江　西	3 798	3 608	2 968	2 667	125.5	107.9	74 739	68 896	14 007.8
山　东	20 558	14 503	9 475	9 049	862.6	299.3	303 064	289 046	47 683.3
其中：青岛	4 086	4 000	3 686	3 686	122.9	113.3	116 288	107 473	12 883.9
河　南	5 010	4 955	4 421	3 904	164.9	139.5	106 460	98 191	25 271.7
湖　北	9 055	7 772	7 336	6 706	258.3	222.7	315 068	276 704	39 936.3
湖　南	3 272	3 069	2 554	2 328	91.6	73.2	53 909	51 937	15 314.9
广　东	92 115	86 746	78 080	55 150	1 375	1 175.7	654 539	582 932	97 083
其中：深圳	50 741	49 613	48 730	33 842	440.3	357.8	171 358	127 927	12 254.5
广　西	5 295	5 031	3 822	3 582	162.2	98.5	106 523	82 846	21 766.5
海　南	845	789	789	659	22.6	22.6	11 931	11 655	3 250.6
重　庆	——	——	——	——	——	——	——	——	——
四　川	12 433	10 451	8 973	7 581	436.8	175.1	174 952	154 055	29 506.4
贵　州	2 952	2 283	1 826	1 301	51	31.1	56 977	53 982	13 760
云　南	12 183	9 010	4 059	3 137	113.8	100.8	107 291	98 095	20 663.6
西　藏	56	56	56	56	3.4	1	18 620	18 620	1 949
陕　西	1 957	1 938	1 453	1 423	52.4	38.9	60 650	56 131	8 313.7
甘　肃	1 997	1 818	1 549	1 449	39.2	31.2	42 926	40 517	9 687.6
青　海	173	173	170	145	6.3	4.8	3 269	2 895	5 394.6
宁　夏	734	714	712	570	21.6	19.9	21 688	20 437	7 493.1
新　疆	3 055	2 743	1 949	1 362	354.3	47.4	33 892	28 753	13 815.7

基本情况(三)

公用房屋建筑面积（千平方米）	书库面积	阅览室面积	书刊阅览室面积	电子阅览室面积	阅览室坐席数（个）	少儿阅览室坐席数（个）	流动图书馆车书刊借阅人次（千人次）	流动图书馆车书刊借阅册次（千册次）	分馆数量（个）	借阅人次（千人次）	借阅册次（千册次）
						图书馆延伸服务情况					
2 176	**532**	**547**	**407**	**59**	**133 726**	**30 424**	**1 350**	**2 141**	**606**	**5 917**	**11 407**
——	——	——	——	——	——	——	——	——	——	——	——
——	——	——	——	——	——	——	——	——	——	——	——
80.1	26.1	24.2	11.1	2.3	4 440	802	2	4	6	162	143
45.9	9.8	21.8	17.3	1.8	1 918	225	——	——	——	——	——
46.5	11.5	12.4	7.8	0.6	3 576	476	0.04	0.08	8	81.7	185.9
179.2	39.4	38.5	26	4.3	9 794	3 399	24.3	85.2	51	1 039.4	1 672.4
46.5	9.6	11.7	9.6	1.8	2 041	891	8.1	46.2	13	391.2	689.7
69.1	16.6	23.8	13.7	1.2	4 951	962	——	——	66	255.2	557.5
109.2	24.6	21.3	15.2	3.3	3 744	620	359	438.9	10	28.9	55.4
——	——	——	——	——	——	——	——	——	——	——	——
159.6	47.4	36.1	22.2	4.2	8 891	2 457	118.1	137.7	19	440.6	223
147.2	38.1	35.5	29	4.2	8 254	2 256	221.3	297.7	60	933.9	3 806.3
10.8	1.9	2.8	2.1	0.3	538	120	98.6	110.1	——	——	——
62.6	10.23	12.2	8.5	1.3	4 629	1 560	0.3	1.3	15	143.3	234
80.3	30.7	29.6	24.4	2.7	5 589	1 438	104.8	136.8	26	314.1	501
34.9	15.6	16.3	15.6	0.7	2 239	715	11	13.5	18	310.1	473
75.8	16.6	26.8	18.7	2.3	3 275	1 020	7	12	1	167.8	15
128.5	28.8	28	24.2	3.3	7 492	1 564	79.5	122.6	31	187.2	264.4
25.8	0.8	8.2	7.3	1	1 700	176	26.9	55.8	3	6.4	11.2
86.8	34.2	15	10.4	2.4	4 188	928	——	——	23	31.3	37.4
119.6	26.1	25	19.4	3.7	8 876	2 561	88.2	149.3	11	156.4	183.8
53.5	23.3	12.8	11.1	1	9 688	1 670	0.2	0.4	33	104.8	224.3
271.7	40.4	65.7	54.7	8.4	15 319	2 720	115.2	154.2	163	1 356.3	2 446.8
50.6	1.8	12.1	10.6	1.2	2 300	120	——	——	32	9.6	28.7
72.2	14.5	14.3	10.7	1	4 685	1 393	5	18.5	1	1	2.5
14.1	2.7	1.4	0.5	0.3	580	92	——	——	——	——	——
——	——	——	——	——	——	——	——	——	——	——	——
113.6	32.6	28.5	22	3.9	5 914	1 242	0.3	3.6	52	345.1	633.4
51.3	14.7	12.7	8.2	0.8	3 082	632	——	——	10	1	1.8
69.9	15.5	14.8	11.5	2.2	4 518	949	26.2	94.8	9	98	125.1
8.8	3	1.5	1	0.5	580	42	0.004	0.4	——	——	——
34.3	5.2	21.4	19.7	0.5	2 760	180	30.2	40	2	8	12
28.3	6.1	10.1	8.8	1.1	2 054	273	70.7	162	1	0.007	0.01
5.4	1.5	1.8	1.4	0.3	388	112	——	——	——	——	——
14.5	5.1	4.8	4	0.5	1 748	216	92.4	262.3	——	——	——
47.9	7.4	7.3	5.7	1.4	2 793	635	5.2	19.5	8	60.9	82.2

2007年各地区县、市级公共图书馆

地区	机构数(个)	从业人员数(人)	高级职称	中级职称	总藏量(千册、件、套)	图书	古籍	善本	报刊	视听文献、缩微制品	其他	藏量中:开架书刊(千册、件、套)
总计	2 414	29 593	999	7 839	212 000	178 074	5 179	388	24 809	2 556	6 562	90 308
北京	23	955	26	190	8 179.1	7 682.3	59.6	0.5	270	151.9	74.9	7 216.1
天津	30	752	58	201	5 096.6	4 746.4	40.5	0.4	270.3	38.5	41.4	2 855.2
河北	147	1 045	33	304	7 039.7	6 212.9	101.4	6.1	643.8	15.7	167.3	2 352.8
山西	115	1 212	15	340	6 022	5 072.8	338.8	54.8	800	20.4	128.8	1 700.1
内蒙古	100	1 115	37	319	4 015.7	3 358.8	25.4	3.7	605.3	8.8	42.8	1 110.6
辽宁	99	1 518	74	611	8 537.9	7 304.9	51.7	5	550.7	64.3	618	5 193
其中:大连	11	261	11	81	1 901	1 698.3	0.1	——	115.1	11.9	75.7	1 331.6
吉林	51	888	55	337	3 636.6	2 982.2	36.6	30.3	314.6	137.6	202.2	1 664.2
黑龙江	85	927	48	426	4 437.3	3 893.6	11.5	0.04	455.3	6.6	81.9	2 395
上海	28	1 220	38	279	10 296.8	9 540.8	61.7	0.4	184.3	400.8	170.9	5 988.3
江苏	89	1 302	82	389	15 031.9	13 620.3	528.4	24.8	1200	107.8	103.7	6 660.4
浙江	79	1 257	65	414	12 833	10 939.7	529.3	15	1271.1	309.9	312.4	6 166.4
其中:宁波	11	173	8	54	2 259.2	1 957.7	70.9	2.1	249.8	45.3	6.4	1 094.2
安徽	66	584	9	134	4 059.9	3 396.8	98.1	1.1	532.5	36.5	94.1	1 099.7
福建	70	570	15	149	7 886.2	6 252.4	157.5	8.8	846.9	161	625.9	3 358.3
其中:厦门	6	36	——	5	781	559.4	14.1	0.012	15.4	71.5	134.7	520.6
江西	92	930	8	138	7 148.9	5 512.3	373.2	17	1 446.4	30.6	159.6	2 364.6
山东	129	1 695	173	740	16 731.1	14 343.5	202.3	12.5	1 920.8	57	409.9	6 322.1
其中:青岛	12	153	19	67	2 116	1 863.2	9.1	0.5	157.3	10	85.6	929.7
河南	120	1 892	18	291	6 855.9	5 593	148.1	9.7	1 143.8	19.6	99.4	2 452.5
湖北	81	1 236	35	424	7 384.6	6 037.2	110	17.7	1 110.5	41.7	195.2	3 394
湖南	106	1 286	27	338	9 657.1	7 848.3	429.6	29.3	1 468.1	148.6	192.1	3 459.7
广东	104	1 800	37	188	14 979.3	12 864	200.7	14.2	1 411.1	165	539.3	8 498.6
其中:深圳	6	245	19	29	2 827.8	2 466.1	——	——	88.3	40.8	232.6	667
广西	84	778	4	131	8 370.7	6 129	152.2	5	1 701.8	128.4	411.5	2 108.1
海南	17	168	——	15	1 342.9	1 119	4.6	0.1	211.7	——	12.2	712.8
重庆	41	527	35	159	5 429.5	4 202.3	224.1	19.8	605.6	257.6	364	1 624.9
四川	129	1 011	19	237	8 943.6	7 015.8	513.1	15.2	1 490.7	76.9	360.2	2 858.4
贵州	82	495	3	71	3 600.7	3 026.1	68.5	31.2	502.7	16.2	55.7	1 333.2
云南	130	1 301	31	384	8 455.4	6 772.3	300.6	19.4	1 363.1	71.5	248.4	2 980.7
西藏	——	——	——	——	——	——	——	——	——	——	——	——
陕西	104	1 351	25	267	4 601.3	3 850.9	220.6	16.1	621.8	12.7	116.1	1 118.2
甘肃	83	766	12	106	4 354.1	3 216.3	128.6	27.8	855.2	23	259.7	1 342.9
青海	35	181	1	43	1 097.7	953.1	44.1	1.1	128.3	2.2	14.2	310.6
宁夏	16	243	2	63	1 326.3	1 197.5	10.3	1.4	122	1.8	5	185.3
新疆	79	588	14	151	4 648.8	3 389.2	8.2	0.1	761	43.6	454.9	1 481.1

基本情况(一)

当年购买的报刊种类(种)	书架单层总长度(千米)	累计发放有效借书证数(千个)	总流通人次		书刊文献外借册次(千册次)	为读者举办各种活动					
			(千人次)	书刊文献外借人次			参加人次(千人次)	组织各类讲座次数		举办展览	
								(次)	参加人次(千人次)	(个)	参观人次(千人次)
425 152	**4 305 167**	**6 625 084**	**148 059**	**67 414**	**121 367**	**55 842**	**12 063**	**11 685**	**2 564**	**5 977**	**4 720**
14 331	110 898	598 487	5 115.5	3 011.2	6 409.1	3 208	1 274.3	1 286	282	384	222
9 498	71 342	129 257	3 972.3	1 332.8	2 262.8	930	351.5	308	67.8	150	94.6
6 664	143 049	204 309	3 745.7	2 270.6	2 942.3	1 212	215.9	415	67.6	336	93.5
6 279	72 737	228 049	1 684.1	842.3	1 354.9	839	174	340	57.13	297	89.7
9 401	65 081	85 397	1 955.7	852	1 639.2	9 382	153.2	146	26.3	117	44.7
24 212	144 608	271 500	8 061	2 697.7	6 602.6	1 454	716.7	317	72.7	241	123.4
10 354	37 264	95 246	2 712.9	980.2	1 913.3	428	363.7	77	35.3	36	67.8
5 598	53 710	58 277	2 269.1	1 218.6	2 170.6	729	209.6	214	42.3	65	16.2
7 526	91 397	118 305	2 342.4	1 126.1	2 337.3	3 422	297.7	311	36	112	170.6
41 155	180 530	348 789	11 558.1	3 741.2	9 740.1	3 284	848.1	938	124.4	285	172.6
32 053	263 679	546 475	10 913.6	6 590.4	10 941.3	1 888	1 174.3	719	232.6	303	501.8
34 476	287 625	551 704	11 726.2	5 752.2	9 859.3	1 636	700.5	487	122.5	399	363.5
7 985	85 637	111 887	3 145.1	1 041.2	1 882.7	201	93.4	74	11.8	30	16.3
9 082	60 687	107 075	2 348.2	1 340.3	1 929.3	1 114	187	835	72.7	100	86.2
18 128	132 085	205 207	4 491.4	1 891.5	4 032	645	421.5	172	51.3	195	215
1 524	14 498	51 537	328.5	127.3	280.24	71	65.8	3	0.4	16	47.6
30 799	68 789	104 734	3 434.1	1 743.2	28 78.2	592	209.5	128	51.8	104	57.6
17 296	807 652	433 470	9 590.4	5 109.4	7 621.9	1 551	544.3	556	102.2	197	191.3
4 907	26 923	49 859	1 938.3	1 412.6	1 726	390	161.1	215	45.8	9	5.8
8 980	140 591	276 502	4 333.3	2 977.8	4 600	826	223.1	251	69.2	171	63.5
12 436	162 694	339 911	5 619	3 145.5	5 104.1	1 011	306.3	369	82.8	225	176.2
10 425	228 174	431 981	5 527.3	3 408.3	6 019.5	916	593.3	364	212.2	210	278.4
36 790	279 268	657 248	22 198.1	5 953.1	8 960	12 747	1 475.8	1 276	336	502	853.6
9 207	41 249	171 104	7 055.1	744	1 656.9	991	115.3	595	70.7	12	11.3
14 383	159 438	162 337	5 489.1	2 194.9	4 146	612	180.5	185	28.2	118	75
2 899	18 701	11 172	484.3	168.4	278.2	39	18.9	15	9.8	1	1.1
8 822	81 029	88 970	3 553.2	1 817.6	4 110.6	489	351.3	183	52.7	132	238
14 587	175 958	176 659	5 289.7	2 156.5	4 384.9	1 666	412.4	551	146.4	289	183.4
5 687	64 037	63 031	972.9	521.6	750.4	320	171.8	86	13.3	93	88.9
19 239	186 859	151 476	4 543.3	2 060.4	3 838.4	678	273.1	264	75.6	160	133.3
——	——	——	——	——	——	——	——	——	——	——	——
5 701	50 554	102 828	1 726.3	1 133.5	1 645.3	681	173.7	173	25.5	162	41.1
4 425	73 597	77 513	2 199.4	700.1	1 120.4	1 482	157.6	327	55.4	117	52.6
1 133	26 470	13 915	209.4	123.1	219.9	41	20.2	5	3.7	21	16.2
2 056	38 106	22 983	648.5	397.9	759.7	116	25.2	21	7.2	35	7.5
11 091	65 822	57 523	2 057.3	1 136.3	2 708.8	2 332	202.2	443	37.2	456	69.3

2007 年各地区县、市级公共图书馆

地区	举办培训班		信息化建设			本年收入合计（千元）						
	（班次）	培训人次（千人次）	计算机（台）	电子阅览室终端数	网站数（个）		财政拨款	上级补助收入	事业收入	经营收入	附属单位上缴收入	其他收入
总　　计	**6 180**	**1 037**	**47 673**	**29 171**	**449**	**1 672 746**	**1 479 440**	**58 257**	**50 863**	**6 300**	**70**	**77 816**
北　　京	281	55.4	2 289	1 074	22	109 033	99 144	2 407	3 942	934	——	2 606
天　　津	195	41	1 429	739	15	81 136	76 011	——	2 523	468	——	2 134
河　　北	357	36.8	1 406	1 005	18	32 309	30 258	1 757	93	12	——	189
山　　西	202	27.2	1 098	626	1	40 221	36 179	2 700	177	——	——	1 165
内 蒙 古	143	35.3	605	201	8	38 588	38 336	——	188	——	——	64
辽　　宁	240	29.7	1 977	1 053	13	79 450	76 289	530	1 829	9	——	793
其中:大连	33	3.7	785	452	3	19 946	19 235	20	691	——	——	——
吉　　林	87	9.3	710	395	6	28 905	27 412	206	253	98	——	936
黑 龙 江	43	10.4	712	462	5	29 920	29 530	129	120	——	——	141
上　　海	491	110.6	2 769	1 398	29	187 079	162 463	5 604	10 232	——	68	8 712
江　　苏	571	134.2	3 574	2 254	38	118 356	93 143	6 274	6 520	2 198	——	10 221
浙　　江	536	91	4 399	3 032	42	148 608	129 940	6 994	2 794	527	——	8 353
其中:宁波	52	3.6	994	745	3	25 265	22 936	719	347	——	——	1 263
安　　徽	73	9.6	853	609	9	27 979	22 474	2 171	1 336	4	——	1 994
福　　建	71	22.5	1 341	726	11	58 516	36 367	1 344	5 522	——	——	15 283
其中:厦门	9	0.2	161	92	——	11 643	11 455	10	156	——	——	22
江　　西	101	20.1	918	553	8	34 298	28 036	3 404	1 464	235	——	1 159
山　　东	471	65.2	4 337	3 130	39	86 638	82 657	1 546	1 103	27	——	1 305
其中:青岛	43	3	504	372	6	14 646	13 995	123	521	7	——	——
河　　南	156	21.8	1 186	678	19	41 107	37 579	1 537	425	57	——	1 509
湖　　北	237	47.3	2 715	1 558	19	40 540	33 222	2 308	1 872	144	2	2 992
湖　　南	203	47.8	1 477	1 152	17	47 166	38 099	2 151	1 275	217	——	5 424
广　　东	486	59.3	4 724	2 839	41	169 219	148 874	12 939	4 358	380	——	2 668
其中:深圳	193	33.3	992	274	6	44 201	31 624	10 865	1 074	——	——	638
广　　西	117	7.3	1 100	655	11	26 564	25 054	465	620	——	——	425
海　　南	8	2.6	251	169	——	5 919	5 062	24	3	——	——	830
重　　庆	113	29.4	1 263	892	11	32 231	26 212	405	1 557	550	——	3 507
四　　川	291	49.6	2 357	1 660	23	52 297	47 891	1 401	911	327	——	1 767
贵　　州	43	2.7	498	313	4	16 684	15 467	339	553	——	——	325
云　　南	77	16.9	1 272	668	15	44 713	43 048	563	521	——	——	581
西　　藏	——	——	——	——	——	——	——	——	——	——	——	——
陕　　西	92	12.5	897	494	6	29 057	27 514	368	251	13	——	911
甘　　肃	120	22.3	630	330	10	25 314	24 111	371	33	——	——	799
青　　海	5	0.2	137	45	3	7 154	6 993	55	18	——	——	88
宁　　夏	33	1.7	194	148	2	9 230	8 830	212	60	100	——	28
新　　疆	337	17.1	555	313	4	24 515	23 245	53	310	——	——	907

基本情况(二)

本年支出合计(千元)												
	基本支出	项目支出	经营支出	在支出合计中:								
				工资福利支出	商品和服务支出						对个人和家庭补助支出	
						维修(护)费	差旅费	劳务费	福利费	税金支出		抚恤金和生活补助
1 622 626	**1 195 505**	**283 634**	**4 920**	**757 654**	**268 255**	**33 537**	**10 833**	**8 369**	**13 318**	**3 518**	**155 987**	**6 181**
106 558	62 772	43 185	554	32 758	25 712	4 307	198	101	261	761	8 898	53
81 893	67 668	12 434	468	31 408	25 187	783	390	129	257	205	10 526	116
32 130	27 322	1 178	13	20 051	3 603	1 144	228	14	119	——	2 832	157
38 101	36 264	1 837	——	22 463	5 021	1 035	229	93	845	5	2 909	53
37 431	35 245	79	——	24 926	4 267	1 220	285	35	82	9	3 781	169
77 214	55 991	8 428	9	33 407	16 847	3 401	1 148	1 091	1 065	19	11 343	145
19 917	10 160	4 391	——	6 706	4 225	467	98	852	20	9	696	24
29 111	25 452	883	98	17 623	4 160	608	164	133	28	244	4 416	88
29 822	26 059	55	——	19 433	3 066	316	192	103	83	90	4 061	167
169 342	113 754	49 203	——	73 726	28 138	2 649	295	1 192	1 979	530	8 046	766
114 690	96 543	11 320	1 801	48 780	23 798	2 396	626	721	1 216	401	14 473	510
145 502	101 647	43 478	299	62 385	28 499	2 772	1 506	1 691	1 827	161	11 321	188
25 700	18 311	7 388	——	12 859	5 301	854	304	279	261	46	997	12
27 709	19 034	2 154	33	12 770	3 891	394	211	32	75	19	5 713	248
46 274	27 322	15 595	——	16 191	5 481	602	405	151	229	35	3 733	151
11 405	2 701	8 704	——	1 623	511	35	24	11	13	——	266	7
33 382	26 548	2 173	202	17 643	3 668	610	382	111	398	68	4 857	218
97 273	75 851	7 549	20	44 949	8 919	1 121	305	119	160	——	7 052	214
14 529	12 446	1 143	2	7 513	692	166	23	——	6	——	1 492	3
41 457	34 001	1 761	52	25 628	4 084	274	162	51	210	11	3 856	284
40 763	26 431	7 752	40	19 789	5 094	655	341	262	555	81	3 890	132
44 808	37 835	5 486	168	24 051	7 661	855	442	92	419	70	3 373	374
156 344	96 553	40 997	46	56 388	25 852	2 186	861	1 190	1 673	290	10 583	613
40 256	21 607	14 710	——	11 246	7 776	389	140	861	143	166	948	4
27 527	21 628	1 750	——	15 647	3 413	577	162	10	102	176	3 379	88
5 795	4 151	605	——	3 830	364	14	18	84	48	12	86	23
30 793	18 043	6 060	810	11 315	6 370	868	452	152	321	114	3 728	274
52 895	33 790	9 870	221	22 759	9 533	1 666	896	383	614	74	6 304	136
16 600	11 204	494	3	10 484	1 593	108	45	67	60	12	2 640	25
44 924	37 346	3 029	——	28 181	4 633	417	190	55	83	20	4 384	114
——	——	——	——	——	——	——	——	——	——	——	——	——
28 737	22 540	1 024	31	20 754	2 435	920	231	129	161	9	1 295	302
24 943	21 507	3 436	——	14 900	2 419	1 056	168	35	55	——	3 601	178
7 234	5 484	85	——	5 563	981	19	26	——	155	——	297	——
9 285	8 523	213	52	6 147	780	83	53	18	38	——	1 767	112
24 089	18 997	1 521	——	13 705	2 786	481	222	125	200	102	2 843	283

2007 年各地区县、市级公共图书馆

	其他资本性支出	各种设备购置费	新增藏量购置费	图书购置费	本年新购藏量（千册、件）	新购图书	资产合计（千元）	固定资产原值	增加值（千元）
总　计	**328 854**	**275 641**	**205 057**	**185 480**	**10 451**	**8 870**	**3 959 787**	**3 504 327**	**1 076 870**
北　京	36 190	30 946	25 525	24 550	1 141.9	1 066.5	417 451	364 507	57 393.2
天　津	12 995	9 596	8 241	7 564	279.6	253	96 327	86 915	45 659.5
河　北	4 369	3 878	3 052	2 725	413.8	381.6	122 819	117 799	27 586.2
山　西	5 221	3 789	2 765	2 272	293.9	217.3	71 544	69 900	29 120.7
内蒙古	3 009	2 742	1 792	1 637	139.4	121.2	57 786	57 084	30 975.9
辽　宁	11 483	11 134	9 320	7 250	564.9	481.4	133 988	107 128	51 294.8
其中：大连	6 430	6 430	5 326	4 050	254.8	212.5	44 480	38 116	9 792.2
吉　林	1 544	1 416	926	759	46.3	32.4	44 937	40 856	24 001.3
黑龙江	2 038	1 722	1 513	1 267	102.4	75.8	55 293	50 772	25 662.9
上　海	46 968	38 292	31 463	29 513	927.6	827.9	390 437	312 381	97 718.8
江　苏	21 912	20 560	16 760	15 092	822.4	722.8	344 695	313 044	78 033.8
浙　江	39 743	32 034	24 768	23 573	1 006.2	936.2	397 450	342 501	91 098.7
其中：宁波	5 705	5 160	4 801	4 756	263.1	258.9	50 227	39 441	16 026.3
安　徽	4 618	3 506	2 015	1 321	297.6	122.5	35 137	26 624	19 474
福　建	7 540	6 963	6 443	6 047	388.9	337.9	149 177	116 028	27 591.5
其中：厦门	481	481	327	267	90.4	90.3	9 759	9 682	2 299
江　西	5 616	4 794	2 838	2 741	159	131.3	52 503	50 184	24 978.5
山　东	21 572	17 662	6 092	5 598	429.9	334.4	157 821	143 088	57 805
其中：青岛	3 629	2 703	2 055	1 995	86.6	81.6	22 096	17 573	9 712.2
河　南	6 379	5 945	2 718	2 252	321.2	294	109 945	104 411	33 654.7
湖　北	10 642	6 091	4 324	3 688	218.5	179.3	124 443	111 984	28 949
湖　南	8 946	7 379	4 260	3 701	292.2	250.7	110 489	100 999	31 716.5
广　东	43 725	38 674	28 153	25 456	1 272.3	1 091.4	359 185	315 040	81 556.6
其中：深圳	15 552	15 172	12 190	10 847	600.7	523.7	121 673	89 556	16 952.6
广　西	3 909	2 821	2 074	1 742	133.4	79.9	75 769	69 914	22 039.8
海　南	782	544	389	261	18.5	12.5	15 477	12 263	4 528.7
重　庆	5 380	4 981	4 147	3 263	255.5	192.5	100 453	86 670	18 776.4
四　川	10 610	8 321	5 854	5 201	331.5	246.2	140 999	129 537	35 292.8
贵　州	1 178	1 026	925	639	71.9	42.8	54 728	52 755	15 330.8
云　南	5 165	4 826	3 536	2 962	263.1	232.9	154 716	149 210	38 589
西　藏	——	——	——	——	——	——	——	——	——
陕　西	2 713	2 414	2 142	2 031	92.1	83.2	67 733	61 396	24 546.4
甘　肃	935	703	539	447	33.9	24.5	45 490	43 124	20 148.6
青　海	235	166	139	131	16.4	14.7	6 299	5 437	6 234.1
宁　夏	485	485	353	306	20.6	13.5	12 597	12 573	8 363.8
新　疆	2 952	2 231	1 991	1 491	96.4	69.6	54 099	50 203	18 747.4

基本情况(三)

公用房屋建筑面积 (千平方米)	公用房屋建筑面积：书库面积	公用房屋建筑面积：阅览室面积	阅览室面积：书刊阅览室面积	阅览室面积：电子阅览室面积	阅览室坐席数 (个)	阅览室坐席数：少儿阅览室坐席数 (个)	图书馆延伸服务情况：流动图书馆车书刊借阅人次 (千人次)	流动图书馆车书刊借阅册次 (千册次)	分馆数量 (个)	借阅人次 (千人次)	借阅册次 (千册次)
4 020	**884**	**907**	**593**	**158**	**349 979**	**107 568**	**3 252**	**4 669**	**1 623**	**4 947.7**	**7 855**
118	19.8	30.9	18.8	5	10 932	3 148	211.7	646.5	620	539.6	1 129.8
90.9	29	22.8	16.1	4.9	7 270	1 505	16.2	20	102	308.2	444.9
168	34.7	35.5	19.2	5.4	15 423	4 507	26	23.6	3	6.8	9.5
105.3	24	24.6	18.2	5.5	9 487	2 966	128.2	162	18	23.9	38.3
92.1	21.6	20.8	12	2.7	9 446	3 237	83.9	80.1	10	40.2	38.2
186.8	32.6	38.4	26.1	5.6	16 671	5 488	247.7	495.5	132	596	1 156.9
74.5	10.9	14.3	10.9	2.5	5 564	1 618	40	80	30	201.4	310.2
53.6	10.3	13.2	8.6	1.9	7 330	2 534	13	7.8	35	48.3	293.7
78.6	20.6	23	12.4	3.6	8 585	2 956	21.5	24.6	——	——	——
138.2	21.5	38.5	32	5.6	13 502	3 167	415.5	805.5	37	483.3	895.2
414.6	50	59.6	43.9	12.5	17 519	5 889	60.4	105.4	46	194.4	333.2
278.7	53.6	63.2	47.4	12.7	18 726	5 230	688.7	677.1	141	243.8	420.2
72.7	4.7	24	22.2	1.8	4 067	720	376	425.8	19	40.4	57.4
62.7	14.6	14.5	8.8	3.2	6 496	2 150	——	——	5	18	22.4
154.8	42.6	38.6	28.7	4.3	13 041	3 271	85.3	125.2	44	130	156.2
16.2	4.9	3.1	2.7	0.5	1 074	280	——	——	1	3.6	——
110.8	23.1	27.6	17.1	3.5	13 002	4 552	102.8	169.6	7	98	115
203.3	49.8	45.3	25.2	13.3	18 487	5 515	79.7	97.7	37	150.6	272.9
29.9	4.9	7.9	6	1.3	2 807	670	47.3	43.1	1	0.3	0.2
158.9	34.5	29.5	15.8	3.9	14 112	4 521	109.1	131.7	24	48.9	41.7
131.2	29.8	27.7	15.7	5.6	14 727	4 657	293.1	320	23	194.2	232.4
169.5	47.4	38.1	25.7	6	15 633	6 143	4.5	8	30	137	193.6
363.5	71.3	88.6	61.8	16.3	26 741	6 963	314.6	324.2	181	988.8	1 298.5
66.7	10.8	18	14	4	3 809	517	6.5	18	23	37.3	44.4
115.4	42.7	34.6	23.8	4	13 799	4 632	5.7	10.2	——	——	——
29.8	9.3	5.8	3.6	0.8	2 632	695	0.2	0.3	——	——	——
101.9	25.7	25.5	14.9	5.1	7 272	2 597	76.7	107.2	28	127.6	143.3
152.1	35.4	42.9	26.6	9.3	17 766	5 364	63.8	124.7	52	321.7	334.1
79.6	18.5	19	9.4	2.8	6 981	2 371	1.3	3.1	6	12.6	26.1
181	49.7	32.5	21.4	4.6	14 782	4 897	135.9	94.1	13	91.7	88.8
——	——	——	——	——	——	——	——	——	——	——	——
100.9	24.1	19.7	11.9	2.6	9 072	2 532	8.6	7.7	10	14.9	19.7
73.2	18.4	17.9	10.1	2.8	7 180	2 493	6.9	9	9	21.7	41.8
19.2	6.4	5	2	0.5	1 421	326	——	——	——	——	——
21.5	7.8	6.6	5.5	1.1	2 132	726	27.6	30	——	——	——
65.6	14.8	17.2	10.8	2.9	9 812	2 536	23.8	58.7	10	107.9	108.8

2007年全国公共图书馆分级别按总藏量排序

单位:册(件)

名次	单位名称	总藏量	名次	单位名称	总藏量
	一、省级公共图书馆		37	广西壮族自治区少年儿童图书馆	265520
1	上海市图书馆	51421565		二、地市级公共图书馆	
2	江苏省南京图书馆	8455396	1	广东省广州市图书馆	3834422
3	广东省立中山图书馆	5867929	2	辽宁省大连市图书馆	3000348
4	山东省图书馆	5782306	3	广东省深圳市图书馆	2805310
5	浙江省图书馆	5338374	4	黑龙江省哈尔滨市图书馆	2480218
6	北京市首都图书馆	4911711	5	黑龙江省大庆市图书馆	2173767
7	湖北省图书馆	4702725	6	四川省成都市图书馆	2170809
8	四川省图书馆	4597950	7	辽宁省沈阳市图书馆	2048274
9	天津市图书馆	4487387	8	湖北省武汉市图书馆	2038950
10	辽宁省图书馆	4166976	9	吉林省长春市图书馆	1811014
11	湖南省图书馆	3343820	10	广东省广州市少年儿童图书馆	1712861
12	吉林省图书馆	3207780	11	浙江省杭州市图书馆	1679203
13	甘肃省图书馆	3036276	12	山东省青岛市图书馆	1592620
14	陕西省图书馆	3022267	13	江苏省常州市图书馆	1465065
15	重庆市图书馆	2716175	14	山东省济南市图书馆	1456218
16	河南省图书馆	2710000	15	山东省烟台市图书馆	1453200
17	安徽省图书馆	2673579	16	江苏省金陵图书馆(南京市)	1385161
18	黑龙江省图书馆	2617560	17	江苏省无锡市图书馆	1370284
19	山西省图书馆	2525470	18	吉林省吉林市图书馆	1337443
20	云南省图书馆	2505413	19	广东省东莞市图书馆	1255242
21	江西省图书馆	2504365	20	浙江省金华市严济慈图书馆	1248151
22	福建省图书馆	2452865	21	江苏省苏州市图书馆	1228658
23	广西省桂林图书馆	2232208	22	福建省厦门市图书馆	1217776
24	广西壮族自治区图书馆	1882952	23	黑龙江省齐齐哈尔市图书馆	1182704
25	内蒙古自治区图书馆	1674057	24	山东省淄博市图书馆	1131379
26	河北省图书馆	1648898	25	四川省广安市图书馆	1100000
27	青海省图书馆	1564358	26	浙江省宁波市图书馆	1098721
28	宁夏回族自治区图书馆	1494664	27	浙江省温州市图书馆	1024291
29	新疆维吾尔自治区图书馆	1467949	28	江苏省扬州市图书馆	1014335
30	贵州省图书馆	1433506	29	河北省石家庄市图书馆	998072
31	上海市少年儿童图书馆	821050	30	吉林省辽源市图书馆	984368
32	天津市少年儿童图书馆	713007	31	浙江省嘉兴市图书馆	959353
33	湖南省少年儿童图书馆	668008	32	江苏省镇江市图书馆	941788
34	重庆市少年儿童图书馆	439045	33	江西省南昌市图书馆	873000
35	海南省图书馆	412896	34	河南省郑州市图书馆	828045
36	西藏自治区图书馆	358219	35	湖北省黄石市图书馆	810252

2007年全国公共图书馆分级别按总藏量排序

单位：册(件)

名次	单位名称	总藏量	名次	单位名称	总藏量
36	辽宁省沈阳市少年儿童图书馆	805514	73	安徽省合肥市图书馆	500000
37	江苏省徐州市图书馆	804760	74	湖北省十堰市图书馆	496796
38	江苏省南通市图书馆	802646	75	广西省梧州市图书馆	496767
39	辽宁省抚顺市图书馆	791723	76	陕西省咸阳市图书馆	495000
40	河北省唐山市图书馆	788989	77	山东省枣庄市图书馆	475106
41	山西省太原市图书馆	768541	78	湖北省襄樊市图书馆	475000
42	辽宁省丹东市图书馆	759998	79	新疆维吾尔自治区阿克苏地区图书馆	474996
43	河北省保定市图书馆	749376	80	吉林省延边图书馆	470000
44	湖北省武汉市少年儿童图书馆	746142	81	福建省厦门市少年儿童图书馆	469863
45	辽宁省本溪市图书馆	727319	82	江苏省盐城市图书馆	468339
46	贵州省贵阳市图书馆	726236	83	四川省宜宾市图书馆	463172
47	广东省中山市中山图书馆	723774	84	江苏省连云港市图书馆	462184
48	广西省柳州市图书馆	722226	85	浙江省杭州市少年儿童图书馆	458262
49	辽宁省锦州市图书馆	714952	86	内蒙古自治区呼市图书馆	454274
50	浙江省绍兴市图书馆	711564	87	江苏省泰州市图书馆	450000
51	河北省廊坊市图书馆	702160	88	湖南省株洲市图书馆	447848
52	广东省佛山市图书馆	678823	89	江苏省淮安市图书馆	443008
53	河南省南阳市图书馆	666890	90	贵州省遵义市图书馆	442387
54	湖北省恩施州图书馆	652240	91	四川省南充市图书馆	440951
55	河北省张家口市图书馆	648160	92	湖南省湘潭市图书馆	437595
56	河南省新乡市图书馆	638412	93	辽宁省营口市图书馆	436980
57	河南省洛阳市图书馆	627113	94	安徽省马鞍山市图书馆	428400
58	湖北省荆州市图书馆	627056	95	四川省绵阳市图书馆	426194
59	广东省汕头市图书馆	612324	96	辽宁省大连市少年儿童图书馆	425959
60	辽宁省辽阳市图书馆	596639	97	广东省深圳市少年儿童图书馆	420000
61	湖北省宜昌市图书馆	574878	98	广西省玉林市图书馆	416013
62	广东省江门市五邑图书馆	547668	99	江西省萍乡市图书馆	415576
63	广西省南宁市图书馆	544275	100	广东省珠海市图书馆	412195
64	河南省开封市图书馆	541096		三、县市级公共图书馆	
65	江西省九江市图书馆	532753	1	山东省东营中心城区图书馆	1630000
66	浙江省湖州市图书馆	525535	2	江苏省常熟市图书馆	1353982
67	陕西省宝鸡市图书馆	522170	3	辽宁省鞍山市图书馆	1226256
68	江西省景德镇市图书馆	521668	4	山东省龙口市图书馆	1197000
69	湖南省衡阳市图书馆	515000	5	重庆市北碚区图书馆	876000
70	云南省昆明市图书馆	511472	6	广东省深圳市福田区图书馆	865000
71	山东省济宁市图书馆	505262	7	上海市黄浦区图书馆	839239
72	河北省秦皇岛市图书馆	503000	8	天津市泰达图书馆	810000

2007年全国公共图书馆分级别按总藏量排序

单位：册（件）

名次	单位名称	总藏量	名次	单位名称	总藏量
9	北京市朝阳区图书馆	784457	55	新疆维吾尔自治区独山子区图书馆	387241
10	广东省顺德市图书馆	700231	56	广东省新会区景堂图书馆	386525
11	广东省深圳市南山区南山图书馆	634180	57	浙江省宁波鄞州区图书馆	385066
12	福建省泉州市图书馆	630167	58	广东省越秀区图书馆	384975
13	福建省福州市图书馆	622252	59	北京市海淀区图书馆	381022
14	北京市大兴区图书馆	605052	60	江西省吉水县图书馆	380000
15	上海市宝山区图书馆	588551	61	北京市石景山区图书馆	373714
16	浙江省杭州市萧山区图书馆	570728	62	浙江省临海市图书馆	373589
17	上海市浦东新区图书馆	569913	63	上海市虹口区图书馆	369607
18	江苏省江阴市图书馆	562585	64	浙江省海宁市图书馆	368600
19	新疆维吾尔自治区沙湾县图书馆	560300	65	浙江省慈溪市图书馆	362348
20	广东省深圳市宝安区图书馆	547000	66	上海市闵行区图书馆	355185
21	江苏省张家港市图书馆	532280	67	上海市南汇区图书馆	354210
22	广东省佛山市南海区图书馆	531221	68	江苏省南京市江宁区图书馆	352899
23	上海市杨浦区图书馆	521076	69	天津市河东区图书馆	348921
24	江苏省昆山市图书馆	520000	70	福建省晋江市图书馆	346019
25	福建省建宁县图书馆	501622	71	北京市房山区图书馆	345938
26	北京市西城区图书馆	500711	72	山东省平度市图书馆	342000
27	上海市长宁区图书馆	491477	73	浙江省杭州市余杭区图书馆	338450
28	上海市嘉定区图书馆	489472	74	山东省青州市图书馆	338391
29	重庆市渝中区图书馆	482997	75	广东省深圳市龙岗区图书馆	338149
30	上海市普陀区图书馆	478278	76	重庆市渝北区图书馆	332703
31	浙江省桐乡市图书馆	477602	77	北京市怀柔区图书馆	328085
32	北京市顺义区图书馆	469853	78	浙江省余姚市图书馆	326739
33	重庆市涪陵区图书馆	469817	79	广东省从化市图书馆	322517
34	天津市塘沽区图书馆	467000	80	安徽省无为县图书馆	322000
35	北京市崇文区图书馆	455440	81	北京市门头沟区图书馆	320215
36	上海市徐汇区图书馆	447749	82	山东省招远市图书馆	320000
37	上海市静安区图书馆	447546	83	上海市浦东新区新川沙图书馆	316436
38	广东省番禺区图书馆	445000	84	山东省文登市图书馆	310496
39	上海市松江区图书馆	440329	85	福建省石狮市图书馆	306632
40	上海市卢湾区图书馆	439567	86	北京市宣武区图书馆	304005
41	上海市崇明县图书馆	437709	87	浙江省平湖市图书馆	302952
42	北京市东城区图书馆	433621	88	广东省深圳市罗湖区图书馆	301300
43	江西省庐山图书馆	430000	89	广东省佛山市三水区图书馆	298369
44	广东省荔湾区图书馆	425721	90	河南省鹤壁市图书馆	295902
45	江苏省海门市图书馆	421000	91	福建省厦门市海沧区文化图书馆	295149
46	北京市昌平区图书馆	415061	92	浙江省长兴县图书馆	291671
47	江苏省吴江市图书馆	410000	93	天津市河西区图书馆	291000
48	北京市平谷区图书馆	408570	94	山东省莒南县图书馆	290549
49	上海市青浦区图书馆	407664	95	四川省达县图书馆	290000
50	上海市奉贤区图书馆	403379	96	北京市密云县图书馆	289992
51	上海市闸北区图书馆	392015	97	天津市南开区图书馆	289081
52	四川省双流县图书馆	392000	98	天津市和平区图书馆	288657
53	北京市石景山区少年儿童图书馆	391816	99	辽宁省甘井子区图书馆	283538
54	广东省天河区图书馆	390000	100	上海市浦东新区陆家嘴图书馆	282640

2007 年全国公共图书馆分级别按外借册次排序

单位:册次

名次	单位名称	外借册次	名次	单位名称	外借册次
	一、省级公共图书馆		37	海南省图书馆	25000
1	北京市首都图书馆	2398583		**二、地市级公共图书馆**	
2	上海市图书馆	1774784	1	广东省深圳市图书馆	2628953
3	天津市图书馆	1373339	2	广东省广州市图书馆	1729051
4	辽宁省图书馆	1340693	3	浙江省杭州市图书馆	1589356
5	湖南省图书馆	1312344	4	浙江省温州市图书馆	1581171
6	山东省图书馆	1283215	5	浙江省宁波市图书馆	1445726
7	重庆市少年儿童图书馆	1202867	6	四川省成都市图书馆	1199444
8	安徽省图书馆	1100000	7	广东省东莞图书馆	1072724
9	浙江省图书馆	930639	8	福建省厦门市少年儿童图书馆	999660
10	广东省立中山图书馆	906193	9	四川省泸州市图书馆	970156
11	福建省图书馆	816868	10	江苏省苏州市图书馆	938376
12	甘肃省图书馆	741659	11	辽宁省大连市图书馆	854114
13	上海市少年儿童图书馆	734895	12	吉林省长春市图书馆	786121
14	湖北省图书馆	729208	13	宁夏回族自治区银川市图书馆	780000
15	天津市少年儿童图书馆	639409	14	福建省厦门市图书馆	779499
16	广西壮族自治区图书馆	630000	15	广东省广州市少年儿童图书馆	773270
17	陕西省图书馆	528505	16	江苏省盐城市图书馆	743825
18	云南省图书馆	460200	17	山东省青岛市图书馆	723607
19	吉林省图书馆	441449	18	辽宁省沈阳市图书馆	686466
20	江苏省南京图书馆	372625	19	浙江省嘉兴市图书馆	662000
21	湖南省少年儿童图书馆	346008	20	广西省柳州市图书馆	652698
22	青海省图书馆	333180	21	辽宁省沈阳市少年儿童图书馆	608880
23	江西省图书馆	306703	22	宁夏回族自治区石嘴山市图书馆	600000
24	黑龙江省图书馆	295444	23	云南省楚雄州图书馆	590920
25	广西省桂林图书馆	288985	24	湖南省常德市图书馆	587532
26	山西省图书馆	288316	25	浙江省金华市严济慈图书馆	587347
27	重庆市图书馆	223700	26	黑龙江省哈尔滨市图书馆	585830
28	河南省图书馆	186030	27	河北省张家口市图书馆	580000
29	内蒙古自治区图书馆	147963	28	江苏省泰州市图书馆	576000
30	新疆维吾尔自治区图书馆	146926	29	江苏省扬州市少年儿童图书馆	573015
31	贵州省图书馆	117178	30	湖北省武汉市图书馆	531769
32	河北省图书馆	86974	31	江苏省镇江市图书馆	519500
33	广西壮族自治区少年儿童图书馆	70000	32	山东省济南市图书馆	510000
34	四川省图书馆	58314	33	黑龙江省大庆市图书馆	503999
35	西藏自治区图书馆	45000	34	辽宁省大连市少年儿童图书馆	500821
36	宁夏回族自治区图书馆	34523	35	江苏省无锡市图书馆	494711

2007年全国公共图书馆分级别按外借册次排序

单位:册次

名次	单位名称	外借册次	名次	单位名称	外借册次
36	浙江省绍兴市图书馆	494054	73	辽宁省抚顺市图书馆	270335
37	浙江省杭州市少年儿童图书馆	491965	74	陕西省咸阳市图书馆	270000
38	广西省玉林市图书馆	462821	75	湖北省武汉市少年儿童图书馆	265909
39	湖北省黄冈市图书馆	461000	76	吉林省长春市少年儿童图书馆	265271
40	浙江省湖州市图书馆	449625	77	江苏省南通市图书馆	264707
41	浙江省温州市少年儿童图书馆	448944	78	山东省淄博市图书馆	260000
42	山东省枣庄市图书馆	428635	79	吉林省四平市图书馆	256894
43	湖北省荆州市图书馆	424000	80	甘肃省白银市图书馆	249000
44	江苏省金陵图书馆(南京市)	414869	81	广东省湛江市少年儿童图书馆	245970
45	河南省新乡市图书馆	411914	82	湖北省黄石市图书馆	244600
46	湖北省宜昌市图书馆	376690	83	河南省洛阳市图书馆	243878
47	湖南省长沙市图书馆	370000	84	河南省郑州市图书馆	240670
48	河南省安阳市图书馆	350000	85	山东省烟台市图书馆	238800
49	湖南省岳阳市图书馆	346000	86	四川省南充市图书馆	231673
50	安徽省合肥市少儿图书馆	343000	87	江苏省徐州市图书馆	230090
51	广西省南宁市少年儿童图书馆	337008	88	陕西省宝鸡市图书馆	230000
52	浙江省衢州市图书馆	329288	89	吉林省白山市图书馆	229446
53	甘肃省兰州市图书馆	326311	90	广西省贺州市图书馆	228621
54	河北省唐山市图书馆	326066	91	新疆维吾尔自治区乌鲁木齐市图书馆	228395
55	广西省北海市少年儿童图书馆	324500	92	辽宁省锦州市图书馆	226400
56	辽宁省本溪市图书馆	323205	93	江西省赣州市图书馆	224099
57	河南省漯河市图书馆	322159	94	河北省沧州市图书馆	220000
58	四川省内江市图书馆	321116	95	河南省南阳市图书馆	220000
59	广东省中山市中山图书馆	318500	96	广东省江门市五邑图书馆	220000
60	湖北省孝感市图书馆	310000	97	辽宁省丹东市少儿图书馆	216102
61	广东省汕头市图书馆	307162	98	新疆维吾尔自治区阿勒泰地区图书馆	215000
62	湖南省湘潭市图书馆	306801	99	广东省剑英图书馆	213139
63	四川省广安市图书馆	300000	100	湖南省衡阳市少儿图书馆	211914
64	广东省佛山市图书馆	297812		**三、县市级公共图书馆**	
65	青海省西宁市图书馆	290659	1	上海市卢湾区图书馆	1316252
66	广西省南宁市图书馆	285740	2	江苏省昆山市图书馆	1000000
67	江苏省常州市图书馆	283710	3	浙江省杭州市萧山区图书馆	957861
68	河南省濮阳市图书馆	280000	4	新疆维吾尔自治区沙湾县图书馆	934200
69	新疆维吾尔自治区克拉玛依市图书馆	278505	5	江苏省张家港市图书馆	927000
70	云南省曲靖市图书馆	277438	6	上海市长宁区图书馆	800371
71	湖南省株洲市图书馆	275000	7	浙江省长兴县图书馆	800000
72	湖北省鄂州市图书馆	274950	8	上海市浦东新区图书馆	735458

2007 年全国公共图书馆分级别按外借册次排序

单位:册次

名次	单位名称	外借册次	名次	单位名称	外借册次
9	北京市石景山区图书馆	648224	55	广东省顺德市图书馆	314279
10	北京市顺义区图书馆	575092	56	重庆市万州区图书馆	312510
11	江苏省常熟市图书馆	555049	57	上海市虹口区图书馆	312292
12	浙江省海宁市图书馆	545791	58	广东省增城市图书馆	310421
13	河南省舞阳县图书馆	520000	59	上海市闵行区图书馆	310335
14	上海市宝山区图书馆	512229	60	北京市崇文区图书馆	310294
15	重庆市北碚区图书馆	477788	61	浙江省宁波鄞州区图书馆	308343
16	北京市朝阳区图书馆	477210	62	江苏省启东市图书馆	305864
17	上海市浦东新区新川沙图书馆	474691	63	辽宁省沙河口区图书馆	300509
18	上海市杨浦区图书馆	473512	64	重庆市长寿区图书馆	300000
19	浙江省桐乡市图书馆	468000	65	江苏省江阴市图书馆	299378
20	北京市平谷区图书馆	461904	66	上海市奉贤区图书馆	296159
21	辽宁省普兰店市图书馆	460000	67	内蒙古自治区青山区图书馆	294517
22	河南省鹤壁市图书馆	460000	68	江苏省通州市图书馆	293960
23	湖南省江永县图书馆	440000	69	北京市房山区图书馆	290828
24	广东省佛山市南海区图书馆	420000	70	天津市泰达图书馆	290000
25	上海市杨浦区延吉图书馆	414473	71	江苏省大丰市图书馆	285000
26	上海市闸北区图书馆	411000	72	江苏省南京市鼓楼区图书馆	283083
27	上海市普陀区图书馆	409351	73	广西省钦州市灵山县图书馆	282697
28	福建省泉州市图书馆	408581	74	辽宁省大连经济技术开发区图书馆	280100
29	上海市南汇区图书馆	405157	75	江苏省太仓市图书馆	275000
30	广东省深圳市南山区南山图书馆	405045	76	浙江省镇海区图书馆	272395
31	上海市黄浦区图书馆	390995	77	山东省文登市图书馆	270120
32	广东省深圳市罗湖区图书馆	388200	78	辽宁省甘井子区图书馆	262091
33	广东省罗定市图书馆	380000	79	江苏省扬中市图书馆	257706
34	浙江省慈溪市图书馆	374263	80	浙江省余姚市图书馆	255671
35	北京市昌平区图书馆	373428	81	上海市崇明县图书馆	250000
36	辽宁省绥中县图书馆	373000	82	湖北省红安县图书馆	250000
37	江苏省吴江市图书馆	370000	83	四川省青白江区图书馆	249979
38	北京市大兴区图书馆	369814	84	江苏省高淳县图书馆	243000
39	上海市徐汇区图书馆	362011	85	北京市宣武区图书馆	240890
40	江苏省仪征市图书馆	355000	86	山东省茌平县图书馆	240000
41	广东省越秀区图书馆	350081	87	广东省花都区图书馆	240000
42	辽宁省沈阳市沈河区图书馆	350000	88	吉林省敦化市图书馆	239000
43	福建省福州市少儿图书馆	350000	89	福建省建瓯市图书馆	239000
44	广东省深圳市福田图书馆	350000	90	浙江省椒江区图书馆	234218
45	上海市嘉定区图书馆	347262	91	吉林省延吉市少儿图书馆	234000
46	上海市松江区图书馆	347251	92	北京市海淀区图书馆	232086
47	北京市西城区图书馆	341788	93	山东省肥城市图书馆	231101
48	广东省番禺区图书馆	340000	94	重庆市涪陵区图书馆	231000
49	重庆市沙坪坝区图书馆	335497	95	河南省信阳市平桥区图书馆	230000
50	广东省荔湾区图书馆	330000	96	上海市静安区图书馆	227428
51	山东省临沭县图书馆	328500	97	浙江省奉化市图书馆	226757
52	浙江省杭州市余杭区图书馆	327000	98	北京市东城区图书馆	226288
53	重庆市渝北区图书馆	321580	99	辽宁省鞍山市图书馆	224769
54	广西省柳城县图书馆	316000	100	安徽省太湖县图书馆	223557

2007年全国公共图书馆分级别按购书费占总支出比重排序

单位：%

名次	单位名称	比重	名次	单位名称	比重
	一、省级公共图书馆			二、地市级公共图书馆	
1	海南省图书馆	68.16	1	湖北省十堰市少儿图书馆	100.00
2	广东省立中山图书馆	55.07	2	黑龙江省七台河市图书馆	49.83
3	天津市图书馆	38.71	3	浙江省杭州市图书馆	43.61
4	天津市少年儿童图书馆	38.69	4	广东省深圳市图书馆	39.38
5	浙江省图书馆	31.71	5	广东省汕尾市图书馆	38.10
6	上海市图书馆	29.57	6	四川省成都市图书馆	33.58
7	重庆市图书馆	27.37	7	辽宁省营口市老边区图书馆	30.96
8	山东省图书馆	25.85	8	江苏省淮安市图书馆	30.89
9	湖南省图书馆	25.59	9	内蒙古自治区鄂尔多斯市图书馆	28.71
10	辽宁省图书馆	24.89	10	河南省济源市图书馆	28.54
11	福建省图书馆	24.52	11	江西省萍乡市图书馆	27.86
12	宁夏回族自治区图书馆	22.91	12	辽宁省铁岭市少年儿童图书馆	27.22
13	湖北省图书馆	21.28	13	湖南省常德市图书馆	26.97
14	北京市首都图书馆	20.09	14	江西省鹰潭市图书馆	26.78
15	甘肃省图书馆	20.01	15	安徽省合肥市图书馆	25.82
16	新疆维吾尔自治区图书馆	19.74	16	广东省清远市图书馆	25.23
17	河南省图书馆	16.68	17	河北省廊坊市图书馆	24.64
18	四川省图书馆	16.12	18	河南省濮阳市图书馆	24.40
19	江苏省南京图书馆	15.77	19	河南省信阳市图书馆	24.19
20	重庆市少年儿童图书馆	15.53	20	广东省广州图书馆	24.08
21	江西省图书馆	15.51	21	辽宁省大连市少年儿童图书馆	23.60
22	陕西省图书馆	13.81	22	浙江省嘉兴市图书馆	22.70
23	吉林省图书馆	13.47	23	湖南省邵阳市少儿图书馆	22.58
24	河北省图书馆	13.40	24	山东省青岛市图书馆	22.54
25	云南省图书馆	13.27	25	湖北省黄冈市图书馆	22.13
26	上海市少年儿童图书馆	12.37	26	河北省邯郸市图书馆	21.39
27	山西省图书馆	12.27	27	湖北省宜昌市图书馆	21.02
28	西藏自治区图书馆	10.57	28	河北省秦皇岛市图书馆	20.80
29	湖南省少年儿童图书馆	10.52	29	广东省深圳市少年儿童图书馆	20.80
30	贵州省图书馆	9.55	30	福建省龙岩市图书馆	20.47
31	黑龙江省图书馆	9.07	31	辽宁省沈阳市少年儿童图书馆	20.45
32	广西壮族自治区图书馆	9.01	32	湖北省孝感市图书馆	20.33
33	安徽省图书馆	7.32	33	浙江省金华市严济慈图书馆	20.31
34	广西省桂林图书馆	6.14	34	辽宁省大连市图书馆	20.29
35	青海省图书馆	5.84	35	山东省东营市图书馆	20.18
36	内蒙古自治区图书馆	2.84	36	新疆维吾尔自治区博州图书馆	20.00

2007年全国公共图书馆分级别按购书费占总支出比重排序

单位:%

名次	单位名称	比重	名次	单位名称	比重
37	海南省三亚市图书馆	19.70	74	浙江省丽水市图书馆	15.79
38	山西省大同市图书馆	19.62	75	河南省焦作市图书馆	15.68
39	江苏省常州市图书馆	19.55	76	湖北省襄樊市少儿图书馆	15.63
40	辽宁省营口市西市区图书馆	19.35	77	四川省绵阳市图书馆	15.62
41	四川省巴中市图书馆	19.16	78	江西省九江市图书馆	15.61
42	浙江省舟山市图书馆	18.94	79	安徽省马鞍山市图书馆	15.58
43	江西省南昌市图书馆	18.94	80	新疆维吾尔自治区吐鲁番地区图书馆	15.50
44	广东省惠州慈云图书馆	18.85	81	湖北省鄂州市图书馆	15.35
45	江苏省无锡市图书馆	18.82	82	内蒙古自治区通辽市图书馆	15.27
46	广西省南宁市图书馆	18.55	83	广东省湛江市图书馆	15.26
47	江苏省扬州市少年儿童图书馆	18.40	84	云南省玉溪市图书馆	14.97
48	山东省济宁市图书馆	18.35	85	甘肃省嘉峪关市图书馆	14.97
49	广西省钦州市图书馆	18.09	86	辽宁省营口市少年儿童图书馆	14.88
50	河北省邢台市图书馆	18.08	87	河北省沧州市图书馆	14.88
51	湖南省岳阳市图书馆	18.08	88	福建省漳州市图书馆	14.88
52	吉林省长春市少年儿童图书馆	17.83	89	广西省贵港市图书馆	14.79
53	陕西省西安市图书馆	17.83	90	广东省珠海市图书馆	14.72
54	江西省抚州市图书馆	17.76	91	浙江省衢州市图书馆	14.65
55	河北省石家庄市图书馆	17.73	92	湖北省武汉市图书馆	14.62
56	河南省郑州市图书馆	17.72	93	湖南省益阳市图书馆	14.62
57	湖北省荆州市图书馆	17.60	94	黑龙江省伊春市图书馆	14.58
58	浙江省湖州市图书馆	17.56	95	陕西省铜川市图书馆	14.43
59	江西省新余市图书馆	17.51	96	辽宁省沈阳市图书馆	14.38
60	广西省南宁市少年儿童图书馆	17.44	97	江苏省徐州市图书馆	14.37
61	广西省崇左市图书馆	17.01	98	福建省三明市少儿图书馆	14.35
62	江苏省苏州图书馆	16.92	99	甘肃省天水市图书馆	14.29
63	江苏省镇江市图书馆	16.88	100	江苏省金陵图书馆(南京市)	14.20
64	四川省德阳市图书馆	16.83		三、县市级公共图书馆	
65	江苏省泰州市图书馆	16.76	1	上海市闸北区少儿图书馆	100.00
66	山东省济南市图书馆	16.68	2	江西省湘东区图书馆	100.00
67	福建省厦门市图书馆	16.34	3	江西省芦溪县图书馆	100.00
68	广东省中山市中山图书馆	16.32	4	重庆市双桥区图书馆	100.00
69	安徽省合肥市少儿图书馆	16.29	5	青海省共和县图书馆	100.00
70	黑龙江省哈尔滨市图书馆	16.24	6	宁夏回族自治区惠农区图书馆	100.00
71	云南省普洱市图书馆	16.08	7	黑龙江省桦南县图书馆	90.91
72	浙江省宁波市图书馆	15.89	8	河北省石家庄市桥东区图书馆	81.93
73	浙江省温州市图书馆	15.80	9	河北省石家庄市长安区图书馆	80.97

2007 年全国公共图书馆分级别按购书费占总支出比重排序

单位:%

名次	单位名称	比重	名次	单位名称	比重
10	江西省上栗县文化馆图书馆	80.00	56	福建省罗源县图书馆	33.78
11	四川省盐边县图书馆	80.00	57	福建省晋安区图书馆	33.75
12	广东省源城区图书馆	77.31	58	安徽省明光市图书馆	33.67
13	广东省深圳市宝安区图书馆	68.96	59	福建省晋江市图书馆	33.40
14	陕西省志丹县图书馆	68.25	60	安徽省宁国市图书馆	33.25
15	四川省蓬安县图书馆	67.80	61	浙江省杭州市萧山区图书馆	32.49
16	河北省石家庄市桥西区图书馆	63.33	62	江西省南昌县图书馆	31.79
17	北京市密云县图书馆	59.52	63	北京市顺义区图书馆	31.32
18	河北省霸州市图书馆	59.38	64	江西省定南县文化局	31.25
19	浙江省宁波江东区图书馆	54.02	65	北京市通州区图书馆	31.09
20	黑龙江省伊春市友好区图书馆	53.57	66	上海市金山区图书馆	30.95
21	江西省吉水县图书馆	53.13	67	江苏省丹阳市少儿图书馆	30.77
22	四川省武侯区图书馆	52.94	68	北京市昌平区图书馆	30.39
23	四川省大英县图书馆	52.58	69	辽宁省沙河口区图书馆	30.26
24	湖南省长沙市开福区图书馆	52.54	70	浙江省义乌市图书馆	30.24
25	山东省崂山区图书馆	51.92	71	河北省辛集市图书馆	30.21
26	北京市大兴区图书馆	51.16	72	辽宁省大连经济技术开发区图书馆	30.15
27	江苏省海门市图书馆	50.23	73	福建省南靖县图书馆	30.15
28	陕西省延川县图书馆	46.81	74	新疆维吾尔自治区独山子区图书馆	30.06
29	山西省长治县图书馆	45.90	75	河南省获嘉县图书馆	30.00
30	山西省大同市城区图书馆	45.65	76	新疆维吾尔自治区拜城县文化馆	29.93
31	贵州省册亨县图书馆	44.25	77	北京市房山区图书馆	29.80
32	新疆维吾尔自治区泽普县图书馆	43.37	78	福建省石狮市图书馆	29.20
33	新疆维吾尔自治区富蕴县图书馆	43.01	79	广东省黄埔区图书馆	29.13
34	四川省威远县图书馆	42.94	80	安徽省霍邱县图书馆	29.07
35	贵州省织金县图书馆	42.86	81	重庆市奉节县图书馆	29.05
36	陕西省户县图书馆	42.31	82	辽宁省灯塔市图书馆	28.94
37	重庆市大渡口区图书馆	41.86	83	四川省蒲江县图书馆	28.57
38	江西省余江县图书馆	41.67	84	上海市奉贤区图书馆	28.19
39	上海市普陀区图书馆	41.38	85	江西省新余市渝水区图书馆	28.00
40	四川省双流县图书馆	40.33	86	山西省太原市尖草坪区图书馆	27.78
41	浙江省柯城区图书馆	40.00	87	广东省深圳市福田图书馆	27.24
42	湖南省长沙市雨花区公共图书馆	40.00	88	辽宁省沈阳市铁西区少儿图书馆	27.22
43	浙江省金华市婺城区文化图书馆	39.68	89	广东省揭东县图书馆	26.92
44	湖南省茶陵县图书馆	39.53	90	辽宁省辽阳市宏伟区图书馆	26.91
45	四川省西充县图书馆	38.71	91	北京市朝阳区图书馆	26.86
46	江苏省苏州市金阊区图书馆	37.98	92	山西省襄汾县图书馆	26.73
47	陕西省凤翔图书馆	37.27	93	四川省金堂县图书馆	26.67
48	湖北省云梦县图书馆	37.04	94	广西省上林县图书馆	26.55
49	陕西省图书馆	35.71	95	上海市青浦区图书馆	26.50
50	浙江省宁波江北区图书馆	35.63	96	河北省栾城县图书馆	26.42
51	安徽省黄山市徽州区图书馆	35.42	97	广西省南宁市西乡塘区图书馆	26.42
52	北京市怀柔区图书馆	35.41	98	浙江省文成县图书馆	26.39
53	浙江省绍兴县图书馆	35.22	99	重庆市九龙坡区图书馆	26.39
54	四川省平武县图书馆	34.88	100	河南省新密市图书馆	26.25
55	湖北省黄梅县图书馆	34.29			

历史资料

按年份各地区公共图书馆机构数

单位：个

地　　区	1949 年	1957 年	1965 年	1978 年	1980 年	1985 年	1990 年	1995 年	2000 年	2003 年	2005 年	2006 年	2007 年
总　计	**52**	**400**	**562**	**1 218**	**1 732**	**2 344**	**2 527**	**2 615**	**2 675**	**2 709**	**2 762**	**2 778**	**2 799**
中　央	1	1	1	1	1	1	1	1	1	1	1	1	1
地　方	51	399	561	1 217	1 731	2 343	2 526	2 614	2 674	2 708	2 761	2 777	2 798
北　京	2	7	6	17	20	22	22	22	24	25	25	24	24
天　津	2	5	10	19	18	26	30	31	31	31	32	32	32
河　北	2	14	12	42	80	104	121	134	145	147	153	156	160
山　西	…	5	17	61	72	103	111	119	121	122	122	122	122
内蒙古	…	15	12	24	83	94	104	107	108	108	110	110	113
辽　宁	…	22	30	71	85	121	123	127	128	128	126	127	128
吉　林	2	11	18	60	48	39	47	51	60	62	63	64	64
黑龙江	…	12	26	78	80	87	96	96	97	97	96	95	98
上　海	20	21	24	17	23	46	51	31	31	35	28	28	30
江　苏	…	25	35	78	82	90	91	94	101	100	103	104	105
浙　江	2	31	35	63	69	76	80	81	83	83	90	92	93
安　徽	…	16	34	36	80	82	84	83	84	84	88	85	85
福　建	…	10	12	23	26	65	74	78	81	82	84	85	85
江　西	2	11	20	38	49	105	104	104	104	104	104	105	104
山　东	3	40	27	80	88	99	115	130	133	140	145	145	145
河　南	1	10	17	36	71	118	127	132	134	136	136	136	138
湖　北	3	15	7	47	101	99	101	100	103	103	102	102	102
湖　南	1	15	37	72	77	110	116	116	115	115	120	120	120
广　东	2	19	46	76	97	117	103	114	124	129	129	129	130
广　西	…	10	29	84	87	89	90	92	94	96	95	100	100
海　南	…	…	…	…	…	…	19	19	19	19	20	20	20
重　庆	…	…	…	…	…	…	…	…	42	44	43	43	43
四　川	…	26	44	78	98	115	148	166	129	132	141	146	151
贵　州	…	9	16	25	44	76	84	87	89	90	91	91	92
云　南	…	10	16	16	80	149	148	148	148	149	149	149	149
西　藏	…	1	1	1	1	18	18	18	1	1	4	3	4
陕　西	7	9	13	43	69	113	113	114	114	111	111	111	111
甘　肃	1	12	8	6	39	75	83	86	91	92	92	92	92
青　海	…	1	1	13	23	27	41	41	38	38	43	43	43
宁　夏	…	3	3	8	14	20	20	20	22	21	20	20	21
新　疆	1	14	5	5	27	58	62	60	80	84	96	98	94

按年份各地区公共图书馆总藏量情况

单位：万册（件）

地　区	1979 年	1980 年	1985 年	1990 年	1995 年	2000 年	2002 年	2003 年	2005 年	2006 年	2007 年
总　计	**18 353**	**19 904**	**25 573**	**29 064**	**32 850**	**40 953**	**42 628**	**43 776**	**48 056**	**50 025**	**52 053**
中　央	1 020	1 060	1 310	1 598	1 959	2 249	2 373	2 412	2 505	2 570	2 631
地　方	17 333	18 844	2 426	27 466	30 891	38 704	40 256	41 364	45 551	47 454	49 422
北　京	483	548	560	607	670	767	876	944	1 121	1 206	1 309
天　津	547	550	584	664	677	786	822	840	869	945	1 030
河　北	384	423	504	707	845	1 081	1 132	1 179	1 307	1 351	1 443
山　西	427	444	588	662	777	867	898	912	963	993	1 032
内蒙古	401	367	482	550	621	683	696	707	744	761	802
辽　宁	1 391	1 487	1 521	1 557	1 786	1 970	2 119	2 115	2 326	2 400	2 451
吉　林	651	665	834	831	921	1 030	1 071	1 090	1 202	1 229	1 280
黑龙江	535	613	848	1 009	1 094	1 186	1 227	1 248	1 291	1 436	1 471
上　海	1 107	1 138	1 430	1 585	1 586	5 500	5 817	5 894	6 049	6 062	6 254
江　苏	1 364	1 433	1 816	2 110	2 420	2 669	2 777	2 846	3 179	3 410	3 491
浙　江	814	843	1 038	1 266	1 511	1 715	1 848	1 918	2 324	2 497	2 699
安　徽	556	563	651	681	752	787	792	807	847	907	1 004
福　建	395	431	709	845	902	985	1 053	1 097	1 274	1 362	1 384
江　西	513	768	916	1 003	1 070	1 122	1 167	1 197	1 282	1 309	1 324
山　东	1 070	1 159	1 234	1 469	1 724	1 989	2 176	2 246	2 746	2 846	3 085
河　南	660	708	975	1 022	1 062	1 239	1 303	1 336	1 429	1 470	1 509
湖　北	650	771	1 032	1 220	1 445	1 678	1 759	1 819	1 923	1 981	2 037
湖　南	732	808	1 120	1 239	1 362	1 514	1 548	1 602	1 667	1 704	1 725
广　东	689	798	1 065	1 260	1 651	2 316	2 300	2 498	3 119	3 454	3 698
广　西	581	644	935	1 102	1 243	1 312	1 378	1 419	1 491	1 564	1 623
海　南	…	…	…	100	137	154	165	167	184	193	223
重　庆	…	…	…	…	…	811	678	700	768	792	859
四　川	1 471	1 502	1 880	2 125	2 356	1 722	1 746	1 773	2 002	2 094	2 117
贵　州	229	292	451	527	616	681	691	713	764	771	696
云　南	420	503	906	1 034	1 104	1 254	1 252	1 287	1 371	1 397	1 420
西　藏	…	17	46	54	51	60	60	60	42	45	48
陕　西	482	480	645	658	733	837	840	852	887	913	936
甘　肃	323	338	586	579	670	745	759	795	860	872	889
青　海	195	220	287	260	280	286	295	295	324	289	340
宁　夏	156	185	300	328	338	380	368	361	378	389	408
新　疆	107	147	321	412	489	579	644	649	817	811	836

注：本年鉴的总藏量，1991 年以前只包括图书。

按年份各地区公共图书馆人均拥有藏书册数

单位:册

地区	1980年	1985年	1990年	1995年	2000年	2005年	2006年	2007年
全国	**0.2**	**0.2**	**0.3**	**0.2**	**0.3**	**0.3**	**0.3**	**0.39**
北京	0.6	0.6	0.6	0.6	0.7	0.7	0.7	0.80
天津	0.7	0.7	0.8	0.7	0.9	0.8	0.8	0.92
河北	0.8	0.1	0.1	0.1	0.2	0.1	0.2	0.21
山西	0.2	0.2	0.2	0.2	0.3	0.2	0.2	0.30
内蒙古	0.2	0.2	0.3	0.2	0.3	0.3	0.3	0.33
辽宁	0.4	0.4	0.4	0.4	0.5	0.5	0.5	0.57
吉林	0.3	0.4	0.3	0.3	0.4	0.4	0.4	0.47
黑龙江	0.2	0.3	0.3	0.3	0.3	0.3	0.3	0.38
上海	1.0	1.2	1.2	1.1	1.5	1.4	1.2	3.37
江苏	0.2	0.3	0.3	0.3	0.4	0.4	0.4	0.46
浙江	0.2	0.3	0.3	0.3	0.3	0.4	0.4	0.53
安徽	0.1	0.1	0.1	0.1	0.1	0.1	0.1	0.16
福建	0.2	0.3	0.3	0.2	0.3	0.3	0.3	0.39
江西	0.2	0.3	0.3	0.2	0.3	0.2	0.3	0.30
山东	0.2	0.2	0.2	0.2	0.2	0.2	0.3	0.33
河南	0.1	0.1	0.1	0.1	0.1	0.1	0.1	0.16
湖北	0.2	0.2	0.2	0.2	0.3	0.3	0.3	0.36
湖南	0.2	0.2	0.2	0.2	0.2	0.2	0.2	0.27
广东	0.2	0.2	0.2	0.2	0.3	0.3	0.3	0.39
广西	0.2	0.1	0.3	0.2	0.3	0.3	0.3	0.34
海南	…	…	0.2	0.2	0.2	0.2	0.2	0.26
重庆	…	…	…	…	0.1	0.2	0.2	0.30
四川	0.2	0.2	0.2	0.2	0.5	0.2	0.2	0.26
贵州	0.1	0.2	0.2	0.1	0.2	0.2	0.2	0.18
云南	0.2	0.3	0.3	0.2	0.3	0.3	0.3	0.31
西藏	0.1	0.2	0.3	0.2	0.2	0.1	0.1	0.17
陕西	0.2	0.2	0.2	0.2	0.2	0.2	0.2	0.25
甘肃	0.2	0.3	0.3	0.2	0.3	0.3	0.3	0.34
青海	0.6	0.7	0.6	0.5	0.6	0.5	0.4	0.62
宁夏	0.5	0.7	0.7	0.6	0.7	0.6	0.6	0.67
新疆	0.1	0.3	0.3	0.3	0.3	0.4	0.3	0.40

按年份各地区公共图书馆总流通人次

单位:万人次

地区	1979 年	1980 年	1985 年	1990 年	1995 年	2000 年	2003 年	2005 年	2006 年	2007 年
总计	**7 787**	**9 045**	**11 614**	**12 435**	**18 298**	**18 854**	**21 440**	**23 331**	**25 218**	**26 103**
中央	48	53	72	169	133	381	449	458	391	327
地方	7 739	8 992	11 542	12 266	18 165	18 473	20 991	22 873	24 827	25 777
北京	126	157	142	180	272	320	443	715	747	796
天津	209	214	291	245	265	461	399	483	474	558
河北	135	242	289	390	473	736	602	634	588	578
山西	200	251	247	330	227	261	348	255	257	276
内蒙古	139	195	190	179	282	270	291	380	324	318
辽宁	432	544	606	686	829	1 184	1 132	1 133	1 209	1 393
吉林	133	132	182	314	385	409	510	505	551	575
黑龙江	241	327	514	619	631	608	441	505	547	555
上海	439	544	797	660	687	1 225	1 204	1 249	1 342	1 323
江苏	575	640	883	909	883	1 227	1 533	1 734	1 753	1 916
浙江	446	464	482	589	555	1 140	1 174	1 397	1 651	2 067
安徽	274	487	358	402	372	561	541	460	560	562
福建	142	130	405	384	466	647	777	733	712	809
江西	279	319	778	490	413	485	553	533	460	531
山东	701	707	494	504	509	795	1 055	1 421	1 334	1 498
河南	323	555	442	440	650	713	799	828	780	855
湖北	263	316	370	548	559	714	897	1 145	1 197	1 176
湖南	396	375	616	498	618	808	978	787	960	909
广东	524	504	739	903	1 447	2 235	2 635	3 542	4 695	3 819
广西	320	239	452	461	809	927	949	895	1 381	1 495
海南	…	…	…	52	94	121	115	114	139	97
重庆	…	…	…	…	…	266	459	594	330	483
四川	740	814	850	933	776	554	638	766	889	886
贵州	113	129	275	320	462	228	241	187	190	207
云南	206	289	463	517	559	654	739	735	695	751
西藏	…	…	3	5	…	2	3	1	3	3
陕西	217	236	258	207	242	275	617	365	368	359
甘肃	65	71	166	222	225	185	334	316	306	376
青海	33	35	73	43	39	58	61	68	57	98
宁夏	40	38	101	131	140	142	140	166	160	156
新疆	28	38	76	105	140	263	384	211	167	350

按年份各地区公共图书馆图书外借册次

单位:万册次

地区	1979年	1980年	1985年	1990年	1995年	2000年	2003年	2005年	2006年	2007年
总计	**9 625**	**11 830**	**18 942**	**20 242**	**11 814**	**16 913**	**18 775**	**20 268**	**21 039**	**21 319**
中央	110	129	177	654	29	217	321	428	332	239
地方	9 515	11 701	18 765	19 588	11 785	16 697	18 454	19 840	20 708	21 079
北京	279	361	367	366	283	442	448	678	734	881
天津	485	471	581	467	237	274	339	379	359	428
河北	133	234	358	504	379	673	541	468	497	474
山西	228	310	403	467	204	207	181	272	228	197
内蒙古	116	202	246	294	239	233	264	243	260	272
辽宁	726	957	1 321	1 197	856	1 119	1 101	1 173	1 245	1 287
吉林	165	165	474	338	332	259	466	794	432	464
黑龙江	268	533	1 346	1 239	500	527	457	789	425	469
上海	673	862	1 143	1 045	507	970	956	1 027	1 087	1 225
江苏	720	837	1 758	1 557	967	1 269	1 245	1 493	1 642	1 709
浙江	513	600	926	1 068	550	1 054	1 087	1 233	1 612	1 919
安徽	289	588	497	463	343	455	399	340	416	448
福建	179	217	633	610	517	779	1 002	729	700	761
江西	326	364	987	726	383	543	524	722	437	440
山东	932	872	753	807	573	718	984	1 378	1 166	1 237
河南	401	614	652	796	517	695	948	646	697	779
湖北	293	371	661	954	543	769	965	926	1 078	954
湖南	457	388	1 081	953	562	735	858	801	880	1 023
广东	374	498	952	1 439	687	1 192	1 452	2 036	3 097	1 851
广西	251	287	338	546	528	688	687	761	684	780
海南	…	…	…	39	49	64	78	28	44	48
重庆	…	…	…	…	…	435	603	471	586	554
四川	960	953	1 328	1 370	691	564	664	651	713	829
贵州	115	141	372	289	133	189	179	117	123	144
云南	218	338	540	705	529	680	618	700	631	607
西藏	…	…	3	10	10	11	1	3	6	6
陕西	209	299	366	311	238	305	671	263	278	293
甘肃	89	94	220	398	173	153	275	261	265	263
青海	36	40	136	86	51	52	60	57	46	95
宁夏	47	62	197	372	125	265	123	212	172	234
新疆	33	53	126	172	91	251	280	175	169	409

按年份各地区公共图书馆财政拨款情况

单位:万元

地　区	1979 年	1980 年	1985 年	1990 年	1995 年	2000 年	2002 年	2003 年	2005 年	2006 年	2007 年
总　计	**5 040**	**5 467**	**15 272**	**29 296**	**65 838**	**139 321**	**176 882**	**205 252**	**277 848**	**319 479**	**395 441**
中　央	470	489	1 292	3 420	9 421	15 293	18 326	18 155	23 650	29 211	40 256
地　方	4 570	4 978	13 980	25 876	56 417	124 028	158 556	187 096	254 198	290 268	355 185
北　京	144	127	322	743	1 683	8 734	8 173	8 984	15 554	15 561	17 127
天　津	159	162	321	409	1 295	2 751	3 298	3 445	10 980	9 265	12 808
河　北	108	111	569	741	1 827	2 980	3 638	4 150	6 717	6 583	8 517
山　西	154	124	331	517	1 184	2 150	2 719	3 433	4 862	5 579	7 008
内蒙古	131	167	420	876	1 432	2 452	3 437	3 792	5 086	5 358	7 150
辽　宁	344	368	973	1 841	3 737	6 822	9 425	9 620	15 446	15 006	19 054
吉　林	194	193	530	876	1 707	3 364	4 068	4 850	5 861	6 526	8 579
黑龙江	281	234	625	1 068	2 088	3 104	4 193	5 871	7 752	7 313	9 837
上　海	399	433	990	2 159	5 558	22 871	22 442	23 862	30 636	32 358	38 308
江　苏	226	297	741	1 403	3 620	6 729	10 683	13 792	16 075	31 083	24 459
浙　江	121	146	725	1 195	2 356	6 509	9 935	13 582	20 316	21 656	28 126
安　徽	125	149	313	519	1 165	2 054	3 031	4 830	5 436	5 856	7 482
福　建	84	131	411	879	1 778	3 681	4 448	4 513	6 579	6 533	8 416
江　西	121	111	451	700	1 184	2 022	2 651	2 965	3 780	4 102	6 349
山　东	254	283	543	1 284	2 814	6 129	7 720	8 618	12 039	14 084	19 314
河　南	143	119	429	819	1 766	3 591	4 704	4 776	5 987	6 588	8 304
湖　北	168	211	768	941	1 649	2 896	4 541	5 383	6 498	7 579	9 887
湖　南	199	176	771	884	1 816	2 550	3 428	3 996	5 376	6 163	7 602
广　东	219	286	844	2 157	6 110	11 868	18 920	26 025	28 592	31 819	42 230
广　西	138	174	456	793	1 563	2 851	3 989	4 345	5 469	6 542	8 209
海　南	…	…	…	123	378	322	628	440	631	1 977	1 876
重　庆	…	…	…	…	…	1 491	2 249	2 410	2 957	4 022	7 472
四　川	254	291	690	1 545	2 591	2 877	3 811	4 752	7 229	8 963	11 737
贵　州	91	101	241	479	746	1 259	1 779	1 969	3 401	4 408	4 715
云　南	97	140	401	944	2 178	5 134	4 558	4 497	6 096	7 348	9 036
西　藏	…	…	13	11	72	111	188	194	336	350	481
陕　西	118	132	253	566	934	2 038	3 225	3 468	3 973	5 295	5 050
甘　肃	93	85	217	482	985	1 752	2 318	3 852	4 438	4 748	6 529
青　海	69	70	164	227	724	678	1 001	909	1 237	1 636	2 145
宁　夏	67	85	178	264	408	786	1 138	997	1 504	1 756	2 466
新　疆	69	72	290	431	1 062	1 476	2 221	2 778	3 360	4 209	4 915

按年份各地区公共图书馆总支出情况

单位:万元

地　　区	1979年	1980年	1985年	1990年	1995年	2000年	2002年	2003年	2005年	2006年	2007年
总　　计	**5 206**	**5 486**	**13 393**	**30 271**	**74 080**	**157 173**	**208 929**	**235 819**	**312 571**	**344 076**	**431 326**
中　　央	511	490	1 325	3 550	9 460	21 155	23 462	24 608	28 686	30 140	36 886
地　　方	4 695	4 996	12 068	26 721	64 620	136 018	185 466	211 211	283 885	313 936	394 441
北　　京	142	130	284	733	1 851	5 326	9 181	10 270	16 840	17 846	18 470
天　　津	164	160	323	643	2 128	3 074	4 084	4 130	7 548	9 679	12 590
河　　北	125	135	306	758	2 044	3 458	4 395	4 603	7 208	6 567	10 093
山　　西	148	126	287	527	1 170	2 270	3 159	3 677	5 085	5 979	7 193
内 蒙 古	143	150	370	734	1 458	2 536	3 584	3 898	4 959	5 564	6 879
辽　　宁	348	375	846	2 099	4 392	7 783	10 636	10 596	16 225	15 980	19 673
吉　　林	192	176	474	871	1 835	3 520	4 318	4 986	6 295	6 869	8 947
黑 龙 江	290	286	518	1 132	2 139	3 409	4 448	5 612	8 602	7 760	9 940
上　　海	402	379	897	2 484	7 021	24 425	28 659	29 432	36 757	38 589	45 537
江　　苏	219	259	695	1 514	4 046	8 400	12 609	15 712	20 630	23 976	33 534
浙　　江	130	135	624	1 237	3 082	8 500	12 229	16 506	22 905	25 951	31 151
安　　徽	134	137	254	521	1 384	2 641	3 361	5 656	5 767	6 398	8 573
福　　建	91	90	335	777	1 710	3 916	5 386	5 447	7 446	7 222	9 511
江　　西	114	137	372	744	1 323	2 343	3 227	3 552	4 343	5 074	6 962
山　　东	275	269	496	1 268	2 968	6 881	8 238	9 623	13 242	14 974	21 579
河　　南	161	168	371	815	2 140	3 902	5 348	5 320	6 377	6 979	8 871
湖　　北	166	225	636	1 109	2 372	3 952	6 070	6 745	8 120	9 120	11 587
湖　　南	199	207	548	982	2 329	3 399	4 374	4 887	6 431	7 124	9 125
广　　东	201	259	691	2 011	6 807	14 597	20 800	26 569	33 777	39 752	46 963
广　　西	148	165	431	749	1 769	3 077	4 598	5 182	6 288	7 443	8 929
海　　南	…	…	…	118	369	355	679	476	658	1 189	2 070
重　　庆	…	…	…	…	…	2 026	2 679	3 009	3 856	3 994	6 545
四　　川	258	287	618	1 789	3 245	3 462	4 657	5 290	8 218	9 057	12 600
贵　　州	83	95	241	417	810	1 428	1 806	2 104	3 497	4 314	5 081
云　　南	108	142	398	843	2 234	3 928	6 099	5 339	6 786	7 614	10 163
西　　藏	…	3	31	15	61	110	190	195	336	346	518
陕　　西	126	133	214	482	951	2 263	3 526	3 766	4 405	5 657	5 363
甘　　肃	107	99	200	441	1 011	1 799	2 492	3 728	4 399	4 854	6 003
青　　海	81	89	165	237	424	780	1 039	1 040	1 315	1 683	2 208
宁　　夏	69	82	153	265	430	783	1 174	1 017	1 574	1 773	2 564
新　　疆	71	98	290	406	1 119	1 677	2 423	2 848	3 999	4 610	5 221

按年份各地区公共图书馆购书费支出情况

单位:万元

地区	1979 年	1980 年	1985 年	1990 年	1995 年	2000 年	2002 年	2003 年	2005 年	2006 年	2007 年
总计	**2 163**	**2 273**	**4 164**	**8 474**	**16 788**	**37 141**	**41 853**	**44 407**	**59 781**	**66 095**	**78 262**
中央	297	297	735	2 200	6 036	9 000	10 991	10 993	12 001	13 003	13 770
地方	1 866	1 975	3 429	6 274	10 752	28 141	30 862	33 414	47 780	53 092	64 492
北京	42	42	102	163	251	914	1 664	1 755	3 413	4 188	4 025
天津	67	67	104	106	318	563	609	617	1 527	2 590	2 460
河北	63	68	76	161	302	428	367	444	677	949	1 337
山西	50	49	68	93	131	292	184	281	385	438	614
内蒙古	45	51	66	85	86	166	192	211	169	281	377
辽宁	115	117	205	454	768	948	1 777	1 482	2 027	2 079	2 575
吉林	98	61	104	152	250	459	597	491	777	758	713
黑龙江	79	91	128	251	235	395	390	409	410	659	729
上海	172	187	431	1 079	2 204	11 210	7 607	8 607	10 342	10 686	11 265
江苏	98	99	284	458	732	1 780	2 657	2 933	3 739	4 370	5 034
浙江	68	68	191	374	578	1 577	1 990	2 337	3 994	4 375	6 676
安徽	57	60	62	121	262	297	370	271	619	593	730
福建	42	47	111	170	311	716	890	929	599	1 301	1 493
江西	44	58	67	129	99	302	351	347	646	807	795
山东	87	85	113	237	506	978	1 468	1 434	1 868	1 922	2 512
河南	62	65	80	165	255	413	530	540	655	827	877
湖北	55	94	120	256	299	699	972	1 033	1 296	1 534	1 539
湖南	68	73	115	177	207	415	549	627	900	914	1 173
广东	74	83	251	465	1 186	2 832	4 575	5 222	7 394	8 056	11 830
广西	71	82	96	159	291	520	516	556	674	747	795
海南	…	…	…	21	59	41	100	61	92	66	803
重庆	…	…	…	…	…	330	306	340	569	570	1 222
四川	107	109	168	289	431	485	417	559	1 095	1 230	1 678
贵州	48	46	79	128	100	166	216	232	301	383	358
云南	49	63	110	207	441	538	598	647	720	843	899
西藏	…	2	5	3	14	16	13	30	43	40	46
陕西	62	42	61	88	1 041	117	275	295	701	504	545
甘肃	41	51	61	108	170	289	352	480	594	588	586
青海	38	37	40	39	33	54	54	36	72	72	80
宁夏	29	32	42	59	41	68	111	42	136	133	280
新疆	35	46	89	77	91	136	168	170	347	590	447

按年份各地区公共图书馆人均购书费情况

单位:元

地 区	1984年	1985年	1990年	1995年	2000年	2005年	2006年	2007年
全 国	**0.023**	**0.040**	**0.074**	**0.139**	**0.287**	**0.457**	**0.503**	**0.601**
北 京	0.049	0.106	0.150	0.239	0.661	2.219	2.649	2.464
天 津	0.089	0.129	0.120	0.360	0.562	1.463	2.409	2.206
河 北	0.013	0.014	0.026	0.048	0.063	0.098	0.138	0.193
山 西	0.020	0.026	0.032	0.045	0.089	0.114	0.130	0.181
内蒙古	0.027	0.033	0.039	0.039	0.070	0.070	0.117	0.157
辽 宁	0.034	0.056	0.114	0.194	0.224	0.480	0.487	0.599
吉 林	0.028	0.045	0.061	0.101	0.168	0.286	0.278	0.261
黑龙江	0.029	0.039	0.070	0.067	0.107	0.107	0.172	0.191
上 海	0.163	0.354	0.807	1.710	6.697	5.816	5.888	6.063
江 苏	0.017	0.046	0.068	0.108	0.239	0.500	0.579	0.660
浙 江	0.018	0.047	0.090	0.135	0.337	0.815	0.878	1.319
安 徽	0.012	0.012	0.021	0.045	0.050	0.101	0.097	0.119
福 建	0.019	0.041	0.056	0.101	0.206	0.452	0.366	0.417
江 西	0.018	0.019	0.034	0.026	0.073	0.149	0.186	0.182
山 东	0.012	0.015	0.028	0.059	0.108	0.202	0.207	0.268
河 南	0.009	0.011	0.019	0.029	0.045	0.069	0.088	0.091
湖 北	0.020	0.024	0.047	0.054	0.116	0.226	0.269	0.270
湖 南	0.014	0.020	0.029	0.033	0.064	0.142	0.144	0.185
广 东	0.016	0.040	0.073	0.183	0.328	0.804	0.866	1.252
广 西	0.023	0.025	0.037	0.067	0.116	0.144	0.158	0.167
海 南	…	…	0.032	0.088	0.052	0.110	0.079	0.950
重 庆	…	…	…	…	…	0.203	0.203	0.434
四 川	0.011	0.016	0.027	0.039	0.058	0.133	0.151	0.207
贵 州	0.017	0.027	0.039	0.030	0.047	0.080	0.102	0.095
云 南	0.020	0.032	0.052	0.117	0.125	0.161	0.188	0.199
西 藏	0.011	0.030	0.014	0.061	0.063	0.155	0.142	0.161
陕 西	0.015	0.021	0.027	0.031	0.033	0.188	0.135	0.146
甘 肃	0.027	0.030	0.048	0.074	0.113	0.228	0.225	0.224
青 海	0.098	0.098	0.087	0.074	0.103	0.132	0.130	0.145
宁 夏	0.086	0.086	0.126	0.084	0.120	0.228	0.220	0.458
新 疆	0.036	0.065	0.050	0.058	0.071	0.172	0.288	0.214

按年份各地区公共图书馆购书费占总支出比重

单位：%

地区	1979 年	1980 年	1985 年	1990 年	1995 年	2000 年	2001 年	2004 年	2005 年	2006 年	2007 年
中央	58.1	60.8	55.5	62.0	63.8	42.5	45.5	44.9	41.8	43.1	37.3
地方	39.7	39.5	28.4	23.5	16.6	20.7	20.2	15.8	16.8	16.9	16.4
北京	24	25.5	26.2	20	9	14.2	14.4	11.6	18.5	23.5	21.8
天津	32.1	31.6	19	10.5	7.5	7.9	8.5	14.7	15.3	26.8	19.5
河北	41.4	45.3	26.5	19	6.4	9.4	7.2	13	8.9	14.5	13.3
山西	32.9	53.1	24.3	20.2	10.1	6.3	3.1	2.8	6.7	7.3	8.5
内蒙古	25.5	32.5	19.3	8.9	7.4	8.3	4.4	3.1	4.0	5.1	5.5
辽宁	29.5	28.8	27.3	18.2	18.2	17.1	16.8	15.9	11.0	13.0	13.1
吉林	34.8	31.7	20.4	14.8	17.2	15.2	13.6	14.8	15.4	11.0	8.0
黑龙江	21.8	20.8	28.4	23.9	14.7	12	10.4	9.6	10.5	8.5	7.3
上海	40.5	25.4	27.4	17.4	11.8	14.5	17.9	13.8	14.1	27.7	24.7
江苏	38.7	32.9	41.5	31.5	17.7	21.5	19.1	14	16.5	18.2	15.0
浙江	40.4	45.7	27.7	25.4	19.4	19.1	11.3	14.9	14.5	16.9	21.4
安徽	35.4	37.5	22.9	21	21.5	14	12.1	12.5	16.7	9.3	8.5
福建	33.1	50.1	21.4	16.6	19.7	23.7	22.4	18.4	16.4	18.0	15.7
江西	38.6	35.5	21.1	17.9	5.8	10.5	19.7	11.8	15.1	15.9	11.4
山东	35.4	34.1	26.7	21.5	17.4	15.4	16.5	13	15.4	12.8	11.6
河南	37.7	42.2	26.9	22.5	12	15	10.5	13.1	12.3	11.9	9.9
湖北	41.4	42.4	24.4	23.7	15.1	16	16.9	14.8	15.2	16.8	13.3
湖南	37.3	33.3	14.8	14.1	8.4	12.8	10	7.5	10.8	12.8	12.9
广东	25.7	26.8	45.7	24.5	20.6	21.6	21	21.2	22.1	20.3	25.2
广西	43.3	45.9	16.7	26.1	18.9	16.1	12.5	12	10.5	10.0	8.9
海南	…	…	…	21.1	15.7	9.7	12.1	19.3	19.5	5.6	38.8
重庆	…	…	…	…	…	12.8	11	13.4	16.2	14.3	18.7
四川	44.2	37.6	34.1	15.8	15.2	14.2	10.6	13.7	15.7	13.6	13.3
贵州	55.8	52.4	21.2	38.3	7.2	14.5	23.2	4.6	9.7	8.9	7.0
云南	50.8	49.8	35.4	38.3	13.6	15.9	15.6	8.5	7.1	11.1	8.9
西藏	…	57.6	…	…	…	14.9	…	…	13.6	11.6	8.8
陕西	57.6	34.9	33.3	14.7	11.4	5.9	16.2	15.8	25.9	8.9	10.2
甘肃	44.8	41.4	23.2	26.8	13.4	12.5	12.9	15	13.3	12.1	9.8
青海	55.4	36.1	14.1	12.2	3.7	0.6	1.4	2.6	3.0	4.3	3.6
宁夏	53.1	46.7	22.1	20	12.2	20.3	27.4	13.6	6.8	7.5	10.9
新疆	70	49.2	29.8	21.6	11.3	11.3	10.8	10.1	7.7	12.8	8.6

按年份各地区地市级公共图书馆购书费占总支出比重

单位:%

地　区	1979年	1980年	1985年	1990年	1995年	2000年	2001年	2004年	2005年	2006年	2007年
总　计	**36.7**	**31.8**	**28.0**	**20.3**	**14.8**	**16.0**	**15.4**	**14.3**	**15.1**	**14.5**	**15.4**
北　京	24.0	25.5	26.2	20.0	9.0	14.2	14.4	11.6	18.5	——	——
天　津	32.1	31.6	19.0	10.5	7.5	7.9	8.5	14.7	15.3	——	——
河　北	41.4	45.3	26.5	19.0	6.4	9.4	7.2	13.0	8.9	13.2	17.0
山　西	32.9	53.1	24.3	20.2	10.1	6.3	3.1	2.8	6.8	6.2	10.3
黑龙江	25.5	32.5	19.3	8.9	7.4	8.3	4.4	3.1	4.0	5.0	8.3
辽　宁	29.5	28.8	27.3	18.2	18.2	17.1	16.8	15.9	11.0	12.8	12.6
吉　林	34.8	31.7	20.4	14.8	17.2	15.2	13.6	14.8	15.4	14.4	9.6
黑龙江	21.8	20.8	28.4	23.9	14.7	12.0	10.4	9.6	10.5	10.9	8.4
上　海	40.5	25.4	27.4	17.4	11.8	14.5	17.9	13.8	14.1	——	——
江　苏	38.7	32.9	41.5	31.5	17.7	21.5	19.1	14.0	16.5	16.0	16.2
浙　江	40.4	45.7	27.7	25.4	19.4	19.1	11.3	14.9	14.5	15.8	22.8
安　徽	35.4	37.5	22.9	21.0	21.5	14.0	12.1	12.5	16.8	13.6	13.2
福　建	33.1	50.1	21.4	16.6	19.7	23.7	22.4	18.4	16.5	12.2	13.3
江　西	38.6	35.5	21.1	17.9	5.8	10.5	19.7	11.8	15.1	13.6	13.4
山　东	35.4	34.1	26.7	21.5	17.4	15.4	16.5	13.0	15.5	15.9	11.6
河　南	37.7	42.2	26.9	22.5	12.0	15.0	10.5	13.1	12.3	14.5	12.4
湖　北	41.4	42.4	24.4	23.7	15.1	16.0	16.9	14.8	15.3	17.7	13.0
湖　南	37.3	33.3	14.8	14.1	8.4	12.8	10.0	7.5	10.8	10.8	11.7
广　东	25.7	26.8	45.7	24.5	20.6	21.6	21.0	21.2	22.1	18.5	22.5
广　西	43.3	45.9	16.7	26.1	18.9	16.1	12.5	12.0	10.5	10.9	12.2
海　南	…	…	…	21.1	15.7	9.7	12.1	19.3	19.6	10.0	14.7
重　庆	…	…	…	…	…	12.8	11.0	13.4	16.2	12.6	——
四　川	44.2	37.6	34.1	15.8	15.2	14.2	10.6	13.7	15.8	14.0	15.7
贵　州	55.8	52.4	21.2	38.3	7.2	14.5	23.2	4.6	9.7	7.5	7.6
云　南	50.8	49.8	35.4	38.3	13.6	15.9	15.6	8.5	7.1	12.0	9.0
西　藏	…	57.6	…	…	…	14.9	…	…	13.6	——	4.0
陕　西	57.6	34.9	33.3	14.7	11.4	5.9	16.2	15.8	26.0	18.5	13.7
甘　肃	44.8	41.4	23.2	26.8	13.4	12.5	12.9	15.0	13.3	11.7	9.5
青　海	55.4	36.1	14.1	12.2	3.7	0.6	1.4	2.6	3.0	1.9	2.5
宁　夏	53.1	46.7	22.1	20.0	12.2	20.3	27.4	13.6	6.8	9.7	7.1
新　疆	70.0	49.2	29.8	21.6	11.3	11.3	10.8	10.1	7.7	8.1	6.8

按年份各地区县级公共图书馆购书费占总支出比重

单位:%

地　区	1979年	1980年	1985年	1990年	1995年	2000年	2001年	2004年	2005年	2006年	2007年
总　计	**37.0**	**35.3**	**17.2**	**15.1**	**10.3**	**9.9**	**9.3**	**9.4**	**10.9**	**12.7**	**11.4**
北　京	39.1	34.7	19.2	13.5	8.6	6.9	9.0	9.3	40.8	25.0	23.0
天　津	31.5	51.3	22.8	7.2	8.6	4.2	1.8	5.4	0.7	22.5	9.2
河　北	46.9	40.7	16.7	14.6	13.6	4.6	5.1	5.2	5.5	5.6	8.5
山　西	33.8	32.1	16.6	13.0	4.8	5.4	4.6	3.6	6.1	6.6	6.0
内蒙古	35.6	32.0	14.4	10.9	4.9	4.2	3.6	3.0	3.2	3.1	4.4
辽　宁	32.9	24.4	16.6	13.9	14.1	11.4	10.3	7.4	9.2	7.5	9.4
吉　林	34.4	28.8	12.3	9.6	7.2	4.0	3.9	3.8	4.8	3.5	2.6
黑龙江	23.6	23.9	16.7	14.6	7.8	6.4	4.4	4.7	5.0	4.9	4.2
上　海	40.5	39.4	26.8	27.1	15.8	18.4	14.6	22.1	12.2	17.6	17.4
江　苏	41.8	34.0	19.3	19.5	11.4	13.9	12.1	12.1	12.0	12.2	13.2
浙　江	51.4	47.1	19.7	25.1	14.2	14.7	13.2	11.6	15.7	16.0	16.2
安　徽	39.2	37.1	18.0	17.6	8.8	5.1	5.5	5.0	6.0	7.6	4.8
福　建	36.4	50.9	23.8	22.0	11.6	9.5	11.0	9.6	23.5	16.3	13.1
江　西	31.6	39.8	12.8	9.5	7.5	12.5	8.4	8.0	8.9	9.6	8.2
山　东	24.1	23.9	9.6	8.3	10.0	6.7	8.9	8.7	9.3	8.5	5.8
河　南	36.2	36.8	12.9	12.7	5.8	6.3	5.5	6.2	5.7	7.5	5.4
湖　北	35.9	41.9	8.3	15.0	10.7	14.2	16.2	10.7	12.3	11.5	9.0
湖　南	29.4	31.5	17.2	14.2	8.4	8.4	8.1	7.4	10.0	8.2	8.3
广　东	31.0	29.8	19.4	18.0	13.3	13.5	13.2	14.4	16.6	15.0	16.3
广　西	45.0	45.4	19.5	16.3	11.1	8.0	9.0	8.6	8.4	7.2	6.3
海　南	…	…	…	16.3	16.3	12.5	13.8	7.8	9.6	7.6	4.5
重　庆	…	…	…	…	…	12.7	12.1	7.7	5.1	8.2	10.6
四　川	38.1	34.3	17.7	11.3	10.5	10.1	8.9	15.1	8.2	10.5	9.8
贵　州	66.7	43.6	35.0	18.9	7.0	6.5	6.9	6.0	4.8	6.4	3.8
云　南	48.0	44.1	21.5	20.6	14.2	10.5	10.0	8.3	8.3	7.4	6.6
西　藏	…	…	17.5	20.0	…	…	…	…	…	…	——
陕　西	52.4	22.3	19.3	8.9	3.6	2.4	4.0	3.8	5.3	4.0	7.1
甘　肃	37.1	84.0	18.8	14.5	7.1	4.5	4.4	4.3	4.4	2.5	1.8
青　海	48.9	44.0	17.4	10.8	2.8	1.6	2.1	0.8	1.7	1.2	1.8
宁　夏	32.9	39.5	19.8	13.7	6.2	5.9	11.1	3.9	3.5	2.9	3.3
新　疆	55.8	55.9	16.9	14.4	6.3	5.8	3.1	4.7	8.7	7.2	6.2

按年份各地区地市级公共图书馆平均每馆购书费情况

单位：万元

地区	1979年	1980年	1985年	1990年	1995年	2000年	2001年	2004年	2005年	2006年	2007年
总计	**1.8**	**1.9**	**3.3**	**5.7**	**10.0**	**19.4**	**21.9**	**32.9**	**40.9**	**40.2**	**51.4**
北京	1.4	1.8	3.2	7.8	7.2	25.6	28.2	31.2	76.3	——	——
天津	1.9	1.6	1.4	1.6	2.7	4.9	6.5	19.7	28.0	——	——
河北	2.5	2.8	3.4	5.1	6.0	12.2	9.9	27.3	29.8	33.7	56.2
山西	1.2	1.3	1.9	3.2	3.4	6.1	3.3	8.4	14.5	12.7	24.9
内蒙古	1.2	1.5	2.2	1.8	3.1	5.4	4.1	4.4	5.8	7.7	15.8
辽宁	3.5	4.2	5.0	8.7	18.1	27.6	34.8	48.0	44.0	47.0	41.1
吉林	2.1	2.1	3.1	6.3	16.7	23.4	24.3	38.5	48.6	46.1	36.4
黑龙江	2.0	3.1	3.5	10.3	12.9	15.8	13.7	22.1	25.2	28.6	29.7
上海	2.1	2.1	2.9	5.6	14.7	30.3	45.4	60.7	79.9	——	——
江苏	2.7	2.8	8.1	13.5	17.5	49.5	59.5	69.3	79.9	86.7	107.2
浙江	2.5	2.9	4.3	8.0	15.0	38.8	27.7	63.5	86.6	111.4	185.7
安徽	1.5	1.1	2.3	3.3	10.2	9.1	10.4	17.7	25.9	20.2	21.7
福建	1.7	2.1	1.9	3.3	7.7	39.6	30.4	43.6	45.8	30.6	26.3
江西	1.1	1.5	2.7	3.5	3.0	3.2	9.8	9.7	12.3	11.5	24.3
山东	1.8	1.9	3.1	6.5	12.3	20.1	26.9	43.2	45.3	56.0	60.3
河南	2.0	1.9	2.7	4.0	5.7	14.6	11.0	17.7	17.7	23.3	23.0
湖北	2.2	1.9	2.8	5.4	6.8	9.3	19.1	22.4	30.9	39.6	33.6
湖南	1.1	1.3	1.8	3.1	4.1	8.5	8.3	8.3	12.6	14.4	19.4
广东	1.2	1.4	12.5	15.3	33.3	69.4	71.2	148.1	152.7	152.3	220.6
广西	1.8	2.4	2.6	6.0	13.3	16.1	16.2	17.0	17.6	21.3	27.6
海南	…	…	…	4.0	11.8	6.2	8.8	22.6	28.3	17.9	33.0
重庆	…	…	…	…	…	5.9	5.9	11.0	14.3	12.5	——
四川	2.7	2.0	3.8	7.1	9.5	9.2	6.1	29.3	22.8	27.1	36.1
贵州	1.8	2.0	2.2	5.2	2.0	10.1	18.9	5.1	12.0	13.9	14.5
云南	1.0	1.2	1.9	3.4	4.6	13.1	11.9	9.2	9.8	17.0	17.4
西藏	…	1.9	…	…	…	16.4	…	…	4.3	…	1.9
陕西	1.7	1.8	1.3	1.8	3.0	6.5	13.7	19.2	38.9	29.6	23.7
甘肃	1.0	0.9	1.2	3.2	3.4	6.5	10.3	16.3	15.9	19.6	18.1
青海	1.3	1.4	1.0	1.3	0.6	0.1	0.5	1.3	1.5	1.5	2.1
宁夏	3.8	2.8	2.7	1.3	5.4	12.3	20.4	23.6	7.9	14.5	14.3
新疆	1.0	1.7	1.8	2.6	3.4	5.1	5.9	7.5	7.0	9.2	9.7

按年份各地区县级公共图书馆平均每馆购书费情况

单位:万元

地　区	1979年	1980年	1985年	1990年	1995年	2000年	2001年	2004年	2005年	2006年	2007年
总　计	**0.5**	**0.5**	**0.5**	**0.8**	**1.2**	**1.9**	**2.0**	**3.3**	**4.1**	**6.7**	**7.7**
北　京	1.3	1.3	1.3	3.3	3.2	5.9	10.3	15.0	119.5	112.1	106.7
天　津	0.7	1.0	2.0	0.8	2.2	1.8	0.7	3.4	0.5	44.1	25.2
河　北	0.3	0.3	0.2	0.4	0.9	0.4	0.5	0.8	0.9	1.0	1.9
山　西	0.4	0.4	0.3	0.4	0.3	0.5	0.5	0.6	1.2	1.7	2.0
内蒙古	0.3	0.3	0.4	0.5	0.5	0.6	0.6	0.8	0.9	0.9	1.6
辽　宁	0.6	0.6	0.7	1.0	2.2	2.8	2.9	3.7	4.3	3.5	7.3
吉　林	0.5	0.5	0.9	0.9	1.2	1.0	1.0	1.2	1.8	1.5	1.5
黑龙江	0.6	0.5	0.5	0.7	0.7	1.0	0.8	1.2	1.3	1.4	1.5
上　海	1.7	1.9	1.8	3.0	11.6	31.2	33.0	64.2	49.0	93.6	105.4
江　苏	0.6	0.5	0.7	1.7	2.8	5.6	5.6	12.3	12.8	13.8	17.0
浙　江	0.6	0.6	1.1	2.4	3.3	7.8	8.4	15.6	22.6	24.3	29.9
安　徽	0.4	0.3	0.3	0.7	0.8	0.8	0.9	1.3	1.5	2.8	2.0
福　建	0.6	0.7	0.6	1.0	1.3	1.8	2.2	2.6	9.4	6.9	8.6
江　西	0.4	0.5	0.3	0.5	0.6	2.2	1.2	1.6	2.1	2.6	3.0
山　东	0.5	0.5	0.3	0.6	1.5	1.7	2.3	3.1	3.8	3.8	4.3
河　南	0.4	0.4	0.3	0.5	0.5	0.9	0.8	1.3	1.2	1.8	1.9
湖　北	0.3	0.5	0.4	1.0	1.4	4.0	4.2	3.4	4.8	4.4	4.6
湖　南	0.5	0.5	0.6	0.7	1.0	1.3	1.5	1.9	3.2	2.7	3.5
广　东	0.4	0.5	0.5	1.5	3.2	7.2	7.3	16.1	16.9	18.7	24.5
广　西	0.5	0.6	0.5	0.9	0.9	1.0	1.4	1.6	1.9	1.9	2.1
海　南	…	…	…	0.8	2.1	1.7	2.0	1.7	2.1	1.8	1.5
重　庆	…	…	…	…	…	2.0	2.4	2.3	2.2	2.6	8.0
四　川	0.5	0.5	0.6	0.8	1.2	1.3	1.4	5.1	2.6	2.9	4.0
贵　州	0.7	0.5	0.7	0.5	0.4	0.4	0.6	0.8	0.7	1.1	0.8
云　南	0.4	0.5	0.4	0.7	1.4	1.7	1.8	2.2	2.2	2.2	2.3
西　藏	…	…	0.2	0.5	…	…	…	…	…	…	——
陕　西	0.6	0.2	0.2	0.2	0.2	0.2	0.5	0.6	1.0	0.8	2.0
甘　肃	0.6	0.9	0.3	0.4	0.4	0.4	0.6	0.7	0.8	0.6	0.5
青　海	1.1	0.8	0.5	0.3	0.1	0.1	0.2	0.1	0.2	0.2	0.4
宁　夏	0.9	1.2	0.8	1.2	0.8	1.3	4.3	1.5	1.2	1.2	1.9
新　疆	1.0	1.0	0.5	0.5	0.6	0.7	0.5	1.0	1.8	1.8	1.9

按年份各地区公共图书馆新购图书册数

单位:万册

地 区	1983年	1985年	1990年	1995年	2000年	2005年	2006年	2007年
总 计	**1 541**	**1 343**	**895**	**551**	**692**	**1535**	**1686**	**1871**
中 央	41	70	71	17	21	28	32	36
地 方	1 500	1 273	824	534	671	1507	1654	1835
北 京	44	30	23	11	33	114	152	136
天 津	39	31	13	14	17	35	81	65
河 北	38	45	22	26	15	33	39	64
山 西	32	30	25	7	12	17	17	30
内蒙古	33	31	18	7	11	8	14	18
辽 宁	97	94	66	41	39	72	79	106
吉 林	50	34	17	14	14	32	22	25
黑龙江	43	48	32	17	17	26	37	41
上 海	90	67	49	44	67	100	103	129
江 苏	108	68	54	41	57	106	136	142
浙 江	73	67	50	33	54	142	163	202
安 徽	33	27	17	9	11	23	34	32
福 建	49	40	23	18	25	71	52	54
江 西	44	61	19	9	15	26	25	35
山 东	52	44	28	23	32	64	78	77
河 南	73	40	25	16	21	30	31	43
湖 北	70	64	43	23	28	43	48	53
湖 南	76	62	26	19	24	54	32	43
广 东	64	54	58	69	77	316	296	284
广 西	55	38	66	16	20	26	28	27
海 南	…	…	4	6	3	3	2	15
重 庆	…	…	…	…	12	23	19	40
四 川	86	74	46	25	21	47	74	50
贵 州	34	36	20	5	8	7	10	10
云 南	83	69	33	22	15	26	25	38
西 藏	5	3	1	0.1	0.3	2	1	1
陕 西	33	28	10	5	6	25	19	19
甘 肃	30	26	15	7	7	12	11	11
青 海	20	13	4	1	2	4	1	3
宁 夏	25	24	7	2	3	5	5	7
新 疆	21	25	10	6	5	15	19	35

按年份各地区地市级公共图书馆平均每馆新购图书册数

单位:万册

地　　区	1983年	1985年	1990年	1995年	2000年	2001年	2004年	2005年	2006年	2007年
总　　计	**1.8**	**1.3**	**0.8**	**0.6**	**0.7**	**0.8**	**1.2**	**1.5**	**0.6**	**1.6**
北　　京	2.7	1.6	1.5	0.4	1.3	1.9	1.6	3.0	6.3	——
天　　津	1.3	0.9	0.3	0.3	0.3	0.4	0.7	0.6	2.5	——
河　　北	1.4	1.4	1.0	0.5	0.6	0.5	1.0	1.3	0.3	1.7
山　　西	1.0	0.9	0.7	0.1	0.1	0.3	0.3	0.3	0.1	0.7
黑 龙 江	1.5	1.1	0.4	0.2	0.3	0.3	0.2	0.2	0.1	0.4
辽　　宁	3.1	2.2	1.3	1.0	0.8	1.1	1.4	1.4	0.6	1.3
吉　　林	2.1	1.1	0.7	0.8	0.9	0.6	0.7	1.4	0.3	1.2
黑 龙 江	0.9	1.3	1.3	0.8	0.8	0.7	1.0	1.3	0.4	2.5
上　　海	2.1	1.6	0.9	0.9	1.0	1.2	1.7	2.3	3.7	——
江　　苏	3.3	2.8	1.7	1.3	1.6	1.9	2.4	2.9	1.3	3.9
浙　　江	2.4	1.8	1.2	0.8	1.8	1.5	2.7	3.6	1.8	6.8
安　　徽	1.0	0.9	0.6	0.2	0.3	0.3	0.5	0.7	0.4	0.7
福　　建	3.3	1.1	0.7	0.5	1.6	1.2	1.5	2.2	0.6	1.1
江　　西	2.0	1.3	0.5	0.3	0.2	1.1	0.4	0.6	0.2	1.0
山　　东	1.8	1.4	0.6	0.4	0.7	0.9	1.3	1.8	0.5	2.0
河　　南	5.1	1.3	0.7	0.4	0.7	0.5	0.7	1.0	0.2	0.8
湖　　北	1.7	1.5	0.9	0.5	0.4	0.7	0.8	1.0	0.5	1.1
湖　　南	1.4	1.2	0.6	0.3	0.4	0.4	0.4	0.6	0.3	0.6
广　　东	1.9	1.8	0.9	1.7	1.4	2.1	4.8	6.2	2.3	4.7
广　　西	1.8	1.3	1.0	0.5	0.9	0.8	0.7	0.7	0.3	0.8
海　　南	…	…	0.5	1.2	0.3	0.5	1.6	0.6	0.1	1.1
重　　庆	…	…	…	…	0.2	0.2	0.4	0.8	0.5	——
四　　川	2.1	1.7	1.0	0.5	0.4	0.2	1.0	0.9	0.5	0.8
贵　　州	2.4	1.2	0.5	0.1	0.5	0.6	0.4	0.2	0.1	0.4
云　　南	1.1	1.1	0.4	0.3	0.2	0.5	0.3	0.4	0.2	0.6
西　　藏	…	…	…	…	0.3	…	…	0.3	0.3	——
陕　　西	1.1	0.6	0.3	0.2	…	1.4	0.7	1.2	0.2	0.7
甘　　肃	1.8	0.6	0.8	0.2	0.2	0.2	0.4	0.5	0.1	0.4
青　　海	0.5	0.4	0.1	0.02	…	0.01	0.2	0.1	——	0.1
宁　　夏	2.7	1.4	1.0	0.5	0.5	0.6	0.8	0.5	0.3	0.5
新　　疆	0.8	0.6	0.3	0.3	0.2	0.5	0.3	0.3	0.2	0.3

按年份各地区县级公共图书馆平均每馆新购图书册数

单位：万册

地　区	1983年	1985年	1990年	1995年	2000年	2001年	2004年	2005年	2006年	2007年
总　计	**0.44**	**0.32**	**0.17**	**0.10**	**0.11**	**0.11**	**0.20**	**0.25**	**0.33**	**0.37**
北　京	1.39	0.88	0.56	0.33	0.28	0.43	0.80	6.00	5.23	4.64
天　津	0.78	0.68	0.17	0.18	0.10	0.18	0.18	0.14	2.00	0.84
河　北	0.35	0.19	0.08	0.13	0.04	0.06	0.10	0.09	0.11	0.26
山　西	0.26	0.22	0.13	0.03	0.07	0.03	0.15	0.10	0.09	0.19
内蒙古	0.20	0.21	0.12	0.05	0.05	0.04	0.09	0.05	0.05	0.12
辽　宁	0.54	0.45	0.27	0.14	0.13	0.13	0.20	0.26	0.23	0.49
吉　林	0.49	0.61	0.23	0.15	0.06	0.08	0.09	0.16	0.11	0.06
黑龙江	0.34	0.27	0.14	0.08	0.07	0.05	0.09	0.09	0.10	0.09
上　海	1.54	0.92	0.55	0.72	1.17	1.10	1.60	1.53	2.33	2.96
江　苏	0.64	0.44	0.38	0.25	0.34	0.33	0.68	0.61	0.91	0.81
浙　江	0.71	0.57	0.49	0.25	0.31	0.39	0.74	1.06	1.25	1.19
安　徽	0.28	0.20	0.11	0.07	0.04	0.05	0.08	0.08	0.27	0.19
福　建	0.91	0.33	0.18	0.11	0.09	0.11	0.16	0.63	0.31	0.48
江　西	0.35	0.47	0.13	0.07	0.14	0.08	0.11	0.11	0.12	0.14
山　东	0.40	0.23	0.12	0.12	0.13	0.17	0.22	0.19	0.20	0.26
河　南	0.36	0.20	0.12	0.06	0.07	0.06	0.10	0.09	0.12	0.24
湖　北	0.30	0.23	0.26	0.13	0.21	0.18	0.23	0.23	0.22	0.22
湖　南	0.54	0.41	0.15	0.12	0.12	0.11	0.16	0.38	0.16	0.24
广　东	0.34	0.26	0.27	0.25	0.33	0.33	0.79	1.11	0.79	1.05
广　西	0.45	0.29	0.21	0.09	0.08	0.08	0.11	0.10	0.10	0.10
海　南	…	…	0.18	0.21	0.12	0.07	0.08	0.10	0.08	0.07
重　庆	…	…	…	…	0.10	0.12	0.13	0.13	0.13	0.47
四　川	0.53	0.35	0.15	0.09	0.11	0.09	0.41	0.20	0.35	0.19
贵　州	0.36	0.36	0.13	0.03	0.04	0.02	0.06	0.04	0.06	0.05
云　南	0.40	0.33	0.15	0.10	0.07	0.08	0.10	0.12	0.11	0.18
西　藏	…	0.14	0.06	…	…	…	…	…	…	——
陕　西	0.27	0.16	0.05	0.02	0.04	0.02	0.06	0.07	0.07	0.08
甘　肃	0.29	0.22	0.05	0.04	0.03	0.08	0.04	0.04	0.04	0.03
青　海	0.71	0.26	0.06	0.01	…	0.01	0.03	0.06	0.02	0.04
宁　夏	1.26	1.02	0.18	0.05	0.06	0.16	0.08	0.04	0.05	0.08
新　疆	0.35	0.30	0.09	0.04	0.02	0.03	0.05	0.09	0.11	0.09

图书馆业主要指标解释

1. 总藏量:指本馆已编目的古籍、图书、期刊和报纸的合订本、小册子、手稿,以及缩微制品、录像带、录音带、光盘等视听文献资料数量之和。

对同一书名,但分若干册(卷)的图书,按每一册(卷)作为一册统计。期刊和报纸均以每一合订本为一册统计。至填报本表时,尚未装订成册编目的期刊和报纸不应统计在内。

2. 古籍、善本:指实际成书和出版年代在1911年(含1911年)以前的线装、卷轴装、经折装、蝴蝶装、包背装等书籍为古籍;其中清乾隆六十年,即1795年(含1795年)以前的古籍为善本,1795年至1911年间的具有历史文献性、学术资料性和印刷装帧艺术代表性的也归为善本。

3. 图书:指不少于49页并在"古籍"范围以外的图书。少儿读物、连环画49页以上的按图书统计,48页以下的按小册子统计到"其他"类中。

4. 报纸:指刊登当前事件的专题或综合新闻,每周至少出版一张并按年、月、日顺序或按编号排列的连续出版物。

5. 期刊:指同一刊名下,按顺序号或按年、月、日出版的定期或不定期的一种连续出版物。

6. 缩微制品:指本馆所有经过缩微处理制成缩微胶卷和缩微平片,使用时需要放大的文献资料。

7. 视听文献:指要求使用专用设备阅读和(或)听声的非书型、非缩微制品型文献。包括声频文献(例如:唱片、录音带、盒式磁带等),视频文献(例如:幻灯片、透明正片等)和声频与视频混合文献(例如:有声电影、录像片等),电子文献(例如存储在光盘、软盘、硬盘等通过计算机阅读、视听的文献)。

8. 其他:指手稿和48页以下的小册子等。

9. 当年购买的报刊种类:指图书馆当年购买的期刊和报纸种类之和。其计量原则同图书。

10. 书架单层总长度:指按书架(包括书柜)每层(不包括书架顶部遮尘板)长度累计计算的长度,其中两面放书的书架每层应按两个长度计算。

11. 累计发放有效借书证数:指图书馆发放并正在使用的有效的借书证累计数。

12. 总流通人次:指包括在馆内阅读和借出阅读书、刊、缩微制品、视听文献、电子文献等的读者人次。

13. 书刊文献外借人次:指由馆内借出阅读书、刊、缩微制品、视听文献等的读者人次。

14. 书刊文献外借册次:指读者通过借阅手续借出,在馆外阅读的书、刊、缩微制品、视听文献等册次,包括外文图书。

15. 为读者举办各种活动次数,参加人次:指由本馆举办或与外单位联合举办的为读者服务的各种活动次数及参加这些活动的人次。如读书会、报告会、读书辅导班等。不包括零散咨询、辅导次数。

16. 举办展览个数、参观人次:指本馆举办或与外机构联合举办的在馆内或馆外展览的个数及参观人次。个数按展览的内容计算。同一内容的展览不论在哪些地点展出和展出时间多久,只计算一个。

17. 举办训练班班次、培训人次:指本馆举办或与外机构联合举办的各种科普、文化、艺术等训练班,按截止到年底办完的班数及培训人数,分别计算班次及培训人次。截止到年底未办完的班数和人数

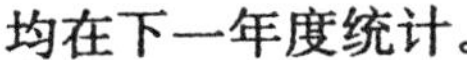

均在下一年度统计。

18. 网站数：指有独立域名的 Web 站点，其中包括 CN 和通用顶级域名(gTLD)下的 Web 站点。此处的独立域名指的是每个域名最多只对应一个网站“WWW.＋域名”，如：对域名 sina. com. cn 来说，它只有一个网站 www. sina. com. cn，并非它有 dailynews. sina. com. cn，mail. sina. com. cn……等多个网站。

19. 新增藏量购置费：指本馆本年购进图书、报刊、缩微制品和视听文献等藏品所用经费之和。

20. 图书购置费：指本馆本年购进图书、报刊所用经费。

21. 本年新购藏量：指本年购进馆的图书、报刊、缩微制品和视听文献等藏品之和。

22. 本年新购图书：指本年购进馆的图书，包括从出版、发行、邮政等部门购进的已装订成合订本的期刊、报纸。

23. 阅览室坐席数：指阅览室内可供读者坐阅的座位数。

24. 少儿阅览室坐席数：指少儿图书馆阅览室和公共图书馆中的少儿阅览室可供少儿读者坐阅的座位数。

索　引

Index

索　引　665

索 引

编制说明

1. 本索引为主题索引，在主题分析的基础上按条目的内容编制，依汉语拼音音序排列。

2. 为便于检索，本索引的标引范围涉及本年鉴中除大事记以外的所有部分。

3. 索引采用标题形式，二级标题在主标题下缩格显示，以"—"表示对主标题的区分，以"，"表示主标题的补充说明。主标题通常为特定主题对象，一对象某一方面的内容通常作为二级标题从属于该主题对象之下。本索引中二级标题有时也作为进一步揭示条目内容的手段使用。

4. 索引编目后的数字表示内容所在的页码，数字后的拉丁字母 a、b 表示正文中从左到右的栏别。文中图表，均以（图）、（表）注明，以便识别。

5. 一条目中一内容的表述延续超过一栏或页时，通常只标引起始的栏或页。同一主题在书中不同部分出现时，分别标示不同出处。

A

阿不力孜·阿不都热依木　345A,348B
艾尼瓦尔·阿不都许库尔　348B
爱国主义教育基地　232B
爱心捐赠　13B
爱心图书室　217A
安徽工程科技学院图书馆　237A
安徽省高校图书馆　237B
安徽省古籍保护中心　18B,234A
安徽省图书馆　169B,231B,232A,232B,233A
安徽省图书馆学会　423B
安徽省文化信息资源共享工程　230B
安徽师范大学敬文图书馆　236B,237A
安徽中医学院图书馆　235A
安宁区图书馆　327B
安全防范　313A
安英男　166B
鞍山市图书馆　158A
澳门图书馆暨信息管理协会　363B
澳门大学图书馆　356A,357A,357B,358A,359A
澳门公共图书馆　355B
澳门记忆　57A,59A,60A,60B,62A,63A,67A,67B,68A,68B
澳门理工学院图书馆　359A,359B,362B
澳门特别行政区　355B
澳门图书馆　16A,363A
澳门图书馆周　361B
澳门中央图书馆　14A,15A,16B,360A,361B

B

巴州区图书馆　293B
白山市图书馆　167B,168A
白银市图书馆　326B,333B
百县馆长论坛　206A,435B
办公自动化　303B
蚌埠市图书馆学会　424B
蚌埠医学院图书馆　236B
包岭峰　206A,206B
宝坻区图书馆　144A
宝山区图书馆　185B
鲍柏铭　377B
鲍国强　291B
北川羌族自治县图书馆　290A
北京大学信息管理系　208B
北京地区高校图书馆　370A,374A
北京地区高校图书馆文献资源保障体系　20A
北京高校情报资料研究会　370A
—法学分会　371B
北京高校图书馆研究基金　369A
北京高校网络图书馆　12B,370A,435A
北京记忆　15A,58B,59A,60B,67A,136B
北京交通大学图书馆　369B,370B
北京青年政治学院图书馆　369B
北京市公共图书馆　132A
北京市文化信息资源共享服务平台　135B

索　　引

编制说明

1. 本索引为主题索引，在主题分析的基础上按条目的内容编制，依汉语拼音音序排列。

2. 为便于检索，本索引的标引范围涉及本年鉴中除大事记以外的所有部分。

3. 索引采用标题形式，二级标题在主标题下缩格显示，以"—"表示对主标题的区分，以"，"表示主标题的补充说明。主标题通常为特定主题对象，一对象某一方面的内容通常作为二级标题从属于该主题对象之下。本索引中二级标题有时也作为进一步揭示条目内容的手段使用。

4. 索引编目后的数字表示内容所在的页码，数字后的拉丁字母 a、b 表示正文中从左到右的栏别。文中图表，均以(图)、(表)注明，以便识别。

5，一条目中一内容的表述延续超过一栏或页时，通常只标引起始的栏或页，同一主题在书中不同部分出现时，分别标示不同出处。

A

阿不力孜·阿不都热依木　345A，348B
艾尼瓦尔·阿不都许库尔　348B
爱国主义教育基地　232B
爱心捐赠　13B
爱心图书室　217A
安徽工程科技学院图书馆　237A
安徽省高校图书馆　237B
安徽省古籍保护中心　18B，234A
安徽省图书馆　169B，231B，232A，232B，233A
安徽省图书馆学会　423B
安徽省文化信息资源共享工程　230B
安徽师范大学敬文图书馆　236B，237A
安徽中医学院图书馆　236A
安宁区图书馆　327B
安全防范　313A
安英男　166B
鞍山市图书馆　158A
澳门图书馆暨信息管理协会　363B
澳门大学图书馆　356A，357A，357B，358A，359A
澳门公共图书馆　355B
澳门记忆　57A，59A，60A，60B，62A，63A，67A，67B，68A，68B
澳门理工学院图书馆　359A，359B，362B
澳门特别行政区　355B
澳门图书馆　16A，363A
澳门图书馆周　361B
澳门中央图书馆　14A，15A，16B，360A，364B

B

巴州区图书馆　293B
白山市图书馆　167B，168A
白银市图书馆　326B，333B
百县馆长论坛　206A，455B
办公自动化　303B
蚌埠市图书馆学会　424B
蚌埠医学院图书馆　236B
包岐峰　206A，206B
宝坻区图书馆　144A
宝山区图书馆　185B
鲍初建　377B
鲍国强　291B
北川羌族自治县图书馆　290A
北京大学信息管理系　208B
北京地区高校图书馆　370A，371A
北京地区高校图书馆文献资源保障体系　20A
北京高校情报资料研究会　370A
　—法学分会　371B
北京高校图书馆研究基金　369A
北京高校网络图书馆　13B，370A，495A
北京记忆　15A，58B，59A，60B，67A，136B
北京交通大学图书馆　369B，370B
北京青年政治学院图书馆　369B
北京市公共图书馆　132A
北京市文化信息资源共享服务平台　135B

北京市文化信息资源共享工程　135A,135B
　—基层服务点　133B
北京邮电大学图书馆　18B
本科教学评估　369B
编目工作　190B,353B,370A
便民服务　167A
标准规范　175A,378A
博士学位论文　557A

C

财务管理　381A
财政拨款　653
采访工作　44A,435A
采购联盟　351A
蔡箐　93A
蔡荣生　258B
参考咨询　45B,47A,352B
参考咨询服务　87B
参考咨询工作　44B
残疾人保障　498A
藏文古籍　318B
曹锦丹　165A
查尔斯·亨利　226B
查新　193A
查新工作站　221A
查询系统　359B
长春图书馆　14B
长江三角洲城市图书馆　417B
长宁区图书　187A
长泰县图书馆　247B
长尾理论　40A
长尾真　19B,117A,127A
常熟共识　456B
常熟图书馆　205A,205B
常州工学院图书馆　198B
常州技术师范学图书馆　198B
常州市图书馆学会　197A
常州图书馆　197A,197B
常州卫校图书馆　198A
常宗豪　362A
朝阳市图书馆　158B,159A
朝阳市图书馆学会　410B
陈传夫　85A,374B
陈光　172A
陈红彦　124A,234A
陈厚奇　255A
陈进　417B
陈磊　254A
陈力　8B,109B,110A,111A,113B,119A,123B,125A,125B,298A,407B,408A,461B,462B,466B
陈凌　175A,298A
陈启仙　299B
陈胜利　133A
陈树年　122B
陈越　41A
陈至立　4A,5A,6A,137A,138A,139A,170B,249B,250A,343B
成都市图书馆学会　439B,440A,440B
诚信借阅　184B
城固县图书馆　323A
城市公共图书馆工作研讨会　457A
程歌　436B
程焕文　85A,123B
程鹏　82A
程小澜　223B,229B
程远　426B,427B
崇安区图书馆　213A
重庆图书馆　16B,19A,19B
滁州学院图书馆　236B
褚树青　225B
川陕甘毗邻地区图书情报协作网　439A,443A
创新人才计划　119A
崔建飞　148B,275B
崔慕岳　375A
村村通　414A

D

达州市图书馆　293A
达州市图书馆学会　442B,443A,443B
大连市图书馆　19B,157B
大连市图书馆学会　410B
大连图书馆　157B
大通县图书馆　343A
代根兴　369B,374B,408A
戴鸿　443B
党校图书馆委员会　396B
党校系统图书馆　397A
到馆人次　31A
德国哥廷根州立大学图书馆　415B
德国国家科技图书馆　385A
德阳市图书馆　294A
邓菊英　134B,367B
邓榕　290A
邓小平图书馆　291B,296A

地方图书馆学会　407B
地方文献　311A,316A
地方文献目录　314B
地方志工作条例　491B
地市级公共图书馆　(表)622,(表)624,(表)626
第二炮兵工程学院　400B
电子期刊馆藏　100A
电子邮件催还　16A
电子资源　165B
丁传奉　238A
丁玉东　41A
定题检索　382B
东北师范大学图书馆　170B,171A,171B
东海县图书馆　200A,200B
东丽区图书馆　143A
东莞图书馆　13A,85A
董绍杰　174A
董映澜　327B
读书活动　214B,237A,251B,329A,416B
读书节　168A,203B,227A,247B,314A,334A
读书沙龙　203A,244A
读书系列活动　187A
读书月　213B,239A,239B,240B,242B,243B,285B,433B,444B
读书征文　201A
读者采书　16A
读者服务　193A,301A,352B,369B,380A
读者服务工作　222A
读者工作　258A
读者活动　439B
读者沙龙　216B,326A
独墅湖图书馆　207A,207B
杜晓忠　69A
队伍建设　381A
对外交流　279A
敦化市图书馆　168A,169B,170A

E

俄罗斯国立图书馆　18B,118A
俄罗斯圣彼得堡国家图书馆　18A,209A
俄罗斯远东国家图书馆　174A
峨眉山市图书馆　290B
儿童阅读日　135B

F

发展规划　489B
法国国家图书馆　111B
法律法规　475A,497A
法律咨询　261A,319B
范并思　34A,36A,453B
范雪梅　87A
方曙　437B
非物质文化遗产　16B,49B,216B,220A,273B,497A,523A
非遗　218A,218B
费培训班　308B
分馆　199A,307B
分馆经费　29A
枫泾镇图书馆　188A
冯平　9B,332A
冯守仁　14A,437B
扶贫　370B
服务共享空间　371B
服务理念　41A
服务素质研　358B
服务体系建设　74B
服务网点建设　213B
服务网络建设　208B
服务宣传　16A,153A,169B,335A
服务宣传月　157B,173A,176B,180B,185B,186A,197B,199A,201A,214B,216A,218A,233A,237A,247B,255B,269B,271B,293B,302A,330B,340B,343A
福建省高校图工委　249A
福建省高校图书馆　249A
福建省联合编目中心　238A
福建省图书馆　238B,239A,239B,240A,240B,241A,241B,425B
福建省图书馆学会　425A,425B,426A
福建师范大学图书馆　247B,248B
福州市少儿图书馆　242B
福州市图书馆　242A,242B
抚州市图书馆　254A,255A
阜新市图书馆　158B
复旦大学图书馆　16B,191A

G

甘南州图书馆　333A
甘肃省图书馆　328B,329B,330A,333B,334B
甘肃省图书馆学会　446A,446B,447A,447B
　—公共图书馆少儿图书馆工作委员会　446B
甘肃省文化信息资源共享工程中心　335A
甘州区图书馆　327A
赣榆县图书馆　200A

岗位调整 147B
岗位培训 259A
高安市图书馆 259B
高等学校图书情报工作指导委员会 376A
高民 86A
高文华 173A,174A,175A,175B
高贤 409B,410A
高校网络图书馆 16B
高誉 302A
高跃新 225A
高职高专图书馆 374A
葛剑雄 191A,227B
各地区公共图书馆 (表)608
各地区少儿公共图书馆 (表)610,(表)612
工会图书馆 407A
工会图书馆委员会 406B
工作研讨会 185A
公共服务平台建设 178A
公共图书馆 5A,15B,16A,19B,23A,309A,(表)634,(表)649,(表)650,(表)651,(表)652,(表)653,(表)654,(表)655,(表)656,(表)657,(表)662
公共图书馆发展论坛 276B
公共图书馆法 78B
公共图书馆服务 139A
公共图书馆服务网络 204B
公共图书馆概况 (表)600
公共图书馆馆长会议 13A
公共图书馆机构数 (表)648
公共图书馆建设标准 14A,16B,18A,327B,368A,426B
公共图书馆联盟 200B
公共图书馆事业 604A
公共图书馆网络建设 69A
公共图书馆宣言 84A
公共图书馆运动 84A
公共文化服务 19B,219A
公共文化服务体系 230B
公益 307A
—活动 295A,302B
—讲座 261A,288B,300A,302B,306B,334A,335B
—讲座 443A
龚农民 255A
龚永年 425B
共建共享 224A,231A,299B,396B,397B,399B
共享工程 18B,19A,19B,78A,133A,148B,149A,153B,156B,160A,160B,161A,162A,162B,164A,165B,166A,166B,167B,168B,169A,169B,172B,176B,184A,196A,199B,200B,205A,205B,215A,222A,223B,230A,235B,241B,243B,245B,246A,249B,250B,251B,256B,257A,259A,260A,260B,265B,266A,267A,269B,271B,275B,276A,276B,284A,285A,287B,289A,289B,291A,292A,293A,296B,303B,304B,305A,306B,307B,310A,313A,314A,316B,321A,323A,326B,327A,337B,340B,341A,344A,345B,414A,421B,428B,430A,439B,442B
共享工程服务点 247B,249B
共享工程福建省分中心 238A
共享资源 180B
购书费 (表)600,(表)642
古籍保护 4A,13A,17B,49A,50A,121B,140A,149B,150B,153A,153B,175B,184A,200B,209A,212B,226A,230A,233B,267B,269B,290A,291B,303A,304B,316A,341B,347A,420B,480A,523B,524B,525A,527B,523B
古籍保护试点单位 171A
古籍利用与保护 50B
古籍普查 18A,54A,152B,163A,196B,261B,268A,268B,305A,342B,523B,526B
古籍文献开发 212B
古籍修复 182B,228A,364B
古籍修复技术培训班 18B,123B
古籍展 240B
古籍整理 364A
顾犇 175B,223A,465B
顾永兵 186B
关汉亨 281A
馆藏 30B
馆长研修班 374A
馆歌 365A
馆际互借 20B,125B,191B,248A,299A,351A,353A,424B
馆庆 371B
馆舍面积 (表)601
馆史教育 225B
馆务公开 46A
馆员交流 240B
管理体制 321B
管理系统 171A
光泽县图书馆 243A
广东高校图书馆事业 278A
广东省公共文化服务体系 13A
广东省科技图书馆 14A
广东省立中山图书馆 85A,138B,281B
—95035 部队分馆 14A,282A
—察隅分馆 282B
—六祖分馆 282A
—龙门分馆 282A
广东省委党校图书馆 283B
广东图书馆学会 283A

广汉市图书馆　293A,294B
广西图书馆学会　435A
—科普与教育工作委员会　434A
—医学图书馆工作委员会　434B
广元市图书馆　292B,294B,296A
贵阳市图书馆学会　444B
贵州省图书馆　300A,300B,302A,303A,303B,304A,304B,305A
贵州省图书馆学会　445A
贵州省文化信息资源共享工程　301B
桂林图书馆　284B,285A
郭向东　327B,328A
郭一平　276A
郭毅　249B
国防科技大学图书馆　400A
国防科技工业数字图书馆　16A
国会图书馆　16B
国际合作　394B
国际交流　388B
国际图联　85B
国际图联大会　421A,432A,465A
国际学术交流　465A
国际专题研讨会　378A
国际组织寄存馆制度　357A
国家工程技术图书馆　395A
国家科技图书文献中心　20A,383B
国家科学数字图书馆　20A
国家科学图书馆　19A,15B,16B,175A,193A,381B,382B,383A
—兰州分馆　330A,332B
—武汉分馆　16B
国家数字图书馆　20A
国家图书馆　14B,15B,16A,16B,17B,18A,52A,109A,363B
—文津读书沙龙　109A
—艺术家论坛　109A
—特邀读者评议员　111B
—世界图书馆馆长论坛　112B
—文津图书奖　113B
—服务宣传周　116B
—西部援助　16B,118B,302A
—地方文献国际学术研讨会　125A
—古籍影印出版成果展　127A
国家珍贵古籍名录　3B,51B,53B,55A,126A,149B,196B,209A,219B,234A,304A,341B,342B,485B,523B

H

哈尔滨市图书馆　176A
海军院校数字图书馆　403A
海南省高校图书馆　375A,375B
海南省图书馆　13B
海峡两岸四地图书馆建筑学术研讨会　462B
汉沽区图书馆　144A
杭州少年儿童图书馆　226A
杭州图书馆　228A
—盲文分馆　16B
郝中丹　89A
合肥市图书馆　234B,235B
合肥市图书馆学会　424B
合作数字参考咨询　88A
合作数字参考咨询服务　87B
何厚铧　364B
何立民　224B
何永新　314B
和龙市图书馆　170A
和平区图书馆　142B
河北区少儿图书馆　145A
河北区图书馆　142A
河南省高校图工委　375A
河南省公共图书馆　274B
河南省图书馆学会　374B,431A,431B
河西区图书馆　142A
黑龙江公共图书馆　173B
黑龙江省图书馆　16A,172B,173A,173B,174A,175B,176A
黑龙江省图书馆学会　173A,173B,175A,412A
黑龙江省文献信息共享中心　172B
黑泽惟昭　170B
红河州图书馆学会　316B
红桥区图书馆　142B
洪勋　441B
洪雅县图书馆　295B
虹口区图书馆　186B,187A
胡启军　134B
胡小菁　36A
胡银仿　432B
胡越　368B,369B,371A
湖北省图书馆学会　432A,432B,433A,433B
—少儿图书馆工作委员会　434A
湖南省高职教育图书馆管理研究会　373A
湖南图书馆　277A,278A,
葫芦岛市图书馆　159B
葫芦岛市图书馆学会　411A
互联网版权保护　17A
华东理工大学图书馆　191B
华南师范大学图书馆　281A

淮安市图书馆　199A
淮北煤炭师范学院图书馆　237A,237B
黄镝　190A
黄宏英　179B
黄闽　41A
黄浦区图书馆　185B,261B
黄永炎　83A
徽县图书馆　326B
会宁县图书馆　334B
会议　180B,190A,197A,210B,217A,224B,226B,253A,254A,254B,257B,265A,267B,268A,274B,292B,297A,298A,324B,353A,367B,383B,392B,408A,431B,438B
会员服务　378B
惠安县图书馆　246A
惠民工程　309B

J

机构库　88B,95A
机构知识库　383A
机械工业信息研究院文献资源中心　386A
基层服务站　293A
基层图书馆　9A,23A
基层图书馆馆长培训　7A
吉林农业大学图书馆　171B,172A
吉林农业大学图书馆参考咨询部　172A
吉林省图书馆　159B,161B,162B,163A,163B,164B,165A
吉林省图书馆学会　411A,411B,412A
吉林市图书馆　167A,167B
集美区少儿图书馆　245A
集群图书馆　85A
集团采购　278B
集团购买　298B
计思诚　445B
技能竞赛　421B
技术标准　378A
济南市天桥区林桥分馆　271B
济南市图书馆　272A,272B
济南图书馆学会　430A
济宁市图书馆　273B
继续教育　165B,333B,378A,428B
暨南大学图书馆　281A
嘉定区图书馆　186A
贾晓东　229B
剪报　232A
简阳市图书馆　294A
建设经费　231A
江苏科技大学图书馆　221A
江苏省公共图书馆　420A
江苏省古籍保护中心　196B
江苏省少儿图书馆　419A
江苏省图书馆　193B
江苏省图书馆学会　419B,420A,420B
—科技图书馆专业委员会　421A
—少儿图书馆专业委员会　421A
江苏省文化共享工程　202A,203B
江西公共图书馆　258A
江西省图书馆　264A
江西省图书馆学会　426A
江西省文化共享工程　256B
江西省文化信息资源共享工程　255A
江西师大图书馆　264B
江西图书馆　255B
江西文化共享工程　255A,260B,264A
江阴市图书馆　422A
姜爱蓉　175A,357B
将乐县图书馆　243B
讲堂　265A
讲习班　226B
讲座　151A,168A,188A,191B,199B,202A,204A,210B,211A,213A,214A,216B,217B,219A,225B,235A,238B,239A,243A,245B,252B,253A,253B,254B,256B,257B,258A,263A,264B,278A,288B,293A,295B,296B,304A,340A,342B,354B,435B
蒋永福　84A
蒋占富　412B
交流会　354A
教育部高校图书情报工作委员会　376A
教育基地　313B,343B
教育培训　323A,394B,449A
教育与培训　355B
揭玉斌　377B
捷克国家图书馆　18A
解放军医学图书馆　405A,405B,406A
金湖图书馆　198B
金陵图书馆　201A,201B,202A
金鹏　155B
金坛市图书馆　197B,198A
金晓明　414B
金旭东　312B
金燕　179B,186B
金州区图书馆　157B
津南区图书馆　143B
锦州市图书馆　158B
经费　31A

经费保障　230B
经费支出　77A
经费自给　(表)646
景德镇市图书馆　255A,258B,260A,261A
静安区图书馆　188B
静海县图书馆　144B
九江市图书馆　264A,264B,265A
捐书　348A
捐赠　17A,18B,19A,122A,151A,170B,177B,185A,185B,186B,194B,203B,206B,208A,213B,236A,255A,261A,273A,273B,275A,276A,281A,281B,288A,290A,296B,317B,329A,331B,340A,340B,343A,353B,371A,440A,441A,445B
军队院校图书馆委员会　398A
军事交通学院图书馆　400B
军械工程学院图书馆　400B

K

卡卡通　15B,224B
开放存取　18B,95A,351B,416A
开放获取　18B
开放社会协会　96A
开架服务　156B
阚华　233A
康县图书馆　329B
柯平　299B
科馆员制度　16A
科技查新　171A,172A,262B,299A,380B
科技查新工作站　189A
科技兴农　389B
科普　211A,244A,262A,273A,288A,317B,319B,367A,436A,445B,449A,449B
科普讲座　9A
科普下乡　176A
科普宣传　428A
科学普及　426A
克里斯蒂娜·巴瑞拉　110A
课题跟踪　382B
肯尼亚国家图书馆　18B,123A
孔德超　275B
跨库检索　390B
跨区域合作　355A
快乐阅读　156A
昆明图书馆　14A

L

兰州市图书馆　329A,330B,331A
老槐　见　范并思
老年读者服务　314B
老年阅览室　144B
乐昌公共图书馆　281B
乐山市图书馆　289A,294A,296B
李秉严　444A
李昌华　251A
李长春　139A,5A
李超平　229B
李丹　93A
李国庆　269A
李国新　7B,38A,453B,461A
李海英　174B
李洪峰　129B,130A
李家清　86A
李景文　431B
李敬平　281B
李岚清　368B
李丽萍　41A
李平　238B
李声权　373B
李素平　83A
李万健　229B
李小强　148B,149B,150B
李性忠　225B
李勇慧　267B
李友仁　308B,310A,310B,312A,312B,313A,314A,314B,316A,316B,445B
李玉英　250B
李正明　296B
李致忠　53A,116A,126B,140A
李忠昊　287B,288A,289A,290A,291A,291B,292B,436A,437A,438B
李祝青　151A
历史资料　(表)648
连云港市少儿图书馆　200A
连云港市数字图书馆　199A
连云港市图书馆　199B,200A
连云港市图书馆学会　422A
联合保障　399B
联合参考咨询　141B
联合目录　190B
联合图书馆模式　85A
联机编目　386A
联席会　270B,303A,309A
联席会议　172B,287A
凉山彝族自治州图书馆　291B
凉山州图书馆　295A

凉山州图书馆学会　441B
梁家兴　373B
梁惟基　357B
梁智仁　350A
辽宁省图书馆　154A,154B,155A,155B,156A,156B,157A
辽宁省图书馆学会　408B,409A,409B
辽宁省文化信息资源共享工程　154B,157A
林栩　291A
林旭东　232B,233A
林子予　361A
临沧市图书馆学会　445A
临洮县图书馆　335B
临泽县图书馆　336B
刘百宁　9B,332A
刘秉荣　129B
刘冷　89A
刘炜　39B
刘细文　408A
刘小玲　175B
刘小琴　4B,8B,13B,118B,136B,223A,228B,275A,332B
刘晓娟　89B
刘晓清　223B,224A,229B,417B
刘栩　261B
刘亚　23A
刘云山　5A,6A,137A,138A,139A
刘中朝　432A
刘兹恒　368B
流动车　167A
流动图书馆　20B,85A,263A,283A,303A,336A,340B
流动图书室　340B
流通点　238A,440A
流通工作　394A
流通站　154A,254A,330A
六盘水市图书馆学会　444B
龙海市图书馆　247A
龙向洋　190A
陇西县图书馆　337A
卢湾区图书馆　184B
庐山馆　263A
泸县图书馆　294B
泸州市图书馆　293B,294B
泸州市图书情报学会　441A
鲁兴勇　439B
陆爱云　190A
陆行素　140A,407B
路甬祥　332B
吕品田　13B
绿色阅读　17A,367A
罗琳　304A
罗明新　366A

M

马鞍山市图书馆　235B,425A
马鞍山市图书馆学会　425A
马鞍山雨山中学图书馆　425A
马静　275B
马宁　420B
马少青　333A
马云川　314B
迈克尔·凯勒　298A,312A,312B
麦绮雯　366A
盲人读者联谊会　148A
盲人图书馆　277A
盲人有声阅览室　157B
盲人阅览室　308B
美国大学与研究图书馆协会(ACRL)　101A
美国花旗集团　282A
美国记忆　58B,61A,68A
美国图书馆协会　280B
孟广均　299B
免费　235B,248A,287B,304B,314B,349B
　—导赏服务　15A
　—开放　13B,20A,222B,294B
　—限时上网　349B
　—阅览　208B,222B,314B
免证阅览　208B
民办高校图书馆　373B
闵行区图书馆　184B
闽粤港图书馆学(协)会　425B
闽浙高校图书馆　248B
缪其浩　384B
缪有刚　192A
目录学学术研讨会　460B
募捐　252B

N

内江市图书馆　293B
内蒙古自治区各公共图书馆　151B
内蒙古自治区图书馆　152A,152B,153A,153B,154A
南非国家图书馆　16A,117A,223A
南汇图书馆　187B
南京图书馆　20A,194A,295A

南开区图书馆　142A
南开少儿图书馆　145B
南宁市图书馆　243A,285B
南通市图书馆　202A,203A
倪宁　369B
倪晓建　8B,134A,134B,135A,443B
年会　224A,237B,248B,276B,286A,298A,332B,351B,370B,373A,374A,377A,405A,408B,411B,423B,425B,426A,432B,437A,443B,446B
宁德市蕉城区图书馆　246A
宁河农民科技图书馆　144B
宁夏模式　344B
宁夏图书馆　343B
宁夏图书馆学会　448B
农家书屋　13A,145A,197B,200A,200B,210A,213B,235B,242A,247A,320A,320B
农民网络图书馆　14B
诺尔伯特·卢梭　415B

O

欧盟信息文献中心　358B

P

排序资料　(表)636
潘翠萍　440B
潘华栋　358B
潘琳　39B
潘美娣　228A
攀枝花市图书馆　294A
攀枝花市图书馆学会　440B,441A
炮兵学院南京分院图书馆　400A
培训班　158A,161A,166A,168A,172B,175A,179B,190B,192B,200A,206A,210B,223B,225A,228A,229A,233A,235A,236B,256B,257A,261B,262B,264A,268A,274B,287A,289B,291B,298B,300B,302A,305B,307B,308A,311B,312B,313A,323A,327B,331B,332A,333B,336A,336B,341B,344B,372A,374B,378A,389A,400A,410B,420B,421B,428B,429B,431B,433B,438B,442A,441B,443B
彭邦明　291B
彭本诚　291A
彭斐章　18B,84B,123B,367B
彭卫国　10A
漂流活动　218B,219A
平武县图书馆　295A
屏南县图书馆　247A
浦东新区图书馆　184B,417A
普陀区图书馆　186B
普遍均等　23A,32B,456B
普洱市图书馆　317B

Q

期刊导航系统　390B
期刊工作　373A
期刊外借　300A
齐可来　288A
启东市图书馆　203B
汽车图书馆　244B
亲子阅读　156A
秦安县图书馆　336B
秦健　384B
青岛市图书馆学会　430B
青海民族学院图书馆　342B
青海省公共图书馆　337B
青海省图书馆　338A,338B,340A,342A,343B,433B
青海省图书馆新书阅览室　338B
青海师范大学图书馆　342B
青浦区图书馆　188A
清镇市图书馆　306A
情报业务培训　179B
邱冠华　23A,69A,453B
邱炯友　16A
邱均平　336A
邱人杰　120B
邱五芳　85B
区域合作　352A
曲建峰　90A
全国党校文献信息学会　397B
全国公共图书馆　(表)636,(表)639,(表)642,(表)645
全国古籍保护工作部际联席会议　482A
全国古籍保护工作试点单位　269B,485A
全国古籍保护工作专家委员会　487A
全国古籍保护试点单位　205B,209A,391A
全国古籍保护试点工作方案　484A
全国古籍普查工作方案　482B
全国古籍修复技术培训班　54A
全国古籍重点保护单位　290B,342A
全国馆际互借与文献传递研讨会　462A
全国图书采访工作研讨会　461B
全国图书馆联合编目中心　19A,145A,175B
全国图书馆企业信息服务苏州宣言　19B
全国图书馆学基础理论研讨会　459B

全国文化共享工程兰州市中心　336B
全国文化信息资源共享工程　13B,14B,17A,18A,19B,75A,132B,133A,144A,149B,161B,206A,228B,229A,275A,277B,317B,343A,343B,434B,457A
　—基层服务点　181A
　—上海分中心　184A
全国文化信息资源建设管理中心　316B
全国文献提供协作网　462B
全国中小型公共图书馆联合会　437B
　—2007 年研讨会　463A
全民读书月　142B,345B,433B
全民阅读　155A,158A,254B,280A,306A,322B,366B,417A,425A,426A,428A,440B,445B,446A,457A
全民阅读活动　15A
全文传递　382B
权益保障　497B
泉州市图书馆　245A,245B,246A
群星奖　19B,138B,146A,156A,183A,208B,228A,234A,238B,239A,281B,316B
群众服务　167B

R

冉从敬　91A
让·诺埃尔　14B
人才建设　279A
人均购书费　(表)656
人均拥有藏书册数　(表)650
人文关怀　309A
人文图书馆学　83A
人文主义　41A
任继愈　18B,111A,123A,125A,129A,367B
日本国立国会图书馆　117A
日本记忆　58B
日本静冈县立中央图书馆　223B
日本图书馆协会　416B
弱势群体　156B,245A,322B

S

三明市图书馆　243A
三农　158B
三下乡　140A,159B,209B,244A,292B,336B
山东省公共图书馆　429A
山东省公共图书馆事业　266B
山东省图书馆　266B,267B,268A,268B,269B,429B
山东省图书馆学会　428A,428B,429A,429B
山西农业大学图书馆　17A
山西省图书馆　151A,145B,146B,147A,147B,149B
山西省文化共享工程　148A
陕西省高校图书馆　324A
陕西省图书馆　320B,321B,322B
陕西省文化信息资源共享工程　322A
上海公共图书馆　177B
上海生命科学信息中心　192B
上海市图书馆学会　413A,414A,414B
上海市文化信息资源共享工程　177A
上海视觉艺术文献中心　182A
上海图书馆　13A,15B,18B,20B,23A,164A,177A,178B,180A,182A,182B,306B,415B,418B
　—电子资源远程服务　182A
　—古籍修复成果汇展　182B
　—网上联合知识导航　183A
　—上图讲座　183B
　—上海之窗　15B,180A
上海中心图书馆　181A
少儿公共图书馆　(表)614
少儿活动　195A
少儿流动图书点　200A
少儿图书馆　308A
少年儿童图书馆　367A
少数民族古籍　524A
邵东方　312A
邵敏　357B
邵敏华　180A,182B
社会培训　170A
社会责任讨论组(SRDG)　85B
社会责任圆桌会议(SRRT)　85B
社区分馆　271B
社区借阅点　200A
社区图书馆　86A,86B
社区乡镇图书馆　456A
摄影展　208A
深圳大学城图书馆　279B
深圳市科技图书馆　14B
深圳图书馆　14A,20B,85A
深圳图书情报学会　438A
沈东婧　192A
沈阳市图书馆　157B
沈业民　216B,217B
沈玉茹　165B,166B
慎金花　189A
省级公共图书馆　(表)616,(表)618,(表)620
圣若瑟修院图书馆　356B
盛宣怀档案　179A

石城县图书馆　263A
石汉基　146B,147A
石焕发　148A,151A
石景宜　293A
石丽珍　159B,161A,161B,164B,165A,411B
石永基　147A
世界读书日　15A,113A,155A,158B,163B,173A,194A,208A,217B,224A,239A,243A,246A,247B,255A,271A,302A,328B,329A,343A,345B,366A,428A,440B,443A,449A
世界记忆工程　57B,58A
世界记忆名录　57A
世界数字图书馆　99A,114A
世界图书馆馆长论坛　119B,127A
世界文化遗产　62A
世界遗产名录　57A
世界阅读日　185A
视频讲座　336B
视听阅览室　165A
手机短信服务　73B
手机图书馆服务　44B
首都高校图书馆　369A
首都图书馆　59A,60B,67A,132A,133A,134A,135A,136A
　—流动服务站　16B
书画展　209A,213B
书目数据标准　175B
暑期读书　181B
暑期活动　201B
数据共享　387B
数据库　192A
数据库检索培训　302A
数据库建设　385B,386A
数据库培训　297B
数字参考咨询　172B
数字参考咨询服务　87B
数字馆藏　99B
数字化服务　445A
数字平面内容支撑技术平台　118A
数字权利管理　90B
数字图书馆　88B,98B,175A,248B,283B,312A,368A,370B,376A,378A,384B,398A,457B
　—服务　90A,458B
　—建设　403A
　—联盟　99A,99B
　—网络　200B
　—系统　459A
数字资源长期保存　96B,383B
数字资源计量　372B
数字资源建设　278B
数字资源库　231A
数字资源整合　89A
顺义区图书馆　135A
硕士学位论文　(表)591
斯坦福大学图书馆　312A
四川大学图书馆　299B
四川省高校图书馆　297A
四川省高校文献保障体系　300A
四川省古籍保护中心　291B
四川省全国文化信息资源共享工程　287A
四川省图书馆　286B,288A,289A,289B,291A,435B
四川省图书馆学会　436A,438A,438B
　—党校系统分会　443B
　—少数民族图书馆专业委员会　439A
寺庙阅览室　317B
松江区图书馆　187B
送书下乡　140A,153A,163A,174B,259A,290A,322A,324B
苏品红　49A
苏州地区图书馆事业　69A,78A
　—总体概况　69B
　—现状　71A
　—公共图书馆从业人员学历统计图　(图)72
　—馆藏文献　72A
　—图书馆服务　73A
　—乡镇街道图书馆　75A
　—高校图书馆事业　75B
苏州高校图书馆　75B
苏州市中小学图书馆　76B
苏州图书馆　24A,69A,74B,75A,207B,208A,208B,209A
肃南县图书馆　335B
素质教育　264B
遂川县图书馆　261B
孙成权　447B
孙登英　443A
孙芳　174B
孙济庆　190A
孙坦　367A,378B,384A
孙一钢　175A
缩微工作　155A,146B,342A
索传军　89A

T

太仓市图书馆　209B

泰达图书馆　141B
泰兴市图书馆　210A
泰州市图书馆　210B,211A
泰州市图书馆学会　422A
谭兆民　254A,259B
汤更生　7A,7B,366A,368A,407B,408A,408B,457B
唐金凤　265B
唐秋霞　213A
塘沽区图书馆　143B
讨论会　377A,383A,422B
特色数据库　221A,248B,298B,299B,397B
特色数字资源　277B
特色图书馆建设　376B
特色学科文献建设　494B
特色资源建设　318A
天津市图书馆学会　407B,408A
天津市文化共享工程　139B
天津图书馆　5A,13B,14A,37A,138B,139A,140B,408B
天津图书馆社区分馆　137B
天津图书馆外借部　139A
天水市图书馆　330B
天野忍　223B
田玫　151A
通借通还　138B,224B
通用阅览证　370A
同济大学图书馆　236B
铜陵市图书馆学会　425A
铜陵学院图书馆　237A
童正伦　229B
统计资料　（表）600
统计　（表）603
统计数据　230A
图片展　183A,201A,272A,275B,310A,362A
图片展览　215A
图书采访工作　462A
图书大篷车　138A
图书服务点　188A
图书馆 2.0　34A,93B,415B,417A
　—产生的背景　34A
　—在中国的发展　35A
　—理论探索　38B
　—基本理念　40A
　—基本原则　41B
　—应用研究　43B
图书馆 2.0 的五定律　40B
图书馆采购　13A
图书馆的评价　85B
图书馆等级评定标准　179B
图书馆发展模式　85A
图书馆发展战略　85A
图书馆法律法规体系　457A
图书馆服务　73A,77A,86B
图书馆服务创新　87A
图书馆服务宣言　83A,368A,408B,454A
图书馆馆配　368B
图书馆核心价值　83A
图书馆核心价值　82B,83A,453B
图书馆建筑　376A,415B
图书馆教育　355B
图书馆精神　83A
图书馆立法　420B
图书馆利用教育　361B
图书馆联盟　86A
图书馆评估　283B,457A
图书馆评估指标　369B
图书馆权利　83B,84A
图书馆设施　364B
图书馆网点　233B
图书馆行业服务标准　177B
图书馆学基础理论　82A
图书馆学基础理论研究　460A
图书馆学教育　454A
图书馆学史　84B
图书馆学研究　82A,93A
图书馆学研究方法　84A
图书馆责任　85B
图书馆哲学　82B
图书馆之城　14A,85A
图书馆知识服务研究　87B
图书馆制度　83B
图书管理员培训班　157B
图书流动车　204A,320A
图书流动站　260A
图书流通站　151B,259B
图书漂流　186B,248A
推广活动　349B

W

外借册次　639,652
万安县图书馆　261A
万永林　314B
汪东波　13B,122B
汪继南　254A
汪延贺　439B
王爱功　276A

王东文　323B
王恩德　410A
王河新　9B,332A
王嘉陵　289A,291B,438A,444A
王金春　207B
王利率　440A
王梅　83A
王珉　170B
王敏　174B
王荣国　409A
王儒林　170B
王世伟　9A,116A,177B,179B,199B,413B,414A,416B,417B,418A,419A
王水乔　308A,315,377B
王伟赟　237A
王筱雯　157A
王效良　225B,227B,229B
王雪光　435A
王友珍　439A
王余光　8B
王玉华　373B
王玉梅　429B
网络化　362B
网络计量学　336A
网络建设　379A
网络资源导航　189B
网上参考咨询服务　349A
网上联合参考咨询　281B
网上远程参考咨询　73B
维基百科　38B
潍坊市图书馆　273B
潍坊市图书馆学会　430B
未成年人　322B
未来发展模式　101B
温家宝　（图)3A,170A,170B
文化部创新奖　13A
文化共享　273B
文化共享工程村级服务点　235B
文化建设　501A
文化交流　350A
文化快车　187A
文化下乡　245B,327A
文化信息资源共享　142A
文化遗产　49A
文化遗产保护　523A
文化遗产日　218A,240A
文化助残　154B
文明服务规范　133B
文献传递　179A,188B,192B,248A,249A
文献传递服务　191B,359A,386B
文献翻译　166B
文献计量学　391B
文献寄存馆　356B
文献提供服务　387B
文献物流配送　183B
文献信息服务　385B
文献信息研究　380B
文献信息资源　362B
文献修复　180A
文献资源共享　198B
文献资源建设　190A,278B,383A
文献资源联合建设　403B
文奕　437B
闻德锋　174A
翁盈盈　237A
无锡地区公共图书馆文化共享工程　212B
无锡市图书馆　212A,212B
无线射频系统　359A
吴爱琼　41A
吴爱云　162B,165B,412A
吴超　41A
吴钢　85A
吴建中　110B,413B,414A,415A,417B,418A,418B
吴江市图书馆　210A
吴林　421A
吴慰慈　258B,423B,459B
吴文津　289B
吴喜文　444B
武进区图书馆　197A
武警学院图书馆　401A
武清区图书馆　144B
物流配送　20B
物流社会化　183B

X

西安图书馆　324A
西部援助　118B
西藏大学图书馆　433B
西藏图书馆　318A,319B,323A
西藏信息资源共享工程　319A
西藏职业技术学院　320A
西藏自治区　317B
西藏自治区图书馆　120B,121A,433B,434A
西峰区图书馆　329A
西固区图书馆　331A,328A

西青区图书馆　143A
席鹏鸣　348A
峡江县图书馆　252B
下乡服务　246B
夏立新　434A
夏勇　224B
厦门市少儿图书馆　244A,244B,245A
厦门市图书馆　16A,243B
咸辉　333A
县级公共图书馆　(表)659,(表)664
县市级公共图书馆　(表)628,(表)630,(表)632
现场采购　198B
现场咨询服务　13B
乡镇街道图书馆　75A
香港城市大学图书馆　352B
香港公共图书馆　348B
香港特别行政区　310A
香港图书馆协会　354B,355A,366A
香港中小学图书馆　353B
香港中央图书馆　349A
响水县图书馆　215B
项目经费　495B
萧德洪　249B
肖怀远　5A,141A
肖珑　175A,188B
肖维平　134B
肖希明　453B
谢家宾　208A
谢林　320A,321B,323A,323B
谢水顺　425B
谢新洲　298B
新购图书　(表)662,(表)663,(表)664
新馆　235B,236A,236B,281A,291A,320B,329A,337B,343B,400A,400B
新加坡国家图书馆　112B,15A
新疆图书馆学会　448B
新疆维吾尔自治区图书馆　344B,345B
新疆维吾尔自治区图书馆少儿馆　347B
新农村文化建设　213B
新书通报　43B
馨光盲人读书会　187B
信息保障　382B
信息保障能力　383B
信息服务　36A,212A,279A,352B,378A,385A,404B
信息服务平台　393A
信息工程大学图书馆　402A
信息公开条例　475A
信息共建互享　20A
信息共享空间　87A
信息化建设　390A
信息集成门户　382A
信息生命周期　89B
信息素养　192A
信息素质教育　399A
信息咨询　393B
信息咨询服务　146A,251B
信息资源　404A
信息资源共建共享　88A
信息资源建设　88A
信息资源建设　242A
信息组织　88B
行业图书分馆　138B
熊克江　439A
修复人员　51A
虚拟联合目录　163B
虚拟图书馆　67B
徐汇区图书馆　188B
徐洁　225A,227B,229B
徐静　226A
徐晓军　225B
徐欣禄　434B
徐雁　202A,419A
徐引篪　123B
徐州市图书馆　214A
许俊达　236A,237B
叙永县图书馆　296B
宣传　175A
宣传月　243B
宣传周　201A,306A,410B
宣明顺　110A
薛芳渝　357B
学会评估　413A
学科馆员　283A,370A,382A,433B,434A
学科文献建设　494A
学科信息聚合　44A
学生会员　367A
学术报告　280B,444A
学术报告会　226A,286A,374B,414B,424A
学术讲座　201B,312A,377B,415A,415B
学术交流　18A,280B,371B,377A,392A,394B,442A,448B
学术年会　15B,441A
学术性图书馆　100B
学术研究　441B
学术研讨　237B,428A
学术研讨会　158A,165A,171B,221B,237B,258A,325B,

330B,373A,405A,415B,422B,431A,441B,442B,443B
学位论文题录 390B
学习考察 447A
学校图书馆 356B

Y

雅安市图书馆 293B,295A
雅安市图书馆学会 442B
烟台市公共图书馆 270B
烟台市图书馆学会 431A
烟台图书馆 270A
延边图书馆 165B,166A,166B
延边图书馆 167A
延伸服务 15B,137A,137B,138A,180B,186A,193B,214A,227A,304B,324A,410A
严峰 202A,420B
严向东 110B
研讨班 192B,378B,384A,396B,397A,426B,466A
研讨会 190A,193A,196A,227B,281B,284A,298A,298B,299A,299B,311A,312B,314B,357B,358B,368A,369B,370A,370B,371B,376A,376B,381A,385A,397A,397B,416B,417A
研修班 225B,258A,279B,325A,413A,438A
盐城纺织职业技术学院图书馆 216A
盐城工学院图书馆 216A
盐城师范学院图书馆 215B
盐城市图书馆 214A
盐城市图书馆学会 422B
扬州市公共图书馆 218B
扬州市古籍保护中心 219B
扬州市图书馆 216B,218A,219B,220A
扬州市图书馆少儿部 217A
扬州市图书馆学会 422B,423A
阳县图书馆 252B
杨光辉 189A
杨开荆 57A,362B,363A
杨沛超 8B,160A,392A,392B
杨浦区图书馆 186A
杨素音 134B,136A
杨新涯 38A
杨学义 409A
杨毅 297B
杨玉麟 7A
杨宗英 373B
样本缴送 493A
姚乐野 298A,299A
业务辅导 174A
业务竞赛 212B,270B,271A
业务培训 158A,165B,199B,341B,438A,440A,442B,443A
叶继元 228A
叶鹰 39B,225A
一卡通 13A,16A,132B,134A,135A,177A,178B,179B,183B,437B
一码通 5B,137B,139A
一体化建设 321A
一证通 228A
医院图书馆委员会 404B
宜宾市图书馆学会 442A,442B
义工服务 359B
弋阳县图书馆 261B
易向军 169B,232B,423B
尹振安 412B
引文数据库 386B
应用研究 43B
鹰潭市图书馆 259A
用户调查 352A
用户分析 395B
用户培训 74A,380B
用户协作 35A
用户信息推送 43B
优秀会员 366B,424A
优秀学会工作者 366B
尤敬党 221B
于建荣 192A
于良芝 23A
于纺军 147A,148B
余海宪 190A
原文传递 372B
袁海波 384A,384B
袁木松 236A
袁逸 224B,225A,225B
援藏 320A
援建 282A
援助 319B
约翰·猜布 117A,223A
阅读 350A
阅读节 209A,209B
阅读推广 356B
阅读推广计划 356B
阅读指导 45A
云南省图书馆 17A,18A,306A,307A,307B,308B,311A,313B,316A,317A,445A
—地方文献部 316A
云南省图书馆学会 445A,445B,446A

Z

臧雷　422A
曾荫权　115A
赠书　118B,129B,146B,319B,367A,368B
闸北区图书馆　187B
斋藤友纪子　110A
詹长智　375B
詹福瑞　4B,7A,87B,110A,111A,111B,112B,113B,114A,116A,117A,118B,119A,119B,120A,121A,122A,122B,123A,123B,126B,127A,129B,223A,320A,332B,363B,366A,367B,455A,455B,457A,465A
展览　188B,232A,238B,239B,241A,295A,302B,330B
湛佑祥　405A
张毕臣　161A,411B
张春峰　41A
张广钦　85A
张海政　233A
张寒生　237A
张慧湘　88B
张家港图书馆　204A
张君超　348B
张灵敏　254A
张弥　322A,322B,323A
张萍　412A
张少琴　147A
张松道　275B
张文德　249B
张晓林　85A,87B,175A,377A,383B,384A,384B
张新兴　39B
张秀民　112A
张旭　4B,275A
张雅芳　109A,110B,111A,113B,118B,119A,125A,126A,129A,195B
张彦博　228B
张沂　89A
张永超　431B
张玉辉　111A,118A,123A
张云电　248B
张志强　330A,383B
张志青　338B
章伏源　250A,258B,259A,259B,260A,338B
彰武县图书馆　158B
漳县图书馆　337B
漳州市图书馆　247A
赵炳武　267B,268B,269A
赵大雄　225B
赵洁敏　235A
赵实　156B
赵文广　441A
折子工程　132A
哲蚌寺图书阅览室　14B
柘荣县图书馆　246B
浙江大学图书馆　225A
浙江省图书馆学会　226A,227B
浙江省文化信息资源共享工程　224A
浙江图书馆　16A,221B,223B,225B,227A,229B
镇级分馆　204B
镇江高专图书馆　221A
镇江市图书馆　220A
征文　198A,272B
郑巧英　417B
郑晓幸　289A
支出比重　(表)657,(表)658,(表)659
支出情况　654
知识产权　90B,384B
知识关联服务　394B
知识链接　395A
知识链接系统　395A
职工书屋　407A,407B
职业道德　300B
职业资格认证制度　453B
志愿者行动　7A,17A,174A,331B,341B,434B,438B
招募　7A
　—会议　7A
　—实施　7B
　—名单　11A
智能卡阅读器　349B
中国高等教育文献保障系统(CALIS)　见　CALIS
中国地质图书馆　380A,380B,381A
中国儿童阅读日　14B
中国儿童中心图书馆　13B
中国高等教育数字化图书馆　368A
中国高等教育文献保障系统　202A
中国高校人文社会科学文献中心　188B,191B
中国古籍库　353A
中国国家标准馆　378A,379B
中国国家古籍保护中心　16A,18B,53A,116A
中国化工信息中心图书馆　385B
中国计量科学研究院文献馆　387A
中国科学院国家科学图书馆　见　国家科学图书馆
中国科学院上海生命科学信息中心　192A
中国农业科学院图书馆　387A,388A,388B,389B
中国人民大学图书馆　19A,369B
中国社会科学院　391A,392A

中国社会科学院图书馆　160A,390A
中国社区乡镇图书馆发展战略研讨会　463A
中国图书馆分类法　122B
中国图书馆事业　13A
中国图书馆学报　18B,367B
中国图书馆学会　7A,13A,14B,15A,16B,17A,18A,19A,19B,20A,174A,280A,331B,341B,366A,368A,427B,436B,453A
　—2007 新年峰会　455A
　—代表团　466B
　—建筑与设备专业委员会　415B,463A
　—科普与阅读指导委员会　366B
　—目录学分会　460B
　—年会　17B,417A,447A,453A
　—七届三次理事会　367A
　—专项资金资助方案　366A
　—专业图书馆分会　377A
中国医学科学院图书馆　393A,393B
中国移动爱心图书馆　13A
中华古籍保护计划　14A,51A,54B,196B,222B,269A,304A,316A
中华再造善本　15A,16A,19B,52A,128A,254B,340B
中科院国家科学图书馆　见　国家科学图书馆
中美数字图书馆高级研讨班　471A
中美图书馆合作会议　466B
中山大学　279B
中央党校图书馆　396B,397A
中医药信息研究所　395B,396A
终身教育　533B
终身学习　362A
钟德强　86A
钟刚毅　440A
钟永恒　383B,433A
重大科研项目招标　13B
周和平　14A,17B,111A,116A,122A,122B,126B,137A,139B,148B,195B,196A,204B,223A,228B,232A,234B,235A,250A,250B,275A,281B,283A,305B,343B,413B
周金龙　377A
周明华　433A
周宁县图书馆　246B
周文骏　18B,123B,367A
周心慧　134B
朱凡　367B
朱满良　397B
朱培毅　281B
朱强　228A,298A,374A,459A
竺海康　224B
主动服务　90A
主动推送服务　386B
助残　155B,186B
专业文献　557A
专门图书馆　356B
专题讲座　325B,357B
专题信息推送　44A
专题研讨会　426B,429B
专题展览　285B
专题资源　403A
专业设备　495A
专业知识库　48A
庄华峰　238A
咨询服务　378A
咨询活动　164B
资产核查　325A
资源采购　391A
资源共建共享　44A,130A,321A
资源共享　279A
资源集成发布系统　394B
资源加工　404B
资源建设　89A,371B
资源建设　167B,372A,387A,390B,391A,494A
资源开发　212A
资源数字化　387B
资源整合　359B
梓潼县图书馆　292B
自动化管理　319A
自贡市图书馆　291B
自贡市图书馆学会　441B
自贡图书馆　293B
自助服务　19B
总藏量　636,649
总分馆的资源共享方式　29B
总分馆建设基本情况　24B
总分馆体系　23A
总分馆制　200B
　—形成方式　25A
　—总馆与分馆的关系　25B
　—分馆的人员及经费来源　(表)26
　—资源支持　(表)26
　—业务支持　26A,(表)26
　—经费的支配　29A
　—资源共享方式　29B
　—技术支撑　30A
　—馆藏和到馆人次　(表)31
总流通人次　(表)651
邹来云　296A
组织建设　378B

最新期刊目次服务　44A
遵义市图书馆　305A,305B
遵义市图书馆学会　444A
座谈会　211B,236A,260A,276B,290A,418B
2007 数字图书馆建设与应用研讨会　457B
24 小时自助图书馆系统　20B
ALIS 馆际互借管理中心　372B
BALIS　20A,20B,372A,372B
BALIS 馆际互借管理中心　372B
C. Savastinuk　40A
CALIS　299A
CALIS 华南地区中心　279A
CALIS　43A,189B,190B,297B,298A,299A,372B,376A
Casey Bisson　39A
CASHL　248A,299A
CNMARC　175B
Colin Steele　357B
Corrie Marsh　357B
e 划通　13B,383A
e 卡通　182A
E. Casey　40A
ILAS 系统　30A
James Neal　384B
Jason Boog　35A
Jay Jordan　见　邱人杰
Jessamyn West　39A
John Tsebe　见　约翰·猜布
Ken Chad　35A
LIBQUAL+　86A,352A
Library 2.0　见　图书馆 2.0
Loriene Roy　280A
Margarete Bower　433A
Meredith Farkas　39A
Michael Casey　34B,38B
Michael Casey　35B
NSTL　394A
OCLC　17A,120B,125A,353A,466B
OPAC　47A
Paul Miller　35A
Petra Hatscher　16B
RFID　见　无线射频系统
RSS　43B
Sarah Houghton　39A
Talis　35A,41B
Vladimir N. Zaitsev　209A
VOD 视频点播服务　142A
Web2.0　34A,86B
Wiki　46B
Winston Tabb　384B

本索引由李书宁、郑红芳、王蕾、魏强编制。